金融学译丛

风险管理与保险原理

(第十四版)

乔治·E. 瑞达（George E. Rejda）
迈克尔·J. 麦克纳马拉（Michael J. McNamara） 著
威廉·H. 拉伯尔（William H. Rabel）
刘春江　张百彤　译

PRINCIPLES OF RISK
MANAGEMENT AND INSURANCE
(FOURTEENTH EDITION)

中国人民大学出版社
·北京·

《风险管理与保险原理》第一版面世于 1982 年。其基本目标是撰写一本兼具启发思维与阅读吸引力的书籍，方便学生学习和教师教学使用。在全新修订本中，这一基本目标保持不变。新版本无须具备相关知识储备即可阅读，运用引人入胜和易于阅读的文字，针对风险管理和保险的重要性为读者进行深入介绍。在这一方面，第十四版是独一无二的。学生可以立刻将书中的基本概念应用到自己的风险管理和保险实践中去，以应对会带来巨大经济不安全的重大风险。

第十四版在内容方面的主要变化

经过全面修订和更新，第十四版对人寿和健康保险合同以及财产和责任保险范围进行了深入分析，读者可以在本书中找到他们希望了解的主题。第十四版在内容上的主要变化包括如下几个方面：

- 企业风险管理。第 4 章对企业风险管理内容做了修订和拓展。
- 营销实践的变化。第 5 章介绍了营销实践领域的重大变化。特别是批发保险和溢额保险领域相关内容的及时纳入，为参与这些领域的中介建立了新的分类体系。批发保险机构是指只从零售代理商和经纪人处获得业务，不与公众打交道的财产和意外保险中介机构。批发和专业保险协会的成立旨在为该领域的中介机构一致发声。此外，第 5 章讨论了消费者偏好的变化，这些变化导致了寿险营销和财务规划也随之改变。
- 政府监管。第 8 章加入了新的材料以增进对政府保险监管的理解。在经历了 2008 年严重的金融危机和经济衰退后，有关保险监管的更多见解得到了补充。
- 遗产税法。拥有大量应纳税资产的投保人通常会出于规避联邦遗产税的目的而购买人寿保险。第 13 章讨论了人们为规避联邦遗产税而购买人寿保险的重要考量因素。此外，本书对联邦遗产税法的最新变化亦做了更新。
- 医疗保健系统。医疗保健系统不尽如人意。与其他先进国家相比，美国在医疗保健系统和医疗保险的大多数指标上均得分最少或较低。第 15 章对美国不健全的医疗保健系统做了最新分析。
- 对《平价医疗法案》（Affordable Care Act，ACA）的评估。第 15 章和第 16 章对《平价医疗法案》做了最新分析，并对其在减少未参保个人和家庭成员数量方面的有效性进行了评估。第十四版分析了当前 ACA 系统中最严重的一些缺陷。

- 雇主发起的健康保险计划的最新进展。雇主们继续与快速增长的团体健康保险保费做斗争，并继续寻求新的解决方案来降低成本。第 16 章介绍了团体健康保险当前趋势的最新动态，以及有关降低医疗保健成本增速的建议。
- 团体人寿和健康保险的变化。第 16 章还讨论了团体人寿、健康保险以及团体市场的变化。例如，高免赔额的健康保险计划与健康储蓄账户相结合，在优先提供者组织（preferred provider organization，PPO）市场上获得了可观的收益。
- 某些退休计划已过时。在第 16 章中，需要意识到的是，某些较旧的退休计划，如货币购买计划和自由职业者基欧计划已经过时，正在被其他选择取代。
- 新个人汽车保险（Personal Auto Policy，PAP）。第 20 章介绍了 2018 年保险服务处（Insurance Services Office，ISO）发布的新版本个人汽车保单。该保单经过修订，以解决共享汽车和共享单车（例如 Uber 和 Lyft）存在的风险。此外，这一章还讨论了 2018 年 PAP 的其他变化之处。
- 网络保险。计算机黑客已成功获取了数百万人的信用卡记录和其他个人信息。鉴于数据泄露和恶意软件的存在，网络安全仍然是商业公司和公共机构的重要财务问题。第 25 章介绍了网络财产保险的最新处理方法。第 26 章介绍了网络责任保险的最新处理方法。

主要风险的识别和处理

本书的首要目标，在于识别我们经济中存在的主要风险以及介绍处理风险的各种技术。自上一版问世以来，已经发生了数起悲剧，这无疑表明我们的社会中仍然存在致命的风险。2017 年 8 月，飓风哈维造成了 1 250 亿美元的损失，创纪录的降雨量以及在得克萨斯州和路易斯安那州引发的灾难性洪水，导致 107 人死亡。哈维成为 1900 年以来给美国造成第二大损失的飓风。此后不久，2017 年 10 月，一名精神错乱的持枪者向内华达州拉斯维加斯曼德勒湾度假村和赌场对面街道参加户外音乐会的人群开枪，造成 58 人死亡，800 多人因枪声和恐慌受伤。

除了国家级的灾难性悲剧外，媒体还经常报道一些事件，这些事件清晰地表明了局部破坏性风险的存在。例子比比皆是。一位酒类商店的员工被顾客开枪打死；一起房屋大火使一个家庭无家可归；一场龙卷风摧毁了一个小镇的一大部分；一名酒驾司机闯红灯后撞上了另一名司机；一座工厂爆炸造成两人死亡和数名工人受伤；一场模糊视线的暴风雪导致州际公路冰封，从而造成十辆汽车的连锁事故和碰撞损失。这些事件使得受害者与其家庭遭受了巨大的经济损失、强烈的痛苦和严重的身心伤害，甚至常常造成人员死亡。要说我们生活在一个有风险且十分危险的环境中，实在是太稀松平常了。

第十四版概述

《风险管理与保险原理》（第十四版）同样讨论了上述风险以及其他相关保险问题。本书是为没有相关知识储备的风险管理与保险专业的本科生作为入门课程教材撰写的。书中讨论的主题包括风险管理和保险的基本原理、传统风险管理的入门和高级专题、更新的企业风险管理概念、保险公司的功能和财务运作、法律原理、寿险和健康险、财产和责任保险、员工福利、社会保障和社会保险计划。此外，作为简明易懂的教材，第十四版使得学生们可以立即将书中的基本概念应用到其个人风险管理和保险实践中。

培养就业技能

第十四版的新目标是成为一本可以提高正在学习风险管理和保险课程的学生未来就业技能的教材。预测显示，未来四年保险业将提供大约 40 万个空缺职位。这些职位分别属于核保、理赔、精算、信息技术、针对纯粹风险和投机风险的企业风险管理、损失预防、投资、法律和合同等职能部门。如今，大多数保险公司鼓励或要求新员工要么参加专门的教育项目，提高就业技能，要么参加专业培训课程，获得职业认证资格，例如，特许寿险核保人（Chartered Life Underwriter，CLU）、特许财险与意外险核保人（Chartered Property Casualty Underwriter，CPCU）或国际金融理财师（Certified Financial Planner，CFP）等。第十四版为上述职业资格考试提供了基本的教育基础。

此外，第十四版讨论的原理对保险业的发展和成功至关重要，并为掌握这些原理的雇员提供了巨大优势。因此，参加风险管理和保险入门课程的学生将比在保险业申请类似职位的其他人拥有更大优势。同样地，如果学生需要参加关于销售保险及其他金融产品的国家职业资格考试，第十四版的内容亦将使他们比其他没有相似教育背景的学生具有更大的优势。

乔治·E. 瑞达
迈克尔·J. 麦克纳马拉
威廉·H. 拉伯尔

目录 CONTENTS

第1章 风险及其应对 1

风险的定义 2
损失机会 4
风险事故和风险因素 5
风险的分类 6
主要的个人风险和商业风险 8
风险对社会造成的负担 14
风险管理技术 15

第2章 保险和风险 24

保险的定义 25
保险的基本特征 25
理论可保风险的特点 27
两个应用：火灾和失业风险 30
逆向选择和保险 31
保险与赌博的比较 32
保险与对冲的比较 32
保险的类型 33
保险的社会福利 38
保险的社会成本 39
附录 统计学基本知识和大数定律 46

第3章 风险管理导论 51

风险管理的含义 52
风险管理的目标 52
风险管理过程的步骤 53
风险管理的优点 66
个人风险管理 67

第4章 企业风险管理 73

企业风险管理概述 74
企业风险管理计划的好处 82
保险市场动态 83
损失预测 88
风险管理决策中的财务分析 91
其他风险管理工具 93

第5章 保险公司和营销体系的类型 100

金融服务业中的商业保险概述 101
商业保险公司的类型 101
代理人和经纪人 108
营销体系的类型 112

第6章 保险公司业务 121

保险公司业务概述 121
定价和费率厘定 122
核保 123
营销 126
理赔 127
再保险 131
传统再保险的替代方法 136
投资 137
保险公司的其他职能 140

第7章 保险公司的财务运作 145

财产和意外保险公司 146

人寿保险公司 152
财产和意外保险的费率厘定 154
人寿保险的费率厘定 159

第8章 政府对保险业的监管 163

监管的原因 164
保险监管的发展历程 165
监管保险公司的方法 167
哪些领域受到监管？ 168
州监管与联邦监管 175
当前保险监管存在的问题 179
保险监管的现代化 179
保险公司破产 183
市场行为监管 185

第9章 基本法律原理 192

损失赔偿原则 193
可保利益原则 196
代位求偿原则 198
最大诚信原则 199
保险合同的要求 202
保险合同的法律特点 204
保险代理人法律 206

第10章 保险合同分析 212

保险合同的基本组成部分 213
被保险人的定义 216
批单与附加条款 217
免赔额 217
共同保险 221
健康保险中的共同保险 223
其他保险条款 223

第11章 人寿保险 229

过早死亡 230
过早死亡对不同类型家庭的影响 231
购买保险的数量 232
人寿保险的类型 238
终身人寿保险的变形 245

其他人寿保险类型 254

第12章 人寿保险合同条款 262

人寿保险合同基本条款 263
红利选择权条款 270
不丧失价值选择权条款 272
给付方式选择权条款 274
人寿保险的附加条款 279

第13章 购买人寿保险 291

确定人寿保险的成本 292
储蓄部分的收益率 296
人寿保险的税收问题 298
购买人寿保险的步骤 300
附录 人寿保险保费的计算 306

第14章 年金和个人退休账户 313

个人年金 314
年金的类型 314
个人年金的课税 323
个人退休账户 325

第15章 个人健康保险保障 335

美国医疗体系存在的问题 336
《平价医疗法案》基本条款 341
个人医疗费用保险 347
《平价医疗法案》的评估 350
管理式医疗计划 352
健康储蓄账户 352
长期护理保险 354
残疾收入保险 358
个人医疗费用保险的合同条款 362

第16章 员工福利：团体人寿和健康保险 370

员工福利的含义 371
团体保险的基础要素 371
团体人寿保险 374
团体医疗费用保险 375

管理式医疗计划 377
《平价医疗法案》与团体医疗
费用保险 382
团体医疗费用保险的主要特点 384
有储蓄选择权的高免赔额健康计划 385
企业发起的健康计划的最新进展 386
团体医疗费用保险的合同条款 390
团体牙科保险 391
团体残疾收入保险 393
自助计划 394

第17章 员工福利：养老金计划 400

商业养老金计划概述 401
合格养老金计划的类型 405
给付确定计划 406
定额缴费计划 409
401（k）计划 410
403（b）计划 413
简易员工退休金计划 414
简易个人退休账户计划 414
利润分享计划 415
储蓄免税优惠 416
退休计划保障 416
基金代理机构和基金累积合同 417
合格养老金计划中的问题 418

第18章 社会保险 424

社会保险的基本特征 425
老年、遗属和残疾保险 427
给付的类型 428
联邦医疗保险 435
存在的问题 440
失业保险 443
工人补偿保险 446

第19章 责任风险 456

法律责任基础 457
过失原则 458
过失归咎 461

事实自证原则 461
过失原则的特殊应用 462
现存的侵权责任问题 465

第20章 汽车保险 482

个人汽车保险概述 483
A部分：责任保障 485
B部分：医疗赔付保障 490
C部分：未投保机动车驾驶员保障 492
D部分：汽车损失保障 496
E部分：事故或损失后责任 504
F部分：一般条款 505
摩托车和其他车辆保险 506

第21章 汽车保险（续） 512

补偿车祸受害人的方法 513
高风险驾驶员的汽车保险 525
汽车保险的成本 527
选购汽车保险 532
汽车保险新兴问题 534

第22章 屋主保险：第Ⅰ部分 541

屋主保险 542
HO-3（特殊险）的被保险人 546
第Ⅰ部分的保险责任 547
第Ⅰ部分的承保风险事故 553
第Ⅰ部分的除外责任 556
第Ⅰ部分的条件 559
第Ⅰ部分和第Ⅱ部分的共同
条款 565

第23章 屋主保险：第Ⅱ部分 572

个人责任保险及对第三方的医疗
赔付保险 573
第Ⅱ部分的除外责任 576
第Ⅱ部分的附加保障 580
第Ⅱ部分的条件 582
屋主保险的批单 583
屋主保险的成本 587
购买屋主保险的建议 589

第 24 章　其他财产和责任保险　597

　　保险服务处的住宅计划　598
　　移动房屋保险　600
　　内陆运输保险　601
　　船只保险　602
　　政府财产保险计划　604
　　产权保险　610
　　个人伞式保险　613

第 25 章　企业财产保险　622

　　企业一揽子保险　623
　　建筑物和个人财产保险　625
　　保险责任类型　628
　　批　单　629
　　价值报告条款　630
　　业务收入保险　631
　　其他企业财产保险　634
　　运输保险　639
　　企业主保险　644

第 26 章　企业责任保险　653

　　一般责任损失敞口　654
　　企业一般责任保险　655
　　雇佣相关行为责任保险　663
　　工人补偿和雇主责任保险　664
　　商用汽车保险　667
　　航空保险　670
　　企业伞式保险　672
　　企业主保险　675
　　职业责任保险　677
　　董事和管理人员责任保险　679

第 27 章　犯罪保险和履约保证　686

　　保险服务处的商业犯罪保险计划　687
　　商业犯罪保险条款（期内索赔制）　688
　　金融机构保证保险　695
　　履约保证　697

术语表　704

第1章
风险及其应对

> 我们冒险的时候，就是在对我们做出的决定将带来的结果进行赌博，尽管我们并不确定结果是什么。
>
> ——彼得·L. 伯恩斯坦（Peter L. Bernstein）
> 《与天为敌：风险探索传奇》（Against the Gods: The Remarkable Story of Risk）

 学习目标

学习完本章，你应当能够：

- 解释风险的历史定义。
- 解释损失敞口的含义。
- 理解以下几种类型的风险：
  - ➢ 纯粹风险；
  - ➢ 投机风险；
  - ➢ 可分散风险；
  - ➢ 不可分散风险；
  - ➢ 企业风险；
  - ➢ 系统性风险。
- 识别与财务风险有关的主要纯粹风险。
- 说明风险如何构成社会负担。
- 解释风险管理的主要手段。

阿什利今年25岁，是内布拉斯加州奥马哈一家小餐馆的服务员。一天晚上餐馆关门后，她在暴雨中开车回家。一名司机闯红灯，迎面撞上了阿什利的车，该司机当场身亡。阿什利活了下来，却有六个月无法工作。在此期间，她支付了超过20万美元的医疗费，并损失了约2万美元的小费和工资。而她工作的餐馆没有为她提供任何医疗或残疾收入保险。由于这次事故，阿什利被迫宣布破产。

阿什利的悲惨遭遇表明我们生活在一个充满风险和危机的世界里。新闻媒体每天都会报道类似的悲剧：恐怖分子和自杀式炸弹袭击者在全世界范围内杀死或重伤成千上万的无辜群众；精神病人开车撞向从教堂做完礼拜出来的一群人，造成5人死亡，10人受伤；火灾、飓风、龙卷风、地震、泥石流、灌木丛火灾或其他自然灾害使人们痛失家园和个人财产；龙卷风大面积摧毁一个小镇；高管被判诈骗公司数百万美元。

此外，生活中还有些个人悲剧和经济损失，虽然很少登上头条，但却给人们造成了极

大的经济不安全：一家之主意外死亡导致家庭失去经济来源；高昂的医药费耗尽一个家庭的积蓄；在严重的经济衰退中失去一份高薪的工作并长期失业；因疾病或意外事故造成的残疾，使得收入骤减；因过失行为导致责任诉讼。

在本章，我们将讨论社会上存在的风险的本质及应对措施。所涉及的主题包括风险的含义、威胁人们财务安全的主要风险类型、影响企业的主要商业风险、风险给经济造成的负担及管理风险的基本方法。

风险的定义

风险没有唯一的定义。经济学家、行为学家、风险理论家、统计学家、保险精算师和历史学家，每个人都有他自己对风险的定义。

传统风险定义

风险在传统上被定义为不确定性。基于这一概念，**风险（risk）**的定义为损失发生的不确定性。例如，因为存在不确定性，在汽车事故中存在死亡的风险。因为存在不确定性，吸烟的人存在患上肺癌的风险。因为存在不确定性，学校课程不及格的风险也是存在的。

保险业从业人员经常对风险赋予不同的含义以区别财产风险和人身所面临的、需要获得保障的风险。例如，在保险行业中，经常可以听到"那名司机的风险低"或者"那栋建筑具有不可保风险"这样的说法。

风险与不确定性的区别

在经济学和财务文献中，作者们和精算师们通常会对风险和不确定性做出区分。根据美国精算师学会（American Academy of Actuaries）的说法，"风险"一词被用于已知或可在一定程度上准确估计可能结果的情况，而"不确定性"则被用于无法计算概率的情况。① 例如，我们可以用相当精确的方法估计人们在每个年龄段死亡的概率。相比之下，对来自外太空的陨石摧毁人类家园的可能性只是猜测，一般无法准确估计。因此，许多作者都给风险赋予了他们自己的定义，在专业文献中，风险的定义种类繁多。②

损失敞口

由于风险是一个模棱两可的词汇，而且有不同的含义，许多学者和公司的风险管理师使用"损失敞口"一词来定义潜在损失。**损失敞口（loss exposure）**是指任何可能发生损失的情况或环境，而不论损失是否发生。损失敞口的例子包括：制造工厂可能在地震或洪

---

① American Academy of Actuaries, Risk Classification Work Group, *On Risk Classification*, A Public Policy Monograph (Washington, DC: American Academy of Actuaries, 2011), note 2, p. 1.

② 风险也被定义为：(1) 未来结果的可能性；(2) 损失的可能性；(3) 从预期或希望的结果反向偏离的可能性；(4) 给定情景下可能结果的多样性；(5) 有感知力的实体可能发生损失的概率。

水中损毁；劣质产品可能引致对公司的诉讼；公司财产可能因为安保措施不到位而失窃；雇员在工作中可能受到人身伤害。

最后，当风险的定义中包含了不确定性的概念时，一些学者对客观风险和主观风险之间的差别进行了认真区分。

客观风险

客观风险（objective risk）（也被称为风险度，degree of risk）被定义为实际损失与预期损失之间的相对差额。例如，假设财产险公司为 10 000 栋房屋长期承保，平均每年有 1% 或 100 栋房屋被烧毁。然而，很少有在一年中恰好 100 栋房屋被烧毁的情况发生。在一些年份中，可能少于 90 栋房屋被烧毁，而在其他年份中，可能有 110 栋房屋被烧毁。那么，与预期的 100 栋房屋相比，就有 10 栋房屋或者 10% 的差额。实际损失与预期损失之间的相对差额被称为客观风险。

客观风险随着暴露于风险中的风险单位数量的增加而下降。更准确的表述是：客观风险与作为观察对象的案例数量的平方根成反比。在前面的案例中，投保的 10 000 栋房屋的客观风险是 10/100 或者 10%。现在假设投保的是 100 万栋房屋，那么现在预期被烧毁的房屋是 10 000 栋，但是实际损失与预期损失的差额仅仅是 100 栋。客观风险现在是 100/10 000 或者 1%。那么，随着第一个例子中房屋数量的平方根 100 增加到第二个例子中的 1 000（10 倍），客观风险下降到之前的十分之一。

客观风险可以利用一些离差测度方法进行统计学计算，例如标准差或者协方差。由于客观风险是可测的，所以它对于保险公司或商业公司的风险管理师来说是一个非常有用的概念。随着暴露于风险中的风险单位数量的增加，保险公司能够依据**大数定律**（law of large numbers）更加准确地预测其未来的损失。大数定律表明，随着面临风险的个体数量的增加，实际损失与预期损失会越来越接近。例如，房屋数量越多，预测将会被烧毁的房屋所占百分比的准确度越高。我们将在第 2 章中对大数定律进行更为详细的讨论。

主观风险

主观风险（subjective risk）被定义为个人的心理状态或精神状态导致的不确定性。主观风险也被称为感知风险，一些学者在讨论个人对风险的感知时会使用这一词。例如，假设一个有多次醉驾犯罪记录的驾驶员在酒吧里喝得烂醉，却还愚蠢地试图开车回家。这个驾驶员可能不确定他是否能够安全到家而不因酒驾被警察逮捕，这种心理上的不确定性或感知被称为主观风险。

主观风险的影响因人而异。相同情况下的两个人对风险的看法可能是不一样的，他们的行为也会因此而改变。如果一个人对损失的发生有很大的心理不确定性，他的行为可能会受到影响。主观风险高通常会使人更加保守和谨慎，而主观风险低的人在行为上可能就不那么保守。例如，假设先前因醉酒驾车被捕的驾驶员清楚自己已经喝醉了，他可以通过让其他人开车回家或者乘出租车回家来避免心理上的不确定性。另一个驾驶员在相同的条件下可能因认为自己被捕的风险很低而采取更大意和不计后果的行为，自行驾车回家。主观风险偏低就会导致这种冒险的驾驶行为。

损失机会

损失机会与风险的概念密切相关。**损失机会（chance of loss）**被定义为事件发生的概率。与风险类似，"概率"也有主观和客观两个方面。

客观概率

客观概率（objective probability）是指基于观察对象数量无穷多和潜在条件不变两个假设前提，在较长的时间内事件发生的相对频率。客观概率可以通过两种方式确定：

第一，演绎推理法。运用这一方法得到的概率被称为先验概率。例如，抛掷一枚均质硬币得到正面向上的概率是 1/2，因为硬币有两个面，只有一面是正面。与此类似，掷一枚骰子获得 6 点的概率是 1/6，因为骰子有六个面，仅有一面是 6 点。

第二，区别于演绎推理法，客观概率还可以通过归纳推理法来确定。例如，21 岁的年轻人在 26 岁前死亡的概率是无法通过逻辑推理得到的。然而，通过对过去的死亡案例情况的认真分析，人寿保险公司可以估计出这一概率，并向 21 岁的年轻人销售 5 年期的人寿保险。

主观概率

主观概率（subjective probability）是个人对损失机会的估计。主观概率不需要与客观概率保持一致。例如，那些在生日当天购买彩票的人可能会认为这是他们的幸运日，并高估了中奖的低概率。很多因素可能会影响主观概率，包括一个人的年龄、性别、智商、受教育程度、酗酒或吸毒情况。

此外，个人对损失概率的主观估计可能与客观概率不同，因为人们对概率的认知可能是模糊的。例如，假设赌场中的老虎机需要出现 3 个柠檬才能获胜，玩这个游戏的人可能认为自己获胜的概率非常高。然而，如果每个卷轴旋转时有 10 个标志，其中只有 1 个是柠檬，那么出现 3 个柠檬的客观概率就非常小了。假设每一组图片的旋转独立于其他各组，那么同时出现 3 个柠檬的概率就是每组概率的乘积（1/10×1/10×1/10＝1/1 000）。这一点对赌场老板是有利的，他们知道大多数参与赌博的人都不是训练有素的统计学家，因此很可能会高估自己赢钱的客观概率。

损失机会和客观风险

损失机会可以与客观风险区分开来。损失机会是指导致损失的事件发生的概率。客观风险是实际损失与预期损失的相对差额。对于两个不同的组合，损失机会可能是相同的，但是客观风险却存在很大差异。例如，假设一家财产险公司在洛杉矶为 10 000 栋房屋承保，在费城也是 10 000 栋房屋，每个城市发生火灾的概率都是 1%。因此，平均每年每个城市可能有 100 栋房屋被烧毁。然而，如果费城年损失的离差为 75～125 栋，但是洛杉矶年损失的离差为 90～110 栋，那么，虽然两个城市的损失机会可能相同，但是费城的客观风险更大。

风险事故和风险因素

要注意，不能将风险事故和风险因素这两个词与前面讨论的风险概念混淆。

风险事故

风险事故（peril）被定义为造成损失的原因。如果你的房子因火灾而被烧毁，风险事故或者发生损失的原因就是火。如果你的汽车在与其他汽车的碰撞中被损毁，碰撞就是风险事故或者发生损失的原因。造成财产发生损失的常见风险事故包括火灾、闪电、风暴、冰雹、龙卷风、地震、洪水、抢劫和盗窃。

风险因素

风险因素（hazard）是造成或增加损失发生的频率或严重程度的因素。有四个主要类型的风险因素：

- 物质风险因素；
- 道德风险因素；
- 态度风险因素（心理风险因素）；
- 法律风险因素。

物质风险因素 物质风险因素（physical hazard）是增加损失发生概率或严重程度的物理条件。物质风险因素的例子包括结冰路面增加汽车事故发生的可能性，建筑物中的走电不合理增加火灾发生的可能性，没有锁好门会增加失窃发生的可能性，等等。

道德风险因素 道德风险因素（moral hazard）是由于个人的不诚实或者居心不良而增加损失发生的频率或严重程度。这里列举几个涉及道德风险因素的例子，如伪造事故从保险公司处骗保、欺诈索赔、夸大索赔、故意烧毁投保的未出售商品。通过谋杀被保险人以非法取得人寿保险赔偿金是另一个涉及道德风险因素的重要例子。

在所有保险业务中都存在道德风险因素，这种风险难以控制。不诚实的个人常常用"保险公司有的是钱"的说法来掩饰他们的行为。这种观点是不正确的，因为保险公司只能用向其他投保人收取的保费支付索赔。由于道德风险因素的存在，对于每个人而言，保费都更高了。

保险公司尝试通过对保险申请人的认真核保和一系列保险条款，如免赔额、等待期、除外责任和批单，来控制道德风险因素。这些条款将在第10章进行讨论。

态度风险因素（心理风险因素） 态度风险因素［attitudinal hazard，心理风险因素（morale hazard）］是由于粗心或对损失的冷漠态度而增加损失发生的概率或严重程度。态度风险因素的例子包括：将车钥匙留在未上锁的汽车里增加了汽车失窃的可能性；不关房门增加了窃贼入室盗窃的可能性；在拥挤的高速公路上突然变道而不打转向灯增加了事故发生的可能性。诸如此类粗心大意的行为都会增加损失发生的概率。

心理风险因素与态度风险因素的含义相同。心理风险因素一词在本书之前的版本中经常被使用，是指因人们的粗心或冷漠造成的损失。然而，如今态度风险因素一词得到了更为广泛的应用，它不容易给学生造成困扰，且能够更清楚地表述我们所讨论的概念。

法律风险因素 法律风险因素（legal hazard）是指在法律体系或规章制度中增加损失发生的概率或严重程度的因素。例如：陪审团的不利判决或者责任诉讼案中的巨额损害赔偿；要求保险公司为健康保险计划中的某些特定情况承保的法令，如为酒精中毒承保；州保险部门的监管措施防止保险公司撤出经营不善的州。

风险的分类

风险可以分为几个不同的种类。最重要的包括：
- 纯粹风险和投机风险；
- 可分散风险和不可分散风险；
- 企业风险；
- 系统性风险。

纯粹风险和投机风险

纯粹风险（pure risk）是指仅仅存在发生损失或没有损失两种可能性的情况。唯一可能的结果是不利的（损失）和中性的（无损失）。纯粹风险的例子包括过早死亡、工伤事故、巨额医疗费用和火灾、闪电、洪水或地震引起的财产损失。

投机风险（speculative risk）是指受益或受损均有可能的情况。例如，你购买了100股普通股，如果股票价格上涨，那么你将获利，如果股票价格下跌，你就会亏损。其他投机风险的例子还有赌马、房地产投资和个体经商。在这些情况下，盈亏皆有可能。

区分纯粹风险和投机风险非常重要，原因有三。首先，商业保险公司通常主要承保纯粹风险而不承保投机风险。然而也有例外，有些保险公司会为机构投资组合及市政债券面临的潜在损失承保。企业风险管理（后文将进行讨论）是另一个特例，有些特定的投机风险可以投保。

其次，大数定律被应用于纯粹风险的难度低于投机风险。大数定律的重要性体现在其有助于保险公司预测未来损失的情况。相比之下，运用大数定律很难预测投机风险的未来损失情况。赌博的投机风险是一个特例，赌场经营者能够最有效率地运用大数定律。

最后，即使发生损失，社会也可能从投机风险中获益，但是如果存在发生损失的纯粹风险，那么社会利益就会受损。例如，企业可能开发一种生产廉价计算机的新技术。这一行为的后果是，企业的一些竞争者可能被逼到破产的境地。尽管存在企业破产，社会却因为计算机生产成本的降低而获益。然而，纯粹风险所导致的损失一般不会给社会带来收益，例如洪水或地震等为城镇或地区带来的破坏性灾难。

可分散风险和不可分散风险

可分散风险（diversifiable risk）是指仅影响个体或小群体而不会影响总体经济状况的风险。这种风险可以通过分散的方式降低或消除。例如，一个包括股票、债券和定期存单的分散投资组合比完全投资于股票的投资组合的风险要低。一种投资的损失，比如说股票发生了损失，会由债券或定期存单的收益抵销。与此类似，财产保险公司承保不同类型标的所面临的风险要比仅承保单一类型标的所面临的风险小得多。一种类型投保标的的承保损失会被其他类型投保标的的承保收益所抵销。因为可分散风险只会影响特定的个体或小群体，所以又被称为非系统性风险或特定风险。例如，汽车失窃、抢劫和住宅失火等均为可分散风险。只有遭受这些损失的个人和公司才会受到影响，而不是整个经济体都受到影响。

相反，**不可分散风险（nondiversifiable risk）**是指影响整个经济体或经济体中的大多数人或群体的风险。这种风险无法通过分散的方式消除或减少。例子包括快速的通货膨胀、周期性失业、战争、台风、洪水和地震。在这些例子中很多人或群体都受到了影响。因为不可分散风险会影响整个经济体或经济体中的大多数人，因此也被称作基本面风险。

可分散风险和不可分散（基本面）风险之间的区别非常重要，因为对于不可分散风险的投保，政府援助十分必要。社会保险和政府保险计划以及政府担保或补贴对美国的某些不可分散风险的承保是必要的。例如，大范围失业和洪水风险很难通过商业保险投保，因为这些风险不满足理论上的可保风险（第2章将进行讨论）。因此，州失业补偿计划有必要每周为那些非自愿失业的工人提供补贴。同样，联邦洪水保险计划有必要为洪水多发地区的个人和企业提供财产保险。

企业风险

企业风险（enterprise risk）这一术语包括了商业公司面临的所有主要风险。这些风险包括纯粹风险、投机风险、战略风险、经营风险和财务风险。我们已经解释了纯粹风险和投机风险的含义。**战略风险（strategic risk）**是指企业财务目标的不确定性。例如，企业可能开发一些新业务，而这些业务可能是不盈利的。**经营风险（operational risk）**来自企业的经营行为。假设"黑客"闯入银行电脑系统，银行的网银服务可能因此而蒙受损失。

企业风险还包括财务风险，这在商业风险管理领域变得越来越重要。**财务风险（financial risk）**是指由于商品价格、利率、外币汇率和本币价值的不利变化导致的损失的不确定性。例如，一个食品公司同意在6个月内以固定价格向超市供应谷类食品，如果此时谷物价格上涨，那么食品公司就可能会亏损；如果利率上升，持有大量美国国债的银行就可能会蒙受损失。类似地，在日本做生意的美国公司在日元兑美元汇率变化时也可能遭受损失。

企业风险在商业风险管理领域正变得越来越重要。在这个过程中，各类组织不断区分和应对主要风险和次要风险。在商业风险管理发展的过程中，一些风险管理师正在考虑如何用一个计划将所有风险囊括其中。**企业风险管理（enterprise risk management）**运用单一计划统一应对企业面临的所有主要风险。与前面相同，这些风险包括纯粹风险、投机风险、战略风险、经营风险和财务风险。通过将这些风险集合到一个计划中，企业能够用一种风险冲抵另一种风险，最终实现整体风险的降低。只要这些风险不是完全相关的，风险组合就可以降低企业的整体风险。特别是当某些风险负相关时，总体风险才可以显著降低。第4章将更为详细地讨论企业风险管理。

应对财务风险一般需要使用复杂的对冲技术，如金融衍生品、期货合约、期权和其他金融工具。一些企业任命首席风险官（chief risk officer，CRO），例如，财务主管来管理企业的财务风险。第4章将更为详细地论述财务风险管理。

系统性风险

系统性风险（systemic risk）是指由于一个或多个经济体的破产而导致整个系统或整个市场崩溃的风险，这种风险可能导致整个金融系统分崩离析。例如，2008—2009年的经济衰退是美国历史上第二严峻的经济衰退，主要是由系统性风险造成的。这场经济衰退使美国金融系统大面积崩溃、股市崩盘；全国失业率飙升至历史最高水平；房地产市场崩溃；100多家商业银行和金融机构倒闭或被兼并；商业银行和一些保险公司出售的复杂衍生品基本上处于无监管状态，给投资者造成了巨大损失；证实了州和联邦对包括保险公司在内的金融服务业监管的不充分和不健全。第8章将详细论述系统性风险对保险业的经济影响以及政府对保险业的监管。

主要的个人风险和商业风险

前面说明了对风险进行分类的几种方式。不过，在这一部分，我们主要强调对纯粹风险的识别和应对。有些纯粹风险与个人及家庭所面临的巨大经济不安全有关，对于商业企业而言也是如此。这一部分将讨论：（1）影响个人和家庭的重要个人风险；（2）影响企业的主要商业风险。

个人风险

个人风险（personal risk）是直接影响个人或家庭的风险。这种风险包括收入、额外费用和金融资产遭受损失或减少的可能性。可能导致严重经济不安全的主要个人风险包括以下五类[①]：

- 早逝风险；
- 退休后收入不足的风险；
- 健康状况变差的风险；
- 失业风险；
- 酗酒和吸毒风险。

早逝风险 早逝（premature death）是指尚未履行完经济责任的家庭主要成员的死亡。这些义务包括提供经济支撑、偿还抵押贷款、支付子女教育费用、支付信用卡或者偿还分期贷款。如果幸存的家庭成员没有足够多的替代收入来源或者过去的储蓄来抵销损失的收入，他们将面临显著的经济不安全。

早逝只有在死者负担家庭开支或尚未履行完经济责任时，才会导致经济不安全问题。在经济学意义上，七岁儿童的死亡不属于"早逝"，因为孩子们一般不工作，不能为家庭提供经济支持。

家庭主要成员的早逝至少产生了四种成本。第一，家庭主要成员的生命价值永久丧

---

① George E. Rejda，*Social Insurance and Economic Security*，7th ed.（Armonk, NY: M. E. Sharpe, 2012），pp. 5–14.

失。**生命价值**（human life value）是指已故养家糊口者的未来收入中用于家庭的份额的现值，这一损失可能是巨大的。大多数大学毕业生的实际或潜在生命价值远超 500 000 美元。第二，丧葬费用、未投保医疗费用、遗嘱和资产结算等产生的费用，以及大额遗产的继承税和遗产税可能产生的附加费用。第三，由于收入不足，一些家庭可能面临入不敷出或资不抵债的困境。第四，还会产生一些非经济成本，包括悲痛的心情、失去榜样以及对孩子们的教诲和引导等。

退休后收入不足的风险　退休后所面临的主要风险是收入不足问题。美国大量的工人在 65 岁之前退休。他们在退休之后就失去了收入来源。除非他们有足够的金融资产或其他来源获得退休收入，例如社会保障或者私人养老金、401（k）计划，或者个人退休账户（individual retirement account，IRA），否则他们在退休之后就会面临经济无保障的问题。

大多数工人退休后，货币收入显著减少，导致生活水平下降。例如，根据 2017 年人口普查的数据，2016 年 65 岁及以下人口收入的中位数为 66 487 美元，相比之下，65 岁及以上人口收入的中位数仅为 39 823 美元，比前者低 40%。[①] 一般来说，这些钱对于有大量额外支出（例如，很高的未投保医药费支出、医护机构的长期护理费用、高额的财产税或抵押贷款、信用卡还款）的退休工人而言是不够的。

储蓄或金融资产不足　在未来的 15 年中，成百上千万的美国工人将会退休。然而，有相当多的人在财务方面并没有做好准备。根据雇员福利研究所（Employee Benefit Research Institute）2017 年的调查，大多数退休人员（退休人员指已退休或年满 65 岁且未全职工作的个人）在退休前的储蓄相对较少。2017 年的调查发现，47% 的退休工人个人存款和投资总额低于 25 000 美元，这些不包括他们的不动产或拥有固定收益的养老金计划。令人不安的是，被调查群体中有 24% 的退休工人表示其个人储蓄不足 1 000 美元。同样，67% 没有退休计划的工人的储蓄和投资低于 1 000 美元。此外，仅有 38% 的退休工人的储蓄或投资不低于 250 000 美元。[②] 总体来看，这一数额相对偏低，不足以提供舒适的退休生活。

老年贫困　许多退休人员生活在贫困之中，经济没有保障。新的贫困数据显示，老年人中的贫困现象比官方统计的要严重得多。2016 年，美国统计局发布的官方贫困率数据显示，65 岁及以上的老年人中仅有 9.3% 被计入贫困人口。然而，官方数据并没有考虑食品券、薪资税、所得税抵免、工作相关支出、医疗费用、育儿支出以及地区差异。美国统计局随后开发了一个涵盖上述因素的补充测度方式，结果显示，老年人的贫困率远高于我们普遍认为的数值。新的测度方式表明，65 岁及以上老年人的贫困率是 14.5%，比官方数据高 56%。[③]

健康状况变差的风险　健康状况变差是另一种导致巨大经济不安全的个人风险。健康

[①] U. S. Census Bureau, *Income and Poverty in the United States*：2016, Current Population Reports, pp. 60 - 259, September 2017, Table 1.

[②] The 2017 Retirement Confidence Survey：Many Workers Lack Retirement Confidence and Feel Stressed about Retirement Preparations, *EBRI Issue Brief*, No. 431, March 21, 2017, Figure 13.

[③] Liana Fox, *The Supplementary Poverty Measurement*：2016, Current Population Reports, pp. 60 - 261 (RV), Revised September 2017, Figure 3.

状况变差的风险既包括支付巨额的医疗费用,也包括收入损失。大型手术的成本在最近几年大幅度上升。例如,心脏手术的费用超过 300 000 美元,肾脏或心脏移植手术的费用可能超过 500 000 美元,一次严重事故需要多次大型手术、整容手术和康复治疗,费用可能超过 600 000 美元。此外,疗养院长期护理费用每年可能超过 100 000 美元。长期服用昂贵的处方药给许多人带来了额外的经济问题。因为较差的健康状况和未投保问题所导致的经济无保障,我们将在第 15 章对此进行更为详细的讨论。

如果工作能力受损很严重,那么收入损失是另一个造成经济不安全的原因。人们在长期残疾的情况下会存在收入的间接损失;产生医药费用;雇员福利可能会损失或减少;储蓄减少或被耗尽。此外,还会产生为那些不得不待在家里的残疾人提供护理的额外费用。

大多数工人很少去考虑长期残疾所带来的经济后果。65 岁之前成为残疾人的可能性比我们(特别是年轻人)所认为的要高得多。根据社会保障管理局(Social Security Administration)的研究,20 岁的工人在达到完全退休年龄之前有 1/4 的概率失去劳动能力。① 完全残疾对个人储蓄、资产和收入的影响非常大。特别是,长期残疾的收入损失可能是灾难性的。学生们应该了解自己因伤病而无法工作的概率,以及若他们成为残疾人的预估经济损失。专栏 1.1 介绍了由残疾意识委员会(Council of Disability Awareness, CDA)开发的一个可以测算个体残疾可能性和长期残疾对其财务影响的残疾收入计算工具。该计算工具通过个人残疾系数,表明个体残疾的概率和三个月及以上时间无法工作的预估总经济损失。其主要结果基于测算者的年龄、性别、职业、预期退休年龄、健康状况和相关疾病。算算看,结果会让你大吃一惊。

专栏 1.1

你无法工作赚钱的可能性有多大?计算你的个人残疾系数

残疾意识委员会开发了一个有益的残疾收入计算工具来计算个人残疾系数(personal disability quotient,PDQ)。这一工具可以计算人们受伤或生病的概率,这些伤害或疾病可能会迫使人们数周、数月甚至数年无法工作。在预估的个体残疾概率的基础上,该计算工具可根据各种精算数据和假设,估算出严重疾病或伤害对人们职业生涯的总体经济影响。

计算个体的 PDQ 需要回答几个问题:年龄和性别、身高和体重、健康状况、吸烟情况、工作环境在室内还是室外,以及是否接受过某些疾病的治疗。此外,问题还涉及目前的收入、预期的加薪率和预期退休年龄等问题。这是一个简单的计算工具,人们可以在几分钟内计算出自己的 PDQ。

例如,托马斯 25 岁,5 英尺 10 英寸高,体重为 170 磅,在办公室工作。他不吸烟,认为自己的健康状况一般,目前尚未接受过某些疾病如癌症或心脏病的治疗,年收入为 3 万美元,预计年薪增长 3%,计划在 67 岁退休。如果托马斯 25 岁时完全残疾,他的 PDQ

---

① *Disability Benefits*,SSA Publication No. 05 - 10029,January 2017.

是多少?
- 根据托马斯输入的信息,可以得出他的PDQ为13%,这反映了他生病或受伤和三个月及以上时间无法工作的可能性。
- 如果托马斯残疾三个月,其残疾状态持续五年或更长时间的概率为32%。
- 像托马斯这样的人的平均残疾时长是74个月。
- 如果托马斯无法再工作赚钱,那么他在余下的职业生涯中潜在的收入损失为2 460 696美元。这一数字是根据他目前的收入、预期的加薪率和预期退休前的年数粗略计算出来的。

资料来源:根据残疾意识委员会PDQ计算工具计算得到,网址为http://disabilitycanhappen.org/pdq-2/。

失业风险 失业风险是造成美国社会经济不安全的一个重要因素。失业可由经济周期性衰退、经济技术和结构的变化、季节性因素、劳动力市场的不完善等其他原因造成。

经济学家普遍认为,当失业率为4%~5%时,经济就处于充分就业状态。2017年10月,美国的总失业率为4.1%,这意味着美国经济正处于充分就业状态。[1] 然而,事实远非如此。因为官方的失业率并没有将某些群体算作失业者,导致真正的失业率被低估了。这些群体包括因气馁而退出劳动力市场的工人,因经济窘迫而不得不兼职的工人,以及很难加入劳动力市场的工人。美国劳工统计局制定了涵盖上述影响因素的六项替代措施,如果采用更广泛的失业率衡量标准,美国经济失业率应为7.9%。[2] 在撰写本书之时,美国大约每13个工人中就有1人失业或未充分就业。因此,成百上千万的失业工人正经历严重的经济缺乏保障时期。

长期失业至少可以从四个方面导致人们的经济安全没有保障。首先,工人丧失了收入来源和工厂提供的健康保险。除非有足够的替代收入或可提取的储蓄存款,否则失业工人就将面临经济不安全。其次,由于经济不景气,工作时间可能被压缩,工人可能只能找到兼职工作,收入的缩水无法满足工人的生活需要。再次,长期失业问题应该被考虑。2017年10月,失业27周及以上时间的人占美国失业人口的25%。[3] 大多数长期失业工人的储蓄有限。如果失业持续的时间过长,过去的储蓄和失业保险金可能会被耗尽,经济不安全感就会增加。最后,由于复杂的法律和更严格的资格要求,州失业保险计划在增加了未就业工人经济负担的同时存在很大的局限性和缺陷:并不是所有的失业工人都能得到失业保险金;相当高比例的申领者在经济衰退期间耗尽了他们的失业救济金,仍然处于失业状态;许多州的计划资金不足。关于这些问题我们将在第18章中进行更详细的讨论。

酗酒和吸毒风险 酗酒和吸毒成瘾作为严重的国家级问题,也是造成经济不安全的一个重要原因。关于酒精和药物滥用的统计数字令人震惊。根据全国酒精中毒和药物依赖委员会(National Council on Alcoholism and Drug Dependence,NCADD)的数据,有1 760万人,即每12个成年人中就有1个有酒精滥用或依赖问题;数百万人有可能导致酒精问题的酗酒行为;超过一半的成年人有酗酒或酒精问题家族史;超过700万名儿童居住在父

---

[1] Bureau of Labor Statistics, "The Employment Situation—October 2017," November 2, 2017.
[2] Ibid, Table A-15.
[3] Ibid, Table A-12.

母至少一方依赖酒精或酗酒的家庭中；每年有88 000人死于与酒精有关的疾病。① 酗酒不仅会导致严重的健康问题，而且是诱发家庭暴力、车祸、离婚以及凶杀、虐待儿童及其他犯罪活动的一个重要因素。

此外，服用毒品问题在美国十分猖獗。根据全国药物使用与健康调查（National Survey on Drug Use and Health，NSDUH）的数据，在过去的30年里，有大约2 000万个12岁及以上的美国人服用过违禁药物，占12岁及以上人口的8％。违禁药物包括大麻、可卡因、快克、致幻剂、海洛因和未开处方的处方药等。②

吸毒成瘾者除了每周要花费数千美元外，还要付出例如严重的健康问题、不健全的家庭、失去工作和职业前途、面临监禁和坐牢等高昂的代价。

酗酒或吸毒成瘾至少从五个方面给人们造成了严重的经济不安全：（1）家庭收入的损失或减少；（2）严重健康问题；（3）失去工作或无法在稳定的工作岗位上工作；（4）不健全或破裂的家庭增加；（5）犯罪率的提高和许多社区整体生活质量的恶化。

财产风险

人们拥有的财产面临的是**财产风险（property risk）**——财产因多种原因损毁或损失的风险。房屋及其他不动产和个人财产可能因为火灾、闪电、龙卷风、风暴、盗窃和其他原因而损毁。有两种主要的损失类型与财产的损毁或失窃有关：直接损失和间接损失或继起性损失。

直接损失 **直接损失（direct loss）**是由财产的物理损坏、损毁或失窃造成的经济损失。例如，如果你的餐馆被火灾烧毁，餐馆的物质损失就被认定为直接损失。

间接损失或继起性损失 **间接损失（indirect loss）**是指因发生直接的物质损毁或失窃损失而间接造成的财务损失。例如，由于你的房屋失火，你可能需要支付额外的生活费用以保持自己正常的生活水平。在房屋维修期间，你可能不得不租一间汽车旅馆或者公寓。你可能要在外面的餐厅里或多或少地吃几顿。如果损毁的屋子中有被出租出去的，而火灾后房屋无法居住，那么你就会损失租金收入。因为火灾造成的这些额外费用被称作**继起性损失（consequential loss）**。

责任风险

责任风险（liability risk）是另一种大多数人都面临的重要纯粹风险。根据美国的法律制度，如果你做了某些事情对其他人造成人身伤害或财产损失，那么你就要承担法律责任。法庭会要求你向受伤害的人支付巨额损失赔偿金。

美国社会是一个喜欢通过诉讼解决问题的社会，诉讼案件时有发生。驾驶员对其粗心的驾驶行为负有法律责任；业主对房屋内的安全隐患导致他人受伤负有法律责任；养狗人对狗咬人负有法律责任；开船的人对船只使用者、游泳的人和滑水的人蒙受的人身伤害负有法

---

① National Council on Alcoholism and Drug Dependence（NCADD），*Facts about Alcohol*. Available at https://www.ncadd.org/about-addiction/alcohol/facts-about-alcohol. Last modified on July 25，2015.

② National Survey on Drug Use，*Facts about Drugs*. Available at https://www.ncadd.org/about-addiction/faq/facts-about-drugs. Last modified on April 26，2015.

律责任。同样地，医生、律师、会计师、工程师和其他专业人员会因为行为不当而遭到病人和顾客的起诉；企业要为产品或服务的缺陷对消费者造成的财产损失或人身伤害负法律责任。

由于以下几个原因，责任风险非常重要。第一，损失的金额没有最高限额。你可能受到任何金额的起诉。相反，如果是个人拥有的财产，损失就存在最高限额。例如，如果你的汽车实际现金价值是 25 000 美元，则最高损失为 25 000 美元。然而，如果你因粗心大意对其他驾驶员造成严重的人身伤害，你可能被你所伤害的人起诉索要任何金额——5 万美元、50 万美元或者 100 万美元，甚至更高。

第二，法院可以对个人的收入和金融资产进行扣押以满足法律判决的要求。例如，假设你对某个人造成了人身伤害，法庭要求你向受害方支付赔偿金。如果你无法支付这笔赔款，你的收入和金融资产就可能会被扣押，以满足判决的需要。如果你通过宣布破产来回避这一判决，那么你的信用等级就会降低。

第三，法庭辩护费用高昂。如果你没有购买责任保险，仅聘请律师为你辩护的费用可能就令你不堪重负。如果起诉变成审判，律师费用和其他法律费用可能会非常高昂。

商业风险

商业企业也面临各种各样的纯粹风险，一旦发生损失，这些风险会导致企业的财务紧张或破产。这些风险包括：(1) 财产风险；(2) 责任风险；(3) 企业收入损失敞口；(4) 网络安全和身份失窃风险；(5) 其他风险。

财产风险 企业所拥有的有价值的商业财产可能因为各种风险要素而被损坏甚至损毁，包括火灾、风暴、龙卷风、飓风、地震和其他风险。企业财产包括：厂房和其他建筑；家具、办公设备和办公用品；计算机及计算机软件和数据；原材料和成品等库存；企业汽车、船只和飞机；机械和移动设备。企业还会有一些应收账款记录和其他有价值的商务凭证，这些材料一旦损坏或损毁，重新建立的成本将非常高昂。

责任风险 企业处在一个竞争激烈的市场环境中。在这样的环境中，关于人身伤害和财产损毁的诉讼案件非常常见。这些案件的范围从一些琐事到涉及数百万美元的诉讼。企业被起诉的原因五花八门，例如劣质产品伤人、污染环境、损坏他人财物、伤害消费者、员工歧视和性骚扰、侵犯版权和知识产权以及其他各种原因。此外，董事会和管理层可能因为财物损失和公司管理不善而被股东和其他相关方起诉。最后，由于网络安全和近年来发生的盗窃犯罪事件，商业银行、其他金融机构和商业公司面临巨大的潜在责任。

企业收入损失敞口 另一种重要的风险是，投保的财产发生物理损毁，企业收入可能会蒙受潜在损失。企业的财产可能会因为火灾、龙卷风、飓风、地震或其他风险要素而蒙受物理损毁带来的损失，不得不停业几个月。在停业期间，企业将损失经营收入，包括利润损失、租金损失（若企业将商业财产租赁给他人），以及在当地市场的损失。

此外，在停业期间，有些费用仍然要继续支付，例如租金、水电费、租约、利息、税收、部分人员薪酬、保费以及其他日常管理费用。如果停业期很长，无法被企业收入抵销的固定成本和持续性开支金额可能相当庞大。

最后，在恢复营业期间，企业可能会发生额外费用。这些额外费用在损失没有发生时不会产生。例如，在另一个地方临时选址办公的成本，即所增加的租用场所的租金，以及租用替代设备的租金。

网络安全和身份失窃风险 盗贼闯入企业计算机系统和数据库引发的网络安全和身份失窃是当今许多企业面临的主要问题。黑客曾窃取数十万条消费者的信用记录，使得用户暴露在身份失窃和隐私被侵犯的危险之中。商业银行、金融机构和其他商业企业因此面临巨大的法律责任。企业面临的其他犯罪风险包括抢劫和入室盗窃、员工偷盗和不诚实、欺诈和侵吞公款、盗版和盗窃知识产权、计算机和互联网相关犯罪等。

其他风险 商业企业还必须应对大量额外的其他风险，现概括如下：

- 人力资源风险。此类风险包括与工作相关的人身伤害和患病，重要员工的死亡或伤残，团体人寿和退休计划风险，违反联邦和州相关法律法规的行为。
- 国外损失敞口。此类风险包括恐怖主义行为、政治风险、重要人员被绑架、国外厂房和财产的损毁以及外汇风险。
- 无形资产损失。此类风险包括对市场信誉和企业公共形象的伤害、对名誉的损伤、知识产权的损失。对于许多企业来说，无形资产的价值高于有形资产。
- 政府风险。联邦和州政府的法律法规可能对企业产生重大的财务影响。例如，提高安全标准的法令、要求降低企业排放和减少污染的法令，以及会增加企业经营成本的环境保护新法令。

风险对社会造成的负担

风险的存在会产生一些我们不希望发生的社会和经济效应。风险对社会造成的负担主要体现在三个方面：

- 必须增大应急基金的规模；
- 占用社会一定的商品和服务；
- 存在焦虑和恐惧。

更大规模的应急基金

出于谨慎，需要为紧急事件预留资金。然而，在没有保险的情况下，个人和企业不得不增大应急基金的规模，以应付无法预期的损失。例如，假设你已经购买了一栋价值300 000美元的房屋，如果房屋因为火灾、冰雹、暴风雪或其他风险事故损毁，你想要积累一笔维修基金。没有保险，你每年至少要储蓄50 000美元，以在相对较短的时期内建立足够的应急基金。即使这样，损失也可能会提前发生，你的应急基金可能无法完全弥补损失。如果你是中等或低收入者，你会发现这样的储蓄很困难。无论如何，如果要储蓄更多的钱，当前的消费就必须更加节制，而这会导致较低的生活水平。

商品和服务的损失

风险造成的第二种负担是占用了一定数量的商品和服务。例如，由于责任诉讼风险，许多企业已停止生产某些产品。我们可以给出无数的案例。世界上曾经有大约250个企业生产儿童疾病疫苗，但是今天只有少数企业仍然生产疫苗。部分原因是责任诉讼的威胁。

其他类型的企业也因为害怕承担法律责任而停止生产某些产品，包括石棉产品、橄榄球头盔、硅凝胶乳房假体和一些计生产品。

除此之外，由于2001年"9·11"恐怖袭击事件的发生，美国国会担心研制反恐技术（例如航空安全设备）的企业因为害怕若技术失败会被起诉而不愿再生产此类产品。为了应对这一风险，美国国会在2002年《国家安全法案》中纳入了一个条款，该条款豁免了生产反恐科技产品企业所承担的法律责任。若没有这一条款，许多反恐技术都将因为责任风险过于巨大而不复存在。

焦虑和恐惧

风险的最后一类负担是存在焦虑和恐惧。大量的例子可被用于说明风险导致的精神紧张和恐惧。如果一个十几岁的孩子在暴风雪天气里去滑雪，父母可能因为担心他在结冰的路面遇险而忧心忡忡。如果商用飞机在飞行过程中遇到严重的颠簸，乘坐这一飞机的一些乘客可能会变得极度紧张和恐惧。一个需要在某门课程上得到C才能够毕业的大学生会怀揣忧惧和害怕的心情进入考场。

风险管理技术

风险管理技术可以被宽泛地分为两类，分别是风险控制和风险融资。**风险控制（risk control）**是指降低损失发生的频率或严重程度的技术。**风险融资（risk financing）**是指为发生的损失进行融资的技术。风险管理者通常会综合运用这些技术来处理所面临的每一种风险。

风险控制

正如前文所述，风险控制是一个专业术语，主要被用于描述旨在降低损失发生的频率和严重程度的技术。主要的风险控制工具包括：

- 规避；
- 损失预防；
- 损失减少；
- 复制；
- 隔离；
- 分散化。

规避 规避（avoidance）是处理风险的一种手段。例如，你可以通过不到犯罪率较高的区域的办法来规避这种风险，可以通过不结婚来避免离婚的风险，企业可以通过不生产某种产品来避免因产品缺陷而遭到起诉的风险。

然而，并不是所有风险都需要规避。例如，你可以通过拒绝乘坐飞机来避免因飞机失事所面临的死亡或残疾的风险。然而，这些做法可行或者现实吗？备选方案常常也存在风险，例如开车、乘坐公交车或火车。尽管飞机存在失事的风险，但是航空公司的安全飞行记录非常好，乘坐飞机是完全理性的选择。

损失预防 损失预防（loss prevention）的目的在于降低损失的概率，从而降低损失发生的频率。下面列举几个损失预防的例子。如果驾驶员上了安全驾驶课程，而且能够谨慎驾驶，那么汽车事故就会减少。如果人们能够控制体重，停止吸烟，吃健康食品，并按时锻炼，那么心脏病的患病率将会降低。

损失预防对于企业而言也很重要。例如，机场和飞机上严密的安检措施能够减少恐怖主义行为。安全工程师定期检查锅炉可以避免锅炉爆炸；通过消除不安全的工作条件和严格执行安全规则可以减少工作事故；通过禁止工人在使用了高度可燃物质的房间内抽烟可以预防火灾。简言之，损失预防的目标是降低损失发生的频率。

损失减少 严格的损失预防手段能够降低损失发生的频率，然而有些损失是无法避免的。因此，损失控制的第二个目标就是在损失发生后，尽可能降低其严重程度。例如，百货公司可以安装自动灭火系统，以便迅速扑灭火灾，进而减少损失；建造工厂可以使用耐火材料来最小化火灾的损失；防火门和防火墙可以阻止火势的蔓延；公共警报系统可以减少龙卷风来袭造成的伤亡。

复制 通过**复制**（duplication）手段可以降低损失的严重程度。这一手段是指在发生损失时保有重要文件或财产的可用备份或副本。例如，在重要业务文件（如应收账款）的原始记录丢失或被销毁时，其备份副本仍然可用。

隔离 隔离（separation）是另一种减少损失的手段。旨在将遭受损失的资产分离或分割，以尽量减少单一事件造成的财务损失。例如，制造商可以在不同城市的两个仓库中存储产品。如果一个仓库因火灾、龙卷风或其他风险而受损或毁坏，另一个仓库的产品仍可安然无恙。

分散化 最后，可以通过**分散化**（diversification）手段来降低损失的严重程度。这一手段通过将损失敞口分散到不同群体中，从而降低损失发生的概率。如果制造商拥有多个客户和供应商，其损失敞口就会降低。例如，如果一个公司的整个客户群只有四个国内客户，那么其产品销售将受到国内经济衰退的不利影响。然而，如果客户群中另有外国客户和其他国内客户，这一损失敞口就降低了。类似地，依赖单一供应商的公司可以通过与多个供应商签订合同而使损失敞口降到最低。

从社会的角度来看，损失控制由于如下两个原因而非常重要。首先，损失的间接成本会很高，在某些情况下甚至超过直接成本。例如，工人可能受工伤。除了要支付工人的医药费用和一定比例的工资（直接成本）之外，企业可能还会产生大量的间接成本：机器可能损毁或者必须进行维修；生产线必须关闭；还要因为培训新的工人以替代受伤工人支付费用；由于无法准时交货而不得不毁约。通过阻止损失的发生，间接成本和直接成本都降低了。

其次，损失的社会成本下降。例如，假设前面例子中的工人因为事故死亡，这个工人本来可以生产的产品和提供的服务就从社会上永久消失了。工人的家庭损失了其本来可以带来的收入，并且可能会沉浸在巨大的伤痛和经济不安全之中。工人本人在死亡之前也会经历巨大的痛苦。简言之，这些社会成本可以通过有效的损失控制来降低。

风险融资

正如前文所述，风险融资是指在损失发生后，为支付相关成本所提供的融资手段。主要的风险融资技术包括：
- 风险自留；
- 非保险转移；
- 保险。

风险自留 风险自留（retention）是风险管理的一种重要方法。风险自留意味着个人或企业保留所有或部分风险。风险自留可以是主动的，也可以是被动的。

- 主动自留 主动自留意味着，人们非常清楚地认识到风险并且经过细心安排保留所有或部分风险。例如，乘客可能希望通过购买一份免赔额为 500 美元或更高的汽车保险保留一些小额碰撞损失敞口。屋主可能通过购买有较高免赔额的屋主保险自留一小部分房屋损毁的风险。企业可能通过购买有较高免赔额的财产保险，自留由雇员的小偷小摸或者损坏易腐货物等行为造成的风险。在这种情况下，部分或者全部自留风险就是一种经过深思熟虑的行为。

使用主动风险自留主要有两个原因。第一，可以节省支出。不必购买保险，或者购买有免赔额的保险。无论哪种方式，通常可以大幅降低保险成本。第二，由于商业保险要么难以申请，要么无法负担，风险可能被故意保留。

- 被动自留 风险也可以被动保留。一些风险可能是由于疏忽、大意或者懒惰的原因而被保留下来。如果被保留下来的风险对财务状况有着潜在影响，那么这将是非常危险的。例如，很多有收入的劳动者没有对完全或永久性残疾投保。然而，完全或永久性残疾的经济后果通常比永久性死亡所带来的后果更为严重。因此，那些没有为这种风险投保的人是以最危险的、不正确的态度使用风险自留方法。

自保 如果没有对自保的讨论，那么我们对风险自留的讨论就是不完整的。**自保**（self-insurance）是一种特殊形式的风险自留，通过自保，企业保留了部分或全部特定的损失敞口。自保的另一个名称是自融资，这更清楚地揭示了为损失融资和企业进行赔付这一理念。例如，一个大企业可能就部分或所有支付给员工的团体健康保险金采取自保或自融资的方式。

自保在工人补偿计划中被广泛使用，用以降低损失成本和费用。自保还有其他一些优点。我们将在第 3 章进行更详细的讨论。

总的来说，风险自留是一种重要的风险管理方式，特别是在现代企业风险管理计划中。第 3 章、第 4 章将对此进行更详细的讨论。总之，风险自留对潜在损失相对较小的、发生频率较高的、严重性较低的风险是一种恰当的应对方式。然而，在一些例外的情况下，风险自留不能被用于应对高频率、低风险事件，例如巨额医疗费用风险、长期丧失劳动能力风险或者法律责任风险。

非保险转移 非保险转移（noninsurance transfer）是处理风险的另一种技术。风险被转移给另一方当事人而不是保险公司。可以通过以下几种方式进行风险转移：
- 合同风险转移；
- 对冲价格风险；
- 企业法人化。

- 合同风险转移 可以通过合同来转移不期望发生的损失。例如，可以通过签订服务合同，将电视机或者音响出问题的风险转移给零售商。这使零售商对保修期结束之后的所有问题负责。租金增加的风险可以通过签署长期租约被转移给屋主。建筑费用中价格提高的风险可以通过合同规定的约定价格被转移给建筑商。

最后，风险还可以通过签订**免责条款（hold-harmless clause）**进行转移。例如，如果脚手架生产厂商在与经销商的合同里加入了免责条款，那么在脚手架倒塌并伤害到他人的时候，经销商需要保证制造商的利益不会受到损失。

- **对冲价格风险** 对冲价格风险是风险转移的另一个例子。**对冲（hedging）**是投机者通过在组织化的交易所（例如芝加哥商品交易所和纽约证券交易所）中购买或销售期货合约转移价格波动风险的一种技术。

例如，养老金基金经理可能持有大量美国长期国库券。如果利率上升，国库券的价值将会下降。为了对冲这种风险，基金经理可以销售国库券期货。假设利率如预期般上升，国库券价值下降了，期货合约的价值也将会下降，这样基金经理就能够以较低的价格对冲其购买行为。抛售期货所获得的利润可以部分或全部抵消国库券市场价值的下降。当然，利率并不会总是按照预期的情况变化，所以对冲操作也不是完美的，还会发生交易费用。然而，通过对冲，基金经理降低了利率上升所造成的债券价格的潜在损失。

- **企业法人化** **法人化（incorporation）**是风险转移的另一个例子。如果企业归个人所有，那么所有者的个人资产可以被用来偿还债务。如果企业实行了法人化，其个人资产就不能被用于偿还企业债务。实际上，通过法人化，股东责任是有限的，企业将没有足够资产偿付企业债务的风险转移给了债权人。

保险 对于大多数人来说保险是处理风险的最实用手段。尽管商业保险有很多特点，但是在这里只强调三个主要特点。第一，使用风险转移是因为纯粹风险被转移给了保险公司。第二，分摊方法被用于将少数人的损失在整个群体中分摊，以平均损失代替实际损失。第三，通过运用大数定律降低风险。通过该定律，保险公司能够非常准确地预期未来的损失。对于所有这些特点，我们将在第 2 章进行更为详细的讨论。

最后，你可能对毕业后在保险业工作感兴趣。专栏 1.2 介绍了风险管理和保险专业的就业机会。

专栏 1.2

风险管理和保险事业

风险管理和保险专业的职位 对于风险管理和保险专业来说，过去很少有哪个时期从事这一行业是如此有优势。预测显示，未来四年保险业将提供大约 40 万个职位空缺。① 这些职位所需的知识与技能的跨度从未如此之广，机遇也从未如此之多。试想一下这个拥有更宽广就业机会的行业。或许你对保险业的销售和索赔部门很熟悉，这两项工作主要与公

---

① Insurance Careers Movement，*Insurance Careers Movement Enters Second Phase of Initiative to Empower Millennials as Future Industry Leaders*，March 31，2016.

众互动，如向保险购买者推销产品，以及在发生损失时为投保人提供索赔。然而，保险业还存在许多其他职位：核保人员负责审查保险代理提出的申请，以决定是否接受申请人投保；保险精算师负责为保险代理出售的保险产品定价；损失控制专家负责减少损失和潜在索赔；律师负责审查保单；会计师负责运用一种或多种会计系统编制财务报表；财务专家负责确定支持保险公司负债的金融资产的适宜组合；考虑到保险公司必须管理大量数据，信息技术人员对保险公司也至关重要。只有这些职能部门的人员通力合作，保险公司才能取得成功。对于上述领域，我们将在第6章中进行更详细的讨论。

风险管理和保险原理的重要性 专家们认为，不管你的专业是什么，不管你未来打算做什么工作，了解风险管理和保险的原理都是相当重要的。保险业是一个充满挑战的行业，想要晋升为最高水平的从业人员需要具备大量的专业知识。要想在风险管理和保险领域取得成功，必须具备逻辑思维能力，并能够将法律、金融、经济学、数学和决策中的重要原理应用到实际工作遇到的问题中。因此，如今保险公司要求员工在进入公司后、晋升过程中持续提升专业能力。大多数保险公司鼓励员工参加有针对性的行业教育计划，如特许寿险核保人（CLU）、特许财险与意外险核保人（CPCU）、寿险管理师（Fellow, Life Management Institute，FLMI）、国际金融理财师（CFP）等。研究表明，具有这些专业头衔的雇员比普通员工挣的薪水要高得多。本书为这些专业头衔的获得提供了教育基础。

风险管理和保险原理对学生有利 在大学中学习风险管理和保险原理的学生在获得有助于其职业生涯的知识方面有很大的优势，本书讲授的原理对在保险业取得成功至关重要，并帮助掌握这些原理的雇员获取巨大优势。对于这些原理，本书不仅解释了其字面含义，而且解释了其背后的形成原因。这样，当你进入一个公司时，会比其他没有相关技能和学习背景的人了解得更多。此外，如果你需要参加关于销售保险及其他金融产品的国家职业资格考试，本书的内容亦将使你比其他没有相似教育背景的学生具有更大的优势。

风险管理和保险原理与个人风险管理计划 即使你从未在保险公司工作过，从本书中学到的原理也将使你能够制订一个坚实的个人风险管理计划，来有效地处理和管理生活中各种可能造成巨大经济不安全和财务损失的重大风险。此外，学习本书，你将从如下教育和实践方面获益：(1) 提高批判性思维能力；(2) 培养通过综合运用金融和数学工具、高阶推理和重要技术信息来分析复杂问题的能力和提升分析技能；(3) 培养商业道德和社会责任；(4) 获得基于本书讨论的原理所制订的健全的个人风险管理计划而带来的安全感。这些将和其他学科一并成为你一生事业成功的关键。

 案例应用

迈克尔是一名大学高年级学生，主修市场营销。他拥有一辆高里程的2005年款福特汽车，这辆汽车当前的市场价值是2 500美元。他在租住公寓里的衣服、电视机、音响、移动电话和其他个人财产的当前重置价值为10 000美元。他戴着一副价值200美元的可使用六个月的即弃隐形眼镜。在他的公寓里还有一个一直在漏水的水床。迈克尔是一个狂热的跑步爱好者，他每天在附近的公园里跑5公里。这个公园的名声极差，里面有卖毒品的，有大量的斗殴和人身袭击事件发生，还出现过开车射击事件。迈克尔的父母都在工作来为他支付学费。

对于下面的这些风险和损失，确定适当的风险管理技术来处理这些问题。对你的答案做出解释。

  a. 与另一个司机的车碰撞导致 2005 年款福特车蒙受物理损伤；
  b. 驾驶不当导致了对迈克尔的责任诉讼；
  c. 他租住的公寓厨房里的油燃烧所导致的衣服、电视机、音响和个人财产的总损失；
  d. 一副隐形眼镜丢失；
  e. 水床漏水导致公寓中的财产发生损失；
  f. 在迈克尔跑步的公园里卖毒品的人对他进行人身攻击；
  g. 为迈克尔提供学费支持的父亲在汽车事故中被醉酒司机撞死所带来的损失。

本章小结

- 风险没有唯一的定义。通常风险被定义为损失发生的不确定性。
- 损失敞口是指任何可能发生损失的情况或环境，而不论损失是否发生。这一术语通常被"风险"这一模棱两可的词汇代替。
- 客观风险被定义为实际损失与预期损失的相对差额。主观风险被定义为个人的思想状态或精神状态导致的不确定性。
- 损失机会的定义是事件发生的概率。它与风险不一样。
- 风险事故被定义为损失的原因。风险因素是产生或增加损失可能性的所有条件。
- 有四个主要类型的风险因素。物质风险因素是增加损失可能性的物理条件。道德风险因素是由于个人的不诚实或者居心不良而增加损失的机会。态度风险因素（心理风险因素）是由于粗心大意或者漠视风险而增加损失发生的频率或严重程度。法律风险因素是由于法律体系或规章制度的特点而增加损失的频率或严重程度。
- 纯粹风险是指仅仅存在发生损失或没有损失两种可能性的情况。投机风险是指受益或受损均有可能发生的情况。
- 可分散风险是指仅影响个体或小群体而不会影响总体经济状况的风险。这种风险可以通过分散的方式降低或消除。相反，不可分散风险是指影响整个经济体或经济体中的大多数人或群体的风险，例如通货膨胀、战争或经济萧条等。这种风险无法通过分散而消除或减少。
- 企业风险这个术语包括了商业企业面临的所有主要风险。企业风险管理是运用单一计划统一应对企业面临的所有主要风险。这类风险包括纯粹风险、投机风险、战略风险、经营风险和财务风险。
- 财务风险是指由于商品价格、利率、外币汇率和本币价值的不利变化导致的损失的不确定性。
- 下面三种类型的纯粹风险会威胁个人的财务安全：
  ➤ 个人风险；

- ➤ 财产风险;
- ➤ 责任风险。
- 个人风险是直接影响个人的风险。主要的个人风险包括:
  - ➤ 早逝风险;
  - ➤ 退休后收入不足的风险;
  - ➤ 健康状况变差的风险;
  - ➤ 失业风险;
  - ➤ 酗酒和吸毒风险。
- 直接损失是由财产的物理损坏、损毁或失窃引起的财务损失。
- 间接损失或继起性损失是指由直接实体损毁或失窃损失间接引起的财务损失。间接损失的例子包括使用财产的损失、利润的损失、租金的损失和额外费用。
- 责任风险是极为重要的一种风险,因为其损失没有最高限额。可能对你的收入和金融资产保留留置权以满足法律判决的要求。可能会产生巨大的开庭成本和律师费用。
- 企业面临多种多样的重大风险,如果损失发生,这些风险会让企业面临财务崩溃或者破产。这些风险包括财产风险、责任风险、企业收入损失风险、网络安全和身份失窃风险以及其他风险。
- 风险给社会带来三种主要负担:
  - ➤ 必须增大应急基金的规模;
  - ➤ 占用社会一定的商品和服务;
  - ➤ 存在焦虑和恐惧。
- 风险控制是指降低损失发生的频率和严重程度的技术。主要的风险控制工具包括规避、损失预防、损失减少、复制、隔离和分散化。
- 风险融资是指在损失发生后,为支付相关成本所提供的融资手段。主要的风险融资技术包括风险自留、非保险转移和保险。

重要概念和术语

态度(心理)风险因素	规避	损失机会	继起性损失
直接损失	分散化	可分散风险	企业风险
企业风险管理	财务风险	风险因素	对冲
免责条款	生命价值	法人化	间接损失
大数定律	法律风险因素	责任风险	损失敞口
损失预防	道德风险因素	不可分散风险	非保险转移
客观概率	客观风险	经营风险	风险事故
个人风险	物质风险因素	早逝	财产风险
纯粹风险	风险自留	风险	风险控制
风险融资	自保	隔离	投机风险
战略风险	主观概率	主观风险	系统性风险

复习题

1. a. 说明风险概念的变化情况。
   b. 什么是损失敞口？
   c. 如何区分客观风险和主观风险？
2. a. 定义损失机会的概念。
   b. 客观概率和主观概率的区别是什么？
3. a. 风险事故和风险因素之间的区别是什么？
   b. 定义物质风险因素、道德风险因素、态度风险因素和法律风险因素。
4. a. 解释纯粹风险和投机风险之间的区别。
   b. 如何区分可分散风险与不可分散风险？
5. a. 解释企业风险的含义。
   b. 什么是财务风险？
6. a. 什么是企业风险管理？
   b. 怎样区分企业风险管理和传统风险管理？
7. 列举与较大财务不安全有关的纯粹风险的主要类型。
8. 描述风险对社会构成的主要社会和经济负担。
9. 解释直接损失以及间接损失或继起性损失之间的差别。
10. 指出商业企业面临的主要风险。
11. a. 简要介绍下面风险管理的风险控制技术：
    （1）规避；
    （2）损失预防；
    （3）损失减少；
    （4）复制；
    （5）隔离；
    （6）分散化。
    b. 简要介绍下面风险管理的风险融资技术：
    （1）风险自留；
    （2）非保险转移；
    （3）保险。

应用题

1. 假设两辆不同的卡车遭受损失的可能性均为3%。请解释在损失可能性相同的情况下，两辆卡车的客观风险可能会有哪些不同。
2. 在美国经济中存在几种类型的风险？对于下面的每一种风险，请指出存在的风险类型，并对你的答案做出解释。
   a. 美国国土安全部发出国家可能遭到恐怖袭击的警告。
   b. 房屋可能在火灾中严重受损。
   c. 一家的户主在工厂爆炸中完全丧失劳动能力。
   d. 投资者购买了100股微软的股票。
   e. 一条河流定期发洪水导致成千上万个家庭的财产在洪涝中严重受损。
   f. 如果美联储在下次会议中提高利率，家庭购买者将面临较高的抵押贷款支付。
   g. 一个度假的工人在赌场玩老虎机。
3. 有几种方法可以被用于风险管理？在下面几种风险中，请找出适当的应对方法或方法组合，以便很好地应对该风险。
   a. 一家的户主可能因为心脏病而早逝。
   b. 房屋在飓风中完全损毁。

c. 一辆新车在一次汽车事故中严重受损。

d. 大意的驾驶员可能被要求向其在汽车事故中造成严重伤害的人支付大量赔款。

e. 医生因为医疗事故而受到起诉。

4. 安德鲁在犯罪率很高的地区拥有一家枪械商店。在商店中没有安装电子监控系统,高额的抢劫和盗窃保费大幅度降低了他的利润。一位风险管理咨询师提出几种方法来应对抢劫和盗窃风险,但没有用保险。指出两种可以被用于应对抢劫和盗窃风险的非保险方法,并解释为什么采用这种方法。

5. 风险经理采用了一些方法来应对风险。对于下面这些风险,应该采用什么方法来应对?请解释你的选择。

a. 决定不为企业的主要制造设备购买地震保险。

b. 在旅馆中安装自动灭火设备。

c. 决定不生产可能导致责任诉讼的产品。

d. 要求销售企业产品的零售商签署协议,取消在产品造成人身伤害时企业的责任。

数字资源

网络资源

参考文献

第2章
保险和风险

> 保险：一种关于可能性的设计精巧的现代游戏。在游戏中，玩家享受着这样的信念：他正在打败庄家。
>
> ——安布罗斯·比尔斯（Ambrose Bierce）

 学习目标

学习完本章，你应当能够：

- 根据保险专业术语委员会（Commission on Insurance Terminology）起草的定义来解释保险，并根据上述定义解释保险的基本特征。
- 解释大数定律。
- 从保险公司的角度说明可保风险的条件，并解释火灾和失业是否属于可保风险。
- 了解逆向选择如何给保险公司带来高于预期的损失和无利可图的业务，并解释保险公司控制逆向选择的方法。
- 了解保险与赌博的差异，并解释作为一种处理风险的技术，保险与对冲有何不同。
- 了解目前美国主要私营保险公司的类型、美国重要的社会保险计划，以及美国联邦和州的其他政府保险计划。
- 解释保险带来的社会福利和社会成本。

詹妮弗，24岁，就读于美国南部一所大学的护理学专业。毕业后她找到了一份位于得克萨斯州达拉斯一家大型社区医院急诊科护士的工作。她目前尚有一笔5万美元的大额学生贷款需要偿还。搬进租住的公寓后，她在公寓的阳台上烤汉堡时不小心引发了一场火灾。詹妮弗和邻居的公寓都严重受损。物业公司因她对公寓造成的财产损失而起诉她，詹妮弗被判赔偿10万美元。此外，这场火灾还夺去了詹妮弗价值25 000美元的个人财产。像许多租户一样，詹妮弗并没有自己的屋主保险，这份保单本可支付相当大部分的损失。詹妮弗提前偿还学生贷款的目标遭遇了严重的经济挫折。

詹妮弗痛苦地认识到没有为火灾和个人责任投保这一经济问题。在第1章中，我们明确了可能导致巨大经济不安全的主要风险和商业风险。对于大多数人来说，商业保险是进行风险管理的最重要手段。因此，人们需要了解保险的运作机理。

在本章，我们将分析保险的基本特点、理论可保风险的特点、商业保险和政府保险计

划的主要类型，以及保险的社会福利及社会成本。附录将介绍基本的统计知识和大数定律。

保险的定义

保险没有唯一的定义。可以从不同学科或理论的角度对保险进行定义，包括法学、经济学、历史学、精算学、风险理论和社会学。基于这一认识，我们不会对每一个可能的定义进行研究。相反，我们将研究那些体现在各种保险计划中的共性因素。不过，在开始之前，我们必须为保险给出一个指导性的定义，这个定义必须抓住保险计划的本质特征。

经过认真研究，美国风险和保险协会的保险专业术语委员会将保险定义如下[①]：**保险（insurance）** 就是通过将风险转移给保险人，从而对偶然的损失进行分摊，保险人同意为被保险人赔偿这些损失，在损失发生时提供其他金钱方面的援助，或者提供处理风险的服务。尽管这么长的一个定义无法为所有风险管理者和保险学者所接受，但是它对于分析实际保险计划的共性要素是很有帮助的。

保险的基本特征

基于前面的定义，一份保险计划或保险协议一般包括以下特征：
- 损失分摊；
- 偶然损失的偿付；
- 风险转移；
- 赔偿。

损失分摊

损失分摊或共担是保险的本质。**分摊（pooling）** 是指将少数人的损失在整个群体中进行分散，所以在这个过程中，平均损失替代了实际损失。此外，分摊包括大量风险单位的积聚，从而能够运用大数定律对未来损失做出非常准确的预测。在理想状态下，需要积集大量由相同风险事故引发的相似但不必相同的风险单位。因此，分摊意味着：（1）在整个群体中进行损失分散；（2）基于大数定律对未来损失进行准确预测。

分摊或者共担损失的主要目的是降低可能产生的结果的不确定性，从而降低风险。这种不确定性由标准差或其他测算离散程度的指标来计量。例如，假设有两个企业家，两人均拥有一个价值 50 000 美元的相同的存储仓库。假设每一栋建筑都有 10% 的概率因为某一风险因素损毁，而任何一栋建筑遭受损失都是独立事件。如下所示，每一个所有人每年

---

① *Bulletin of the Commission on Insurance Terminology of the American Risk and Insurance Association*，October 1965.

的预期损失都是 5 000 美元：

$$\text{预期损失} = 0.90 \times 0 + 0.10 \times 50\,000 = 5\,000 \text{（美元）}$$

风险的一般测度指标是标准差，标准差为方差的平方根。如下所示，损失的预期价值的标准差（standard deviation，SD）是 15 000 美元：

$$SD = \sqrt{0.90 \times (0 - 5\,000)^2 + 0.10 \times (50\,000 - 5\,000)^2}$$
$$= 15\,000 \text{（美元）}$$

假设两个所有人决定分摊（混合）他们的损失敞口，而不是各人承担自己的风险。一旦损失发生，两人都同意承担相同份额的损失。在这种情景下，有四种可能的结果：

可能的结果	概率
两栋建筑都没损毁	0.90×0.90=0.81
第一栋损毁，第二栋无损坏	0.10×0.90=0.09
第一栋无损坏，第二栋损毁	0.90×0.10=0.09
两栋建筑均损毁	0.10×0.10=0.01

如果两栋建筑都没有损毁，每个所有人的损失都是 0 美元。如果一栋建筑损毁，每个所有人支付 25 000 美元。如果两栋建筑均损毁，每个所有人都必须支付 50 000 美元。每个人的预期损失仍然都是 5 000 美元，计算过程如下：

$$\text{预期损失} = 0.81 \times 0 + 0.09 \times 25\,000 + 0.09 \times 25\,000 + 0.01 \times 50\,000$$
$$= 5\,000 \text{（美元）}$$

注意，虽然预期损失是相同的，但是极端事件发生的概率，即支付 0 美元和 50 000 美元的概率下降了。极端事件发生概率的下降反映在较低的标准差上，计算过程如下：

$$SD = \sqrt{\begin{matrix}0.81 \times (0 - 5\,000)^2 + 0.09 \times (25\,000 - 5\,000)^2 \\ + 0.09 \times (25\,000 - 5\,000)^2 + 0.01 \times (50\,000 - 5\,000)^2\end{matrix}}$$
$$= 10\,607 \text{（美元）}$$

这样，随着越来越多的人参与到损失分摊中来，标准差会持续下降，而损失的预期价值保持不变。例如，在 100 个被保险人间进行分摊，标准差是 1 500 美元；在 1 000 个被保险人间分摊，标准差是 474 美元；在 10 000 个被保险人间分摊，标准差只有 150 美元。

此外，通过分摊或混合大量风险单位的损失，保险人能够更加准确地预测未来损失。从保险人的角度来看，如果未来损失是可以预测的，客观风险就能够减少。因此，我们在许多保险产品中经常能够发现的另一个特点就是基于大数定律使风险降低。

大数定律

大数定律（law of large numbers）是指随着损失敞口单位数量的增加，实际结果越来越趋近在无穷多风险单位情况下的结果。[①] 例如，如果你将一枚匀质硬币抛向空中，得到带头像的一面的先验概率为 0.5。如果这枚硬币只被抛了 10 次，也许你得到带头像的那一面的次数为 8 次。虽然此时观察到的出现头像的概率是 0.8，但实际概率却是 0.5。如果

---

① Robert I. Mehr and Sandra G. Gustavson, *Life Insurance: Theory and Practice*, 4th ed. (Plano, TX: Business Publications, 1987), p. 31.

投掷100万次硬币，得到头像一面的次数大概就有50万次。因此，随着随机抛硬币次数的增加，实际结果越来越接近实际概率。

大数定律的一个实际应用是国家安全委员会（National Safety Council）对节假日和周末因驾驶机动车辆而死亡的人数的预测。由于公路上来往的车辆非常多，国家安全委员会能够比较准确地预测7月4日那个周末的司机死亡数量。例如，假设有500～700名司机预期会在7月4日这个周末死亡。虽然不能确定是哪些司机会死亡，但是司机群体作为一个整体，其实际死亡数量可以比较准确地被预测出。

然而，对于大多数保险产品来说，精算师很少能够知道实际概率和损失的严重程度。因此，估计平均概率和损失的平均严重程度必须基于以前的损失情况。如果存在大量风险单位，以往真实的损失数据与资料将会十分接近未来的损失。正如我们在前面所指出的，客观风险与观察对象数量的平方根负向相关，即随着风险单位的增加，实际损失与预期损失的相对差值将会缩小。因此，当风险单位的数量增加的时候，保险人能够更加准确地预测未来损失。这个概念之所以重要，是因为保险公司必须收取足够偿付保单有效期内发生的所有损失和费用的保费。客观风险越低，保险公司对实际收取的保费在支付所有的索赔和费用后还留有利润就越有信心。

在本章末尾的附录中，我们还会对大数定律进行更为细致的阐述。

偶然损失的偿付

商业保险的第二个特征是对偶然损失的偿付。大多数保单不包含偶然损失。**偶然损失（fortuitous loss）** 是一种可能发生且无法预见和不可预期的损失。换句话说，损失必须是意外发生的。大数定律基于损失是意外的、偶然发生的假设。例如，一个人可能在结冰的人行道上滑倒并摔断一条腿，这个损失就是偶然的。

风险转移

风险转移是保险的另一个重要特征。除了自保外，实际保险计划通常包含风险转移。**风险转移（risk transfer）** 意味着纯粹风险从被保险人处转移给保险人，后者通常在偿付损失方面比被保险人有更强的经济实力。从个人的角度来看，向保险人转移的纯粹风险一般包括早逝、寿命过长、健康状况变差、残疾、财产损毁或被盗以及责任诉讼等风险。

赔 偿

保险的最后一个特征是对发生损失的赔偿。**赔偿（indemnification）** 是指被保险人可以大体恢复到损失发生以前的财务状况。因此，如果你的房屋在火灾中被烧毁，屋主保险保单将会赔偿你，或者帮助你恢复到损失发生之前的财务状况。如果你因为疏忽驾驶汽车而遭到起诉，你的汽车责任保险保单将会替你支付法律责任所需支付的那些费用。类似地，如果你遭受严重残疾，残疾收入保险保单将会至少支付你失去的一部分薪水。

理论可保风险的特点

商业保险公司在一般情况下仅承保纯粹风险。然而，并不是所有纯粹风险都是可保风险。纯粹风险在进行商业承保之前，通常必须满足一些条件。从保险公司的角度来看，**可保风险（insurable risk）**需要满足六个方面的条件：

- 必须有大量的风险单位。
- 损失必须是意外的和非故意的。
- 损失必须是确定的和可测度的。
- 损失不是灾难性的。
- 损失的概率必须可以计算。
- 保费必须在经济上是可行的。

大量的风险单位

第一个**可保风险的条件（requirement of an insurable risk）**是有大量的风险单位。在理想情况下，应当存在面临相同风险事故或风险事故集合的大量基本类似但不必完全相同的风险单位。例如，可以根据为房屋提供财产保险的目的，将城市中大量的框架式房屋整合为一个单位。

第一个条件的目的是让保险公司能够基于大数定律估算损失。损失数据能够随着时间的推移而累积起来，因此，可以比较准确地预测这一单位作为整体所遭受的损失。损失成本也就可以在承保范围内的所有被保险人之间进行分摊。

意外的和非故意的损失

第二个条件是，损失必须是意外发生和非故意造成的。在理想状态下，损失应当是偶然的，是在被保险人控制之外的。因此，如果被保险人故意制造了损失，他就不应得到与损失相应的赔偿。

这一要求有几个原因。首先，损失必须是偶然的，这是因为大数定律建立在事故是随机发生的基础之上。故意行为导致的损失并不是随机事件，因为被保险人知道损失将在什么时候发生。因此，如果故意造成的损失或非随机损失大量发生，未来损失情况的预测就会非常不准确。其次，如果被保险人有意造成损失，道德风险就会增加。道德风险即个人的不诚实或品格缺陷，会增加损失发生的频率或严重程度。最后，允许被保险人集合故意损失是一项糟糕的公共政策。

确定的和可测度的损失

第三个条件是，损失必须既是确定的，也是可测度的。这意味着损失的原因、时间、地点和数量应当是确定的。在大多数情况下，人寿保险很容易满足这一条件。死亡的原因和时间通常可以很容易确定。如果死者是被保险人，那么人寿保险保单（简称人寿保单）的保额就是保险公司对被保险人支付的数额。

然而，有一些损失很难确定和测度。例如，在残疾收入保单中，保险公司承诺，如果满足保单中声明的关于残疾的条件，就会每个月向残疾人士支付保费，那么一些不诚实的被保险人可能就会假装生病或受伤而向保险公司索赔。即使索赔要求是合法的，保险公司也仍然必须确定，被保险人是否满足保单注明的对残疾的定义。疾病和残疾是非常主观的概念，相同的事件对两个人的影响可能完全不同。例如，两个投保了独立的残疾收入保险的会计可能在一次汽车事故中受伤，两个人都被确定为完全残疾。然而，一个会计可能有着顽强的意志，更希望能够回到工作中去。如果这个会计身体康复后回到工作岗位，其残疾收入补贴就将终止。同时，根据保单条款，另一个会计仍然可以继续领取残疾收入补贴。简而言之，确定一个人是否真正残疾通常是非常困难的。不过，所有损失在理论上都应该是确定的和可测度的。

这一条件的基本目的是让保险公司能够确定，损失是否在保单保障范围内，如果可以承保，那么应当赔付多少。例如，假设香农在一份屋主保险保单中为她的一件昂贵毛皮大衣投了保。如果窃贼进入房屋偷走了这件大衣，或者大衣丢失是因为她的丈夫把大衣放在干洗店里而忘记告诉她，这对于保险公司而言差异很大。第一种情形中的损失有保障，而第二种没有。

非灾难性损失

第四个条件是，在理想状态下，损失必须不是灾难性的。这意味着大部分风险单位不能同时发生损失。正如我们前面所说的，分摊是保险的本质。如果某种风险的大多数或者所有风险单位同时发生损失，那么分摊方法就会崩溃而无法发挥作用。保费必须增加到令人望而却步的水平，保险也不再是一种可行的、能够将少数人的损失在整个群体中分摊的协议。

在理想情况下，保险公司总是希望规避所有灾难性损失。然而在现实中，这是不可能的，因为洪水、飓风、龙卷风、地震、森林火灾和其他自然灾害会定期造成灾难性损失。恐怖主义行为也可能会造成灾难性损失。

有几种方法可以被用来解决灾难性损失的问题。首先，可以利用再保险。通过这种方法，保险公司可以得到再保险公司对灾难性损失的赔偿。**再保险（reinsurance）**是最初承保保险的原保险人将该保险的部分或全部潜在损失转移给另一个保险人（称为再保险人）的协议。再保险人继而对他所承担的损失的份额负有偿还义务。第6章将更为详细地讨论再保险。

其次，保险公司可以通过将保障范围分散到大的地理区域来避免风险的集中。在频繁遭受洪水、地震、飓风或其他自然灾害的地理区域，损失敞口集中会导致周期性的灾难性损失。如果损失敞口在地理区域上得以分散，灾难性损失发生的可能性将会降低。

最后，金融工具现在可以被用来应对灾难性损失。巨灾债券就是一种旨在为灾难性损失提供资金的金融工具。我们将在第4章和第6章就巨灾债券进行讨论。

可计算的损失概率

第五个条件是，损失的概率应当可以计算。保险人必须能够准确预测未来损失的平均概率和严重程度。这一要求是必要的，以便收取足以偿付所有索赔和费用并在保单有效期内获得一定收益的保费。

然而，某些损失很难投保，因为这些损失的概率无法准确计算，而且存在发生灾难性损失的潜在可能性。例如，洪水、战争和周期性失业是不定期发生的，因此很难估计损失的平均概率和严重程度。如果没有政府的援助，这些损失对于商业保险公司而言是难以承受的。

经济可行的保费

最后一个条件是，保费应当是经济可行的，投保人必须有能力支付保费。此外，为了使保险能够吸引人购买，投保人支付的保费必须远低于保单的面值或数额。

如果要求保费在经济上是可行的，损失的概率必须相对较低。一种观点是，如果损失的概率超过40%，保单的成本将会超过在这份契约下保险人必须支付的金额。[①] 例如，保险公司可能对一位99岁的老人签出一份1 000美元的人寿保险保单，但纯保费已接近这个数额，那么如果再加上必需的额外费用，总保费就会超过保单面值。

基于上述条件，大多数个人风险、财产风险和责任风险都是可保的，因为这些风险一般都满足可保风险的条件。相反，大多数市场风险、金融风险、生产风险和政治风险很难由商业保险公司提供保障。[②] 这些风险是投机性的，由于损失概率无法准确计算，所以很难正确计算保费。例如，通常没有保险产品为零售商因为消费者偏好变化（例如风格的变化）而遭受的损失提供保障。没有准确的损失数据，也就没有办法计算保费。收取的保费既可能足以支付所有损失和费用，也可能不足以支付所有损失和费用。由于保险公司需要盈利，一些风险由于存在巨大损失的可能性而很难投保。

两个应用：火灾和失业风险

如果将上述条件应用到特定风险中，你将能够更清楚地了解可保风险的特点。以私人住宅的火灾风险为例。这种风险是可保的，因为满足了可保风险的几项条件（见图表2-1）。

图表2-1 火灾风险是一种可保风险

条件	火灾风险满足这些条件吗？
1. 大量的风险单位	满足 存在大量的风险单位
2. 意外的和非故意的损失	满足 除了故意纵火之外，大多数火灾损失是意外的和非故意的
3. 确定的和可测度的损失	满足 如果没有就支付数额达成一致，财产保险保单还有争议解决条款
4. 非灾难性损失	满足 尽管也曾有灾难性火灾，但并非所有风险单位在同一时间发生火灾
5. 可计算的损失概率	满足 发生火灾的概率可以预测，火灾损失的平均严重程度可以预先估算
6. 经济可行的保费	满足 火灾保险每单100美元的费率相对较低

接下来我们以失业风险为例。失业风险是否符合可保风险条件？从图表2-2来看，失业风险并不完全满足这些条件。

---

① Robert I. Mehr, *Fundamentals of Insurance*, 2nd ed. (Homewood, IL: Richard D. Irwin, 1986), p.43.
② 市场风险包括原材料价格的变化、整体价格水平的变化（通货膨胀）、消费者偏好的变化、新技术和来自竞争对手越来越大的竞争压力等风险。金融风险包括证券价格不利变动、利率不利变动以及无法以较好的条件借贷等风险。生产风险包括原材料短缺、自然资源消耗、产品的技术问题等风险。政治风险包括战争、恐怖主义行为、政府暴政、反对政府管制以及敌对政府对国外厂房的国有化等风险。

图表 2-2 失业风险是一种不可保风险

条件	失业风险满足这些条件吗？
1. 大量的风险单位	不完全满足。尽管有大量的雇员，但是由于失业种类和劳动力分类的不同，还是很难预测失业情况
2. 意外的和非故意的损失	不常满足。失业群体中有一部分是自愿辞去工作的人
3. 确定的和可测度的损失	不完全满足。失业水平可以确定，但是损失的测度很困难。有些失业是非自愿的，但也有一些是自愿的。大多数失业人员是非自愿的，例如因为裁员或者工人已经完成临时性的工作。然而，也有些失业是自愿的。工人们可能为了更高的工资、职业生涯的转换、家庭责任、搬家到其他州或其他原因而自愿调整工作
4. 非灾难性损失	不满足。严重的全国经济不景气或萧条的地方商业状况会导致灾难性损失
5. 可计算的损失概率	不完全满足。不同类型的失业通常太不规律，精算师很难准确地预测损失概率
6. 经济可行的保费	不完全满足。逆向选择、道德风险、保单设计和灾难性损失潜在的可能性可能使保险变得过于昂贵而难以负担。然而，也有些保险计划在某些情况下会支付失业救济金，包括当失业是非自愿的或损失支付额相对较小时，保险计划可免除六个月的人寿保险保费，或在有限期限内支付信用卡最低付款额

预测失业情况很难，因为有很多不同的失业种类和劳动力的分类。有专业工人、高级技工、半熟练工、生手、蓝领工人和白领工人。而且，失业率也随着职业、年龄、性别、教育、婚姻状态、所在城市、所在州以及许多其他因素（包括政府计划和经常改变的经济政策）的不同而存在很大差异。大型企业将部分工作外包给其他国家，这也是美国面临的另一个重要问题。它使得失业风险更加难以测度，商业保险公司承保的难度也因此加大。而且，不同群体的失业持续时间也有很大差别。由于大量的工人可能在同一时间失业，因此也存在潜在的灾难性损失敞口。有些类型的失业没有规律可循，很难准确计算损失发生的概率。鉴于这些原因，大范围发生的失业很难由商业保险公司承保。然而，这种失业可以由社会保险计划承保。我们将在本章的后面部分讨论社会保险计划。

逆向选择和保险

在保险销售中，保险公司必须应对逆向选择问题。**逆向选择**（adverse selection）是指个人的一种倾向，即高于平均损失概率的人企图以标准（平均）费率投保，而如果保险公司不能在核保阶段对此进行控制，就会导致高于预期损失水平和无利可图的业务。例如，吸烟者的死亡率比不吸烟者高，必须支付更高的人寿保险费率。一些吸烟者可能通过隐瞒或提供虚假信息，以较低的费率获得人寿保险。逆向选择的其他例子还包括，高风险驾驶员以标准费率投保汽车保险，有严重健康问题的人以标准费率投保人寿或健康保险。如果具有高于平均损失概率的申请人以标准费率成功获得保障，我们就称保险公司为"逆向选择的受害者"。

逆向选择至少在一定程度上源于保险信息的不对称。这意味着，投保人可能比保险公司更了解要投保的风险，甚至是保险公司无法知悉的风险；保险公司获得的信息可能不完整或不准确；投保人可能隐瞒或提供虚假信息；投保人为获取保险金而故意造成损失并购买保险。

逆向选择可以通过严格的核保程序进行控制。**核保（underwriting）**是指选择投保人并对投保人进行分类的过程。符合核保标准的投保人可以以标准费率购买保险。如果不符合核保标准，投保人则必须支付额外的保费；保险公司提供的保险范围可能更为有限；或者被拒绝投保。保险公司也会向发生损失的概率高于平均水平的投保人销售保险，但是投保人必须支付较高的保费。当损失概率高于平均水平的投保人以标准或平均费率成功获得保障时，那么就存在逆向选择问题。

保单中也经常包含控制逆向选择的条款。例如，人寿保险保单中的自杀条款不包括对于被保险人在购买保险后一年或两年内自杀的保险金的支付。这就防止了投保人在购买保单时，对保险公司隐瞒其以自杀为主要目的购买人寿保险的意图。我们将在后面分析保险合同的时候深入讨论这些保单条款。

保险与赌博的比较

保险经常被错误地与赌博相混淆。它们之间有两个重要的差异。第一个差异是，赌博创造了一种新的投机风险，而保险是应对已经存在的纯粹风险的一种方法。如果你在赛马比赛中下 500 美元的注，就会产生新的投机风险，但是在你向保险公司购买 500 美元的对火灾提供保障的屋主保险时，火灾风险已经存在，通过这一交易并没有产生新的风险。

保险和赌博的第二个差异是，赌博没有产生社会价值，因为赢家的收益是以输家的损失为代价的。相反，保险具有社会价值，因为无论保险公司还是被保险人作为获益方都没有以输家的损失为代价。保险人和被保险人双方在预防损失方面具有共同利益。如果损失没有发生，那么就可以实现双方的共赢。此外，频繁的赌博通常不会使输家恢复到以前的财务状况。相反，保险合同在损失发生时全部或部分地恢复了被保险人的财务状况。

保险与对冲的比较

在第 1 章中，我们讨论了对冲的概念。通过购买期货合约，风险被转移到投机者那里。但是保险合同与对冲并不是一回事。尽管这两种方法在通过合约转移风险方面很类似，都没有产生新的风险，但是在它们之间存在一些重要的区别。第一个区别是，保险交易通常涉及纯粹风险的转移，因为可以满足可保风险的条件。然而，对冲作为一种应对风险的方法一般是不可保的，例如为农产品和原材料价格下跌提供保障。

保险和对冲的第二个区别是，对于保险公司来说，道德风险和逆向选择比那些买卖期货合约的投机者更为严重。投保人可通过制造故意损失、进行欺诈性索赔或者夸大索赔直接影响保险交易的盈亏。相比之下，个体如玉米或小麦生产商在使用期货合约对冲潜在的价格下跌时，通常不能直接影响交易的财务结果。

保险的类型

保险可以被划分为商业保险和政府保险。商业保险包括人寿保险和健康保险以及财产和责任保险。政府保险包括社会保险计划和其他政府保险计划。

商业保险

人寿保险 在 2016 年年末，美国有 797 个人寿保险公司，较 1988 年最高的 2 343 个有了较大幅度的下降。① 这一下降是由于，为了降低运营成本和一般管理费用以及提高效率，发生了大量的并购交易。当被保险人死亡时，投保的**人寿保险（life insurance）**将会向受益人支付死亡保险金。这些保险金将被用于支付丧葬费用、未投保医疗费用、遗产税和其他费用。死亡保险金也可以为死者的受益人定期提供收入。寿险公司还销售年金、个人退休保险（individual retirement account，IRA）计划、401（k）计划和个人及团体退休计划。有些寿险公司还销售：(1) 个人和团体健康保险，为因疾病或受伤所产生的医疗费用承保；(2) 残疾收入计划，在被保险人失去劳动能力期间提供替代收入；(3) 长期医护保险，为在医疗服务机构发生的医护费用承保。

健康保险 尽管前面所说的许多寿险公司也销售某些类型的个人或团体健康保险，但总体而言，健康保险行业高度专业化，而且由数量相对较少的保险公司控制。医疗费用保险计划支付以下费用：住院和外科手术费用、内科诊治费用、处方药费用，以及很多其他医疗费用。我们将在第 15 章和第 16 章对健康保险计划进行更为详尽的讨论。

财产和责任保险 2016 年，美国（包括地区）有 2 538 个财产和责任保险公司。② **财产保险（property insurance）**在财产所有人的不动产或个人财产由于火灾、闪电、风暴或龙卷风等不同风险事故发生损失或损毁时，为其提供赔付。**责任保险（liability insurance）**为被保险人对其他人造成财产损毁或身体伤害而承担的法律责任提供保障，并支付法律辩护费用。

财产和责任保险也被称为财产和意外保险。在实际运用中，非人寿保险公司一般使用财产和意外保险（property and casualty insurance）这一词汇（而不是财产和责任保险）来描述不同的保障范围和结果。**意外保险（casualty insurance）**是一种范围广泛的保险，为火灾、海洋和人寿保险覆盖范围之外的风险提供保障；意外保险产品包括汽车保险、责任保险、抢劫和盗窃保险、劳工保险和健康保险。

图表 2-3 列出了目前销售的主要财产和意外保险产品的承保范围。尽管有些重合，但不同的保障范围可以被划分为两类——个人保险和商业保险。③

---

① *Life Insurers Fact Book 2017*（Washington, DC: American Council of Life Insurers, 2017），Table 1.1 and Table 1.7.
② *2017 Insurance Fact Book*（New York, NY: Insurance Information Institute, 2017），p. v.
③ 本节概述了美国主要的财产保险和意外保险。更多相关详细信息，请参阅 *2017 Insurance Fact Book*（New York, NY: Insurance Information Institute, 2017），Ch. 7.

图表 2-3 财产和意外保险的承保范围

(1) 个人保险
- 私人乘客汽车保险
- 屋主保险
- 地震保险
- 联邦洪水保险

(2) 商业保险
- 商业汽车保险
- 工人赔偿保险和超额工伤赔偿保险
- 其他责任保险
- 产品责任保险
- 商业多重风险保险和农民多重风险保险
- 医疗事故保险
- 火灾保险和相关保险
- 意外和健康保险
- 内陆运输保险和海洋运输保险
- 履约保证和诚实保险
- 抵押担保保险
- 财务担保保险
- 犯罪保险
- 锅炉和机器保险（也被称为机器故障、设备损坏或者系统损坏保险）
- 农作物保险
- 保修保险

(1) 个人保险。**个人保险（personal lines）** 为人们的不动产和个人财产提供保障或为其承担的法律责任提供保障。主要的个人保险包括：

- 私人乘客汽车保险（private passenger auto insurance）为导致其他人财产损失或人身伤害的汽车事故中产生的法律责任提供保障。汽车保险也包括对因碰撞、盗窃或其他风险事故而使投保汽车遭受物理损害的保险，以及对事故中产生的医疗费用及未投保的驾驶人的保险。

- 屋主保险（homeowners insurance）是一种一揽子保单，在一份保单中提供财产保险和个人责任保险。有很多屋主保险为房屋、其他建筑物和个人财产因为一系列风险事故（包括火灾、闪电、风暴或龙卷风等）而发生的损失或损毁提供保障。保单中也包括盗窃保险和个人责任保险。屋主保险保单是一种复合型保单（multiple-line policy）。这种保单是指州立法允许保险公司在一份保单中为财产和意外保险承保。

- 地震保险（earthquake insurance）为因为建筑物的摇晃和开裂所造成的损失以及地震对个人财产造成的损失提供保障。屋主保险和商业保险保单不为地震造成的损失提供保障。然而，这些保障可以通过为保单提供背书或者通过独立保单获得。

- 联邦洪水保险（federal flood insurance）是一项联邦保险计划，为洪水多发地区的屋主和商业企业蒙受的洪水损失提供保障。洪灾损失被标准屋主保险和承租人保险排除在外。洪水保险通常由经营财产和意外保险的保险公司销售，但由联邦政府投保和补贴。

(2) 商业保险。**商业保险（commercial lines）**是指为企业、非营利组织和政府机构提供的财产和意外保险。主要的商业保险包括：

- 商业汽车保险（commercial auto insurance）为企业因拥有或经营汽车业务而产生的法律责任提供保障。这种保险也包括对企业所有的汽车因碰撞、失窃或其他事故所遭受的物理损毁或损失承保。
- 工人赔偿保险（workers compensation insurance）为工人提供与工作相关的事故或疾病的保障。该保险支付医药费用、残疾收入保险金、康复保险金，以及向因工作导致其死亡的雇员遗属提供死亡保险金。
- 超额工伤赔偿保险（excess workers compensation insurance）为雇主提供保障，涵盖超过规定金额的超额损失。
- 其他责任保险（other liability insurance）为因失职、疏忽或不作为对其他人造成财产损失或身体伤害而承担的法律责任提供保障。它包括因错误和疏漏所产生的法律责任、酗酒责任和伞式责任。
- 产品责任保险（products liability insurance）为制造商、批发商和零售商提供的劣质产品给消费者造成的人身伤害或财产损失产生的法律责任提供保障。
- 商业多重风险保险（commercial multiple-peril insurance）是一种一揽子保单，包括财产保险、设备故障保险、一般责任保险和犯罪保险。
- 农民多重风险保险（farmers multiple risk insurance）类似于屋主保险，为农民和牧场主可能遭受的特定风险和责任风险提供保障。
- 医疗事故保险（medical malpractice insurance）为医生和其他医疗服务供应商因给病人造成的伤害而受到的诉讼提供保障。
- 火灾保险（fire insurance）的承保范围包括因火灾和闪电导致的损失，通常作为一揽子保单的一部分销售，例如商业多重风险保险保单。相关保险（allied lines）是指通常和火灾保险一起购买的保险产品，为风暴、冰雹和恶意破坏等造成的损害提供保障。此外，它还为间接损失提供保障，包括企业收入、租金和额外费用等的损失。
- 意外和健康保险（accident and health insurance）也可以由财产和意外保险公司销售。这类保险类似于人寿和健康保险公司销售的健康保险。
- **内陆运输保险（inland marine insurance）**涵盖在内陆运输的货物，包括进口、出口、国内运输和运输的通道（例如，桥梁、隧道和管道）。内陆运输保险也为个人财产（例如美术作品、珠宝和皮毛制品）提供保障。
- **海洋运输保险（ocean marine insurance）**为由海洋上的风险事故导致的航行中的船只及其装载的货物遭受的损失提供保障。这些合同也为船主和托运人提供法律责任保障。
- **履约保证（surety bond）**对做出保证采取某些行为的人一旦没有做出相应的行为而提供货币赔偿，例如建筑合同签订了，签约者却没有及时履行建筑的承诺。
- **诚实保险（fidelity bond）**对雇员的不诚实或欺诈行为提供保障，例如挪用和盗取资金。

- 抵押担保保险（mortgage guaranty，也称抵押权保险或 PMI）在借款人无法偿还抵押贷款的情况下，为贷款人丧失抵押品赎回权遭受的某一最高额度损失提供保障。该保险由借款人投保，旨在保护贷款人。如果房屋首付低于总价的 20%，银行通常会要求借款人投保 PMI。
- 财务担保保险（financial guaranty insurance）也被称为债券保险，保障向投保人支付而发行的债务工具的利息和本金，如城市为建设新学校而发行债券，保险公司较高的信用评级可以使市政债券投资者的利率较低，这使得城市能够为同样的支出借入更多的资金。
- 犯罪保险（crime insurance）对入室盗窃、抢劫、偷盗和其他犯罪行为导致的财产、金钱和证券方面的损失提供保险。
- 锅炉和机器保险（boiler and machinery insurance）也被称为机器故障、设备损坏或者系统损坏保险，是一种对象非常明确的保险，为投保设备的意外损坏导致的损失提供保险。这种设备包括蒸汽锅炉、空调和制冷设备以及发电设备。
- 农作物保险（crop insurance）由商业保险公司出售，仅为因冰雹、火灾和大风造成的农作物损失提供保险。其余风险由联邦政府资助的农作物多重风险保险承担。尽管这一服务存在于商业保险市场，却由联邦政府提供补贴和再保险。
- 保修保险（warranty insurance）为制造商承诺的保修期届满后修理或更换劣质产品的费用提供保险。
- 其他保险包括：航空保险（aircraft insurance），为投保飞机的物理损坏和因对飞机的所有权或驾驶而负有的法律责任提供保障；高管责任保险（directors and officers liability insurance）在高管因为公司管理过程中的失误而被起诉时，为高管和公司提供财务保障；信用保险（credit insurance）为制造商和批发商因应收账款无法收回而遭受的损失提供保障。

政府保险

目前有许多政府保险计划正在运作中。政府保险可分为社会保险计划和其他政府保险计划。

社会保险计划 社会保险计划（social insurance program）是一种政府保险计划，具有区别于其他政府保险计划的某些特征。这些计划的融资全部或很大一部分来自雇主、雇员，或者两者的强制分担，而不是来自政府的财政收入。这些资金常常被指定作为特殊的信托基金，收益则由这些基金支付。获取收益的权利正常情况下来自接受者过去的投入或该计划的保障范围。收益和投入根据受益人以前的收入而有所不同，但是收益中相当高的比重被用于帮助低收入群体。此外，大多数保险计划是强制性的。保障范围内的工人和员工按照法律规定必须缴纳保费并参加该计划。最后，资格认定条件和受益权通常由法规规定，在分享利益方面，管理者可随意掌控的部分很少。[①]

美国的主要社会保险计划包括：

---

① George E. Rejda, *Social Insurance and Economic Security*, 7th ed. (Armonk, NY: M. E. Sharpe, 2012), pp. 15–17.

- 老年、遗属和残疾保险，一般认为属于社会保障范畴，是一个为符合条件的个人和家庭提供退休、遗属和残疾保险金的公共收入维持计划。
- 联邦老年健康保险是整个社会保障计划的一部分，为 65 岁及以上的老人和一些年龄低于 65 岁的残疾人的医疗费用提供保障。
- 失业保险计划为符合资格要求的遭遇短期非自愿失业的工人按周提供现金补偿。在某些资格条件得到满足之后，正式的州失业保险金通常只能领取 26 周。近年来，临时应急失业保险计划也被用于为那些在经济严重衰退期间已经用完正常保险金的受益人提供额外数周的保险金。此外，在失业水平比较高的州，那些已经用完保险金的失业工人也可以延长失业保险金的领取时间。我们将在第 18 章对失业保险进行讨论。

如前所述，工人赔偿保险为因与工作有关的事故或疾病对工人造成的损失提供保障。尽管工人赔偿保险是商业保险公司销售的一种意外保险，但它也是社会保险的一种重要形式。我们将在第 18 章对工人赔偿保险的社会保险特征进行讨论。

- 此外，在五个州、波多黎各以及铁路行业都有强制性临时残疾保险，它为由于暂时性的非职业残疾而失去的收入提供部分补偿。①
- 《铁路退休法》（Railroad Retirement Act）给那些具有资格的铁路工人提供退休金、遗属和残疾收入补贴。
- 最后，《铁路失业保险法》（Railroad Unemployment Insurance Act）为失业和患病的铁路员工提供保险金。

其他政府保险计划 在联邦和州的层面还有其他政府保险计划，但是这些计划并不具有社会保险的显著特征。比较重要的联邦保险计划包括：

- 联邦雇员退休制度为 1983 年以后工作的联邦雇员提供退休、遗属和残疾保险金。
- 行政事业单位退休制度为 1984 年以前受雇的联邦雇员提供退休、遗属和残疾保险金。
- 联邦存款保险公司为商业银行、信贷机构和储贷协会的支票账户和储蓄账户提供保险。
- 养老金支付保证公司（Pension Benefit Guaranty Corporation，PBGC）是一个联邦公司，在私人固定收益养老金计划终止时，（在一定限度内）为工人的养老金福利提供担保。
- 全国洪水保险计划为易发洪水区域的屋主和商业企业提供财产保险（通常会在某一限额之内）。
- 其他联邦计划包括为退伍军人提供的各种寿险、联邦农业保险、战争风险保险以及大量附加保险计划。

州一级也存在多种类型的政府保险计划，它们包括：

- 如前所述，州立工人赔偿计划在工人因为与工作相关的意外事件或疾病而受伤或死亡时，为工人提供医疗、残疾、康复和生存保险金。
- 州立儿童健康保险计划是各州政府和联邦政府联合发起的保险计划，为低收入家庭和儿童提供低成本的健康保障。

---

① 这五个州是加利福尼亚州、夏威夷州、新泽西州、纽约州和罗得岛州。

• 一些州存在剩余市场计划（也被称作分享市场或非自愿市场计划）。该计划为某些州的高风险投保人提供保障。这些人在标准市场中难以购买基础保险。这些计划包括：（1）公平保险需求计划（Fair Access to Insurance，FAIR），为高风险投保人提供基本的财产保险；（2）沙滩和风暴计划，为亚特兰大和墨西哥湾海岸沿线的财产所有人提供应对风暴和飓风的保障；（3）居民财产保险公司（Citizens Property Insurance Corporation）是2002年由佛罗里达州立法机构设立的一个非营利、免税和由政府所有的公司，为佛罗里达州的财产所有人提供关于风暴、飓风和其他风险因素的保障；（4）居民财产保险公社（Citizens Property Insurance Corporation）为路易斯安那州的投保人提供保障；（5）由商业保险公司提供的汽车保险计划，为无法在自愿市场获得保护的高风险驾驶人提供汽车保险。

• 其他州立保险计划包括加利福尼亚州地震局（California Earthquake Authority）、佛罗里达州飓风灾害基金（Florida Hurricane Catastrophe Fund）、马里兰州汽车保险基金（Maryland Automobile Insurance Fund）和威斯康星州人寿保险基金（State Life Insurance Fund in Wisconsin）。

保险的社会福利

保险主要的社会和经济福利包括：
- 损失赔偿；
- 担心和恐惧的减少；
- 投资资金的来源；
- 损失预防；
- 信用提升。

损失赔偿

损失赔偿帮助个人和家庭在损失发生后恢复到损失发生前的经济状况，最终使其能够获得财务保障。由于被保险人能够在损失发生后部分或全部恢复其经济状况，他们很少申请公共援助或福利，或很少向亲友寻求财务援助。

对企业的损失赔偿使企业能够维持经营，让雇员保有他们的工作。供应商能够继续收到订单，消费者仍然能够得到他们需要的货物和服务。由于税收基数没有减少，社区也会受益。简而言之，保险的损失赔偿功能对家庭和经济的稳定做出了极大的贡献，也因此成为保险最重要的社会和经济效益之一。

担心和恐惧的减少

保险的第二个好处是，它减少了担心和恐惧。在损失发生之前和之后都是如此。例如，如果一家之主购买了充足的人寿保险，他们就不太会担心户主一旦早逝给家庭带来的经济问题；投保长期残疾保险的人也不必担心一旦患了严重疾病或发生意外事故而导致收入方面的损失；在损失发生前，投保的业主会更安心，因为他们知道一旦损失发生，自己会得到赔偿。在损失发生后，担心和恐惧也会减少，因为被保险人知道他们有保险可以赔偿损失。

投资资金的来源

保险公司在经济中扮演着重要的金融中介角色。保险行业是资本投资和积累的重要资金来源。保费是在损失发生之前缴纳的，而这笔资金不需要支付即时损失，因此可以为企业提供贷款。这些资金一般被投资于购物中心、医院、工厂、房地产开发和新的机器、设备。这些投资增加了社会的资本存量，促进了经济增长和充分就业。保险公司也会把资金进行社会投资，例如住房、养老院以及经济发展项目。此外，由于预付保费增加了可贷资金的总供应量，因此借款企业的资本成本低于没有保险的情况。

损失预防

保险公司积极参与许多损失预防项目，并雇用了大量不同领域的从事损失预防工作的人员，包括安全工程师以及火灾预防、职业安全和健康、产品责任等方面的专家。下面是财产和责任保险公司大力支持的一些重要的损失预防措施：
- 高速公路安全和交通事故死亡人数减少；
- 火灾预防；
- 工作相关伤害和疾病的减少；
- 汽车失窃的预防；
- 对纵火犯造成的损失的预防和监测；
- 对劣质产品造成用户身体伤害的预防；
- 对锅炉爆炸的预防；
- 关于损失预防的教育计划。

损失预防措施减少了直接损失和间接（或继起性）损失。由于这两种类型的损失减少了，社会因此而受益。

信用提升

保险的最后一个好处是提高个人信用。保险赋予借款人更高的信用，因为它保证了借款人的间接价值或者对贷款的偿还提供了更高的保证。例如，当购买房屋时，贷款机构在给予抵押贷款之前一般要求购房人为房屋购买财产保险。在财产损坏或损毁的情况下，财产保险有助于保证贷款人的经济利益。类似地，企业为购买圣诞或季节性商品寻求临时贷款时，可能会被要求在借款前购买存货保险。在利用银行贷款购买新车或办理其他贷款的情况下，借款人可能会被要求在借款前为汽车购买物理伤害保险。因此，保险具有提升个人信用的功能。

保险的社会成本

尽管保险行业为社会提供了无数的社会和经济福利，但是我们也要认识到保险的社会成本。保险的主要社会成本包括以下几种：
- 经营成本；
- 欺诈性索赔；
- 夸大索赔。

经营成本

经营成本是一种重要的成本。保险人在向社会提供保险的时候也在消费稀有的经济资源——土地、劳动力、资本和企业。在金融学用语中，保险公司必须为纯保费添加附加保费，从而使其日常经营产生的费用获得保障。**附加保费（expense loading）** 是需要支付的所有费用的数额，包括佣金、一般性行政费用、州保险税、收购费用，以及旨在应对意外事件的储备和利润。2015年，财产和意外保险公司的费率为28.1%，即承保费用与承保保费的比率。此外，2016年，寿险公司的营业费用、税收和投资费用约占总支出的19%。[①] 其结果是社会总成本的上升。例如，假设一个没有财产保险的小国家每年平均会发生1亿美元的火灾损失。另外，假设后来可以购买财产保险了，费用为损失的30%。那么这个小国家的总成本增加到1.3亿美元。

然而，这些附加成本由于下面几个原因而必须被客观看待。首先，从被保险人的角度来看，由于保险的存在，支付投保损失的不确定性下降。因此，经济不安全感降低了。其次，经营成本并不一定是一种浪费，因为保险公司从事各种各样的预防工作。最后，保险行业为美国数百万的人员提供了就业机会。然而，由于在向社会提供保险的时候占用了经济资源，因此，确实产生了经济成本。

欺诈性索赔

保险的第二个成本来自欺诈性索赔。欺诈性索赔的例子包括：
- 假造或故意制造汽车事故来获取保费。
- 汽车保险投保人通常在申请中提供虚假或误导性信息，以获得较低的保险费率（见专栏2.1）。
- 不诚实的索赔者夸大或垫高保险赔偿金，以涵盖保单中规定的免赔额。
- 不诚实的索赔者假造滑倒事故。
- 向保险人假报入室行窃、盗窃或蓄意破坏等行为。
- 为了获得保险赔偿，提交假的健康保险索赔申请。
- 不诚实的保单持有人骗取后来被证实已经死亡的被保险人的人寿保单。

这种欺诈性索赔的支付造成了所有被保险人较高的保费支出。保险的存在也促使一些被保险人故意制造损失，从而能够从保险上获利。这些社会成本被直接附加给社会。

一些类型的保险欺诈特别恶劣。美国反保险欺诈联盟为特别巨大的、无耻的、不道德的，有时甚至是愚蠢的保险诈骗建立了一个"耻辱库"（见专栏2.2）。

[①] *2017 Insurance Fact Book*（New York, NY: Insurance Information Institute, 2017），p.55，and Life Insurers Fact Book 2017（Washington, DC: American Council of Life Insurers, 2017），Table 5.1.

专栏2.1

对汽车保险公司的谎言

我们的调查发现,每10个投保汽车保险的美国人中就有1个(10%)在购买保险时谎报了个人或车辆信息。其中18~34岁人群误导保险公司的概率是35岁及以上人群的两倍(16%对8%)。有过汽车保险的美国人中,有10%在购买新保单时提供了错误的信息。他们是这样做的:

40%提供的驾驶里程低于实际里程;

27%在保单中漏报汽车驾驶者;

20%谎报汽车用途;

13%提供与汽车停放地不同的居住地址;

11%谎称停在路边的汽车被停在车库里;

10%宣称使用了明明已不再适用的折扣。

注:受访者可以选择多个选项。

数据来源:Survey conducted May 3-5, 2017, by Harris Poll on behalf of Nerdwallet.

资料来源:Excerpted from Lacie Glover, "The lies told to auto insurers," 2017 Driving in America Report: The Costs and Risks, Nerdwallet, June 13, 2017. Available at https://www.nerdwallet.com/blog/insurance/state-of-driving/. Accessed December 16, 2017.

专栏2.2

骇人听闻的保险欺诈案例

美国反保险欺诈联盟(Coalition against Insurance Fraud)每年都会整理出版一些保险欺诈案例。这些欺诈案例简直骇人听闻、令人发指。下面是对2017年几起严重案例的简要概括。

身无分文又失业,父亲为了获得人寿保险赔偿而杀害小儿子

普林斯·麦克劳德·拉姆斯是个只有一岁的漂亮小男孩,他有一双亮晶晶的深色眼睛,在灯光下翩翩起舞。每个孩子都有童年,但普林斯却永远无法拥有。他的父亲约金·拉姆斯濒临破产却仍旧妄想过上好日子。于是残忍地杀害了自己的儿子——一个小婴儿——只为得到55万美元的人寿保险金。

普林斯的母亲赫拉·麦克劳德和约金·拉姆斯离婚后获得了对普林斯的永久监护权。普林斯独自在弗吉尼亚州北部父亲家短住。有一天,医护人员突然冲往约金的家,发现普林斯被毛巾裹着放在地板上,已失去知觉。第二天,普林斯被确认死亡。犯罪嫌疑立刻集中在约金身上。

约金失业了,急需用钱。作为一名失败的音乐家,他没有演唱会,还负债累累。于是他创立了一个色情网站,但依然无人问津。调查人员发现,约金在普林斯身上秘密投保了三份总价值为55万美元的人寿保险。为一个婴儿买这么多人寿保险实在可疑,约金将这些人寿保单变成了谋杀武器。

身无分文的约金本打算搬离自己的房子,把房子租出去赚点收入。然而,就在普林斯死后几天,约金开始计算赔付的保险金。他给自己的房地产经纪人发短信说他很快会搬回原来的住处,并购置了很多高档电器,甚至一个游泳池。约金还向一个人寿保险公司谎称自己是百万富翁,并告诉保险公司普林斯的母亲已经去世,这样赫拉就不会发现普林斯被秘密投保的事情。欺诈索赔使他的骗局得逞。

尽管专家们从未明确指出普林斯是被淹死抑或掐死的,但是很明显,约金就是杀害这个小婴儿的凶手。最终,约金被判终身监禁。

在家里被最好的朋友活活烧死的人

保险金是约瑟夫和艾琳这对夫妇通往美好生活的大门。他们从奥德尔处购买了一栋房子,并让他一个人住在那里。除了为这栋老房子和艾琳的财产投保了大约12.5万美元外,这对夫妇还秘密为奥德尔购买了价值4万美元的人寿保险。约瑟夫和艾琳趁奥德尔在屋内时用喷灯引燃了整栋房子,致使奥德尔无处可逃。

火苗很快吞噬了这座脆弱的木屋,奥德尔死得很惨。法医不得不将他烧焦的脊骨和一张旧的X光片进行比对,才得以确定他的身份。诈骗线索很快浮出水面。专家们在房内地下室一个燃木炉上发现了"可燃液体痕迹",显然是有人故意纵火。此外,惊喜的是——在约瑟夫的公司里发现了一个喷灯。

约瑟夫的手机记录还追踪到这对夫妇在火灾发生前几小时到了奥德尔家。约瑟夫公司的监控录像机同样记录了他们的行踪。作为代价,约瑟夫和艾琳将在狭小的牢房里度过23年。他们被判犯有纵火罪、保险欺诈罪、诈骗罪和其他罪行。

死者奥德尔的哥哥菲利普·奥德尔说:"这太让人心碎了。""我的小弟弟,我不知道他们为什么要这么做。我的心都被撕碎了。"

眼科医生对健康的眼睛实施令人痛苦的注射和激光治疗

所罗门·梅尔根医生将针头扎进病人的眼睛,用激光灼伤他们的视网膜。令人震惊的医疗保险骗局涉案高达1.36亿美元,其中充满对不幸病人的痛苦且拙劣的治疗。病人们涌向佛罗里达州西棕榈滩的著名眼科专家梅尔根处,但梅尔根却通过给数百名老年患者实施痛苦且毫无价值的注射和激光治疗致富。梅尔根甚至还向保险公司收取塑料假眼治疗费。

尽管有些病人的眼睛非常健康,但梅尔根还是经常为他们诊断出眼疾。他对病人们谎称其患有一种无法治愈的视网膜疾病,叫作黄斑变性。梅尔根为病人们的眼睛注射昂贵的药物,并虚报医疗保费。专家们证实,早在梅尔根见到病人之前,就已有技术人员填写好病人的眼睛问题和诊断结果。此外,梅尔根还会经常对病人实施痛苦的破坏性激光治疗。"激光治疗具有破坏性,"一位专家证实,"我们过去常告诉病人,这就像是为了救一条胳膊而砍掉你的手。"

有些病人的眼睛是塑料的——不能工作的假体。然而,梅尔根为检查和治疗这些病人的眼部疾病而向医疗保险公司收费。尽管有些病人的眼睛疾病严重到甚至不需要检查的地步,他依然向医疗保险公司收费。安娜·博吉亚因青光眼和糖尿病而视力下降,她接受了梅尔根痛苦的注射和激光治疗。梅尔根后来为她做了一个手术,差点让她失明,她作证道。她说自己只能待在家里,听电视,付钱让司机送她去杂货店。

梅尔根说服了一位90岁的女士接受激光治疗和注射。该女士表明自己不需要治疗——因为她没有眼疾。一个失明的病人说,尽管根本无法治愈,但梅尔根还是反复给他注射和检查。因梅尔根的注射每13个病人中就有1个发生眼部感染。一位专家在审判中作证指出，这简直是"天文数字"。通常每3 300名患者只有1名受到眼部感染。

梅尔根只要几秒钟即可轻轻松松完成一次眼科检查。尽管如此，他还是每天为多达100个病人开出了每人几百美元的医疗保险账单。保险诈骗案为梅尔根带来了豪宅、度假别墅、私人飞机、轮船和豪车。数个梅尔根之前的病人起诉了他，病人们称，在经历了受污染的眼部药物注射后，他们的眼睛遭受了严重的感染。

梅尔根正在等待判决；检察官主张让其在联邦监狱服刑30年。

然而这些对安娜·博吉亚都于事无补了。"我喜欢跳舞，但是哪个男人愿意带一个盲人跳舞呢？"她告诉法官。

资料来源：Coalition against Insurance Fraud, *Insurance Fraud*, *Hall of Shame*, *9 Worst Scammers of 2017*, February 6, 2018.

夸大索赔

保险的另一种成本是夸大或"虚报"索赔所增加的成本。尽管这种损失可能并不是由被保险人的主观行为导致的，但是索赔的金额可能超过实际的经济损失。下面是一些夸大索赔的例子：

- 被保险人夸大汽车碰撞的损失金额并进行索赔，使保险赔付超过了碰撞的免赔额。此外，如前所述，个人在申请汽车保险时往往提供虚假信息以获得较低的保费率。
- 丧失劳动能力的人为了延长获取残疾收入保费的时间常常装病。
- 被保险人夸大家庭或企业失窃财产价值的金额。
- 原告律师请求超过受害人实际经济损失的高额责任判决。

欺诈和夸大索赔的社会成本

欺诈和夸大索赔是保险给社会带来的另一种重要成本。这一问题普遍存在且成本高昂。据美国反保险欺诈联盟估计，保险行业每年的欺诈成本总计为800亿美元。从这个数字来看，欺诈成本占美国和加拿大保险公司索赔成本的5%~10%。然而，约三分之一的保险公司（32%）表示，保险欺诈成本高达其索赔成本的20%。[1] 保险信息协会的资料显示，保险行业发生的诈骗额度大约为财产保险每年发生的损失和损失调整费用的10%。根据这一估计，在2011年和2015年间，财产和意外保险欺诈每年的额度超过340亿美元。此外，联邦调查局（Federal Bureau of Investigation, FBI）的资料显示，每年医疗欺诈涉及费用为医疗服务支出总额的3%~10%。[2]

尽管欺诈和夸大索赔不得不被认为是保险的一种社会成本，但是保险的经济利益通常大于这些成本。保险会减少焦虑和恐惧；其补偿功能极大地促进了社会和经济的稳定；个人和企业的财务安全得到保障；从保险公司的角度看，经济中的客观风险得到降低。保险

---

[1] Coalition against Insurance Fraud, *By the Numbers: Insurance Fraud*. Available at http://www.insurance-fraud.org/statistics.htm. Accessed December 13, 2017.

[2] Insurance Information Institute, *Background on Insurance Fraud*, November 6, 2017.

的社会成本可以被看作社会为了获得这些利益所必须做出的牺牲。

案例应用

对保险有无数的定义。根据本书对保险的定义，请指出下面这些事项是否可以被视为保险。
    a. 制造商对售出的电视机给予 90 天的保证期。
    b. 制造商承诺新的子午线轮胎能够在公路上安全行驶 50 000 英里。
    c. 新房屋的制造商对房屋的结构问题做出 10 年保障的承诺。
    d. 票据的联合担保人同意在原债务人无法偿付贷款时进行偿付。
    e. 一群房屋所有人同意支付一年内因火灾导致的房屋损失。

本章小结

- 保险没有唯一的定义。不过一份典型的保险计划包括四个因素：
    - 损失分摊；
    - 偶然损失的偿付；
    - 风险转移；
    - 赔偿。
- 分摊是指将少数人的损失在整个群体中进行分散，平均损失替代了实际损失。偶然损失是一种可能发生且无法预见和不可预期的损失。风险转移包括纯粹风险从被保险人处转移给保险人。赔偿是指通过保险人的赔偿、维修或重置，受害人的损失可以全部或部分得到补偿。
- 大数定律是指随着风险单位数量的增加，实际结果就趋近在无穷多风险单位情况下的结果。大数定律使保险人能够比较准确地估计未来损失。
- 从商业保险公司的角度来看，可保风险理论上应该具有某些特点：
    - 必须有大量的风险单位；
    - 损失必须是意外的和非故意的；
    - 损失必须是确定的和可测度的；
    - 损失不是灾难性的；
    - 损失的概率必须可以计算；
    - 保费必须在经济上是可行的。
- 大多数个人风险、财产风险和责任风险都是可保的，因为这些风险一般都满足可保风险的要求。相反，大多数市场风险、金融风险、生产风险和政治风险很难由商业保险公司提供保障。
- 逆向选择是指个人的一种倾向，即高于平均损失概率的人企图以标准（平均）费率投保，而如果保险公司不能在核保阶段对此进行控制，就会导致高于预期的损失水平。
- 保险和赌博不一样。赌博创造了一种新的投机风险，而保险是应对已经存在的纯粹风险的一种方法。而且，赌博没有产生社会价值，因为赢家的收益是以输家的损失为代价的。保险具有社会价值，因为无论保险公司还是被保险人作为获益方都没有以输家的损失为代价。

- 保险和对冲也不一样。保险包括可保风险的转移，而对冲包括了投机风险的转移。此外，道德风险和逆向选择问题对保险合同而言往往比期货合同更为严重。
- 保险可以分为商业保险和政府保险。商业保险包括人寿保险和健康保险以及财产和意外保险。政府保险包括社会保险计划和其他政府保险计划。
- 保险对社会的主要好处包括：
  - 损失赔偿；
  - 担心和恐惧的减少；
  - 投资资金的来源；
  - 损失预防；
  - 信用提升。
- 保险也给社会带来了一些成本，包括：
  - 经营成本；
  - 欺诈性索赔；
  - 夸大索赔。

重要概念和术语

逆向选择	意外保险	商业保险	附加保费	诚实保险
偶然损失	赔偿	内陆运输保险	可保风险	保险
大数定律	责任保险	人寿保险	海洋运输保险	个人保险
分摊	财产保险	再保险	可保风险的条件	风险转移
社会保险计划	履约保证	核保		

复习题

1. 下面是一般保险计划的几个特征，请对它们做出解释。
   a. 损失分摊；
   b. 偶然损失的偿付；
   c. 风险转移；
   d. 赔偿。
2. 解释大数定律。
3. 纯粹风险如果要成为商业可保风险，理论上需要满足一些条件。请解释可保风险的六个条件。
4. 请指出保险公司应对灾害性损失问题的方法。
5. 为什么大多数市场风险、金融风险、生产风险和政治风险都被认为对于商业保险公司是难以承保的？
6. a. 逆向选择的含义是什么？
   b. 列举保险公司用于控制逆向选择的一些方法。
7. 保险和赌博之间的两个主要区别是什么？
8. 保险和对冲之间的两个主要区别是什么？

9. a. 列举商业保险的主要领域。
b. 列举财产和意外保险的覆盖领域。

10. a. 解释社会保险的基本特征。
b. 列举美国主要的社会保险计划。

应用题

1. 结合满足可保风险条件的程度，比较火灾风险和战争风险。

2. a. 商业保险公司为社会带来了社会和经济福利。解释保险对社会带来的下列福利：
（1）损失赔偿；
（2）信用提升；
（3）资本投资和资本积聚的资金来源。
b. 解释保险在美国经济中的主要社会和经济成本。

3. 商业保险公司很难为洪水多发地区的建筑投保，因为它们很难满足可保风险的条件。
a. 列举可保风险的条件。
b. 洪灾不满足可保风险的哪些条件？

4. 商业保险公司提供了大量的保障以应对特定的损失情况。针对下面的每一种情况，请指出商业保险所提供的保障。

a. 埃米莉今年 28 岁，是两个孩子的单身母亲。她希望确保在最小的孩子完成大学学业之前即使自己死亡，也能够有一笔资金保证她的孩子完成学业。

b. 16 岁的丹妮尔最近取得了驾驶执照。她的父母希望在她驾驶家里的汽车不小心撞伤了另一个驾驶员的时候能够获得保障。

c. 30 岁的雅各布结婚的时候有两个要赡养的人。他希望如果他完全丧失工作能力，还能够继续获得收入。

d. 泰勒今年 35 岁。最近他在一个经常刮龙卷风的地方买了一栋价值 200 000 美元的房子。他希望确保一旦房子在龙卷风中受损或被毁，他能够获得补偿。

e. 40 岁的内森开了一家高档家具店。他希望当客人因购买商品时受伤而起诉他时他能获得保障。

数字资源

网络资源

参考文献

附录　统计学基本知识和大数定律

在保险行业中，概率和统计学的应用非常重要。保险精算师在确定向承保对象收取的保费时，总是面临如何获得平衡的问题：保费必须足够高，从而能够平衡预期损失和支出，但是还要足够低，从而在与其他保险公司的保费竞争中保持竞争优势。精算师运用统计分析来确定预期损失的水平以及与这些损失水平的预期离差。通过运用大数定律，保险公司降低了不利结果出现所带来的风险。

在这个附录中，我们将温习一些对保险公司非常重要的统计学概念，包括概率、集中趋势和离差。接着，我们考察大数定律以及保险公司如何利用它来降低风险。

概率和统计

为了确定预期损失，保险精算师对已有的损失情况进行概率和统计分析。一个事件发生的概率是在给定条件下进行无数次试验得出的事件在长期中发生的频率。有些事件的概率不需要经过试验就可以确定。例如，如果将一枚匀质硬币抛到空中，硬币正面向上的概率是50%，背面向上的概率也是50%。其他的概率，例如特定年份死亡的概率或卷入汽车意外事故的概率，可以利用过去损失的数据进行估计。

概括事件发生概率的一个简便方法是利用概率分布。概率分布列出了可能发生的事件以及每一事件相应的发生概率。概率分布可能是离散的，即只有特定的结果，也可能是连续的，即在一定范围内的任何结果都可能存在。[①]

概率分布的特征可以由两个重要指标来确定：集中趋势和离差。尽管集中趋势的计算有好几种方式，但最常用的还是分布的均值（μ）或期望值（EV）。[②] 每一个结果乘以发生概率得到均值或期望值，然后对其乘积求和。

$$\mu \text{ 或 } EV = \sum X_i P_i$$

例如，假设精算师对某种风险带来的不同损失的概率估算如下：

损失金额（X_i）（美元）		损失概率（P_i）		$X_i P_i$（美元）
0	×	0.30	=	0
360	×	0.50	=	180
600	×	0.20	=	120
		$\sum X_i P_i$	=	300

那么，我们就说给定概率分布下的损失的均值或期望值为300美元。

尽管均值显示了集中趋势，但却没有告诉我们任何关于分布的风险大小或离差的情况。考虑第二种损失的概率分布：

损失金额（X_i）（美元）		损失概率（P_i）		$X_i P_i$（美元）
225	×	0.40	=	90
350	×	0.60	=	210
		$\sum X_i P_i$	=	300

[①] 棒球比赛中的跑动得分是不连续的，因为有些跑动是不能得分的。速度和温度可以进行连续测度，因为在一个区间内的所有值都会出现。

[②] 其他集中趋势的测度指标还包括中值（指概率分布的中间观测值）、众数（出现最频繁的观测值）。

这个分布的平均损失也是 300 美元。然而，第一个分布风险更大，因为可能结果的范围是从 0 美元到 600 美元。而在第二个分布中，可能结果出现的范围仅为 125（＝350－225）美元，所以我们认为第二个分布的结果更为确定。

有两种测度离差的标准，用它们可以描述出均值的变动或离散特征。这两种标准是方差（σ^2）和标准差（σ）。概率分布的方差是可能出现的结果和期望值的差的平方乘以该结果发生的概率之和：

$$\sigma^2 = \sum P_i(X_i - EV)^2$$

方差是可能的结果和均值之间的标准差的平方。由于方差是"平方值"，为了使其与集中趋势和离差保持相同单位，必须用方差的平方根。方差的平方根也就是标准差。第一个分布的方差和标准差分别是：

$$\sigma^2 = 0.30 \times (0-300)^2 + 0.50 \times (360-300)^2 + 0.20 \times (600-300)^2$$
$$= 27\,000 + 1\,800 + 18\,000$$
$$= 46\,800$$
$$\sigma = \sqrt{46\,800} = 216.33$$

第二个分布的方差和标准差是：

$$\sigma^2 = 0.40 \times (225-300)^2 + 0.60 \times (350-300)^2$$
$$= 2\,250 + 1\,500$$
$$= 3\,750$$
$$\sigma = \sqrt{3\,750} = 61.24$$

我们看到，尽管二者的均值相同，但是标准差却有很大差异。较高的标准差，相对于均值而言，与更大的损失不确定性相关，所以风险也较高。较低的标准差，相对于均值而言，与更小的损失不确定性相关，因此风险较小。

在讨论集中趋势和离差中所使用的概率分布过于简单，因为仅有 2～3 个可能的结果。此外，特定损失水平的概率也是给定的。在实际操作中，准确估算频率和损失的严重程度很难。保险公司在计算损失的时候必须有实际损失和理论概率分布数据。①

大数定律

尽管整体上具有一些确定的特征，但是保险人也不会为总体提供保险，而是从总体中抽取一个样本，为其提供保险。显然，总体参数和抽样的特征数据（均值和标准差）存在联系，而这种联系对保险人很重要，尽管实际情况可能与总体参数存在很大不同。抽样分布的特征有助于解释大数定律，这一定律是保险的数学基础。

根据中心极限定理，n 个风险单位的随机抽样的平均损失遵循正态分布。

中心极限定理：

如果从均值为 μ_x、标准差是 σ_x 的任意群体中随机抽取 n 个样本，且 n 足够大，样本分布服从正态分布，样本分布的均值等于总体的均值 $\mu_{\bar{x}} = \mu_x$，样本均值的标准误（$\sigma_{\bar{x}}$）等

---

① 介绍统计学知识的教材一般讨论几种常见的理论分布的内容，例如二项分布、泊松分布。这些分布都可以被用来估计损失。另一个常用的分布——正态分布，我们将在后面有关"大数定律"的内容中对其进行讨论。

于总体的标准差除以 n 的平方根（$\sigma_{\bar{x}} = \sigma_x/\sqrt{n}$）。随着样本数量（$n$）的增加，分布也将越来越接近正态分布。

中心极限定理对保险人有两个重要用途。很显然，如果 n 足够大，抽样的均值不会随着总体分布的变化而变化。换句话说，不管总体分布是什么样的（二项分布、单峰分布、平均分布、右偏密度分布还是左偏密度分布等），随着样本数量的增加，抽样的分布将趋近正态分布。这可以从图表 A2-1 中看出。

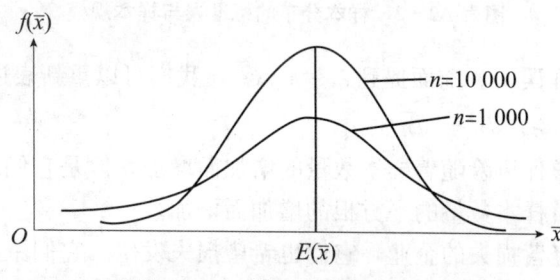

图表 A2-1　样本分布与样本规模

正态分布是对称的钟形曲线，它由分布的均值和标准差决定。大约 68% 的概率分布在均值左右一个标准差的范围内；大约 95% 的概率分布在两个标准差的范围内。正态曲线在统计学中应用广泛（如假设检验、置信区间等），而且很容易使用。

中心极限定理对于保险人的第二个重要应用是，抽样的标准误随着样本容量的增加而减少。回顾标准误的定义：

$$\sigma_{\bar{x}} = \sigma_x/\sqrt{n}$$

换句话说，总体样本的平均损失的标准误等于总体的标准差（σ_x）除以样本数量 n 的平方根（$\sqrt{n}$）。因为总体的标准差独立于样本规模，样本分布的标准误（$\sigma_{\bar{x}}$）随着样本量的增加而减少。

这个结果对保险公司而言有重要意义。例如，假设保险人从总体中抽取的样本的平均损失是 500 美元，标准差是 350 美元。随着保险人增加被保险人的数量（n），抽样分布的标准误（$\sigma_{\bar{x}}$）将会下降。不同样本数量的标准误列举如下：

n	$\sigma_{\bar{x}}$
10	110.68
100	35.00
1 000	11.07
10 000	3.50
100 000	1.11

可以看出随着样本数量的增加，实际结果和预期结果的差异在减小。这个结果在图表 A2-2 中得以展示。

显然，当保险公司增加被保险人数量的时候，由于更多的被保险人可能导致更多的损失，核保风险（被保险人的最大损失）会增加。保险人的核保风险等于被保险人的数量乘

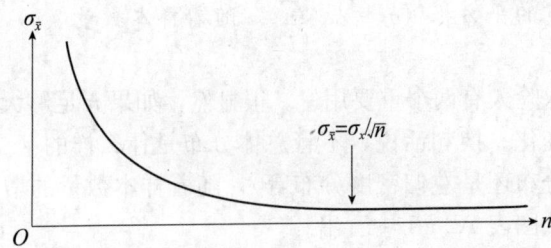

图表 A2-2　样本分布的标准误与样本规模

以平均损失分布的标准误 $\sigma_{\bar{x}}$。前面提到 $\sigma_{\bar{x}}=\sigma_x/\sqrt{n}$，我们可以重新表述核保风险为：

$$n\times\sigma_{\bar{x}} = n\times\sigma_x/\sqrt{n} = \sqrt{n}\times\sigma_x$$

可以看出，尽管核保风险随着样本数量的增加而增加，但是它们之间并不存在比例关系，而是核保风险随着样本数量的平方根的增加而增加。

保险公司本身是经营损失的企业，它们也希望损失发生。它们主要关心的是实际损失和预期损失之间的差值。通过对大量样本的承保，保险公司减少了它们的客观风险，这对于保险公司来说还是比较安全的。

第3章
风险管理导论

> 风险管理的本质在于，它让我们能够控制结果的领域最大化，从而使我们绝对没有办法控制结果的领域最小化。
>
> ——彼得·L. 伯恩斯坦
> 《与天为敌：风险探索传奇》

 学习目标

学习完本章，你应当能够：

- 定义风险管理。
- 阐述风险管理的目标。
- 列出并描述风险管理过程的步骤，了解主要的风险处理方法。
- 讨论风险管理计划的主要益处。
- 将风险管理原理应用于个人风险管理计划。

当查克、嘉莉和他们的女儿凯尔西一行离开家一个周末后返回家中时，他们立刻意识到自己的家出了问题。两天前，他们一家去外地参加一场足球赛，离开时房门是关闭并上了锁的。但现在，房子的前门却敞开着。当查克把车开进车库时，他注意到自己当木匠时用的货车的侧门开着。查克在货车里快速查看了一遍，发现他的工具不翼而飞了。

嘉莉进屋后，震惊地发现他们的家被人闯入并遭到恶意破坏。一些家当被偷，另一些被毁。他们的大屏幕彩电不见了，还有一些艺术品及嘉莉从母亲那里继承的一套纯银餐具也不见了。凯尔西上大学后一直住在家里，她发现自己用来做作业的台式电脑也被偷走了。那里面还有她两天后就要交的学期论文。

查克打电话向警察局报案。嘉莉打电话告诉他们的保险代理人有关盗窃和故意破坏的情况，看看保险公司能否赔付他们的损失。凯尔西用笔记本电脑给教授发了电子邮件，询问她是否可以迟交论文。

上述例子为我们展示了家庭如何从风险管理计划中获益。如今，风险管理计划已经被公司、小企业主、非营利组织以及州和地方政府广泛运用。家庭和学生也可以受益于个体风险管理计划。

本章是关于风险管理的两章中的第一章。在这一章中，我们讨论传统风险管理的基本

原理、风险管理的含义、风险管理的目标、风险管理过程的步骤以及处理损失敞口的各种手段。第 4 章讨论的是主要应用于大型企业的企业风险管理。在本章最后还讨论了个人风险管理。

风险管理的含义

风险管理（risk management）是确认机构面临的损失敞口，并选择最适宜的方法来化解这些风险的过程。由于"风险"是一个模糊的、有着不同含义的概念，所以许多风险管理师使用"损失敞口"来指代潜在损失。正如第 1 章所述，**损失敞口**（loss exposure）是指任何可能发生损失的情况或环境，而不论损失是否发生。你可能在没有意识到的情况下践行过风险管理。一些简单的例子包括备份计算机上的重要文件、购买财产保险、避开高犯罪地区、看到应急车辆上的闪光灯和听到警报器的声音。

过去，风险管理师一般只考虑企业面临的纯粹风险损失。然而，新型风险管理涵盖了企业所面临的纯粹风险和投机损失敞口。本章只讨论纯粹损失敞口的传统解决方法。我们将在第 4 章中讨论新型风险管理（例如企业风险管理）。

风险管理的目标

风险管理有一些重要的目标。这些目标可以分成如下两类[①]：
- 损前目标；
- 损后目标。

损前目标

损失发生之前的重要目标包括经济性、减少忧虑和履行法律义务。

（1）经济性。第一个目标意味着企业应该采用最经济的方法为潜在损失做好准备。这一准备包括对安全计划的成本、支付的保费和应对损失所采用的不同方法带来的相关成本的分析。

（2）减少忧虑。第二个目标是减少忧虑。某些风险损失会给风险管理师和主要管理人员带来担心和恐惧。例如，劣质产品导致的灾难性诉讼的威胁会比小火灾导致的小额损失带来更大的焦虑。

（3）履行法律义务。第三个目标是履行法律义务。例如，政府监管可能要求企业建立安全设施来保护工人不受伤害、妥善处理危险的废弃物质、为消费品贴上适当的标签。州

---

① Robert I. Mehr and Bob A. Hedges, *Risk Management*: *Concepts and Applications* (Homewood, IL: Richard D. Irwin, 1974), chs. 1 - 2; Eric A. Wiening, *Foundations of Risk Management and Insurance* (Malvern, PA: American Society for Chartered Casualty Property Underwriters/Insurance Institute of America, 2002), ch. 3; and George L. Head and Stephen Horn II, *Essentials of Risk Management*, 3rd ed., vol. 1 (Malvern, PA: Insurance Institute of America, 1997), pp. 70 - 79.

法律规定，在工作中受伤的工人必须获得工人赔偿金。风险管理师必须确保公司履行这些法律义务。

损后目标

在损失发生后，风险管理仍然有一些目标。这些目标包括企业生存、继续经营、收入的稳定、持续成长和社会责任。

(1) 企业生存。最重要的损后目标是企业生存。生存意味着损失发生后，企业至少可以在一定时期内部分地恢复运营。

(2) 继续经营。第二个损后目标是继续经营。对于许多企业来说，损失发生后继续经营的能力极其重要。例如，公用事业企业必须继续提供服务。银行、奶制品厂、面包店、报刊社和其他竞争性企业必须在损失发生后继续经营。否则，它们的业务就会流失到竞争者那里。

(3) 收入的稳定。第三个损后目标是收入的稳定。如果企业继续运营，那么就可以维持收入的稳定。然而，企业可能会为了实现这一目标而产生大量的额外费用（例如在另一个地点运营），收入的完全稳定可能难以实现。

(4) 持续成长。第四个损后目标是企业的持续成长。企业可以通过开发新产品、开辟新市场或者并购其他企业来实现成长，风险管理师因此必须考虑损失将对企业成长能力产生的影响。

(5) 社会责任。最后，社会责任目标是指最小化损失对其他个人和社会带来的影响。严重的损失会对员工、供应商、客户、投资者、债权人和整个社会产生不利影响。例如，一个小镇的一家工厂长时间停产带来的损失可能使得整个城镇陷入严重的经济困境。

风险管理过程的步骤

风险管理过程包含四个步骤（见图表3-1）：

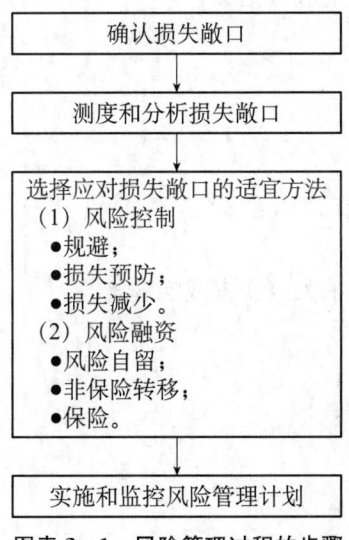

图表3-1　风险管理过程的步骤

- 确认损失敞口；
- 测度和分析损失敞口；
- 选择应对损失敞口的适宜方法；
- 实施和监控风险管理计划。

在下文我们将详细讨论这几个步骤。

确认损失敞口

风险管理过程的第一步是确认所有最大和最小的损失敞口。这一步包括对所有潜在损失的认真分析和评估。重要的损失敞口包括：

（1）财产损失敞口。
- 楼房、厂房、其他建筑；
- 家具、设备、用品；
- 电脑、电脑软件和数据；
- 库存；
- 应收账款、有价值的文件和记录；
- 公司车辆、飞机、船舶、移动设备。

（2）责任损失敞口。
- 劣质产品；
- 环境污染（土地、水、空气和噪声）；
- 对职员的性骚扰、就业歧视、不当解雇以及成长受限；
- 营业场所和一般责任损失敞口；
- 公司机动车辆造成的责任；
- 互联网和电子邮件的错误使用；
- 董事和高管的责任诉讼。

（3）经营收入损失敞口。
- 直接损失（如火灾）后的收入损失；
- 损失发生后的延续费用；
- 额外费用；
- 偶然经营收入损失。

（4）人力资源损失敞口。
- 重要员工的死亡或伤残；
- 退休或失业；
- 工人遭受的与工作相关的人身伤害或疾病。

（5）犯罪损失敞口。
- 绑架、抢劫、入室盗窃；
- 雇员盗窃和不诚实行为；
- 欺诈和贪污；
- 网络和计算机犯罪；
- 剽窃知识产权。

(6) 员工福利损失敞口。
- 未遵守政府监管要求；
- 违背信用责任；
- 团体人寿、健康以及退休计划风险；
- 无法兑现承诺收益。

(7) 国外损失敞口。
- 恐怖主义活动；
- 厂房、企业财产、库存；
- 外币和汇率风险；
- 重要人员被绑架；
- 政治风险，如财产征用。

(8) 无形资产损失敞口。
- 公司公共形象受损；
- 商誉和市场声誉损失；
- 知识产权损失或损害。

(9) 未能遵守政府规章制度。

风险管理师可以使用多种信息来源来确认之前发生的损失敞口。这些来源包括：

- 风险分析问卷和清单。问卷和清单需要风险管理师回答大量问题，以确认主要和次要损失敞口。
- 现场检查。对公司设备和运营情况的现场检查能够确认重大损失敞口。
- 流程图。流程图可以跟踪原材料（供应链）、生产和产品分销的流程。通过该图可以找出生产中存在的瓶颈，同时，该图还会显示出在哪些领域可能给企业带来严重的财物损失。
- 财务状况。分析财务状况能够确认必须提供保障的重要资产、公司的财务义务，以及收入、主要客户和供应商及其他重要损失敞口。
- 历史损失数据。历史损失数据在确认重要损失敞口方面具有极大的价值。

此外，风险管理师必须及时了解行业趋势和市场变化，这些变化可能带来新的损失敞口。主要的风险管理问题包括：工人补偿成本的提高、保险公司和经纪公司的并购影响、诉讼成本的增加、资本市场的风险融资、数据泄露和黑客窃取客户信息、供应链安全、气候变化以及技术造成的损失敞口（例如，自动驾驶车辆和无人机）等。保护公司资产和人员免受恐怖主义活动损害是另一个重要问题。

测度和分析损失敞口

风险管理的第二步是测度和分析损失敞口。测度并量化损失敞口对于正确管理损失敞口具有重要意义。这一步需要估算损失的频率和严重程度。**损失频率（loss frequency）**是指在给定时间内损失可能发生的次数。**损失严重程度（loss severity）**是指可能发生的损失的大小。

在风险管理师估算出每种类型的损失敞口的频率和严重程度后，不同损失敞口便可根据其相对重要性进行分类。例如，导致企业破产的潜在损失敞口在风险管理中的重要性远高于潜在损失较小的损失敞口。

此外，只有估算出每一个损失敞口的相对频率和严重程度，风险管理师才能够选择最合适的方法或组合措施来应对每个风险。例如，如果某些损失经常发生并且是可预期的，人们就可以在企业收入中留出预算，作为正常的经营费用。然而，如果某些种类的损失敞口每年的波动幅度很大，那么就需要采用完全不同的应对方法。

尽管风险管理师必须同时考虑损失频率和严重程度，但严重程度更为重要，因为一次灾难性的损失可能会毁掉整个企业。因此，风险管理师还必须考虑单个事件可能造成的所有损失，也必须考虑最大可能损失和最大预期损失。**最大可能损失（maximum possible loss）** 是在企业存续期内可能发生的最严重的损失。**最大预期损失（probable maximum loss）** 是可能发生的最大损失。举个例子，如果一个工厂在洪水中被完全损毁，风险管理师估算其重置成本、残留物清理成本、拆毁成本和其他成本将达 5 000 万美元，那么工厂的最大可能损失为 5 000 万美元。若风险管理师估计大洪水将对工厂造成超过 4 000 万美元的损失，鉴于这种大洪水在 100 年中甚至不会发生一次，风险管理师可能会选择忽视这种发生概率如此低的事件。因此，对于风险管理师来说，最大预期损失是 4 000 万美元。

灾难性损失由于发生的频率很小，所以很难预测。然而，必须高度重视它们对企业的潜在影响。相反，对于某些损失，如车辆的物理损毁，因其发生频率很高，通常损失也相对较小，则能够比较准确地进行预测。

选择应对损失敞口的适宜方法

风险管理的第三步是选择最适合的方法或组合措施来应对损失敞口。这些方法广义上可以分为风险控制或风险融资。①**风险控制（risk control）** 是指降低损失频率或损失严重程度的技术。**风险融资（risk financing）** 是指为损失提供资金的方法。许多风险管理师在应对每一种损失敞口时都会综合运用多种方法。

风险控制　如前所述，风险控制是一个特定术语，用于描述降低损失频率或损失严重程度的技术。主要的风险控制技术包括：

- 规避；
- 损失预防；
- 损失减少；
- 复制；
- 隔离；
- 分散化。

➢ 规避　**规避（avoidance）** 是指从未接触或承担某些损失敞口，或摒弃现有的损失敞口。例如，洪水损失可以通过在不受洪水冲击的区域内建设新厂房予以避免。制药企业可以通过将具有危险副作用的药品撤出市场来避免可能的法律责任。

规避的主要好处是，如果从未接触损失敞口，则损失概率可以降低为零。此外，若摒弃现有的损失敞口，放弃可能产生损失的行为或产品，损失的可能性就会降低或消除。不

---

① 本节基于 Head and Horn, *Essentials of Risk Management*, pp. 36 - 44; C. Arthur Williams, Jr., et al., *Principles of Risk Management and Insurance*, 2nd ed., vol. 1 (Malvern, PA: American Institute for Property and Liability Underwriters, 1981), chs. 2 - 3; and Wiening, *Foundations of Risk Management*, ch. 3.

过，放弃可能让企业仍然承担此前销售的产品的损失敞口。

规避有两个主要的缺点。第一，企业可能无法规避所有损失。例如，公司可能无法规避重要高管的过早死亡。第二，规避损失敞口可能是不可行的或不切实际的。例如，一家油漆厂可以规避因生产油漆带来的损失，但是若不生产这一产品，企业将无法运营。

➢ 损失预防　**损失预防（loss prevention）** 是指为了减少特定损失发生的频率而采取的措施。例如，减少卡车事故的措施包括对驾驶员的培训、对酒精或毒品的严格禁止、对安全规则的严格执行。减少伪劣产品引发诉讼的措施包括在危险品上安装安全装置、为危险品贴上警告标签、在生产过程中加强质量控制检查等。

➢ 损失减少　**损失减少（loss reduction）** 是指在损失发生后有助于降低损失严重程度的方法。例如，安装自动灭火系统以便迅速扑灭火灾、在生产区安装急救箱、对因工作受伤的工人进行康复治疗，以及减少房屋内存放的现金数额。

➢ 复制　**复制（duplication）** 是指在发生损失时保有重要文件或财产的可用备份或副本。例如，当重要业务文件（如应收账款）的原始记录丢失或被销毁时，其备份副本仍然可用。重要财产的备份要常备手边。例如，若装配线上的一个零件发生故障，那么立即替换该零件将可防止整条装配线在购得零件之前关闭。复制也可适用于人力资源。例如，若一位重要信息技术员工离职了，那么预备好另一位员工来承担离职员工的职责是非常有必要的。

➢ 隔离　**隔离（separation）** 是指将面临损失的资产分离或分割，以最大限度地减少单一事件造成的财务损失。例如，制造公司可以使用 6 英尺厚的混凝土墙将其工厂的生产区域划分为四个部分。每一区域的混凝土墙会阻止火势蔓延到另一区域。类似地，制造商可以在不同城市的两个仓库中存储产品。如果其中一个仓库被损坏或被毁坏，另一个仓库的产品仍可安然无恙。

➢ 分散化　**分散化（diversification）** 是指将损失的风险分散到不同当事人（例如客户和供应商）、证券（例如股票和债券）或交易中，从而降低损失发生的频率。如果制造商拥有多个客户和供应商，其损失的风险就会降低。例如，如果一个公司整个客户群只有四个国内买家，那么其产品销售将受到国内经济衰退的不利影响。然而，如果客户群中另有国外客户和其他国内客户，这一风险就降低了。类似地，依赖单一供应商的公司可以通过与多个供应商签订合同而使损失敞口降到最低。此外，可以通过持有不同的资产（例如，由 10 个不同公司发行的股票或股票组合、债券和货币市场证券）来降低投资风险。最后，可以通过交易分散化来降低风险。例如，一位种植粮食的农场主丰收后获得 36 000 蒲式耳粮食。由于粮食价格波动，一次出售所有粮食是有风险的。那么农场主可以通过每个季度卖出 9 000 蒲式耳或者每月卖出 3 000 蒲式耳来将风险降至最低。

风险融资　如前所述，风险融资是指在损失发生后，为损失提供资金支持的技术。主要的风险融资技术包括：

- 风险自留；
- 非保险转移；
- 保险。

（1）风险自留。**风险自留（retention）** 意味着企业保留部分或全部由于特定风险而产生的损失。风险自留可以是主动的，也可以是被动的。主动的风险自留是指，企业认识到风险损失，并计划保留全部或部分损失，例如风险管理师可以决定保留公司汽车碰撞造成的损失。消极的风险自留则是指，无法确认风险损失，未能或忘记采取措施。例如，风险管理师可能无法识别出所有可能在地震中受损的企业资产。

在如下几种情况下，风险自留可以在风险管理中有效运用[①]：

- 没有其他应对方法。包括：保险公司不愿承保某些类型的风险，或者保费过于高昂；非保险转移不可用；尽管损失预防措施能够降低损失的频率，但却不能消除所有损失。在上述情况下，风险自留是所剩的唯一办法。如果无法投保或转移风险，那么风险必须自留。

- 可能发生的最大损失并不严重。例如，企业拥有的大量汽车中有一部分遭到物理损失，但由于它们之间的距离较远，且不可能同时遭受损毁，那么也就不会导致企业的破产。

- 损失是相当可预期的。对于工人补偿索赔、汽车物理损毁损失和商店失窃损失等，可以有效运用风险自留技术。基于以往的经验，风险管理师能够估计这些风险的实际损失频率和严重程度的可能区间。如果大多数损失位于该范围之内，则可从企业收入中预拨出一部分资金用于支付。

➢ **确定风险自留水平** 如果使用风险自留方法，风险管理师必须确定企业的**风险自留水平（retention level）**，即企业将要保留的损失的数额。经济实力雄厚的企业能够保持比财务状况不佳的企业更高的风险自留水平。

尽管有不少方法可以被用于确定风险自留水平，但这里只介绍两种。第一种，企业可以确定最大未投保损失，在不影响企业利润的前提下，提取部分资金予以应对。一个刚性原则是，在当前的营业状况下，最大风险自留水平为企业每年税前收入的5%。

第二种，企业可以将最大风险自留额设定为企业净营运资本的一定百分比——例如在1%和5%之间。净营运资本是企业流动资产和流动负债之间的差额。尽管这种方法不反映企业处理损失的总体情况，但确实能够衡量企业为损失融资的能力。

➢ **损失偿付** 如果运用了风险自留，风险管理师必须有办法偿付损失。筹资方法的选择应与会计部门协商。下面是几种经常使用的方法[②]：

- 当期净收益。企业可以从当期净收益中支付损失，并将其作为当年的费用支出。然而，如果存在超过当前收益的巨额损失，那么企业可能需要清算其他资产以偿付损失。

- 未提存准备金。未提存准备金是一个用于支付由一定风险引起的实际或者预期损失的会计账户。

- 已提存准备金。已提存准备金是为赔偿损失而建立的流动资金。自我保险计划是提存准备金的一个例子，将在后面讨论。然而，如无必要，许多企业不会使用已提存准备金，因为把这笔资金用于经营可能会带来更高的收益。此外，留出的风险准备金也不享受所得税优惠，而损失费用却是可以税前列支的。

- 信贷限额。信贷限额可以由银行设定，借贷资金在损失发生后可以被用于赔偿损失。然而，贷款必须支付利息，偿还贷款可能会加剧企业现金流中已经存在的问题。

[①] Williams et al.，*Principles of Risk Management*，pp. 125－126.
[②] Head and Horn，*Essentials of Risk Management*，pp. 40－42.

➢ **专业自保公司** 也可以通过专业自保公司偿付损失。**专业自保公司（captive insurer）** 是母公司拥有的，为了给母公司面临的损失敞口提供保障而成立的保险公司。目前有一些不同类型的专业自保公司。**单一母公司专业自保公司（single-parent captive）**〔又称**纯粹自保公司（pure captive）**〕是仅由一个母公司（例如一个集团公司）所有的保险公司。**协会或团体专业自保公司（association or group captive）** 是由几个母公司共同所有的保险公司。例如，属于一个商业协会的几个公司可能拥有一个专业自保公司。

2016年，全球有大约7 000个专业自保公司。[①] 由于监管环境宽松、资本要求相对较低、税负低等原因，许多自保公司注册在加勒比地区。在美国，约30个州颁布了专业自保公司条例。2017年，佛蒙特州仍是美国专业自保公司领域的领头羊，拥有1 100多个专业自保公司和类似机构（见专栏3.1）。其他专业自保公司经常选择的注册地包括犹他州、特拉华州、内华达州、夏威夷州、北卡罗来纳州和蒙大拿州。

专业自保公司的成立主要出于如下几个原因：

- 投保困难。母公司难以从商业保险公司处获得某些类型的保险，因此只好建立专业自保公司来获得保障。这种模式尤其适用于那些经常无法以合理费率从商业保险公司处购买某些保险的跨国公司。
- 宽松的监管环境。为了能够享受宽松的监管环境，避免不希望受到的财务偿付能力监管，有些专业自保公司选择在海外成立。然而，专业自保公司仍会受到所在地保险法规的管制，在许多地方，对这些公司的监管是非常严格的。
- 成本较低。成立专业自保公司可能降低保险成本。这样做的经营费用较低，不必支付代理人或经纪人佣金，且自留了商业保险收取的投资费用和准备金的利息收入，同时避免了商业保险保费大幅度波动的问题。
- 易于获取再保险。专业自保公司更容易获得再保险，因为再保险公司一般只和保险公司交易，而不和被保险人交易。母公司可以通过专业自保公司获得保障，专业自保公司可以将风险转嫁给再保险公司。
- 形成新的利润来源。专业自保公司如果同时为其他公司、母公司及其子公司承保，那么这项业务则可变为一项利润来源。需要注意的是，成立专业自保公司是有成本的，对于许多企业来说这并不可行。在企业通过自己的专业自保公司投保时，也意味着将自己的资本置于风险之中。

专栏3.1

佛蒙特州是美国专业自保公司的领头羊

佛蒙特州显然是美国国内专业自保公司的领头羊。1981年佛蒙特州通过的立法——《特别保险人法案》（Special Insurer Act），为专业自保公司创造了一个极具吸引力的监管

[①] 本段的统计数字和资料来自 "Background on: Captives and Other Risk-Financing Options," from the Insurance Information Institute; "SRS Charts the Total Number of Active Captives for 2017," as reported by Captive.com; and from *Business Insurance*, March, 2017。

环境。在法案通过后的38年里，总部设在佛蒙特州的专业自保公司数量稳步增长。佛蒙特州现在有超过1 100个专业自保公司。

大公司、风险自留团体和公共实体均将其专业自保公司设立在佛蒙特州。财富百强（Fortune 100）公司中的48个将专业自保公司总部设于佛蒙特州。在道琼斯工业平均指数（Dow Jones Industrial Average，DJIA）的30个公司中，有18个在佛蒙特州设有专业自保公司。2016年，佛蒙特州专业自保公司的毛保费估计为328亿美元，资产超过2 000亿美元。这些位于佛蒙特州的专业自保公司包括90个风险自留团体和100多个与医疗保健相关的专业自保公司。

佛蒙特州之所以受欢迎，存在许多原因。第一，许多州的法律规定，某些责任险必须由美国保险公司承保。第二，适用于佛蒙特州专业自保公司的法律法规经常被审查和更新，以反映母公司的需要和关切。第三，在佛蒙特州，随着时间的推移，精算师、会计师、律师、专业自保公司经理、投资顾问/经理以及协同服务的支持基础设施已经发展起来。这些专业人士中有许多人属于佛蒙特州专业自保协会，这是该行业最大的协会。第四，佛蒙特州的保险监管人员学识渊博，经验丰富。第五，佛蒙特州的保险监管者重视母公司经营的便利性，提供了高效率的专业自保公司申请流程、较低的许可费，以及资本（如有价证券和信用证）的灵活性。佛蒙特州对母公司都十分友好。

资料来源：The Vermont Government website：http://www.vermontcaptive.com and the website for the Vermont Captive Insurance Association：http://www.vcia.com.

➤ **专业自保公司的税收** 美国国内收入署（Internal Revenue Service，IRS）在较早的时候规定，支付给单一母公司专业自保公司（纯粹专业自保公司）的保费不享受所得税减免优惠。美国国内收入署认为，这种保费的支付类似于自保准备金，不存在从一个经济体向保险公司大量转移风险，故不可免税。

不过，在经历了大量复杂的法庭审判和美国国内收入署的管理实践后，支付给专业自保公司的保费在特定条件下可以享受所得税减免。当然，对这些规则的详细讨论超出了本书的范畴，这里仅介绍向专业自保公司支付保费时，可以享受所得税减免的一些主要考虑因素。包括[①]：

- 专业自保公司接受母公司的可保风险业务，该项交易是否真实合法。
- 专业自保公司和其母公司的组织结构方式。
- 专业自保公司是否填写"非关联性（非母公司）业务"，以及所填写的非关联性业务金额。

最后，向团体专业自保公司支付的保费通常享受所得税减免，因为大量的被保险人构成了保险的一个要素，即在大量群体中分摊损失敞口。

➤ **自保** **自保**（self-insurance）在风险管理计划中应用广泛。正如第1章所述，自保

---

① 关于下列及其他与所得税减免相关的问题讨论，参见 Robert E. Bertucelli, "The Benefits of Captive Insurance Companies," *Journal of Accountancy*, February 28, 2013, and Anthony Bakale, "Will Rev. Rul. 2014-15 Expand the Use of Captive Insurance Companies?" *The Tax Advisor*, AICPA, August 2014。网站 Captive.com 追踪了最近的立法法案和法院判决对专业自保公司税收的影响，参见 https://www.captive.com/captive-wire/taxation。

是一种特殊形式的风险自留,通过自保,企业保留了部分或全部特定的损失敞口。自保又名自融资。

自保在工人补偿计划中被广泛使用。在通常情况下,雇主会自行投保这种损失敞口,并聘请第三方来管理该计划。自保也被雇主用于向雇员提供团体健康、牙齿、视力和处方药的保险金。企业经常对其团体健康保险进行自保,因为通过这种方式可以节约资金并控制保健成本。自保还有一些其他好处(见专栏3.2)。

专栏3.2

为什么雇主要选择自保健康计划?

雇主选择自保有几个原因。以下是最常见的原因:

(1) 雇主可以定制计划,以满足其雇员的特定医疗保健需求,而不是购买"一刀切"的保单。

(2) 雇主保持对健康计划准备金的控制,实现利息收入最大化。在投保的情况下,这些收入将成为保险公司通过保费投资而产生的收入。

(3) 雇主不必预先支付保费,从而提高现金流。

(4) 由于自保健康计划受《1974年员工退休收入保障法案》的监管,雇主不受州健康保险条例/福利规定的约束。

(5) 雇主不需要缴纳国家健康保险保费税,该税一般为保费美元价值的2%~3%。

(6) 雇主可自由与最能满足其雇员医疗保健需要的提供者或提供网络签订合同。

资料来源:摘自"Self-Insured Group Health Plans," Self-Insurance Institute of America, 2015。

最后,自保计划通常受到一些止损限额的保护,该限额在损失超过特定金额后锁定了雇主的现金支付成本。例如,对100万美元以下的工人补偿保险理赔,雇主可以采用自保方式,而对于超过100万美元的部分则需购买超额保险。

➢ **风险自留团体** 1986年颁布的联邦法律允许雇主、商业团体、政府机构和其他当事方共同组建风险自留团体。**风险自留团体**(risk retention group)是一种团体专业自保公司,可以承保除了雇主责任、工人补偿和个人保险产品之外的任何形式的责任保险。例如,医生团体可能因医生误诊责任保险很难投保或过于高昂而组建一个风险自留团体,为其医疗误诊损失敞口承保。

风险自留团体被免除了很多其他类型保险公司需要遵守的州保险法规。不过,每一个风险自留团体至少要在一个州获得责任保险承保人的营业执照。

➢ **风险自留的优缺点** 风险自留技术在风险管理计划中既有优点也有缺点。[①] 主要的优点是:

- 降低损失成本。从长远来看,如果企业的实际损失少于商业保险公司保费涵盖的

---

① Williams et al., *Principles of Risk Management*, pp.126-133.

损失,那么企业可以因此获益。

- 降低费用。保险公司提供的服务可以由企业以较低的成本代替。可能降低的费用包括损失调整费用、一般行政费用、佣金和经纪费用、风险控制费用、税收和保险公司利润。
- 鼓励预防损失。由于风险被保留下来,从而为预防损失提供了较大的激励。
- 增加现金流。由于企业可以使用本来在保单有效期开始时应当支付给保险公司的资金,所以企业现金流得以增加。

不过,风险自留技术也有一些不足:

- 可能产生较高的损失。企业自留的损失可能高于不购买保险所节省下来的保费涵盖的损失。而且,短期内,企业损失可能有较大的波动幅度。
- 可能产生较高的费用。实际开支可能会更高,因为企业必须雇用外部的专家,例如,安全工程师和索赔师。而保险公司可以以较低的费用提供损失控制和索赔服务。
- 税收可能较高。所得税也可能比较高。支付给保险公司的保费可以立即享受所得税减免。然而,如果运用风险自留,则只有用于支付损失的部分可以享受减免,且这些减免只有到损失实际发生时才能执行。提取的风险自留准备金不享受所得税减免。

(2) 非保险转移。非保险转移是另一种风险融资技术。**非保险转移(noninsurance transfer)** 是指将纯粹风险和潜在的经济后果转移给其他当事人的方法。非保险转移的例子包括合同、租赁、免责协议和法人化。例如,企业与建筑公司签订的修建新厂房的合同中注明建筑公司在修建厂房过程中对厂房发生的任何损失负责;企业购买计算机的合同中可以明确规定,计算机的保养、维修和任何物理损毁的损失均由计算机公司负责。企业可以在合同中插入免责条款,通过该条款,一方当事人为了另一方的利益而承担法律责任。出版公司可以在合同中插入免责条款,以指明如果出版商因为剽窃而受到起诉,那么,由作者而非出版商承担法律责任。最后,企业可以联合起来为企业所有者提供有限责任。

在一个风险管理计划中,非保险转移有以下优点[1]:

- 风险管理师可以将一些商业上不可保的潜在损失转移。
- 非保险转移的成本通常低于保险。
- 潜在损失可能被转移给能够更好控制损失的人。

然而,非保险转移也有一些不足:

- 转移潜在损失可能因为合同用语的模糊而无法实现。而且,也不存在为特定情况提供专门解释的法律程序。
- 如果被转移出去的损失是承担者无力支付的,企业仍要为索赔负责。
- 保险公司可能不会为风险转出方提供贷款,保险成本可能不会降低。

(3) 保险。保险也可以被应用于风险管理计划。保险适用于损失概率较低但损失程度较高的损失敞口。

如果风险管理师运用保险来应对损失敞口,那么必须强调下面五个关键因素[2]:

- 保险责任范围的选择;
- 保险公司的选择;

---

[1] Williams et al., *Principles of Risk Management*, pp. 103 – 104.
[2] Ibid, pp. 107 – 123, 146 – 151.

- 条款的协商；
- 通报保险责任范围的信息；
- 对计划的定期检查。

首先，风险管理师必须选择所需的保险责任范围。选择的保险责任范围必须适用于特定的重大损失敞口。为了确定保险范围，风险管理师必须具备商业财产和责任保险合同的专业知识。我们将在第 25 章到第 27 章中对企业保险进行讨论。

大多数风险管理计划通过使用免赔额将商业保险和自留金结合起来。**免赔额（deductible）**是从支付给被保险人的损失赔偿中扣除的特定金额。免赔额被用来抵销小额索赔以及这些索赔产生的管理费用，这样就可以节省大量保费。本质上，免赔额是风险自留的一种形式。风险管理师必须确认是否需要免赔额以及所需要的免赔额的额度。在决定免赔额的额度时，企业可能会决定仅保留最大可能损失的一小部分。保险公司通常会调整一些条款，仅对超出免赔额部分的损失予以偿付。

另一种方法是购买**超额保险（excess insurance）**。在这种计划中，保险公司不对损失提供保障，除非实际损失超过企业决定保留的损失额。企业财务实力强就可能希望保留最大可能损失中相对较高的比例。风险自留限额可能设定为最大预期损失（而不是最大可能损失）。例如，价值 2 500 万美元的厂房发生一次火灾损失的风险自留限额可以被定为 100 万美元，100 万美元可以被视为最大可能损失。在不太可能发生的完全损失事件中，企业承担最初 100 万美元的损失，商业保险公司承担剩余 2 400 万美元的损失。

其次，风险管理师必须选择一个或多个保险公司。这里有几个重要的因素在发挥作用，包括保险公司的财务实力，保险公司提供的风险管理服务，以及保障的成本和条款。保险公司的财务实力由保单持有人的盈余多少、核保和投资结果、未偿债务准备金的充足率、承保险种和管理质量来决定。风险管理师可以利用一些行业出版物来确定特定保险公司的财务实力。最权威的评级机构之一是贝氏（A. M. Best）公司，它根据保险公司的相对财务实力对其进行评级。

风险管理师在选择保险公司的时候也必须考虑可以获得的风险管理服务。保险代理人或经纪人能够从不同的保险公司那里得到并提供必需的关于风险管理服务的信息。这些服务包括损失控制服务、损失敞口分析服务和索赔评估服务。

保险费用和条款也必须被考虑在内。在所有其他因素相同的情况下，风险管理师偏好于购买价格最低的保险。许多风险管理师特别希望通过几个保险人的保费竞标，以最具成本效应的价格获得最宽泛的保障。

再次，在选定了一个保险公司或几个保险公司之后，必须就保险合同的条款进行协商。包括预先打印的保单、批单和表格，风险管理师和保险公司必须就构成合同基础的文件达成一致。如果专门制作了**手稿保单（manuscript policy）**①，则双方均必须清楚合同条款的用语和含义。在任何情况下，保险公司都必须在合同中明确说明所提供的不同风险管理服务。之后，企业和保险公司之间还应就保费进行协商。在大多数情况下，代理人或经纪人也将参与谈判。

此外，关于投保的信息必须进行通报，以让企业中的其他人员了解。企业的雇员和管

---

① 手稿保单是为企业专门设计的，以满足其具体需要和要求的保单。

理人员必须了解保险内容，了解保险公司所提供的风险管理服务，各种相关记录必须妥善保存。负责理赔的人员必须了解报告索赔的流程和正确的合同内容。企业必须遵守关于如何进行索赔和怎样提供必要的损失证据的保单条款。

最后，保险计划必须定期检查。特别是在企业业务运营发生变化或者并购了另一个企业的时候，检查尤其重要。检查包括对代理人和经纪人关系、所需的保险范围、提供的损失控制服务的质量、索赔是否迅速处理以及其他许多因素的分析，甚至对于基本的决策——是否购买保险或自留风险——也必须定期检查。

➢ **保险的优点**　风险管理计划中使用商业保险有如下优点[1]：
- 企业将在损失发生后得到赔偿。企业可以继续经营，收入波动也得以最小化。
- 不确定性被降低，有利于企业扩大保障范围。管理者和雇员的忧虑和恐惧减轻将会提高绩效和生产力。
- 保险公司能够提供有价值的风险管理服务，例如损失控制服务、损失敞口分析和索赔评估。
- 保费可以作为经营费用享受所得税减免。

➢ **保险的不足**　使用保险也存在一些不足和成本：
- 支付的保费是主要的成本，因为保费由赔偿的损失、保险公司费用以及利润补贴和应付突发事件的开支共同构成。此外，还存在一种机会成本。在前面所讨论的风险自留技术中，保费可以被用于投资或者经营，直到需要支付索赔为止。如果使用保险，保费必须预先支付，使用资金的机会则因此丧失。
- 在协商保险责任范围的时候必须花费大量的时间和精力。企业必须选择一个保险公司或几个保险公司，必须就保单条款和保费进行协商，而且必须配合保险公司的风险控制行为。
- 风险管理师遵守风险控制计划的动力可能很小，因为如果发生损失，保险公司将支付索赔。这种对损失控制的懈怠可能也会增加未投保损失的数量。

应该使用哪种方法？　在为应对损失确定适当方法的时候，可以使用矩阵法。该方法根据损失的频率和严重性对损失敞口进行分类（见图表3-1）。当然，还可以使用其他分类方法。[2] 根据损失发生的频率和严重程度，我们可以选择适当的风险处理方法。

图表3-2　风险管理矩阵

		损失频率	
		低	高
损失严重程度	低	风险自留	风险控制
	高	风险转移	风险规避

---

[1] Williams et al., *Principles of Risk Management*, pp. 108-116.
[2] 早期的分类方法是由理查德·普劳蒂（Richard Prouty）建立的，参见 *Industrial Insurance：A Formal Approach to Risk Analysis and Evaluation*，Washington DC；Machinery and Allied Products Institute，1960。普劳蒂的分类方法是将损失的严重程度分为三级（严重、显著和轻微），将损失的频率分为四类（几乎为零、较低、适中和确定）。由此可产生12种风险处理方法或方法组合。

对于拥有较低频率和较低严重程度的损失,可以使用风险自留方法。这种类型的风险损失并不经常发生,且一旦发生,其严重程度也不是很高。雇员偷窃办公用品就是一个例子。与之相对的是高频率和高严重程度的损失。对于这类风险,损失可能会频繁发生,且在发生时严重程度非常之高。最好的应对方法是规避。例如,一旦发现某种药物具有危害的副作用,就应立即将其从市场撤出。

对于损失经常发生,但严重程度相对较低的风险,可以采取风险控制措施。商店失窃就是一个很好的例子。可采取将昂贵的商品(例如,手表和照相机)放置在陈列柜中,由店员向顾客展示,而将较便宜的商品(如毛巾)放置在顾客身边的措施降低损失发生的频率。如果商品被盗的频率足够高,则可采取如防盗扣、摄像头监控和雇用多位销售人员等措施。

对于发生频率低、严重程度高的损失敞口最好通过某种形式的转移来解决。在这一情形中,损失并不经常发生,但一旦发生,后果可能非常严重。保险是风险转移的一种形式,通常用于应对此类风险。企业可能不会经常因劣质产品而被起诉,但因此类损失严重程度较高而仍会购买产品责任保险。类似地,尽管重要生产设施可能不会经常受到火灾、风暴或地震的破坏,但因这种损失的严重程度可能很大,企业仍需购买商业财产保险来转移这种损失敞口。

此处需要重申的是,矩阵法仅提供了处理损失敞口的一类方法。在实际应用中,几种风险管理技术可以同时使用。例如,风险管理师可能会购买建筑物的物理损害保险(风险转移)。保险范围涵盖 10 000 美元的免赔额(风险自留)。大楼里可能有自动喷水灭火系统和灭火器(损失减少)。有害物质(例如挥发性化学物质和放射性物质)可能不会被储存在建筑物内(风险规避)。

市场调节和风险管理技术的选择 图表 3-2 所列出的风险管理技术是一个总体原则,风险管理师可以根据保险市场的市场调节对其进行修改。在财产保险领域存在承保周期。这个术语被用于描述承保标准、收取保费数额和行业利润水平的周期性变化。通常,"严峻的"或者"宽松的"市场条件会影响应对损失敞口时所采取的风险管理技术。在市场条件严峻的时期,利润率会下降,或者行业面临承保损失。其结果是,承保标准更为严格、保费增加,保险变得昂贵且更难以获得。由于严峻的市场环境,风险管理师可能会决定保留更多的特定损失敞口,并且降低购买保险的数额。

相反,在宽松的市场环境下,利润率提升、承保条件宽松、保费下降,保险更容易购买且可能相对来说不那么贵。由于宽松的市场条件,风险管理师可能会决定减少自留的损失敞口,增加购买保险的数额。

实施和监控风险管理计划

到目前为止,我们已经讨论了风险管理过程四个步骤中的三个。第四步是实施和监控风险管理计划。这一步以政策说明作为开始。

准备风险管理政策说明和风险管理手册 **风险管理政策说明(risk management policy statement)** 对于有效的风险管理计划是必需的。说明列出了企业风险管理的目标和企业应对损失敞口的政策。它不仅在风险管理程序方面给高管们提供了培训,且赋予了风险管理师在企业中更高的权威,为判断风险管理师的业绩提供了标准。

此外,实施风险管理计划还需制定**风险管理手册(risk management manual)**。该手册详细说明了企业风险管理计划的细节，是培训经理、主管和参与到计划中的新员工的行之有效的工具。编制手册还要求风险管理师准确陈述其职责、目标、可用技术和对其他当事方应承担的责任。一本风险管理手册通常包括保单、代理人和经纪人的联系方式（以便在损失发生时可以及时联系）、紧急联系电话和其他相关信息。为便于使用与及时更新，手册通常提供电子版。

与其他部门合作 风险管理师并不是单独开展工作的。企业内部的其他职能部门在识别损失敞口、应对风险以及管理风险管理计划等方面具有极为重要的作用。这些部门可以通过如下方式在风险管理过程中提供合作：

- 会计部门。内部会计控制能够减少雇员欺诈和现金失窃。会计部门还可以就风险融资替代方案的税收政策提供信息。
- 财务部门。可以提供亏损对公司资产负债表和利润表的影响。风险控制方面的投资可以使用资本预算技术进行分析。
- 市场营销部门。合格的包装和准确的产品信息可以预防责任诉讼的发生。安全的运输程序能够减少意外事故。
- 生产部门。质量控制能够预防劣质产品的生产和责任诉讼。有效的车间安全计划能够减少伤亡和意外事故。
- 人力资源部门。该部门负责雇员福利计划、退休计划、安全计划和公司员工的招聘、晋升和解雇等工作。

以上内容显示了风险管理计划如何贯穿于整个企业之中。实际上，若没有其他部门的积极配合，风险管理计划注定会失败。风险管理部门和企业的其他职能部门之间进行开诚布公的交流对于风险管理极为重要。

定期检查和评估 为了更有效地进行风险管理，必须定期检查和评估风险管理计划，以确定目标是否达到或者计划是否需要进行调整。特别是，必须对风险管理成本、安全计划、损失预防计划进行专门的监督。也必须对损失记录进行检查，从而发现风险发生的频率和严重程度方面的变化。如果要正确使用风险自留和风险转移等技术，在做出决策之前也必须进行评估。最后，风险管理师必须判断，企业的整个风险管理政策是否得到执行，风险管理师是否得到其他部门的配合。

风险管理的优点

前面的讨论说明，风险管理程序包含复杂而详尽的过程。然而，抛开其复杂性不谈，一个有效的风险管理计划能够为企业或组织带来巨大的收益。主要收益包括：

- 一份规范的风险管理计划可以帮助企业更容易实现损前和损后风险管理目标。
- 风险成本降低，而这会增加公司的利润。**风险成本（cost of risk）**是指与处理组织的损失敞口有关的全部成本。这些成本包括支付的保费、自留损失、损失控制费用、外部风险管理服务费、经济担保金、内部行政管理成本、税费以及其他费用。
- 由于纯粹损失敞口负面的财务影响降低，企业能够执行企业风险管理计划，来应对纯粹风险和投机损失敞口。我们将在第4章中对这一部分进行讨论。

- 由于直接损失和间接（继起性）损失的减少，社会也将从中获益，痛苦和悲伤也因此而减轻。

综上所述，在今天的经济体系中，风险管理师对于企业的财务成功是极其重要的。鉴于其重要性，资深风险管理师的薪酬相对较高，具体金额基于其风险管理职责的广度。最近的一项调查发现，2015 年，风险管理师的总平均收入（薪酬加奖金）为 14.5 万美元。而承担更大责任的风险管理人员（例如首席风险官）在 2017 年的平均薪酬为 19.08 万美元。[①] 不同行业风险管理师之间的收入水平存在差异，其薪酬收入和企业规模之间存在正相关关系。

个人风险管理

公司风险管理的基本原理同样适用于个人风险管理计划。**个人风险管理（personal risk management）**是指确认个人或家庭所面临的纯粹风险，选择最合适的方法来应对这些风险。个人风险管理在应对风险时，除保险之外也考虑其他方法。

个人风险管理的步骤

个人风险管理计划包括四步：（1）确认损失敞口；（2）分析损失敞口；（3）选择应对损失敞口的适宜方法；（4）实施并定期检查个人风险管理计划。

确认损失敞口　第一步是确认可能引发严重财务问题的所有损失敞口。严重的经济损失可由以下原因造成：

（1）个人损失敞口。
- 家庭主要成员的早逝可能造成家庭收入的减少；
- 退休期间的收入不足和储蓄的缺乏；
- 巨额医疗费用；
- 丧失劳动能力期间收入的损失；
- 失业后失去收入来源；
- 身份失窃；
- 网络损失敞口，如黑客入侵信用卡或金融账户。

（2）财产损失敞口。
- 因火灾、闪电、风暴、洪水、地震或其他原因导致的房屋和个人财产的直接物理损毁；
- 由直接物理损毁损失导致的间接损失，包括额外费用、房屋重建期间搬到另一间公寓或房屋居住的费用、租金损失和无法使用建筑物或财产造成的损失；

---

① "How Do You Rank? The Results of UN'S 2015 Risk Manager Compensation Survey," *National Underwriter Property and Casualty*, April 8, 2015. "Risk Management Salaries Rising：RIMS Survey," *Business Insurance*, December 5, 2017. 首席风险官（Chief Risk Officer, CRO）负责管理企业的所有损失敞口。对于采用企业风险管理计划的公司来说，将风险管理者晋升为"首席风险官"是很常见的。

- 有价值的个人财产的失窃，包括现金和证券、珠宝和皮毛制品、书画和艺术品、照相机、计算机、收藏的硬币和邮票，以及古董等；
- 汽车、摩托车和其他交通工具因碰撞和非碰撞（例如火灾或故意破坏）遭受的直接物理损失；
- 汽车、摩托车或其他交通工具的丢失；
- 船舶被盗或损坏；
- 网络损失敞口。

（3）责任损失敞口。
- 因对他人造成人身伤害或财产损失的个人行为而产生的法律责任；
- 因侮辱、丑化、诽谤他人人格所产生的法律责任；
- 因粗心驾驶汽车、摩托车、船只或改装车产生的法律责任；
- 因经商或职业行为产生的法律责任；
- 律师费和其他法律辩护费用的支付。

分析损失敞口 第二步是分析损失敞口。估计潜在损失的频率和严重程度，从而选择最适合的方法来应对风险。例如，你的房子被火灾、龙卷风或飓风完全损毁的可能性相对较小，但是损失可能非常严重，这些损失由于其潜在的灾难性而应当投保。此外，如果损失频率高，但是损失严重程度较低，这种损失则不必投保（例如汽车上的轻微划痕和凹痕）。其他技术，例如风险自留更适合被用于处理这些类型的小额损失。例如，汽车可能受到很小的车身损失，那么可以通过购买有免赔额的碰撞保险实现风险自留。

选择应对损失敞口的适宜方法 第三步是选择最合适的方法来应对损失敞口。主要的方法包括风险规避、风险控制、风险自留、非保险转移和保险。

（1）风险规避。风险规避是应对损失敞口的一种方法。例如，你可以通过不养狗来避免狗咬伤人由你承担的责任；你可以通过租赁而不是购买房屋来避免房地产市场上房屋销售价格的下降。你可以通过搬出高犯罪率的地区来避免被抢劫。

（2）风险控制。风险控制是指为降低损失频率和严重程度而采取的措施。例如，你可以通过在限速范围内驾驶汽车、参加安全驾驶课程和谨慎驾驶来降低汽车事故的发生频率。通过锁住车门、从点火装置上拔掉钥匙和安装防盗系统来预防汽车失窃。你可以通过将贵重文件存放在其他安全位置（例如，银行的保险箱）来预防其丢失。风险控制也可降低损失严重程度。例如，在自行车或摩托车事故中，戴头盔可以减轻头部受伤的严重程度；系安全带可以减轻车祸中受伤的严重程度；在房屋内安装烟雾探测器和灭火器可以减轻火灾的毁损程度。

（3）风险自留。风险自留意味着，在发生损失时，保留部分或全部损失。正如前面所提到的，风险自留可以是主动的，也可以是被动的。积极的风险自留意味着你意识到风险并计划保留部分或全部风险。例如，你可以通过购买一份有免赔额的碰撞保险自留汽车的小额碰撞损失。类似地，你可以通过购买有免赔额的屋主保险，自留房屋或个人财产的部分损失。

风险也可由于忽视、漠视或懒惰而被消极保留。如果被动保留的风险可能导致灾难性损失，那么这种行为是非常危险的。例如，许多工人没有为长期丧失劳动能力的风险投保，即使永久性丧失劳动能力的后果通常比过早死亡所带来的后果更为严重。因此，没有为这种风险投保的工人正在以最危险、最不适宜的方式使用风险自留。

(4) 非保险转移。非保险转移是指除保险以外的将纯粹风险转移给其他当事人的方法。例如，租赁财产损坏的风险可以通过向租户收取损失保证金和在租约中插入由租户承担损坏责任的条款而被转移给租户。类似地，电视机的质量风险可以通过购买延长保修合同（零售商负责保证期结束后的劳动力和维修费用）而被转移给零售商。

(5) 保险。在个人风险管理计划中，大多数人将保险作为应对风险的主要手段。购买的常见保险类型包括人寿保险、健康保险、屋主保险、汽车保险和个人伞式责任保险。我们将在后面分析特定保险合同的时候对在个人风险管理计划中使用保险的问题进行更为详细的分析。

实施并定期检查个人风险管理计划　最后一步是实施并定期检查个人风险管理计划。至少每两年或三年应当确认一下是否所有主要的风险均被充分覆盖。此外，还应在离婚、生孩子或领养孩子、购买房屋、工作变更、配偶或家庭成员死亡等生命中的重大事件发生时，及时检查个人风险管理计划。

案例应用

城市公交公司为兰卡斯特郡的私立和公立学校提供公交运输服务。城市公交公司在该郡的三个不同城市中拥有50辆公共汽车。该公司面临着在当地运营的另外两个更大的公交公司的竞争。尽管公立学校和私立学校一般把业务交给出价最低的公司，但还是会考虑服务水平和整体绩效。

a. 简单描述一下城市公交公司的风险管理师在风险管理过程中应当采取的步骤。
b. 确认城市公交公司面临的主要损失敞口。
c. 对b中所确定的每一种损失敞口，指出可以用于应对它们的风险管理方法或措施的组合。
d. 如果在风险管理计划中采用风险自留方式，那么请说明几种用于支付损失的资金来源。
e. 指出城市公交公司的哪些部门也应当参与风险管理计划。

本章小结

- 风险管理是确认组织或个人面临的损失敞口，并选择最适宜的方法处理这些风险的过程。
- 风险管理有几个重要的目标。损前目标包括经济性、减少忧虑和履行法律义务。损后目标包括企业生存、继续经营、收入的稳定、持续成长和社会责任等。
- 风险管理过程中有四个步骤：确认损失敞口、测度和分析损失敞口、选择应对损失敞口的适宜方法、实施和监控风险管理计划。
- 风险控制是指降低损失频率和损失严重程度的方法。主要的风险控制方法包括规避、损失预防、损失减少、复制、隔离、分散化。
- 规避是指从未接触某些损失敞口或摒弃现有的损失敞口。损失预防是指为减少特定损失而采取的措施。损失减少是指在损失发生后降低损失严重程度的方法。复制是指在发生损失时保有重要文件或财产的可用备份或副本。隔离是指将面临损失的资产分离或分割,以最大限度减少单一事件造成的财务损失。分散化是指将损失敞口分散给不同当事人,从而降低损失发生的频率。

- 风险融资是指在损失发生后为其提供资金支持的方法。主要的风险融资方法包括风险自留、非保险转移和保险。

- 风险自留意味着,企业保留特定风险导致的部分或全部损失。在没有其他可利用的应对手段时使用这一方法,其要求是最大可能损失并不十分严重,且损失是高度可预期的。损失可以用企业的当期净收益来支付;可以建立提存或未提存准备金来支付发生的损失;银行信贷产品可以提供偿付损失的资金,或者企业可以通过建立专业自保公司来应对。

- 风险自留的优点是可以节省投资于保费的资金、产生较低的费用、对预防损失有更大的激励作用和增加现金流。其主要缺点是可能产生比节省下来的保费更高的损失、聘请专门从事风险控制和索赔的人员、应对诉讼所发生的费用可能更高以及可能产生更高的税负。

- 专业自保公司是由母公司所有并组建的,其目的是为母公司损失敞口提供保障。专业自保公司通常是由于母公司难以获得保险保障或难以利用有利的监管环境而成立的。它们也可以提供较低的成本,更方便地进行再保险,并形成新的利润中心。

- 自保或自融资是企业自留部分或全部特定风险损失的一种风险自留计划的特殊形式。

- 非保险转移是除保险以外的方法,通过该方法将纯粹风险和潜在财务后果转移给其他当事人。

- 非保险转移有如下几个优点:风险管理师可以将一些商业上不可保的潜在损失进行转移;非保险转移的成本通常低于保险;潜在损失可能被转移给能够更好地控制损失的另一方。

- 非保险转移也存在几点不足:风险转移的潜在损失可能因为合同用语的模糊不清而失效;如果被转移出去的损失是接受者无力承担的,企业仍然要为损失负责;保险公司可能不为风险转出方提供足够的资金。

- 在风险管理计划中也会使用商业保险。保险的使用包括保险责任范围的选择、保险公司的选择、就合同条款与保险公司协商、通报保险责任范围的信息、对计划的定期检查。

- 保险的主要优点包括:损失发生后的赔偿,不确定性的降低,获得有价值的风险管理服务,享受所得税减免的保费。主要的不足包括:保险的成本,为保险进行协商所付出的时间和精力,以及由于保险的存在而可能产生的对风险控制的懈怠态度。

- 风险管理计划必须被正确地执行和管理。这项工作包括:准备风险管理政策说明和风险管理手册,与其他部门合作,以及定期检查和评估整个风险管理计划。

- 公司风险管理的基本原理也可以被用于个人风险管理计划。个人风险管理计划被用于处理家庭或个人的损失敞口。

重要概念和术语

协会或团体专业自保公司　　规避　　　　　　专业自保公司
风险成本　　　　　　　　　免赔额　　　　　分散化
复制　　　　　　　　　　　超额保险　　　　损失敞口
损失频率　　　　　　　　　损失预防　　　　损失减少
损失严重程度　　　　　　　手稿保单　　　　最大可能损失
非保险转移　　　　　　　　个人风险管理　　最大预期损失
风险自留　　　　　　　　　风险自留水平　　风险控制
风险融资　　　　　　　　　风险管理　　　　风险管理手册
风险管理政策说明　　　　　风险自留团体　　自保
隔离　　　　　　　　　　　单一母公司专业自保公司

复习题

1. 风险管理的含义是什么？
2. 请解释损失发生前和发生后的风险管理目标。
3. 阐述风险管理过程的步骤。
4. a. 指出风险管理师可以用于识别损失敞口的信息来源。
   b. 最大可能损失和最大预期损失之间的区别是什么？
5. a. 解释风险控制的含义。
   b. 解释下面的风险控制方法：
   (1) 规避；
   (2) 损失预防；
   (3) 损失减少；
   (4) 复制；
   (5) 隔离；
   (6) 分散化。
6. a. 解释风险融资的含义。
   b. 解释下面的风险融资技术：
   (1) 风险自留；
   (2) 非保险转移；
   (3) 保险。
7. 在风险管理计划中，采用风险自留技术应当满足什么条件？
8. a. 什么是专业自保公司？
   b. 解释在风险管理计划中专业自保公司的优点。
9. a. 什么是自保？
   b. 什么是风险自留团体？
10. a. 解释在风险管理计划中使用保险的优点。
    b. 解释在风险管理计划中使用保险存在的不足。

应用题

1. 脚手架设备公司制造并销售建筑公司使用的脚手架和梯子，这些产品被直接销售给美国的独立零售商。公司的风险管理师知道，如果脚手架或梯子出了问题，就会有人受伤，公司也会因此而受到起诉。由于产品责任保险的成本增加，风险管理师在考虑应对公司风险损失的其他方法。

   a. 描述这一风险管理过程的步骤。

b. 针对下面的每一种风险管理技术，请分别列出它们所对应的公司产品责任风险。

（1）规避；

（2）损失预防；

（3）损失减少；

（4）非保险转移。

2. 斯韦福特公司在美国有5 000多名销售代表和雇员，他们都驾驶公司的汽车。公司的风险管理师向公司的管理层建议，公司应当为公司汽车的碰撞损失实施部分风险自留计划。

a. 解释斯韦福特公司的部分风险自留计划的优点和不足。

b. 指出斯韦福特公司在为汽车碰撞损失实施部分风险自留计划时应当考虑的因素。

c. 如果采用了部分风险自留计划，斯韦福特公司可用于支付公司汽车碰撞损失的方法有哪些？

d. 指出公司为碰撞损失实施风险自留时可以采用的两种风险控制方法。

3. 规避是在风险管理计划中可以有效使用的风险控制技术。

a. 在风险管理计划中，使用规避技术的主要优点是什么？

b. 企业有可能规避所有潜在风险吗？解释你的答案。

4. 风险管理计划必须得到有效执行和定期检查。这一步要求准备风险管理政策说明和风险管理手册，其他部门也需要提供合作。

a. 企业能够从准备充足的风险管理政策说明中获得什么收益？

b. 指出公司内部在风险管理计划中特别重要的几个部门。

5. 克里斯和卡伦结婚后在美国中西部的一个大城市拥有一套三居室的房子。他们的儿子克里斯蒂安在外地上大学，住在兄弟会的房子里。他们的女儿凯莉是一名高三学生。克里斯是当地一家会计师事务所的会计。卡伦是一名市场分析师，经常出差。凯莉通过兼职为别人照顾孩子来赚取额外收入。

他们的房子里有家具、个人财产、一台克里斯周末使用的用于准备营业税纳税申报单的台式电脑、一台卡伦出差时使用的笔记本电脑。他们家还有3辆汽车。克里斯蒂安开一辆2010年款福特车；克里斯开一辆2015年款本田汽车；卡伦开一辆2017年款丰田汽车。尽管克里斯一家在这间房子里已经住了很多年，但是由于最近他们家周围的暴力犯罪事件在增加，他们正考虑搬家。

a. 简要描述个人风险管理的步骤。

b. 找出克里斯和卡伦在以下方面所面临的主要纯粹风险或纯粹损失敞口。

（1）个人损失敞口；

（2）财产损失敞口；

（3）责任损失敞口。

c. 对于上面的每一种损失敞口，指出可以用于应对这些风险的个人风险管理技术。

数字资源

网络资源

参考文献

第 4 章
企业风险管理

> 风险管理领域正在经历着伟大的变革。风险管理师必须洞悉这些变化的含义,分析这些变化如何影响其风险管理计划,寻找将新技术和工具纳入其分析和设计的方法,并持续拓展关于新兴趋势和风险管理财务方面的知识。
> ——米利森特·沃克曼(Millicent Workman),特许财险与意外险核保人,国际风险管理协会(International Risk Management Institute,IRMI)研究分析师,《风险管理实践》(*Practical Risk Management*)杂志社主编

学习目标

学习完本章,你应当能够:

- 定义企业风险管理,并解释企业风险管理与传统风险管理有何不同。
- 列出并解释企业风险管理过程中的步骤。
- 解释企业风险管理计划的好处。
- 指出核保周期和风险证券化对保险市场的影响。
- 解释风险管理师预测损失的方法。
- 说明如何将财务分析应用于风险管理决策。
- 描述对风险管理师起到辅助作用的其他风险管理工具。

国际消费品公司(Consumer Products International)的领导团队于上午9时召开紧急会议,出席会议的有五名董事会成员和三名"首席"官员代表。另外三名董事会成员通过电话参加了会议。引人注目的是公司总裁缺席了。

首席法律顾问温迪·雷诺兹(Wendy Reynolds)对大家表示欢迎,并迅速解释了匆忙召开会议的原因。上周,总裁的行政助理突然辞职,并雇用了律师,威胁要公开对总裁的性骚扰指控。"当我去年任职时,我问前任首席法律顾问,是否有任何我应该知晓的问题或私人协议,显然,他骗了我。我们联系了最后两位同样辞职的行政助理。两人均以保密协议为由对此事不予置评。似乎已统一口径。"

"天呐,"董事会成员克里夫·詹金斯(Cliff Jenkins)说。"我们公司一直享有盛誉。现在该怎么办?"

雷诺兹要求首席风险管理师亨利·帕尔默(Henry Palmer)对此做出回应。"如你所

知，六年前我们实施了一项企业风险管理计划。尽管我们在风险识别和透明度方面做出了最大努力，但在这件事上看来可能要失败了。我们考虑的两个风险是雇佣行为责任和公司的声誉，显然二者是相关的。我们需对股东、客户、员工和其他各方负责。如果存在不当行为，我们的市场营销和股价都将受到影响。"

雷诺兹向董事会建议，在调查结束之前让总裁休假。"在指控得到解决之前，他被认为是无辜的。出于我们的企业风险管理计划，我们制订了方案来应对这种情况。"雷诺兹说："我们将在明天上午安排一场新闻发布会。到时我将解释我们知道什么，是什么时候知道的，以及我们如何处理这些指控，尽量减少这件事对公司的伤害。"

本章建立在第3章对风险管理的讨论基础之上。首先介绍的是企业风险管理（ERM）的定义、传统风险管理与ERM的区别、ERM过程的步骤以及ERM的好处。接下来主要讨论的是风险管理领域的一些相关主题，包括：保险市场动态，损失预测，风险管理决策中的财务分析，以及一些风险管理工具的应用。基于本章一些数据材料的习题集可以在培生公司网站上找到：http://www.pearsonhighered.com/rejda。

企业风险管理概述

传统风险管理，如第3章所述，仅限于纯粹的损失敞口，包括财产风险、责任风险和个人风险。20世纪90年代出现了一个有趣的趋势，许多企业开始扩大其风险管理计划的范围，将投机性金融风险包括在内。一些大型企业更进一步，扩展了它们的风险管理计划，以考虑企业面临的所有风险以及这些风险的战略意义。这些处理企业的所有损失敞口的计划，被称为企业风险管理计划。

风险管理协会（RIMS）是一个由风险管理专业人士组成的组织，在大多数大城市中都设有分会。该协会跟踪企业采用企业风险管理计划的情况。根据其2017年的调查，73%的受访者实施了完全或部分整合的企业风险管理计划。[1] 这一比例较2013年的63%、2011年的54%和2009年的36%有所上升。[2] 也就是说，在8年的时间里，实施完全或部分一体化企业风险管理计划的企业所占比例翻了一番。虽然有些组织采用企业风险管理是出于监管的原因，但更多的企业鉴于公司董事会的指示和认识到企业风险管理计划可以为企业增加价值而正在采用企业风险管理计划。根据该协会的最新调查，61%的受访者使用企业风险管理计划来传达和影响企业的战略决策。[3]

企业风险管理的定义

由于企业所面临的风险是其各自所特有的，因此没有两个完全相同的企业风险管理方案。风险管理协会将**企业风险管理（enterprise risk management，ERM）**定义为一种战略经营准则，通过处理企业的全部风险并将这些风险的综合影响作为一个风险组合来支持实

---

[1] "RIMS 2017 Enterprise Risk Management Survey," RIMS Society, November, 2017.
[2] "RIMS 2013 Enterprise Risk Management Survey," RIMS Society, August, 2013.
[3] "RIMS 2017 Enterprise Risk Management Survey," RIMS Society, November, 2017.

现企业的经营目标。①

传统风险管理与企业风险管理的区别

风险管理协会指出，企业风险管理计划与以往的风险管理方法在几个方面有所不同。具体而言，企业风险管理计划②：

- 涵盖企业的所有风险领域，包括财务风险、经营风险、战略风险、投机风险和其他风险。
- 运用组合方法优先考虑并管理企业面临的风险，而不是孤立地看待各个风险。
- 评估与内外部环境、利益相关者、系统和条件相关的风险组合。
- 认识到整个企业的风险是相互关联的，组合风险不同于单个风险的总和。
- 无论风险本质上是定性的还是定量的，提供管理所有风险的结构化流程。
- 将风险的有效管理视为竞争优势。
- 在整个企业经营中嵌入风险管理，使其成为企业所有重大决策的组成部分。

企业风险管理流程

企业风险管理流程（见图表4-1）与第3章所述的风险管理流程类似。不过，有一些重要的区别。企业风险管理计划在被实施后，其过程受到内外部环境的影响。信息在总流程与负责（或"拥有"）各种风险的内部各方之间双向流动，这些内部组织既为企业风险管理流程提供信息，反过来又接收流程给予的信息。如图表4-1所示，这个过程是连续的。如本节结论所述，企业风险管理流程增进了企业战略决策的成效以及企业风险管理其他方面的成效。实施企业风险管理计划是这一切的开始。

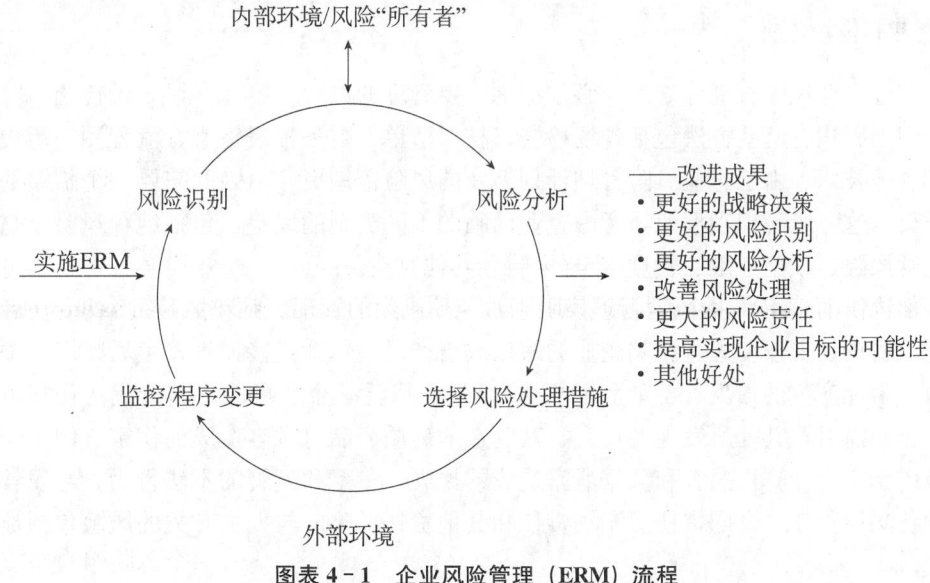

图表4-1 企业风险管理（ERM）流程

---

① ② 风险管理协会网址：http://www.rims.org。

实施企业风险管理计划

企业风险管理计划因其风险覆盖范围之广而被许多大型国有和私营企业采用。若这些企业成立于20世纪90年代，则其或已具备传统风险管理计划。对于目前拥有企业风险管理计划的大多数企业来说，进入企业风险管理流程的第一步就是采用企业风险管理计划。在实施企业风险管理计划之前，风险被划分为不同类别或"仓库"。例如，纯粹风险由传统的风险管理部门处理，财务风险由财务或会计部门处理，个人风险由人力资源部门处理，经营风险由业务经理处理，等等。这种分散性质的处理策略导致企业风险处理的效率降低。

出于对变革的抵制，新的企业风险管理计划的实施可能会很困难。一些员工/部门早已在"旧"工作方式上不断建立起舒适度，因而可能希望保护他们原有的职责区域（"地盘"）。要使企业风险管理计划成功实施，必须消除各职能部门之间的障碍，以便在整个企业内管理风险。因此，接受观察和处理风险的"新"方式在企业风险管理计划的实施和推进中非常重要。

成功实施企业风险管理的证据揭示了几个关键因素。第一，要使计划成功实施，管理团队必须做出承诺。尽管董事会可以批准或授权实施企业风险管理计划，但企业高管有责任确保该计划的推进。管理团队和其他主要部门领导的承诺对计划的成功至关重要。一些企业设立了**首席风险官**（chief risk officer，CRO）一职来负责应对企业所面临的全部风险，并制订成功管理这些风险的计划。企业风险管理实施的第二个关键因素是沟通。企业风险管理及其框架的成效必须下达。企业风险管理计划内部负责各个方面的风险承担部门必须保持沟通。在实施阶段，保持计划的简单性和脚踏实地十分关键。在推进阶段，经常更新计划的实施状态至关重要。①

企业风险识别

在实施企业风险管理计划后，必须识别需要管理的风险。第3章讨论了传统风险的几种风险识别因素。这些方法包括现场检查、核对清单、财务报表审查、流程图、历史损失数据和其他技术。由于企业风险管理计划涉及的风险范围更广，因此需要一个扩展的风险识别框架。这一风险识别框架需考虑企业面临的不同类型的风险，包括纯粹风险、财务风险、经营风险、战略风险、管理/合规风险和其他风险。

- 纯粹风险。传统的风险管理仅限于对纯粹风险的管理。**纯粹风险（hazard risk）**是指与企业财产、责任和人员相关的损失敞口。财产风险包括直接损失发生后财产的损坏或失窃以及由此产生的损失（例如利润损失）。责任风险是企业可能为其造成的伤害负责的风险。企业需对在其处所发生的伤害、其制造的劣质产品对顾客造成的伤害、因工作行为而造成的伤害、计算机黑客和数据泄露造成的损失、董事和高管的不法行为、与雇佣有关的行为负法律责任、合同责任、车辆责任和其他责任风险。与人员有关的风险包括员工的

---

① 企业风险管理计划实施的讨论是基于："5 Tips for Successful ERM Implementation," Michael Goni, http://www.ssapchat.com, March 7, 2018; "10 Easy Steps to Implement Enterprise Risk Management," Carol Fox, *Risk Management*, November 2014; "Implementing Enterprise Risk Management: Getting the Fundamentals Right," Jerry Miccolis, http://www.IRMI.com。

工伤和疾病，员工的生命、健康和退休保障。

- 财务风险。企业面临许多投机性财务风险。**财务风险（financial risk）**是指因金融资产、商品价格、汇率、利率不断变化所产生的风险。投资金融证券的机构，如保险公司或共同基金公司，其持有的证券的价值可能增加或减少。公司还可能面临因向员工提供养老金计划而产生的金融资产价格风险。公司需要经营商品，因此还会面临商品价格变化的风险。例如，谷物或面包公司需要谷物来生产产品。航空公司运营需要喷气燃料。商品基础价格的变化会影响公司盈利水平。汇率风险对从事国际业务的公司至关重要。美国的建筑公司可能会为位于欧洲的大型、长期项目签订合同，美元/欧元汇率影响交易的盈利水平；美国航空公司可能会向位于日本的公司出售客机，美元/日元汇率影响交易的盈利水平。最后，许多公司，特别是金融机构，都面临利率风险。例如，银行可能会在利率较高时为定期存单支付高利率。如果未来利率下降，银行则只能以较低的利率发放贷款。银行实际上在支付定期存单利息和发放贷款利息之间的差额上蒙受了损失。

- 经营风险。**经营风险（operational risk）**是指企业经营中出现的风险。识别这一风险的有效框架是考虑来自人员、流程、系统和外部事件的风险。①

(1) 企业组织涉及许多个人和团体，包括雇员、经理、承包商和供应商。企业可以选择雇用谁、与谁签订合同以及使用哪些供应商。其他需要考虑的群体是企业的客户群和可能访问企业但未被授权的个人（例如，非法侵入者）。尽管纯粹风险涉及自然事件引发的损失敞口，但人类又创造了许多人为的损失敞口，如商店行窃、商业间谍活动、贪污和恐怖主义。

(2) 流程风险是与偏离企业的常规做法和程序有关的风险。例如，生产线通常存在正常速度。如果由于需求增加，生产线以更快的速度运行，生产差错的风险就会增加；同样，企业通常存在对求职者进行背景调查的程序，如果跳过了审查过程中的这一步骤，可能会雇用一名"坏"员工；企业通过在接受交货前检验样品的质量对原材料进行抽查，不检查原材料的质量可能导致劣质材料被用于生产。

(3) "系统"风险是由于企业所使用的技术产生的。企业可以在生产线上使用机器人技术或使用计算机生成图形。行政团队可能在办公室中和出差时分别使用台式电脑和笔记本电脑。此风险的关键考虑因素包括计算机网络的安全性、保护公司和客户数据、保持所采用的技术及管理系统的人员之间的最新资源共享。

(4) 外部事件是指企业无法控制的事件。发电厂的爆炸可能会中断依赖发电厂能源的制造企业的生产。飓风或地震可能迫使公司暂停经营。重要客户或供应商可能终止合同从而影响整个企业。

- 战略风险。**战略风险（strategic risk）**是企业的外部风险。这些风险包括经济和人口趋势、行业趋势、竞争对手行为和监管措施。由于这些风险是外部的，企业很少或根本没有对它们加以控制。在这种情况下，企业必须认识到正在发生的事情，并做好应对的准备。例如，消费品公司必须意识到年龄人口结构的变化，并结合这一因素来调整生产。经济放缓可能意味着销售下降。竞争对手退出市场可能会创造机会。监管措施也可能对企业产生影响。例如，更严格的安全标准可能会影响产品的设计；税收降低可能会增加公司运

---

① 这一分类体系被美国CPCU风险管理协会（American Institute for CPCU）采用。

营的净利润。不利的违规先例可能会影响产品的继续生产和销售。

- 管理/合规风险。企业应对各种监管机构及其所有者负责，并必须满足众多法律和政府规定。需要企业提交联邦文件的机构包括美国劳工部、美国国内收入署和美国证券交易委员会（如果该公司是公开交易的）以及州监管机构。此外，企业还需要就季度报告、年度报告和委托书与公司股东进行沟通。

许多企业需要接受年审。虽然传统意义上审计的重点是企业的财务报表，但随着时间的推移，年度审计的范围有所扩大。审计的一部分包括对企业内部流程和内部控制的审查。例如，企业对于收到的现金是如何处理的？企业在发放资金时，是否需要两个人签字？内部控制旨在预防贪污，并确保欺诈行为不会发生。

- 其他风险。企业面临的其他风险可能不适合上述类别。例如，当企业的一项重要专利到期后，其竞争对手可能趁机进入市场，并生产已获得成功的产品；犯罪或恐怖主义事件的增加可能会影响企业供应链的安全；企业的声誉可能因其领导者的不当行为而受到损害。此外，企业必须意识到其可能面临的新出现的风险：企业贸易伙伴可能希望转用数字货币；气候变化可能会使得海平面上升，并在企业生产设施所在地区导致更猛烈的风暴；更大的地震和火山活动可能会影响企业在环太平洋地区的生产。

如前所述，纯粹、财务、经营、战略、管理/合规是企业风险识别中的一种分类方法。风险也可分为内部风险和外部风险。显然，特定的个人也可以帮助企业识别其专业领域的风险。除了个人外，小组会议也可以。由于风险是在整个企业内部被管理的，且有些风险跨越了不同职能领域，因此小组会议提供了一个以更全面的方式考量企业风险的平台。

在识别出风险后，一些企业会在风险登记簿中记录风险。**风险登记簿（risk register）**是企业所面临的风险的列表，其中包含每项风险的详细信息。除列出各项风险名称外，登记簿还可包括风险分类、"拥有"（负责）风险管理的人员、风险分析结果（在下一节中讨论）、有关风险的重要注释和其他数据。图表 4-2 介绍了国际消费品公司风险登记簿的一部分，该公司来自本章开头的引言。登记簿中的损失估计和风险评分将在有关"风险分析"的小节中讨论。

图表 4-2　国际消费品公司风险登记簿的一部分

具体风险	风险类别	责任方/部门	最大可能损失	最大预期损失	风险注释	处理前风险评分	处理后风险评分
位于加利福尼亚州的生产设施起火	纯粹风险	风险管理师	3亿美元	3 000万美元	2018年安装新的洒水系统，使用不易燃的建材	8	4
不利的汇率变化	财务风险	财务/财政部门	1 000万美元	200万美元	头寸对冲，以防止大幅波动	5	2
密苏里州制造厂装配线故障	经营风险	工厂经理	500万美元	200万美元	临时停工，将关键的备用部件保留在工厂内	4	1
未能提交所需表格	合规风险	会计/财务总监	2 000万美元	500万美元	小额罚款，提前知晓申请的截止日期，但是投资者可能会起诉	5	2

续表

具体风险	风险类别	责任方/部门	最大可能损失	最大预期损失	风险注释	处理前风险评分	处理后风险评分
欺骗性产品广告	经营风险	法律/营销部门	5 000万美元	2 500万美元	随着产品的广泛销售,可能引发集体诉讼	7	4
公司高管的不法行为	经营风险	法律/风险管理师	1亿至1.5亿美元	2 500万至5 000万美元	如果股东受到损害,有可能提起集体诉讼	8	5
养老金市场波动对养老金资产价值的影响	财务风险	财务/财政部门	4 000万美元	500万美元	基金分散化,限制下订单以降低下行风险	5	2
影响公司产品需求的顾客受众变化	经营风险	市场营销部门	1 500万美元	500万美元	没有突然的变化,数据很容易被观察到,而且变化是可以被预测的	3	1
密苏里州工厂的工人遭受严重工伤	经营风险	工厂经理及风险管理师	4 000万美元	1 000万美元	大规模伤亡和残疾可能性不大,爆炸风险降低	6	3
黑客盗取客户数据	经营风险	信息技术部门	1亿至2亿美元	3 000万至6 000万美元	极大的不确定性,极其难以把握	10	9
密苏里州工厂遭受龙卷风/风暴	纯粹风险	风险管理师	5 000万至7 500万美元	2 000万美元	如果龙卷风袭击工厂,可能会造成严重破坏,可以承受F-4或更低级别的风暴	8	5
加利福尼亚州工厂遭受恐怖袭击或大面积射击	经营风险	工厂安保部门和风险管理师	4 000万美元	500万美元	安装新的门禁措施,由安保人员进行闭路监控	7	5
失去重要原材料供应商	经营风险	采购部门	2 500万美元	1 000万美元	从其他供应商处少量采购,以防失去重要供应商时需要更多原材料	6	3

风险分析

在识别出风险后,必须对其进行分析。在第3章中我们根据损失发生的频率和严重程度对风险进行分类,进而确定风险处理措施。频率是损失发生的概率,严重程度是损失发生时的危害程度。有些损失(如地震、飓风、重要客户损失或股市大幅调整)很少发生,而有些损失(如员工受伤、车队车辆的物理损坏损失和商店盗窃损失)则更常见。如果损失的概率(频率)太高,通常可以避免高严重程度损失敞口。

在第3章中,我们使用一个简单的二乘二矩阵来帮助确定风险处理措施。为了确定企业风险管理计划中的风险处理措施，我们通常采用风险图。**风险图（risk map）**是一个根据企业可能遭受损失的频率和严重程度绘制的企业面临风险的网格。在绘制风险图之前，需要对每项风险进行分析。风险图的使用可以从简单地绘制风险损失到采用损失预测和计算机模拟来估计可能的损失情景。除了财产、责任和人员风险损失之外，属于"企业风险"这一大类的财务风险和其他风险也包括在风险图中。图表4-3为根据风险登记簿（见图表4-2）绘制的风险图。

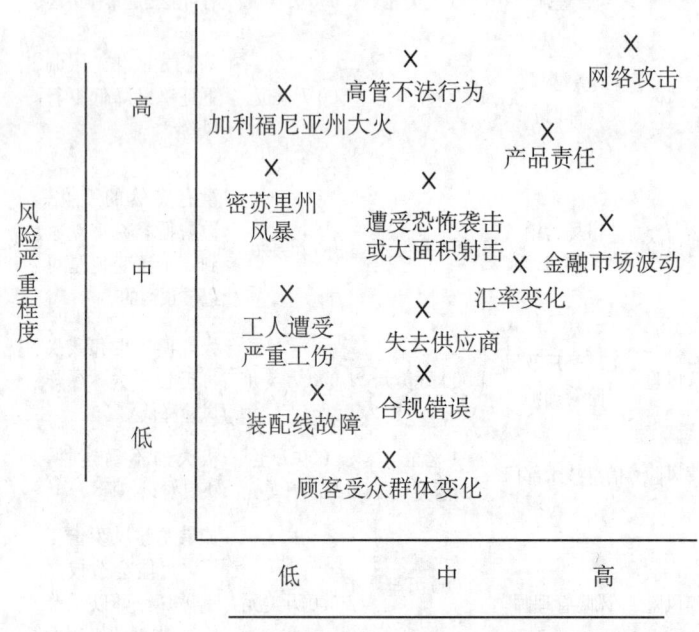

图表4-3　国际消费品公司面临的一些风险的风险图

风险处理措施的选择与实施

风险处理措施的选择取决于许多因素。显然，损失发生的频率和严重程度是必须考虑的。损失预测、事先索赔和与风险"所有者"的面谈有助于为特定风险建立发生频率和严重程度指标。风险处理措施的影响是另一个重要因素。风险图通常是在风险处理前（见图表4-3）和处理后编制的。一般使用彩色图形来显示已标记（预处理）风险的"热度"是如何通过已应用的风险处理措施"冷却"的，以及即使风险处理措施已到位，哪些风险仍然是有"热度"的。

风险登记簿（见图表4-2）提供了最大可能损失和最大预期损失的估计值。基于这些值和其他考虑因素，可以得出风险评分。风险评分是一种定性或定量衡量风险重要程度的方法。风险登记簿采用了1~10分制，其中10分是"最危险的"。初始风险评分先于风险处理措施的应用。我们可通过损失预防、保险、隔离、分散化等方法降低损失敞口。最后一栏中的风险评分表示风险处理措施应用后的风险得分。对于某些风险，采取措施后其评分会大幅降低。对于其他风险（例如网络责任），在采取措施后，其风险评分仍然很高。

正如在讨论传统风险管理和企业风险管理之间的区别时所指出的，企业风险管理有助于组织对企业面临的风险进行优先排序。根据风险评分，网络安全应该是国际消费品公司最关心的问题。产品责任、高管的不法行为、火灾和地震以及恐怖袭击也得分较高（在采取风险处理措施后，得分为 4 分或更高）。

企业愿意接受多少风险取决于其风险偏好和风险容忍度。[①] **风险偏好（risk appetite）** 是企业在考虑到单个风险或风险组合的总体风险和回报权衡后愿意接受的总风险敞口。**风险容忍度（risk tolerance）** 是企业愿意接受的不确定性的量。企业的财务状况、先前的风险损失经验、风险损失带来的机会以及其他因素都会影响风险偏好和风险容忍度。下面两个例子可以表明综合考量的重要性：

第一，在第 3 章中建议将隔离和分散化作为应对纯粹风险的处理措施。例如，原材料和成品可以分开存放，以降低风险。另外的生产设施可被用于减少单个生产设施损失的影响。然而，生产经理可能会注意到，将原材料和成品分别存放于两个或以上的生产设施中并复制一个生产工厂将会产生额外的成本并降低生产效率。因此，孤立地考虑纯粹风险会产生一种方案，但同时考虑纯粹风险和经营风险会导致不同的行动方案。

第二，能源公司可能会在夏季接收取暖用油的订单，并承诺在秋季早些时候按订单规定的价格交货。合同签订后，标的商品价格可能上涨，从而改变交易的盈利水平。能源公司可能会考虑使用期货合约来对冲取暖用油的价格风险。尽管能源价格的上涨对取暖用油合同产生了负面影响，但却有利于提高能源公司拥有和经营的加油站中汽油销售的盈利水平。相反，如果取暖用油价格下降，能源公司在燃料油合同上获得更高利润，但在其加油站销售的汽油上则利润较低。同时考虑这两种风险会产生不同于孤立考虑取暖用油价格风险的决策方案。

我们还可以举出许多其他例子，说明将纯粹风险和投机风险整合在一个风险管理计划中的好处。鉴于考虑的风险范围更广，因此可采用的应对措施范围更广。第 3 章讨论的关于纯粹风险和经营风险的风险控制措施（规避、损失预防、损失减少、复制、隔离和分散化）均可被应用到企业风险管理计划中，包括风险自留和风险转移两种方案。

有许多风险处理措施可被用于应对企业持有的金融资产面临的风险。分散化就是其中之一。分散化是指企业持有多种金融证券（如股票、债券和抵押贷款支持证券）或持有不同公司发行的金融证券（如由 40 个不同公司的普通股组成的投资组合）。市场指令亦可被用于处理风险。例如，当价值下跌超过指定百分比时，"限价令"可被用于触发证券出售。股票期权也可以作为一种金融风险管理工具。看涨期权赋予所有者在规定期限内以指定价格购买 100 股股票的权利，而看跌期权赋予所有者在特定期限内以特定价格出售 100 股股票的权利。最后，期货合约同样可以被用来对冲商品价格风险。一份投资文本可以更全面地讨论衍生品（期权和期货）的使用。[②]

对于网络风险，许多企业关注的一个重要问题是风险控制、网络财产和责任保险。关于网络风险控制的措施包括设置复杂密码、定期更改密码、计算机文件自动备份、设置网络防火墙以及当网络遭受攻击时立即通知所有者的软件。

[①] "Exploring Risk Appetite and Risk Tolerance," RIMS Society Executive Report, 2012.
[②] 例如，*Investments*, 11th Edition, by Zvi Bodie, Alex Kane, and Alan Marcus, McGraw-Hill, 2017.

对于其他风险，在选择风险处理措施时，与风险所有者（包括会计、律师、生产经理、人力资源职员、安全负责人等）的沟通至关重要。一旦那些对其负责领域内风险最了解的人的建议被采用，他们就要对这些建议负责。风险处理措施不是孤立的，它们受企业内其他人的监督，这些人可能会提供关于如何处理风险的意见。

监控和纠正措施

在企业风险管理措施实施后，其过程是连续的、动态的。新的风险和机遇可能会对企业产生影响。企业可能会出现新的经营和战略风险，保险市场可能会发生动荡，金融市场可能会变得不稳定，企业的风险偏好和风险容忍度也可能会发生变化。因此，企业必须对其风险管理计划进行监控，并根据需要采取纠正措施。

企业风险管理计划的好处

考虑到时间和资源的投入，企业认识到采用企业风险管理计划是有好处的。这些好处主要包括[①]：

- 提高企业对面临的风险的认识，并改进对这些风险的处理。
- 提高实现战略和经营目标的确定性。
- 确保企业经营管理符合监管和法律要求。
- 提高企业面临风险管理的责任。
- 提高风险管理效率并节约潜在成本。
- 改进企业战略决策。
- 提高企业价值。

尽管基于方法和框架考虑，上述好处似乎合乎逻辑，但后两点值得进一步讨论。

企业风险管理计划的一个可认识到的好处是更好的知情决策。事实上，风险管理协会用来衡量企业风险管理计划"成熟度"的指标正是该计划影响企业战略决策的程度。最近的调查发现，61%的受访者表示已经体会到了这一好处[②]，战略决策的改进与赋予企业更高的估值是一致的。实证分析表明，具有成熟企业风险管理计划的企业被投资者赋予了较高的估值。[③]

如前所述，许多大型组织实施了企业风险管理计划，考虑了企业面临的所有风险。无

---

① 资料来源包括："RIMS 2017 Enterprise Risk Management Survey," RIMS Society, November 2017；"5 Benefits of an Integrated Risk Management Program," by Neil Amato, *FM Magazine*, July 2016；"Five Benefits of Enterprise Risk Management," by Jim Kreiser, http://www.CLAconnect.com, August 2013。

② 可参见 John Bugalla and Emanuel Lauria, "When Enterprise Risk Management Gets Strategic," http://www.CFO.com, April 15, 2016；也可参见 "RIMS 2017 Enterprise Risk Management Survey," RIMS Society, November 2017。

③ 马克·法雷尔（Mark Farrell）及罗曼·加拉格尔（Ronan Gallagher）发现，拥有成熟企业风险管理计划的公司具有更高的企业价值。参见 "The Valuation Implications of Enterprise Risk Management Maturity," *Journal of Risk and Insurance*, 2014。他们得到的结果类似于研究保险机构的罗伯特·霍伊特（Robert Hoyt）和安德烈·利本伯格（Andre Liebenberg）。参见 "The Value of Enterprise Risk Management," *Journal of Risk and Insurance*, 2011。

论企业规模大小，第3章讨论的传统风险管理概念都适用。以下几节将讨论影响企业风险管理实践的一些附加因素。

保险市场动态

第3章讨论了应对风险的不同方法。当财产和责任损失敞口并没有通过风险规避得以消除的时候，发生的损失必须以其他方法予以弥补。风险管理师必须从下面两种方法中选择一种来进行应对：风险自留和风险转移。自留损失可以用当期收益、损失准备金、借款或者通过专业自保公司进行支付。风险转移将赔偿损失的压力转嫁给其他当事人，最常见的是财产和责任保险公司。采用风险自留还是风险转移要受保险市场情况的影响。保险市场的两个重要影响因素如下：

- 核保周期；
- 资本市场风险融资工具。

核保周期

很多年来，对大量核保结果和对财产和责任保险市场盈利能力的观察显示出核保具有周期性。核保严格程度、保费水平和盈利能力的周期模式被称为**核保周期**（underwriting cycle）。财产和责任保险市场在严格核保标准和较高保费的**严峻的保险市场**（hard insurance market）与具有宽松的核保标准和较低保费的**宽松的保险市场**（soft insurance market）之间波动。

可以用很多方法来确定核保周期的状态。图表4-4显示了财产和责任保险行业长期以来的综合比率。**综合比率**（combined ratio）是指损失赔偿和损失评估费用加上承保费用之和与保费的比率。如果综合比率大于1（或100%），承保这项业务无利可图。例如，2011年综合比率为106.5%，这表明保险公司每收取1.00美元保费，在索赔和费用方面就支出1.065美元。如果综合比率小于1（或100%），保险公司可以通过承保盈利。2013年综合比率为96.4%，表明每1美元保费中的承保利润为3.6%。综合比率考虑了承保业绩，不反映投资收入。

风险管理师在做出自留或转移的决策时必须考虑当前的费率水平和核保标准。当市场宽松时，可以以适宜的条款购买保险（例如较低的保费、更大的覆盖面、取消免除条款）。在严峻的市场中更多采用风险自留方法，因为有些保险的保障范围受到限制或无法承保。例如，在延续到20世纪90年代后期的宽松的市场中，一些风险管理师为了锁定有利的保险条款，购买了多年期保险。

是什么导致了财产和责任保险市场的价格波动？尽管已经有很多不同的解释[1]，但是有两个明显的因素影响了财产和责任保险的定价和承保决策：

- 保险行业的承保能力；
- 投资收益。

---

[1] 有关核保周期的文献回顾，参见 Mary A. Weiss, "Underwriting Cycles: A Synthesis and Further Directions," *Journal of Insurance Issues*, Vol. 30, No. 1 (2007), pp. 31-45。

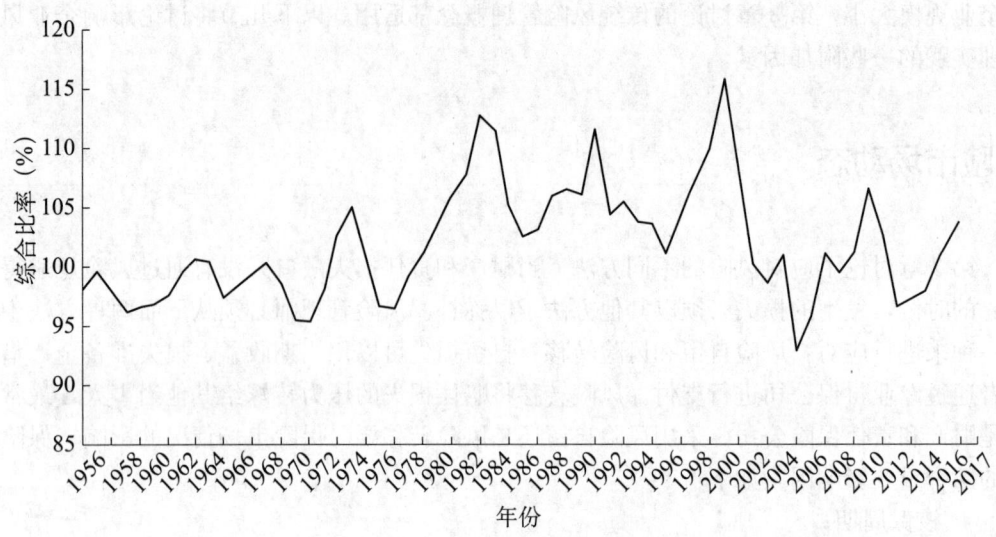

图表 4-4　1956—2017 年所有财产和责任保险产品的综合比率

注：1998—2017 年数据包括州基金。
资料来源：Best's Aggregates & Averages—Property/Casualty，2014. © A. M. Best Company. Used by permission；and "2017—Commentary on Year-End Financial Results," Insurance Information Institute，May 14，2018.

保险行业的承保能力　在保险行业中，**承保能力（capicity）** 是指盈余的相对水平。**盈余（surplus）** 是保险公司资产和负债之间的差额。当财产和责任保险行业处于盈余较多的状态时，保险公司可以降低保费并放松核保标准，因为如果承保结果不好，它们还有后路可退。考虑到金融资产的多样性和保险行业的竞争性，如果一个保险公司采取了某些措施，其他保险公司也会紧随其后。随着竞争的日益激烈，保费进一步降低，核保标准被进一步放松。因为收取的保费不足，保险公司的承保损失开始累积。承保损失降低了保险公司的盈余，在某一时刻，保费必须提高，核保标准必须严格，从而能够积累起即将耗尽的盈余。这些措施将会带来能够盈利的承保业务，并有助于增加盈余。当累积了足够的盈余时，保险公司又一次能够降低保费并放松核保标准，从而开始一轮新的循环。

外部因素（例如地震、飓风和大额责任赔付等）也可能提高索赔额，减少盈余。2001 年"9·11"事件发生后，保险市场环境变差。世贸大厦和其他建筑被恐怖袭击损毁所造成的承保损失大约为 325 亿美元（按照 2010 年币值计算为 400 亿美元）。①

"9·11"恐怖袭击造成的损失在保险业被称为"巨灾损失"。**巨灾损失（clash loss）** 发生于几种导致大额损失的保险事件同时发生之时。恐怖袭击给人寿保险公司、健康保险公司和财产险公司带来了巨大的损失。保险行业的第二次巨大冲击是 2005 年卡特里娜飓风带来的理赔。按照 2010 年币值计算，卡特里娜飓风的承保损失总计 450 亿美元。② 2017 年，主要由飓风和洪水引发的巨灾损失造成了 232 亿美元的承保损失。③

2001 年，美国财产险行业的税前经营损失超过 130 亿美元，当年保险盈余下降了

---

①② "9/11：The Tenth Anniversary," Insurance Information Institute，updated September 28，2017.
③ "2017—Commentary on Year-End Financial Results," Insurance Information Institute，May 14，2018.

8.5%。2001年的综合比率为115.8%，2002年为107.5%。这强迫保险公司执行严格的承保标准，提高保费，从而实现盈余的增加。即使因为卡特里娜飓风和其他飓风产生了巨额赔付，保险行业仍然实现了盈利，2005年盈余增长8.8%。2006年保险的价格总体上开始下降。2006年、2007年保险公司承保利润创出新高。2006年综合比率为92.6%，创造的承保利润为311亿美元。2007年综合比率为95.7%，承保利润为190亿美元。这些良好的承保结果与较高的投资收益共同创造了行业盈利的记录。2006年盈利增长15%，2007年增长6.8%，并在2007年底达到5 370亿美元。而从2010年到2012年的承保收益就不那么好了。持续的市场条件不佳和高额损失将综合比率推高至2010年度的101.1%、2011年度的106.6%、2012年度的102.5%。2013—2015年，市场恢复了承保盈利能力。2016年和2017年又出现了承保损失。①

投资收益 如果对于你所获得的每1美元保费，你将在损失方面支出74美分，在费用方面支出30美分，你会卖掉保单吗？这种支付比率意味着你每获得1美元保费将亏损4美分。财产和意外保险公司也经常会考虑未来的预期损失情况来销售保单，并希望用投资收益来弥补承保损失。在现实中，保险公司从事两项业务：承保风险和用保费进行投资。如果保险公司预期获得的投资收益是良好的，它们可以以较低的费率销售其保险产品，并寄希望于用投资收益补偿承保损失。这种操作被称为现金流承保（cash flow underwriting）。

从1980年到今天，每年的综合比率很少低于100%。保险公司的承保业务基本都是亏损的，主要依赖投资收益来抵销承保损失。在投资资产收益率于2002年下降到2.2%之后，2003年收益率增加到8.3%，接下来四年的收益率处于5.2%和6.7%之间。随着承保利润增长带来的可投资资金的增加，2005年净投资收益为501亿美元，2006年为531亿美元，2007年为581亿美元。2011—2013年，投资资产总额逐年增加。然而，净投资收益逐年下降，2013年达到495亿美元的低点。② 随着保险公司投资组合中收益率较高的债券到期，并被收益率较低的债券取代，2016年净收入进一步下降至466亿美元，2017年微升至490亿美元。③ 2018年利率的上升使保险公司能够在其投资组合中增加收益率更高的债务工具。

资本市场风险融资工具

保险公司和风险管理师越来越多地关注发挥资本市场的作用来应对风险。目前有两种资本市场风险融资协议，分别是风险证券化和保险期权。④

风险证券化 保险和风险管理的一个重要进展是风险证券化得到越来越多的应用。风

---

① 本段引用的统计数据来自 Insurance Information Institute's *2018 Insurance Fact Book*，various issues of A. M. Best Company's publication *Best's Aggregates and Averages—Property and Casualty*，and "2017—Commentary on Year-End Financial Results," Insurance Information Institute，May 14，2018。

② 本段引用的统计数据来自 Insurance Information Institute's *2018 Insurance Fact Book* and various issues of A. M. Best Company's publication *Best's Aggregates and Averages—Property and Casualty*。

③ 参见 "2017—Commentary on Year-End Financial Results," Insurance Information Institute，May 14，2018。

④ 关于资本市场处理风险的方法的讨论，包括风险证券化及其他衍生工具，参见 Richard G. Berthelsen，Michael W. Elliott，and Connor M. Harrison，*Risk Financing*，4th ed.，American Institute for CPCU—Insurance Institute of America，2006。

险证券化（securitization of risk）是指通过金融工具的创造，将可保风险转移到资本市场，例如巨灾债券、期货合约、期权合约以及其他金融工具。风险证券化对保险市场的影响是，使保险公司和再保险公司的承保能力即刻得到提升。风险证券化不仅仅依赖于保险公司的承保能力，它还可以利用许多投资者的资本。

保险公司是尝试证券化最早的企业之一。USAA 保险公司通过一个子公司于 1997 年发行了巨灾债券以应对巨灾性的飓风损失。**巨灾债券**（catastrophe bond）是一种公司债券，如果发生巨灾损失，就允许保险公司取消或延迟既定赔付。USAA 债券的条款规定，如果在特定时期飓风损失没有超过一定的水平，投资人就会得到本金和利息。然而，如果飓风索赔超过了触发点（trigger point），就会失去本金和利息。2017 年是巨灾债券创纪录的一年，这一年共发行了 102.5 亿美元的巨灾债券。通过这些债券解决的风险包括台风、地震、洪水、飓风和严重雷电/风暴。①

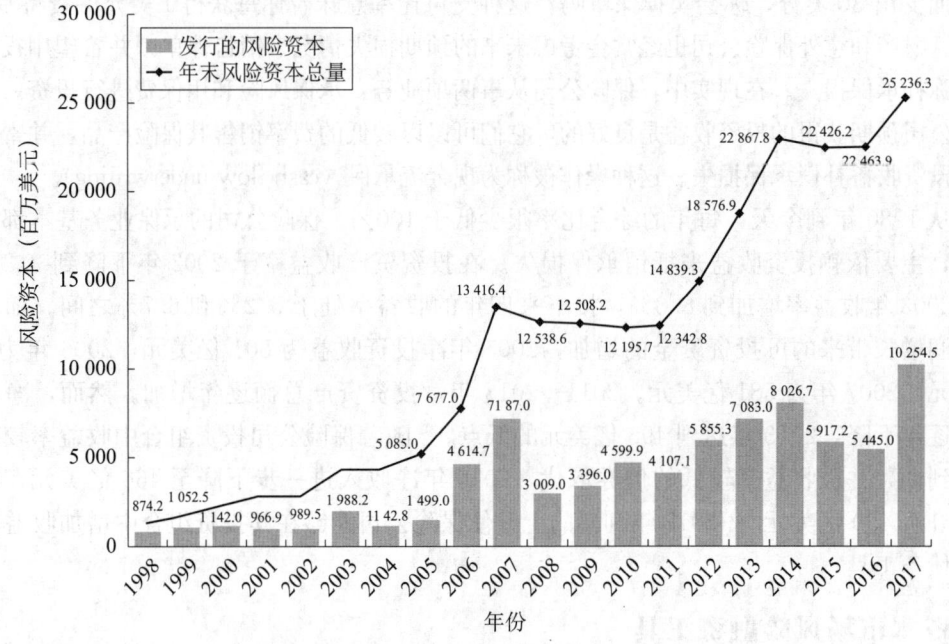

图表 4－5　发行的巨灾债券风险资本和年末风险资本总量（1998—2017 年）

资料来源：选自 "Catastrophe Bond Issuance and Capital Outstanding," GCCapitalIdeas.com，March 8，2018。"GC" 表示 "Guy Carpenter" 公司。

保险期权　传统的股票期权即看涨期权和看跌期权既可被用于投机，也可被用于企业财务风险管理。另一类期权，保险期权也可以被用于风险管理。**保险期权**（insurance option）是指从特定承保损失或从价值指数获取行权价的期权。许多企业的利润在很大程度上取决于天气因素，例如公用事业公司、农场、滑雪场，以及面临天气相关风险和不确定性的其他企业。越来越多的企业开始借助天气期权管理风险。**天气期权**（weather option）在特定天气事件（例如，气温高于某一特定水平或者降雨低于某一水平）发生时进行兑

---

① 除巨灾债券中提到的一些风险外，这一选择对于提高天气变化相关风险的风险资本尤为有用。参见：Hilary Tuttle，"Using Cat Bonds for Climate Change Risks," *Risk Management*，December 2014，pp. 4－7。

付。要了解更多关于天气衍生品市场［主要以芝加哥商品交易所（Chicago Mercantile Exchange）为基础］的情况，请参阅专栏4.1。①

 专栏4.1

天气期货和期权：一种转移不利天气事件相关风险的金融工具

概　述

据估计，美国近30%的经济直接受天气影响。为了使企业能够对冲它们所面临的夏季高于和冬季低于平均气温的天气风险，CME集团开发了天气期货和期权。该产品是一种转移不利天气事件相关风险的金融工具。以指数为基础，适用于全球10个城市（8个在美国，2个在欧洲）的季节和月平均天气。

CME集团的天气交易情况

天气期货与期权是指数型产品。该产品与股票指数等其他指数产品的交易方式类似，使天气交易成为可能。这些产品与不同的指数相关联，以偏离特定城市/地区的月平均或季节平均温度的程度来量化天气因素。这些偏离与特定指数相关联，每个指数点都对应一个美元金额。

以这种方式量化天气使其成为一种可交易的商品，可与股票指数、货币、利率和农业商品的不同价值相媲美。例如，夏季天气是以超过65华氏度（欧洲为18摄氏度）的基准温度来衡量的，并参考冷度日（Cooling Degree Day，CDD）指数。冬天的天气是以低于65华氏度的温度来衡量的，参考热度日（Heating Degree Day，HDD）指数。

其优势为：
- 使用独特的工具管理天气导致的价格风险；
- 参与这些市场的套期保值的稳定现金流；
- 从天气的不确定性中获利的机会；
- 集中清算和由CME清算所担保的交易对手信用；
- 电子期货产品的透明价格。

市场参与者

这些市场的参与者包括多个行业的公司：
- 保险和再保险公司；
- 对冲基金公司；
- 能源公司；
- 养老基金公司；
- 州政府；
- 零售商；
- 公用事业公司。

---

① 同样参见"Taming Mother Nature—How Weather Risk Management Has Helped Offset the Elements," *Risk Management*, June 2009, pp. 33-36。

期货
- 全天候提供 CME 全球指数；
- 可用于大宗交易。

期权
- 可通过 CME 集团的交易大厅公开竞价获得；
- 可用于大宗交易。

可用产品
- 10 个美国和欧洲城市：

纽约、芝加哥、亚特兰大、辛辛那提、达拉斯、萨克拉门托、拉斯维加斯、明尼阿波利斯、伦敦、阿姆斯特丹；

- HDD 和 CDD 月度期货和期权；
- HDD 和 CDD 季节性期货和期权；
- HDD 季节带（11 月至来年 3 月和 12 月至来年 2 月）；
- CDD 季节带（5—9 月和 7—8 月）。

资料来源：经 CME 集团媒体关系部许可。

损失预测

如前所述，风险管理师也必须确认企业面临的风险，然后分析这些损失敞口的潜在频率和严重程度。尽管损失的历史记录提供了很多有价值的信息，但是却无法保证未来的损失情况会遵循之前的规律。风险管理师在预测损失水平的时候可以运用一些技术作为辅助手段，包括：

- 概率分析；
- 回归分析；
- 基于损失分布的预测。

概率分析

损失发生的可能性就是一个负面事件发生的概率。这种事件的概率（P）等于可能发生的事件的数量（X）除以风险单位数量（N）。如果一个货车公司有 500 辆货车，每年平均有 100 辆货车会遭受物理损毁，在给定的年份中，该公司货车损毁的概率就是：

$$P(物理损毁)=100/500=0.20 \text{ 或 } 20\%$$

有些事件发生的概率可以很简单地推算出来（例如，抛掷一枚均质的硬币"正面"或"反面"向上的概率）。其他一些事件的概率（例如，一位 50 岁的男性在活到 60 岁之前死亡的概率）可以从以前的损失数据中估计。

风险管理师也必须考虑所分析事件的特点。有些事件是**独立事件（independent event）**，其发生并不影响另一事件的发生。例如，假设一个公司在路易斯安那州和弗吉尼亚州都拥有生产设备，路易斯安那州的厂房发生火灾的概率是 5%，弗吉尼亚州厂房发生火灾的概率是 4%。显然，这些事件中的任何一个的发生都不会影响另一个事件的发生。如果事件是独立的，它们同时发生的概率是各自概率的乘积。也就是说，两处生产设备同时因火灾损毁的概率是：

$$P(路易斯安那州厂房火灾) \times P(弗吉尼亚州厂房火灾) = P(两处厂房同时发生火灾)$$
$$= 0.04 \times 0.05 = 0.002 \text{ 或 } 0.2\%$$

其他事件可以被归入**相关事件**（dependent event）——一个事件的发生影响另一事件的发生。如果两座建筑物相距很近，那么若一座建筑物着火，另一座建筑物着火的概率就会增大。例如，假设每一座建筑物发生火灾的个体概率都是 3%。如果第一座建筑物着火后，第二座建筑物着火的概率可能是 40%，那么两座建筑物都着火的概率是多少？这个概率是一个条件概率，等于第一座建筑物着火的概率乘以在第一座建筑物着火情况下第二座建筑物着火的概率：

$$P(一座建筑物着火) \times P(如果第一座建筑物着火，第二座建筑物也会着火)$$
$$= P(两座建筑物都着火) = 0.03 \times 0.40 = 0.012 \text{ 或 } 1.20\%$$

事件也可能是相互排斥的。如果一个事件的发生排斥了另一事件的发生，那么这两个事件为**互斥事件**（mutually exclusive event）。例如，如果一栋房子被火灾烧毁，就不可能再被洪水冲毁。互斥事件的概率是可加的。如果一栋房屋被火灾损毁的概率是 2%，被洪水损毁的概率是 1%，那么这栋房屋被火灾或洪水损毁的概率是：

$$P(火灾损毁) + P(洪水损毁) = P(火灾或洪水损毁)$$
$$= 0.02 + 0.01 = 0.03 \text{ 或 } 3\%$$

如果独立事件不是相互排斥的，那么就可能有多个事件同时发生。当至少一个事件发生的时候，必须注意不要"重复计算"。例如，如果单独发生火灾的概率是 4%，单独发生洪灾的概率是 3%，那么至少一个事件发生的概率是：

$$P(单独火灾) + P(单独洪灾) - P(火灾和洪灾都发生)$$
$$= P(至少一个事件发生)$$
$$= 0.04 + 0.03 - 0.04 \times 0.03 = 0.068\ 8 \text{ 或 } 6.88\%$$

计算独立事件和相关事件的概率并对这些概率进行分析可以帮助风险管理师制订风险应对计划。

回归分析

回归分析是预测损失的另一种方法。**回归分析**（regression analysis）是一种研究两个或更多变量之间关系，然后利用发现的这种关系对一个变量进行预测的方法。假设一个变量（因变量）是一个或多个自变量的函数，其中不难看出风险管理师感兴趣的关系，即一个变量取决于另一个变量。以工人补偿保险为例。假设工人补偿保险索赔案件数量与代表就业的一些变量（例如，员工的数量、薪水、工作时间等）正相关是符合逻辑的。正如我们可以认为一队货车遭受物理损毁的索赔额随着车队规模的增大或每年行驶里程的增加而增加一样。

图表 4-6 的左边部分以千美元为单位列出了一个公司每年支付的薪酬以及当年相应的工人补偿保险索赔案件数量。图表 4-6 的右边部分绘出了索赔案件数量和薪酬的回归

图。回归分析提供了最适合图表中各点的拟合曲线。① 这条线使得曲线外的点到该曲线的距离的方差之和最小。

年份	薪酬（千美元）	工人补偿保险索赔案件数量（个）
2001	400	18
2002	520	26
2003	710	48
2004	840	96
2005	1 200	110
2006	1 500	150
2007	1 630	228
2008	1 980	250
2009	2 300	260
2010	2 900	300
2011	3 400	325
2012	4 000	412

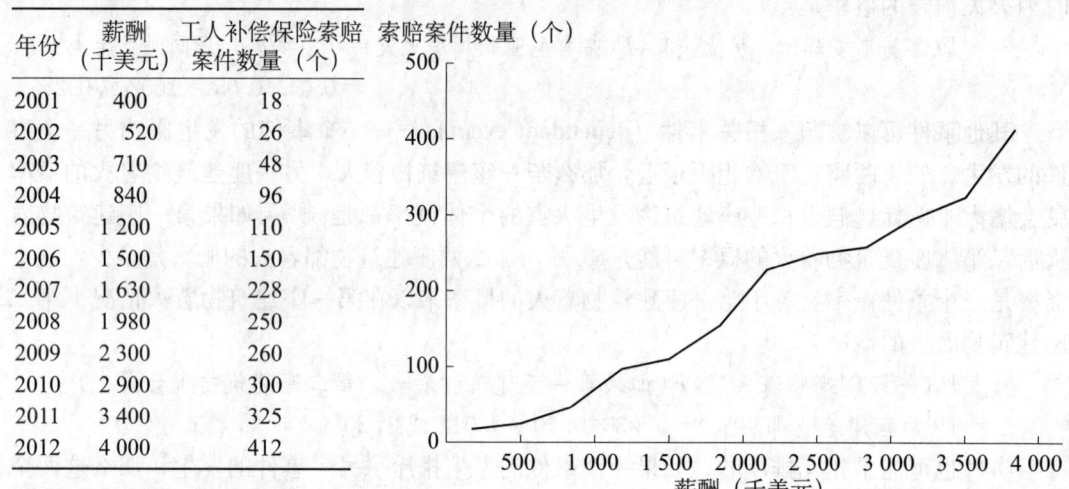

回归结果：$Y=-6.1413+0.1074X$，$R^2=0.9519$

如果薪酬为480万美元，下一年度预期索赔案件数量：

$Y=-6.1413+(0.1074\times 4800)$

$Y=509.38$

图表 4-6　薪酬与工人补偿保险索赔案件数量之间的关系

我们假设的关系如下：

　　　　工人补偿保险索赔案件数量 $Y=B_0+B_1\times$ 薪酬

其中，B_0 是一个常数，B_1 是自变量的系数。

图表 4-6 底部给出了使用电子数据表（spreadsheet）软件得到的回归结果。决定系数（R^2）在 0 和 1 之间，它反映了模型的拟合度。R^2 值接近 1 表明模型能够很好地预测 Y 的值。通过将下一年的预测薪酬（以千美元为单位）代入模型，风险管理师估计下一年会有 509 个工人补偿保险索赔案件。

基于损失分布的预测

　　风险管理师可以使用的另一个有用的工具是基于损失分布的损失预测。**损失分布（loss distribution）**是可能发生的损失的概率分布。如果损失趋势符合特定的分布并且样本数量足够大，那么利用损失分布进行预测将非常有效。掌握了损失分布的参变量（例如，均值、标准差、事件发生的频率），风险管理师就能够估计事件的数量、严重程度和置信区间。根据损失类型的不同，有很多损失分布供选择。本章开始时曾经提到，关于本章的问题集可在培生公司网站（http://www.pearsonhighered.com/rejda）查阅。该问题集的第一部分讨论了基于正态分布——一种广泛使用的分布——的损失预测。

---

① 这条曲线很好地描述了这些数据，最小化了从曲线外的点到该曲线的距离的方差的和。统计学和计量经济学教材对回归分析提供了更为详细的讨论。

风险管理决策中的财务分析

风险管理师必须做出一系列重要的决策，包括确定是自留风险还是转移风险，确定哪个公司的保险最好，以及是否在损失控制项目上投资。风险管理师的决策建立在经济学的基本方法上——考量一项活动的成本和收益，看该项活动对于公司和股东是否有利可图。在风险管理决策制定过程中可以辅之以财务分析。在做出包括不同时期现金流的决策时，风险管理师必须运用货币的时间价值分析。

货币的时间价值

由于风险管理决策可能包括不同时期的现金流，所以必须考虑货币的时间价值。**货币的时间价值**（time value of money）是指，在计算不同时期的现金流时，必须考虑货币赚取利息的能力。今天收到的 1 美元比一年后得到的 1 美元具有更高的价值，因为今天的 1 美元可以立刻进行投资用于赚取利息。因此，在衡量不同时期的现金流时，调整其价值来反映未来的利息收入就很重要。

本书将不再对货币的时间价值进行更多的讨论。[①] 相反，我们的讨论仅限于单期现金流。

假设你今天开立了一个银行账户并存入 100 美元。账户今天的价值（现值）是 100 美元。进一步假设银行为你的账户支付 2% 的利息，每年按复利计算，1 年后账户余额是多少？到那个时候，你除了最初的 100 美元，还将拥有 100 美元的 2%，即 2 美元的利息：

$$100 + 100 \times 0.02 = 102 \text{（美元）}$$

提取公因数，你将得到：

$$100 \times (1 + 0.02) = 102 \text{（美元）}$$

因此，如果你将初始金额（现值 PV）乘以 1 加上利率（i）的和，就得到 1 年后你将得到的货币金额（终值 FV）：

$$PV \times (1 + i) = FV$$

如果你想知道 2 年后的账户余额，只需要简单地将第一年末的金额乘以 1 加上利率的和。按照这一方法，你将得到计算当前现金价值的终值的一个简单公式：

$$PV(1 + i)^n = FV$$

其中，n 是时期的数量。

第二年，你不仅能够赚取最初存款的利息，而且将赚取第一年赚取的 2 美元所带来的利息，因为你正在用利息赚取利息（复利），从现值计算出终值的方法被称为**复合**（compounding）。

复合方法也可以被反过来使用。假设你知道未来现金流的价值，但是你想知道调整

[①] 金融学入门教材更为详细地讨论了货币的时间价值。这里对货币的时间价值的计算也使用了金融学领域的专业计算器。由于货币的时间价值函数的预置程序，这种计算器简化了财务测算过程。

了货币的时间价值之后,这一现金流今天的价值,那么,用 $(1+i)^n$ 除复合公式两边将得到:

$$PV = FV/(1+i)^n$$

那么,如果你想知道未来现金流的现值,可以用未来现金流的价值除以 1 加利率的和,并根据时期数增加幂数。这种将终值折算为现值的方法被称为**贴现 (discounting)**。

财务分析的运用

在许多情况下,货币的时间价值将被用于风险管理决策的制定。我们这里讨论两个应用:

- 保单报价分析;
- 风险控制投资分析。

保单报价分析 假设一位风险管理师将为一栋房屋购买财产保险。她分析了两种保险保单的报价。这些报价来自两个相互竞争的保险公司,而且保障范围相同,只有保费和免赔额不同。保险公司 A 的产品的年保费为 90 000 美元,每笔索赔的免赔额为 5 000 美元。保险公司 B 的产品的年保费为 35 000 美元,每笔索赔的免赔额为 10 000 美元。风险管理师想知道,用多出来的 55 000 美元保费来换取更低的免赔额是否值得。利用前面所提到的一些损失预测方法,风险管理师得到了下面的结果:

预期损失次数	预期损失规模
12	5 000 美元
6	10 000 美元
2	超过 10 000 美元
$n=20$	

从预期的索赔案件数量和这些案件的金额来看,她应当选择哪种报价的保险?为简便起见,假设保费在年初支付,损失和免赔额在年末支付,适用的利率(贴现率)为 5%。

根据保险公司 A 的报价,风险管理师一年中预期现金流出将为免赔额为 5 000 美元的 20 次损失(每次损失额不低于 5 000 美元),总免赔额为 100 000 美元。这些支付的现值为:

$$PV = \frac{100\,000}{(1+0.05)^1} = 95\,238 \text{(美元)}$$

预期支付总额的现值(年初 90 000 美元的保费加上免赔额的现值)为 185 238 美元。

根据保险公司 B 的报价,风险管理师年末的免赔额预期现金流出为:

5 000 美元×12+10 000 美元×6+10 000 美元×2=140 000 美元

这些免赔额的现值是:

$$PV = \frac{14\,000}{(1+0.05)^1} = 133\,333 \text{(美元)}$$

预期支付总额的现值(年初的 35 000 美元保费加上免赔额的现值)是 168 333 美元。因为计算出的现值就是现金流出的现值,风险管理师应当选择保险公司 B 的报价,因为其报价的现金流出的现值最小。

风险控制投资分析 风险控制投资的目的是降低损失的频率和损失的严重程度。这种投资可以运用货币的时间价值,从资本预算的角度进行分析。**资本预算**(capital budgeting)是用于确定公司应当采取哪种资本投资项目的方法。只有那些能够使公司在财务方面受益的项目才会被接受。如果没有足够的资本来执行所有可以接受的项目,那么资本预算可以帮助风险管理师确定最优的项目组合。

有很多资本预算方法可以使用。[①] 应当采用考虑了货币的时间价值的方法,例如净现值法、内部收益率法。一个项目的**净现值**(net present value,NPV)是未来现金流的现值之和减去项目成本。[②] 一个项目的**内部收益率**(internal rate of return,IRR)是指投资于该项目所带来的年均收益率。通过增加收入、降低支出可以创造现金流。为了计算内部收益率,现金流必须按照考虑了公司资本供给者要求的回报率和项目风险的利率进行贴现。正净现值代表了企业价值的增加;如果进行了投资,负净现值将会减少企业价值。

例如,一个拥有加油站业务的石油公司的风险管理师可能会注意到营业场所的责任索赔日益严重。顾客们声称他们在加油站内受伤(例如,在汽油泵附近或者在加油站内滑倒受伤),他们因此而起诉石油公司。风险管理师决定在几个"有问题"的加油站安装录像监控系统,每套系统价值 85 000 美元。该风险管理师希望每一套监控系统在三年内,每年能够带来 40 000 美元的税后净现金流。按照适用利率(我们假设为 8%)对三年中每年 40 000 美元的现值进行贴现得到 103 084 美元,那么这个项目的净现值就是:

$$NPV = 未来现金流的 PV - 项目成本$$
$$= 103\,084 - 85\,000 = 18\,084\,(美元)$$

由于项目的净现值为正,所以这项投资是可以接受的。

该项目的内部收益率可以确定并与公司要求的投资收益率进行比较。内部收益率是令净现值为零时的利率。换句话说,当运用内部收益率法将未来现金流贴现为零期的现值时,贴现的现金流之和是项目的成本。对于这个项目,内部收益率是 19.44%。由于 19.44%大于要求的收益率(8%),所以该项目是可以接受的。

尽管项目的成本通常可以在一定程度上确切地知道,但是未来现金流仅仅是对投资该项目可能获得的收益的估计。这些收益可能以收入的增加、支出的降低或者两者的组合形式出现。虽然与项目有关的一些收入和支出很容易量化,但是其他变量——例如雇员的道德水平、痛苦的减少程度、公众对公司的认知和雇用新工人替代受伤的经验丰富的工人时所损失的生产力——则难以衡量。

其他风险管理工具

本章第一部分讨论了风险图和风险登记簿。如果没有对其他风险管理工具的简要讨

---

① 这里讨论了净现值法和内部收益率法。其他方法还有回收期法、贴现回收期法和会计收益率法。许多人都使用净现值法,因为它考虑了货币的时间价值,使用了适当的现金流贴现方法,并给出了容易说明的以美元为单位的答案。

② 有关的现金流测度方法要能够体现出收入增加和支出下降。贬值问题没有单独进行讨论,因为贬值是一种非现金支出。然而,在考虑纳税问题时,就要考虑贬值问题。

论，我们对高级风险管理主题的讨论就不完整。这些工具包括：
- 风险管理信息系统（RMIS）；
- 风险管理内联网；
- 预测分析；
- 风险价值（VAR）分析；
- 巨灾模型化。

风险管理信息系统

风险管理师重点关注的一个问题是可以获得准确的风险管理数据。**风险管理信息系统**（risk management information system，RMIS）是一个计算机化的数据库，该数据库允许风险管理师储存并分析风险管理数据，以及使用这些数据预测和尝试控制未来的损失水平。风险管理信息系统在决策制定方面对风险管理有很大帮助。这种系统由一些零售商推向市场，或者可能由企业内部自行开发。①

风险管理信息系统有多种用途。在财产风险方面，数据库可以记录公司财产名录和这些财产的特点（构造、占有情况、保护情况和面临的风险）、财产保险保单、保单条款、损失记录、货车队日志（包括购买日期、索赔历史记录和维修记录）以及其他数据。在责任风险领域，数据库记录了索赔案名录、每起索赔的状态（未决、报审、诉讼、宣判或结案）、既往索赔、风险基础（薪酬、货车数量、雇员数量及诸如此类的指标）以及责任保险保单和保单条款。

雇员数量较多的企业常常会发现，风险管理信息系统在跟踪了解雇员，特别是工人补偿保险方面会发挥很好的辅助作用。例如，一个在不同国家拥有生产设备的企业可能会对工人补偿计划实施自保，但它会雇用第三方来管理该计划。除了处理索赔案外，第三方管理者可能还要向公司提供详细的索赔记录，而这将成为数据库的一部分。运用这些数据，风险管理师可以进行一系列的分析，例如区分地区、区分受伤类型或身体部位（例如，割伤或背部低位受伤）、区分工作类型、区分雇员身份证号码，考察伤亡的数量。这种分析可能表明，例如，西南地区的伤亡率较高，或者少数雇员的索赔数量过高。反过来，风险管理师可以用这些结果来测度风险控制投资的效益以及追加风险控制投入的数量。精确的工人补偿记录也很重要，如果企业决定购买商业保险，那么公司过往的投保情况必须记录在案，这样才能获得保险公司较低的保费。

风险管理内联网

一些风险管理部门已经建立了它们自己的网站，通过网站回答常见问题和提供一些其他信息。此外，有些企业已经将传统的风险管理网站延伸至风险管理内联网。**内联网**（intranet）是一个为受限的内部访问者设计的具有搜索功能的网站。例如，每年都要组织很多贸易展览会的软件公司可能需要使用风险管理内联网，以使公司内部有关当事人获取信息。通过内联网，雇员可以获得需要遵循的工作程序列表（由风险管理部门制定）以及在事务被处理之前必须签字和归档的一系列文件（例如，确保无损害协议）。

---

① 国际风险管理协会的 *RMIS Review* 提供了可供比较的供应商信息以及选择风险管理信息系统的过程。

预测分析

风险管理师可以使用各种预测分析方法。**预测分析（predictive analytics）**是对数据进行分析，以生成有助于做出更明智决策的信息。[1] 保险公司在承保中使用信用评分和驾驶记录就是预测分析的例子。风险管理师也可以使用预测分析。为缩短受伤工人的复工期或减少车队司机造成的事故数量，对适当数据的分析可提供有助于风险管理师实现这些目标的信息。例如，可以确定的是，把受伤工人在完全恢复之前带回工作场所，将减少每个雇员受伤的平均缺勤天数；如果提供"安全驾驶"奖励，则可以确定白天发生的事故较少。这些信息可帮助风险管理师努力减少事故发生数量。

风险价值（VAR）分析

财务风险管理领域常用的一种风险评估技术是风险价值分析。**风险价值（value at risk，VAR）**是在特定时期内，在正常市场条件下，一定置信区间内的最大可能损失。风险价值分析经常被应用于资产组合，例如互助基金或养老基金，类似前文讨论过的传统财产和责任风险管理中的"最大预期损失"概念。[2] 例如，互助基金可能具有风险价值的特征：在任何一个交易日，资产组合价值下降 50 000 美元的概率为 5%。在这个案例中，最大可能损失是 50 000 美元，时间是一个交易日，置信水平为 95%。基于风险价值估计，根据风险容忍度的不同，风险水平可能提高或降低。风险价值也可被用于考察保险公司破产的风险。风险价值可以通过一些方法予以确定，包括使用历史数据和运用计算机模拟。随着风险价值在财务风险管理中的运用，越来越多的企业正在更广泛的风险管理领域内考虑财务风险。

巨灾模型化

巨灾损失可能是由"自然事件"（例如飓风、洪水或地震）造成的，也可能是由人为原因造成的（例如，"9·11"恐怖袭击造成的损失）。2017 年，全球人为和自然原因造成的保险巨灾损失为 1 440 亿美元。[3] 美国的巨灾损失主要是由飓风、墨西哥湾沿岸洪水和野火造成的。巨灾损失发生的可能性和这种损失对保险公司和其他企业造成的影响使人们关注巨灾模型化。

巨灾模型化（catastrophe modeling）是使用计算机对巨灾事件损失进行估计的辅助计算方法。输入的变量包括地震数据、气象数据、历史损失和损失价值（例如建筑、人数和商业收入等）。计算机分析的输出值是对巨灾事件（例如 5 级飓风或里氏 7.8 级地震）导

---

[1] 参见 "Calculating the Future—How to Develop a Successful Predictive Analytics Program," Joe Anderson, *Risk Management*, May 2015, pp. 32-35; and Michael W. Elliott, "Big Data Analytics: Changing the Calculus of Insurance," *Insights*, published by the Institute's CPCU Society, Summer 2017。

[2] 风险价值分析被很多人讨论过，最有代表性的讨论可参见 Chapter 2 of Thomas L. Barton, William G. Shenkir, and Paul L. Walker, *Making Enterprise Risk Management Pay Off*, Prentice Hall, and Giuseppe Tardivo, "Value at Risk (VAR): The New Benchmark for Managing Market Risk," *Journal of Financial Management and Analysis*, January 2002, pp. 16-26。

[3] "Spotlight on Catastrophes—Insurance Issues," Insurance Information Institute, April 19, 2018。

致的可能结果（如人员死亡、财产损失和商业收入损失）的估计。

保险公司、经纪公司、评级机构和面临巨灾损失的大型公司可以采用巨灾模型评估巨灾损失。一些面临东海岸或墨西哥湾的飓风风险或加利福尼亚州地震风险的保险公司可能运用巨灾模型计算巨灾可能带来的总损失。作为向其客户提供的一项服务，保险经纪公司可能提供巨灾模型化服务。评估保险公司财务波动的企业，例如贝氏公司，使用巨灾模型确定损失敞口的潜在规模和准备金的充足性。一些私人公司也在它们的风险管理计划中应用巨灾模型。

大量企业提供巨灾模型化服务，包括风险管理方案公司（Risk Management Solutions，RMS）、AIR Worldwide 公司（Verisk 分析集团成员）、EQECAT 公司（2013 年被 CoreLogic 收购）、影响预测公司（Impact Forecasting，美国怡安集团的子公司）以及凯伦·克拉克公司①（Karen Clark & Company）。除了飓风和地震带来的巨灾损失外，一些公司还提供恐怖袭击损失和传染病损失的模型化服务。

案例应用

GWS 是在美国西部运营的一个铁路公司。胡安妮塔·萨拉扎（Juanita Salazar）是 GWS 公司的风险管理师。在公司首席执行官的指导下，她将探索最经济的方法来处理公司的风险。首席执行官强调，胡安妮塔不仅要考虑纯粹风险，也要考虑财务风险。胡安妮塔发现，企业面临的一个重大财务风险是商品价格风险——机车燃油价格大幅上升的风险。公司发布的收入和支出表明，过去一年的支出中有 28% 的支出与燃油价格有关。

胡安妮塔还被要求核算在总部大楼中安装新的灭火喷洒系统是否合适，该项目的成本为 40 000 美元。她估计三年中该项目每年能够带来税后净现金流 25 000 美元，第一笔现金将在该项目投资一年后收回。

GWS 正在考虑将其铁路线延伸到科罗拉多、新墨西哥、得克萨斯和俄克拉何马等州。公司担心可能发生的列车出轨事件的数量。胡安妮塔将"GWS 机车运行里程（千公里）"作为自变量，将"出轨次数"作为因变量进行了回归分析。回归分析的结果为：

$$Y = 2.31 + 0.22X$$

随着公司的成长，GWS 的列车预计明年将行驶 640 000 公里。

a. 关于燃油价格风险：

（1）讨论胡安妮塔怎样利用期货合约对冲价格风险。

（2）讨论如何采用双重启动选择权和综合风险管理计划。

b. 假设 GWS 的投资者要求的回报率为 10%，那么灭火喷洒系统项目的净现值是多少？

c. 假设回归分析的结果是可靠的，并且 GWS 继续执行扩张计划，胡安妮塔预测下一年将会发生多少次列车出轨事件？（提示：在考虑自变量时要注意规模要素。）

---

① 克拉克创建了第一个巨灾模型化公司——AIR Worldwide，并将其出售给保险服务处（Insurance Services Offices，ISO）。她的新公司凯伦·克拉克公司成立于 2007 年。

本章小结

- 企业风险管理是一个战略性的业务规程，它通过解决企业面临的所有风险来支持企业目标的实现。
- 企业风险管理与传统风险管理有着重要的区别。企业风险管理（ERM）考虑企业所面临的全部风险，而不仅仅是传统风险；从投资组合的角度考虑风险，而不是孤立地考虑风险；评估与内部及外部环境相关的风险；认识到有些风险是相互关联的，为管理所有风险提供结构框架；将有效管理风险视为一种竞争优势；强调整个企业在战略决策中发挥作用的风险管理原则。
- 企业风险管理的步骤包括采用和实施计划、风险识别、风险分析、选择和实施应对风险的适当措施、监控计划和采取纠正措施。
- 企业风险管理计划涉及纯粹风险、财务风险、经营风险、战略风险、管理/合规风险以及其他风险。
- 纯粹风险源于与企业的财产、责任和与人员相关的损失敞口。
- 财务风险包括金融资产、商品价格、汇率和利率变动所产生的风险。
- 经营风险源于企业的经营，并由人员、流程、系统和外部事件发展而来。
- 战略风险是企业外部的风险，如经济因素、人口趋势、竞争对手的行为和监管因素。
- 管理/合规风险来自对政府团体的报告和对企业股东的责任。
- 风险登记簿和风险图可以帮助分析一个企业所面临的风险。
- 企业风险管理计划中的风险处理决策从风险组合的角度考虑决策的影响。
- 企业风险管理计划为企业提供了许多好处，包括：提高了企业对风险的认识和处理能力；提高了企业实现战略和经营目标的确定性；确保了企业经营遵守法律和法规要求，加强了企业所面临的风险管理的问责性，改进了企业战略决策，提高了企业价值。
- 财产和责任保险行业的核保严格程度、保费水平和盈利能力的周期模式被称为核保周期。严峻的保险市场具有严格的核保标准和较高保费。宽松的保险市场中核保标准宽松、保费较低。
- 有两个影响财产和责任保险公司定价和承保决策的重要因素，分别是保险行业的承保能力和投资收益。
- 保险公司、再保险公司和其他类型的公司正在运用资本市场风险融资工具。这些工具包括通过发行巨灾债券和保险期权进行风险证券化。
- 风险管理师运用了一些技术来预测损失。这些技术包括概率分析、回归分析和基于损失分布的预测。
- 在分析事件的时候，必须考虑事件的性质。事件可能是独立的、相关的或者互斥的。
- 回归分析是找出两个或更多变量之间的联系，并利用这些联系进行预测的一种方法。
- 在分析不同时期的现金流时，必须考虑货币的时间价值。
- 将现值转化为终值的方法被称为复合；确定未来现金的当前价值的方法被称为贴现。
- 风险管理师可以在很多情况下应用货币的时间价值分析，包括保险保单报价分析和风险控制投资分析。

- 风险管理信息系统是一个计算机化的数据库，该数据库允许风险管理师储存并分析风险管理数据，以及使用这些数据预测未来损失。
- 风险管理师在他们的风险管理计划中会使用其他工具，包括风险管理内联网、预测分析、风险价值分析以及巨灾模型化等。

重要概念和术语

承保能力	资本预算	巨灾债券
巨灾模型化	首席风险官（CRO）	巨灾损失
综合比率	复合	相关事件
贴现	企业风险管理	财务风险
严峻的保险市场	纯粹风险	独立事件
保险期权	内部收益率（IRR）	内联网
损失分布	互斥事件	净现值（NPV）
经营风险	预测分析	回归分析
风险管理信息系统（RMIS）	风险偏好	风险图
风险登记簿	风险容忍度	风险证券化
宽松的保险市场	战略风险	盈余
货币的时间价值	核保周期	风险价值（VAR）分析
天气期权		

复习题

1. 什么是企业风险管理？它与传统风险管理有何不同？
2. 企业风险管理流程有哪些步骤？
3. 企业风险管理计划中考虑的风险类别有哪些？
4. 如何在企业风险管理计划中使用风险登记簿和风险图？
5. 实施企业风险管理计划的好处是什么？
6. 什么是核保周期？行业承保能力和投资回报如何影响保险市场？
7. "风险证券化"是什么意思？巨灾债券与普通公司债券有何不同？
8. 为什么在风险管理决策中使用时间价值分析？
9. 为什么预测损失的能力对风险管理师很重要？
10. a. 什么是风险管理信息系统？
    b. 什么是巨灾模型化？

应用题

1. 企业风险管理计划不同于传统风险管理计划。除了具备有关纯粹风险的知识外，首席风险官还必须具备哪些其他专业知识？
2. 为什么一个企业的成员会抵制企业风险管理计划的实施？如何克服这种阻力？
3. 为什么在传统风险管理方案下选择

的风险处理方法与企业风险管理方案不同？

4. a. 在制定风险管理决策时，忽视货币的时间价值将会有什么影响？

b. 风险控制投资的净现值对企业的所有者究竟代表了什么？

5. 风险管理师为财产风险进行一年的自保。在接下来的一年里，即使没有发生损失，风险管理师也必须购买财产保险来解决风险问题。在没有损失的情况下，风险处理方式上的这种变化的最好解释是什么？

数字资源

网络资源

参考文献

第5章
保险公司和营销体系的类型

> 保险公司正在越来越多地运用多种渠道来销售它们的产品。
>
> ——保险信息协会

 学习目标

学习完本章,你应当能够:

- 说明商业保险公司的主要类型,包括:
  - 股份保险公司;
  - 伦敦劳合社;
  - 交换保险公司;
  - 相互保险公司;
  - 蓝十字和蓝盾计划;
  - 管理式医疗计划;
  - 专业自保公司。
- 描述不同类型的代理人和经纪人,包括:
  - 比较人寿保险代理人与财产和责任保险代理人的权力;
  - 解释非常规产品经纪人的角色;
  - 描述经营总代理的角色和权力。
- 列举寿险的主要营销体系:
  - 个人销售体系;
  - 金融机构分销体系;
  - 直销体系;
  - 其他营销体系。
- 描述财产和意外保险中的主要营销体系,包括:
  - 独立代理人体系;
  - 专属代理人体系;
  - 直接承保人;
  - 直销体系;
  - 多渠道分销体系。

西里今年28岁,他的妻子最近死于乳腺癌,给他留下了一个1岁的女儿。西里妻子小时候,其父母仅为她购买了1万美元的人寿保险,因保险金额从未上调,故不足以支付其丧葬费用和其他不在保险保障范围内的医疗费用。除了承受妻子去世的悲痛外,西里还得自掏腰包支付高昂的丧葬费和未参保医疗费。在评估了自己的经济状况后,西里正考虑为女儿购买额外的人寿保险。一个朋友建议他从相互保险公司处购买人寿保险,因为保单持有人可以获得分红。西里并不知道相互保险公司是什么,以及相互保险公司与其他保险公司有什么不同。其实他不是唯一陷入困惑的人。许多消费者都不了解保险公司之间的差异以及自己可购买的最佳保险类型。

如今，有大量人寿和健康保险公司以及财产和意外保险公司在美国开展业务。作为金融服务业的一部分，商业保险公司对美国经济有着深远的影响。商业保险公司销售金融和保险产品，帮助个人、家庭和企业获得较高水平的保障和经济安全。保险行业为人们提供了大量工作机会，也是企业的一个重要的资本来源。赔偿损失是保险公司最重要的经济职能之一，被保险人可以完全或部分地恢复其之前的财务状况，从而保障其经济安全。

本章将讨论商业保险公司在金融业中的地位。讨论的内容包括金融服务业中的商业保险概况，商业保险公司的主要类型，保险产品的主要营销方法，以及代理人和经纪人在销售过程中的角色。

金融服务业中的商业保险概述

金融服务业由向公众提供金融产品和服务的大量金融机构构成。金融机构包括商业银行、储蓄和贷款机构、信贷机构、人寿和健康保险公司、财产和意外保险公司、共同基金公司、证券经纪人和交易商、私人和州养老基金公司、各种政府相关金融机构、财务公司和其他金融企业。

作为金融服务业的一部分，保险业对美国经济具有深远的财政影响。2016年，保险业承保保费总额达1.13万亿美元，其中人寿和健康保险公司占53%，财产和意外保险公司占47%。人寿和健康保险公司持有现金和投资资产3.9万亿美元；财产和意外保险公司持有现金和投资资产1.6万亿美元；保险业为260万人提供了就业机会；保险业缴纳了205亿美元的保费税，即每一个居住在美国的人都要缴纳65美元的保费税。此外，2016年，美国发生了42起巨灾损失，财产和意外保险行业为这些损失支付了217亿美元，使人们能够在经济紧张和正常生活中断期间得以维持经济安全。[1]

商业保险公司的类型

截至2016年底，美国有797个人寿保险公司。[2] 这些保险公司销售各种人寿和健康保险产品、年金、共同基金、养老金计划和相关金融产品。图表5-1显示了2016年保费收入排名前10的美国人寿和健康保险公司。

图表5-1　2016年保费收入排名前10的美国人寿和健康保险公司

排名	公司	直接保费收入（千美元）[a]	市场份额（%）[b]
1	MetLife Inc.	95 110 802	15.2
2	Prudential Financial Inc.	45 902 327	7.3
3	New York Life Insurance Group	30 922 462	4.9

---

[1] Insurance Information Institute, *The Insurance Fact Book 2018* (New York: Insurance Information Institute, 2018), p. v. https://www.iii.org/store.

[2] American Council of Life Insurance, *2017 Life Insurers Fact Book*, Table 1.1. https://www.acli.com/2017factbook.

续表

排名	公司	直接保费收入（千美元）[a]	市场份额（%）[b]
4	Principal Financial Group Inc.	28 186 098	4.5
5	Mass Mutual Life Insurance Co., Inc.	23 458 883	3.8
6	American International Group	22 463 202	3.6
7	Jackson National Life Group	22 132 278	3.5
8	AXA	21 920 627	3.5
9	AEGON	21 068 180	3.4
10	Lincoln National Corp.	19 441 555	3.1

a. 保险公司的收入包括再保险交易前的人寿保险、年金、存款类合同基金和其他；不包括财产和意外保险。

b. 基于美国本土及其领地总数。

资料来源：NAIC data, sourced from S&P Global Market Intelligence. Reported in *The Insurance Fact Book 2018*, p. 22. Insurance Information Institute.

2016年，美国有2 538个财产和意外保险公司。[①] 这些保险公司销售财产和意外保险以及相关产品，包括内陆水运保险、诚实保险和履约保证保险。图表5-2显示了2016年保费收入排名前10的美国财产和意外保险公司。

图表5-2　2016年保费收入排名前10的美国财产和意外保险公司

排名	公司	直接保费收入（千美元）[a]	市场份额（%）[b]
1	State Farm Mutual Automobile Insurance	55 994 246	10.2
2	Berkshire Hathaway Inc.	33 300 439	5.4
3	Liberty Mutual	32 217 215	5.3
4	Allstate Corp.	30 875 771	5.0
5	Progressive Corp.	23 951 690	3.9
6	Travelers Companies Inc.	23 918 048	3.9
7	Chubb Ltd.	20 786 847	3.4
8	Nationwide Mutual Group	19 756 093	3.2
9	Farmers Insurance Group of Companies[c]	19 677 601	3.2
10	USAA Insurance Group	18 273 675	3.0

a. 以下再保险交易，包括国家基金。

b. 基于美国本土及其领地总数。

c. SNL Financial报告的数据分别为Farmers Insurance Group of Companies和Zurich Financial Group（拥有Farmers的管理公司）。

资料来源：NAIC data, sourced from S&P Global Market Intelligence. Reported in *The Insurance Fact Book 2018*, p. 22. Insurance Information Institute.

保险公司的分类方法有很多种。从法定所有权和结构的角度来看，商业保险公司主要可以分为以下几类：

- 股份保险公司；
- 相互保险公司；
- 伦敦劳合社；

---

① Insurance Information Institute, *The Insurance Fact Book 2018*（New York：Insurance Information Institute, 2018），p. v. https://www.iii.org/store.

- 交换保险公司；
- 蓝十字和蓝盾计划；
- 管理式医疗计划；
- 专业自保公司；
- 其他类型的商业保险公司。

股份保险公司

股份保险公司（stock insurer）是由股东所有的公司。经营目标是为股东赚取利润。股东选举董事会，后者任命执行官来管理公司。董事会对公司的经营状况负有最终责任。如果业务是盈利的，就会公布盈利情况，并向股东分配红利，股票价值也会增加。相反，如果业务不盈利，股票价值就会下降。

相互保险公司

相互保险公司（mutual insurer）是由保单持有人所有的公司。该类公司没有股东。保单持有人投票选举董事会，后者任命执行官来管理公司。由于只有较少的保单持有人愿意投票，所以董事会具有对公司的实际控制权。在一定程度上，相互保险公司通常不披露上市公司股东可以获得的信息，如高管薪酬和财务细节，这可能助长了保单持有人的冷漠，因此其不愿意投票。

相互保险公司可能向保单持有人支付红利或者预先给予费率减免。在寿险行业，如果死亡率、投资和业务情况良好，就可以从多余的保费中提取很大一部分作为红利进行支付。然而，由于死亡率和投资情况无法保证，红利也就没有了法定保障。

有几种类型的相互保险公司，包括：
- 预付保费相互保险公司；
- 可评估相互保险公司；
- 互助保险公司。

预付保费相互保险公司 目前，大多数相互保险公司都是预付保费的。**预付保费相互保险公司**（advance premium mutual）是指收取的保费应涵盖所有赔款和费用的公司。公司从盈余（即净值）中支付超出预期的索赔和费用。

在寿险行业，相互保险公司一般每年会向保单持有人支付红利。在财产和意外保险行业，保单持有人的红利不会按照一般模式进行支付，相反，这类保险公司会收取较低的原保费或续保保费，这些保费接近赔款和费用所需的实际数额。

可评估相互保险公司 **可评估相互保险公司**（assessment mutual）在公司财务状况不好的情况下，有权向保单持有人追加保费。如今，可评估相互保险公司的数量已经很少，部分原因在于收集评估的问题。2017 年，在美国 22 个州注册的 74 个公司销售补缴保费保单。[①] 根据全美互助保险公司协会（National Alliance of Mutual Insurance Companies, NAMIC）的数据，多年来没有任何成员提交评估报告。那些仍然销售补缴保费保单的保

---

① National Association of Mutual Insurance Companies. Provided by Alabama Department of Insurance based on data received from an inquiry to the National Association of Insurance Commissioners. May 23，2018.

险公司（例如在州或郡范围内经营的保险公司）规模较小，且提供的保障范围很有限。在可评估相互保险公司的盈余（资产和负债之间的差额）超过一定数额后，各州将不允许保险公司销售补缴保费保单。

互助保险公司　互助保险公司（fraternal insurer）又被称为"互助福利社团"，是一个为因共同宗教、种族、利益或其他因素而联合在一起的成员提供社会和保险福利的非营利组织。

为了符合国家保险法的规定，互助保险公司必须通过"会员制"方式运作，其成员主要为隶属于现存社会或宗教组织的地方单位（分会、教会、俱乐部等）。[1] 只有互助福利社团的成员才能从互助保险公司购买保险，且该保险公司必须仅为其成员或受益人服务。互助保险公司的例子有哥伦布骑士团（Knights of Columbus）、现代伍德曼社团（Modern Woodmen of America）和施利文金融服务公司（Thrivent Financial）。互助保险公司在19世纪和20世纪达到发展的全盛期。自20世纪60年代以来，逐渐式微。截至2016年底，美国仅有78个互助保险公司仍在经营。[2]

互助商业模式将互助保险公司的"会员制"特征与信仰或服务组织的"社会使命"特征相结合，为近1 000万人提供了保障其家庭未来财务状况的机会，同时也通过直接的财务援助和志愿活动为这些人所生活和工作的社区内群体的健康和福祉做出了贡献。[3]

目前，大多数互助保险公司基于商业寿险公司使用的平准保费方法和法定准备金制度开展业务。互助保险公司也销售定期人寿保险和年金。由于互助保险公司是非营利组织或慈善组织，因此享受税收优惠。

研究表明，互助保险公司的效率不如股份保险公司和相互保险公司，尤其是在技术领域，股份保险公司的利润水平高于互助保险公司。[4] 然而，鉴于其非营利的身份和优惠的税收待遇，互助保险公司在销售人寿保险时，通常具有很高的吸引力和相对较低的利息调整成本。我们在第13章中将讨论人寿保险的费用问题。

结构处于变动之中的相互保险公司　相互保险公司（特别是人寿保险公司）的公司结构正在迅速发生变化。有三种趋势非常明显：

（1）公司并购增加。近年来，人寿保险公司的数量大幅下降。2016年底，美国共有797个人寿保险公司，低于1988年的峰值2 343个。[5] 这一数量下降的大部分原因是公司间的兼并和收购，以及相互保险公司向股份保险公司的转换（见后文）。兼并意味着一个保险公司被另一个公司吸收或两个以上的保险公司组合成一个新公司。兼并的发生是由于保险公司希望降低经营成本和总成本；销售新的保险产品，进入新的业务领域；扩大企业规模从而获得规模经济。

---

[1] National Association of Insurance Commissioners. Uniform Fraternal Code. Section 1. http://www.naic.org/store/free/MDL-675.pdf Accessed May 23, 2018.

[2] American Council of Life Insurance, *2017 Life Insurers Fact Book*, Chapter 1. https://www.acli.com/2017factbook.

[3] American Fraternal Alliance. https://fraternalalliance.org/about/about-fraternal-benefit-societies. Accessed May 21, 2018.

[4] Chen, Lih Ru, and Michael J. McNamara. "An Examination of the Relative Efficiency of Fraternal Insurers," *The Journal of Insurance Issues*, Spring 2014, pp. 1–31.

[5] American Council of Life Insurance, *2017 Life Insurers Fact Book*.

（2）非互助化。**非互助化（demutualization）** 意味着相互保险公司转变为股份保险公司。一些相互保险公司会因为如下原因重组为股份制公司[1]：

- 融资能力增强。
- 股份公司在通过收购新公司或多元化经营进行扩张方面具有更大的灵活性。
- 股票期权可被用于吸引和保留重要的执行官和员工。
- 转化为股份保险公司可能带来税收上的优惠。

然而，非互助化也有其批评者。他们的批评主要包括：

- 在非互助化实施过程中，用之前投保人的保费积累来向现任股东和管理层发行股票是不公平的。
- 与保单持有人相比，管理层收到的股票比例过高。
- 可能制定的薪酬制度将聘用与股票期权专业无关的人才。

如今，非互助化和创建相互控股公司（见后文）的浪潮已经平息。那些尚未转型的公司似乎对自己继续作为相互保险公司的决定感到满意。尚无证据表明，股份保险公司的"相互化"浪潮即将到来。时间会告诉我们，这些公司的转型是否成功，其公司结构是否会保持稳定。在20世纪，有26个股份保险公司选择了"相互化"，包括在过去30年里完成了非互助化的几个公司。这些公司转型为相互保险公司的原因与最近一些公司进行"非互助化"或转型为相互控股公司的理由相同。[2]

（3）相互控股公司。非互助化是一项费力、昂贵而又缓慢的工作，而且还需要获得监管当局的同意。作为一种替代方案，许多州制定了相关法律，允许相互保险公司组建控股公司。**相互控股公司（mutual holding company）** 是由授权保险公司直接或间接控制的公司。相互保险公司重组为控股公司，由后者持有或收购能够发行普通股的股份制公司（见图表5-3）。如果子公司将来能够发行普通股，相互控股公司至少拥有该子公司51%的股份。

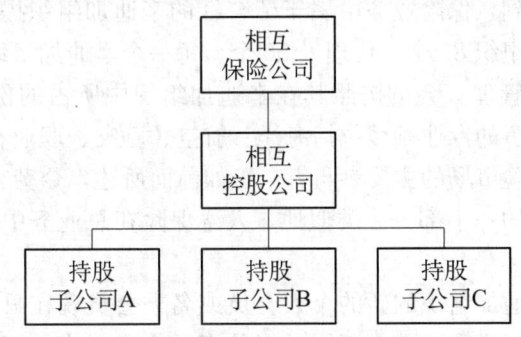

图表5-3 相互控股公司说明

相互控股公司既有优势也有不足。支持者指出了这种方法的优点：

- 保险公司更容易以较低的成本融资，从而实现扩张或保持竞争力。
- 保险公司可以更容易进入新的业务领域，例如人寿保险公司收购一个财产和责任

---

[1] Edward E. Graves (Ed.), *McGill's Life Insurance*, 9th ed. (Bryn Mawr, PA: The American College, 2013), pp. 22.9-22.11.

[2] Linda Pickthorne Fletcher, Ph. D., *The Journal of Risk & Insurance*, Vol. 33, No. 1 (Mar., 1966), pp. 19-32. American Risk and Insurance Association. http://www.jstor.org/stable/250959. Accessed: May 23, 2018.

保险公司。
- 股票期权可被用于吸引和保留重要的执行官和员工。

然而，相互控股公司的批评者提出了下面相反的观点：
- 保单持有人会因为这种变化而蒙受损失；相互控股公司的结构会导致向保单持有人支付的红利和其他财务收益减少。
- 批评者还认为，高管和保单持有人之间会出现利益冲突。例如，通过向高管分配公司股票或股票期权，鼓励他们赚取更高的利润，这将导致保单持有人的红利降低或保费增加。

伦敦劳合社

伦敦劳合社（Lloyd's of London）严格来说不是保险公司，而是为其成员从事专业保险服务提供服务和硬件设施的世界领先的保险协会。它是劳合社会员聚集在一起汇集和分摊风险的市场。劳合社成员包括在伦敦证券交易所上市的全球主要的保险集团和公司、个人会员（叫作名誉会员）和有限责任合伙企业会员。

劳合社承保七种保险：意外险、财产险、海事险、能源险、汽车险、航空险和再保险。此外，劳合社还以提供一些非常规风险保障服务而闻名，比如在高尔夫巡回赛上为一杆进洞提供奖金，或者为肯塔基赛马会上赛马冠军受的伤承保。然而，这些非常规风险保障服务只占其整个业务的一小部分。

伦敦劳合社有一些重要的特点。① 第一，如前所述，劳合社从严格意义上来讲不是一个保险公司，而是会员（公司和个人）式社团。劳合社自身并不提供保险服务，保险服务实际上由属于劳合社的辛迪加组织提供。从这方面来看，劳合社类似于纽约证券交易所，后者不购买或销售证券，但为购买和销售证券的会员提供市场和其他服务。

第二，前面也曾提到，保险业务由属于劳合社的辛迪加组织提供。在本书撰写之时，劳合社共有注册辛迪加组织 85 个，代理人 56 个。每一个辛迪加组织都由一位代理人代表会员对辛迪加组织进行管理。会员按照其在辛迪加组织中所占的份额分享利润或承担损失。辛迪加组织可能从事的专业领域包括海洋、航空、巨灾、职业补偿和汽车保险保障服务等。劳合社还是再保险市场的主要参与者。正如前面所述，令劳合社出名的非常规风险保障服务只占其总业务的一小部分。类似地，人寿保险在总业务中所占的比例也非常小，而且主要是短险业务。

第三，属于不同辛迪加组织的新的个人会员或名誉会员现在只承担有限的法律责任。早期的个人名誉会员承担完全法律责任，并以他们的个人财产承担承保业务的协议份额。然而，由于 20 世纪 90 年代早期石棉肺病导致的巨灾损失，许多名誉会员无法支付其应支付的损失，并宣布破产。因此，如今劳合社不允许负有无限法律责任的名誉会员加入。

第四，负有有限法律责任的有限责任合伙企业也可以成为伦敦劳合社的会员。允许公司和合伙人加入劳合社是为了吸引新的资本。融入的新资本将会显著增强劳合社拓展新业务的能力。

第五，劳合社会员必须达到严格的财务条件。个人会员是资产净值很高的个人。每一

---

① 本节基于 lloyds.com and Lloyd's of London, Wikipedia, the free encyclopedia。

个会员，无论是个人还是公司，都必须提供资本以支持其在劳合社的业务。所有保费均进入信托基金，只有在索赔和发生费用的时候才允许使用。如果保费无法支付索赔，会员必须投入额外资金，其风险就是蒙受损失。如果会员因为承保而破产，从而无法履行其义务，可以使用中央保障基金支付索赔，也可以发行次级证券以弥补亏损。

第六，劳合社只在美国的少数州获得了营业执照。在其他州，劳合社必须作为未经许可的保险公司经营。这意味着，超额承保的经纪人或代理人可以与劳合社合作，但是只有在无法从经许可的保险公司获得保险的州才能这样去做。尽管没有获得营业执照，但劳合社在美国的业务量仍然很大。特别是，伦敦劳合社为大量的美国保险公司提供再保险服务，是美国重要的专业再保险公司。

交换保险公司

交换保险公司（reciprocal exchange）[也称**交互保险公司**（interinsurance exchange）]可以被定义为非一体化组织，企业在其成员（被称作签约企业）间交易保险产品。在其基本形式中，保险在成员之间进行交换；每一个成员为其他成员交互提供保险，反过来也接受其他人的保险。因此，这是保险承诺之间的交换，被称为交换保险。

此外，交换保险由实际代理人管理。实际代理人通常是一个公司，它得到签约企业的授权，可以招募新成员、赔偿损失、收取保费、处理保险合同、投资基金，以及履行其他管理义务。然而，实际代理人本身没有支付索赔的责任，而且它也不是保险公司。只有交换保险公司才是保险公司。

大多数交换保险公司的规模较小，其保费在所有财产和责任保险保费中只占很小一部分。此外，大多数交换保险公司只提供有限数量的保险产品。不过，有一些销售多种产品的交换保险公司的规模较大。

蓝十字和蓝盾计划

蓝十字和蓝盾（Blue Cross and Blue Shield，BCBS）计划是另一种保险组织类型。在大多数州，蓝十字计划都是非营利的、以社区为导向的支付计划。该计划主要为医院服务费用提供保障。蓝盾计划一般也是非营利的预付保费计划，支付内科医生和外科医生的收费和其他医疗服务费用。如今，大量蓝十字和蓝盾计划合并组建为单一实体。

在1986年之前，蓝十字和蓝盾计划是免税的，因为它们被认为是社会福利计划，所以得到了优惠的税收待遇。1994年的《税收改革法案》取消了针对该计划的免税政策，因为这些计划所售保险的覆盖范围与商业保险公司销售的保单中的范围相似。然而，立法允许蓝十字和蓝盾组织成501(m)组织，这是《国内税收法》中对它们征税的部分。

如今，36个独立的蓝十字和蓝盾公司为美国50个州、哥伦比亚特区和波多黎各地区三分之一的美国人提供医疗保险。此外，蓝十字和蓝盾联邦雇员计划为500多万联邦雇员、退休人员及其家属提供保险。[①] 在大多数州，蓝十字和蓝盾计划被认为是非营利组织。然而，为了融资和提高竞争力，一些蓝十字和蓝盾计划已经转制为营利性质，并合并为拥有股东和董事会的上市公司。

---

① 蓝十字和蓝盾协会：https://www.bcbs.com/bcbs-companies-and-licensees. May 22, 2018。

管理式医疗计划

如今,绝大多数医疗保健都是由某种形式的管理式医疗计划提供资金的。与传统保险中由被保险人承担医疗费用并将其提交给保险公司进行赔偿不同,在管理式医疗计划下,保险公司是医疗服务提供过程中不可或缺的一部分。**管理式医疗计划(managed care plan)** 通常具有以下特点:

- 除了为医疗保健提供资金外,该计划还涉及制定以前仅由患者和医疗从业者做出的医疗决策。
- 重视控制成本。
- 有助于病例管理,医疗从业者间可以进行交流,并朝着统一的治疗目标努力。

上述特点主要经由三个管理式医疗计划实施:保健组织(health maintenance organization,HMO)、服务点计划(point of service plan,POS)或优先提供者组织(preferred provider organization,PPO)。每项计划的特点将在第 16 章有关团体健康一节中介绍。

医疗保健管理计划最初是独立于保险公司存在的,然而,如今,其绝大多数是保险公司和 BCBS 计划提供的医疗融资方案中的一部分。

其他商业保险公司

除了前面介绍的一些类型的商业保险公司之外,还需要简要介绍一些其他类型的商业保险公司,包括专业自保公司和销售人寿保险的储蓄银行。

专业自保公司 如第 3 章所述,专业自保公司是由母公司为其损失敞口提供保障而建立的一种保险公司。目前有如下几种类型的专业自保公司。单一母公司专业自保公司(也被称为纯粹自保公司)是仅由一个母公司所有的保险公司。联合专业自保公司是由几个母公司共同所有的保险公司。例如,属于一个商业联盟的企业可能拥有一个专业自保公司。

专业自保公司在商业财产和意外保险行业正变得越来越重要,如今在美国有成千上万个专业自保公司。第 3 章提到,专业自保公司的形成是因为:(1)母公司在获得保险保障方面存在困难;(2)一些自保公司采用离岸设立的方式,以利用宽松的监管环境;(3)母公司的保险成本可以降低;(4)专业自保公司使得接触再保险公司更容易;(5)如果其他当事人向其投保,则专业自保公司可以成为母公司的一个利润来源;(6)在某些情况下,对母公司在所得税方面有好处。专业自保公司的特点在第 3 章已经讨论过,这里就不再赘述了。

销售人寿保险的储蓄银行 储蓄银行人寿保险(Savings Bank Life Insurance,SBLI)是指由互助储蓄银行最初在马萨诸塞州、纽约州和康涅狄格州三个州销售的人寿保险。如今,储蓄银行人寿保险还可以通过电话或网站向在这些州及其他州的居民消费者销售。储蓄银行人寿保险的目的是通过降低经营成本和向代理人支付高额销售佣金,向会员提供低成本的人寿保险。我们将在第 11 章对储蓄银行人寿保险进行更为详细的讨论。

代理人和经纪人

各类保险公司都通过中介代表它们来销售其产品和服务。专家们普遍认为,一支强大的销售队伍是金融服务业成功的关键。

中间商（producer）是获得代理和/或经纪人执照的中间人，如今他们负责销售大多数保单。有时，他们又被称为"零售"代理人或经纪人，以区别于其他被称为"批发商"的中间人。"批发商"主要包括经营总代理和非常规产品经纪人，他们不与保险的最终消费者打交道。未来，随着损失敞口范围变得更大且更专业，可以预见的是，代理人和经纪人将变得越来越重要。

代理人

当你购买保险的时候，你可能会从代理人那里购买。**代理人（agent）** 在法律上代表委托人，并有权代表委托人的利益采取行动。代理人的委托人是保险公司。

保险代理人根据明示授权、默示授权和表见授权可以代表保险公司。明示授权是指代理人从保险公司那里获得的特定权力。默示授权意味着代理人享有明确授予的权力，可以采取所有行使该权力的必要措施。表见授权是公众认为代理人基于委托人行为所采取的行动具有合理性。① 只要代理人的行为属于明示、默示和表见授权范围，委托人就要对代理人的所有行为承担法律责任。这也包括错误的和欺诈性的行为，疏忽和歪曲事实，只要代理人的行为在委托人承认或默许的权力范围之内。

财产和意外保险代理人与寿险代理人之间存在重要的区别。财产和意外保险代理人有权就某种类型的保险保障立刻代表保险公司签订暂时合同。这种关系可以通过暂保单建立。**暂保单（binder）** 是一种基于代理人表述的临时保险合同，直到保单实际签订才失效。暂保单可以是口头上的，也可以是书面的。例如，如果你打电话给代理人，要求对你的摩托车投保，代理人可以立刻使保险生效。相反，人寿保险代理人一般来说没有这种权力。人寿保险代理人只是一名营销代理，负责引导人们申请人寿保险。人寿保险申请必须在保险生效之前经保险公司同意。

最后，大学生们往往对保险销售的职业很感兴趣。成功的保险代理人收入十分可观，且与其他职业相比，其收入相对较高。专栏5.1将保险代理人的收入与其他职业进行了比较。

专栏 5.1

看看作为保险销售代理，我能挣多少钱？

在美国，与其他职业相比，保险销售代理的收入十分可观。工资中位数是指在一个行业中，有一半人的工资高于该数，而另一半人的工资低于该数。2017年5月，美国全国保险销售代理年薪中位数为49 910美元。相比之下，美国其他职业的工资中位数只有37 690美元，相当于保险销售代理收入的76%。对于从事销售和与之相关职业的其他人来说，其工资基本上都很低，年薪仅为27 020美元，相当于保险销售代理年收入中位数的54%。

---

① Jamie P. Hopkins, Edward E. Graves, and Burke A. Christensen (Eds.), McGill's *Legal Aspects of Life Insurance*, 9th ed. (Bryn Mawr, PA: The American College, 2014).

由于保险销售代理的特殊性,其内部收入差别很大。例如,健康和医疗保险代理人的年均收入为 58 630 美元;除人寿、健康和医疗保险外的保险代理人的年均收入为 52 640 美元;保险公司和经纪机构的代理人的年均收入为 47 880 美元。个人理财顾问的年均收入为 90 640 美元。

上述中介的报酬取决于各种因素,包括销售保险的类型和数量,以及卖出的是新单还是续保保单,或者其他因素。

人寿保险代理人开展业务后,所有收入都是以佣金为基础的。如果代理人达到销售目标或利润目标,他们还可以获得奖金。优秀代理人可以获得额外的奖励,比如公司付费旅行。一些参与理财规划的代理人不收取佣金,而是按其提供的服务收费,费用通常按服务时间和开支计算。

财产和意外伤害保险代理人通常只收取佣金;他们还可因达到销售目标或享受代理提成而获得额外奖励。财产和意外伤害保险代理人或保险公司雇用的销售人员可通过下面三种方式获得收入:仅工资、工资加佣金或工资加奖金。

保险领域的许多新代理人在合同的头三年内都会收到一笔"预支提成",这就要求他们"达标"(即实现销售目标)。有些提成是无追索权的,这意味着代理人不承担偿还这些款项的义务。还有一些是"可豁免的贷款",这意味着达标的代理人不必偿还这些贷款。然而,在可豁免贷款条例下,如果代理人的销售额不达标,则代理人需偿还相应贷款给保险公司。那些打算从事保险销售的人有必要了解该行业的薪酬制度以及与工作相关的其他福利。

保险销售代理人为了方便顾客,通常自主确定工作时间,并将晚上和周末作为拜访客户的时间。有些销售代理人在工作时间会见客户,然后在晚上做笔记及为将要会见的客户准备介绍材料。大多数代理人为全职,其每周的工作时间甚至超过 40 小时。

资料来源:Bureau of Labor Statistics,U.S. Department of Labor,*Occupational Outlook Handbook*,Insurance Sales Agents, on the Internet at https://www.bls.gov/ooh/sales/insurance-sales-agents.htm(visited May 18,2018)。

经纪人

与代理人代表保险公司不同,**经纪人(broker)**是法律上代表被保险人的人,即使其从保险公司处收取佣金。经纪人在法律上无权与保险公司签订合同。相反,他或她可以提出或接受保险申请,然后尝试为该保险保障找到合适的保险公司。然而,在保险公司接受该业务之前,保险不会生效。

如前所述,经纪人从承接业务的保险公司那里获得佣金。从法律的角度来看,经纪人对其委托人,即投保人负责。然而,经纪人不得为了确保投保保险符合保险公司销售范围而谎报损失敞口。经纪人需要让保险公司尽可能地了解投保人的损失敞口,以便核保人能够计算出最准确的价格。

经纪人在商业财产和意外保险领域极其重要。大的经纪公司对高度专业化的保险市场非常了解,提供风险管理和损失控制服务,并处理大公司保险购买者的业务。

许多经纪人同时也获得了代理人的资格,这使他们能够有权代表保险公司签订合同。读者可能会问:是什么决定了一个拥有双重执照的人是代理人还是经纪人?答案是视实际情况而定：有时中间商扮演对客户最有利的角色，有时则扮演环境所需的角色。例如，如果中间商对某种类型的损失敞口具有暂保权，那么中间商将作为代理人来开展业务。然而，如果中间商没有暂保权，同时在合理成本范围内公司可以有更好的选择，那么中间商将充当经纪人。最后，如果中间商对于某些类别的风险没有暂保权，那么其别无选择，只能充当经纪人。

非常规产品经纪人

非常规产品经纪人（surplus lines broker）在财产保险和意外伤害保险市场中扮演着重要的角色，因为只有他们（非其他类型的经纪人）才能与一类被称为"非常规"或"未经许可"的保险公司打交道。

非常规产品经纪人是没有获得该州营业执照的保险公司。它们存在的目的是承担常规公司拒绝投保或只会以非常高的费率投保的风险（包含许多除外责任，或具有非常高的免赔额）。中间商需要努力向常规保险公司投保，然后才能在非常规保险市场寻求保险。通常，中间商可以通过收到来自一定数量常规保险公司（通常是3~5个）的拒绝信来证明其为此付出的努力。[1]

非常规产品经纪人是批发商，与申请保险的投保人没有联系。最初开展业务的零售中间商处理所有的客户联系。只有当零售中间商无法与常规保险公司开展业务时，非常规产品经纪人才会介入。在这一点上，零售中间商必须要求非常规产品经纪人为投保保险涉及范围寻找"市场"（保险公司在这个领域通常被称为"市场"）。此外，与经营总代理（MGA）不同的是，非常规产品经纪人无权与保险公司签订合同。在许多州，非常规产品经纪人在为客户投保之前，必须确定未经许可的保险公司是否符合一定的财务标准。在另外一些州，由保险部门或其他机构负责监督这类保险公司的偿付能力，并持有符合标准的保险公司名单。财务监控对客户来说非常重要，因为一旦一个未经许可的保险公司倒闭，州担保基金将无法得到保护。

经营总代理

经营总代理（managing general agent，MGA）是一类特殊的批发中间商，与零售代理人不同，其由保险公司授予核保权。经营总代理涉及非寻常的保险范围，如专业责任和非常规产品业务，其对保单的审核需要专业知识。然而，MGA也涉及一些个人保险业务，特别是在地理位置偏僻的地区（如俄克拉何马州西部和北达科他州），保险公司认为在这些地区设立分支机构是不可行的。[2] 因此，经营总代理既与常规保险公司打交道，也与未经许可的保险公司打交道。当他们与常规保险公司打交道时，他们直接充当零售代理人或经纪人的角色。大多数经营总代理为拥有非常规产品子公司的大企业集团的一部分。企业通常利用该子公司开展与零售客户接触而产生的非常规业务。

---

[1] Insurance Information Institute. https://www.iii.org/publications/a-firm-foundation-how-insurance-supports-the-economy/driving-economic-progress/surplus-lines. May 19，2018.

[2] International Risk Management Institute，Inc. https://www.irmi.com/term/insurance-definitions/managing-general-agent. May 19，2018.

经营总代理使保险公司受益，因为他们拥有的专业知识是保险公司总部或地区分设机构不常涉及的，且在保险公司内部开展业务的成本更高。经营总代理拥有非常广泛的权力，且通常执行只由保险公司负责的职能，如制定保险范围、核保、定价、在特定区域内指定零售代理人及理赔。[①]

大约自 2000 年以来，经营总代理作为批发商的角色一直在迅速发展。最初，它们是规模较小的地方性或区域性公司，通常专门从事一个或几个领域的业务，或者有独特的进入重要市场的渠道（通常是非常规产品市场）。零售代理人和经纪人会就问题账户或需要进入专业市场的客户业务与他们接洽。自 21 世纪初以来，形势发生了逆转：资本提供者开始与批发商接洽，帮助其分销产品。这种逆转导致了该行业的两大转变。

第一，出现了几个地理位置分散的大型批发商，这些批发商拥有大量的"零售"业务（例如，不止一个大型经营总代理与超过 20 000 个美国零售代理人开展业务）。第二，资本提供者希望在不需要建立必要的基础设施以维持与所有零售代理人联系的情况下获得保险买家，进而达到其想要的业务量。

这种资本寻找客户（被保险人）的现象有两种形式。其一，一系列新成立的保险公司不再设立分支机构来与零售代理人保持联系。其二，最近，越来越多的投资对冲基金利用经营总代理和代理公司合同，通过推出抵押保险产品来"投资"巨灾风险保险。（第 6 章讨论了风险证券化的主题。）上述两个资本提供者都将大型批发网络视为找到他们想要开展的业务模式的关键[②]，这一点比靠其自力更生更高效。

经营总代理和保险公司的职能已经相互交织，以至于最近美国经营总代理协会（American Association of Managing General Agents，AAMGA）和全国专业非常规产品保险公司协会（National Association of Professional Surplus Lines Offices，NAPSLO）宣布合并成立批发和专业保险公司协会（Wholesale & Specialty Insurance Association，WSIA）。

最后，经纪人在雇员福利（特别是对于员工数量较多的雇主）领域非常重要。大雇主经常通过经纪人寻找团体人寿和医疗费用保障。正如前面所指出的，从全国范围来看，经纪人在财产和意外保险营销方面也扮演了重要角色。

营销体系的类型

营销体系（marketing system）是指销售和推销保险产品的不同方法。这些销售方法也被称为分销体系。保险公司雇用精算师、理赔员、核保人和其他办公人员，但是除非保险保单的销售有利可图，否则保险公司的生存也是不可能的。因此，有效率的营销体系对于保险公司的生存非常重要。

---

① International Risk Management Institute, Inc. https://www.irmi.com/term/insurance-definitions/managing-general-agent. May 19, 2018.

② W. H. "Skip" Cooper, Vice Chairman, Board of Directors, AmWINS Group, Inc. e-mail message May 22, 2018.

人寿保险营销体系

随着时间的推移，人寿保险销售的分销体系发生了巨大的变化，近年来，变化的速度显著加快。传统的人寿保险营销方法已发生了实质性的改变，新的营销体系已经出现。详细讨论所有营销方法超出了本书的范围，但是现在使用的主要寿险营销体系可以分为下面几种[①]：

- 个人销售体系；
- 金融机构分销体系；
- 直销体系；
- 其他营销体系。

个人销售体系 今天，大多数寿险保单和年金都是由**个人销售体系**（personal selling system）卖出的。在这种营销体系下，佣金代理人寻找并向预期客户销售人寿保险产品。人寿保险和年金是很复杂的产品，知识丰富的代理人需要解释并销售不同的产品。个人销售体系包括以下几种：

- 职业代理人。**职业代理人**（career agent）是全职代理人，他们一般只代表一个保险公司，并根据业务量获取佣金。这些代理人也被称为附属代理人（affiliated agent），因为他们主要销售唯一一个保险公司的人寿保险产品。在这种体系下，保险公司招募新的代理人，并提供财务支持、培训、监督和办公设施。销售人寿保险的佣金通常为首年保费的40%~90%。有效保单续保佣金要低很多，例如为2%~5%，而且只支付有限几年。尽管有能力倾向测试，新的人寿保险代理人的流失率仍然很高。对于许多保险公司来说，代理人五年期的留存率通常不到15%。

- 多产品独家代理体系。在**多产品独家代理体系**（multiple line exclusive agency system）下，主要销售财产保险和意外伤害保险的代理人也销售个人人寿和健康保险产品。这些代理人被称作**专属代理人**（captive agent）。在这种体系下，代理人仅代表一个保险公司或财务上相互关联或者具有共同所有权的几个公司。例如，一个代理人会向一位客户销售汽车或屋主保险。根据客户的需求和可以销售的保险产品，代理人也会销售人寿保险、健康保险、年金、互助基金、个人退休账户以及其他产品。州农业相互保险和全国保险是这种体系的典型案例。

- 独立财产和意外伤害保险代理人。独立财产和意外伤害保险代理人是独立代表多个保险公司的承包人，主要销售财产保险和意外伤害保险。除了财产保险和意外伤害保险外，许多独立代理人还向客户出售人寿和健康保险。

- 个人业务总代理（PPGA）。有些代理人做了一个保险公司的大量业务，并与其签署了特殊的财务协议。**个人业务总代理**（personal-producing general agent，PPGA）是指接受特殊财务条件并达到最低销售额的独立代理人。个人业务总代理具有招募和培训下属代理人的权利。在这种情况下，个人业务总代理会因为下属代理人销售的保险获得额外佣金。[②]

[①] 本节基于 LOMA（Life Office Management Association）. *Insurance Company Operations*, 3rd ed. (Atlanta, GA: LL Global, 2012), Ch. 11; and Graves, *McGill's Life Insurance*, Ch. 23.

[②] Linda Pickthorne Fletcher, Ph. D. "Motivations Underlying the Mutualization of Stock Life Insurance Companies," *The Journal of Risk & Insurance*, Vol. 33, No. 1 (Mara., 1966), pp. 19-32. American Risk & Insurance Association. http://www.jstor.org/staable/250959. Accessed May 23, 2018.

- 经纪人。经纪人也销售人寿保险和年金。经纪人是独立的代理人，他们不会与任何一个保险公司签署排他协议，也没有义务仅销售一个保险公司的保险产品。尽管经纪人会销售某个保险公司的大量产品，但他们没有义务为其销售一定数量的保险产品。[①] 经纪人通常与每一个保险公司分别签署协议，并销售其产品。

金融机构分销体系 如今，许多保险公司都通过商业银行和其他金融机构的分销体系销售人寿保险和年金产品。商业银行在销售固定年金和可变年金方面（寿险产品销售略少）正在变得越来越重要。此外，其他金融机构和投资公司，例如嘉信（Charles Schwab）、富达投资（Fidelity Investments）和先锋投资集团（Vanguard Group），也都向其客户销售寿险产品和年金。

直销体系 直销体系是另一种营销体系，人寿和健康保险公司在该体系下直接向客户销售产品，而不需要经过代理人。它们主要通过电视、广播、邮件、报纸和互联网寻找潜在客户。一些保险公司使用电话营销方法销售它们的产品；一些保险公司在电视上投放大量广告；一些保险公司则通过其网站直接向客户销售人寿和健康保险。

"虽然寿险继续主要通过代理人销售，但直销体系的市场份额在各方面都有所提高。2016年销售的保单中有25%是投保人通过直接面向家庭办公服务而购买的。"[②] 此外，25%的消费者表示，他们更愿意在网上购买保险。事实上，从2011年到2016年，网上购物的意愿增加了2倍。此外，自有收集的数据以来，首次有不到50%的消费者表示他们偏好从财务顾问或代理人处购买保险。[③] 30%的千禧一代表示，其在过去一年中曾尝试在网上购买人寿保险，相比之下，X一代的这一比例为10%，老年消费者的比例为5%。不过，尽管直销体系市场份额持续走高，但占保费的比例仍不到10%。[④]

有时，直销体系保险公司会得到有社会影响力的机构（如工会、行业协会、服务俱乐部或其他慈善团体）的明确认可，这种支持有助于克服消费者对产品价值或保险公司可靠性的担忧。

直销体系对于保险公司而言，有以下几个优点：使保险公司能够进入大市场，降低产品获取成本，能够有效销售简易产品，例如定期保险。不过它也有一个缺点，因为不需要代理人的服务，所以它常常很难销售复杂产品。

其他营销体系 寿险公司还会用到其他一些营销体系来销售它们的产品。这些体系包括：

- 工作地营销。这一体系也被称为"自愿保险"（voluntary insurance）或"工资扣除保险"（payroll deduction insurance）。类似于直销体系，但又不同于其通过各种媒体销售保险的做法，工作地营销体系保险销售人员是在获得企业或机构的认可后在其工作场所内出售保险，通常是在员工会议上，由公司人力资源部门工作人员将保险销售人员介绍给公司员工，再由销售人员为员工们介绍保险产品，随后，销售人员就地与有兴趣购买寿险产

[①] Linda Pickthorne Fletcher, Ph. D. "Motivations Underlying the Mutualization of Stock Life Insurance Companies," *The Journal of Risk & Insurance*, Vol. 33, No. 1 (Mara., 1966), pp. 19-32. American Risk & Insurance Association. http://www.jstor.org/staable/250959. Accessed May 23, 2018., p. 11. 8.

[②] LIMRA. *2016 Individual Life Insurance Yearbook*, p. 7 (2017 LLGlobal).

[③] Ibid., p. 29.

[④] Ibid., p. 12.

品或年金的员工面谈并进行销售。这对于企业而言几乎没有直接成本或费用，而且这种方法特别适合于低收入和中等收入市场。由于在这一体系下出售的保单采用简化的核保方式，并且与单独发行的保险相比费用不同，因此保险公司会有针对性地调整业务以反映这些差异。较低的营销和承保费用可能会在一定程度上抵消较高的死亡率，且这类保险的费率可能与个人保单的费率相似。不再受雇的工人可以通过直接向保险公司支付保费来延保。

除此之外，许多保险公司通过工作地营销体系来销售年金、长期护理保险和其他金融产品。

- 股票经纪人。许多股票经纪人也获得了销售寿险产品、固定年金及可变年金的资格。因此，股票经纪人能够更好地满足客户的投资和寿险购买需求。
- 理财师。理财师向客户提供关于投资、资产计划、税收、财富管理和保险的建议。许多职业寿险代理人也是理财师，在分析客户需求的基础上提供理财计划服务。由于这一领域的技术要求，一个人很难样样精通。因此，理财师要么偏向为客户进行投资管理，要么偏向满足客户对财产规划和商业保险的需求，如买卖安排和员工福利。
- 团体保险。团体人寿和健康保险的特点见第 16 章。然而，这里值得注意的是，真正的团体保险，团体是作为一个整体承保的，这与通过雇主、工会或其他可以提高管理效率的来源单独承保并出售给个人的保险之间是有区别的。

财产和意外保险营销体系

财产和意外保险的主要营销体系包括以下几种：
- 独立代理人体系；
- 专属代理人体系；
- 直接承保人；
- 直销体系；
- 大额销售；
- 多渠道分销体系。

独立代理人体系　独立代理人体系（independent agency system），有时候被称为美国代理人制度。这种制度有几个基本特点：

第一，独立代理人是代表几个无关联的保险公司的企业。代理人经授权为这些保险公司销售保险，并根据所做的业务量收取佣金。

第二，代理人拥有业务终止和续保权。在保单到了续保的时候，代理人可以选择将这笔业务转给另一个公司。同样，如果代理人与一个保险公司签订的合同到期，那么代理人也可以将其业务转交给其所代表的其他保险公司。

第三，独立代理人通过销售不同保险产品获得佣金收入。续保保单的佣金比率一般和新单业务相同。如果支付的续保佣金较低，保险公司就可能会失去这笔业务，因为由于经济上的激励，代理人极有可能将该业务在续保时转给其他保险公司。

除了销售外，独立代理人还具有其他作用，独立代理人经常被授权进行小额理赔。大型代理公司也可能为它们的被保险人提供损失控制服务，例如意外事故预防和损失控制工程师服务。对于某些产品，代理人也可以与保单持有人签约并收取保费。然而，大多数保险公司仍然选择直接签约，通过这种方式，保单持有人可以直接和保险公司签约。在个人保险产品销售中主要采用这种方式，例如汽车和屋主保险。

专属代理人体系 在**专属代理人体系**（exclusive agency system）中，代理人只代表一个保险公司或者具有共同所有权的几个保险公司。代理人被禁止与其他保险公司签约。然而，在代理人所代表的公司没有推出类似产品的情况下，一些合同可能允许代理人销售竞争对手的保险产品。

在财产和意外伤害保险行业，专属代理人也被称为独家代理人。大多数专属代理人（独家代理人）是独立的承包商，根据销售额获取佣金。然而，还有一些代理人主要根据新业务和续约业务获取工资和佣金。如果代理人目前与保险公司有合同关系，则由签发保单的保险公司支付其续保佣金。除了佣金外，专属代理人通常会根据其业绩获得奖金，奖金可能是其收入的20%或以上。

专属代理人体系下的代理人通常不拥有保单的终止和续保权。然而，也有一些例外情况。一些保险公司不赋予其代理人任何满期保单的所有权。其他一些保险公司在代理合同有效期内赋予代理人满期保单的有限所有权。此外，代理合同通常允许保险公司在合同终止时从专属代理人处购买满期保单，以确定其价值。① 相反，在独立代理人体系下，代理人拥有终止保单的完全权利。

专属代理保险公司为新代理人提供强有力的支持。如办公室的桌椅、电脑和其他办公设备的使用权以及前台接待。此外，专属代理保险公司有营销预算，可以为其代理人提供销售路径，特别是对于业务量较小的代理人。此外，新代理人还可以从同一办事处的其他代理人那里获得丰富的经验。最后，新代理人通常作为雇员接受一段时间的培训以了解业务。在培训结束之后，代理人成为获取佣金的独立签约人。

直接承保人 在财产保险和意外伤害保险销售中，直接承保人通常适用于使用某些营销方法的保险公司。商业报刊和专业文献中经常引用两个例子。（1）**直接承保人（direct writer）**是保险公司，在该公司中，销售人员是其雇员，而不是独立签约人。保险公司支付所有营销费用，包括雇员的工资。此外，直接承保人的雇员通常只代表这一个保险公司。（2）直接承保人指采用专属代理制度销售保险产品的保险公司，如前所述，专属代理人仅代表一个保险公司或具有共同所有权的几个保险公司。

直接承保人的雇员通常以"工资加其他"的模式获得收入。一些公司支付基本工资和与销售保险直接相关的佣金。其他公司支付工资和代表雇员的销售和服务情况的奖金。

直销体系 财产和意外保险公司也采用**直销体系**（direct response system）来销售保险。直销保险公司通过电视、电话、邮件、报纸和其他媒体直接向公众销售保险。许多财产和意外保险公司也建立网站，为客户提供信息和保费报价。

---

① Constance M. Luthardt and Eric A. Wiening, *Property and Liability Insurance Principles*, 4th ed., 5th printing (Malvern, PA: American Institute for Chartered Property Casualty Underwriters/Insurance Institute of America, 2005), p. 4.11.

直销体系主要被用于销售个人保险产品，例如汽车和屋主保险。在商业财产和责任保险方面，这种方法并不是很好用，因为其合同和定价往往很复杂。

大额销售 一些财产和意外保险公司使用**大额销售**（mass merchandising）策略来推销其产品，这与前文所述的工作地营销体系类似。大额销售是一个旨在面向团体成员销售个人财产和意外保险的营销计划。在这一计划中较为畅销的是汽车保险和屋主保险。由于保单是单独承保的，因此投保人必须符合保险公司的核保标准。由于代理人佣金较少，管理费用得以节约，这类计划通常有费率折扣。此外，雇员需缴纳的保费一般从其薪酬中扣除。最后，雇主一般不向该计划缴费，任何雇主缴费都构成雇员的应税所得。

多渠道分销体系 传统营销体系之间的差别随着保险公司不断开发销售保险的新方法而消失。为了增加利润，许多财产和意外保险公司使用多个分销渠道销售保险，这些体系就是**多渠道分销体系**（multiple distribution system）。例如，一些有使用独立代理人制度的传统的保险公司现在可能通过网络、电视以及邮递广告等方式销售保险。其他一些过去只使用专属代理人（也称专业自保代理人）的保险公司，现在也在使用独立代理人。还有一些保险公司正在通过银行对财产和意外保险开展营销，通过雇员和专业及商业协会向消费者群体进行营销。传统营销体系之间的边界在未来会随着保险公司开发新的保险营销体系而逐渐模糊。

案例应用

商业保险公司是一个大型股份财产和意外保险公司，专业从事商业保险。其董事会任命一个委员会，由其确定组建只销售个人保险产品、屋主保险和汽车保险的新的子公司的可行性。新的保险公司应当实现一些管理目标。董事会的一位成员认为，新保险公司应当组建为相互保险公司，而不是股份保险公司。假设你是为该委员会提供服务的一位保险顾问，如果组建相互财产和意外保险公司，下面这些董事会的目标在多大程度上能够实现？分别分析每一个目标。

a. 商业保险公司必须合法拥有新保险公司。

b. 为了融资和进入新市场，新保险公司应该能够定期销售普通股。

c. 销售的保单应当向保单持有人支付红利。

d. 新保险公司应该获得在所有州开展业务的资格。

本章小结

- 有几种基本类型的保险公司：
  - 股份保险公司；
  - 相互保险公司；
  - 伦敦劳合社；
  - 交换保险公司；
  - 蓝十字和蓝盾计划；

- 管理式医疗计划；
- 专业自保公司；
- 销售人寿保险的储蓄银行。

• 代理人在法律上代表保险人，并有权代表保险人的利益采取行动。相反，经纪人在法律上代表被保险人的利益。

• 非常规产品是指在州保险市场上无法获得保障的保险类型，此类保障必须交付未经许可的保险公司。未经许可的保险公司是没有获得该州营业执照的保险公司。非常规产品经纪人是一种特殊类型的经纪人，获得与未经许可保险公司开展业务的资格。

• 经营总代理（MGA）是一种特殊类型的"批发"中介。与"零售"中介不同，它由保险公司授予核保权。

• 在寿险市场营销中使用的营销体系包括：
- 个人销售体系；
- 金融机构分销体系；
- 直销体系；
- 其他营销体系。

• 在财产和意外保险市场营销中使用的营销体系包括：
- 独立代理人体系；
- 专属代理人体系；
- 直接承保人；
- 直销体系；
- 多渠道分销体系。

• 许多保险公司运用团体营销方法，向一个团体的成员销售个人保险保单。保费直接从员工工资中扣除。工人即使不再受雇用也能通过直接向保险公司支付保费而使保险继续有效。

• 大额销售是一种面向团体成员出售财产和意外保险的计划；采用个人承保；可以给予费率折扣；雇员需缴纳的保费一般从其薪酬中扣除；雇主通常不向该计划缴费。

重要概念和术语

预付保费相互保险公司	代理人	可评估相互保险公司	暂保单
经纪人	专属代理人	专业自保公司	职业代理人
非互助化	直销体系	直接承保人	专属代理人体系
互助保险公司	控股公司	独立代理人体系	交互保险公司
伦敦劳合社	管理式医疗计划	经营总代理	大额销售
多渠道分销体系	多产品独家代理体系	相互控股公司	相互保险公司
未经许可保险公司	个人业务总代理	个人销售体系	中间商
交换保险公司	储蓄银行人寿保险	股份保险公司	非常规产品经纪人

复习题

1. 描述股份保险公司的基本特征。
2. a. 描述相互保险公司的基本特征。
   b. 指出相互保险公司的主要类型。
3. 相互保险公司的公司结构处于变动之中。简单描述对相互保险公司的公司结构有影响的几个主要趋势。
4. 解释伦敦劳合社的基本特点。
5. 描述交换保险公司的基本特点。
6. 解释代理人和经纪人在法律上的差异。
7. 解释零售中介和批发中介的区别，并描述这两种类型的批发商。
8. 简单描述人寿保险中的下列营销体系的基本特点：
   a. 个人销售体系；
   b. 金融机构分销体系；
   c. 直销体系；
   d. 其他营销体系。
9. 简单描述财产和意外保险中的下列营销体系的基本特点：
   a. 独立代理人制度；
   b. 专属代理人制度；
   c. 直接承保人；
   d. 直销体系；
   e. 多渠道分销体系。
10. 在独立代理人制度下，谁拥有保单终止或续保的权利？
11. 财产和意外保险中的大额销售计划是怎样的？

应用题

1. 一组投资人正在讨论关于一个新成立的财产和意外保险公司的信息。被提及的公司将推出一款融合了传统屋主保险和保单持有人非自愿失业的失业保险的保单。每一个投资人需交出至少 100 000 美元，并可以从公司处获得一定比例的利息。此外，公司通过向其他投资人销售所有权进行融资。管理层希望避免为销售新保单而聘请或培训代理人的费用，而希望通过选择在个人金融杂志上做广告，直接向公众销售保险。
   a. 找出最适合上面情况的保险公司的类型。
   b. 指出管理层可考虑采用的营销体系。
2. 结合下面几点，对股份公司和相互保险公司进行比较：
   a. 指出在法律上拥有公司的当事人；
   b. 向保单持有人追加保费的权利；
   c. 保单持有人选举董事会的权利。
3. 午餐会发言人说："由于公司并购、保险公司的非互助化，以及相互控股公司的建立，在过去十年中，人寿保险公司的数量大幅度减少。"
   a. 为什么保险公司之间的并购随着时间的推移而增加？
   b. 非互助化的含义是什么？
   c. 简要解释非互助化对相互人寿保险公司的好处。
   d. 什么是相互控股公司？
   e. 相互控股公司对保险公司有什么好处？
4. 报纸记者写道："伦敦劳合社是一个联盟，为会员提供销售保险的基础设施和服务。保险业务由属于劳合社的不同辛迪加组织承接。"结合下面几点描述一下伦敦劳合社：
   a. 个人会员和公司会员的义务；

b. 承接保险的类型；

c. 保障被保险人的财务安全。

5. 财产和意外保险可以以不同的营销体系进行市场营销。结合下面几点，对独立代理人体系和专属代理人体系进行比较：

a. 代理人所代表保险公司的数量；

b. 满期保单所有权。

数字资源

网络资源

参考文献

第6章
保险公司业务

> 除了核保、销售、精算、索赔、金融、公共行政和其他商业背景外,保险及其相关行业还雇用了许多来自医学、工程、法律/刑事司法和艺术等领域的人才。
> ——史蒂文·N. 韦斯巴特(Steven N. Weisbart),博士,CLU
> 保险信息研究所高级副总裁兼首席经济学家

 学习目标

学习完本章,你应当能够:
- 对保险公司的费率厘定做出解释。
- 解释核保的步骤。
- 阐述保险公司的销售和市场营销活动。
- 阐述理赔的步骤。
- 解释为什么需要再保险以及不同类型的再保险合同。
- 解释保险公司投资的重要性,并区分保险公司投资的不同类型。
- 列出并解释保险公司的其他重要职能。

24岁的卡特琳娜是一所大学金融专业的学生。这所大学每年都会组织一次招聘会,来自不同企业的招聘人员会对学生进行面试,确定可能录用的人员。卡特琳娜申请参加一个大型保险公司的面试,想了解一下工作机会。招聘者解释说,由于工作性质开放,涉及多个领域,公司希望聘用的员工能够有丰富的教育背景。卡特琳娜吃惊地了解到,保险业需求的专业范围如此广泛,涉及核保、销售、索赔、精算、财务、信息技术、会计、法律、工程、医学和其他众多领域。

为了向公众提供保险,保险公司必须具有各种各样的职能并开展多种业务。本章将讨论保险公司的主要职能,包括费率厘定、核保、营销、理赔、再保险和投资。关于保险公司的财务运作,我们将在第7章讨论。

保险公司业务概述

保险公司最重要的业务包括:

- 费率厘定；
- 核保；
- 营销；
- 理赔；
- 再保险；
- 投资。

保险公司也从事其他业务，例如会计、法律服务、损失控制以及电子数据处理等。我们将在接下来的章节详细讨论这些功能领域。

定价和费率厘定

费率厘定（rate making）是指保险的定价以及保险保费的计算。投保人支付的保费是乘以一个由精算师确定的费率计算得出的。该费率由风险单位的数量决定，然后根据不同的评级计划进行调整（这个过程被称为定价）。费率是每一单位保险的价格。风险单位是在保险定价中使用的测度单位，并因保险产品的不同而有差异。在人寿保险和财产保险中，风险单位通常以1 000美元为单位。保费支付额为费率乘以风险单位的数量，随后再根据规模经济和其他因素做出相应调整。例如，假设恩里克买入10万美元的人寿保险，费率为7.31%，他的年保费将为731美元。如果他买入100万美元的保险，则其年保费将不到731美元，这反映了固定成本被分摊到风险单位的10倍以上。责任保险也遵循类似的方法，但风险单位通常以5 000美元、10 000美元或以上的面额表示。第7章和第11章附录将更详细地讨论所有保险类别的费率厘定问题。

保险定价与其他产品的定价有明显不同。销售其他产品的时候，公司一般能够预知生产这些产品的成本，所以其价格的确定可以以包括所有成本以及保留一定利润空间为标准。然而，保险公司却不能预知其实际成本为多少。某些产品收取的总保费可能不足以支付保单期间内产生的所有索赔和费用。只有在保险期间结束之后，保险公司才能够计算出自己的实际成本和费用。当然，保险公司希望收取的保费加上投资收益足以支付所有的索赔和费用并产生一定的利润。

精算师（actuary）的职责是确定费率和保费。精算师是精通数学和统计学的专业人士，他们将参与保险公司经营的所有环节，包括规划、定价、费用分配和研究，以及为公司管理层和州监管官员编制统计数据。他们的专业技术和判断力在计算费率、保费、准备金、损失率及其他数据时至关重要。[①] 精算师必须计算保费，以使：（1）公司在损失或费用发生时能够进行赔付；（2）公司能够与其他保险公司有效竞争；（3）业务盈利。精算师

---

① 在人寿保险中，法定准备金是一个主要的准备金项目，它是一个负债项目，代表在保单的最初几年按照水平保费法支付的多余或超额保费。保险公司必须累积资产以抵销法定准备金负债。州法律要求保险公司保持足够的法定准备金水平，以支付到期的所有保单义务。在财产保险和意外保险中，损失准备金是一种估计的负债项目，代表已报备但尚未支付的索赔、正在理赔的索赔和已提出但尚未报备的索赔的金额。损失率是已发生的损失和损失调整费用与已赚保费的比率。例如，如果发生的损失和损失调整费用为70美元，已赚保费为100美元，则损失率为0.70，即70%。

通常使用根据自己公司经验开发的统计数据，但他们也依赖其他公司、专业和行业组织（例如精算类协会、保险服务处等）以及公共来源的数据。

在人寿保险行业，精算师研究出生、死亡、结婚、疾病、就业、退休和意外事故等的统计数据。根据这些数据，精算师能够计算出人寿和健康保险、年金、意外事故和健康保险的保费。获得人寿保险精算师的职业资格需要通过由精算师协会（Society of Actuaries）主办的一系列考试，通过这些考试就可以成为精算师协会的会员。

财产保险和意外伤害保险精算师涉及多个行业的保险业务，当然，不同的行业决定了精算师们统计的类别和来源的不同。影响财产保险和意外伤害保险费率的项目包括飓风、龙卷风、火灾、犯罪、交通事故、业务中断和生活成本的统计数据。要具有财产和意外保险的精算师资格，精算师专业的学生必须通过产险精算师协会（Casualty Actuarial Society）的一系列考试。成功通过这些考试将使他们能够成为产险精算师协会的准会员或研究员。

大多数取得职业资格的精算师都是美国精算师学会会员（members of the American Academy of Actuaries，MAAA），该学会是一个代表和联合了来自各个领域精算师的专业组织。该学会是美国精算师领域专业人士在国内外公共政策和专业问题上的发言人。[1]

核　保

核保（underwriting）是指选择、分类和为保险申请定价的过程。核保人负责决定接受还是拒绝投保人的申请。

核保政策的说明

核保首先要有一份与公司使命和目标一致的核保政策，该政策由主管核保的高管层来决定。其主要涉及以下决策：(1) 销售哪些保险业务；(2) 哪些类别的业务是可接受的、边界类的、禁止接受的；(3) 是承保大量低利润业务还是少量高利润业务；(4) 可以承保的保险业务数量；(5) 待开发的领域；(6) 需要使用的表格和费率。

核保政策通过详细的核保政策说明加以实施。该说明支配了核保部门的日常运营，为承保过程的所有重要环节提供既定规则和指导方针。例如，一线核保人可能有一部分决策权，而另一部分则必须得到高级核保人的批准。有些损失敞口可能涵盖在现有的再保险条款中，有些可能需要临时（定制）再保险。

基本核保原则

核保必须遵守一些基本原则。这里列出了三个重要原则：
- 达到一定的核保利润；
- 根据公司的核保标准选择预期投保人；
- 保单持有人之间的公平。

---

[1] American Academy of Actuaries Website：http://www.actuary.org/. Accessed May 9, 2018.

第一个原则是，核保过程必须实现核保利润，这样保险公司才能取得成功。这一要求引出了第二个原则，即核保部门必须根据公司的核保标准选择预期投保人。换言之，核保人员要选择那些实际损失记录不会超过定价费率中假设的损失记录的投保人。因此，投保人必须从一开始就可以接受，或者愿意调整损失敞口，以符合核保指南。例如，财产保险公司可能会希望仅为评级高的工厂承保，并且期望其实际损失低于平均水平。核保标准是相对于合格的工厂制定的，费率也是基于比较低的损失比率确定的。假设预期损失比率设定为70%（损失加损失调整费用与满期保费的比率），费率也据此设定。核保人从理想角度来说应当只为那些符合严格的核保要求的工厂承保，从而保证这一群体的实际损失比率不会超过70%。

核保的目的是减少针对保险公司的逆向选择。在核保领域有一句老话："选择或被选择。"逆向选择是损失概率高于平均水平的人倾向于以标准（平均）水平的费率投保，而一旦没有经过核保控制，就会导致高于预期水平的损失。

最后一个核保原则是保单持有人之间的公平。这意味着应当支付公平的费率，每一组保单持有人都应该根据发生的损失和费用支付自己的费用。换言之，一组保单持有人不应过多地补贴另一组保单持有人。例如，一组20岁的年轻人和一组80岁的老年人不应该为个人人寿保险支付相同的费率。如果两组人支付的费率相同，那么年轻人就会补贴老年人，而这是不公平的。一旦年轻人了解他们被过度收费，他们就会向其他分类制度更公平的保险公司投保。在第一个保险公司中投保的老年人就会过多，承保业务将无利可图。因此，出于竞争原因，保单持有人之间的费率必须公平。

代理人是第一核保人

在保险公司制定核保政策之后，必须将其传达给销售队伍。最初的核保开始于该领域的代理人；这一步通常被称为入门核保。代理人被告知可接受投保人、边界或拒保申请人的类型。例如，在汽车保险中，代理人会被告知，对曾经因醉酒驾车的罪犯，21岁以下单独驾驶汽车的人，或者拥有高速跑车的年轻驾驶员等不承保。在财产保险中，一些风险（例如保龄球馆和餐厅中可能发生的风险）必须经公司核保人同意才能够承保。

在财产和意外保险中，代理人一般有权代表公司直接签订合同，但公司核保人有权不同意或撤销该申请。因此，在有人申请保险时，代理人遵守公司政策非常重要。

在人寿保险中，代理人必须根据公司的核保政策选择投保人。代理人可能被告知不能接受吸毒、酗酒或从事危险职业的投保人。

其他核保信息来源

除了现场核保外，核保人在确定接受还是拒绝保险申请时还需要一些其他信息，主要包括：

- **申请材料**。需要的信息类型取决于要购买的保险类型。在财产保险中，申请人要提供有关建筑物理特征的信息，包括位置、建筑的类型、建筑的用途、消防设备的质量，受周边建筑波及的风险以及其他损失控制措施（如洒水系统）。在人寿保险中，申请材料包括年龄、性别、体重、职业、个人和家庭的健康史、有风险的爱好（例如跳伞）以及购买保险的额度。

- **代理人报告**。许多保险公司要求代理人或经纪人为预期被保险人出具一份报告。在财产保险中,代理人或经纪人所提交的申请未必完全符合保险公司的核保标准。在这种情况下,代理人对申请人的评估非常重要。

在人寿保险中,代理人会被问及认识申请人多长时间、申请人的年收入和资产净值大概是多少,判断申请人计划延续还是放弃现有的人寿保险,确定其申请是否由代理人自己提出的。

- **检查报告**。在财产保险方面,保险公司会要求外部代理人出具一份检查报告,特别是在核保人怀疑存在道德风险的时候。外部公司为保险公司调查申请人,并向保险公司提供一份详细的报告。

在人寿保险中,报告会提供包括申请人目前的财务状况、婚姻情况、未偿债务或拖欠债务情况、重罪定罪、酗酒或吸毒情况、是否曾经宣布破产等情况以及其他信息。

- **现场检查**。核保人在批准财产和责任保险申请之前可能要先进行现场检查。例如,在工人补偿保险中,检查可能显示工作条件不安全(例如危险的机器设备)、违反安全规则(例如在使用绞碎机时不戴护目镜)、过于肮脏或有毒的车间。

- **体检**。在人寿保险(特别是较高的保单限额)中,可能需要进行体检以确定申请人的身体特征,例如:总体健康状况;体重过轻或过重;血压、心脏、呼吸系统、泌尿系统或身体其他部位是否异常。还可能需要查看过去曾治疗过申请人的主治医生的报告。

作为体检的一部分,寿险公司可要求医疗信息局集团(MIB Group,Inc.®,前身为**医疗信息局,Medical Information Bureau**)出具报告。医疗信息局集团是由人寿保险公司组成的商业协会,属于该商业协会的公司会向协会提交有关人寿保险申请中披露的申请人疾病的信息。如果一个人随后提交了人寿保险申请,保险公司可根据要求向协会其他成员提供此信息。医疗信息局集团通过提醒其成员公司注意申请过程中的错误、遗漏、不实陈述或潜在欺诈行为,帮助其成员将保险申请人划分为不同的风险组,从而为购买保险的消费者保持较低的保费。[1] 例如,如果投保人患有高血压,该信息会被记录在医疗信息局集团的文件中。然而,这些文件并未披露提交公司后其做出的核保决定。消费者可以通过向医疗信息局集团申请来查看这些公司提交的文件。

核保决定 在核保人对信息进行评估后,就必须做出核保决定。针对初次投保,有三个基本核保决定。

- 接受申请;
- 接受满足某些限制条件或经改良后的申请;
- 拒绝申请。

第一类决定是核保人接受申请并推荐销售的保单。第二类决定是接受满足某些限制条件或经改良后的申请。有一些例子可以说明第二种类型的决策。在购买犯罪保险保单之前,申请人可能被要求在窗户外面安装铁栅栏或安装先进的报警系统;申请人可能无法购买屋主保单,只允许购买限制条件更多的住宅财产保险;较高的免赔额条款可能被插入财产保险保单,或者如果申请人的健康状况处于标准水平之下,则被执行较高的寿险费率。如果申请人同意限制条件或改良,保单就可以签订。

---

[1] MIB website. https://www.mib.com/facts_about_mib.html. Accessed May 10, 2018.

第三类决定是拒绝申请。然而，过多或不公正地拒绝申请会导致保险公司收入减少，并疏远提供业务的代理人。如果申请被拒绝，拒绝的依据必须建立在投保人明显未能达到保险公司的核保标准的基础上。

电脑核保被广泛应用于某些可以标准化的个人保险（如汽车保险和屋主保险）中，促进了更快、更高效的核保决策。

其他核保因素　核保时还要考虑其他因素，这些因素包括：

- 费率充足性和核保。当费率足以支撑一类产品的时候，财产和意外保险公司更愿意承接新的业务。然而，如果费率不充足，在承接新单业务的时候就要采取更为保守的方法。如果道德风险过高，无论费率为多少，一般都不会承保。

虽然个人保险费率是固定的，但商业财产和意外保险费率有待协商。而且，损失敞口越大，出于竞争压力所需的谈判量就越大。因此，核保人对商业保险的价格有着相当大的影响。

最后，费率充足和核保利润或损失之间的严格关系导致某些保险产品的核保出现周期性变化，例如商业一般责任保险和商业多重保障保险。费率越充足、承保利润越高，核保就越宽松。相反，在费率不充足、发生承保损失的时候，核保就变得越严格。

- 再保险和核保。再保险也会使核保更宽松。然而，如果再保险无法获得有利的条款，核保也可能更严格。我们将在本章后面部分对再保险进行详细讨论。
- 续保核保。在人寿保险中，保单是无法撤销的。在财产和意外保险中，大多数保险可以撤销或不接受续保。如果损失过多，保险公司可以取消或者不接受续保。大多数州对保险公司撤销保单的权利进行了严格限制。

营　销

营销（production）是指保险公司的销售和市场推广活动。销售保险的代理人通常被称为**销售人员**（producer），特别是在财产和责任保险中。因为"在保单被销售出去之前，保险公司并未生产出产品"。保险公司经营取得成功的关键在于建立一支高效的销售队伍。

代理部门

人寿保险公司拥有一个代理或销售部门。该部门负责招募和培训新代理人，以及负责对总代理、分支机构经理和地方代理人的监督。

财产和意外保险公司也建立了市场推广部门。为了辅助该领域的代理人，还必须任命专业代理人。专业代理人是高度专业化的技术人员，为地方代理人提供技术支持并帮助他们处理营销中出现的问题。例如，专业代理人会向代理人解释新保单或专门的费率计划。

除了建立高效的销售队伍之外，保险公司还要开展多样化的市场推广活动。这些活动包括建立营销理念和对公司在市场中地位的认识、明确短期和长期业务目标、进行市场调查、确定特定市场及其市场特征、开发新产品以满足消费者和企业不断变化的需求、开发新的营销策略、制作公司产品的广告。

销售专业化

多年来，保险营销的特点是职业化发展的明显趋势。这意味着现代代理人应该是一个称职的专业人士：(1) 他拥有管理当今个人和企业面临的风险所需的专业技术知识，(2) 他将其客户的需求放在首位。专业代理人要挖掘潜在的投保人，分析他们的损失敞口，并提出解决方案来管理他们面临的风险。这些解决方案通常涉及保险，但越来越多的专业代理人采用其他技术来管理风险，详见第3章。销售后，代理人有责任为客户提供后续服务，使客户的风险管理计划保持更新。最后，专业代理人还要遵守职业道德。

一些组织为代理人和保险业其他从业人员设立了职业认证指定课程。**特许寿险核保人 (Chartered Life Underwriter，CLU)** 和**注册财务顾问 (Chartered Financial Consultant，ChFC)** 计划是美国金融服务学院 (American College of Financial Services) 在人寿和健康保险领域设立的针对职业资格考试的指定课程。该学院还为在金融服务业工作的专业人士提供其他考试课程。

在财产和意外保险领域，美国**特许财险与意外险核保人 (Chartered Property Casualty Underwriter，CPCU)** 协会建立了特许财险与意外险核保人计划。特许财险与意外险核保人计划也要求从业人员通过一系列严格的专业考试。

其他职业在保险行业也很重要，许多财务规划师也具有保险代理人资格。**注册财务规划师 (Certified Financial Planner，CFP)** 资格由注册财务规划师标准委员会 (Certified Financial Planner Board of Standards) 授予。许多财产和责任保险代理人已经获得了由国家保险教育研究联合会 (National Alliance for Insurance Education & Research) 授予的**注册保险顾问 (Certified Insurance Counselor，CIC)** 资格。

理 赔

每一个保险公司都设立了理赔部门来应对索赔。这一部分内容将考察理赔（也称"理算"）的基本目标、理赔人员（也称"理算师"）的不同类型以及理赔过程的不同阶段。

理赔基本目标

从保险公司的角度来看，理赔有如下几个基本目标。[1]
- 查证已发生的承保损失；
- 公平快速支付索赔；
- 为被保险人提供个性化援助。

---

[1] Bernard L. Webb et. al. Insurance Operations and Regulation (American Institute for Chartered Property Casualty Underwriters/Insurance Institute of America，2002) chs. 13 - 15.

理赔的第一个目标是查证已发生的承保损失。这一步包括确定特定的人或财产是不是保单保障对象以及是否属于保障范围。我们将在后面详细讨论这一目标。参见关于调查索赔、提交损失证明、做出赔付的决定等相关章节。

第二个目标是公平快速支付索赔。如果有效索赔被拒绝，保障被保险人的社会功能和契约的目标就失效了，保险公司的声誉也会受损，新保单的销售就会受到负面影响。公平支付意味着，保险公司应当避免超额理赔，拒绝支付欺诈索赔，因为它们将导致较高的保费支出。

美国各州都通过了禁止不公平理赔的法令。这些法令是仿照《美国保险监督官协会的不公平理赔实践模型法案》（National Association of Insurance Commissioners' Unfair Claim Settlement Practices Model Act）制定的，"规定了保险理赔和处置的标准"①。其中明令禁止的不公平理赔行为包括：

- 在进行合理性调查之前拒绝支付索赔。
- 在责任明确的情况下，没有表现出足够的诚意，提供快速、公平、公正的理赔。
- 强迫被保险人或受益人提起诉讼，使其通过诉讼获得的赔付远低于保单规定的赔偿额。
- 保险公司对与保险问题有关的重要事实或保单条款做出虚假陈述。

理赔的第三个目标是在被保障损失发生后为投保人提供个性化援助。除了合同责任之外，损失发生后，保险公司还应当为投保人提供个性化援助。例如，虽然大多数遭受火灾损失的个人在其一生中可能只会经历一场火灾，但理赔员对业务的驾轻就熟及其具备的专业知识对投保人都是很有帮助的。因此，理赔员可以帮助投保家庭寻找临时住房，并在火灾发生后就其他需求为其提供建议，从而减轻投保家庭的压力，提高保险公司的声誉。

理赔涉及的人员类型

理赔涉及许多类人员，负责理赔的人员被统称为**理赔员（claims adjustor）**，以下是涉及的最主要类型：

- 保险代理人；
- 公司理赔员（又称公司理算师）；
- 独立理赔员；
- 公估人。

保险代理人（insurance agent） 有权在一定限额以下处理小额单方索赔（first-party claim）。单方索赔是指由被保险人向保险公司提请的索赔，如被保险人的一笔小额盗窃损失。被保险人直接向代理人提出索赔，代理人有权支付一定额度的索赔。这种理赔方法有几个优点：速度快、协调成本低，并维持保单持有人对公司的良好印象。

公司理赔员（staff claims representative） 可以进行理赔。理赔员通常是只代表一个公

---

① National Association of Insurance Commissioners. Uniform Unfair Claims Settlement Practices Act. http://www.naic.org/store/free/MDL-900.pdf. Accessed May 26，2018.

司的带薪雇员。在接到损失通知之后，公司理赔员（又称公司理算师）将调查索赔，确定损失数额，安排适当的赔偿。公司理赔员会处理大多数索赔。

独立理赔员（independent adjuster） 也可以进行理赔。独立理赔员是指不属于保险公司的组织或个人，他们提供理赔服务并收取一定费用。当灾难性损失（如飓风）发生并同时提交大量索赔时，财产保险公司和意外险公司通常会使用独立理赔员。此外，独立理赔员也可被用于特殊类型的索赔，例如纯艺术领域或当保险公司无法证明其分支机构所在地理区域拥有全职理算师时。

公估人（public adjuster） 也参与理赔，但是公估人代表被保险人而不是保险公司的利益，并根据理赔数额收取费用。在损失情况复杂、需要技术支持且被保险人和保险公司无法解决索赔纠纷的情况下，被保险人可以聘请公估人。

理赔的步骤

在理赔的过程中有几个重要的步骤：
- 被保险人及时通知损失。
- 保险公司与被保险人合作调查索赔。
- 如有需要，被保险人提供损失证明。
- 保险公司做出关于赔付的决定。

损失通知 第一步是通知保险公司发生了损失。在保单中一般都有关于通知的条款。典型的条款要求被保险人在损失发生后立刻或尽可能早地通知保险公司。例如，屋主保单要求被保险人立刻通知保险公司，医疗费用保单要求被保险人在损失发生的30天内或损失发生后尽可能早的时间内通知保险公司，个人汽车保险保单要求保险公司必须迅速被告知发生意外或损失的时间、地点和情形。通知还必须包括所有受伤人员以及证人的姓名和住址。

索赔调查 在接到通知后，下一步就是对索赔进行调查。理赔员必须确定投保损失已经发生，以及损失的数额。在同意理赔之前必须问一系列问题。最主要的问题包括[①]：
- 索赔人是否为保单中的被保险人？
- 损失发生的时候保单是否有效？
- 保单是否对导致损失的风险事故提供保障？
- 保单是否为损失中的财产损毁提供保障？
- 保单是否涵盖全部损失或损害赔偿？
- 损失是否发生在被保障地点？
- 是否有适用于损失的除外责任？
- 是否有其他保险适用于损失？

最后，被保险人有合同义务配合保险公司的索赔调查。如果被保险人不配合索赔调查，可能会导致该索赔被拒绝（见专栏6.1）。

---

① Susan J. Kearney, *Insurance Operations*, 2nd ed. (Malvern, PA: The Institutes, 2013), p. 6.29.

专栏 6.1

房主拒不合作导致索赔被驳回

俄亥俄州联邦法院裁决,鉴于投保人未能配合保险公司的调查,其因房屋火灾提出的索赔可能被驳回。法院还裁定,投保人在申请保险时的虚假陈述致使保单无效。本案为 2013 年约瑟夫诉州立农业保险公司案。

2009 年 3 月,纳蒙·约瑟夫(Namon Joseph)申请并获得了州立农业保险公司的屋主保险,该保单承保的是其在俄亥俄州的一处住宅。2010 年 8 月,一场大火摧毁了该处房屋,之后约瑟夫向保险公司提出索赔。现场证据表明,火灾是由助燃剂引发的。州立农业保险公司怀疑是人为纵火,于是开始调查约瑟夫的财务状况,并要求他提供纳税申报表等财务记录,约瑟夫未能提供上述文件。州立农业保险公司最终发现,火灾发生时,约瑟夫欠美国国内收入署 39.1 万美元的税款。保险公司最终得出结论,房屋失火是纵火造成的,约瑟夫有人为纵火的经济动机。由于约瑟夫在调查中拒不合作,州立农业保险公司驳回了他的索赔申请。

州立农业保险公司还进一步研究了约瑟夫的保单申请,发现其中存在大量虚假陈述。包括约瑟夫声称此前没有过索赔经历,以及他之前的保险公司取消了他的保单。基于这些不实陈述,州立农业保险公司随即取消了他的保单。

约瑟夫起诉州立农业保险公司,指控其违反合同和不守信用。然而,法院判决州立农业保险公司胜诉,并认为州立农业保险公司基于约瑟夫不配合调查而拒绝索赔的做法是合理的。作为保险的先决条件,投保人必须与保险公司合作调查损失。约瑟夫的拒不合作违反了保单的规定,因此无法进行索赔。同样,法院认为州立农业保险公司基于约瑟夫在保险申请中的重大虚假陈述而取消保单的做法也是合理的。

资料来源:Case of the month, "Home Owner's Failure to Cooperate Yields Denied Claim," IRMI, *Personal Lines Pilot*, Issue 116, March 15, 2013. International Risk Management Institute, Inc.

填写损失证明 在支付索赔之前,理赔员要求索赔人提供损失证明。损失证明是被保险人经过宣誓证实的已经发生的损失。例如,在屋主保险保单中,被保险人被要求填写损失证明。损失证明中包括损失发生的时间和原因,被保险人和其他人在损坏的财产中保有的利益,可能覆盖损失的其他保险以及保单有效期内财产所有权或占用权的任何变更。

赔付决定 在索赔调查之后,理赔员必须做出关于赔付的决定。共有三种可能的决定:第一种是索赔可以支付。在大多数情况下,索赔会根据保单条款迅速支付。第二种是索赔被拒绝。理赔员可能认为保单并没有为该损失承保或者索赔具有欺诈性。第三种是索赔可能有效,但在支付数额上被保险人和保险公司有争议。关于争议,保单条款中会注明如何解决争议。例如,如果在屋主保险保单中出现关于财产损失或损毁价值的争议,被保险人和保险公司都要选择有资格的评估师,然后由两个评估师进行仲裁。如果评估师无法达成一致的仲裁结果,法庭会做出判决。三方中的任意两方签订的协议均适用于所有各方。

在理赔意见不一致的时候,消费者会向州保险部门提起诉讼。美国保险监督官协会设有一个网站，该网站允许消费者查询保险公司被投诉的记录（见专栏6.2）。

专栏6.2

明明白白消费——在购买之前查看一下保险公司的理赔记录

消费者在寻找某个公司准确的和及时的诉讼信息时总是不那么顺利。有些州的保险部门提供关于诉讼的详细信息，并基于诉讼指数对在该州经营的保险公司进行评级。然而，并不是所有州都向公众提供方便查阅的诉讼数据。

做一个聪明的保险消费者。在你从一个特定的公司购买保险之前，要查阅至少两个保险公司的索赔记录。美国保险监督官协会的一个网站向消费者提供了对特定保险公司指控的大量信息。美国保险监督官协会的消费者信息资源网址为https://eapps.naic.org/cis/。该网站按照公司名称、所在州和业务种类进行分类。在确定了公司之后，点击封闭式诉讼报告。请注意该网址在美国保险监督官协会改变网站内容的时候也会发生变化。

信息的提供基于封闭式消费者指控报告。在这里可以获得四种类型的指控数据：

- 按州计算的指控数量。该类资料显示特定保险公司在各州遭受指控的总数。例如，一个在电视上大量投放广告的全国性汽车保险公司在2017年收到了来自佛罗里达州的144宗私人客运汽车保险投诉。
- 按照不同项目计算的指控数量。该类资料会列出按不同保障范围、提出指控的原因、指控最终判决等分类统计的受指控的总数。
- 指控率报告。该类资料很有价值，因为它用单一的指数将一个保险公司与国内所有保险公司进行比较。该资料将保险公司受指控数量占市场指控总量的比例与其特定保单的保费市场份额进行比较。例如，2017年全国私人载客汽车保险中的指控率中位数为1.00。参照前面提到的全国性汽车保险公司，其得分为0.65，远低于全国中位数。
- 诉讼数量趋势报告。该资料显示对保险公司的诉讼是增加还是减少。数据库中的信息反映了连续多年中，年与年之间指控数量变化的百分比情况。例如，上述汽车保险公司的投诉总数从2015年的400宗增加到2016年的469宗，增幅为17%；然而，自2016年至2017年，投诉数量下降至465宗（下降了1%）。

对于投保人来说，如果你希望在购买汽车保险、屋主保险或健康保险时，规避那些在支付索赔或向保单持有人提供其他服务上声誉不佳的保险公司，那么诉讼数量的信息是非常有参考价值的。

再保险

再保险是另一个重要的保险业务。这一部分讨论了再保险的含义、再保险的原因，以及不同再保险合同之间的区别。

定 义

再保险（reinsurance）是最初承接保险业务的原保险公司为将与该保险有关的部分或全部潜在损失转移给另一个保险公司（被称为再保险公司）而签订的协议。最初承接保险业务的原保险公司被称为**分保公司**（ceding company）。从分保公司接受部分或全部保险的公司被称为**再保险公司**（reinsurer）。分保公司留在自己账户上的保险数额被称为**自留限额**（retention limit）或**净自留额**（net retention）。向再保险公司分出的保险数额被称为**分保额**（cession）。最后，再保险公司接着将部分或全部风险向另一个保险公司投保，这一过程被称为**转保再保险**（retrocession）。在这里，第二个再保险公司被称为**转分保接受人**（retrocessionaire）。

再保险的原因

使用再保险有很多原因。最重要的几个原因包括：
- 提高承保能力；
- 稳定利润；
- 减少未到期保费准备金；
- 为巨灾损失提供保障；
- 使保险公司能够从某一领域或某类业务中抽身；
- 从再保险公司处获得承保建议。

提高承保能力 再保险可以提高保险公司承接新业务的能力。公司可能被要求承担超过自留限额的损失责任。如果没有再保险，代理人不得不将大额保险业务交给几个公司或者选择不接受这一风险。这是一种困境，可能对保单持有人的利益造成损害。再保险允许原保险公司超出其全部保险自留限额销售单一保单。

稳定利润 再保险可以被用于稳定利润。保险公司可能希望每年的财务不要出现大的波动。由于社会和经济环境、自然灾害和偶然事件，保险公司的损失可能会出现大幅波动。再保险可以被用于平复严重损失带来的影响。例如，再保险可以被用于应对较大的风险。如果大的非预期损失发生，再保险公司将支付超过一定限额的损失。另一项合约可以让再保险公司偿付特定年度中分保公司超过特定损失比率的损失。例如，保险公司希望其损失率稳定在 70%。再保险公司同意偿付分保公司超过 70% 并在最高限额之下的部分或全部损失。

减少未到期保费准备金 再保险可以被用于减少未到期保费准备金。对于一些保险公司，特别是新成立的小型保险公司，承接大额新保单的能力将会受到未到期保费准备金的限制。**未到期保费准备金**（unearned premium reserve）是保险公司资产负债表的负债项目，代表价值评估时所有已售出保单尚未赚取的保费。实际上，未到期保费准备金反映的是保障期限到期前预先支付的保费。随着时间的推移，越来越多的保费被认为是已到期保费，而剩余的则是未到期保费。只有在保障期限到期之后，保险公司才能够赚取全部保费。

前面曾经提到，保险公司的成长能力受到未到期保费准备金要求的限制。这是因为在签订新单的时候，所有保费必须放入未到期保费准备金账户。此外，保险公司还需承担相对较大的首期获取费用，包括佣金、州保费税、承保和保单发售费用等。在确定未到期保费准备金的规模时，不会有对首期获取费用（将在保单保障期间赚取）的补贴，保险公司必须用其盈余进行支付。因此，由于保单持有人的盈余是资产与负债之间的差额，新保费上升得越快，盈余流失得越快。[①]

例如，1月1日签订一份保费为1 200美元的一年期财产保险保单。1 200美元保费全部放入未到期保费准备金账户。在每个月末，十二分之一即100美元保费到期，其余为未到期保费。12月31日，保费完全到期。然而，如果首年获取费用是总保费的30%，即360美元，这一金额需要从保险公司盈余中预提出来。因此，业务越多，短期内提取的盈余越多。处于快速成长期的保险公司承接新业务的能力被削弱。获取费用必须预先支付，但抵销收入是随着时间的推移而实现的。再保险降低了法律要求的未到期保费准备金，并临时增加了保险公司的盈余头寸。其结果是，保单持有人的盈余与净保费的比率得到优化。这使保险公司的业务不断增长。

为巨灾损失提供保障　再保险也为巨灾损失提供了财务保障。保险公司常常因为飓风、地震和其他自然灾害、工厂爆炸、空难以及类似事故而遇到灾难性损失。再保险可以为面临巨灾损失的分保公司提供大量保障。再保险公司支付超过分保公司自留限额并在最大限额之下的部分或全部损失。

图表6-1列出了截至2016年12月美国代价最大的十大灾难。飓风卡特里娜位居榜首。预计投保财产损失总计为497亿美元（以2016年美元计）。

图表6-1　美国代价最大的十大灾难[a]　　　　　　　　　　单位：百万美元

排名	日期	灾难	预计保险财产损失	
			以灾难发生时美元计	以2016年美元计[b]
1	2005年8月	飓风卡特里娜	41 100	49 793
2	2001年9月	火灾/爆炸：世贸中心和五角大楼恐怖袭击	18 779	24 987
3	1992年8月	飓风安德鲁	15 500	24 478
4	2012年10月	飓风桑迪	18 750	19 860
5	1994年1月	加利福尼亚州北岭地震	12 500	18 880
6	2008年9月	飓风艾克	12 500	14 036
7	2005年10月	飓风威尔玛	10 300	12 479
8	2004年8月	飓风查理	7 475	9 348
9	2004年9月	飓风伊凡	7 110	8 891
10	2011年4月	洪水、冰雹和大风，包括袭击塔斯卡卢萨和其他地方的龙卷风	7 300	7 875

a. 仅财产保险。不包括联邦政府管理的国家洪水保险计划涵盖的洪水损失。
b. 国际标准化组织使用国内生产总值隐含价格平减指数对2016年的通货膨胀进行了调整。
注：数据来自Property Claim Services (PCS) unit of ISO，a Verisk Analytics company。
资料来源："Facts+Statistics：U. S. Catastrophes," Insurance Information Institute (2018). Accessed at https://www.iii.org/fact-statistic/facts-statistics-us-catastrophes, May 2018. 这一资料来源定期更新。

---

① 对于股份保险公司而言，保单持有人的盈余（资产超过负债的部分）理论上等于资本金（原始股东投资）、盈余（股票溢价）与所有自留收益之和。而相互保险公司没有资本金账户。

再保险可以使得原保险公司从某些业务或特定保险产品及领域抽身 再保险允许保险公司将现有保险责任转移给其他保险公司,这样保单持有人的保障仍然有效。

再保险使保险公司能够获得来自再保险公司的承保建议和援助 因为许多再保险公司是世界性的组织,大多数再保险公司拥有原保险公司(特别是那些规模较小或新成立的保险公司)不具备的专业知识,再保险公司通常可以为其提供非常有价值的信息。例如,一个保险公司可能想拓展一项新的保险业务,但其可能在承保方面经验不足。再保险公司通常可以在评级、保留限额、保单承保范围和其他承保细节方面为其提供有价值的帮助。

再保险的类型

再保险有两种主要的形式:(1)临时再保险;(2)合约再保险。

临时再保险 临时再保险(facultative reinsurance)是在分保公司接到的保险申请超过自留限额时可选择的就事论事的再保险方法。再保险并非自动产生的。原保险公司与一个再保险公司为其每一个希望进行再保险的损失敞口分别签订合同。然而,原保险公司没有义务分出保险,而再保险公司也没有义务承接保险。如果找到了有意愿的再保险公司,原保险公司和再保险公司可以签订一份有效合同。

临时再保险在承接大额保险时经常被使用。在接受保险申请之前,原保险公司需要确认是否可以获得再保险保障。如果可以获得且满足核保标准,就可以签订该保单。

因为可以签订适合需要的再保险合同,临时再保险具有灵活性。临时再保险能够增加保险公司签订大额保单的能力。再保险通过将大额损失转嫁给再保险公司来稳定保险公司的业务。

不过,临时再保险也存在一些不足。分保公司不能预知再保险公司是否接受其部分保险,因此存在一些不确定性。另一个不足是时滞性,因为只有在获得再保险的时候才能销售保单。最后,在出现重大损失的时候,再保险市场会趋紧,临时再保险的成本会更高,也更难获得。

合约再保险 合约再保险(treaty reinsurance)是指原保险公司必须自动将某一类别的所有保险业务分给再保险公司,再保险公司必须接受该业务的协议。合约再保险为原保险公司和再保险公司都提供了一些好处。它是自动生效的、没有不确定性或时滞性的,而且它还很经济,因为不需要在保单签订前协商再保险条款。

然而,合约再保险可能令任何一方都无利可图。原保险人可以协商被证明对其不利的条款,而无法尽快从合约中抽身。此外,再保险公司只能被动接受原保险公司的安排。再保险公司通常不了解每个保险申请人,必须依赖于原保险公司的承保判断。原保险公司可能接受不好的业务,然后进行再保险。再保险公司收取的保费也不充足。因此,如果原保险公司选择的风险较大或收取的费率不充足,再保险公司就会蒙受损失。然而,如果原保险公司不断向再保险公司分出无利可图的业务,分保公司将很难开展业务,因为再保险公司不会再与之合作。

分担损失的方法

有两种分担损失的基本方法:(1)按比例分担;(2)超额损失分担。在按比例分担方法中,分保公司和再保险公司同意分担损失,保费按照一定比例计算。在超额损失分担方法中，再保险公司只有在承保损失超过一定水平后才进行支付。

以下几种分担损失的再保险方法是这两种方法的示例：
- 成数分保合约；
- 溢额再保险合约；
- 超额损失再保险；
- 再保险团体。

成数分保合约 在**成数分保合约**（quota-share treaty）中，分保公司和再保险公司同意根据一定的比例分摊保费和损失。分保公司的自留限额以百分比而不是以美元计。例如，假设顶点火灾保险公司（Apex Fire Insurance）和日内瓦再保险公司（Geneva Re）签订了一份成数分保合约，双方各分担保费和损失的50%。那么，如果发生100 000美元的损失，顶点火灾保险公司向被保险人支付100 000美元，但日内瓦再保险公司为其报销50 000美元的再保险。

保费也按照相同的比例分摊。但是再保险公司向原保险公司支付**分保佣金**（ceding commission），作为签订业务时获取费用的补偿。因此，在前面的例子中，日内瓦再保险公司将获得50%的保费减去支付给顶点火灾保险公司的分保佣金之后的余额。

成数分保合约的主要优点是，原保险公司的未到期保费准备金得以降低。对于小型保险公司和希望降低占用盈余的其他保险公司来说，成数分保合约非常有效。主要的不足是，大量具有潜在收益的业务将被分保给再保险公司。

溢额再保险合约 在**溢额再保险合约**（surplus-share treaty）中，再保险公司同意承接超过分保公司自留限额并在一定最高限额之下的保险。自留限额是指用美元金额表示的限额。如果保单保障额超过自留限额，超出限额并在一定最高限额之下的部分将被分保给再保险公司。原保险公司和再保险公司根据各方承担的占全部保险额度的份额分配保费和损失。每一方当事人支付其应承担的损失，而不论其规模大小。

例如，假设顶点火灾保险公司一份保单的自留限额是200 000美元（被称为界限），限额的4倍，即800 000美元，被分保给日内瓦再保险公司。顶点火灾保险公司对任何单一风险的承保能力都是1 000 000美元。假设销售了一份500 000美元的财产保险。顶点火灾保险公司得到第一个200 000美元（即2/5）的保费，日内瓦再保险公司得到剩下300 000美元（即3/5）的保费。这一比例决定了各方当事人承担的损失份额。如果发生5 000美元的损失，顶点火灾保险公司支付2 000美元（即2/5），日内瓦再保险公司支付剩下的3 000美元（即3/5）。这份协议可以概括为：

顶点火灾保险公司	200 000美元（1份）
日内瓦再保险公司	800 000美元（4份）
总承保能力	1 000 000美元
售出500 000美元保单	
顶点火灾保险公司	200 000美元（2/5）
日内瓦再保险公司	300 000美元（3/5）
发生5 000美元损失	
顶点火灾保险公司	2 000美元（2/5）
日内瓦再保险公司	3 000美元（3/5）

在溢额再保险合约中，根据每一方自留的所有保险份额分配保费。然而，再保险公司向原保险公司支付分保佣金，弥补其获取费用。

溢额再保险合约的主要优点是，原保险公司新单承保能力得到提升。主要的不足是增加了管理费用。与成数分保合约相比，溢额再保险合约更为复杂，需要更多的记录。

超额损失再保险　超额损失再保险（excess-of-loss reinsurance）主要是为大额巨灾保障设计的。如果损失额超过分出保险公司的自留限额，那么由再保险公司支付部分或全部损失。超额损失再保险可以为以下内容提供保障：（1）单一风险；（2）单一意外事故，例如龙卷风导致的巨灾损失；（3）在某一时期（例如一年）内，原保险公司积累的损失超过一定限额的超额损失。例如，假设顶点火灾保险公司想为所有超过 100 万美元的风暴损失提供保障。再假设，该公司与富兰克林再保险公司（Franklin Re）签订了一份超额赔款合约，为特定时间内发生的一次性事故提供保障。富兰克林再保险公司同意赔偿所有高于 100 万美元低于 1 000 万美元的损失。如果发生 500 万美元的飓风损失，富兰克林再保险公司将支付 400 万美元。

再保险团体　再保险也可能由一个再保险团体提供。**再保险团体**（reinsurance pool）是联合承保的一个保险公司组织。再保险团体的产生是因为单个公司不具备独自为大额保险提供保障的实力，但可以由多个保险公司共同承担。它们将经济能力汇总起来，从而获得必要的承保能力。例如，如果一架大型喷气式飞机坠毁，机体损失和责任风险可能超过 7 亿美元。如此高的额度通常超过了单个保险公司的承保能力。然而，一个航空保险再保险团体可以提供必要的承保能力。再保险团体也可以为核能源风险保险、石油开发保险、海洋保险、外国保险和大量其他类型的风险提供保障。

分摊损失和分配保费的方法取决于再保险团体的类型。团体以两种方式发挥作用。① 第一种，每一个团体成员同意为每一次损失支付一定的百分比。例如，如果一个保险公司的保单持有人发生了 500 000 美元的损失，在团体中有 50 个保险公司成员，每一个保险公司根据合约支付损失的 2%（即 10 000 美元）。

第二种方式中的协议类似于超额损失再保险合约。每一个团体成员负责低于一定数额的自己蒙受的那部分损失。超过该数额的损失由所有团体成员共同分担。

传统再保险的替代方法

目前，许多保险公司和再保险公司正在用资本市场替代传统再保险。财产和意外保险行业对飓风、地震和其他自然灾害带来的巨灾损失的承保能力有限。因此，一些保险公司和再保险公司不再仅仅依靠自身有限的财务能力来应对巨灾索赔，而是转向资本市场，通过证券化的方式获得机构投资者的大量资本资源。

风险证券化

风险证券化（securitization of risk）是指通过创造一种通常被称为保险连接证券（in-

---

① Sharing the Risk. 3rd ed. (New York, NY: Insurance Information Institute, 1989), pp. 119–120.

surance-linked security，ILS）的金融工具将可保风险转移到资本市场上。保险公司越来越多地将 ILS 作为再保险的替代品。根据 NAIC 保险政策研究中心的数据，2017 年 ILS 的全部发行额超过 100 亿美元，较 2016 年的 59 亿美元大幅增加。此外，未偿市场在年底创下 270 亿美元的纪录。①

保险连接证券可分为四类：巨灾债券、其他财产/意外风险、人寿保险和年金以及侧挂车安排（sidecar arrangements）。② 一方面，它们为保险公司提供与再保险类似的福利。另一方面，它们对机构投资者很有吸引力，因为其支付的利率相对较高。此外，由于自然灾害不可预见且与股市或其他经济因素无关，因此保险连接证券有助于机构投资者分散投资组合。

虽然保险保证券是一种复杂的工具，对其工作机制的详细介绍超出了本书的范畴，但我们将粗略介绍一下其中最常用的巨灾债券。

巨灾债券

巨灾债券（catastrophe bond，通常被称为 CAT 债券）是一种特殊的证券，通过将风险转移给债券投资者，提高保险公司提供保险保障的能力。它们是风险证券化的一个极佳的例子，是保险连接证券市场的最大组成部分。

巨灾债券是通过特殊目的再保险公司（special purpose reinsurance vehicle，SPRV）向机构投资者提供的，该机构正是为了这一目的而成立的。保险公司从特殊目的再保险公司处购买再保险，并向特殊目的再保险公司支付再保险保费。特殊目的再保险公司发行巨灾债券，从保险公司处得到保费。信托机构销售债券的收益，将被投资于美国国债或其他高质量的资产。巨灾债券通常发行一到三年期。投资收益被用于支付利息。这类债券支付相对较高的利率。然而，如果巨灾损失发生，投资者可能损失利息和部分或全部本金（取决于债券的结构），这可以帮助支付保险公司的灾难损失。③

巨灾债券一般只向机构投资者出售，个人投资者无法直接购买。如今，巨灾债券的重要性与日俱增，被许多人认为是传统再保险的必要补充。

投　资

投资功能在保险公司经营中非常重要。因为保费预先支付，因此这笔钱可以被用于投资，直到需要支付索赔或产生费用的时候。

人寿保险投资

随着时间的推移，人寿保险公司持有的资产大幅度增加。2016 年，美国人寿保险公

---

① NAIC Center for Insurance Policy and Research. http:// www. naic. org/cipr_topics/topic_insurance_linked_securities. htm. Accessed April 3，2018.

② 侧挂车是提供短期风险承受能力的特殊目的公司（special purpose vehicle，SPV）（与提供中长期能力的巨灾债券相反）。它们是在大灾难后的市场压力时期设立的。再保险公司将一笔业务的保费分给特殊目的公司，投资者存入足够的资金支付索赔。资料来源同本页脚注①。

③ Insurance Information Institute Topics：Reinsurance，November 2014. 此信息会定期更新。

司持有6.772万亿美元的资产（见图表6-2）。可用于投资的资产主要来自保费收入、投资收益和必须再投资的到期投资项目。

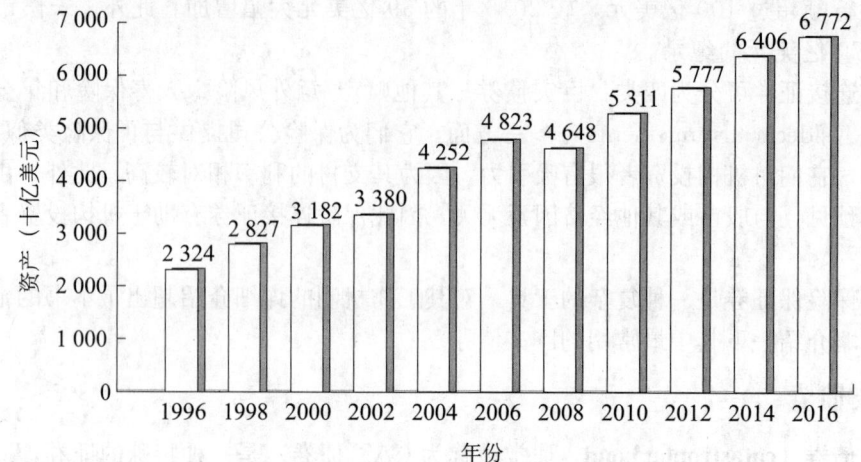

图表6-2　人寿保险公司资产的增长情况

注：①数据来源于美国保险监督官协会（NAIC）的ACLI表格，经许可使用。
　　②NAIC不认可基于其数据的任何分析或结论。这些数据仅代表美国人寿保险协会而2003年为互助保险协会的观点。

资料来源：American Council of Life Insurers，*Life Insurers Fact Book*，2017，Figure 2.1. Reprinted with permission.

人寿保险公司将其资产分为两个账户。一般账户中的资产为保证定额给付的合同责任提供支持，例如人寿保险的死亡给付。独立账户中的资产为投资风险产品提供支持，例如变额年金、变额寿险、商业养老金等。

州法令对一般账户中资产的类型做出了一定限制。由于人寿保险产品的长期性特点，大部分资金被投资于债券、抵押贷款和房地产，只有一小部分被投资于股票。相反，州法令对独立账户资产投资的限制较少。所以，2016年大约有78%的独立账户资产被投资于股票（见图表6-3）。

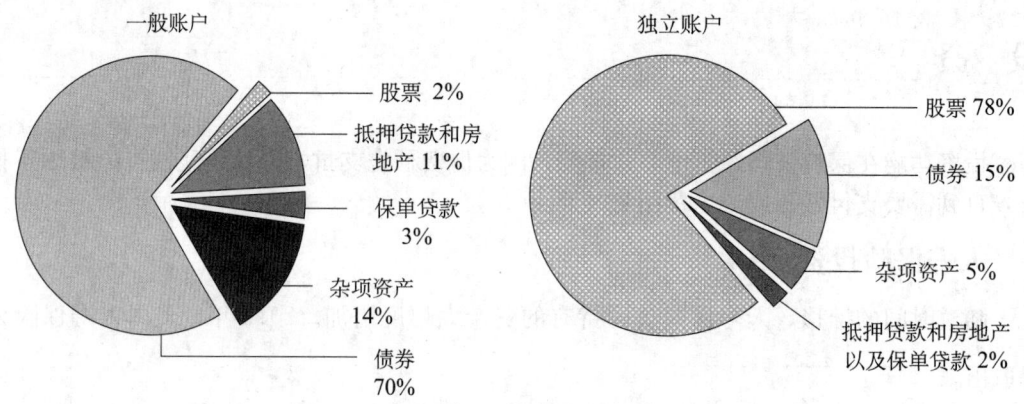

图表6-3　2016年人寿保险公司资产分配情况

注：①数据来源于美国保险监督官协会（NAIC）的ACLI表格，经许可使用。
　　②NAIC不认可基于其数据的任何分析或结论。这些数据仅代表美国人寿保险协会而2003年为互助保险协会的观点。

资料来源：American Council of Life Insurers，*Life Insurers Fact Book*，2017，Figure 2.1. 经许可使用。

由于下面几个原因，人寿保险对国家具有重要的经济和社会影响。首先，人寿保险合同是长期的，保险公司的责任延续很长时间，例如 50 年或 60 年。因此，本金的安全是寿险考虑的重要因素。因此，一般账户的投资主要在债券上。

其次，投资收益在降低保单持有人的保险成本方面极为重要，因为保费可以被用于投资并赚取利息。投资的盈利反映在初始保险费率和对保单持有人支付的红利上。

最后，人寿保险保费也是经济发展的一个重要的资本来源。这些资本可以被投资于商贸中心、房地产、写字楼、医院、新厂房以及其他经济和社会投资项目。

财产和意外保险投资

在 2016 年，财产和意外保险公司的投资总计达到 1.59 万亿美元。① 大多数资产被投资于证券市场，以保证在大的灾难性损失发生的时候，保险公司能够迅速将它们销售出去以获得收入来支付索赔。这些资产主要是质量较高的股票、债券和现金，而不是房地产（见图表 6-4）。

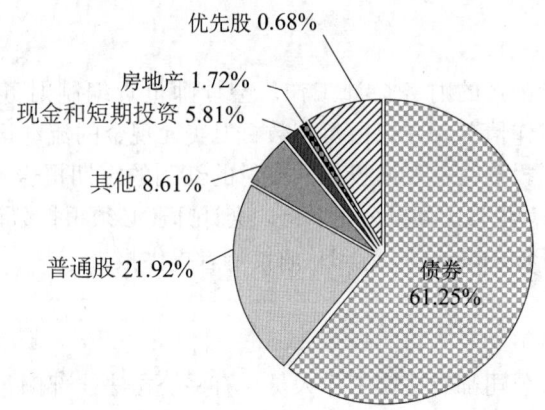

图表 6-4 财产和意外保险公司 2016 年的投资情况

注：数据来自 SNL。截至 2016 年 12 月 31 日的现金和投资净认可资产。
资料来源：*The Insurance Fact Book*，2018，p. 63. Insurance Information Institute.

在分析财产和意外保险公司的时候，有两点必须强调：第一，与人寿保险相反，财产保险合同本质上一般属于短期合同。大多数保单期限是一年或一年以内，财产保险的理赔速度一般比较快。而且，与人寿保险索赔（数额一般是固定的）相反，财产保险索赔支付额度取决于巨灾损失、通货膨胀、医疗成本、建筑成本、汽车修理费用、经济状况以及社会价值判断变化等情况，其变动幅度很大。由于如上原因，投资的流动性非常重要。

第二，投资收益对于抵消不良承保业务的负面效果极为重要。资本和盈余的投资（与提取出来的损失准备金和未到期保费准备金一起）产生的收益，让保险公司在即使存在承保赤字的情况下也能够继续经营。

---

① *The Insurance Fact Book*，2018 (New York, NY: Insurance Information Institute, 2018), p. 50.

保险公司的其他职能

保险公司还具有其他职能,包括信息系统、会计、法律服务和损失控制服务。

信息系统

信息系统(information system)在保险公司日常运作中极为重要。这些系统高度依赖于计算机和新技术。计算机为保险行业带来了一场革命,它的出现提高了处理和储存信息的速度,减少了许多日常工作。计算机被广泛应用于会计、保单处理、保费通知、信息检索、远程通信、仿生学研究、市场分析、培训和教育、销售以及投保人服务。通过信息系统,保险公司可以迅速获得关于保费规模、索赔、损失比率、投资和承保结果的信息。近年来,网络安全问题在一些领域变得尖锐,保险公司已经走在网络风险管理的前沿。

会 计

会计部门负责保险公司的财务会计工作。会计师负责编制财务报表、制定财务预决算、分析公司的财务运作情况,并保留每年数百万美元现金的流动记录,准备关于保费收入、经营费用、索赔、投资收益和向投保人支付的红利的定期报告。会计师还必须向州保险监管部门填报年度经营报告。如果公司上市,会计师还必须根据公认会计准则(Generally Accepted Accounting Principles,GAAP)向投资者提供报告。

法律服务

事实上,每个保险公司都有法律工作人员,有些公司法律部门很大。许多人寿保险公司都有高级核保部门,其工作人员大多是律师,负责在大额保单核保方面为代理人提供帮助。律师也负责起草保单中的法律术语和保险条款,并在所有新保单向公众销售之前对其进行论证。其他职能还包括为进行费率听证的精算师提供法律方面的支持,对广告和其他出版物进行评估,提供关于税收、市场营销、投资和保险法律方面的一般性法律咨询,游说立法部门制定对保险行业有利的法律。

律师还必须与影响公司及其投保人的州和联邦法律所发生的变化保持同步。这些法律包括消费者权益保护法、成本公开法、赞助性行动计划、真实广告法以及类似的立法。最后,律师在代位追偿方面提供协助,并就庭外和解提供咨询意见。

损失控制服务

损失控制(loss control)是风险管理的一个重要组成部分,典型的财产和意外保险公司提供大量的损失控制服务。这些服务包括提供对警报系统、自动灭火系统、火灾预防、职业安全和健康、锅炉爆炸的预防以及其他损失预防措施方面的建议。此外,损失控制专家可以为建造新的建筑物或厂房提供有价值的建议,使其更安全、更耐用,从而大幅降低费率。当承保新的保险时,损失控制专家还可以为核保员提供帮助。

案例应用

保险公司可以使用再保险解决很多问题。假设你是一位保险咨询师，需要为再保险计划或合约提供建议。请指出，在下面的每一种情况中，分保公司使用的再保险计划或合约的类型。请解释你的答案。

a. 公司A是一个保险公司，主要业务是为一次性意外事故导致的巨灾损失提供保障。

b. 公司B是一个处于快速成长期的新公司，希望通过一份再保险计划减少其承接新的大额保险业务时占用的盈余。

c. 公司C收到一份5 000万美元的人寿保险保单。该保单的投保对象是一个大公司的首席执行官。在保单签署之前，核保员需要确定是否能够得到充足的再保险。

d. 公司D希望增强承接新业务的承保能力。

本章小结

- 费率厘定是指保险定价。保险费率由精算师制定。
- 核保是指选择、分类和为保险申请定价的过程。有几个重要的核保原则，包括：
  - 达到一定的核保利润；
  - 根据公司的核保标准选择预期投保人；
  - 保单持有人之间的公平。
- 在确定是接受还是拒绝保险申请的时候，核保人有几个信息来源。除了由代理人现场核保外，重要的来源包括申请材料、代理人报告、检查报告、现场检查，以及人寿保险中的体检。
- 营销是指保险公司的销售和市场推广活动。销售保险的代理人通常被称为销售人员。
- 从保险公司的角度来看，理赔有如下几个基本目标：
  - 查证已发生的承保损失；
  - 公平快速支付索赔；
  - 为被保险人提供个性化援助。
- 负责理赔的人员被称为理赔员。理赔员的主要类型包括：
  - 保险代理人；
  - 公司理赔员（公司理算师）；
  - 独立理赔员；
  - 公估人。
- 理赔要经过下面几个步骤：
  - 必须出具损失通知；
  - 对索赔进行调查；
  - 要求提供损失证明；
  - 做出关于赔付的决定。
- 由于如下几个原因需要使用再保险：

- ➢ 提高承保能力；
- ➢ 稳定利润；
- ➢ 减少未到期保费准备金；
- ➢ 为巨灾损失提供保障；
- ➢ 使保险公司能够从某一领域或某类业务中抽身；
- ➢ 从再保险公司处获得承保建议。

• 临时再保险是一种可选择的就事论事的再保险方法。通过该方法，原保险公司与一个再保险公司为其每一个希望进行再保险的损失敞口分别签订合同。再保险并非自动产生。

• 合约再保险是一种协议，根据该协议，原保险公司必须自动将某一类别的所有保险业务分给再保险公司，再保险公司必须接受该业务。它使原保险公司在知悉自己将具备承保能力的情况下，承保损失敞口。

• 几种分担损失的再保险方法如下：
- ➢ 成数分保合约；
- ➢ 溢额再保险合约；
- ➢ 超额损失再保险；
- ➢ 再保险团体。

• 风险证券化是再保险日益重要的替代品。
• 保险公司其他重要的业务包括信息系统、会计、法律服务、损失控制服务等。

重要概念和术语

精算师	巨灾债券	分保佣金
分保公司	注册财务规划师（CFP）	注册保险顾问（CIC）
分保额	注册财务顾问（ChFC）	特许寿险核保人（CLU）
特许财险与意外险核保人（CPCU）	理赔员	超额损失再保险
临时再保险	独立理赔员	信息系统
保险代理人	损失控制	医疗信息局报告
销售人员	营销	公估人
成数分保合约	费率厘定	再保险
再保险团体	再保险公司	自留限额（净自留额）
转保再保险	转分保接受人	风险证券化
公司理赔员	溢额再保险合约	合约再保险
核保	未到期保费准备金	

复习题

1. 费率厘定或保险定价与其他产品定价的差异有哪些？

2. a. 对核保进行定义。
b. 简要解释核保的基本原则。

c. 指出核保保险公司可获得的主要信息来源。

3. 简要描述保险公司的销售和市场推广活动。

4. 解释理赔的基本目标。

5. 描述理赔的步骤。

6. 简要描述下面类型的理赔员。

a. 保险代理人；

b. 公司理赔员；

c. 独立理赔员；

d. 公估人。

7. a. 再保险的含义是什么？

b. 简要解释再保险的原因。

c. 解释"风险证券化"的含义。

8. 区分临时再保险和合约再保险。

9. 简要解释下面几种分担损失的再保险方法：

a. 成数分保合约；

b. 溢额再保险合约；

c. 超额损失再保险；

d. 再保险团体。

10. 简要描述下列保险公司业务：

a. 信息系统；

b. 会计；

c. 法律服务；

d. 损失控制服务。

应用题

1. 达美保险公司（Delta Insurance）是一个财产保险公司。它与恒安再保险公司（Eversafe Re）签订了溢额再保险合约。达美保险公司对任何一栋建筑的保险自留限额均为 20 万美元，以最高 9 倍限额的保障分保给恒安再保险公司。一栋价值为 160 万美元的建筑物在达美保险公司投保。保单被销售出去不久，一场巨大的风暴给该建筑物造成了 80 万美元的损失。

a. 达美保险公司支付的损失是多少？

b. 恒安再保险公司支付的损失是多少？

c. 根据保险协议，达美可以为一栋建筑承保的最高限额是多少？解释你的答案。

2. 责任保险公司承保了大量商业责任保险。一个大型建筑公司打算向其投保 1 亿美元的责任保险，为自身业务提供保障。责任保险公司与百慕大再保险公司（Bermuda Re）签订了再保险合同，从而可以立刻承接此业务。在合同条款中，责任保险公司支付 25% 的损失并保留 25% 的保费。百慕大再保险公司支付 75% 的损失，保留 75% 的保费，并扣除向责任保险公司支付的分保佣金。根据前面的内容，回答下列问题：

a. 什么类型的再保险合同能够最好地描述责任保险公司与百慕大再保险公司签订的再保险合同？

b. 如果发生 5 000 万美元的损失，百慕大再保险公司将支付多少？解释你的答案。

c. 为什么百慕大再保险公司向责任保险公司支付分保佣金？

3. 财产保险公司是一个新成立的财产保险公司。该公司推出了一种新保单——将传统的屋主保险与另一种保险（在被保险人死亡或完全丧失劳动能力的时候，由保险支付抵押贷款）相结合。新保单使财产保险公司迅速发展，保费收入大幅增加，雇用了新的代理人，并正在考虑将业务发展到周边各州。然而，法定会计准则阻碍了它的发展。该准则要求，保险公司需立刻支付首年获取费用，且在保单满期前不得将其所有保费作为保费收入，这阻碍了该保险公司的发展。在这种情况下，请说明再保险将如何帮助财产保险公司的业务保持持续增长。

4. 费利克斯是一个大型财产险公司的理赔员。珍妮特是一个保单持有人,她最近通知保险公司,由于近期的一场冰雹,她家的房顶遭受了严重损坏。珍妮特是房屋所有人,购买了一份没有特殊附加条款的标准屋主保险。在公司同意支付索赔之前,费利克斯应该问些什么问题?

数字资源

网络资源

参考文献

第7章
保险公司的财务运作

> 要成功经营一个保险企业,你就必须了解每一个投资组合的风险特性。而且,你还必须明白不可预期风险对资产负债表、利润表和现金流的影响。
>
> ——迈克·凯斯(Mike Keyes)
> 俄勒冈相互保险公司的总裁兼首席执行官

学习目标

学习完本章,你应当能够:

- 理解财产和意外保险公司资产负债表的三个主要部分:资产、负债和保单持有人盈余。
- 识别财产和意外保险公司的主要收入来源和费用类型。
- 解释如何测度财产和意外保险行业的盈利能力。
- 理解人寿保险公司的资产负债表和利润表,并解释如何测度人寿保险行业的盈利能力。
- 解释财产和意外保险行业费率厘定的目标,并讨论基本的费率厘定方法,包括调整费率、分类费率和增减法。

ABC保险公司的董事会正在举行今年第一次季度董事会会议。董事和公司管理人员正在审查上一年的经营业绩。

董事会成员克里斯滕·泰勒(Kristen Tyler)说:"一项保险业务竟然能为整个业绩带来如此负面的影响,真是令人惊讶。"

"这是真的,"首席财务官兼财务主管查尔斯·布莱克(Charles Blake)回应道。他接着说:"如果不是汽车保险,我们本来可以盈利的。我们在其他业务中的1美元保费可以赚2美分,但我们承保的汽车保险中每1美元保费损失6美分。总的来说,我们每承保1美元保费就损失3美分。"

"投资收益怎么样?"董事会成员克雷格·布鲁克斯(Craig Brooks)问道。"我们赚来的投资收入足够抵销承保损失。"布莱克回答道。他接着说,"因此,我们在账面上是显示盈利的。我们的债券组合今年略有增长,但由于一些高收益债券到期,以及我们购买的新债券的收益率较低,投资收益有所下降。"

公司总裁考特尼·菲利普斯（Courtney Phillips）说："我们不是孤军奋战。去年很多保险公司在汽车保险业务上亏损，我们都面临低收益环境。虽然我们无法控制资本市场利率，但我们确实控制了我们的汽车保险业务。恢复盈利能力必须是我们今年的首要任务。"

本章讨论保险公司的财务运作方式。主要讨论的内容包括保险公司资产负债表、利润表、盈利指标和费率厘定方法。

第2章讨论了商业保险行业的两个方面：财产和意外保险以及人寿和健康保险。对保险公司财务运作的讨论也将以相同的方式展开。首先，我们将讨论财产和意外保险公司以及人寿保险公司的财务报表。其次，我们将讨论财产和意外保险以及人寿保险中的费率厘定。

财产和意外保险公司

要理解保险公司的财务运作就必须考察保险公司的财务报表。两个重要的财务报表分别是资产负债表和利润表。①

资产负债表

资产负债表（balance sheet）概括了公司拥有的（资产）、欠债（负债），以及总资产和总负债之间的差额（所有者权益）。资产负债表显示了前述各项在某一时点的值。这种财务报表被称为资产负债表是因为报表两边必须取得平衡：

总资产＝总负债＋所有者权益

图表7-1是ABC保险公司2018年末的资产负债表。注意公司的总资产等于公司总负债加上所有者权益（保单持有人盈余）。

图表 7-1　ABC 保险公司　　　　　　　　　　　　　　　　　　　　　单位：美元

ABC 保险公司资产负债表
2018 年 12 月 31 日

资产：		负债：	
债券	250 000 000	损失准备金	120 000 000
普通股	80 000 000	未到期保费准备金	101 000 000
房地产	20 000 000	损失调整费用	14 000 000
现金和短期投资	12 000 000	支付佣金	9 000 000
抵押贷款支持证券	30 000 000	其他负债	11 000 000
总投资资产	392 000 000	总负债	255 000 000

---

① 本章所用的财务报表是经过简化的。在实务中，财务报表更加复杂。保险公司在为监管者提供财务报表的时候需要遵守法定会计准则。财务报表也要遵循公认会计准则（GAAP）。法定会计准则比较保守，强调的是保险公司的偿付能力。

续表

收取保费	29 600 000	盈余和资本	
数据处理设备	400 000	缴入盈余	16 000 000
其他资产	18 000 000	任意盈余	169 000 000
总资产	440 000 000	总负债和盈余	440 000 000

资产 保险公司的主要资产是金融资产。保险公司将保费进行投资，留存金融资产收益。投资也为保险公司提供了一个重要的收入来源。与大多数保险公司一样，ABC 保险公司主要投资于债券，其他投资包括普通股和优先股、房地产、抵押贷款支持证券、有价证券、现金/现金等价物。上述公司资产共计 44 000 万美元。

负债 与保险公司资产项目的相对直观相比，负债则更为复杂。根据法律要求，保险公司需要在其资产负债表上保留一定的准备金。由于保费预先支付，而保障期限延伸到未来，所以保险公司必须预先设立准备金以确保收取的保费能够支付未来可能发生的重大损失。财产和意外保险公司要保留两种主要的准备金：

(1) 损失准备金。损失准备金是财产和意外保险公司资产负债表中一个较大的负债项目。**损失准备金**（loss reserve）是估计的理赔成本。这些成本已经发生，但是直到估值日才支付。更准确地说，损失准备金是 (1) 提出索赔并进行了调整，但尚未赔付，(2) 提出索赔并已报告，但尚未调整，(3) 索赔发生了但还没有向公司报告的估计将要发生的金额。损失准备金对于灾害保险公司特别重要，因为身体伤害和财产损毁责任索赔可能需要花费较长时间才能进行理赔，特别是在发生诉讼的时候。相反，对于财产保险索赔（例如撞车和其他物理损毁索赔以及屋主保险索赔）的处理更快，这样财产保险公司的损失准备金相对较少。ABC 保险公司的损失准备金为 12 000 万美元。

财产和意外保险的损失准备金可以分为案例准备金、基于损失率方法的准备金、已发生未报告准备金。

案例准备金（case reserve）是指在报告索赔时，为每一件索赔提取的损失准备金。确定案例准备金的主要方法包括下面几种：判定法、均值法和表值法。[①]

- 在判定法中，为每一件索赔设立索赔准备金。损失准备金的数额根据理赔人员的判断或计算机计算的结果确定。许多保险公司运用按照某种规则编制的计算机程序计算损失准备金的规模。输入索赔的详细信息，计算机就能够计算出需要的损失准备金。

- 在使用均值法时，每一件索赔价值都被赋予均值。这种方法在索赔数量很大但平均索赔数额相对较少的时候使用。汽车物理损毁索赔经常根据这种方法提取损失准备金。

- 在表值法中，索赔的损失准备金由支付数额决定。支付数额基于生命预期、丧失劳动能力持续时间和类似因素确定。该方法常被用于为包括永久丧失劳动能力、部分永久丧失劳动能力、遗属抚恤金以及类似索赔设立准备金。这种损失准备金之所以被称为表值法准备金，是因为权益期持续时间基于死亡率和发病率表格中的数据确定。

刚才讨论的案例准备金是为单个索赔案件设立的准备金。相反，**损失率方法**（loss ra-

---

① 关于损失准备金的详细讨论，请参见 Bernard L. Webb, et al., *Insurance Operations and Regulation* (Malvern, PA: American Institute for Chartered Property Casualty Underwriters/Insurance Institute of America, 2002), ch. 12。

tio method) 则是为特定保险产品设立总损失准备金的方法。在损失率方法中,一个基于预期损失率的公式可被用于评估损失准备金。预期损失率乘以一个时期内已赚保费得到预期最终损失。将当期支付的损失和损失调整费用从预期最终损失中扣除,得到当期损失准备金。损失率方法可被应用于某些保险产品,例如工人补偿保险,这种产品的预期损失率在已赚保费的 65% 和 75% 之间。

有些损失发生在会计期间末,但是直到下一个会计年度才报告。**已发生未报告准备金** (incurred-but-not-reported,IBNR) 是必须为已经发生但还没有向保险公司报告的索赔提取的准备金。例如,一些意外事故可能会在会计期间的最后一天发生。这些损失的准备金是必需的,但这些损失直到下一个会计年度才会报告。

(2) 未到期保费准备金。**未到期保费准备金**(unearned premium reserve)指的是,进行估值时的所有未决保单总保费中未到期部分保费的负债项目。法律要求保险公司在保单首次签署时,将所有保费记入未到期保费准备金项目,续期保费也放入相同的准备金账户。ABC 保险公司的未到期保费准备金是 10 100 万美元。

未到期保费准备金的目的是赔偿整个保单期限内发生的损失。保费被预先支付,但是保障期限延伸至未来。为了确保支付保单持有人的未来损失,必须提取未到期保费准备金。

为了在撤销保单的时候向保单持有人返还保费,也需要设立未到期保费准备金。如果保险公司撤销保单,那么必须将未到期的保费按照比例返还给保单持有人,那么未到期保费准备金必须充足,从而保证在撤销保单的时候,能够返还保费。

最后,如果一笔业务进行再保险,未到期保费准备金是计算向再保险公司支付的资金的依据,向再保险公司支付的保费是在合同期内为保单提供再保险所必需的资金。然而,在实践中,向再保险公司支付的数额可能远低于未到期保费准备金,因为再保险公司不必支付获取保单时的首期获取费用。

有几种方法可被用于计算未到期保费准备金,这里只介绍一种。在**年比例分配法** (annual pro rata method) 中,假设保单均是在一年中签订的。为了确定未到期保费准备金,假设所有保单都是在 7 月 1 日 (平均销售日期) 签订的。那么,在 12 月 31 日,所有一年期保单的未到期保费准备金是这些保单保费的一半。两年期的未到期保费准备金是保费收入的四分之三,三年期保单的未到期保费准备金是保费收入的六分之五。

这里也应当提一下其他负债项目,包括与支付未偿索赔相关的成本。ABC 保险公司估计支付未偿索赔的**损失调整费用**(loss-adjustment expense)为 1 400 万美元。其他重要的负债项目包括向代理人支付的销售 ABC 产品的佣金和向政府支付的税费。

保单持有人盈余 保单持有人盈余(policyholders' surplus)是保险公司资产和负债的差额。这一数字不是直接计算出来的,是资产负债表的平衡项目。如果保险公司从其资产中支付所有负债,剩余的部分就是保单持有人盈余。ABC 保险公司的实收资本和盈余合计为 18 500 万美元,是公司总资产的 42%。

盈余可以被认为是在负债超过预期时可以依赖的用于缓冲的资金。前面提到,损失准备金是对未来损失的估计,但是实际损失很有可能超过估计的数值。显然,保险公司盈余头寸越高,对其保单持有人越安全。盈余代表投资者的实收资本加上保险经营和投资产生的留存收益。盈余的水平也是保险公司可承接新业务数额的一个重要决定因素。①

利润表

利润表（income and expense statement）概括了特定时期内获取的收入和支付的费用。图表 7-2 是 ABC 保险公司 2018 年的利润表。

图表 7-2　ABC 保险公司　　　　　　　　　　　　　　　　　　单位：美元

ABC 保险公司利润表
2018 年 1 月 1 日—2018 年 12 月 31 日

收入：		
承保保费*	206 000 000	
已赚保费		205 000 000
投资收益：		
利息	14 000 000	
红利	2 400 000	
租金收益	600 000	
证券销售收益	1 000 000	
总投资收益		18 000 000
总收入		223 000 000
费用：		
净损失发生额	133 600 000	
损失调整费用	14 000 000	
总损失和损失调整费用		147 600 000
佣金	18 000 000	
保费税	5 050 000	
总保费费用	41 590 000	
总承保费用		64 640 000
总费用		212 240 000
税前净收入		10 760 000
联邦所得税		3 260 000
净收益		7 500 000

* 承保保费反映了会计期间内生效的保险保障。

收入　收入是公司可以视为所得的现金流入。保险公司的两个主要收入来源是保费和投资收益。在讨论未到期保费准备金的时候曾经提到，直到保费支付期结束，保费都不能作为收益。利润表中的承保保费反映了当年记入报表的保险保障所收取的保费。**已赚保费**（earned premium）代表已经提供了保险保障的那部分保费。保费是为在特定时期获得保险而预先支付的，随着时间的推移，保险公司"赚取"保费，根据保险会计规则能够将其作

---

① 在法定会计准则中，费用即时产生，而保费要经过一段时间才能赚取。因为获取费用必须立刻支付，所以对于任何保单而言，保险公司都立刻处于负头寸。也可以从杠杆视角来考虑盈余。显然，每 1 美元盈余承保的份额越多，保单持有人的杠杆作用越大。

为收入。

另一个主要收入来源是投资收益。给定 ABC 保险公司的债券资产组合规模,利息收入就是其投资收益的主要来源。公司还获得持有股票的红利收入及其拥有的房地产的租金收入。公司也会以高于最初购买价格的价格销售一些证券,实现资本利得。ABC 保险公司 2018 年的总收入是 22 300 万美元。

费用 公司的费用部分冲抵了部分收入。费用是企业的现金流出。ABC 保险公司的主要费用是损失调整费用和发生的承保损失。2018 年,ABC 保险公司支付 13 360 万美元损失和 1 400 万美元损失调整费用,总计 14 760 万美元。

承保费用是另一种主要的费用。这些费用由佣金(ABC 保险公司向销售该公司产品的代理人支付的费用)、保费税和一般性保险费用构成。2018 年,这些项目合计 6 464 万美元。ABC 保险公司 2018 年的总费用是 21 224 万美元。

ABC 保险公司的应税所得(总收入扣除总费用)为 1 076 万美元。ABC 保险公司支付联邦所得税 326 万美元。ABC 保险公司税后净收入为 750 万美元。这些钱可以以红利的方式返还给股东,也可以被用于增加投资。如果被用于投资,公司的总资产相对于总负债就会增加,保单持有人的盈余将会上升。

利润或损失的测度

测度保险公司绩效的一种方法是考察公司的核心业务做得怎么样、承保风险控制得如何。[①] 可以使用保险公司损失率作为测度的一种简单方法。**损失率(loss ratio)** 是发生的损失加损失调整费用与已赚保费的比率。计算公式和 ABC 保险公司的损失率的计算在下面列出:

$$损失率 = \frac{发生的损失 + 损失调整费用}{已赚保费}$$

$$= \frac{147\ 600\ 000}{205\ 000\ 000}$$

$$= 0.720$$

单个保险产品的损失率以及公司的总损失率可以确定。损失率通常在 65%~75% 的范围内,但是保险公司在保险保障期开始时并不知道最终的损失率是多少。

第二个重要的绩效测度指标是费用率。**费用率(expense ratio)** 等于公司承保费用除以承保保费。ABC 保险公司的费用率是:

$$费用率 = \frac{承保费用}{承保保费}$$

$$= \frac{64\ 640\ 000}{206\ 000\ 000}$$

$$= 0.314$$

与损失率一样,单个保险产品和公司的总费用率可以确定。承保费用包括获取成本

---

① 这一部分可参见 Eric A. Wiening, *Foundations of Risk Management and Insurance* (Malvern, PA: American Institute for Chartered Property Casualty Underwriters/Insurance Institute of America, 2002)。在撰写这一部分的时候,作者大量引用了该书第 5 章的内容。

（佣金）、一般性支出和承保成本。一些项目，例如个人保险产品，承保的费用较低，大的商业承保业务的承保费用较高。显然，保险公司希望费用率低一些。费用率一般为25%～40%。

要对承保绩效进行全面测度就需要计算综合比率。**综合比率**（combined ratio）等于损失率和费用率之和。[①] ABC保险公司的综合比率是1.034：

综合比率＝损失率＋费用率

综合比率＝0.720＋0.314＝1.034

综合比率是测度承保盈利能力的最常用指标。如果综合比率超过1（或100%），表示存在承保损失。如果综合比率小于1（或100%），表示存在承保利润。就ABC保险公司的情况来说，公司每收取100美元保费，就要在索赔和费用方面支出103.40美元。

现在回忆一下保险公司持有的资产。保险公司在债券、股票、房地产和其他投资项目中的投资会带来投资收益。财产和意外保险公司可以在承保业务上亏损，但是如果投资收益能够抵销承保损失，仍然会有正的净收益。**投资收益率**（investment income ratio）是净投资收益与已赚保费之比。计算公式和ABC保险公司的投资收益率为：

$$投资收益率 = \frac{净投资收益}{已赚保费} = \frac{18\,000\,000}{205\,000\,000} = 0.088$$

要确定公司的整体绩效（承保业务和投资），就要计算总体经营比率。**总体经营比率**（overall operating ratio）等于综合比率减去投资收益率。ABC公司的总体经营比率如下：

总体经营比率＝综合比率－投资收益率＝1.034－0.088＝0.946 或 94.6%

乍看之下，扣除投资收益率是不正确的。然而，综合比率超过100%表明存在承保损失，而投资收益将会减少或完全抵销承保损失。ABC保险公司的综合比率是103.4%。公司的投资收益率是8.8%，计算总体经营比率得到94.6%。由于总体经营比率低于100%，所以该公司总体上是盈利的。如果总体经营比率超过100%，就意味着投资收益不足以抵销承保损失。

最近的承保收益

2000—2017年，美国财产和意外保险行业的综合比率低于100%的只有七年。在2006年和2007年，综合比率分别为92.6%和95.7%，创造了承保利润的新纪录。然而，2008年综合比率重新回升到100%以上，2011年达到106.5%的高点。2011年的综合比率是2001年以来的最高值。2013—2015年的综合比率低于100%。2016年和2017年，承销业务亏损，行业综合比率分别为100.7%和103.7%。[②]

财产和意外保险行业一直以来的利润都不高。在大多数时间里，该行业的盈利情况都低于不同产业集团的基准值。在过去十年中，总体盈利状况最好的两年分别是2007年和

---

① 观察敏锐的读者可能注意到损失率和费用率中的分母不同，损失率的分母是已赚保费，而费用率的分母是承保保费。这个版本的综合比率被称为"以交易为基础"的综合比率。第二个版本是"法定"综合比率，分母使用的都是已赚保费。尽管法定综合比率在数学上是正确的，但是以交易为基础的综合比率更适合用于测度损益。

② 综合比率信息参见"2017—Commentary on Year-End Financial Results," Insurance Information Institute，May 14，2018。

2013年，当时财产和意外保险行业产生了具有竞争力的回报。① 专栏 7.1 讨论了长期以来，财产和意外保险相对于一些领先行业的利润情况。

专栏 7.1

财产和意外保险行业的利润怎么样？

财产和意外保险行业在盈利方面落后于其他大多数行业。根据 GAAP 会计准则，2007—2016 年，只有两年时间，财产和意外保险行业的收益率高于人寿保险行业。与其他几个行业在 2007—2016 年间连续多年收益率达到两位数的情况相比，按照法定会计准则计算，财产和意外保险行业仅 2007 年和 2013 年的收益率就达到两位数，而按照 GAAP 会计准则核算则仅在 2007 年达到两位数。即使银行系统在经历了金融危机的情况下，2009 年也只是财产和意外保险公司在 2007—2016 年间唯一一次在 GAAP 核算基础上的收益率超过商业银行的收益率。财产和意外保险行业在 2008—2012 年经历了法定承保损失，综合比率超过了 100%。

资料来源：*2018 Insurance Fact Book*，New York：Insurance Information Institute. Information provided in Chapter 6, "Property/Casualty Financial Data."

人寿保险公司

资产负债表

人寿保险公司的资产负债表类似于财产和意外保险公司的资产负债表。下面的讨论着重于它们的主要区别。

资产 与前面对财产和意外保险公司的讨论类似，人寿保险公司资产主要是金融资产。然而，财产和意外保险公司资产和人寿保险公司资产有三个主要区别。第一个主要区别是投资的平均持续时间。配比原则（matching principle）是指，企业资金来源的到期时间应当与资金的使用相匹配。大多数财产和意外保险合同时间相对较短，常常是一年或六个月。然而，终身寿险合同可能有效 40 年或 50 年。正如配比原则所指出的，人寿保险公司投资的持续时间平均来说，应当长于财产和意外保险公司投资的持续时间。注意，与财产和意外保险公司相比，人寿保险公司更多投资于债券、抵押贷款和房地产。财产和意外保险公司更多强调流动性，所以持有的现金和有价证券更多。

第二个主要区别是现金价值人寿保险中所包含的储蓄元素。随着时间的推移，终身寿险保单将具有储蓄的性质，这被称为现金价值。而保单持有人可以将这笔资金借出。如果保单持有人借出现金价值，人寿保险公司必须放弃这笔资金带来的投资收益。人寿保险公

---

① 收益回报率数据参见保险信息协会 *2018 Insurance Fact Book* 的第 6 章。

司对保单贷款收取利息，这笔带息资产在人寿保险公司资产负债表上被称为"合同贷款"或"保单贷款"。从保单持有人的角度来看，它可以被看作应收账款。

财产和意外保险公司与人寿保险公司在资产方面的第三个主要区别是，人寿保险公司有独立账户资产。为了保障保单持有人的利益，州法令对人寿保险公司的总投资做出了限制。独立账户投资不受这些限制的约束。人寿保险公司为支持利率敏感型产品设立独立账户，例如变额年金、变额人寿保险和变额万能人寿保险。

负债 保单准备金是寿险公司主要的负债项目。在采取平准保费方法的现金价值人寿保险中，早期几年中支付的保费高于最终的死亡给付，从而后期的保费不足以支付死亡给付。合同早期超额收取的保费需要被用于未来向保单持有人的受益人支付死亡保险金。早期支付的超额保费产生了保单准备金。保单准备金是资产负债表中的负债项目，必须用等额资产冲抵。保单准备金之所以被认为是负债项目，是因为它们承担保险公司支付未来发生的保险金的责任。在遇到与计算准备金的保险精算假设一致的情况时，保险公司持有的保单准备金加保费和未来的利息收入使保险公司能够支付未来发生的保险金支出。保单准备金常被称为法定准备金，因为州保险法令明确规定了计算准备金的最低标准。我们将在第 13 章的附录中更为详尽地讨论人寿保险准备金。

另外两种人寿保险公司准备金同样值得讨论：以存款形式持有的准备金和资产估价准备金（asset valuation reserve，AVR）。① **以存款形式持有的准备金**（reserve for amounts held on deposit）是一项负债，代表欠保单持有人和受益人的资金。由于人寿保险业务的性质，保险公司以现金作为持有资金的方式很常见，这种方式方便后期向保单持有人和受益人支付。例如，受益人可能对人寿保险保单选择定期或定额理赔，保单持有人也可能选择累积红利。

前面曾经提到，法定会计准则强调保险公司的偿付能力。正因为如此，人寿保险公司的盈余头寸很严格。然而，盈余在很大程度上由保险公司持有的资产价值决定。如果资产主要是金融资产，它们的价值就存在很大的波动性。**资产估价准备金**（asset valuation reserve）是设计用来消除由利率变化导致的资产价值的波动的法定账户。这种准备金的作用是平滑公司长期的报告盈余。

保单持有人盈余 与财产和意外保险公司一样，保单持有人盈余是寿险公司的总资产和总负债之间的差额。由于人寿保险行业的长期性、保守的长期投资和寿险行业中巨灾损失敞口较低等特点，人寿保险行业的保单持有人盈余比财产和意外保险行业更稳定。

利润表

人寿保险公司的利润表类似于财产和意外保险公司的利润表。人寿保险公司的主要收入来源是各种产品销售的保费收入（例如，普通人寿保险、团体人寿保险、年金和健康保险等）和投资收益。与财产和意外保险公司一样，投资收益可以以定期现金流（利息、红利和租金）和已实现的资本利得或损失的形式出现。

与财产和意外保险公司类似，保险金赔付是人寿保险公司的主要支出。保险金赔付包

---

① 此类以及其他人寿保险公司准备金可参见 Black, Kenneth, Jr., Harold D. Skipper, and Kenneth Black, Ⅲ. *Life Insurance*, 14th ed. (Atlanta, GA, Lucretian LLC, 2013), pp. 298 - 299。

括支付给受益人的死亡保险金，支付给年金领取人的年金，支付给保单持有人的到期养老保险金，以及健康保单规定支付的保险金（医疗保险金和残疾收入支付）。向那些选择终止其现金价值人寿保险保障的保单持有人支付的生存保险金，是寿险公司的另一种支出。另外还有增加的准备金、一般保险费用、代理人佣金、保费税以及主要支出之外的费用。

人寿保险公司在支付红利和税收之前的经营净收益等于保险公司的总收入减去保险公司的总支出。人寿保险公司的**净经营收益（net gain from operations）**（也被称为净收入）等于总收入减去总支出、保单持有人红利和联邦所得税。

财务绩效的测度

有很多标准可以被用来测度人寿保险公司的财务绩效。例如，可以将税前或税后净收入与总资产对比。另一种测度方法为保单持有人盈余的回报率。这一指标与股本收益率（return on equity，ROE）类似。使用这一测度指标，寿险行业与财产和意外保险行业相比，在过去波动较小的十年中，有六年的回报率都是较高的。[①]

财产和意外保险的费率厘定

由于保险行业的竞争，保险公司如何厘定费率很重要。在考察财产和意外保险费率厘定的方法之前，需要讨论费率厘定的目标。

费率厘定的目标

费率厘定，或保险定价，有几个基本目标。因为保险费率主要是指财产和意外保险费率，它受到州政府的监管，必须符合一些法令和监管的要求。同时，为了实现利润率目标，一些业务目标必须予以强调。因此，费率厘定的目标可以分为两类：监管目标和业务目标。

监管目标 保险的监管目标是保障公众的利益。州政府制定了费率法规，要求保险费率符合一定的标准。通常，保险公司执行的费率必须充足，不能超额定价，不能进行歧视性定价。

第一个监管要求是费率必须充足。这意味着保险公司收取的费率必须足够高，以支付所有损失和费用。如果费率不充足，保险公司可能会破产而无法支付索赔。其结果是保单持有人、受益人和第三方利益相关者的利益受损。但判断费率是否充足很复杂，因为在销售保单的时候，保险公司不知道实际成本怎样。保费被预先支付，但保险公司无法确定在保险期间内这些保费是否足以支付所有索赔和费用，只有在保障期结束之后，保险公司才能确定实际损失。

第二个监管要求是费率不能超额。也就是说，费率不能太高，不能高到被保险人支付的比受到保障的财产的实际价值还高。超额定价的保险不符合公众利益。

第三个监管要求是费率不存在歧视。也就是说，损失和费用类似的承保风险所适用的

---

① 如保险信息协会 2018 *Insurance Fact Book* 第 6 章所示。

费率不应该有很大区别。[①] 例如，两个住在同一社区的 30 岁的男子，每人都拥有一辆新型轿车，驾驶记录都很好。如果他们从同一个保险公司购买相同的保险产品，支付的保费应该是相同的。然而，如果损失敞口存在显著差别，那么执行不同的费率就是公平的。试分析另外两个购买汽车保险的人。第一个人 45 岁，有一辆开了 4 年的轿车，驾驶记录很好。第二个人 20 岁，有一辆新跑车，因超速驾驶和闯红灯曾被拘捕两次。在这种情况下，第二个人购买保险时，适用较高的保费是比较公平的，因为他发生损失的概率更高。

业务目标 保险公司在制定费率的时候也要考虑业务目标。费率制度应该实现下面所有目标：简单、灵敏、稳定，并鼓励损失控制。[②]

费率制度应当很容易理解，从而让销售人员可以用最少的时间和支出成本进行报价。这在个人保险产品市场中非常重要，因为较低的保费无法抵销为准备保费报价而支出的大量精力和费用。此外，商业保险购买人要知道他们支出的保费是如何决定的，从而使他们能够采取行动来减少他们的保险成本。

费率在短期内应该保持稳定，以保证消费者的满意度。如果费率迅速改变，保险消费者就会愤怒和不满，他们就会要求政府控制费率并执行政府保险计划。

费率也应随着时间的推移对不断变化的损失敞口和经济状况做出灵敏反应。为了实现费率充足的目标，费率在损失敞口增加的时候也应当提高。例如，随着城市的发展，汽车保险费率应当提高，以应对越来越严重的交通问题和不断增加的汽车事故。类似地，费率应该反映经济状况的变化。也就是说，如果通货膨胀导致责任风险增加，责任保险费率应当提高以反映这一趋势。

最后，费率系统应该鼓励损失控制行为。损失控制是为了降低损失发生的频率和严重程度。这一点很重要，因为损失控制能够保持保险承保能力，利润也可以稳定下来。后文将提到，一些费率制度为被保险人的损失控制提供了很有效的财务激励。

费率厘定的基本定义

读者应当对费率厘定中广泛使用的一些术语很熟悉。**费率**（rate）是每单位保险的价格。**风险单位**（exposure unit）是保险定价中使用的测度单位。它随着保险产品的不同而不同。例如，在火灾保险中，一个风险单位是 100 美元的保障，在产品责任保险中是 1 000 美元的销售保障，在汽车碰撞保险中是 1 车年（1 car-year）保障，即为 1 辆投保汽车提供 1 年的保障。

纯保费（pure premium）是指被用于支付损失和损失调整费用的那部分保费。**附加保费**（loading）是附加于纯保费之上的，必须追加的用于支付费用、利润以及意外事件的保费。**毛费率**（gross rate）由纯保费和附加保费组成。最后，由被保险人支付的**毛保费**（gross premium）由毛费率乘以风险单位的数量得到。也就是，如果财产保险的毛费率是 10 美分/100 美元，价值 500 000 美元的建筑的毛保费就是 500 美元。

---

① Gibbons, Robert J., George E. Rejda, and Michael W. Elliott, *Insurance Perspectives* (Malvern, PA: American Institute for Chartered Property Casualty Underwriters, 1992), p. 119.

② Webb, Bernard L., Connor M. Harrison, and James J. Markham, *Insurance Operations*, 2nd ed., Vol. 2 (Malvern, PA: American Institute for Chartered Property Casualty Underwriters, 1997), pp. 89 – 90.

费率厘定方法

在财产和意外保险领域有三种基本的费率厘定方法：判断费率法、分类费率法和增减费率法。增减费率法依次可以分解为表定费率法、经验费率法、追溯费率法。因此，基本费率厘定方法可以很方便地分为如下几类[①]：

(1) 判断费率法；

(2) 分类费率法；

(3) 增减费率法；

- 表定费率法；
- 经验费率法；
- 追溯费率法。

判断费率法 判断费率法（judgment rating）是指每一个风险单独评估的方法，费率主要依靠核保人的判断来确定。在损失敞口种类很多以至于无法计算分类费率的时候，或者无法得到可靠的损失统计数据的时候，经常使用这种方法。

判断费率法在一些海洋运输保险和内陆水运保险中得到广泛应用。因为航海船只、港口、货船和水上交通工具种类很多，所以一些海洋运输保险费率主要基于核保人的判断来确定。

分类费率法 财产和意外保险费率厘定的第二种类型是分类费率法。如今使用的大多数费率是分类费率。**分类费率法**（class rating）是指具有类似特征的风险被放置于同一类别中，每一个都执行相同的费率。使用的分类反映了每一类风险的平均损失情况。分类费率法的根据是，假设被保险人未来发生的损失主要由相同的因素引起。例如，屋主保险的主要分类因素包括建筑材料、房屋使用年限、保障设施（例如，烟雾探测器和灭火器）。新建造的具有保障设施的砖石结构房屋不会和老式的缺乏保障设施的木质房屋处于相同的承保类别中。

分类费率法的主要优点是应用简便。而且，它可以迅速找到保费报价。正因如此，这种方法对于个人保险产品市场非常理想。

分类费率法也被称为手册费率法（manual rating）。分类费率法在屋主保险、私人汽车乘客保险、工人补偿保险以及人寿和健康保险中应用广泛。

有两种确定分类费率的基本方法：**纯保费方法**（pure premium method）和**损失率方法**（loss ratio method）。

(1) 纯保费方法。前面提到，纯保费是毛费率中用于支付损失和损失调整费用的部分。纯保费的计算可以通过用投保损失和损失调整费用的美元价值除以风险单位数量得到。发生的损失包括会计期间内支付的所有损失，加上为了支付未来发生的损失（在相同时间内已经发生的损失）而提取的准备金的数额。投保损失包括所有发生在会计期间内的损失，而不论在期末是否支付。损失调整费用是同一会计期间内公司用于调整损失而发生

[①] 有关基本费率厘定的讨论参见 Webb, Harrison, and Markham, Chs. 10 and 11, 还可参见 Webb, Bernard L., J. J. Launie, Willis Park Rokes, and Norman A. Baglini, *Insurance Company Operations*, 3rd ed., Vol. 2 (Malvern, PA: American Institute for Property and Liability Underwriters, 1984), chs. 9 and 10.

的支出。

为了说明纯保费如何计算,我们假设在汽车碰撞保险中,500 000 辆属于同一承保类别的汽车在一年的时间中,发生的投保损失和损失调整费用为 3 300 万美元,纯保费是 66 美元。这可以以下面的方式予以说明:

$$纯保费 = \frac{发生的损失和损失调整费用}{风险单位数量} = \frac{33\,000\,000}{500\,000} = 66(美元)$$

最后一步是为费用、核保利润和意外事件追加费用。追加费用通常表现为毛费率的一定百分比,被称为费用率。最终的毛费率等于纯保费除以 1 减去费用率之差。例如,如果费用是毛费率的 40%,最终毛费率是 110 美元。这可以表示为[①]:

$$毛费率 = \frac{纯保费}{1-费用率} = \frac{66}{1-0.40} = 110(美元)$$

(2) 损失率方法。在损失率方法中,我们对实际损失率与预期损失率进行比较,并对后者进行相应的调整。实际损失率是投保损失和损失调整费用与已赚保费的比率。[②] 预期损失率是保费中预期用于支付损失的一定百分比。例如,假设保险产品的投保损失和损失调整费用是 80 万美元,已赚保费是 100 万美元,实际损失率是 0.80 或 80%。如果预期损失率为 0.70 或 70%,那么这一费率必须提高 14.3%。这可以表示为:

$$费率变化 = \frac{A-E}{E}$$

式中,A = 实际损失率,E = 预期损失率,则

$$费率变化 = \frac{0.80-0.70}{0.70} = 0.143 \text{ 或 } 14.3\%$$

增减费率法 财产和意外保险的第三个主要的费率厘定方法是增减费率法。**增减费率法(merit rating)** 是基于个别损失情况向上或向下调整分类费率(手册费率)的一种费率厘定计划。增减费率法基于如下假设:特定被保险人的损失情况与其他被保险人的损失情况存在很大差异。因此,分类费率就要根据个体损失情况进行向上或向下调整。有三种类型的增减费率法:表定费率法、经验费率法和追溯费率法。

(1) 表定费率法。在**表定费率法(schedule rating)** 中,对每一种风险分别进行费率厘定。对每一种风险设定基准费率,然后根据合意或不合意的物理属性对其进行调整。表定费率法基于如下假设:被保险风险的物理特性将会影响被保险人未来的损失。投保风险的物理特性在表定费率法中极其重要。

表定费率法适用于商业财产保险中的大型、结构复杂的保障对象,例如工厂厂房。每一栋建筑都根据几个因素分别制定费率,包括构造、用途、保障措施、风险和维护情况等。

- 构造是指建筑物的物理属性。建筑物可能是木质结构、砖石结构、由耐火材料或

---

① 计算最终费率的另一种达到同样效果的方法是将纯保费除以估计预期损失率。估计预期损失率与预期损失率相等。如果费用率是 0.40,估计预期损失率是 1−0.40 或 0.60。那么,用 66 美元的纯保费除以估计预期损失率(0.60),最终的毛费率也是 110 美元。

$$毛费率 = \frac{纯保费}{估计预期损失率} = \frac{66}{0.60} = 110(美元)$$

② 本章前面部分对已赚保费进行了讨论。它是保险公司在会计期间内实际赚取的保费,而不是这个时期的承保保费。

防火材料建造的。框架结构房屋的收费高于砖石建筑或耐火建筑。高层建筑和具有开阔空间的建筑的保费也会有一定的增加，因为此类建筑为灭火和控制火势蔓延增加了难度。

- 用途是指建筑物的使用情况。发生火灾的概率受到建筑物用途的很大影响。例如，火把的明火和火花以及焊接设备都会很容易引发火灾。而且，如果在建筑物中存放着高度可燃物或化学物品，则很难控制火灾。
- 保障措施是指城市的水源供应和消防部门的质量，也包括投保建筑物安装的保障性设备。火灾报警系统、安全保卫、防火墙、自动喷洒系统、灭火器和类似保障设施都可以使费率降低。
- 风险是指投保建筑会因为发端于毗邻建筑物的风险事故，例如大火的蔓延，而遭受损毁的概率。周边建筑的风险越大，适用费率越高。
- 维护情况是指建筑物的日常维护和整体维修情况。日常维护和维修情况不佳的建筑物的费率会提高。热源附近的涂满油污的破布或工厂地面上随意丢弃的垃圾都会导致费率的提高。

（2）经验费率法。在**经验费率法**（experience rating）中，分类或手册费率根据过去的损失情况向上或向下调整。经验费率法最独特的特点是，将被保险人过去的损失情况用于确定下一个保单期间的保费。过去三年的损失情况经常被用于确定下一个保单年度的保费。如果被保险人的损失情况好于该类损失敞口的平均水平，分类费率就会降低。如果损失情况比该类风险的平均水平更差，那么费率就会提高。在确定费率调整幅度的时候，实际损失情况根据损失大小通过可信度因子（credibility factor）进行调整。①

例如，假设一个零售企业有一份采用经验费率的一般责任保险保单。年保费是 30 000 美元，预期损失率为 30%。如果这些年的实际损失率是 20%，可信度因子（C）是 0.29，企业将会获得 9.7% 的保费减免。这一减免可以阐述如下：

$$\text{保费变化} = \frac{A-E}{E} \times C = \frac{0.20-0.30}{0.30} \times 0.29 = -9.7\%$$

那么，下一个保单期间的保费是 27 090 美元。显然，经验费率为降低损失提供了财务激励，原因在于保费可以因为较低的损失情况而降低。

经验费率法的使用仅限于大型保险公司。这些公司可以产生足够大的保费规模和更好的损失情况。较小的公司一般不能使用经验费率法。这一费率厘定方法经常被应用于一般责任保险、工人补偿保险、商业汽车责任保险和团体健康保险。

（3）追溯费率法。在**追溯费率法**（retrospective rating）中，当期保险期间内的被保险人的损失情况决定了该期支付的实际保费。在这种费率法中，临时保费在保险期间开始的时候支付。在期末，最终保费根据该保险期限内发生的实际损失进行计算。必须支付的保费存在最大值和最小值。在实践中，支付的实际保费常常处于最大值和最小值之间，这取决于被保险人当期的损失情况。

追溯费率法在大型保险公司中被广泛应用于工人补偿保险、一般责任保险、汽车责任

---

① 可信度因子（C）是指统计数据的可信度，它在 0 和 1 之间，并随着索赔数量的增加而增加。如果精算师认为该数据非常可靠，可以准确预测未来的损失，可信度因子可以被认为是 1。然而，如果数据作为未来损失的指标并不可靠，可信度因子就小于 1。

和物理损毁保险,以及盗窃和玻璃保险中。

人寿保险的费率厘定

前文仅限于对财产和意外保险费率厘定的讨论。对于人寿保险公司而言,费率厘定也很重要,特别是要考虑到许多人寿保险合同的长期性。

人寿保险精算师使用死亡表或单个保险公司经历的情况来确定每一个年龄段的人的死亡概率。死亡概率乘以死亡发生时保险公司支付的数额,得到每一个保单年度内预期的死亡给付金额。然后将这些年度预期值折算为保单生效日的价值,以得到趸缴纯保费(net single premium,NSP)。趸缴纯保费是未来死亡给付的现值。由于大多数被保险人以分期付款方式支付人寿保险保费,趸缴纯保费必须转化为一系列平准保费来确定净平准保费。这一过程通过第13章附录中讨论的数学方法计算得到。在计算出净平准保费之后,将额外支出也考虑在内,从而确定毛保费。第13章的附录详细讨论了这些步骤。

 案例应用

卡罗林是石固保险公司的高级财务副总裁和首席精算师。罗尼在州立大学主修金融和数学。罗尼申请了石固保险公司的实习生职位,并在大四前的暑假来到该公司实习。卡罗林想考查一下罗尼对保险公司的财务报表和费率厘定了解多少,于是在其参加工作的第一天准备了一个测验。看看你是否能够帮助罗尼回答下面的问题。

1. 截至去年年底,石固保险公司的总负债是64 000万美元,总资产是90 000万美元。公司保单持有人的盈余是多少?

2. 石固保险公司去年的承保保费是否可能为50 000万美元,且去年的满期保费为50 500万美元?

3. 石固保险公司去年的净承保损失是540 000美元。解释石固保险公司为何被要求支付所得税。

4. 石固保险公司在一个州内为50 000辆汽车承保了为期一年的碰撞保险。在一年里,公司预计将为这50 000辆汽车支付1 000万美元的损失和损失调整费用。根据这些信息,纯保费费率是多少?

5. 一个预期的购买人团体的每单位个人责任保险的纯保费是300美元。如果石固保险公司允许这个保险产品产生40%的费用率,每单位保障收取的毛费率应该是多少?

本章小结

- 资产负债表概括了公司拥有的(资产)、欠债(负债),以及总资产和总负债之间的差额(所有者权益)。
- 对于保险公司而言,主要资产是金融资产。这些金融资产被投资于债券、股票、房地产、抵押贷款支持证券和有价证券以及现金。
- 保险公司的负债被称为准备金。损失准备金是估算的理赔成本。财产和意外保险的损失准备金可以分为案例准备金、基于损失率方法的准备金以及已发生未报告准备金。
- 另一种重要的财产和意外保险公司准备金是未到期保费准备金。未到期保费准备金是代表估值时所有未到期保单毛保费中未到期部分保费的负债项目。
- 保单持有人盈余是保险公司总资产和总负债的差额。保单持有人盈余等于股份制公司的实收资本，加保险业务和投资自留利润。盈余代表保单持有人有保障的利润。
- 保险公司的主要收入来源是保费和投资收益。主要支出是损失偿付、损失调整费用以及其他支出，包括佣金、保费税和保险公司一般性支出。
- 为了确定保险公司的净收入，总支出要从总收益中扣除。保单持有人的红利在计算应税收入的时候扣除，联邦所得税对应税收入征税。
- 损失率是财产和意外保险公司发生的损失和损失调整费用之和与已赚保费的比率。费用率等于公司承保费用除以承保保费。
- 综合比率等于损失率和费用率之和。如果综合比率超过1（或100%），表示存在承保损失。如果综合比率小于1（或100%），表示存在承保利润。
- 尽管保险公司的承保业务可能亏损，但是由于投资收益能够抵销承保损失，所以它们仍然可以盈利。
- 人寿保险公司资产的存续时间长于财产和意外保险公司资产的存续时间。当保单持有人借出现金价值时，人寿保险保费贷款是人寿保险公司的一项资产。人寿保险公司为利率敏感型资产设置了独立账户，例如变额年金。
- 人寿保险公司的主要负债项目是保单准备金。另外两种主要的准备金是以存款形式持有的准备金和资产估价准备金。
- 人寿保险公司的净收益等于总收入减去总支出、保单持有人红利和联邦所得税。
- 对保险费率的监管是为了确保费率是充足的而不是超额的，并且不存在明显歧视。费率厘定制度的业务目标包括简单、敏感、稳定，并鼓励损失控制。
- 费率是每单位保险的价格，风险单位是使用的测度基础。纯保费是毛保费中用于支付损失和损失调整费用的部分。附加保费是附加于纯保费的，必须追加的用于费用、利润和意外事件的保费数额。毛保费由纯保费和附加保费组成。
- 在财产和意外保险中使用的三种主要费率厘定方法是：判断费率法、分类费率法和增减费率法。
- 判断费率法是指每一个风险单独评估，费率主要依靠核保人的判断来确定。
- 分类费率法是指具有类似特征的风险被放置于同一类别中，每一个都执行相同的费率。分类反映了每一类风险的平均损失情况。大多数个人保险产品属于分类费率。
- 增减费率法是基于个别损失情况向上或向下调整分类费率（手册费率）的一种费率厘定方法。增减费率法基于如下假设：特定被保险人的损失情况与其他保险人的损失情况存在很大差异。
- 三种类型的增减费率法分别是：
    ➢ 表定费率法；
    ➢ 经验费率法；

➢ 追溯费率法。

- 在表定费率法中，对每一种风险分别进行费率厘定。对每一种风险设定基准费率，然后根据合意或不合意的物理属性对其进行调整。经验费率法是指，被保险人过去的损失情况被用于确定下一个保单期间的保费。追溯费率法意味着当期保单期限的被保险人的损失情况决定了该期支付的实际保费。

- 人寿保险精算师确定一个年度内发生损失支付的概率，根据这个概率确定损失支付的预期价值。这些未来的预期支付折算到保障期开始的时候，被用来确定净保费。附加费用也被纳入其中，被用来计算毛保费。

重要概念和术语

年比例分配法	资产估价准备金	资产负债表
案例准备金	分类费率法（手册费率法）	综合比率
已赚保费	费用率	经验费率法
风险单位	毛保费	毛费率
利润表	已发生未报告准备金	投资收益率
判断费率法	附加保费	损失调整费用
损失率	损失率方法（确定损失准备金）	损失率方法（费率厘定）
损失准备金	增减费率法	净经营收益
总体经营比率	保单持有人盈余	纯保费
纯保费方法	费率	以存款形式持有的准备金
追溯费率法	表定费率法	未到期保费准备金

复习题

1. a. 资产负债表的三个主要组成部分是什么？
   b. 资产负债表的等式是什么？
2. a. 保险公司资产负债表中有哪几种类型的资产？
   b. 为什么财产和意外保险公司的负债很难测度？
3. a. 财产和意外保险公司的两个主要收入来源是什么？
   b. 财产和意外保险公司的主要支出有哪些？
4. a. 保险公司的综合比率怎样计算？综合比率用于测度什么？
   b. 如果综合比率超过1（或100%），财产和意外保险公司怎样才能盈利？
5. 人寿保险公司资产区别于财产和意外保险公司资产的三个方面是什么？
6. 人寿保险公司资产负债表中的准备金代表什么？
7. 人寿保险公司支出的主要种类有哪些？
8. a. 保险费率制定过程中必须满足的主要监管目标有哪些？
   b. 其主要的业务目标有哪些？
9. 从费率厘定的角度解释下面术语的含义：
   a. 费率；

b. 风险单位；
c. 纯保费；
d. 毛保费。
10. 简要描述下面确定分类费率的方法：
a. 纯保费方法；

b. 损失率方法。
11. 解释下面增减费率的方法：
a. 表定费率法；
b. 经验费率法；
c. 追溯费率法。

应用题

1. 根据下面给出的信息，计算 XYZ 保险公司的保单持有人盈余（单位：美元）：

总投资资产	50 000 000
损失准备金	40 000 000
总负债	70 000 000
债券	35 000 000
未到期保费准备金	25 000 000
总资产	90 000 000

2. 根据下面的信息，计算支付所得税和保单持有人红利之前的相互人寿保险公司的经营收益（单位：美元）：

总保费收入	20 000 000
执照、税收和收费	580 000
死亡保险金给付	6 000 000
净投资收益	3 000 000
佣金支付	5 900 000
一般保险支出	2 500 000
生存保险金给付	800 000
年金给付	1 600 000

3. 一个大型责任保险公司签署了一笔大额私人汽车乘客保险。精算师分析了最近的一个保险年度内，特定类别司机的索赔数据。索赔数据显示，一年中，保险公司为每 100 000 辆投保汽车支付的投保损失和损失调整费用为 3 000 万美元。请根据纯保费方法计算纯保费。

4. 在上一个自然年度中，一个财产保险公司某种保险产品的财务信息如下（单位：美元）：

承保保费	25 000 000
发生的费用	5 000 000
发生的损失和损失调整费用	14 000 000
已赚保费	20 000 000

a. 保险公司的这种保险产品的损失率是多少？
b. 这种保险产品的费用率是多少？
c. 这种保险产品的综合比率是多少？

5. a. 为什么财产和意外保险公司被要求提取损失准备金？
b. 简要解释下面确定损失准备金的方法：
(1) 判断方法；
(2) 均值方法；
(3) 表值法。
c. 什么是已发生未报告准备金？

数字资源

网络资源

参考文献

第8章
政府对保险业的监管

> 在本应动荡的金融海洋中,保险业一直是一个相对平静的岛屿。
> ——特丽莎·M. 沃恩(Therese M. Vaughan)博士,SA,ACAS,MAAA,
> CPCU,首席执行官,美国保险监督官协会,2009年

 学习目标

学习完本章,你应当能够:

- 解释对保险公司进行监管的主要原因。
- 列举对保险监管产生重要影响的案例和法规。
- 列举监管保险公司的方法。
- 列举保险公司受监管的主要领域。
- 解释费率监管的目的,并列举不同类型的费率厘定规则。
- 比较州监管和联邦监管。
- 指出当前保险监管中存在的问题。
- 描述与保险公司破产有关的问题。
- 解释市场行为监管的目的。

25岁的伊万申请了房屋租赁保险,并向保险代理人支付了第一年350美元的保费。一天做晚饭时,伊万不小心在厨房里引发了一场油火,给租来的公寓造成了2万美元的损失。大火还烧毁了厨房总价值5 000美元的家具、盘子、器皿和食物。当伊万提出索赔时,他投保的保险公司以其房屋租赁保单从未签发为由拒绝付款。伊万向州保险部门提出诉讼后发现,其保险代理人并未将伊万的保险申请及保费汇给保险公司。经调查,州保险服务局吊销了保险代理人的执照,并以对代理人监管不力为由对保险公司处以罚款。州监管部门还建议保险公司赔偿火灾对出租公寓造成的损失及伊万的个人财产损失。

州保险服务局的一个重要职能是保护消费者的利益。在上面的例子中,州保险服务局帮助伊万解决了他和保险公司之间的理赔纠纷。为了保护消费者,州政府会对保险公司的市场行为进行管制。一些联邦法律也适用于保险公司。

本章将讨论保险监管的基本问题。所涉及的主题包括对保险公司进行监管的原因、监管保险公司的不同方法、监管的领域,以及州政府和联邦政府关于保险监管的持续争论。本章最后将讨论当前保险监管中存在的问题,并试图提出保险监管现代化的建议。

监管的原因

州政府对保险公司进行监管有多方面原因，包括：
- 保证保险公司的偿付能力；
- 弥补消费者知识存在的不足；
- 确保费率合理（即充分和公平）；
- 使保险具有可获得性。

保证保险公司的偿付能力

对于保证保险公司的偿付能力，保险监管是十分有必要的。有几个原因可以说明偿付能力的重要性。第一，保费预先支付，但保障期限却延伸到未来一个时期。保险公司如果破产，将无法支付未来的保险赔偿，那么预先支付的保费就毫无意义。因此，为了保证能够支付保险赔偿，必须对保险公司的财务能力进行严格监督。

强调偿付能力的第二个原因是，一旦保险公司破产，将无法支付保险赔偿，被保险人就会面临巨大的财务风险。例如，如果被保险人的房屋被一场飓风完全摧毁，而损失得不到赔偿，那么被保险人可能因此而处于财务危机之中。为了防止被保险人、受益人和第三方利益相关者的利益受损，必须加强对保险公司偿付能力的监管。

最后，当保险公司偿付能力不足的时候，就会引发一些社会和经济成本。例如，保险公司的雇员失去工作，向州政府支付的保费税会减少，以及人寿保险保单现金价值被"冻结"，保单持有人无法收回等。如果能够避免偿付能力不足，这些成本就可以降到最低。

保险公司的偿付能力是一个重要的问题，我们将在本章后面部分进行更详细的讨论。

弥补消费者知识存在的不足

弥补消费者知识存在的不足，也是监管之所以必要的原因之一。保险合同是包含复杂条款和规定的技术性法律文件。如果不对其进行监管，肆无忌惮的保险公司就会设计出限制性很强、教条化的合同，而这样的合同毫无价值。

此外，大多数消费者都没有足够的信息来比较和确定不同保险合同的货币价值。由于难以得到必要的保险报价和保单信息，很难对保费不同的不相似的保单进行比较。例如，不同汽车保险保单会在成本、保障范围、地理位置、承保标准以及保险公司在索赔和服务方面的声誉上存在很大差异。一般消费者会发现很难仅仅根据保费来判断保单的好坏。

如果没有充分的信息，消费者无法选出最好的保险产品，这会削弱消费者对保险市场的影响，也会弱化保险公司提高产品质量、降低价格的竞争动力。因此，监管所产生的效果必须与一个掌握充分信息的消费者在竞争充分的市场上购买产品的情况相同。

最后，由于一些代理人缺乏职业道德，而州政府颁发营业执照的门槛很低，因此，必须通过监管保护消费者，使其免受不道德的代理人的侵害。

确保费率合理

监管对于确保费率的合理性也很有必要。费率不应过高,以免消费者支付过高的价格;也不能过低,以免危及保险公司的偿付能力。在大多数保险市场中,保险公司之间的竞争能够保证费率不会过高。不过,事情并不常常如此。在一些保险公司数量较少的保险市场(例如,信贷和产权保险市场)中,需要通过费率监管保证消费者不会受到超额费率的侵害。一些保险公司在发生自然灾害之后,就会试图将费率提高到一个不合理的水平,从而弥补其承保损失。监管也要在这种情况下保护消费者的利益。

使保险具有可获得性

监管的另一个目标是让所有需要保险的人都能够获得保险保障。由于存在承保损失、费率不充分、逆向选择和其他一系列因素,保险公司往往不愿意为某类保险产品的所有申请人提供保险保障。然而,公众利益要求监管者采取措施以扩展商业保险市场,从而使保险更容易获得。如果商业保险公司无法或者不愿意提供必要的保障,那么就需要政府保险计划作为补充。

保险监管的发展历程

在这一部分,我们将简要回顾各州保险监管的发展历程。特别要注意的是那些对保险监管产生深远影响的具有里程碑意义的法律决议和法案。

早期的监管

保险监管的最初产生源自州立法机构向新保险公司颁发执照,批准它们的组织架构和经营活动。最初,新成立的保险公司需要遵守的监管要求很少,仅限于保险公司定期提交报告,并公开有关财务状况的信息。

州保险委员会的成立是保险监管发展的第二步。1851 年,新罕布什尔州成为第一个建立独立保险委员会来对保险公司进行监管的州,其他各州也紧随其后。1859 年,纽约创立了一家独立的管理机构,该机构的主管被赋予了很大的权力,可以颁发执照并进行调查。可以说,最初的保险监管是在州政府的管辖和监督下形成的。

保罗诉弗吉尼亚案

1868 年的保罗诉弗吉尼亚案(Paul v. Virginia)是一个里程碑式的案例,确定了州政府对保险的监管权。[①] 塞缪尔·保罗(Samuel Paul)是几个纽约保险公司在弗吉尼亚州的代理人,保罗因为未经许可就在弗吉尼亚州销售火灾保险而被罚款。保罗以弗吉尼亚州的法律违反美国宪法为由提起上诉。他说,由于保险是跨州的商业行为,只有联邦政府有权根据美国宪法的商业条款对保险进行监管。最高法院不同意这一说法,并裁定签发保单不

---

① 8 Wall 168,183 (1869).

属于跨州商业行为。因此,保险业不受宪法商业条款的约束。由此可见,保罗诉弗吉尼亚案的法律意义在于,该案肯定了保险并非跨州商业行为,并且是州政府,而非联邦政府,具有对保险的监管权。

在接下来的 76 年里,当各州对保险业进行监管时,联邦政府开始监管其他大多数行业。例如,1887 年通过了《州际贸易法》① (Interstate Commerce Act),以规范铁路行业的发展,要求运价合理;1890 年《谢尔曼反托拉斯法》② (Sherman Antitrust Act) 宣布垄断为非法行为;1914 年《克莱顿反托拉斯法》③ (Clayton Antitrust Act) 修正了《谢尔曼反托拉斯法》,以处理商业中的价格歧视、价格操纵和其他被宣布为不公平的行为;1936 年,《罗宾逊-帕特曼法案》④ (Robinson-Patman Act) 对《克莱顿反托拉斯法》进行了修订,进一步禁止价格操纵。根据保罗诉弗吉尼亚案的裁决,这些法律都不适用于保险业。

东南保险承保人协会案

保罗诉弗吉尼亚案认为保险不是跨州商业活动的判决,于 1944 年被美国最高法院推翻。**东南保险承保人协会**(South-Eastern Underwriters Association,SEUA) 是一家具有合作性质的费率厘定组织,它因操纵价格和其他违反《谢尔曼反托拉斯法》的行为而被判有罪。在美国政府起诉的东南保险承保人协会这一里程碑式案件中,美国最高法院裁定,保险一旦超出州界就是跨州商业行为,应当受到联邦政府(包括反托拉斯法)的监管。⑤ 美国最高法院的这一判决在保险界和州监管者当中引起了较大反响,导致了人们对商业费率厘定组织的合法性、州监管权和对保险业征税的合法性的质疑。

《麦卡伦-福古森法案》

为了消除东南保险承保人协会案后存在的困惑和疑虑,美国国会于 1945 年通过了《**麦卡伦-福古森法案**》(McCarran-Ferguson Act)⑥。《麦卡伦-福古森法案》声明,由州政府对保险业继续进行监管和征税符合公众利益。它还声明,联邦反托拉斯法对保险的适用范围仅限于州法律没有予以监管的保险业。因此,只要州政府监管有效,联邦反托拉斯法就不适用。然而,这种免除并非绝对的。例如,《谢尔曼反托拉斯法》禁止任何形式的联合抵制、胁迫、恐吓的行为或协议。在这些领域中,保险公司仍要遵守联邦法律。

目前,州政府仍然肩负对保险业进行监管的主要责任。然而,国会可以废除《麦卡伦-福古森法案》,使联邦政府具有保险业监管的最高权威。尽管面临来自一些政治家和消费者组织要求废除《麦卡伦-福古森法案》的强大压力,但国会至今仍然没有采取措施。我们将在本章后面部分对这一重要问题进行讨论。

《1999 年金融服务现代化法案》

《1999 年金融服务现代化法案》[Financial Modernization Act of 1999,也被称为《格

---

① Pub. L. 49 - 104;24 Stat. 379.
② 26 Stat. 209;15 U. S. C. Para. 1 - 7.
③ Pub. L. 63 - 212;38 Stat. 730;15 U. S. C. Sec. 12 - 27,29. U. S. C. Sec. 52 - 53.
④ Pub. L. 74 - 692;49 Stat. 1526;15 U. S. C. Sec. 13.
⑤ 322 U. S. 533 (1944).
⑥ Pub. L. 79 - 15;59 Stat. 33;15 U. S. C. Sec. 1011 - 1015.

拉姆-利奇-布利利法案》（Gramm-Leach-Bliley Act）〕对保险监管的几个领域产生了重大影响。早些时候，联邦法律阻止银行、保险公司和投资公司完全参与其核心业务领域之外的其他金融市场的竞争。该法案的结果是，保险公司现在可以收购银行，银行可以承保和销售证券，经纪公司可以销售保险，想要通过一个实体同时开展保险、银行和投资业务的公司可以据此组建新的控股公司。

该法案提供了对多个领域的监管，这导致监管过于复杂，监管过程中存在重合以及监管漏洞。其结果是，州保险服务局继续监管保险业，州和联邦银行监管机构监管银行和储蓄机构，证券交易委员会监管证券销售，美联储对银行参与高风险业务（例如承保和房地产开发）的附属机构具有广泛的监督权。结果，因为在州和联邦政府不同层面上的监管以及其间的监管职能交叉，对保险业的监管已经变得日益复杂。

《多德-弗兰克华尔街改革与消费者保护法案》

为了纠正金融服务业的弊端，美国国会于2010年颁布了《多德-弗兰克华尔街改革与消费者保护法案》（Dodd-Frank Wall Street Reform and Consumer Protection Act，简称《多德-弗兰克法案》）。该法案包含许多条款，包括：改革金融服务业；处理商业银行、投资公司、抵押贷款公司和信用评级机构的破坏行业稳定的行为；以及为消费者提供保护。该法案还设立了金融稳定监管局（Financial Stability Oversight Council，FSOC）及联邦保险办公室（Federal Insurance Office，FIO）。金融稳定监管局负责处理系统性风险，并确定可能增加经济系统性风险的非银行金融机构和保险公司。联邦保险办公室的职责包括监督保险业并向FSOC提出建议等。本章后面将更详细地讨论FSOC和FIO。

监管保险公司的方法

对保险公司的监管主要有三种方法：立法监管、法院监管和州保险服务局的监管。

立法监管

各州都有相关的保险法令对保险公司业务进行监管。这些法令监管内容包括：(1) 保险公司的组织形式；(2) 核发代理人和经纪人的营业执照；(3) 保证偿付能力的财务要求；(4) 保险费率；(5) 销售和索赔；(6) 纳税；(7) 保险公司停业整顿和清算。此外，还有保护消费者权益的法律，例如限制保险公司终止保险合同的权利以及提高保险可获得性的法律等。

保险公司也要受到一些联邦机构和法律的监管，这里只介绍几个。2010年颁布的《平价医疗法案》（也被称为《奥巴马医保法案》）对个人和团体医疗费用保单产生了重大影响。该法案禁止健康保险公司签发含有滥用条款的可能损害消费者利益的保单，且保险公司不能因医疗费用保险申请人的健康状况不佳或先前存在的疾病而提高其保险费率或拒绝其投保。联邦贸易委员会有权监管邮政保险公司在那些尚未获得展业批准的州的活动，证券交易委员会还制定了变额年金和变额寿险销售方面的监管规定，并有权决定保险公司证券向公众发售的事宜。《1974年员工退休收入保障法案》（Employee Retirement Income

Security Act of 1974，ERISA）也适用于保险公司的商业退休金计划。

法院监管

州和联邦法院定期宣布一些关于州保险法率是否违宪、保单条款和规定的解释以及州保险服务局采取的管理行为合法性等方面的决定。这样，各种法院的决议会在很大程度上影响保险公司的市场行为和经营情况。

州保险服务局的监管

包括哥伦比亚特区在内，美国所有州和领土内都设有独立的保险部门或监管局。保险监督官可以通过选举或州长任命产生，他们负责执行州保险法律。通过行政规定，州保险监督官对在该州内经营的保险公司有很大的影响力。保险监督官有权举行听证会、发布停业命令，以及撤销或暂停保险公司或代理人的营业资格。

各州的保险监督官隶属于一个重要的组织——**美国保险监督官协会（National Association of Insurance Commissioners，NAIC）**。美国保险监督官协会成立于1871年，该协会定期召开会议，讨论行业中需要立法或监管的问题。美国保险监督官协会是这样定义自己的：

> 美国保险监督官协会（NAIC）是美国保险业标准制定和监管组织，由来自50个州、哥伦比亚特区和5个美国地区的首席保险监管机构创建和管理。州保险监管机构通过美国保险监督官协会制定标准和实践准则，进行同行评议并协调监管监督。美国保险监督官协会成员齐心协力，代表了国内外国家监管机构的一致共识。并与美国保险监督官协会的核心资源一道，构成了美国以州为基础的保险监管体系。[①]

美国保险监督官协会起草了众多领域的法律范本，并建议州立法机构和保险部门采纳这些提议。尽管美国保险监督官协会没有法定权力来强制各州采纳其建议，但绝大多数州还是部分或全部地接受了这些建议。

哪些领域受到监管？

保险公司受到许多法律和规章的约束，管制的主要领域包括：
- 保险公司的组织形式和经营资格；
- 偿付能力监管；
- 费率监管；
- 保单格式监管；
- 展业和消费者保护；
- 保险公司纳税；
- 其他：网络安全。

---

① National Association of Insurance Commissioners（NAIC）. http://naic.org/index_about.htm，Accessed March 5，2018.

保险公司的组织形式和经营资格

所有州都对保险公司的组织形式和经营资格提出了一些要求。新设保险公司一般采用公司的组织形式。保险公司需要经州政府对其组织形式和存在合法性进行认可之后,才能获得公司营业执照或证书。

在公司设立之后,保险公司必须得到营业执照后才能从事保险业务。保险公司获取营业执照的要求要比其他新设公司严格得多。如果保险公司公开上市,必须满足最小资本金和盈余要求,而这些要求也根据所在州和保险公司从事的业务种类的不同而各异。新设立的相互保险公司必须符合最低盈利要求(而不是资本金和盈余的要求,因为它没有股东)和其他条件。

营业执照可以被颁发给本州的保险公司,也可以被颁发给其他州或国外的保险公司。**国内(州内)保险公司(domestic insurer)** 是指公司位于本州,其在本州和其他开展业务的州都必须持有营业执照。**州外保险公司(foreign insurer)** 是不属于本州的获得其他州颁发的营业执照的保险公司,此类保险公司必须获得在本州开展业务的执照。**外国保险公司(alien insurer)** 是在国外开设并注册的保险公司,也必须在领取营业执照之后才能够在该州开展业务。例如,奥马哈相互保险公司是一个位于内布拉斯加州的当地保险公司。在艾奥瓦州的奥马哈相互保险公司被认为是州外保险公司。相比之下,加拿大太阳生命保险公司在内布拉斯加州或任何其他美国的州运营时,都将被视为外国保险公司。

偿付能力监管

除了要满足最低资本金和盈余要求之外,保险公司还必须满足其他旨在保证偿付能力的财务监管要求。

法定资产 按照法律要求,保险公司在年度报告中要向监管机构提供一些财务报表。年度报告基于法定会计准则(SAP)。该准则有别于一般公认会计准则(GAAP)。

保险公司必须有足够的资产来冲抵其负债。根据法定会计准则,只有法定资产才能体现在保险公司的资产负债表中。**法定资产(admitted asset)** 是指出现在法定资产负债表中的决定其财务状况的资产。其他资产均为非法定资产。

大多数资产都属于法定资产。这些资产包括现金、债券、普通股和优先股、抵押贷款、房地产和其他合法投资。非法定资产包括逾期 90 天或更长时间的保费、办公设备和办公用品,以及一些超出法定限额的特定证券的投资额或持有量。非法定资产被排除在外,是因为其流动性存在不确定性。

准备金 准备金(reserve)是保险公司资产负债表中的负债项目,反映其未来需要偿付的债务。各州都对准备金的计算进行监管。第 7 章已经对准备金的计算方法进行了讨论。

盈余 盈余头寸也需要谨慎监管。**保单持有人盈余(policyholder's surplus)** 是保险公司资产和负债的差额。它在法定会计准则下的资产负债表中代表保险公司的净值。

在财产和意外保险中,保单持有人盈余非常重要,原因在于:第一,保险公司可以承接的新业务的数量受到保单持有人盈余数额的限制。一种比较保守的规则是:对于每 1 美元的保单持有人盈余,财产保险公司只能安全地承保 1 美元的新单净保费。第二,保单持有人盈余对于弥补潜在的承保或投资损失十分有必要。第三，保单持有人盈余还可被用于弥补随时可能出现的未决赔款准备金。

在人寿保险中，保单持有人盈余不那么重要，原因包括计算保费和红利时有大量有保障的利润，计算法定准备金时采用比较保守的利率假设，对投资的估值也很保守，有长期的稳健经营，以及有较低的巨灾损失的概率。

风险资本 为了降低偿付能力风险，人寿和健康保险公司必须达到美国保险监督官协会制定的法律范本所要求的风险资本标准。美国保险监督官协会已经为财产和意外保险公司制定了类似的法律范本。这里只讨论人寿保险公司的标准。

风险资本（risk-based capital，RBC） 意味着保险公司必须持有一定的资本，这取决于它们的投资和保险业务。保险公司监管者根据它们持有的资本与风险资本要求的相对数量对保险公司进行监管。例如，保险公司要投资低于投资级的公司债券（"垃圾债券"）就要比投资于国库券提留更多的资本。

人寿保险公司的风险资本要求基于对下面四种风险的考虑：

- 资产风险。资产风险是资产关联投资失败的风险，母公司必须持有相同数量的风险资本来为关联投资的财务损失提供保障。资产风险也代表了债券和其他债务资产投资失败以及权益（普通股）资产市场价值的损失。
- 保险风险。保险风险就是承保风险，反映了由于未来索赔数量的随机波动和不准确的定价（死亡情况发生波动的风险）而导致的需要用于支付超额索赔的盈余数量。
- 利率风险。利率风险反映了利率的变化可能导致的损失。一些保险产品的合约条款保证投保人在利率发生变化的时候可以从保险人那里撤回资金，所以利率变化对这种类型的保险产品的影响最大。例如，利率上升导致的资产支持债券的市场价值的下降，以及利率变化使保单持有人撤出资金所引发的流动性问题。
- 商业风险。商业风险代表了人寿保险公司面对的一般商业风险，比如保证金评估和管理不善导致的破产。

美国保险监督官协会要求对公司调整后的总资本和所需要的风险资本进行比较。调整后的总资本本质上是经过调整后的净值（资本减负债）。

如果保险公司调整后的总资本低于风险资本水平，则监管者和保险公司必须采取一些行动进行调控。寿险公司的矫正措施可概括为图表8-1。

图表8-1 寿险公司的矫正措施

风险资本占比	区间	要求采取的措施
125%以上	充分	无
100%~124%	警戒区	保险公司必须进行趋势测试
75%~99%	公司行为	保险公司向监管机构提交计划，明确矫正措施
50%~74%	监管行为	监管机构必须检查保险公司并强制采取矫正措施
35%~49%	审批控制	监管机构可能在必要时控制保险公司
低于35%	强制控制	监管机构必须控制保险公司

资料来源："Insurance Companies Risk-Based Capital Ratios," *The Insurance Forum*, Vol.39, No.8（August 2012），p.73, 2012.

风险资本要求的作用是对许多保险公司提出一个最低资本额，降低濒临破产的保险公司在被监管者查到之前就耗尽其全部资本的可能性。因此，其总体目的就是限制保险公司的财务风险，减少会导致破产的承保行为。实际上，绝大多数保险公司调整后的总资本会超过它们的风险资本要求。

投资　保险公司的投资类型、投资质量，以及可用于不同投资项目的总资产或盈余的百分比都将受到监管。监管的基本目的是防止保险公司进行可能威胁保险公司偿付能力和损及保单持有人利益的不合理投资。

人寿保险公司一般将资产分为两个账户。普通账户中的资产以有保证的固定美元收益为合同义务提供资金，例如传统的终身寿险。独立账户中的资产为投资风险产品的负债提供资金，如变额年金和私人养老金福利。州法律对普通账户中的资产类型进行了限制。由于人寿保险产品的长期性，它大多数投资于债券、抵押贷款和房地产；只有一小部分资产被投资于股票。相比之下，州法律对独立账户资产投资的限制通常较少。因此，2017年，独立账户中78%的资产被投资于股票。

财产和意外保险公司通常投资于普通股和优先股、免税市政债券和特种财政债券、政府债券和公司债券、现金以及其他短期投资项目。被投资于房地产的资产占总资产的比例相对较低（通常不到1%）。大多数资产被投资于流动性较高的证券，例如，高质量的股票和债券，而非房地产。这些资产可以在发生巨灾损失的时候被迅速销售出去，以偿付索赔。

分红政策　在人寿保险中，每年的经营利润可以以红利的形式向保单持有人发放，或者被累积到保险公司的盈余当中，以应付当前和未来的需要。许多州都限定了人寿保险公司允许累积的盈余的数量。这种限制旨在防止保险公司以牺牲保单持有人的利益为代价而积累大量盈余。

报告和检查　报告和检查可以被用于保证保险公司的偿付能力。每一个保险公司都必须向其开展业务的州的保险服务局提交年报。该报告向监管官员提供了关于资产、负债、准备金、投资、索赔支付、风险资本等方面的详细的财务信息。

保险公司也定期接受州保险服务局的检查。根据各州的情况，州保险服务局一般每3~5年会对保险公司进行一次或多次检查。然而，州监管部门有权在其认为有必要时随时对保险公司进行检查。获得许可的州外保险公司也需要定期接受检查。

保险公司清算　如果保险公司的财务状况恶化，那么州保险服务局就会接管该保险公司。经过适当整顿之后，保险公司可能成功地恢复营业或与其他保险公司合并。如果保险公司无法恢复营业或与资本状况较好的公司合并，那么根据州保险法律它就需要接受清算。

大多数州采纳了保险监督官协会1977年起草的《保险公司监管、整顿和清算的法律范本》（Insurers Supervision, Rehabilitation, and Liquidation Model Act）或其他类似的法律范本。该法律范本的制定旨在促进各州内部在破产保险公司和索赔偿付方面清算的统一性，同时为整顿和清算提供了一套完备的制度。

如果保险公司破产，那么可能有一些索赔仍未偿付。所有州都设有**保障基金（guaranty fund）**，用以偿付破产财产和意外保险公司的未偿付索赔。在人寿保险中，各州都颁布了担保法律，并成立担保协会来支付破产的人寿和健康保险公司的保单持有人的索赔。

评估法（assessment method）是筹集必要的资金以赔付未偿付索赔的主要方法。保险公司一般在发生资不抵债的时候都要接受评估。纽约州是个例外，因为它拥有一个永久的预评估基金，在财产和意外保险公司出现资不抵债情况之前对其进行评估。还有一些州设有工人补偿预评估基金。保险公司可以通过特别的州保费税的减免、州保障基金的返还和更高的保费来部分或全部弥补其被评估的金额。其结果是，纳税人和一般的公众间接支付破产保险公司应赔付的索赔。

保障基金限制了保单持有人在保险公司破产时可以得到赔偿的最高限额。例如，在人寿保险中，保障基金对现金价值可能设置 100 000 美元的限额，对年金合约设置 100 000 美元的限额，对所有保单的综合收益设置 300 000 美元的限额。在一些州，当一个在该州注册的保险公司破产的时候，基金不保护州外的居民。

费率监管

费率监管是一个重要的监管领域。第 7 章曾经提到，财产和意外保险费率必须充足，不能超额，也不能存在不公正的歧视行为。然而，费率监管标准远未统一。一些州根据保险的不同类型制定了超过一种费率厘定规则。费率厘定规则的主要类型包括[①]：

- 预先核准法；
- 修订的预先核准法；
- 报备使用法；
- 使用报备法；
- 弹性费率法；
- 州定费率法；
- 公开竞争法。

预先核准法 在**预先核准法**（prior-approval law）中，在费率应用之前必须先向州保险服务局报备并获得核准。在大多数州，如果费率在一定时期内（例如 30 天或 60 天）没有被驳回，就被认为是核准通过了。[②]

保险公司经常因为下面几个原因批评预先核准法。由于州保险服务局人手不足，往往会造成提高费率的申请被一再推迟。获批的费率提高可能不充分，而且费率的提高可能因为政治原因被否定。此外，州保险服务局所要求的用来支持费率提高的统计数字可能不易获得。

修订的预先核准法 在**修订的预先核准法**（modified prior-approval law）中，如果费率改变仅仅根据损失情况，保险公司必须向州保险服务局提交法律报告，费率可以立刻使用（即报备使用法）。然而，如果费率变化根据费率分类或支出关系而变化，那么就有必要预先对费率进行核准（即预先核准）。如果报备的费率不符合法规，州保险服务局在任何时候都可以否定这一费率。

报备使用法 在**报备使用法**（file-and-use law）中，保险公司只需要向州保险服务局报备使用的费率即可，且这一费率可以立刻使用。监管当局有权在后来报备费率违背州法律时否定该费率。这种方法克服了预先核准法中的时滞问题。

[①②] Marianne Bonner, "How Insurance Rates Are Regulated," The Balance of Small Business. https://www.thebalancesmb.com. Accessed November 13, 2018.

使用报备法 使用报备法（use-and-file law）是报备使用法的变体。在该方法中，保险公司可以立刻让费率的变更生效，但是所用费率必须在第一次使用后的一个时期（例如15～60天）内向监管机构报备。

弹性费率法 在弹性费率法（flex-rating law）中，只有费率上升或下降的幅度超过一定范围之后，才需要进行费率的预先核准。不需要预先核准的费率变化范围一般在5%和10%之间。弹性费率法的目的是让保险公司能够对变化的市场更快地做出反应，快速改变费率。

州定费率法 少数州对特定的保险产品实行**州定费率**（state-made rate）。州政府决定保险公司必须遵循的费率、形式和分类。然而，经州保险服务局批准，保险公司可以自由确定自己的费率。例如，佛罗里达州和得克萨斯州明确了州内产权保险公司为产权保险制定的费率。

公开竞争法 在公开竞争法（open-competition law），又称非报备法（no filing required）下，保险公司不需要向州保险服务局报备它们的费率，但是要向州保险官员提供费率表和支持数据。公开竞争的基本假设是，市场决定价格和可以购买的保险产品，而不是由监管官员的判断决定。

解除商业产品管制 许多州已经通过立法，不需要向州保险服务局报备核准其费率和大额商业账户的保单格式。在大多数州，这一立法适用于商业汽车保险、一般责任保险和商业财产保险等。解除商业保险产品管制的支持者认为，保险公司可以更快地设计新的产品以满足公司特定的保险需求；保险公司可以节省资金，因为在几个州都不需要向政府报备商业账户的费率和保单格式；风险管理师可以更快地获得某些类型的保障。

人寿保险费率监管 州保险服务局不直接对人寿保险费率进行监管。人寿保险费率的充足性通过间接监管获得保证，监管对法定准备金提出了最低要求。最低法定准备金会间接影响为保证死亡给付和支出所确定的费率。

保单格式监管

保单格式监管是保险监管的另一个重要领域。因为保险合同的技术性很强、很复杂，州保险监督官有权在合同向公众销售之前批准或否决其保单格式，其目的是防止误导、欺诈和存在不公正的条款。某些必要条款必须出现在大多数保险合同中。例如，在人寿保险合同中的必要条款，包括不可抗辩条款、自杀条款和宽限期条款。第12章将对这些条款进行介绍。

展业和消费者保护

保险公司的展业受到下面两种法规的监管：一是关于代理人和经纪人资格授予的法规；二是关于禁止诱导转保、折扣和不公平展业的法规。

代理人和经纪人资格 所有州都要求代理人和经纪人获得营业资格。根据销售保险类型的不同，申请人必须通过一门或多门笔试。其目的是确保代理人具备关于州保险法规和他们将要销售的合同的知识。如果代理人不合格或者不诚实，州保险监督官有权暂停或吊销其执照。

所有州都立法规定代理人需要接受继续教育。继续教育的要求是为了更新代理人的知识和技能。

不公平展业　保险法规禁止了大量不公平展业活动，包括误导、诱导转保、折扣、欺诈或虚假广告、不公平的理赔以及歧视等。州保险监督官有权制止保险公司的不公平展业活动以及欺诈性广告。保险公司会被罚款，收到禁令，在严重的情况下，保险公司的执照会被暂停或吊销。

诱导转保　所有州都禁止诱导转保。**诱导转保**（twisting）是诱导保单持有人放弃现有保单，并用一份只能带来很少或没有任何经济利益的新保单作为替代。诱导转保法规主要适用于人寿保险保单，目的是保护保单持有人免受因用另一份保单取代原有人寿保险保单而带来的财务损害。

所有州都对诱导转保行为进行了监管，以帮助保单持有人在人寿保险保单置换方面做出明智的决策。这些规定的前提是，现有保单的置换并不符合保单持有人的最大利益。例如，必须预先支付新的佣金和费用，必须满足新的不可抗辩条款和自杀条款，由于保单持有人购买时年龄较大而不得不支付较高的保费。然而，在一些情况下，置换保单在财务考量上是合理的。不过，一些保险公司的某些代理人的欺诈性展业行为已经导致人寿保险保单置换对保单持有人造成财务损害。

折扣　大部分州都禁止折扣。**折扣**（rebating）是给个人提供保费优惠或在保单中未声明的其他优惠，诱使投保人购买该保单。一个很明显的例子就是把代理人的佣金部分地退还给保单持有人。反折扣法的基本目的是，通过防止一个被保险人接受与另一个人相比并不公平的价格优惠，确保所有保单持有人均享受公平的对待。

但是，消费者群体认为反折扣法对消费者构成伤害。批评者认为：(1) 折扣会加剧价格竞争，并降低保险费率；(2) 现有的反折扣法保障了代理人的收入而不是消费者的利益；(3) 保险购买者没有权利与保险代理人就价格进行协商。

投诉部门　州保险服务局一般会设立一个投诉部门或者专门处理消费者投诉的机构。该部门将会对投诉做出调查，并尽量要求被投诉的保险公司或代理人做出回应。大多数消费者的投诉都涉及索赔问题。保险公司可能拒绝支付索赔，或者对支付数额提出异议。尽管州保险服务局对投诉做出了回应，但是它们一般没有直接的权力命令保险公司支付有争议的索赔。不过，如果消费者觉得自己受到保险公司或代理人的不公正待遇，还是应该向州保险服务局打电话或者写信。在汽车保险争议方面尤其应当如此，因为这一领域比其他领域的投诉率高得多。

出版物和资料　州保险监管机构一般会向消费者提供各种出版物和资料，这些出版物在保险监管机构的网站上也可以看到。出版物提供了关于人寿、健康、汽车、屋主和长期医疗保险以及其他保险产品的大量信息。许多州也在网上公布关于汽车和屋主保险的费率信息，使消费者能够进行成本比较。

保险公司纳税

保险公司需要支付地方、州和联邦的税收。两个重要的税种是联邦所得税和州保费税。保险公司基于复杂的公式和联邦立法机构与美国国内收入署建立的规则支付联邦所得税。州政府也要求保险公司就其从投保人那里收取的总保费缴纳保费税，例如已收取保费的2%。

保费税的主要目的是为州带来收入，而不是为保险监管提供资金。许多州保险服务局的经费不足，只能分得所征收保费税的一小部分。州监管的批评者认为，如果希望让州监管变得更有效率，必须向保险监管工作投入更多的资金。

大多数州也通过了影响保费税和其他税的**报复性税收法规**（retaliatory tax law）。报复性税收是对在州管辖范围内经营的州外保险公司征收的州保费税。其征税方式与州外保险公司注册所在州对在其管辖内经营的州内保险公司的征税方式完全相同。例如，假设内布拉斯加州的保费税是2%，艾奥瓦州是3%。如果在内布拉斯加州注册的保险公司需要就其在艾奥瓦州的业务支付3%的保费税，而在内布拉斯加州经营的注册于艾奥瓦州的保险公司也必须为其在内布拉斯加州的业务支付3%的税，即使内布拉斯加州的税率是2%。报复性税收法规的目的是保护本州的保险公司免受其开展业务的州所征收的超额税费。

其他：网络安全

各州还通过了与保险公司的组织形式和经营资格有关的杂项条例。这些规定大多是程序性的，涉及成立保险公司的个人所需的资格、会计和审计、资产保管等问题。然而，一个新兴领域值得专门讨论：网络安全。任何电子系统中维护的数据都会受到来自"黑客"的各种威胁，包括：

- 盗窃。窃取的数据可以被黑客利用（例如，盗用知识产权、客户名单等），也可以被转售给使用数据进行身份盗窃的其他人。获得权限进入金融账户的黑客也可能盗用资金。
- 赎金。在支付赎金之前，保险公司无法登入系统。
- 恶意篡改。有些人入侵他人计算机是为了发表政治声明，或是因为他们喜欢给别人带来痛苦。

保险公司的运营离不开用于维护投保人信息、费率厘定、会计、投资、营销和许多其他目的的数据。可以说，保险业是世界上计算机化程度最高的行业之一。为了履行保护公众信息安全的使命，美国保险监督官协会于2017年10月24日通过了《保险数据安全示范法》（Insurance Data Security Model Law）。[1] 该法部分基于纽约法，为保护保险公司数据和在发现数据泄露时提供快速通知做出了重要示范。

州监管与联邦监管

在过去超过70年的时间里，关于州政府和联邦政府的监管问题已经在专业文献中被广泛讨论，保险监管者和公共政策专家均参与其中，但是，州政府一直是监管主体。然而，本章讨论的这一问题和其他公共政策问题并非一成不变的。我们所有人都应该认真思考这些问题。在制定保险或任何其他领域的公共政策时，相较于成本而言，权衡这些建议的好处是很重要的。如何在实现有效监管目标的同时又不产生新的或更严重的问题？什么样的监管结构最适合我们的社会？只有当严肃的、有献身精神的个人在民主制度中行使公

---

[1] National Association of Insurance Commissioners (NAIC). http://naic.org/index_about.htm, Accessed March 5, 2018. Insurance Data Insurance Security Model Law: http://www.naic.org/store/free/MDL-668.pdf.

民的权利和义务时,问题才会得到解决,我们才能找到更好的前进道路。在阅读以下关于联邦和州法规监管的主要优势的讨论时,请仔细考虑这些想法。

联邦监管的优势

批评者认为,现有的监管体系不仅有漏洞、过于复杂、成本较高,而且存在大量的重叠和双重监管。支持强化联邦在保险监管中的作用的主要观点包括:

- 各州法律和监管的统一。联邦监管可以促进各州法律和监管的统一。这有助于降低成本,并促进新产品更快得到推广。在现有体制下,保险公司如果在全国范围内开展业务,必须符合51个独立司法体系的法律和监管规定,而这会造成大量的时间和成本的浪费。

- 在国际保险协议商洽方面更有效率。另一种观点是,在保险监管领域国际保险协议的商洽方面,联邦监管将更有效果。2010年,美国国会颁布《多德-弗兰克法案》以纠正金融服务业存在的问题。该法案推动了联邦保险办公室(Federal Insurance Office)的成立。联邦保险办公室有权代表美国与其他国家讨论和商洽包括保险监管在内的问题。联邦监管官员可以设计外国保险公司进入美国经营所需遵守的标准和规则,同时也可以作为美国监管机构的唯一代表参与国际保险协议的商洽。

- 应对系统性风险更有效率。支持者相信,在识别和应对系统性风险方面,联邦监管比各州监管更有效率。**系统性风险(systemic risk)**是指整个体系或整个市场的崩溃,即单一实体或实体中的一个部分的经营失败导致整个金融体系的崩溃。2007—2009年的经济衰退是美国历史上第二严重的衰退,仅次于20世纪30年代的大萧条。此次衰退在很大程度上是由大型商业银行、投资公司、抵押贷款公司和其他金融机构的行为导致的系统性风险的增加造成的。在那段时间,美国经济经历了极为严重的金融崩溃和股票市场的疯狂下跌。许多美国人的毕生积蓄被洗劫一空或者大幅减少;失业率达到历史高点;经济和货币体系几近彻底毁灭的边缘;房地产市场崩溃,断供增加;超过100家商业银行和金融机构倒闭或者被其他公司兼并,并导致信用紧缩和信贷市场的低迷;商业银行和部分保险公司销售了成百上千亿美元的未被监管到的复杂金融衍生品,从而导致全球投资者蒙受巨额损失;州和联邦政府对金融服务行业(包括保险公司)的分散监管被证明是不充分和不健全的。支持者认为,联邦监管者可以更有效地识别和应对金融服务部门的系统性风险,包括保险行业新出现的系统性风险。

- 提高保险公司的经营效率。另一种观点认为,联邦监管会使保险公司经营更有效率。全国性的保险公司只需要与唯一的联邦政府打交道,而不是大量的各州保险监管部门。同时,联邦监管机构将不太容易屈服于行业的压力,特别是对于那些反映地方保险公司观点的问题。

州监管的优势

州监管的支持者们提出了一些有说服力的反驳意见,主张继续由州监管保险业。州监管的主要优势包括:

- 能对地方保险问题做出更快的反应。州监管的支持者认为,保险问题因地域差异而有较大不同,州监管机构可以比联邦监管机构更快地解决这些问题。州保险机构可以迅速采取措施解决投保人的投诉，并迅速纠正保险公司违背州立法律的不当行为。相比之下，批评者认为，联邦监管者没有做好充足准备以迅速应对这些地方层面出现的问题。

- 双重监管导致成本上升。批评者认为，联邦监管会导致双重保险监管，而这会显著提升监管成本。每个州都将有两个独立的监管体系，即现有体系和新的联邦监管体系。其结果是，保险公司和联邦政府都将在向新体制转型过程中产生高额的过渡成本。投保人和纳税人不得不为额外的联邦监管层支付更多的费用。
- 联邦监管效率偏低。批评者认为，联邦政府过去的监管效果并不好，尽管存在缺陷，但州监管仍优于联邦监管。例如，批评者指出：联邦政府对银行业的监管不力，导致了在2007—2009年的经济衰退中有超过100家银行和其他金融机构破产或被兼并；正如后文有关"保险监管的现代化"一节所述，被认为是造成金融危机主要原因的美国国际集团就是主要受联邦监管，而其受州监管的保险子公司在金融危机中均未受到影响；20世纪80年代，1 000多家储蓄和贷款机构的倒闭是由联邦监管质量低下所致。同样，批评者认为，联邦政府对铁路、航空和货运业的监管破坏了竞争。联邦监管阻碍了某些行业的进入，强化了大企业的市场控制力，在监管者和被监管者之间建立了过于亲密的关系。
- 通过美国保险监督官协会促进法律的统一。州监管的拥护者认为，法律的统一可以通过法律范本和保险监督官协会的推动来实现。通过采用法律范本的方式，不同州的法律可以实现适度统一。然而，很多政策研究者相信，即使存在保险监督官协会的法律范本，各州法律和监管也仍然存在大量的差异，并将继续使得合规和管理成本高昂、效率低下。
- 能提供更多的创新机会。支持者认为，州监管为保险监管创新提供了很多机会。一个州可以单独进行创新尝试，如果创新失败，也只有这一个州受到影响。相反，联邦监管如果出现问题，会影响所有州。
- 有利于克服联邦监管的不确定性。州监管的支持者认为，州监管已经存在，其优势和不足都已经很好地显现。而联邦监管对消费者和保险业的金融和经济影响还未能很好地掌握。此外，修改或撤销有缺陷的联邦法律或监管规定需要通过国会，因此会产生大量成本且浪费时间。特殊利益集团可能会游说反对监管变革，而所提变革措施最终得以施行往往需要数月甚至数年的时间。

州监管的不足

州监管的批评者，包括多个国会委员会、美国审计总署（Government Accountability Office，GAO）和消费者专家对州保险监管的效果进行了评估，发现其存在如下明显的缺点：

- 对消费者保护不够。批评者认为，州保险服务局在判断消费者是否在保险给付、费率厘定和不公平歧视保障等方面受到不公正对待上没有建立制度化的程序。此外，保险产品及其定价机制的复杂性使得消费者难以进行比较购买。
- 在处理投诉方面有待改进。尽管各州提供了每个公司的投诉率（投诉与保费的比率）数据，但这些信息无法很好地与公众分享。许多消费者并不知道保险监督官协会的网站提供了关于保险公司投诉率的信息。
- 对市场行为的检查不充分。市场行为检查是指保险服务局对索赔处理、核保、投诉、广告和诸如此类的商业行为的检查。我们在许多市场行为检查报告中都发现了严重的缺陷。有关市场行为的监管问题，我们将在后面有关"市场行为监管"一节中更详细地讨论。

- 关于保险可获得性的研究只在部分州展开。许多州目前都没有对州内的财产和意外保险的可获得性是不是一个严重问题进行研究。
- 监管者可能对保险行业反应过度。州监管广为人知的另一个缺点是，许多州的监管当局在政策决策、规则制定和监管中可能对保险业反应过度。许多人在成为各州监管官员之前都曾经从事保险行业。在大多数州，州保险官员在监管机构工作几年离职后，会受雇或重新受雇于保险公司，并担任高级管理人员。批评者认为，州保险官员在位时就与保险行业保持了密切联系，而且经常不顾消费者的利益制定有利于保险公司的政策。关于州保险官员能否在关乎保险消费者和保险行业利益的法令和监管规则方面保持公正、客观是存在争议的。

对于如何确保州保险官员能够更多地追求客观和公正，消费者们提出了大量建议。这些建议包括[1]：

- 在施行任命制的各州，政府应该避免任命保险行业人员担任州保险官员。
- 在施行选举制的各州，州政府应当禁止保险公司为保险监督官员候选人提供资助。
- 美国保险监督官协会应当禁止有监管机构工作经历的保险行业从业人员游说其以前的同事。
- 美国保险监督官协会应当禁止有监管机构工作经历的人员在离职一年内接受保险机构的聘用。

《麦卡伦-福古森法案》的废除

如前所述，《麦卡伦-福古森法案》赋予州保险服务局监管保险业的主要责任，同时也提供了有限的对联邦反托拉斯法的豁免。由于州监管不足，大量的公众和政治力量支持废除《麦卡伦-福古森法案》。

州监管的批评者提出了废除这一法案的一些论点，它们包括：

- 保险业不再需要广泛的联邦反托拉斯法的豁免。批评者认为，州行为条例已经得到了充分发展，并得到最高法院的认可。州行为条例对一些联邦反托拉斯法豁免的行为已经以州法律的形式对其进行了规定。由于允许保险公司采取的行动已经明确，联邦反托拉斯法的豁免已不再有必要。此外，其他行业并没有享受联邦反托拉斯法的豁免，保险行业也不应例外。
- 由于州监管存在不足，所以需要联邦监管。批评者认为需要联邦制定最低标准以保证保险定价中不存在歧视，并确保重要的财产和意外保险保障具有充分的可获得性，以及消除对被保险人收取的不公平的或过高的差别费率。

然而，许多保险公司和保险集团认为废除《麦卡伦-福古森法案》会对保险业和公众产生损害，它们提出了支持其观点的例证：

一是保险业已经充满了竞争。现在有超过 2 500 个财产和意外保险公司以及近 800 个

---

[1] Hersch, Warren S., "Consumer Watchdog: Most NAIC Commissioners Have Industry Ties," *The National Underwriter*, *Life & Health*, March 22, 2011.

人寿保险公司在竞争业务。

二是小型保险公司将受到伤害。由于小型保险公司无法根据其有限的损失和费用情况制定准确的费率,因而无法参与竞争。这样,小型保险公司可能倒闭或被大型保险公司兼并。最终,一小部分大型保险公司会最终控制这些业务,而这正好与废除《麦卡伦-福古森法案》的初衷背道而驰。

三是保险公司可能被禁止开发相同承保范围的保单。这个问题可能导致保险购买者所需要的保障得不到充分满足,还会导致保单持有人和保险公司之间的诉讼不断增加。而且,如果使用非标准保单,被保险人也很难知道哪些属于保障范围、哪些属于免责范围。

当前保险监管存在的问题

保险业是整个金融服务业的一部分,在讨论监管时不应将其割裂开来。当前保险监管存在的主要问题包括:
- 保险监管的现代化;
- 保险公司破产;
- 市场行为监管。

保险监管的现代化

批评者指出,保险行业监管必须实现现代化,并且要尽快提上日程。他们认为,对金融服务业的管制已经被破坏,州和联邦政府监管者只看到了极为复杂的监管体系的一部分。监管者对由他们监管的行业总是很宽松,现行体制下对保险公司的监管有严重的监管漏洞和不足。有必要彻底清查和重构现有的金融服务监管体系,其中也包括保险行业。

对目前以州为基础的保险监管体系持支持态度的人士认为情况恰恰相反。其主张是:保险业太过重要,因此不能只剩下一个监管者;当前的体系在各个州的监管者之间达成了一种"良性张力",这实际上使整个体系变得更好。[1]

前面曾经提及,在2007—2009年,美国经历了仅次于20世纪30年代大萧条的史上第二严重的经济衰退。尽管保险业普遍经受住了金融危机的冲击,但业务遍及全球的大型保险控股公司——美国国际集团(AIG)却因非保险业务遭受了巨大损失。美国国际集团金融产品公司在伦敦的子公司出售了数十亿美元的复杂信用违约掉期,这些金融工具造成的损失最终致使整个美国国际集团宣告破产。美国国际集团的主要监管机构是联邦储蓄机

---

[1] Therese M. Vaughan, Ph. D., SA, ACAS, MAAA, CPCU, CEO, National Association of Insurance Commissioners. "State Insurance Regulation: An Island of Calm in a Turbulent Financial Sea." National Association of Insurance Commissioners, 2009.

构监管署（Office of Thrift Supervision，OTS）。"值得注意的是，根据2000年《商品期货现代化法案》（Commodities Futures Modernization Act），信用违约掉期不受监管，这使得美国商品期货委员会（U.S. Commodity Futures Trading Commission）和各州都无法监管这些金融工具。"[1] 最终，联邦政府以联邦贷款和股权的形式将大量纳税人的钱注入该公司，将美国国际集团拉出泥潭，从而减轻了全球经济衰退的影响。没有数据表明美国国际集团受州监管的保险子公司曾受到损害。

《多德-弗兰克法案》和保险监管

如前所述，国会2010年颁布了《多德-弗兰克法案》，以纠正金融服务业存在的问题，并提出处理商业银行、投资公司、抵押贷款公司和其他金融机构问题业务的条款。该法案催生了金融稳定监管局（Financial Stability Oversight Council，FSOC），以应对系统性风险并确认包括保险公司在内的可能增加经济系统性风险的非银行金融机构。

金融稳定监管局

金融稳定监管局有权处理系统性风险，并将非银行金融机构（包括保险公司）归类为系统重要性金融机构（systemically important financial institution，SIFI）。回顾一下，系统性风险是指整个体系或整个市场的崩溃，即单一实体或实体中的一个部分的经营失败导致整个金融体系的崩溃。一些非银行金融机构规模庞大、实力强大，如果其倒闭，将有可能导致美国金融体系的大面积崩溃。如果金融稳定监管局认为一个金融公司具有系统重要性，则该公司将被视为非银行系统重要性金融机构。因此，系统重要性金融机构集团受到更严格的监管，现在由美联储（Federal Reserve）监管。

2014年，美国国际集团（AIG）、通用电气资本公司（General Electric Capital Corporation）、保诚金融（Prudential Financial）和大都会人寿（MetLife）四个美国保险公司因其系统重要性而被列入"全球"名单。如今，没有一个美国保险公司被列为SIFI。[2]

联邦保险办公室

《多德-弗兰克法案》还推动了联邦保险办公室（FIO）的设立。联邦保险办公室的主要职责如下：(1) 监控保险业的各个领域；(2) 查找保险监管漏洞和可能导致系统性风险的问题；(3) 协助金融稳定监管局识别可能造成系统性风险的保险公司；(4) 代表联邦政府参与保险监管国际性讨论；(5) 就保险监管相关的国际协议与其他国家进行磋商。联邦保险办公室不是保险监管者，各州仍然是监管主体。然而，当各州法律与协商通过的国际协议产生冲突时，或者当对外国保险公司与美国保险公司存在差别待遇时，联邦保险办公室的权力优先于各州监管机构。

---

[1] Joel Ario, Insurance Commissioner, Pennsylvania Insurance Department. Testimony of the National Association of Insurance Commissioners. Before the Subcommittee on Capital Markets, Insurance and Government Sponsored Enterprises. Committee on Financial Services United States House of Representatives, Regarding: "American International Group's Impact on the Global Economy: Before, During and After Federal Intervention." March 18, 2009.

[2] Financial Stability Oversight Council: https://www.treasury.gov/initiatives/fsoc/designations/Pages/default.aspx. Accessed November 13, 2018.

保险监管现代化建议

《多德-弗兰克法案》要求联邦保险办公室研究并上报该法案颁布后的保险监管情况，联邦保险办公室于2013年12月发布了有关保险监管现代化建议的报告。[①] 该报告建议了一种混合型保险监管模式，既包括州监管的近期改革，也包括联邦政府对某些监管领域的直接参与。

国家层面的改革 联邦保险办公室就州一级的近期改革提出了以下建议：

- 重大偿付能力决策。对于具有自由裁量性质的重大偿付能力监督决策，各州应制定程序，使相应州监管机构率先获得其他州监管机构的同意。
- 偿付能力监管的一致性。为提高偿付能力监管的一致性，各州应建立独立的美国保险监督官协会金融监管标准认证程序审查机制。
- 向自保公司转移风险的透明度。各州应制定统一且透明的向自保公司转移风险的程序。自保公司是保险公司的子公司，其目的是为母公司的损失敞口投保，降低保费，更易获得再保险及有利的税收优惠。
- 最佳实践标准。以州为基础的偿付能力和资本充足率规定应趋向于最佳实践和统一标准。最佳实践一词被定义为一种方法或技术，这种方法或技术始终显示出优于其他方法的结果，并可作为基本准则。
- 基于准则的储备金制度。各州应推动实施基于准则的储备金制度。这是一种新的计算寿险保单准备金的方法。它基于风险分析和风险管理技术，比目前"一刀切"的方法更能准确地反映人寿保险和年金风险。各州还应制定统一的准则，以监督基于准则的储备金制度。
- 公司治理。各州应制定保险公司治理原则，根据保险公司的规模和结构的复杂性，对公司董事和高级管理人员的品格和适配性提出要求。
- 集团监管。在联邦政府对保险集团控股公司缺乏直接监管的情况下，各州应继续发展集团监管的方式，并解决单一实体监管的不足。
- 监管组织会议。为使集团监管更加有效，州监管机构应持续关注保险监管组织会议。**保险监管组织会议（supervisory college）**是保险监管或监督机构的会晤，讨论的主题是对在其他司法管辖区承保大量保险的特定保险集团进行监管。
- 州保障基金。各州应通过并实施统一的投保人追偿规则，使投保人无论居住在何处，都能从州保障基金中获得相同的最大利益。

联邦直接参与保险监管的领域 联邦保险办公室还就联邦直接参与保险监管提出了以下建议：

- 抵押贷款保险公司。应制定并实施针对抵押贷款保险公司的联邦标准和监管。
- 对待再保险公司的统一标准。为了在全美国范围内实施对待再保险公司的统一标准，财政部和美国贸易代表应根据美国保险监督官协会起草的《再保险信贷示范法律法规》（Credit for Reinsurance Model Law and Regulation），就再保险抵押品要求达成**适用协**

[①] Federal Insurance Office, U. S. Department of the Treasury, *How to Modernize and Improve the System of Insurance Regulation in the United States*, December 13, 2013.

议（covered agreement）。
- 大型国内和国际保险公司的财务稳定状况。联邦保险办公室应参与保险监管组织会议（定义见前文），以监督大型国内和国际保险公司的财务稳定状况，并明晰此类保险公司监管中的问题或缺陷。对于2013年《全国注册代理人和经纪人协会改革法案》（National Association of Registered Agents and Brokers Reform Act）应予以通过，并由联邦保险办公室监督其执行情况。
- 军人汽车保险。联邦保险办公室将继续与联邦机构、州监管机构和其他各方合作，为美军定制个人汽车保险保单，并在各州范围内强制执行。
- 费率监管。联邦保险办公室将与州监管机构合作，建立费率监管试点项目，力求最大限度地提高销售个人保险产品的保险公司数量。
- 个人信息。联邦保险办公室将研究和上报个人信息用于保险定价和承保目的的方式。
- 美洲原住民。与原住民和部落领袖协商，以提高他们的购买力。
- 非常规产品税的征收。《多德-弗兰克法案》要求各州简化非常规产品的纳税，并决定是否有必要在近期由联邦采取行动，联邦保险办公室将继续监督各州在执行这些条款方面的进展。

适用协议 正如2013年《保险监管现代化报告》中最初建议的那样，联邦保险办公室每年上报其为在美国和欧盟之间就审慎保险和再保险要求达成"适用协议"所做的工作。该协议于2017年签署，涉及保险监管的三个领域：（1）来自美国和欧盟的再保险公司在对方管辖区运营时，取消保证金和经营实体要求；（2）美国国内监管机构仅为美国和欧盟保险集团（通常为控股公司）提供监管；（3）鼓励美国和欧盟监管机构签订信息共享协议。

选择性联邦特许制

保险监管的另一种方法是采取选择性联邦特许制（optional federal charter）。美国寿险协会和美国保险协会建议以选择性联邦特许制取代现行的州监管体制。① 根据美国寿险协会的建议，寿险公司有权选择接受联邦或州政府特许权。规模较小的地方性保险公司可能倾向于选择州政府特许权，而全国性保险公司可能倾向于选择联邦特许权。支持联邦特许权的主要观点是，全国性保险公司在现行监管体制下处于弱势。许多新的寿险产品属于投资产品。当全国性保险公司在全国范围内与银行及股票经纪公司进行竞争时处于劣势。由于各州法律的差异和不连贯性，新产品需要两年之久才能够获批。联邦特许权将有助于大型保险公司加速发展，提高新产品的报批速度，并使其在全国范围内更具竞争力。

然而，大多数行业协会、产业集团和消费者强烈反对联邦特许权，并提供了以下相反的观点：
- 如前所述，这种制度将导致双重保险监管体系。这将显著提升保险监管成本。两套体系间将产生交叉重叠。
- 新的联邦监管机构将有权凌驾于各州法律之上。联邦监管机构可能会发布与现有

---

① American Council of Life Insurers, *Modernizing Insurance Regulation*, January 2009.

各州法律相抵触的监管规定。这会导致保险公司和投保人在究竟适用哪个州的法律方面产生不确定和迷惑。

- 有些消费者群体相信,有必要对州一级的现金价值产品进行监管以保护消费者。他们认为,联邦特许权可能会产生"底线竞争",如果保险公司获得联邦层面的特许权,消费者保护标准会进一步降低。

保险公司破产

保险公司**破产**(insolvency)是保险监管的另一个重要问题。偿付能力是指保险人履行长期财务义务的能力。来自美国保险保障基金委员会的数据显示,自从保证金体制于1968年成立,约有600个财产和意外保险公司破产。[①] 寿险和健康保险保障协会全国组织(National Organization of Life and Health Insurance Guaranty Associations)报告指出,自20世纪70年代初以来,共有80个跨州经营的人寿和健康保险公司破产,加上小型、单一州或地区经营的保险公司共有326个破产。[②] 近年来,由于采取保守的财务管理政策,破产的保险公司越来越少。根据贝氏公司的数据,2016年有9个公司破产,而2017年仅有1个公司破产。[③]

比较私人养老金计划和保险公司发行年金的历史会有一个有趣的发现:从2008年到2015年,在大约22 000个推行单一雇主养老金计划的保险公司中,有931个宣告破产;而在460个发行年金的寿险公司中,无一破产。[④]

偿付能力不足的原因

保险公司破产有很多原因。主要原因包括理赔的准备金不足、费率不充分、过快的增长和盈余不足、管理失败和欺诈、投资失败、子公司出现问题、虚报资产、巨额损失以及再保险公司无力赔付。

当保险公司出现偿付能力不足或者财务问题的时候,各州监管机构必须采取相应的措施。正确的管理方式是让保险公司恢复健康状态。如果无法恢复,保险公司可能被强制清算或者被健康的保险公司收购。其他可能采取的监管措施包括撤销执照、下达停止及制止令以及限制保险公司自由开展业务的其他措施。

如果保险公司破产,而你的保单未支付理赔会怎么样?你的保单可能会被卖给另一个保险公司,未支付的理赔会由州保障基金赔付。然而,大型保险公司破产后,所有理赔都

---

① National Conference of Insurance Guaranty Funds. http://www.ncigf.org/media-facts. Accessed March 5, 2018.

② National Organization of Life and Health Insurance Guaranty Associations, Testimony for the Record before the House Financial Services Subcommittee on Insurance, House and Community Opportunity, November 16, 2011.

③ A. M. Best Special Report. October 31, 2017. Provided by Alabama Department of Insurance.

④ National Organization of Life and Health Insurance Guaranty Associations, "Consumer Protection Comparison: The Federal Pension System and the State Insurance System." May 22, 2016. https://www.nolhga.com/resource/code/file.cfm?ID=2559.

完成可能要好几年的时间，而且并不会全额赔付。

偿付能力现代化计划

美国保险监督官协会（NAIC）的偿付能力现代化计划（Solvency Modernization Initiative，SMI）始于2008年，是对美国保险偿付能力法规的一次重要自我审查。该项目于2013年完成，主要审查内容包括：保险监管、银行监管、国际会计准则的国际发展及其在美国的可能应用情况。[①]

偿付能力现代化计划有几个重要组成部分：(1) 财务条件，(2) 风险管理，(3) 公司管理，(4) 集团监管，(5) 再保险，(6) 法定会计和财务报告。由于篇幅的限制，对每一部分的详细论述超出了本书的范畴。下面主要将重点放在确保保险公司偿付能力的基本方法上。

确保偿付能力的方法

确保保险公司偿付能力达标的主要方法包括：

- **财务条件约束**。保险公司必须达到的财务条件在各州之间都有差异，例如最低资本金、盈余要求、基于风险的资本标准，以及对损失准备金的评估。
- **风险资本标准**。前文提及，保险公司必须达到美国保险监督官协会根据法定模型计算出的风险资本标准。递增的资本要求有助于防止偿付能力不足。
- **准备金率**。寿险公司必须满足现金价值寿险保单中有关保单准备金（也称法定准备金）计算的某些法定要求。同样，财产和意外保险公司必须满足有关损失准备金、未到期保费准备金和其他准备金计算的法定要求。
- **投资限制**。所有州对保险公司可以开展投资的类型都有限制。人寿保险公司投资于普通股和优先股、债券、抵押贷款、房地产和保单贷款。为了提高偿付能力，法定要求限制了可投资于不同投资的资产或盈余的百分比。其基本目的是防止人寿保险公司做出威胁公司偿付能力和损害投保人利益的不良投资。同样，财产和意外保险公司也必须符合有关允许投资的法定标准。财产和意外保险公司通常投资于免税市政债券和一般收入债券、普通股和优先股、政府和公司债券以及短期投资。如前所述，与人寿保险公司相比，财产和意外保险公司投资于房地产的资产比例相对较小，因此若发生巨灾损失，必要时公司可以迅速出售资产。
- **年度财务报告**。有些年度财务报告必须按照既定格式提交各州保险监管部门，并提供关于签约保费、支出、损失、投资和其他方面的信息。保险监管官员会对财务报告进行评估。
- **现场检查**。州立法律要求保险公司必须定期接受检查，如每三到五年。美国保险监督官协会负责协调对在多个州开展业务的保险公司的检查。
- **预警系统**。美国保险监督官协会管理的预警系统被称作保险监管信息系统（Insurance Regulatory Information System，IRIS）。财务比率和其他报告均被用来形成该系统的

---

① 参见前文脚注，以及http://www.naic.org/cipr_topics/topic_solvency_modernization_initiative.htm. Accessed May 30, 2018。

年度报告信息。基于对这些信息的评估，监管机构可以迅速地对保险公司进行评价，或找到需要关注的目标。然而，这个系统并不十分完美。财务比率并不能识别出所有有问题的保险公司。该系统也筛选出越来越多的保险公司，其中有一些不需要立刻给予监管关注。

- **FAST系统**。美国保险监督官协会采用了财务分析及清偿能力追踪（Financial Analysis Solvency Tracking，FAST）系统，对需要进一步分析的保险公司进行排序。不同的分值被用来表示不同财务比率区间内的结果，然后将这些分值加总起来得到每个保险公司的FAST得分。根据它们的FAST分值，一些保险公司会被优先给予监管关注。

市场行为监管

对市场行为的监管是另一个重要的监管问题。**市场行为（market conduct）**是指保险公司及代理人与被保险人、索赔人或消费者之间的营销互动行为。主要包括推销保单、投放保险产品广告、承保和评级、收取保费、保单续期和终止、保单变更、理赔等活动。

监管机构担心保险公司和代理人的某些行业做法或行为可能对投保人、受益人、索赔人和保险消费者产生不利和不公平的财务影响。例如，销售不适宜的保险产品；谎报承保范围；销售施压；费率过高、不公平歧视或不反映投诉率；拒绝合法索赔、拒绝不基于可接受承保标准的申请；不当终止保单。

联邦保险办公室在其关于保险业监管现代化的报告中，就保险公司和代理人的市场行为监管提出了以下建议：

- 婚姻状况。各州应评估婚姻状况是否可作为承保或评级的适当考虑因素。
- 产品批准。为了提高各州对保险产品的认可度，各州均应加入州际保险产品监管委员会（Interstate Insurance Product Regulation Comission，IIPRC），并扩大受批准的产品范围。国家监管机构应精简和完善对商业保险产品的监管，并推动制定国家标准格式和条款。
- 向合适的购买者出售年金。为了保护美国各地的消费者，各州都应采用美国保险监督官协会起草的《年金交易适用性示范条例》（Suitability in Annuities Transactions Model Regulation）。
- 市场行为监管。各州应改革市场行为检查和监督做法。州监管机构应（1）按照美国保险监督官协会市场监管手册进行市场行为检查，（2）在向保险公司发出检查请求之前，向其他监管机构征求信息，（3）为市场行为检查人员制定标准和程序，（4）根据客观标准制定一份经批准的市场行为审查员名单。
- 费率调节。各州应监测不同费率监管方法的影响，以确定最能促进个人保险消费者市场竞争的监管做法。
- 风险分类。各州应（1）制定适当使用个人保险额度定价数据的标准，（2）研究和报告个人信息用于保险评级和承保目的的方式，（3）将监管范围扩大到向保险公司提供保险信用评分的第三方机构，这些第三方机构为在承保和评级中使用保险信用评分的保险产品提供评分。保险信用评分用于汽车保险，基于申请人的驾龄、年龄、性别、地区、婚姻状况和信誉积分。保险信用评分的影响显著。一些研究表明，保险信用评分低的申请人可能会支付 40% 或更多的汽车保费。专栏 8.1 对**保险信用评分（credit-based insurance scores）**做了更详细的介绍。

专栏 8.1

保险信用评分的利与弊

保险信用评分的分值从申请人的信用历史推导得出，并与其他因素相结合。根据保险分值，申请人可能被拒绝投保或适用较高的费率类别。

根据申请人的信用记录进行保险评分存在争议。支持者认为：

- 申请人的信用记录和未来索赔情况之间有很强的关联性。精算公司蒂林哈斯特（Tillinghast）的精算研究表明，保险分数和损失率之间有 99% 的相关性，损失率是索赔成本与所收保费的比率。[a] 研究显示，信用记录不好的申请人会比那些信用记录较好的申请人提交更多的汽车或屋主保险索赔。保险评分提高了保险公司准确预测未来索赔情况的能力。

- 保险评分将使消费者受益。联邦贸易委员会的研究得出结论：保险评分让保险公司可以更加精确地评估风险，使其更愿意为那些高风险的消费者承保，否则这些消费者将无法投保。结果是，高风险投保人支付较高的保费，低风险投保人支付较低的保费。[b]

- 大多数消费者的信用记录良好并能够从信用评分中获益。信用记录良好的消费者可以享受较低的费率或者获得那些难以获得的保障。保险公司认为超过 50% 的保单持有人会因为良好的信用记录而支付较低的保费。[c]

然而，保险评分的批评者则提出了下面相反的观点：

- 核保或费率厘定中对信用数据的使用会造成对特定群体的歧视。批评者指出：非裔美国人和移民在信用评分最低的人群中占了绝大多数，并因此支付了较高的保费。他们还指出：保险信用评分会伤害某些群体。这些群体包括难以获得信用的低收入人群；无法支付其账单的失业人群；因病或丧失劳动能力而逾期支付每个月的信用卡账单的人群；有孩子的女性户主家庭，这些女性没有得到子女抚养费用，或者支付发生拖延；不使用信贷而使用现金购买保险的申请人。

然而，保险公司否认保险信用评分对那些群体有歧视，因为保险公司在核保过程中不考虑收入、种族或民族背景等因素。得克萨斯保险服务局研究发现信用评分和索赔之间存在很强的关联性，但却没有证据表明核保中的收入、种族或民族背景等问题对少数族群或社会经济群体产生了任何不同或不公平的影响。正因如此，在个人保险产品核保中允许使用信用数据的费率厘定计划中，所有处境相同的个人，不管其收入、种族或民族背景等方面的差异如何，投保汽车或屋主保险所收取的保费完全相同。[d]

此外，一份来自联邦贸易委员会的报告得出结论：信用得分并不能简单地与种族及民族相联系。[e] 类似地，美联储对信用的研究认为，信用得分并不能代表种族、民族或性别。[f] 其他关于类似问题的研究会进一步澄清这些问题。

- 保险信用评分方法在经济衰退期间会不公平地惩罚消费者。在 2007—2009 年的严重经济衰退期间有成百上千万的工人失业；许多屋主无法偿付其抵押贷款；数百万屋主失去了他们的房屋；破产数量猛增；许多失业工人发生了巨额信用卡债务，或者以较高的利率从非传统贷款人那里获得资金。所有这些因素都对保险评分产生了负面影响。批评者认为，消费者已经受到经济衰退的巨大影响，而因为保险信用评分的原因使他们支付更高的保费，从而蒙受第二次惩罚显然是残酷的和有失公平的。

  a. "Credit Scoring," *Issues Updates*, Insurance Information Institute, September 2014.

  b. Federal Trade Commission, *Credit-Based Insurance Scores*: *Impacts on Consumers of Automobile Insurance*, *Report to Congress by the Federal Trade Commission*, July 2007.

  c. "Credit Scoring," *Issues Updates*, Insurance Information Institute, September 2014.

  d. Robert P. Hartwig, *No Evidence of Disparate Impact in Texas Due to Use of Credit Information by Personal Lines Insurers*, Insurance Information Institute, January 2005.

  e. Federal Trade Commission, *Credit-Based Insurance Scores*: *Impacts on Consumers of Automobile Insurance*, *Report to Congress by the Federal Trade Commission*, July 2007.

  f. Board of Governors of the Federal Reserve System. *Report to the Congress on Credit Scoring and Its Effects on the Availability and Affordability of Credit*, August 2007.

 案例应用

  阿什利（Ashley）是一位精算师，受雇于内布拉斯加州保险服务局。她的职责包括监督在内布拉斯加州开展业务的保险公司的财务状况。根据对保险公司提交的年度财务报表的分析，她发现，相互人寿保险公司的风险资本率是75%。根据这一信息回答如下问题：

  a. 要求保险公司满足风险资本要求的目标是什么？

  b. 内布拉斯加州保险服务局应该对相互人寿保险公司采取怎样的监管措施？

  c. 如果相互人寿保险公司的风险资本率下降为30%，请你回答b中的问题并对你的答案做出解释。

  d. 相互人寿保险公司将其资产的25%投资于普通股。假设股票被销售，接着投资于美国政府债券。如果有影响，那么这种投资的改变会对相互人寿保险公司的风险资本产生怎样的影响？解释你的答案。

本章小结

- 对保险公司进行监管的原因包括：
  - 保证保险公司的偿付能力；
  - 弥补消费者知识存在的不足；
  - 确保费率合理；
  - 使保险具有可获得性。
- 保险行业主要由州监管机构进行监管。《麦卡伦-福古森法案》声明，由州政府对保险业继续进行监管和征税符合公众利益。
- 用于监管保险业的三种主要方法是：

- 立法监管；
- 法院监管；
- 州保险服务局的监管。
- 监管的主要领域包括：
  - 保险公司的组织形式和经营资格；
  - 偿付能力监管；
  - 费率监管；
  - 保单格式监管；
  - 展业和消费者保护；
  - 保险公司纳税；
  - 其他：网络安全。
- 财产和意外保险费率必须充分、合理（不能过高），也不能存在不公平的歧视行为。费率厘定法规的主要类型包括：
  - 预先核准法；
  - 修订的预先核准法；
  - 报备使用法；
  - 使用报备法；
  - 弹性费率法；
  - 州定费率法；
  - 公开竞争法。
- 保险公司必须基于毛保费支付州保费税。主要目的是增加州政府的收入，而不是为了给保险监管提供基金。
- 由州监管还是由联邦监管是一个充满争议的问题。得到认可的联邦监管的主要优点包括：
  - 各州法律和监管的统一；
  - 在国际保险协议商洽方面更有效率；
  - 应对系统性风险更有效率；
  - 提高保险公司的经营效率。
- 州监管的优势包括：
  - 对地方保险问题做出更快的反应；
  - 双重监管导致成本上升；
  - 联邦监管效率偏低；
  - 通过美国保险监督官协会促进法律的统一；
  - 能提供更多的创新机会；
  - 有利于克服联邦监管的不确定性。
- 批评者认为州监管有一些严重的缺陷，包括：
  - 对消费者保护不够；
  - 在处理投诉方面有待改进；
  - 对市场行为的检查不充分；

- 关于保险可获得性的研究只在部分州开展；
- 监管者可能对保险行业反应过度。
- 废除《麦卡伦-福古森法案》的观点包括：
  - 保险业不再需要广泛的联邦反托拉斯法的豁免；
  - 由于州监管存在不足，所以需要联邦监管。
- 支持《麦卡伦-福古森法案》的观点包括：
  - 保险业已经充满了竞争；
  - 小型保险公司将受到伤害；
  - 保险公司可能被禁止开发相同承保范围的保单。
- 保险监管当前存在的几个问题包括：
  - 保险监管的现代化；
  - 保险公司破产；
  - 市场行为监管。

重要概念和术语

法定资产	外国保险公司	评估法
适用协议	保险信用评分	国内（州内）保险公司
报备使用法	弹性费率法	《格拉姆-利奇-布利利法案》
州外保险公司	《1999年金融服务现代化法案》	保障基金
破产	市场行为	《麦卡伦-福古森法案》
修订的预先核准法	美国保险监督官协会（NAIC）	公开竞争法
保罗诉弗吉尼亚案	保单持有人盈余	预先核准法
折扣	准备金	报复性税收法规
风险资本（RBC）	东南保险承保人协会（SEUA）	州定费率
保险监管组织会议	系统性风险	诱导转保
使用报备法		

复习题

1. 解释为什么要对保险业进行监管。
2. 简要解释下列法律案件和立法对保险公司监管的意义：
   a. 保罗诉弗吉尼亚案；
   b. 东南保险承保人协会案；
   c. 《麦卡伦-福古森法案》；
   d. 《1999年金融服务现代化法案》。
3. 解释对保险公司进行监管的主要方法。
4. 指出由州保险服务局实施监管的保险公司的主要经营领域。
5. 简要描述费率厘定法律的主要类型。
6. 解释州法律禁止的下列代理人行为：
   a. 诱导转保；
   b. 折扣。
7. a. 解释支持联邦对保险业进行监管

的主要观点。

b. 解释支持州政府对保险业进行监管的主要观点。

c. 阐述州监管的缺点。

8. a. 解释支持撤销《麦卡伦-福古森法案》的主要观点。

b. 解释反对撤销《麦卡伦-福古森法案》的主要观点。

9. 指出监管者用于监督保险公司偿付能力的主要方法。

10. 联邦保险办公室（FIO）为保险监管现代化提出了许多建议。简要描述 FIO 对以下各项的建议：

a. 州一级的改革。

b. 联邦政府直接参与监管。

c. 市场行为监管。

应用题

1. 金融服务公司是一个向退休人群销售年金产品的大型人寿保险公司。公司精算师设计了一种信贷年金合同，该合同将终身年金收益与良好的长期家庭医疗服务相结合。金融服务公司想在 50 个州将其产品推向市场，该公司面临一家全国性商业银行的竞争。后者正在努力向社会保障受益人销售类似的产品。金融服务公司的首席执行官相信，如果公司获得联邦的许可，新的年金产品将会被更有效率地推向市场，但是董事会的几个成员认为难以获得联邦授权。

a. 在当前的州监管体制下，金融服务公司在将新的年金产品推向市场的时候将面临哪些监管障碍？

b. 假设金融服务公司能够获得联邦特许。解释它在将新的年金产品推向市场的时候，联邦特许将给金融服务公司带来的优势。

c. 解释反对联邦特许的主要观点。

2. 奥珀尔今年 75 岁，她持有一份现金价值为 35 000 美元的 60 000 美元普通人寿保险保单。奥珀尔想知道疗养院长期医疗的成本。一家全国性人寿保险公司的新的代理人劝她将 35 000 美元转为递延年金。代理人告诉奥珀尔，该年金终身支付收益，而且也允许她在进入疗养院时候取出 35 000 美元而不需要支付罚金。在保单出单后，奥珀尔有 10 天的时间改变主意。在犹豫的时候，奥珀尔的一个朋友看了这份保单。通过分析这份保单，她的朋友发现，每年取出现金价值的 10% 是不收取罚金的，任何超出的部分都要被收取 7% 的费用。此外，收入支付开始于 10 年之后，也就是从奥珀尔 85 岁开始。奥珀尔向州保险服务局投诉了这个代理人。调查显示，这个代理人也类似地误导了其他消费者。

a. 根据上面的事实，指出该代理人的违法行为。

b. 州保险服务局将对这个不诚实的代理人采取什么措施？

c. 州保险服务局将对人寿保险公司采取什么措施？

3. 尽管汽车保险公司在内布拉斯加州注册，但是被授予了在 10 个州销售汽车保险的资格。每个州适用的税率都不相同。有 5 个州执行预先核准法，有 2 个州执行报备使用法，剩下的 3 个州执行弹性费率法。汽车保险公司承保状况不佳，需要提高其费率。

a. 解释上面的每一种费率法怎样被运用于汽车保险公司。

b. 指出汽车保险公司在采用预先核准法的州提高费率可能会遇到的问题。

数字资源

网络资源

参考文献

第9章
基本法律原理

> 完全相信有关律师的说法是没有必要的,因为有些可能不是真实的。
> ——杰拉尔德·F. 利伯曼(Gerald F. Lieberman)

 学习目标

学习完本章,你应当能够:

- 解释损失赔偿原则及实际现金价值规则如何隐含于损失赔偿原则中。
- 说明可保利益原则的性质和目的。
- 解释代位求偿原则及其目的和特例。
- 解释最大诚信原则。
- 解释告知、隐瞒与保证这些法律概念怎样体现最大诚信原则。
- 阐述形成一份有效保险合同所需的基本条件。
- 说明保险合同与其他合同的区别。
- 解释代理法律以及它如何影响保险代理人的行为。

詹姆斯今年45岁,有酗酒和吸毒等不良嗜好。在过去20年的时间里,他因酒驾和滥用药物被捕30多次,并曾因粗野驾驶、酒后驾驶(driving while intoxicated,DWI)和无证驾驶而被执行90天以下的短期监禁。在另一起事故中,他因酒驾重伤另一名驾驶者,被判处三年有期徒刑。詹姆斯搬到其他州后,在申请汽车保险时向保险公司隐瞒了自己恶劣的酒后驾车犯罪情况,并声称自己只收到过一张在禁止停车区停车的罚单。保险公司随后为其签发了汽车保单。几周后,詹姆斯又卷入了一起车祸。他被控酒后驾驶,并在撞毁另一名驾驶人的车辆后逃离事故现场。詹姆斯的保险公司在调查后,因其隐瞒酒后驾驶犯罪记录及在提出申请时对几个关键事项的虚假陈述而拒绝为其支付索赔。

正如詹姆斯的经历所揭示的,保险法律的作用只有在人们蒙受损失之后才会显现出巨大的效果。当购买保险的时候,人们希望在蒙受损失时获得赔偿。保险法律和合同条款决定了人们是否获得保障以及将得到多少赔偿。保险合同是复杂的法律文本,同时反映了一般法和保险法的特点。因此,人们应该对构成保险合同基础的基本法律原理有清晰的认识。

在这一章,我们将讨论作为保险合同基础的基本法律原理、有效保险合同的法律条件以及保险合同区别于其他合同的法律特征。本章最后对代理法律及其在保险代理人中的应

用进行了总结。

损失赔偿原则

在保险领域，损失赔偿原则是最重要的法律原理之一。**损失赔偿原则（principle of indemnity）**指保险公司的赔偿金额不得超过被保险人的实际损失价值。换言之，被保险人不应当从损失中获利。大多数财产和意外保险合同都遵循这一原则。当保险责任范围内的损失发生时，保险公司的赔偿不应该超过实际损失的价值。然而，损失赔偿原则也并不意味着一切保险责任范围内的损失都会得到全额赔偿。由于免赔额、最大赔偿金额及其他合同条款的限制，赔偿额可能会低于实际损失。

损失赔偿原则有两个基本目的。第一个目的是阻止被保险人通过索取赔偿而额外获利。例如，克里斯汀为她的房屋购买了价值300 000美元的保险，结果发生了50 000美元的部分损失，如果赔偿300 000美元给她，那就违反了损失赔偿原则，她将从保险赔偿中获利。

第二个目的是减少道德风险。如果能够从赔偿中获利，那么不诚实的保单持有人就会为了获得保险金而故意制造损失。如果赔偿额不超过实际损失，那么不诚实的可能性将会降低。

实际现金价值

实际现金价值的概念隐含于损失赔偿原则中。在财产保险中，确定赔偿金额的基本方法是确定损毁财产在受损时的实际现金价值。法院确定实际现金价值的方法包括以下三种：

- 重置成本减去折旧；
- 公平市场价值；
- 广泛证据原则。

重置成本减去折旧 根据这条原则，**实际现金价值（actual cash value）**被定义为重置成本减去折旧。这条原则通常被用来确定财产保险中财产的实际现金价值。它既考虑了通货膨胀的影响，又考虑了随时间变化财产的折旧。重置成本是指在当前情况下，用相同种类和质量的新材料修复损毁财产所需的成本。折旧是对资产随时间推移而产生的物理损耗以及经济价值的减少所做的扣除。

例如，萨拉喜欢的沙发在一场大火中被烧毁了。假设她5年前买了这张沙发，折旧了50%，相同的沙发现在需要花费1 000美元。按照实际现金价值原则，萨拉将会获得500美元的赔偿额。这是因为，重置成本为1 000美元，折旧为500美元或50%。显然，如果保险公司按照完全重置价值赔偿萨拉1 000美元，就违反了损失赔偿原则，因为她将获得一张新沙发而不是用了5年的旧沙发。简而言之，500美元是对使用了5年的沙发的损失的赔偿额。具体的计算公式如下：

重置成本＝1 000美元

折旧＝500美元（沙发折旧了50%）

实际现金价值＝重置成本－折旧

500 美元＝1 000 美元－500 美元

公平市场价值 一些法院规定使用公平市场价值来确定某项损失的实际现金价值。**公平市场价值**（fair market value）是指在自由市场中，买卖双方在自愿的基础上达成的令双方满意的价格。

一幢房屋的公平市场价值也许低于按重置成本减去折旧的方法计算得到的实际现金价值。导致这种差异的原因包括房屋的地理位置偏僻、周围环境糟糕或缺乏经济价值。例如，在都市中，老居民区的大型住宅的市价远远低于重置成本减去折旧。如果一项损失发生了，公平市场价值能够更准确地反映损失的价值。有这样一个案例，按照实际现金价值原则，一幢价值为 170 000 美元的房屋在损失发生时的市场价值仅为 65 000 美元。法院规定依据公平市场价值原则，房屋的实际现金价值为 65 000 美元，而不是 170 000 美元。①

广泛证据原则 许多州现在运用广泛证据原则来确定一项损失的实际现金价值。**广泛证据原则**（broad evidence rule）是指在确定实际现金价值时，应该将专家用于确定财产价值的一切相关因素考虑进去。这些相关因素包括重置成本减去折旧、公平市场价值、财产预期收入的现值、类似财产的销售、评估师的意见以及许多其他因素。

财产保险采用实际现金价值原则，其他保险则适用另外的原则。在责任保险中，保险公司所支付的赔偿额不得超过被保险人因为给他人造成身体伤害或财产损失而负有法律责任所需要付出的赔偿额；在企业收入保险（business income insurance）中，当企业因保险责任范围内的事故而破产时，保险公司的赔偿额通常等于利润的损失加上后续相关费用；在人寿保险中，被保险人死亡后，赔偿额为保单的面值。

损失赔偿原则的特例

损失赔偿原则的特例包括以下几种情形：
- 定值保单；
- 定值保单法；
- 重置成本保险；
- 人寿保险。

定值保单 损失赔偿原则的第一个特例是定值保单。**定值保单**（valued policy）是指当完全损失发生后，保险公司按保单的面额支付保险金的保单。定值保单多用于承保古董、珍贵艺术品、稀有画作以及家传珍宝。由于在损失发生时很难确定这些物品的实际价值，在保单第一次签发时，需要保险公司与被保险人共同确定标的物的价值。例如，你从曾祖母那里继承了一只珍贵的古董钟表。这只钟表可能价值 10 000 美元，你为其投保了 10 000 美元。如果这只钟表在一场大火中完全损坏，你将获得 10 000 美元的赔偿，但这 10 000 美元不是损失发生时的实际现金价值。

定值保单法 损失赔偿原则的第二个特例是定值保单法。② **定值保单法**（valued policy

---

① *Jefferson Insurance Company of New York v. Superior Court of Alameda County*，475 P. 2d 880（1970）.

② 实行定值保单法的有阿肯色州、加利福尼亚州、佛罗里达州、佐治亚州、堪萨斯州、路易斯安那州、明尼苏达州、密西西比州、密苏里州、蒙大拿州、内布拉斯加州、新罕布什尔州、北达科他州、俄亥俄州、南卡罗来纳州、南达科他州、田纳西州、得克萨斯州、西弗吉尼亚州、威斯康星州。

law）存在于部分州中，它规定：如果该法中的特定风险造成不动产发生全部损失，被保险人将获得相当于保单面额的赔偿额。定值保单法中所规定的特定风险因州而异。在一些州只包括火灾，在另外一些州则包括火灾、闪电、风暴、龙卷风，也有一些州包括一切保险责任中的灾害形式。另外，定值保单法基本上只适用于不动产，而且必须是完全损失。例如，保险金额为 600 000 美元的一栋建筑物实际现金价值为 400 000 美元。如果一场火灾导致了建筑物的完全损失，赔偿额应为 600 000 美元。在这种情况下，因为被保险人获得的赔偿大于实际现金价值，所以违背了损失赔偿原则。

  定值保单法的最初目的是防止因代理人故意超额投保以获得更高佣金而导致被保险人与保险公司发生争执，保护被保险人的利益。如果建筑物被超额投保，发生完全损失后，若按照实际现金价值进行赔偿，保险公司支付给保单持有人的赔偿额可能会少于其所缴纳的保费。不过，定值保单法的重要性正逐渐下降，因为通货膨胀对财产价值的影响已经使超额投保不再成为一个问题。相反，现在保额不足成了一个更大的问题，因为它不仅导致保险公司的保费不足，而且导致对被保险人的保护也不足。

  尽管其重要性有所下降，定值保单法依然有一定的适用范围。此外，这一规则的运用会导致超额投保和道德风险的增加。大部分建筑物在投保之前没有被仔细检查过，如果保险公司没有带着评估的目的对建筑物进行考察，就可能出现超额投保与道德风险。被保险人可能不太关心防灾减损工作，甚至故意造成损失来获得保险收益。虽然定值保单法为保险公司在怀疑欺诈行为存在时提供了保护，但是举证责任却落在保险公司身上。例如，有这样一个流传已久的案例，投保人为一栋准备以 1 800 美元价格出售的房屋投保了火灾保险，保险金额为 10 000 美元。6 个月后，一场大火完全烧毁了这栋房屋。保险公司因为被保险人不正确的告知和欺诈而拒绝承担赔偿责任。最后法院裁定保险公司按保单的面额进行赔偿，因为在保单签订时没有任何外来因素阻碍保险公司对财产进行考察以确定其价值。被保险人对房屋价值的说明只是他个人意见的表达，并不是对事实的证明，所以不构成欺诈。[1]

  重置成本保险 重置成本保险是损失赔偿原则的第三个特例。**重置成本保险**（replacement cost insurance）在决定损失赔偿额时不扣除折旧。例如，假设你家的屋顶已经建成 5 年，有效使用期为 20 年。一场龙卷风毁坏了屋顶，当前的重置成本为 20 000 美元。根据实际现金价值原则，你只会得到 15 000（＝20 000－5 000）美元的赔偿。在重置成本保险的情况下，你将会得到 20 000 美元的全额赔偿（减去适当扣除项）。由于你获得的是一个全新的而不是使用了 5 年的屋顶，所以违背了损失赔偿原则。

  重置成本保险建立在按实际现金价值赔偿仍然会导致被保险人蒙受实质损失的基础上，因为很少有人会为折旧编制预算。在上面的例子中，由于屋顶有 1/4 的折旧，你将不得不自己花费 5 000 美元来将其修复。为了解决这些问题，我们可以购买重置成本保险来保障我们的房屋、建筑物、企业和私人财产。

  人寿保险 损失赔偿原则的第四个特例是人寿保险。人寿保险合同不是关于损失赔偿的合同，而是一种如果被保险人死亡，保险公司将按事先规定的数额赔偿给受益人的定值保单。很显然，损失赔偿原则很难被运用到人寿保险中，因为在衡量人类生命的价值时，

---

[1] *Gamel v. Continental Ins. Co.*，463 S. W. 2d 590（1971）.

实际现金价值原则（重置成本减去折旧）是毫无意义的。而且，为了达到个人或公司的目的，比如每个月要向死者的赡养对象支付一笔钱，那么死者必须在死亡前购买过一定数量的人寿保险。因为以上原因，人寿保单是损失赔偿原则的又一个特例。

可保利益原则

可保利益原则是另外一个重要的法律原理。**可保利益原则（principle of insurable interest）**是指如果一项责任范围内的损失发生，被保险人必须是经济利益受损的一方。例如，你对自己的汽车具有可保利益，这是因为如果汽车被损坏或被盗，你的经济利益将受到损害。你对自己的个人财产，比如汽车、手机、书籍、衣物，都具有可保利益，这是因为如果这些财产遭到损坏，你的经济利益将受到损害。

可保利益原则的目的

所有的保险合同若要具有法律效力，都必须有可保利益的支持。保险合同必须得到可保利益支持的原因如下[①]：

- 防止赌博；
- 减少道德风险；
- 确定财产保险中的损失额。

首先，可保利益原则对于防止赌博行为来说是必要的。如果没有可保利益的要求，这个合同将具有赌博性质，危害公众利益。例如，你能对其他人的财产投保，并期望那些财产蒙受损失而从中获利。同样，你可以对其他人的生命投保，期望他们尽早死亡并从中获利。这类合同明显是赌博合同，并会危害公众利益。

其次，可保利益原则可以减少道德风险。如果没有可保利益的要求，不诚实的人将能够为他人的财产购买保险，然后故意制造损失以获益。然而，如果被保险人自己要承担经济损失，那么制造损失将不能获得任何收益。因此，道德风险将会减少。在人寿保险中，对可保利益的要求减少了为获取保险金而谋杀被保险人的动机。

最后，在财产保险中，可保利益原则可以被用来确定被保险人的损失额。大多数财产保险合同遵循损失赔偿原则，确定赔偿额的方法之一就是被保险人的可保利益。如果赔偿额不超过被保险人的可保利益，则意味着遵循了损失赔偿原则。

可保利益示例

这部分将讨论几个可保利益的例子。不过，现在就将财产与责任保险中的可保利益与人寿保险中的可保利益区分开来是有益的。

财产与意外保险 财产所有权可以产生可保利益。这是因为，财产遭到破坏或被摧毁，财产所有人的经济利益将受到损害。

---

① Edwin W. Patterson, *Essentials of Insurance Law*, 2nd ed. (New York: McGraw-Hill, 1957), pp. 109-111, 154-159.

潜在的法律责任也可以产生可保利益。例如，干洗店对顾客的财产具有可保利益。干洗店对因自己的疏忽造成的顾客商品的损坏负有法律责任。

担保债权人对抵押的财产同样具有可保利益。提供房屋贷款的商业银行或抵押贷款公司对房屋具有可保利益。房屋充当贷款的抵押品，如果房屋遭到损坏，贷款的抵押品价值就会减少。向企业提供存货贷款的银行对商品存货具有可保利益，因为这些货物是贷款的担保物。

最后，契约权也可以产生可保利益。一个企业签约从国外购买货物，前提条件是货物安全运抵美国。这个企业对这批货物具有可保利益，因为如果货物没有送达，公司将损失利润。

人寿保险 当你为自己购买人寿保险时，不存在可保利益的问题。法律认为，无论什么时候，只要一个人自愿为自己购买人寿保险，就可以达到可保利益的要求。因此，在服从保险公司关于单个人最高保额的核保原则下，只要你能支付得起保费，就可以购买足够多的人寿保险。而且，当你为自己投保人寿保险时，你可以指定任何人作为受益人。受益人不需要对你具有可保利益。[①]

然而，如果你想为他人购买人寿保险，你必须对那个人的生命具有可保利益。亲密的家庭或婚姻关系可以满足人寿保险中的可保利益要求。例如，丈夫可以为妻子购买人寿保险，并被指定为受益人。同样，妻子也可以为丈夫购买人寿保险，并被指定为受益人。祖父、祖母可以为孙子、孙女购买人寿保险。不过，远房亲戚关系不产生可保利益。例如，堂兄弟姐妹之间不能互相购买人寿保险，除非存在金钱关系。

如果存在**金钱（经济）利益**［pecuniary（financial）interest］，则可以满足人寿保险中的可保利益要求。即使没有血缘或婚姻关系，一个人也可能因为他人的死亡而蒙受经济损失。例如，一个公司可以为一个杰出的销售人员购买人寿保险，因为如果这个销售人员死亡，公司的利润可能会下降。生意的一方合伙人可以为另一方投保，如果他或她死亡，则可以用人寿保险收入来补偿因丧失合伙人而带来的损失。

什么时候必须存在可保利益？

在财产保险中，损失发生时可保利益必须存在。有这个要求是由于以下两个理由：第一，大部分财产保险合同都是损失赔偿合同。如果在损失发生时不存在可保利益，被保险人就不会产生任何经济损失。因此，如果进行赔偿，就违背了损失赔偿原则。例如，如果马克将他的房子卖给苏珊，在房屋保险被取消前，一场火灾发生了，马克将不能获得保险赔偿，因为他不再对房屋具有可保利益。苏珊也不能获得保险赔偿，因为在这份保单上，她未被指定为被保险人。

第二，在合同最初签订时，你对财产可能没有可保利益，但是在未来可能的损失发生时你具有可保利益。例如，在海洋运输保险中，在轮船出发之前通过合同对货物进行保险是很常见的。不过，直到货物作为被保险人的财产被装上轮船后，保单才会生效。尽管最

---

① 得克萨斯州是个例外。保险利益在合同到期时也必须存在。参见 Adam S. Beck (Editor) and Jamie P. Hopkins (Editor), *McGill's Legal Aspects of Life Insurance*, 10th ed. (Bryn Mawr, PA: The American College, 2016), p. 4.13.

初签订合同时并不存在可保利益,但如果损失发生时你对这些货物具有可保利益,你也可以获得赔偿。

相反,在人寿保险中,可保利益的要求必须而且只能在保单开始时得到满足,而不是被保险人死亡时。[1] 人寿保险不是损失赔偿性合同,而是一种定值保单,在被保险人死亡时按照事先规定的数目进行支付。因为受益人对保单收入具有法律上的认领权,所以受益人不需要证明因被保险人的死亡所导致的经济损失。例如,米歇尔持有一份她丈夫的人寿保单,后来他们离婚了,如果她保持保险有效,她就有权在前夫去世时获得保险收益。在这种情况下,可保利益的要求必须在合同开始时得到满足(见专栏9.1)。

专栏 9.1

在被保险人死亡时没有可保利益:公司仍能获得人寿保险收益

法律事实

一个公司为一位持股20%的管理人员购买了价值100万美元的人寿保险。不久,这位管理人员卖掉了股票,并辞了职。两年后,他去世了。保险公司将该保单的死亡收益支付给这个公司。死亡被保险人遗产的个人代表声称,这个公司的可保利益只是暂时的,可保利益必须持续到被保险人死亡之时。在被保险人死亡时,这个公司已经没有可保利益了。那么,这个公司是否有权获得该笔保单收益?

法院裁决

法院驳回了可保利益必须持续到被保险人死亡之时的观点。[a] 法院的裁决反映了这样一个原则:若保单在一开始时有效,那么在保单到期前可保利益的终止并不影响保单持有人的收益获取权,可保利益的要求只是在保单开始时必须满足。

a. *In re Al Zuni Trading*,947 F. 2d 1402 (1991).

资料来源:Adapted from Buist M. Anderson,*Anderson on Life Insurance*,*1992 Supplement* (Boston, MA: Little, Brown, 1992), p. 29. © 1992, Little, Brown and Company.

代位求偿原则

代位求偿原则有力地支持了损失赔偿原则。**代位求偿(subrogation)** 指保险公司代替被保险人就保险责任范围内的损失向第三方追偿。[2] 也就是说,保险公司有权从有过失的第三方处获取其向被保险人支付的损失赔偿。举一个例子,假设一位粗心的驾驶人闯了红灯并撞上了梅根的车,对梅根的车造成了价值20 000美元的损失。如果梅根给她的车买

---

[1] Adam S. Beck (Editor) and Jamie P. Hopkins (Editor), *McGill's Legal Aspects of Life Insurance*, 10th ed. (Bryn Mawr, PA: The American College, 2016), p. 4.11.

[2] Patterson, 147-148.

了碰撞保险，保险公司将会对车的物理性损坏进行赔偿（减去一些可扣除费用），然后试图从造成这起事故的驾驶人那里得到赔偿。同样，梅根也可以尝试直接从有过失的驾驶人那里获得赔偿。如果保险公司没有对被保险人进行赔付，则不能进行代位求偿。不过，如果保险公司已经进行了赔付，被保险人必须将从有过失的第三方处获取赔偿的合法权利转移给保险公司。

代位求偿的目的

代位求偿有三个基本目的：

首先，代位求偿防止被保险人因为同一损失获得双重赔付。在没有代位求偿原则的情况下，被保险人可以同时向保险公司与造成损失的第三方索赔。这将违背损失赔偿原则，因为被保险人将会从损失中获益。

其次，代位求偿让有过失的人对其造成的损失负责。通过行使代位求偿权，保险公司可以从造成损失的有过失的人那里获得赔偿。

最后，代位求偿有助于降低保险费率。代位求偿获得的收益可以反映到费率制定过程中，从而使费率比没有代位求偿时低。虽然保险公司为承保损失支付赔偿，但代位求偿降低了赔付额。

代位求偿原则的特例

代位求偿原则也存在某些例外情况。包括：

- 代位求偿并不适用于人寿保险合同。人寿保险合同不是损失赔偿性合同，而代位求偿只与损失赔偿性合同有关。例如，假设28岁的瑞恩投保了一份10万美元的人寿保险，他的妻子是其指定受益人。同时假设瑞恩死于一位擅闯红灯的酒后肇事者之手。瑞恩的妻子作为指定受益人将获得10万美元的保险赔偿，同时她还可以起诉酒后肇事者，要求其赔偿瑞恩死亡的损失。
- 保险公司不能对自己的被保险人代位求偿。如果保险公司可以从被保险人那里对保险责任范围内的损失赔偿获得弥补，投保人购买保险就没有任何意义了。

最大诚信原则

保险合同是建立在**最大诚信原则**（principle of utmost good faith）基础上的，也就是说，保险合同的双方比其他合同的双方需要更高程度的诚信。在海洋运输保险中可以找到这项原则的历史根源。由于承保人可能不能直观地对投保财产进行检视，而且保险合同可能在远离货物与船只的地方签订，海洋运输的承保人不得不在投保人运输货物的保险条款中加入最大诚信要求。从而，最大诚信原则对投保人强加了高度诚实的要求。

最大诚信原则具体体现在三个重要的法律概念中：告知、隐瞒和保证。

告　知

告知（representation）就是投保人在购买保险的过程中，对保险公司就目标保险范围做出一定口头或书面说明,是投保人为促使与保险公司签订保险合同而做出的陈述。例如,如果投保人寿保险,保险公司可能会询问你的年龄、体重、身高、职业、健康状况、家族病史和其他相关问题。你对这些问题的回答被称为告知。告知不是合同的一部分,而是合同的诱因。

不实告知

虚假的信息告知被称为不实告知。不实告知的法律意义在于,如果不实告知是重大事实、虚假事实,且是保险公司做出决定所依赖的事实基础,保险公司可以选择认定保险合同无效。① **重大事实(material)** 是指如果保险公司早知道这些事实,就不会签发保单,或者会以不同条件签发保单。虚假事实(false)是指不正确或误导性说明。事实基础(reliance)是指保险公司以某个特定费率签发保单时所依赖的不实告知。

例如,约瑟夫投保人寿保险,在投保单上他声称最近5年内没有看过医生。然而,6个月前,他因为肺癌动过手术。在这种情况下,他所做的说明是虚假的、重大的,并且是保险公司做出决定的依据。因此,保险公司可以认定此保单无效。如果约瑟夫在保单签发3个月后便去世了,保险公司可以基于重大的不实告知对死亡赔偿进行抗辩。专栏9.2是运用这一法律概念的另一个例证。

专栏9.2

基于重大的不实告知,汽车保险公司拒绝理赔

法律事实

被保险人声称她在投保之前3年没有违反过交通规则,而这是不实告知。一次事故后,保险公司审查她的记录时发现她在那段时间里有过两次超速驾驶的罚单,保险公司因此而拒绝进行保险赔偿。

法院裁决

有关保险合同无效的州法律要求,不实告知必须是重要事实并且有意欺骗。被保险人声称她已经忘记了那两张罚单,因此是无意欺骗。最后法院认定她不可能同时把两件事情都忘了。法院因此做出了有利于保险公司的裁决。[a]

a. *Benton v. Shelter Mutual Ins. Co.*, 550 So. 2d 832 (La. App. 2 Cir. 1989).

资料来源:"Misrepresentations in Auto Coverage Applications," *FC&S Bulletins*, Miscellaneous Property section, Fire and Marine volume, July 2004, p. M 35.6.

如果事后发现投保人的告知是错误的,保险公司必须在拒绝赔付前证明投保人有意欺骗保险公司。例如,假定你在投保健康保险时被问及是否有高血压,你回答没有。如果后来保险公司发现你有高血压而拒绝赔付,它必须证明你是有意欺骗。因此,告知必须具备

---

① James J. Lorimer et al., *The Legal Environment of Insurance*, 4th ed., vol. 1 (Malvern, PA: American Institute for Chartered Property Casualty Underwriters, 1993), pp. 202-205.

欺骗性,保险公司才能拒绝赔付。

关于重大事实的**无意的不实告知**（innocent misrepresentation），如果是保险公司做决定所依赖的基础，也可以导致合同无效。无意的不实告知是指投保人不是有意造成的。按照大多数法院的规定，当存在重要事实的无意的不实告知时，保险公司可以选择使合同无效。

最后，关于重大的不实告知的原则也适用于被保险人在损失发生后所做的说明。如果被保险人提交的与损失有关的证据具有欺骗性，或者对损坏物件的价值有不实告知行为，保险公司可以免除赔付责任（见专栏9.3）。

专栏9.3

基于对损失的不实告知，保险公司免除赔付责任

法律事实

被保险人遭遇入室盗窃，损失9 000美元，但在被盗窃物品的价值上进行了不实告知。被保险人提供的收据显示，一套立体声系统的购买价格为900美元，视频设备的价格则为1 500美元。然而，保险公司发现立体声系统只需要400美元。此外，被保险人根本就没有购买视频设备。

法院裁决

法院允许保险公司完全免除赔付责任。法院裁定：(1) 被保险人有义务向保险公司提供真实的证据，呈交检查时需要宣誓，并且提供可信的损失证据；(2) 这些不实告知属于重大事实，因为它们误导、阻碍了保险公司对赔偿的调查或使其偏离了轨道。[a]

a. *Passero v. Allstate Ins. Co.* 554 N. E. 2d 384（Ⅲ. App. 1st Dist. 1990）.

资料来源："Misrepresentation in Proof of Loss," *FC& S Bulletins*, Miscellaneous Property section, Fire and Marine volume, July 2004, p. M 35. 7.

隐　瞒

"隐瞒"这一概念也反映了最大诚信原则。**隐瞒**（concealment）是指投保人有意不将重大事实告诉保险公司。隐瞒与不公开是同一回事；也就是说，投保人有意向保险公司隐瞒重要信息。隐瞒重大事实与不实告知的法律后果一样——保险公司有权宣布保险合同无效。

若要拒绝一项建立在隐瞒基础上的索赔，非海洋运输保险的保险公司必须证明两件事：(1) 被保险人知道隐瞒的事实是重大事实；(2) 被保险人有意欺骗保险公司。[①] 例如，约瑟夫·德布里斯为自己投保了人寿保险。他本人有重大犯罪记录。保单签发5个月后，他被谋杀。死亡证明书上死者的名字叫作约瑟夫·德鲁卡，这才是他的真名。由于约瑟夫

---

① James J. Lorimer et al., *The Legal Environment of Insurance*, 4th ed., vol. 1 (Malvern, PA: American Institute for Chartered Property Casualty Underwriters, 1993), pp. 112–115.

未公开自己的真实身份及其重大犯罪记录，隐瞒了重大事实，保险公司拒绝赔付。法院认为被保险人故意隐瞒真实身份这一重大事实违背了诚信原则，因而做出了对保险公司有利的判决。①

保 证

"保证"这一概念也反映了最大诚信原则。**保证（warranty）**是被保险人做出的关于事实的说明或者承诺，是保险合同的一部分。要想保险公司按合同规定承担赔偿责任，保证就必须是完全真实的。② 例如，为了获得较低的保险费率，酒吧的老板可能会保证经核准的盗窃和抢劫报警系统一直运行，银行可能会保证一天24小时都会有警卫值班。同样地，企业可能会保证在保单生效期间自动喷洒装置系统将会正常运转。保证条款是保险合同的一部分。

作为普通法最严格的形式，"保证"是一种苛刻的法律条文。任何违反保证的行为，即使是很小的或者并不重要的，都可以使保险公司拒绝赔付要求。在保险业发展的早期，投保人所做的声明都被看作是保证。这些说明只要有一些不真实，即使不是重大事实，保险公司也可以基于被保险人对保证的违背而拒绝赔付要求。

由于保证概念的苛刻运用损害了许多被保险人的利益，随着时间的流逝，各州的立法机构和法院已经在不断地放松和修改这种苛刻的普通法保证条文。部分关于保证条文的修改总结如下：

- 投保人做出的声明被认定为告知，而不是保证。因此，如果不实告知不是重大事实，保险公司不能拒绝承担赔偿损失的责任。
- 当轻微违反保证只是暂时地或者不显著地影响风险时，大多数法院可以对这种违反保证的行为进行自由解释。
- 除非违反保证实际上促成了损失的发生，否则，被保险人可以要求获得赔付。这一条例也已经被通过。

保险合同的要求

保单是建立在合同法的基础上的。要在法律上具有效力，保险合同必须满足四个基本条件：必须有要约与承诺、必须交换对价、合同双方必须具有法定行为能力及合同目的必须合法。

必须有要约与承诺

一份具有约束力的保险合同所需要满足的第一个条件是，在它的条款中必须存在**要约与承诺（offer and acceptance）**。大多数情况是：投保人发出要约，保险公司接受或拒绝这

---

① James J. Lorimer et al., *The Legal Environment of Insurance*, 4th ed., vol. 1 (Malvern, PA: American Institute for Chartered Property Casualty Underwriters, 1993), pp. 115–116.

② Beck and Hopkins (Eds.), *McGill's Legal Aspects of Life Insurance*, 10th ed., p. 5.2.

份要约。代理人的作用仅仅是劝说或邀请潜在的被保险人发出要约。通过对财产与意外保险以及人寿保险的不同情形进行仔细区分，我们可以更详细地认识要约与承诺的要求。

在财产与意外保险中，要约与承诺可以是口头的或是书面的。在没有相反的特定法律规定的情况下，口头保险合同是有效的。在实践中，大多数财产与责任保险合同都以书面形式呈现。投保人填写投保单并支付首期保费（或者承诺支付首期保费），从而构成要约。然后代理人代表保险公司接受要约。在财产与意外保险中，代理人有权通过暂保单代表保险公司接受投保人的投保要求。**暂保单（binder）**是一种临时保险合同，可以是书面的或口头的。暂保单使保险公司在收到投保单和签发保单之前即负有责任，保险合同从而能够立即生效，因为代理人代表保险公司接受了要约。财产与意外保险中的个人保险产品，包括屋主保险和汽车保险，都遵循这个程序。但是，在某种情况下，代理人并未被授权代表保险公司，投保文件必须送到保险公司等待批准，由保险公司决定接受要约并签发保单或者拒绝投保申请。

在人寿保险中，所遵循的程序有所不同。人寿保险的代理人没有权利代表保险公司接受要约。因此，人寿保险的投保通常采用书面形式，并且在保单生效前必须获得保险公司的批准。通常程序是投保人填写投保单并支付首期保费。然后，投保人将会收到**附条件保费收据（conditional premium receipt）**。最常见的附条件保费收据是"可保性保费收据"（insurability premium receipt）。根据保险公司的正常核保标准，如果投保人被证明具有可保性，则此人寿保险在投保当天即产生效力。部分可保性收据指定人寿保险生效的日期为申请日或体检日中较晚的一天。

例如，假定艾伦在星期一投保了保额为 100 000 美元的人寿保险。他填好投保单，付了首期保费，并从代理人那里拿到了一份附条件保费收据。星期二早上，他接受了体检，当日下午，他在一起船舶事故中丧生。就像他还活着一样，投保单与保费仍然按照正常程序被递交到保险公司手中。根据保险公司的核保规定，如果他被证明具有可保性，这份人寿保单就会生效，100 000 美元将被支付给他的受益人。

然而，如果人寿保险的投保人没有在填写投保单时支付首期保费，则要适用另外一套规定。在人寿保险合同生效之前，保单必须被签发并被送达投保人，首期保费必须已支付，而且保单被送达时投保人必须健康状况良好。一些保险公司还要求，在递交投保单与送达保单这段时间内，投保人未接受过临时的医学治疗。这些要求被看作是"先决条件"，换句话说，在人寿保险合同生效之前这些条件都必须满足。①

必须交换对价

保险合同成立和生效的第二个条件是必须**交换对价（exchange of consideration）**——合同双方给予对方的价值。被保险人的对价是支付保费（或承诺支付保费），并同意遵守保单中的条件；保险公司的对价是承诺履行合同中的特定义务。这种承诺可能包括对可保风险造成的损失进行赔付，提供某些服务，如损失预防、提供安全服务或在债务诉讼中为被保险人辩护。

---

① Beck and Hopkins (Eds.), *McGill's Legal Aspects of Life Insurance*, 10th ed., pp. 6.7-6.9.

合同双方必须有法定行为能力

有效保险合同的第三个条件是，合同双方必须有**法定行为能力**（**legally competent**）。这意味着双方必须有法定的签订约束性合同的能力。大多数成年人都具有签订保险合同的法定行为能力，但也有一些例外，精神病患者、酗酒者以及越权行事的法人都不能签订有效的保险合同。未成年人通常不具备完全行为能力来签订约束性保险合同，这些合同往往对未成年人是无效的，这意味着未成年人可以取消这些合同并收回对价。但是，未成年人必须对对方提供给他们的全部材料予以支付。不过，大多数州已经颁布法律允许未成年人在达到特定年龄时购买有效的保险合同。各州规定的年龄限制在 14 岁和 18 岁之间，其中 15 岁最常见。

保险公司也必须具备法定的行为能力。一般来说，保险公司在州内销售保险必须取得经营许可，而且销售的保险必须在其经营范围之内。

合同目的必须合法

最后一个条件是保险合同必须**目的合法**（**legal purpose**）。只有在符合法律和公共政策的情况下，合同才是合法的和可执行的。鼓励或促进不合法或不道德行为的保险合同是违背公共利益并且不能被执行的。例如，一个在街边贩卖海洛因或者其他违禁药物的毒贩不能购买财产保险来补偿他被警察没收的毒品。同样的道理，如果一份人寿保单是由一个打算谋杀被保险人的投保人购买的，死亡抚恤金将不予支付。这类合同显然是无法执行的，因为它会促进非法活动，损害公共利益。

保险合同的法律特点

保险合同具有独特的法律特点，这使它与其他合同相区别。几个有特色的法律特点已经被讨论过了。正如我们之前所提到的，大多数财产与意外保险合同是损失赔偿合同；所有保险合同必须有可保利益的支持；保险合同建立在最大诚信的基础上。以下是其他独特的法律特点：

- 射幸合同；
- 单务合同；
- 条件合同；
- 个体合同；
- 格式合同。

射幸合同

保险合同具有射幸性，不具有等价性（commutative）。**射幸合同**（**aleatory contract**）是指因不确定性事件而可能使交换价值不相等的合同。取决于某种机会，一方可以获得与付出价值不成比例的价值。例如，假定杰西卡缴纳了 900 美元的保费，为她的房屋购买了保险金额为 250 000 美元的屋主保险。如果不久后房屋因火灾而被全部损毁，她将会获得大大超过她所交保费的赔偿额。此外，别的屋主可能老老实实地交了许多年的保费，却从来没有发生过损失，从而未曾获得过赔偿。

相反，其他商业合同具有等价性。**等价交易合同（commutative contract）**是指双方交换的价值在理论上相等的一种合同。例如，房地产购买者通常支付与财产价值相等的价格。

虽然射幸合同的本质是运气，或者是某个偶然事件的发生，但保险合同并不是赌博性合同。赌博行为产生新的投机风险，而保险是应对已经存在的纯粹风险的一种方法。因此，虽然赌博与保险在本质上都有射幸的一面，但是保险合同没有创造出新的风险，因此不是赌博性合同。

单务合同

保险合同是一种单务合同。**单务合同（unilateral contract）**是指只有一方做出法律上可履行的承诺的合同。在这种情况下，只有保险公司做出法律上可履行的承诺，向被保险人提供赔付或其他服务。在被保险人支付首期保费、保险合同生效后，在法律上保险公司不能强迫被保险人缴纳保费或遵守保单条款。尽管被保险人为了获得损失赔偿必须继续缴纳保费，但是在法律上保险公司不能强迫他这样做。可是，如果被保险人交了保费，保险公司就必须接受保费并且继续按照合同提供所承诺的保障。

相反，大多数商业合同在本质上是双务性的。双方互相做出法律上可履行的承诺，如果一方不履行，另一方可以坚持要求其履行或因为对方违反合同而对其提起诉讼并要求其赔偿。

条件合同

保险合同是一种**条件合同（conditional contract）**。也就是说，保险公司是否承担支付赔偿金的责任取决于被保险人或受益人是否已经遵守所有的保单条件。**条件（condition）**是指保单中对保险公司履行承诺所规定的或施加的限制性条款。如果被保险人希望获得损失赔偿，就必须履行某些义务。虽然被保险人没有被强迫遵守保单条件，但他或她必须这样做以获得损失赔偿。如果保单条件没有被满足，保险公司就没有责任赔偿损失。例如，持有屋主保单的被保险人必须在损失发生后立即报告。如果被保险人不合理地拖延了损失报告的时间，保险公司就可以以违反保单条件为由拒绝赔偿损失。

个体合同

在财产保险中，保险合同是一种**个体合同（personal contract）**。也就是说，保单是被保险人和保险公司之间的合同。严格来讲，财产保险合同并不保护财产，而是保护财产的所有者免受损失。如果财产遭到损害或毁灭，财产所有人将得到赔偿。因为保险合同是个体合同，投保人对于保险公司来说必须是可接受的，必须满足某些品质、道德、信用方面的核保标准。

财产保险合同未经保险公司同意通常不能被转让给他人。如果财产被出售给他人，新的所有者对保险公司来说也许是不可接受的。因此，一份财产保险合同能够被有效地转让给另一方之前需要征得保险公司的同意。在实践中，新的财产所有者拥有自己的保险，征得前任保险公司的同意并不是必需的。相比之下，人寿保险合同可以不经保险公司同意而被自由地转让给任何人，因为这种转让通常并不改变风险或增加死亡概率。

相反，财产损失的赔偿可以不经保险公司同意而被转让给他人。虽然不需要保险公司的同意，但是合同要求在将收益转让给他人时必须通知保险公司。

格式合同

格式合同（contract of adhesion）是指被保险人必须接受合同的全部内容，包括它的所有条款和条件。保险公司设计并印制保单，被保险人通常必须接受合同的全部内容，不能坚持增加或删除某些条款，或者要求重写合同以满足被保险人的要求。虽然合同可以通过增加修正条例、附加条款或其他形式加以改变，但是合同还是由保险公司设计。为了矫正此种情形中的不平衡，法院规定，合同中任何模棱两可或不确定的地方都要做不利于保险公司的解释。如果保单条款意思模糊，被保险人将从中受益。

合理预期原则强化了保险合同中模糊的地方做不利于保险公司的解释这一普遍规则。**合理预期原则**（principle of reasonable expectations）规定，不论保单条款如何，被保险人均有权根据他或她合理预期的保单获得保险。保险公司不得在保单中强制执行与被保险人的合理预期不一致的除外责任和限制。[1]

保险代理人法律

保险合同通常通过代表委托人（保险公司）的代理人销售出去。代理人是指有权代表他人行动的人。委托人（保险公司）是行动被代理的一方。因此，如果帕特里克有权代表顶点保险公司销售、签订或者终止保险合同，他就是代理人，顶点保险公司则是委托人。

关于代理的基本规定

规范保险代理人行为及其与被保险人关系的重要的法律规定包括[2]：
- 不能假定存在代理关系。
- 代理人必须有权代表委托人。
- 委托人对代理人权利范围内的行为负责。
- 可以对代理人权利加以限制。

不能假定存在代理关系 不能自行假定某人可以合法地成为另一个人的代理人。任何代理关系均必须存在一些明显的证据。例如，某人可能自称是一个汽车保险公司代理人，却在收取保费后携款潜逃。如果这个汽车保险公司没有做任何事情让人认为他们之间存在代理关系，那么它就不必对这个人的行为负法律责任。但是，如果这个人有保险公司提供

---

[1] Lorimer, et al., *The Legal Environment of Insurance*, 4th ed., vol. 1, p. 181.
[2] 参见 *McGill's Legal Aspects of Life Insurance*, 10th ed. (Bryn Mawr, PA: The American College, 2016), Ch. 16。

的名片、价目表和投保表格，那么可以推定他是一名合法的代理人并以保险公司的名义在行动。

有权代表委托人 一个代理人必须有权代表委托人。代理人的这种权利来源于三种渠道：(1) 明示授权；(2) 默示授权；(3) 表见授权。

实际或明示授权（actual or express authority）是明确赋予代理人的权利。这些权利通常在代理人与委托人之间的**代理协议（agency agreement）**中有所规定。代理协议也可以保留某些权利。例如，人寿保险代理人可以被授予销售保单、安排体检、收取首期保费的权利。可是，某些权利，比如延迟支付保费或改变保单合同条款的权利，可以不被授予代理人。

代理人还有默示授权。**默示授权（implied authority）**是指为了实现代理协议的目的，代理人采取一切伴随行动的权利。例如，代理人可能拥有递送人寿保单给客户的明示授权。与此相伴随，代理人也有收取首期保费的默示授权。

最后，代理人可以通过**表见授权（apparent authority）**约束委托人。根据保险代理人法律的规定，如果代理人通过表见授权做出某些事情，并让第三方相信他是在合理和适当的授权范围之内行动，委托人将会受到代理人行为的约束。第三方只需证明他们基于代理人的实际权利或委托人的行为，在确定代理人权利方面已经尽了责任。例如，一个汽车保险公司的代理人可能经常默许客户延长时间来支付逾期未付的保费。如果保险公司虽然没有明确赋予代理人这种权利，但也没有采取任何行动来处理这种违反公司规定的行为，那么它以后就不能以代理人无权延长时间为由拒绝承担损失赔偿责任。要避免这种情况的出现，保险公司在一开始时就必须通知所有保单持有人，代理人没有这种权利。

委托人对代理人的行为负责 代理法律的另一条规定是，当代理人在其权利范围内行动时，委托人对他们的所有行为负责。责任范围也包括欺诈行为、遗漏和不实告知。

此外，在代理关系范围内的事务，代理人所知道的就被假定是委托人所知道的。例如，如果一位人寿保险代理人知道一位人寿保险的投保人酗酒，即使代理人故意在投保单中忽略这一信息，也可以认为这一事实为保险公司所了解。因此，如果保险公司签发了保单，那么它以后就不能以酗酒和隐瞒重大事实为由否定保单的效力。

对代理人权利的限制 保险公司可以对代理人的权利进行限制。当限制被恰当告知投保人且与法律不冲突时，这一限制通常是有效的。这是因为申请或保单中的不可弃权条款发挥了作用。该条款一般会要求，只有保险公司的特定代表，如首席执行官，可以延长支付保费的时间或者改变保单的条款。

弃权和禁止反言

弃权和禁止反言原则与代理法律和保险代理人权利有直接关系。这些概念的实际意义在于法律可能要求保险公司对一般不必赔偿的情况进行赔偿。

弃权（waiver）就是自愿放弃已知的合法权利。如果保险公司自愿放弃合同中的合法权利，那么它以后就不能以违反了合法权利为由而拒绝被保险人的赔付要求。例如，假定保险公司的总公司收到了一份投保单，投保单所提供的信息不完整或未回答所有问题。如果保险公司没有进一步联系投保人以获取额外信息而签发了保单，那么，保险公司以后就不能以投保单信息不完全为由拒绝赔付要求。实际上，保险公司通过签发保单已经放弃了投保单信息必须是完全的这一要求。

法律术语"禁止反言"起源于几个世纪以前的英国普通法。**禁止反言（estoppel）**是指由于此前的行为与现在的抗辩不一致而丧失合法抗辩权。① 简单来说，如果一个人对另一个人做出了有关事实的告知，另一个人合理地遵循这些告知，但最终导致了伤害，那么第一个人以后就不能否认他所做过的告知。禁止反言的法律旨在防止人们在面对给他方已造成的损害时改变想法。例如，假定一位健康保险的投保人告知代理人他有某种健康问题，代理人向投保人保证这一问题不会被写入投保单。如果保险公司以投保单中没有这一信息为由拒绝赔偿，将会受到禁止反言这一原则的约束。

案例应用

杰夫是一位图书经销商，他从理查德那里购买了一栋房屋，并在盖特威银行办理了该栋房屋的抵押贷款。他准备将其所有的图书都存放在这栋房屋中，还计划利用部分空间开设一家快餐店。杰夫在为这栋房屋投保财产保险时，没有告知代理人他要开设快餐店，因为那样保费将会高出很多。保单签发8个月后，快餐店发生了一场大火，给房屋造成了极大的损失。

a. 损失发生时谁对该栋房屋具有可保利益？选择正确的答案并做出解释。

（1）杰夫；

（2）理查德；

（3）盖特威银行。

b. 理查德告诉杰夫，接受他原有的保险要比购买一份新的保单省钱。理查德能在不通知保险公司的情况下，有效地将他现有的财产保单转让给杰夫吗？请做出解释。

c. 杰夫的保险公司能够以隐瞒重大事实为由拒绝赔偿火灾损失吗？请做出解释。

d. 对火灾进行调查后保险公司发现，一位电工在餐厅的电源插座接线上犯了错误，最终导致了火灾的发生。请解释代位求偿原则在该案例中应如何适用。

本章小结

- 损失赔偿原则表明，保险公司对被保险人的赔偿不能超过损失的实际价值。换言之，被保险人不应从损失赔偿中获利。

- 损失赔偿原则存在几个例外。这些例外包括定值保单、定值保单法、重置成本保险和人寿保险。

- 可保利益原则意味着，如果一项损失发生，被保险人就会有经济上的损失。所有保险合同若要在法律上可行均必须满足可保利益的要求。可保利益原则有三个方面的目的：

---

① *McGill's Legal Aspects of Life Insurance*, 10th ed. (Bryn Mawr, PA: The American College, 2016), pp. 6.4–6.5.

- ➤ 防止赌博；
- ➤ 减少道德风险；
- ➤ 确定财产保险中的损失额。
- 在财产与意外保险中，财产所有权、潜在的法律责任、担保债权人和契约权满足可保利益的要求。
- 在人寿保险中，当一个人为自己购买人寿保险时，不存在可保利益的问题。如果是为他人购买人寿保险，则投保人必须对当事人的生命具有可保利益。亲密的家庭关系、血缘、婚姻或金钱（经济）利益关系可以满足人寿保险中的可保利益要求。
- 在财产保险中，损失发生时可保利益必须存在。在人寿保险中，可保利益的要求只需在保单最初签订时得到满足即可。
- 代位求偿原则是指保险公司有权将它对被保险人所做的任何损失赔偿从有过失的第三方那里获得补偿。代位求偿的目的是防止被保险人因同一损失而获得双重赔付，使有过失的第三方对损失负责，并降低保险费率。
- 代位求偿原则不适用于人寿保险合同。此外，保险公司不能对自己的被保险人代位求偿。
- 最大诚信原则是指保险合同的双方必须比其他合同的双方具有更高程度的诚信。
- 告知是投保人为促使保险公司签订保险合同而做出的声明。
- 虚假的告知信息被称为不实告知。不实告知的法律意义在于，如果不实告知是重大事实、虚假事实，且是保险公司做出决定所依赖的事实基础，保险公司可以选择认定保险合同无效。
- 隐瞒重大事实与不实告知有同样的法律后果：保险公司有权宣布合同无效。
- 保证是被保险人做出的有关事实的说明或承诺，是保险合同的一部分。要使保险公司在合同中负有责任，保证必须是真实的。基于普通法，任何违反保证的行为，即使很小，都意味着保险公司可以拒绝赔偿要求。不过，这一苛刻的关于保证的普通法条例已经在法院判决和相关条例中有所修改和放松。
- 一份有效的保险合同必须满足以下四个条件：
  - ➤ 必须有要约与承诺；
  - ➤ 必须交换对价；
  - ➤ 合同双方必须具有法定行为能力；
  - ➤ 合同目的必须合法。
- 保险合同具有独特的法律特征。保险合同是一种射幸合同，交换的价值可能不相等，并依赖某种不确定事情的发生。保险合同是单务合同，因为只有保险公司单方面做出合法且可履行的承诺。保险合同是条件合同，因为保险公司的赔偿责任取决于被保险人或者受益人是否已经遵守了所有的保单条款。财产保险合同是一种被保险人与保险公司之间的个体合同，没有保险公司的同意，不能被有效地转让给另一方。人寿保险合同则可以不经过保险公司的同意而自由转让。最后，保险合同是一种格式合同，这意味着被保险人必须接受整个合同，包括它所有的条款和条件；如果合同中有模糊的地方，应做出不利于保险公司的解释。
- 规范代理人行为以及他们与被保险人之间关系的四个一般规则如下：

- ➢ 不能假定存在代理关系；
- ➢ 代理人必须有权代表委托人；
- ➢ 委托人对代理人权利范围之内的行为负责；
- ➢ 可以对代理人权利加以限制。

• 代理人可以基于明示授权、默示授权和表见授权来约束委托人。

• 基于弃权和禁止反言的法律原则，保险公司可能被要求对一般情形下不必赔付的事件进行赔付。

重要概念和术语

实际或明示授权	实际现金价值	代理协议	射幸合同
表见授权	暂保单	广泛证据原则	等价交易合同
隐瞒	条件合同	附条件保费收据	条件
格式合同	禁止反言	交换对价	公平市场价值
默示授权	无意的不实告知	目的合法	法定行为能力
重大事实	要约与承诺	金钱（经济）利益	个体合同
损失赔偿原则	可保利益原则	合理预期原则	最大诚信原则
重置成本保险	告知	代位求偿	单务合同
定值保单	定值保单法	弃权	保证

复习题

1. a. 解释损失赔偿原则。
   b. 实际现金价值如何计算？
   c. 实际现金价值概念如何被运用于损失赔偿原则？

2. a. 什么是定值保单？为何要使用它？
   b. 什么是定值保单法？
   c. 什么是重置成本保险？

3. a. 解释可保利益。
   b. 为什么所有保险合同都必须满足可保利益的要求？

4. a. 解释代位求偿原则。
   b. 为什么要使用代位求偿？

5. 解释下面三个法律概念：
   a. 不实告知。
   b. 隐瞒。
   c. 保证。

6. 阐述保险合同有效必须满足的四个条件。

7. 保险合同有着某些不同于其他合同的法律特征。解释保险合同的以下法律特征：
   a. 射幸合同。
   b. 单务合同。
   c. 条件合同。
   d. 个体合同。
   e. 格式合同。

8. 解释规范代理人行为以及他们与被保险人之间关系的几个基本原则。

9. 说明代理人能够约束委托人的三种权利渠道来源。

10. 解释弃权与禁止反言这两个概念。

应用题

1. 吉克从盖特威银行贷款 800 000 美元用于购买一艘渔船。他将船停泊在海港公司名下的一个码头。他以用这艘船打鱼为生。吉克还与白鲨渔业公司签了合同,在港口之间运送金枪鱼。

   a. 以下各方是否对吉克或其财产具有可保利益?如果存在可保利益,解释该可保利益的范围。

   (1) 盖特威银行。

   (2) 海港公司。

   (3) 白鲨渔业公司。

   b. 如果吉克不是这艘船的所有者,而仅仅以白鲨渔业公司的名义操作它,他是否对这艘船具有可保利益?解释你的回答。

2. 阿什利花 5 000 美元购买了一整套餐厅家具,并根据实际现金价值为这套家具购买了保险。3 年后,这套家具在一场火灾中受损。在损失发生时,这些财产折旧了 50%。一套新的餐厅家具的重置成本是 6 000 美元。如果不计算可扣除项,阿什利可以从保险公司那里获得多少赔偿?解释你的回答。

3. 尼古拉斯有一台笔记本电脑且被盗了。两年前购买时这台电脑价值 1 000 美元,现在要购买一台类似的笔记本电脑需要 500 美元。假定被盗时这台电脑折旧了 50%,那么,损失的实际现金价值是多少?

4. 梅根拥有一张目前市价为 12 000 美元的古董桌。她为这张古董桌投保了价值 12 000 美元的定值保单。在一场龙卷风中,梅根的家遭到破坏,古董桌也被完全损毁。在损失发生时,古董桌的市场评估价为 10 000 美元。梅根可以获得多少损失赔偿?解释你的答案。

5. 一位醉酒司机闯了红灯并撞坏了克里斯蒂安的汽车,修复该车的费用是 8 000 美元。克里斯蒂安为她的车购买了碰撞保险,免赔额为 500 美元。

   a. 克里斯蒂安能否从过失司机的保险公司和她自己的保险公司那里获得双重赔偿?解释你的回答。

   b. 解释代位求偿如何被运用于损失赔偿原则。

6. 形成有效保险合同的一个要求是合同必须具有合法目的。

   a. 阐述除了合法目的之外的其他三个形成约束性保险合同的基本要求。

   b. 说明当投保人投保汽车保险时,a 中的三个要求怎样实现。

数字资源

网络资源

参考文献

第10章
保险合同分析

> "我们应该杀死所有律师。"
>
> ——威廉·莎士比亚

学习目标

学习完本章,你应当能够:

- 区分保险合同的基本组成部分。
- 解释保险合同中"被保险人"的含义。
- 解释保险合同的批单或附加条款的含义。
- 阐述保险合同中几种常见的免责条款。包括:
  - ➢ 绝对免赔额;
  - ➢ 自然年度免赔额。
- 阐述在财产保险合同中如何运用共同保险条款。
- 阐述在健康保险合同中如何运用共同保险条款。
- 分析多个保险合同对同一危险提供保障时如何进行损失赔偿。

28岁的香农是得克萨斯州达拉斯一个投资公司的安全分析师。她最近买了一套房子,并投保了一份屋主保险。该保单为她的个人财产承保,但是对某些类型财产的承保设置了限制。一天她去上班时忘记了关车库门,结果一名吸毒者闯入她的房子并偷走了一块手表及价值2.5万美元的昂贵珠宝。当理赔师告诉香农其此前投保的屋主保单只能赔偿她1 500美元的损失时,香农很沮丧。她犯了一个大多数人都会犯的错误——没有认真阅读自己的屋主保险保单。在这份保单中,对包括珠宝在内的某些类型财产进行了限制。

与香农类似,大多数投保人都没有阅读或了解他们保单中的合同条款。大多数人都拥有好几份保单,这些保单所涉及的险种可能是汽车保险、屋主保险以及人寿保险或健康保险。这些保单都是一些复杂的法律文件,其所反映的法律原理在第9章已经讨论过。

虽然各种保险合同不尽相同,但它们具有相似的合同条款。本章将讨论保险合同的基本组成部分、"被保险人"的含义、批单与附加条款、免责条款、共同保险以及其他保险条款。掌握这些内容将为你更好地理解本书后面所要讨论的特定保险合同打下基础。

保险合同的基本组成部分

尽管保险合同很复杂，但是通常可以分为以下几个部分：
- 声明；
- 定义；
- 承保协议；
- 除外责任；
- 条件条款；
- 其他条款。

并非所有保险合同都按照以上顺序包括六个组成部分，但这一分类为分析大多数保险合同提供了一个简洁的框架。

声　明

声明是保险合同的第一部分。

声明（declarations）是对所要投保的财产或行为的情况所做的说明。声明部分所包含的信息用于核保和厘定费率，以及对所要投保的财产或行为进行确认。声明部分通常可在保单的第一页或保单的插页中找到。

在财产保险中，典型的声明所包含的信息有：保险人的确认、被保险人的姓名、财产所处位置、投保期限、保险金额、保费金额、免赔额大小（如果有的话）以及其他相关信息。在人寿保险中，虽然保单的第一页未被称为声明页，但也包含了被保险人的姓名、年龄、保费金额、保单面额、受益人、签发日期及保单号。

定　义

保险合同一般有一页或一节专门用于阐述相关定义。关键字或短语都用引号（标示）。例如，"我""我们""我们的"通常指保险人，"你""你们的"通常指被保险人。各种定义的目的是对关键字或关键短语进行清楚的说明，从而使保单中的保险范围更容易确定。

承保协议

承保协议是保险合同的核心部分。**承保协议**（insuring agreement）总结了保险人所做的主要承诺。也就是说，保险人同意做某些事情，例如赔偿责任范围内的损失，提供某些服务（例如损失预防服务），或者同意在责任诉讼中为被保险人辩护。

财产保险的承保协议有两种基本形式：（1）指定风险事故保单；（2）开放式风险保单。在**指定风险事故保单**（named-perils policy，也称指定险保单）中，只对特别指定的风险事故所造成的损失给予赔偿。如果不是指定风险事故造成的损失，保险人不给予赔偿。例如，在屋主保单中，个人财产的可保风险包括火灾、雷电、风暴及指定的其他风险事故，只有由这些风险事故造成的损失才能得到赔偿。由于洪水不是指定的风险事故，因而洪水所造成的损失不能得到赔偿。

在**开放式风险保单**（open-perils policy，也称一切险保单，all-risks policy）下，除特别指明排除在外的风险事故外，其余所有风险事故引起的损失都能获得赔偿。开放式风险保单也被称为**特殊保障保单**（special coverage policy）。如果损失不是由被排除在外的风险事故造成的，那么被保险人就可以从保险人那里获得赔偿。例如，个人汽车保险对所保汽车的物理性损害进行赔偿。因此，如果吸烟者将汽车内部烧了一个洞，或者国家公园的狗熊损坏了投保汽车的塑料顶棚，这些损失都能获得赔偿，因为它们都不是被排除在外的风险事故。

由于开放式风险保单的保险范围比指定风险事故保单的保险范围要广，所以人们更倾向于购买开放式风险保单。只要造成损失的风险事故没有被排除在外，该损失就可以获得赔偿。此外，保险人要想拒绝赔偿，就将承担更大的举证责任：保险人必须证明造成损失的风险事故是除外风险事故。与此相反，在指定风险事故保单下，举证的责任在被保险人身上：被保险人必须证明损失是由指定风险事故造成的。

由于风险的定义模糊不清，费率厘定机构通常已经在其保单中删除了"……的风险"和"所有风险"等字样。在最新版本的屋主保单中，保险服务处已经删除了之前版本中出现的"……的风险"字样。删除所有指向"……的风险"和"所有风险"的用语的目的是，避免使保单持有人产生不合理的预期，即该保单赔偿所有的损失，即使这些损失是由除外风险事故造成的。

人寿保险是开放式风险保单的另一个例证。大多数人寿保险合同对无论是意外还是疾病等所有死因提供保障。人寿保险合同主要的除外责任是合同签订最初两年内的自杀行为；某些航空风险也被排除在外，譬如军事飞行、撒药飞行（crop dusting）或体育飞行（sports piloting）；一些合同也将战争引起的死亡排除在外。

除外责任

除外责任（exclusions）是保险合同的另一个基本组成部分。除外责任主要分为三类：除外风险、除外损失与除外财产。

除外风险 合同中可能会把某些风险或某些引起损失的原因排除在外。在屋主保单中，洪水、地壳运动、核辐射或放射性污染等风险都是被明确排除在外的。在个人汽车保单的物理损坏部分中，如果所保汽车被作为公共出租车使用，那么其所造成的损失是特别除外的。

除外损失 某些损失也可能是除外的。例如，在屋主保单中，被保险人在损失发生后没有对财产进行保护所造成的损失是除外的。在屋主保险的个人责任部分，因驾驶汽车而引起的责任诉讼是除外的。职业责任损失也是除外的。要弥补职业责任损失，需要一份特定的职业责任保单。

除外财产 保险合同可能会将一些财产排除在保险范围之外，或者附加某些限制条件后才提供保障。例如，在屋主保单中，某些个人财产就是除外的，如汽车、飞机、动物、鸟类和鱼类。

确定除外责任的必要性 确定除外责任是必要的，原因如下[1]：

---

[1] Eric A. Wiening, *Foundations of Risk Management and Insurance*（Malvern, PA: American Institute for Chartered Property Casualty Underwriters/Insurance Institute of America, 2002），pp. 11.15 – 11.18.

- 一些风险是不可保的；
- 存在着一些特殊的危险；
- 其他保险合同对该类风险提供了保障；
- 道德风险问题；
- 态度风险问题；
- 大多数被保险人不需要此类保障。

由于保险公司认为某些风险是不可保的，因而有必要确定某些除外责任。正如第2章所讨论的那样，某些特定风险可能会与可保风险的要求相差甚远。例如，大多数财产与责任保险合同都将诸如战争或核辐射等灾难性事件所引起的损失排除在外。健康保险合同则将被保险人能直接控制的损失排除在外，例如故意的、自我造成的伤害。最后，可预见的财产价值的下降，如磨损和内在缺陷，都是不可保的。"内在缺陷"是指在没有任何有形的外力作用下发生的财产损毁，如水果腐烂与钻石碎裂的倾向。

因为特殊危险的存在，所以需要使用除外责任。在这里，危险是指在某种情况下，损失发生的概率或损失的严重性都会有所增加。由于危险的显著增大，一些损失可能就会被排除在保障范围之外。例如，个人汽车保单的责任保费的确定是建立在一种假定的基础之上的，即该汽车是用于个人消遣而不是作为出租车使用。如果用于出租，其发生意外事故并因此面临责任诉讼的概率会高得多。因此，如果对出租车也以家用汽车的费率收取保费并提供保障，则既会造成保险人保费收入的不足，对那些不将汽车作为出租车使用的被保险人来说，也造成了不公平的费率差别待遇。

如果某种风险已经由其他保险合同提供了更好的保障，则合同可能将其视为除外责任。在这种情况下，除外责任用于避免保险范围的重复，而由该领域设计得最好的保单来提供保障。例如，屋主保单将汽车排除在保险范围之外，因为个人汽车保单以及其他汽车保险合同已经为其提供了保障。如果两种保单都将其列入保障范围，则会造成不必要的重复。

此外，由于道德风险的存在或者难以确定和衡量损失的大小，某些财产也被作为除外责任。例如，由保险服务处设计的屋主保险合同将现金损失的赔偿金额限定在200美元以内。如果不对现金损失赔偿金额进行限制，欺诈性索赔将会增加。并且，确定损失实际数额的定损问题也会增加。所以，由于这些道德风险的存在，必须使用除外责任。

除外责任也适用于态度风险（心理风险）。态度风险是指由于保险的存在，投保人因此对损失漠不关心或不在意而增加损失发生的频率或严重程度。除外责任迫使人们承担因其个人的疏忽大意而导致的损失。例如，除非被保险人将建筑内的热量保持在合理的温度，或关闭供水，并将所有系统和电器中的水排干，否则由于住宅或家用电器中的管道或供暖系统冻结而造成的损失不在保险范围内。

最后，因为大多数被保险人都不需要此类保障，所以使用除外责任。例如，大部分屋主都没有私人飞机。如果在屋主保单中将飞机视为私人财产进行保险，保费会相当高，这对绝大多数没有飞机的被保险人来说是非常不公平的。

条件条款

条件条款是保险合同中的另一个重要组成部分。**条件条款（conditions）**是保单中对保险人所要履行的承诺施加限制或者使之生效的相关条款。实际上，条件条款对被保险人强加了一定的义务。如果保单的条件没有得到满足，保险人可以拒绝赔偿。保单条件通常包括：损失发生时通知保险人，损失发生后保护财产，提供损毁的个人财产清单以及在发生责任诉讼时与保险人合作。

其他条款

保险合同还包括一些其他条款。在财产与意外保险中，这些条款包括：合同的取消、代位求偿、损失发生时的要求、保单转让以及其他条款。在人寿与健康保险中，这些条款一般包括：宽限期、失效保单的复效、年龄误告。这些规定将在本书后面分析具体保险合同时再详细讨论。

被保险人的定义

保险合同必须明确保单承保的人或当事方。为了易于理解，被保险人的含义可以被分为以下几类：
- 指定被保险人；
- 第一被保险人；
- 其他被保险人；
- 附加被保险人。

指定被保险人

指定被保险人（named insured）是指保单声明部分指定的个人或当事方。指定被保险人可以是单个人或多个人或当事方。例如，罗恩和凯·卢肯斯可能是屋主保险保单声明页上特别列明的指定被保险人。

许多保单中出现的"你们"和"你们的"就是指声明页上所出现的指定被保险人。因此，整个保单中所出现的"你们"和"你们的"都是指指定被保险人。

第一被保险人

当超过一个人或当事方被列在声明页上时，名字的排列顺序很重要。**第一被保险人**（first named insured）是在保单声明页上作为被保险人出现的第一个名字。例如，蒂姆·琼斯和鲍勃·布朗拥有一家书店，并且在一份商业财产保险中是指定被保险人。蒂姆是第一被保险人。

第一被保险人有一些其他指定被保险人所没有的附加权利和责任。附加权利包括接受保费退还和接收保单注销通知。但是，第一被保险人要为支付保费和履行损失通知责任负责。

其他被保险人

其他被保险人（other insureds）是指定被保险人保单提供保障的人或者当事方，即使他们没有在保单中被特别明确地说明。例如，屋主保单的被保险人涵盖住在一起的指定被保险人的亲戚以及由指定被保险人照料的 21 岁以下人士。屋主保单也包括住在一起的 24

岁以下离家求学的学生亲戚。类似地，除了指定被保险人，个人汽车保单也为与指定被保险人住在一起的亲戚和所有经指定被保险人允许使用汽车的人提供保障。

附加被保险人

附加被保险人（additional insured）是通过附加条款添加到指定被保险人保单中的个人或当事方。因此，附加被保险人将获得指定被保险人保单提供的保障。例如，肯有一块农场，并且租赁给了一个佃户。肯担心如果佃户伤害他人，自己可能要承担法律责任，因此肯可以要求作为附加被保险人加入佃户的农场责任保单中。

批单与附加条款

保险合同通常会包含**批单**（endorsements）与**附加条款**（riders）。批单与附加条款这两个术语经常交换使用，具有相同的意思。在财产与意外保险中，批单是一种对原有合同条款进行补充、删除或修订的书面条款。在人寿与健康保险中，附加条款是对原保单进行修订或变更的条款。

财产与意外保险中有许多批单对原保单中的条款进行修改、扩展或者删除。例如，屋主保单将地震列为除外风险。然而，保险人可以增加一条地震批单来为地震或地壳运动造成的损失提供赔偿。

在人寿与健康保险中，可以加入许多附加条款以增加或减少给付、取消原保单中的损失赔偿条件或者修改基本保单。例如，人寿保单中可以加入免缴保费的附加条款。如果被保险人完全残疾，根据附加条款的规定，只要他一直处于残疾状况，经过6个月的等待期后，他将来所有的保费都可以免除。

保单的批单通常优先于保单中任何与之相冲突的条款。当然，也有一些保单的批单是用于修改保单以符合特定州的现有法律。

免赔额

免赔额是一种常见的保单条款，它要求被保险人支付部分损失。**免赔额**（deductible）是指保险人从总的损失赔偿额中扣除特定数额，只支付余下数额的一类条款。免赔额通常存在于财产、健康及汽车保险合同中。免赔额不适用于人寿保险，因为被保险人的死亡通常是完全损失，免赔额仅能减少保单的面值。同样，在个人责任保险中一般也不使用免赔额，因为即使是很小数目的索赔，保险公司也必须提供法律辩护。保险人希望从损失发生开始时即进入相关程序，从而将其赔偿责任降到最低。而且，由于个人的第三方责任保险中的免赔额较小，所导致的保费减少也会相对较小。

免赔额的目的

免赔额有以下几个重要目的：

- 排除小额索赔;
- 降低保费;
- 减少道德风险和态度风险。

免赔额将那些处理和操作成本高的小额索赔排除在外。保险公司处理的每个大额索赔中都包含许多小额索赔,处理这些小额索赔可能成本高昂。例如,保险人很容易碰到要花费 200 美元甚至更多成本来处理 200 美元的索赔这类事情。由于免赔额排除了小额索赔,所以保险公司的定损费用也减少了。

免赔额也有助于降低投保人缴纳的保费。由于免赔额排除了小额索赔,保费能够显著降低。据保险信息协会称,将汽车碰撞损失保险的免赔额从 200 美元提高到 500 美元,可使投保人的保费减少 15%~20%。将免赔额提高到 1 000 美元则可减少 40% 以上保费。除了提高免赔额外,专栏 10.1 还介绍了可以降低车险保费的有价值的其他建议。

专栏 10.1

买车险如何省钱?

在降低车险保费的问题上,你掌握着主动权

拥有充足的汽车保险是很明智的,但毫无疑问,这会增加驾驶的成本。好消息是,汽车保险保费因一系列因素而异,可能存在数百美元的浮动变化。在续保时检查你的保单覆盖范围以确保所购保险符合你的需要,并遵循下列步骤,可以使你的车险保费降到最低。

买车险要货比三家

每个保险公司提供的车险价格都不一样,所以货比三家很有必要。

作为投保人,你需要从不同类型的保险公司处获得至少三个汽车保单报价,包括:保险公司的代理人处;独立保险代理人处;通过电话、应用程序或互联网直接向消费者销售的保险公司处。然后请亲朋好友们根据自己的经验提出建议,并在投保前亲自对各保险公司做细致调查。

对汽车保险有了足够的了解后,你就可以向期望投保的保险公司询问一些有见地的问题了。接待你的任何人都会耐心回答直到让你满意。记住,如果最坏的情况发生,即当你需要索赔时,这些人就是你要依靠的人。

切记,最低的价格并不总是"最便宜"的选择。请确保你选择的公司信誉良好,并且你对接待你的保险专业人士提供的服务感到满意。你所在州的保险部门或在线消费者信息网站可能会提供有关保险公司消费者投诉的信息,这可以帮助你根据需要选择合适的保险公司。

买车前先比较一下保险费用

车险保费部分取决于汽车的价格、修理成本、整体安全记录和被盗的可能性。许多保险公司提供的车险对可以降低盗窃或人身伤害风险的汽车,或以安全著称的汽车提供折扣。当你比较购买新车或二手车时,也要研究每辆车的保险费用。首先,你可以使用公路安全保险协会(Insurance Institute for Highway Safety,IIHS)的在线安全首选工具查看特定车型的安全排名。

提高你的免赔额
通过选择更高的汽车保险免赔额，可以显著降低你的车险保费。当然，这是在确保一旦发生索赔，你有足够的钱来支付更高免赔额的前提下。

削减旧车的可选保险
根据过往经验，如果一辆旧车的价值低于车险的10倍，则碰撞险/全险可能就不划算。你可以通过检查一下你的旧车的价值来看看这对你来说是否准确。凯利蓝皮书（Kelley Blue Book）、全美汽车经销商协会（National Association of Auto Dealers，NADA）和TrueCar等网站可以免费查询你的汽车价值。

从不同保险公司购买保险/或在一个保险公司投保多个保险
若你在一个保险公司购买两种或两种以上保险，如屋主保险和汽车保险，或有一辆以上车辆投保车险，多数保险公司会为你提供折扣。另外，一些保险公司会向老客户提供优惠。上述折扣没人可以打包票，所以你要自己做好功课，比较从单一保险公司购买多个保单的折扣和从不同保险公司分别购买保险的成本。

保持良好的信用记录
保持良好的信用记录益处颇多，包括可以降低保险成本。许多保险公司利用信用记录为车险保单定价。（研究表明，那些有效管理个人信用的投保人索赔的次数较少。）为了确保你拥有应得的良好信用，最好定期检查你的信用记录，保持所有信息准确。

享受低里程折扣
一部分保险公司为那些年行驶里程低于平均里程数的驾驶人提供车险折扣。低里程折扣也适用于拼车上班的驾驶人。

咨询团体保险
一部分保险公司对通过雇主、专业团体、商业团体、校友团体或其他协会的团体计划投保的驾驶人提供车险折扣。试试与你所隶属的机构团体联系，看看它们是否提供。

寻求其他折扣
你的保险公司可能会向投保人提供其他车险折扣。例如，一些公司为那些在规定期限内未发生任何事故或是未违反交通规则，抑或参加过驾驶课程的人提供车险折扣。若你的保单中的年轻驾驶人是一名参加过驾驶课程的好学生，或是没有车的大学生，你也可以享受较低的保险费率。

咨询一下你的保险公司你具备享受什么样折扣的条件，但要记住，重要的是你保单的最终成本。一个提供很少折扣的保险公司仍然可以令你的保单总成本较低。

资料来源：Insurance Information Institute, "How to Save Money on Car Insurance" at https://www.iii.org/article/how-can-i-save-money-auto-insurance.

对于小额损失，保险不是一种合适的处理方法，小额损失能够从个人收入或业务收入中更好地得到弥补。保险应当用于为较大规模的灾难性事件提供保障，譬如因长期或晚期疾病造成的500 000美元或以上的医疗开支。不过，如果在为灾难性损失提供保障的保险合同中使用免赔额，那么被保险人购买起来就会更合算。根据个人收入水平和支付能力，投保人通常优先选择较高的免赔额，而不是较低的免赔额。这种用保费对大损失而不是小损失进行赔偿的思想通常被称为**大损失原则**（large-loss principle）。这样做的目的是对能够从经济上摧毁个人的巨大损失提供保障，而将那些可以由个人收入来弥补的小损失排除在外。

在其他因素相同的前提下，大的免赔额要比小的免赔额更为可取。然而许多投保了汽车保险的驾驶者购买的是碰撞损失免赔额为 250 美元的保单，而不是免赔额为 500 美元或更高的保单。他们也许并没有意识到额外的保险成本实际有多高。例如，假设你可以每年花 1 000 美元的保费为你的汽车购买免赔额为 250 美元的碰撞保险。同时，市场上提供一种免赔额为 500 美元的保单，年保费为 800 美元。如果你选择了免赔额为 250 美元而不是 500 美元的保单，你可以多获取 250 美元的碰撞保险，但是你必须多支付 200 美元的年保费。做一个简单的成本收益分析，你为多获得的 250 美元保险额外支付了 200 美元。就增加额来说，这是一种相对更昂贵的保险。根据这种分析，较大的免赔额比较小的免赔额更为可取。

最后，保险人通过使用免赔额来降低道德风险和态度（心理）风险。一些不诚实的被保险人会故意造成损失，以便从保险中获利。免赔额之所以可以降低道德风险，是因为如果存在免赔额，一旦发生损失，被保险人就有可能无利可图。

免赔额还被用于降低态度（心理）风险。态度风险是指被保险人因为买了保险的缘故而疏忽了损失控制工作或对损失控制漠不关心，从而使损失发生的概率在实际上有所提高。免赔额的存在使被保险人必须承担部分损失，因此人们会更加注重保护自己的财产并进行损失预防。

财产保险中的免赔额

下面两种免赔额经常出现在财产保险合同中：
- 绝对免赔额；
- 总免赔额。

绝对免赔额 根据**绝对免赔额**（straight deductible），在要求保险公司赔付之前，被保险人必须先负担一定数额的损失。这种免赔额通常适用于任何一种损失。汽车碰撞保险就是一个例子。例如，假设埃斯里为她的新丰田汽车购买了碰撞保险，免赔额为 1 000 美元。如果碰撞损失为 10 000 美元，她将只能得到 9 000 美元赔偿金，剩下的 1 000 美元则由她自己负担。

总免赔额 商业保险合同有时包含**总免赔额**（aggregate deductible）的条款。根据这一条款，对特定时段（通常为一个保单年度）发生的所有损失进行加总，直到损失总额达到总免赔额，保险人才对超过的部分负有赔偿责任。例如，假设一份保单的总免赔额为 10 000 美元。在保单年度里，分别发生了 1 000 美元和 2 000 美元的损失。由于没有达到总免赔额，因此保险公司不会进行任何赔付。如果在同样的时段内发生了 8 000 美元的第三次损失，保险公司将赔付 1 000 美元。在该保单年度如果发生其他损失，保险公司将会全额赔付。

健康保险中的免赔额

在健康保险中，免赔额可以用金钱或者时间来描述，例如自然年度免赔额或等候期。

自然年度免赔额 **自然年度免赔额**（calendar-year deductible）是总免赔额的一种形

式，通常被用在个人或团体医疗保险合同中。符合条件的医疗开支在自然年度内进行累积，一旦超过免赔额度，保险公司就必须支付合同中承诺的费用。达到自然年度免赔额后，保险人不会再对被保险人施加额外的免赔额。

等候期　免责条款也可以用等候期的形式表现。**等候期（等待期）[elimination (waiting) period]** 是指从损失发生开始算起的一段规定时间，在此期间内不进行保险给付。等候期对于一段时间内持续发生的单一损失而言是合理的，例如工作收入的损失。在残疾收入合同中等候期使用较为频繁。例如，能补偿残疾工人部分收入的残疾收入保险合同一般都有 30 天、60 天或 90 天甚至更长的等候期。

共同保险

共同保险是财产保险合同中经常出现的一种合同条款。这一点在商业财产保险合同中尤为明显。

共同保险的特点

财产保险合同中的**共同保险条款（coinsurance clause）**鼓励被保险人按照财产可保价值的一定比例进行投保。如果损失发生时共同保险要求没有得到满足，被保险人作为共同保险人之一，必须承担部分损失。财产的可保价值是指实际现金价值、重置成本或者保单估价条款中所规定的一些其他价值。如果被保险人想要获得局部损失的全额赔偿，共同保险要求必须得到满足。否则，当局部损失发生时，被保险人将处于不利地位。

对保险范围内的损失进行赔偿的数额可以用共同保险公式来确定，具体如下：

$$\frac{\text{承保额}}{\text{所需投保额}} \times \text{损失} = \text{赔偿额}$$

例如，假设一栋商业建筑的实际现金价值为 1 000 000 美元，其所有人为其投保的保险金额只有 600 000 美元。如果保单规定的共同保险比例为 80%，那么以实际现金价值为基础计算出的所需保险金为 800 000（= 80% × 1 000 000）美元。如果使用的是重置成本，则所需保险金的确定必须以重置成本为基础。那么，如果发生 100 000 美元的损失，保险公司将只赔偿 75 000 美元。这一计算过程可以用以下公式说明：

$$\frac{600\ 000}{800\ 000} \times 100\ 000 = 75\ 000（美元）$$

由于损失发生时被保险人持有的保险金只有所需保险金的四分之三，所以只有四分之三的损失，也就是 75 000 美元能得到赔偿。因为共同保险要求没有得到满足，所以被保险人必须承担剩下部分的损失。

在运用共同保险公式时，应当注意两种特殊情况：第一，赔偿金额不应超过实际损失的金额，即使通过共同保险公式计算会得到这样的结果。这种情况在承保额大于最低所需投保额时会发生。第二，任何损失的最大赔偿金额均不超过保险面值。

共同保险的目的

共同保险的基本目的是实现**费率公平（equity in rating）**。大部分财产保险的损失是局部损失而不是全部损失。但是如果每个投保人都只为局部损失而不是全部损失进行投保，则每 100 美元保险金的保险费率将会变高。这一费率对于那些希望为财产进行全额保险的投保人来说是不公平的。例如，如果每个投保人都投全额保险，在忽略保险人费用和利润扣除额的情况下，火灾保险的纯费率为每 100 美元保险金 25 美分（见图表 10-1）。

图表 10-1　投保全额保险时的保险费率

假设对估价为每栋 200 000 美元的 2 000 栋建筑进行全额保险，投保总额为 4 亿美元的火灾保险。发生如下火灾损失：

2 栋全部损失	=400 000 美元
30 栋部分损失，每栋 20 000 美元	=600 000 美元
保险公司赔付的火灾损失总额	=1 000 000 美元

$$纯费率 = \frac{1\,000\,000 \text{ 美元}}{400\,000\,000 \text{ 美元}}$$
$$= 每 100 \text{ 美元保险金 } 25 \text{ 美分}$$

然而，如果每个业主都只对局部损失投保，火灾保险的纯费率将从每 100 美元保险金 25 美分增加到每 100 美元 40 美分（见图表 10-2）。这一费率对那些希望为其建筑物进行全额保险的业主来说是不公平的。如果想要得到全额保险，投保人将不得不支付 40 美分这一较高的费率，而我们之前计算的费率只有 25 美分。这一费率是不公平的。因此，如果满足了共同保险要求，投保人将获得费率折扣，而不足额投保的保单所有者在运用共同保险公式时将会受到经济上的损失。

图表 10-2　投保半额保险时的保险费率

假设对估价为每栋 200 000 美元的 2 000 栋建筑进行半额保险，投保总额为 2 亿美元的火灾保险。发生如下火灾损失：

2 栋全部损失（400 000 美元）	
保险公司只赔付	=200 000 美元
30 栋部分损失，每栋 20 000 美元	=600 000 美元
保险公司赔付的火灾损失总额	=800 000 美元

$$纯费率 = \frac{800\,000 \text{ 美元}}{200\,000\,000 \text{ 美元}}$$
$$= 每 100 \text{ 美元保险金 } 40 \text{ 美分}$$

在财产保险中，通常使用的共同保险比例为 80%。但是，随着共同保险比例的增大，费率将会下降。因此，如果共同保险比例从 80% 增大到 90% 或 100%，每 100 美元保额的保险费率将会下降。

共同保险存在的问题

当合同中存在共同保险条款时，一些实际问题也随之而来。首先，如果保额不随通货膨胀而周期性增长，那么通货膨胀将会给被保险人带来严重不利影响。在保单开始生效时，被保险人也许能满足共同保险要求。但是，物价上涨会提高财产的重置成本。相应的结果就是被保险人持有的保险金额可能在损失发生时达不到所需保险金额，从而处于不利地位。因此，一旦在保险合同中运用了共同保险条款，我们就应当对投保的保险金数额进行定期评估，以确定共同保险条件是否得到满足。

其次，如果财产价值在保单有效期内大幅波动，可能会给被保险人带来不利影响。例如，存货价值可能会因为一批货物的意外到达而大幅提高。如果损失发生，被保险人可能得不到足够的保险金来避免共同保险带来的不利影响。解决这一问题的一种方法是协商确定保险价值范围，即保险人预先同意投保人持有的保险金能满足共同保险要求。另一种解决方法是报告式保险，即被保险人定期向保险人报告财产价值。

健康保险中的共同保险

个人和团体健康保险合同中经常包含共同保险条款。该条款要求被保险人支付保险范围内超过免赔额部分的一定比例（典型条款中通常为20%、25%、30%或更高）的医疗费用。例如，假设梅根投保保险范围内的医疗费用支出为21 000美元，她持有一份包括1 000美元免赔额和80%－20%共同保险条款的重大疾病医疗保单。保险公司支付超过免赔额的费用的80%，即16 000美元。梅根自己承担20%，即4 000美元（外加1 000美元的免赔额）。

健康保险中的共同保险的目的在于：（1）降低保费；（2）防止对保单利益的过度使用。因为被保险人承担了部分成本，所以保费得以降低。此外，如果病人要承担部分成本，他或她就不会要求享受最昂贵的医疗服务。

其他保险条款

其他保险条款（other-insurance provisions）通常出现在财产与意外保险以及健康保险合同中。这些条款适用于当不止一个合同对同一损失提供保险时的情形。其目的是防止被保险人从保险中获利和违背损失赔偿原则。如果被保险人能够从每个保险人那里都获得全额赔偿，那么他的保险收益就会大大增加，这会显著提高道德风险。一些不诚实的被保险人会故意造成损失来获取多重利益。

财产与责任保险中一些重要的"其他保险条款"包括：（1）比例责任；（2）等额分担；（3）第一和超额保险。

比例责任

比例责任（pro rata liability）是当两份或两份以上同类保单为财产的相同可保利益提供保障时运用的条款的一般表述。每个保险人对损失所承担的份额以其所承担的保险金占该财产所有保险金的比重为基础来计算。例如，假设雅各布拥有一栋房屋，并希望为其投保500 000美元。由于核保上的原因，保险公司会限制在某一特定财产上承保的金额。假如雅各布向A公司投保了300 000美元，向B公司投保了100 000美元，向C公司投保了100 000美元，总计500 000美元。如果发生了100 000美元的损失，每个保险公司将只按其比例责任份额进行赔偿（见图表10-3）。因此，雅各布将得到的损失赔偿为100 000美元，而不是 300 000 美元。

图表 10-3　比例责任举例

A 公司	$\frac{300\,000\text{ 美元}}{500\,000\text{ 美元}}$	或 0.60×100 000 美元＝60 000 美元
B 公司	$\frac{100\,000\text{ 美元}}{500\,000\text{ 美元}}$	或 0.20×100 000 美元＝20 000 美元
C 公司	$\frac{100\,000\text{ 美元}}{500\,000\text{ 美元}}$	或 0.20×100 000 美元＝20 000 美元
损失赔偿总额		＝100 000 美元

比例责任条款的基本目的是维护损失赔偿原则，防止被保险人从保险中获利。在上面的例子中，如果不存在比例责任条款，被保险人会因为 100 000 美元的损失而从每个保险公司那里都获得 100 000 美元，也就是总额为 300 000 美元的赔偿。

等额分担

等额分担（contribution by equal shares）是在责任保险合同中经常可以看到的另外一类其他保险条款。每个保险人在损失中承担相同的份额，直到每个保险人支付的赔偿额与保单最低责任限额相等，或者直到损失的全部数额得到赔偿为止。例如，假设 A、B 和 C 三个公司提供的保险金额分别为 100 000 美元、200 000 美元和 300 000 美元。如果损失为 150 000 美元，每个保险公司赔偿相同的数额，即 50 000 美元（见图表 10-4）。

图表 10-4　等额分担（例 1）

	保险金额	等额分担数额	赔偿总额
损失总额＝150 000 美元			
A 公司	100 000 美元	50 000 美元	50 000 美元
B 公司	200 000 美元	50 000 美元	50 000 美元
C 公司	300 000 美元	50 000 美元	50 000 美元

然而，如果损失为 500 000 美元，每个保险公司赔偿多少呢？在这个例子中，每个保险公司将赔偿相等的数额直到达到保单限额为止。然后其余的保险公司继续对剩下的损失进行等额赔偿，直到完全赔偿了其保单限额，或者直到损失得到全额赔偿为止。因此，A 公司将赔偿 100 000 美元，B 公司将赔偿 200 000 美元，C 公司也将赔偿 200 000 美元（见图表 10-5）。如果损失额为 600 000 美元，则 C 公司还将赔偿剩下的 100 000 美元。

图表 10-5　等额分担（例 2）

	保险金额	等额分担数额	赔偿总额
损失总额＝500 000 美元			
A 公司	100 000 美元	100 000 美元	100 000 美元
B 公司	200 000 美元	100 000 美元＋100 000 美元	200 000 美元
C 公司	300 000 美元	100 000 美元＋100 000 美元	200 000 美元

第一和超额保险

第一和超额保险（primary and excess insurance）是另外一类其他保险条款。第一保险人首先进行赔付，而只有当赔偿额超过第一保单的保险金额后，超额保险人才开始进行赔偿。

汽车保险是第一和超额保险的完美例证。例如，假设鲍勃偶尔驾驶吉尔的汽车。鲍勃的保单对人身伤害的责任限额为 100 000 美元/人。吉尔的保单对人身伤害的责任限额为 50 000 美元/人。如果鲍勃在驾驶吉尔的汽车时因过失撞伤了另一个驾驶者，两份保单都将对这一损失进行赔偿。一般的规定是被借用的汽车的责任保险为第一保险，任何其他保险都被视为超额保险。因此，如果法庭宣判鲍勃赔偿损失 75 000 美元，吉尔的保单是第一保单，首先赔偿 50 000 美元。鲍勃的保单是超额保单，赔偿剩下的 25 000 美元。

团体健康保险中的**给付协调条款**（coordination-of-benefits provision）是第一和超额保险的另一个例子。设计该条款是为了防止一个人参加两个及以上团体健康保险计划时获得超额赔偿和重复给付。

大部分州都已经部分或全部地采用了美国保险监督官协会（NAIC）制定的给付协调条款。这些条款很复杂，这里只讨论其中的两条：

第一，以雇员身份进入保险计划通常优先于以家属身份进入保险计划。例如，假设杰克和凯莉都有工作，并且互相作为家属进入对方的团体健康保险计划。如果杰克发生了保险责任范围内的医疗费用，他的保单作为第一保险首先进行赔偿，然后他将未得到补偿的费用（如免赔额和共同保险付款额）提交给凯莉的保险人，凯莉的保险计划便作为超额保险使用。在两个计划下，符合条件的医疗费用可获得不超过 100% 的补偿。

第二，生日规则适用于那些父母未离异或未分居的被抚养人。按照这一规则，在一年内先过生日的父亲或母亲的保险计划是第一保险。例如，假设凯利的生日在 1 月份，杰克的生日在 7 月份。如果他们的女儿住院，凯利的保险计划是第一保险，杰克的保险计划则是超额保险。生日规则的目的旨在消除被抚养人保险方面的性别歧视。

 案例应用

迈克在他的朋友唐娜生日那天带她出去吃饭。在送唐娜回家时，迈克生病了，并让唐娜代为驾驶汽车。在驾驶迈克的汽车时，唐娜因为闯红灯而不小心撞伤了另外一个驾驶者。迈克持有一份每人身体伤害责任保险限额为 250 000 美元的汽车保单。唐娜也有一份类似的汽车保单，每人的责任限额为 100 000 美元。

a. 如果法庭宣判让唐娜赔偿 100 000 美元，那么，两个保险公司分别赔偿多少？

b. 如果赔偿额为 300 000 美元，两个保险公司分别赔偿多少？

c. 假设迈克此前因未按时支付保费而致使其汽车保单失效了，在事故发生时，他是没有保险的。如果法庭宣判让唐娜赔偿 100 000 美元，那么唐娜的保险公司要赔偿多少？

本章小结

- 保险合同通常包括以下几个部分：
  - 声明；
  - 定义；

- ➤ 承保协议；
- ➤ 除外责任；
- ➤ 条件条款；
- ➤ 其他条款。
- 声明是对所要投保的财产或行为的情况所做的说明。
- 定义页或章节对关键词或短语进行定义，以使保单中的保险范围更容易确定。
- 承保协议载明保险人所做的承诺。有两种基本承保协议：
  - ➤ 指定风险事故保单；
  - ➤ 开放式风险保单。
- 所有保单都包含一种或一种以上的除外责任。有三种主要的除外责任：
  - ➤ 除外风险；
  - ➤ 除外损失；
  - ➤ 除外财产。
- 除外责任是必要的，因为以下几个方面的原因：某些风险在保险公司看来是不可保的；特殊危险的存在；已由其他保险合同提供风险保障；道德风险和态度风险（心理风险）达到某个较高的程度；大多数被保险人不需要此类保障。
- 条件条款是对保险人所要履行的承诺施加限制或者使之生效的相关条款。条件条款对被保险人强加了一些义务，被保险人如果希望获得损失赔偿，则必须履行这些义务。
- 财产与责任保险中的其他条款包括合同的取消、代位求偿、损失发生时的要求、保单转让以及其他保险条款。
- 保险合同也包括了对被保险人的定义。保险合同可能只保障一个人，也可能保障其他人，即使他们并没有在保单中特别指明。
- 批单或附加条款是对原合同中的条款进行补充、删除或修改的书面条款。对于添加了批单的保险合同来说，批单或附加条款和合同中与之相矛盾的条款相比具有优先权。
- 免赔额要求被保险人承担部分损失。保险人从总的损失赔偿额中扣除特定数额，只支付余下数额。免赔额用于排除小额索赔、降低保费以及减少道德风险与态度（心理）风险。免赔额的例子包括绝对免赔额、总免赔额、自然年度免赔额以及等候期。
- 财产保险中的共同保险条款要求被保险人按照财产可保价值的一定比例进行投保。如果在损失发生时共同保险要求没有达到，被保险人必须作为共同保险人分担损失。共同保险条款的基本目的是实现费率公平。
- 共同保险条款经常可以在个人和团体医疗保单中见到。典型条款要求被保险人支付保险范围内超过免赔额部分的20％、25％、30％或更高比例的费用。
- 其他保险条款在许多保险合同中也可以见到。这些条款适用于不止一份保单对同一损失提供保障的情况。这些条款的目的是防止被保险人从保险中获利以及违背损失赔偿原则。一些重要的其他保险条款包括比例责任、等额分担以及第一和超额保险。

重要概念和术语

附加被保险人　　　　总免赔额　　　　　　自然年度免赔额　　　共同保险条款
条件条款　　　　　　等额分担　　　　　　给付协调条款　　　　声明
免赔额　　　　　　　等候期（等待期）　　批单与附加条款　　　费率公平
除外责任　　　　　　第一被保险人　　　　承保协议　　　　　　大损失原则
指定被保险人　　　　指定风险事故保单　　开放式风险保单　　　其他保险条款
其他被保险人　　　　第一和超额保险　　　比例责任　　　　　　特殊保障保单
绝对免赔额

复习题

1. 阐述保险合同的基本组成部分。

2. a. 阐述保险合同中常见的几类除外责任。

    b. 保险人为什么要使用除外责任？

3. a. 阐述术语"条件条款"的定义。

    b. 如果被保险人没有遵从保单条件条款，保险人还需要对保险责任范围内的损失进行赔付吗？请做出解释。

4. a. 什么是"指定被保险人"？

    b. 即使在保单中没有特别指明，其他当事人也可以成为被保险人吗？请做出解释。

5. a. 什么是批单或附加条款？

    b. 如果批单与保单中某一条款冲突，这一问题如何解决？

6. a. 阐述以下几种免赔额：绝对免赔额、自然年度免赔额、总免赔额。

    b. 阐述财产保险合同中免赔额的目的。

7. a. 阐述财产保险中共同保险条款是如何运作的。

    b. 共同保险条款的基本目的是什么？

8. 描述个人或团体医疗费用保险保单中典型的共同保险条款的作用。

9. a. 其他保险条款的目的是什么？

    b. 请举一个比例责任条款的例子。

10. 阐述第一和超额保险。

应用题

1. 迈克尔有一架小型飞机，用于周末飞行。他的保险代理人告诉他，在屋主保单中，飞机是被排除在个人财产保险范围之外的。作为被保险人，他认为他的飞机和他所拥有的其他个人财产一样，应当在保险范围之内。

    a. 向迈克尔解释屋主保单将特定财产，如飞机，排除在保障范围之外的原因。

    b. 阐述保险合同中存在除外责任的其他原因。

2. a. 在保单当前有效年度内，一个制造公司按照以下顺序发生了保险责任范围内的损失：

损失	损失额（美元）
A	2 500
B	3 500
C	10 000

如果保单中含有以下种类的免赔额，则这个公司的保险人每次赔偿多少损失？

(1) 1 000美元的绝对免赔额。

(2) 15 000美元的自然年度免赔额。

b. 阐述团体医疗费用计划中常见的给付协调条款。

3. 斯蒂芬妮拥有一家小仓库,并且为其购买了企业财产保险,保险金额为200 000美元。保单中含有80%的共同保险条款。仓库因火灾造成了50 000美元的损失。损失发生时仓库的重置成本是500 000美元。

a. 如果保险人要对损失负赔偿责任,那么应该承担多大责任?说明计算过程。

b. 假设斯蒂芬妮在损失发生时持有500 000美元的仓库财产保险。如果损失额为10 000美元,她将获得多少赔偿?

c. 阐述财产保险合同中共同保险条款存在的理论或原因。

4. 安德鲁拥有一栋商业办公楼,并为之投保了三份财产保险合同。他向A公司投保了100 000美元,向B公司投保了200 000美元,向C公司也投保了200 000美元。

a. 假设每份合同中都存在比例责任条款。如果发生了100 000美元的损失,安德鲁能从每个保险公司获得多少赔偿?请做出解释。

b. 保险合同中常见的其他保险条款的目的是什么?

5. 假设300 000美元的责任索赔分别由两份责任保险合同来承担。保单A对该索赔的责任限额为500 000美元,保单B的责任限额为125 000美元。两份合同都提供等额分担。

a. 每个保险人对这一索赔各负担多少?请做出解释。

b. 如果索赔金额只有50 000美元,那么每个保险人各赔偿多少?

6. 阿什莉有一份个人医疗费用保单。这份保单每一个自然年度有1 000美元的免赔额和80%-20%的共保条款。阿什莉接受了一次门诊手术以移除她脚上的拇囊炎,产生的医疗费用为10 000美元。阿什莉的保险人应该赔偿多少?阿什莉自己要承担多少费用?

7. The Lincoln Saltdogs是隶属于美国棒球联盟的小职业球队联盟中的一支棒球队。其俱乐部会所投保了一份含有一条80%共同保险条款的企业财产保险,保险金额为600 000美元。俱乐部会所的当前重置成本是1 000 000美元。在争夺联盟冠军的季后赛结束之后,一台伤员康复机器发生短路并引发了一场火灾。俱乐部会所遭到了100 000美元的火灾损失。在忽略所有免赔额的情况下,该球队的保险人应该为这场损失赔偿多少?

数字资源

网络资源

参考文献

第11章
人寿保险

> 死亡是大自然告诉你放慢脚步的方式。
> ——佚名
>
> 不要对生活过于认真，你永远也无法活着逃出去。
> ——埃尔伯特·哈伯德（Elbert Hubbard）

学习目标

学习完本章，你应当能够：
- 解释在家庭和商业背景中过早死亡的含义。
- 阐述过早死亡对不同类型家庭经济状况的影响。
- 解释以下估算个人应持有人寿保险数量的方法。
  - 人的生命价值观；
  - 需求方法。
- 阐述定期人寿保险的基本特点。
- 解释普通终身人寿保险的基本特点。
- 描述下面几个人寿保险的衍生品种：
  - 变额人寿保险；
  - 万能人寿保险；
  - 指数化万能人寿保险；
  - 变额万能人寿保险；
  - 当期假定终身人寿保险和其他利率敏感产品。
- 阐述人寿保险假设的基本特点。
- 指出并描述其他类型的人寿保险：修正式人寿保险、优良标准体、联合人寿保险、后亡人寿保险、储蓄银行人寿保险、上门服务人寿保险、团体人寿保险。

布莱恩今年20岁，是马萨诸塞州塞勒姆当地一所大学的大二学生。他的父亲最近死于肺癌，且没有人寿保险。作为一名残疾的退伍军人，布莱恩的父亲得到了退伍军人事务部（Department of Veterans Affairs）提供的少量救济金。然而，葬礼的花销几乎是所提供救济金的两倍。这一切最终使得布莱恩的母亲背负了强烈的情感悲痛和沉重的债务，生活难以为继。在筹谋如何支付葬礼费用时，她经历了巨大的财务困境。布莱恩的母亲不确定能否继续供养两个还在上大学的孩子——布莱恩及其妹妹，并坦言自己可能连房子也保不住了。布莱恩对大学学位的追求举步维艰。

在上述悲剧中，布莱恩父亲的死使其家庭遭受了巨大的经济挫折。在本章中，我们将讨论过早死亡的风险，以及人寿保险如何减轻过早死亡带来的经济不安全。所涉及的主题包括过早死亡的含义、基于家庭类型的人寿保险需求、确定应持有人寿保险的适宜数量，讨论目前销售的人寿保险的主要类型。

过早死亡

过早死亡的含义

过早死亡（或早逝，premature death） 可以被定义为（1）未履行完经济责任的"家长"的死亡，或（2）造成负面商业后果的人员的死亡。对一个家庭来说，未履行完的家庭义务包括子女的抚养、孩子的教育、抵押贷款的偿还。"家长"的过早死亡会给一个家庭带来严重的经济问题，因为这个家庭"家长"的未来收入将会彻底失去。如果其他收入来源不充足，或者家庭积累的财产不充足，其余家庭成员将面临严重的经济问题。在商业背景中，过早死亡可能会导致：（1）若合伙人死亡，则企业破产；或者（2）若重要人员死亡，则企业收益锐减。因商业问题过于专业和复杂，无法在基础课程中介绍，因此，在本书后文中，我们将焦点主要集中于过早死亡对家庭的影响上。

过早死亡的成本

过早死亡会产生一些成本：第一，主要家庭收入来源的失去导致未来收入的永远失去。第二，过早死亡会导致额外的费用，如丧葬费用、未投保医疗费用、更高的育儿费、遗产安置费和其他最终开支。第三，由于收入不充裕，一些家庭的生活水平将会降低。第四，还会发生一些非经济成本，例如悲痛的心情、孩子失去对父母角色的模仿机会、孩子失去来自过早死亡者的教育和指导等。

过早死亡问题正在减少

由于预期寿命的延长，过早死亡的经济问题随着时间的变迁显著减少。预期寿命是特定年龄阶段的人的剩余平均生存时间。2016年，美国新生人口的预期寿命达到78.6岁。[①] 相比之下，在1850年，新生人口的预期寿命只有40岁，1970年为70.8岁，比今天低9.92%。在过去的一个世纪当中，由于医学方面不断取得的新突破，人们实际收入的提高、经济的增长，以及公共健康和卫生条件的改善，预期寿命明显延长。

尽管美国人的预期寿命长期来看是增加的，但还是落后于其他许多国家。世界卫生组织（World Health Organization）2015年的一项研究显示，美国新生人口的预期寿命在183个国家中排名第31位，较1987年的第11位有所下降。位列日本、瑞士、新加坡、澳

---

① Centers for Disease Control and Prevention，NCHS Data Brief，*Mortality in the United States*，2017，No. 293，December 2017.

大利亚、法国、西班牙、加拿大和英国等之后。[①]

这种情况的出现可以归因于以下几个因素：

- 肥胖是一个主要因素。超过三分之一的美国成年人有肥胖症，另外三分之一的人体重超标。这导致了冠状动脉心脏病、糖尿病、癌症、高血压和其他疾病的增加。
- 美国人的生活方式不利于长寿。美国人喜欢暴饮暴食，饮食中含大量饱和脂肪，数百万的美国人久坐不动，缺乏锻炼。
- 早些时候，数百万美国人医疗保险不足，即使在今天，也有数百万人得不到所需的医疗保障。
- 非裔美国人和其他少数民族群体的预期寿命比较低，拉低了平均水平。
- 与许多工业化国家和地区相比，婴儿死亡率相对较高。

人寿保险的经济调节作用

如果被保险人赚取收入，其他成员依赖于这些收入作为其部分或全部经济支持的来源，购买人寿保险就能够起到经济调节作用。家庭其他成员依靠家庭支柱抚养和承担经济责任，如果家庭支柱过早死亡，生存的家庭成员就会面临很大的经济风险，人寿保险可以帮助家庭抵消这种收入减少的经济风险。

过早死亡对不同类型家庭的影响

单身家庭

专家把家庭分为不同的类别。家庭支柱的过早死亡对每种类型的家庭都有不同的影响。近年来，单身家庭的数量增加了。年轻人推迟结婚，经常超过30岁才结婚，很多年轻人和中年人因为离婚而再次成为单身。单身家庭没有需要其抚养的人或者不需要承担其他经济责任，这些人的过早死亡不会给其他人带来经济问题。所以这一群体仅需要少量的人寿保险用于支付丧葬费用和未投保医疗费用，而不需要大量的人寿保险。一个例外是离婚的单身父亲或母亲，他们还要承担抚养孩子的责任，过早死亡会给留下来的孩子带来严重的经济问题。

单亲家庭

近年来，孩子小于18岁的单亲家庭的数量一直在增加，大量出生的孩子因为未婚生子、离婚、合法分居或死亡而生活在单亲家庭中。父亲或者母亲的死亡会给留下的孩子带来巨大的经济问题。这种类型的家庭，家长需要购买大量人寿保险。但是，许多单亲父母（特别是女性家长）的收入在贫困线以下。这些家庭中有很多是因为太贫穷而无法购买大额保险。

[①] Wikipedia, the free encyclopedia, "List of Countries by Life Expectancy."

有孩子的双收入来源家庭

夫妻双方都有工作的家庭已经在很大程度上取代了配偶中只有一方赚取收入的传统家庭。在有孩子的双收入来源家庭中,一方的死亡会给生存的家庭成员带来严重的经济问题,因为要保持家庭的生活水平,两个收入来源都是必需的。两个赚取收入的人都要购买大量人寿保险。如果其中一个人过早死亡,人寿保险可以弥补失去的收入。

但是,在没有孩子的双收入家庭中,一方的过早死亡不会为生存的另一方带来经济风险。这种情况下,对大额人寿保险的需求要小得多。

传统家庭

传统家庭是指父母当中只有一个人是劳动力,而另外一个待在家里照顾未成年的孩子。作为劳动力的父母之一需要购买大额人寿保险。如果工作的配偶没有足额的人寿保险而过早死亡,家庭的生活水平就不得不下降。

此外,没有参加工作、负责照顾孩子的配偶也需要购买人寿保险,因为如果照顾孩子的配偶过早死亡,看护孩子的费用可能为有工作的配偶带来沉重的经济负担。根据母亲们所做的"少数"工作,一项研究估计,取代她们所做的工作每年要花费大约 162 580 美元。[①]

混合型家庭

混合型家庭是指离婚的配偶之一带着孩子再婚,新的配偶也有孩子的家庭。双方再婚后可能又会生一个孩子。两个家长都非常需要购买人寿保险。再婚的时候配偶双方一般都有工作,一个配偶死亡可能会导致家庭因失去该部分未来收入而生活水平下降。

三世同堂型家庭

三世同堂型家庭中有一个有孩子的儿子或女儿,他们为父母提供经济支持或其他支持。儿子或女儿"夹"在年轻一代和老一代人之间。三世同堂型家庭中参加工作的配偶需要购买大量人寿保险。三世同堂型家庭中有工作的配偶的过早死亡会使活着的孩子和上年纪的父母失去经济支持。

最后,在前面所讨论的各种类型的家庭中,需要经济支持的孩子通常是未成年人。由于父母通常要供养未成年子女,因此在大多数情况下,出于经济考量无须为子女购买大量人寿保险。为孩子购买保险的主要不足是,家长无法得到足够的保障。稀缺的货币资源应当用于增加家长的保险数额,而不是为孩子提供保障。

购买保险的数量

一旦你确定购买保险,那么下一步就是要确定购买数量。一些人寿保险公司和财务规

---

① Salary.com. "Stay-at-home-mom." Accessed May 30, 2018.

划师建议被保险人购买的人寿保险的数量等于其收入的几倍，例如年收入的5~10倍。但是这些原则毫无意义，因为需要的人寿保险的数量随着家庭规模、收入水平、现有金融资产和财务目标的不同而不同。

有两种方法可以用于计算持有人寿保险的数量：
- 生命价值法；
- 需求法。

生命价值法

前面提到，家庭主要收入来源会因为家长的过早死亡而永久失去，这种损失被称为生命价值。**生命价值（human life value）**可以被定义为，因养家糊口的人的死亡而导致未来收入的减少，减少的未来收入的现值即为这个人的生命价值。生命价值可以通过下面几个步骤来计算：

（1）对其工作时间内的平均年收入进行折算。

（2）扣除联邦和州所得税、社会保障税、人寿和健康保费以及自己使用的部分，剩下的是可以用于支持家庭开支的部分。

（3）确定从当前年龄到预期退休年龄有多少年。

（4）使用合理的贴现率，计算第（3）步中的年份数下的收入的现值。

例如，假设理查德今年27岁，已经结婚并有了两个孩子。他每年的收入是50 000美元，计划67岁退休。（为了简化讨论，假设他的收入保持不变。）在这些收入中，有20 000美元被用于支付联邦和州所得税、人寿和健康保险以及理查德自己的个人需求。剩下的30 000美元用于维持家庭开销。通过将这一未来现金流贴现为现值得到理查德的生命价值。使用的合理贴现率为5%，40年中每年支付1美元贴现得到的现值累计是17.16美元。因此，理查德的生命价值是514 800（=30 000×17.16）美元。这一数值代表了一旦理查德过早死亡，他的收入给家庭带来的收入损失的现值。正如你所看到的，在考虑收入能力的时候，生命价值具有很高的经济价值。生命价值概念的主要优点是，大致计算出了生命的经济价值。

但是，基本生命价值方法有几个局限：第一，其他收入来源被忽视，例如社会保障遗属抚恤金、来自个人退休账户（IRAs）的收入、401（k）计划和商业养老险死亡给付金。第二，在基本模型中没有考虑职业问题，工作收入和支出被假设为不变的，忽略了雇员福利。第三，因为离婚、孩子的出生或家庭成员的死亡，向家庭分配的资金会迅速改变。同时，长期贴现率很关键；当假设贴现率较低的时候，生命价值会大幅提高。第四，通货膨胀对收入和支出的影响被忽视。

由于上面这些局限，基本生命价值模型显著低估了生命的经济价值。生命基金会（Life Foundation）已经开发出了更为精确、复杂的生命价值模型。该模型考虑了年龄和性别、职业类型、收入增加、消费需求、员工福利、为自己家庭服务的价值以及在职配偶赚取的工资。在考虑这些因素后，人们的生命价值显著高于基本模型计算得出的价值。生命价值计算公式可以从众多人寿保险公司的官网上找到。

需求法

计算应购买人寿保险数量的第二种方法是**需求法**（needs approach）。如果分析家长死亡的情况，有一些家庭需求必须满足，满足这些需求所需要的资金也必须确定。然后将现有的人寿保险和金融资产的总额从需要的总资金量中扣除。其差额，如果有的话，就是应该购买的新的人寿保险的数量。最重要的家庭需求包括：

- 遗产清理基金。
- 再调整期内的收入。
- 抚养期内的收入。
- 生存配偶的终身年金。
- 特殊需求。
  - ➢ 抵押贷款偿还基金；
  - ➢ 教育基金；
  - ➢ 应急基金；
  - ➢ 家庭成员的精神或身体残疾。
- 退休需求。

遗产清理基金　遗产清理基金（estate clearance fund）或清算基金在家长死亡的时候立刻就需要。丧葬费用、未投保医疗费用、分期偿还债务、遗产管理费用以及遗产税、继承税和所得税等都需要用现金即时支付。

再调整期内的收入　再调整期（readjustment period）是在养家糊口的人死亡后的一到两年时间。在该期间内，家庭的收入应该大致等于家长活着时候的收入。再调整期的目的是给家庭留出调整生活标准的时间。

抚养期内的收入　抚养期（dependency period）是指再调整期之后的时期，直到最小的孩子长到18岁。在这个时期内家庭应当获得收入，使得生存配偶能够在必要时留在家中照顾孩子。如果生存的配偶已经在工作，并计划继续工作，抚养期内需要的收入将会显著降低。

生存配偶的终身年金　另一个重要的需求是为生存配偶提供终身年金，特别是在如果他或她年纪变大，而且已经有很多年没有参加工作的情况下。有两个时期的收入必须考虑：（1）无给付期的收入和（2）无给付期之后作为社会保障抚恤金的补充。**无给付期**（blackout period）是指从社会保障遗属抚恤金停发到恢复的一个时期。当最小的孩子达到16岁（或22岁前残疾）时，给仍生存的配偶的社会保障遗属抚恤金将停止支付，当配偶的年龄到60岁时恢复。

如果生存的配偶有一份工作，并已经参加工作，对终身年金的需要就会大幅减少，甚至消除。但是，这一结论对于很多年不参加工作的、60岁以下的配偶不适用，因为这些人的社会保障遗属抚恤金也已经暂停。对于这些人来说，无给付期内的年金收入就非常重要。

特殊需求　家庭还必须考虑一些特殊需求，包括：

- 抵押贷款偿还基金。当不需要每个月偿还抵押贷款或租金的时候，活着的家庭成员的每月收入需求就会大幅减少。
- 教育基金。家长可能希望为孩子提供教育基金。如果孩子准备上私立学院或大学，成本将明显高于公立大学。

- 应急基金。家庭也会设置应急基金。无法预期的事件可能需要大量现金，例如重大的牙科疾病、房屋修缮或者购买新汽车。
- 家庭成员的精神或身体残疾。还需要为教育、培训和照看有精神或身体疾病的孩子或成年家庭成员准备额外的资金。

退休需求　因为家长可能一直活到退休，所以必须考虑足够的退休收入。大多数退休工人都可以获得社会保障金，而且可以从雇主那里得到退休金。如果从这些来源获得的退休收入不充足，人们可以从现金价值人寿保险、个人投资、退休年金、个人退休账户（individual retirement account，IRA）或雇主退休计划（employer-based retirement plan）中获得额外的收入。

需求法的说明

图表 11-1 提供了一个人们可以用于确定需要的人寿保险数额的表格。表格的第一部分列出了满足不同的现金需求、收入需求和特殊需求的数额。第二部分分析了用于满足这些需求的金融资产。最后一部分确定了需要补充的人寿保险的数量，它是由总需求减去总资产得到的。例如，珍妮弗·史密斯和斯科特·史密斯婚后育有一个1岁大的孩子。珍妮弗今年33岁，为一个大型石油公司做市场分析，每年收入60 000美元。斯科特今年35岁，是一名小学教师，年收入为45 000美元。珍妮弗希望一旦她过早死亡，能够保持家庭的经济安全。

图表 11-1　你需要多少人寿保险？　　　　　　　　　　　　　　　　　　　　单位：美元

你需要什么？	珍妮弗·史密斯	你的需要
现金需求		
丧葬费用	15 000	
未投保医疗费用	5 000	
分期偿还债务	12 000	
立遗嘱的成本	3 000	
联邦遗产税	0	
州继承税	0	
遗产清理基金总额		35 000
收入需求		
再调整期	24 000	
抚养期	180 000	
生存配偶的终身年金	0	
退休收入	0	
总收入需求		204 000
特殊需求		
抵押贷款偿还基金	200 000	
应急基金	50 000	

续表

今天你所拥有的	珍妮弗·史密斯	你的资产
大学教育基金	150 000	
总特殊需求		400 000
总需求		639 000
经常账户和储蓄	10 000	
相互基金和证券	35 000	
个人退休账户	20 000	
401（k）计划和雇主储蓄计划	40 000	
私人养老金死亡给付	0	
现有的养老保险	60 000	
其他金融资产	0	
总资产		165 000
需要的补充人寿保险		
总需求		639 000
减去总资产		165 000
需要的补充人寿保险		474 000

现金需求 珍妮弗估计丧葬费用至少需要现金 15 000 美元。尽管珍妮弗投保了团体健康保险，但是一些医疗服务是免责的，而且还必须每年支付免赔额和共同保险收费。所以，她估计自己的家庭需要 5 000 美元来支付未投保医疗费用。她每个月还要支付汽车贷款和信用卡账单。分期偿还债务现在累计达到 12 000 美元。她估计立遗嘱和律师费用将为 3 000 美元，此外，不用支付联邦遗产税。

收入需求 珍妮弗也希望在再调整期和抚养期内直到她的儿子年满 18 岁时，家庭每个月都有收入。珍妮弗和斯科特每个月的家庭收入净额大致为 6 000 美元。珍妮弗认为这些收入的 75%（或每月 4 500 美元）可以保证家庭保持现有的生活水平。所以她希望在再调整期和抚养期这 17 年的时间内，家里每个月能够有 4 500 美元的收入。

如果还有其他来源，家庭每个月需要的 4 500 美元的数量会减少。斯科特的家庭收入净额每个月是 2 500 美元。此外，斯科特和他的儿子具有领取社会保障遗属抚恤金的资格。斯科特的抚恤金直到他的儿子年满 16 岁时才能够领取，而他的儿子的抚恤金能领取到他儿子年满 18 岁。在这个例子中，我们假设只有他们的儿子能够领取社会保障遗属抚恤金。因为斯科特的收入显著高于社会保障基金要求的最高年收入限额，所以他无法获得任何社会保障遗属抚恤金。但是，他的儿子可以一直领取到年满 18 岁。珍妮弗的儿子在年满 18 周岁之前，每个月都可以从社会保障基金获得 1 000 美元的收入。所以，这个家庭每个月来自斯科特的家庭收入和儿子的社会保障抚恤金加起来有 3 500 美元。因为他们的收入目标是每个月 4 500 美元，所以每个月的差额是 1 000 美元。珍妮弗的家庭为了在再调整期内获得每月 1 000 美元的收入，需要支付额外的 24 000 美元，还要再支付 180 000 美元用于获得另外 15 年的抚养期内的月收入。那么，为了达到在再调整期和抚养期内每个月有 4 500 美元收入的目标，这个家庭还需要总额为 204 000 美元的支出。

如果珍妮弗考虑货币的时间价值，为了达到其目标而购买的人寿保险就会低于

204 000 美元。类似地，如果考虑通货膨胀因素，她必须增加人寿保险的数量以获得这些抚恤金的实际购买力。但是，如果她假设一个因素可以抵消另一个因素的影响，她可能忽视现金的时间价值和未来的通货膨胀。那么，在这个例子中，我们假设前面的人寿保险以等于通货膨胀的利率进行投资。这种假设构成了下面的计划，即自动对冲掉通货膨胀的影响，从而保留了死亡给付的实际购买力。但是，在大多数情况下，死亡给付可以以高于通货膨胀率的利率进行投资。其计算也很简单，现值表和关于未来通货膨胀率的假设都不需要。

此外，斯科特现在还在工作，而且即使珍妮弗死了，他也会继续工作。那么，在无给付期内也不需要额外的收入。

最后需要考虑的是退休收入。斯科特会收到社会保障基金的退休金和学区退休金计划的终身养老金。他还有一个个人退休账户（IRA）会提供额外的退休金。珍妮弗相信，斯科特的所有退休收入能够满足他的需要，所以他不需要另外的退休金。

总的来说，在考虑了斯科特的家庭收入和社会保障遗属抚恤金之后，珍妮弗决定，她需要额外的 204 000 美元来达到在再调整期和抚养期内每个月 4 500 美元的收入目标。无给付期内的额外收入是不需要的。

特殊需求 珍妮弗希望在她死后能够付清抵押贷款。现在的抵押贷款余额还有 200 000 美元。她还希望为家庭建立 50 000 美元的应急基金，为儿子准备 150 000 美元的教育经费。所以她的特殊需求共计 400 000 美元。

确定需要的新的人寿保险的数额 下一步是确定为了满足她的需求而需要的金融资产的数量。珍妮弗的个人账户有 10 000 美元的存款。她所拥有的几只共同基金和个人股票的当前市场价值是 35 000 美元。她的退休账户余额是 20 000 美元，她的雇主为其 401（k）账户投入了 40 000 美元。她参加的团体人寿保险的保额为 60 000 美元。所以，在她死亡的时候，她的金融资产为 165 000 美元。

家庭总需求是 639 000 美元，但是她现在的金融资产总额只有 165 000 美元。所以，珍妮弗还需要 474 000 美元的人寿保险来为她的家庭提供保障。

需求法的主要优点是，在已知家庭需求的情况下，它是确定应有的人寿保险数量的一种相当准确的方法。而且需求法也考虑了其他收入来源和金融资产。其主要的不足是，被用于估算被保险人所需人寿保险数量的互动式计算公式是基于某些假设的，且不同计算公式的运算方式各有不同。这些计算公式通常可以在人寿保险公司的官网上找到。由于各个保险公司网站提供的计算公式不同，因此最终得出的被保险人所需人寿保险数量存在很大差异。此前一项研究发现，11 个计算公式为同一位 35 岁男性户主所需的人寿保险数量给出的建议范围在 73 329 美元到 380 万美元不等，而其同龄配偶的人寿保险数量建议范围在 0 美元到 230 万美元不等。[①] 关于综合考量通货膨胀、配偶收入及众多其他变量的计算公式参见相关网站。然而，没有一个计算器可以满足所有家庭的需要，因此评估一个计算公式是否适合你是很重要的。尽管互动式计算公式有其局限性，但作为计算人寿保险需求数量的开端，它还是值得一试的。

---

① John Elger，"Calculating Life Insurance Need: Don't Let the Tools Fool You," *Journal of Financial Service Professionals*，Vol. 57，No. 3 (May 2003)，Table 3，p. 40.

美国家庭人寿保险的购买情况

大多数家庭购买的人寿保险额度不够充足。美国寿险行销调研协会（LIMRA）2016年发布的研究表明，美国家庭投保不足的问题比以前更加严重。虽然60%的家庭拥有一定的保险，但只有不到30%的家庭拥有个人人寿保险。[①] 此外，成年人的平均人寿保险数额很低。2010年，投保家庭中有3.5年的收入替代保险。到2016年，在扣除最终费用之前，这一数字已降至3年，远低于大多数专家的说法。[②]

美国寿险行销调研协会的研究分析了为什么人们投保不足。主要原因有以下三个：

- 尽管定期保险保费已经降到了历史最低水平，但是消费者仍然认为人寿保险还太贵。
- 消费者难以在购买人寿保险方面做出正确的决策。
- 许多消费者只是一味拖延，从不考虑购买人寿保险。

基于上面的反馈，很显然人寿保险业必须在教育消费者了解人寿保险的需求、人寿保险的可获得性和应购买人寿保险的适宜数量方面做出更多的努力。

购买人寿保险的机会成本

前面的讨论表明，大多数家庭的户主一般都需要大量人寿保险。但是，这一结论的做出必须在充分考虑购买人寿保险的机会成本之后。机会成本是投保人购买人寿保险时所放弃的东西。由于收入是有限的，购买人寿保险就会减少用于满足其他高度优先需求的自由支配收入。如今，许多家庭面临巨额债务负担，没有多少存款，每个月支付抵押贷款、汽车贷款、信用卡、公共设施成本、食品和税收要消耗家庭的大部分或所有收入。近年来，大多数中产阶级家庭的实际工资一直保持不变，或增长速度低于消费者价格指数（CPI）。许多家庭户主只做兼职且必须做两份来支付账单。因此，在完成其他高度优先的支出后，许多家庭的户主用于购买人寿保险的可支配收入就会很有限。结果，就可能无法购买最优数量的人寿保险。但是，正如后面将要指出的，收入有限的家庭可以购买不太贵的定期人寿保险。

在确定了保险数量之后，最后一步就是选择购买合适的人寿保险产品。下面的部分将讨论今天市场上销售的人寿保险的主要类型。

人寿保险的类型

一般来说，人寿保险保单可以分为**定期保险（term insurance）**或**现金价值人寿保险（cash-value life insurance）**。定期保险提供临时保障，而现金价值人寿保险具有储蓄功能和

[①] LIMRA, supplied by Statista 2018. https://www.statista.com/statistics/455614/life-insurance-ownership-usa/；https://www.statista.com/statistics/455690/individual-life-insurance-ownership-usa-by-age/. Accessed May 30, 2018.

[②] LIMRA, supplied by PR Newswire. "Nearly 5 Million More U. S. Households Have Life Insurance Coverage."（September 29, 2016）. https://www.prnewswire.com/news-releases/limra-nearly-5-million-more-us-households-have-life-insurance-coverage-300335782.html.

现金价值。今天我们可以看到大量这两种人寿保险的变形和相结合后创造的产品。[①]

定期保险

定期保险有几个基本特点。首先，保障期间是临时性的，例如 1 年、5 年、10 年、20 年或 30 年。除非保单进行续保，否则该保障就会在期间末到期。

大多数定期保险保单都是**可续保的**（renewable），这意味着不需要证明其可保性就可以获得新一期的保障。保费根据被保险人续保时的年龄有所提高。续保条款的目的是保障被保险人的可保性，但是续保条款会导致针对保险公司的逆向选择。由于保费随着年龄的增长而增加，健康状况好的被保险人倾向于放弃保险，而那些健康状况不好的人就会继续续保，尽管保费在增加。为了最小化逆向选择的影响，许多保险公司对续保年龄设定了限制，高于该年龄（例如 70 岁或 80 岁）就无法续保，但是也有一些保险公司允许定期保单延续到 95 岁或 99 岁。

大多数定期保险保单都是**可转换的**（convertible），这意味着定期保险可以不需要提供可保性证明就被转化为现金价值保单。有两种方法来转换定期保单。在到达年龄方法中，根据转换时被保险人的年龄确定保费。转换后的保单在各方面都与新签发的现金价值保单类似。

在初始年龄法中，保费根据被保险人第一次购买定期保险时的年龄收取。大多数使用初始年龄法的保险公司要求在定期保单签发的特定时期（例如 5 年）内进行转换。此外，还需要进行财务调整。许多保险公司要求保单持有人支付以下两种差额中的较高者并附加以特定利率计算的差额的利息：（1）被转换的保单的储备金（或现金价值）之间的差额，或（2）为定期保单支付的保费和为新保单支付的保费之间的差额。[②] 财务调整的目的是保证保险公司保持与以初始年龄签发保单时相同的财务状态。因为需要进行财务调整，几乎很少有保单基于初始年龄法进行转换。

最后，定期保单不具有现金价值或储蓄性质。尽管一些长期定期保单有小额的准备金，但是到合同到期日也就用完了。

定期保险的类型　今天有大量定期保险在销售。它们包括：

- 每年续保的定期人寿保险；
- 5 年期、10 年期、15 年期、20 年期、25 年期或 30 年期定期人寿保险；
- 65 岁终止定期人寿保险；
- 保额递减定期人寿保险；
- 可重保定期人寿保险；
- 保费返还定期人寿保险。

每年续保的定期人寿保险是一年期保险，保单持有人可以为下一年续保而不需要提供可保性证明，直到某个规定的年龄。在每个续保日，保费随着年龄的增加而增加。大多数

[①] 这部分基于 Edward E. Graves (Ed.), *McGill's Life Insurance*, 9th ed. (Bryn Mawr, PA: The American College 2013), chs. 1–5; 以及 Black, Kenneth, Jr., Harold D. Skipper, and Kenneth Black, III. *Life Insurance*, 15th ed. Atlanta, GA: Lucretian, LLC, 2015.

[②] Graves, *McGill's Life Insurance*, p. 3.5.

每年续保的保单允许保单持有人将其转换为现金价值保单,而不需要可保性证明。

定期保险可以是5年期、10年期、15年期、20年期、25年期或30年期的。在期间内支付的保费保持不变,但是在续保时会增加。

65岁终止定期寿险提供保障一直到65岁保单到期的时候。保单可以转换为终身保险,但是转换必须在65岁之前进行。

保额递减定期寿险是一种定期保险,保险金额逐年递减,但是在整个保障期内保费保持不变。在一些保单中,保费被设计成在保单到期之前的几年里完全付清。例如,20年保额递减定期寿险保单要求17年付清保费。这种方法避免了在临近保单到期时为小额保险支付相对较多的保费。

保额递减定期保险也有一些不足。如果被保险人不再具有可保性,被保险人必须将剩余的保险转换为终身寿险,从而锁定剩余的保险数额。如果保单没有转换,保险保障会继续减少,即使被保险人是不可保的。而且,保额递减定期寿险不能适应变化了的需求,例如孩子的出生,也不能有效地对冲通货膨胀的影响。由于通货膨胀,大多数家庭的人寿保险的数量应该定期增加,从而保持初始保单的实际购买力。

可重保定期人数寿险(reentry term) 是一种定期人寿保险。在该险种中,如果被保险人定期提供可保性证明,续保保费就可以以选定的(较低的)死亡率为基础。选择的死亡率来自最近的被保险人的死亡情况。但是,为了保持较低的费率水平,被保险人必须定时证明其健康状况良好并且具有可保性。如果被保险人不能提供令人满意的可保性证明,保费就会大幅提高。

保费返还定期保险是一种为到保险期末时仍然有效的保单提供保费返还的保险产品。一般的期限包括15年期、20年期、25年期或30年期。如果在保险满期的时候,保单已经失效,根据保险公司的不同可能返还部分资金。返还的保费仅仅基于保费,而不包括任何附加或标准保费。尽管这种类型的保险很受消费者欢迎,但也有一些误导性。保费返还表明,如果保单在保障期末仍然有效,那么保险就是免费的。然而,保险公司提供的保障并不是免费的。其可以通过额外的收费来支付所返还的保费。

定期保险的使用 定期保险在下面三种情况中很适合。第一,如果用于购买人寿保险的收入有限,那么购买定期保险就更合算。每年缴纳相对较低的保费就可以买到大额保险(见图表11-2)。

图表11-2 定期人寿保险保费示例

250 000美元定期人寿保险　　　　　　　　　　　　　　　　单位:美元

女性年保费				男性年保费			
年龄	10年期	20年期	30年期	年龄	10年期	20年期	30年期
30	218	276	410	30	218	278	415
40	246	347	526	40	287	408	663
50	453	697	1 148	50	567	902	1 547
60	911	1 679	7 200	60	1 322	2 354	7 440

资料来源:Illustrative premiums provided by Insure.com.

第二,如果需要的保障是临时性的,定期保险就很合适。例如,保额递减定期保险可以在家庭的户主过早死亡时用于支付抵押贷款，或者在赡养期提供收入。

第三，定期保险可以被用来确保未来的可保性。一个人可能希望有大量终身保险，但是可能目前的经济条件无法让其购买足够的保险保障，那么就可以购买便宜的定期保险。而这种保险以后可以转为终身现金价值保单，而不需要可保性证明。

定期保险的局限性 定期保险有两个主要的问题：

第一，定期保险的费率随着年龄的增加而增加，并最终达到令人望而却步的水平。例如，在一个保险公司中，一名30岁的男性每年要为保额为25万美元的10年期定期保险支付218美元的保费。在他60岁时，同一份保单将需要每年支付1 322美元，且这一价格还会持续上涨。所以定期保险通常不适合年龄超过65岁或70岁的需要大额人寿保险的人群。

第二，如果你希望为满足特殊的需求存钱，那么定期寿险就不合适。这是因为定期寿险不积累现金价值。如果你想为孩子的大学教育存钱，或者为退休积累基金，那么定期保险并非适宜的选择，除非有投资计划作为补充。如果你的目的是达到明确的储蓄目标，那么将储蓄计划与目标金额的定期人寿保险相结合的方式可以使你更有效地实现这一目标。如果储户去世，保险公司将保证达成其目标。

终身人寿保险

如果被保险人希望获得终身保障，定期保险就无法发挥作用，因为它所提供的保障是临时性的，而且大多数人在老年时负担不起。相反，**终身人寿保险**（whole life insurance）具有现金价值，提供终身保障和平准保费。如果保费支付期为被保险人的整个生命周期，则被称为普通人寿保险；如果保费支付期小于被保险人的生命周期，则被称为有限支付人寿保险。保险公司需要在被保险人死亡时（无论何时），向保单指定受益人支付确定的保险金。今天销售的终身人寿保险有多种类型。过去大量销售的保单是传统保单，而终身人寿保险的新的变形不断出现。

普通人寿保险 普通人寿保险（ordinary life insurance）的保费保持不变，提供现金价值和终身保障，直到被保险人121岁为止。121岁是生命周期表的终止日期，被保险人需终身支付保费。如果被保险人在121岁时仍然活着（可能性很小），则保单的保险金额在那时将支付给保单持有人。

普通人寿保险有几个基本特点。第一，正如前面所指出的，在整个保费支付期内，保费保持不变。其结果是，早期的时候被保险人被过度收费，而后面几年则收费不足。早期支付的保费高于支付当前死亡理赔的数额，而后面的保费则无法支付死亡理赔的数额。早期支付的超额保费被按照复利积累起来，然后用于补充保单保险期间后几年不充足的部分。由州法律监管基金投资和积累的方法被称为**法定准备金**（legal reserve）。从技术上来看，法定准备金是保险公司资产负债表上的负债项目，必须有充足的金融资产进行平衡。否则，监管官员就会宣布保险公司破产。保险公司需要根据一些标准计算它们的最低法定准备金。

图表11-3对普通人寿保险保单的法定准备金进行了图解。该图基于美国保险监督官协会制定的2001年CSO生命表绘出。由于随着年龄的增加，死亡率也在提高，法定准备金或储蓄部分稳定增长，被称为风险净额的纯保险部分稳定下滑。**风险净额**（net amount at risk）是法定准备金和保险金额的差额。由于法定准备金的增加和风险净额的

下降，任何年龄的保险成本都可以被保持在可控范围之内，而保险公司也能够提供终身保障。①

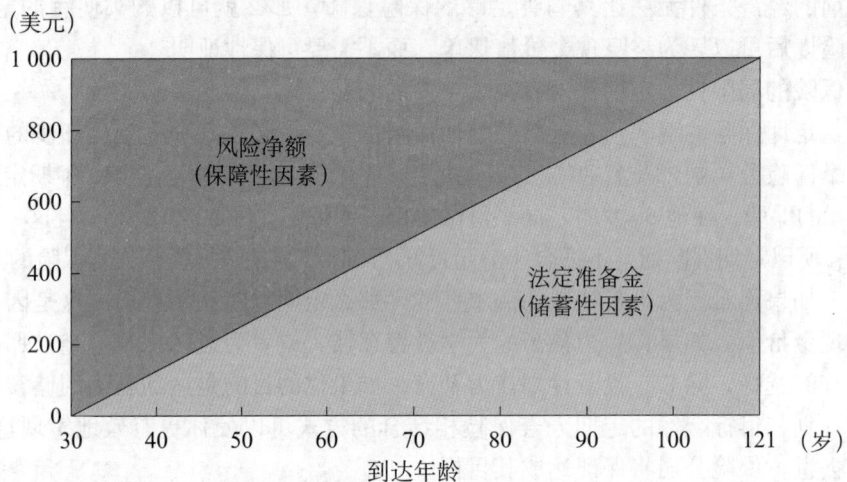

图表 11-3　风险净额和法定准备金之间的联系（基于 2001 年版 CSO 生命表）

第二个特点是**退保现金价值（cash-surrender value）**的积累。退保现金价值是向放弃保单的保单持有人支付的数额。正如前面所提到的，在平准保费制度下，保单持有人早期的支付超过所获得的保险保障。这会导致产生法定准备金并积累现金价值。

不要把现金价值和法定准备金相混淆，它们不是一回事，而且是分别计算出来的。由于追加的支出和较高的首年获取费用，现金价值最初低于法定准备金。但是，保单持有人拥有借出现金价值或者执行退保的权利。这些操作将在第 12 章进行讨论。

普通人寿保险的使用　普通人寿保险保单适合于需要终身保障的情况。这意味着超过 65 岁或 70 岁的人仍然需要人寿保险。一些财务规划师和消费者专家指出，超过 65 岁的人一般来说不需要大额的人寿保险，因为对人寿保险的需求会随着年龄的增加而下降。这种观点将问题简单化了，而且可能产生误导。一些超过 65 岁的人可能需要大量人寿保险。例如，老年人仍然需要遗产清理基金；如果遗产数额巨大还要考虑遗产税的问题；离婚协议可能要求保留离异配偶的人寿保险保单（而不管年龄）；保单持有人可能希望，无论什么时候死亡都能够为活着的配偶、子女或慈善机构留下可观遗产。由于普通人寿保险可以提供终身保障，即使被保险人高龄去世，这些目标也可以实现。

普通人寿保险也可以作为储蓄。一些被保险人希望利用普通人寿保险来满足他们的保障和储蓄需求。前面提到，普通人寿保险产生现金价值，这些现金价值在退保或借出的时候可以使用。

今天销售的大量现金价值人寿保险主要作为投资或储蓄的方式。专栏 11.1 更详细地讨论了现金价值人寿保险的投资价值。

---

① 保险成本是一个专业术语，通过风险净额与被保险人达到年龄的死亡率相乘得到。在平准保费方法中，保险成本对于所有年龄段都可以保持在一个合理区间内。

将现金价值人寿保险作为投资不要忽视的两点重要内容

如果你需要终身保障,现金价值寿险是一种很好的产品。它既可以当作储蓄,也是一种投资工具。但是,若你要将购买一份终身保单作为投资,就必须谨慎,因为该保单有现金价值,并且提供其他一些好处。现金价值人寿保险的投资优势包括强制储蓄、本金的安全、优惠的所得税待遇、应对债权人的索债以及良好的收益率。然而,尽管有这些优点,现金价值人寿保险作为一种具有吸引力的投资仍然有两个主要的不足:(1)保单持有人并不知道现金价值的实际回报率;(2)与其他投资相比附加费用相对较高。

共同基金和个人股票每年的总收入(利息和资本利得)对于投资者而言都是可以掌握的,但是,对于现金价值人寿保险却不是如此。这个问题是由于保费中的一部分用于支付保险保障成本、销售费用和行政管理费用,而剩下的部分才能够被分配给现金价值。有一些方法[林顿收益法和约瑟夫·贝尔斯(Joseph Belth)提出的年收益率方法]可以被用于计算在扣除保险成本之后的现金价值的收益率(见第13章)。但是,这些方法很复杂,大多数保单持有人不了解这些方法,更谈不上使用。此外,人寿保险业一直反对要求提供现金价值保单真实年收益率的立法。一些保单(例如万能人寿保险)将特定收益率(例如3%或4%的利率)的报价记入保单贷方。但是这一利率只是毛利率,而不反映扣除保险成本和其他保单费用之后的真实收益率。

现金价值保单的年收益率是合理的吗?美国消费者联盟分析了数千份消费者的现金价值保单,并据此发布了一些报告。早期针对57份现金价值保单的研究成果显示如下[a]:

持有年份	平均收益率(%)
5	−14.5
10	2.3
15	5.1
20	6.1

在保单生效后的头几年,年收益率为负数。这是因为首年销售费用相对较高,而且还会持续产生其他保单费用。由于近年来利率快速下跌,如今的收益表现大幅缩水。但是,数据显示,当决定持有保单至少20年的时候,这种收益率看起来似乎就可以接受了。如果最初几年放弃保单或任其失效,那么就会损失大量资金。美国消费者协会的精算师詹姆斯·亨特(James Hunt)表示,26%的终身寿险保单在最初3年内终结,45%的保单在10年内终结,58%的保单在头20年内终结。正因如此,人们需要持有一份现金价值保单至少20年,以消化销售成本,得到可观收益。[b]最初几年就放弃或任其失效的保单持有人将会损失大笔资金。

第二个局限是,与共同基金和其他竞争性投资相比,其追加费用相对较高。无附加指数化共同基金通常会有低于资产0.30%的年费用率。相比之下,人寿保险的附加费用特别高,主要是因为佣金和销售费用。变额万能寿险附加费用在前10个保单年度内特别高。例如,2012年一个行业领先的保险公司销售的一份变额万能寿险保单的说明书显示,前4

年的销售收费占保费的 4%，接下来 6 年为 3%。但是，该保单允许最高销售收费为保费的 7.5%。此外，保费还包含 3.75% 的行政管理费以支付州和地方的保费税以及联邦所得税。此外，第一个保单年度的退保费用为标的保费的 100%，并在 10 年后降至零。另外还有交易费和其他手续费，例如现金取款手续费（25 美元或取款金额的 2% 中的较低者）。这些费用不包括投资咨询式的投资管理费或保费投资的不同资产组合的管理费。在这种保单中，投资管理费所占比例在基金资产的 0.38% 和 1.33% 之间。具体多少取决于保费投资的基金类型。正如你所看到的，销售费用、保费税、退保费用、保单手续费、行政管理费和投资管理费会对现金价值保单年收益产生重要影响。

a. James H. Hunt, "Analysis of Cash Value Life Insurance Policies," *Consumer Federation of America*, July 1997.

b. James H. Hunt, "Miscellaneous Observations on Life Insurance: Including an Update to 2007 Paper on Variable Universal life," Consumer Federation of America, January. 2011. 更新的对人寿保险保单的评价，参见 "Further Observations on Life Insurance," James H. Hunt, F. S. A., Retired, Consumer Federation of America, June 2013.

普通寿险的局限性　普通寿险的主要局限是，一些人在购买保单之后仍然投保不足。由于具有储蓄性质，一些人可能会购买普通人寿保险。但定期保险是更好的选择，因为定期保险可以提供投保人所需的全部保障。例如，假设蒂亚戈（今年 30 岁）带着两个需要他抚养的孩子结婚。他估计每年自己只能将 500 美元花在人寿保险上。根据一个保险公司的报价，这笔保费可以购买大约 56 000 美元的普通人寿保险。相同的保费可以从多个保险公司处购买超过 600 000 美元的 5 年期定期保险。如果普通人寿保险无法为被保险人提供足够的保障，那么就很难判断是否应该购买普通人寿保险。

限期缴费人寿保险　限期缴费人寿保险（limited-payment life insurance）是另一种形式的终身人寿保险。这种类型的保险是永久性的，被保险人能够获得终身保障。保费尽管保持不变，但是要在一定期限内缴清。例如，今年 25 岁的香农购买了一份保额为 25 000 美元的 20 年期限期缴费保单。20 年后保费完全支付，即使保障仍然有效也不需要额外支付。不应将保费交清的保单即缴清保单与满期保单相混淆。当进行死亡给付或为定期保单支付保险金的时候，我们就说这份保单满期，即它是一份满期保单。缴清保单是不需要再进行额外支付的保单。

最常见的限期缴费保单分为 10 年期、20 年期、25 年期或 30 年期。65 岁或 70 岁的缴清保单是另一种形式的限期缴费保单。限期缴费保单的一个极端例子是**趸缴保费终身人寿保险**（single-premium whole life insurance）。这种保险按照趸缴保费提供终身保障。由于限期缴费保单的保费高于普通人寿保险保单的保费，所以其现金价值也相应较高。

使用限期缴费保单必须谨慎。收入不高的人很难通过限期缴费保单获得充足的人身保障。由于相对较高的保费，可以购买的终身人寿保险的数量远低于普通人寿保险。

两全保险

两全保险是另一种值得简要讨论的传统人寿保险形式。若被保险人在特定期限内死亡，**两全保险**（endowment insurance）向其指定的受益人支付保险金；若被保险人生存至定期保险期末，两全保险则向保单持有人支付保险金。举个例子，假设斯蒂芬妮想为她 1 岁的女儿存下基本的大学教育资金，那么她可能会选择购买一份保单面额为 2 万美元的 15

年期两全保险。无论斯蒂芬妮是否在世,这笔资金都将可用。目前,两全保险在所有人寿保险中还不是很重要,占人寿保险总量的比例低于 1%。大多数两全保险新单不符合税收对人寿保险的定义。如果不符合这一定义,人寿保险退保解约的投资收益就要缴纳税款。因此,不利的税收条件抑制了新两全保险的购买,且大多数寿险公司不再继续销售新的两全保险。即便如此,许多老的两全保险保单仍然有效。尽管两全保险在美国已经不再容易购买到,但在许多其他国家仍然很受欢迎。

终身人寿保险的变形

为了保持竞争力和克服传统现金价值保单的缺陷,保险公司开发出了大量终身人寿保险产品,将保险保障功能和投资功能结合起来。比较重要的终身人寿保险的变形包括[①]:
- 变额人寿保险;
- 万能人寿保险;
- 指数化万能人寿保险;
- 变额万能人寿保险;
- 当期假定终身人寿保险和其他利率敏感产品。

变额人寿保险

变额人寿保险(variable life insurance)是一种固定保费保单,根据保险公司的独立账户的投资情况确定死亡给付和现金价值,类似于保险公司持有的共同基金。死亡给付和退保金额随着独立账户经营状况而上下浮动。尽管保单设计不尽相同,但变额人寿保险仍然有一些共同特征。这些特征包括:
- 变额人寿保单是保费固定的终身人寿保险合同。保费保持不变,并承诺不会增加。
- 所有准备金记入独立账户,并投资于普通股或其他投资项目。保单持有人可以选择将现金价值投资于不同的投资产品,例如普通股、债券基金、平衡基金、货币市场基金或国际基金。如果投资情况良好,保险额就会增加。如果投资情况不佳,人寿保险额就会降低,但是永远不会低于初始面额。变额人寿保险保单销售的时候必须有一份产品说明书。这份说明书包括给付金条款、投资选择权、费用、保单持有人的权利以及保单的其他细节。
- 无最低保证现金价值。实际现金价值取决于投资情况。因此,尽管保险公司承担着死亡率过高和支出过高的风险,但是保单持有人承担着一旦放弃保单则投资失败的风险。

万能人寿保险

万能人寿保险是终身人寿保险的另一种变形。**万能人寿保险**(universal life insurance)(也被称为弹性保费人寿保险)是提供保障但未将保障和储蓄功能绑定的合同。除了首期

---

① 这部分基于 Graves, *McGill's Life Insurance*, ch. 5; Skipper, and Black, *Life Insurance*, chs. 3 and 4; and Joseph M. Belth (Ed.), "The War Over Universal Life—Part 1," *Insurance Forum*, Vol. 8, No. 11 (November 1981).

保费外，保单持有人确定支付的数额和频率。扣除支出费用后的保费记入现金价值账户（也称公积金）。每月死亡率费用从该账户中扣除，而每月的利息也记入该账户。此外，万能人寿保单每月还要扣除管理费用。

万能人寿保险的特点 万能人寿保险有一些区别于其他保险产品的特点，包括：
- 未绑定保障和储蓄功能；
- 两种形式的万能人寿保险；
- 很大的灵活性；
- 现金撤出允诺；
- 享受所得税优惠。

➤ **未绑定保障和储蓄功能** 万能人寿保险的一个不同于其他保险品种的特点是，分离或没有绑定保障和储蓄功能。保单持有人收到的年度报表中包括保费支付、死亡给付和现金价值账户的余额。该报表也提供记入现金价值账户的死亡率费用和利息。

- 保费。如前所述，除了首期保费，保单持有人确定保费支付的数额和频率。大多数保单都有一个目标保费。目标保费是保证保单在一些特定年份中有效的平准保费。但是，保单持有人并没有支付目标保费的义务。大多数保单还设有不失效保证条款，即如果支付了最低保费，则保单在特定时间（例如 15 年或 20 年）内有效。最低保费在保单中有明确规定，根据保险公司的不同，这一数值可能低于或等于目标保费。

- 死亡率费用。每月死亡率费用作为保险保障成本从现金价值账户中扣除。保险的成本等于适用的月度死亡费率乘以风险净额（当期死亡给付与现金价值之间的差额）。保单中包含一个表格，列出保险公司可对 1 000 美元保险收取的最高费率。大多数保险公司的收费低于最高限额。但是，保险公司有权将计算当期死亡率费用所适用的费率增加至保单注明的最高费率。

- 支出费用。保险公司通常会从每笔保费中扣除 5%~10% 的支出费用。此外，每月还有 5 美元或 6 美元的月度管理支出费用。如果保单在早期就被放弃，那么还会有一笔较高的退保费用。退保费用每年都在下降，到一定时间（如 10 年、15 年、20 年）后就会消失。因此，如果过早放弃保单，保单持有人就会损失一大笔钱。最后，每一次部分撤出现金都会收取手续费用（如 25 美元）。

- 利率。记入现金价值账户的利息收益取决于利率。有两种利率。保底现金价值应用合同保底最低利率，如 3%。但是现金价值可能应用较高的当前利率，如 4%。当前利率不保底，但根据市场情况和公司业绩进行定期调整。

如果保单持有人借出现金价值，借出的数额一般适用较低的利率。现金价值代表借出的货币，适用于最低利率或低于保单贷款利率 1~2 个百分点的利率。

➤ **两种形式的万能人寿保险** 有两种形式的万能人寿保险（见图表 11 - 4）。A 种万能人寿保险支付平准死亡保险金，除非风险净额过低，届时死亡保险金将增加。随着时间的流逝，现金价值增加，风险净额减少。但是，如果现金价值超过美国《国内税收法》（Internal Revenue Code）规定的廊道限额（corridor limit），死亡保险金将自动增加，以使现金价值与风险净额保持合理比例关系。死亡保险金必须自动增加，因为一旦违反了廊道限额，保单将被视为投资产品，而不是人寿保险，且不再符合《国内税收法》中人寿保险享受优惠所得税待遇的资格。

B种万能人寿保险提供递增的死亡保险金。死亡保险金等于不变的风险净额加上积累的现金价值。如果现金价值不断增加，死亡保险金也会增加。请注意，无法保证死亡保险金每年都增加。在图表11-4中对B种万能人寿保险的描述基于如下假设，即保单持有人至少支付目标保费，以及利率假设为真。实际中，保单持有人支付的保费可能不同，利率也会定期变化。因此，实际现金价值将会发生波动，甚至降低至零，特别是如果现金价值被用来支付保费，以及出现利率下降的情况。现金价值账户波动的结果是，死亡保险金也会发生波动，而且不一定每年都增加。

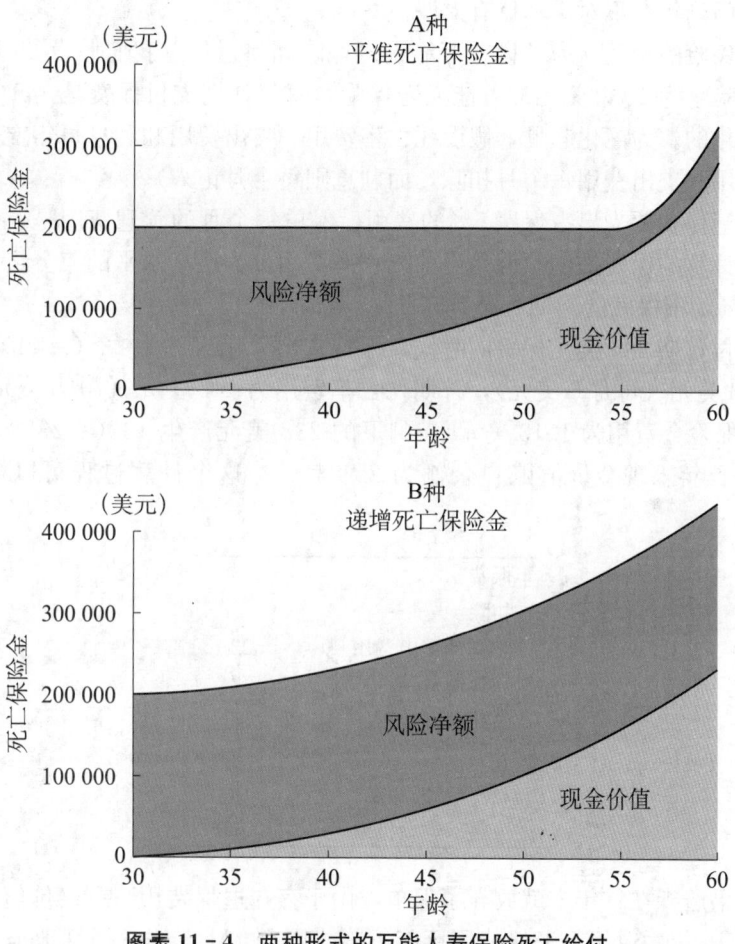

图表11-4 两种形式的万能人寿保险死亡给付

> **很大的灵活性** 与传统的终身人寿保险相比，万能人寿保险提供了很大的灵活性，包括：

- 保单持有人确定保费支付的频率和数额。如果有充足的现金价值可以用于支付死亡率费用和支出，保费的支付可以是不连续的。
- 保单可以由不变死亡保险金转化为死亡保险金等于特定面额加保单现金价值（具有可保性证明）。
- 保单持有人可以在任何时候向保单附加现金价值，只要符合最高额限制条件。这一最高额被用于协调现金价值和死亡保险金之间的联系（税收法定限额）。

- 在进行保单贷款时可以提供有竞争性的利率。
- 如果保单允许,可以附加其他被保险人。

▷ **现金撤出允诺** 部分或全部现金价值可以撤出。不收取利息,但在 B 种万能人寿保险中,死亡保险金要减掉撤出的份额。大多数保险公司对每一笔现金撤出都要收取手续费(如 25 美元)。前面曾经提到,保单贷款也是允许的。

▷ **享受所得税优惠** 万能人寿保险与传统现金价值保单一样享受联邦所得税优惠。税务部门对被支付给指定受益人的死亡保险金一般不征收所得税。对记入现金价值账户的利息,税务部门当年也不对保单持有人课税。

万能人寿保险的说明 为了说明万能人寿保险如何运作,我们假设 25 岁的詹森购买了一份死亡保险金为 10 万美元的万能人寿保险。每年计划支付保费是 445 美元,而这一数字是可以变化的。为简化起见,假设死亡率费用、支出费用和利息每年支付(但是实际中,死亡率费用和支出费用每个月扣除,而利息则每个月记入)。

每收取一笔保费要支出占保费 5% 的费用。保单每个月的管理费用是 6 美元。保单按照最高死亡率计算的保费提供,但是当前死亡率费用仅为最高水平的三分之二。保单的保底利率是 4.5%,不保底的当期利率是 5.5%。

当詹森支付首期 445 美元保费的时候,保费支出费用大约为 22(=445×5%)美元,管理费用为 72 美元(每月 6 美元),首期死亡率费用为 113 美元(10 万美元死亡保险金,每 1 000 美元保险金费用为 1.13 美元),剩下的 238 美元产生 13(=238×5.5%)美元的利息,那么首年末现金价值账户余额为 251 美元。这个计算过程可以概括如下(单位:美元):

年保费:	445
扣除:	
保费支出费用	−22
管理费用	−72
死亡率费用	−113
	238
5.5%的利息	+13
年末现金价值	251

但是,如果詹森在首年末就放弃了保单,由于存在退保费用,剩余价值为零。如果保单在签单后的 16 年中退保,退保费用逐年下降。图表 11-5 非常详细地描述了基于保底利率和当期利率的现金价值的积累情况。

图表 11-5 100 000 美元万能人寿保险保单,不变死亡保险金,25 岁男性,不吸烟者,年龄为 25 岁

年龄	年份	保费(美元)	保底价值 (4.5%)			不保底价值 (5.5%)		
			死亡保险金(美元)	现金价值(美元)	退保现金价值(美元)	死亡保险金(美元)	现金价值(美元)	退保现金价值(美元)
26	1	445.00	100 000	222	0	100 000	251	0
27	2	445.00	100 000	454	0	100 000	516	0
28	3	445.00	100 000	698	140	100 000	796	238

续表

年龄	年份	保费（美元）	保底价值（4.5%）			不保底价值（5.5%）		
			死亡保险金（美元）	现金价值（美元）	退保现金价值（美元）	死亡保险金（美元）	现金价值（美元）	退保现金价值（美元）
29	4	445.00	100 000	953	395	100 000	1 092	534
30	5	445.00	100 000	1 219	661	100 000	1 392	834
31	6	445.00	100 000	1 498	991	100 000	1 709	1 202
32	7	445.00	100 000	1 788	1 331	100 000	2 041	1 584
33	8	445.00	100 000	2 079	1 673	100 000	2 393	1 987
34	9	445.00	100 000	2 383	2 028	100 000	2 764	2 409
35	10	445.00	100 000	2 689	2 385	100 000	3 143	2 839
36	11	445.00	100 000	2 994	2 740	100 000	3 542	3 288
37	12	445.00	100 000	3 300	3 097	100 000	3 964	3 761
38	13	445.00	100 000	3 609	3 457	100 000	4 396	4 244
39	14	445.00	100 000	3 919	3 818	100 000	4 853	4 752
40	15	445.00	100 000	4 232	4 181	100 000	5 323	5 272
41	16	445.00	100 000	4 557	4 557	100 000	5 832	5 832
42	17	445.00	100 000	4 872	4 872	100 000	6 369	6 369
43	18	445.00	100 000	5 190	5 190	100 000	6 924	6 924
44	19	445.00	100 000	5 495	5 495	100 000	7 509	7 509
45	20	445.00	100 000	5 790	5 790	100 000	8 114	8 114
46	21	445.00	100 000	6 069	6 069	100 000	8 739	8 739
47	22	445.00	100 000	6 325	6 325	100 000	9 376	9 376
48	23	445.00	100 000	6 568	6 568	100 000	10 025	10 025
49	24	445.00	100 000	6 785	6 785	100 000	10 687	10 687
50	25	445.00	100 000	6 976	6 976	100 000	11 363	11 363
51	26	445.00	100 000	7 133	7 133	100 000	12 052	12 052
52	27	445.00	100 000	7 242	7 242	100 000	12 729	12 729
53	28	445.00	100 000	7 280	7 280	100 000	13 390	13 390
54	29	445.00	100 000	7 241	7 241	100 000	14 033	14 033
55	30	445.00	100 000	7 106	7 106	100 000	14 668	14 668
56	31	445.00	100 000	6 866	6 866	100 000	15 282	15 282
57	32	445.00	100 000	6 498	6 498	100 000	15 873	15 873
58	33	445.00	100 000	5 981	5 981	100 000	16 445	16 445
59	34	445.00	100 000	5 282	5 282	100 000	16 989	16 989
60	35	445.00	100 000	4 370	4 370	100 000	17 483	17 483
61	36	445.00	100 000	3 562	3 562	100 000	18 111	18 111
62	37	445.00	100 000	2 567	2 567	100 000	18 723	18 723
63	38	445.00	100 000	1 362	1 362	100 000	19 298	19 298
64	39	445.00	0*	0	0	100 000	19 839	19 839
65	40	445.00				100 000	20 322	20 322
66	41	445.00				100 000	20 819	20 819
67	42	445.00				100 000	21 233	21 233

续表

年龄	年份	保费（美元）	保底价值 (4.5%)			不保底价值 (5.5%)		
			死亡保险金（美元）	现金价值（美元）	退保现金价值（美元）	死亡保险金（美元）	现金价值（美元）	退保现金价值（美元）
68	43	445.00				100 000	21 570	21 570
69	44	445.00				100 000	21 824	21 824
70	45	445.00				100 000	21 951	21 951
71	46	445.00				100 000	21 915	21 915
72	47	445.00				100 000	21 721	21 721
73	48	445.00				100 000	21 327	21 327
74	49	445.00				100 000	20 695	20 695
75	50	445.00				100 000	19 772	19 772
76	51	445.00				100 000	18 478	18 478
77	52	445.00				100 000	16 780	16 780
78	53	445.00				100 000	14 574	14 574
79	54	445.00				100 000	11 770	11 770
80	55	445.00				100 000	8 215	8 215
81	56	445.00				100 000	3 685	3 685
82	57	445.00				0*	0	0

注：这个表格假设，当前不保底价值将在所有年份中保持不变。这不可能发生，实际结果可能合意，也可能不合意。不保底价值根据的是不保底因素，而后者可能发生变化。保底价值适用的利率是4.5%，不保底价值适用的利率是5.5%。假定保费在年初支付。保险金、现金价值和年龄是年末值。

* 保障在当前假设下终止。如果需要继续提供保障，就要追加保费。

万能人寿保险的局限性 万能人寿保险也存在一些局限性。消费领域的专家们指出如下几个方面[①]：

• 收益率误导。保险公司对万能人寿保险收益率的描述具有误导性。例如，保险公司可能会在万能人寿保险保单中公布现行收益率为3%或4%。但这一数字是毛收益率而不是净收益率。其公布的毛收益率夸大了储蓄部分的收益率，因为没有反映出对销售佣金、支出和保险保障成本的扣除。由于存在这些扣除，实际年收益率远低于广告中的收益率，且在保单销售之后的很多年中为负。

• 利率的下降。许多早期销售的保险看起来因为相对较高的利率而具有可观的未来现金价值。但是，除了在本书写作时利率有相对小幅上涨外，利率一直在逐年下降。其结果是，早期根据较高的利率提供的现金价值和保费支付规划是误导性的、错误的。实际现金价值将大大低于保单首次卖出时依据较高利率确定的计划价值。

• 提高死亡率费用的权利。正如前面所指出的，保险公司可以在一定最高限额之下

---

① 有关万能人寿保险的局限性的讨论见 Joseph M. Belth (Ed.), "Secondary Guarantees, Marketers, Actuaries, Regulators, and a Potential Financial Disaster for the Life Insurance Business," *Insurance Forum*, Vol. 31, Nos. 3 & 4 (March/April 2004); "Conseco's Assault on Universal Life Policyholders," *Insurance Forum*, Vol. 30, No. 12 (December 2003); "The Likely Failure of a Universal Life Policy," *Insurance Forum*, Vol. 28, No. 7 (July 2001); "The War Over Universal Life—Part 1," *Insurance Forum*, Vol. 8, No. 11 (November 1981); "The War Over Universal Life—Part 2," *Insurance Forum*, Vol. 8, No. 12 (December 1981).

因为保险成本的原因而提高当期死亡率费用。其他支出可能隐藏在死亡率费用中。如果保险公司的支出增加，死亡率费用就会提高以涵盖这些支出。这些费用的上升之所以没有引起注意或受到质疑，是因为被保险人认为这种提高是合理的，因为他们在一天天变老。

- 缺乏支付保费的确定的承诺。另一个局限性是，一些保单持有人没有支付保费的确定的承诺。因此，保单可能因为未支付保费而失效。前面提到，在万能人寿保险中，保费可以降低或忽略。但是，在某些情况下，钱必须存入账户，否则保单将会失效。

指数化万能人寿保险

指数化万能人寿保险（indexed universal life insurance）是万能寿险对一些关键特征做出改变后的产物。[①]

第一，有一个最低利率保证，且一般低于常规万能寿险保单的最低利率。

第二，特定股票市场指数，例如标普 500 指数，带来的投资收益会为保单带来额外的收益。但是，在确定股票市场表现时，绝大多数指数账户只使用指数价格收益率，不包括构成指数的股息。

第三，有一个公式可被用于计算增加的（额外的）保单利息收入；该公式通常会对保单额外利息收入设定上限，还可能会对指数收益适用的分配率加以限制。也就是说，保单可能以低于所使用的股市指数涨幅 100% 的收益率参与股票市场的收益分配。

第四，在这种类型的保单中，消费者通常存在大量误解和不切实际的绩效预期。一些专家认为，在股票市场低迷期间，指数化保单与一般万能寿险保单相比，通常表现不佳。正如前文所述，标普 500 指数的股息不包括在可测度的股票市场收益中。这是一个重要限制，因为长期来看，股息在标普 500 指数增长中占了很大一部分。此外，计入指数化保单的最低利率可能低于计入标准万能寿险保单的最低利率 50~150 个基点，且用于计算增加的利息的公式通常有一个最高限额和分配率。这些因素对于指数化保单是需要克服的制约其绩效的障碍。一些专家认为，在强劲的牛市中，指数化保单的计入利率仅仅能够略微高于最低保底利率。[②]

第五，消费者发现，受联邦证券法律及州保险部门监管的保单比不受联邦监管的保单提供的信息更完整。因此，在购买任何类型的变额保险产品时，务必检查代理人是否持有联邦证券许可证（federal securities license），保单是否符合联邦证券法律的标准。

变额万能人寿保险

变额万能人寿保险（variable universal life insurance）是终身人寿保险的一种重要的变形。大多数变额万能人寿保险作为投资或避税工具进行销售。

变额万能人寿保险类似于万能人寿保险，除了两个例外之外：

- 保单持有人确定保费如何投资，这为投资提供了很大的灵活性。
- 保单不保证最低利率或最低现金价值。但一个例外是，保单可能有固定收益账户。这能够保证账户价值的最低利率。

[①] Graves, *McGill's Life Insurance*, pp. 5.33 - 5.34.

[②] Ibid., p. 5.34.

投保人的投资选择 变额万能人寿保险允许投保人从大量投资项目中选择保费投资标的。保费投资于一个或多个独立账户，这类似于共同基金的操作方式。保险公司一般有10个或更多的独立账户。这些账户一般包括普通股基金、债券基金、平衡基金、国际基金、房地产基金、货币市场基金和其他账户。一些保险公司也使用投资公司的共同基金账户作为子账户，例如美国富达投资（Fidelity Investments）和先锋投资集团（Vanguard Group）销售的共同基金。用保费购买的基金反映了潜在投资的价值。

保单持有人还有一种选择，即可以在不缴纳所得税的情况下转换基金类型，例如在预期利率上升的情况下，将债券基金转换为货币市场基金。

无最低利率或现金价值保底 与万能人寿保险不同，变额万能人寿保险没有保底利率和保底最低现金价值。当购买万能人寿保险的时候，现金价值账户的利息增长由保险公司随时确定的利率决定，还存在保底利率。但是，当购买变额万能人寿保险的时候，你将会选择一个或多个独立账户，保单的现金价值则反映这些账户的价值。这种人寿保险没有保底最低利率或现金价值。但是，正如前文所述，固定收入账户可以为账户赋予一个最低利率，例如3%。

相对较高的支出费用 变额万能人寿保险保单的支出费用相对较高。这将会减少投资收益，并弱化保单享有的税收优惠。变额万能人寿保险一般作为避税手段进行销售。投资收益作为投保人的一种收入不需要当时纳税。如果保单直到投保人死亡仍然有效，那么即使独立账户资本收益很多也不需要支付联邦所得税。但是，根据美国消费者协会的看法，各种支出费用足以抵销变额万能人寿保险目前享受的所得税优惠。美国消费者协会对变额万能人寿保险保单的一项研究指出了存在的一些费用[①]：

- 前端追加费用。许多保单需要为销售佣金和费用支付前端追加费用，例如5%。
- 后端退保费用。从代理人处购买的保单一般都有后端退保费用。退保费用通常超过首期保费，并在10～20年的时间中减至零。许多保单的退保费用在前5年是不变的，然后开始下降。
- 州保费税和联邦税。各州的保费税不尽相同，联邦税的平均水平为保费的3%。
- 投资管理费用。日常投资管理费用从独立账户中扣除。在所研究的保单中，投资管理费用为0.20%～1.62%。
- 死亡率和支出费用。根据一些保险公司的保证，死亡率和支出费用被扣除。即使股市和其他市场状况不佳，变额万能人寿保险公司也保证支付死亡保险金，保险公司还保证无论是否出现通货膨胀都会支付支出费用。美国消费者协会的研究显示死亡率和支出费用占现金价值的比例为0.60%～0.90%。
- 管理成本。管理成本每个月从独立账户中扣除，一般为5～10美元。

除了上述费用之外，每个月还要扣除保险费用。保险费用等于适用死亡率乘以风险净额（面额减去现金价值）。

---

① 参见 Consumer Federation of America，*New CFA Report Answers Question—Is Variable Universal Life Insurance Worth It*? February 24, 2003. 也可参见 James H. Hunt, "Variable Universal Life: Worth Buying Now? And Other Types of Life Insurance," Consumer Federation of America, November 2007. 更新的文献，请参见 James H. Hunt, "Further Observations on Life Insurance," June 2013, at http://www.consumerfed.org/pdfs/-Evaluate-June-2013.pdf.

巨大的投资风险 变额万能人寿保险是一种具有风险的人寿保险。大量投资风险完全附加在投保人身上。投资收益因投资的基金种类不同而变动很大。如果投资效果不好，现金价值可能被减少为零。这一点对于那些只支付最低保费或不连续支付保费的投保人而言非常重要。如果保费主要投资于普通股，而由于严重的股市下挫（如2008—2009年的情况），独立账户迅速减少，则投保人不得不追加保费，以保证保单有效。

图表11-6概括了几种主要类型的人寿保险的基本特点。

图表11-6　主要人寿保险合同的比较

	定期保险	普通人寿保险	变额人寿保险	万能人寿保险	变额万能人寿保险
死亡保险金	死亡保险金不变或递减	死亡保险金不变	保底死亡保险金加投资收益	死亡保险金或不变，或递增	或平准（A种），或基于投资收益变化（B种）
现金价值	无现金价值	保证现金价值	现金价值取决于投资情况（没有保证）	保底现金价值加计入账户的超额利息	现金价值取决于投资情况（没有保证）
保费支付	每次续保时提高保费	平准保费	固定保费	弹性保费	弹性保费
保单贷款	不可以	可以	可以	可以	可以
部分撤出现金价值	不可以	不可以	有些保单允许	可以	可以
退保收费	不收费	没有明确收费（反映在现金价值中）	收费	收费	收费

当期假定终身人寿保险和其他利率敏感产品

自2008年金融危机以来，美联储一直将利率维持在历史最低水平以刺激经济。当利率处于较正常的水平时，特别是在利率波动期间，消费者会对支付当前利率的产品感兴趣。这些产品还可能包括反映人寿保险公司当前死亡率和费用的特征。虽然这些相同的目标可以在不同程度上通过分红保单及变额、万能、变额万能人寿保险实现，但人寿保险公司也设计了其他类型的产品来吸引消费者。例如**当期假定终身人寿保险（current assumption whole life insurance）**，它是一种非分红型终身人寿保险，其中保费/保单的现金价值取决于当前的死亡率、投资和支出情况。另一种当期假定终身人寿保险产品，即所谓保费消失人寿保险。此种保单过去曾以保险说明中承诺的"若实现预期无担保利率，保单就会得到偿付"为噱头发售。不幸的是，大多数保单的预期利率均没有实现，致使许多不满的消费者对一些人寿保险公司提起诉讼。[①] 因此，美国保险监督官协会制定了一部示范法，规定保险公司或其代理人不得采用"消失"或"保费消失"或暗示保单已缴清的类似噱头

---

① Daniel R. Fischel & Robert S. Stillman, "The Law and Economics of Vanishing Premium Insurance," *Delaware Journal of Corporate Law*, Vol. 22, No. 1 (1997).

来介绍使用无担保利率支付未来保费的保险计划。① 与购买任何人寿保险产品一样，消费者必须核实保单说明中的价值是否有保障（如普通人寿保单中的现金价值）或没有保障（如万能人寿保单的说明所示）。当保单价值得不到保障时，除非消费者有能力承担财务风险，否则应谨慎购买此类产品。

其他人寿保险类型

目前在销售的还有各种各样的附加人寿保险产品。有些保单是为了满足特殊需求而设计的，或者具有独特的特点。将定期保险和现金价值人寿保险相结合的其他方式也是为了满足这些需求。仍然还有几种类型的产品需要避免（见专栏11.2）。

专栏11.2

做一个理智的消费者——避免四种类型的人寿保险

对于理智的消费者来说，有些类型的人寿保险的价值是值得怀疑的，应该予以避免。它们包括下面四种：

- 飞机航空保险。不应考虑飞机上的航空保险。这种人寿保险有限制，仅适用于飞行。人们需要购买无论死因如何都能得到回报的人寿保险。此外，商业飞机很少坠毁，所以任何回报都是值得怀疑的。
- 信用人寿保险。如果借款人死亡，信用人寿保险将偿付贷款；银行或贷款机构是受益者。根据美国消费者协会的观点，大多数州的信用人寿保险是欺骗性的。[a] 消费者很难购买有效率的信用人寿保险。这种产品定价过高，不属于低成本产品，它提高了贷款人在一笔贷款上的有效收益，而且许多州的损失率相对较低（支付给保费的比率）。即使有各州政府的监管，消费者权益支持者也普遍认为，信用人寿保险的定价仍然过高。不过信贷联盟的信用人寿保险可能是例外。
- 意外死亡及断肢保险。这是一种有限制的人寿保险，只有当人们因意外事故死亡时才赔付。人们需要购买不考虑死亡原因的人寿保险。这种保险将由疾病导致的死亡特别排除在外，然而绝大多数人死于疾病，而不是意外。
- 儿童现金价值保单。孩子通常不为家庭带来收入。尽管孩子死亡后家长会遭受巨大的情感悲痛，家庭却不会因此失去任何收入来源。大多数父母严重投保不足，微薄的收入本应当用于为挣钱的人投保，而不是为孩子投保。如果以孩子丧葬费为目的为孩子购买保险，可致电给自己的代理人，购买不那么贵的定期保险附加险添加到父母的现有保单中。

a. Consumer Federation of America, *Most Credit Life Insurance Still a Rip-Off*, January 29, 1997.

---

① Proceedings of the NAIC 1995 4th Quarter 11, 19, 779, 781 – 789 (adopted). Life Insurance Illustrations Model Regulation. National Association of Insurance Commissioners.

修正式人寿保险

修正式人寿保险（modified life insurance）是一种终身人寿保险，该种保险的保费在最初 3~5 年较低，之后较高。初始保费略微高于定期保险，但是明显低于相同年龄签发的普通人寿保险。

修正式人寿保险的主要优点是，被保险人可以立刻购买终身保险，即使他们无法支付普通终身人寿保险较高的保费。修正式人寿保险一般对如下两种人很有吸引力：一种是希望未来收入能够增长的人；另一种是希望较高的保费不会给其带来经济负担的人。

优良标准体

大多数人寿保险公司以较低的利率向被称为**优良标准体**（preferred risk）的人销售保单。这一人群的死亡率被认为低于平均水平。这种保单的核保很仔细，只向那些健康历史、体重、职业和习惯等方面显示的死亡率低于平均水平的人销售。保险公司还可以要求投保人购买最低数量的保险，例如 250 000 美元或 500 000 美元。如果投保人有资格享受优惠利率，就可能节省大量的钱。

对不吸烟的人提供折扣是优良标准体保单的一个例子。由于认识到这一群体死亡率更低，大多数保险公司向不吸烟的人收取的费率很低。

联合人寿保险

联合人寿保险（joint life insurance），也称先亡保单（first-to-die policy），为两个或两个以上的个人提供保险，在第一人死亡时支付死亡保险金。例如，该保单可用于为夫妻投保，其中任意一方都是另一方的受益人。该保单也可以用于有大股东或几个合伙人的商业收购协议。保单只在先去世的人死亡时给付，并在该时间终止。

后亡人人寿保险

后亡人人寿保险（second-to-die life insurance）（也称遗属人寿保险）是人寿保险的一种形式，为两个或多个人提供保险，在第二个或最后一个被保险人死亡后支付死亡保险金。这种保险通常是终身的，但是也可以是定期的。由于支付死亡保险金的条件是第二个或最后一个被保险人的死亡，所以保费远低于发行两份独立的保单。

后亡人人寿保险目前在遗产计划中得到广泛使用。由于配偶扣除额没有上限，死亡人的所有遗产都可以留给其生存配偶，而不必缴纳任何联邦遗产税。但是，当生存配偶去世时，可能会产生巨额的州或联邦遗产税。后亡人人寿保险保单可以提供遗产的流动性和用于支付遗产税的现金。

储蓄银行人寿保险

储蓄银行人寿保险（savings bank life insurance，SBLI）是一种人寿保险，最初由马萨诸塞州、纽约州和康涅狄格州的储蓄银行销售。如今，储蓄银行人寿保险产品在大多数州和哥伦比亚特区通过电话或在线网站向消费者销售。储蓄银行人寿保险的目的是通过降低经营成本和销售佣金，向消费者提供低成本的人寿保险。

以个人生命为标的的人寿保险数额的最高限额已经大幅度提升。在马萨诸塞州，个人生命的定期保险数额在 10 万美元和 3 000 万美元之间（70～74 岁者的定期保险数额最高为 50 万美元）。终身寿险数额从 25 000 美元到 3 000 万美元不等。

在纽约州，为了发展壮大，2014 年，储蓄银行人寿保险公司从相互保险公司转变为股份制保险公司。在本书写作时，纽约州的美国储蓄银行人寿保险公司（SBLI-USA）提供少量定期保险产品和终身寿险产品。定期保险产品包括简单的定期保险，数额从 25 000 美元到 350 000 美元不等；核保根据对申请时的问题的回答而定，无须体检。终身寿险产品包括简化发行的终身寿险，数额从 10 000 美元到 150 000 美元不等。

在康涅狄格州，也可以购买储蓄银行人寿保险。不过，康涅狄格州的储蓄银行人寿保险公司现在叫作梵蒂思人寿（Vantis Life）。之所以改成这个名字是为了区别于另一个位于曼彻斯特的储蓄银行人寿保险公司。申请人可以购买最多 500 万美元的定期保险和 500 万美元的终身寿险。

上门服务人寿保险

上门服务人寿保险（home service life insurance）由简易人寿保险随着时间的推移演变而来。**简易人寿保险（industrial life insurance）**是一类发行面额较小（如 100 美元或 500 美元）的人寿保险，通常被出售给低收入家庭，保费每周或每月支付（如每周或每月 25 美分），保险公司代理人到被保险人家里收取保费。超过 90% 的保单是现金价值保单。

如今，曾经的简易人寿保险已基本消失，取而代之的是上门服务人寿保险（也称每月借记普通人寿保险）。在大多数情况下，保险代理人已经不再上门收取保费，而是由投保人将保费汇至代理人或保险公司的账户。每一份保单的人寿保险的数额在 5 000 美元和 25 000 美元之间。上门服务人寿保险已经不那么重要，目前占所有有效保单的比例不到 1%。

团体人寿保险

团体人寿保险（group life insurance）是一种重要的保险类型，它通过保险公司与雇主或其他团体赞助人之间的单一合同向团体成员提供人寿保险。这种保险不需要进行体检，保险证书可以作为投保的证明。

团体人寿保险作为一项基本的雇员福利，在现行的总人寿保险中占有重要地位。2016 年，团体人寿保险在美国所有有效人寿保险中占比达到 41%。① 我们将在第 16 章对团体人寿保险进行更为详细的讨论。

莎伦今年 28 岁，是一位单亲母亲，在当地大学当秘书的工作每年给她带来 30 000 美元的收入。她独自养活自己 3 岁的儿子。莎伦担心一旦她死亡儿子的生活问题。尽管她发现很难存钱，但仍然开始存钱为将来送儿子进大学做准备。她现在住在租的公寓里，但打

---

① American Council of Life Insurers. *Life Insurers Fact Book 2017*（Washington, DC, 2017）, Table 7.8, p.71.

算在将来买一套房子。一个朋友告诉她，人寿保险很适合她目前的情况。莎伦对人寿保险一无所知，而且能够用于购买人寿保险的收入也很有限。假设你是一位财务规划师，要对莎伦购买的保险类型提出一些建议。可以购买的人寿保险保单包括：

- 5年期可续保和可转换的定期保险；
- 65岁付清的人寿保险；
- 普通人寿保险；
- 万能人寿保险。

a. 如果莎伦过早死亡，这些保单中的哪种最能满足为她的儿子提供保障的目的？对你的答案做出解释。

b. 哪种保单最适合被用于给莎伦的儿子积累上大学的钱？对你的答案做出解释。

c. 哪种保单最适合被用于满足存钱购买房屋的需要？对你的答案做出解释。

d. 如果莎伦通过购买现金价值人寿保险来满足其所有财务需求，那么她面临的主要障碍是什么？

e. 假设莎伦决定购买300 000美元的5年期定期保险。这种保单没有现金价值。指出能够帮助莎伦为退休积累资金的普通定期保险的基本特点。

本章小结

- 过早死亡可以被定义为未履行完经济责任的"家长"的死亡，这些经济责任包括子女的抚养、孩子的教育、抵押贷款的偿还。
- 与过早死亡相关的成本至少有四种：

（1）人的生命价值的失去。

（2）会发生额外成本，如丧葬费用、未投保医疗费用和遗产安置费等。

（3）由于收入不充裕，一些家庭的生活水平将会降低。

（4）会发生一些非经济成本，例如悲痛的心情、孩子失去对父母角色的模仿机会、孩子失去来自过早死亡者的教育和指导。

- 如果被保险人赚取收入，其他成员依赖于这些收入作为其部分或全部经济支持的来源，购买人寿保险就能够起到经济调节作用。
- 过早死亡对家庭的影响因家庭类型的不同而不同。在单亲家庭、有孩子的双收入来源家庭，或者传统的、混合型的或三世同堂型家庭中，"家长"的死亡会带来严重的经济问题。相反，如果是没有需要抚养人口的单身或没有孩子的双收入来源家庭，失去一个收入来源，不会给活着的人带来大的经济问题。
- 生命价值可以被定义为，因养家糊口的人的死亡而导致未来收入的减少，减少的未来收入的现值即为这个人的生命价值。这种方法被用于粗略估算生命的经济价值。
- 需求法可以被用于确定购买的人寿保险的数额。在考虑了其他收入来源和金融资产之后，家庭的不同需求转化为特定数额的人寿保险。最重要的家庭需求包括：

  ➢ 遗产清理基金；
  ➢ 再调整期内的收入；

➤ 抚养期内的收入；
➤ 生存配偶的终身年金；
➤ 特殊需求：抵押贷款偿还基金、教育基金、应急基金、家庭成员的精神或身体残疾；
➤ 退休需求。

- 定期保险提供临时保障，一般不需要提供可保性证明就可以续保和进行转换。在收入有限或需要暂时投保的情况下，可以购买定期保险。由于定期保险没有现金价值，所以无法满足退休或储蓄的要求。

- 有几种传统的终身人寿保险。普通人寿保险是一种提供终身保障的终身人寿保险。保费不变，且终身提供支付。保单中的投资或储蓄因素被称为退保现金价值，来自早期的超额保费。在需要终身保障或额外储蓄的情况下可以购买普通人寿保险。

- 法定准备金是保险公司的负债项目，反映保单早期的超额保费。法定准备金的目的是提供终身保障。

- 由于需要为终身保障提取法定准备金，所以就产生了现金价值。因为被保险人在保单早期支付的保费超过精算上需要的保费，所以在放弃保单的时候就会收回一些资金。

- 限期缴费人寿保险是另一种形式的终身人寿保险。被保险人也能够获得终身保障，但是保费支付仅限于特定期间，例如10年、20年或30年，或直到65岁。

- 被保险人如果在特定期限内死亡，两全保险就向其指定的受益人支付保险金。如果被保险人生存至定期保险期末，到时就要向保单持有人支付保险金。两全保险因为在美国不具备税收优势，因而相对不那么重要。

- 变额人寿保险是一种固定保费保单，根据保险公司独立账户的投资情况确定死亡给付和现金价值。所有准备金均被记入独立账户，并被投资于普通股或其他投资。退保现金价值不提供保证。

- 万能人寿保险是终身人寿保险的另一种变形。从概念上来说，万能人寿保险可以被看作弹性保费保单，在分离了保障和储蓄功能的合同中提供终身保障。万能人寿保险具有下面的特点：
    ➤ 未绑定保障和储蓄功能；
    ➤ 两种形式的万能人寿保险；
    ➤ 很大的灵活性；
    ➤ 现金撤出允诺；
    ➤ 享受所得税优惠。

- 指数化万能人寿保险是普通人寿保险的一种变体，具有某些关键特征：有最低利率保证；根据特定股票市场指数的投资收益（不包括股息），将额外利息记入保单；有一个公式可被用于计算增加的（额外的）保单利息收入。

- 变额万能人寿保险类似于万能人寿保险，除了两个例外之外：第一，现金价值可以被投资于多种投资产品。第二，没有最低保底利率，投资风险完全被转嫁到保单持有人身上。

- 当期假定终身人寿保险是一种非分红型终身人寿保险，其现金价值取决于保险公司当前的死亡率、投资和支出情况。累积账户按照不断变化的当前利率计算。

- 修正式人寿保险是一种终身人寿保险，该种保险的保费最初3～5年较低，之后较高。
- 许多保险公司以较低的利率向作为优良标准体的人销售保单。这些保单的核保非常仔细，仅向那些健康历史、体重、职业和习惯等方面显示的死亡率低于平均水平的人销售。必须购买最低数额的保险。
- 联合人寿保险（也称先亡保单）为两个或两个以上的个人提供保险，在先去世的人死亡时支付死亡保险金。
- 后亡人人寿保险（也称遗属人寿保险）为两个或多个人提供保险，在第二个或最后一个被保险人死亡后支付死亡保险金。
- 储蓄银行人寿保险（SBLI）在马萨诸塞州、纽约州、康涅狄格州销售，主要目的是为消费者提供低成本的人寿保险。此外，SBLI也通过电话或网络直接向消费者销售。
- 简易人寿保险是一系列发行面额较小的人寿保险，早些时候，代理人到投保人家里收取保费。
- 团体人寿保险通过保险公司与雇主或其他团体赞助人之间的单一合同向团体成员提供人寿保险。这种保险一般不需要体检。团体人寿保险是一项基本的雇员福利。

重要概念和术语

无给付期	退保现金价值	现金价值人寿保险
可转换的	当期假定终身人寿保险	扶养期
两全保险	遗产清理基金	团体人寿保险
上门服务人寿保险	生命价值	指数化万能人寿保险
简易人寿保险	联合人寿保险	法定准备金
限期缴费人寿保险	修正式人寿保险	需求法
风险净额	普通人寿保险	优良标准体
过早死亡或早逝	再调整期	可重保定期人寿保险
可续保的	储蓄银行人寿保险	后亡人人寿保险
趸缴保费终身人寿保险	定期保险	万能人寿保险
保费消失	变额人寿保险	变额万能人寿保险
终身人寿保险		

复习题

1. a. 解释过早死亡的含义。
   b. 指出与过早死亡相关的成本。
   c. 解释购买人寿保险的经济方面的理由。

2. 解释过早死亡对美国不同类型家庭的影响。

3. a. 对生命价值进行定义。
   b. 阐述确定"家长"生命价值的步骤。

4. 需求法被广泛应用于确定购买人寿保险的数量。阐述一般家庭的下述需求：
   （1）现金需求。
   （2）收入需求。

(3) 特殊需求。

5. a. 简要解释定期保险的基本特点。

b. 指出今天销售的定期保险的主要类型。

c. 解释应当购买定期保险的理由。

d. 定期保险的主要局限性是什么？

6. a. 简要解释普通人寿保险的基本特点。

b. 为什么普通人寿保险要设立法定准备金？

c. 解释应当购买普通人寿保险的理由。

d. 普通人寿保险的主要局限性是什么？

7. 描述变额人寿保险的基本特点。

8. a. 解释万能人寿保险的基本特点。

b. 解释万能人寿保险的局限性。

c. 比较万能人寿保险和指数化万能人寿保险的以下特点：最低利率保证、贷记利息的来源、贷记利息的限制。

9. a. 什么是变额万能人寿保险保单？

b. 如何对变额万能人寿保险与一般万能人寿保险进行区分？

c. 指出在变额万能人寿保险中，投保人必须支付的各种费用。

10. a. 什么是优良标准体保单？

b. 解释后亡人人寿保险的基本特征，并指出在什么情况下购买此种保单最合适。

应用题

1. 理查德今年45岁，已婚并有两个上高中的孩子。他估计，在后面的20年中，他的平均年收入为60 000美元。他估计平均收入中的三分之一将被用于支付税收、保费和个人消费，剩下的部分将被用于供养家庭。理查德想计算一下他的生命价值，并相信6%的贴现率比较合适。目前的1美元现金，按照6%的贴现率来算，20年后就是11.47美元。请计算理查德的生命价值。

2. a. 生命价值是被用于计算需要拥有的保险数额的一种方法。保持其他因素不变，计算下面每一种情况的影响：

(1) 用于计算生命价值的贴现率上升。

(2) 平均年收入中被分配给家庭的数额增加。

(3) 向家庭提供收入的时间减少。

b. 解释生命价值法被用于确定拥有人寿保险数额时的局限性。

3. 凯莉今年35岁，是一个1岁男孩的单亲母亲。她是一名市场分析师，每年收入为45 000美元。她的雇主以雇员薪酬的两倍投保了团体人寿保险。凯莉还参加了雇主的401（k）计划。她的经济需求和目标如下（单位：美元）：

丧葬成本和未投保医疗费用	10 000
为儿子提供的收入	2 000/月（提供17年）
还清房子的抵押贷款	150 000
还清汽车贷款和信用卡债务	15 000
儿子的大学教育基金	150 000

凯莉的金融资产如下（单位：美元）：

支票账户	2 000
个人退休账户	8 000
401（k）计划	25 000
个人人寿保险	25 000
团体人寿保险	90 000

a. 不考虑社会保障遗属抚恤金，根据需求方法，凯莉还需要购买多少人寿保险才能达到她的财务目标？（假设保单收益的回报率等于通货膨胀率。）

b. 如果凯莉的儿子每个月能获得800

美元的社会保障遗属抚恤金，直到他长到18岁，那么凯莉还需要购买多少额外的人寿保险？

4. 梅根今年32岁，已婚并有一个1岁的儿子。她最近购买的现金价值人寿保险保单有以下特点：

- 保费支付频率和数额具有弹性。
- 保险和储蓄功能是分离的。
- 保单利率与当前市场情况相关，但是保单保证最低利率。
- 保单后端退保费用在一段时间内降低至零。

根据上述特点，梅根购买了什么类型的人寿保险？对你的答案做出解释。

5. 托德今年28岁，为了能有一个舒适的退休生活，他希望存一笔钱。他正在考虑购买一份具有下列特点的现金价值人寿保险：

- 保费被投资于由保单持有人选择的独立投资账户。
- 保单不保证最低利率或最低现金价值。
- 投资风险完全由投保人承担。
- 保单的费用相对较高。

根据上述特点，托德正在考虑购买什么类型的人寿保险？对你的答案做出解释。

6. 人寿保险保单具有不同的特点。对于下面的每一个特点，确认符合描述的人寿保险保单。

a. 如果投资效果好，保险金数额增加的保单。

b. 可以以最低的年保费为35岁的人提供生命价值保障的保单。

c. 允许保单持有人确定保费如何投资的保单。

d. 允许提取现金用于支付购房或孩子大学教育费用的保单。

e. 向死亡率低于平均水平的被保险人销售的保单。

f. 对预期收入会增长的人有吸引力的，最初3～5年保费较低，之后保费较高的保单。

g. 设计被用于支付最后一个活着的被保险人死亡时的遗产税的保单。

7. 理查德今年35岁，已婚并有两个年龄分别是2岁和5岁的孩子。他正在考虑购买额外的人寿保险。他有如下几个财务目标：

- 付清还剩下25年的房屋抵押贷款。
- 积累大量退休金。
- 如果他死了，仍然可以每月给家庭提供收入。
- 在孩子到了上大学的年龄可以从保单中提取现金。

对于下面每一种人寿保险保单，如果购买了，可以实现上述哪些财务目标？分别分析每一种保单：

a. 保额递减定期保险。

b. 普通人寿保险。

c. 万能人寿保险。

d. 变额万能人寿保险。

数字资源

网络资源

参考文献

第12章
人寿保险合同条款

> 各州的标准保单条款法律都要求寿险保单中包含特定的条款。
> ——杰米·P. 霍普金斯（Jamie P. Hopkins）等编，《麦吉尔人寿保险的法律问题》
> （*McGill's Legal Aspects of Life Insurance*）

 学习目标

学习完本章，你应当能够：

- 阐述人寿保险保单中的下述合同条款：
  - 所有权条款；
  - 完全合同条款；
  - 不可抗辩条款；
  - 自杀条款；
  - 宽限期条款；
  - 复效条款；
  - 年龄或性别误报条款；
  - 指定受益人条款；
  - 变更保险计划条款；
  - 除外责任与限制条款：自杀条款，其他条款；
  - 人寿保险转让条款；
  - 保单贷款条款；
  - 保费自动垫付条款。
- 区分分红人寿保单中的各种分红选择方式。
- 解释现金价值保单中的各种退保金额选择权（解约金选择权）。
- 说明支付人寿保险死亡保险金的不同理赔方式，并解释与信托相比，如何使用这些方式。
- 说明可以被附加于人寿保险保单的下述附加条款：
  - 免缴保费条款；
  - 定期保险附加条款；
  - 保证增保选择权条款；
  - 意外事故保单特约条款；
  - 生活消费指数批单；
  - 提前给付死亡保险金条款。

马修（32岁）和杰西卡（29岁）婚后育有两个学龄前孩子。三年前，马修投保了一份保额为500 000美元的定期保险，杰西卡是这份保险的受益人。马修患有躁郁症及周期复发慢性抑郁症。最近，他因为生意破产而自杀了。鉴于马修故意造成自身死亡，杰西卡为此忧心忡忡，担心保险公司不予支付死亡保险金。然而，马修的人寿保险代理人向她保证，由于自杀条款已经过期，保单收益将全额支付。

在上面的例子中，死亡保险金的给付受到有关自杀条款的影响。人寿保险合同中包含了数十项影响保单持有人、被保险人、受益人以及死亡保险金给付的条款。许多合同条款是强制性的，必须包含在每一份人寿保单中。其他条款是可选的。

在本章中，我们将讨论人寿保单中一些常见的合同条款。我们将其分为三个部分进行阐述。第一部分讨论了对投保人和受益人具有重大财务影响的人寿保险合同条款。第二部分分析了人寿保险保单中经常出现的基本选择权，包括红利选择权、解约金选择权和清算选择权。最后一部分讨论可以追加到人寿保险保单上的额外利益和特约附加条款。

人寿保险合同基本条款

人寿保险包含很多合同条款。这一部分讨论人寿保险消费者应该理解的基本合同条款。

所有权条款

人寿保单的所有者可以是被保险人、受益人、信托人，或者是其他当事人。在大多数情况下，申请人、被保险人和所有人是同一个人。在**所有权条款**（ownership clause）中，只要被保险人活着，人寿保单持有人就拥有保单赋予的各项合同权利。这些权利包括指定和更改受益人，退保取得现金价值，借款，获取红利，选择理赔方式。这些权利的行使一般不需要获得受益人同意。

保单所有权也可以变更。保单持有人可以通过填具保险公司的专门表格指定新的所有人。

完全合同条款

完全合同条款（entire-contract clause）是指人寿保险保单和相关投保单构成的当事人之间的完全合同。投保单中的内容只是说明而不是保证。除非陈述出现重大的误告并构成投保单的一部分，否则保险公司不得利用其中的陈述作为保单无效的借口。此外，保险公司不能改变保单条款，除非保单持有人同意变更。

完全合同条款旨在保护被保险人、受益人和保险公司。该条款有几个目的：首先，它保护被保险人的利益，阻止保险公司在所有人不知情或未取得被保险人同意的情况下通过改变公司的规定或规章修改保单。其次，它还保护了受益人的利益。保险公司不得利用投保单的陈述作为拒绝理赔的理由，除非这些陈述作为投保单的一部分存在重大的误告。最后，它通过限制受益人或其他起诉方可能在法庭上提出的证据（如宣称代理人在保险销售过程中做出口头声明）为保险公司提供了一些保护。

不可抗辩条款

不可抗辩条款（incontestable clause）是指保险公司在保单生效两年后、被保险人存活的情况下不得对保单提出异议。在保单生效两年后，保险公司不能以发出保单时存在重大误告、隐瞒或欺诈为由，对死亡给付提出异议。保险公司有两年的时间来发现合同中的问题。例如，如果托尼（今年25岁）申请了人寿保险，在申请的时候隐瞒了自己患有高血压的事实，并在两年内死亡。保险公司可以以存在重大隐瞒为由拒绝理赔。但是如果他在期满之后死亡，保险公司就必须支付索赔。

不可抗辩条款的目的是防止保险公司在保单售出之后拒绝支付索赔，从而保障受益人的利益。由于被保险人死亡，他或她将无法反驳保险公司的托词，而其他证人也可能无法出庭做证，因此，如果保险公司以存在重大误告或隐瞒为由拒绝索赔，受益人的财务状况就会受到损害。

不可抗辩条款一般能够有效对抗欺诈。如果被保险人在购买保险的时候做出了欺诈性说明，公司有两年的时间来发现这一欺诈，否则，必须支付死亡保险金。然而，在某些情况下，由于欺诈行为过于恶劣，支付死亡保险金将违背公共利益。此时，保险公司可以在抗辩期结束后对索赔提出抗辩。这些情况包括①：

- 受益人蓄意谋杀被保险人以取得保险金。
- 可保利益在一开始就不存在。
- 投保时让其他人代替被保险人体检以及回答与被保险人健康有关的问题。

自杀条款

大多数寿险保单都有自杀条款。**自杀条款（suicide clause）**是指，如果被保险人在保单被售出后的两年内自杀，将不能获得保单面额的赔付，只能退还已缴保费。在一些人寿保险保单中，自杀免责时间只有一年。如果被保险人在该期限届满后自杀，保险金的支付与其他索赔相同。

从法律上来讲，由于人都有很强的自我保护本能，死亡一般不会被认为是主观故意行为。所以，自杀就有一个假定条件。因此，证明被保险人是自杀的举证责任往往落在保险公司身上。如果拒绝理赔，保险公司必须证明被保险人确实死于自杀（见专栏12.1）。

自杀条款的目的是减少针对保险公司的逆向选择。通过设定自杀条款，保险公司也可以免受那些以自杀为目的而购买人寿保险的人造成的经济损失。

这种死亡是自杀吗？

一位20岁的海军士兵在一个战斗机队中从事雷达技师的工作。他熟悉0.45口径的半自动手枪，并接受过如何使用这些武器的培训。这位海军士兵是一个乐天派、个性开朗。有时候他会用0.45口径的手枪对准自己的脑袋并扣动扳机来吓唬身边的朋友。一天，这位明显精神抖擞的海军士兵突然拿出枪对准自己的头，向朋友说了句"就这样吧"并扣动了扳机。手枪射出了子弹，他杀死了自己。为他承保的保险公司认为他的死亡属于自杀。

---

① Edward E. Graves (Ed.), *McGills Life Insurance*, 9th ed. Bryn Mawr, PA: The American College, 2013, p. 27.9.

结论

这起死亡非自杀。

理由

该保险公司必须证明其死亡是蓄意的，但它却无法举证（Angelus v. Government Personnel Life Ins. Co.，321 P. 2d 545 [Wash. 1958]）。

资料来源：Frascona, Joseph L. *Business Law Text and Cases：The Legal Environment*, 3rd ed. Upper Saddle River, NJ.：Pearson Education, Inc.

宽限期条款

一份人寿保险保单还会包含一个**宽限期（grace period）**条款，在这个期限内，投保人有 31 天的时间来缴清未缴保费。在宽限期内，保障仍然有效。如果被保险人在宽限期内死亡，欠缴保费要从保单收益中扣除。

万能人寿保险和其他弹性保费保单的宽限期更长，通常为 61 天。当每月缴费日的退保金额不足以支付下一个月的每月扣款额时，保单即进入宽限期。该保单在 61 天内仍然有效。若被保险人在宽限期内死亡，则每月从保单收益中扣除逾期扣款额。如果在宽限期内未支付保费，则本保单项下的所有保险在 61 天期限结束时即告失效。

宽限期的目的是通过给予投保人额外的时间来支付逾期保费，防止保单失效。投保人可能暂时缺乏资金或者因出差忘记支付保费。在这些情况下，宽限期提供了相当大的财务灵活性。关于防止保单失效的附加保护条款，见后文有关保费自动垫付条款的内容。

复效条款

如果宽限期结束，仍然没有支付保费，或者保费自动垫付条款没有生效，保单可能失效。**复效条款（reinstatement provision）**允许保单持有人在满足以下条件的情况下恢复已失效的保单：

- 需要提供可保性证明。
- 从各自的到期日开始计息，付清所有欠缴保费和利息。
- 所有保单贷款必须偿还或复效，从欠缴保费的日期开始计息。
- 没有为了获取保单现金价值而退保。
- 保单必须在一定时间内复效，一般为从失效之日起的 3 年或 5 年。

复效已失效保单既有好处也有坏处：第一，购买新保单的时候又要再支付销售保单时发生的获取费用。第二，原保单可能已经过了抗辩期和自杀条款的有效期。失效保单的复效不会再启动自杀条款有效期，新的不可抗辩期一般仅适用于复效申请中的声明。

保单复效的主要不足是，如果所需复效的保单在几年前失效，就会产生大量费用。从实务的角度来说，大多数失效保单会因为需要支付费用而不再复效。

此外，从长期来看，大多数寿险公司保费都是下降的，而且在不断开发新产品。因此，即使被保险人在购买新保单时岁数已经变大，购买新保单的成本也可能更低。

最后，新保单在支付保费时会有更大的灵活性。如果失效保单是老式的终身寿险保单，且在保单支付方面缺乏弹性（不包含宽限期和保费自动垫付条款），那么购买新保单就更加划算。但是，在终身人寿保险中，如果有充足的现金价值，保费可以降低，甚至免除。对于那些全年可支配收入和现金流波动较大的保单持有人（如在季节性行业工作的工人，经济衰退时失业的保单持有人，或因意外的突发事件突然需要大笔现金的保单持有人）而言，保单复效将提供巨大的灵活性。

年龄或性别误告条款

在年龄或性别误告条款（misstatement of age or sex clause）中，如果被保险人的年龄或性别发生误告，那么将按照实际所缴保费占按正确的年龄和性别应付保费的比例支付保险金。例如，假设布伦特（今年35岁）申请一份50 000美元的终身人寿保险，但是他报告的年龄为34岁。如果35岁的人每1 000美元保额的保费是16美元，34岁的人每1 000美元保额的保费是15美元，保险公司就将只支付死亡保险金的15/16。即只需赔付46 875（15/16×50 000＝46 875）美元。

指定受益人条款

受益人是保单中指定的接受保险利益的当事方。指定受益人的方式有如下几种：
- 第一顺位受益人和次顺位受益人。
- 可撤销受益人和不可撤销受益人。
- 特定受益人和团体受益人。

第一顺位受益人和次顺位受益人 **第一顺位受益人**（primary beneficiary）是指在被保险人死亡时，首先有权获取保险金的受益人。尽管不止一位当事人可以被指定为第一顺位受益人，但是每一位当事人可以获得的保险金是明确的。

次顺位受益人（contingent beneficiary）是在第一顺位受益人先于被保险人死亡时有权获取保险金的受益人。如果第一顺位受益人在领取完分期定额给付保险金之前就死亡，剩下的保险金将被付给次顺位受益人。

在许多家庭中，丈夫会指定他的妻子作为第一顺位受益人（反之亦然），其子女则被指定为次顺位受益人。然而，在指定未成年的孩子作为受益人时所面临的法律问题是，他们没有直接取得保险金的法定行为能力。大多数保险公司不会直接向未成年人（18岁以下）支付死亡保险金。相反，他们要求监护人代表未成年人的利益接受保险金。如果由法院指定监护人，保险金的支付就会拖延，而且会产生法律费用。一个解决方案是，在遗嘱中指明一个能代表未成年人利益的监护人来合法领取保险金，另一个办法是把保险金委托给托管人（例如有信托部的商业银行），托管人负责将这笔资金用于其子女的福利。

被保险人的遗产可以指定给第一顺位受益人或次顺位受益人。但是，许多财务规划师并不赞成将遗产分配给受益人。死亡保险金可能要缴纳律师费用和遗嘱认证费、联邦遗产税、州继承税和债权人的索债。保险金的给付还可以推迟到遗产问题解决之后。

可撤销受益人和不可撤销受益人 大多数受益人的指定是可撤销的。**可撤销受益人**（revocable beneficiary）是指，保单持有人保留改变指定受益人的权利，而不需要征得受益人的同意。可撤销受益人只有获得保险金的预期，只要保单持有人愿意，随时都可以改变受益人。合同下的所有保单权利都可以在未经可撤销受益人同意的情况下行使。

相反，**不可撤销受益人**（irrevocable beneficiary）是指未经受益人同意不得变更的受益人。如果保单持有人希望改变指定受益人，必须获得不可撤销受益人的同意。然而，今天的大多数保单都规定，如果受益人比被保险人先死亡，受益人甚至不可撤销受益人的利益都会被终止。因此，如果不可撤销受益人比被保险人先死亡，领取保险金的所有权利都将被转移给保单持有人，他可以重新指定受益人。

特定受益人和团体受益人 **特定受益人**（specific beneficiary）是指明确指定的受益人。**团体受益人**（class beneficiary）并不是确定的某一个人，而是一个受益人群体，例如"被保险人的孩子们"。在被保险人希望将保险金在一个团体的成员间进行平均分配的时候，可以指定团体受益人。但这可能会给团体中的某些人带来不确定性，从而引发代价高昂且具有颠覆性的法律诉讼。

大多数保险公司限制使用团体受益人，因为区分团体成员较为复杂。尽管所有保险公司都允许指定孩子们作为一个团体，但是当团体成员无法区分，或者与被保险人的联系不那么紧密的时候，保险公司一般不允许指定团体受益人。例如，"我的孩子们"的团体受益人指定意味着被保险人的所有孩子分享保险金，而不论子女是嫡出的、非嫡出的，还是收养的。但是如果指定的时候使用的是"被保险人的孩子们"，那么该受益人团体则包括被保险人的所有嫡出子女，而其配偶此前婚姻所生的子女将被排除在外。所以，团体受益人的指定必须谨慎。

变更保险计划条款

人寿保险保单包含**变更保险计划条款**（change-of-plan provision），允许保单持有人把持有保单转换为不同种类的其他合同。这项条款的目的是给保单持有人提供灵活性。如果家庭需要和财务目标改变，原来的保单可能就不再适合。

若转换为保费较高的保单（如从普通人寿保险保单转换为限期缴费保单），保单持有人必须支付新保单的保单准备金和原保单准备金之间的差额。此时不需要可保性证明，因为纯粹保险保障（风险净额）在减少。

保单持有人也可以转换为较低保费的保单（如将限期缴费保单转换为普通人寿保险保单）。在这种情况下，保险公司将向保单持有人返还两种保单现金价值的差额。在这种转换中需要提供可保性证明，因为纯粹保险保障（风险净额）增加了。

除外责任与限制条款

人寿保险保单极少有除外责任和限制。主要的除外责任和限制总结如下：

- 自杀。如前所述，自杀只在保单生效的最初两年内属于除外责任。有些保单则只把自杀的除外责任期限定为一年。
- 战争条款。在战争期间或战争即将来临时，一些保险公司可能会在新签发的保单中插入**战争条款**（war clause）。当援引战争条款时，可以退还保费和利息。战争条款有两种类型：(1) 身份条款，即若被保险人在军队中死亡，不论原因如何，保险公司都不予赔付。(2) 结果条款，即若被保险人的死亡是战争的直接结果，则保险公司不予赔付。战争条款的目的是在大量新的被保险人可能在战争中死亡的情况下，减少针对保险公司的逆向选择。
- **航空除外责任条款**（aviation exclusion rider）。大多数新发行的保单不包括关于空难死亡的除外责任保险，空难索赔和其他索赔一样理赔。但是，当申请人为航空从业人员时，一些保险公司会把非正常航空旅客空难死亡排除在外。例如，保险公司会在一些没有达到飞行标准的私人飞行员的保单中附加航空除外责任条款或向其收取较高的保费。相应地，当飞行员达到飞行标准时，其保单中附加的航空除外责任条款则会被移除。军事航空也被排除在外，或者必须支付额外的保费来获取保障。

- 某些爱好。在最初签订保单的时候，保险公司可能会发现被保险人的一些危险的运动和爱好。这些活动也会作为除外责任或者在缴了额外保费后才能给予保障，比如赛车、跳伞、深海潜水、滑翔机，或者在危险的国家旅行或定居等活动。

缴费条款

人寿保险保费可以年缴、半年缴、季缴或月缴。如果保费不是年缴的，保单持有人必须支付额外的费用。这样在以实际利率计息的时候，保费会相对较贵。例如，半年缴保费是年缴保费的52%，可以看作仅4%的额外费用。但是实际费用率是16.7%。假设年保费是1 000美元。半年缴纳保费520美元，拖延了480美元的保费未缴。6个月之后，必须支付480美元的保费和40美元的费用。这意味着你需要额外支付40美元作为使用480美元6个月的时间成本，即年费率是16.7%。①

人寿保险转让条款

人寿保险保单是有价值的财产，可以通过两种方式自由转让给另一方。在**无条件转让**（absolute assignment）中，保单的所有保单权利均被转移到新所有人的手中。例如，保单持有人可能会将人寿保险保单捐给教会、慈善机构或教育机构。这个目标可以通过无条件转让轻松实现。

在**担保转让**（collateral assignment）中，保单持有人临时把人寿保险保单作为抵押品转让给债权人从而获得借款。只有某些权利被转让给债权人以保障其利益，而保单持有人拥有剩余的权利。接受转让保单的当事人只限于借款额度获取保险金，保险金的余额被支付给受益人。

当被保险人死亡时，保险公司没有职责来调查可能发生的人寿保险保单转让。如果保险公司没有被告知保单已被转让，保险金会因为被保险人死亡（保单到期）而付给保单指定的受益人。在一般法律规则下，保险公司不再承担关于该保单的任何责任。但是，如果保险公司被告知保单已被转让，那么在保险公司和转让接受方（接受转让的一方，如银行）之间就会产生一份新合同，保险公司会认为接受方的权利优于受益人的权利。转让条款的目的是保护保险公司在没有收到保单转让书的情况下，避免在向受益人赔付了死亡保险金后，再次支付保险金。

保单贷款条款

现金价值人寿保险都包括**保单贷款条款**（policy loan），该条款允许保单持有人借出现

---

① InsuranceForum.com, "APR Calculator for Fractional（Modal）Premiums." 也可参见 Joseph M. Belth（Ed.），"Special Issue on Fractional Premiums," *Insurance Forum*，Vol. 25，No. 12（December 1998）。

金价值。保单中注明了适用利率。较早签发的保单的一般贷款利率为5%或6%。新保单的贷款利率可能高达8%。但是，所有州都允许保险公司根据美国保险监督官协会范本执行可变的保单贷款利率。如果采用了可变利率，利率的高低就可以根据穆迪的优质公司债券综合收益或者一些金融杂志上公布的其他指数来确定。另外一种可变利率方法是让保单质押贷款利率等于现金价值适用利率加上一定的浮动区间。[1]

在新发售的分红保单中，许多保险公司根据借出现金的数额减少分配红利。这一做法的间接影响是，提高了保单贷款的实际利率。在利率敏感型产品中（例如万能人寿保险和变额万能人寿保险），借出现金价值的当前适用利率一般会下降，而这又会提高贷款的实际利率。

保单质押贷款利息必须每年支付，或者如果没有支付就计入未偿贷款。如果贷款在死亡给付或定期保险到期的时候还没有偿还，保险金额中要扣除欠款。为排除用保单质押贷款来支付保费，保险公司还可以推迟6个月同意贷款，只是这种情况很少发生。

借出保单现金价值的人常常认为他们要为自己的钱支付利息。这种观点显然不对。现金价值在法律上属于保险公司。尽管在合同上，保单持有人有权放弃或借出现金价值，但是现金价值在法律上仍然属于保险公司。之所以要支付利息，是因为保险公司保费、法定准备金、红利和退保金是根据一定利率计算收益的。保险公司的资产必须投资于有收益的证券和投资项目，从而可以兑现其所承担的合同义务。保单持有人必须就这些贷款支付利息，以抵销保险公司的利息损失。如果没有同意贷款，保险公司还可以通过投资于基金而获利。

此外，要注意的是，保单质押贷款条款可能会要求保险公司将部分资产保留在收益率较低的流动性投资中。借款的保单持有人需要支付利息，因为这些资金不能被投资于高收益的投资项目，保险公司必须放弃这些收益来换取资金的流动性。

保单贷款的优点 保单贷款的主要优点是，支付的利率相对较低。对于发行较早的保单尤其如此。5%、6%、8%的保单质押贷款利率远低于信用卡利率。保单持有人偿还贷款的能力也不受信用记录的影响，没有固定的偿还计划，保单持有人在确定贷款偿还的额度和频率方面具有很大的灵活性。

保单贷款的缺点 主要的缺点是，法律并没有规定保单持有人偿还贷款，但是如果总债务额超过可获得的现金价值，保单就会失效。除了偿还贷款外，保单持有人可能使保单失效，或者放弃保单的剩余价值。最后，如果在保单到期之前保单持有人没有偿还贷款，保险公司就需要从保额中扣除保单持有人欠缴的金额。

保费自动垫付条款

保费自动垫付条款（automatic premium loan provision）可以被附加到大多数现金价值保单中。

如果可以的话，保单持有人应该选择该条款，因其通常不需要任何费用，且可以防止因意外造成的保单失效。在保费自动垫付条款中，如果保单在经过一个宽限期之后还具有足够偿付保费的价值，那么保单就会自动借用一部分现金价值来缴清欠缴保费。保单可以同以前一样继续有效，但是却有了未偿还的保费贷款。保费贷款的利息会按照合同规定的

---

[1] Graves, *McGill's Life Insurance*, p.4.5.

利率征收。保费的支付在任何时候都可以不必提供可保性证明而使保单复效。

保费自动垫付条款的基本目的是防止保单因未付保费而失效。保单持有人可能临时资金短缺或者因出差而忘记支付保费。所以，保费自动垫付条款为保单持有人提供了非常大的灵活性。

但是，保费自动垫付条款有两个主要的不足：第一，该条款可能被滥用。保单持有人可能会过于频繁地使用保费自动垫付方法。如果现金价值相对较少，借款又被习惯性延长而超过一定时期，那么现金价值最终会被耗尽，保单也会终止。第二，如果在被保险人死亡的时候保费贷款还没有还清，那么保单收益将会减少。

红利选择权条款

相互人寿保险保单和股份制保险公司出售的一些保单通常包含红利选择权条款。如果保单支付红利，就被称为**分红型保单（participating policy）**。股份制和互助保险公司都销售分红型保险产品，这种产品赋予保单持有人分享保险公司盈余的权利。如果保单的死亡率、利息和费用都很合意，红利所代表的是偿还毛保费的一部分。与之相反，不支付红利的保单被称为**非分红型保单（nonparticipating policy）**。

保单红利主要有三个来源：(1) 预期死亡率和实际死亡率之间的差额；(2) 需要保留法定准备金的资产的超额利息收益；(3) 预期经营支出和实际支出之间的差额。由于支付的红利取决于保险公司的实际经营情况，所以红利是没有保障的。

红利的获取有几种形式：
- 现金；
- 支付保费；
- 红利累积；
- 增额缴清保险；
- 定期保险（第五种红利选择权）。

现　金

保单生效一段时间（通常为1年或2年）以后，一般就会产生一些可支付的红利。保单持有人一般在保单周年的对应日期会收到一张面值等于红利的支票。

支付保费

红利可以用于支付下一期的保费。红利通知书会显示红利的数额，保单持有人必须缴纳保费和实际红利的差额。在保费的支付构成经济负担的时候，保单持有人就可以行使这种选择权。在保单持有人的收入大幅降低，从而必须减少开支的时候，保单持有人也可以执行这一选择权。

红利累积

在红利累积选择权（dividend accumulations option）下，保险公司可以保留红利，并把利息累积起来。保单提供一个最低保底利率（例如3%），也有可能根据当前市场情况而采用较高的利率。累积的红利通常可随时提取。如果不提取，则可以在保单到期时附加到死亡保险金中一起支付，或者在按照保单的现金价值放弃该保单时支付。红利一般不课税。但是累积红利的利息收入属于应税收入，必须每年在向联邦和州申报所得税时将其考虑在内。因此，对于那些希望将所得税最小化的保单持有人来说，红利累积可能是不可取的。

增额缴清保险

在**增额缴清保险**（paid-up additions option）中，红利被用于购买小额缴清终身人寿保险。例如，假设皮亚格（今年22岁）持有一份普通人寿保险保单。如果收到50美元的红利，大约还可以购买200美元的缴清终身人寿保险。

增额缴清保险有一些很好的特点：第一，按照净费率而不是毛费率购买；没有附加支出。第二，不需要可保性证明。因此，如果被保险人健康不达标或者是不可保的，那么这一选择权就会发挥作用，因为附加的人寿保险数额可以不需要说明其可保性而进行购买。

定期保险（第五种红利选择权）

一些保险公司提供了第五种红利选择权，在这种选择权中，红利被用于购买定期保险。一般可使用的形式有两种。红利可以被用于购买等于基本保单现金价值的一年期定期保险，剩余的红利被用于购买增额缴清保险或者作为利息积累起来。如果保单持有人有规律地借出现金价值，这种选择权就较为合适。被保险人死亡时保单面额不能扣除未偿贷款。

这种选择权的第二种形式是使用红利购买每年续保的定期人寿保险。购买的定期保险的实际数额取决于红利的数额、被保险人的获得年龄以及保险公司定期保险费率。但是，在这种选择权中，用40美元红利购买10 000美元或更多每年续保的定期人寿保险并不是很罕见。遗憾的是，鉴于存在逆向选择的风险，只有一小部分公司提供这一理想选择。

红利的其他用途

红利也可以被用于将保单转换为增额缴清保险。如果购买了增额缴清保险，只要基本合同的准备金价值加上增额缴清保险或者账户余额等于被保险人购买保险年龄对应的增额缴清保险的趸缴净保费，就可以缴清保费。例如，在合理的假设下，25岁时购买的普通人寿保险保单可以到48岁时再缴清保费。

红利还可以被用于使保险以定期保单的形式满期。当基本保单的准备金价值加上增额缴清保费或账户余额等于保险额的时候，保单作为定期保单到期。例如，在合理的假设下，对25岁被保险人销售50 000美元普通人寿保险保单可以通过执行这一选择权使其在58岁时作为定期保险满期。[1]

最后要记住，红利选择权的合理使用因保单持有人而异。因此，没有最好的红利选择权。最好的选择权是最适合你的经济目标的选择权（见专栏12.2）。

---

[1] Robert I. Mehr and Sandra G. Gustavson, *Life Insurance, Theory and Practice*, 4th ed. (Plano, TX: Business Publications, 1987), p. 206.

专栏 12.2

在分红型终身寿险中选择最优红利分配方式

在分红型终身寿险中，通常有四种红利选择权：(1) 现金；(2) 支付保费；(3) 红利累积；(4) 增额缴清保险。消费者可能对于哪种红利选择权最好而感到困惑。实际上，并没有最好的红利选择权。最好的红利选择权是最适合你的经济目标和实际情况的选择权。如果资金紧张，且保费构成了经济负担，那么红利可以以现金支付或者被用于支付保费。如果健康状况不佳或不具可保性，而且又需要额外的保险，那么现金价值保单中的增额缴清保险很有吸引力。增额缴清保险以不包括附加费用的净费率购买。

如果你有一份现金价值保单，而且希望能够积攒一笔退休金，那么增额缴清保险非常适合你。增额缴清保险甚至优于退休金结清保单。根据美国消费者协会的研究，增额缴清保险的另外一个优点是，其利率高于保险公司在利息选择权中累积红利的利率。[a]

如果所得税的影响很重要，那么就不要使用红利累积选择权。尽管红利是不课税的，但是红利的利息收入作为普通收入需要纳税。在这种情况下，增额缴清保险更适合，因为在增额缴清保险中，红利成为法定准备金。法定准备金的利息收入作为保单持有人的当期收入是不课税的。而且，正如前面所提到的，增额缴清保险的利率高于红利累积选择权中的累积红利适用的利率。

此外，增额缴清保险具有部分对冲通货膨胀的功能。长期来看，通货膨胀会严重侵蚀死亡赔付金的购买力。

最后，如果你投保不足，需要更多的人寿保险，在可以获得的情况下，可以使用增额缴清保险选择权，或者第五种红利选择权（定期保险）。从短期来看，没有一个单一的红利选择权对于所有保单持有人都是最好的。每一个保单持有人都应当选择最适合其财务状况的选择权。

a. James H. Hunt, "Miscellaneous Observations on Life Insurance: Including an Update to 2007 Paper on Variable Universal Life," Consumer Federation of America, January 2011.

不丧失价值选择权条款

如果购买了现金价值保单，保单持有人支付的金额将不仅仅是精算学上购买人寿保险必需的金额。因此，如果放弃保单，保单持有人还可以剩下一些资金。向撤销保单的保单持有人提供的支付被称为不丧失价值或退保现金价值。

所有州都有标准的**不丧失价值法（nonforfeiture laws）**，这些法规要求保险公司至少向放弃保单的保单持有人提供最低的不丧失价值。有三种**不丧失价值选择权（nonforfeiture options）**或退保现金价值选择：

- 现金价值；
- 减额缴清保险；

- 展期定期保险。

现金价值

保单持有人退保后可取得现金价值，之后保单下的所有利益都终止。尽管一些保单在第一年末有少量现金价值，但一般保单直到第二年或第三年才具有现金价值。由于保险公司销售保单时的相对较高的首年获取费用还没有收回，所以最初几年的现金价值很小。但是，长期来看可以积累大量的现金价值。

如果退保，保险公司可以推迟6个月支付。该条款是法律要求的，是20世纪30年代经济萧条的产物，当时人寿保险公司的现金需求非常迫切。保险公司一般不会推迟支付现金价值。

如果被保险人不再需要人寿保险，可以使用现金退保。尽管通常不建议为了获取现金而退保（因为可能其他选择更适合），但在有些情况下确实可以使用现金退保。例如，如果被保险人已经退休，不再需要赡养或扶养其他人，那么对大额人寿保险的需要也会降低。在这种情况下，如果需要现金就可以选择现金退保。

减额缴清保险

在**减额缴清保险**（reduced paid-up insurance）选择权中，退保现金价值作为趸缴净保费用于购买减额缴清保险。购买的保险数额取决于被保险人购买时的年龄、退保现金价值和原始合同中对死亡率和利息的假设。减额缴清保单与原始保单一样，只是保险额有所降低。如果原始保单是分红型的，减额缴清保险也支付红利。

在被保险人不希望支付保费但仍然需要人寿保险的情况下，可以选择减额缴清保险。例如，假设杰里米在37岁的时候购买了一份100 000美元的普通人寿保险保单。现在他已经65岁，想要退休，但是他不希望在退休后还要支付保费。可用于购买减额缴清保险的退保现金价值大约为77 300美元（见图表12-1）。

展期定期保险

在**展期定期保险**（extended term insurance）选择权中，退保现金价值作为趸缴净保费，将全额保单（扣除所有债务）作为定期保险，将保证期限延长到未来的一定年份和日期内。实际上，在一个有限的期间内，用于购买缴清定期保险的现金价值等于初始保额（扣除所有债务）。定期保险保障的时间范围由执行该选择权时被保险人的年龄、净退保现金价值、展期定期保险的保险费率决定。例如，在我们前面的说明中，如果杰里米在65岁的时候停止支付保费，保单现金价值将足够使100 000美元的保单在后面的13年零198天内保持有效。如果在那个时候他还活着，保单就不再有效。

如果保单因为未支付保费而失效，保单持有人也还没有做出另一种选择，那么在大多数保单中，展期将自动执行。这意味着，虽然保单持有人误以为因为没有支付保费，保单已经失效，但事实上，保单仍然有效。然而，如果将保费自动垫付条款添加到保单中，那么该条款优先于展期选择。

一份终身人寿保险或定期保险中以表格的形式列出了揭示不同年龄的三种选择权下收益的保底价值。

图表 12-1 显示了一个保险公司向一位 37 岁的男士销售的 100 000 美元普通人寿保险保单的保底价值。

图表 12-1 保底价值列表*

100 000 美元普通人寿保险，男性，年龄 37 岁　　　　　　　　　　　　　　单位：美元

保单年度	现金价值	现金价值的替代方式			保单年度
		缴清保险	展期定期保险		
			年	天	
1	*****	***	**	***	1
2	*****	***	**	***	2
3	400.00	2 400	1	18	3
4	1 400.00	7 900	3	114	4
5	2 400.00	12 900	5	62	5
6	3 500.00	17 900	6	328	6
7	4 500.00	22 000	8	55	7
8	5 600.00	26 200	9	109	8
9	6 800.00	30 400	10	121	9
10	8 000.00	34 300	11	50	10
11	9 300.00	38 100	11	321	11
12	11 000.00	43 200	12	325	12
13	12 900.00	48 500	13	323	13
14	14 800.00	53 300	14	239	14
15	16 700.00	57 700	15	91	15
16	18 700.00	61 900	15	287	16
17	20 700.00	65 800	16	73	17
18	22 700.00	69 300	16	187	18
19	24 800.00	72 800	16	291	19
20	26 900.00	75 900	16	358	20
60 岁	32 300.00	69 400	14	319	60 岁
65 岁	41 700.00	77 300	13	198	65 岁

* 该表格假设保费在保单年度末支付。这些价值不包括红利累积、增额缴清或保单贷款。

给付方式选择权条款

给付方式选择权（settlement options）是指支付保单收益的不同方式。保单持有人可以在被保险人死亡之前选择给付方式，或者赋予受益人这种权利。大多数保单允许在保单被放弃的时候，根据给付方式支付退保现金价值。最常见的给付方式包括：

- 现金；
- 利息选择权；
- 固定期限选择权；
- 固定金额选择权；
- 终身收入选择权。

现　金

在被保险人死亡的时候，立刻需要现金用于支付丧葬费用和其他费用。为了满足这一需要，保险金一次性向指定的受益人或者受益团体支付。保险金的收益需要支付从死亡当日到支付日的利息。支付的利息在人寿保险保险金数额巨大的时候特别重要，保险金一般在被保险人死亡之后的几个星期或几个月内支付。从实务的角度来说，大多数保险金在被保险人死亡之后的几个星期内要一次付清。

利息选择权

在**利息选择权**（interest option）中，保险公司持有保险金，并定期向受益人支付利息。利息可以按月、季度、半年或者年支付。大多数保险公司在利息选择权中对保险金设定了保底利率。

受益人可以被赋予撤销的权利，通过该权利，他们可以部分或全部收回保险金。受益人也有权将该选择权转换为另外一种选择权。

利息选择权提供了很大的空间，可以被应用于很多情况。例如，受益人可能正经历丧偶的巨大悲痛，对投资保险金犹豫不决（特别是在被保险人去世后不久，且保险金数额很大的情况下）。她或他可以根据利息选择权将保险金留在保险公司，直到再调整期届满。此外，若当前不需要这笔资金，而此后某个时段会需要，也可以有效利用利息选择权。例如，以利息的形式存下教育基金，直到孩子们上大学。同时，利息收益还可以作为家庭收入的一个补充来源。

固定期限选择权

在**固定期限（特定时期收入）选择权**[fixed-period (income for elected period) option]中，在某一固定时期内，向受益人支付保险金。保险金可以按月、季度、半年，或者年支付。在这种选择权中，本金和利息进行系统清算。如果第一顺位受益人在收到所有支付之前死亡，剩下的钱就会被支付给次顺位受益人或者第一顺位受益人的遗产继承人。

图表12-2展示了在固定期限选择权中，按照保底利率为3.5%计算的1 000美元保险金的变化情况。期限的长短决定了每次支付的数额。如果固定期限是5年，100 000美元的保单可以每个月提供1 812美元的收入。但是，如果选择10年期，那么每月的收益仅为983美元。

固定期限选择权适用于在需要收入的特定时间内使用，例如在再调整期、扶养期和无给付期。但是，执行固定期限选择权需谨慎。它的使用条件非常苛刻，一般不允许受益人部分撤出资金，因为重新计算固定期限内的支付金额存在管理费用。但是，许多保险公司允许受益人一次性提取剩余的金额。

图表12-2　特定期限的收入

（每1 000美元保险金的最低月度支付）　　　　　　　　　单位：美元

年数	收入	年数	收入	年数	收入	年数	收入
1	84.65	5	18.12	9	10.75	15	7.10
2	43.05	6	15.35	10	9.83	20	5.75
3	29.19	7	13.38	11	9.09	25	4.96
4	22.27	8	11.90	12	8.46	30	4.45

固定金额选择权

在**固定金额（特定金额）选择权**［fixed-amount（income for elected amount）option］中，定期向受益人支付固定的金额，支付将一直持续到本金和利息都付清。如果支付超额利息，期限就要延长，但是每次支付的金额不变。

例如，假设死亡给付是 50 000 美元，每年适用利率为 4%，每月的收益是 3 020 美元。保险公司制订每月的实际支出计划，在这种情况下，受益人在 17 个月中，每个月收到 3 020 美元。到时候，本金和利息都将付清。

固定金额选择权具有很大的灵活性。受益人可以被赋予受限制或不受限制的撤销权，将未支付保险金转换为另一个选择权的权利，以及增加或减少固定额度的权利。还可以签订给付协议，根据该协议，在某一时期内，定期支付可以增加，例如当长大的孩子开始上大学的时候。除非有使用定期选择权的其他原因，否则一般推荐使用固定金额选择权，因为该选择权具有很大的灵活性。

终身收入选择权

可以以终身收入选择权的方式向受益人支付死亡保险金。该选择权允许保单受益人购买终身年金，从而保证年金受领人的终身收入。当年金受领人死亡时，投资于年金的部分或全部本金将被没收，以补充其他年金受领人的收入。退保现金价值也可以根据**终身收入选择权**（life income option）进行分配。主要的终身收入选择权包括下面几种。

终身收入　一些保险公司在保单中包括了普通终身年金。在这种选择权中，分期支付在受益人活着的时候会一直持续，到受益人死亡时停止。尽管该选择权提供了最高的分期收入，但是如果受益人在支付开始后不久就死亡，就可能损失保险金。由于不具有偿还的特点或支付的保证，其他选择权可能更好。

有保证支付期的终身收入　在这一选择权中，受益人在一定的保证支付期获得终身收入。如果第一顺位受益人在保证支付期内死亡，剩余部分将被支付给次顺位受益人。图表 12-3 所显示的是每 1 000 美元保险金的保证支付期为 5~20 年的终身收入选择权情况。因为女性的预期寿命比较长，所以她们所获得的定期支付的数额较低。例如，假设贾斯汀是一份 100 000 美元保单的受益人。他选择终身收入选择权，保证支付期为 5 年。如果他的校正年龄是 60 岁，那么他在 5 年的保证支付期内每月的生存金是 514 美元。如果他在收到保证支付期的付款总额前去世，剩余的生存金将被支付给次顺位受益人。

图表 12-3　有保证支付期的终身收入情况
（每 1 000 美元保险金的月最低支付）　　　　　　　　　　单位：美元

领款人校正年龄	男性保证支付期				女性保证支付期			
	5 年	10 年	15 年	20 年	5 年	10 年	15 年	20 年
60	5.14	5.08	4.98	4.84	4.68	4.85	4.61	4.54
61	5.25	5.18	5.07	4.91	4.76	4.73	4.68	4.63
62	5.36	5.28	5.15	4.97	4.84	4.81	4.75	4.67
63	5.48	5.39	5.24	5.04	4.93	4.89	4.83	4.73
64	5.61	5.50	5.33	5.10	5.03	4.99	4.91	4.80

续表

领款人校正年龄	男性保证支付期				女性保证支付期			
	5年	10年	15年	20年	5年	10年	15年	20年
65	5.75	5.62	5.42	5.17	5.13	5.08	5.00	4.87
66	5.89	5.75	5.52	5.23	5.25	5.19	5.09	4.94
67	6.05	5.88	5.62	5.30	5.36	5.30	5.18	5.01
68	6.21	6.02	5.72	5.36	5.49	5.41	5.28	5.08
69	6.39	6.16	5.82	5.42	5.63	5.54	5.38	5.16
70	6.57	6.31	5.92	5.48	5.78	5.67	5.48	5.23
71	6.77	6.46	6.02	5.54	5.94	5.81	5.59	5.30
72	6.97	6.62	6.13	5.60	6.11	5.95	5.70	5.37
73	7.19	6.78	6.23	5.65	6.29	6.11	5.81	5.44
74	7.42	6.95	6.33	5.69	6.49	6.27	5.93	5.50
75	7.66	7.12	6.42	5.74	6.70	6.44	6.04	5.58
76	7.91	7.29	6.52	5.78	6.92	6.61	6.15	5.62
77	8.18	7.46	6.60	5.81	7.16	6.80	6.27	5.67
78	8.47	7.84	6.69	5.84	7.42	6.98	6.37	5.72
79	8.77	7.82	6.77	5.87	7.69	7.18	6.48	5.76
80	9.08	8.00	6.84	5.90	7.98	7.37	6.58	5.80
81	9.41	8.17	6.91	5.92	8.29	7.57	6.67	5.84
82	9.74	8.34	6.97	5.94	8.62	7.77	6.75	5.87
83	10.10	8.51	7.03	5.95	8.96	7.97	6.83	5.89
84	10.46	8.67	7.08	5.96	9.33	8.16	6.91	5.92
85及以上	10.84	8.82	7.13	5.97	9.71	8.34	6.97	5.94

注：领款人校正年龄反映了寿命的延长。在计算校正年龄时，需要按照下面的时间增加或减少领款人的年龄：

1987—1991年	1992—1998年	1999—2006年	2007—2013年	2014—2020年	2021—2028年	2029年及以后
+3	+2	+1	0	−1	−2	−3

有保证支付总额的终身收入 在这种选择权中，受益人终身领取收入，而且支付总额是有保证的。如果受益人在收到的分期付款总额等于这种选择权中的保证支付总额之前死亡，支付将持续到支付总额等于保证支付总额的时候。图表12-4显示了保险公司每1 000美元保险金的有保证支付总额的终身收入选择权情况。例如，假设苏珊是一份100 000美元保单的受益人。根据终身收入选择权，她终身可以获得收入。如果她的校正年龄是60岁，那么她每月将获得的生存金是457美元，直至分期付款总额达到100 000美元。如果苏珊在收到保证支付总额为100 000美元的分期付款之前死亡，那么剩余未付金额将被分期支付给次顺位受益人。

图表12-4 有保证支付总额的终身收入情况
（每1 000美元保险金的月最低支付）

单位：美元

领款人校正年龄	男性	女性	领款人校正年龄	男性	女性
60	4.93	4.57	62	5.11	4.71
61	5.02	4.64	63	5.20	4.79

续表

领款人校正年龄	男性	女性	领款人校正年龄	男性	女性
64	5.30	4.87	75	6.81	6.17
65	5.40	4.96	76	7.00	6.34
66	5.52	5.05	77	7.19	6.51
67	5.63	5.14	78	7.40	6.70
68	5.75	5.25	79	7.62	6.90
69	5.88	5.36	80	7.85	7.11
70	6.02	5.47	81	8.09	7.33
71	6.16	5.60	82	8.35	7.57
72	6.31	5.73	83	8.61	7.81
73	6.47	5.87	84	8.89	8.07
74	6.84	6.01	85 及以上	9.19	8.35

注：领款人校正年龄反映了寿命的延长。在计算校正年龄时，需要按照下面的时间增加或减少领款人的年龄：
1987—1991年 1992—1998年 1999—2006年 2007—2013年 2014—2020年 2021—2028年 2029及以后
+3   +2   +1   0   −1   −2   −3

联合生存收入 根据该选择权，保险公司将在两个人（例如丈夫和妻子）存活期间向其支付收入。例如，理查德和玛格根据一份联合生存收入年金每月有 1 200 美元的收入。如果理查德死亡，玛格在其生存期间每个月还可以继续领取 1 200 美元。这种选择权还有一些变形，例如联合三分之二年金或联合半额年金。每月 1 200 美元的收入会因为第一个死亡的人而减少到 800 美元或 600 美元。

图表 12-5 列出了在联合生存收入选择权中，每 1 000 美元保险金最低月度支付的情况。例如，如果保险金是 100 000 美元，一男一女两位受益人都是 65 岁，在两位年金接受人存活期间每人每个月都将获得 466 美元，但是该支付只保证 10 年。

图表 12-5　10 年保证支付期联合生存收入选择权情况
（每 1 000 美元保险金的月最低支付）　　　　　　　　　　　单位：美元

男性领款人校正年龄	女性领款人校正年龄				
	60	65	70	75	80
60	4.32	4.50	4.67	4.82	4.93
65	4.42	4.66	4.91	5.15	5.34
70	4.81	4.81	5.14	5.49	5.80
75	4.57	4.92	5.34	5.81	6.27
80	4.61	4.99	5.49	6.07	6.69

注：领款人校正年龄反映了寿命的延长。在计算校正年龄时，需要按照下面的时间增加或减少领款人的年龄：
1987—1991年 1992—1998年 1999—2006年 2007—2013年 2014—2020年 2021—2028年 2029年及以后
+3   +2   +1   0   −1   −2   −3

给付选择权的优点

给付选择权的主要优点可以概括为：

- 家庭可以定期获得收入。给付选择权可以部分或全部恢复家庭因养家糊口者过世而减少的主要经济来源。家庭的财务安全得到保障。
- 本金和利息得到保证。保险公司保证本金和利息，不需要担心投资和管理问题，因为这些钱由保险公司进行投资。
- 在做人寿保险规划的时候可以使用给付选择权。人寿保险可以被用于满足保单持有人的需要和目标。
- 保险带来的大笔资金会给受益人带来问题。这些资金可能被不理智地花掉，或被用来进行不良投资，而其他人可能图谋这些钱财。许多保险公司现在为死亡给付提供货币市场投资账户，以使受益人不需要匆忙做出如何处置这些钱的决定。

给付选择权的缺点

给付选择权的缺点概括如下：
- 可以通过其他渠道获得更高的收益。其他金融机构提供的利率可能更高。
- 给付协议缺乏灵活性，具有约束性。保单持有人签订的给付协议约束性太强。受益人不具有撤销的权利或改变选择权的权利。例如，这些钱在20年期的定期选择权中按年支付，受益人没有权利撤销。尽管可能发生突发事件，但是受益人也无法撤出资金。
- 终身收入选择权在年轻时的用途有限。终身收入选择权在65岁或70岁之前很少使用，这限制了该选择权在年轻时的实用性。如果年轻时选择终身收入选择权，收入支付就会大幅度降低。而且，使用终身收入选择权等同于购买一份趸缴人寿保险年金，而后者可以从另一个保险公司那里以更低的价格购得。

信托的使用

保险金还可以被支付给托管人，例如商业银行的信托部门。在某些情况下，人们可能愿意将保险金支付给托管人，而不是根据给付选择权进行支付。使用信托的情况包括：保险金额巨大；在支付的数额和时间方面需要很大的灵活性和谨慎操作；受益人是无法管理资金财务事务的未成年人、智力或身体有缺陷的成年人；支付数额必须根据受益人的需要和想法定期改变。上述优点会因存在托管费用而被部分抵消，且无法保证投资结果。

人寿保险的附加条款

通过支付额外保费，可以为人寿保险保单添加人寿保险附加条款。大多数附加条款都需要支付额外的保费。下面的章节讨论了可以通过合适的附加条款添加到寿险保单中的附加人寿保险利益。这些利益给保单持有人提供了有价值的保障。

免缴保费条款

人寿保险保单可以附加**免缴保费条款**（waiver-of-premium provision）。在一些保单中，免缴保费条款是自动附加的。根据该条款，如果被保险人在某一年龄之前因为受伤或疾病完全丧失劳动能力，可以免缴以后的所有保费。在完全丧失劳动能力期间，死亡保险金、现金价值和红利都照常给付。

如要免缴保费,被保险人必须满足以下条件:
- 在规定的年龄之前丧失劳动能力,例如 60 岁或 65 岁之前。
- 丧失劳动能力的状态持续 6 个月(一些保险公司的等待期较短)。
- 符合完全丧失劳动能力的定义。
- 向保险公司提供丧失劳动能力的证明。

如果要免缴保费,被保险人必须完全丧失劳动能力。保单对完全丧失劳动能力做出了定义。在目前的许多免缴保费条款中,完全丧失劳动能力是指,由于疾病或人身伤害,被保险人无法承担其工作所要求的职责,或者无法从事与其教育、培训或经历相关的工作。[1] 如果被保险人可以从事部分而不是所有这些工作,那么就不被认为是完全丧失劳动能力,保费也不会免缴。如果被保险人未成年并准备上学,却无法上学,那么就可以免缴保费。

例如,假设身为化学教授的哈里·克罗克特患了肺癌。他无法承担工作的基本职责,包括教学、研究和公共服务。只要他完全丧失劳动能力,在 6 个月的等待期之后,他将免缴所有保费。但是,如果根据他的教育、培训和经历,他还可以从事其他工作,例如在化工企业从事研究工作,那么他就不被认为是完全丧失劳动能力。

完全丧失劳动能力也可以用失去身体器官一部分功能来定义。例如,如果凯文在一次爆炸中失明,或者因此瘫痪,他就被认为完全丧失了劳动能力。

在免缴保费之前,被保险人必须向保险公司提供符合条件的残疾证明。保险公司还可要求被保险人每年提供一次残疾证明。如果被保险人未能提供符合条件的残疾证明,则不可再免缴保费。

许多财务规划师建议,为人寿保险保单附加免缴保费条款,特别是当人寿保险保额非常高的时候。在被保险人长期丧失劳动能力期间,保费支付构成了其经济负担。由于大多数人的残疾收入保险不足,所以收入减少期间保费的免缴就显得非常重要。

定期保险附加条款

保险公司通常允许将定期保险附加条款(term insurance rider)添加到现金价值保单中,以增加总死亡保险金,但仍使保单负担得起。这种将现金价值保险与定期保险相结合的保单通常被称为**混合保单(blended policy)**。例如,如果混合比例为 50%,100 万美元的终身寿险或万能寿险保单将包含 50 万美元的现金价值保险和 50 万美元的定期保险。

家庭附加条款(family rider)是另一项可以添加到人寿保险保单中的附加条款。它为被保险人达到特定年龄的家庭成员提供额外的、保险金额有所减少的人寿保险。被保险人在基本保险金额下投保,该附加条款为其家庭成员提供额外的定期人寿保险,保险金额一般减少到某个特定年龄的对应标准。例如,夫妻二人任意一方可能在终身寿险中投保了 10 万美元,在这一条款下,其配偶可以在特定年龄(如 65 岁)获得 2.5 万美元的定期保险。其子女则可以在特定年龄(如 18~25 岁)获得 1 万美元的保险。定期保险可以转换成现金价值保险。家庭附加条款的主要优点是,若夫妻二人任意一方死亡,被保险人的配偶和子女可以在同一份保单下投保廉价的定期保险,用于支付丧葬费用。

---

[1] Graves, *McGill's Life Insurance*, pp. 27.25 and 27.26.

保证增保选择权条款

保证增保选择权(guaranteed purchase option) 允许保单持有人在未来的某一时间购买额外人寿保险而不需要提供可保性证明。保证增保选择权也被称为保证增额选择权。这种选择权的目的是保证被保险人未来的可保性。被保险人未来可能需要更高额度的人寿保险,而这一额度是他今天无力购买的。保证增保选择权提供了未来购买特定额度人寿保险的权利,即使被保险人的健康可能不达标或不可保。

保险金额 典型的选择权允许保单持有人每三年增加保险金额,直到额度达到不需可保性证明所能购买的最大年龄,例如 46 岁。在大多数情况下,额外的保险增加了原始保单的保额。但是,一些保险公司在每次执行选择权的时候都发一份新保单。例如,一个保险公司的保证增保选择权允许被保险人在 25 岁、28 岁、31 岁、34 岁、37 岁、40 岁、43 岁和 46 岁的时候增加保险额度。在每个选择权执行日购买的人寿保险额度被限制在某一最高和最低额度之间的基本保单额度内。例如,假设 22 岁的希瑟购买了一份 25 000 美元的普通人寿保险保单,该保单具有保证增保选择权。希瑟在保单签发后变得不具有可保性。假设她选择执行每一次选择权,那么其保险额如下表所示。

单位:美元

22 岁	25 000(基本保单)
	+
25 岁	25 000
28 岁	25 000
31 岁	25 000
34 岁	25 000
37 岁	25 000
40 岁	25 000
43 岁	25 000
46 岁	25 000
46 岁的总保额	225 000

尽管不可保,但希瑟将其保额从 25 000 美元提高到了 225 000 美元。

提前购买权 大多数保险公司均赋予了保单持有人不同种类的提前购买权。利用这一权利保单持有人可以在某一事件发生的时候立刻执行该选择权。如果被保险人结婚、生子或收养子女,该选择权在下一个选择权执行日之前可以被立刻执行。如果被保险人结婚或生子,一些保险公司将提供 90 天的自动定期保险。除非执行保证增保选择权,否则该保险将在 90 天之后满期。

如果在提前购买权之前执行某选择权,不会增加选择权的范围。如果选择权较早被执行,就会提前下一个选择权的执行时间。最后,保单持有人一般只有 30~60 天的时间来执行选择权。如果选择权在未被执行的情况下到期,则不能在之后执行。这一条款保护保险公司免受逆向选择的伤害。

要考虑的其他问题 另一个要考虑的重要问题是,免缴保费附加条款是否不需要可保性证明就可被附加到新的保单中。在这一点上,保险公司的操作各有不同。最为宽松的条款是在初始保单包含该条款的情况下将免缴保费附加追加在新的保单上。如果初始保单保费被免除，那么新保单的保费也将被免除。因此，在前面的例子中，如果希瑟 25 000 美元的初始保单保费被免除，那么购买的新保单的保费也将被免除。较为严格的条款允许丧失劳动能力的被保险人根据每一种选择权购买新人寿保险保单，但是不能根据免缴保费附加条款免除新保单的保费。

意外事故保单特约条款

意外事故保单特约条款（accidental death benefit rider）［也称**双倍赔偿特约条款（double indemnity rider）**］是指在被保险人因意外事故死亡时，按保单面值双倍给付保险金。一些保单提供 2~3 倍给付。

给付要求　在给付双倍赔偿的时候，需要满足一些条件：
- 死亡的直接原因必须为意外人身伤害，而与其他原因无关。
- 死亡必须发生在事故后的一年内。
- 死亡必须发生在特定年龄之前，例如 60 岁、65 岁或 70 岁。

第一个条件是指，意外伤害必须是致死的直接原因。如果死亡是因为其他原因（例如疾病），就不会给予双倍给付。例如，假设萨姆在粉刷自己两层楼的房子。如果因脚手架倒塌导致萨姆死亡，那么保险人就要给予双倍赔付，因为致死的直接原因是意外人身伤害。但是，如果萨姆死于心脏病突发而从脚手架上摔下来，保险人就不会进行双倍赔付。在这种情况下，心脏病是死亡的直接诱因，而不是意外的人身伤害。

第二个条件是指，死亡必须发生在意外事故发生的一年之内，此时特约条款仍然有效。该条件的目的是确定如下事实：意外人身伤害是死亡的直接原因。

第三个条件是指，意外死亡必须发生在特定年龄之前。为了限定责任，保险公司一般附加了年龄限制。提供的保障一般在被保险人达到某一年龄的时候终止，例如 70 岁。

财务规划师一般不建议购买双倍赔偿特约条款。尽管其费用较低，但是存在三个主要缺陷：第一，如果意外事故导致死亡，生命的经济价值不能翻倍或提高为 3 倍。所以，对意外死亡提供的保障高于因疾病死亡，这一点在经济上并不合适。第二，大多数人会死于疾病，而不是意外事故。由于大多数人投保不足，因此用购买双倍赔偿特约条款的保费购买额外的人寿保险更划算，因为这将为意外死亡和因疾病死亡提供保障。第三，被保险人可能受骗，认为自己购买了比实际情况更多的保险。例如，购买了 50 000 美元人寿保险和双倍赔偿特约条款的人可能错误地认为自己购买了 100 000 美元的人寿保险。

生活消费指数批单

生活消费指数批单（cost-of-living rider）允许保单持有人不提供可保性证明而购买一年期定期保险，该保险的额度等于消费者价格指数百分比的变化。定期保险保额每年都变化，以反映消费者价格指数（CPI）从保单签发日起的累积变化。但是，保险公司可能对每年可以购买的保险数额进行限制（例如最高为保单面值的 10%）。保单持有人支付定期保险的全部保费。

例如，假设路易斯今年 28 岁，他购买了一份 100 000 美元的普通人寿保险保单，而首年消费者价格指数上升了 5%。他将被允许购买 5 000 美元的一年期定期保险，发生效力的保险总保额为 105 000 美元。该定期保险可以不提供可保性证明就被转换为现金价值保单。

提前给付死亡保险金条款

大多数保险公司提供**提前给付死亡保险金**（accelerated death benefit，也称综合保险金）服务，允许向患有慢性病或绝症晚期的保单持有人，在他们去世之前，支付部分或全部人寿保险金，保险金额通常包含在保费中。当提前给付死亡保险金条款被作为附加条款添加到保单上时，保险公司可能收取单独的保费。有些保险公司对这一赔付不收取费用，而在被保险人使用该条款时征收行政费用。

提前给付死亡保险金一般为保单面额的 25%～95%。[1] 有些保险公司支付 100% 的保单面额，但是给付金会因为利息损失而有所下降。根据保险公司和保单条款的不同，某些医治情况会触发提前给付死亡保险金的支付。它们包括[2]：

- 绝症晚期。保单持有人处于绝症晚期，预期将在 24 个月内死亡。
- 急性病。保单持有人患有急性病，例如急性心脏病或艾滋病。这些病如果没有大量的救治会迅速缩短寿命。
- 重大疾病。保单持有人患有需要特别医疗救治的重大疾病，例如心脏搭桥或肝移植。
- 长期护理。保单持有人因为日常生活无法自理，如不能自己吃饭、穿衣或洗澡，而需要长期护理。除了长期护理提前给付保险金外，一些人寿保单还包含"延期"保险金，提供高于人寿保单面额的长期护理保险。
- 疗养院看护。保单持有人存在需要长期在合格机构（例如疗养院）接受看护的情况。

提前给付死亡保险金条款是一个很有意义的条款，能够为那些承受着巨大压力的处于绝症晚期或患有慢性病的保单持有人提供现金。专栏 12.3 就提前给付死亡保险金条款如何帮助家庭提供了一个实际案例。

提前给付死亡保险金——实际案例

当雅姬·布兰查德的丈夫 28 岁死亡的时候，家里几乎没有足够的保险来支付他的丧葬费。雅姬随即为自己购买了足够的保险，以确保她年幼的女儿们——爱博尼和珊娜，可以在她发生意外的时候，维持较好的生活水平。两年后，她被诊断为肺癌晚期。雅姬使用了保险的提前给付死亡保险金条款，该条款允许她获得死亡保险金的 75%。她用这笔钱为女儿们买了一套房子和一辆汽车，并为她们存下了未来教育资金。现在，马上大学毕业的爱博尼和正在上高中的珊娜住在她们的母亲为其购买的房子里。

---

[1][2] 这部分基于 American Council of Life Insurers, "Q & A: What You Need to Know about Accelerating Life Insurance Benefits," last reviewed, January 24, 2014.

资料来源：Adaptation of "Ebony and Shanna Blanchard—A Mother's Wish," realLIFEstories, Life and Health Insurance Foundation for Education (LIFE), Arlington, VA.

临终结算

处于疾病末期的病人通常需要大量现金，用于支付医疗账单、其他治疗方式支出、生存费用、交通费和实现其他目的。作为提前给付死亡保险金批单的替代产品，处于疾病末期的被保险人可以将他们的保单销售给商业公司。**临终结算（viatical settlement）**是指处于疾病末期的被保险人将人寿保险保单销售给另一方（一般销售给期望通过被保险人的提前死亡获取利润的投资者或投资者团体）。一般来说，被保险人的寿命预期必须少于12个月。保单以大幅折扣出售，由购买方继续支付保费。

寿险贴现

寿险贴现是临终结算的另一个版本。**寿险贴现（life settlement）**是一种财务处理方式，不再需要或希望持有寿险保单的保单持有人以高于退保现金价值但低于保险面值的价格向第三方销售保单。购买方成为新的受益人，并负责支付所有接下来的保费。多年前购买的保单也许已经变得不再需要：例如，一个公司不再需要为已经退休的重要管理层人员提供人寿保险；一对夫妻离婚，人寿保险也被取消；被保险人可能不再能承担得起高额的保费；孩子长大了；遗产税要求已经发生变化；或者保单可能成为一份几乎没有现金价值的保单。专栏12.4提供了一个寿险贴现的实际案例。

专栏 12.4

什么是寿险贴现？实际案例

寿险贴现是指将寿险保单以高于其退保现金价值（若存在）并低于保单面值的价格销售给第三方。保单持有人可能不再需要寿险保单。除了让保单失效或者放弃保单的现金价值外，保单持有人可以在符合某些条件的情况下，将保单在二级市场上进行销售。具体条件因公司而异。被保险人通常必须在65岁以上，寿命预期低于15年，并且保单签发后的健康状况不断恶化；保单面额必须最少在100 000美元以上；必须已经过了两年的抗辩期。下面列出了一些寿险贴现的实际案例[a]：

• 儿子持有其母亲的一份250 000美元的保单。他的母亲已经79岁，目前生活在辅助生活养老机构里。他需要支付她的医护成本，并且要努力赚钱以支付每年10 844美元的保费。保单退保现金价值为0美元。寿险贴现金额为80 000美元，是死亡保险金的32%。

• 慈善机构拥有一份由一位现年82岁的老先生多年前捐赠500 000美元的万能寿险保单。保单的现金价值为79 000美元。考虑到要不断交保费以及希望获得当前的收益，老先生签署了寿险贴现协议。寿险贴现额度为210 000美元，相当于死亡保险金的42%和266%的退保现金价值。

• 一个公司持有一份针对某重要雇员的500 000美元的定期寿险保单。该雇员现年

68岁，已经退休。总经理可以对保单所有权进行变更，但是他不需要这份保险。因为该保单为定期保险，所以没有现金价值。总经理将定期保险转换为万能寿险保单，并支付了10 870美元转换保费。总经理收到的寿险贴现为64 400美元，相当于死亡保险金的13%，并抵偿了因转换保单支付的10 870美元保费。

a. Case Studies, Veris Settlement Partners at http://go2veris.com/case_studies.htm (accessed April 10, 2012).

陌生人拥有的人寿保险

由于**陌生人拥有的人寿保险**（stranger-owned life insurance, STOLI），二级寿险市场的寿险销售成为许多寿险公司面临的问题。[①]

陌生人拥有的人寿保险是一种由一群投资者购买的大型保单，其目的是在二级寿险市场上出售保单，并最终在被保险人死亡后获得可观收益。例如，一群投资者可能会说服一位老年人申请一份大额人寿保险，并在保险申请书中说明购买保单是出于遗产规划还是其他合法目的。然而，其在二级寿险市场上销售保单的真实意图并未向保险公司披露。

出于以下几个原因，人寿保险公司不会故意签发用于STOLI目的的保单。[②] 第一，购买保单的陌生人在保单生效日期不具备可保利益，该交易被视为赌博；缺乏可保利益违反了州法律。第二，由于在二级市场上转售保单的真实目的没有向保险公司披露，因此在保险申请中存在重大误告或欺诈行为。第三，由于精算假设可能无法准确反映STOLI交易的成本，寿险行业在STOLI交易中产生了大量费用。第四，人寿保险公司担心，STOLI交易可能危及人寿保险的税收优惠待遇，且投资者团体正在利用可能不完全了解STOLI交易性质的老年人。

临终结算和寿险贴现也有其不好的一面。保单被销售给了对被保险人生命不具有可保利益的人，后者通过被保险人的提前死亡盈利。因此，投资者就存在谋杀被保险人的动机。此外，还存在大量针对个人投资者、人寿保险公司和保单持有人的潜在欺诈或实际欺诈。购买了寿险贴现产品的投资者的投资收益通常不那么好，因为被保险人的实际寿命可能比预期寿命更长。最后，州保险部门对临终结算和寿险贴现的监管还不够充分。

案例应用

孙嘉今年25岁，她最近为自己购买了一份100 000美元的普通人寿保险保单。该保单还附加了免缴保费条款和保证增保选择权。指出在下面每一种情况下，保险公司对孙嘉或其受益人应负的责任范围。指出在每一种情况下适用的保单条款或特约条款。分别分析每一种情况。

a. 孙嘉没有在1月1日支付第2年的保费，15天之后她去世了。

[①②] Black, Kenneth, Jr., Harold D. Skipper, and Kenneth Black, III. *Life Insurance*, 15th ed. Atlanta, GA: Lucretian, LLC, 2015, pp. 709-711.

b. 孙嘉在购买保单的 3 年后自杀了。

c. 在孙嘉死亡的时候,人寿保险公司发现她上报年龄时作假。在购买保单的时候她的实际年龄是 26 岁而不是所声明的 25 岁。

d. 保单购买 2 年后,孙嘉被告知患上了白血病。她不具有可保性,但仍然希望获得更多的人寿保险。

e. 孙嘉在一次交通意外事故中严重受伤。在 6 个月之后,她仍然不能恢复工作。她没有工作收入,支付保费成了她的财务负担。

f. 孙嘉有一个存在智力障碍的儿子。她想确保在她死后,儿子能够有持续的收入来源。

g. 孙嘉的保单失效。在 4 年之后,她想复效保单。此时,她的健康状况很好。请指出孙嘉应怎样复效其人寿保险保单。

h. 孙嘉想退休但不想支付保单的保费。指出她可以选择的不同选择权。

i. 在购买保单 10 年之后,孙嘉被解雇,她失业了,急需现金。

j. 当孙嘉申购人寿保险的时候,她声明了自己患有高血压的事实,并在 5 年之后去世了。

本章小结

- 所有权条款是指,在被保险人存活期间,保单持有人拥有保单的所有合同权利。
- 完全合同条款是指人寿保险保单和相关投保单构成的当事人之间的完全合同。
- 不可抗辩条款是指保险公司在保单生效两年后、被保险人存活的情况下不得对保单提出异议。
- 自杀条款是指,如果被保险人在保单售出后的两年内自杀,将不能获得保单面额的赔付,只能退还已缴保费。
- 宽限期条款允许投保人有 31 天的时间来缴清未缴保费。万能人寿保险和其他弹性保费保单的宽限期更长,例如 61 天。在宽限期内,保障仍然有效。
- 有几种类型的指定受益人。第一顺位受益人是指在被保险人死亡时,首先有权获取保险金的受益人。次顺位受益人是在第一顺位受益人先于被保险人死亡,或者根据年金选择权领取完保证给付保险金之前死亡时,有权获取保险金的受益人。可撤销受益人是指,保单持有人保留改变指定受益人的权利,而不需要征得受益人的同意。不可撤销受益人是那些不经受益人同意就不得变更的受益人。
- 分红型保单支付红利。如果保险公司的经营很不错,红利所代表的是偿还总保费的一部分。向保单持有人支付的红利不需纳税,并可以通过几种方式获取:
  - 现金;
  - 支付保费;
  - 红利累积;
  - 增额缴清保险;
  - 定期保险(某些公司使用)。
- 在现金价值保单中有三种不丧失价值或退保现金价值选择方式。

- ➢ 现金价值；
- ➢ 减额缴清保险；
- ➢ 展期定期保险。

• 根据保单质押条款可以借出现金价值。保费自动垫付条款也可以被附加到保单中。根据该条款，保单持有人可以自动借用一部分现金价值来缴清欠缴保费。

• 给付方式选择权是指支付保单收益的不同方式。最一般的给付方式选择权包括：
  - ➢ 现金；
  - ➢ 利息选择权；
  - ➢ 固定期限选择权；
  - ➢ 固定金额选择权；
  - ➢ 终身收入选择权。

• 免缴保费条款可以被附加到人寿保险保单上。根据该条款，被保险人在购买保单之后完全丧失劳动能力期间的所有保费被免除。在保费免缴之前，被保险人必须满足下面的条件：
  - ➢ 在规定的年龄之前丧失劳动能力，例如60岁或65岁之前；
  - ➢ 丧失劳动能力的状态持续6个月；
  - ➢ 符合完全丧失劳动能力的定义；
  - ➢ 向保险公司提供丧失劳动能力的证明。

• 保险公司通常允许将定期保险附加条款添加到现金价值保单中，以增加总死亡保险金，但仍使保单负担得起。这种将现金价值保险与定期保险相结合的保单通常被称为混合保单。

• 家庭附加条款可以被添加到人寿保险保单中。它为被保险人的达到特定年龄的家庭成员提供额外减少数额的人寿保险。

• 保证增保选择权条款允许保单持有人在特定时候不提供可保性证明就可以购买更多的人寿保险。这种选择权的目的是保证被保险人未来的可保性。

• 意外事故保单特约条款（也称双倍赔偿）特殊条款是指在被保险人因意外事故死亡时，按保单面值双倍给付保险金。财务规划师不推荐购买双倍赔偿保单。

• 生活消费指数批单允许保单持有人不提供可保性证明而购买一年期定期保险，该保险的额度等于消费者价格指数百分比的变化。

• 提前给付死亡保险金条款允许那些临终的保单持有人或患有某些致命疾病的保单持有人，在死亡之前领取部分或全部保险金，用来支付医疗费用和其他费用。

重要概念和术语

无条件转让　　　　　　　　　　　　提前给付死亡保险金（综合保险金）
意外事故保单（双倍赔偿）特约条款　　保费自动垫付条款
航空除外责任条款　　　　　　　　　混合保单
变更保险计划条款　　　　　　　　　团体受益人

担保转让
生活消费指数批单
完全合同条款
家庭附加条款
固定期限（特定时期收入）选择权
保证增保选择权
利息选择权
终身收入选择权
年龄或性别误告条款
不丧失价值选择权
所有权条款
分红型保单
第一顺位受益人
复效条款
给付方式选择权
陌生人拥有的人寿保险（STOLI）
临终结算
战争条款

次顺位受益人
红利累积选择权
展期定期保险
固定金额（特定金额）选择权
宽限期
不可抗辩条款
不可撤销受益人
寿险贴现
不丧失价值法
非分红型保单
增额缴清保险
保单贷款条款
减额缴清保险
可撤销受益人
特定受益人
自杀条款
免缴保费条款

复习题

1. 简要说明下面的人寿保险合同条款：
a. 自杀条款；
b. 宽限期条款；
c. 复效条款。

2. a. 说明人寿保险条款中的不可抗辩条款。
b. 不可抗辩条款的目的是什么？

3. a. 解释复效失效人寿保险保单的条件。
b. 复效失效寿险保单的优点和缺点有哪些？

4. 解释下面几类指定的受益人：
a. 第一顺位受益人和次顺位受益人；
b. 可撤销受益人和不可撤销受益人；
c. 特定受益人和团体受益人。

5. 寿险保单可以自由转让给另一方当事人。解释下面两种类型的转让：
a. 无条件转让；
b. 担保转让。

6. 说明一般现金价值人寿保险保单中的保单贷款条款。
a. 为什么对保单贷款收取利息？
b. 列出保单贷款的优点与不足。
c. 当保单中含有宽限期条款时，为何保费自动垫付条款很重要？

7. 支付红利的人寿保单被称为分红型保单。
a. 指出红利支付的来源。
b. 列出一般寿险保单可选择的不同红利支付形式。
c. 保险公司能够保证支付红利吗？对你的答案进行解释。

8. 所有州都制定了不丧失价值法，该法要求在现金价值保单退保的时候支付退保现金价值。简要解释一般人寿保险保单中的不丧失价值选择权。

a. 现金价值；

b. 减额缴清保险；

c. 展期定期保险。

9. a. 除了现金之外，人寿保险死亡保险金也可以选择其他支付方式。简要解释下面几种支付方式：

利息选择权；

固定期限选择权；

固定金额选择权；

终身年金选择权。

b. 解释典型的免缴保费条款中对完全丧失劳动能力的定义。

10. a. 什么是临终结算？

b. 什么是寿险贴现？

c. 简要说明陌生人拥有的人寿保险(STOLI)。

应用题

1. 理查德今年35岁，拥有一份250 000美元的普通人寿保险保单，该保单是支付红利的保单。理查德有多个经济目标。指出在下面的每一种情况下，可能被用于实现理查德的目标的红利选择权。分别分析每种情况。

a. 理查德发现支付保费构成了一种财务负担。他希望减少每年的保费支出。

b. 理查德患有白血病，不具有可保性。他需要更高额度的人寿保险保障。

c. 理查德为了享受更为舒适的退休生活，想存下更多的钱。

d. 理查德希望在退休的时候购买一份缴清保单。

e. 理查德有很高的收入，这使他不得不支付较高的所得税。他希望保险公司保留红利，但是不想对投资收益支付所得税。

2. 凯茜今年29岁，已婚并有一个3岁的儿子。她持有的100 000美元的普通人寿保险保单包括免缴保费条款、保证增保选择权条款和提前给付死亡保险金条款。凯茜有几个经济目标。对于下面的情况，请指出能够达成凯茜目的的合同条款。分别分析下面的每一种情况。

a. 如果凯茜死了，她希望保险金能够以每月收入的形式支付给她的家庭，直到她的儿子年满18岁。

b. 凯茜由于闯红灯而发生了交通事故，这导致她完全丧失劳动能力。在6个月之后，她还没有复原，仍然不具有劳动能力。其结果是，她无法根据曾经接受的培训和经历从事之前的工作。她发现支付人寿保险保费已经构成经济负担。

c. 当她退休的时候，凯茜希望保单具有足够的现金价值以便以年金的形式给她带来收入。她希望年金支付至少持续10年。

d. 凯茜处于心脏病后期。凯茜的医生认为她会在1年内死亡。凯茜没有存款和健康保险，而且医疗费用持续飙升。她需要50 000美元来支付所有的医疗费用和其他债务。

e. 在保单签发之后3年，凯茜被诊断患有乳腺癌。结果，她现在不具有可保性。她希望购买额外的人寿保险，以便为她的家庭提供保障。

3. 吉姆今年32岁，购买了一份300 000美元的5年期可续保、可转换定期保险。在回答关于健康问题的时候，吉姆告诉代理人，他在过去的5年中没有看过医生。但是，他2个月前看过医生。医生告诉吉姆，他患有严重的心脏病。吉姆在申请保险的时候没有向代理人透露这一信息。吉姆在购买保单3年后死亡。在那个时候，人寿保险公司发现了他的心脏病。解释保险公司支付死亡保险金的责任范围。

4. 追加的批单和保险金可以被附加到人寿保险保单中，向被保险人提供更多的保障。描述下面的每一种批单和选择权条款：

a. 免缴保费条款；
b. 保证增保选择权条款；
c. 双倍赔偿特约条款；
d. 生活消费指数批单；
e. 提前给付死亡保险金条款。

数字资源

网络资源

参考文献

第13章
购买人寿保险

> 当购买人寿保险的时候,第一年的保费成本相对容易进行比较,但这并不是保单的长期成本。
>
> ——美国消费者协会

学习目标

学习完本章,你应当能够:

- 解释用于确定人寿保险成本的传统净成本法的不足。
- 解释用于确定人寿保险成本的两种指数——退保成本指数和净支付成本指数。
- 解释用于确定人寿保险保单中储蓄部分年收益率的年收益率法。
- 解释联邦所得税在人寿保险中的应用,以及如何计算联邦遗产税。
- 说明购买人寿保险时应遵循的七条原则。
- 了解怎样计算人寿保险保费。

艾伦今年28岁,离异,有两个孩子,一个2岁,一个5岁。作为一名医疗技术人员,艾伦的年收入为4万美元。他目前拥有一份价值1万美元的人寿保险,这是小时候父母帮他购买的。艾伦希望购买额外的人寿保险来为孩子们提供保障。然而,由于每月高昂的抵押和汽车贷款,艾伦只有有限的月收入用于支付人寿保险保费。一位人寿保险代理人最近约见了他,并给他提出了一些建议。但是,艾伦不知道不同人寿保险保单之间的主要区别,也不知道如何评估不同的保险计划。此外,和大多数保险消费者一样,艾伦不知道在购买人寿保险之前,对不同保单进行成本比较的重要性。

本章将会回答艾伦在购买人寿保险时所关心的一些问题。大多数消费者购买人寿保险时不会考虑那么多。他们通常不了解保险公司之间存在巨大的成本差异,而经常从劝他们购买的第一个代理人那里购买人寿保险。结果,他们可能为购买的保险保障付出了很多不必要的钱。在人的一生当中,购买高成本的保险比低成本的保险要多支出数千美元。

在本章中,我们将讨论购买人寿保险应关注的基本因素。具体内容包括:确定人寿保险成本的不同方法,现金价值保单储蓄部分的收益率,以及购买人寿保险的小贴士。本章的附录解释了人寿保险保费的计算方法。

确定人寿保险的成本

计算人寿保险的成本非常复杂。总的来说，成本可以被看作人寿保险支出与所获得的收益之间的差异。如果支付保费而无法获得任何收益，保险的成本就等于支付的保费。但是，如果支付了保费，且后来收回了一些钱，例如现金价值和红利，那么成本就降低了。在计算人寿保险的成本时，必须考虑如下四个主要因素：（1）年缴保费，（2）现金价值，（3）红利，（4）货币的时间价值。两种考虑了前述所有因素或者部分因素的成本计算方法分别是传统净成本法和利息调整成本法。尽管接下来的讨论针对的是现金价值人寿保险，但是相同的方法也可以被用于计算定期人寿保险的成本。

传统净成本法

从历史上来看，人寿保险公司之前一般都使用**传统净成本法（traditional net cost method）**来计算人寿保险的净成本。根据这种方法，需要加总特定期间的年保费。通过将这个时期内获得的预期红利之和加上期末的现金价值，并将其从总保费中扣除，可以计算出人寿保险的净成本。例如，假设一位 20 岁的女性购买一份 10 000 美元普通人寿保险保单所需支付的年保费是 132.10 美元。20 年内的预期红利为 599 美元，20 年末的退保金为 2 294 美元（见图表 13-1）。每年的平均成本是 -12.55 美元（每 1 000 美元保费的成本为 -1.26 美元）。

图表 13-1　传统净成本法　　　　　　　　　　　　　　　　　　单位：美元

20 年总保费	2 642
扣除 20 年的红利	-599
20 年的净保费	2 043
扣除 20 年末的现金价值	-2 294
20 年的保险成本	-251
每年的净成本（=-251÷20）	-12.55
每年 1 000 美元的净成本（=-12.55÷10）	-1.26

传统净成本法有一些缺点，在某些情况下还会产生误导。最为明显的缺点是没有考虑货币的时间价值。该方法也没有考虑投保人将保费投资于其他地方获得的利息。此外，保险说明经常提及保险是免费的（具有负的成本）。这与一般的认识相反，因为没有保险公司会提供免费的保险保障。

利息调整成本法

由美国保险监督官协会开发的**利息调整成本法（interest-adjusted cost method）**在计算人寿保险成本方面更为精确。根据这种方法，货币的时间价值成本通过将利息纳入每一项成本要素而被考虑在内。

目前有两种主要类型的利息调整成本指数，分别是退保成本指数和净支付成本指数。

如果人们认为自己会在10年末或20年末（或者其他时期末）退保，那么可以使用退保成本指数。如果人们想让保单有效，而现金价值的重要性则处于第二位，那么可以使用净支付成本指数。

退保成本指数 退保成本指数（surrender cost index）测度的是，人寿保险在某一时期末（例如10年末或20年末）退保的成本（见图表13-2）。

图表13-2 退保成本指数　　　　　　　　　　　　　　　　　　　　　单位：美元

20年总保费（每一笔以5%的利率累积）	4 586
扣除20年的红利（每一笔以5%的利率累积）	－824
20年的净保费	3 762
扣除20年末的现金价值	－2 294
20年的保险成本	1 468
按照5%的利率，每年年初存入1美元，到20年末将累积的数额	34.719
每年的利息调整成本（＝1 468÷34.719）	42.28
每年每1 000美元的成本（＝42.28÷10）	4.23

每年132.10美元的保费以5%的利率累积起来。这可以被看作是投保人将保费投资于其他项目的收益。因此，真正累积的总保费为4 586美元，而不是传统净成本法中所示的2 642美元（见图表13-1）。尽管没有说明，考虑到红利的利息收益和每笔红利的数额和发放的时间，每年的红利也被认为按照5%的利率积累起来。假设20年末积累的红利价值是824美元。仍然以前面的保单为例，利息调整后的20年的净保费为3 762美元。

下一步是从净保费中扣除20年末的保单现金价值，得到的保险总成本是1 468美元。在考虑了货币的时间价值之后，投保人通过支付这一金额来获得20年的保险保障。

最后一步是将20年的利息调整成本转换为年均成本。通过用利息调整总成本除以年金因子（annuity due factor）34.719得到年均成本。该因子是指，按照5%的利率，每年年初存入1美元，到20年末将累积为34.719美元。用1 468美元的利息调整总成本除以34.719美元，我们得到年均利息调整成本42.28美元，即每1 000美元的成本为4.23美元。正如我们所看到的，利息调整成本为正。这意味着考虑了利息因素之后，其实购买人寿保险是有成本的。在这个例子中，如果保单在20年之后退保，年均成本为42.28美元。

净支付成本指数 净支付成本指数（net payment cost index）测度的是，在某一时期末（例如10年末或20年末）发生死亡时的保单的相对成本。它所根据的假设是没有退保。在保单保持有效的情况下，使用该指数比较合适。

净支付成本指数的计算类似于退保成本指数，但不扣除现金价值（见图表13-3）。

图表13-3 净支付成本指数　　　　　　　　　　　　　　　　　　　　单位：美元

20年总保费（每一笔以5%的利率累积）	4 586
扣除20年的红利（每一笔以5%的利率累积）	－824
20年的保险成本	3 762
按照5%的利率，每年年初存入1美元，到20年末将累积的数额	34.719
每年的利息调整成本（＝3 762÷34.719）	108.36
每年每1 000美元的成本（＝108.36÷10）	10.84

如果保单有效期达到 20 年，在考虑利率因素之后年均成本是 108.36 美元（每 1 000 美元的成本是 10.84 美元）。

运用利息调整成本数据

如果有人劝你购买人寿保险，你可以让代理人为你提供关于保单的利息调整成本数据。你还可以在购买之前从其他保险公司处获得类似的信息，避免购买高成本保险。

研究表明，销售给年龄相同、性别相同的个人的类似保单，保险公司之间的成本也会存在很大差异。一项针对 13 份保单面额为 25 万美元、投保人为 45 岁且不吸烟男性的终身寿险保单的研究显示，在 20 年的时间里，保险公司之间的保险成本存在显著差异。红利以现金形式支付。时间跨度为从 1990 年 12 月 31 日至 2010 年 12 月 31 日。基于实际成本法，20 年的保单退保成本指数从最低的每 1 000 美元－0.24 美元到最高的每 1 000 美元 4.14 美元。类似地，基于实际成本法，13 份保单的净支付成本指数从每 1 000 美元 10.08 美元至每 1 000 美元 19.99 美元不等（65 岁时结清）。①

遗憾的是，大多数消费者在购买人寿保险时不会考虑利息调整成本。相反，他们将保费作为比较的依据。但是，仅仅使用保费进行比较是不全面的。利息调整成本数据可以提供关于保单预期成本的更为准确的信息。

如果使用利息调整成本数据对保单进行比较，请注意下面几点：

• 仅比较相似的保险计划。你应该比较具有相同收益的同类型的保单。在比较利息调整成本数据时，数额越低，保单成本就越低。

• 购买的是保单而不是保险公司。一些保险公司在特定的年龄和保障数额方面的成本确实很低，但是在其他年龄段和保障数额方面却没有优势。

• 忽视成本指数数据的细微差异。微小的成本差异可以被你从代理人或保险公司那里获得的其他个性化的保单或服务所抵消。

• 成本指数仅适用于新保单。在决定是否用一份新保单来代替已有保单时，不应使用这些成本指数，这时候还应该考虑其他因素（见专栏 13.1）。

• 不应该仅仅根据成本指数来确定应该购买的保单类型。应该购买最能够满足自己需要的保单，例如定期、终身或两者的综合。一定在决定了要购买的保单类型后，再去比较它们的成本。

更换人寿保险保单时应当考虑的因素

人寿保险的更换

如果你持有一份人寿保险保单，在更换它的时候一定要小心。尽管原来的保险公司和更换的保险公司的财务实力对比很重要，但是你还要考虑其他一些因素。下面将简要指出

---

① Roger L. Blease, "Full Disclosure Whole Life Report," *National Underwriter*, Life & Health Magazine, May 17, 2010.

一些需要考虑的因素：
- 如果你考虑更换保险，你的健康状况和其他将会影响你的投保资格的因素将会被复查。有可能你将无法达到新保单的要求，或者适用费率很高。
- 你需要确定解除原保单的成本。许多保单的退保费用非常高。
- 还要确定购买替代保单的成本。许多保单的手续费用很高。
- 你需要考虑更换保单在税收方面的影响。在一些情况下，保单的终止可能会增加你的所得税。尽管可以延期缴税，但在采取措施之前，你必须咨询你的税务咨询师。
- 你要考虑不可抗辩条款。如果保单生效已经超过两年，保险公司无权因为你在投保申请中的不实声明而宣告保单无效。因此，你的原保单可能具有不可抗辩性，但新保单却会让你失去这项权利两年。
- 你还应该了解自杀条款。在保单生效头两年，自杀条款属于除外责任。而初始保单现在可能已经对自杀提供保障了，而替换保单还需要两年才能为自杀提供保障。

基于上述因素，为正确判断自己是否应该更换人寿保险保单，应当做一个细致的成本收益分析。如果有人建议你更换保单，要试着弄清楚，一旦你接受其建议，那个人所能够得到的回报。一些人可能是从专业的角度，想帮助你减少费用或在你原来的保险公司面临财务问题的时候帮助你避免可能遇到的问题，从而为你提出更换保单的建议。然而，另一些人也可能落井下石，专门打那些有财务困难的保险公司的投保人的主意。事实上，提供建议的人从销售更换保单中获得收益并不意味着他就来者不善，但你应该保持警惕。

资料来源：Adapted from Joseph M. Belth, ed. "Life Insurance Replacement," *The Insurance Forum*, Vol. 39, No. 9 (September 2012), p. 85. Used by permission.

美国保险监督官协会的保单说明凡例监管

如果不对美国保险监督官协会（NAIC）制定的《人寿保险保单说明凡例监管》（Life Insurance Policy Illustration Model Regulation）进行简要的讨论，那么我们对人寿保险的讨论就是不完整的。

大部分州已经采用了凡例监管。凡例法规要求保险公司向申请者提供人寿保险的相关信息。保单说明中包括一个叙述性说明，该说明描述保单的基本特点，包括保单的作用、核保分类成本条款、死亡给付选择权、保费支付和附加条款。描述性概要还应指出，保单不提供担保的因素、保单的联邦税收方针、关键定义、利息调整成本数据。

除此之外，保单说明中还包括对数字的说明，其中包括保费的支出、累积账户的价值、退保现金价值、死亡保险金。保单说明里还必须提供三种保单价值。提供这些保单价值应基于（1）保单当前适用利率，（2）保单保底利率，（3）二者的中间利率。说明中还应指出，在三组利率假设下，应让保单保持有效的年数。申请人和代理人必须在声明上签字，以表明他们已经讨论并了解保单中的未承诺事项会发生变化，而且可能比说明中所指出的价值更高或更低。

在保单价值的说明中，欺骗性销售行为是被禁止的。例如，保险公司不得在保险销售说明中使用修改后的死亡率所计算出的预期收益；不能使用"无效保费"；声明中的保单价值必须经过独立的验证来证明其合理性。

最后，当红利规模可能对保单价值产生负面影响的定价因素发生变化的时候，保险公司必须提供保单的年度报告，并通知投保人。凡例监管将会减少投保人对保单价值的误解，并减少代理人的销售欺诈。然而，由于保单说明中的数据可能以多种方式呈现，因此比较说明可能很困难。对于消费者来说，重要的是要确保他们看到的保单说明确实具有可比性。

储蓄部分的收益率

另一个重要问题是传统终身人寿保险储蓄部分的收益率。消费者一般不了解其保单的储蓄部分每年的收益率。购买回报较低的传统现金价值保单的消费者，在整个保险期间内，会因为忽视利息而损失大量金钱。因此，如果人们想将资金长期投资于人寿保险保单，那么考虑其储蓄部分的收益率很重要。

林顿收益率法

林顿收益率法（Linton yield）是用于计算现金价值保单储蓄部分收益率的一种方法。这个方法是 M. 艾伯特·林顿（M. Albert Linton）发明的，他是一位著名的人寿保险精算师。实际上，林顿收益率法计算的是持有多年的现金价值保单的年均收益率。它所依据的假设是，保单可以被看作保险保障和储蓄基金的组合。为了计算特定时间内的年均收益率，人寿保险必须确定每年有多少保费被存在储蓄基金内。这一数额等于年保费（扣除红利）扣除当年保险保障成本后的余额。保费的收支差额可以被存入储蓄基金。年均收益率是一种复合利率，要保证储蓄存款等于特定期间末保单承诺的现金价值。

林顿收益率的计算很复杂，需要特定的信息。遗憾的是，消费者很难获得根据林顿收益率法计算的当前收益率。但是，美国消费者协会利用林顿收益率法对 109 份现金价值保单的研究表明年收益率的差异很大。尽管已经时过境迁，但是其研究结论在今天仍然是有效的。该研究表明，这 109 份保单的平均年收益率范围在首年的－87.9％到第 20 年的 8.2％之间。[1] 林顿收益率今天的值会非常低，因为利率最近几年大幅下降。因此，为了避免资金损失，持有期的长短至关重要。美国消费者协会建议，消费者不应该购买现金价值保单，除非他们计划持有保单至少 20 年。

如前所述，根据林顿收益率法计算的年收益率在保单生效的最初几年中一般为负。负的收益率反映出最初销售保单时产生的首年获取费用和管理费用相对较高。在售出保单时还包括代理人佣金、体检费用、检验报告费用和其他费用。由于这些费用，大多数现金价值保单在第一年末几乎没有现金价值，在最初几年中，保单的现金价值相对较低。

由于目前还很难获得关于林顿收益率的信息，这种方法作为一种消费者工具的应用还很有限。因此，我们需要考虑其他方法。下面讨论的年收益率法比较简单，但是却能够帮助人们计算保单储蓄部分的年收益率。

---

[1] Consumer Federation of America，*Rates of Return on Cash-Value Policies Vary Widely*，press release，July 16，1997.

年收益率法

约瑟夫·M. 贝尔思（Joseph M. Belth）教授为计算现金价值保单储蓄部分的年收益率设计了**年收益率法（yearly rate-of-return method）**。① 年收益率法的计算公式为：

$$i = \frac{(CV+D) + YPT \times (DB-CV) \times 0.001}{P+CVP} - 1$$

其中，

i＝储蓄部分的年收益率，以小数表示；

CV＝保单有效期内每年年末的现金价值；

D＝每年红利；

YPT＝假设的每1 000美元保障的年价格（见图表13-4的基准价格）；

DB＝死亡保险金；

P＝年保费；

CVP＝上年末的现金价值。

公式分子中的第一项是在保单年度末得到的数额。分子的第二项是保障的价格，通过将假设的保障数额乘以每1 000美元保障的假设价格得到该数额。不同年龄的1 000美元保障的假设价格是来自美国人口死亡率的基准价格（见图表13-4）。最后，公式的分母代表了保单年初获得的数额。

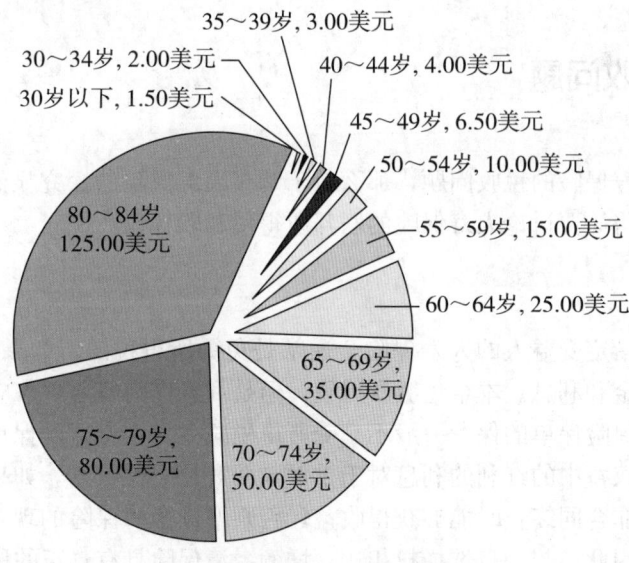

图表13-4 基准价格

注：基准价格由美国人口死亡率推导而来。以5岁为一年龄段，每个年龄段的基准价格与该年龄段年龄最高的人每1 000美元保障的赔付额接近。

资料来源：Adapted from Joseph M. Belth, *Life Insurance: A Consumer's Handbook*, 2nd ed. (Bloomington, IN: Indiana University Press, 1985), table 9, p. 84.

---

① 这部分基于 Joseph M. Belth, *Life Insurance: A Consumer's Handbook*, 2nd ed. (Bloomington, IN: Indiana University Press, 1985), pp. 89–91, 208–209。

例如，假设以赛亚在35岁的时候购买了一份100 000美元的分红型普通人寿保险。他今年42岁，处于第8个保单年度初期。他想知道在第8个保单年度，保单储蓄部分的年收益率。年保费是1 500美元。在第7个保单年度末，保单现金价值是7 800美元，第8个保单年度末的保单现金价值为9 200美元。第8年的保单红利是400美元。由于以赛亚在第8个保单年度初期已42岁，所以每1 000美元的基准价格是4美元（见图表13-4）。

根据前面提供的信息，我们可以这样来计算出第8个保单年度的年收益率：

$$i = \frac{(9\,200 + 400) + 4 \times (100\,000 - 9\,200) \times 0.001}{1\,500 + 7\,800} - 1$$

$$= \frac{9\,600 + 4 \times 90\,800 \times 0.001}{9\,300} - 1$$

$$= \frac{9\,600 + 363}{9\,300} - 1$$

$$= \frac{9\,963}{9\,300} - 1$$

$$= 1.071 - 1 = 0.071$$

$$= 7.1\%$$

假设每1 000美元保障的当年价格是4美元，第8个保单年度的年收益率是7.1%。

贝尔思方法的最大优点是简单——你甚至不需要用计算器。所有需要的信息均可以通过你的保单、保费报告或联系你的代理人或保险公司而得到。

人寿保险的税收问题

如果不讨论人寿保险的税收问题，那么对于购买人寿保险的探究显然是不全面的。因此，在本节，我们将简要讨论人寿保险的联邦所得税和联邦遗产税。

联邦所得税

一次性支付给指定受益人的人寿保险金通常是免缴所得税的。如果保险金分期给付，那么给付将包括本金和利息。本金免缴所得税，但是利息作为普通收入应纳税。

支付个人人寿保险保单的保费一般不享受所得税减免。人寿保险保单的红利免缴所得税。但是，在利息权益中的红利的利息对于投保人而言是应税收入。如果红利被用于购买增额缴清保险，除非合同终止时能够获得收益，否则增额缴清保险的现金价值将按照免税的方式一直累积。因此，与利息选择权相比，增额缴清保险具有真正的税收优惠。

此外，目前终身人寿保险保单每年的现金价值的增加免缴当年所得税。但是，如果投保人要获得退保现金价值，那么任何收入都将作为普通收入纳税。如果现金价值超过支付的部分减去红利，超额的部分将作为普通收入纳税。

联邦遗产税

如果被保险人在死亡的时候享有任何保单所有权所附带的权利，由于联邦遗产税的原因，这些权利带来的全部权益也将被视为被保险人的遗产。所有权附带的权利包括改变受益人的权利、借出保单现金价值或退保的权利、选择理赔方式的权利。如果这些收益被用于购买固定资产,那么也应当被计入被保险人的遗产总额。将保单排除在被保险人财产之外的一种方法是,在购买保险时让具有可保利益的另一方(如配偶)持有保单。如果投保人将保单无条件地转让给其他人,并且在去世的时候不享受保单所有权附带的任何权利,那么这些收益可以不被计入被保险人的遗产。但是如果保单转让发生在投保人死亡前的3年内,则收益将被计入死者的遗产总额,并需要缴纳联邦遗产税。

当已故者的应税遗产超过法律规定的豁免额时,就需要支付联邦遗产税。2018年,基本豁免额为1 118万美元(该数值以指数化的形式与通货膨胀挂钩)。此外,不限数额的财产可以被免税转让给生存配偶,即所谓配偶扣除额。当生存配偶去世时,若其财产超过法律规定的豁免额,则可能需要交税。最后,已故者的遗产税豁免额中没有使用的部分被转移给生存配偶。因此,在支付任何遗产税之前,生存配偶可获得多达2 236万美元的豁免额(该数值以指数化的形式与通货膨胀挂钩)。

为了确定是否需要支付联邦遗产税,首先必须确定遗产的总价值。总遗产包括人们在死亡时拥有所有权的所有财产,如银行存款、不动产、证券、在死亡时拥有附带权益的人寿保险死亡赔付金、向继承人或遗产支付的某些年金的价值,以及人们死亡三年内转移的某些财产的价值。总遗产会因为确定应税遗产时的某些减免而降低。允许减免的项目包括丧葬费和管理费用,对遗产的主张、清算和遗嘱检验费,慈善捐赠,以及其他项目。若已故者将财产留给配偶(即配偶遗赠),则应税遗产为从调整后的总遗产中扣除上述减免费用的部分。如果没有配偶遗赠,则应税遗产为调整后的总遗产。

举个例子(见图表13-5),假设夏马尔于2018年去世,总遗产为880万美元。她的抵押贷款和债务、遗嘱认证和管理成本以及丧葬费等总计37万美元,那么她的调整后应税遗产为843万美元。夏马尔将这843万美元的财产全部留给了她的丈夫乔治,鉴于这些财产受到配偶扣除额的保护,故可以免税。此外,由于夏马尔没有使用她的豁免额,所以当乔治去世时,他将拥有2 236万美元的遗产税豁免额(该数值以指数化的形式与通货膨胀挂钩)。

图表13-5 联邦遗产税的计算* 单位:美元

总遗产数额	8 800 000
减:	
抵押贷款和债务	300 000
管理成本	50 000
丧葬费	20 000
	370 000
调整后的总遗产数额	8 430 000
减:	
配偶扣除额	8 430 000
应税遗产	0
配偶遗赠税	0

* 夏马尔于2018年去世。

购买人寿保险的步骤

编制一份可行的人寿保险计划包含七个步骤，如图表13-6所示。这些步骤无须按顺序开展，其中部分或全部可以以各种顺序/同时进行。有些投保人认为寻求专业代理人或财务规划师的帮助是很有用的，因为这些人能力很强且把客户的经济利益放在首位。但是，购买人寿保险对个人来说实在太过重要，即便拥有专业人士的帮助，投保人也必须积极参与其中。

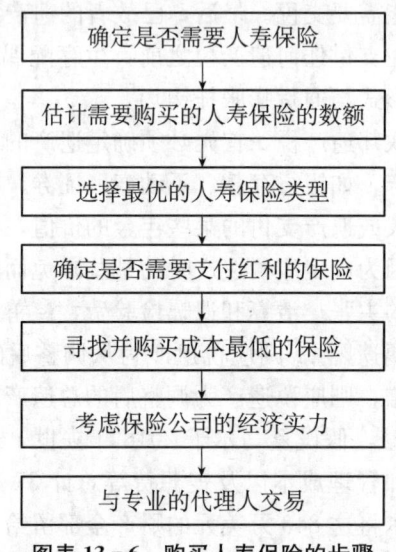

图表13-6 购买人寿保险的步骤

确定是否需要人寿保险

第一步是确定你是否需要购买人寿保险。如果你已婚或是一位有一个以上的人员要扶养的单身人士，那么你就需要大额的人寿保险。如果你有临时需要，如为住宅支付抵押贷款，那么你也可能需要人寿保险。此外，如果你有大量的资产，那么一份大额的人寿保险可以为你提供资产的流动性，支付州或联邦遗产税。

但是，如果你现在单身，而且没有人需要你养活，那么除了想得到适量的丧葬费用外，你不需要人寿保险。在年轻的时候购买人寿保险来保障未来的可保性的观点并不是绝对的。即使你的情况发生变化，未来可能需要人寿保险，在10个人寿保险申请人当中超过9个都适用标准或优惠费率。因此，大多数年轻的单身人士不需要人寿保险。即使保险相当便宜，也应在购买之前仔细评估当前和未来的需求。

估计需要购买的人寿保险的数额

我们需要一种实用的方法来计算需要购买的人寿保险的数额。需要抚养他人的人常常需要大额的人寿保险。在确定需购买的人寿保险的数额时，必须考虑你的家庭当前和未来的经济需要，潜在的社会保障基金提供的遗属抚恤金，以及目前拥有的其他金融资产。

如果现在已经有了足够数额的人寿保险，就不再需要购买额外的人寿保险作为补充保障。这些追加的保障是无穷无尽的，包括意外死亡保险、意外死亡和肢体残疾保险、消费者贷款提供的信用人寿保险。

选择最优的人寿保险类型

下一步是选择最优的人寿保险类型。最优保单是能够最好地满足人们经济需要的保单。如果你可以用于购买人寿保险的资金有限，或者有临时需要，那么你可以只考虑定期人寿保险。如果你需要终身保障，那么可以考虑一些形式的终身寿险。如果你感觉自己不进行强制存款就无法存下钱，那么也可以考虑将终身寿险看作一种储蓄工具。但是要记住，现金价值保单的年收益率存在很大差异，且通常在保单生效超过10年之后才会显现。

另外，要避免购买你无力负担的保险。许多被保险人在最初几年就让保单失效了，特别是那些现金价值保单。因为退保费用的存在，如果保单在最初几年退保，那么可能不会留下什么现金价值。如果在几个月或几年后放弃你的现金价值保单，那么你会损失很多钱。为了防止此类损失的发生，请确保你能够负担得起保费且打算使保单长期有效。

确定是否需要支付红利的保险

股份制保险公司和相互保险公司均发行分红型人寿保单，让保单持有人有权通过获得红利的方式分享保险公司的盈余。如果保险公司在死亡率、费用和利率方面有良好的经验，红利则是对部分毛保费的退还。最近几十年中，支付红利的分红型人寿保险普遍比非分红型保险销量更高。分红型人寿保险受益于构成红利的三个要素：比预期更有利的死亡率、利率和费用支出。当然，没有人能预测未来。当你决定购买人寿保险且打算长期持有保单时，购买分红型人寿保险更划算。当你决定短期持有定期人寿保险时，购买分红型人寿保险就不那么有利了。

如果购买变额人寿保险、万能人寿保险或者变额万能人寿保险，那么可以省略前面几步，这些保险是不分红的，而且不支付红利。

寻找并购买成本最低的保险

类似的人寿保险之间的成本存在很大差异。当你购买具有现金价值的人寿保险时，这种差异变得尤为重要。虽然价格不是购买人寿保险的唯一考虑因素，但购买高成本保险不太可能给你带来额外收益。因此，你或你的财务规划师应当在购买人寿保险前比较多个保险公司的类似保单的利息调整成本。如果你的财务规划师不能从一个提供高价值保险的公司获取保险，那么你应该仔细考虑他/她的服务是否值得收取额外费用。如果你错误地购买了一份成本较高的保险，那么这份保险将在你的一生中使你花费大量不必要的钱，并可能导致你严重投保不足。

在购买定期人寿保险时，重要的是考虑你未来是否需要将其转换为终身保险。如果你有很大概率会进行保险转换，那么合理的选择是从你购买定期保险的同一公司处购买终身保险，而不是选择成本最低的定期保险公司。即使两者在保费百分比方面存在显著差异，从绝对值来看，这一差异也往往微乎其微，特别是在你年轻阶段。如果由于可保性问题，你不得不进行保险转换,那么你应当放弃高价保险公司,选择可以获得更大收益的其他保险公司。

考虑保险公司的经济实力

除了成本之外,还需要考虑售出保单的保险公司的经济实力。尽管这种情况有点罕见,但一些人寿保险公司已经不具备偿付能力,或者已经破产。尽管各州都设立州保障基金来支付无偿付能力的人寿保险公司的理赔,但是却对保证偿付的金额设置了限额。尽管死亡保险金会迅速给付,但是在借出或撤出现金价值之前还是要等待数年。因此,只从财务状况良好的保险公司处购买人寿保险就很重要。

一些评级机构定期对人寿保险公司的经济实力进行评级(见图表 13-7)。根据保险公司的资本和盈余、法定准备金、投资质量、历史盈利能力、管理能力和其他因素,对保险公司进行评级。但是,不同的评级对消费者的意义是不同的,甚至会让消费者感到迷惑。不同评级机构的等级划分有很大差异。约瑟夫·M. 贝尔思作为人寿保险领域的著名消费者专家,提议在购买保险之前,所选择的保险公司至少在下面四家评级机构中的两家的评级较高。下面这四家机构的下列评级对于保守的人而言,评级相对较高[①]:

贝氏:A++,A+,A

惠誉:AAA,AA+,AA,AA−

穆迪:AAA,AA1,AA2,AA3

标准普尔:AAA,AA+,AA,AA−

图表 13-7 主要评级机构的等级分类

排序	评级			
	贝氏	惠誉	穆迪	标准普尔
1	A++	AAA	AAA	AAA
2	A+	AA+	AA1	AA+
3	A	AA	AA2	AA
4	A−	AA−	AA3	AA−
5	B++	A+	A1	A+
6	B+	A	A2	A
7	B	A−	A3	A−
8	B−	BBB+	BAA1	BBB+
9	C++	BBB	BAA2	BBB
10	C+	BBB−	BAA3	BBB−
11	C	BB+	BA1	BB+
12	C−	BBBB−	BA2	BB−
13	D	B+	BA3	B+
14	E	B	B1	B
15	F	B−	B2	B−

---

① Joseph M. Belth, ed., "Financial Strength of Insurance Companies," *The Insurance Forum*, Vol. 38, No. 9 (September 2011), p. 224.

续表

排序	评级			
	贝氏	惠誉	穆迪	标准普尔
16	S	CCC+	B3	CCC+
17		CCC	CAA1	CCC
18		CCC−	CAA2	CCC−
19		CC	CAA3	CC
20		C	CA	C
21			C	R

注：特定级别的评级并不一定必须与另一个相同。
资料来源：Joseph M. Belth，ed.，"Financial Strength of Insurance Companies," *The Insurance Forum*，Vol. 39，No. 9（September 2012），p. 83. 引用经许可。

与专业的代理人交易

在购买人寿保险的时候，你应该多与专业的代理人或财务规划师打交道。一位专业代理人是有能力理解你的需求并将其与正确的保险计划相匹配的人。此外，专业人士会把你的利益放在首位，为你制订专属保险计划。在同样的情况下，代理人会只从自身角度出发制订保险计划。许多人在购买人寿保险时有复杂的需求，需要涉及法律、财务和其他类型专业建议的保险计划。专业的代理人会意识到你何时需要此类服务，并与你的专业团队合作，或帮助你组建适合的团队。

谨慎地选择你的保险代理人。就像选择任何专业人士一样，无论他们是律师、注册会计师、顾问还是医生，谨慎都至关重要。尽管代理人拥有丰富从业经验可能会有所帮助，但这并不总是重要考虑因素。新入行的代理人可能会努力满足你的需求，如果他们曾接受过确定问题和制订解决方案所必要的教育培训，则可能是一个很好的选择。此外，要认识到，有一些代理人，甚至是老练的代理人，可能会通过误导消费者或建议客户购买佣金最高的保险进行欺诈性销售，而不是为你制订最能满足需要的保险计划。务必不惜一切代价避免与这样的代理人交易。大多数专家建议人们应和其所选择的专业代理人（包括任何专业人士）建立一种密切的终生合作关系。询问其他人与代理人打交道的经验，并仔细评估代理人的专业水平和意图。避免仅仅基于家庭或个人关系做出决定。要明白，你多年来锻炼出的洞察力将有助于你评估他们是哪种专业人士。

为了减少听取不好的建议或购买错误的保险的可能性，你应该选择有职业认证资格的代理人。具有**特许寿险核保人（Chartered Life Underwriter，CLU）**、**注册财务顾问（Chartered Financial Consultant，ChFC）**或**注册财务规划师（Certified Financial Planner，CFP）**资格的代理人拥有足够的专业技能，能够提供合理的建议。此外，更重要的是，能够通过上述职业资格认证，证明这些代理人能够遵守道德规范，并将委托人的利益置于自身利益之上。当然，那些正在申请考取如上职业资格的代理人也可以考虑。

案例应用

向一位35岁的男士销售一份10 000美元的普通人寿保险。下面是相关的成本数据：

年保费 230 美元；
20 年的红利总额 1 613 美元；
20 年末的现金价值 3 620 美元；
按照 5% 的利率，年保费累积 20 年的价值 7 985 美元；
按照 5% 的利率，红利累积 20 年的价值 2 352 美元；
按照 5% 的利率，每年年初存入 1 美元，到 20 年末将积累的数额为 34.719 美元。

a. 根据这些信息，使用传统净成本法计算 20 年末每 1 000 美元人寿保险的年净成本。

b. 计算 20 年末每 1 000 美元人寿保险的年退保成本指数。

c. 计算 20 年末每 1 000 美元人寿保险的年净支付成本指数。

本章小结

- 类似的人寿保险保单之间的成本存在很大差异。在一生中被保险人购买高成本的保单将比购买低成本的相同数额的保险保障花费高出数以万计的钱。

- 用传统净成本法计算人寿保险的成本是有缺点的，因为它忽略了货币的时间价值，所以保险通常看起来好像是免费的。

- 利息调整成本法在测度人寿保险的成本时更准确。通过将利息因素纳入每个因素的成本中，将货币的时间价值纳入考虑范围。如果你对某一期间末的退保感兴趣，使用退保成本指数比较合适。如果想让保单一直有效，就应该使用净支付成本指数。

- 对于消费者而言，很难获得传统现金价值人寿保险储蓄部分的年收益率的数据。但是，年收益率法对在这方面感兴趣的消费者是有用的。

- 一次性支付给指定受益人的人寿保险金通常免缴所得税。个人人寿保险保费不享受税收减免。如果为了获得保单的现金价值而放弃保单，所有收益都像普通收入一样需要纳税。如果现金价值超过支付的保费减去红利，那么超额的部分就要像普通收入一样纳税。对于投保人而言，终身寿险保单现金价值每年的增长额不属于应税收入。

- 如果被保险人在死亡的时候享有任何保单所有权所附带的权利，由于联邦遗产税的原因，这些权利带来的全部权益也将被视为被保险人的遗产。当已故者的应税遗产超过一定限额时，就需要支付联邦遗产税。

- 在购买人寿保险的时候，人寿保险专家建议遵循下述步骤：
  - 确定是否需要人寿保险；
  - 估计需要购买的人寿保险的数额；
  - 选择最优的人寿保险类型；
  - 确定是否需要支付红利的保险；
  - 寻找并购买成本最低的保险；
  - 考虑保险公司的经济实力；
  - 与专业的代理人交易。

重要概念和术语

注册财务规划师（CFP）
特许寿险核保人（CLU）
林顿收益率法
退保成本指数
年收益率法

注册财务顾问（ChFC）
利息调整成本法
净支付成本指数
传统净成本法

复习题

1. 解释计算人寿保险成本的传统净成本法的基本缺点。

2. a. 为什么利息调整成本法是测度人寿保险成本的一个更为准确的方法？
   b. 简要描述计算人寿保险成本的退保成本指数。
   c. 简要描述计算人寿保险成本的净支付成本指数。

3. 为什么在保单的最初几年中，大多数现金价值保单储蓄部分的收益率为负？

4. 简要说明计算现金价值保单储蓄部分收益率的林顿收益率法。

5. 简要解释投保人用于计算现金价值保单的储蓄部分的收益率的年收益率法。

6. 人寿保险代理人建议你用新的人寿保险保单替换现有的人寿保险保单。指出在替换现有人寿保险保单时应考虑的因素。

7. 分别结合下面的每一项解释联邦所得税对现金价值保单的影响：
   a. 保费支付；
   b. 每年的红利；
   c. 现金价值每年的增长；
   d. 向指定受益人支付的死亡保险金。

8. 解释联邦所得税对人寿保险死亡保险金的影响。

9. 指出消费者在购买人寿保险时应遵循的步骤。

10. 各州都要求人寿保险公司向申请人提供关于人寿保险的一些保单信息。指出说明条款中通常包括的信息内容。

应用题

1. 尼科尔今年25岁，正在考虑购买一份20 000美元的普通人寿保险，年保费是248.60美元，预计前20年的红利是814美元，20年末的现金价值是4 314美元。如果保费以5%的利率投资，它们在20年末将累积8 631美元。如果红利以5%的利率投资，它们在20年末将累积1 163美元。按照5%的利率，每年年初存入1美元，到20年末将累积34.719美元。

a. 根据传统净成本法，计算每年每1 000美元的净成本。

b. 根据退保成本指数法，计算每年每1 000美元的净成本。

c. 根据净支付成本指数法，计算每年每1 000美元的净成本。

2. 托德今年40岁，正在考虑购买一份100 000美元的普通人寿保险，年保费是2 280美元，预计前20年的红利是15 624美元，20年末的现金价值是35 260美元。如果保费以5%的利率投资，它们在20年末将增长到 79 159 美元。如果红利以 5% 的利率投资，它们在 20 年末将累积 24 400 美元。按照 5% 的利率，每年年初存入 1 美元，到 20 年末将累积 34.719 美元。

  a. 根据传统净成本法，计算每年每 1 000 美元的净成本。

  b. 根据退保成本指数法，计算每年每 1 000 美元的净成本。

  c. 根据净支付成本法，计算每年每 1 000 美元的净成本。

  3. 西奥今年 52 岁，体重超标，抽烟，5 年前患上轻度的心脏病。他不听医生的建议，拒绝锻炼、减肥和戒烟。西奥持有一份 20 年前购买的 25 000 美元的普通人寿保险。一位人寿保险代理人找到西奥，并建议他用一份新的人寿保险保单替换原来的保险。代理人声称，新保单优于很多年前购买的保险。尽管西奥有健康问题，代理人声称西奥可以从他的公司购买人寿保险。西奥在用新保单替换老保单之前应该考虑哪些因素？

  4. 艾莉森想填写所得税申报单，关于人寿保险出现了一些问题。解释税收对下面每一项的影响。

  a. 艾莉森是其祖父人寿保险保单的指定受益人。她的祖父今年去世，艾莉森获得了一次性支付的 50 000 美元。她不知道是否应将这 50 000 美元作为应税收入申报。

  b. 艾莉森 6 年前为自己购买了一份 100 000 美元的现金价值人寿保险保单。今年，保单的现金价值增加了 380 美元。艾莉森想知道现金价值的增加是否应作为应税收入申报。保单仍然有效。

  c. 艾莉森每年的人寿保险保费是 350 美元。艾莉森逐条列出了她的所得税减免项目。她想知道她的人寿保险保费是否享受税收减免。

  d. 艾莉森的普通人寿保险保单是分红保险。今年她收到 120 美元的投保人红利。她想知道她是否应将这 120 美元申请为应税收入。

数字资源

网络资源

参考文献

附录　人寿保险保费的计算

  如果不讨论人寿保险保费如何进行计算，那么对人寿保险的讨论就是不完整的。这一部分简要讨论了保费计算的基本原理和人寿保险公司的保单准备金。[①]

[①] 这部分基于 Edward E. Graves（Ed.），*McGill's Life Insurance*，9th ed.（Bryn Mawr, PA：The American College, 2013），chs. 11-13；Black, Kenneth, Jr., Harold D. Skipper, and Kenneth Black, Ⅲ., *Life Insurance*, 15th ed. Atlanta, GA：Lucretian, LLC, 2015。

趸缴纯保费

尽管大多数人寿保险保单并不是通过趸缴保费购买的，但是趸缴纯保费构成了人寿保险保费计算的基础。**趸缴纯保费（net single premium，NSP）** 被定义为未来死亡保险金的现值。它是用复利计算的能够支付所有死亡给付的金额。在计算趸缴纯保费的时候，只考虑死亡率和投资收益。后面计算毛保费的时候将考虑附带费用。

趸缴纯保费的计算基于下面三个基本假设：（1）在保单年度初期支付保费，（2）在保单年度末支付死亡给付，（3）全年的死亡率不变。

还必须对每一个年龄段的死亡概率提出一些假设。尽管人寿保险公司一般都有自己的死亡率数据，我们这里所使用的男性存活数据来自《2001年普通保险监督官标准死亡表》。2001年死亡表列出了从0岁到120岁的死亡率数据。

最后，由于保费在保单年度初期支付，而死亡给付在年度末支付，所以死亡给付的金额需要用利率进行贴现。假设需要支付的死亡给付以5.5%的复利每年进行贴现。

定期保险

定期保险的趸缴纯保费很容易计算。只为特定时期或到特定年龄之前提供保障。如果被保险人在特定时期内死亡，那么就支付死亡保险金，但是如果在被保险人死亡的时候，保障期已经过去，那么就不会产生任何支付。

每年续保的定期人寿保险　首先考虑每年续保的定期人寿保险的趸缴纯保费。假设向一位32岁的男性销售一份1 000美元的每年续保的定期人寿保险。每年的保险成本通过如下方式计算：用保险额乘以死亡概率，然后将其乘积再乘以该时期持有的1美元的现值。我们将2001年死亡表中男性的情况摘录在图表A13-1中，可以看出，处于32岁初期的男性有9 778 587位活着，在这一年中有11 050位男性会死亡。因此，32岁的男性当年的死亡概率为0.001 13（=11 050/9 778 587）。将保险额乘以这一比例，计算出保险公司必须向每一位投保人收取的保费，从而能够在年末支付死亡保险金。但是，由于保费是预先支付的，而死亡保险金则在年末支付，所以死亡保险金就需要进行贴现。从图表A13-2我们看到按照5.5%的利率，年末1美元的现值是0.947 9美元。因此，如果用1 000美元乘以32岁的死亡率，其结果再用1年的利率进行贴现，得到的趸缴纯保费为1.07美元。这一计算过程可以概括为：

$$32\text{岁男性趸缴纯保费} = 1\,000 \times \frac{11\,050}{9\,778\,587} \times 0.947\,9$$
$$= 1.07（美元）$$

如果从9 778 587位32岁活着的男士那里每人预先收取1.07美元，这一数额用复利累积起来将足以支付所有死亡保险金。

图表A13-1　《2001年普通保险监督官标准死亡表》，男性存活情况（特定年龄）

年龄	指定年初活着的人的数量	指定年份死亡数量	每年死亡的概率
30	9 800 822	11 173	0.001 14
31	9 789 650	11 062	0.001 13
32	9 778 587	11 050	0.001 13
33	9 767 537	11 233	0.001 15

续表

年龄	指定年初活着的人的数量	指定年份死亡数量	每年死亡的概率
34	9 756 305	11 512	0.001 18
35	9 744 792	11 791	0.001 21
36	9 733 001	12 458	0.001 28
37	9 720 543	13 026	0.001 34
38	9 707 517	13 979	0.001 44
39	9 693 539	14 928	0.001 54
40	9 678 610	15 970	0.001 65

资料来源：Excerpted from 2001 CSO Composite Ultimate, Male, ANB.

图表 A13-2 以 5.5% 复利计算的 1 美元的现值　　　　　　单位：美元

年份	5.5%
1	0.947 9
2	0.898 5
3	0.851 6
4	0.807 2
5	0.765 1
6	0.725 2
7	0.687 4
8	0.651 6
9	0.617 6
10	0.585 4

5 年期定期保险　在这种保险中，只要被保险人在这 5 年中死亡，保险公司就必须支付死亡保险金。但是，死亡保险金的给付在死亡当年完成，而不是 5 年期期末。因此，每年的死亡率必须分别计算，然后加总起来得到趸缴纯保费。

在计算每年定期保险保费的时候，第 1 年的保险成本就像往年一样计算。因此，我们得到下面的等式：

$$32 \text{ 岁男性趸缴纯保费，第 1 年保险成本} = 1\,000 \times \frac{11\,050}{9\,778\,587} \times 0.947\,9$$

$$= 1.07 \text{（美元）}$$

下一步是确定第 2 年的成本。重新查看图表 A13-1，在 33 岁的男性中，当年有 11 233 人去世。因此，对于这 9 778 587 位活着的 32 岁的男性，在 33 岁死亡的概率是 11 233/9 778 587。注意，在计算概率的时候分母保持不变。但是，因为不是连续两年都要支付等于第 2 年死亡给付的数额，所以需要对这一数额贴现。因此，对于第 2 年，我们可以这样计算：

$$33 \text{ 岁男性趸缴纯保费，第 2 年保险成本} = 1\,000 \times \frac{11\,233}{9\,778\,587} \times 0.898\,5$$

$$= 1.03 \text{（美元）}$$

对于剩下 3 年的每年，我们使用相同的方法（见图表 A13-3）。如果保险公司从 9 778 587 位 32 岁的活着的男性那里，每人收取 5.04 美元的趸缴保费，这些保费汇总起来，足以支付这 5 年当中预期发生的所有死亡给付。

图表 A13-3 计算 32 岁男性的 5 年定期保险的趸缴纯保费

岁数	保险数额		死亡概率		按 5.5%利率计算的 1 美元的现值		保险成本
32	1 000 美元	×	$\frac{11\ 050}{9\ 778\ 587}$	×	0.947 9	=	1.07 美元（第 1 年）
33	1 000 美元	×	$\frac{11\ 233}{9\ 778\ 587}$	×	0.898 5	=	1.03 美元（第 2 年）
34	1 000 美元	×	$\frac{11\ 512}{9\ 778\ 587}$	×	0.851 6	=	1.00 美元（第 3 年）
35	1 000 美元	×	$\frac{11\ 791}{9\ 778\ 587}$	×	0.807 2	=	0.97 美元（第 4 年）
36	1 000 美元	×	$\frac{12\ 458}{9\ 778\ 587}$	×	0.765 1	=	0.97 美元（第 5 年）
					趸缴纯保费	=	5.04 美元

普通人寿保险

在计算普通人寿保险趸缴纯保费的时候，前面用于计算 5 年期定期保险的方法同样适用，除了每年保费的计算一直持续到 2001 年死亡表最后一年。如果剩下年份的计算被执行，32 岁的男性购买的 1 000 美元的普通人寿保险的趸缴纯保费将为 109.49 美元。①

净年平准保费

如果每年支付保费，净年平准保费在数值上必须等于趸缴纯保费。**净年平准保费（net annual level premium，NALP）** 不能简单地通过用趸缴纯保费除以保费支付的年数来获得。这种除法因为下面两个原因而得到不充足的保费：第一，趸缴纯保费所根据的假设是，保费在期初支付。如果保费分期支付，一些保险人过早死亡，就会损失未来的保费。第二，分期付款因为投资数额较小而导致利息收益的损失。

可以通过用趸缴纯保费除以 1 美元人寿保险年金的现值得到对保费和利息损失调整后的数值。更准确地说，净年平准保费通过除以保费支付期间的 1 美元人寿保险年金的现值（PVLAD）得到。因此，我们可以得到：

$$NALP = \frac{NSP}{\text{保费支付期间的 1 美元的 PVLAD}}$$

如果年缴保费支付一生（就像在普通人寿保险中一样），所缴纳的保费被称为终身年金。如果年缴保费仅支付一段时间，例如 5 年期定期保险，所缴纳的保费被称为定期人寿保险年金。

定期保险

首先考虑 32 岁的男性购买的一份 1 000 美元的 5 年期定期保险的净年平准保费。32 岁的人购买的 5 年期定期保险的趸缴纯保费为 5.04 美元。这个数字必须除以 1 美元 5 年期

---

① Graves, *McGill's Life Insurance*, 9th ed., p. 11.7.

定期人寿保险年金的现值。第1年，1美元的支付立刻就可以确定。第2年，必须确定32岁的人活到33岁并支付保费的概率。回头查一下图表A13-1，32岁活着的男性有9 778 587人。根据该表的数据，在33岁的时候还有9 767 537人活着。因此，存活的概率为9 767 537/9 778 587。这一概率乘以1美元，然后用1年期利率进行贴现。那么，第2年支付保费的现值是0.95。剩下3年保费的计算可以做类似的处理。这一计算过程可以概括如下：

32 岁　立即支付1美元　1.00 美元

33 岁　$\dfrac{9\ 767\ 537}{9\ 778\ 587} \times 1 \times 0.947\ 9 = 0.95$（美元）

34 岁　$\dfrac{9\ 756\ 305}{9\ 778\ 587} \times 1 \times 0.898\ 5 = 0.90$（美元）

35 岁　$\dfrac{9\ 744\ 792}{9\ 778\ 587} \times 1 \times 0.851\ 6 = 0.85$（美元）

36 岁　$\dfrac{9\ 773\ 001}{9\ 778\ 587} \times 1 \times 0.807\ 2 = 0.81$（美元）

1 美元的 PVLAD = 4.51（美元）

32岁时1美元5年期定期人寿保险年金的现值是4.51美元。如果用5.04美元的趸缴纯保费除以4.51美元，净年平准保费为1.12美元。

$$\text{NALP} = \frac{\text{NSP}}{1\ \text{美元的 PVLAD}} = \frac{5.04}{4.51} = 1.12\ （美元）$$

普通人寿保险

32岁男性购买的1 000美元普通人寿保险保单的净年平准保费以类似的方法计算。使用的方法相同，除了这一计算过程要不断重复，直到死亡表的最后一年。如果进行计算，32岁时的1美元终身人寿保险年金的现值是17.08美元。① 然后用32岁的终身人寿保险年金的现值（17.08美元）除以趸缴纯保费（109.49美元），得到的净年平准保费为6.41美元。

毛保费

将附加保费加上净年平准保费就可得到毛保费。附加保费必须包括所有经营费用，提供应对偶然事件的准备金，在股份制保险公司中还提供利润。

如果保单是分红型的，附加保费必须反映红利的差额。

保单准备金

保单准备金也被称为法定准备金，是人寿保险公司的主要负债项目。② 在支付保费的平准保费方法中，最初几年支付的保费高于支付死亡保险金必需的数额，而后期几年的支付则不足以支付死亡保险金。超额保费必须记入账户，准备将来支付给投保人指定的受益人。这样，早期几年的超额保费就构成了保单准备金。保单准备金是保险公司资产负债表

---

① Graves, *McGill's Life Insurance*, 8th ed., p. 11.21.
② 有关人寿保险的法定准备金的相关讨论参见 Graves, ch.12 和 Black, Jr., Skipper, and Black Ⅲ, ch.16。

中的负债项目，必须有等额的资产予以抵销。如果实际情况与计算准备金的精算假设一致，那么保险公司持有的保单准备金，加上未来的保费和投资收益，将使保险公司能够支付所有保险金。保单准备金之所以被称为法定准备金，是因为州法规明确了计算准备金的最低基础，即按照法律要求计算最低准备金的基础。

准备金的目的

保单准备金的设置有两个目的：

第一，这是出于对保险公司支付未来索赔责任的认识。保单准备金加上未来的保费收入和利息收入必须足以支付所有未来的保险金。

第二，准备金是法律规定的对保险公司偿付能力进行测度的一个指标。保险公司持有的资产至少要等于其法定准备金和其他负债之和。这个要求是对保险公司是否有能力履行对投保人当前和未来应承担义务的测试。因此，保单准备金就不能被看作基金，而是必须由资产抵销的负债项目。

准备金的定义

保单准备金（policy reserve）可以被定义为未来保险金的现值和未来纯保费的现值之间的差额。趸缴纯保费等于未来保险金的现值。在保单生效初期，趸缴纯保费还要等于未来净保费的现值。趸缴纯保费可以不改变这一关系，而被转换为一系列净平准保费。但是，一旦支付了分期付款的首期保费，情况就不是这样了。未来保险金和未来净保费的现值就不再相等了。未来保险金的现值将会随着时间的推移而增加，因为死亡的日期在接近，而未来净保费的现值在减少，因为要支付的保费越来越少。两者之间的差额就是保单准备金。

根据较早的用于评估法定准备金的《1980 年普通保险监督官标准死亡表》（1980 CSO mortality table），普通人寿保险保单的准备金不断增长，直到等于 100 岁时的保单面额。如果被保险人到那个时候仍然活着，就将面额支付给投保人。但是，对于 2009 年 1 月以后签发的保单而言，人寿保险公司在评估其准备金的时候，被要求按照新的《2001 年普通保险监督官标准死亡表》计算。这样，根据《2001 年普通保险监督官标准死亡表》，法定准备金将稳定增加，并最终等于 121 岁时的保单面额。

准备金的类型

准备金既可以是追溯准备金，也可以是预期准备金。如果我们考察的是过去的情况，那么准备金就是追溯准备金。**追溯准备金**（retrospective reserve）代表了保险公司对一批特定保单收取的净保费，加上按假定利率计算的利息，减去支付的死亡给付。[①] 所以，追溯准备金是按照一定利率累积的净保费超过支出的死亡保险金的差额。

当考察未来的情况的时候，准备金还可以被看作预期准备金。**预期准备金**（prospective reserve）是未来保险金现值和未来净保费现值的差额。

回溯和预期方法在数学计算上是相等的。如果使用的精算假设相同，那么用两种方法计算出的某一年末的准备金相同。

准备金还可以根据评估的日期进行分类。根据准备金评估的时间分类，准备金可以分为末期准备金、初期准备金和平均准备金。

---

① Graves, p.12.2.

期末准备金（terminal reserve）是给定保单年度末的准备金。在保险公司以计算红利为目的而计算退保现金价值和风险净额的时候，可以使用这种概念。**期初准备金**（initial reserve）是保单年度初期的准备金。它等于前一年的期末准备金加上当年的净年平准保费。保险公司还可以使用期初准备金来计算红利。最后，**平均准备金**（mean reserve）是期初和期末准备金的平均值。保险公司可以在年报中用它来反映其准备金负债。

 案例应用

假设别人要求你解释人寿保险保单保费如何计算。根据下面的信息，回答如下问题：

a. 计算 30 岁男性购买的一份 1 000 美元 5 年期定期保险的趸缴纯保费。
b. 计算与 a 中保单相同的保单的净年平准保费。
c. 净年平准保费是投保人支付的实际保费吗？解释你的答案。

不同岁数年初	当年年初活着的人数	当年死亡的人数	按照 5.5% 利率计算的 1 美元的现值	
			年份	因子
30	9 800 822	11 173	1	0.947 9
31	9 789 650	11 062	2	0.898 5
32	9 778 587	11 050	3	0.851 6
33	9 767 537	11 233	4	0.807 2
34	9 756 305	11 512	5	0.765 1

重要概念和术语

期初准备金　　　　　　　　　　　　平均准备金
净年平准保费　　　　　　　　　　　趸缴纯保费
保单准备金　　　　　　　　　　　　追溯准备金
预期准备金　　　　　　　　　　　　期末准备金

第14章
年金和个人退休账户

> 买一份便宜的年金，让自己和关心你的其他人的生活平添一份乐趣。
>
> ——查尔斯·狄更斯

 学习目标

学习完本章，你应当能够：

- 指出年金的定义及其与人寿保险的差异。
- 解释年金的基本目的。
- 描述以下类型年金的基本特征：
  a. 即付年金；
  b. 递延年金；
  c. 联合终身年金；
  d. 变额年金；
  e. 固定指数年金；
  f. 长寿年金；
  g. 合格长寿年金合同；
  h. 多年保证年金。
- 解释如何根据联邦所得税立法对个人年金征税。
- 解释传统个人退休账户的基本特点。
- 解释传统税收抵扣个人退休账户的资格要求。
- 解释罗斯个人退休账户的基本特点。
- 解释建立罗斯个人退休账户的资格要求。

詹妮弗今年26岁，毕业于美国中西部一所大学。在明尼苏达州明尼阿波利斯一家生产除臭剂和相关消费品的大公司担任市场分析师。她为自己设定了好几个财务目标，包括还清助学贷款及为将来有一个舒适的退休生活制订储蓄计划。其公司人力资源部的领导向詹妮弗解释，若她想获得加入公司退休计划的资格，必须等到聘用期满一年。他建议詹妮弗应该在此过渡期注册罗斯个人退休账户（Roth IRA）。她可以立刻为退休存钱；累积的投资收益免交所得税；得到的退休金也免交所得税。

本章讨论了退休计划方面的一些热点议题，并说明年金和个人退休账户怎样帮助人们创造一个舒适的退休生活。本章共分为两个主要部分。第一部分讨论了年金的概念以及今天销售的不同类型的年金。第二部分讨论了个人退休账户的特点，包括传统个人退休账户和罗斯个人退休账户。

个人年金

今天绝大多数退休的美国人领取社会保障基金的退休保险金。一些工人也通过参与其雇主的退休计划获得保险金，还可以购买个人年金提供额外的退休收入。个人年金是一种延迟纳税的产品，尽管保费是用税后收入支付的，但是累积的投资收益免缴所得税，直到领取收益的时候才征税。递延税款的投资收益经过长时间的复利累积，其数量相当可观。

年金（annuity）可以被定义为在一个固定期限或一个或多个指定生命期的定期支付。那些获得定期支付或者其寿命决定支付存续期限的个人被称为**年金受领人**（annuitant）。

年金与人寿保险恰好相反。人寿保险在被保险人累积起足够的金融资产之前，为防止过早死亡而提供保障，并在被保险人死亡的时候立刻形成一笔遗产。相反，年金则在人们因为生存了太长时间（通常被称为寿命过长）而耗尽自己的储蓄，却仍然活着的时候，为其提供保障。因此，年金的基本目的就是提供一种不会到期的终身收入。它为由于长寿而耗尽储蓄所导致的缺乏收入的情况提供保障。

由于长寿所附带的风险在一个团体里进行了分散，年金具有可行性。人们无法确保他们的收入足以满足退休生活的需要。一些人会在耗尽储蓄之前去世，而其他人则可能在耗尽其本金的时候仍然活着。尽管保险公司无法预测团体中的一般成员能够活多久，但是却可以知道，之后的每年年末大概会有多少年金受领人。这样，保险公司就可以计算每个人应该缴纳的费用。在向年金受领人支付年金之前，这笔资金可以为保险公司带来收益。而且，一些年金受领人有可能过早死亡，他们的未清算本金可以作为附加款项被支付给那些存活时间超过预期寿命的年金受领人。所以，年金支付的来源有三个：（1）保费，（2）利息收益，（3）过早死亡的年金受领人的未清算本金（所谓生存者利益）。通过共同承担寿命过长的风险，保险公司可以向寿命不那么长的年金受领人支付终身收入。

年金受领人通常身体比较健康，比大多数人活的时间更长。由于年金受领人预期寿命较长，精算师采用特殊的年金表来计算年金的保费。

年金的类型

保险公司销售的个人年金种类繁多。为了便于理解，我们将今天销售的年金主要分为下列几类：

- 即付年金；
- 递延年金；
- 联合终身年金；
- 变额年金；
- 固定指数年金；
- 长寿年金；
- 合格长寿年金合同；

- 多年保证年金。

即付年金

即付年金（immediate annuity）定期进行收入支付，该支付有保证且金额固定，在购买日之后的第一个支付期结束时即开始支付。例如，如果收入按月支付，第一笔支付发生在购买一个月之后，如果年付，就在一年后开始支付。即付年金的一个重要例子是**趸缴保费即付年金**（single-premium immediate annuity），一次性购买，第一次支付从购买之日起一个支付期结束开始。

在退休前的**累积期**（accumulation period）内，保费带息累积。一般有两种利率：保证最低利率和当前利率。保证最低利率是定额年金适用的最低利率，一般为2%～2.5%。当前利率高一些，一般根据当前市场状况确定，如3.25%～3.5%。当前利率只有在有限的时期内才能够保证，通常为1～5年。

例：亚历克斯在67岁退休，每月共从雇主退休计划和社会保障退休保险金中领取3 000美元。他每月还需要1 000美元的花销。根据一个保险公司提供的当前利率，他可以以199 932美元的价格购买一份即付年金。终生每月领取1 000美元，支付期为20年。

为了吸引人们购买年金，许多保险公司销售红利年金。这种年金最初会提高计入年金的利息数额。例如，投资者将100 000美元投资于3%红利的年金中，那么就可以在第一年得到3 000美元的利息。但是，天下没有免费的午餐。这些红利通过降低计入年金的续保利率或者较高的费用予以支付。

清算期（liquidation period）（也称支付期，payout period）紧随累积期之后，是指向年金受领人支付年金的时期。在清算期内，累积的现金可以**年金化**（annuitize）或者以有保证的终身收入的形式向年金受领人支付。但是，定期支付在数额上是固定的，而且一般不会发生变化。因此，定额年金几乎不对通货膨胀提供保障。

即付年金一般在接近退休的时候一次性购买。其主要优点是保证终身收入而不会过期。当然，它还有其他一些优点（见专栏14.1）。

专栏 14.1

退休工人即付年金的优点

即付年金可以为购买者带来很多好处。这里只罗列其中的几个：

- **安全** 年金提供的是稳定的终身收入。这种收入永远不会消失，或者可以保证持续较长的一个时期。
- **简单** 年金受领人不需要管理投资、关注市场、报告利息或红利。
- **较高的收益** 保险公司用于计算即付年金收益的利率一般高于可转让定期存单（CD）或国库券利率。而且，因为每次支付的时候都会返还一定本金，所以得到的收益明显高于仅有利息的情况。其结果是现金流显著增加。
- **税收优惠** 如果用于购买年金的钱来自应税账户，例如存款账户，那么就会有部分支出免交所得税。每一笔支出的大部分都包括了本金的返还。这些本金收益在被课税完毕后再收到则属于免税所得。只有属于利息的那一部分属于应税所得。

- **本金的安全** 资金以保险公司资产作保，而且不受金融市场波动影响。
- **初次销售后没有销售费用和行政性收费**。相反，提供退休所得的共同基金每年会产生投资和行政管理的附加费用。

趸缴即付年金（SPIA）特别适合以下情况：
(1) 从雇佣状态退休。
(2) 期末基金提存或养老金终止（包括延期开始申领）。
(3) 退休金买断。
(4) 针对个人人身伤害、遗产或离婚案件的结构性赔付。
(5) 职业运动合同。
(6) 信用增强和借款保证函交易。

资料来源：Adapted from *Lessons in Annuities*, http://www.immediateannuities.com. Used with permission.

递延年金

递延年金（deferred annuity） 在未来的某个日期开始定期支付收入。这种类型的年金实际上是一种在退休之前、递延税款的基础上，累积一笔资金的计划。如果年金受领人在退休之前的累积期内死亡，那么就会支付等于毛保费的死亡保险金，或者如果累积金额更高，则还支付现金价值。在保单到期日，年金受领人可以一次性领取这笔资金，或者选择分期支付方式之一进行支付（这将在后面讨论）。

可以一次性购买将收入支付延期至未来某一天的定额年金，也可以购买允许弹性支付保费的保单。递延年金包括：

趸缴保费递延年金 一次性购买的递延年金被称为**趸缴保费递延年金（single-premium deferred annuity）**。但收入支付日期被推迟至未来某一天。

弹性保费年金 **弹性保费年金（flexible-premium annuity）** 允许年金所有人支付的保费不同，不需要年金所有人每年存入一定额度的资金。因此，年金所有人在支付保费方面有足够的灵活性。

长寿年金 **长寿年金（longevity annuity）** 是一种趸缴递延年金，只在购买人高龄（如85岁）时开始支付收入。其目的是为购买人在高龄时耗尽资产的风险提供保障。长寿年金将在关于长寿年金的一节中详细讨论。

联合终身年金

联合终身年金（joint life annuity） 是一种为两位或两位以上的年金受领人（例如丈夫和妻子，或兄弟和姐妹）支付收入的年金。根据联合终身年金，收入支付在第一个被保险人死亡时终止。此类年金的主要缺点是，在收入支付终止时，首位死亡的年金受领人的整个生命期获得了保障，但生存的年金受领人在其余下的生存时间可能仍然有获得收入的需求。正因为此，这种联合终身年金的市场有限。

联合生存年金（joint-and-survivor annuity） 是一种根据两位或更多的年金受领人（例

如丈夫和妻子，或兄弟和姐妹）的生存情况来支付保险金的年金。这种年金的给付将持续到最后一位年金受领人去世。因此，生存的年金受领人的收入需求可以得到保障。有一些年金会一直支付全额的初始收入，直到最后一位受领人死亡。其他年金合同在第一位受领人死亡后，只支付初始金额的三分之二或一半。

年金给付方式 年金所有人可以选择**年金给付方式**（annuity payout options）。可以一次性或分期收回所有现金，或者分期提款，将其作为终身收入。从实务操作的角度来看，大多数年金并不是每年支取的。

一般可以选择下面几种给付方式：

- 现金方式或分期付款。这笔资金可以一次性取出，也可以分期领取。所得款项的应税部分（这将在后文关于个人年金税的内容中讨论）需要缴纳联邦和州所得税。现金给付会引发针对保险公司的逆向选择，因为健康状况不好的人将选择现金方式，而不是进行年金化。

- 终身年金（不偿付本金）。**终身年金（不偿付本金）**［life annuity (no refund)］方式在年金受领人生存期间，为年金受领人提供终身收入。在年金受领人死亡之后，就不再予以支付。这种类型的给付方式因为不偿付本金，所以定期支付的收入最高。这对于那些需要最高终身收入和没有抚养人或无法通过其他方式获得收入的人是非常合适的。但是，由于面临着因为过早死亡而损失未偿付本金的风险，极少有年金所有人会选择这种方式。

- 支付时期确定的终身年金。**支付时期确定的终身年金**（life annuity with period certain）保证在一定期限内向年金受领人支付一定的终身收入（例如 5 年、10 年、15 年或 20 年）。如果年金受领人在完全取得有保障的次数的收入之前就去世，剩余的部分将被支付给指定的受益人。那些需要终身收入，还希望在自己过早死亡的情况下为其受益人提供收入的人可以选择这种给付方式。由于保证给付，所以定期支付的金额低于不偿付本金的终身年金。

- 分期偿还本金方式。**分期偿还本金方式**（installment refund option）向年金受领人支付终身收入。如果年金受领人在收到的总收入等于年金购买价格之前就去世，那么保险公司向指定受益人的支付将一直持续到二者相等的时候。**本金现金偿付方式**（cash refund option）是这种给付方式的另一种形式。如果年金受领人在收到的总收入等于年金购买价格之前死亡，差额可以一次性被支付给指定的受益人。

- 生活成本调整（cost-of-living adjustment, COLA）。消费价格上涨会严重削弱定额年金的实际购买力。大多数保险公司提供某种类型的生活成本调整，每年增加给付，并提供应对通货膨胀的保障。然而由于防御通货膨胀的影响，首期月收入将远少于传统的定额年金。年金受领人可以选择生活成本调整（一般为 1% 至 5% 不等），按所选比例每年增加月收入。

例如，在写作本书时，一位 67 岁男性购买了一份 250 000 美元的即付固定年金（不可退，无生活成本调整）。他将会每个月获得 1 556 美元的终身收入。然而，如果将生活成本调整的年增长率定为 2%，那么他最初的每月收入额将减少到 1 296 美元，即减少 16.7%。一般来说，年金受领人需要 12~15 年的收入才能实现收支平衡。因此，对于 70 岁以上的年金受领人来说，生活成本调整是不可取的。

图表 14-1 显示了一位 67 岁男性购买的 250 000 美元即付年金每个月获得收入的情况。表格第一部分显示了即使年金受领人寿命过长，也可以终身获得的每月收入。然而，在表格的第二部分中，"特定期限"一词是指在特定年限内每月支付给年金受领人的收入，

而非终身支付。

图表14-1 即付年金月支付额的例子（购买价格为250 000美元，由67岁男性购买）

年金给付方式	估计月收入（美元）
不偿付本金的终身收入	1 478
5年支付期的终身收入	1 465
10年支付期的终身收入	1 426
15年支付期的终身收入	1 363
20年支付期的终身收入	1 288
偿还本金的现金终身收入	1 338
5年期限（特定期限，下同）	4 362
10年期限	2 362
15年期限	1 710
20年期限	1 407
25年期限	1 234

资料来源：ImmediateAnnuities.com。给出的数据为对内布拉斯加州2018年7月的估计值。

部分附加现金提取条款的即付年金受到批评，理由是资金被锁定，无法应对突发财务问题或急需现金的其他情况。为了解决这个问题，一些保险公司提供附加条款，允许年金所有者在购买定额年金后部分提取现金。例如，根据一个保险公司的附加条款，定额年金所有者可最多提取30%的"计算金额"，只要满足（1）合同已生效至少三年，（2）提取的现金金额至少为5 000美元，（3）距任何先前提款生效日期已满至少36个月，（4）至少有一位年金受领人活着。计算金额是指未来预期年金支付额的现值或剩余保证年金支付额的现值（如果更高的话）。未来的所有年金支付额将按每月收到的计算金额的百分比减少。

变额年金

另一种年金类型是变额年金。**变额年金（variable annuity）** 提供终身收入，但是支付的收入根据保费投资账户（如普通股）的投资情况而异。变额年金的基本目的是对冲通货膨胀的影响，保证退休期间定期支付的实际购买力。它所根据的假设是，生活成本和普通股的价格在长期内具有正相关关系。①

变额年金的基本特点 保费被投资于普通股的资产组合或其他在通货膨胀期间价值有可能增长的投资项目。在退休前，保费被用于购买**累积单位（accumulation unit）**，累积单位是在年金的累积阶段，对变额年金投资价值的度量。如前所述，累积期为退休前的时期。每一个累积单位的价值都会随着普通股的价格发生变化。例如，假设累积单位的初始价值是1美元，年金受领人每个月支付的保费是100美元。在第一个月中，购买100个累积单位。②如果普通股的价格在第二个月中提高，累积单位上升为1.10美元，大约可以购买91个累积单位。如果在第三个月中累积单位下降到0.90美元，就可以购买111个累积单位。所以，在较长的时期内，累积单位可以在上升或下降的市场中购买。

退休的时候，累积单位转换为**年金单位（annuity unit）**。年金单位是一个基本变量，它在

---

① 在通货膨胀快速提升期间，以及在美联储短期内迅速提高利率的时候，普通股的价格可能会下跌。
② 忽略行政费用和销售费用的扣除。

很大程度上决定了所支付的变额年金的价值。最初获得的年金单位数量取决于对死亡率、利率、费用以及年金单位所依据的金融资产的市场价值的假设。一旦确定，年金单位总数在清算期间就保持不变。然而，每一单位的价值会根据普通股的价格水平每个月或每年发生变化。因此，年金单位的数量乘以每个单位的现值将决定每月支付给年金受领人的收入金额。

有保证的死亡保险金 变额年金一般会提供有保证的死亡保险金，从而保证本金不会因为市场价格的下降而蒙受损失。如果年金受领人在累积期死亡，支付给受益人的金额将为下面两种金额中较高的一种：年金账面价值或根据提取情况调整后的保费支付总额。因此，如果年金受领人在市场疲软时死亡，受益人得到的给付至少等于支付的（扣除提取金额后的）总保费。

此外，许多变额年金会更进一步，在支付额外保费后，提供增强型死亡保险金。增强型死亡保险金或者（1）保证本金（缴纳的保费）加利息，或者（2）定期调整账户价值用以锁定投资收益。例如，年金可能包含底价上升的死亡保险金，在这种情况下，死亡保险金会定期重新设定。因此，底价上升5%的死亡保险金可能定期重设，从而受益人可以得到本金加上5%的利息。

第二个例子是递增型保险金。在该种方式中，合同会定期锁定投资收益，比如每5年的投资收益。例如，假设第1年投资10 000美元，账户价值在第5年是15 000美元。新的死亡保险金是15 000美元，即使年金所有人的投资仅仅是10 000美元。

最后，增强型收益保险金是一种在年金受领人死亡时支付额外金额用于缴纳个人所得税的保险金方式。支付的数额包括了继承人必须就其年金的累积收益缴纳的所得税。例如，假设投资于变额年金的100 000美元增长到200 000美元的时候，年金受领人去世。指定受益人必须就这100 000美元收益支付所得税。增强型死亡保险金将支付额外金额，比如40%即40 000美元，帮助指定受益人缴纳收益的所得税。

许多保险公司还会提供额外的保证保险金，以使变额年金更有吸引力。专栏14.2讨论了几种可通过支付额外的保费，被附加到变额年金上的附加保证保险金。

专栏 14.2

满足特定需求的可选变额年金

除了最低保证死亡保险金以外，保险公司还会提供一些可选保证保险金，以满足特定需求，让变额年金对消费者更有吸引力。具体包括以下几种：

- **最低提取给付保证（GMWB）**。这种产品使人们可以每年提取相当于年金支付的总保费的一定比例的金额，直到人们提取完所有投资。[a] 这种方式为应对账户的投资损失提供了保证。例如，假设理查德今年67岁，投资100 000美元在变额年金方面，但是该账户价值因为熊市而大幅下降，现在仅值80 000美元。如果特定的比例是5%，他可以每年提取5 000美元，直到所有100 000美元被提完。

- **终身提取给付保证（GLWB）**。与前面的GMWB不同，这种产品保证人们的保险金可以终身持续领取，即使初始投资已被耗尽。保证提取保险金通常为变额年金投资额的4%～5%，即使投资账户被耗尽，提取也将持续终生。[b]

- 最低年金给付保证（GMIB）。对于需要领取年金的年金所有人而言，这种给付方式无论账户现有价值为多少，都将保证最低支付额，而且还为投资账户发生的损失提供保证。例如，这种保证可能声明，如果购买年金，最低支付额将基于现金价值或 GMIB 给付金一定百分比的较高者确定，这一额度等于特定利率（例如 5%）的投资组合的金额。[c] 这两个基准值的较高者被用于确定最低年金给付额。这些给付对于那些没有领取年金的年金所有人而言是没有价值的。

- 最低累积给付保证（GMAB）。在这种给付保证中，合同的价值将等于特定年数后（例如 10 年后）的特定最低额度，即使投资组合的价值已经下降。

上述有保证的给付并不是免费的，年金所有人需根据选择的类型额外缴纳一定的保费。例如，GLWB 每年的额外成本为 50～60 个基点。[d]

a. Randy Myers, "Customizing Your Annuity: New Features Add Liquidity and Flexibility," *The Wall Street Journal*, November 14, 2007, p. D13.

b. Ibid.

c. George D. Lambert, *The Cost of Variable Annuity Guarantees*, http://www.Investopedia.com.

d. Ibid.

费用和支出 变额年金所有人需要支付一定的费用。一些费用由投资管理费用和行政费用构成，其他费用是保险收费，用于支付担保和其他服务的费用。此外，大多数变额年金还要收取退保费。

具体来说，变额年金一般包括下面几类费用：

- 投资管理费。这种收费被用于支付投资经理和资产管理公司的中介经纪服务和资产投资组合管理中的咨询费用。

- 行政费用。这种收入包括文书工作、记录保存，以及向年金持有人提供定期报告的费用。

- 死亡和支出风险收费。这种费用被称为"M&E"费用，用于支付（1）与保证死亡保险金和长寿相关的死亡风险；（2）担保在保单被售出后，每年的费用不会超过资产的一定百分比；（3）对利润的补贴。

- 退保费。大多数年金对合同前期的退保收取**退保费**（**surrender charge**）。这种费用被用于支付销售变额年金的代理人和经纪人的费用。若年金在合同前期退保（通常是购买后的 6～8 年），退保费通常为账户的一定百分比，并随着时间的推移而降低。例如：如果第一年的退保费是账户价值的 7%，每年下降 1 个百分点，则到第八年及之后，退保费为零。大多数变额年金允许每年撤出保单账户价值的 10%，而无须缴纳退保费。

除了这些费用之外，年金还需要缴纳每年的合同费用，如 25 美元或 50 美元。如果年金从一个子账户转移到另一个子账户，也可能产生费用。总体来说，每年的总费用和支出（包括附加保单的成本）相对较高，可能为总投资的 3%～4%。[①] 因此，成本较高的年金的长期总收益可能大幅下降。

① Randy Myers, "Private Wealth Management, Annuities and Retirement Satisfaction," *The Wall Street Journal*, November 16, 2011, p. C7.

固定指数年金

固定指数年金是另一种类型的年金。它提供定额年金的担保和股票市场收益的有限分红。**固定指数年金**（fixed indexed annuity）是一种递延年金，允许年金所有人分享股市的增长，还可以提供对本金损失和年金持有一个时期所获得的优先利息收益的保障。购买固定指数年金支付的保费不像变额年金那样被直接投资于股票或债券基金。相反，年金价值与股票市场指数（一般为标准普尔500指数、道琼斯工业指数、纳斯达克指数或欧洲斯托克50指数）的情况相关联。如果股市上涨，部分指数收益计入年金，而这不包括红利投资。后文将提到，计入年金的收益由分红比率或上限收益率决定。但是，如果股市下跌，固定年金账户余额不会产生损失，因为资产负债表将记为当年零信贷，而不存在负信贷。

评估固定指数年金的主要因素包括：(1) 分红比率，(2) 最高收益率上限，(3) 指数化方法，(4) 保底价值。

分红比率 分红比率是指计入合同的股票指数增长的百分比。保险公司定期确定分红比率，这一比率可能随时发生变化。分红比率一般在股票指数收益的25%和90%之间。因此，投资者只能获得股票指数增长带来的部分收益，不参与任何分红。例如，如果分红比率为25%，股票指数上升12%，那么计入年金账户的指数关联利率为3%（=25%×12%）。

最高收益率上限 一些年金对计入年金的指数关联利率设定了最高收益率上限。最高收益率上限是年金可以应用的最高利率。在本书写作时，最高收益率一般在2.25%和5.75%之间。例如，假设年金的最高收益率上限为5%，股票指数上升10%，计入年金的利率就是5%，而不是10%。

指数化方法 指数化方法是指将超额利息计入年金的方法。保险公司使用了多种指数化方法，但在这里我们只讨论一种。在每年重新设定方法（也被称为棘轮法）中，利息收益根据股票指数每年的变化进行计算，指数价值的起点每年也要重新设定。因此，如果股票指数在合同期内的任何一年出现下降，在指数的任何上涨部分被记入合同之前，其下降部分都不会得到补偿。

保底价值 一些指数年金有保底价值，在年金一直被持有至到期的情况下，可以为价值下降提供保证，从而使本金免受损失。例如，如果保底利率在合同期内下降，年金可以保证初始保费的107%（初始保费的100%加上7%的担保利息信贷）。

固定指数年金的不足 固定指数年金有一些重要的不足，包括以下方面：

- 产品复杂。固定指数年金是一种极其复杂的产品，消费者很难理解，而且经常被误导销售。由于合同对总回报有许多限制，因此固定指数年金不可被视为类似于投资共同基金或购买个股的理想替代投资。
- 不包括红利投资。在计算股票市场指数的总回报时，不包括红利，这一点并不可取。自20世纪40年代以来，在标准普尔500指数的长期回报率中，红利投资占25%～75%。
- 投资回报率历来较低。如前所述，分红比率通常在股票指数涨幅的25%和90%之间。投资者只能获得股票指数增长带来的部分收益，不参与任何分红。同样地，指数年金有一个最高收益率上限，投资者无法参与任何超过这一限制的收益。因此，历史上固定指数年金的投资回报率低得可怜。一项精算研究显示，2002—2016年，45～60岁年龄段的固定指数年金的累积价值每年仅增长0.9%。相比之下，同期标准普尔市场投资组合的年回报率平均为 8.3%。①

长寿年金

由于日益增加的预期寿命，越来越多的人会活到 90 岁甚至更高的年龄。人们可能会面临人还健在、钱已经用完的风险。为了解决提取耗尽个人财务资产的风险，一些保险公司已经设计出了长寿年金产品。长寿年金这个名称是指，在一个较高的年龄（如 80 岁或 85 岁）开始领取给付金的趸缴保费递延年金。其目的是帮助人们抵御在尚未死亡时耗尽财务资产的风险。

长寿年金产品属于成本相对较低的年金产品，例如，根据一个保险公司的费率，对于一位 65 岁的男性，支付 10 万美元的即付年金保费（不偿付本金），每月可获得 541 美元（每年 6 492 美元）的收入。相比之下，一位 65 岁的男性，从 85 岁开始，支付 10 万美元的长寿年金保费，每月可获得 3 427 美元（每年 41 124 美元）的收入。长寿年金产品属于低成本的年金产品，因为保单中通常没有现金价值或死亡赔付。如果年金受领人在开始支付之前的递延期间死亡，那么他将损失其购买价格。不过，也有些保险公司会提供几个选择，提供死亡给付、通货膨胀保护或开始支付的时间更早些，相应地，这些选择会显著降低购买人 85 岁时保单每年支付的收入。

长寿年金既有优点也有不足，优点是：
- 在其他金融资产行将耗尽时，每个月的给付在高龄开始。
- 与传统的即付年金相比，长寿年金是一种成本相对较低的年金产品，因为保单在递延期间通常不提供现金价值或者死亡保险金。
- 长寿产品在购买时可以对冲通货膨胀风险，从而保证了给付金在未来较长时期内的购买力。

但是，另一方面，长寿年金也有以下不足：
- 如果购买人在递延期间死亡，那么继承人就会蒙受损失。这是因为，正如前文所述，长寿产品通常不提供死亡给付金。
- 一旦购买，个人的资金将被锁定，且无法在发生突发事件时使用这些资金。
- 如果死亡发生在递延期间或者在给付刚刚开始不久的时候，可能存在损失购买费用的风险。这可能使产品对于风险厌恶的个人不具有吸引力。

合格长寿年金合同

如果你作为雇员参与了合格雇主退休计划，你将可能面临在活着的时候耗尽退休保险金收入的风险。一份**合格长寿年金合同（qualified longevity annuity contract，QLAC）**的目的是保障这一风险。合格长寿年金合同是一种递延年金合同，在该合同中，趸缴保费在未来某个期限（通常是 2～40 年）内提供终身收入。

举个例子，65 岁的苏珊参与了合格雇主退休计划，拥有 90 万美元的退休账户保险金。她预估自己每月需要 5 000 美元的收入来维持生活，但她担心将来可能耗尽自己个人退休

---

① Lauren Minches, Actuary, *2017 Edition Annuity Decision Guide*, Abaris Financial, p. 96. Accessed at www.myabaris, January 12, 2018.

账户的保险金。假设她的个人退休账户年收入为5%，不考虑通货膨胀，她将在93岁时耗尽个人退休账户。不过，苏珊可以花12.5万美元购买一份合格长寿年金合同，以保证85岁时的月收入为5 000美元，并获得终身支付。基于此，她将在不耗尽个人退休账户的同时保持生活水平。

合格长寿年金合同（QLAC）的主要特征总结如下：
- QLAC是一种趸缴递延年金，在未来某个期限内提供有保障的终身收入。支付的收入是预先规定的，取决于年金受领人的年龄、性别和保费数额。
- 购买QLAC时，应在合格退休计划［如传统IRA、401（k）退休计划或其他合格退休计划］中使用税前储蓄。投资所得税递延到收入支付开始时。
- QLAC不受规定的最低给付规则的约束，该规则要求年龄为70.5岁的人从其税收递延退休计划中提取特定的年度金额。从递延税款账户购买QLAC可减少最低给付规则规定的余额。这意味着收入支付可以在稍后的日期开始，减少了风险管理费和相关税收。

多年保证年金

多年保证年金（multi-year guaranteed annuity，MYGA） 是一种递延年金，允许在特定期限（通常为3~10年）以固定利率一次性投资，它类似于银行的存单，只是利率要高得多。

举个例子，55岁的杰森以3.5%的担保利率投资了10万美元在10年期多年保证年金上。在合同期结束时，他可以选择（1）将账户余额年金化，（2）提取部分或全部资金，（3）以可更新的利率保留投资资金，或（4）将资金转入新的多年保证年金。

此外，多年保证年金还具有以下特点：
- 大多数保险公司允许在提取赚得的利息时不支付退保罚金。此外，许多保险公司允许每年提取高达账户余额10%的资金而无须支付罚金（本金加上累积收益）。
- 如果提取资金超过账户余额的10%，即超过规定免罚金提取金额的百分比，则可能会被收取提前退保费用。请注意，在你年满59.5岁之前，不可将退保费用与《国内税收法》对从多年保证年金中提取资金征收的10%罚金混淆。
- 市场价值调整（MVA）同样可增加或减少对超额提取或提前退保年金的处罚。一个公式将保单首次发行时合同的基准利率与提取或退保时类似保单的基准利率进行比较。如果基准利率下降，MVA将产生积极影响，可能抵销部分或全部退保费用。但是，如果利率上升，并且在退保时更高，MVA会产生负面影响，增加扣除的退保费用。

个人年金的课税

从商业保险公司处购买的个人年金属于不合格年金。不合格年金是指不符合《国内税收法》（Internal Revenue Code）对雇主福利的要求的年金。因此，此类年金也就不符合大多数（合格雇主退休计划享受的）所得税优惠条件。相比之下，合格年金指的是雇主退休计划，它符合《国内税收法》的某些要求，并享受优惠所得税待遇。

个人年金保费不允许进行所得税减免，要用税后收入支付。但是投资收益可以递延税款，并累积当前所得税，到资金实际支取的时候一次性缴纳。

收益的应税部分视同普通收入纳税。此外,在59.5岁之前提前支取的应税收入需要缴纳10%的惩罚性税金,某些情况除外。①

个人年金的定期年金支付根据《税法通则》(General Rule)进行课税。根据该规则,年金支付的净成本在支付期间免缴所得税。每次支付超过净成本的部分与普通收入一样进行课税。

在确定年金支付中的不需纳税或应税部分的时候,必须计算宽减率。**宽减率(exclusion ratio)** 通过用合同的投资额除以预期收益得到:

合同的投资额(基础)是年金的总成本,通常等于购买年金支付的保费总额减去之前获得的非税收入减去返还部分的价值。② 预期收益是年金受领人根据合同预期能收到的总金额。可以通过用年金受领人每年的支付额乘以年金受领人的预期寿命计算得出,后面这个数据可以在国内收入署的精算表中查出。

这里举一个例子,假设本今年65岁,购买了一份108 000美元的即付年金,该年金终身提供月收入1 000美元,没有年金返还。投资于该合同的金额为108 000美元。根据国内收入署的精算表,本的预期寿命为20年。预期收益是240 000(=20×12×1 000)美元。宽减率为0.45(=108 000美元÷240 000美元)。直到收回净成本,本每年收入中5 400(=45%×12 000)美元是免税的,6 600美元需要纳税。在净成本被收回之后,支付总额需要纳税。

总的来说,年金对于那些已经向享受税收优惠的其他计划支付了最高限额以及那些希望在递延税金的基础上存下更多钱的投资者来说颇具吸引力。而且,由于退保费,投资者至少将这笔投资保留10年或10年以上。

但是,年金(特别是变额年金)并不一定适合每一个人。如果你在59.5岁之前还需要这笔钱,投资期限少于15年,没有购买最高额度的享受税收优惠的其他计划[如401(k)计划和个人退休账户],那么最好不要购买变额年金。还有一些其他因素也很重要(见专栏14.3)。

专栏 14.3

购买变额年金之前需要回答几个问题

如果使用得当,变额年金是一种很有价值的退休保障手段。但是,变额年金并不适合每个人。在购买年金之前,你需要回答下列问题。

---

① 10%的惩罚性税收不适用于以下情况:年龄达到59.5岁或完全丧失劳动能力的人;在受领人死亡之后,受益人或继承人获得的支付;收益为受领人或受领人及受益人预期寿命期间支付额的一部分;对符合条件的个人伤害理赔年金合同的支付。此外还有其他一些除外情况。

② 计算年金总成本的过程非常复杂。总成本必须扣除以下项目:(1)偿还保费、折扣、红利或未偿付贷款;(2)双倍赔偿或残疾支付所需的额外保费;(3)任何其他免税金额;(4)年金中的所有偿还金额。美国国内收入署为方便计算制定了表格。

- **每年的费用是多少？** 正如文中所讨论的，大多数变额年金每年的费用都很高。其他投资，特别是无附加指数共同基金，每年的费用非常低。在购买之前，你应该寻找年费用较低的年金。
- **你愿意被年金锁定15年吗？** 大多数年金收取退保费的时期都会很长，一般为7～10年。如果在最初的几年中退保，那么你将损失一大笔资金。而且，如果要使税收优惠抵销较高的费用，你必须持有变额年金至少15年才能享受所得税优惠。
- **你是否已经购买了每年收入所能购买的最高金额的雇主401（k）计划或其他合格退休计划，并将其投入了个人退休账户？** 大多数雇主为合格退休计划进行了部分支付，如果你不投入允许的最高额度，就会失去"无成本收入"。而且，个人退休账户每年的收费低于变额年金。
- **你有没有考虑你对风险的容忍程度？** 年金的价值取决于子账户的投资情况。如果保费被投资于股票账户，年金的价值会因为市场的大幅下跌而降低。根据你对风险的容忍程度，你的舒适度会受到负面的影响。
- **你愿意容忍每个月收入的变化吗？** 变额年金退休金会随着子账户的投资情况发生波动。如果资金被投资于股票市场，潜在的市场下跌会造成经济损失。普通股票对利率很敏感。如果利率因为通货膨胀预期或美联储货币政策的变化而上升，你的变额年金收益也会降低。
- **在59.5岁之前，你需要这笔钱吗？** 如果在59.5岁之前，你需要这笔资金，那么你最好不要购买变额年金。在59.5岁之前收回现金通常会就支取的应税部分收取10%的惩罚性联邦税收。你应该保留足以支付3～6个月生活费用的现金，这将降低你从年金中提取现金的可能性。
- **你的联邦、州综合所得税税级是否至少为28%？** 如果你的税级较低，较高的变额年金费用会减少递延年金的税收优惠。
- **在支付年金收益的时候，你是否知道资本收益会与普通收入一样需要纳税？** 变额年金收益的应税部分与普通收入一样需要纳税，在2018年这一比率高达37%。相反，在作者写作本书之时，应税账户中的长期资本收益需要按照20%（2018年）的最高资本收益率纳税。
- **你是否知道，如果你去世，你的继承人会像你一样就变额年金纳税？** 相反，由于递增成本的原因，留给继承人的应税账户中的共同基金免缴个人所得税。结果，继承人不需要就累积的收益缴纳所得税。
- **你是否应该将本应投入个人退休账户的资金投入变额年金？** 根据一般的规则，答案是不应该。个人退休账户已经享受了所得税优惠。将被投资于个人退休账户的资金投入变额年金将导致不必要的费用和重复开支。

个人退休账户

个人退休账户（individual retirement account，IRA）允许雇员每年向退休计划缴费，而且缴费在某一限额内时享受所得税优惠。

这里有两种基本的个人退休账户：
- 传统个人退休账户；
- 罗斯个人退休账户。

传统个人退休账户

传统个人退休账户（traditional IRA）是一种允许个人就他们向个人退休账户缴纳的费用的部分或全部享受税收减免的个人退休账户。累积的投资收益在递延税款的基础上免缴所得税，而支付则与普通收入一样要纳税。

资格条件 必须满足两个条件，才能建立传统的税收减免型个人退休账户：

第一，参与者在缴费当年要有收入。应税收入包括工资和薪酬、奖金、佣金、自谋职业收入以及应税生活费和分居赡养费，但是应税收入不包括利息和红利所得、养老金或年金收入、社会保障以及租金收入。例如，如果一个人的收入只有社会保障和投资收益，他或她在当年就不能向个人退休账户缴费。

第二，参与者的年龄必须低于70.5岁。参与者在年满70.5岁或之后的税收年度里，都不得向个人退休账户缴费。

年缴费限额 税法的变化已经大幅提高了每年向个人退休计划缴费的限额。特别追加规则（special catch-up rule）允许岁数较大的工人缴纳额外的费用。追加条款旨在帮助那些几乎没有为退休存下什么钱的老年人。所有个人退休账户的年度缴费总额不能超过某个限额，包括传统个人退休账户和罗斯个人退休账户（稍后讨论）。2018年的最高年缴费额或者为5 500美元，或者为劳动收入的100%，取两者中较低的一种。50岁以上的老年工人可以缴纳额外的1 000美元，或最高6 500美元。个人退休账户年缴费限额根据500美元的增量与通货膨胀挂钩。

传统个人退休账户缴费的所得税减免 传统个人退休账户缴费的年度金额和所得税减免额取决于（1）修正的个人退休收入以及是否有效参与雇主退休计划，或（2）修正的调整总收入及是否为雇主退休计划中的非有效参与者。因此，传统个人退休账户可能（1）全额扣减所得税，（2）部分扣减所得税，或（3）不扣减所得税。传统个人退休账户的减免规则复杂又详细。

若在工作中参与雇主退休计划，则2018年适用以下规则：
- 若申请状态为单身或户主，修正的调整总收入低于63 000美元，可享受全额减免。若修正的调整总收入在63 000美元和73 000美元之间，则可享受部分减免。若修正的调整总收入高于73 000美元，则不可享受减免优惠。修正的调整总收入一般为显示在纳税申报单上的调整总收入，不考虑个人退休账户扣减和一些其他项目。①
- 若申请状态为已婚夫妇共同申请或符合条件的寡妇（或鳏夫），修正的调整总收入低于101 000美元，可享受全额减免。若修正的调整总收入介于101 000美元和121 000美元

---

① 修正的调整总收入一般为显示在纳税申报单上的调整总收入，不包括任何个人退休账户扣减额、外国收入扣减额、外国住房扣减额、合格债券利息、雇主支付的费用。对于罗斯个人退休账户，修正的调整总收入不包括传统个人退休账户转换为罗斯个人退休账户时报告的收入。

之间，可享受部分减免。若修正的调整总收入高于 121 000 美元，则不可享受减免优惠。

- 若申请状态为已婚单独申请，且修正的调整总收入低于 10 000 美元，可享受部分减免。若修正的调整总收入高于 10 000 美元，则不可享受减免优惠。

若未参加雇主退休计划，则 2018 年适用以下规则：

- 若申请状态为单身、户主或符合条件的寡妇（或鳏夫），任意修正的调整总收入，均可享受全额减免。
- 若申请状态为已婚，与未有效参与雇主退休计划的配偶共同或单独申请，任意修正的调整总收入，均可享受全额减免。
- 若申请状态为已婚，与未有效参与雇主退休计划的配偶共同或单独申请，修正的调整总收入低于 189 000 美元，可享受全额减免。
- 若申请状态为已婚，与有效参与雇主退休计划的配偶共同申请，修正的调整总收入介于 189 000 美元和 199 000 美元之间，可享受部分减免。若修正的调整总收入高于 199 000 美元，则不可享受减免优惠。
- 若申请状态为已婚，与有效参与雇主退休计划的配偶单独申请，且修正的调整总收入低于 10 000 美元，可享受部分减免。若修正的调整总收入高于 10 000 美元，则不可享受减免优惠。

无扣减个人退休账户（nondeductible IRA）是一种传统的个人退休账户，收入超过阶段限额的纳税人可以向传统个人退休账户缴费，但是不能扣减其缴费额。在这些情况下，可以考虑罗斯个人退休账户（后面将进行讨论）。

对提前给付的税收惩罚 除了某些特殊情况之外，在受领人达到 59.5 岁之前从传统个人退休账户获得收入被认为是提前给付。必须对包括在总收入中的给付金额课以 10% 的惩罚性税金。但是，下面情况的给付不应该给予税收惩罚：

- 用于支付未偿付医疗费用的给付金超过调整总收入的 7.5%（65 岁以下为 10%）。
- 失业时支付的医疗保费。
- 个人退休账户持有人丧失劳动能力。
- 向已故个人退休账户的受益人继续支付给付金。
- 传统个人退休账户的给付金作为一系列给付的一部分，恰好等于购买人终身（或预期寿命内）的全部支付额，或者是购买人及其受益人终身（或联合预期寿命内）的全部支付额。
- 给付金不超过购买人符合条件的高等教育支出。
- 给付金用于购买、建造或重建第一套房屋（最高 10 000 美元）。
- 来自个人退休账户的给付金用于符合条件的计划。
- 符合条件的预备役军人给付金（如国民警卫队成员）。

传统个人退休金给付的开始日必须不迟于受领人年满 70.5 岁的自然年度下一年的 4 月 1 日。这笔资金的给付可以是一次性的，也可以是分期的，必须满足每年给付的最低额度要求。最低年给付额的确定基于受领人的寿命预期或受领人及其受益人的联合寿命预期。美国国内收入署为确定每年最低给付额制定了寿命预期表。如果给付低于法律规定的数额，就会对超额累积部分征收 50% 的特许权税。提出这一要求的目的是强迫传统个人退休账户的参与者在合理的时间范围内取得收入，从而使联邦政府能够就享受递延税收的部分征税。

给付的课税　除了不可抵扣的个人退休账户缴费（这一部分免缴所得税），传统个人退休账户的给付应作为普通收入课税。如果是不可抵扣的缴费，那么部分给付不需要纳税。另一部分属于应税项目，必须纳入纳税人的应税所得。在计算每笔给付不纳税和应税部分的时候，必须采用一个复杂的公式，填报美国国内收入署的表格。

此外，前面也曾提及，对 59.5 岁之前的提前给付要课以 10% 的惩罚性税收。

建立传统个人退休账户　可以在各类金融机构建立传统个人退休账户。你可以在银行建立个人退休账户，也可以在共同基金、股票经纪公司或人寿保险公司建立。传统个人退休账户的缴费可以在当年的任何时候或纳税申报前进行，但不包括宽限期。

有两种类型的传统个人退休账户：(1) 个人退休账户，(2) 个人退休年金。

- 个人退休账户。个人退休账户是为账户的所有人或受益人的专有利益建立的信托或托管账户。信托人或托管人必须是银行、联邦保险的信用合作社、储贷机构，或美国国内收入署许可的信托人或托管人的实体。缴费必须用现金，但转账缴费（后面将进行讨论）可以用现金之外的财产进行支付。缴费不能被用于购买人寿保险。同样，个人退休账户的资产不能作为贷款的抵押品。

- 个人退休年金。人们还可以通过从人寿保险公司那里购买个人退休年金来建立传统个人退休账户。这种年金必须满足一些条件。年金所有人的合同利益必须是不可丧失的。合同不得转让。此外，年金必须允许弹性保费，从而在收入变化的时候，个人退休账户的缴费也进行调整。缴费金额不能超过每年的最高限额，而给付必须在年金所有人满 70.5 岁的第二年的 4 月 1 日开始。

个人退休账户的投资　个人退休账户的缴费可以投资于各类投资项目，包括存单、自己控制的经纪账户中的股票和共同基金。这些缴费也可以投资于美国的金币、银币和其他贵金属。但是，缴费不能投资于保险合同或诸如邮票或古董之类的收藏品。

个人退休账户转账账户　转账是从退休计划得到的免税的现金或其他财产给付，然后再将其存入另一个退休计划。转账的这笔钱一般是免税的，但是如果新的计划将其支付给你或你的受益人，那么就要纳税。个人退休账户是一种特殊账户，你可以将从雇主的合格退休计划中获得的一次性分配的资金转存到该账户中。例如，如果你辞去目前的工作，并从雇主的合格退休计划得到一次性给付，这笔资金被转账或被存入一个特殊的**个人退休账户转账账户**（IRA rollover account）。如果你直接得到这笔钱，那么雇主必须扣除 20% 的联邦所得税。但是，如果雇主把这些钱直接转入个人退休账户转账账户，那么这笔税金就可以延期缴纳。此外，如果你在收到来自合格退休计划的给付 60 天内将其存入个人退休账户，则不用纳税。

罗斯个人退休账户

罗斯个人退休账户（Roth IRA）是另一种提供大量税收优惠的个人退休账户。前文提及的传统个人退休账户限额也适用于罗斯个人退休账户。尽管罗斯个人退休账户每年的缴费不得进行税收抵扣，但是累积的投资收益免缴所得税。如果满足一定的条件（见后文），那么符合条件的给付不用纳税。

资格条件　必须满足两个条件，才能建立罗斯个人退休账户。第一，参与者必须有收入。包括工资、奖金、佣金、自谋职业收入和其他收入项目，但不包括社会保障收入、利息和红利所得、养老金或年金收入、租金收入和其他收入项目。第二，参与者在美国国内收入署的申报中，修正的调整总收入不能超过某一限额。

罗斯个人退休账户缴费和收入限制　个人向罗斯个人退休账户缴费的金额取决于其纳税申报状态和修正后调整总收入。2018年适用规则如下：

- 若申请状态为已婚夫妇共同申请或符合条件的寡妇（或鳏夫），修正的调整总收入低于189 000美元，可在每年的最高限额内缴费。若修正的调整总收入介于189 000美元和199 000美元之间，则可少缴一些。若修正的调整总收入高于199 000美元，则不可缴费。
- 若申请状态为已婚且与配偶共同居住的单独申请，修正的调整总收入低于10 000美元，可少缴一些。若修正的调整总收入高于10 000美元，则不可缴费。
- 若申请状态为单身、户主或未与配偶共同居住的单独申请，修正的调整总收入低于120 000美元，可在每年的最高限额内缴费。若修正的调整总收入介于120 000美元和135 000美元之间，则可少缴一些。若修正的调整总收入高于135 000美元，则不可缴费。

罗斯个人退休账户的税收　如前所述，满足一定条件的给付不纳税。符合条件的给付是指满足下面要求的所有给付：(1) 给付必须发生在缴纳罗斯个人退休账户费用的第一个税收年度的5年后；(2) 给付必须符合下列情况中的一种：

- 受领人年龄必须大于59.5岁。
- 受领人残疾。
- 受领人去世后，给付被支付给受益人或作为遗产。
- 给付被用于支付首次购房费用（最大数额为10 000美元）。

向罗斯个人退休账户的转换　传统个人退休账户可以转换为罗斯个人退休账户。尽管转换的数额要作为普通收入纳税，但罗斯个人退休账户符合条件的给付却是免税的。只有那些年调整总收入为100 000美元或更低的纳税人才享有此项权利。但是从2010年开始，将传统个人退休账户转换为罗斯个人退休账户的100 000美元的收入限额已被取消。这样，富裕的纳税人就可以将他们的传统个人退休账户转换为罗斯个人退休账户。许多投资公司在它们的网站上提供互动式计算公式，以帮助访问者确定转换为罗斯个人退休账户是否划算。

根据前面的讨论，大家可以看到，罗斯个人退休账户有许多有别于传统个人退休账户的特点。图表14-2对它们之间的主要区别进行了概括。

图表14-2　传统个人退休账户与罗斯个人退休账户的比较

	传统个人退休账户	罗斯个人退休账户
税收情况	税收递延给付	免税给付
资格条件	有低于年度限额的应税收入（见正文）	有低于年度限额的应税收入（见正文）
年龄限制	小于70.5岁	无年龄限制
缴费限额	2019年为6 000美元（50岁以上为7 000美元）	同左
个人退休账户缴费的税收减免	如果没有参与雇主退休计划，无论收入为多少，全额减免直到年度限额；如果参与了雇主退休计划，根据应税收入情况，全额减免或部分减免，直到达到年度缴费限额	缴费不得减免

续表

	传统个人退休账户	罗斯个人退休账户
投资收入课税	累积的投资收入免税	同左
给付金课税	按照普通收入课税；对无减免缴费不收税	如果达到某些条件，给付金免税（见正文）
提前领取的惩罚措施	除了某些特殊情况外，59.5 岁以前提前领取要缴纳 10%的联邦所得税	缴费可以免税提取。除了某些特殊情况外，59.5 岁以前提前领取要缴纳 10%的惩罚性税收
最低领取条件	要求在 70.5 岁之后	无条件

罗斯个人退休账户的附加功能　值得注意的是，罗斯个人退休账户有几个附加功能，使其成为理想的退休产品：

- 与传统个人退休账户不同，罗斯个人退休账户的缴费可在 70.5 岁之后进行。
- 适用于年满 70.5 岁的传统个人退休账户的最低给付规则不适用于罗斯个人退休账户。
- 非工作配偶可以根据工作配偶的收入和夫妻的纳税申报情况建立罗斯个人退休账户。
- 工人即使参与了雇主退休计划，也可以每年向罗斯个人退休账户缴费。
- 用于首次购房费用（限额为 10 000 美元）、高等教育费用、未支付的医疗费用、失业者支付的医疗保费、账户所有人的完全和永久残疾费用以及某些其他费用可享受免罚金提款（非免税提款）。

案例应用1

投资者可以投资于各类年金，也可以使用不同的年金给付方式，以满足特定的退休需求。对于下面的每一个退休目标，识别它们是特别年金，还是被用于实现这些目标的年金给付方式。分别分析每一种情况。

a. 何塞今年 35 岁，是一位销售代表，计划在 67 岁的时候退休。他的月收入随时在变。他想投资于年金，而且希望该年金允许他改变年金保费支付的频率和数额。

b. 南希今年 67 岁，计划在 6 个月后退休。她的储蓄账户中有 200 000 美元。她希望每月获得有保证的终身收入。

c. 珍妮弗今年 63 岁，计划在 90 天内退休。她在年金方面投资了 100 000 美元，希望在社会保障给付之外每个月能获得收入。但是，她担心在自己收回所有投资之前就去世。

d. 弗雷德今年 70 岁，最近已经退休，投资了 50 000 美元以获得额外的收入。他希望这些退休给付能够抵消通货膨胀的风险。

e. 珍妮丝今年 75 岁，是一位没有抚养人的寡妇，需要额外的退休收入。她有 25 000 美元可以用来购买年金。她想每个月获得可能最高的年金收入。

f. 凯茜今年 32 岁，想投资于股票市场，但是她是一个保守的风险规避者。她想获得股市收益，但也想防止本金的损失。

案例应用2

斯科特和艾莉森夫妇填报联合应税收入。斯科特是一名研究生，他的兼职工作在2018年为他带来了15 000美元的收入。由于他是兼职人员，所以无法参加雇主的退休计划。艾莉森是一所中学的老师，2018年的收入是60 000美元，是校区退休计划的有效参与者。假设你是一位财务规划师，他们夫妇在寻求你的建议。根据下列事实，回答后面的问题：

  a. 斯科特是否能建立传统个人退休账户，并扣除所缴费用？解释你的答案。

  b. 艾莉森是否能建立传统个人退休账户，并扣除所缴费用？解释你的答案。

  c. 假设斯科特毕业了，这对夫妇2018年修正的调整总收入为130 000美元。斯科特和艾莉森都参加了他们的雇主退休计划。斯科特或艾莉森，或者两个人是否都能建立罗斯个人退休账户？解释你的答案。

  d. 向斯科特和艾莉森解释，与传统个人退休账户相比，罗斯个人退休账户的优势有哪些。

本章小结

- 年金向年金受领人提供定期给付，这些给付将持续一个固定的时期，或者一个或多个指定人的整个生存期间。终身年金的基本目的是为活着的人提供终身收入。
- 即付年金向年金受领人提供有保证的数额固定的定期收入。购买定额年金可以立刻开始给付，或者延迟到之后的某一天。递延年金一般提供弹性保费支付。
- 年金给付方式一般包括：
  - 现金方式；
  - 终身年金（不偿付本金）；
  - 支付时期确定的终身年金；
  - 分期偿还本金方式；
  - 通货膨胀指数年金给付方式；
  - 联合生存年金。
- 联合终身年金是一种为两位或两位以上的年金受领人支付收入的年金。根据联合终身年金，收入支付在第一个被保险人死亡时终止。联合生存年金的给付将持续到最后一位年金受领人去世。
- 变额年金提供终身收入，但是支付的收入根据保费投资账户的投资情况而异。变额年金的基本目的是对冲通货膨胀的影响，保证退休期间定期支付的实际购买力。
- 在累积期内，变额年金保费被用于购买累积单位。在退休后，累积单位转换为年金单位。在退休期间，年金单位的数量保持不变，但年金单位的价值会定期变化，因此收入支付会随着时间的推移而变化。
- 如果年金受领人在退休前死亡，变额年金通常支付有保障的死亡给付。被支付给受益人的金额为年金账面价值与根据提取情况调整后的保费支付总额两者中较高的一种。
- 变额年金需要缴纳多种费用。这些费用包括投资管理费、行政费用、死亡和支出风险收费，以及随时间下降的退保费。总体来说，总费用和支出非常高。
- 固定指数年金是一种递延年金，允许年金所有人分享股市的增长，还可以提供对本金损失和年金持有一个时期所获得的优先利息收益的保障。
- 评估固定指数年金的主要因素包括：(1) 分红比率，(2) 最高收益率上限，(3) 指数化方法，(4) 保底价值。
- 长寿年金是一种趸缴保费递延年金。仅在较高的年龄（如 85 岁）时开始支付。
- 合格长寿年金合同（QLAC）是一种合同，在该类合同中，趸缴保费在未来某个期限（通常是 2～40 年）内提供终身收入。
- 多年保证年金（MYGA）是一种递延年金，允许在特定期限（通常为 3～10 年）内以固定利率一次性投资，它类似于银行的存单，只是利率要高得多。
- 宽减率被用于确定定期年金支付中的非税和应税部分。宽减率通过用合同的投资额除以预期收益得到。
- 个人退休账户的主要类型是 (1) 传统个人退休账户和 (2) 罗斯个人退休账户。
- 传统个人退休账户允许工人就他们缴纳的费用的部分或全部享受税收减免。累积的投资收益在递延税款的基础上免缴所得税，而支付则与普通收入一样要纳税。
- 2018 年，最高税收扣减个人退休账户缴费额度或者为 5 500 美元（如果年龄在 50 岁以上则缴纳 6 500 美元），或者为收入的 100%，两者中较低的一种。
- 个人退休账户向传统个人退休账户的缴费享受所得税减免，如果参与者 (1) 不是雇主发起的退休计划的有效参与者，或 (2) 应税收入低于某一收入标准。
- 除了一些特殊情况外，59.5 岁之前的传统个人退休账户的给付被认为是提前给付。必须对总收入中给付的部分课以 10% 的惩罚性税收。
- 传统个人退休金给付的开始日必须不迟于受领人年满 70.5 岁的自然年度下一年的 4 月 1 日。
- 尽管罗斯个人退休账户每年的缴费不得进行税收抵扣，但是累积的投资收益免缴所得税，如果满足一定的条件，那么符合条件的给付也不用纳税。
- 罗斯个人退休账户的合格给付是符合下面条件的给付：(1) 给付必须发生在缴纳罗斯个人退休账户费用的第一个税收年度的 5 年后；(2) 在受领人年龄达到 59.5 岁的时候，受领人残疾，受领人去世后给付被支付给受益人或作为遗产，给付被用于支付首次购房费用。
- 与传统个人退休账户不同，罗斯个人退休账户可以在 70.5 岁之后缴费，且不受 70.5 岁之后的最低给付规则约束。

重要概念和术语

累积期	累积单位
年金受领人	年金
年金化	年金给付方式
年金单位	本金现金偿付方式

生活成本调整
固定指数年金
弹性保费年金
个人退休账户（IRA）
个人退休账户转账账户
联合生存年金
支付时期确定的终身年金
长寿年金
无扣减个人退休账户
罗斯个人退休账户
趸缴保费即付年金
传统个人退休账户

递延年金
宽减率
即付年金
分期偿还本金方式
联合终身年金
终身年金（不偿付本金）
清算期
多年保证年金
合格长寿年金合同
趸缴保费递延年金
退保费
变额年金

复习题

1. 如何区分年金和人寿保险？
2. 说明定额年金的主要特点。
3. 指出定额年金中可能的年金结算方式。
4. 指出变额年金的基本特点。
5. 简要说明以下年金的特点：
固定指数年金；
长寿年金；
合格长寿年金合同；
多年保证年金。
6. 解释传统个人退休账户的资格要求。
7. 个人退休账户年缴费限额是多少？
8. 解释传统个人退休账户的基本特点。
9. 说明罗斯个人退休账户的主要特点。
10. 个人退休账户转账是什么意思？

应用题

1. 尽管即付年金和变额年金都可以为年金受领人提供终身收入，但是它们在几个重要的方面有所不同。根据下面几个方面比较（1）即付年金和（2）变额年金：
a. 指出保费如何投资。
b. 说明退休之后收入支付的稳定性。
c. 说明如果年金受领人在退休之前死亡，死亡给付应如何处理。
2. 固定指数年金和变额年金在许多方面都存在相似和不同之处。
a. 解释固定指数年金和变额年金的主要相似之处。
b. 指出固定指数年金和变额年金之间的主要区别。
3. 马里奥今年65岁，购买了一份每月支付1 000美元终身收入的120 000美元即付年金。该年金没有退款功能。根据美国国内收入署的精算表，马里奥还有20年的预期寿命。如果马里奥第一年12次接受每月1 000美元的给付，他必须就其应税收益报告的应税收入为多少？
4. 特拉维斯今年25岁，是一名大学

毕业生，找到了一份税务会计师的工作。他在1年内不具有参加雇主退休计划的资格。

a. 假设特拉维斯2018年的最初收入为60 000美元，而且不参加雇主退休计划。特拉维斯是否有资格建立传统税收扣减个人退休账户？解释你的答案。

b. 假设与a中的情况相同。特拉维斯是否有资格建立罗斯个人退休账户？解释你的答案。

5. 传统个人退休账户和罗斯个人退休账户既有相同之处，又有所区别。结合下面几点比较（1）传统个人退休账户和（2）罗斯个人退休账户：

a. 个人退休账户缴费和给付的所得税处理情况。

b. 资格条件的收入限制。

c. 个人退休账户费用如何进行投资。

数字资源

网络资源

参考文献

第15章
个人健康保险保障

> 我们的医疗体系已经严重崩溃，是时候修复它了。
> ——克林顿总统在国会上发表的有关医疗保健的演讲

 学习目标

学习完本章，你应当能够：

- 指出美国医疗体系存在的主要问题。
- 指出《平价医疗法案》中影响个人和家庭的重要条款。
- 说明个人医疗费用保险的主要条款。
- 解释个人医疗费用保险中"管理式医疗"的含义。
- 指出健康储蓄账户（HSA）的基本特点。
- 阐述长期护理保险的基本特点。
- 阐述残疾收入保险合同的主要特点。
- 个人健康保单合同中包含许多条款。说明涉及以下内容的主要保单条款：
  a. 续保条款；
  b. 法律强制条款。

28岁的阿什利因频繁胃痛和胃部不适去看医生，医院的各种检查和诊断结果显示她患有胃癌，需要切除部分胃。她的老板没有发起雇员健康保险计划。虽然她所在的州有高风险补偿基金池，为没有保险的人提供保障，但保费每月高达1 500美元，这是阿什利负担不起的。然而，由于《平价医疗法案》的推行，阿什利有资格享受保险补贴，每月仅需支付150美元保费。最终，阿什利得以接受部分胃切除手术。手术很成功，她的癌症如今得到了缓解，她能够工作并恢复正常生活。

就像阿什利的情况所表明的，健康保险在任何个人风险管理计划中都应该被给予高度重视。如果你患了重病，或者受了重伤，那么你将面临两个主要问题：支付医疗费用和收入损失。严重的疾病会产生巨额的医疗费用，如果没有适当的保障，你就不得不自掏腰包来支付高额费用。此外，长期残疾会让你损失大量工作收入。医疗费用和收入损失导致的资产损耗是美国人破产的主要原因。

本章是讨论个人健康保险的两章中的第一章。本章的讨论重点主要在于美国目前的医疗体系存在的问题和个人健康保险产品。第16章则讨论作为一项重要员工福利的团体健

康保险计划。尽管大多数人获得了团体保险的保障，但个人保险产品对于那些没有从团体健康保险中获得保障的个人和家庭仍然非常重要。

第 15 章主要分为三个部分。第一部分讨论美国医疗体系存在的主要问题。第二部分考察了新的《平价医疗法案》的基本条款，该法案为数以百万计的此前未投保或无法负担个人健康保险保费的美国人提供了健康保险。第三部分讨论了几个个人健康保险保障产品，包括个人医疗费用保险、健康储蓄账户、长期护理保险和残疾收入保险。

美国医疗体系存在的问题

医疗保健是当今影响美国个人和家庭经济安全的最重要因素之一。对许多人来说，这是一个生死攸关的问题。就总开支而言，医疗保健支出目前占美国经济的五分之一。然而，尽管在医学上取得了重大突破，但在医疗保健问题上，美国与其他国家相比却不尽如人意。医疗保健专家认为，美国的医疗体系已经崩溃，需要进行实质性改革。美国医疗体系存在的主要问题包括：

- 日益增加的医疗保健支出；
- 大量未投保人群；
- 保险公司的违规行为。

日益增加的医疗保健支出

随着时间的推移，美国医疗保健支出总额大幅上升，其增速已经超过了美国国家经济增长速度。根据医疗保障和医疗救助服务中心（Centers for Medicare & Medicaid Services）的计算，2019 年美国医疗保健支出总额预计达到 3.9 万亿美元，占美国国内生产总值（GDP）的 18.3%。也就是说，现在，美国国民收入中大约五分之一的钱花在了医疗保健上。如果这种趋势持续下去，估计到 2026 年，美国国民医疗保健支出将达到 5.7 万亿美元，占美国国内生产总值的 19.7%。[1]

与其他国家的比较　美国在医疗保健方面的总支出处于全球领先位置，但却未能取得比其他国家更好的效果。联邦基金会最近发布的一份针对 11 个发达国家（澳大利亚、加拿大、法国、德国、荷兰、新西兰、挪威、瑞典、瑞士、英国、美国）医疗保健总体表现的报告显示，美国在大多数医疗保健指标上排名最末或倒数。该排名基于若干领域的 72 项医疗保健指标，包括申请医疗保健的机会、行政效率、公平性（低收入人群和高收入人群之间的差异）和医疗保健效果（见图表 15-1）。其中英国排名第一，其次是澳大利亚和荷兰。美国总体排名最末。[2]

---

[1] Centers for Medicare & Medicaid Services, *National Health Expenditures, 2017-2026*, Table 1.

[2] 这一部分基于 The Commonwealth Fund, *Mirror, Mirror on the Wall, 2014 Update: How the U. S. Healthcare System Compares Internationally*, Executive Summary, June 2014.

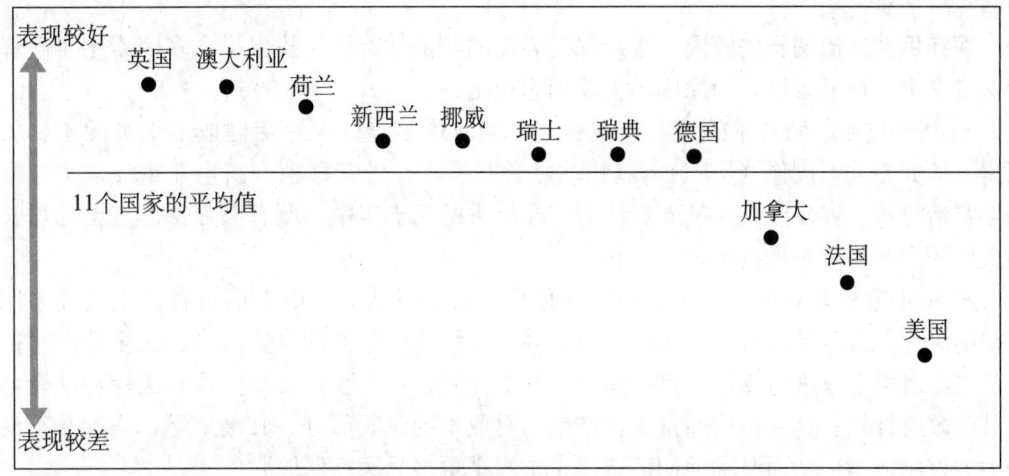

图表 15-1　11 个国家医疗保健总体表现评分

资料来源：The Commonwealth Fund E. C. Schneider, D. O. Sarnak, D. Squires, A. Shah, and M. M. Doty, *Mirror, Mirror: How the U. S. Health Care System Compares Internationally at a Time of Radical Change*, The Commonwealth Fund, July 2017, Exhibit 3.

此外，联邦基金会对 11 个高收入国家的医疗保健支出的研究有如下主要发现[①]：

- 美国在医疗保健方面的支出仍然大大高于其他国家。2016 年，美国医疗保健支出占其国内生产总值（GDP）的 17.8%。所有高收入国家的平均值仅为 GDP 的 11.5%。与其他国家相比，美国的医疗保健行政成本要高得多；联邦政府一般不就药品价格与制药公司开展谈判；医生的报酬和薪水通常比其他国家的医生高。
- 美国的健康保险覆盖率较低。由于《平价医疗法案》的推行，美国健康保险覆盖率已经上升到总人口的 90%。然而，其他高收入国家的健康保险覆盖率至少达到了人口的 99%。
- 美国人口的健康水平参差不齐。美国吸烟的人比其他高收入国家的人少。然而，美国的肥胖率和婴儿死亡率高于其他高收入国家。美国人的预期寿命比高收入国家的平均预期寿命少三年左右。
- 除诊断试验外，美国人到医院就诊和手术的次数与其他高收入国家相近。然而，就诊断试验而言，与其他高收入国家相比，美国医院的 CT 扫描和磁共振成像（MRI）扫描数量要明显高得多。
- 与其他高收入国家相比，美国在医生工资、药品和医疗服务管理方面的支出大幅增加。美国全科医生的平均工资（218 173 美元）几乎是所有高收入国家全科医生平均工资的两倍，美国护士和专科医生的工资也比其他国家高得多。此外，美国人均医药支出大大高于其他高收入国家（美国人均 1 443 美元，其他高收入国家人均 749 美元）。最后，美国将 8% 的国家医疗保健支出用于医疗服务管理，包括规划、规范、管理医疗保健系统和服务。相比之下，所有高收入国家的医疗保健管理支出平均仅占其全国医疗保健总支出

[①] E. C. Schneider et al, *Mirror, Mirror, 2017: International Comparison Reflects Flaws and Opportunities for Better U. S. Health Care*, The Commonwealth Fund, July 14, 2017.

的 3%。

医疗保健支出增长的原因 医疗保健方面的经济学家已经找出了众多因素用于解释医疗保健支出长期显著增长的原因。主要因素包括：

- 技术进步。新技术的开发和现有技术的改进是美国医疗保健成本走高的主要驱动因素。例如磁共振成像（MRI）、冠状动脉旁路手术、骨髓移植、新生儿重症监护、肾衰竭换肾治疗等。许多医疗保健专家认为，在过去的几十年中，所有医疗保健支出的增长中有大约一半与医疗护理技术的进步相关。[1]

- 由于第三方支付，无法掌握成本信息。批评者认为，由于消费者并不直接为他们接受的医疗保健服务进行支付，所以他们并不了解这些服务的真实成本。大多数医疗保健服务成本由第三方进行支付，例如雇主、商业保险公司、联邦医疗保险和医疗补助计划以及其他政府计划。这些机构通常支付产生的总成本的一大部分。其结果是，病人几乎没有动力去控制成本，从而激励他们消费比正常水平更多的医疗保健服务。

- 以雇佣关系为基础的健康保险。今天，大多数工人通过雇主发起的团体保障计划获得健康保险保障。批评者认为，美国的许多医疗保健问题可以追溯到以雇佣关系为基础的健康保险。主要原因有两个：首先，符合条件的团体健康保险计划将享受巨额补贴和优惠的所得税待遇。雇主可以就他们的缴费享受所得税减免，员工缴费也不构成应税所得。对雇主的减税和对员工的免税使雇主能够以较低的净成本提供具有丰厚优惠的保险计划。由于集体协商和高额的税收补贴，雇主和员工经常会选择更贵、保障更加全面的健康保险计划，而这将推高成本。其次，如前所述，批评人士认为，雇主作为第三方支付健康保险费用，这屏蔽了员工对健康保险真实成本的知悉，从而降低了员工控制成本的动力。

- 医疗服务付费体系（fee-for-service，FFS）缺陷。大多数医疗服务提供者都是按服务收费的。在 FFS 体系下，医生和其他医疗服务提供者按其提供的每项服务收费，提供的服务越多，总费用越高。FFS 体系有几个缺陷，这些缺陷往往会推高医疗保健成本。[2] 第一，FFS 体系有强烈的经济激励作用。它促使医疗服务提供者倾向于提供相对于患者的诊断结果而言更多的医疗检查和服务。第二，FFS 体系引导医生提供不必要的检查和治疗：例如，FFS 体系鼓励一些医生将新的医疗技术应用到所有患者身上，而不管这一技术对患者是否有效。第三，由于第三方保险公司支付的费用比例很高，FFS 体系掩盖了消费者医疗保健的真实成本。如果保险公司支付部分或全部费用，病人一般不会对高昂的费用产生怀疑。第四，FFS 体系对医生及其他医疗服务提供者共同协作提供高效的医疗服务几乎没有经济激励作用。

- 高昂的管理费用。商业健康保险计划的管理成本长期以来也呈上升趋势。商业健康保险保费占管理成本的份额因企业规模的不同而有较大差异。美国国会预算局（CBO）估计，保费（含行政成本）的平均份额覆盖范围在以下二者之间：由有企业员工 1 000 人

---

[1] Congressional Budget Office, *Technological Change and the Growth of Health Care Spending*, January 2008, p. 11.

[2] Bipartisan Policy Center, *What Is Driving U.S. Health Care Spending? America's Unsustainable Health Care Cost Growth*, September 2012.

以上的雇主发起保障计划的 7%，由雇用少于 25 名员工的个人和小企业发起保障计划的 30%。[1]

- 成本和医疗质量信息缺乏透明度。美国没有用来评估医疗手术和技术有效性的统一和普遍的标准，这给病人和医护人员都带来了问题。如果没有可靠的信息作为依据，医护人员和病人就无法选择最佳和最具成本效益的治疗方法。纵使医护人员接收到大量关于新治疗方法和干预措施的信息，也很难了解不同治疗方法之间的公平比较。因此，批评人士认为，医疗保健专业人员往往没有能力向病人介绍不同治疗方法的相对效益和成本。此外，即使对于被普遍认可的最佳治疗方法和干预措施，医护人员也往往执行缓慢。[2]

- 州政府强制保险给付。州政府要求健康保险公司为特定的疾病或团体提供保障，例如对新生婴儿、酗酒和药物依赖、心理健康提供保障，以及对脊椎按摩师、心理医生、身体和精神有缺陷的人提供保障。这些强制保险给付增加了医疗服务的使用并推升了成本。

- 通过医疗保险和医疗补助计划转移成本。医疗保险和医疗补助计划不支付医疗服务提供者为病人提供护理的全部费用。因此，成本从医疗保险和医疗补助提供方转移到持有医疗保险的病人身上，他们必须自付更多的医疗费用。专家估计，这种成本转移每年至少会增加 1 000 美元的家庭保单成本。

- 医疗保健部门价格的日益提高。随着时间的推移，医疗产品和服务价格近年来的增长速度快于总体价格水平增速。有些分析家认为，医疗保健部门日益上升的价格是医疗保健总支出增长的另一个重要因素。但是 CBO 的研究结论却认为，医疗保健部门日益上升的价格所导致的医疗保健总支出长期实际增长不到五分之一。[3]

- 预防性治疗。由于担心受到医疗欺诈的控诉，医生们被强制开出预防性治疗方案。预防性治疗是指医生所做出的不必要的诊断测试、对病人几乎没有临床价值的测试以及住院时间长于实际需要等情况。医疗保健成本因而上升。

- 其他因素。推动医疗保健成本上升的其他因素包括：（1）未投保患者的急诊室治疗和住院治疗的巨额成本；（2）医疗保健供应商和病人的医疗保健欺诈和滥用；（3）越来越多的医院被合并到更大的医疗保健系统中，或直接雇用医生，这使它们能够在竞争激烈的市场中，对病人收取比医院更高的价格；（4）人口老龄化，这大大增加了医疗保险和医疗补助计划的成本。

大量未投保人群

美国医疗保健体系的第二个问题是美国人口中存在大量未投保人群。尽管《平价医疗法案》（稍后讨论）显著减少了未投保人群的总量，但没有医疗保险的人数仍然相对较高。美国 2017 年人口调查结果显示，2016 年全年美国共有 2 810 万人（占人口的 8.8%）未投

---

[1] Congressional Budget Office, Statement of Douglas W. Elmendorf, Director, "Options for Expanding Health Insurance Coverage and Controlling Costs," Testimony before the Committee on Finance, United States Senate, February 25, 2009.

[2] Bipartisan Policy Center, *What Is Driving U. S. Health Care Spending? America's Unstainable Health Care Cost Growth*, September 2012.

[3] Congressional Budget Office, *Technological Change and the Growth of Health Care Spending*, January 2008, p. 11.

保医疗保险。①

此外，许多州都有很高比例的未投保人口。2016年，这些州包括得克萨斯州（16.6%）、俄克拉何马州（13.9%）、佐治亚州（12.9%）、佛罗里达州（12.5%）和密西西比州（11.8%）。②

未投保人群不投保的原因 根据凯撒基金会（Kaiser Foundation）的数据，尽管2010年《平价医疗法案》颁布后，未投保人员数量大幅下降，但2016年仍有2 760万非老年人未投保。人们未投保医疗保险的主要原因如下③：

- 高昂的费用是未投保人群的主要障碍。2016年，45%未投保的非老年人称，高成本是其未投保的最普遍原因。
- 另有23%的人因失业或更换雇主而未投保。
- 其他原因包括：失去医疗补助；雇主不提供医疗保险；没有投保资格；家庭状况发生变化，或认为自己不需要投保。
- 一些符合条件的未投保者不知道有资格投保的人可以以补贴费率投保健康保险。

保险公司的违规行为

国会听证会和议会的辩论导致了《平价医疗法案》的出台，并揭示了各种对保险公司服务和保单限制的滥用行为。这些行为在损害保单持有人利益的同时，也影响了人们申购保险，包括（1）既存状况除外条款，（2）保单解除，（3）保险金终身最高限额和年度限额。

- **既存状况除外条款。既存状况（preexisting condition）**是指在保单生效日之前的某个特定期间内的身体或精神状态，被保险人需要因此接受治疗。既存状况并不在保障范围之内，直到保单生效一段时间之后才会被囊括进来。而这取决于保单和各州的情况，除外条款的有效期一般为6~18个月，除非在申请时这种情况被发现，并且没有被附加保单排除在外。如果在申请时被发现，申请者一般会被执行较高的费率，或者该情况通过保单的附加保单被排除在外。然而，很多保险公司滥用既存状况条款，并且仅仅因为申请时没有说明既存状况而拒绝了一些合法的理赔要求。
- 为限制保险赔付金额解除保险合同。一些保险公司为了避免巨额赔付而解除一些个人健康保险保单，例如与癌症晚期有关的理赔或者巨额医疗账单。解除意味着保险公司可以因为被保险人在首次购买时存在误导、欺诈或隐瞒既存状况等问题而取消个人保单。在大多数州，个人保单抗辩有效期是两年。然而，有些保险公司会收取保费，如果被保险人后来提交了一份高额的理赔申请，其医疗记录将会受到检查，以确定被保险人在首次购买时是否没有说明其治疗情况。如果发现有任何遗漏或矛盾之处，保险公司就会拒绝为任何额外的治疗付费，并尝试取消之前提供的保障。结果是，一些存在严重健康问题的病人，例如乳腺癌晚期或心脏病患者，在需要获得必要昂贵的高质量服务时，被解除了保单。

---

① U. S. Census Bureau, Current Population Reports, *Health Insurance Coverage in the United States: 2016* (Washington, DC: U. S. Government Printing Office, September 2017), Table 1.

② Ibid, Table 6.

③ The Henry J. Kaiser Family Foundation, *Key Facts about the Uninsured Population*, Updated November 29, 2017.

- 保险金终生最高限额和年度限额。在《平价医疗法案》实施之前，个人或团体保障一般都会有保险金终生最高限额和年度限额。结果，需要长期接受治疗的健康状况堪忧的已投保病人经常会耗尽自己的保险金。许多保单的终身限额和年度限额相对较低，特别是个人医疗费用保单。因此，有些参保病人无力偿付高额的治疗费用，最终不得不宣布破产。哈佛大学研究人员对全国的破产情况进行了研究，得出结论：2007年62%的破产与医疗问题相关。那些申请破产的人中，有四分之三都有健康保险。①

《平价医疗法案》基本条款

《平价医疗法案》(Affordable Care Act，ACA) 为数百万没有保险的美国人提供了医疗保险，为未投保人群和小企业提供了巨额津贴，并包含了长期降低医疗保健成本的条款。《平价医疗法案》还规定，禁止保险公司签发含有损害消费者利益的滥用条款的保单。

《平价医疗法案》很复杂，对其进行详细讨论超出了本书的范围。与之相反，我们将主要聚焦于某些影响个人和家庭、雇主、保险公司和医疗保健供应商的条款。

美国国会中的共和党议员坚决反对《平价医疗法案》，并自2010年以来多次提出废除或实质性修改《平价医疗法案》的立法。不过，截至本书写作时，共和党一直未能获得废除《平价医疗法案》所需的票数。

以下讨论基于2018年生效的《平价医疗法案》条款。其中影响个人和家庭、保险公司和雇主的主要条款概述如下②：

- 禁止保险公司滥用服务条款；
- 个人强制；
- 基本健康保险金；
- 健康保险市场；
- 健康保险保费税收优惠；
- 健康保险成本分担优惠；
- 小企业税收优惠；
- 联邦医疗补助计划扩展；
- 提高质量，降低成本；
- 成本和融资。

禁止保险公司滥用服务条款

《平价医疗法案》中包含许多消费者友好型条款，其中包括：

- 禁止设置终生限额和年度限额。禁止个人和团体健康保险计划对保险金给付设定

---

① David Himmelstein, et al, "Medical Bankruptcy in the United States, 2007: Results of a National Study," *American Journal of Medicine*, Vol. 122, no. 8 (August 2009): 741-746.

② 这一部分基于 ACA 条款，参见 Health-care.gov and Wolters Kluwer, 2018 *Affordable Care Act, Law, Regulatory Explanation and Analysis* (Riverwoods, IL: CCH Incorporated and Affiliates), 2017.

终生限额和年度限额。此外，禁止年度限额适用于大多数健康保险计划，但不适用于不受新规限制的个人健康保险计划。最后，保险公司仍然可以对不被视为基本健康保险保障范围的医疗服务设定终生限额和年度限额（稍后讨论）。

- 禁止设置既存状况。保险公司被禁止拒绝索赔或设置既存状况除外条款。该规定适用于所有与工作相关的健康保险计划以及 2010 年 3 月 23 日后签发的个人健康保险保单。设置既存状况的一个例外情况是不受新规限制的个人健康保险计划。如果被保险人已参保此类个人健康保险计划，则可在自然年度开放注册期间或该计划结束后的特殊注册期间转投健康保险市场计划。本章后面将更详细地讨论不受新规限制的个人健康保险计划。

- 年满 26 岁。如果你在父母的工作健康保险计划保障范围内，则你的保险保障通常在 26 岁时到期。然而，不同的州和保险计划有不同的规定。如果你在父母的健康保险计划保障范围内，则该保障在你年满 26 岁（或你所在州规定的年龄）当年的 12 月 31 日之前有效。

当成年子女不在父母的健康保险计划保障范围内时，其有资格享受特有的注册期，允许在开放注册期之外的健康保险计划中注册。这项条款尤其有利于那些在大学毕业或达到参保年龄限制时，被父母的健康保险保单排除在外的成年子女。

- 保证提供健康保险。通过健康保险市场购买的个人和小团体市场（后文将进行讨论）保单以保证签发的方式出售，且保证可续期。申请人既不会被拒保，也不会因其健康状况而支付较高的费率。允许影响费率变化的因素只能是年龄、家庭成员的数量、地理区域、吸烟情况。禁止向女性收取更高的保费。

- 不受新规限制的计划。不受新规限制的计划是指 2010 年 3 月 23 日前签发的个人计划和雇主发起的团体计划，未做出任何禁止性的变化。不受新规限制的计划一般能够保持不变，而且仅仅需要遵守《平价医疗法案》的部分条款。所有健康保险计划，无论是否会受到新规的影响，都必须为始于 2010 年 9 月 23 日及其之后的保险计划提供一定的优惠。这些优惠包括：（1）对所有保险计划的保障不设置终生限额，（2）因生病或在申请时犯了非故意、不诚实的错误的情况均不能解除保障，（3）将父母的保障范围延伸至 26 岁以下成年子女。最后，如前所述，禁止年度限额条款适用于大多数健康保险计划，但不适用于不受新规限制的个人健康保险计划。

为了保持其不受新规限制的状态，不受新规限制的计划不能大幅削减或降低保险金、提高共保费用、大幅提高免赔额和共付费用、大幅降低雇主缴费额度、增加或收紧保险公司支付年度限额、更换保险公司并使新的保险计划维持不受新规限制的状态。

- 80/20 规则。80/20 规则（又被称为医疗损失比率）是指健康保险理赔及为改善医护质量所采取的措施花费金额占支付保费的百分比。保险公司在个人和小团体市场上的保险计划必须达到 80% 的最低损失比率，在大团体市场上的保险计划必须达到 85% 的最低损失比率。从公式上讲，医疗损失比率等于发生的理赔比率加上经损失费用调整后的已赚保费。这是《平价医疗法案》中使用的基本财务测度方法，这种方法鼓励健康保障计划为参与者提供价值。因此，对于个人健康保险计划，保险公司每获得一美元的保费必须支付至少 80 美分的优惠，仅保留 20% 的费用和利润。对于团体计划，保险公司每获得一美元的保费必须支付 85 美分的优惠，保留 15 美分的费用和利润。如果由于较高的利润或管理费用导致损失比率没有达到，保险公司必须向参与者提供折扣。

个人强制

此前,美国公民和合法居民被要求必须有合格的健康保险(也被称为基本健康保险金),否则就需要支付罚金。2018年,对每名未投保成人罚款695美元,对无保险儿童罚款347.50美元。罚金额度上限为每个家庭2 085美元,或家庭收入的2.5%,以较高者为准。该罚款不适用于只投保一两个月的情况。

然而,作为2017年《税收调节法案》的一部分,个人强制拥有健康保险的规定仍然有效,但已无须支付罚金。实际上,有关罚款的规定已经被废除。因此,从2019年开始,未投保人群不会受到处罚。然而,《平价医疗法案》提供保费税收优惠,从而让具有资格的人们能够购买可负担的健康保险,并遵循法律规定。某些群体被免除强制保障。免除情况适用于财务状况不佳的人、宗教人士、美国土著、未投保超过三个月的人、服刑期间的人、未登记的移民。收入水平低于缴纳联邦所得税最低标准的人也可免除强制保障。

大学生不在免除强制保障之列。除非符合免除要求,否则必须拥有合格的健康保险。专栏15.1讨论了大学生可以选择的健康保险。

专栏 15.1

《平价医疗法案》中规定的大学生可选择的健康保险

根据《平价医疗法案》,大学生有几个可选择的健康保险计划:

- 学生健康保险计划。在大多数情况下,学生健康保险计划在《平价医疗法案》之列。如果你参加了学校的健康保险计划,则你通常被认为包含在医疗保险保障范围内。
- 父母的健康保险计划。如果你未满26岁,你可能有资格参加父母的健康保险计划。即使你正在上学、没有与父母同住、已婚、经济独立或有资格加入雇主的健康保险计划,你也可以加入父母的健康保险计划。当你年满26岁时,你在父母的健康保险计划中的保障即到期。不过,你可以通过一个特殊注册期来申请个人健康保险,该注册期在你26岁生日后60天终止。如果你在26岁之前注册,你的个人健康保险生效期从你脱离父母的健康保险计划后的当月第一天开始计算。如果你在60天注册期内申请,则你的个人健康保险从注册后的当月第一天开始生效。如果你没有在60天注册期内申请,则直到下一个开放注册期前,你可能无法申请个人健康保险。如果你没有投保,则可能要为未投保支付罚金。但是,如果你在自然年度内未投保时长少于三个月,则无须支付罚金。
- 健康保险市场计划。即使你有机会参与学生健康保险计划,你也可以通过健康保险市场投保。该计划的主要优势是,你可以根据收入获得更低的月保费和成本分担优惠。
- 巨灾计划。如果你未满30岁,则可以投保巨灾计划,该计划专为重大疾病或严重事故提供保障,包含较高的免赔额和较低的保费。巨灾计划不承担小额索赔,这意味着你必须支付自付限额内的大部分医疗费用。然而,巨灾计划必须每年提供三次免费基础医疗服务,甚至在达到年度免赔额前,还必须提供某些免费疾病预防服务。
- 医疗补助覆盖范围。医疗补助计划是联邦和州的联合计划,为某些低收入群体和家庭支付医疗和长期护理费用。医疗保险补助的覆盖范围为,根据《平价医疗法案》将医疗补助计划扩展至 65 岁以下低收入人群的州。这意味着，无关申请人残疾状况、家庭状况、经济来源或其他医疗补助计划通常考虑的因素，收入低于一定水平的人群都可以获得免费或低成本的医疗保险。

基本健康保险金

《平价医疗法案》要求所有新的医疗费用保单（除独立的牙医、视力、残疾收入、长期护理及其他保单）必须提供综合性的保险金和服务组合，称为**基本健康保险金**（essential health benefit）。这一要求适用于在州健康保险市场交易的个人和小团体市场新保险计划，有关基本健康保险金的内容将在本章后面讨论。

健康保险市场

《平价医疗法案》要求在每个州组建**健康保险市场**（Health Insurance Marketplace）。这是一个透明度高、有竞争力的保险市场。个人和小企业可以在此购买负担得起的、合格的健康保险计划。各州的健康保险市场将使人们能够对标准健康保险组合货比三家，方便人们参与有补贴的保险计划，管理健康保险保费从而让不同收入水平的人都可以购买可负担的保险产品。

想要加入《平价医疗法案》的健康保险市场计划，需满足以下资格要求：
- 居住在美国；
- 为美国公民或合法居民；
- 未被监禁。

12 个月内在国外居住至少 330 天的美国公民在此期间无须投保健康保险。如果你没有保险并且居住在国外，那么你可能符合免除强制投保健康保险的资格。

健康保险保费税收优惠

《平价医疗法案》为符合条件的个人和家庭提供可退还的保费优惠，以减少每月保费，使保障更具可获得性。保费税收优惠基于人们在健康保险市场上投保时填写的申请表中的预估收入和家庭信息。

可退还的保费税收优惠被提供给达到联邦贫困线的 100%～400% 的符合条件的个人和家庭。投保人可以选择提前全部使用、部分使用或不使用保费抵税额来降低每月缴纳的保费，但需遵守以下原则：
- 若预先支付的保费抵税额大于根据投保人最终年收入所确定的其有资格享受的数额，投保人必须在提交联邦所得税申报表时偿还差额。
- 若投保人使用的保费抵税额少于其有资格获得的保费抵税额，那么投保人在报税时就可以获得可退还的保费优惠。
- 投保人可通过其他渠道购买健康保险，但唯有通过健康保险市场购买的保险才可享受保费税收优惠。

优惠资格只有达到收入限额的美国公民和合法移民能够获得。通过雇主计划获得健康保险的员工没有资格享受税收抵免，除非雇主计划支付的医疗费用低于60%，或者员工缴纳保费的份额超过收入的9.5%。

可退还的保费税优惠以收入和家庭规模为基础，旨在限制个人和家庭在健康保险上的支出。保费税收优惠以按比例递增的方式确定，范围从2018年个人收入的2.01%（收入水平为联邦贫困线的100%~133%）到9.56%（收入水平为联邦贫困线的300%~400%）。

健康保险成本分担优惠

成本分担优惠（也被称为"额外节省"）也可被用来减少投保人每年自付的费用，主要包括免赔额、共保和其他成本分担条款。成本分担优惠建立在收入和家庭规模的基础之上，降低了年度成本分担限额，提高了基本保险计划保险金的现金价值。成本分担优惠适用于家庭收入水平处于贫困线100%~400%范围内的人们。2017年，若投保人的年收入介于11 880美元和47 520美元之间，则可以有资格享受更低的保费和减少自付的保险费用。收入限额随着家庭规模的增大而增加。例如，一个四口之家的家庭收入限额为24 300~97 200美元。

注意，前文讨论的保费税收优惠适用于青铜、白银、黄金、白金四种保障计划中的任何一种。然而，只有白银计划才可享受额外的成本分担优惠。此外，成本分担优惠并不适用于计划保费、健康保险保障范围外的服务或健康保险市场外其他保险公司保单的余额计费金额。

最后，特朗普政府于2017年10月宣布，将停止向《平价医疗法案》被保险人支付成本分担费用。如果立法生效，大多数低收入和中等收入人群将在被强制要求投保健康保险的同时，无力支付保费。

小企业税收优惠

《平价医疗法案》为雇用全职员工少于25名、支付的年工资额低于50 000美元（根据2014年通货膨胀率调整后）以及至少为员工缴纳50%保费的小企业提供税收优惠。如果企业缴费至少为全职员工总保费的50%（小型免税企业为35%），那么企业可获得高达缴费金额50%的税收优惠。税收优惠连续两年有效。小企业必须通过健康保险市场（小企业健康保险选择计划）为全职员工提供保险。

雇用10名以下员工且支付的年均工资低于25 000美元的小企业将可以享受全额税收优惠。最高税收优惠随着员工数量和年均工资的提高而逐渐减少。小企业无须为每周工作少于30小时的兼职员工及其家属提供保险。

联邦医疗补助计划扩展

《平价医疗法案》将联邦医疗补助计划的适用范围扩大到收入低于联邦贫困线133%的人。根据不同计算方法，这一数字实际上是联邦贫困线的138%。因此，联邦医疗补助计划将资格扩大到收入低于联邦贫困线138%的大多数低收入者（2017年三口之家为28 180美元）。所以，大量未投保者都符合参加联邦医疗补助计划的资格要求。所有新达到资格条件的人都将确保能够通过交易市场投保基本健康保险。为了保证新参保的人群获得必要的保障，美国联邦政府从2014年到2016年不得不支付额外100%的成本，2017年为95%，2018年为94%，2019年为93%，2020年及接下来的年份为90%。

最初的立法要求各州将其联邦医疗补助计划扩展至更多的未投保人群，否则将失去已有的联邦医疗补助计划的联邦资金。最高法院判定《平价医疗法案》总体上符合宪法，但此项立法违宪。最高法院规定，不能根据《平价医疗法案》强制州政府扩展其联邦医疗补助计划，如果它们没有那么做，也不能剥夺它们的联邦医疗计划中来自联邦的资金支持。因此，在没有扩展医疗补助计划的州，许多未投保低收入者因其收入高于州医疗补助资格的最高限额但低于税收优惠的最低限额，而陷入"补贴灰色地带"。

提高质量，降低成本

《平价医疗法案》中一些涉及提高医疗保健的质量、降低成本的重要条款概括如下：

- 重建初级保健队伍。为了增加初级保健医生的人数，有一些新的激励措施被用于扩大初级保健医生、护士和医师助理的数量。例如，为在医疗条件不佳地区工作的初级保健医生和护士提供贷款偿付服务。
- 疾病预防。筹划建立新的预防和公共健康基金，专门投资于预防和公共健康计划，以保持美国国民的健康，包括禁烟和减肥。
- 建立以患者为中心的研究机构。建立非营利机构来研究国民体质，提供医疗保健治疗措施和策略的比较研究。
- 强化社区健康中心。为建设社区健康中心和扩展医疗服务提供资金支持。这些措施将使社区健康中心能够为全国2 000万个新病人（特别是低收入病人）提供服务。
- 打击医疗保健欺诈。包括对医疗保健供应商进行筛选，加强对医疗保健供应商的监督，暂停在公共项目中被认定为高风险欺诈领域的注册，并加大惩罚力度。
- 组建可信赖医疗组织。财务激励鼓励医生们联合在一起，组成可信赖医疗组织。在这些组织中，医生们能够更好地合作，为患者提供服务并提高服务质量，有助于防治疾病，减少不必要的住院治疗。如果一个可信赖医疗组织能够提供高质量的服务，降低医疗保健体系的成本，就可以保留下所省下来的资金。这种措施为控制成本提供了强有力的财务激励。
- 降低书面和管理费用。《平价医疗法案》采取了一系列措施来提高标准化程度，还要求健康保险计划开始遵守信息化规则，要求实现健康信息电子化交流的安全性和可信性。电子健康记录可以降低书面和管理负担、削减成本、减少医疗事故，并提高医疗质量。
- 基于价值而不是规模向医生支付费用。《平价医疗法案》将向医生支付的费用与他们所提供的服务质量相关联。让那些提供高品质医疗服务的医生能够比那些服务质量较低的医生获得更高的收入。

成本和融资

《平价医疗法案》的成本是高昂的。CBO预计，在2017—2026年，《平价医疗法案》的保险条款将给美国联邦政府带来1.4万亿美元的净成本。《平价医疗法案》的融资极其复杂，资金来源众多。除了那些没有获得联邦补贴的个人和家庭每月缴纳的高额保费外，为补贴提供资金的收入还来自几十种不同的税收和源头。它们包括以下几个方面：

- 通过减少欺诈和滥用以及减少不必要的检查程序，在医疗保险计划和联邦医疗补助计划中节约出来的资金。
- 减少向联邦医疗保险优势计划的支付。
- 针对医药制造行业和健康保险公司的新的年度费用。
- 对于向高成本的雇主发起的健康保险计划，若超过一定门槛值，将征收消费税（也被称为"凯迪拉克税"）。这项税收最初计划于2018年开始征收，后被推迟到2020年。在本书写作时，国会再次将征税启动日期推迟至2022年。

根据这一规定，若个人保险的总价值超过10 200美元（根据2018年通货膨胀率调整后），家庭保险的总价值超过27 500美元（根据2018年通货膨胀率调整后），高成本医疗保险计划的提供者将被征收40%的高额消费税。这一税收适用于保费额度超过门槛值的情况。

- 弹性化医疗费用支出账户的缴费上限为每年2 500美元。（按通货膨胀指数计算。）
- 将对个人收入超过200 000美元和已婚夫妇联合申报收入超过250 000美元的个人和家庭征收的联邦老年住院保险薪金税税率提高0.9个百分点（从1.45%提高到2.35%）。
- 对收入超过200 000美元，已婚夫妇联合填报收入超过250 000美元的纳税人的净投资收益额外征收3.8%的税。
- 不需要医生开处方的非处方药的成本不再由弹性支出账户或医疗保险账户支付。
- 取消针对接受联邦老年医疗保险D部分津贴的退休人员的税收减免。
- 属于扣除清单的医疗费用的收入门槛限制从校正后总收入的7.5%提高到10%。

此外，《平价医疗法案》还包括了很多适用于联邦老年医疗保险计划的条款。这些条款用于控制日益上升的医疗保健支出、减少欺诈和滥用，使联邦老年医疗保险计划更低廉、更有效率。

个人医疗费用保险

大多数年龄低于65岁的人都拥有由企业发起的团体保险计划下的商业健康保险的保障。团体健康保险将在第16章进行讨论。但是，个人医疗费用保险在向没有参与任何团体的个人和家庭提供经济保障方面也很重要。许多工人辞去了他们的工作，处于失业状态，或者过早退休，都需要个人保障；许多处于找工作之中的失业人员需要个人保险；年满26岁的大学生，不再在其父母保险计划的保障范围之内；65岁以下人群中很多不能获得收入的劳动力也需要个人保障。

个人医疗费用保险（individual medical expense insurance）为个人或家庭支付因疾病而产生的医疗费用提供保障。消费者拥有很多关于保单的选择权。这些保单有各种各样的免赔额、共保比例、共付费用和保费。以下部分将讨论在健康保险市场上销售的个人医疗费用保险保单的基本特征。

无终生限额或年度限额

保险公司被禁止对在健康保险市场上销售的保单设置终生限额和年度限额。然而，保险公司仍然可以对不被视为基本健康保险金范围的医疗保健服务设定终生限额和年度限额。

基本健康保险金

在健康保险市场上销售的个人医疗保险计划必须提供多种基本健康保险金的组合保障。消费者可以选择五种基本健康保险金保障计划，它们决定了被保险人和该保险计划支付的总费用的百分比。这些类别计划提供的医疗保健质量和数量均一致。不同的是，各个类别的保险计划支付不同金额的个人医疗总费用。

基本健康保险金组合包括以下十项条款或医疗服务保障：

- 门诊病人服务；
- 急诊服务；
- 住院治疗（如手术）；
- 孕妇和新生儿护理；
- 心理健康和滥用药物纠正服务，包括行为健康治疗（心理咨询和心理治疗）；
- 处方药；
- 康复服务和康复设施；
- 检验服务；
- 预防和保健服务以及慢性病治疗；
- 儿科服务，包括口腔和视力护理。

如前所述，申请者可以从五种基本健康保险金保障计划中选取一种，并通过健康保险市场中的个人和小团体计划购买。五种保障计划包括：

- 青铜计划。该计划提供基本健康保险，平均覆盖保障成本的60%。包含对免赔额、共保、共同支付和其他被保险人必须支付的成本分担条款，对自付额度存在年度限额。成本分担条款不适用于预防性治疗服务，自付额度被限制为当前健康储蓄账户（HSA）限额（2018年个人限额为6 650美元，家庭限额为13 300美元）。如果没有这些额度限制，年度自付费用将会达到极高的水平，使经济面临极度的不安全。
- 白银计划。该计划提供基本健康保险，平均覆盖保障成本的70%。年度自付限额为健康储蓄账户限额。
- 黄金计划。该计划提供基本健康保险，平均覆盖保障成本的80%。年度自付限额为健康储蓄账户限额。
- 白金计划。该计划提供基本健康保险，平均覆盖保障成本的90%。年度自付限额为健康储蓄账户限额。
- 巨灾计划。该保险计划平均覆盖低于总平均医疗成本60%的费用，且只适用于30岁以下或遭受灾难性事故的人，如无家可归或近亲死亡。该计划旨在保障灾难性事故或疾病，月保费较低，但免赔额较高。2018年的年度自付限额（包含免赔额、共同支付和其他金额，但不包括保费），个人不得超过7 350美元，家庭不得超过14 700美元。然而，巨灾计划必须每年提供三次免费基础医疗服务，甚至在达到年度免赔额之前，还必须提供某些免费疾病预防服务。

详细讨论上述各类保障计划的全部优点超出了本书的范围。然而，以下优点值得简要讨论：

- 住院病人住院保险金。保障范围包括食宿费、心脏病和重症监护室的成本、治疗室和设备的成本以及看护服务和其他服务的成本。其他属于保障范围之内的还包括手术室、手术服、药物、试验检测、X射线检测和放射医疗等服务的费用。
- 门诊病人保险金。门诊病人服务的保障范围包括在医院内的门诊手术或独立门诊机构的手术服务;在作为住院病人允许入院治疗之前所做的检查;门诊化疗或放射性治疗;急诊室提供的门诊服务;以及其他服务。
- 医生保险金。个人医疗费用保险计划保障范围一般包括到诊所看病、专家咨询、外科手术费、麻醉服务费,以及按摩师、医生助理、从业护士、物理治疗专家和其他治疗专家提供的服务。
- 预防性服务。如今的医疗费用计划包括了一些没有成本分担条款的预防性服务。为了鼓励病人及时看病,不会要求他们满足承保预防服务的免赔额、共保或者共同支付的条件。保障范围之内的预防性服务包括对年龄超过50岁的成年人的结直肠癌的筛查;乳腺癌钼靶筛查;宫颈癌筛查;注射流感疫苗;以及各种各样为成年人、女性和儿童所提供的附加服务。
- 门诊处方药。门诊处方药保障是另一个重要的保障类别。通常使用三阶或四阶定价体系。第一阶基础药的共付费用最低,第二阶是核准名录(称作处方一览表)上的品牌药,共付费用较高。第三阶是不在处方一览表上的药品,共付费用更高。最后是第四阶,有些保险计划可能包括非常昂贵的药品。这一类药品的共付和共保费要高得多。

自然年度免赔额

大多数个人医疗费用保单均存在**自然年度免赔额**(calendar-year deductible)。这是一种总额减免,在一个自然年度内只需要满足一次。在保险金给付之前,医疗费用保单包括的免赔额条款必须满足。一旦达到免赔条件,在自然年度内就不再需要满足额外的免赔额。消费者可以选择个人或家庭免赔额。今天销售的个人保单中的免赔额远高于以前发售的保单。通常免赔额是1 000美元、1 500美元、2 500美元或者更高的数额。家庭免赔额要高得多,如5 000美元或10 000美元。免赔额的目的是消除小额索赔和处理它们所产生的高额管理成本。通过取消小额索赔,保险公司能够提供较高的限额,并且仍然让保费保持在合理区间内。

共同保险

个人医疗费用保险包括共同保险(简称共保)条款。**共同保险**(coinsurance)针对超出免赔额的费用的一定百分比,被保险人必须自行支付直到某一最高年度限额。被保险人一般要求支付大部分保障范围内的医疗费用中超过免赔额部分的20%、25%或者30%。例如,假设被保险人受保障的医疗费用为10 000美元,自然年度免赔额是1 000美元,共保比例是20%。除了1 000美元免赔额外,被保险人支付超额部分的20%,或者1 800(=20%×9 000)美元。保险公司支付剩下的7 200美元。

共保条款有两个基本目的:(1)降低保费,(2)防止过度使用保险金。共保对降低保费有很大的影响,被保险人如果承担部分成本,使用不必要服务的可能性就会降低。

共同支付

个人医疗费用保单一般都包括共同支付（简称共付）条款。**共同支付（copayment）**是被保险人为了某些保障而必须支付的固定数额，例如40美元用于看基础医疗医生，或者基础药物共付费用10美元。共付不能与共保相混淆。共付是被保险人为了某些服务而支付的小额支出。共保是超出免赔额部分的被保障医疗费用的一定百分比。被保险人必须支付余额部分直到达到年度限额。

年度自付限额

医疗费用保单还包括**自付最高限额（out-of-pocket maximum limit）**，即在被保险人支付了年度自付费用后，超过免赔额的医疗费用全部处于保障范围内。**年度自付限额〔annual out-of-pocket limit，也称止损限额（stop-loss limit）〕**的目的是降低巨灾损失造成的沉重的财务负担。在购买保险的时候，被保险人通常可以选择几种年度自付费用的限额，例如3 000美元、4 000美元或者更高的数额。家庭保单的自付限额会非常高。

除外条款

所有个人基本医疗保险都会包含除外条款。一些常见的除外条款包括：
- 针灸；
- 减肥手术；
- 整容手术；
- 口腔护理（成人）；
- 助听器；
- 不孕不育治疗；
- 长期护理；
- 私人护理；
- 常规眼部护理（成人）；
- 日常足部护理；
- 减肥计划。

《平价医疗法案》要求保险公司向消费者提供各种保险计划的统一信息，以便消费者对不同的保险计划进行准确比较。其中一项最重要的信息是对各个保险计划的优惠和保障范围的概述，它为健康保险销售市场内外各种保险计划提供了一致的详细说明。

《平价医疗法案》的评估

从未投保个人和家庭的角度来看，《平价医疗法案》（ACA）既有优点，也有缺点。主要优点包括：

- 综合福利。《平价医疗法案》提供涵盖十个领域的综合医疗服务保障，包括购买牙科保险的选项。此前由于费用问题被广泛忽视的心理健康选项，如今也涵盖其中。

- 大幅降低未投保率。2010年《平价医疗法案》颁布时，非老年人口的未投保率为16.3%（4 990万人）。2016年，整个自然年度内未投保医疗保险的人口比例急剧下降至8.8%（2 810万人）的历史最低水平。因此，对数百万个65岁以下的人来说，健康状况不佳造成经济不安全的风险已大大降低。
- 为大部分被保险人提供补贴。如前所述，在《平价医疗法案》被颁布之前，数百万个未参保的人由于保费高昂而缺乏医疗保险。然而，据凯撒基金会估计，2016年53%的未参保者（1 460万人）有资格通过《平价医疗法案》健康保险市场、州医疗补助计划或其他公共计划获得医疗保险补贴。
- 积极的经济效益。虽然难以衡量，但《平价医疗法案》对个人、家庭和整体经济都有其他积极的经济影响。主要包括：
  - 由于巨额医疗费用而被迫破产的风险大大降低。
  - 此前许多未投保的个人必须支付其所接受的医疗保健服务的全部费用，如今根据《平价医疗法案》，个人或团体健康保险计划的投保人可以支付更低的费用。
  - 医院和其他医疗服务机构如今可以从向低收入者和许多此前未投保的中等收入者提供的医疗保健服务中收取费用，这减少了医院和其他医疗服务机构向其他群体转移的成本，并抑制了医疗成本的通货膨胀。
  - 牙科保险保障被添加到《平价医疗法案》的医疗服务保障范围内，这是许多中低收入者忽视的领域。此外，许多中低收入家庭如今也可负担得起心理健康治疗服务。

然而，从消极的方面来看，政客、消费者代表、保险公司和医疗保健专家列出了现行《平价医疗法案》的如下缺点：

- 极其复杂，是行政人员的噩梦。一个常见的反对意见是，《平价医疗法案》过于复杂，对该法案的实施和管理成为行政人员的噩梦。批评人士声称，联邦公报上涉及《平价医疗法案》的联邦条款、法规和政策至少有2万页。没有哪个人或团体能够清楚地理解和解释现行《平价医疗法案》中出现的所有条款。因此，《平价医疗法案》违反了各州多年前通过的一项重要原则，即简化保险合同，使其对普通投保人来说清晰易懂。《平价医疗法案》显然不符合这一原则。
- 高额保费和免赔额。现行的《平价医疗法案》费用高昂，将沉重的经济负担施加到没有资格获得医疗补贴的个人和家庭身上。根据投保人所选择的保险计划，其保单免赔额通常为2 000美元、3 000美元、4 000美元或以上。此外，根据家庭成员的数目不同，一些家庭每年在医疗保险上的现金支出可能超过14 000美元，这对没有医疗补贴的中等收入家庭造成了巨大的经济负担。如前所述，约有53%的《平价医疗法案》投保人有资格获得医疗补贴，这可以大幅减少自付费用。然而，对于那些收入略高于补贴最高限额的个人和家庭来说，年度自付限额可能会产生巨大的经济影响。因此，许多个人和家庭在没有补贴的情况下无法支付高额保费，且由于无须支付未投保罚金而选择继续不投保。
- 无法定制个人保障。申请人可以选择五种保障计划（30岁以下的个人可以选择青铜计划、白银计划、黄金计划、白金计划或巨灾计划），这决定了被保险人和该保险计划支付的总费用的百分比。然而，基本健康保险作为适合所有人的一揽子计划，在计划中定制个人保障通常是不允许的。例如，如果允许个人定制，一个50岁的单身未投保男性申请人可能不会选择孕期医疗服务保障。

- 在健康保险市场计划中的保险公司相对较少。大多数辖区提供健康保险市场保单的保险公司相对较少，一般只有一到三个。因此，一些保险公司可以获得垄断或寡头垄断地位。由于缺乏行业竞争和价格竞争，这些保险公司的垄断地位日益加重。

- 不受政客欢迎。任何国家保险计划要想取得成功，都必须在政治上为政客和整个国家所接受。《平价医疗法案》显然不属于这种情况。如前所述，美国国会中的共和党议员坚决反对《平价医疗法案》。此外，一般民意调查结果显示，在美国只有大约一半的人支持《平价医疗法案》。故与其完全废除《平价医疗法案》，不如制订一个既得到政客支持又得到公众支持的国家保险计划。正如前文所述，在医疗保健方面，美国与其他国家相比往往排名最末。因此，任何新计划的推行都必须改善前文讨论过的美国现有医疗体系存在的问题，才能取得成功。

管理式医疗计划

今天销售的大多数个人医疗费用保险是管理式医疗计划。**管理式医疗（managed care）** 是一个适用于医疗费用计划的术语，以有效控制成本的方式向成员提供保障范围内的服务。成本控制是强调的重点，保单持有人对医生和其他医疗保健供应商的选择被限制为保障计划范围内的医生、医院和其他医疗保健供应商。

有很多不同的管理式医疗计划。今天大多数常见的计划是**优先提供者组织（preferred provider organization，PPO）**。优先提供者组织与医生、医院和其他医疗保健供应商签订合同，以折扣费率向保单持有人提供保障范围内的服务。在优先提供者组织中，保单持有人可以选择从任何医生或医疗保健供应商那里接受服务。但是，如果使用优先提供者组织，保单持有人将支付较低的免赔额和共保费用。如果保单持有人在保障计划范围外接受医疗服务，就必须支付非常高的免赔额和共保费用。我们将在第 16 章对管理式医疗计划进行详细讨论。

健康储蓄账户

联邦法令允许所有 65 岁以下的符合资格的人员建立健康储蓄账户，以获得优惠的所得税政策。**健康储蓄账户（health savings account，HSA）** 是专门为支付账户受益人的合格医疗费用建立的免税或保管账户。账户受益人受到高免赔额健康保险计划的保障。享受税收优惠的健康储蓄账户由两个要素构成：(1) 为灾难性医疗费用提供保障的高免赔额健康保险；(2) 账户持有人可以从中提取现金来支付医疗费用，而不需要支付税金的投资账户。这些要素将在后面进行讨论。

资格条件

要建立合格的健康储蓄账户，并享受税收优惠，必须满足一定的条件。首先，你必须参保高免赔额健康保险计划，必须没有参与其他不是合格的高免赔额保险的综合健康计划。（这个条件不适用于意外保险、残疾保险、牙科保险、眼科保险、长期护理保险、汽车保险以及其他保险。）其次，你必须不符合联邦老年健康保险的条件。最后，你必须不依靠别人的应税收入生活。

高免赔额健康计划

这种保险的免赔额很高。2018年，个人每年的免赔额为1 350美元，家庭的年免赔额为2 700美元。家庭免赔额适用于整个家庭，而不是每个成员。年免赔额较高的合格计划还可以以较低的保费获得。免赔额不适用于提供预防性服务的保险计划，例如乳腺X光、宫颈巴氏涂片检查、产科检查等。免赔额根据每年的通货膨胀情况进行指数化。

此外，对每年的年度自付费用设置了最大限额。2018年，年度自付费用（包括免赔额、共付费用和其他金额，但不包含保费）对于个人而言不得超过6 650美元，对于家庭而言则不超过13 300美元。年度自付费用限额每年根据通货膨胀情况进行调整。

健康储蓄账户也有共同保险条件。尽管许多健康保险计划支付免赔额以上的所有承保费用，一些被保险人仍然偏好保费较低的共同保险，例如20%或30%。

缴费限额

健康储蓄账户的费用可以由个人支付，也可以由雇主和家庭成员缴纳。2018年，个人缴费总额不得超过3 450美元。家庭缴费总额不得超过6 900美元。这些数字每年根据通货膨胀情况进行调整。此外，如果人们的年龄在55岁以上，那么就可以追加缴费1 000美元。

税收优惠

在合格保险计划中，健康储蓄账户的投资账户可以享受较好的税收待遇。健康储蓄账户缴费在上面描述的年度限额以下享受所得税抵扣。税收抵扣额"在该线以上"，这意味着你不必在税收申报单上逐条罗列抵扣项目。也就是说，你要按照税前价格支付保费。此外，积累的投资收益免缴所得税。如果该账户是用于支付合格医疗费用，那么也可免缴所得税。但是，65岁之前的非医疗用途的给付需要缴纳所得税，税率为惩罚性的20%。一旦年满65岁，或参加了联邦老年健康保险，就不再需要向健康储蓄账户缴费。但是，你仍然可以使用这些钱支付符合条件的医疗费用。如果你的年龄不小于65岁，那么也可以将钱用于非医疗用途，但是这些钱将被认为是应税收入。

健康储蓄账户基本原理

支持健康储蓄账户的人提出了大量观点，包括：
- 如果消费者自己支付医疗保健费用，那么他们就会对医疗保健的成本更加敏感，避免不必要的服务，并且寻找医疗保健服务，从而降低医疗保健成本。
- 健康保险将因为保费较低而更容易负担，这将会减少未投保人数。
- 如果没有发生医疗费用，健康储蓄账户中的钱就可以被储蓄起来，留到退休的时候使用。

- 健康储蓄账户可以被用于企业发起的团体健康保险计划。由于账户属于个人，所以使用起来很方便。如果工人更换工作或者失业，仍然可以拥有健康保险。

健康储蓄账户的批评者则持如下相反的观点：

- 健康储蓄账户保费之所以低，仅仅是因为初始医疗费用的很大一部分通过高免赔额被转移给了被保险人。
- 低收入人群和许多中等收入家庭在保障开始前无法支付较高的免赔额和共保费用。成本分担条款会加剧这些家庭所面对的原本就已经十分脆弱的财务状况。
- 健康储蓄账户税收优惠转为为高收入人群服务，对于当前未投保的低收入群体价值有限。存入健康储蓄账户1美元，35%的税率可以节省35美分，但是处于10%税率的低收入人群只能节省10美分。
- 健康储蓄账户对于决定不购买传统保险的年轻人和有钱人有吸引力。但是，健康状况不好的人更愿意购买传统保险。因此，如果健康状况不佳的工人的数量增加，就会使购买传统保险的个人和雇主所支付的保费增加。
- 对于许多需要立即接受医疗护理的病患或受伤者来说，四处询价购买不那么贵的健康护理并不现实，他们也缺乏可靠的成本信息来源。由于较高的免赔额和共保条件，一些被保险人将会推迟接受医疗护理，从而错过在病情较轻的阶段进行治疗的机会。

长期护理保险

长期护理保险（long-term care insurance）为在护理机构、医院和家中接受的医疗或看护服务，每日或每月支付保险金。虽然个人需要在疗养院接受护理的概率相对较高，但护理的持续时间比以往报道的要短得多。波士顿学院退休研究中心（Center for Retirement Research at Boston College）估计，在65岁及以上的老年人中，44%的男性和58%的女性有机会进入疗养院；男性的平均住院时间为10个月，女性为16个月。[①] 在疗养院长期护理的费用是惊人的。大多数长期护理每年收费在90 000美元和140 000美元之间，甚至更高。联邦老年健康计划在支付长期护理成本方面的辅助作用有限。病人必须从专业护理机构获得医疗护理，且最长保障范围为100天。看护服务被完全排除在外。此外，大多数老年人最开始时并不符合联邦医疗补助计划的长期护理条件，因为这是福利性的保障计划，对老年人的资格要求很严格，并需要进行严格的经济能力检验。其结果是，为了能够在护理机构待更长的时间，一些老年美国人不得不购买长期护理保险，从而使自己的财务负担进一步加重。

基本特点

今天销售的大多数保单都可以享受税收优惠政策，想要享受税收优惠必须达到《健康

[①] Leora Friedberg, et al, *New Evidence on the Risk of Requiring Long-Term Care*, Center for Retirement Research, Boston College CRR WP, November 2014, Table 2. See also Leora Friedberg, et al, *New Evidence on the Risk of Requiring Long-Term Care*, Center for Retirement Research, Boston College, revised October 2015; and Leslie Scism, "Long-Term Care, Is It Worth It?" *The Wall Street Journal*, May 1, 2015.

保险可携性和责任法案》（Health Insurance Portability and Accountability Act，HIPAA）规定的某些标准。无税收优惠的保单没有达到 HIPAA 的标准。无论是享受税收优惠的保单还是无税收优惠的保单，一般均具有如下特点[①]：

保单类型 长期护理保单可在个人或团体计划中提供，保单的主要类型包括：

- 实际费用保单（也称偿还式保单）是最常见的。这类保单为长期护理产生的费用支付保单限额内的每日或每月保险金。消费者可以选择按天支付保险金额。护理机构每天的护理费用通常为 50 美元到 350 美元不等。该保单支付护理服务产生的实际费用或保单上限金额，以较低者为准。例如，如果保单的每日限额为 150 美元，疗养院费用为每天 200 美元，则你的每日保费限额为 150 美元。同样地，如果家庭保健服务一天的费用为 120 美元，由于这一费用低于保单限额，那么你将只获得 120 美元的支付。如果该保单涵盖家庭医疗保健服务，那么支付的保险金额通常是疗养院保险金额的一定百分比（例如 50％或 75％）。然而，有些保单支付的家庭护理保险金额与护理机构相同。

最后，该保单对保单有效期内支付的总金额有最大限制。如对一年、三年、五年、七年或一生保障期内的最大总保险金额有限制。

- 补偿保单（也称按日补贴式保单）每天都支付固定金额的保险金，无论实际费用是多少。例如，如果你有资格享受长期护理保险，并且你的按日补贴保单有每日 150 美元的限额，那么你将获得每日 150 美元的保险金，即使实际费用可能为 120 美元、200 美元或更高的金额。

- 一些人寿保单和递延年金的保险范围包含某些长期护理费用，如疗养院护理、辅助生活机构护理或家庭护理。

第一，一些人寿保险公司的保单提供长期护理附加条款，这是附加在人寿保单上的独立保险金，用于支付长期护理费用。

第二，许多人寿保单都有提前给付死亡保险金的规定，允许身患绝症或某些重大疾病的个人在临终前领取部分或全部人寿保险金。一些提前给付的死亡保险金还包括符合条件的长期护理费用。被保险人可以获得符合条件的长期护理费用，但每天或每月的护理费用不得超过保单死亡保险金的一定百分比。根据保单的不同，可以支付部分或全部符合条件的长期护理费用。

第三，一些递延年金允许提取年金当前现金价值的一部分用于支付长期护理费用，而无须支付退保费。

第四，年金的价值在抵销长期护理费用之后再支付。例如，假设你的递延年金价值为 100 000 美元。当你在符合条件的长期护理上花费了 10 万美元之后，你的年金将为未来的长期护理费用支付固定金额。

第五，许多保单都包含替代性的护理计划，保险公司通过该计划为保单中未明确提及的各种货物和服务支付费用。例如，保险公司可能会为患者家中的扶手和坡道支付费用，以便患者可以住在家中而不是护理机构。

---

① 这部分基于 National Association of Insurance Commissioners，*A Shopper's Guide to Long-Term Care Insurance*，Revised 2013，and AHIP，America's Health Insurance Plans，*Guide to Long-Term Care Insurance*，Revised edition 2013。

用现金支付长期护理费用将减少人寿保险死亡保险金，从而使人寿保单的受益人获得较少的死亡保险金。同样，如果使用递延年金来支付长期护理费用，年金中的钱会减少，退休保险金也会随之减少。

共同保障　一些长期护理保单可能涵盖多人，或允许将保险总额适用于最能满足投保人需要的各种保障服务。这一保障通常被称为共同保障。下面举两个例子：

- 第一个共同保障的例子是为两位（如丈夫和妻子）及以上的成人提供保险；保险金总额通常适用于所有投保人。然而，若一人获得保险金，则这部分金额将从总保险金额中扣除。例如，假设总的保单金额是40万美元，丈夫使用了10万美元的保险金，那么剩下的30万美元保险金将可由妻子、丈夫或两者共同使用。
- 第二个共同保障的例子是，可以将保险金总额用于支付不同长期护理服务。长期护理保单通常为一项或多项护理服务按日、周或月支付保险金。投保人可以根据自己的需要综合选择各种保障服务。例如，假设你更喜欢接受家庭护理而不是去疗养院，那么你可以住在家里，将家庭健康护理和社区护理结合起来，而不是去疗养院接受护理。

保障服务　根据保单的不同，长期护理保单可能包含以下内容：

- 疗养院护理；
- 家庭医疗保健；
- 临时看护；
- 临终关怀；
- 家庭个人护理（通常不包括家务服务和疗养院或个人看护中心服务）；
- 辅助生活机构服务；
- 成人日间护理；
- 其他社区服务。

等候期　等候期（elimination period）是指不支付保险金的等待期。大多数保单等候期的时间范围可以在0天和180天之间。一般等候期有20天、30天、60天或90天。更长时间的等候期将会大幅降低保费。但是，较长的等候期也意味着较高的自付费用，而这将产生重大的财务影响，除非被保险人有大量积蓄或者其他收入来源。许多老年人退休后没有必要的财务来源用于支付长期护理保单（等候期较长）的额外自付费用。例如，如果等候期是90天，每天的成本是250美元，病人发生的自付成本为22 500美元。但是，20天等候期的保单，其自付成本仅为5 000美元。

获得保险金的资格　符合税收优惠条件的保单设置了两个**保险金给付条件（benefit trigger）**，用以确定被保险人是否患有慢性病，并符合给付保险金的条件。被保险人必须满足两个条件之一才能够获得保险金。第一个条件是被保险人无法完成一些**日常生活活动（activities of daily living，ADLs）**。日常生活活动包括吃饭、洗浴、穿衣、从床上起来坐到椅子上、如厕等。如果被保险人没有其他人的帮助就无法完成保单中列出的一些日常生活活动（例如上述5项当中的2项），那么就给付保险金。

第二个条件是，被保险人由于严重的认知障碍而不得不需要严格照看，以防损害其健康和安全。例如，如果被保险人短期或长期记忆受损，他或无法区分人、地点、时间，或无法进行抽象推理，或无法对安全情况做出正确的判断，在这些情况下，就应当给付保险金。例如，被诊断为患有阿兹海默病的患者。

无税收优惠条件的保单的保险金给付要求一般更为宽松,如果必要医疗条件得以满足,就可以给付保险金。这意味着,一旦医生确认被保险人需要长期护理,即使他不满足上面所列出的保险金给付条件,也要支付保险金。而且,所列出的日常生活活动也不一样,被保险人只需要满足更少的日常生活不能自理的情况,就符合保险金给付的条件。

通货膨胀保障 通货膨胀会逐渐侵蚀日常给付保险金的实际购买力。例如,2018年疗养院每天的收费为250美元,到2025年每天的收费就可能提高到400美元甚至更高。如果在年轻的时候购买保单,那么针对通货膨胀的保障就显得非常重要。

保险公司有很多应对通货膨胀的方法。一个保险公司允许被保险人每年根据消费者价格指数(CPI)提高日常保险金。例如,如果日常保险金是200美元,CPI增加4个百分点,新的日常保险金将为208美元。尽管不需要可保性证明,但是保费会相应增加。

另一种方法是在每年的某一特定日期自动提高初始每日保险金,例如在保单有效期内以5%的复利增加。向保单附加自动提高保险金条款的成本很高,在某些情况下,很容易就使年缴保费增长20%~100%。

保证续保保单 目前销售的保单都是保证续保的。一旦被售出,保单就无法被撤销,而且被保险人所处的特定承保类别的费率可能提高。

昂贵的保障 长期护理保险代价高昂,特别是购买者岁数偏大的时候。例如,假设在内布拉斯加州,在40岁购买的每日保险金为150美元的长期护理保单的年保费是1 750美元,保障期为3年,等候期为90天,具有复利通货膨胀保障。如果在65岁时购买,年保费是2 861美元,如果在70岁购买,就是4 511美元。

一些保险代理人和理财规划师建议在年轻的时候购买长期护理保险,因为那个时候的保费比较低。但是,许多理财规划师不同意这些建议,因为在需要保险金之前,需要支付较长时间的保费。例如,假设被保险人在40岁的时候购买了一份长期护理保险,在他知道保单是否有必要之前,必须先支付保费30年或40年。此外,其他重要的保险需求,例如对人寿保险或残疾收入保险的需求,在年轻的时候应该优先考虑。

除外责任 长期护理保单包括一些除外责任,通常包括如下几类:
- 某些精神疾病或神经紊乱(不包括阿兹海默病和认知障碍)。
- 酗酒和吸毒。
- 通常在前六个月出现先前存在的健康问题。
- 战争引起的疾病。
- 政府支付的治疗。
- 试图自杀或自残。

最低偿付保险金 大多数保险公司都将最低偿付保险金作为一种保险金给付方式,在这种方式下,即使被保险人的保单失效,仍然要提供保险金。最常见的最低偿付保险金包括(1)保费返还或(2)缩短保险金给付期间。在保费返还保险金方式下,在保单失效或被保险人死亡之后,投保人获得支付的总保费(不包括利息)的一定百分比的现金。在缩短保险金给付期间的方式下,保障依然持续,但是保险金给付期间或最大数额被减少。最低偿付保险金很贵,其保费可能增加20%甚至100%。

如果被保险人不购买可选择的最低偿付保险金,一些州要求保单中包括一个被称为防失效或有最低偿付保险金的条款。在保单销售日之后,如果保费提高了一定百分比,该条款可以为投保人提供一些选择。例如，如果在 70 岁的时候签售保单，保费在初始保费基础上提高 40%，被保险人可以选择降低每天的保险金，或者选择转化为保险金给付时间较短的缴清保单。

长期护理保险的税收 长期护理保险要享受所得税优惠就需要满足一些条件。保证范围可以是个人或团体。雇主支付的保费在团体保险计划中可以由雇主扣减，但是不能对雇员课税。

长期护理保险金免征所得税。被保险人可在保单年度限额内扣除部分或全部保费。符合条件的长期护理保单的年保费，如果支付的保费加未偿付医疗费用超过个人的调整总收入的 10%，那么个人无论是为个人还是团体获得保障而支付的年保费都可以作为医疗费用扣减。但是，对每年的额度有一定限制。2018 年，最高年扣减额处于 40 岁的人群的 420 美元和超过 70 岁的人群的 5 200 美元之间。这些限制根据通货膨胀进行了指数化。

长期护理合作计划

大多数州都设置了长期护理合作计划。这类计划旨在消除或降低部分人依赖联邦医疗补助计划获得长期护理的动力，从而减少联邦医疗补助计划的支出。联邦医疗补助计划是一个州和联邦共同参与的福利计划，旨在为那些能够达到严格的测试条件的申请人支付保障范围内的医疗费用。从商业保险公司购买了合格的合作计划保单的人在具有联邦医疗补助计划资格条件之前，必须首先依赖于他们的商业保险。金融资产不能超过一定额度，通常为 2 000 美元。资产超过前述额度的申请人必须把钱花出去或者消耗其资产以达到联邦医疗补助计划的条件要求。为了鼓励人们购买商业合作保险，更少地依赖于联邦医疗补助计划，他们的部分或全部资产受到保护，不用把钱花掉以满足联邦医疗补助计划的要求。例如，一个购买了总保障为 300 000 美元的合格的合作保单的人，就会有 300 000 美元资产受到保护。如果他的保险金已全部用完，那么就可以申请联邦医疗补助计划。

残疾收入保险

残疾收入保险（disability-income insurance）是另一种重要的个人健康保险。重度残疾是造成经济不安全的一个主要原因。在长期处于残疾状态时，你将失去收入来源，必须支付医疗费用，耗尽储蓄，失去或减少员工福利。若是永久残疾，则必须有人看护。除非你能够从残疾收入保险或其他来源获得收入，或者有足够的储蓄，否则你将会面临经济不安全。许多工人很少考虑长期残疾时的收入持续性问题。但是，在 65 岁之前残疾的可能性比人们普遍认为的要高很多，且一旦这种残疾是永久性的，对个人收入必将造成极其巨大的损失。试分析一项研究的结果：

- 根据生活中发生的情况，你的残疾概率为 30%，使你在职业生涯中的某个时间段失业 90 天或更长时间。[1]

---

[1] Life Happens, "Disability Insurance," March 2, 2018. Accessed at https://www.lifehappens.org/insurance-overview/disability-insurance/.

- 年满 25 岁、年薪 50 000 美元的工人，若遭遇永久性残疾，将可能失去 380 万美元的未来工作收入。①
- 一半的美国工薪阶层在陷入经济困境后连一个月都无法支持下去，几乎四分之一的人立即就会出现问题。

残疾收入保险旨在应对上述可能造成巨大经济不安全的风险。残疾收入保险在被保险人由于疾病或受伤而无法工作的时候定期提供收入。人们可以购买的残疾保险的数额与个人的收入有关。为了防止过度保险，减少道德风险和欺诈，大多数保险公司将销售的保额限制在不超过个人总收入的 60%～70%。

完全残疾的含义

残疾收入保单中最重要的保单条款是"完全残疾"的含义。大多数保单要求，工人只有完全残疾才能领取保险金。完全残疾可以从以下几个方面进行定义：

- 无法承担自己正常工作中的职责。
- 无法承担自己正常工作中的职责，也无法从事其他职业。
- 无法从事与其教育、培训和经历相适应的职业。
- 无法从事能够带来收入的职业。
- 满足某种收入损失标准。

第一，对完全残疾最宽松的定义是根据所从事的职业进行的定义。不同保险公司对完全残疾有不同的定义。在一份保单中，**完全残疾（total disability）**是指被保险人完全丧失了完成自己职业所应承担的每一项工作的能力。例如，一位外科医生在打猎的时候失去了双手。他无法再走上手术台，在这一定义中，他已经完全残疾。根据这种定义，只要残疾导致不能从事当前职业的工作，即使人们可以从事其他职业，也可以领取残疾保险金。

第二，由于索赔过程并不顺利，现在大多数保险公司使用修正的原职业对完全残疾进行定义。由于伤害或疾病，人们无法履行原有职业的各项职责，且无法从事其他职业。这意味着，如果人们接受残疾收入保险金并且在一个完全不同的行业就业，那么残疾保险金将会相应减少。

第三种定义则经常指向"任何职业"的定义。由于疾病或伤害，人们无法履行自己的职责，或者无法从事原有的职业，或者无法从事其他任何根据教育背景、培训或经历有资格从事的职业。在这一定义中，只有在你既不能履行原有职业的各项职责，也不能胜任与你的教育背景、培训或经历相适应的任何其他行业工作的时候，才会被认为是残疾。因此，如果一位在枪击事件中失去一只手的外科医生转而成为一家卫校的教授或者研究学者，就将不会被认为已经残疾，因为这些职业被认为与其所接受的培训和经历具有一致性。

第四种经常使用的定义是容易造成残疾的危险性职业。完全残疾被定义为，无法从事任何能够带来收入的工作。法院对这一定义的一般解释是，如果人们无法从事任何与其教育、培训和经历相适应的有收入的职业，那么就认为其完全丧失劳动能力。

第五，一些保险公司使用收入损失标准来确定被保险人是否残疾。如果个人收入由于

---

① Life Happens, "Disability Insurance," March 2, 2018. Accessed at https://www.lifehappens.org/insurance-overview/disability-insurance/.

疾病或意外事故的原因而减少，那么就被认为是丧失劳动能力。残疾收入保单在这种定义下每月支付最高保险金的一定百分比，这一百分比一般等于损失收入占其收入的百分比。例如，假设克伦每个月的收入是5 000美元，她购买的残疾收入保险合同的每月最高保险给付额是3 000美元。如果因为残疾，克伦每月的收入下降到2 500美元（50%），该保单每月支付1 500美元的保险金（3 000美元的50%）。

有些保险公司使用完全残疾的两部分定义法，将原有职业定义与任意职业定义相结合。在残疾的最初一段时间（例如两年）内，完全残疾根据被保险人的职业进行定义。在残疾的初始期结束之后，适用第二种定义。例如，米伦·普德维尔是一位牙科医生，由于手部患有关节炎，他无法继续从业。最初两年，他被认为完全丧失劳动能力。但是两年之后，如果他成为研究专家或者牙科学校的老师，那么他就不再被认为残疾，因为他的教育背景和接受的培训相当适合从事这些工作。

最后，保单可能包括对推定残疾的定义。如果被保险人的双眼完全失明或无法复明，或者双手、双脚，或者一只手和一只脚完全丧失或无法使用，就被推定为存在完全残疾。

部分残疾

一些残疾收入保单还支付部分残疾保险金。**部分残疾（partial disability）** 是指被保险人可以履行部分而非从事职业中的所有职责。部分残疾保险金在较短的时期内支付较低比例的保险金，例如3个月期、6个月期或12个月期支付保险金的50%。在大多数保单中，部分残疾必须发生在完全残疾期后。例如，一个人因汽车交通事故完全丧失劳动能力。如果他以兼职的形式重新工作，以判断康复是否完全，这时保险公司可能支付部分残疾保险金。

遗留残疾

一些保单通常提供遗留残疾保险金，而不是部分残疾保险金，或者将该条款添加作为附加条款，提供额外的保险金。不同保险公司对遗留残疾的定义有所不同。在一份保单中，**遗留残疾（residual disability）** 是指，一个人在被雇用的时候并没有完全残疾，但是因为疾病或伤害，损失的收入占总体收入的15%以上。这意味着，被保险人由于疾病或伤害而减少收入，此时保险公司将会按比例向其支付残疾保险金。已赚收入将在残疾前后进行比较，残疾保险金将按照损失的收入的一定百分比予以支付。例如，如果被保险人因为疾病或伤害损失已赚收入的50%，那么保险公司就会支付50%的残疾保险金。

最后，大多数保险公司将收入损失超过75%或80%的情况视同损失100%，在这种情况下，每月为完全残疾支付全额保险金。

遗留残疾定义的一个主要优点是，如果被保险人重返工作岗位但是收入减少了，保险公司将部分支付保险金。例如，杰夫是一名销售员，每个月的收入是4 000美元。他在一次意外交通事故中遭受重伤，在他重回岗位的时候，每个月的收入只有3 000美元，降低了25%。如果他的残疾收入保险每个月为完全残疾支付2 000美元的保险金，遗留残疾保险金将为500（＝2 000×25%）美元，他每个月的收入将为3 500美元。

给付期

给付期是在等候期结束之后,残疾保险金给付的时间的长度。被保险人可以选择给付期,例如2年、5年、10年,或直到65岁或70岁。

大多数人丧失劳动能力的时间相对较短,一般平均不超过2年。但是,这并不意味着2年的给付期就是足够的。丧失劳动能力持续的时间越长,复原的可能性越小。例如,残疾超过90天的人中超过10%的人将会失去劳动能力超过5年。因此,由于丧失劳动能力的持续时间不确定,所以应当选择给付期更长的保险,比较理想的是支付保险金直到65岁或70岁。

等候期

个人保单一般都包括等候期(等待期),保险公司在这段时间内不支付保险金。保险公司提供各种长度的等候期,例如30天、60天、90天、180天或者360天。现在销售的大部分保单都有90天的等候期。许多企业有短期残疾保险计划或因病离职保险计划。这些计划在等候期内提供一定收入。但是这种方式有一个劣势,团体残疾收入保险无法转换为个人保单,特别是在工人失业的时候。因此,团体保险并不构成高质量残疾收入保险的良好替代方案。

高质量的残疾收入保险价格昂贵,将耗费一个人年收入的1%~3%。为了让残疾收入保险变得更易于负担,一些保险公司的保单最初的费率较低,并随着年龄的增长而增加。这种方法类似于定期人寿保险,后者随着被保险人年龄的增大,费率不断提高。

免缴保费

大多数保单自动包括了**免缴保费条款(waiver-of-premium provision)**。如果被保险人在90天内完全丧失劳动能力,那么只要被保险人仍然不具有劳动能力,就可以免缴未来的保费。而且,被保险人在最初90天内所缴保费将被全额退还。如果被保险人复原,那么必须缴纳保费。

康复条款

残疾收入保险一般都包括康复条款。保险公司和被保险人可能就一份职业康复计划达成一致。为了鼓励康复,在被保险人接受培训期间保险公司将支付部分或全部残疾收入保险金。在培训结束的时候,如果被保险人仍然完全残疾,那么保险公司照旧给付保险金。但是如果被保险人完全复原并回到工作岗位,那么保险公司就停止支付保险金。康复的治疗费用一般由公司支付。

意外死亡、肢残和失明保险金

一些残疾收入保险为意外事故中发生的意外死亡、肢残和失明支付保险金。支付保险金的最高数额(也称总本金)是根据一张表来确定的。例如,为失去双手或双脚或双眼视力的人支付总本金。

残疾收入保险金给付方式

有几种保险金给付方式可以被附加到残疾收入保单上。相关条款包括：
- 生活费用附加条款。在这种方式中，残疾保险金会随着生活成本的上升而定期调整，通常用消费者价格指数进行调整。在对其进行调整的时候通常要满足两个条件：第一，每年保险金的增加被限制在某一最高百分比之内（例如每年 5%）；第二，对保险金增长的总额设定了最高限额（例如保险金最多增加 100%）。购买这项附加的费用非常高，可以将基本保费提高 20%~50%。
- 购买附加险条款。个人的收入可能增加，也可能需要更多的残疾收入保险金。在这种方式中，被保险人有权在未来的某个时期不提供可保性证明就购买附加的残疾收入保险。保费根据被保险人购买附加保险时的年龄确定。
- 社会保障附加条款。社会保障残疾保险金很难获得，因为它对残疾有着严格的界定，并具有刚性的资格要求。如果个人被拒绝购买社会保障残疾保险，那么社会保障附加条款将向个人支付额外的保险金。
- 保费返还条款。如果保单持有人的索赔不顺利，这项附加条款会返还被保险人缴纳的部分保费。有不同种类的附加条款。例如，一份附加保险将会以特定时间间距，扣掉支付的理赔额度，返回部分保费。这种返还通常在 5 年或 10 年后，在扣除理赔金额后，返还支付保费的 50%~80%。这种方式存在一定争议，所以不推荐购买。残疾收入保险旨在用于提供收入保障，不应该视同现金价值人寿保险。这种给付方式费用也很高，而且会将保单的成本提高 25%~100%。

个人医疗费用保险的合同条款

个人医疗费用保险合同包含许多复杂的条款。合同中必须保留的一些条款包括续保条款和法律强制性条款，而其他条款则是可选的。详细分析所有合同条款超出了本书的范围。下文仅讨论（1）续保条款和（2）法律强制性条款。

续保条款

续保条款规定了个人保单可以持续有效的时间。续保条款包括下面几种：
- 保证续保；
- 不可撤销；
- 有条件续保；
- 不可续保；
- 保证签发。

保证续保 大多数个人医疗费用保单都是保证续保的。在**保证续保保单**（guaranteed renewable policy）中，保险公司保证在每个年度为保单续保，直到被保险人达到某一年龄。但是，保险公司有权提高被保险人所在级次的保费费率。该保单不能被撤销，保单的续保基于被保险人的单方判断。

不可撤销　在**不可撤销保单**（noncancellable policy）中，只要被保险人及时支付保费，保险公司就不得改变、取消或拒绝为保单续保。此外，保险公司不得改变保费或保单中明确的费率结构。有些残疾收入保单是不可撤销的。正因如此，保险公司不能拒绝续保，保费或费率结构是有保证的。这些合同经常被认为是"不可撤销的和保证续保的"保单。

相反，大多数医疗费用和长期护理保单不包括不可撤销条款。由于保单中的保费或费率结构不能改变，保险公司因此在面对通货膨胀时无法提高医疗护理费率，所以在这方面保险公司是没有保障的。也正因如此，不可撤销条款在医疗费用和长期护理保险合同中很少见到。

有条件续保　在**有条件续保保单**（conditionally renewable policy）中，保单持有人可以在达到特定年龄时续保，但是保险公司有权根据保单列明的条款降低续保合同的数量。例如，保险公司可以拒绝为州内所有与保单持有人保单代码相同的保单提供续保。

不可续保　有些保单是**不可续保保单**（nonrenewable policy），这类保单将在保障期末到期。这些保单通常只在有限的时期内提供保障，保单持有人没有续保权。只有保险公司有权在被保险人支付保费后进行续保。例子包括以下几种：（1）大学生团体健康保险，只为就读的大学生提供保障；（2）为正在更换工作的工人提供的短期临时性健康保险，这些工人正在等待新企业的团体健康保险的保障生效，并为刚刚毕业正在寻找其第一份工作的大学生提供保障；（3）国际旅行保单，仅为特定旅行提供医疗费用保障。

保证签发　《平价医疗法案》有一些条款会对前面讨论的续保条款产生重要影响。**保证签发**（guaranteed issue）是指所有为个人和团体提供保障的新的医疗费用保险计划均必须接受州内所有申请该保障的个人和员工，因此，保险申请人在获得保障和续保方面有了保证，且不能被拒绝。提供个人和团体保险产品的保险公司必须根据个人或保险计划发起人的选择继续续保。但是，也有一些例外情况，如果保单持有人无法支付保费、进行了欺诈或者在申请保障时有意隐瞒重大事实，那么保险公司可以拒绝续保。

《统一个人意外与疾病保单条款示范法》

美国保险监督官协会的《统一个人意外与疾病保单条款示范法》规定在所有个人医疗费用保单中添加某些强制性条款。概述如下：

- 完整合同。完整合同包括保单、保险申请书复印件和保单附加条款。其他口头或书面证明不可变更合同条款。
- 特定保护时间限制。**特定保护时间限制**（time limit on certain defenses）是一个必要的条款，并且与人寿保险中的不可抗辩条款具有相同的效力。主要指在保单生效两年（有些州为三年）后，保险公司不能根据申请时的误告使保单作废或拒绝理赔，欺诈性误告不包含在内。在两年后，如果保险公司能够证明被保险人在首次购买保险的时候做出欺诈性误告，那么可以拒绝理赔。

如前所述，《平价医疗法案》禁止保险公司取消保障，除非存在欺诈或者有事实证明存在个人蓄意误导。该条款适用于个人和团体保障。但是，如果投保人故意欺诈或者在申请时提供不完全的信息，保险公司仍然能够取消保单。当投保人不能按时支付保费时，保险公司也可以取消保障。如果你的保险公司要取消保单，必须提前至少30天向你做出明示，或者给你留出时间提起诉讼或购买新的保障。

- 宽限期。**宽限期（grace period）**是指，在保费缴纳日之后的31天内，投保人可以延迟缴费。如果保费在缴费日没有缴纳，但在宽限期内缴纳，保障仍然有效。
- 复效。**复效条款（reinstatement provision）**允许被保险人复效已经失效的保单。如果被保险人向保险公司或者代理人缴纳了保费，不必重新申请，保单就可以复效。但是，如果需要申请复效，那么只有在保险公司同意申请之后，保单才能够复效。如果保险公司没有通知被保险人申请被拒绝，那么在被保险人收到附有条件的暂保收据后的45天，保单自动生效。复效保单对于疾病的保障有10天的等待期，但对于事故的保障即时生效。
- 索赔通知。按照索赔通知条款的规定，投保人需要在保障范围内的损失发生后的20天内或尽可能早的时间内通知保险公司或保险代理人。
- 索赔表。保险公司被要求在接到索赔通知后的15日内向被保险人送达索赔表。
- 损失证明。在损失证明条款中，被保险人必须在损失发生后的90天内将损失的书面证明提交给保险公司。如果被保险人客观上无法在90天内提供损失证明，那么只要在合理可能的情况下尽快提交证明，就仍然有索赔权。
- 支付索赔的时间。保险公司必须在收到损失证明后立即支付所有索赔。
- 支付索赔。保险公司需支付死亡保险金给保单受益人。其他保险金可支付给被保险人、保单受益人或经被保险人许可提供服务的个人或机构。
- 体检和尸检。该条款使保险公司有权在索赔未决时自费对被保险人进行检查。
- 法律诉讼。该条款要求被保险人在提交损失证明后至少经历60天等待期，然后方可对保险公司提起法律诉讼。
- 变更保单指定受益人。除非保单指定受益人不可撤销，否则保单持有人保留变更指定受益人的权利，而不需要征得受益人的同意。

案例应用

洛丽今年28岁，是一名注册护士，在医院的工作每个月可以为她带来4 000美元的收入。在一起因她的错误导致的交通事故中，她受了重伤，导致至少1年的时间无法工作。她有一份保证续保残疾收入保单。该保单在90天的等候期结束之后，为意外事故和疾病每月支付2 800美元，并持续到她年满65岁。该保单还包括遗留残疾保险金。洛丽的保单中包括下列条款：

- 完全残疾是指：(a) 在前24个月里，无法承担职业中的所有重要职责，且无法从事有收益的职业；(b) 在支付了24个月保险金之后，还是无法从事任何有收益的职业。
- 有收益的职业意味着：与个人所受的教育、培训和经历一致的任何有薪酬或收入的职业或工作。

根据上述条款，回答以下问题：

a. 假设洛丽因为意外事故有1年时间无法工作，如果有残疾保险金，指出保险公司支付残疾保险金的责任范围。

b. 假设洛丽丧失劳动能力1年，然后复原并兼职参加工作。如果她返回工作岗位后每月收入 2 000 美元，指出保险公司支付残疾保险金（如有）的责任范围。

c. 假设 2 年后，洛丽无法作为全职护士重返岗位。一家制药厂为她提供了一份实验室技术员的工作，她接受了。指出保险公司支付残疾保险金（如有）的责任范围。

d. 在事故发生之后，洛丽能取消保单或提高保费吗？对你的答案做出解释。

本章小结

- 美国医疗保健体系存在如下主要问题：
  - 日益增加的医疗保健支出；
  - 大量未投保者；
  - 保险公司的违规行为。
- 当比较全球 11 个国家的医疗保健总体表现时，美国医疗保健体系排名最末。对于一个医疗保健支出总额居于全球领先位置的国家来说，这一表现实在不尽如人意。
- 医疗保健支出长期显著增长的原因主要包括：
  - 技术进步；
  - 由于第三方支付，无法掌握成本信息；
  - 以雇佣为基础的健康保险；
  - 医疗服务付费体系缺陷；
  - 高昂的管理费用；
  - 成本和医疗质量信息缺乏透明度；
  - 州政府强制保险给付；
  - 通过医疗保险和医疗补助计划转移成本；
  - 医疗保健部门价格的日益提高；
  - 预防性治疗；
  - 未投保患者的急诊室治疗和住院治疗的巨额成本；
  - 医疗保健供应商和病人的医疗保健欺诈及滥用；
  - 越来越多的医院被合并到更大的医疗保健系统中，或直接雇用医生，这使得它们能够对病人收取比医院更高的价格。
  - 人口老龄化。
- 人们未投保医疗保险的主要原因包括：
  - 高昂的医疗费用。
  - 工人因失业或更换雇主而未投保。
  - 失去医疗补助；雇主不提供医疗保险；没有投保资格；家庭状况发生变化，或认为自己不需要投保。
  - 一些符合条件的未投保者不知道有资格投保的人可以以补贴费率投保健康保险。
- 《平价医疗法案》为数百万没有保险的美国人提供了医疗保险。为未投保人群和小企业提供了巨额津贴，并包含了在长期内降低医疗保健成本的条款。《平价医疗法案》还规定，禁止保险公司签发含有损害消费者利益的滥用条款的保单。

- 个人医疗费用保险通过为个人或家庭支付因疾病而产生的医疗费用提供保障。消费者拥有很多关于保单的选择权。这些保单有各种各样的免赔额、共保比例、共付费用和保费。医疗保险市场上销售的个人医疗费用保单具有以下特点:
  - 无终生限额或年度限额;
  - 基本健康保险金;
  - 自然年度免赔额;
  - 共同保险;
  - 共同支付;
  - 年度自付限额;
  - 除外条款。
- 健康储蓄账户是专门为支付账户受益人的合格医疗费用建立的免税或保管账户。账户受益人受到高免赔额健康保险计划的保障。享受税收优惠的健康储蓄账户由两个要素构成:(1)为灾难性医疗费用提供保障的高免赔额健康保险;(2)账户持有人可以从中提取现金支付医疗费用,而不需要支付税金的投资账户。
- 长期护理保险为在护理机构、医院或家中接受的医疗或看护服务,每日或每月支付保险金。
- 长期护理保单的主要类型包括:
  - 实际费用保单(也称偿还式保单)为长期护理产生的费用支付保单限额内的每日或每月保险金。
  - 补偿保单(也称按日补贴式保单)每天都支付固定金额的保险金,无论实际费用是多少。
  - 一些人寿保险保单和递延年金的保险范围内包含某些长期护理费用,如疗养院护理、辅助生活机构护理或家庭护理的费用。
- 符合税收优惠条件的保单设置了两个保险金给付条件,用以确定被保险人是否患有慢性病,并符合给付保险金的条件。第一个条件是被保险人无法完成一些日常生活活动。第二个条件是,被保险人由于严重的认知障碍而不得不需要严格照看,以防损害其健康和安全。
- 长期护理保单包括一些除外责任,通常包括如下几类:
  - 某些精神疾病或神经紊乱(不包括阿兹海默病和认知障碍)。
  - 酗酒和吸毒。
  - 通常在前六个月出现先前存在的健康问题。
  - 战争引起的疾病。
  - 政府支付的治疗。
  - 试图自杀或自残。
- 残疾收入保险向完全残疾的被保险人定期支付保险金。保险金在一定的等候期(等待期)结束后支付。被保险人一般可以选择给付期。此外,在90天之后,如果被保险人完全丧失劳动能力,将被免除之后的所有保费。
- 完全残疾可定义为以下类别:
  - 无法承担自己正常工作中的职责。
  - 无法承担自己正常工作中的职责,也无法从事其他职业。

➢ 无法从事与其教育、培训和经历相适应的职业。
➢ 无法从事能够带来收入的职业。
➢ 满足某种收入损失标准。

- 有些保险公司使用完全残疾的两部分定义法，将原有职业定义与任意职业定义相结合。在残疾的最初一段时间（例如两年）内，完全残疾通常被定义为由于伤害或疾病，人们无法履行原有职业的各项职责，且无法从事其他职业。在残疾的初始期结束之后，完全残疾被定义为由于疾病或伤害，人们无法履行自己的职责，或者无法从事原有的职业，或者无法从事其他任何根据教育背景、培训或经历有资格从事的职业。

- 续保条款规定了个人医疗费用保单可以持续有效的时间。续保条款包括：
  ➢ 保证续保；
  ➢ 不可撤销；
  ➢ 有条件续保；
  ➢ 不可续保；
  ➢ 保证签发。

- 个人医疗费用保险合同中包含许多复杂的条款。一些条款是州法律强制规定的，另外一些则是可选的。

重要概念和术语

日常生活活动（ADLs）	《平价医疗法案》	年度自付限额（止损限额）
保险金给付条件	自然年度免赔额	共同保险
有条件续保保单	共同支付	残疾收入保险
等待期（等候期）	基本健康保险金	宽限期
保证签发	保证续保保单	健康保险市场
健康储蓄账户（HSA）	个人医疗费用保险	长期护理保险
管理式医疗	不可撤销保单	不可续保保单
自付最高限额	部分残疾	既存状况
优先提供者组织（PPO）	复效条款	遗留残疾
特定保护时间限制	完全残疾	免缴保费条款

复习题

1. 简要描述美国医疗保健体系存在的主要问题。

2. 指出《平价医疗法案》中将会对个人和家庭产生影响的重要条款。

3. a. 描述个人医疗费用保险的基本特点。

b. 为什么在医疗费用保险中使用免赔额和共同保险？

4. 简要描述健康储蓄账户的基本特点。

5. 简要描述长期护理保险的以下特点。

a. 长期护理保单的类型；

b. 符合税收优惠条件的给付条件；

c. 除外责任；

d. 通货膨胀保障。

6. a. 解释残疾收入保险对残疾的不同定义。

b. 简要解释下面几个残疾收入保险条款：

(1) 遗留残疾；

(2) 给付期；

(3) 等候期；

(4) 免缴保费。

7. 指出可以被附加到残疾收入保险保单上的可选保险金给付方式。

8. 解释在个人健康保险保单中出现的下述续保条款：

a. 保证续保；

b. 不可撤销；

c. 条件续保；

d. 不可续保；

e. 保证签发。

9. 解释既存状况条款。

10. 解释特定保护时间限制合同条款的含义。

应用题

1. 麦克斯今年 28 岁，受到个人医疗费用保险的保障，并且处于优先提供者组织（PPO）之中。该保单的年度免赔额为 1 000 美元，共保比例为 75/25，年度自付限额为 2 000 美元。麦克斯的膝盖最近在一次滑雪事故中意外受伤，因此他在门诊手术中心接受了膝关节手术。在此过程中，麦克斯发生了以下费用。（假设下面这些费用得到了麦克斯的保险公司的同意，且所有服务供应商都属于优先提供者组织。）

门诊 X 射线和诊断检查	800 美元
手术中心发生的保障范围内的收费	12 000 美元
手术费用	3 000 美元
门诊处方药费用	400 美元
物理治疗费用	1 200 美元

此外，麦克斯有两个星期无法工作，损失了 2 000 美元收入。

a. 根据以上信息，保险公司将支付多少费用？

b. 麦克斯需要支付多少费用？请对你的答案做出解释。

c. 假设实际主刀的大夫不属于优先提供者组织。麦克斯的保险包括这些费用吗？解释你的答案。

2. 杰夫现在每个月赚 3 000 美元。如果他完全残疾，他购买的个人残疾收入保险每个月就会支付 2 000 美元。残疾根据工人的职业进行定义。该保单包括 30 天等候期的条款，还提供遗留残疾保险金。支付保险金直到年满 65 岁。

a. 如果杰夫在汽车事故中遭受重伤，有 4 个月的时间无法工作，那么他可以从保单中获得多少收入？

b. 假设杰夫重返工作，但是在完全恢复之前，只能做兼职。如果杰夫每个月赚 1 500 美元，那么他每个月能从保单中获得多少收入？解释你的答案。

3. 布拉德利今年 26 岁，最近刚刚大学毕业。他作为被扶养人加入了他父亲的团体健康保险保单，该保单为他提供保障直至 26 岁。不过，由于劳动力市场不景气，他所居住的城市失业率居高不下，他一直没有找到工作。他很担心如果生病或受伤，就会没有健康保险来支付账单。找出《平价医疗法案》中能够帮助布拉德利保留其保险的条款。

数字资源

网络资源

参考文献

第16章
员工福利：团体人寿和健康保险

> 当你所看的医生在你参与的健康计划网络内时，这对你来说是最划算的。接受健康计划网络内供应商提供的医疗服务通常意味着你可以支付更低的自付费用。
>
> ——Healthcare.gov

 学习目标

学习完本章，你应当能够：

- 比较团体保险与个人保险的基本特征。
- 描述团体保险遵循的基本核保原则。
  - ➤ 保险附属于团体。
  - ➤ 人员在团体内部的流动。
  - ➤ 保险金自动确定。
  - ➤ 最低参保要求：无须摊付计划和参与供款计划。
  - ➤ 简单有效的管理。
- 指出符合团体保险计划参保条件的团体。
- 描述员工参与团体保险计划的资格要求。
- 指出团体定期人寿保险的基本特点。
- 指出获取团体医疗费用保险的几种渠道。
- 描述管理式医疗组织并解释其为何成为团体医疗市场的主导力量。
- 描述下面几类管理式医疗计划的基本特点：
  - ➤ 保健组织（HMO）。
  - ➤ 优先提供者组织（PPO）。
  - ➤ 服务点计划（POS）。
- 描述《平价医疗法案》规定的团体医疗费用计划的主要特征。
- 指出大多数团体医疗费用保险计划的特点。
- 指出消费者导向健康保险计划的基本特点。
- 指出团体牙科保险计划的基本特点。
- 指出团体短期和团体长期残疾收入计划的重要特点。
- 描述自助计划的主要特点。

员工保险在员工及其家庭的风险管理计划中扮演了重要角色。不同的保险金为员工及其家庭提供了大量经济保障。保险金在计算员工总收入时也很重要。企业发起的保障通常能够将员工总收入提高20%～40%。例如，阿尔弗雷多今年26岁，是一名主修历史专业

的大学生，最近刚从中西部的一所小型文科学院毕业。他面试了一家非营利慈善组织的工作。单位主管向阿尔弗雷多介绍，该慈善组织有许多员工福利，包括团体人寿和健康保险、401（k）计划和带薪假期。如果把这些加入他的初始收入中，那么总工资是很有吸引力的，阿尔弗雷多于是接受了这一工作。

本章是关于员工福利计划的两章中的第一章。在这一章，我们将主要聚焦团体人寿和健康保险领域。退休计划将在第 17 章进行讨论。本章讨论的主要内容包括团体保险的基本核保原则、团体人寿保险、团体医疗费用保险、团体牙科保险、团体残疾收入保险，以及《平价医疗法案》对团体健康保险保障的影响。本章最后将会讨论员工福利中的自助计划。

员工福利的含义

员工福利（employee benefits）是由企业发起的除工资之外的福利，旨在提高员工个人和家庭的经济安全。这些福利包括团体人寿保险、团体医疗费用保险和团体牙科保险、团体短期和长期残疾收入保险、带薪休假、带薪家庭或医疗休假、福利计划、员工援助计划、教育援助、员工补贴和大量其他福利。员工福利还包括企业向社会保障计划、联邦老年医疗保障计划、州失业补偿计划、工人补偿和临时残疾保险计划的缴费。但是，详细分析所有员工福利计划超出了本书的范围。相对地，我们将主要聚焦于员工福利的重要领域：团体人寿和健康保险。

团体保险的基础要素

团体保险建立在几个基础要素之上。接下来的部分将会讨论团体保险与个人保险的主要区别、团体保险的基本核保原则，以及团体保险的参保条件。

团体保险与个人保险的主要区别

团体保险在几个方面与个人保险存在差异。[①] 第一个非常显著的特点是，团体保险在一份合同中为许多人提供保障。团体保单持有人和保险公司就所有个人雇员的保障签订**主合同**（master contract）。在大多数保险计划中，团体保单持有人和保险公司是合同仅有的双方，个人雇员不是合同中的一方。

第二个特点是，团体保险的成本比个人单独购买保险要低。雇主一般会支付部分或者全部费用，从而减少或不需要雇员缴纳保费。

---

① Rabel William H., Rosenbloom, Jerry S., Chapter, "Chapter 13: Group Life Insurance," *The Handbook of Employee Benefits*, 7th Edition, Jerry S. Rosenbloom, editor (2011, McGraw Hill Companies), pp. 383 – 384, and Gregg, Davis W., "Chapter 25, Fundamental Characteristics of Group Insurance," in *Life & Health Insurance Handbook*, 3rd edition, Davis W. Gregg and Vane B. Lucas, editors. (Homewood, Il; Irwin, 1973).

第三个特点是，高效管理和营销。如今，典型的团体保单是统一签发给一位雇主的，而不是向每个被保险人单独销售。该雇主负责处理所有参保、福利解释、保费支付（电子支付，而不是由每个被保险人单独支付）、福利变更、税务和法律规定问题。

第四个特点是，团体保险通常不需要个人的可保性证明。因为团体保险所做出的风险选择针对的是团体，而非个人。也就是说，保费取决于团体的特性，而不是团体中个人的特性。例如，矿工的团体保险费率不同于教师的保险费率。保险公司更多关心的是该团体作为一个整体的可保性，而非其中每个人的可保性。

第五个特点是，团体保险计划中使用的是**经验费率法（experience rating）**。这意味着团体的实际损失情况是决定收取保费的主要因素。当团体的规模足够大、过往损失数据具有可靠性时，向其征收的保费将使用经验费率法。规模较大的团体具有完全可靠性，这意味着该团体的损失数据具有统计有效性，不需要通过与其他团体的数据结合来制定保费率。如果一个团体的数据具有100%可靠性，那么对其下一年征收的保费将与其当年保费相同，加上因通货膨胀和意外事件产生的调整费用。小团体的损失数据可能有部分可靠性，这意味着它们的保险费率将一部分基于其自己的实际损失情况，另一部分基于所有团体的损失数据。健康保险的数据可靠性发展相当迅速，大多数被保险人一年内可能会遭受若干次损失。另外，由于死亡比遭受事故和疾病要少得多，所以与健康保险相比，人寿保险损失数据需要基于更大规模的团体才具有可靠性。

团体保险的基本核保原则

团体保险公司遵循一定的基本核保原则，从而使团体的总体损失情况不那么糟糕。团体人寿保险中使用的核保原则包括以下几条[1]：

- 保险附属于团体；
- 人员在团体内部的流动；
- 保险金自动确定；
- 最低参保要求；
- 简单有效的管理。

保险附属于团体 保险应当附属于团体，也就是购买保险不是组建团体的唯一目的。如果团体是为了购买保险而专门成立的，那么就会有很多健康状况不佳的人加入该团体，以获得低成本的保险，那么损失也会比较高。

人员在团体内部的流动 在理想情况下，在团体人寿保险和健康保险中，不断有年轻人加入团体，而年老者不断退出。如果没有年轻人的加入，团体的平均年龄就会上升，费率也会相应上升。

保险金自动确定 在理想情况下，保险金应由特定的公式自动计算得出，以避免参保个人对保险公司的逆向选择。如果允许个人选择保额，健康状况不好的人就会选择投保较

---

[1] Rabel William H., Rosenbloom, Jerry S., Chapter, "Chapter 13: Group Life Insurance," *The Handbook of Employee Benefits*, 7th Edition, Jerry S. Rosenbloom, editor (2011, McGraw Hill Companies), pp. 383 - 384, and Gregg, Davis W., "Chapter 25, Fundamental Characteristics of Group Insurance," in *Life & Health Insurance Handbook*, 3rd edition, Davis W. Gregg and Vane B. Lucas, editors. (Homewood, Il; Irwin, 1973).

高的保额，而健康的人会选择较小的保额。结果造成保额过分集中于不健康的人群。然而，现行的自助计划违背了这一原则。自助计划允许参与者在不同保险计划之间进行选择，从而导致了对保险公司的逆向选择，这一点需要在经验费率中加以考虑。

最低参保要求 团体中满足参保条件的雇员，必须有一定比例的人参保。如果该计划是**无须摊付计划**（noncontributory plan），那么保费完全由雇主支付，并且所有满足参保条件的员工必须100%参保。如果该计划是**参与供款计划**（contributory plan），则员工支付部分或全部成本，而且大多数符合参保条件的员工要参加该计划。在参与供款计划中，很难满足100%的参保率，所以一般要求所有人员中的50%～75%参保。

提出最低参保要求有两个原因：第一，如果大部分符合参保条件的员工参与其中，就会降低逆向选择，因为同时为大量不健康的人提供保险的概率降低；第二，随着被保险人数量的增加，每个被保险成员或每一单位保险的费用率得以降低。

简单有效的管理 团体保险计划在管理上应当简单且有效。通过在雇主向员工支付的工资中扣缴的方式收取保费，既减少了保险公司的管理费用，又能维持较高的参保率。

团体保险的参保条件

保险公司一般要求团体在团体保险生效之前必须满足某些参保条件。参保条件的设置一般是为了降低针对保险公司的逆向选择。

符合参保条件的团体 符合参保条件的团体由保险公司和州法律确定。这些团体包括个体雇主团体、集体雇主团体、工会、借贷团体和其他团体，如兄弟会、妇女会、校友会和行业协会等。

团体保险公司一般要求团体在参保之前达到一定的规模。传统上，团体规模为10个人，但是一些保险公司现在也承保人数只有2～3人的团体。规定最低参保人数的原因有两个：第一，保险公司可以避免承保由达不到标准的参保人构成的团体，这样可以减少因某个人的健康恶化而给该团体的最后赔付带来的财务冲击；第二，无论该团体的规模大小，都必须支出一笔固定费用。因此，团体的规模越大，分摊这笔固定费用的人就越多，每一保险单位的费率也就越低。

参保条件 在员工可以参加团体保险之前，他们必须满足一定的参保条件，包括：
- 必须是全职职员；
- 过了试用期；
- 在规定的时间内投保；
- 在保单生效期间工作积极。

雇主一般要求员工在参加团体保险计划之前必须全职工作。全职员工是指那些一周内工作时间达到雇主规定的正常工作时间的员工，通常是一周最少30小时。但是现在的一些团体保险计划也允许兼职员工参加（每周工作20～29小时）。

在一些团体保险计划中，新进员工必须达到试用期的要求，才能够参加该计划。**试用期**（probationary period）旨在节省雇主在离职率最高的第一个月左右将新员工纳入团体保险中的管理费用。试用期通常为一个月，但也可能长达三个月。在过了试用期（如果有的话）后，员工就具有参与保险计划的资格。如果该团体保险计划是无须摊付计划，则在试用期结束后，符合条件的员工将自动参保。如果该团体保险计划是参与供款计划，雇员可以选择不参保或在合格期间内或之前就提出投保要求。其中，**合格期（eligibility period）**是指允许员工不需出示可保性证明就登记参保的一段时间，一般是 31 天。

合格期过后，未参保的员工可以通过出示可保性证明（如填写健康调查问卷）随时参保团体人寿保险。然而，就健康保险（团体或个人）而言，《平价医疗法案》禁止健康保险计划要求申请人提供可保性证明。故如果员工未能在合格期内参保团体医疗费用保险，他或她可能需要等到下一个开放注册期才能参保。每年这些计划都提供为期一个月的开放注册期，通常是在保障年度前的秋季。在开放注册期间，未注册的员工和已提出投保要求的员工可在没有可保性证明的情况下参保健康保险。

符合下列资格条件的员工，可享有特殊注册期：(1) 家庭情况发生变化（孩子出生、收养孩子、结婚、离婚）；(2) 年满 26 周岁；(3) 提前退休；(4) 永久迁居到新的地区；(5) 由于雇佣终止、工时减少、配偶死亡或终止雇主发起的保单而失去医疗保险。

最后，大多数团体人寿保险都包含积极工作条款。除某些特例外，若员工在其团体人寿保险生效之日因疾病、事故或其他原因缺勤，则保险在员工首次返回工作岗位时生效。

团体人寿保险

团体人寿保险是一种很受欢迎且价格相对较低的员工福利。在 2016 年，生效的团体人寿保险占美国生效人寿保险总额的 41%。[①] 如今的团体人寿保险主要有以下特点：

- **团体定期人寿保险。** 如今，团体计划通常为每年可续保的定期保险。过去保险公司曾试图销售永久保险，但美国国内收入署规定，若团体保险有任何现金价值，将取消税收优惠。**团体定期人寿保险（group term life insurance）** 在员工（特别是年轻的员工）工作期间向其提供低成本的保障。有不同的保险金额可供选择。

第一，团体人寿保险为所有符合条件的员工提供基本的定期人寿保险，保额基于以下一项（或多项）：收入、职位或所有人一致的固定金额。例如，团体定期人寿保险的数额可能是员工收入或工资的若干倍。在今天的经济环境下，一倍的薪水正成为常态，而在 20 世纪时，这一比例通常为两倍。

第二，大约 70% 的团体计划提供残疾福利。这些福利中有 90% 以上是以免除保费的形式提供的。不过，也有少数保险公司提供残疾收入或延期福利，此外还有很多其他的选择。[②]

第三，如第 5 章所述，一些团体计划也通过现场销售的方式提供附加保险。符合条件的员工可以购买各种类型的附加寿险（例如终身寿险、万能寿险等）、年金和其他保险产品。此类保险计划的核保包括填写一份简单的基本保险保障问卷，或为更高金额的保险提供可保性证明等。附加保险保费通过员工工资扣除，但它是归员工所有的个人保险，不会随着雇佣关系的终止而失效。

第四，大多数团体人寿保险计划还提供团体意外死亡与肢残（group accidental death

[①] American Council of Life Insurance, *2017 Life Insurers Fact Book*, Table 7.9. https://www.acli.com/2017factbook.

[②] Ibid., Table 7.6.

and dismemberment，AD&D）保险，为员工在发生意外事故或身体受到一定程度伤害时支付额外的保险金。若员工在意外事故中死亡，则支付全额的意外死亡与肢残保险金（也称为本金）。此外，对于意外事故造成的某些类型的肢残（如失去一只手、一只脚或一只眼），本金中的一定百分比将予以支付。

- 配偶及未自立的子女保险。大多数团体保险计划允许对员工的配偶以及未自立的子女给予适当金额的保险。由于州法律的规定和对税收的考虑，这类人群的保额相对较低。
- 定期寿险转换为永久寿险。若员工因雇佣关系终止或者退休而离开团体，他们可以在31天内将其定期保险转换为个人现金价值保单，而不需要提供可保性证明。鉴于转换保单的死亡率远高于新承保保单的死亡率，因此保险公司通常会在发生保单转换时对雇主进行评估。若团体保单终止，假定其将被转换，则员工只能转换少量保险金额。
- 信用人寿保险。商业银行和其他贷款机构提供可选团体定期人寿保险。若借款人死亡，该计划将支付未偿债务的余额。贷款机构既是保单持有人，也是受益人。大多数消费者专家和理财规划师不建议购买信用人寿保险，因为大多数债务人可以以更低的费率投保具有更多功能的个人定期保险产品。然而，信用人寿保险仍然很受欢迎。

团体医疗费用保险

团体医疗费用保险（group medical expense insurance）是一种员工福利，支付住院费用、内科医生和外科医生的诊疗费用、处方药以及相关的医疗费用。这些计划在为员工及其家庭提供经济保障方面具有极其重要的作用。2016年，1.79亿个65岁以下的美国人在商业健康保险计划中参保健康保险。[1] 约88%的工人参保由雇主发起的团体医疗费用保险。另外12%的人以个人医疗费用保险作为他们的主要保障，另有一些人同时投保个人和团体保险。

美国人口普查局（U. S. Census Bureau）对个人、小团体和大团体保险公司的一项研究表明，医疗保险业高度垄断。在这三个细分市场中，三个最大的保险公司在至少39个州拥有占总参保人数80%以上的投保人。[2] 在这些州中，有超过一半的州，一个保险公司的参保人数占了全部参保人数的一半以上。当少数保险公司主导市场时，表明市场竞争疲软，这可能影响消费者对健康保险计划的选择并导致保费的增加。[3] 此外，研究表明，在与健康保险公司就费率展开谈判时，医生通常处于劣势；正如所料，医生群体越大，谈判力量越强。[4]

---

[1] The Kaiser Family Foundation, "Health Insurance Coverage of the Total Population," https://www.kff.org/other/state-indicator/total-population/?currentTimeframe/. Accessed June 2, 2018.

[2] John Dicken, Director, Health Care, Census Bureau, *Health Insurance Coverage in the United States: 2015*. Testimony on Health Care Benefits and Administration. Rules Committee on Oversight and Government Reform, U. S. House of Representatives (Washington, DC, September 2016).

[3] Congressional Budget Office, *Concentration of Enrollees among Individual, Small Group, and Large Group Insurers from 2010 through 2013*, GAO-15-101R.

[4] Roberts, Eric T., Michael E. Chernew, J. Michael McWilliams. "Market Share Matters: Evidence of Insurer and Provider Bargaining Over Prices," *Health Affairs* (January 2017).

团体医疗费用保险保障可以从多个供应商处获得，主要包括：
- 管理式医疗组织；
- 商业保险公司；
- 蓝十字和蓝盾计划；
- 雇主自保计划。

管理式医疗组织

管理式医疗（managed care）是按照成本收益原则为成员提供保障服务的医疗费用计划的统称。包括保健组织（HMO）、优先提供者组织（PPO）和服务点计划（POS）。管理式医疗是针对第15章提及的医疗费用的巨大增长而产生的。如今，99%的团体计划参保者通过某种形式的管理式医疗获得健康保险，无论团体医疗保险保障的提供者是否为管理式医疗组织、商业保险公司、蓝十字和蓝盾计划或政府计划。

商业保险公司

商业保险公司（commercial insurer）包括销售个人和团体医疗费用计划的商业人寿和健康保险公司。一些财产和意外保险公司也销售不同类型的健康保险。如后文所述，只有大约1%的团体健康保险是传统补偿计划，投保人（被保险人）发生医疗费用损失并由保险公司赔偿。在美国，绝大多数投保人（99%）参与管理式医疗计划，其中一些是由商业保险公司提供的。

蓝十字和蓝盾计划

最初，**蓝十字和蓝盾计划**（Blue Cross and Blue Shield plans）是各自独立的。蓝十字计划为住院和其他相关费用提供保障。蓝盾计划适用于内科医生和外科医生的诊疗费用以及相关的医疗费用。如今，大多数计划都将蓝十字和蓝盾计划整合为联合计划。并且，当两个计划分开时，它们通常会相互配合，为参与者提供所需的无缝保障。一开始，蓝十字和蓝盾计划提供的是服务保障（例如，保障在医院治疗的天数）。随着时间的推移，蓝十字和蓝盾计划转向补偿保障（以美元为单位的保险金）以与商业保险公司竞争。然而，与商业保险公司一样，在过去的25年里，大多数蓝十字和蓝盾计划已经放弃了补偿保障。今天，绝大多数投保人参保的是某种形式的管理式医疗。有关蓝十字和蓝盾计划的更多内容，请参阅第5章。

雇主自保计划

许多雇主，通过部分或全部自保，向其员工提供健康保险。**自保**（self-insurance，也称**自筹**，self-funding）就是雇主承担部分或全部成本，为员工提供健康保险。近年来，自保计划的参与比例一直稳定在60%左右。

参与自保计划的可能性随着团体规模的增大而增加，大公司的员工比小公司的员工更有可能参加自保计划（2017年大公司为79%，小公司为15%）。①

---

① The Kaiser Family Foundation, *2017 Employer Health Benefits Survey*, Section JO. September 2017. http://files.kff.org/attachment/Report-Employer-Health-Benefits-Annual-Survey-2017.

许多自保计划通常伴随着止损保险。止损保险（stop-loss insurance）是指，商业保险公司支付超过一定数额的理赔金额，或为某一特定参与者支付索赔。自保雇主通常可以在特定范围内预测其正常损失，但止损保险提供了对可能严重损害雇主财务状况的异常损失峰值的保护。

止损保险费用高昂，且取决于员工群体中每个人的健康风险。一名病情严重的员工可能会使雇主遭受非常大的损失，并导致高额的保费成本。

大多数雇主在提供医疗保健计划所需的服务方面效率不高，如计划设计、理赔、精算计算和记录保存等。因此，通过签订只提供管理服务合同（administrative services only，ASO）将部分或全部此类服务外包给另一个公司是常见的做法。ASO 承包商可以是商业保险公司、蓝十字和蓝盾计划组织或第三方当事人（TPA）。与保险公司不同，TPA 只管理计划，不承担任何形式的风险。因此，他们无法提供许多自保计划所需的止损保险，该计划必须从商业保险公司或蓝十字和蓝盾计划组织投保此类保险。与之相对，保险公司或蓝十字和蓝盾计划组织可以执行所有 ASO 功能，包括提供止损保险。

雇主对其医疗费用进行自保的原因包括下面几个：

• 《1974 年员工退休收入保障法案》（Employee Retirement Income Security Act of 1974，ERISA）将雇主自保计划从大多数州保险法中豁免，包括托管金要求、强制福利、保费税和消费者保护条例。[①] 这一做法导致了许多结果，例如：(1) 自保计划一般不受州法律的约束，不必遵守州法律要求提供的强制福利。(2) 全国性企业的雇主不必遵守全部 51 个州的法律。

• 由于在州保费税、佣金和保险公司利润方面节约了资金，自保计划的成本可能得以降低（或者上升得不那么快）。

• 在支付保险金之前，雇主通过自留部分或全部用于赔偿的资金，可以获得相应的利息。

管理式医疗计划

随着时间的推移，团体医疗费用保险计划已经发生了显著的变化。早期，蓝十字和蓝盾（BCBS）计划以提供服务保障为主。随后，这一做法被传统**补偿计划**（**indemnity plans**，也称商业或**付费服务计划**，commercial or **fee-for-service plans**）取代，在这类计划中，若被保险人遭受损失（即产生医疗费用），则保险公司支付补偿。根据补偿计划，医生在每次提供保障范围之内的服务时都依据当地市场惯例进行合理收费。申请人在选择自己的医生和其他医疗保健供应商时都享有非常大的自由，并不十分强调成本控制。然而，如第 15 章所述，面对迅速上升的医疗成本，补偿计划已基本消失，目前仅占团体医疗费用计划中所有参保员工的 1% 左右。

---

① "A 'deemer clause' in the statute... has been judicially interpreted to mean that an employee benefit plan covered by ERISA cannot be deemed to be an insurance company or engaged in the business of insurance for the purposes of the application of state laws which regulate insurance." National Association of Insurance Commissioners, *Plans Under the Employee Retirement Income Security Act: Guidelines for State and Federal Regulation* (1997, 2004). http://www.naic.org/documents/prodservlegalersom.pdf.

如今，大多数有保障的员工都参与了管理式医疗计划。**管理式医疗（managed care）** 计划是按照成本收益原则为成员提供保障服务的医疗费用计划的统称。包括：

- 保健组织（HMO）；
- 优先提供者组织（PPO）；
- 服务点计划（POS）。

管理式医疗计划与传统补偿计划的不同之处在于，管理式医疗计划除了为上述计划提供资金外，还在一定程度上参与了做出医疗选择的过程。正如后文将要介绍到的，保健组织（HMO）、优先提供者组织（PPO）、服务点计划（POS）三者之间的差异，主要在于计划参与患者护理和提供资金的程度。HMO 往往不那么灵活，但成本也没有那么高。PPO 提供了更多的选择，往往更昂贵。POS 在选择供应商方面提供了更大的灵活性，但如果参与者在供应商网络之外寻求服务，成本会更高。

重要的是要认识到，在医疗保健系统中，控制成本和获得足够的医疗保健服务之间一直存在矛盾。这种拉锯战与其他任何用某种形式的市场体系来决定价格以及商品和服务产出的领域均没有什么不同。此外，由于控制成本和获得足够的医疗保健服务之间的相互掣肘之大，致使自 20 世纪 30 年代第一个医疗保健计划推行以来，医疗保健系统随着时间的推移发生了诸多变化。如今的管理式医疗与 20 年前已大不相同，它作为提供和资助医疗保健的一种手段不断发展，尤其是在面对不断变化的社会价值观上——医疗保健是一种人人享有的基本权利，还是只应被提供给那些有能力通过个人资源、工作、政府计划或其他方式支付医疗保健费用的人。

保健组织

保健组织（health maintenance organization，HMO） 是一项管理式医疗计划，以固定的预付费用向其成员提供全面的医疗保健服务。保健组织也可能包含成本分担条款。保健组织在选择医疗人员、治疗方案和其他因素上通常比优先提供者组织或服务点计划更为有限。因其成本通常较低，故受员工青睐。有关保健组织的历史将在专栏 16.1 中进行讨论。保健组织有几个基本特点，包括：

- 组织化的医疗保健计划。保健组织的职责是组织并为其成员提供综合医疗保健服务。在大多数情况下，保健组织与医院及医生协商费率并签订协议，以提供医疗服务、雇用辅助人员，并对提供的各种医疗服务进行全面管理控制。在一些保健组织中，医护人员是保健组织的员工；保健组织也可能拥有医疗设施和设备。
- 全面广泛的健康服务。保健组织向其成员提供全面广泛的健康服务。受保健组织保障的服务通常包括医院护理费用、内科医生和外科医生的诊疗费用、生育护理费用、化验和 X 光费用、门诊费用、特别护理费用和其他各种费用。保健组织医生的门诊费用也包括在内（全额或者象征性地收取少量费用）。此外，保健组织从一开始便重视年度体检和其他旨在保持其参保成员健康（即健康状况良好）的措施。
- 对医疗保健医生选择的限制。保健组织一般设定限制条件，即所选择的医生和其他医疗保健供应商在保健组织网络内。例如，计划适用以下原则：（1）当你加入保健组织时，可根据你的基本保健需要选择一名基本保健医生。（2）看专科医生需要得到你的基本保健医生批准。（3）除紧急情况外，来自保健组织网络外的医疗保健供应商提供的护理一般不包括在内。(4) 由于保健组织在一定地域内运营，所以地域外人员接受医疗护理保障受到限制。在其保障地区之外，保健组织一般只为发生的紧急医疗事件提供服务。然而，尽管上述原则为保健组织普遍适用原则，但理解计划在针对每个参与者的实际执行方面将不尽相同也是至关重要的。

- 固定保费支付和成本分担条款。保健组织的成员为享受的医疗服务预付固定费用（通常按月支付）。从历史上看，保健组织并没有采用高于最低标准的成本分担方式。然而，近年来，企业开始面临保费规模的大幅增加，38%[1]的保健组织如今要求参保者达到年度免赔额，以减轻雇主的负担。许多公司还对每项服务（如住院、看病或基础药物）实行免赔额或共付费用制度。尽管许多计划成员通过自付最高限额和税法规定的灵活支出账户（稍后讨论）得到了财务缓解[2]，但在某些情况下，共付费用已经变得相当可观（例如，一次问诊费用40美元）。

- 对成本控制的特别强调。保健组织非常看重控制成本。有不同的方法可被用于补偿医生、医院和其他医疗保健供应商，从而达到控制成本的目的。[3] 第一，一种常见的向网络内医生支付费用的方式被叫作修正的服务收费方式。保健组织一般会与医生、医院和其他医疗保健供应商签订合同，并基于谈判结果为他们提供的保障范围内的医疗服务支付费用，而且这些费用通常有折扣。供应商可以自由确定自己的收费。但是，对于一个保障范围内的服务，其最高支付数额则基于谈定的收费表确定。该收费表列明了每一种保障范围内的服务的最高收费。网络内的医院每天向参与计划的成员提供服务时收取谈判确定的住院费用，而不管医院的实际成本是多少。第二，有些保健组织向医生或医护团体按人支付均摊费用。**均摊费用（capitation fee）** 是一种支付方式，在这种方式下，一名医生或一家医院对每个计划参与者每年固定收取费用，而不考虑提供服务的数量。第三，有些企业，特别是小企业，联合在一起形成购买合作关系，从而从医疗保健供应商那里获得更为优惠的价格。第四，为了鼓励控制成本，一些计划向医疗保健供应商提供奖金，鼓励那些通过提供取得良好效果的措施来削减成本的供应商，包括降低利用率、降低复发率、提高效率等。在过去，奖金计划在某些情况下会导致参保者的不满和诉讼。如今新的应对方法已经被提出来以避免这些负面影响。[4] 第五，如前所述，保健组织通常强调预防保健和健康的生活方式，从长远来看，这也会降低成本。

其他降低成本的方法包括：(1) 提前确认并同意非急诊住院的病人住院治疗；(2) 某些类型的手术在门诊进行；(3) 许多保健组织要求病人得到把关医生的同意，才能去看专家。**把关医生（gatekeeper physician）** 就是基本保健医生，由他判断向专家求诊是否有必要。

保健组织可分为以下四种类型：

- 员工模式。在员工模式下，医生是由保健组织支付工资的员工，保健组织可能为激励医生降低成本而发放奖金。保健组织可能有自己的医院、实验室或者制药企业，或者与其他供应商签订合同以获取此类服务。

---

[1] Kaiser Family Foundation，*2017 Employer Health Benefits Survey*，2017.
[2] IRC Sec. 125.
[3] Juliana H. York and Burton T. Beam, Jr., *Group Benefits: Basic Concepts and Alternatives*, 13th ed. (Bryn Mawr, PA: The American College Press, 2012), p. 9.16.
[4] Brent C. James, Gregory P. Poulsen, "The Case for Capitation," *Harvard Business Review*, July-August 2016.

- 团体模式。在团体模式下，医生属于另一个团体，后者与保健组织签订了向其成员提供医疗服务的合约。保健组织为其每个成员按月或按年向团体内的医生支付均摊费用。前面也曾指出，均摊费用是每个成员接受服务所支付的固定费用，而不考虑服务的数量。作为回报，医生团体同意在年内向保健组织成员提供保障范围内的服务。团体模式一般都会有一个明确的医生团队，要求参保人员必须选择保健组织所属医生。
- 网络模式。在网络模式中，保健组织和两家或两家以上的独立医疗单位签订协议，为参保人员提供医疗服务。保健组织为每个成员向医疗团体每月支付固定费用。
- 个体执业医生协会计划。保健组织的最后一个类型是**个体执业医生协会计划（individual practice association plan，IPA plan）**。个体执业医生协会计划是一个开放式的医生组织，医生在自己的诊所外根据为病人提供的服务收取费用。但是，个别医生同意以较低的费用为保健组织成员提供服务。医生的收费是每个成员的均摊费用，或者是治疗每个成员的递减费用。此外，为了鼓励降低成本，大多数个体执业医生协会计划与参与其中的医生签订了风险分担协议。如果计划执行情况不佳，支付的费用也会降低。如果计划执行情况好于预期，则支付奖金。

专栏 16.1

保健组织的发展历程

保健组织始于20世纪30年代，尽管其根源可以追溯到20世纪初。1938年，凯撒公司成立的保健组织——Kaiser Permanente，成为首个快速壮大的保健组织，其最初只为本组织的员工服务，随后扩展到为其他组织的员工提供保障。进入20世纪70年代后，大多数保健组织的参与者都参加了凯撒计划。

随着医疗保健成本在20世纪70年代开始上升，美国公共政策制定部门开始寻求降低医疗成本和相应增加保费的方法。亨利·凯撒作为创立 Kaiser Permanente 的企业家，说服理查德·尼克松总统考虑保健组织的优势。在获得广泛支持下，国会最终通过了1973年的《保健组织法案》。该法案的通过使保健组织的概念合法化，这与过去包括美国医学会在内的一些人呼吁的"社会主义"概念不谋而合。该法案规定（其中之一），在当地提供的前提下，所有雇员人数超过25人的团体计划均需包含保健组织选项（该条款在20世纪80年代被废除）。这促进了保健组织的普及。随着医疗成本的持续攀升，企业欣然将保健组织作为一种降低通货膨胀率的手段。然而，在保健组织系统中逐渐显现出的对医疗保健服务的滥用以及保健组织对消费者选择医疗保健供应商的更大控制的需求导致了其他形式的管理式医疗的出现：优先提供者组织（PPO）和服务点计划（POS）。

资料来源：该专栏信息出自多种来源，主要包括：https://en.wikipedia.org/wiki/Health_maintenance_organization 2nd；The Rand Corporation. "The Rise of HMOs." https://www.rand.org/content/dam/rand/pubs/rgsdissertations/RGSD172/RGSD172.chl.pdf17。

优先提供者组织

优先提供者组织（preferred provider organization，PPO）是一种与医疗保健供应商签

订合约，以折扣费率向成员提供医疗服务的计划。为了鼓励病人使用优先提供者组织的供应商，这类计划免赔额和自付费用都较低。优先提供者组织往往通过为成员提供大量可供选择的供应商来吸引参与者。

不应将优先提供者组织与保健组织混淆。它们之间有着重要的差异[①]：

第一，优先提供者组织的供应商通常不固定且不需要患者预付医疗护理费用，而是在提供服务的时候，按照服务的情况收费。不过，收取的费用为谈判后的费用，通常低于供应商的正常水平。

第二，与保健组织不同，病人无须首选使用优先提供者组织，每次需要医护服务的时候都有自由选择权。但是，如果医疗服务供应商在优先提供者组织网络中，病人出于免赔额和自付费用较低的财务动机，会首选优先提供者组织。

第三，如果医疗保健供应商的实际收费超过谈判后的费用，供应商要自行消化超出的额度。在这些案例中，病人节省了大量费用。例如，假设一名加入了优先提供者组织的外科医生对膝盖手术的正常收费是 5 000 美元。如果谈判后的费用为 3 000 美元，病人不需要支付额外的 2 000 美元。外科医生自己消化掉这笔钱。

第四，优先提供者组织不使用把关医生，成员可根据自己的意愿而不需要获得基本保健医生的同意再去专家那里看病。相反，为了控制成本，许多保健组织要求成员获得基本保健医生的同意后才能去看专家医生。

优先提供者组织最主要的优势是控制了医疗保健成本，因为经过谈判，供应商按照一定折扣收取费用。优先提供者组织也帮助医生开展业务。病人因为医疗费用的降低而获益。

服务点计划

服务点计划（point-of-service plan，POS） 是另一种重要的管理式医疗计划。它融合了保健组织和优先提供者组织的特点，其成员可以到网络外部寻求医疗护理。主要包括：（1）服务点计划建立了优先提供者网络。（2）服务点计划成员可选择一名基本保健医生来满足其基本保健需求。（3）在需要医疗保健服务时，参加计划的成员可以选择网络内的服务点，也可以选择网络外的服务商。如果病人到网络内的供应商那里看病，他们几乎不需要自付费用。但是，如果病人到网络外的供应商那里看病，则必须支付非常高的免赔额和共保费用。

优先提供者组织（PPO）和服务点计划（POS）往往很难区分，因为二者非常相似。然而，它们之间存在两个主要区别。第一，优先提供者组织通常不要求成员在注册时选择基本保健医生；服务点计划通常要求成员选择一名基本保健医生，该医生充当网络内提供各类护理的"把关人"。第二，在优先提供者组织中，成员可以直接看专家医生而无须获得基本保健医生的批准；而一些服务点计划可能要求成员在接受网络外医疗服务时告知把关医生，以便把关医生可以推荐网络内专家医生来降低成本。成员仍然可以接受网络外的服务，但自付费用将大大增加。

服务点计划的主要优点是通过允许成员接受网络外的医疗服务来保障计划参与者的自

[①] York and Beam, *Group Benefits*, pp. 9.37 – 9.38.

由选择权,且消除了成员无法到自己想去的医生或专家那里看病的忧虑。主要的缺点是免赔额、共保费用和在网络外接受医疗服务的其他成本要高得多。

《平价医疗法案》与团体医疗费用保险

《平价医疗法案》的某些条款影响了团体医疗费用计划,其中一些已被 2017 年的《减税与就业法案》(Tax Cuts and Jobs Act)修正。虽然它们已在第 15 章中讨论过,但因其重要性和对团体医疗费用计划的直接影响,故在此重申。主要包括如下:

- 禁止保险公司滥用服务。《平价医疗法案》(ACA)禁止保险公司从事某些损害保险消费者权益的行为。具体规定如下:
  ➢ 申请保证签发和保障内容确定的保险的申请人,无论他们的健康和医疗条件如何都不能被拒绝或者提高费率。
  ➢ 禁止保险公司拒绝索赔或设置既存状况除外条款。
  ➢ 禁止保险公司对保险金设定终生限额和年度限额。
  ➢ 禁止保险公司因投保人在申请中的非故意错误而追溯解除保单,欺诈或故意歪曲重要事实的情况除外。
  ➢ 成年子女在 26 岁前可共享父母的保单。
  ➢ 某些日常服务和预防性服务不适用于成本分担条款。
- 企业分担责任。又名企业强制规定,它要求大型企业为其员工提供健康保险或支付罚金。① 拥有 50 名或以上全职员工的企业必须(1)提供合格的健康保险,或(2)若至少有一名员工通过健康保险市场获得税收优惠和保险,则企业必须为每名全职员工(前 30 名员工不计入)支付经通货膨胀调整后的年度罚金(2018 年为 2 320 美元)。为了符合条件,雇主发起的健康保险必须(1)满足第 15 章中讨论的基本健康保险金的要求,(2)支付至少 60% 的医疗费用,并且(3)保险是"平价的"(员工缴费份额必须低于其家庭收入的一定百分比,2018 年为 9.6%)。尽管 2017 年的《减税与就业法案》将违反《平价医疗法案》强制投保规定的个人罚金降至零,但不满足强制规定的雇主仍需支付罚金。然而,从 2019 年开始,未投保的个人将不会受到处罚。
- 小企业税收优惠。税收优惠适用于小企业。小企业是指全职员工小于等于 25 人,且平均年收入低于 50 000 美元(经 2014 年通货膨胀率调整后)的企业。若企业通过**小企业健康选择(SHOP)计划**[Small Business Health Qptions (SHOP) Program]为所有员工提供保险,且企业缴费至少为全职员工总保费的 50%,那么企业可获得高达缴费金额 50% 的税收优惠。
- SHOP 计划。小企业健康选择计划旨在帮助小企业为其雇员提供高质量的健康和牙科保险。自 2018 年起,该保险仅通过具有行业资质的代理商、经纪人或直接从保险公司处投保。专栏 16.2 更详细地讨论了这一重要计划的基本特征。

---

① U. S. Government. Taxpayer Advocate Service. Employer Shared Responsibility Provision Estimator. http://taxpayeradvocate. irs. gov/estimator/esrp/. Accessed June 5, 2018.

- 要求最低的医疗损失比率。保险公司在个人和小团体市场上的保险计划必须达到80%的最低损失比率,在大团体市场上的保险计划必须达到85%的最低损失比率。如果损失比率没有达到,保险公司必须向参与者提供折扣。医疗损失比率是指健康保险理赔及为改善医护质量所采取的措施花费金额占支付保费的百分比。例如,在小团体计划中,若保险公司从每一美元保费中分出 80 美分用以支付消费者的医疗索赔和改善护理质量,则保险公司的医疗损失比率为 80%。剩余 20 美分计入费用和利润。如前所述,《平价医疗法案》为不同市场设定了最低医疗损失比率,一些州的法律也是如此。

- 弹性支出账户限制。为未偿付医疗费用而设立的弹性支出账户的缴费,例如免赔额、共保、共付和其他费用,每年限制在 2 650 美元之内(2018 年限额)。

- 为网络外急诊室服务支付理赔。对于网络外急诊室看病所发生的索赔支付必须与在网络内急诊室看病的支付额度相同。禁止要求对急诊看病提出优先性要求。

- 统一的保障文件。健康计划必须以统一的格式对保障内容进行描述,并将其提供给参与者和新加入的人。文件不能超过四页,且必须包括定义和案例。

- 对高成本保单征收凯迪拉克税。2020 年,对于个人保险总额超过 10 200 美元、家庭保险总额超过 27 500 美元的高成本医疗保险计划,将对保险公司和计划管理者征收 40% 的消费税。这一税收适用于保费额度超过上述门槛值的情况,最初计划于 2018 年开始征收,后被推迟到 2020 年。

- 企业要履行 W-2 报告义务。企业必须以 W-2 的格式向员工说明计划保险金的总价值。报告的数额对于员工来说是不用纳税的,旨在提供信息和提高医疗成本的透明度。

专栏 16.2

小企业健康选择计划的基本特征

小企业健康选择计划主要面向拥有全职员工人数少于 50 人的小企业。它具有以下基本特征:

- 企业决定提供计划的数量和类型,以及为员工支付的保费金额。企业决定是否为员工家属提供保险(有些州要求)。企业也会为员工确定开放注册期的长度和新雇员注册前的等待期。

- 企业可在一年中的任一月份或时间申请参与小企业健康选择计划。当企业可以开始参与小企业健康选择计划时,没有限制注册期。

- 在所有州,企业都可以为员工提供一类健康计划。在一些州,企业可以确定保险金类别(如青铜计划或白银计划),并给予员工在这一类别中选择健康计划的权利。

- 员工少于 25 人的企业可能有资格获得小企业医疗保健税收优惠(small business healthcare tax credit),这只适用于通过小企业健康选择计划市场购买的计划。

- 小企业健康选择计划只能通过具有行业资质的代理人、经纪人或直接向保险公司投保。

企业必须符合一定的资格要求,才有资格申请小企业健康选择计划。主要资格要求概述如下:

- 企业必须拥有少于 50 名全职员工。
- 企业必须为所有全职员工（平均每周工作 30 小时或以上的员工）提供保险。兼职工人（每周 29 小时或更少）不在其中。
- 在大多数州，企业内至少有 70% 的全职员工必须加入小企业健康选择计划。
- 在每年 11 月 15 日至 12 月 15 日期间申请小企业健康选择计划的企业可在无须满足 70% 的要求下，获得保险。这项规定为企业提供了更大的灵活性，因为许多小企业可能无法满足 70% 的要求。
- 企业必须在小企业健康选择计划的提供区域内设有办公室或工作场所。

资料来源：U. S. Government. "Offer Shop Insurance to Your Employees." https://www.healthcare.gov/small-businesses/employers/.

团体医疗费用保险的主要特点

企业可以从数十种团体医疗费用计划中进行选择。这些计划有不同的免赔额、共保比例、共付金额和保费。今天销售的新的团体医疗费用计划具有以下特点：

综合福利

大多数计划为保障范围内的员工提供综合福利，没有终生限额和年度限额。所提供的福利通常符合或高于《平价医疗法案》下的基本健康保险金要求。典型的福利包括：基础保健医生、外科医生、专家、脊椎推拿师和其他供应商；住院病人的住院成本、门诊的诊断检验、门诊外科检查、急诊室收费、处方药、产妇和婴儿保障、精神疾病和药物滥用治疗以及大量其他福利。

成本分担

医疗保健计划比任何其他类型的保险都更多地利用成本分担条款。成本分担的一个目的是通过让消费者"参与其中"来帮助防止医疗服务的过度使用。一些专家认为过度使用医疗服务人为地夸大了需求，特别是在某些人口结构中。成本分担的另一个目的是将保险成本从企业转移到员工身上，鉴于 50 多年来保险成本一直在无情地上涨，因此这也是近年来成本分担变得越来越重要的一个原因。成本分担条款包括免赔额、共同保险和共同支付。

- **自然年度免赔额**。团体计划通常包含**自然年度免赔额（calendar-year deductible）**，即员工必须在保险金给付前的每个自然年度支付的损失金额。免赔额可以是**个人免赔额**，也可以是**家庭免赔额（family deductible）**。大多数优先提供者组织通常都设定了自然年度免赔额。2018 年，优先提供者组织成员的平均免赔额为：个人至少 1 000 美元，家庭至少 2 500 美元。小企业员工通常支付两倍于大企业员工的免赔额。
- **共保要求**。大多数计划也有共同保险条款（coinsurance provision），要求员工在超出年度免赔额之后，在某一最高限额之内支付一定比例（例如 20%、25% 或 30%）的费用。如果接受来自网络外的护理服务，共保比例会非常高，例如40%或50%。

- 共付。大多数保健组织、优先提供者组织和服务点计划承保的工人对于某些费用都面临共付的要求，例如到基础保健医生或专家那里看病，或者购买处方药。从本质上讲，共付费用就像是适用于每项服务的免赔额，如在基础保健医生诊室就诊额度为40美元或到专家医生处就诊额度为50美元。根据保险公司的处方一览表（这是一份药品核准名录）的分类，不同药物有不同的共付费用。

在大多数计划中，共付与共保并存，且共付通常适用于不同类型的服务。例如，一类共付费用可能适用于诊室问诊，另一类共付费用可能适用于急诊室就诊。在一些计划中，共付和共保可能适用于相同的服务。在许多计划中，共付费用与免赔额二者择一。

- 对某些预防性服务不允许成本分担。有些常规的和预防性的服务不符合成本分担条款（免赔额、共保和共付）。如果接受网络供应商的医疗护理服务，可以获得100%的补偿。预防性服务的例子包括：年度体检、乳腺X光片和宫颈巴氏涂片检查、免疫性疾病治疗（如儿童流感疫苗注射和牛痘接种）、结直肠癌筛查、心区不适检查、视力和听力检查。如果接受网络外部供应商的医护服务，那么支付的费用将达到非常高的免赔额和共保费用要求。

自付最高限额

团体计划还规定了**自付最高限额（out-of-pocket maximum limit）**，即对参与者每年必须自付的费用设定年度限额。《平价医疗法案》规定个人限额为7 350美元（2018年），家庭限额为14 700美元（2018年）；然而，大多数计划都有较低的限额，比如个人限额为3 000美元，家庭限额为6 000美元。这些计划明确了计入并达到年度限额的医疗费用，通常不包括在网络外供应商处产生的费用。在计算自付费用（但不包括保费）时，大多数计划允许免赔额和共保费用部分纳入统计。

保障范围外的服务

所有团体医疗费用计划对于某些服务都有除外条款和限制条件。根据计划的不同，除外条款可以包括：（1）对因工作造成的伤害或疾病的服务；（2）对因服兵役期间生病或受伤的服务；（3）超过合理和常规收费的服务；（4）被认为属于试验或研究性质的服务；（5）整容手术；（6）眼镜和听力辅助设备；（7）被认为与标准替代解决方案相比成本较高的服务、药品、用品等。

有储蓄选择权的高免赔额健康计划

如图表16-2所示，在团体医疗费用市场中，**有储蓄选择权的高免赔额健康计划（high-deductible health plans with savings options，HDHP/SO）**（也称消费者导向的健康计划）越来越受到企业和员工的欢迎。HDHP/SO是将高免赔额健康计划与健康储蓄账户（HSA）或健康费用偿付协议（HRA）相结合的计划。高免赔额健康计划（high-deductible health plan，HDHP）是一种设置了年度免赔额的医疗费用计划，其年度免赔额显著高于传统医疗费用保险计划。支持者认为，这些计划使员工对卫生保健成本更加敏感；为他们减少不必要的治疗、寻找低成本的供应商提供了财务激励。

健康储蓄账户-合格高免赔额健康计划

满足联邦政府对合格的**健康储蓄账户（health savings account，HSA）**要求的高免赔额保险计划被称为健康储蓄账户-合格高免赔额健康计划。为了获得税收优惠，该账户的持有者必须满足以下条件：
（1）获得合格高免赔额计划的保障。
（2）没有其他金额给付医疗保障（允许有特殊情况）。
（3）没有加入联邦老年健康保险计划。
（4）没有声明依赖于他人的纳税申报单。

此外，高免赔额健康计划必须满足某些条件。支付金额根据通货膨胀情况进行指数化。2018年，个人保障的最低年度免赔额为1 350美元，家庭保障为2 700美元。企业、员工或二者可同时向健康储蓄账户缴费，但是，在个人保障中，健康储蓄账户缴费不得超过3 450美元，家庭保障不得超过6 900美元。

许多高免赔额健康计划对超过免赔额的部分会支付100%保障范围内的医疗费用。但是，一些高免赔额健康计划有共保要求，一般为20%或30%。如果医疗护理从网络外获得，共保比例就会非常高。不过，一些基本的预防性服务不符合成本分担条款。2018年，自付最高限额（免赔额、共付费用、其他费用，但不包括保费）在个人保障领域不得超过6 650美元，家庭保障领域不得超过13 300美元。

合格的健康储蓄账户计划有很大的税收优势：企业向健康储蓄账户的缴费可予以税收减免；企业为员工缴纳费用可作为员工所得不必纳税；员工缴费可以税前扣除；积累的投资收益免税；如果用于支付合格医疗费用，健康储蓄账户缴费免税。如果65岁之前的缴费未用于合格的医疗费用，则对缴费处以20%的罚金，并加征所得税。65岁以后的不合格缴费须缴税，但不征收罚金。

健康费用偿付协议

高免赔额计划也可以与健康费用偿付协议相结合。**健康费用偿付协议（health reimbursement arrangement，HRA）**是由企业融资的保险计划，具有一定的税收优势，可以为员工支付企业标准保险计划无法提供保障的医疗费用。健康费用偿付协议100%由企业提供资金并控制。企业明确自付费用属于保障范围。例如，健康费用偿付协议可以为企业保险计划不保障的免赔额、共保、共付和有关服务，向员工提供保障。企业可以就缴费接受税收减免，且缴费作为员工所得不必纳税。年末员工账户中的余额可以结转至下一年。但是，如果雇佣关系结束，计划中的资金将被返还给雇主。

企业发起的健康计划的最新进展

企业发起的健康计划的最新进展主要集中在抑制企业日益提高的医疗保健成本上。凯撒家庭基金会对企业发起的健康计划进行了年度调查，2017年报告如下[①]：

- 健康保险保费的持续增加。团体健康保险保费持续上升。2017年，企业发起的健康保险计划的平均年缴保费增长情况为，个人保障 6 690 美元，家庭保障 18 764 美元（见图表 16-1）。自 1999 年以来，保费的增长已经显著超过了工人工资和总体通货膨胀水平的增长。此外，工人通过共付和共保分担的费用也大幅增加。其结果是，日益增长的保费给工人造成的财务负担越来越重。

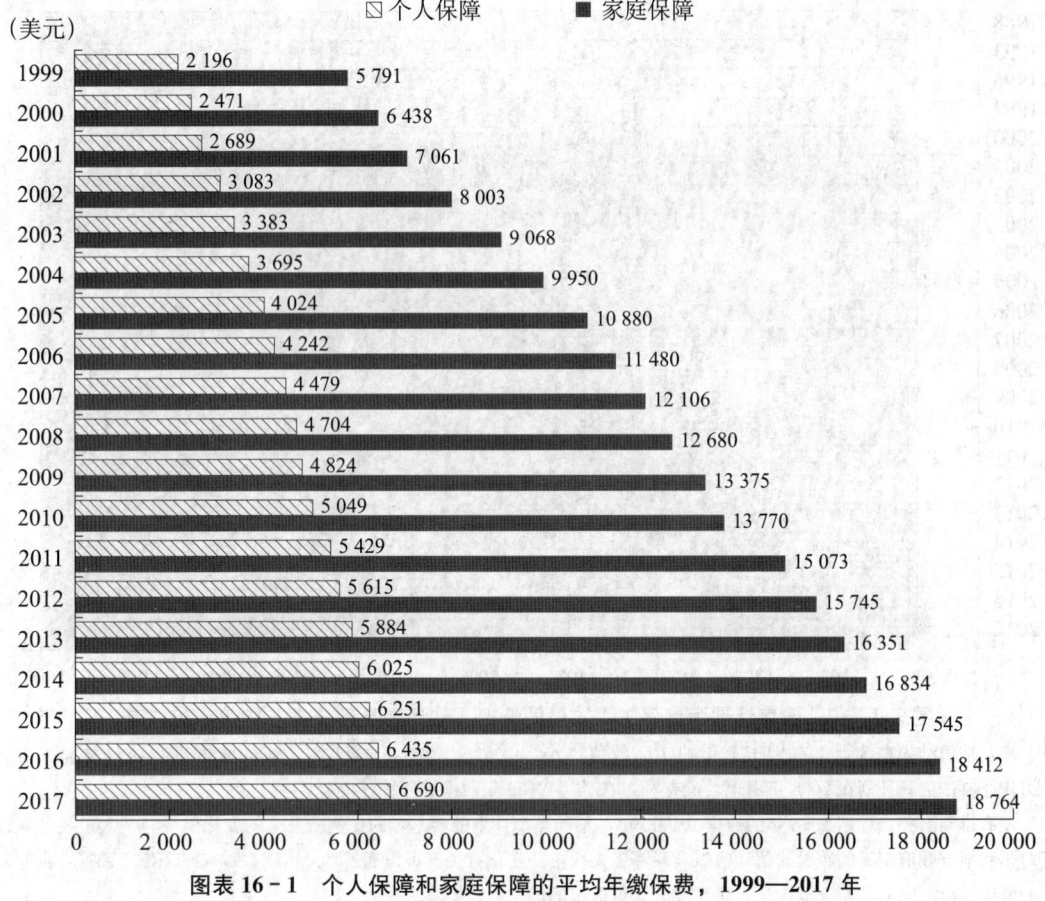

图表 16-1　个人保障和家庭保障的平均年缴保费，1999—2017 年

注：估值结果在统计上有别于上年的实际数值（$p<0.05$）。
资料来源：Kaiser/HRET Survey of Employer-Sponsored Health Benefits，1999-2017.

- 员工的免赔额更高，但几乎所有员工都有自付最高限额。为了应对不断上涨的保险成本，企业继续通过更高的成本分担条款将成本转移给员工。2017 年个人保障的年均免赔额为 1 503 美元，是 2007 年 616 美元的两倍多。在某种程度上抵消了更高免赔额影响的事实是，98%的参保员工参与了包含自付最高限额的个人保单。然而，尽管自付最高限额减轻了巨额医疗费用的威胁（可能是灾难性的，但只会影响一小部分员工），但增加的成本分担会影响到绝大多数投保人，并可能对他们的财务安全造成严重破坏。

[①] Kaiser Family Foundation，*2017 Employer Health Benefits Survey*，2017.

- **优先提供者组织主导。**优先提供者组织继续主导团体健康保险市场（见图表16-2）。2017年，48%的参保工人加入优先提供者组织。然而，这一比例比四年前的58%有所下降；这表明一场巨大的转变可能正在发生。相比之下，保健组织、服务点计划和传统模式均保持了恒定的市场份额。

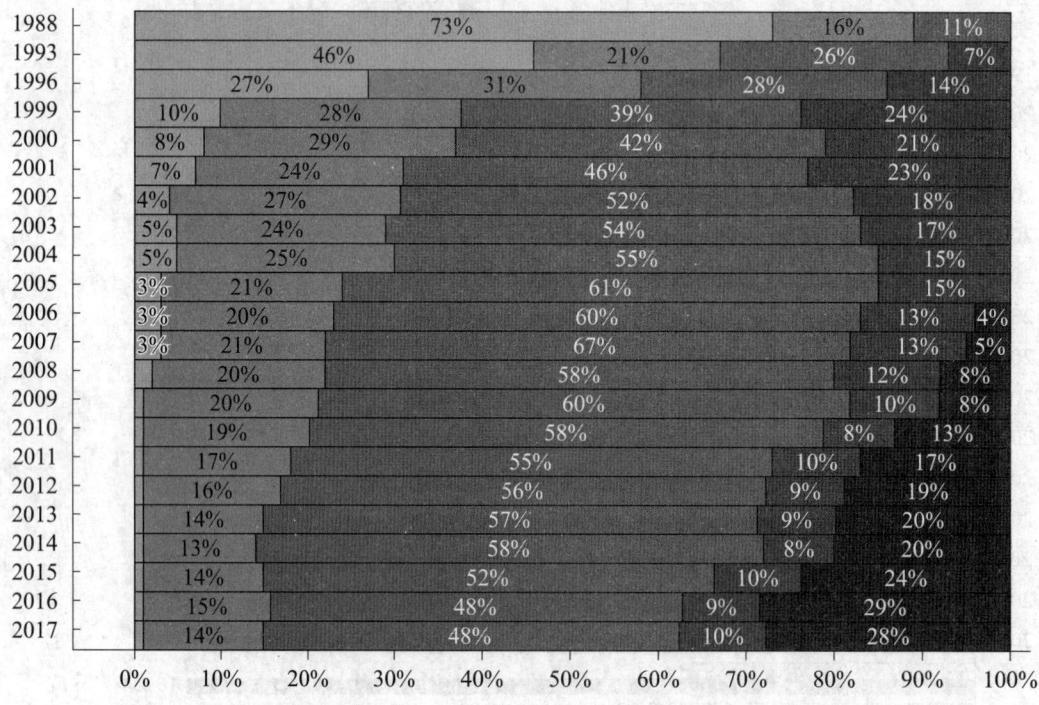

图表16-2 健康计划为参保工人支付的情况，按计划类型分类，1988—2017年

注：估值结果在统计上有别于上年的实际数值（$p<0.05$）。没有对1999年之前的数据进行统计检验。由于HDHP/SO作为新计划在2006年出现，没有对2005年、2006年数据进行统计检验。

没有得到服务点计划1988年的数据。2005年，不同类型计划的参与者的比例所发生的变化似乎与纳入了统计局最近对州和地方政府工人的数量的估计值以及联邦工人权重的变化有关。可以通过2005年《Kaiser/HRET调查：企业发起的健康保险》中的"调查设计和方法"部分获得更多的信息。

资料来源：Kaiser/HRET Survey of Employer-Sponsored Health Benefits, 1999-2017; KPMG Survey of Employer-Sponsored Health Benefits, 1993, 1996; The Health Insurance Association of America (HIAA), 1988.

- **有储蓄选择权的高免赔额健康计划（HDHP/SO）的持续增长。**在仅仅十年多一点的时间里，加入有储蓄选择权的高免赔额健康计划的工人的百分比就从零上升到了28%。凯撒家庭基金会的报告将有储蓄选择权的高免赔额健康计划归类为个人保障免赔额至少1 000美元、家庭保障免赔额至少2 000美元的计划。如前所述，这些计划的储蓄部分可以基于健康储蓄账户或健康费用偿付协议。这对于企业和员工都很有吸引力：企业有了控制医疗保健成本的有效工具；员工支付较低的保费。但是一些批评者认为，有储蓄选择权的高免赔额健康计划会对社会产生负面影响。由于较高的免赔额，一些员工可能会推迟采取必要的医疗救助措施或者推迟购买终身受益的处方药。此外，有一些证据表明，有储蓄选择权的高免赔额健康计划将更年轻、因此更健康的工人从被保险人群体中剔除，从而提高了留下的参保员工的平均成本。

- 提前退休人员医疗保障的持续下降。随着时间的推移，针对那些想要提前退休的工人的保障变得越来越稀少。在1988年，三分之二销售健康保险计划的公司为退休工人提供保障。千禧年后，这一数字减少了一半；在21世纪第一个十年里，这一数字减少到25%~28%，并稳定至今。有资格享受医疗保险的工人和没有资格享受医疗保险的工人的保险保障范围可能不同。此外，退休人员保险保障还会因行业、工人工会等其他因素而有所不同。

- 分级或高绩效的网络。为了降低成本，一些保险计划已经建立了层次分明的网络或者高绩效的网络，基于提供医疗服务的质量和成本对医疗保健提供商进行分级。这一措施的目的是鼓励保障范围内的员工接受成本低、服务质量高的供应商的医疗服务。通过以下两种方式可以达到这一目的：一是仅限于将网络向有效率的供应商开放，二是对网络内不同评级的供应商设置不同的共付或共保收费水平。根据凯撒家庭基金会的数据，2017年，在提供医疗保险且员工人数超过50人的企业中，有12%在它们的健康计划中包括了分级或高绩效网络。这一数字低于2013年27%的高位，分级方法取得长效的可能性有限。

- 处方药分级定价。为了降低日益增长的处方药成本，许多企业已经就处方药采用了分级定价体系。每一级药品的价格和共付费用都在处方一览表（计划涵盖的已核准药品的列表）中标明。91%的员工参保包含一级处方药成本分担的计划，83%的员工参保包含三级或三级以上处方药成本分担的计划。2017年，处方药平均共付费用如下：第一级药品（基础药）11美元；第二级药品（列在表中的品牌产品）33美元；第三级药品（没有列在表中的品牌产品）53美元；第四级药品（精品药）110美元。第四级药品通常是昂贵的特殊药品，如生物制剂和生活方式类药品。

- 身心健康保险金。许多企业为它们的员工设计了自愿参与的身心健康保险金。其中包括减肥计划、健身会员折扣、室内健身器材、戒烟计划、营养计划、鼓励健康生活的咨询和网站以及类似的计划。许多大型企业为员工提供财务激励，鼓励他们参加健康计划或者身心健康计划。《平价医疗法案》允许企业为员工支付的保费提供最高30%的身心健康折扣。

- 健康风险评估。健康风险评估（HRA）是基于员工提供的信息（例如健康历史和当前医疗情况）对员工健康状况的评估。大型企业越来越多地使用健康风险评估来了解员工的健康习惯。健康风险评估可以找出那些可能从疾病管理计划获益的员工，例如为患有哮喘、糖尿病、心脏病和其他疾病的员工提供咨询和预防性服务。作为完成调查问卷的激励措施，企业可以向员工提供财务激励，例如免除共付费用。

- 现场健康诊所和远程医疗。许多大型企业（拥有1 000名以上员工）在一个或多个地点为员工设立了现场健康诊所。员工可以在这些地方接受非职业疾病或伤害的治疗。提供健康计划的企业（75%）也鼓励它们的员工使用药店、超市、零售店等零售健康诊所。在拥有50名以上员工的企业中，有超过一半的企业鼓励员工使用远程医疗。远程医疗的定义是"通过远程通信向病人提供医疗保健服务，包括视频聊天和远程监控"[①]。这些企业

---

① Kaiser Family Foundation，*2017 Employer Health Benefits Survey*，2017.

相信，替代性的医疗服务形式可以比传统的医疗服务形式以更低的成本提供高质量的医疗服务（特别是基础医疗服务）。

- 更严格的配偶保险资格要求。为了降低成本，越来越多的企业对员工配偶的保险资格要求越来越严格。如果员工配偶可以通过自己的雇主获得医疗保险，或者必须支付附加费用以便在该员工的保险计划中得到保障，那么他们可能被完全排除在外。到2018年，许多大中型企业已在其团体计划中采用了此类规定。

- 将分析学应用于员工福利。今天，分析学在员工福利中已得到广泛应用。分析学是一种方法论或系统，通过使用数学、统计、计算机软件和运筹学来分析大量数据，以确定可量化并用于预测绩效的模式和关系。在员工福利方面，分析学的应用旨在发现以更低的成本取得更好的医疗保健效果的模式。例如，基于对大量商业经验数据的分析，咨询公司、保险公司和企业试图采用如下措施：(1) 分析和预测员工对某些福利的偏好；(2) 发现可能影响员工福利的员工行为变化；(3) 激励员工参与某些对成本有有利影响的员工福利计划，如健康计划。如前所述，上述分析的目的是确定并采用某一模式，以较低的成本取得更好的医疗保健效果。此外，互联网也很容易帮助投保人追踪索赔情况，检查免赔额，或查询其他投保人对于自付最高限额的立场。如今有很多电脑和手机应用程序可以促进健康计划和个人健康，企业通常会为参与计划的员工提供财务激励。许多保险公司已开发了一些程序，显示特定地理区域内医院和医生提供手术和医疗服务的费用，并给出评分。企业和保险公司这样做的主要目的是教育和告知员工，使其成为更好的医疗保健消费者。

团体医疗费用保险的合同条款

团体医疗费用保险计划包括很多合同条款，对被保险人具有显著的经济影响。有三项重要的条款分别针对：(1) 给付协调；(2) 团体健康保险的连续性；(3) 既存状况。

给付协调

团体医疗保险计划一般都包括**给付协调条款**（coordination-of-benefits provision），当被保险人获得一个以上团体健康保险计划保障的时候，该条款明确了支付顺序。该条款规定被保险人参加的所有计划所支付的保险金之和不得超过实际医疗费用的100%。这样规定的目的是在被保险人获得一个以上健康保险计划保障的情况下，阻止过度投保和重复给付保险金。

大多数团体计划中的给付协调条款都是基于美国保险监督官协会（NAIC）的规定制定的。这些规定很复杂，对其进行详细讨论超出了本书的范围。如下内容根据保险监督官协会的规定对主要条款进行了概括。

- 对员工的保障先于对家属的保障。例如凯伦和克里斯夫妇都在工作，他们彼此都在对方的团体医疗保险计划的保障范围内。如果凯伦产生了保障范围内的医疗费用，那么首先用她的计划支付，然后向克里斯投保的保险公司申请支付未偿付的费用（例如免赔额和共同保险支出）。两个计划总共支付不超过100%的合格医疗费用。

- 对于未自立的孩子，如果父母未离异或未分居，那么父母中谁的生日靠前，就先使用谁的计划，然后再使用生日较晚的一方的计划。例如，凯伦的生日是1月，克里斯的生日是7月，那么在他们的儿子住院的时候，凯伦的保险计划首先支付，余下部分由克里斯的计划支付。

- 如果未自立孩子的父母未结婚、已分居（无论他们是否曾经结婚）或已离婚，并且法院没有指定谁来负担孩子的医疗费用，则使用以下原则：
  ➢ 取得监护权的一方的计划先支付保险金。
  ➢ 其次由取得监护权一方的再婚配偶的计划支付。
  ➢ 再次由无监护权的一方支付。
  ➢ 最后由无监护权一方的再婚配偶支付。

团体健康保险的连续性

员工有时会因为各种各样的原因而失去团体健康保险，这些原因被称为"符合条件的事件"。如果员工失去团体健康保险，那么根据1985年《加强综合保障协调法案》（Consolidated Omnibus Budget Reconciliation Act，COBRA），员工和接受保障的家属可以选择在有限的时间内留在雇主的健康保险计划中。COBRA适用于员工数量为20人或超过20人的企业。符合条件的事件包括员工因任何原因而终止雇佣关系（除严重不当行为外），离婚或者合法分居，员工死亡，员工未自立子女达到规定的最大年龄，等等。如果工人失去工作或者无法达到规定的工作时间，失去工作的工人或者其家属可以选择留在雇主保险计划中长达18个月。如果员工死亡、离婚、合法分居或者子女不再满足投保条件，则本来与其一起受到保障的家属有权继续留在该团体计划中，但是最多不能超过3年。选择依据COBRA留在雇主计划中的员工及其赡养（抚养）的人被要求支付团体保险费率的102%。

由于被解雇的员工必须自行支付全部费用，企业不为其缴费，致使员工每月保费相对较高。因此，许多辞职或被解雇的员工并未行使他们的COBRA选择权。

根据《平价医疗法案》，作为COBRA的替代方案，如果员工出于任何原因离职并失去了基于工作的医疗保险，则其可能有资格享受一个特殊注册期。这意味着员工可以在开放注册期之外参与健康保险市场计划。这一期限通常为从员工失去健康保险的那一天起的60天内。因此，根据员工的个人和家庭收入，其可能有资格获得保费税收优惠和更低的免赔额、共付和其他自付费用。一些低收入者可以支付相对较少的保费来参与健康保险市场计划。

既存状况

在《平价医疗法案》被颁布之前，保险公司可以拒绝或限制对既存状况的保障。**既存状况**（preexisting condition）被定义为，在此前6个月中看病或进行治疗的情况。根据《平价医疗法案》，保险公司被禁止拒绝理赔或在个人和团体医疗费用保单中设置既存状况除外条款。

团体牙科保险

团体牙科保险（group dental insurance）帮助支付普通牙科诊疗费用，还为意外事故导致的牙损伤提供保障。牙科保险的主要优点是帮助员工支付一般牙科诊疗成本。该保险鼓励被保险人定期接受牙科检查,这样可以在疾病变得严重之前进行预防或提前知悉。

保险给付

企业可以选择不同保险金、免赔额和共保条件的牙科保障计划。团体牙科保险计划为多种牙科服务提供保障,包括 X 光、洗牙、补牙、拔牙、镶牙、修复齿桥和牙托、口腔手术、牙龈疏导、正畸等。在一些计划中,正畸不被包含在内。少数保险计划属于补偿计划(也称付费服务计划)。牙科医生按照合理合规收费标准获得收入,但必须受到计划中关于保险金规定的约束。不过,现在的大多数牙科保险计划都属于管理式医疗计划,例如优先提供者组织牙科计划或保健组织计划牙科计划。优先提供者组织牙科计划尤其受到企业和员工的欢迎。在这些计划中,牙科医生基于协商后的收费标准就保障范围内的服务获取收入。

自然年度免赔额

保障范围内的员工每个自然年度均必须满足个人免赔额。如果员工选择了家庭保障,就必须满足家庭免赔额。不过,该计划允许家庭成员将他们的保障范围内的费用加总起来以达到要求的免赔数额。为了促进损失控制和鼓励日常牙科护理,免赔额不适用于某些诊断和预防性服务,例如每年两次口腔检查、牙齿清洗和牙科 X 射线检查。

共 保

在达到自然年度免赔额后,员工必须满足共保条件,并支付超出免赔额部分一定百分比的费用。牙科服务一般可以根据共保条件的不同划分为不同的水平。为了鼓励常规性的牙科检查,有些计划对每年一到两次的常规牙科检查不设置共保条件。不过,填充或者口腔手术至少要按照 80% 的比例支付,而牙齿矫正或补牙的支付比例较低,为 50%。

下面是保险金给付的分类和补偿水平的一个例子[①]:

- 类型 1,诊断和预防性服务:100%
- 类型 2,基本服务,包括麻醉和基本治疗:75%
- 类型 3,重大疾病的治疗,包括牙髓、口腔手术、牙周炎和镶牙:50%
- 类型 4,正畸:50%

自然年度最高给付额

除了免赔额和共保,大多数计划对自然年度内的给付额设定了最高限额,例如 1 000 美元或者 2 000 美元。在支付了最高保险金后,在自然年度的其他时间内,其他牙科服务就不再处于保障范围内。

不提供保障的服务

为了控制成本,有些牙科服务不在保障范围内。被排除在外的服务包括:为整容而提

[①] Ronald L. Huling, "Dental Plan Design," in Jerry S. Rosenbloom (Ed.), *The Handbook of Employee Benefits*, 7th ed. (New York: McGraw-Hill, 2011), p. 326.

供的服务；被认为属于研究性质或者非医疗必需的服务；在供应商办公室使用的注射性药物或特许药物；为先天畸形提供的服务（例如，豁牙的治疗）；对第三颗白齿的修复或更换。

预先设定保险金条款

预先设定保险金条款也被用于成本控制。尽管这一条款是非强制性的，但它给牙医和病人就支付数额提供了有用的信息。根据该条款，如果牙科诊治成本超过某一数额，例如300美元，牙医就要向保险公司提交治疗计划。保险公司对这些治疗计划进行评估，确定将会支付的数额。员工被告知成本的数额，然后就是否接受所推荐计划做出决策。

团体残疾收入保险

团体残疾收入保险（group disability-income insurance） 是向因意外事故或疾病而丧失劳动能力的员工按周或按月支付现金的一种保险。此类计划主要可分为两种：（1）短期计划和（2）长期计划。

短期计划

许多雇主购买了短期计划，在相对较短的时间内（从13周到52周）支付残疾保险金。目前最常见的短期计划为支付13周的残疾保险金。提供的残疾收入保险金的数额与工人的正常收入有关。每周或每月的最高限额通常为同等时间工人正常收入的50%~66.7%。

此外，大多数计划为疾病设定了1~7天的等待期，而意外事故一般从残疾的第一天开始获得保障。有些保险计划设置了适用于意外事故和疾病的等待期。

大多数短期计划只为**非职业性残疾（nonoccupational disability）** 提供保障。这意味着，意外和残疾必须发生在工作之外。残疾的定义一般要结合工人的职业。如果人们无法承担其职业的任何职责，那么就被认为遭受了完全残疾。短期计划通常不包括部分残疾，如果要符合条件，被保险人必须遭受了完全残疾。不过，仍然有少数计划向参与者提供部分残疾保险金。

长期计划

许多雇主还购买了长期计划，在较长的时期内支付保险金，一般从2年到社会保障退休年龄（目前1943—1954年出生的人的退休年龄为66岁）。一些长期计划将较年轻的工人的保险金给付期延长到67岁，他们可能必须达到更高的退休年龄才能获得全额的、未扣减的残疾收入保险金。保险金替代收入的百分比一般在工人工资总额的50%和80%之间；其中60%较为普遍。

对工人是否完全残疾的确定存在双重定义。头两年，如果工人不能承担其职业的任何职责，那么就被认为完全残疾。两年后，如果工人还不能从事与其接受的教育、培训和各种经验相适应的任何工作，则仍然被认为完全残疾。此外，与短期计划相反，长期计划一般为职业和非职业性残疾都提供保障。

残疾收入保险金一般按月支付，最高月保险金的额度远高于短期计划支付的保险金。大多数计划一般支付的最高月保险金是3 000美元、4 000美元、5 000美元或更高的金额。在可以支付保险金之前，一般要经过3~6个月的等待期。

为了减少装病和道德风险，也会考虑其他残疾收入保险计划。如果残疾的工人还参加了社会保障或工人补偿保险，那么长期残疾保险金将会相应减少。但是，许多计划会将保险金的减少额限定为初始社会保障残疾保险金的数额。因此，如果社会保障残疾保险金因为生活成本的提高而增加，那么长期残疾收入保险金不会进一步减少。

一些长期计划还提供了补充保险金。根据生活成本调整，向残疾员工支付的保险金每年随着生活成本的增加进行调整。不过，通常会对保险金增加的百分比设定最高限额。

在退休金增值福利计划中，计划会产生一笔退休金款项，从而能够保障残疾雇员的退休金不被动用。例如，如果卡洛斯及其雇主分别将其工资的6%存入退休金计划，一旦卡洛斯残疾，该计划会向公司的退休金计划支付一笔金额相当于其月薪12%的保险金，直到其不再残疾。这样一来，卡洛斯在正常的退休年龄仍然可以领取正常的退休金。

最后，如果残疾工人死亡，该计划会在接下来的一段时间（如两年）中向其符合条件的配偶或子女支付遗属收入保险金。

自助计划

本章的最后一部分是关于自助计划的内容。**自助计划（cafeteria plan）** 允许员工选择最适合其需求的员工福利计划。自助计划允许员工在提供的不同团体人寿保险、医疗费用保险、残疾保险、牙科保险以及其他保险计划之间进行选择，而不是仅提供一份适用于所有员工的计划。自助计划还允许雇主引入新的福利计划，以满足某些员工的特殊需要。

自助计划有多种形式。最常见的包括：(1) 完全选择计划，(2) 保费转换计划，(3) 弹性支出账户。这些种类的自助计划并不相互排斥，它们有一些共同之处。

- 完全选择计划。这些保险计划也被称为"完全弹性计划"。这种类型的保险计划允许员工选择完全的保险给付范围。此外，对于员工而言，还有第二个层次的可选保障。雇主为雇员提供一定数额的资金或者信用，信用可供其参加各种福利计划或者直接兑换为现金使用。如果员工要求将信用兑现现金，雇主提供的信用将被视同员工的收入而纳税。

- 保费转换计划。许多自助计划还涉及了保费转换计划。所谓保费转换计划是允许员工在税前列支缴纳保费的保险计划的通称。保费转换计划一般被用于团体健康和牙科保险。员工选择降低他们的薪酬，而降低的薪酬被用于支付计划的开支。这样，员工缴纳的保费就可在税前列支。

- 弹性支出账户。自助计划通常为团体保险参与者提供弹性支出账户。**弹性支出账户（flexible spending account）** 允许员工在税前支付某些未偿付医疗费用。2018年，员工向弹性支出账户的缴费数额被限制在每年最高2 650美元（该数值与通货膨胀挂钩，逐年调整）。根据弹性支出账户，员工同意降低薪酬，而这些被用于支付费用的薪酬部分根据《国内税收法》可以在税前列支。这些费用包括未偿付医疗和牙科费用、计划的免赔额、共保费用、眼镜费、助听器费、整容手术费和其他一般团体计划不提供保障的费用。年末弹性账户中未使用的资金将会被返还给雇主。然而，为了避免返还，计划设置了宽限期或结转。

➤ 宽限期。在计划年度结束后最多可提供2.5个月的宽限期。在此期间产生的合格医疗费用可以从上年末账户中任何未使用的金额中支付。雇主不得将剩余金额的任何部分退还给雇员。

➤ 结转。在一个计划年度结束时，最多可结转500美元的未使用余额用于支付下一计划年度产生的合格医疗费用。计划可指定一个较低的额度作为最高结转金额。但是，上一年度超过结转金额的未使用金额将被没收。结转不影响员工降低薪酬用于支付的最高数额。

许多雇主现在提供借记卡。员工可以使用这种卡来支付其账户中的未偿付费用。借记卡允许员工立刻支付所有未保险的自付费用。最后，如果自助计划满足《国内税收法》的相关规定，雇主向员工提供的信用不需要纳税。

自助计划的优点包括以下几项：
- 员工可以选择最能满足自己需要的计划。
- 员工一般以税前的方式支付自己应付部分的保费。结果因为薪酬的下降，税后实际工资下降。
- 雇主可以更容易地控制日益提高的员工福利成本。例如，雇主可能限定向雇员提供的福利或者信用的金额，或是向员工提供免赔额较高的医疗费用计划。

自助计划也有一些不足，包括：
- 雇主在建立和管理自助计划的过程中可能发生的初始开发成本和管理成本都高于传统员工福利计划。
- 管理的复杂性提高。员工福利管理者必须了解大量计划的细节，必须能够回答员工关于这些计划的问题。

 案例应用

梅根是一个会计公司的总裁。该公司有10名员工。公司提供的唯一的员工福利是为那些在公司工作一年或一年以上的员工提供两周的带薪假期。如今企业的利润已经大幅增加，梅根想为员工提供额外的福利，需要一些关于提供福利类型的建议。假设你是一位员工福利咨询师，根据下面这些情况，回答后面的问题：

a. 梅根希望为员工提供健康保险保障。简要说明她可以考虑的管理式医疗计划的主要类型。

b. 假设梅根正在考虑优先提供者组织计划和保健组织计划。向其解释二者的主要差异。

c. 还有梅根可以考虑的其他团体保险吗？对你的答案做出解释。

d. 梅根担心日益上升的医疗保健成本会给企业带来沉重的财务负担。简要描述一下梅根在应对日益上升的医疗保健成本问题时可以考虑的团体医疗保健计划。

本章小结

- 团体保险在一份主合同中为一定数量的人提供保险金。由于雇主支付部分或全部保费,所以员工可以获得低成本的保障,而且通常不需要提供可保性证明。规模更大的群体按照经验费率收费,由经验费率确定收取的保费。
  - 为了减少损失情况,团体保险需要遵循以下原则:
    - ➢ 保险附属于团体。
    - ➢ 人员在团体内部的流动。
    - ➢ 保险金自动确定。在理想情况下,保险金由特定的公式自动决定,避免个人对保额的选择。
    - ➢ 最低参保要求。合格员工中必须有一定百分比以上的人参加该计划。
    - ➢ 简单有效的管理。对计划的管理应当简单有效。
  - 今天的大多数团体都符合团体保险的条件。但是员工必须满足如下资格要求:
    - ➢ 必须是全职职员。
    - ➢ 在一些计划中要过了试用期。
    - ➢ 在规定的时间内投保。
    - ➢ 在保单生效期间工作积极。
- 团体定期人寿保险为所有符合条件的员工提供不同保险金额的基本定期人寿保险,保额基于以下一项(或多项):收入、职位或所有人一致的固定金额。员工无须提供可保性证明。团体计划还可提供额外定期保险,允许符合条件的员工购买附加寿险(最高金额不超过某一限额),且无须提供可保性证明。更高金额的附加保险需要提供可保性证明。
- 大多数团体人寿保险计划还提供团体意外死亡与肢残保险,为员工在发生意外事故或身体遭受一定程度伤害的时候支付额外的保险金。
- 团体计划通常在员工自愿的基础上提供其他类型的人寿保险和年金产品,如终身保险、万能人寿保险、意外死亡与肢残保险以及固定和可变年金。
- 团体医疗费用保险计划可以有几种获取渠道,包括:
  - ➢ 管理式医疗组织。
  - ➢ 商业保险公司。
  - ➢ 蓝十字和蓝盾计划。
  - ➢ 雇主自保计划。
- 管理式医疗是医疗费用保险金的一个专用术语,按照成本收益原则为参保员工提供保障。管理式医疗计划的主要类型包括保健组织、优先提供者组织和服务点计划。
- 保健组织是基于定额的、预付费的、组织化的医疗保健服务体系,为成员提供广泛的医疗服务的管理式医疗计划。保健组织有以下特点:
  - ➢ 向其成员提供组织化的医疗保健计划。
  - ➢ 全面广泛的健康服务。
  - ➢ 对医疗保健医生选择的限制。
  - ➢ 固定保费支付和成本分担条款。

➤ 对成本控制的特别强调。
- 优先提供者组织（PPO）是一个与医疗保健供应商签订合约，以较低的费用向成员提供医疗服务的计划。如果成员使用优先提供者组织的供应商，那么支付的免赔额和共保费用较低。
- 服务点计划（POS）是一种重要的管理式医疗计划，允许其成员到优先提供者网络外部寻求医疗护理。但是，病人必须支付非常高的免赔额和共保费用。
- 团体医疗费用保险计划有一些共同特点：为综合福利提供支付，自然年度免赔额，共保要求，共付，对某些预防性服务不允许成本分担，对某些服务设置除外或限制条款。
- 有储蓄选择权的高免赔额健康计划（HDHP/SO）是将高免赔额健康计划与健康储蓄账户（HSA）或健康费用偿付协议（HRA）相结合的计划。旨在使员工对卫生保健成本更加敏感；为他们减少不必要的治疗、寻找低成本的供应商提供了财务激励。
- 根据《平价医疗法案》，团体医疗费用保险计划被禁止拒绝或限制为存在既往状况的成人提供保障，或对保险金设置终生限额或年度限额。
- 团体医疗费用保险计划一般都包括给付协调条款，当被保险人获得一个以上团体健康保险计划保障的时候，该条款明确支付顺序。该条款规定被保险人参加的所有计划所支付的保险金之和不得超过实际医疗费用的100%。
- 根据《1985年加强综合保障协调法案》，如果有些符合条件的事件发生之后，导致保障受到损失，员工和接受保障的家属可以选择在有限的时间内留在雇主的健康保险计划中。
- 根据《平价医疗法案》，如果员工出于任何原因离职并失去了基于工作的健康保险，其可能有资格享受特殊的注册期，这意味着员工可以在开放注册期之外参与健康保险市场计划。
- 团体牙科保险计划通常包括多种牙科服务。牙科服务根据共同保险条件的不同被划分为不同层次。在许多计划中，共同保险不适用于诊断和预防性治疗，例如洗牙，或者共保比例较低。
- 许多雇主向参保员工提供残疾收入保险。有两种基本类型的保险：
  ➤ 短期残疾收入计划。
  ➤ 长期残疾收入计划。
- 自助计划允许员工选择最适合其需求的员工福利计划。自助计划中的弹性支出账户允许员工税前列支一些保健支出。

重要概念和术语

蓝十字和蓝盾计划	自助计划	自然年度免赔额
均摊费用	《加强综合保障协调法案》	共同保险条款
商业保险公司	参与供款计划	给付协调条款
合格期	员工福利	经验费率法
家庭免赔额	付费服务计划	弹性支出账户
把关医生	团体牙科保险	团体残疾收入保险

团体医疗费用保险	团体定期人寿保险	保健组织
健康费用偿付协议	健康储蓄账户	有储蓄选择权的高免赔额健康计划
补偿计划	个人免赔额	个体执业医生协会计划
管理式医疗	主合同	无须摊付计划
非职业性残疾	自付最高限额	服务点计划
既存状况	优先提供者组织	试用期
自保（自筹）	小企业健康选择计划	

复习题

1. 团体保险与个人保险有几个重要区别：

a. 描述团体保险和个人保险的区别。

b. 描述团体保险的基本核保原则。

2. 解释团体保险计划中员工必须满足的资格条件。

3. a. 介绍蓝十字和蓝盾计划的主要特点。

b. 解释为什么很多雇主为其团体医疗费用保险计划进行自保（自筹）。

4. 简要描述下面几种类型的管理式医疗计划的特点：

a. 保健组织。

b. 优先提供者组织。

c. 服务点计划。

5. 指出《平价医疗法案》中影响个人、家庭和企业的主要条款。

6. 指出团体医疗费用保险的主要特点。

7. 什么是有储蓄选择权的高免赔额健康计划（HDHP/SO）？

8. 简要描述团体牙科保险计划的基本特点。

9. 简要描述下列团体残疾收入保险的主要特点：

a. 短期残疾收入计划。

b. 长期残疾收入计划。

10. 描述员工福利计划中的自助计划的基本特点。

应用题

1. 马格今年35岁，她在一次汽车事故中严重受伤。马格参加了雇主的优先提供者组织计划。该计划的年度免赔额是1 000美元，共保比例是80/20，年度自付限额是3 000美元。由于该起事故，马格发生了如下几种医疗费用：

救护车费用500美元；

三天住院费用24 000美元；

断腿的手术费用5 000美元；

医院外面开药的费用300美元；

断腿的理疗费用1 200美元。

此外，马格一个月无法工作，损失4 000美元。

a. 根据上面的内容，如果马格在优先提供者组织内的健康医疗供应商那里接受治疗，那么她要为此付多少钱？（假设显示的所有收费都获得了保险公司和优先提供者组织所有成员的允许，并且所有供应商都在优先提供者网络中。）

b. 假设马格的断腿没有正确医治，她需要再做一次手术。马格希望由一位在该专业领域非常出名的医生为其做手术。这位医生不是优先提供者组织网络的成员。马格参与的计划会为此支付费用吗？对你的答案做出解释。

2. 道格今年 40 岁，他拥有一个销售窗帘和地毯的小企业。公司为 7 名员工提供健康保险。一名员工的妻子患有乳腺癌，产生了巨额的医疗费用，导致公司健康保险保费上升了 40%。由于保费增长幅度太大，道格不确定公司是否可以继续为这名员工提供健康保险。请解释《平价医疗法案》中能够帮助道格向其员工提供可负担的健康保险的条款。

3. 马尔科姆今年 57 岁，是一名临时工并且没有健康保险。他的膝盖软骨因为骨关节炎严重磨损，这严重影响了他的日常活动。因此，马尔科姆需要做一次大手术，完全更换两个膝盖。请解释《平价医疗法案》中能够帮助马尔科姆获得健康保险的条款。

4. 玛丽亚今年 28 岁，迈克今年 30 岁。两个人结婚后生了一个男孩，今年 1 岁。玛丽亚作为一名员工参加了雇主的团体医疗费用保险计划，她作为家属还参与了迈克的保险计划。他们的孩子作为家属获得两个保险计划的保障。玛丽亚的生日是 1 月 10 日，而迈克的生日是 11 月 15 日。两个计划都有相同的协调给付条款。

a. 如果玛丽亚住院，哪个计划首先进行支付？哪个计划支付剩余部分？

b. 如果孩子住院，哪个计划首先进行支付？哪个计划支付剩余部分？

c. 假设两个人离婚，玛丽亚获得孩子的抚养权。法庭判决迈克必须为孩子提供健康保险。如果孩子在离婚后住院，哪个计划首先进行支付？哪个计划支付剩余部分？

5. 许多雇主都购买了团体短期和长期残疾收入保险。结合下列内容对（1）短期计划和（2）长期计划进行比较。

a. 保险计划对残疾的定义。

b. 等待期。

c. 给付期间的长度。

d. 用收到的其他残疾收入保险金冲抵。

数字资源

网络资源

参考文献

第17章

员工福利：养老金计划

> 为了以备退休之用，你必须提前定期进行储蓄。假设你分别在 20 岁和 25 岁时开始存入相同的钱，在正常情况下，在你退休时前者将比后者多出几十万美元。
>
> ——陈勇平（Yung-Ping Chen）博士，2012 年约翰·毕克利创始人奖得主，
> 国际保险协会

学习目标

学习完本章，你应当能够：

- 解释合格养老金计划（也称税收合格计划），包括：
  - ➢ 合格养老金计划的税收优惠；
  - ➢ 合格养老金计划的资格要求。
- 解释商业养老金计划的基本特征，包括：
  - ➢ 计划参与者的最低年龄和工龄要求；
  - ➢ 退休年龄；
  - ➢ 既得收益权规则。
- 区别定额缴费和给付确定养老金计划。
- 描述给付确定养老金计划的如下特征，包括：
  - ➢ 对给付的限制；
  - ➢ 给付确定准则；
  - ➢ 养老金支付保证公司。

- 描述以下定额缴费养老金计划：
  - ➢ 401(k) 计划，包括罗斯 401(k) 计划；
  - ➢ 403(b) 计划，包括罗斯 403(b) 计划；
  - ➢ 简易员工退休金计划（SEP）；
  - ➢ 简易个人退休账户计划；
  - ➢ 利润分享计划；
  - ➢ 储蓄免税优惠。
- 解释《1974 年员工退休收入保障法案》（ERISA）的目标，以及该法案如何为养老金计划提供保障。
- 解释基金代理机构和基金累积合同的含义，并描述三种基金累积合同。
- 指出和描述合格养老金计划中的主要问题。

布兰登，27 岁，是一个大型全国连锁零售公司的市场分析师。该公司最近设立了新的 401(k) 计划，取代了给付确定养老金计划。后者将在公司保障计划中逐步退出。符合条件的员工将自动加入新计划。布兰登有几个疑问，例如她缴费的数额、公司缴费的数

额、投资的选择以及退休的年龄等。她还想知道，如果她辞职提前退休，是否能够获得给付。

与布兰登类似，许多员工也被复杂的合格商业养老金计划弄得晕头转向。本章将讨论布兰登及他人可能遇到的关于401（k）计划和其他计划基本特征的问题。尽管合格养老金计划很复杂，但它们对于保证工人退休之后的经济安全极为重要。当再考虑进社会保障退休福利的时候，从你的养老金计划得到的额外福利就可以让你在退休期间达到比较高的生活水平。

在本章中，我们将讨论各种合格养老金计划的基本特征。本章将分为几个部分。第一部分将讨论适用于大多数计划的基本原则，包括资格要求、退休年龄以及既得收益权规则。第二部分将介绍养老金计划的主要类型，包括给付确定养老金计划和定额缴费养老金计划。最后一部分将重点分析当前税收递延养老金计划所面临的问题。

商业养老金计划概述

在美国，数以百万计的工人参与了**合格养老金计划**（qualified retirement plan），也称"税收合格计划"（tax-qualified plan）。鉴于美国（和大多数其他国家）的公共政策支持退休人员享有称心如意的退休生活，因此这一计划享受优惠的税收待遇。

养老金计划在社会和经济方面对国家有很大影响。退休福利在工人退休期间保证了其个人和家庭的经济安全。养老金缴费还是金融市场资金的一个重要来源。这些资金被用于投资新厂房、新机器、新设备、房地产开发、购物中心以及其他有价值的投资项目。因此，合格养老金计划必须符合税法和美国国内收入署（IRS）制定的标准，以实现各种有益于社会的目标，例如确保资金不被滥用，承诺将得到遵守，计划将惠及所有工人而不仅仅是少数人。

联邦立法对商业养老金计划的制定和推进具有重大影响，因此本章将介绍影响养老金计划的法律和法规。《1974年员工退休收入保障法案》（Employee Retirement Income Security Act of 1974）设定了最低养老金标准，以保障参保工人的权利。《2006年养老金保障法案》（Pension Protection Act of 2006）提高了雇主交纳资金的责任，使原本计划在2010年终止的较高的缴费限额保持不变，鼓励员工自动参与定额缴费计划，如401（k）计划。

美国国内收入署和劳工部均通过为阐明和实施法律而制定的法规和监管规定对商业养老金计划施加重大影响。这些法规和监管规定具有法律效力，影响商业养老金计划的设计和开发。如下讨论参考了本书写作时美国国内收入署的规定。[①] 后文将简要介绍劳工部的相关规定。

所得税优惠

满足美国国内收入署条件的商业养老金计划被称为合格计划（qualified plan），并享

[①] 本章基于 Internal Revenue Service Publications 560，571，and 4222；and *2018 U.S. Master Pension Guide* (Chicago：Wolters Kluwer，2017)。

受所得税优惠。雇主和雇员均享有税收优惠，大致包括：

- 雇主在一定限额以下的缴费可以作为普通商业开支享受税收抵扣，如果该计划为雇主直接支付，则计划费用也可享受税收抵扣。
- 雇主缴费不被视为员工当年的应税收入，在员工退休或收到资金前不征税。
- 计划资产的投资收益可以递延税收进行积累，目前对计划参与者不征税。

此外，如果设置得当，员工可以自降薪酬，一方面使降低的薪水用于支付合格养老金计划且不必缴税，另一方面减少应税收入。此外，在雇员提取资金前，对养老金缴费和投资收益不征税。换句话说，当员工收入较低（边际税率较低）时，其可将税收推迟至退休。这样多年来节省的税款就相当可观。

与此同时，合格计划包含以下广泛适用的一般原则：

- 计划的设计必须使所有员工受益，不得偏袒高收入员工。
- 养老金计划旨在吸引和留住员工。因此，在法定原则的范围内，雇主可以制定实施细则，将福利重点放在长期员工身上。
- 由于该法案的目的是鼓励员工为退休储蓄，因此员工在退休年龄之前提取资金将被处以罚金。

尽管上述一般原则适用于所有合格计划，但针对每项计划，都存在与其相关的限制、例外和特殊规定，需要相关专业知识才能充分消化。由于本章旨在普及大众对合格养老金计划的理解，特别是对于消费者群体，因此将尽可能减少专业方面的讨论。

计划必须使员工普遍受益

美国国会在给予合格计划优惠税收待遇时明确规定，合格计划必须使雇员普遍受益，并且不得存在偏袒**高收入员工**（highly compensated employee）的歧视。① 合格计划必须满足最低参保测试，以证明其不存在令高收入员工获益的歧视。最低参保测试相当复杂，超出了本章的讨论范畴。然而，为加深对合格计划的理解，在此介绍一项测试——**比率百分比测试**。在该项测试中，非高收入雇员的比例必须至少是高收入雇员的70%。例如，在当前计划年度，斯威夫特公司的养老金计划保障了63%的非高收入雇员和90%的高收入雇员。比率为70%（=63%/90%），达到了比率百分比测试的要求。

在企业在一个地方（例如费城的办公场所）为员工设立养老金计划，而在另一个地方（例如波士顿的办公场所）没有设立的情况下，最低参保测试通常可以发挥作用。如果企业根据工作分类而不是地点设立养老金计划，那么参保测试也很重要。

如后文所述，即使企业达到**最低参保要求**（minimum coverage requirements），也另有其他规定旨在确保养老金福利不会给予高收入员工不公平的收益。

年龄和工龄要求

大多数养老金计划在员工参与该计划之前，都要满足年龄和工龄要求（minimum age and service requirement）。在当前的法律中，员工必须年满21岁，并在该企业工作满1

---

① 2018年，高收入员工指（1）在一年内或上一年的任意时间段持有公司5%股份的员工，或（2）雇主缴费超过120 000美元（根据通货膨胀指数化），或根据雇主上一年度缴费记录，员工中缴费最高的20%的人。

年，才算符合条件，才被允许参加该计划。有一个例外，即如果员工参与计划时就获得了100%的既得收益权（后面将进行讨论），那么养老金计划要求有2年的工龄。

为了确定合格标准，要求规定的1年工龄是指，雇员在受雇后的12个月内至少工作1 000小时，1小时工作是指雇员工作的任何1个小时，或能获得薪水的1个小时。除此之外，全职和兼职员工之间没有区别。

退休年龄

典型的养老金计划有三种退休年龄：
- 正常退休年龄；
- 提前退休年龄；
- 延期退休年龄。

正常退休年龄　正常退休年龄（normal retirement age）是指工人可以退休并获得足额养老金的年龄。正常退休年龄也被称为完全退休年龄。在大多数合格计划中，65岁是正常退休年龄。根据美国国内收入署的规定，除非参与者另有选择，否则合格计划下的养老金给付必须满足：在参与者年满65岁（或该计划的正常退休年龄）的最后一个计划年度结束后60天内开始；员工参与计划满十年时；或当员工终止与雇主的雇佣关系时。

给付确定养老金计划通常根据65岁开始的年金计算养老金福利。此外，为了保留资格，除某些特例外，商业养老金计划不能强制设置退休年龄。

提前退休年龄　提前退休年龄（early retirement age）是指工人可以退休并领取养老金的最小年龄。现在的大多数员工在65岁以前退休。例如，典型的养老金计划允许有10年工龄的员工在55岁时退休。若员工在59.5岁前退休，则可能需对定额缴费计划（稍后将描述）缴纳10%的惩罚税。

在给付确定计划（后面将进行讨论）中，从精算的角度来说，养老金会因为提前退休而减少。养老金的必然减少有如下三个原因：（1）支持养老金的投资的盈利期将缩短；（2）养老金的给付期更长；（3）提前退休养老金还要被支付给那些达到正常退休年龄之前就死去的雇员。

延期退休年龄　延期退休年龄（deferred retirement age）是指超过正常退休年龄的任何年龄。在超过正常退休年龄之后，只有很小一部分老员工会继续工作。但是，根据现行法律，除了一些特殊规定之外，工人可以延期退休，只要他们能够工作，没有对最高年龄进行限制。超过正常退休年龄仍然在工作的员工继续按照计划积累养老金。

既得收益权条款

既得收益权（vesting）是指员工在退休之前终止工作的情况下，对雇主缴费或用于缴费的保险金所拥有的权利。如果员工在退休前终止工作，他或她对其向该计划的缴费有所有权。但是，对雇主缴费，以及用于缴费的保险金的所有权取决于既得收益权实现的程度。

给付确定计划　合格的给付确定计划必须满足下面几个**最低既得收益权标准（minimum vesting standards）**之一：
- 五年一次性既得收益权。根据这一规则，员工在工作满5年后就可以获得100%的既得收益权。

- 三至七年渐进式既得收益权。根据这一规则，既得收益权比率必须满足或超过以下最低标准：

服务时间（年）	既得收益权百分比（%）
3	20
4	40
5	60
6	80
7	100

定额缴费计划 雇主向合格**定额缴费计划**（defined-contributions plan）或利润分享计划的缴费都必须缩短收益权获得时间。更快获得既得收益权是为了鼓励更多中低收入员工参与其中。

定额缴费和利润分享计划必须满足下面最低既得收益权进度表标准之一：

- 三年期一次性既得收益权。雇主缴费在 3 年后必须为 100%。
- 二至六年渐进式既得收益权。雇主缴费必须达到或超过以下既得收益权进度表。

服务时间（年）	既得收益权百分比（%）
1	0
2	20
3	40
4	60
5	80
6	100

从雇主的角度来看，设置既得收益权的基本目的是降低劳动力的流动性。员工有动力待在一家企业里，直到达到既得收益权标准。在给付确定计划中，如果员工在达到完全既得收益权之前结束了雇佣关系，罚金常常被用于降低雇主未来的养老金缴费。但是，在定额缴费计划中，对员工的罚金既可以被用于在剩余参与者的账户之间进行再分配，又可以被用于减少雇主未来缴费。在这两种情况下，罚金均可被用于支付计划费用。

设置既得收益权的另一个重要目的是规避短期员工福利的管理费用。这一点对于每年必须进行复杂精算计算（因此成本高昂）的给付确定计划来说尤其重要。

提前支取罚金

在年龄达到 59.5 岁之前从合格计划中支取资金将被处以 10% 的罚金。10% 的惩罚性课税适用于包括在总收入中的数额。但是，关于这一条款有一些例外情况。提前支取罚金不适用于下述情况：

- 员工年满 59.5 岁后。
- 员工参与的计划为允许支取资金的自动参与计划。
- 针对员工超额缴费、超额总缴费和超额延期缴费的校正分配。

- 员工死亡后。
- 员工完全及永久伤残。
- 向员工家庭关系证明书所载的替代收款人的支付。
- 从员工离职后开始，在员工的预期寿命（或员工及其指定受益人的共同生存期间或联合寿命预期）内至少每年支付一次的累计同等薪酬。
- 员工持股计划的股息转移。
- 向达到 55 岁且脱离工作岗位的员工的支付。
- 为员工医疗保健支付的费用（不超过医疗费用扣除额）。
- 因国内收入署征税发生的支付。
- 向符合条件的预备役军人的支付。

最低分配额要求

养老金缴费不能被无限地保留在计划中。计划分配的开始不应晚于参与者满 70.5 岁之后一年内的 4 月 1 日，但是年龄超过 70.5 岁却仍然工作的参与者可以延迟从合格养老金计划那里领取最低分配额。满 70.5 岁却仍然工作的人，退休次年的 4 月 1 日是其领取最低分配额的开始时间。上述规则不适用于个人退休账户（IRA）和其他一些合格计划。最后，最低分配额规则不适用于罗斯个人退休账户或罗斯 401（k）计划。

与社会保障的整合

许多合格的商业养老金计划被整合进社会保障体系。整合的主要目的是企业支付社会保障薪酬税总额的一半，因此，在计算商业养老金的过程中，社会保障退休金也被考虑进去，这样可以降低养老保险的成本，节省的资金可以被用在企业的其他地方。整合的第二个目的是，在不违反反歧视法规的前提下，允许企业增加高收入员工的养老金缴费金额。反歧视法规禁止企业做出有利于高收入员工的歧视行为。

整合的水平可以为计划年度最高应税社会保障工资基准以下的任何金额。整合水平可以设定得低一些，但是这通常会降低超额缴费最高额度。国内收入署已经设计了复杂的整合规则（称许可偏离度准则），限制企业为了高收入员工的利益提高缴费。详细讨论这些规则超出了本书的范畴。不过，这些规则是为了限制企业偏向于收入水平高于整合后的收入水平的高收入群体而设定的养老金缴费限额。例如，假设 401（k）计划（稍后讨论）的缴费率为收入的 6%，最高可以达到社会保障应税工资基准（2018 年为 128 500 美元）以及超过应税工资基准的收入的 11.5%。在这一案例中，超额缴费比率没有超过许可偏离度限制。①

合格养老金计划的类型

今天，雇主有大量合格养老金计划可用来满足雇员们的特殊需要。有两种基本类型的

---

① 更多详细内容请参见 *2018 US Master Pension Guide* (Chicago: Wolters Kluwer, 2018), pp. 331–332。

合格养老金计划：（1）给付确定计划和（2）定额缴费计划。每种计划有不同的使用规则。多年来，美国政府推行了许多新的计划，一些早期推行的计划已经退出使用。本章只讨论那些被广泛应用的计划，包括：

- 给付确定计划。
- 定额缴费计划：
  - 401（k）计划，包括罗斯401（k）计划；
  - 403（b）计划，包括罗斯403（b）计划；
  - 简易员工退休金计划（SEP）；
  - 简易个人退休账户计划；
  - 利润分享计划；
  - 储蓄免税优惠。

给付确定计划

从传统的角度来看，企业一般会设立给付确定计划，向退休工人支付有保证的保险金。在**给付确定计划**（defined-benefit plan）中，养老金可以预先知道，但是缴费则依据为达到预期养老金福利所需要的数额的不同而有差异。例如，假设詹姆斯今年50岁，可以在正常的退休年龄领取养老金。领取金额等于连续三年最高平均工资的50%。精算师将根据他的养老金给付金额为其确定必须缴纳的计划费用。

当建立新的给付确定计划时，一些年老的工人可能临近退休。为了支付更为充足的养老金，给付确定计划可能会对计划设立之前就在企业工作的员工给予**过往服务年资**（past-service credit）。不过，实际支付的数额将取决于用于确定养老金数额的养老金准则。

对养老金的限制

给付确定计划对可以筹资获得的养老金设定了年度限额。2018年，在给付确定计划中，最高年度养老金不得高于连续三年最高收入平均值的100%，或者22万美元，以较低者为准。后面这一数字随着通货膨胀进行了指数化。

对于确定养老金时使用的年收入也有一个最高限额。2018年，可以被计入养老金计算准则的最高年收入为275 000美元（随着通货膨胀情况进行指数化调整）。

给付确定准则

在给付确定计划中，养老金的确定是基于一些准则。养老金和社会保障加在一起一般为员工退休前总收入的50%～60%。下面列出了四个基本准则，其中一些为结合了其他准则特征的综合准则：

- 单位保险金准则。根据这一准则，收入和工龄都纳入考虑范围。例如，退休计划支付的保险金等于工人最终平均工资的百分比乘以工龄。最终平均工资通常包括工人最高的三年或五年的工资，这取决于计划如何设计。如果计划的保险金为工人最终平均工资的1%，那么最终平均月薪为4 000美元、工龄为30年的工人每个月的退休金是1 200美元。

在某些情况下，计划可能使用工人职业平均工资。这种方法稀释了养老金福利，但简化了费用的精算过程。

- 年薪固定百分比准则。根据该准则，退休金是工人收入的固定百分比，例如25%～50%。保险金根据职业平均收入或最终平均收入确定。如果员工没有达到要求的工龄，这一准则的计算就会降低数额。例如，如果员工工龄为30年，计划可能提供的保险金等于最终平均收入的50%。但是，如果员工仅有20年的工龄，他或她只能获得三分之二的保险金。
- 每年工龄固定金额。根据这一准则，每服务一年所支付的数额是固定的。例如，某计划在员工正常退休后，员工服务年限每增加一年则每月固定支付金额增加40美元。如果员工为企业工作了30年，每月的养老金就是1 200美元。这个准则的使用并不广泛，除非为统一协商的退休计划。
- 所有员工固定数额。这个准则在某些时候被用于集体谈判的计划，在该计划中向所有员工支付固定数额，而不考虑他们的收入或工龄。例如，该计划可能向每位退休的员工每月支付800美元。

工龄的长短在确定总养老金方面极为重要。频繁的工作变动和长期退出劳动力市场会明显降低养老金的数额。对于那些由于家庭原因而经常长期中断工作的女性来说尤其如此。

养老金支付保证公司[①]

在养老金计划结束的时候，给付确定计划的参与者在一定养老金损失限额以下获得保障。**养老金支付保证公司（Pension Benefit Guaranty Corporation，PBGC）**是一个联邦政府下属的公司，保证在商业养老金计划终止时，再支付一定限额以下的既得收益权或非丧失养老金保障。有一项公式被用于确定PBGC的最高保险金给付。该公式为65岁之前开始领取保险金的员工设置了最低限额，而对65岁以上的员工则设置了更高的上限金额。对于2018年终止的单一雇主计划，向65岁工人支付定额寿险年金（非生存年金）的PBGC每月最高保险金为5 420.45美元，对于55岁领取PBGC保险金的工人，每月最高保险金为2 439.20美元。而对于计划终止时年龄为75岁的工人，PBGC每月最高保险金为16 478.17美元。对于为受益人选择生存年金的工人，最高月支付额较低。

PBGC还推行失踪参与者计划（MPP），在该计划中，失踪参与者可以找回他们的养老金。这项服务适用于未投保PBGC保险的计划，并自动应用于投保PBGC的计划。自成立以来，MPP仅为给付确定计划提供保障，但从2018年1月1日起，其保障范围扩大至定额缴费计划。

给付确定计划的优势

给付确定计划除提供有保障的养老金福利外，还具有某些额外的优势。首先，养老金更准确地反映了通货膨胀的影响，因为保险金一般根据最终支付准则计算；其次，这些计划通常不需要员工缴费，也就是说，只有雇主才要向计划缴费；再次，投资风险直接由企

---

① pbgc.gov. Accessed August 25, 2018.

业承担，而不是员工；最后，给付确定计划对那些年龄比较大才加入的工人有利，因为企业必须为年龄较大的工人缴纳比年轻工人更多的费用。

给付确定计划的不足

多年来，给付确定计划的相对重要性有所下降。原因有三个：首先，出于精算的考虑，给付确定计划比定额缴费计划更复杂，而且管理成本更高；其次，许多给付确定计划因为融资成本过高而没有偿还过去的负债；最后，2007—2009年的金融危机严重影响了大多数计划的融资，令雇主和雇员都缺乏安全感。

由于成本和复杂性，许多公司冻结或终止了它们的给付确定计划，并用一些类型的现金结存计划或定额缴费计划进行了替换，后者的成本更低且更易管理。

现金结存计划

为了降低养老金成本，许多企业已经将它们的传统给付确定计划转换为现金结存计划。**现金结存计划（cash-balance plan）**是一种给付确定计划，其中，养老金根据假设的账户余额确定，实际的养老金取决于参保员工退休时的现金价值。

在典型的现金结存计划中，每一年参保人的账户都要进行记录：(1)缴费记录，例如雇主支付员工报酬的5%；(2)利息记录，计入的利息可以将固定比率作为基础或者盯住某一指数的变动比率，比如一年期国债利率。然而，现金结存计划的资金不会被分配到参与者的账户上，因此这些参与者账户通常被称为"假想账户"。相反，资金是以信托形式持有的，并由企业进行投资。因此，投资风险完全由企业承担，企业有义务履行计划中的承诺。实际上，企业将资金应用于多元化的投资组合。从长远来看，这种投资组合所赚取的收益可能高于向计划参与者支付的利息，从而降低了计划对雇主的成本。

例如，假设一位现金结存计划参与者在65岁时决定退休，其账户余额为20万美元。这些资金可以一次性给付（经参与者配偶同意），也可以转入个人退休账户（IRA）或其他雇主计划。如果参与者决定接受终身年金，则可以获得每年约17 000美元的终身收入。

在法律上，企业没有义务提供养老金计划，也可以随时终止计划。但是，企业不得终止既得养老金。因此，当企业将传统给付确定计划转换为现金结存计划时，必须给付迄今为止员工应得的养老金。

与大多数传统的给付确定计划一样，大多数现金结存计划中的收益在一定的限制范围内受到通过PBGC提供的联邦保险的保护。

许多企业已经将传统给付确定计划转换为现金结存计划，从而达到降低退休成本的目的。同时，年轻的工人也会因为能够更好地了解该计划而受益，保险金的累积速度快于传统给付确定计划；对于在退休年龄之前辞职的员工来说，这种计划的给付更易于转移。

但是，另一方面，批评者认为，对于处于或超过职业生涯中期的员工来说，向现金结存账户的转换可能使工人的预期保险金降低20%~40%。转换之后，计划的保险金就被"冻结"，这意味着获得的保险金不会继续增加。由于大多数养老金都是由工人职业生涯结束时的较高收入决定的，故工人会因此而蒙受损失。但是，根据给付确定计划，大部分初始退休金在退休之前的3~5年间支取。一旦保险金被冻结，工人的养老金只是随着现金结存计划中的年利息和工资增长。其结果是，年龄较大的工人的初始养老金可能远低于给付确定计划中计算准则保持不变的情况。图表17-1表明了这一点,该图显示,55岁的工人在转换时根据现金结存准则获得的养老金可能低于35岁的年轻工人。

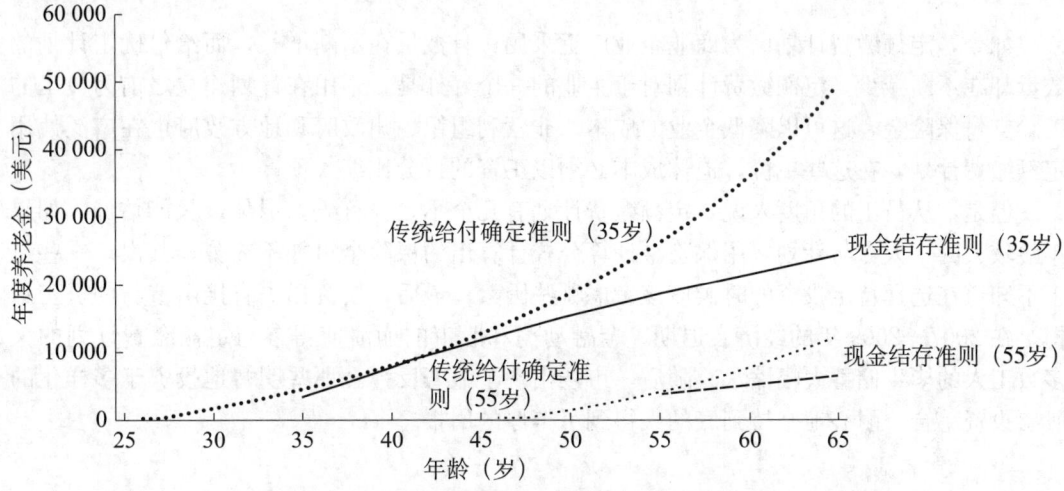

图表17-1 转换为现金结存计划如何潜在地降低工人养老金

注：该模型结果基于35岁和55岁工人（年薪均为4万美元，工龄均为10年）将传统给付确定计划转换为现金结存计划时的假设。

资料来源：United States General Accounting Office, *Private Pensions*, *Implication of Conversion to Cash Balance Plans*, GAO/HEHS-00-185 (September 2000), Figure 4, p. 26.

定额缴费计划

大多数最新建立的合格养老金计划为定额缴费计划。在**定额缴费计划（defined-contribution plan）**中，员工无有保证的养老金，而是持有一个账户，可以通过在退休年龄购买年金或简单地提取资金来为养老金计划提供资金。在某些情况下，企业和员工均缴费；在另一些情况下，只有企业缴费。通常，员工负责资产的投资。

在定额缴费计划中，缴费率是固定的，但实际养老金是可变的。例如，雇主和员工都可以将员工工资的6%支付给该计划。然而，实际养老金会因为工人参与计划的年龄、缴费率、投资类型和投资回报、退休年龄的不同而不同。因此，可以领取的养老金只能够估算。

对缴费的限制

定额缴费计划对于每年可以向计划缴费的额度进行了限制。2018年，在定额缴费计划中，可以计入员工账户的最高年度缴费额度为收入的100%或者55 000美元，以较低者为准。年龄大于50岁的工人可以额外追加缴费6 000美元。年度缴费包括企业和员工的缴费，以及其他任何计入员工账户的缴费。

对年度收入也设置了最高限额，该限额为可以计入的用于确定每年缴费的额度。2018年，可以计入养老金计算公式的最高年收入是275 000美元（随着通货膨胀情况进行指数化)。在了解每种类型的计划时,请牢记这些限额。即使不同计划有其他限制,限额也适用。

优点和局限性

如今,定额缴费计划已为商业企业广泛采用,且数量在不断增长,而给付确定计划的数量却在不断减少。定额缴费计划对于企业的一个好处是,不用在计划建立之前为员工的工龄支付保险金,这可以降低企业的成本。非营利组织、州政府和地方政府也在广泛使用定额缴费计划,在这些单位,退休成本必须以工资的百分比编入预算。

但是,从员工的角度来说,定额缴费计划有几个不足:首先,退休金只能估计,如果年龄较大的工人参与计划,用保险金计算公式计算出的保险金可能不充分;其次,一些员工不知道在选择特定投资的时候应该考虑哪些因素;最后,投资损失直接由参与的员工承担。在2007—2009年的经济衰退期,金融动荡和股市的崩溃使得参与定额缴费计划的大多数工人的毕生储蓄大幅缩水。随后,市场出现了显著反弹。那些明智地投资于多样化的股票投资组合、耐心地坚持到底的人得到了丰厚的回报。

401(k)计划

符合IRC第401(k)条规定的计划是最受欢迎的定额缴费计划类型,**401(k)计划[Section 401(k) plan]** 是一种合格的现金或延迟协议(CODA),参与者可以自愿选择在获得工资或其他报酬时以现金的形式接受这笔钱或在递延税款的基础上将钱存入计划。企业缴费在支付当年可作为业务开支抵扣,对于计划的参与者而言不构成当期应税所得。员工的基金收入在从计划中提取之前不课税。在退休后,员工将处于较低的税率等级,所有提款作为员工当年的普通收入纳税。

401(k)计划可以是合格的利润分享计划、储蓄或节俭计划,或者股票红利计划。设立计划的资金来源可以是企业和员工的缴费,也可以是员工自己缴费。在典型的401(k)计划中,企业和员工都要缴费,且企业的缴费要和员工的缴费配套。例如,员工每缴纳1美元,企业要缴纳25美分或50美分,或更高的金额。

大多数401(k)计划被称为自我导向(或参与者导向)计划,因其允许员工决定资金的用途。员工一般有选择投资的自由,例如普通股共同基金、债券基金、固定收入基金以及大量其他基金。不过,许多员工在投资401(k)计划时犯了一些常见的错误,最终降低了养老金积攒的数额(见专栏17.1)。

六个常见的401(k)计划错误

对于大多数人而言,拥有401(k)计划对于他们未来的财务健康非常重要。在某种程度上,401(k)计划对于拥有一个安逸的退休生活非常重要,对于大多数具有投资此类计划资格的人来说,了解他们应该避免什么样的错误将是最重要的事情。不要在投资过程中重复这些错误：

- 第一个（可能最严重的）错误：投资于波动的证券产品（例如股票），然后如果其价格下跌，就在恐慌的情况下卖出。换句话说，最严重的错误是投资于只适合于资深投资者进行的投资。对于那些股市老手和风险容忍度适当的人而言，股票是非常棒的投资。
- 第二个（也代价较大的）错误：没有利用一个可以获得的 401（k）计划。许多具有资格的美国人没有选择参加他们的雇主发起的养老金计划。这是一个帮助人们建立大额养老金的黄金机会。这种机会每天都会离那些最需要它的人更远一些。研究已经显示，有钱人参与收入递延计划的概率与不那么有钱的人一样高，而后者可能会从中受益更多。
- 第三个错误：没有利用雇主的缴费。许多公司为它们的员工缴费配套了一定数额的资金。例如，如果员工向 401（k）计划缴纳其收入的 3%，那么雇主的配套缴费将会为员工缴费增加额外的 1.5 个百分点。这意味着用于投资的钱立刻就有 50% 的回报，而且是免税的！更不要说，配套资金会一直伴随着员工的缴费。然而，很多人甚至没有将最低限度的钱投入 401（k）计划。
- 第四个错误：没有储存更多的钱。研究已经发现，只有三分之一的活跃参与者按照年度最高额度缴费（最高额度会随着通货膨胀情况进行调整）。一个聪明的员工的缴费额最低也要是与雇主缴费相配套的数额。然后，毫无疑问又会得到免费的钱。
- 第五个错误：没有将足够的钱投入股票市场。是的，上面警告的第一个错误是不要在股票市场投资。股市波动性很强，它会暴涨暴跌，价值会下降而且会持续下降。然而，从过去的时间来看，股票市场为投资者带来的回报比固定收益投资（债券）、现金等价物（例如货币市场基金）、贵金属、古董和收藏品以及其他大多数投资都要好得多。仅仅投资于最安全的资产，只能保证员工获得比将其资产组合进行正确搭配（包括部分风险投资）低得多的收益。
- 第六个错误：将太多钱投进企业的股票。实际上，这里真正的错误是没有进行多元化投资，没有足够的钱投资于不同的投资方式。公司可能是一个很好的工作单位，公平地说，可能是家之外的又一个家。公司可能是优秀的公司，利润巨大，股票的价格可能低于它应有的价格。但是无论如何，让一只股票在你的投资组合中占有过大的比例，不符合谨慎原则，即使购买的股票很便宜。这仍然是个坏决定。

资料来源：Adaptation of "Six Common 401（k）Mistakes," Financial Web at finweb.com. Reprinted by permission from Internet Brands.

选择递延额度的年度限额

符合条件的员工如果参加 401（k）计划，可以选择降低薪酬。减少的薪酬在技术上被称为"选择递延"，递延的薪酬然后被投资于企业的 401（k）计划。例如，假设凯西每月收入 3 000 美元，她选择递延的薪酬为每月 300 美元，那么她每月只有 2 700 美元需要缴纳所得税。300 美元的减薪加上企业的任意缴费将被投资于 401（k）计划。

员工账户中的资金免缴当期所得税，直到钱被取出的时候才缴税。但是，员工必须为计划的缴费缴纳社会保障税。在将钱取出的时候，账户资金将作为普通收入缴税。

2018 年，401（k）计划对 50 岁以下工人规定的个税递延最高额度限制是 18 500 美元，在计划年度末大于 50 岁的工人可以追加缴费 6 000 美元。最高限额与通货膨胀挂钩，目前以 500 美元为增量。

实际递延百分比测试

为了防止 401（k）计划因为对高薪员工的优惠而产生歧视，企业的 401（k）计划必须通过**实际递延百分比测试（actual deferral percentage test）**，也就是高收入员工递延薪酬的实际百分比在某一限额以下。总体上，符合条件的员工可以分为两类：(1) 高收入员工和 (2) 其他符合条件的员工。将每位员工递延薪酬的百分比进行加总，然后进行平均，可以得到每个类别员工的实际递延百分比。然后对比两类员工的实际递延百分比，看计划是否有利于高收入员工。在实际应用中，两类员工的百分比差距通常为 2% 左右。例如，如果非高收入员工的实际递延百分比为 6%，则高收入员工享受税收优惠的实际递延百分比限制为 8%。①

对支取的限制

正如前面所提到的，在 59.5 岁之前提前支取资金要被课以 10% 的惩罚性税收。不过也有一些例外。这些例外在前面也有所讨论。

该计划允许在不得不支取的情况下取出这笔资金。美国国内收入署规定了以下几种不得不支取的情况：

- 防止被赶出或者失去房屋赎回权而进行的支付。
- 某些还未偿还的医疗费用。
- 首次购房的费用。
- 用于支付中学后教育的费用。
- 丧葬费用。
- 维修员工主要居所损毁所发生的某些费用，这些费用符合可抵扣费用的条件。

对于因上述问题支取资金的情况，仍然要课以 10% 的惩罚性税收。但是，401（k）计划一般设定了贷款条款，允许不缴纳惩罚性税收借出资金。通常，贷款利率比（美国银行的）最优惠贷款利率高 1%～2%，美国国内收入署将贷款金额限制在 5 万美元或参与者既得收益的一半。

尽管提前领取要缴纳大量惩罚性税收，但是许多员工仍然会因为退休之外的其他原因（例如，任意花掉这笔钱、支付债务或者购买房屋）使用他们的 401（k）资金。那些提前将钱从养老金计划中取出的员工在退休之后的收入就会非常低。所以，他们在退休之后就会面临巨大的经济不安全。

罗斯 401（k）计划

企业可以选择允许员工投资于罗斯 401（k）计划。罗斯 401（k）计划与第 14 章讨论的罗斯个人退休账户类似。然而，由于罗斯 401（k）计划比罗斯个人退休账户有更显著的优势，故在此讨论。在传统 401（k）计划中，员工需要税前列支所缴纳的费用，缴纳的

---

① 详见 *2018 US Master Pension Guide*（Chicago：Wolters Kluwer，2018），pp. 331-332。

费用作为普通收入课税。**罗斯 401（k）计划**有以下几个重要的特点：（1）在罗斯 401（k）计划［Roth 401（k）plan］中，员工税前列支所缴纳的费用。（2）投资收益也可以积累起来而不必缴税。（3）退休时符合条件的支出享受所得税优惠。如果员工的年龄大于 59.5 岁，或者该账户至少持有 5 年，则罗斯 401（k）计划的支付免缴所得税。但是在一些例外情况下，如果在 59.5 岁之前支取资金，那么两种计划都将课以 10% 的惩罚性税收。

与罗斯个人退休账户不同，罗斯 401（k）计划不存在收入限制。所有收入水平的员工都可以向罗斯 401（k）计划缴费。2018 年，如果员工小于 50 岁，向计划缴费的最高限额是 18 500 美元。如果年龄大于 50 岁，可以追加缴费 6 000 美元。员工可以将缴费在传统 401（k）计划和罗斯 401（k）计划之间进行分配，但是两个账户的金额都不能超过最高年限额。如果企业进行配套缴费，这些钱是税前的，必须计入传统 401（k）计划。

另外一个优点是，罗斯 401（k）计划中的资金可以转入罗斯个人退休账户。该账户在员工到 70.5 岁的时候没有最低缴费条件。其结果是，更多的钱可以免税留给继承人。

个人 401（k）养老金计划

个人 401（k）养老金计划向自由职业者提供了颇具吸引力的税收优势。**个人 401（k）养老金计划**［individual 401（k）retirement plan］将利润分享计划和 401（k）计划相结合。该计划仅限于自由职业者，或者除了配偶外没有其他员工的企业主（包括单一业主、单一合伙制、公司和"S"公司）。应税所得扣除了向计划的缴费，且投资累积收益免缴所得税。2018 年，个人 401（k）计划允许的最高年度缴费额为收入的 25%（企业主自我雇佣净收入的 20%）。此外，2018 年，企业主可以选择的薪酬递延最高为 18 500 美元，这也可以降低应税所得。50 岁以上的工人可以追加额外缴费 6 000 美元。不过，2018 年利润分享缴费和工资递延，对于 50 岁以下的个人不能超过 55 000 美元。节约的税金额度是巨大的。

例如，丹尼尔今年 40 岁，是一位金融学教授，从兼职咨询工作和书籍版税中获得自由职业收入。2018 年，在扣除批准费用和社会保障所得税的一半之后，丹尼尔的净收入是 50 000 美元。他可以选择递延的薪酬为 18 500 美元。他还可以将其中的 20% 或 10 000 美元作为个人 401（k）计划的缴费。最终，他从咨询业务所获得的应税所得从 50 000 美元降低为 21 500 美元。丹尼尔净收入的 57% 成功避税。

403（b）计划

403（b）计划［Section 403（b）plans］是养老金计划，为公共教育系统和免税组织（例如医院、非营利组织和教堂等）的员工设计。以前，这些计划也被称为**税收减免年金(tax-sheltered annuities, TSAs)**。但如今，大多数保险计划除了年金之外还有很多选择，年金这个名称已经不再使用。

401（k）计划和 403（b）计划之间存在许多相似之处，尽管它们适用于不同的群体。根据 403（b）计划，符合条件的员工自愿选择将其薪酬降低固定数额。薪酬的降低被称为"选择递延"，然后这笔钱被投入 403（b）计划。企业可以进行配套缴费，例如员工降低薪酬，每缴费 1 美元，企业配套 50 美分。

403（b）计划的资金来源可以是从保险公司购买年金或投资共同基金。如果使用年金，企业必须购买年金，员工在合同中的权利必须不受侵犯。不受侵犯意味着，企业缴纳的数额不得从员工处取走。员工薪酬减少的部分通常不得侵犯。此外，年金不得转让。不得转让意味着年金合同不得销售、分配或作为贷款的抵押。

现有的法律在 403（b）计划中，对选择递延设置了最高年度限额。2018 年，50 岁以下工人选择递延的最高限额是 18 500 美元，大于 50 岁的员工可以追加缴费 6 000 美元。上述限额会随着生活成本的上升进行调整。

最后，企业允许员工选择投资于新的罗斯 403（b）计划。**罗斯 403（b）计划**［Roth 403（b）plan］类似于之前讨论的罗斯 401（k）计划。计划的缴费是税后金额；累积的投资收益免缴所得税；在退休的时候发生的符合条件的支取行为免缴所得税。

简易员工退休金计划

简易员工退休金计划（simplified employee pension，SEP）是一种养老金计划。在该计划中，企业向每个符合条件员工的个人退休账户缴费，但是年缴费限额大大高于传统的个人退休账户。这些计划适用于任何规模的企业以及自由职业者；它们在很大程度上取代了此前被称为"基欧计划"的自由职业者计划。简易员工退休金计划因易于设立和执行、管理成本低而受到小企业的欢迎，其涉及的文书工作很少。简易员工退休金计划没有传统养老金计划的启动成本和运营成本；企业没有年度申报要求。

符合条件的员工

简易员工退休金计划保障所有满足以下条件的员工，即年满 21 岁，过去 5 年中为企业工作至少 3 年，在一个税收年度中从企业处获得至少 600 美元收入（2018 年指数化限额）。

简易员工退休金计划缴费限额

简易员工退休金计划仅允许企业缴费，员工不能向该计划缴费。此外，企业必须为所有符合条件的员工缴费。2018 年，企业向简易员工退休金计划缴费的最高年度税收抵扣额被限制为员工收入的 25% 或 55 000 美元，以较低者为准。在该计划中，员工对企业缴费享有全额的即时既得收益权。

简易个人退休账户计划

储蓄激励匹配养老金计划（SIMPLE）是一种养老金计划，为每位员工缴纳传统的个人退休账户。雇主和员工均可缴费。**储蓄激励匹配养老金计划**［Savings Incentive Match Plan for Employees（SIMPLE）retirement plan］限于那些雇用人数少于 100 人且没有其他合格计划的企业。在储蓄激励匹配养老金计划中，较小的企业免除了在合格计划中才有的大部分非歧视性和行政管理规则。

符合条件的员工

在此前的任何两年内从企业得到至少 5 000 美元的员工，以及当年根据合理预期将得到 5 000 美元的员工，都有资格参加储蓄激励匹配养老金计划。自由职业者也可以参加。

员工缴费

2018 年，符合条件的员工可以选择将最高 12 500 美元的税前所得作为缴费。2018 年，年龄为 50 岁或大于 50 岁的参与者可以选择追加缴费 3 000 美元。

雇主缴费

雇主可以在两个选择之间进行挑选，也可以每年进行调换，但是必须满足某些条件：

- 匹配缴费。雇主对员工缴费的匹配按等比例进行，最高不超过员工收入的 3％。
- 非选择性缴费。企业必须为每名 2018 年收入至少 5 000 美元的符合条件的员工提供占其收入 2％的缴费。（2018 年，确定缴费额度的最高收入是 275 000 美元。）不论员工是否参与该计划，企业均必须缴纳该项费用。

例 1：奥德丽每年收入 5 万美元，并将 5％的薪酬（2 500 美元）投入个人退休账户。企业的配套缴费为 1 500 美元（50 000 美元的 3％），总缴费为 4 000 美元。

例 2：乔尔的年薪是 40 000 美元。即使他今年没有为个人退休账户缴费，企业也必须为其缴纳 800 美元（40 000 美元的 2％）。

所有缴费都被计入个人退休账户，并且员工享有全额的既得收益权。除某些特例外，59.5 岁以下的储蓄激励匹配养老金计划参与者支取资金要被课以 10％的惩罚性税收。但是，若在参加计划的头两年就撤出，税收惩罚高达 25％。

利润分享计划

许多企业都设立了利润分享计划，从而为符合条件的员工提供退休收入。**利润分享计划（profit sharing plan）**是一种定额缴费计划，企业的缴费一般基于企业的利润，但是并没有要求雇主必须实际赚取利润才向计划缴费。

雇主出于多个原因设立利润分享计划。首先，符合条件的员工被激励更有效率地工作；其次，雇主的成本不受员工的年龄或数量的影响；最后，雇主缴费具有更大的灵活性。如果没有利润，就无法缴费。最后一点对于新公司或周期性行业中希望激励员工但又不想承担养老金计划固定成本的公司尤其有吸引力。

利润分享计划缴费可以自由决定，或基于董事会每年确定的数额，或根据准则来确定（例如高于一定水平利润的特定百分比）。此外，对缴入员工账户的数额存在年度限额。雇主最高税收抵扣缴费限制为员工收入的 25％或 55 000 美元，以较低者为准。2018 年，雇主最高税收抵扣缴费限制为 275 000 美元。

利润分享资金一般在员工退休、死亡、残疾、结束雇佣关系（只有既得收益权部分）或者在确定的一定年数（至少 2 年）后支付给员工。员工因为没有获得全额既得收益权就离开公司而缴纳的罚金被重新分配到剩余参保人的账户中。

向年纪小于 59.5 岁的参保人进行的支付需要课以 10% 的惩罚性税收。为了规避税收罚金，许多计划都设置了贷款条款，允许员工从账户借款。

储蓄免税优惠

为了鼓励中低收入者为退休储蓄，一种叫作储蓄免税优惠（养老金计划缴费免税优惠）的税收政策应运而生。与减少应纳税所得额的税收抵免不同，免税优惠可将实际欠缴税额减少到某一最大限额。如果你年满 18 岁或以上，非全日制学生，且在别人的纳税申报单上未作为受扶养人，即有资格申请免税优惠。

免税优惠额度为申请人向传统或罗斯个人退休账户、401（k）计划、简易个人退休账户计划、403（b）计划、501（c）计划以及其他某些雇主发起的养老金计划缴费的百分比。根据申请人的调整后总收入（AGI），免税优惠通常为缴费的 50%、20% 或 10%，每年高达 2 000 美元（若已婚，则为 4 000 美元）。2018 年，免税优惠和调整后总收入限额如下：

2018 年储蓄免税优惠

免税优惠	夫妻共同申报	户主	其他申请人
缴费的 50%	AGI 低于 38 000 美元	AGI 低于 28 500 美元	AGI 低于 19 000 美元
缴费的 20%	38 001～41 000 美元	28 501～30 750 美元	19 001～20 500 美元
缴费的 10%	41 001～63 000 美元	30 751～47 250 美元	20 501～31 500 美元
缴费的 0%	63 000 美元以上	47 250 美元以上	31 500 美元以上

例如，安玛丽已婚，2018 年收入为 35 000 美元。她的丈夫在 2018 年失业，没有收入。2018 年，安玛丽向她的传统个人退休账户（IRA）缴费 1 000 美元。扣除她的个人退休账户缴费后，她在纳税申报表上显示的调整后总收入为 34 000 美元，那么安玛丽可以为她向个人退休账户缴纳的 1 000 美元申请 50% 的免税优惠（500 美元）。

退休计划保障

员工福利保障局（Employee Benefits Security Administration，EBSA）是美国劳工部下属的联邦机构，负责管理和执行《1974 年员工退休收入保障法案》（ERISA）的信托、报告和披露条款。其目的是确保福利计划公平、财务健全，并为工人提供雇主承诺的福利。该机构的一个主要目标是确保计划管理者作为信托人，将计划参与者的利益置于自身利益之上。该目标的主要组成部分是保护员工计划资产，禁止雇主假公济私及公然盗窃。

例如，当严重诉讼发生时，某些情况下围绕诉讼的费用和开支将被认为过高。此外，1974年法案还要求计划管理者提供充分的信息披露、沟通和教育，以便员工了解他们的权益。

基金代理机构和基金累积合同

企业设立养老金计划的时候必须选择一家基金代理机构。**基金代理机构（funding agency）**是负责积累或管理用于支付养老金所缴纳的费用的金融机构。如果基金代理机构是一家商业银行或信托机构，计划被称为信托基金计划；如果基金代理机构是人寿保险公司，计划被称为保险计划。如果两种基金代理机构都使用，计划被称为混合计划。

值得注意的是，许多养老金计划的大部分资产并未被投资于股票、债券和其他金融产品，而是被投资于共同基金或其等价物。[①] 这种方法提高了计划的效率，并增加了工人的养老金。

雇主必须选择一种基金累积合同来为养老金计划筹集资金。**基金累积合同（funding instrument）**是一种规定了累积、管理和支付养老金等相关条款的信托协议或保险合同。今天得以广泛使用的基金累积合同包括[②]：

- 信托基金计划；
- 分离投资账户；
- 担保投资合同。

信托基金计划

大多数商业养老金计划资产被投资于信托基金计划。在**信托基金计划（trust-fund plan）**中，所有缴费都存在信托人那里，信托人根据企业和信托机构之间的协议对资产进行投资。信托人可以是商业银行或者单个信托机构。当员工退休时，通常不会用养老金购买年金，而是直接从基金中支付。信托机构不保证基金的充足性。此外，当使用给付确定计划的时候，不对本金和利率提供保证。咨询精算师定期对基金的充足性进行确认。

分离投资账户

分离投资账户（separate investment account）是人寿保险公司提供的一种团体养老产品。其运作方式类似于共同基金。在分离投资账户中，分离账户中的资产与保险公司的一般投资账户分离，后者为有保障福利的保单提供资金。

在分离投资账户中，计划管理者可以投资于保险公司提供的一个或多个分离账户。每个账户都有不同的投资目标，以满足计划管理者的广泛需求。例如，分离账户中的资产可以被投资于股票、债券、外国证券和其他类型的投资项目。

[①] 共同基金是一种由专业人士管理的投资基金，它汇集了许多投资者的资金来购买证券。这些投资者可以是散户或投资机构。

[②] David A. Littell and Kenn Beam Tacchino, *Planning for Retirement Needs*, 9th ed. (Bryn Mawr, PA: The American College, 2007), Chapter. 12.

担保投资合同

担保投资合同（guaranteed investment contract，GIC）是一种针对养老金计划的人寿保险产品。在该协议中，保险公司为一定年份的一次性存款提供保底或浮动利率，并保证本金不遭受损失。担保投资合同与银行发行的定期存单（CD）类似，因为保险公司希望持有资金直至到期，而且提取资金时可能需支付罚金。

担保投资合同以大面额出售，协议期限从 1 年到 20 年不等。它们通常被用于为确定给付计划提供资金，有时候被用于为定额缴费计划［例如 401（k）计划］的固定收入选择权提供资金。

合格养老金计划中的问题

尽管合格养老金计划在降低退休后经济不安全性方面有很大潜力，但仍然有一些严重的问题需要解决。这些问题包括以下几个[①]：

- 养老金计划缺乏多样性。对退休人员来说，最优方案是拥有个人储蓄和合格的养老金计划，以补充 OASDI（社会保障）的养老金。那些同时参与给付确定计划和定额缴费计划的人在未来最有可能达到理想的退休生活。不幸的是，给付确定计划的数量已有所下降。根据劳工统计局的数据，2011 年给付确定计划"保障了 18％的私营企业员工，低于 20 世纪 90 年代初的 35％"[②]。定额缴费计划受到以下几个因素的影响：
- 401（k）账户和个人退休账户结余不充分。大多数临近退休的人都有 401（k）计划或个人退休账户。不过，大多数参与者的账户中没有足够的资金可确保其过上安逸的退休生活。根据美联储 2013 年的消费者金融调查，临近退休的工薪家庭（年龄在 55 岁和 64 岁之间）的 401（k）和个人退休账户资产总和中位数仅为 11.1 万美元。[③] 这一数字对于让大多数工人在退休期间维持当前的生活水平来说严重不足。

波士顿学院退休研究中心的另一项研究得出的结论是，由于金融资产不足和退休收入不足，目前大约一半的工薪家庭将无法在退休期间维持当前的生活水平。[④]

- 对劳动力的不完全保障。2014 年 3 月，65％的商业企业员工参加了养老保险，只有 48％实际参与了保险计划。[⑤] 这有几个方面的原因。

---

① George E. Rejda, *Social Insurance and Economic Security*, 7th ed. Armonk, NY: M. E. Sharpe, 2012, pp. 82-86. Eric Whiteside, "Where Do Pension Funds Typically Invest？" *Investopedia*, September 16, 2016.

② Bureau of Labor Statistics. *Employee Benefits Survey*: *Retirement Benefits Table 2*. Retirement Benefits: Access, Participation and Take-up Rates. Private Industry workers. March 2017.

③ Federal Reserve 2013 Survey of Consumer Finances, as cited in Alicia H. Munnell and Anthony Webb, "The Impact of Leakages from 401（k）and IRAs," Working Paper, Center for Retirement Research, CRR WP, February 2015.

④ Alicia H. Munnell, Wenliang Hou, and Anthony Webb, "NRRI Update Shows Half Still Falling Short," Working Paper, Center for Retirement Research at Boston College, Number 14-20, December 2014.

⑤ Bureau of Labor Statistics, "Employee Benefits in the United States—March 2014," *News Release*, July 25, 2014, Table 1.

第一，许多符合条件的工人选择不"领取"养老金，这一点将在后面详细讨论。第二，养老金计划很昂贵，许多小企业无法负担。第三，劳工联合会的成员（具有热衷于就养老金问题进行谈判的历史）明显减少。第四，为了降低劳动成本，越来越多的企业聘请兼职员工和独立合同工。后者通常不具有参与计划的资格。第五，服务行业的用工一直处于显著上升之中；服务企业通常财务状况不稳定，而且建立养老金计划的意愿不如大型制造企业强烈。

许多符合条件的工人未参与养老金计划，或者没有足够的资金来获得雇主的配套缴费。最常见的解释是：许多工人认为其收入不足以负担养老金计划。

- **女性保险金较低。**女性的养老金有可能比男性的更低。根据员工福利研究所（EBRI）的研究，2010年，在基于雇佣关系建立的养老金计划和退休年金计划中，年龄大于65岁的男性平均每年获得的养老金为15 000美元，高于同年龄段女性的8 400美元。[①]女性的养老金支付额度之所以比较低，是因为女性（由于承担家庭责任）比男性进出劳动力市场更为频繁，养老金缴费和给付金额都较低。而且，女性的收入一般也低于男性，从而导致了较低的养老保险金。最后，女性更愿意做兼职工作，在这种情况下可能难以获得雇主建立的养老金计划。

- **针对通货膨胀的有限保护。**参与雇主建立的养老金计划的人加入了定额缴费计划。这种计划的给付金额取决于员工账户退休时的价值。大多数退休工人没有将他们的账户结余以来自保险公司的终身收入的形式进行年金化，而是将资金自行投资。许多退休工人是厌恶风险的，因此将大部分退休资产投资于固定收益项目。固定收益项目在抵抗通货膨胀方面不那么有效。类似地，如果购买即期年金，年金通常会支付固定的保险金。而这也不会提供对冲通货膨胀的工具，除非可以将保险金针对通货膨胀进行指数化。如果可以选择指数期权，最初的支出就会显著低于传统固定收入年金，通常低25%～30%。最后，有些退休工人从给付确定养老金计划那里取得养老金，尽管大多数给付确定养老金计划因基于最终工资而在工作年限内提供通货膨胀保护，但大多数计划不会针对员工退休后的通货膨胀情况每年调整保险金。

- **401（k）计划和个人退休账户计划的资金流失。**401（k）计划和个人退休账户的现金资产流失，加剧了许多工人退休资产不足的问题。两个重要的资金流失渠道为：

（1）员工换工作时的一次性给付；（2）在59.5岁之后给付养老金但仍继续工作到62岁或更高退休年龄的员工。资产流失量是巨大的。根据波士顿学院退休研究中心的说法，依据目前的给付准则，401（k）计划和个人退休账户的预估资金流失使员工至少损失20%的退休资产。[②]

成百上千万的工人每年都会换工作，而且经常从他们的雇主退休计划中一次性提取所有养老金。这些人将部分或全部养老金都花掉了，而不是存起来以备退休之用。许多人将部分或者全部资金用于消费、购买房屋、支付债务、开办企业、支付教育费用或者支付更

---

① Employee Benefits Research Institute，*EBRI Data Book on Employee Benefits*，Chapter 8，Tables 8.1 and 8.2，updated October 11，2011.

② Alicia Munnell and Anthony Webb，"The Impact of Leakages from 401(k)s and IRAs," Center for Retirement Research at Boston College，February 2015.

换工作的费用。花掉一次性付清的养老金会让人们在退休期间面临经济不安全，因为没有现金可花，养老金如果有的话也会很低。在59.5岁之前提前分配也会面临巨额的税收罚金。一次性付清的养老金作为普通收入课税，虽然有些例外，但也有10%的惩罚性税收。最后，享受复合利率的养老金失去了税收递延的基础。

一些年龄超过59.5岁的员工会在他们实际退休之前从个人退休账户中提取资金。在这种情况下，提前给付面临的10%的惩罚性税收并不适用。

此外，一些退休专家认为，从个人退休账户中提款比从401（k）计划中提款更容易。[①] 首先，从个人退休账户中提款在交易发生时不需要缴纳任何强制性应扣税款；个人退休账户提款无须解释，可在任意时候进行；个人退休账户的发起企业一般不会阻止员工在退休年龄前提款。

- 危及经济安全的投资错误。普通人常常不具备成为成功投资者的智识和魄力。业余投资者主要犯的一些投资错误包括：第一，过于规避风险，回避股市。第二，投资于股票，但当价格下跌时会感到恐慌，并在底部抛售。第三，过度投资股市，在市场下跌时被迫抛售，进而在平仓时耗尽投资组合。第四，一些员工未能实现资产多元化，大量投资于自己所在公司的股票是其常犯的错误。

案例应用

理查德今年40岁，是汽车修理公司的所有人。除理查德外，这家公司还有五名员工。理查德想为员工建立养老金计划。他正在考虑的有如下几种养老金计划，包括（1）401（k）计划和（2）简易员工退休金个人退休账户。假设你是一位理财师，理查德要征求你的意见。请回答下面的问题：

a. 向理查德解释每种养老金计划的优点和不足。

b. 假设汽车修理公司选择了401（k）计划。该计划允许参与者在年最高限额之下（50岁以下工人2018年的额度是18 500美元）递延其收入的6%。对于员工缴纳的每1美元，企业匹配缴纳50美分。皮特今年25岁，是一名技工。由于个人开支巨大，他决定只对其3%的收入进行递延。你会向皮特提些什么建议？

c. 苏珊是公司的部门经理，今年28岁，收入是35 000美元。她已经为公司工作了3年。理查德可以为了降低养老金计划的成本将她排除在401（k）计划之外吗？对你的答案做出解释。

本章小结

- 合格养老金计划享受所得税优惠。雇主缴费可以进行税收抵扣，且不构成员工的应税收入；累积的投资收益免缴所得税；企业缴费的养老金当期不纳税，直到员工退休或

---

① Alicia Munnell and Anthony Webb, "The Impact of Leakages from 401(k)s and IRAs," Center for Retirement Research at Boston College, February 2015.

领取养老金时才纳税。
- 在税法中，合格养老金计划必须满足一些最低参保要求。这些要求用于减少因高收入员工受益而产生的歧视。
- 所有年满 21 岁、工龄满 1 年的员工均有资格参加合格养老金计划。
- 养老金计划设定了正常退休年龄、提前退休年龄和延期退休年龄。大多数员工在法定退休年龄也不能被强迫退休。员工工作超过正常退休年龄之后，保险金一般也会继续累积。
- 给付确定计划的保险金一般根据下面的保险金计算准则计算：
  ➢ 单位保险金准则。
  ➢ 年薪固定百分比准则。
  ➢ 每年工龄固定金额。
  ➢ 所有员工固定数额。
- 既得收益权是指员工在退休之前终止工作的情况下，对雇主缴费或用于缴费的保险金所拥有的权利。合格养老金计划必须满足一些最低既得收益权标准。
- 给付确定计划是一种养老金计划，养老金可以预先知道，但是缴费则依据其为达到预期养老金需要的数额的不同而有所差异。
- 2018 年，年最高保险金限制为工人连续 3 年最高收入平均值的 100%，或 22 万美元，二者取其较低者。
- 现金结存计划是一种给付确定计划，其中，保险金根据假设的账户余额确定。参保者的账户根据缴费和利息记录进行记录。实际退休金取决于参保人退休时的账户价值。
- 定额缴费计划是一种养老金计划，其缴费率是固定的，但退休金会因为工人当前的年龄、缴费率、投资回报和退休年龄的不同而不同。2018 年，在定额缴费计划中，可以计入员工账户的最高年度缴费额度为收入的 100% 或者 55 000 美元，二者取其较低者。
- 401（k）计划是一种合格的现金或延迟协议（CODA），允许符合条件的员工选择将钱存入计划或以现金的形式接受这笔钱。员工一般同意降低薪酬，而这又会降低员工的应税收入。2018 年，50 岁以下参保人的最高薪酬降低被限制为 18 500 美元。大于 50 岁的参保人可以追加的缴费是 6 000 美元。这些限额根据通货膨胀进行了指数化。储蓄在计划中的缴费不用缴纳所得税，直到这笔钱被取出。
- 403（b）计划是一种养老金计划，为公共教育系统和免税组织的员工设计。符合条件的员工可以自愿选择将其薪酬降低固定数额，然后投资于该计划。2018 年，50 岁以下工人的最高递延额是 18 500 美元。年龄大于 50 岁的参与者可以追加缴费 6 000 美元。
- 利润分享计划是一种定额缴费计划，企业一般根据利润缴费。
- 简易员工退休金计划是一种养老金计划。在该计划中，企业向每个符合条件的员工的个人退休账户缴费。2018 年，企业向简易员工退休金个人退休账户缴费的最高年税收抵扣额被限制为员工收入的 25% 或 55 000 美元，二者取其较低者。在该计划中，雇员对雇主缴费享有全额的即时既得收益权。
- 简易个人退休账户计划（储蓄激励匹配养老金计划）是一种养老金计划，为每位员工缴纳传统的个人退休账户。雇主和员工均可缴费。雇主可以选择在员工收入的 3% 以下以 1 美元对 1 美元为基础匹配缴费，也可以为每位符合条件的员工非选择性缴纳收入的

2%作为费用。
- 为养老金计划筹资的基金累积合同的主要类型包括:
  - 信托基金计划;
  - 分离投资账户;
  - 担保投资合同。
- 税收递延养老金计划有一些现实问题,这些问题包括:
  - 养老金计划缺乏多样性。
  - 401(k)账户和个人退休账户结余不充分。
  - 对劳动力的不完全保障。
  - 女性保险金较低。
  - 针对通货膨胀的有限保护。
  - 401(k)计划和个人退休账户计划的资金流失。
  - 危及经济安全的投资错误。

重要概念和术语

实际递延百分比测试	年龄和工龄要求	现金结存计划
延期退休年龄	给付确定计划	定额缴费计划
提前退休年龄	《1974年员工退休收入保障法案》	基金代理机构
基金累积合同	担保投资合同	高收入员工
个人401(k)养老金计划	最低年龄和工龄要求	最低参保要求
最低既得收益权标准	正常退休年龄	过往服务年资
养老金支付保证公司	《2006年养老金保障法案》	利润分享计划
合格养老金计划	比率百分比测试	罗斯401(k)计划
罗斯403(b)计划	401(k)计划	403(b)计划
分离投资账户	储蓄激励匹配养老金计划	简易员工退休金计划
税收合格计划	税收减负年金	信托基金计划
既得收益权		

复习题

1. a. 在合格养老金计划中,对于雇主而言,联邦所得税优惠有哪些?
   b. 在合格养老金计划中,对于员工而言,联邦所得税优惠有哪些?

2. 合格养老金计划不得存在偏袒高收入员工的歧视,解释用来评估计划是否存在歧视的比率百分比测试。

3. 解释典型的合格养老金计划中的几种退休年龄:
   a. 提前退休年龄;
   b. 正常退休年龄;
   c. 延期退休年龄。

4. a. 简要解释传统给付确定养老金计划的基本特点。

b. 什么是现金结存养老金计划？

5. 简要解释定额缴费养老金计划的基本特点。

6. a. 说明401（k）计划的基本特点。

b. 什么是罗斯401（k）计划？

c. 描述403（b）计划的基本特点。

7. 解释利润分享计划的主要特点。

8. 简要解释简易员工退休金计划的主要特点。

9. 简要解释储蓄激励匹配养老金计划的基本特征。

10. 指出税收递延养老金计划现在存在的主要问题。

应用题

1. 合格养老金计划必须满足一些条件，才能够获得联邦所得税优惠。简要解释下面的每一个条件：

a. 年龄和工龄要求。

b. 既得收益权条款。

c. 对缴费和保险金的限制。

d. 提前支取的税收罚金。

2. 一个代表管道施工工人利益的全国劳工协会，为其成员提供给付确定养老金计划。罗恩今年65岁，是一位重型设备操作手，他今年想退休。他参加该协会已经有30年。该养老金计划设定了单位保险金计算准则，为退休工人提供等于计入工龄每年的最终平均收入1.5%的退休金。最终平均收入根据工人连续3年最高收入平均值计算。罗恩的最终平均收入是70 000美元。在罗恩退休的时候，他每个月将得到多少钱？

3. 利兹今年26岁，是一名个体经营的管道工。一个月以前，利兹雇了她的妹妹（今年20岁）一起工作。利兹想积累一笔退休资金，决定用401（k）计划为退休筹集资金。利兹的净收入（进行了某些调整后）是80 000美元。

a. 利兹可以向401（k）计划缴纳的最高可抵税缴费是多少？

b. 利兹必须把她的妹妹也纳入401（k）计划吗？对你的答案做出解释。

4. 在建立养老金计划的时候，企业必须选择一家基金代理机构和建立一份基金累积合同。

a. 什么是基金代理机构？

b. 简要解释下面的基金累积合同：

(1) 信托基金计划。

(2) 分离投资账户。

(3) 担保投资合同。

数字资源

网络资源

参考文献

第18章 社会保险

> 经济保障是人类的一项尚未得到满足的需求,而社会保障的基本目的正是向需要经济保障的人们提供援助。
>
> ——罗伯特·J. 梅尔斯(Robert J. Myers)
> 《社会保障》(*Social Security*)(第4版)

 学习目标

学习完本章,你应当能够:

- 说明建立社会保险计划的原因以及社会保险计划的基本特征。
- 解释社会保险计划下的三种被保险人身份。
- 描述社会保险计划的以下主要保险给付项目。
  ➢ 退休金;
  ➢ 遗属抚恤金;
  ➢ 残疾保险金。
- 说明可能导致每月保险金减少的社会保障收入测试。
- 指出社会保险计划的资金来源。
- 指出联邦医疗保险的主要保险给付项目。包括:
  ➢ 原有的联邦医疗保险;
  ➢ 联邦医疗保险优势计划;
  ➢ 联邦医疗保险处方药计划。
- 阐述以下社会保障和医疗保险面临的财务问题:
  ➢ 长期老年、遗属和残疾保险精算赤字;
  ➢ 残疾人保险信托基金资产损耗;
  ➢ 医疗保险财务危机。
- 阐述常规州失业保险计划的下列特征:
  ➢ 失业保险的基本目标;
  ➢ 领取失业保险金的资格条件;
  ➢ 失业保险金的类型;
  ➢ 失业保险计划融资;
  ➢ 失业保险计划存在的问题。
- 阐述工人补偿保险的下列特征:
  ➢ 工人补偿的目的;
  ➢ 领取工人补偿保险金的资格条件;
  ➢ 工人补偿保险金的类型;
  ➢ 工人补偿保险存在的问题。

32岁的迈克尔死于一场悲惨的车祸,当时一名粗心的司机闯红灯后撞上了他的车。

迈克尔死后留下了妻子和两个孩子（一个2岁，一个5岁）。在他去世时他的家人具有领取社会保障遗属抚恤金的资格。根据迈克尔的保险收入，他的家人每个月大约可以收到2 200美元的社会保障遗属抚恤金。这为他的家庭提供了坚实的经济保障基础。

社会保障是美国最重要的社会保险计划。该计划为数百万个个人和家庭提供了重要的经济保障。社会保险计划是具有强制性的政府保险计划，具有一些区别于商业保险和其他政府保险计划的特点。社会保险中的各种不同的计划提供了一个重要的安全网络，被用来抵御来自老龄化、过早死亡、健康状况不佳、失业以及因工致残带来的经济不安全。

本章将讨论美国的四大社会保险计划。包括社会保障（OASDI）、联邦医疗保险、失业保险以及工人补偿保险。

社会保险的基本特征

美国的社会保险计划有一些基本的特点，使其与其他政府保险计划区分开来[1]：
- 强制性；
- 保障基本收入；
- 强调社会公平而非个人公平；
- 保险给付与收入之间没有严格的对应关系；
- 保险给付由法律规定；
- 不需要经济状况测试；
- 不需要足额集资。

强制性 几乎没有例外，社会保险计划都是强制性的。强制性计划有三个主要优点：第一，为人们提供基本收入的目标更容易实现；第二，逆向选择将会减少，因为无论健康状况如何，都在保障范围内；第三，在一个强制性的大规模计划中，损失的发生很少呈现随机性或出现意外波动，就应急准备进行谈判的必要性呈下降趋势。

保障基本收入 社会保险计划通常被设计用于为承保风险提供基本保障收入。大多数人认为可以通过自己的储蓄、投资和商业保险计划对社会保险进行补充。

保障基本收入的概念很难进行定义。一个极端的观点是，保障基本收入应当低到基本上没有。另一个极端的观点是，社会保险给付本身就应当足以提供舒适的生活，而商业保险则没必要存在。更现实的一个观点是，社会保险给付在与其他收入和金融资产相结合的时候，应当足够让大多数人保持合理的生活水平。任何基本需求无法借此满足的其他人均应当通过补充的公共辅助（福利）计划实现。

保障社会公平而非个人公平 社会保险计划支付保险金的基础主要是社会公平，而不是个人公平。**社会公平（social adequacy）** 是指保险金应当向所有缴费人员提供某种水平的生活。这意味着，某些群体的给付权重非常大，如低收入人群、人口众多的家庭，以及

---

[1] George E. Rejda, *Social Insurance and Economic Security*, 7th ed. (Armonk, NY: M. E. Sharpe, 2012), pp. 24–30, chs. 5-7.

不久就要退休的人。用技术术语来说，这些群体收到的保险金的精算价值大于其缴费的精算价值。相反，商业保险要遵守个人公平原则。**个人公平**（individual equity）是指，缴费者获得的保险金与其缴费直接相关，保险金的精算价值接近缴费的精算价值。

社会公平原则的主要目的是为所有参保人员提供有保障的基本收入。如果低收入人员接受的社会保险金在精算上等于他们所缴纳的费用（个人公平原则），那么支付的保险金将低至无法实现向每个人提供基本收入保障的目标。

保险给付与收入之间没有严格的对应关系 社会保险给付与工人收入之间没有严格的对应关系。工人的被保障收入越高，保险金越高。较高的收入和较高的保险金之间的联系虽然不明确且不成比例，但这种联系却是存在的。因此，就需要在一定程度上考虑个人公平。

保险给付由法律规定 社会保险计划的设计要以法律为依据。保险金或保险金计算公式以及资格条件也由法律规定。此外，由政府对计划进行管理和监管。

不需要经济状况测试 社会保险金的给付是一种权利，不必对条件进行任何说明。不需要正式经济状况测试。**经济状况测试**（means test）被用于公共援助，保险金申请人必须证明他们的收入和金融资产低于某一水平（是保险金给付资格的一个条件）。相反，如果满足资格条件，社会保险给付的申请者具有获得保险金的法定权利。

不需要足额集资 **足额集资计划**（fully funded program）[又称**足额预付资金**（full advance funding）]是一种融资方法。在这种融资方法中，鉴于缴费是通过当前服务产生的，因此当前缴费将作为支付所有未来收益的全部成本。例如，老年、遗属和残疾保险（OASDI）计划，俗称社会保障，就不是足额集资计划。足额集资意味着社会保障信托基金资产加未来缴费的现值足以清偿估值期间的所有负债。社会保障精算师对75年期甚至更长的项目进行了成本估算。根据2017年受托人董事会报告，2017年到2091年的未偿债务现值为12.5万亿美元。然而，截至2017年1月1日，综合老年、遗属和残疾保险信托基金总额为2.848万亿美元。① 如果足额集资，那么将需要非常高的信托资金盈余。

我们不需要足额集资的社会保障计划，原因如下：第一，因为计划的运作是没有期限的，在可预见的时间中不会结束；第二，由于社会保障计划是强制性的，新参加工作的工人也会参与该计划，并缴税为其提供支持；第三，如果计划出现融资问题，联邦政府可以运用其税收和借贷能力额外融资。

未来的财务问题 在作者撰写本书时，社会保障计划尚有足够的资金在短期内履行所有财政给付义务。然而，除非美国国会采取行动，否则社会保障今后将面临严重的财务问题。根据中位数假设，预计残疾保险信托基金将在2028年耗尽，届时残疾保险信托基金的持续收入将仅够支付残疾保险金的93%。因此，残疾保险计划中的财务不平衡问题亟须美国国会通过立法来解决。此外，老年、遗属保险（OASI）信托基金预计将在2035年耗尽，届时老年、遗属保险（OASI）信托基金收入将仅够支付老年、遗属保险金的75%。综合社会保障信托基金预计将在2034年耗尽。

---

① *The 2017 Annual Report of the Board of Trustees of the Federal Old-Age and Survivors Insurance and Disability Insurance Trust Funds*（Washington DC：U. S. Government Printing Office，2017），Table IV. B6，p. 72，row G and row H.

受托人董事会已在其年度报告中多次向美国国会通报社会保障计划的长期财务问题。然而，到目前为止，美国国会尚未颁布立法来改善社会保障计划的未来融资。我们将在后文对社会保障未来面临的财务问题进行更详细的讨论。

老年、遗属和残疾保险

老年、遗属和残疾保险（OASDI）计划就是我们通常所说的**社会保障（social security）**，是美国最重要的社会保险计划。《1935年社会保障法案》（Social Security Act of 1935）的通过标志着社会保障法制化。各种获得保障的职业中超过90%的员工参与了社会保障，大约六分之一的人每个月领取现金保险金。

参保职业

目前，几乎所有商业部门的员工都享受社会保障。1983年以后受聘的联邦政府雇员被强制参保。此外，基于州和联邦政府之间签订的自愿协议，州和地方政府雇员可以享有保障。目前，大多数州和地方政府雇员已经享受保障。

被保险人身份的确定

在你或者你的家庭领取保险金之前，你必须从获得保障的工作岗位取得收入。2018年，你必须取得1 320美元的被保障收入才能获得一个社保或医疗保险**工作积分（work credit）**，5 280美元才能获得全年最多4个积分。每年获得1个积分所对应的被保障收入会随着国民经济平均薪酬的增长而自动提高。

为了具有不同保险给付的资格，你必须取得被保险人身份。有三种被保险人身份：
- 完全被保险人。
- 普通被保险人。
- 残疾被保险人。

退休金的给付要求符合完全被保险人身份。遗属抚恤金要求符合完全被保险人身份或普通被保险人身份，尽管有些遗属抚恤金可能要求具有完全被保险人身份。残疾保险金要求符合残疾被保险人身份，包括完全被保险人身份和某些其他要求。

完全被保险人 如果想要达到退休金和残疾保险金给付的资格条件，必须是**完全被保险人（fully insured）**。领取退休金所需的积分数量取决于你的出生年份。如果你是1929年或之后出生的，你需要40个积分或10年工龄。如果你在攒够40个积分前停止工作，亦有资格领取退休金，这些积分将保留在你的个人记录上。如果你以后重返劳动力市场，你每年所获得的积分可以添加到此前的记录中。在你获得所需数量的积分前，退休金将不予支付。

普通被保险人 如果一个人在死亡、残疾或准许领取退休金这一季度之前的13个季度中至少获得了6个积分，那么就是**普通被保险人（currently insured）**。

残疾被保险人 **残疾被保险人（disability insured）**获得残疾保险金给付所需的工作积分取决于其伤残时的年龄。一般来说需要达到40个积分，其中20个积分必须为在残疾之前的近 10 年内获得。然而，31 岁以下的年轻员工可能有资格用较少的积分领取残疾保险金。

给付的类型

完整的计划由社会保障（老年、遗属和残疾保险，OASDI）以及医疗保险组成。社会保障向合格的受益人按月支付退休金、遗属抚恤金和残疾保险金。医疗计划为几乎所有年龄大于 65 岁以及一些年龄小于 65 岁的残疾人的医疗费用提供保障。我们在这里只讨论社会保障现金保险金，医疗保险将在本章后面部分进行介绍。

退休金

社会保障退休金是大多数退休工人重要的收入来源。员工福利研究所（EBRI）对退休人员收入的分析表明，社会保障对于 65 岁及以上的美国人来说非常重要。处于收入最低中位数的人群中有超过 60% 的受益人从社会保障中获得的收入占其总收入的 90% 以上，即使算上个人退休账户（IRA）和 401（k）计划的额外收入。①

完全退休年龄 对于出生年份为 1950 年或更早的人来说，其有资格享受全额社会保障退休金。对于在 1943—1954 年间出生的人而言，其**完全退休年龄**（full retirement age）是 66 岁。对于出生于 1955—1960 年间的人而言，其领取全额退休金的年龄将逐渐增加至 67 岁。图表 18.1 按出生年份列出了全部退休年龄。

提前退休年龄 工人及其配偶可以在 62 岁的时候提前退休，但需要降低保险金。对于 2018 年年满 62 岁的人而言，其领取的退休金比达到完全退休年龄（2018 年为 66 岁零 4 个月）时低约 26.7%。对于 1960 年及以后出生的人而言，在完全退休年龄条款正式生效后，提前退休导致的领取养老金的减少幅度将会逐渐达到 30%。

图表 18-1 领取全额社会保障退休金的年龄

出生年份	完全退休年龄
1943—1954 年	66 岁
1955 年	66 岁零 2 个月
1956 年	66 岁零 4 个月
1957 年	66 岁零 6 个月
1958 年	66 岁零 8 个月
1959 年	66 岁零 10 个月
1960 年及以后	67 岁

注：凡出生于 1 月 1 日者均参考前一年度的数据。
资料来源：Social Security Administration.

月度退休金 月度退休金可以向退休工人及其家属支付。具有资格的人包括：

---

① Employee Benefit Research Institute, "Measuring Retiree Income: Current Population Survey Income Redesign," *News from EBRI*, Press Release 1127, May 28, 2015.

- 退休工人。月度退休金可以在正常退休年龄向完全被保险人支付。减少后的保险金可以在 62 岁的时候开始支付。
- 退休工人的配偶。退休工人的配偶如果已满 62 岁，并与退休工人结婚 1 年以上，那么也可以每月领取保险金。如果配偶已满 62 岁，婚姻关系持续 10 年以上，那么即使离婚，其仍然有资格领取保险金。
- 小于 18 岁的未婚子女。退休工人的小于 18 岁的未婚子女（小于 19 岁，但正在读初中或高中的子女）也可以每月领取保险金。
- 未婚残疾子女。18 岁或已满 18 岁的未婚残疾子女如果在 22 岁之前严重残疾，并将继续保持这种状态，那么就可以领取退休工人的保险金。
- 抚养未满 16 岁子女的被保险人的配偶。如果配偶抚养一个未满 16 岁的符合条件的子女（或者抚养一个任意年龄的 22 岁以前就残疾的孩子），那么无论配偶年龄大小，都可以根据退休工人的收入领取保险金。当最小的孩子年满 16 岁的时候，将停止支付其父亲或者母亲的保险金（除非父母抚养的孩子在 22 岁以前残疾）。

退休保险金额度　每月退休金的数额基于工人的**基本保额**（primary insurance amount，PIA），每月向达到完全退休年龄的人或残疾工人支付。基本保额反过来根据工人的**平均指数化月收入**（average indexed monthly earnings，AIME）确定。平均指数化月收入是一种根据国民经济平均薪酬上升而对工人的收入进行调整的方法。个人过去的收入根据平均工资指数的变化进行调整，使其价值与退休时或具有领取资格时的其他保险金的价值大体相当。受保障薪酬的指数化会产生一个相对稳定的替代率，这样一来，现在退休和将来退休的劳动者所获得的老年、遗属和残疾保险保险金占其工作收入的比例就大致相同。

对于 1928 年以后出生的人而言，最高的 35 年指数化收益用于计算工人退休金的平均指数化月收入。（对于那些出生较早的人而言，计算的年数更少。）平均指数化月收入然后被用于确定工人的基本保额，使用的加权保险金计算公式赋予低收入群体很高的权重。这一权重反映了前面讨论的社会公平原则。

图表 18 - 2 显示了 2019 年达到 66 岁正常退休年龄工人的第一年社会保障退休金替代其平均指数化工作收入的比例。正如大家所看到的，前面解释的社会公平原则得到了清晰的证明。低收入员工职业生涯收入中由社会保障替代的比例高于高收入群体。此外，前面讨论的保障基本收入原则也得到证明。社会保障保险金仅仅提供了基础收入，而不是人们收入的完全替代。

图表 18 - 2　2019 年达到 66 岁正常退休年龄工人的社会保障退休金和其替代收入的比例

	平均指数化月收入（美元）	退休金给付（美元）	退休金替代工作收入的比例（%）
超低收入人群	12 341	9 034	73.6
低收入人群	22 215	11 832	53.5
中等收入人群	49 366	19 504	39.7
高收入人群	78 985	25 837	32.9
最高纳税额收入人群	120 418	31 556	26.2

资料来源：Michael Clingman, Kyle Burkhalter, and Chris Chaplain, "Replacement Rates for Hypothetical Retired Workers," Social Security Administration, Actuarial Note Number 2017.9, Table C, July 2017.

延期退休 一些工人延期退休,工作时间超过了正常退休时间。如果你继续工作,那么你可以以两种方式提高你的社会保障金的数额:第一,工作时间每增加一年,就会为你的社会保障收入记录增加一年。在退休的时候,更高的终身收入将会带来更高的保险金。

第二,如果你在满足正常退休年龄之后延期领取退休金,那么就可以获得**延期退休积分**(delayed retirement credit)。你的原保险数额在正常退休年龄的基础上提高一定百分比,直到你开始领取保险金,或者直到你年满70岁。提高的百分比因你的出生年月不同而不同。例如,对于1943年或以后出生的工人而言,每超过正常退休年龄一年,基本保额就在前一年的基础上提高8%(按月比例)。

大概有一半老年、遗属和残疾保险受益人在他们达到完全退休年龄之前就申领退休养老金,然而,如果人们推迟退休,直到达到正常退休年龄,或达到70岁,那么其养老金将会大幅增加。从延迟退休获得的收入的提升是很吸引人的(见图表18-3)。

例如,假设你的完全退休年龄为66岁零4个月,你在该年龄每月领取的养老金为1 300美元。如果你在未达到退休年龄的62岁开始领取养老金,你的月保险金将减少到953美元,或者减少347美元(26.7%)。这种下降将在未来逐渐达到基本保额的30%。如果你在70岁退休,而不是62岁,那么你每个月的养老金将提高76%,达到1 681美元(每月相差728美元)。

需要很迫切地提前领取社会保障养老金吗?这是一个复杂问题,对这一问题的回答,取决于你对养老金收入的需求、个人的健康状况、寿命预期、是否仍然继续工作、是否有其他可以带来收入的金融资产等。专栏18.1将更加详细地讨论这些问题。

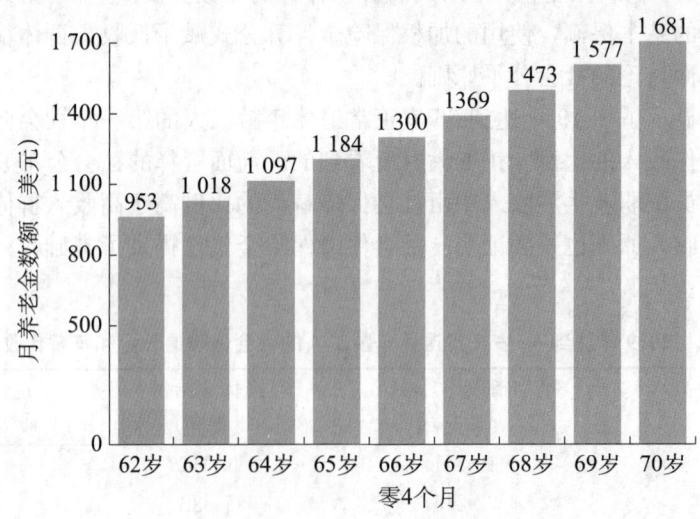

图表18-3 不同年龄开始领取养老金的人员每月领取养老金的数额

注:本例假设完全退休年龄为66岁零4个月,每月领取的养老金为1 300美元。

资料来源:When to Start Receiving Retirement Benefits, January 2018. Accessed at Social Security.gov.

专栏 18.1

推迟领取社会保障——需要考虑的关键因素

今天的你是否应该推迟领取社会保障，只为日后领取更高的保障金额？关于这个问题有四个关键的考虑因素：你的预期寿命、你目前的健康状况、你对收入的需求和你累积的储蓄金额。你必须活得足够长，才能收回你今天推迟的保障金额，以在未来获得更高的保障金额。然而，今天的你也需要收入来生存和满足当前的需要。你的积蓄也很重要，尤其是如果你活到高龄的话。根据社会保障局（Social Security Administration）的数据，达到65岁的男性平均预期寿命为84岁零3个月。如今，达到65岁的女性平均预期寿命为86岁零6个月。

然而，这些数据是基于平均值的。你的寿命可能比你想象的要长。今天，大约四分之一的人将活到90岁以上，十分之一的人将活到95岁以上。美国社会保障局在其网站上提供了一个预期寿命计算公式，它可以显示你在当前年龄、62岁、法定退休年龄和70岁时的预期寿命。这样你就能大致估算出自己还要活多久，才能收回今天推迟领取的社会保障金。访问该公式的网址为：http://www.socialsecurity.gov/oact/population/longevity.html。

下一部分将讨论在不同退休年龄领取社会保障养老金应考虑的几个因素：

- 62岁领取养老金。有三种不同的情况证明在62岁时提前领取养老金是合理的：

第一种情况是你可能会活到62岁，但可能身体很差，或者病入膏肓。如果你推迟领取，你的寿命可能无法长到收回被推迟的养老金。因此你应该在62岁时领取。

第二种情况是你已经62岁且正在经历长期失业。你可能生活在一个失业率相对较高的地区；你已经找到了工作，但你的工作前景渺茫；你目前的储蓄有限或根本没有；你在个人退休账户、401（k）计划或雇主发起的退休计划中的账户余额有限或不存在；你非常需要现在的收入来维持生活和满足你当下的需要。如今许多62岁的工人都在经历这种情况，这样的人群应该早点领取社会保障。

第三种情况是你是一名低收入工作者，计划继续工作，而你的收入略高于贫困线。你可能只拿最低工资，或者稍微高一点，也可能只做兼职，但更愿意全职工作。许多公司将工作时间缩短为非全日制，以避免为员工提供医疗保险。在62岁时领取社会保障以补充你有限的工作收入，对于收入低的工人来说，这可能是一个很好的策略。然而，对于未满法定退休年龄的受益人来说，不利的一面是，超过收入测试年度上限（2018年为17 040美元）的收入每增加2美元，退休金就会减少1美元。然而，许多低收入者每年的收入低于这一数额，在62岁时领取社会保障可以大大改善他们的经济状况。

然而，如果你不符合上述任何情况，健康状况良好，计划继续工作，并且目前不需要社会保障，你可能会发现在提前退休年龄延迟领取社会保障并将其推迟至将来某个日期领取，在经济上是有回报的。

- 将社会保障推迟至法定退休年龄。如前所述，如果你计划继续工作，并且身体相当健康，将社会保障推迟到你的法定退休年龄是有经济回报的。如果你没有在62岁领取养老金，而是等到达到法定退休年龄（比如66岁零4个月）领取，你每月的养老金将增加 36%（加上任意生活成本调整费用）。

- 将社会保障推迟至 70 岁。许多达到法定退休年龄的工人享受他们的工作，或者是个体营业者，只要健康状况允许，这些人就会继续工作。许多医生、律师、教授和其他专业人士以及个体营业者，通常在提前退休年龄和达到法定退休年龄之后还在工作。因推迟领取社会保障而增加的额外保险金是相当可观的。如果你推迟至 70 岁领取社会保障，而不是 62 岁，你的养老金将增加 76%（加上任意生活成本调整费用）。由于我们如今生活在一个历史性的低利率环境中，将社会保障推迟至 70 岁带来的更高养老金回报是十分惊人的。

自动根据生活成本进行调整 现金保险金每年根据生活成本自动进行调整，从而在发生通货膨胀的时期保持每月保险金的购买力。无论所有城镇领取工资的人和文职工作人员的消费价格指数从去年的第三季度到今年的第三季度增长了多少，给付金额都会在 12 月的保险金中自动提高相应的百分比（次年 1 月支付）。2018 年，生活成本增加导致保险金增加的比例是 2%。

收入测试 老年、遗属和残疾保险计划设置了**收入测试（earnings test）**，也称**退休测试（retirement test）**，该方法会降低或减少收入高于年限额的工人的每月保险金。收入测试只适用于低于正常退休年龄（NRA）的人。如果受益人年龄处于 NRA 之下，且收入超过一定的年限额，那么其每月保险金将被扣减。收入测试适用于两种不同的年限额：(1) 较低金额适用于受益人达到正常退休年龄前的几年；(2) 较高金额适用于受益人达到正常退休年龄的当年。年限额一般会随国民经济平均收入的提高而每年上升。

在受益人继续工作期间扣减的任何保险金均只是暂时的。一旦其达到正常退休年龄，其每月保险金将永久增加，以弥补保险金被扣留的月份。收入测试如图表 18-4 所示。

图表 18-4　收入测试年限额　　　　　　　　　　　　　　　　　　　　　　　单位：美元

年份	较低金额[a]	较高金额[b]
2000	10 080	17 000
2001	10 680	25 000
2002	11 280	30 000
2003	11 520	30 720
2004	11 640	31 080
2005	12 000	31 800
2006	12 480	33 240
2007	12 960	34 440
2008	13 560	36 120
2009	14 160	37 680
2010	14 160	37 680
2011	14 160	37 680
2012	14 640	38 880
2013	15 120	40 080

续表

年份	较低金额[a]	较高金额[b]
2014	15 480	41 400
2015	15 720	41 880
2016	15 720	41 880
2017	16 920	44 880
2018	17 040	45 360

a. 适用于达到正常退休年龄之前的年份。
b. 适用于达到正常退休年龄的当年，在达到正常退休年龄前的几个月。
资料来源：Social Security Administration.

收入测试不适用于投资收益、分红、利息、租金或年金支付。这一除外条款的目的旨在鼓励受益人用个人储蓄和投资收入补充老年、遗属和残疾保险金。

遗属抚恤金

已故的完全被保险人或者普通被保险人的家属有权领取遗属抚恤金。某些遗属抚恤金需要完全被保险人的身份。

社会保障遗属抚恤金向家庭提供大量的财务保障，是商业人寿保险的等价物。遗属保险对于有孩子的年轻人组成的家庭具有很高价值。例如，假设一名工人30岁，赚取平均收入，有一个28岁的配偶、一个2岁的孩子和一个小于1岁的婴儿。社会保障局先前的一项研究表明，如果工人2008年30岁的时候死亡，预期的社会保障遗属抚恤金的现值和商业保险等价为476 000美元。[①] 但是，抚恤金将按月给付，而非一次性支付。

以下几种符合条件的家庭成员有权领取遗属抚恤金：

- 小于18岁的未婚子女。小于18岁的未婚子女有权领取遗属抚恤金（小于19岁，但正在读初中或高中的子女也被包括在内）。
- 未婚残疾子女。已满18岁但在22岁之前患有严重残疾的未婚子女有权领取去世父母的遗属抚恤金。
- 抚养未满16岁子女的生存的配偶。寡妇、鳏夫或生存的离异配偶有权每月领取保险金，如果其照看未满16岁的具有资格的子女（或者在22岁之前残疾的子女），可以领取已故工人的保险金。在最小的孩子年满16岁或残疾子女死亡、结婚或不再残疾的情况下，生存的配偶将不得继续领取保险金。
- 生存的配偶年龄大于60岁。生存的配偶年龄大于60岁也具有领取遗属抚恤金的资格，不过，已故工人必须是完全被保险人。若生存的离异配偶的年龄大于60岁且婚姻持续10年以上，那么也具有领取遗属抚恤金的资格。
- 年龄为50~59岁的残疾寡妇或鳏夫。年龄大于50岁的残疾寡妇、鳏夫或生存的离异配偶在某些情况下可以领取遗属抚恤金。若寡妇或鳏夫残疾，并且残疾开始时间为在配偶死亡前或死亡后7年内，则其最早可在50岁时领取抚恤金。已故工人必须是完全被保

---

① Orlo R. Nichols, Office of Chief Actuary, Social Security Administration, "The Insurance Value of Potential Survivor and Disability Benefits for an Illustrative Worker," Memorandum, August 15, 2008.

险人。
- 受赡养的父母。62岁及以上的受赡养父母也可以根据已故工人的收入领取遗属抚恤金。已故工人必须是完全被保险人。
- 一次性支付死亡保险金。在工人死亡的时候,一次性支付255美元的死亡保险金,但是这笔保险金只支付给符合条件的生存的寡妇、鳏夫或子女。

残疾保险金

残疾收入保险金将被支付给符合某些资格条件的残疾工人。如果要具有领取保险金的资格,残疾工人必须满足下面的条件:
- 是残疾被保险人。
- 已满5个月的等候期。
- 满足残疾的定义。

残疾工人必须是残疾被保险人,而且必须经过5个月的等候期。保险金的支付在5个完整的自然月的等候期之后开始。因此,第一笔支付发生在残疾的第6个满月。

这里的残疾必须满足法律对残疾的定义。该计划为残疾下了一个严格的定义:工人必须在身体和精神方面具有阻碍其从事任何能够带来大量收益的工作的问题,而且这种状态预期持续(或已经持续)至少12个月,或者预期将导致死亡。这种损伤必须非常严重,以致工人无法从事国民经济中任何能够带来收益的工作。在确定一个人是否能够从事有收益的工作时,需要考虑其年龄、受教育情况、培训和工作经历。如果残疾人士无法从事自己本职业的工作,但是可以从事其他有大量收入的工作,那么就不再被认为是残疾。

具有领取社会保障残疾收入保险金资格的主要群体包括:
- 残疾的工人。处于正常退休年龄的残疾工人领取的保险金等于原保险数额的100%。工人必须满足残疾的定义、确认是残疾被保险人,并已满5个月的等候期。
- 残疾工人的配偶。如果残疾工人的配偶在照顾未满16岁的子女或者22岁之前致残的子女,那么该配偶可以在任何年龄领取由残疾工人收入确定的保险金。如果没有符合资格的子女,那么配偶必须至少年满62岁才能领取保险金。
- 小于18岁的未婚子女。年龄小于18岁的未婚子女(或者小于19岁,但正在读初中或高中的子女)可以领取残疾保险金。
- 未婚残疾子女。已满18岁的、在22岁之前严重残疾的未婚子女具有根据残疾工人收入领取保险金的资格。

社会保障保险金的税收问题

一些每月领取保险金的受益人必须就部分保险金缴纳所得税,应税保险金的数额取决于个人的综合收入。综合收入等于个人的调整毛收入加免税利息,再加上社会保障金的一半。如果综合收入超过某一起征点,保险金也应纳税。
- 如果你作为个人填报了联邦纳税申报单,且你的综合收入在25 000美元和34 000美元之间,那么你的保险金中最高有50%要纳税。如果综合收入超过34 000美元,那么你的保险金中最高有85%要纳税。
- 如果你已经结婚,则要填写夫妇联合纳税申报表。如果你们的综合收入在32 000

美元和 44 000 美元之间，那么你们的保险金中最高有 50% 要纳税。如果你们的综合收入超过 44 000 美元，你们的保险金中最高有 85% 要纳税。

- 对于分别填报纳税申报表且终年生活在一起的已婚纳税人而言，起征点是零。对没有生活在一起夫妇而言，双方都被视为个人。

社会保障局每年都会向你传送一份表格，该表格将显示你将领取的社会保障保险金的数额。美国国内收入署准备了一份详尽的表格，来确定你应税收入中的保险金的数额（如果有的话）。

社会保障保险金的融资

社会保障保险金来源于员工、雇主和自由职业者缴纳的薪酬税、信托基金投资的利息收益以及部分月付保险金纳税带来的收入。

2018 年，由企业和员工共同缴费的老年、遗属和残疾保险以及联邦医疗保险适用的综合薪酬税率是 7.65%。社会保障部分（老年、遗属和残疾保险）为保障收入（2018 年最高为 128 400 美元）的 6.2%。2018 年联邦医疗保险部分为所有已赚收入的 1.45%，包括超过最高应税税基的收入。如果未来工资随着国家经济增长，最高课税收入基数将自动提高。此外，对于收入超过 20 万美元的个人（已婚夫妇联合申报时为 25 万美元）必须额外缴纳 0.9% 的医疗保险税。显示的税率不包括 0.9% 的医疗保险税。

联邦医疗保险

联邦医疗保险（Medicare）是整个社会保障计划的一个重要部分，为大多数年龄大于 65 岁的老人提供医疗费用保障。联邦医疗保险还为那些年龄小于 65 岁但已经领取至少 24 个月残疾保险金的残疾人提供保障。此外，该计划为年龄小于 65 岁的需要长期进行肾脏透析治疗或肾移植的人提供保障。

联邦医疗保险计划复杂且富有争议。现在的计划还包括商业保险公司的处方药计划和卫生保健计划。联邦医疗保险的计划多得令人眼花缭乱，这些计划包括：
- 原有的联邦医疗保险计划。
- 联邦医疗保险优势计划。
- 联邦医疗保险处方药计划。
- 补充医疗保险。

下面将讨论这些保险的主要条款。[①]

原有的联邦医疗保险计划

受益人可以选择原有的联邦医疗保险计划。这是一种由联邦政府管理的传统计划，提供 A 款和 B 款保险金，受益人可以选择任何接收联邦医疗保险病人的医院。联邦医疗保

---

① 该部分基于 *Medicare & You*, 2018, Centers for Medicare & Medicaid Services, U. S. Department of Health and Human Services, November 2017。

险支付账单中其应付的部分，受益人支付余额，部分服务未包含在内。

住院保险　住院保险（hospital insurance，HI），也称**联邦医疗保险 A 部分（Medicare Part A）**，为病人住院提供保障以及其他保险金。A 部分保险金包括：

- 病人住院治疗。在每一个给付期间，病人有至多 90 天的住院治疗获得保障。给付期间开始于病人第一次进入医院，结束于病人出院，或者连续治疗 60 天。前 60 天，联邦医疗保险支付所有保障范围内的成本，除了初始住院免赔额（2018 年为 1 340 美元）。无论病人住院多少次，免赔额只在给付期间支付一次。前 60 天，每个给付期的共保费用为零。从第 61 天到第 90 天，联邦医疗保险支付所有保障范围内的成本，除了每天的共保费用（2018 年为 335 美元）。如果病人在 90 天之后仍然住院，60 天的终身储备期将提供另外 60 天的住院期。终身储备期要按日收取共保费用（2018 年为 670 美元），病人住院免赔额和共保费用每年会反映住院成本的变化。

- 专业护理机构服务。在给付期间，病人在专业护理机构接受的护理最高可以达到 100 天。前 20 天的保障服务全额支付。接下来的 80 天，病人必须每天支付共保费用（2018 年为 167.50 美元）。在保障期间内如果护理时间达到 100 天就不再提供保险金。为了符合保障资格，病人必须首先至少住院 3 天，必须具有接受专业护理机构服务的必要性。中介护理和监护不在保障范围内。

- 家庭卫生保健。如果病人要求得到高级护理并满足特定条件，病人在家里接受的卫生医疗服务也将获得保障。提供的服务包括兼职或不连续的专业护理机构服务、家庭健康辅助治疗、物理治疗、专业治疗以及语言服务等病人的医生要求的、医疗保险计划认可的、家庭护理机构提供的服务。保障范围内的服务还包括医疗社会服务、耐用医疗设备、诊疗和其他服务。病人必须回家接受卫生医疗服务意味着其必须满足以下条件之一：

  ➤ 在没有帮助的情况下（例如使用拐杖、轮椅、助行器或腋杖；特殊交通工具；或其他人的帮助）离开家会有困难。

  ➤ 由于病人的身体状况，医生不建议其离家治疗，而且病人通常离家生活非常不便。

- 病人无须为家庭医疗服务付费。但是病人必须支付耐用医疗设备中联邦医疗保险允许的金额的 20%，B 部分中的免赔额适用。

- 临终关怀。临终关怀是为那些身患绝症、预期寿命不超过 6 个月的受益人提供的。保障范围包括止痛药和控制性治疗，医疗保险许可的临终关怀可以提供医疗和支持服务，以及联邦医疗保险未提供保障的其他服务。临终关怀一般在病人的家里提供。但是，在必要的时候短期住院和住院病人的暂托服务治疗也在保障范围内。暂托服务是指病人在联邦医疗保险批准的机构接受的护理，以便其通常的看护人（家庭成员或朋友）可以进行短暂休息。每次接受暂托服务时，病人最多可以住院 5 天。

- 在宗教非医疗保健机构的住院治疗。宗教信仰可能会禁止个人接受传统和非传统医疗服务。

如果病人符合接受医院或专业护理机构护理的资格，其联邦医疗保险将只涵盖病人入院后的非宗教和非医疗服务项目，例如食宿，或任何需要医生医嘱或处方的服务或项目，如没有指定用途的伤口敷料或使用助行器。

- 输血。A 部分还承担住院病人在医院或专业护理机构期间的输血费用。如果医院免费从血库获取血液，病人则不必为这些血付费或进行置换。不过，如果医院为病人购买血液，病人就必须为年内的前三品脱血液向医院支付成本，否则病人或其他人就必须献血。

向医院的支付 医院在预支付系统下向住院病人提供服务可以收取费用。医院的护理被分为**诊断分类团体**（diagnosis-related groups，DRGs），为每一种护理支付固定数额，取决于病例所处的群体。因此，对每家医院相同类型的护理或治疗支付额度统一的数额。但是，支付的数额在不同的地区有所不同，城市和乡村医院也有所区别。

诊断分类团体体系是为了激励医院更有效率地提供服务。医院可以留存超过其成本的支付数额，但是它们必须自行消化吸收超过诊断分类团体定额的部分。

医疗保险 医疗保险（medical insurance），也称**联邦医疗保险 B 部分**（Medicare Part B），是一种自愿参与的计划，涵盖医疗必需的服务和供给、门诊医疗、家庭健康服务、耐用医疗设备以及其他医疗服务。还有很多预防性服务处于保障范围之内，包括流感疫苗注射、巴氏涂片、乳腺检查、结肠镜检查、糖尿病检查、前列腺癌检查和戒烟服务。受益人不需要为大多数预防性服务付款，因为这些护理服务由计划内的医生或其他医疗保健供应商提供。不过，有些预防性服务需要受益人支付免赔额或共保费用，或两者都需要支付。

联邦医疗保险 A 部分和 B 部分的除外条款 一些服务和项目不在原有的联邦医疗保险计划之内。然而，一些联邦医疗保险优势计划可能会为其提供保障。联邦医疗保险的除外条款包括：

- 常规牙科护理。
- 需要处方配镜的相关眼部检查。
- 假牙。
- 整容手术。
- 针灸。
- 听力辅助和听力辅助设备检测。
- 长期护理。
- 委托护理（也称委托医疗、预付医疗、精品医疗、白金医疗或直接护理）。

联邦医疗保险的融资 联邦医疗保险 A 部分（住院保险）的资金来源于：
（1）大多数被保障员工、雇主和自由职业者的薪酬税。
（2）对社会保险金收取的所得税。
（3）信托基金投资的利息收益。
（4）由没有资格免费享受 A 部分保障的人支付的 A 部分保费。

被保障员工和雇主的薪酬税为所有被保障收入的 1.45%，甚至包括那些超过社会保障最高收入基础的部分。从 2013 年开始，对于个人收入超过 200 000 美元和已婚夫妇联合收入超过 250 000 美元的情况，住院保险薪酬税率从 1.45% 增长到 2.35%。对高工资收入的额外薪酬税构成了新的《平价医疗法案》的融资条款的一部分。

联邦医疗保险 B 部分（医疗保险）的资金来源于：
（1）美国国会审批通过的联邦政府财政收入。
（2）参保联邦医疗保险（B 部分）及联邦医疗保险处方药计划（D 部分）的被保险人支付的保费。
（3）其他来源，如信托基金投资的利息收益。

受益人必须满足 B 部分的年免赔额要求（2018 年是 183 美元），这一数字随着 B 部分支出的增长进行指数化。在满足免赔额后，受益人需为大多数保障的服务支付医疗保险核准数额的 20%。这些服务包括大多数医生服务、门诊病人治疗、门诊手术、诊断测试和其他服务。但是，对家庭卫生保健服务和一些预防性服务，例如流感疫苗注射，不收费。

B 部分月保费是基于受益人两年前报告的联邦所得税收益决定的。2018 年，年收入不超过 8.5 万美元（夫妻联合申报不超过 17 万美元）的大多数人每月需支付 134 美元的保费。然而，一些领取社会保险金的个人支付的保费低于这一数额（平均 130 美元）。年收入超过 16 万美元（夫妻联合申报超过 32 万美元）的个人，每月保费将逐渐增加至 428.6 美元。

联邦医疗保险优势计划

联邦医疗保险优势计划（C 部分）［Medicare Advantage Plans（Part C）］是商业性健康保险计划，是联邦医疗保险计划的一部分。受益人可以选择获得这些计划的保障，而不是原有的联邦医疗保险计划。联邦医疗保险优势计划必须覆盖原有的联邦医疗保险计划提供的所有服务。若受益人参与联邦医疗保险优势计划，其原有的联邦医疗保险计划仍将支付疗养院服务、一些新的医疗保险保障服务和临床研究费用。

联邦医疗保险优势计划通常包括额外的保险金，例如视力保护、听力保护、牙齿护理、健康护理计划以及联邦医疗保险处方药计划（D 部分）的保障部分。计划的成员通常按月缴纳保费（在 B 部分保费之外）并为保障内的服务支付共付或共保费用。在大多数计划中，成员必须使用计划内的医生、医院或其他供应商，否则就要支付更多的或所有的成本。

联邦医疗保险优势计划包括：
- 保健组织计划。
- 优先提供者组织计划。
- 商业收费服务计划。
- 特殊需求计划。
- 医疗储蓄账户计划。

保健组织计划　联邦医疗保险保健组织是由商业保险公司运作的管理式医疗计划。**管理式医疗（managed care）** 是描述下面这种计划的术语：卫生保健受到周密监控，非常强调成本控制。病人通常必须从组织网络内的医生和医院处获得诊疗服务。但是，受益人如果突发疾病，那么即使在保健组织网络之外的诊疗也可获得保障。一些联邦医疗保险保健计划可以选择服务点计划，该计划允许病人到计划网络外的供应商处看病，但是他们必须为所提供的服务支付更高的自付费用。

优先提供者组织计划　受益人还可以选择从联邦医疗保险优先提供者组织那里获得治疗。除了保障范围内的联邦医疗服务之外，优先提供者组织可以提供额外的保险金，例如对处方药、视力护理的保障。优先提供者组织的成员可以选择计划网络内的任何医生或者医疗保健供应商。成员也可以通过外部网络接受保障范围内的服务，但是他们必须支付更高的自付费用。

商业收费服务计划　这些计划根据商业公司提供的服务收费，为提供的每种服务收费。它的一个与众不同的特点是：由商业公司，而非联邦医疗保险计划，决定其支付的数额以及成员为所提供的服务支付的数额。成员可以到任何联邦医疗保险计划核准的接受计划支付的医生或医院那里接受治疗。并不是所有供应商都接受病人。

特别需求计划 这是一种特殊的计划，为特定群体的人，例如住在养老院或享受联邦医疗保险和公共医疗补助保障，或者患有慢性疾病或残疾的人，提供更为专业的医疗服务。例如，患有糖尿病的受益人可能对能够提供糖尿病治疗的医院有特殊需求，该计划还提供旨在控制糖尿病的教育、营养和锻炼的计划。

医疗储蓄账户计划 医疗储蓄账户有两个组成部分：较高免赔额的健康计划和一个银行账户。联邦医疗保险计划每年为参与该计划的人的医疗保健划拨一定数额，该计划将这些钱的一部分存入成员的账户。如果钱被用于支付医疗保健成本，账户中的钱和积累的利息不必缴税。储蓄的金额通常低于免赔额，从而使成员在保障开始之前自行支付这笔钱。在达到免赔额之后，计划提供联邦医疗保险保障范围内的服务。

联邦医疗保险处方药计划

联邦医疗保险处方药计划（D部分）［Medicare Prescription Drug Coverage (Part D)］是所有联邦医疗保险受益人都可以得到的保障。为了获得保障，人们必须参加联邦医疗保险批准的保险公司或其他商业公司的商业保险。今天有很多保险公司可以选择，各种保险的成本和承保的药品都有差异。受益人选择某种处方药计划后，按月支付保费。收入较低的受益人支付的保费和免赔额可以降低或者免除（被称为"额外帮助"），每月的保费不受健康状况和开药次数的影响。

享受原有的联邦医疗保险计划保障的受益人，可以通过加入仅为开药提供保障的独立联邦医疗处方药计划，向其保险追加处方药保障。受益人还可以加入联邦医疗保险优势计划或提供处方药保障的其他联邦医疗计划。这些计划对联邦医疗保险服务起到了补充作用。现在通过前雇主或工会团体计划获得处方药保障的受益人，可以选择保留现有的计划。

联邦医疗保险处方药计划的成本 大多数联邦医疗保险处方药计划每月收取保费，每月支付的保费由选择的计划确定。这是在B部分保费之外支付的费用。然而，一些高收入的受益人必须为D部分保险支付额外的金额。如果受益人的收入超过一定的限额（个人为85 000美元，已婚夫妇联合申报为170 000美元），其必须在计划保费之外支付额外的金额。这项规定并不与每个人息息相关，所以大多数受益人无须支付额外的金额。

所有联邦医疗保险处方药计划均必须至少提供联邦医疗保险规定的标准保障（standard coverage）。不同计划的成本分担条款都很复杂，现概括如下：

- 年免赔额。你必须达到年免赔额。2018年，任何计划的免赔额均不得超过405美元。免赔额每年都会变化。
- 共付或共保费用。在达到年免赔额标准之后，你必须缴纳共付或共保费用。这一数额是在你达到免赔额之后开药所必须支付的。在一些计划中，你为每次开药支付相同的共付数额（固定数额）或共保费用（成本的一定百分比）。在其他计划中，不同档次药物的成本也不同，例如普通药的成本低于品牌药。一些品牌药的共付费用可能低于其他品牌药。
- 保障缺口。联邦医疗保险处方药计划存在保障缺口（也称"环形缺口"）。这意味着，在你或你的保险计划为一些保障药物支付一定费用之后，你就必须支付药物100%的成本，直到达到最高限额。年度免赔额、共保或共付数额，以及在有保障缺口的情况下，你支付的数额，都取决于自付限额。该限额不包括每个月的保费。

2018年，一旦你和你的保险计划为保障范围内的药品支付了3 750美元（包括免赔额），你就处于保障缺口之中。如果你属于低收入受益人，就可以不面临保障缺口。

- 当你达到保障缺口后，你为保障的品牌药物支付的费用不超过其成本的35%，为非专利药物支付的费用不超过其成本的44%。保障缺口逐年下降，直到2020年达到25%。
- 大病保障。2018年，如果你当年自付了5 000美元，你的保障缺口就没了，你就享有大病保障。在这一时刻，你只需要为剩下的日子里所使用的每一种保障范围内的药物支付很小的共保或共付费用

低收入受益人的经济援助 联邦医疗保险处方药计划为收入低、金融资产少的受益人提供了经济援助（又称"额外帮助"）。根据年收入和金融资产的数量，低收入受益人每月缴纳的保费和年免赔额会降低或免除，但是必须为每次开药支付少量共付费用。

补充医疗保险

由于大量的除外责任、免赔额、成本分担条款，以及对核准费用的限制，联邦医疗保险并不支付所有医疗费用。因此，大多数联邦医疗保险受益人或者用他们退休前的雇主提供的健康保险，或者购买补充医疗保险（medigap insurance）或联邦医疗保险补充保单，来支付联邦医疗保险没有支付的部分或全部费用。

商业保险公司销售的补充医疗保险受到联邦法律的严格管制。共有10种标准保单，每一种保单提供不同的保险组合。每一种保单都从A到N进行了编号。保险公司不允许对保险金组合或者分配的字母编号进行修改。

存在的问题

社会保障和医疗保险现在面临非常严重的财务问题。它们包括：
- 长期老年、遗属和残疾保险精算赤字。
- 残疾人保险信托基金资产损耗。
- 联邦医疗保险财务危机。

长期老年、遗属和残疾保险精算赤字

在美国国会的观念中，老年、遗属和残疾保险计划的运作应该是良好的。然而，在作者撰写本书之时，社会保障计划在75年跨度（2012—2086年）的预期内并未达到精算平衡。2017年受托人董事会报告得出以下结论[①]：

[①] Social Security and Medicare Boards of Trustees. *Status of the Social Security and Medicare Programs: A Summary of the 2017 Reports*. Washington, DC, 2017.

- 信托基金资产支出超过收入。非流动资金被投资于特别发行的政府债券。在报告撰写时,社会保障资金尚且充足,然而,未来情况并非如此。综合老年、遗属和残疾保险信托基金预计将于 2034 年消耗殆尽,届时,无息收入将仅够支付 75% 的预定保险金。
- 75 年跨度(2012—2086 年)的预期精算赤字为应税工资的 2.83%,或社会保障成本的 17%。
- 残疾人保险信托基金自 2008 年以来一直在下降。根据 2017 年的报告,预计 2028 年将耗尽。因此,预计无息收入只占预定保险金的 93%。下一节将更详细地讨论残疾人保险信托基金资产的损耗。

降低长期赤字

要降低长期赤字就要做出艰难的选择。赤字可以通过以下方式减少或消除:(1)提高薪酬税;(2)降低保险金;(3)使用联邦政府一般财政收入支付保险金;(4)综合使用以上方式。建议进行改变的内容包括以下几个方面:

- 使用"连续指数"确定保险金。为了确定公司平均月度指数化收入,通常使用价格指数而不是工资指数,这将会节省大量成本。不过,目前的情况是,低收入群体的指数化方法仍然建立在工资指数基础之上,随着保障范围内的收入的增长,就会使用工资和价格综合指数。对于高收入阶层,指数化方法将主要基于价格指数。总体上,将会显著降低长期的赤字。
- 提高企业和员工的社会保障薪酬税。
- 提高正常退休年龄,或者将年龄要求提高到 67 岁以上。
- 降低未来全体退休人员的保险金。
- 提高老年、遗属和残疾保险应税工资收入基础,以覆盖更高比例的收入。
- 所有老年、遗属和残疾保险保险金都要缴纳联邦所得税(而不是现在的最高 85%)。
- 将老年、遗属和残疾保险强制推广到覆盖所有州政府和地方政府员工。
- 将计算退休金的年龄从 35 岁提高到 38 岁。
- 将部分信托基金资产投资于商业投资,例如普通股。

此外,联邦政府的总财政收入可以为该计划提供部分资金。不过,联邦预算现在赤字过大,依赖于财政收入融资来降低长期赤字可能不太可行。

你将如何改变社会保障的融资?美国精算师学会开发了一个社会保障游戏,允许人们对社会保障做出假设性调整,来看看人们的建议对于长期精算赤字的影响。这个游戏的主要优点是,它反映了基于参与者的政治理念提出的关于改变老年、遗属和残疾保险的建议(见专栏 18.2)。

体验社会保障计划改革

你将如何减少社会保障计划中的长期赤字?在这个问题上,没有简单的解决方法。长期精算赤字可以通过增加财政收入、降低保险金或者综合两种方法来消除。美国精算师协会在网站（http://www.actuary.org/content/try-your-hand-social-security-reform）上提出了一个颇有吸引力的计划，允许人们对社会保障计划做出虚拟调整。该计划显示了基于受托人董事会报告估算的长期精算赤字的变化情况，同时还列出了对于调整建议的支持观点和反对观点。这种方式的一个主要优点是，你可以根据你的政治立场、经济状况和信仰提出调整建议。下面是一些建议的例子：

降低保险金	长期赤字减少情况（%）
• 逐步将领取全额保险金的退休年龄提高至 68 岁	13
• 降低生活成本调整（COLA）指数 0.5 个百分点	33
• 将未来退休人员的保险金降低 5%	23
• 将工资收入最高的 40% 的人的保险金降低	26
增加财政收入	长期赤字减少情况（%）
• 将员工和企业的薪酬税从 6.2% 提高到 6.6%	28
• 对缴纳社会保障税不设收入最高限额，不提高给付保险金	88
• 提高缴纳社会保障税的税率	8
• 对医疗保费征收薪酬税	32

资料来源：笔者基于美国精算师学会（American Academy of Actuaries）创建的社会保障游戏的早期版本的一部分进行了调整和修改，相关数据已修订和更新。

残疾人保险信托基金资产损耗

如前所述，除非国会采取行动，否则到 2028 年，残疾人保险信托基金的无息收入将只够支付预定残障保险金的 93%。造成这一差额的主要原因是随着时间的推移，领取保险金的人数大幅增加。专家认为，以下因素是造成领取残疾保险金人数增加的主要原因：

• 劳动力的增长。随着人口的增长，劳动力也在增加。因此，处于 20 岁和 64 岁之间的劳动年龄的人口有所增长，这增加了在其工作生涯中可能会成为残疾人并有权领取残疾保险金的雇员的人数。

• 人口老龄化和婴儿潮一代。残疾的可能性随着年龄的增长而增加。50 岁致残的风险高于 40 岁，60 岁致残的风险是 50 岁的两倍。婴儿潮时期出生的人（1946 年和 1964 年之间出生的人）现在已经到了他们的高残疾年龄，这是残疾保险人数增加的主要原因。

• 劳动力中女性人数增加。进入劳动力市场的女性人数大大增加，这导致符合残疾保险参保条件的女性人数显著增加。在 1980 年，只有 50% 的女性长期工作，并在残疾时有资格享受残疾保险保障。今天，女性员工数量已基本赶上男性员工，基于其在劳动力大军中的参与程度，如若她们发生残疾，则她们完全有资格领取残疾保险金。

• 女性残疾率较之前提高。在残疾率方面，女性也已赶上了男性。1990 年，残疾男员工与女员工的比例是 2 比 1。今天，大约一半领取残疾保险金的工人是女性。

• 更高的退休年龄。将完全退休年龄从 65 岁逐渐提高到 67 岁也会增加残疾收入保险的成本。在残疾工人将残疾保险转换为养老保险之前，其残疾保险可再保留一至两年，这也增加了残疾保险的成本。

此外，一些分析师认为，2007—2009 年经济周期的严重衰退有助于解释近些年残疾收入保险申请的激增。这次经济衰退是仅次于 20 世纪 30 年代大萧条的美国第二严重的经济衰退。在这次经济衰退中，长期失业率急剧上升。许多工人因找不到工作而耗尽了失业救济金或退出了劳动力市场。这一类别中有健康问题的许多失业工人申请残疾保险作为收入来源，并最终领取残疾保险金。这致使残疾保险支出大幅增加。

联邦医疗保险财务危机

联邦医疗保险 A 部分也面临严重的财务问题。根据 2017 年受托人董事会的报告，住院保险信托基金预计将会在 2029 年耗尽，届时，划拨的财政收入将仅足以支付保险计划成本的 88%。

财务状况不佳主要根源于以下因素，包括医疗服务较高的价格、医疗服务规模的扩大和复杂性的提高、人口老龄化和参与者的日益增多以及处方药支出的日益上升。其他因素还包括住院成本通货膨胀高于通货膨胀率的总体水平、医疗保健供应商的欺诈和滥用、家庭医疗保健成本的上升以及补偿的收费服务方式的低效率和通货膨胀。

为了降低医疗保险成本，美国国会前期降低了向医院和医生的支付，为特定服务设置了支出限额，对医生收费的提高幅度设定了限额，实行诊断分类团体付费方法（就每一特定病例向医院支付固定数额），并引入了其他降低成本的付费。不过，尽管前期付出了努力，但医疗保险的成本仍然持续上升。最近，《平价医疗法案》包含了几个成本控制条款以降低医疗保险的成本增长。有些条款现在已经生效，其他条款未来也会生效。不过，有些专家认为，除非医疗保健提供体制进行重大改革，否则成本抑制条款对医疗保险成本的影响会非常有限。

失业保险

失业保险（unemployment insurance）是联邦和州政府共同推出的计划，为非自愿失业的工人按周支付保险金。每个州都有自己的失业保险计划。不同州的计划都来自《1935 年社会保障法案》的失业保险条款。

失业保险有几个基本目标：
- 在非自愿失业期间提供现金收入。
- 帮助失业人员就业。
- 鼓励企业稳定就业。
- 帮助稳定经济。

第一个目标是，在**短期非自愿失业**（short-term involuntary unemployment）期间，保险金每周以现金形式被发放给失业工人，从而帮助他们维持经济安全。非自愿失业是指劳动者愿意并能够按照团体现行工资率工作，但仍然失业的情况。短期指的是在大多数州支付最多 26 周的定期失业保险金。第二个目标是帮助工人找工作，保险金申请人必须在当地就业机构进行求职登记，就业机构帮助其寻找适宜的工作。第三个目标是鼓励企业通过经验费率（后面将进行讨论）稳定其就业情况。第四个目标是，失业保险在经济衰退时，通过每周发放有助于扩大总需求的现金保险金，帮助稳定经济。

保障范围

大多数商业企业、州和地方政府以及非营利组织都获得了失业保险的保障。一般来说，如果（1）企业在一年当中的一个季度向雇员支付的工资超过1 500美元或以上，或（2）企业在当年或上一年度当中的任何至少20周（不必是连续的）的时间内雇用了一名以上的员工，那么该企业就要缴纳州和联邦失业税。然而，有些州的法律与联邦法律不同。这些州的企业需要联系所在州的劳动力机构，以知悉该州确切的法律规定。

州和地方政府的大多数工作都有失业保险的保障。但是，州和地方政府不需要缴纳联邦失业税，但是可以选择通过向政府员工支付保险金对该体系进行补充。

此外，非营利慈善机构、教育机构或宗教组织也将被包括在内，如果它们在当年或上一年度内，每20个不同星期内至少雇用4名或4名以上工人一天以上。非营利组织有权选择支付失业税，或者通过支付保险金来补偿州政府。

资格条件

失业工人必须满足下述资格条件才能够领取保险金：
- 在基年内，领取合格工资并处于就业状态。
- 能够并可以获得工作。
- 在积极寻找工作。
- 满足等候期要求。

申请人必须在其基年内领取一定数额的合格工资。在大多数州，基年是在失业工人申请领取保险金之前的最后5个季度的前4个季度。大多数州也要求在基年内至少有2个季度处于就业状态。这一要求的目的是限制保险金成为具有劳动能力的工人的额外收入。

申请人必须能够工作，并可以找到工作。这意味着申请人有能力工作，身体好、有意愿而且准备去工作。申请人还必须积极寻找工作。他（她）必须在公共就业机构进行求职登记，而且积极寻找工作，或者付出了合理的努力去获取工作。失业人员不要求有工作。但是如果申请人没有正当理由就拒绝工作，就不具有申领保险金的资格。合适的工作通常是指符合申请人的健康、安全、道德和劳动标准的惯常性工作。

最后，在大多数州都有1周等候期的要求。等候期消除了短期申请，降低了成本，为获得申请人的工资记录和处理申请赢得了时间。

申请人还必须满足一些非货币性的资格条件要求。法律条文中要求，由于工人没有申明的行为导致的几个星期的失业，不符合关于失业的要求。这些行为包括：（1）没有正当理由而自愿失业；（2）没有正当理由而拒绝合适的工作；（3）因为工作中的渎职行为被开除；（4）没有能力或意愿接受全职工作；（5）由于卷入劳动纠纷而失业。根据州政府法律和不具有资格条件的原因，保险金可以推迟数个星期支付或者整个失业期不支付，直到工人再次符合领取资格，否则支付的金额会降低。

失业保险金

失业保险金可以分为几个类型：正常的州保险金、延期保险金和紧急失业保险金。

- 正常的州保险金。每个州都有自己的保险计划。每周向完全失业的人支付保险金。保险金的金额根据工人之前的工资,在一定最高和最低额度内确定。大多数州使用一个公式根据工人较高的季度工资的一定比例计算其周保险金。例如,1/26 这一比例使支付的保险金等于最高季度全职工资的 50%(满足最低和最高额度的要求)。例如,假设珍妮弗最高的每周收入是 500 美元,一个季度的收入是 6 500 美元。将 1/26 应用于这一数字,得到的周失业保险金是 250 美元,或者是全职周薪的 50%。有几个州还对特定的家属支付家属津贴。截至 2018 年 6 月 30 日前的 12 个月内,美国平均的周保险金为 353.67 美元。大多数州正常保险金领取最高时限是 15.4 周。

- 延期保险金。在失业率高的州,在申领完正常保险金之后,员工还可以领取延期保险金。在失业率高的州,基本的**延期保险金计划**[extended benefits (EB) program]额外提供 13 周的失业保险金。有些州也采用了自愿计划,在失业率特别高的时期可以额外提供数周的延期失业保险金。

- 紧急失业保险金。在经济衰退时期,成百上千万的失业人员用光了他们的正常州保险金。此外,许多耗光了正常州保险金的失业人员处在失业率不那么高的地区。其失业率在永久性的延期保险计划中不足以带来额外的保险金领取时间。为了应对耗光保险金的问题,美国国会在很多情况下会启动临时紧急计划,为失业人员提供额外的养老金领取时间。2008 年,美国国会启动了紧急失业补偿(EUC)计划。该计划由联邦全额拨款,为用完了正常的州保险金的合格申请人提供额外的领取保险金的时间。紧急失业补偿计划已经修改了很多次。《2012 年美国纳税人救济法案》(American Taxpayer Relief Act of 2012)将紧急失业补偿计划的到期日延长至 2014 年 1 月 1 日。在撰写本书时,美国国会尚未将该计划到期日做进一步延期。

失业保险计划的融资

州失业保险计划的资金很大部分来自雇主为员工工资支付的薪酬税。有 3 个州还设定了最低缴费额。所有税收费用都存入联邦失业信托基金(Federal Unemployment Trust Fund)。每个州都有独立的账户,失业税收费用和州政府的投资收益存入该账户。失业保险金从每个州的账户中支出。

2018 年,根据《联邦失业税法》(Federal Unemployment Tax Act,FUTA),参保雇主就其向保险范围内的每位员工支付的年薪中的前 7 000 美元缴纳 6.0% 的联邦薪酬税。雇主可以对获得认可的失业保险缴费免缴联邦税,并通过获得认可的经验费率计划来达到节约税收的目的。所有雇主的抵扣最高额度被限制在 5.4%,剩下的 0.6% 支付给联邦政府用于州和联邦的管理费用,以及作为筹集联邦政府的延期保险金计划的资金和维持州政府的账户用尽时可以暂时借款的贷款基金。由于大多数州都希望加强失业保险准备金和维持基金的偿付能力,因此它们的应税工资基础超过 7 000 美元。2018 年 2 月,更高的应税薪酬基数范围从五个地区(亚利桑那州、加利福尼亚州、佛罗里达州、波多黎各、田纳西州)的 7 000 美元到阿拉斯加州的 45 900 美元不等。

各州也采用**经验费率法**(experience rating)。就业记录良好的企业根据经验费率法降低税率。支持经验费率法的主要观点是,企业有经济激励实现就业的稳定。

存在的问题

州失业保险计划有很多问题。现将一些重要的问题概括如下:

- 领取保险金的人占比低。州失业补偿计划没有涵盖所有失业人员。有很多种方法来测算接受正常的州保险金的失业人员的占比。一个常见的标准是领取率。领取率代表了正常的州保险计划中的失业被保险人占失业总人口的百分比。2017年全国领取率仅为27%。[①]

较低的领取率可归因于几个因素。各州采用了更严格的资格条件和更严格的政策调整;许多失业人员在初始等待期被临时拒绝;许多失业者是重新或者新进入劳动力市场的人,还没有取得要求的薪酬收入;有些失业人员在保障范围之外的职业工作;其他人因不同原因而不具有资格;许多人在用完保险金后仍然失业;许多失业人员没有申请保险金。因此,现有的州失业保险计划抵御短期失业率的有效性受到严重质疑。

- 保险金不足。失业保险金是否充足取决于所采用的资金充足性衡量指标。50%的替代率是常见的衡量指标;也就是说,在一个特定时期内,每周税前失业保险金与每周税前工资的比率至少应为50%。美国劳工部对替代率的抽样调查显示,目前美国整体上还没有达到50%的标准。2017年,在充分就业期间,美国人的平均周工资为885.20美元,平均周保险金为351.64美元。替代率仅为39.7%。即使达到这一比例,50%作为衡量保险金充足性的指标也存在严重缺陷。首先,单靠这些保险金并不能使工人维持原来的生活水平,因为他们的平均税前工作收入将减少50%。其次,50%的标准没有考虑长期失业造成的团体健康保险和其他雇员福利的损失,这很容易使雇主的工资成本增加20%~40%。再次,50%的指标假定失业工人可以通过其他来源吸收或弥补50%的收入损失。然而,大量研究表明,大多数工人没有充足的储蓄来弥补长期收入的损失。最后,由于法定的每周保险金数额和持续时间的限制,50%的指标不适用于在严重经济衰退期间失业的高薪技术和专业工人。

- 衰退期间的高耗尽率。另一个重要问题是,在经济衰退期间耗尽其正常州失业保险金的申请人比例相对较高。2009年是经济衰退的一年,失业率居高不下。截至2009年底,耗尽率为55%。从那个时候开始,耗尽率略微下降,但是仍然保持在较高水平。截至2018年2月28日前的12个月内,美国的耗尽率为36.4%。[②] 由于失业保险金有限的领取时间,许多申请人在经济衰退期间耗尽了正常的保险金,而且直到现在仍然失业。

工人补偿保险

工人补偿保险(workers' compensation)是一个向因公致残的工人提供医疗保健、现金

[①] U. S. Department of Labor, Employment and Training Administration, in *Unemployment Insurance Chartbook*, updated December 5, 2017. 参见各州的耗尽率。

[②] U. S. Department of Labor, Employment and Training Administration. Under *Latest Statistics*, see "Exhaustion Rate in Regular Program 12 months ending 02/28/2018."

保险金、康复服务的社会保险计划。这些保险金对于保障那些因工致残的工人的经济安全极为重要。

工人补偿保险的发展

追溯到1837年，根据工业事故普通法的规定，受工伤的工人必须起诉雇主，在他们获得伤害赔偿之前，要证明雇主存在过失。但是，雇主可以运用下面三个原则来对受伤工人的起诉提出抗辩：

- 共同过失原则。
- 同伴原则。
- 风险自负原则。

共同过失原则（contributory negligence doctrine）是指，受伤的工人如果在任何方面对其所受伤害负有责任就无法获得赔偿。**同伴原则**（fellow-servant doctrine）是指，如果由于同伴的过失而受伤，则受伤工人无法获得赔偿。**风险自负原则**（assumption-of-risk doctrine）是指，如果工人预先知道特定职业中存在的风险却仍然选择该职业，那么受伤后无法获得赔偿。由于如此苛刻的普通法，很少有残疾工人能够就其所受伤害获得足额的赔偿。

1885—1910年，一系列雇主责任法案的通过是工人补偿保险的一个进步。这些法律降低了普通法抗辩的有效性，改善了受伤工人的法律地位，要求雇主为员工提供安全的工作条件。但是受伤工人在领取伤害赔偿之前，仍然需要起诉雇主，并证明其过失。

最后，各州通过了工人补偿法案，解决了日益增长的工伤问题。1908年，联邦政府通过了覆盖某些联邦雇员的工人补偿法案，到1920年，大多数州都通过了类似的法律。现在，所有州都有了工人补偿法案。

工人补偿法案的基本原则是**无过失责任原则**（liability without fault）。无论谁有责任，雇主对于工伤或工人患病均负有绝对责任。残疾工人根据法律规定的计划就其所受伤害获得赔偿，工人不再需要通过起诉雇主来获取保险金。法律规定，雇主无论有无过失，都应以最少的法律程序及时向工人提供赔偿。工人补偿保险金的成本被认为是生产的正常成本，应当包含在产品的价格中。

工人补偿的目的

州工人补偿法案有几个基本目标：

- 为工人提供工伤和与工作相关的疾病的广泛保障。
- 针对收入损失提供巨额保障。
- 提供足够的医疗保健和康复服务。
- 鼓励采取安全措施。
- 减少起诉。

基本目标是为工人提供工伤和与工作相关的疾病的广泛保障。也就是说，工人补偿法案应当包括大多数职业，以及大多数与工作相关的意外事故和疾病。

第二个目标是针对收入损失提供巨额保障。现金保险金被用于补偿残疾工人损失的大部分收入，使残疾工人可以维持之前的生活水平。

第三个目标是为受伤的工人提供足够的医疗保健和康复服务。工人补偿法案要求雇主支付受伤工人的住院、手术和其他医疗费用。而且，法案要求为残疾工人提供康复服务，使他们恢复到能够参加工作的状态。

第四个目标是鼓励企业降低与工作相关的事故，采取有效的安全措施。经验费率被用于鼓励企业降低与工作相关的事故以及与工作相关的疾病，因为事故率较低的企业需要支付的工人补偿保险相对较低。

第五，工人补偿法案被设计用于减少起诉。保险金会被及时支付给残疾工人，而不需要他们起诉雇主。这一措施的目的是减少支付给律师的法律费用，以及审判和上诉所带来的时间消耗和高昂的费用。

遵守法律

雇主可以通过购买工人补偿保险、自保、从垄断性或竞争性的州立基金购买保险等途径，达到遵守法律的目的。

大多数企业从商业保险公司那里购买了工人补偿保险。保险公司所支付的保险金数额等于雇主在法律上应支付给因工受伤或患病的工人的钱。

大多数州都允许进行自保。许多大企业为了节省钱，而对工人损失补偿采用自保的方式。此外，将风险和负债汇聚起来的小企业也可以采用团体自保方式。

最后，从某些州的州立基金还可以买到工人补偿保险。在一些地区，被保障的雇主通常必须从**垄断性州立基金**（monopoly state fund）购买工人补偿保险，或者对风险进行自保。垄断性州立基金要求被保障的雇主从州立基金购买工人补偿保险，而商业保险公司不得参与此项业务的竞争。

保障范围内的职业

尽管大多数职业获得了工人补偿法案的保障，但某些职业仍然被排除在外，或者保障不完全。由于工作的性质，大多数州将农场雇工、家政服务人员以及临时雇工排除在外，或者提供的保障不完全。有些州的除外责任很多，由于这些除外责任，一些员工少于一定数量（一般是3~5个）的小企业不需要提供工人补偿保险金。但是，雇主可以在其他类别中自愿为员工提供保障。

资格条件

要领取工人补偿保险金必须满足两个资格条件：第一，残疾人员必须从事保障范围内的职业；第二，工人必须遇到与工作相关的意外事故或患有与工作有关的疾病。这意味着所受伤害或疾病是由工作引起的。随着时间的推移，法庭越来越放宽了这一条款的度量标准。下面这些情况通常属于典型的工人补偿法案范围：

- 出差中的员工在为雇主服务过程中受伤。
- 员工在特定地点执行特定任务时受伤。

- 员工在工作厂房内，以及在走向工作地点时受伤。
- 员工在工作时因搬运重物而心脏病发作。

工人补偿保险金

工人补偿法案提供四种基本保险金：
- 无条件医疗服务。
- 残疾收入。
- 死亡抚恤金。
- 康复服务。

无条件医疗服务 所有州对医疗服务都提供全额保障，而没有时间和资金的限制。但是，有些州设置了特殊条款，限制对某些医疗措施的支付数额。此外，为了节约成本，大多数州在医疗护理保险中提供可选免赔额。

医疗服务的价格非常高。为了降低医疗成本，许多州允许雇主使用管理式医疗计划为受伤员工看病。对保健组织和优先提供者组织的使用也一直在增加。

残疾收入 在残疾工人满足了从 3 天到 7 天不等的等候期之后，就可以对其支付残疾收入保险金。如果受伤的工人在几天或几个星期后仍然残疾，那么大多数州都会支付追溯到受伤当日这段时间的残疾保险金。

周保险金基于受伤工人平均周工资的一定比例（一般是三分之二）或者残疾的程度确定。存在四类残疾：（1）暂时性全残，（2）永久性全残，（3）暂时性部分残疾，（4）永久性部分残疾。暂时性全残的理赔最为常见，占现金索赔的大部分。

死亡抚恤金 如果工人因为与工作相关的事故或疾病死亡，保险公司就可以向符合条件的遗属支付死亡抚恤金。支付的抚恤金有两种类型。首先，支付的丧葬津贴。其次，向符合条件的遗属支付的周抚恤金。周抚恤金根据死亡工人薪酬的一定百分比（通常是三分之二）确定，通常在配偶活着的时候一直支付或支付到其再婚。在再婚的时候，寡妇或鳏夫一次性获得一到两年的支付。周抚恤金还可以被支付给每个受抚养的子女，直到子女达到一定年龄，例如 18 岁或更大一点的岁数。

康复服务 所有州都提供康复服务，以帮助残疾工人重回就业岗位。除了每周的残疾保险金之外，享受康复服务的工人可以获得食宿、旅行、书籍和一些必需品的补偿。在有些州还支付培训津贴。

存在的问题

工人补偿计划在日常操作中存在很多问题。这里简要讨论三个方面的问题：
- 医用大麻与工人补偿保险。
- 阿片类处方药在工人补偿保险中的滥用。
- 受损的劳动力。

医用大麻与工人补偿保险

医用大麻使用量的增加及其对工人补偿保险的影响是雇主日益面临的问题。在作者撰写本书时，美国 29 个州和哥伦比亚特区已将大麻的医疗使用合法化，这带来了几个难题。①

第一，对于被开了医用大麻并在药物检查中呈阳性的索赔工人，就其工伤赔偿问题，各州法律存在冲突。一些州坚持认为，不管州法律如何，根据联邦法律，大麻均是一种受管制的物质，是非法的，因此，工人补偿保险将不予赔偿。其他州则坚持认为，如果大麻是有执照的供应商开出的合法药物，并且受伤的工人在法律上有权服用大麻，即使是它造成了事故，工人补偿保险也应予以赔偿。

第二，冲突的另一个根源是，保险公司和雇主是否必须支付在大麻合法州为索赔工人开出的医用大麻费用。在作者撰写本书时，至少有五个州要求保险公司向符合条件的工人补偿保险索赔工人支付用医用大麻治疗工伤的费用。然而，一些州已经颁布法律，规定工人补偿保险公司和雇主不必为医用大麻支付费用。此外，大多数工人补偿委员会或法官要求保险公司和雇主为医用大麻支付索赔的案件都被法院推翻了。

第三，医用大麻缺乏标准的计费方法，这对药店系统自动审查药物使用以确保患者安全构成了一大障碍。

第四，许多批评人士声称，没有确凿证据表明使用医用大麻治疗受伤工人确实有效。

第五，在作者撰写本书时，联邦政府仍将大麻列为《管制物质法案》（Controlled Substances Act）的附表 1 药物，因此，使用大麻是非法的。近年来，联邦政府已经决定不在那些已颁布大麻合法化法律的州执行联邦法律。然而，美国司法部最近于 2018 年 1 月发布的一份备忘录废除了这一政策。2018 年，美国司法部发布了一份关于联邦大麻执法政策的备忘录，宣布恢复法治，废除了之前的指导文件。在备忘录中，司法部部长杰夫·塞申斯（Jeff Sessions）指示所有美国律师执行国会颁布的法律，并在起诉与医用大麻有关的案件时遵循既定原则。

阿片类处方药在工人补偿保险中的滥用

另一个重要及适时的问题是在工人补偿保险中阿片类处方药的滥用，如止痛药、奥施康定和吗啡。阿片类药物成瘾和过量导致的死亡在美国已达到流行病的死亡水平。自 1999 年以来，阿片类处方药导致的死亡人数翻了两番。仅在 2015 年，就有超过 1.5 万人死于处方止痛药。②

此外，尽管医学建议不要在背部长期使用此类止痛药，但由于许多工伤发生在背部，因此医生越来越多地使用阿片类药物来治疗短期和长期的背部疼痛。然而，由于长期使用阿片类药物治疗背部损伤，一些受伤的工人开始对处方止痛药成瘾。最后，这导致一些医生滥用阿片类药物，从而加剧了美国社会普遍存在的吸毒成瘾问题。

为了解决阿片类药物滥用的问题，几乎所有州都有处方药监测法；大多数州都有全州范围的电子数据库，用以收集有关处方药管制情况和问题药物的数据；工人补偿保险公司也制订了处理阿片类药物滥用的特别方案。尽管做出了上述努力，阿片类药物滥用仍然是

---

① 这部分基于 *The Marijuana Conversation：Questions Workers' Compensation Insurers Are Asking*，National Council on Compensation Insurance，August 17，2017；"High Times in Workers Comp：The Impact of Medical Marijuana," *Workers' Compensation 2014 Issues Report*，National Council on Compensation Insurance，April 2014；and Denise Johnson and Don Jengler，"Opioid Epidemic Plagues Workers' Comp," *Insurance Journal*，May 17，2013。

② IRMI，*2018 Workers' Compensation Issues*，February 2018.

一个严重的国家健康问题。

受损的劳动力

在作者撰写本书时,美国已有8个州和哥伦比亚特区使大麻用于娱乐用途合法化。加州是最新允许大麻用于娱乐用途的州。然而,出于娱乐目的使用大麻给雇主带来了一个问题,因为他们的一部分员工可能会被认为在工作中受到了身体损害,而这可能根本不是事实。求职者体内被检测到大麻并不一定意味着其目前身体受损,因为大麻离开人体需要时间。因此,由于过去有太多求职者因为体内大麻的存在而没有通过药检,许多雇主不再对未来的雇员进行药物检测。如今,雇主还没有一个可靠和准确的方法来确定求职者或雇员在药检时是否受到大麻的伤害。警察有酒精测量仪,可以确定驾驶机动车辆的驾驶员体内是否存在酒精。但对于大麻来说就不是这样了。

最后,法院通常会裁定,在工作场所实行无毒品政策的雇主可以解雇大麻检测呈阳性的员工,即使他们使用的是医用大麻。

案例应用

萨姆今年35岁,克里斯蒂今年33岁。他们已经结婚,而且有一个1岁的儿子。萨姆是一名会计,每年收入为80 000美元。克里斯蒂是一所大型州立大学的金融学教授,每年收入160 000美元。两个人都是老年、遗属和残疾保险计划的全额在保被保险人。假设你是一名理财师,被要求就老年、遗属和残疾保险以及其他社会保险计划给他们提供一些建议。结合下列情景回答每一个问题。分别就每一种情况进行回答。

a. 假设萨姆在一次汽车事故中当场死亡,那么活着的家庭成员能够在多大程度上领取老年、遗属和残疾保险遗属抚恤金?

b. 假设克里斯蒂患有咽喉炎,声带受损导致她无法继续授课。然后,她到所在大学的商业研究机构参与研究工作。克里斯蒂能够在多大程度上领取老年、遗属和残疾保险遗属抚恤金?

c. 假设一个疯狂的学生用手枪打了克里斯蒂一枪,因为她给了他一个D。克里斯蒂因此而身受重伤,可能需要至少一年的时间才能够康复返回工作岗位。如果有的话,在多大程度上,美国现有的社会保险计划能够在暂时性残疾期间提供收入?

d. 假设萨姆将在62岁退休,并兼职当会计。他接到通知,相关机构将对他做老年、遗属和残疾保险收入测试。请解释为什么收入测试会影响他退休后做兼职的决定。

e. 假设萨姆辞去工作,找了一份薪水更高的工作。解释萨姆能否在他找到新工作之前的临时失业时间里领取失业保险金。

本章小结

- 社会保险计划是强制性的保险计划,有几个特征将其与其他政府保险计划相区别。美国的社会保险计划有以下几个特点:

- ➢ 强制性。
- ➢ 保障基本收入。
- ➢ 强调社会公平而非个人公平。
- ➢ 保险给付与收入之间没有严格的对应关系。
- ➢ 保险给付由法律规定。
- ➢ 不需要经济状况测试。
- ➢ 不需要足额集资。

- 老年、遗属和残疾保险计划就是我们通常所说的社会保障，是美国最重要的社会保险计划。该计划向退休或残疾的符合条件的受益人按月支付保险金。该计划还向符合条件的生存的家庭成员支付生存保险金。
- 联邦医疗保险现在有多种计划，包括（1）原有的联邦医疗保险计划；（2）联邦医疗保险优势计划；（3）联邦医疗保险处方药计划；（4）补充医疗保险。
- 失业保险计划是联邦和州政府共同推出的计划，为非自愿失业的工人按周支付保险金。失业保险计划有几个目标：
  - ➢ 在非自愿失业期间提供现金收入。
  - ➢ 帮助失业人员就业。
  - ➢ 鼓励企业稳定就业。
  - ➢ 帮助稳定经济。
- 失业工人要按周领取保险金必须满足一些资格条件：
  - ➢ 在基年内，领取合格工资并处于就业状态。
  - ➢ 能够并可以获得工作。
  - ➢ 在积极寻找工作。
  - ➢ 满足等候期要求。
- 失业工人要想领取失业保险金还必须满足一些非货币性的资格条件要求。这涉及那些可能导致延期支付或拒绝支付养老金的某些不符合条件的行为。这些行为包括没有正当理由而自愿失业，没有正当理由而拒绝合适的工作，因为工作中的渎职行为被开除，没有能力或意愿接受全职工作，由于卷入劳动纠纷而失业。
- 工人补偿计划是一个向因公致残的工人提供医疗保健、现金保险金、康复服务的社会保险计划。工人补偿法案有如下几个目的：
  - ➢ 为工人提供工伤和与工作相关的疾病的广泛保障。
  - ➢ 针对收入损失提供巨额保障。
  - ➢ 提供足够的医疗保健和康复服务。
  - ➢ 鼓励采取安全措施。
  - ➢ 减少起诉。
- 工人补偿法案一般支付以下保险金：
  - ➢ 无条件医疗服务。
  - ➢ 残疾收入。
  - ➢ 死亡抚恤金。
  - ➢ 康复服务。

重要概念和术语

风险自负原则 平均指数化月收入
共同过失原则 普通被保险人
延期退休积分 诊断分类团体
残疾被保险人 经验费率法
延期保险金计划 同伴原则
足额预付资金 完全退休年龄
足额集资计划 完全被保险人
个人公平 无过失责任原则
管理式医疗 经济状况测试
住院保险（联邦医疗保险A部分） 医疗保险（联邦医疗保险B部分）
联邦医疗保险优势计划（C部分） 联邦医疗保险处方药计划（D部分）
垄断性州立基金（PIA） 基本保额
收入测试（退休测试） 短期非自愿失业
社会公平 社会保障
失业保险 工作积分
工人补偿保险

复习题

1. 解释美国社会保险计划存在的原因。

2. 指出社会保险计划的基本特征。

3. 老年、遗属和残疾保险有三种类型的被保险人。对它们进行简要解释：
   a. 完全被保险人。
   b. 普通被保险人。
   c. 残疾被保险人。

4. 老年、遗属和残疾保险提供多种保险金。简要说明下面几类保险金：
   a. 退休金。
   b. 遗属抚恤金。
   c. 残疾保险金。

5. 解释老年、遗属和残疾保险计划中对残疾的定义。

6. a. 原有联邦医疗保险计划提供几种保险金。指出下面每一种提供的主要保险金：
   (1) 住院保险（联邦医疗保险A部分）。
   (2) 医疗保险（联邦医疗保险B部分）。
   b. 简要描述在联邦医疗保险优势计划中，联邦医疗保险的受益人选择主要有哪些。
   c. 简要描述联邦医疗保险处方药计划。

7. 解释州失业保险计划的基本目标。

8. 解释领取失业保险金的资格条件。

9. 阐述工人补偿保险计划的基本目标。

10. 指出典型的工人补偿法案提供的主要保险金。

应用题

1. 在社会保障局的网站上有几个养老金计算公式。速算公式将帮助访问者大致估算出养老金的情况。养老金计算的结果取决于填写的生日和收入历史。出于安全性的考虑，计算公式不会获取访问者的实际收入和过去的收入情况。相反，计算器将会基于访问者提供的信息估计收入情况。尽管计算器对访问者过去的收入做出了初步的假设，但是访问者仍然可以在完成并提交表格之后修改假设的收入数值。访问者必须输入出生日期、当前实际的或估计的收入情况以及未来的退休日期（可选）。

2. 老年、遗属和残疾保险计划向参保员工及其家属提供退休金。解释下面每一类人是否具有根据退休工人的退休记录领取老年、遗属和残疾保险退休金的资格。每一种情况单独考虑。

   a. 退休工人 25 岁的未婚儿子，他因为汽车事故在 15 岁的时候完全残疾。

   b. 退休工人 63 岁的配偶，已经不再抚养小于 18 岁的未婚子女。

   c. 退休工人 45 岁的配偶，正在抚养退休工人 12 岁的女儿。

   d. 55 岁已离异的配偶，与退休工人共同生活 6 年。

3. 老年、遗属和残疾保险计划根据死亡的工人的收入向符合条件的家庭成员支付遗属抚恤金。解释下面每一类人是否具有根据死亡工人的退休记录领取老年、遗属和残疾保险遗属抚恤金的资格。每一种情况单独考虑。

   a. 35 岁的生存配偶，正抚养小于 16 岁的未婚子女。

   b. 正在上大学的 19 岁的儿子。

   c. 55 岁的生存配偶，没有 16 岁以下的子女要抚养。

   d. 60 岁的生存配偶，已经有多年不参加工作。

4. 老年、遗属和残疾保险计划向残疾工人及其符合条件的家庭成员支付残疾保险金。解释下列每一类人是否具有领取残疾保险金的资格。在每一种情况下，假设残疾工人都是残疾被保险人。每一种情况单独考虑。

   a. 一名工人，今年 22 岁，在一次汽车交通事故中受伤，将在 3 个月之内重返工作岗位。

   b. 残疾工人的配偶，今年 35 岁，正在照看一名小于 16 岁的子女，残疾工人正在领取保险金。

   c. 残疾工人的女儿，今年 16 岁，正在读高中。

   d. 一位化学教授，今年 50 岁，由于患有慢性咽喉炎而不能继续教书，但是可以在一个药物公司做研究员。

   e. 一名 40 岁的工人，他的脚被轧断，预计至少有 1 年的时间无法工作。

5. 原有的联邦医疗保险计划由住院保险（联邦医疗保险 A 部分）和医疗保险（联邦医疗保险 B 部分）组成。对于下面的每一种损失，指出分别属于联邦医疗保险 A 部分还是 B 部分。（不考虑免赔额或共同保险的要求，每一种情况都单独考虑。）

   a. 玛丽今年 66 岁，因为患有心脏病要住院 5 天。

   b. 约翰今年 62 岁，患有前列腺癌，请他的家庭医生为他进行治疗。

   c. 马里安今年 80 岁，是一家专业护理机构的病人。她在疗养院住了两年多的时间。

   d. 唐今年 72 岁，他的听力不好，从当地企业购买了一个助听器。

e. 莎拉今年68岁，有语言障碍，由于一次中风而不得不待在家里。一名语言治疗专家到家里为她看病，帮助她恢复语言能力。

f. 弗雷德今年78岁，患有髋部关节炎，一走路就感到疼痛，需要做手术将髋骨移植。

g. 迈克尔今年65岁，参加了原有的联邦医疗保险计划。他的老伴今年62岁，患有癌症，需要化疗。

6. 州失业保险计划的批评者认为："失业保险计划是为了向失业工人提供经济保障，但是有一些关键问题需要解决。"

a. 典型的州失业保险计划应保障的失业类型有哪些？

b. 说明哪些情况会剥夺工人领取失业保险金的资格。

c. 为什么长期以来领取失业保险金的失业工人的比例在下降？

7. 工人补偿法案向那些因与工作有关的事故或疾病遭受伤害的工人提供大量经济保障。

a. 解释工人补偿法案的基本法律原则。

b. 列出参保工人遵守州工人补偿法案的不同方式。

c. 解释领取工人补偿保险金的资格条件。

数字资源

网络资源

参考文献

第19章
责任风险

> 我从来不会在同一个地方跌倒两次,虽然输掉一场官司,但我还会再赢回来。
>
> ——伏尔泰

学习目标

学习完本章,你应当能够:

- 讨论法律责任的基础,包括三种类型的民事侵权行为。
- 对过失进行定义,解释过失行为要素,列出可被用于驳回过失诉讼的一些法律抗辩术语。
- 界定过失归咎,并指出过失归咎适用的情形。
- 解释事实自证原则如何修正过失原则,举出事实自证原则适用的例子。
- 讨论过失原则在诉讼中的特殊应用,包括涉及财产所有者、儿童的诱致性伤害、车主和驾驶者、政府和慈善机构、父母和子女、动物等案件。
- 讨论现有侵权赔偿责任存在的问题,包括存在问题的侵权责任体系、医疗责任索赔、集体诉讼以及其他当前和发展中值得关注的领域。

保罗住在离最近的机场大约80英里的地方。他在一年中有好几次开车去机场赶早班飞机。在他家到机场的路上有许多斜坡和弯道,保罗不喜欢开快车,因此在他开车去机场时,偶尔会遇到被超车的情况。那是六个月前发生的事情,当时保罗正驾车上坡并绕行弯道,一个驾驶员试图在"禁止通行"区域超过保罗。

当试图超过保罗的那辆车与他并行时,另一辆车正从相反的方向驶下坡顶。试图超过保罗的那辆车不得不在他前面并道。为了避免两车相撞,保罗被迫将车驶出高速路,最终致使车辆在失去控制后撞到了树上。保罗因此摔断了胳膊和骨盆,头撞到方向盘后造成了脑震荡。他的车也在事故中被损毁。超车司机返回确认保罗是否安然无恙,不幸的是,该名司机并没有投保汽车保险。保罗尽他所能从自己的保险公司得到了赔偿,并对该司机提起诉讼。他在诉讼中称,超车司机的疏忽是造成他身体受伤、汽车被损毁、个人痛苦和工作收入损失的原因。保罗想得到赔偿。

美国是一个爱打官司的社会。像保罗一样,许多人都在为他们所遭受的不义行为寻求赔偿。个人和企业经常遭到起诉：屋主因房客受伤被起诉；驾驶人因车辆操作疏忽被起诉；企业遭到起诉的原因包括生产劣质产品、欺诈行为、违反证券法、破坏环境、管理监督不力、未保护客户数据等等其他许多原因；医生、律师、会计、工程师和其他专业人士因为失误操作、过失和不胜任而被起诉；同样，政府和慈善机构因为不再享有免予起诉权而被起诉。

因此，责任风险对于想要避免或最小化潜在损失的人来说是极其重要的。

在这一章中，我们将讨论美国的过失原则和侵权责任赔偿体系。这些知识可以为理解个人和企业责任保险的保障范围奠定基础，如第20章将讨论的汽车保险保单中的责任范围和第26章将讨论的企业一般责任保险。本章讨论的具体问题包括过失原则、过失行为要素、对过失的抗辩、特殊责任情况下对过失原则的应用、当前侵权责任赔偿问题，以及侵权方面的改革。

法律责任基础

每个人都有一些法律权益。**法律过失（legal wrong）**是指对一个人合法权益的侵害，或者是没有对特定的个人、商业组织或者整个社会履行某种法律义务。

法律过失有三个层次。犯罪是对社会的法律过失，社会常常以罚款、监禁或死刑的形式对罪犯施加惩罚。违反合同是法律过失的另一个层次。最后，**侵权（tort）**是一种按照法律规定应当以货币形式赔偿损失的法律过失行为。由于他人［被告或**侵权者（tortfeasor）**］的行为而遭受伤害或损害的人［**原告（plaintiff）**或起诉人］，可以因其遭受损害而提起诉讼。

民事侵权行为通常可以分为以下三类：
- 故意侵权。
- 严格责任（绝对责任）。
- 过失。

故意侵权

法律责任可以由一些伤害或损害他人及其财产的故意行为或疏忽产生。故意侵权的例子包括攻击、殴打、非法侵入、非法监禁、欺诈、中伤、诽谤和知识产权或版权等侵权行为。

严格责任

由于对个人或社会的潜在损害极大，即使未被证明存在疏忽，人们还是要为对他人造成的损害承担相应的责任。**严格责任（strict liability）**是指无论是过失还是疏忽，都要强制承担的责任。严格责任也被称为**绝对责任（absolute liability）**。下面列出了一些常见的严格责任的情况：
- 爆破操作。
- 制造炸药。

- 豢养野生动物或危险动物。
- 利用飞机喷洒农药。
- 工人补偿法案规定的员工职业伤害和疾病。

过 失

过失是另一种会导致实质性责任的民事侵权形式。由于过失在责任保险中非常重要，所以要特别重视。

过失原则

过失（negligence）一般被定义为由于没有达到法律要求的谨慎标准而致使他人受到不合理伤害的风险。这里的谨慎标准建立在一个理性且谨慎的人所需要的关注程度的基础上。换句话说，将你的行为与同样情况下的一个理性且谨慎的人的行为进行比较。如果你的所作所为低于一个理性且谨慎的人所要求的谨慎标准，你就被认为存在过失。

法律对每种错误行为所要求的谨慎标准并不一致。其含义复杂，且依赖于牵涉在内的人的年龄和知识，不断变化的法院解释，起诉人与侵权者的技能、知识和判断，伤害的严重程度，以及其他附加因素。

过失要素

为了得到赔偿，受伤的人必须证明侵权者存在过失行为。有四个基本的**过失要素**（elements of negligence）。

- 存在法律责任。
- 没有履行该法律责任。
- 对原告造成损害或伤害。
- 过失行为与造成伤害之间存在直接因果关系。

存在法律责任 第一个条件是存在防止他人受到伤害的法律责任。例如，驾驶员有遇到红灯时停车和在速度限制范围内安全驾驶车辆的法律义务。制造商有生产安全产品的法律义务。内科医生在开药之前有询问病人是否对该药物过敏的法律义务。

如果不存在法律规定的强制责任，你就无须承担责任。例如，也许你是一名游泳冠军，但是你并不负有要跳到游泳池里去救一名2岁的落水儿童的法律责任。你也不必承担在气温为零下30摄氏度的夜里停下车来搭载搭便车的人的法律责任。要犯有过失罪，首先必须存在防止他人受到伤害的法律责任或义务。

没有履行该法律责任 第二个条件是没有履行法律要求的责任。也就是说，你没有达到防止他人受到伤害的谨慎标准。将你的行为与处于相同环境下的一个理性且谨慎的人的行为进行对比，如果你的行为低于该标准，就满足了第二个条件。

被告的行为可以是作为或者不作为。在居民区高速行驶或闯红灯就是作为的例子，一个理性且谨慎的人不会这么做。不作为简单来说就是没有采取行动：没有做到一个理性且谨慎的人原本可以做到的事情。例如，如果因为没有修好自己刹车已经失灵的汽车而使他人受到伤害，就存在过失。

损害或伤害　第三个条件是对原告造成损害或伤害。受害者必须证明其所遭受的损害或伤害是所谓的侵权者的行为所导致的结果。例如，超速驾驶者可能会闯红灯，撞上你的车，使你严重受伤。因为你受到伤害，而且你的车也被损坏，所以过失行为的第三个条件已经满足。

被判决要过失方赔偿的赔偿金的数额取决于几个因素。法律确认了两种类型的赔偿，并以货币的形式进行计量（见图表 19-1）：

一是**补偿性赔偿金**（compensatory damages），被用于赔偿受害方实际遭受的损失。补偿性赔偿金包括特殊赔偿金和一般赔偿金。**特殊赔偿金**（special damages）是对那些能够确定并记录下来的损失的赔偿，例如医疗费用、收入损失或财产损毁。**一般赔偿金**（general damages）被用于赔偿那些无法专门衡量或详细说明的损失，例如对痛苦、毁容或丧偶造成的感情伤害的补偿。

二是**惩罚性赔偿金**（punitive damages），被用于惩罚个人和组织，从而使其他人和组织避免犯同样的错误。惩罚性赔偿金通常是补偿性赔偿金的数倍。

直接因果关系　过失行为的最后一个条件是必须存在直接因果关系。**直接原因**（proximate cause）是一种不被其他任何新的和独立的原因所打断的原因，没有它的存在，某一件事就不会发生。也就是说，在过失行为和造成的伤害之间必须存在一条未中断的事件因果链。例如，一个酗酒的司机闯红灯，并撞死了另一个司机。这就满足存在直接因果关系这一条件。

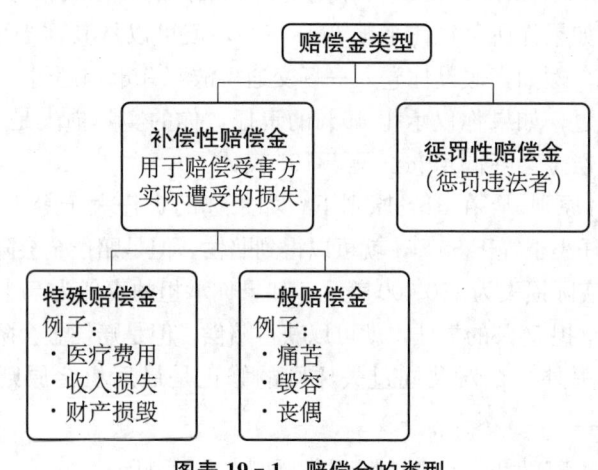

图表 19-1　赔偿金的类型

对过失的抗辩

有些法律抗辩可以驳回对损害的起诉。一些重要的抗辩包括下面几种：
- 共同过失原则。
- 比较过失原则。
- 最后机会原则。
- 风险自担原则。

共同过失原则 有些地区有**共同过失原则**（contributory negligence law）。① 共同过失是指，如果受伤人员的行为低于提供保障要求的谨慎标准，且这种行为造成了该种伤害，那么受伤人员就不得领取赔偿金。因此，在严格应用普通法的情况下，如果你在任何程度上存在造成自己受伤的影响，那么就不得获取赔偿金。例如，如果一个司机在高速公路上行驶的时候没有给出任何信号就突然减速，从而造成后面的司机追尾，那么未给出信号就构成了共同过失。如果共同过失成立，那么第一个司机不能领取赔偿金。

比较过失原则 由于共同过失原则的执行过于严厉，大多数州遵循**比较过失原则**（comparative negligence law）。这种原则允许受害者即使在与造成的伤害有关联的情况下也可以得到赔偿。根据比较过失原则，如果原告（受害者）和被告（被指控存在过失的一方）双方都与受害者所受的伤害有关，则根据他们各自的过失程度来确定双方承担赔偿的比例。

各州的比较过失原则不尽一致。比较过失原则可以分为如下几类②：

- 完全原则。
- 50%原则。
- 51%原则。

有12个州承认完全原则。③ 在完全原则下，即使存在过失，你仍然可以因为受到伤害而获得赔偿，但是获得的赔偿会按比例下降。例如，如果你对一起交通事故负有60%的责任，而你的实际损失是10 000美元，那么你的赔偿金就会降低60%，至4 000美元。

有10个州遵循50%原则。④ 在50%原则下，如果你的责任大于等于50%，就不能获得损失赔偿。但是，如果你所负责任小于等于49%，就可以从其他当事人那里得到赔偿，但是赔偿额度会降低。例如，假设你卷入一场交通事故，并承担超过50%的责任，你就不会获得任何赔偿。不过，如果你仅承担49%的责任，你的实际损失是10 000美元，就可以获得赔偿，但是赔偿金会降低49%，至5 100美元。

23个州遵循51%原则。⑤ 在51%原则下，如果你的责任大于等于51%，就无法获得赔偿。不过，如果责任小于等于50%，就可以得到赔偿，但是赔偿金会降低。例如，假设你卷入一场交通事故，实际损失为100 000美元。如果你承担的责任为51%，就得不到任何赔偿。然而，如果你只承担50%的责任，就可以获得赔偿，但是赔偿金会降低至50 000美元。

最后机会原则 另外一个对共同过失原则的修正是**最后机会原则**（last clear chance

---

① 例如哥伦比亚特区、亚拉巴马、马里兰、北卡罗来纳和弗吉尼亚等地区。

② 这部分基于 *Contributory Negligence/Comparative Fault Laws in All 50 States*，Matthiesen, Wickert & Lehrer, S.C., Attorneys at Law, Hartford, WI. 2018年2月的更新指出，南达科他州采用了基于"轻微/重大"过失的比较过失体系。在这一体系下，只有原告过失为"轻微"，被告过失为"重大"时，比较过失才成立。当原告过失大于"轻微"时，原告不能追偿损失。

③ 阿拉斯加州、亚利桑那州、加利福尼亚州、佛罗里达州、肯塔基州、路易斯安那州、密西西比州、密苏里州、新墨西哥州、纽约州、罗得岛州和华盛顿州。

④ 阿肯色州、科罗拉多州、佐治亚州、爱达荷州、堪萨斯州、缅因州、内布拉斯加州、北达科他州、田纳西州和犹他州。

⑤ 康涅狄格州、特拉华州、夏威夷州、伊利诺伊州、印第安纳州、艾奥瓦州、马萨诸塞州、密歇根州、明尼苏达州、蒙大拿州、内华达州、新罕布什尔州、新泽西州、俄亥俄州、俄克拉何马州、俄勒冈州、宾夕法尼亚州、南卡罗来纳州、得克萨斯州、佛蒙特州、西弗吉尼亚州、威斯康星州和怀俄明州。

rule），它是指如果被告本来在最后有明显的机会避免事故发生，但却没有这样做，那么由于自己的过失而受到伤害的原告仍然可以从被告那里获得赔偿。例如，路人乱闯红灯违反法律，但是如果驾驶者最后有明显机会可以避免撞到那个路人却没有这样做，那么受伤的路人仍然可以获得赔偿。

风险自担原则 风险自担原则（assumption of risk doctrine）是另一种可以被用于驳回对损失要求赔偿的抗辩。根据这一原则，已了解并意识到某一特定活动中所固有风险的人受到伤害时不能获得赔偿。实际上，即使因为其他人的过失造成了伤害，风险自担原则也禁止受害者获得赔偿。例如，假设你正在教一位视力严重受损的朋友学习驾驶，他不小心撞上电线杆并使你受伤，那么如果你就此上诉，他就可以将风险自担作为合理抗辩。

许多州已经取消风险自担作为独立抗辩理由。以前，风险自担是被告可采用的积极抗辩方式。但是现在在大多数地区，风险自担被纳入了各州的比较过失原则和共同过失原则。

过失归咎

过失归咎（imputed negligence）是指在特定条件下，某人的过失可以归因于另一个人。我们可以用几个例子来说明这个原则。

第一，当员工代表雇主行动的时候，他们之间存在"雇主-员工"关系。员工的过失行为可以归咎于雇主。因此，如果你驾车为雇主派送包裹时不小心伤害了其他驾驶人，你的雇主要为你的行为负责。

第二，许多州有某种形式的**替代责任原则**（vicarious liability law），该原则允许将驾驶员的过失归咎于车主。例如，如果司机作为货车所有人的代理人驾车，货车的所有人就要承担法律责任。因此，假如杰夫驾驶丽莎的汽车去干洗店取外套，杰夫驾车撞了别人，丽莎就要承担法律责任。

第三，在**家庭用途原则**（family purpose doctrine）中，车主要对直系亲属驾车事故承担责任。因此，如果16岁的香农驾驶父亲的车撞伤了另一名司机，并被起诉要求赔偿100 000美元，她的父亲就要承担责任。

第四，过失归咎可能是由合伙商业投资行为产生的。例如，两兄弟可能是合伙企业的合伙人，其中一人驾驶合伙企业汽车因过失伤害了客户，受害者要求赔偿，那么两兄弟都要对此伤害负责。

酒吧原则（dram shop law）是过失归咎的最后一个例子。在这个原则下，销售酒类的场所要对所销售的酒造成的损害负责。例如，假设酒吧老板继续向一位醉酒的客人提供服务，在酒吧关门之后，该客人在开车回家的路上撞伤了3个人，那么酒吧老板要对此负法律责任。

事实自证原则

过失原则的一个重要修正是**事实自证**（res ipsa loquitur）原则，意味着"让事实说话"。根据这一原则，伤害或损害发生这一事实就说明了被告存在过失的假设成立。随后看被告是否能驳倒存在过失的假设。也就是说，如果被告没有过失，那么事故或伤害通常不会发生。事实自证原则的例子包括：
- 牙医拔错牙齿。
- 外科医生把手术用纱布留在病人的腹腔里。
- 对错误的病人进行了外科手术。

应用事实自证原则要满足下列条件：
- 如果不存在过失，事故通常不会发生。
- 被告对引起事故发生的工具拥有唯一的控制权。
- 受害方与事故的发生无关。

过失原则的特殊应用

过失原则适用于若干情形。本节我们将介绍过失原则的几个特殊应用。

财产所有人

财产所有人负有防止财产对其他人造成伤害的法律责任。但是，财产所有人对他人的谨慎标准因情况而异。传统上分为三种不同的类型：（1）非法侵入者；（2）被许可者；（3）被邀请人。[1] 但是，后面将要指出，一些地区已经废除或修订了这些普通法分类。

非法侵入者 非法侵入者（trespasser）是指未经所有者同意进入或者在所有者领地中停留的人。一般来说，非法侵入者不请自来。财产所有者对非法侵入者没有任何义务使该地处于安全状态。不过，财产所有者不能随意伤害非法侵入者，或布置可能会伤害他们的陷阱。这种防止伤害非法侵入者或者防止设圈套伤害非法侵入者的责任有时也被称为轻微谨慎责任。

被许可者 被许可者（licensee）是指经过占有者明示或暗示同意后进入或在其领地停留的人。被许可者包括挨户拜访的推销员、慈善或宗教组织的法律顾问、在领地范围内履行职责的警官或消防员，以及各行各业的"访客"。被许可者不请自来。然而，财产所有者或占有者必须提醒被许可者有关领地周围存在的不安全状况或活动，但是他们并没有义务为了被许可者的利益去检查领地周围的情况。

被邀请人 被邀请人（invitee）是指为了占有者的利益而被邀请到某地的人。被邀请人包括商店的顾客、邮递员以及清洁工。除了提醒被邀请人存在的危险状况之外，占有者有义务检查周围的情况并消除已发现的危险状况。例如，商店的自动扶梯坏了，店主必须提醒顾客注意这部不安全的自动扶梯（可以利用标识提醒），并阻止顾客使用这部自动扶梯。有问题的自动扶梯必须尽快修好，否则，商店里的顾客如果受到伤害，店主就要对此负责。

很多地区已经部分或全部废除了之前普通法关于来访者谨慎程度的分类。根据内布拉

---

[1] 这些资料参见 Donald J. Hirsch, *Casualty Claim Practice*, 6th ed. (Burr Ridge, IL: Irwin, 1996), pp. 58–62.

斯加州最高法院的规定，大部分州和哥伦比亚特区或者已经重新考虑传统普通法分类方法，或者已经废除某些或全部分类。①

诱致性伤害

诱致性伤害（attractive nuisance）是一种会吸引并导致儿童受伤害的情况。在诱致性伤害原则下，如果一些儿童被一些危险的情况、特性或物品所吸引从而在该土地上受到伤害，那么土地的占有者应负有责任。这一原则根据的是：儿童因无法分辨其中存在的危险而受伤，保护这些儿童而不是土地所有者的权利符合社会的最高利益。因此，土地的所有者必须确保土地处于安全状态，并以正常的谨慎态度来保证经过的儿童免受伤害。②

以下一些例子可以被用于阐述诱致性伤害原则。根据这一原则，房屋的所有者或使用者负有责任：

- 屋主随意将梯子放在房子的墙边。一个小孩爬上梯子后从屋顶上摔下来并摔断了双腿。
- 屋主有一间为小孩子准备的迷你房子。邻居家的小孩试图从没有上锁的窗口爬进去，结果窗户掉下来砸在他（她）的脖子上，使其窒息而死。
- 建筑承包商忘记拔出拖拉机的钥匙。两个小男孩在驾驶该拖拉机时由于翻车而遭受重伤。

车主和驾驶者

车主要对因自己不小心驾驶和不负责任的行为造成的他人的财产损失和身体伤害负责。没有一条单独的法律可以用于该情况。既是车主又是驾驶员的人所承担的法律责任一直以来都受到法院判决、比较过失原则、最后机会原则、无过失汽车保险法（见第 21 章）以及其他许多因素的影响。不过，各州的法律都明确要求车主在驾驶汽车时要保持合理的谨慎态度。

关于非驾驶员的所有者的责任，一般原则是：所有者不对驾驶者的过失行为负责。但这个一般原则也有例外。如果存在"代理关系"，所有州的车主都要对驾驶者的过失负责。正如前文所述，如果你的朋友因为你的原因开着你的车去办事，在此过程中伤害了其他人，那么你就要承担责任。此外，在前面讨论的家庭用途原则下，车主要对直系亲属驾驶汽车的过失行为负责。

政　府

根据普通法，除非经过政府同意，否则联邦、州和地方政府都不能被起诉。免于被起诉是基于**君主免责**（sovereign immunity）原则，该原则是指国王或王后不可能做错事。不过，随着时间的推移，成文法和法院判决大幅度修正了这一原则。

如果政府在行使**专有职能**（proprietary function）上有过失，那么政府单位将承担相应的责任。政府的专有职能一般包括经营水厂、电力、运输和电话系统、市政礼堂以及类

---

① *Opinion of the Supreme Court of Nebraska*, *Case Title*, *Roger W. Heins*, *Appellant*, *v. Webster County*, *Nebraska*, *doing business as Webster County Hospital*, *Appellee*, Filed August 23, 1996, No. S-94-713.

② James J. Lorimer, et al., *The Legal Environment of Insurance*, 4th ed., vol. 2 (Malvern, PA: American Institute for Chartered Property Casualty Underwriters, 1993), pp. 18-19.

似的赚钱活动。因此，如果在市政音乐厅举行的音乐会上出现座位倒塌，该市政府将会因此而受到起诉，并对受伤的观众负责。关于**政府职能**（governmental functions），政府行为的免受诉讼权也在随着时间的推移而受到削弱。今天，政府行为的几乎每一方面都可能受到起诉，包括非法拘留，未满足某些谨慎标准，以及未实施逮捕。

慈善机构

慈善机构一度可免于被起诉。这一免责特权已逐渐被州法律和法庭判决取消。今天的趋势是，慈善机构要对过失行为负责，特别是商业行为。例如，宗教机构经营的医院会因为医疗事故受到起诉，在教堂举办的舞会、狂欢和宾果游戏中如果参与者受伤，那么教堂要承担责任。

雇主和员工

在**雇主责任**（respondeat superior）原则下，雇主要对员工在为雇主工作中所犯的过失负责。因此，如果体育用品商店的销售员不小心将杠铃砸在了顾客的脚趾上，店主就要为此负责。

雇主为员工过失行为负责要满足两个条件：第一，工人的法定身份是员工。若一个人被雇主详细告知如何工作，配备了相应的工具，定期支付工资或薪酬，那么就认为他/她是一名员工。第二，在过失行为发生时，员工必须正在从事工作范围内的事情。也就是说，员工必须正在做其被雇用来从事的工作。无法运用单一的测试方法来判断侵权是否发生在工作范围内，在这一问题上需要分析很多因素，包括行为是否得到雇主的授权，是否是员工日常行为，是否出于增加雇主利益的考虑。[①]

父母和子女

在早期的普通法中，父母一般不需要为子女的侵权行为负责，达到法定年龄的子女要为自己的错误行为负责。但是，这个规则存在几个例外：第一，如果子女使用危险武器（例如枪支和刀具）伤害了其他人，父母要为此承担责任。例如，如果10岁的小孩被允许玩耍上膛的左轮手枪，伤害或杀死了路过的行人，父母要承担责任。第二，如果孩子是父母的代理人，父母要承担法律责任。例如，如果儿子或女儿在家庭企业中工作，父母要为孩子的伤人行为负责。第三，如果未成年子女驾驶家里的汽车，则根据前面讨论的家庭用途原则，父母要承担责任。随着时间的推移，儿童，尤其是青少年对财产的损坏和故意破坏行为正在增加。大多数州已经通过了法律，要求父母为孩子的故意和恶意行为造成其他人的财产损失负责。例如，内布拉斯加州采用父母责任原则，要求父母对未成年子女对财产的故意破坏行为负责。

动物的主人

野生动物的所有者要对野生动物伤人承担绝对责任，即使动物是家养的。例如，如果大型宠物（例如老虎）逃脱并伤人，即使它的所有者非常谨慎地圈养这些动物也要对此负有绝对责任。

---

① James J. Lorimer, et al., *The Legal Environment of Insurance*, 4th ed., vol. 2 (Malvern, PA: American Institute for Chartered Property Casualty Underwriters, 1993), p. 132.

此外，根据各州情况的不同，普通宠物（如狗）的主人也要承担绝对责任。有三种原则可能会对狗主人施加责任。根据狗咬原则（dog-bite law），狗的主人自动对狗造成的伤害负责。如果"一口规则"（one-bite rule）适用，受伤的人必须证明狗的主人知道狗是危险的。最后，有些地区通过应用本章前面讨论的过失原则来确定狗的主人是否应对狗所造成的伤害负责。①

现存的侵权责任问题

目前的侵权责任体系存在诸多问题。对所有侵权问题的详细讨论超出了本书的范畴。然而，有三个问题领域值得我们简要讨论：
- 存在问题的侵权责任体系。
- 医疗责任索赔。
- 集体诉讼。

存在问题的侵权责任体系

批评者认为，美国现有的侵权责任体系存在诸多问题，降低了其对受害者补偿的有效性。主要的不足包括：
- 日渐提高的侵权成本。
- 对受害人赔偿的效率低下。
- 法律结果的不确定性。
- 较高的赔偿金。
- 诉讼案件审理的拖延。

日渐提高的侵权成本 批评者认为美国的侵权体系成本高昂，诉讼案件的法律成本高昂。尽管侵权成本的上升在近几年有所缓和，但是侵权的总成本依然巨大。韬睿惠悦（Towers Watson）咨询公司的研究成果显示，2010 年侵权的总成本为 2 646 亿美元。这一数字是美国历史上侵权成本最高的，等于向每个人征收 857 美元的税收（见图表 19-2）。② 这些成本包括支付的保险金或者逾期支付给第三方的成本，以及抗辩和行政成本。侵权总成本包括：（1）除了医疗欺诈以外的保障范围内的成本，（2）除了医疗欺诈以外的自保成本，（3）医疗欺诈成本。③

2011 年之后，韬睿惠悦咨询公司停止了对侵权成本的年度研究。图表 19-2 还表明侵权成本对于经济而言是一种相对沉重的负担。长期以来，美国经济中的侵权成本增长速度高于经济增速。2006—2010 年，侵权成本占国内生产总值（GDP）比例的范围从 1.78%到最高的 1.85%不等。尽管侵权成本占 GDP 的比例从 2002 年起开始大幅下降，但是侵权

---

① "Spotlight on: Dog Bite Liability," Insurance Information Institute, April 3, 2017.
② 这个图表来自 Towers Watson's, "U. S. Tort Cost Trends, 2011 Update"。
③ 尽管韬睿惠悦（前身为韬睿）从 1985 年就开始研究侵权成本问题，但是并不是所有人都认可其计量侵权成本的方法。有些人认为它高估了成本。参见"Towers Perrin: 'Grade F' for Fantastically Inflated 'Tort Cost' Report," Americans for Insurance Reform, January 28, 2010.

成本在美国比在其他发达国家要高得多，这让美国的公司更加难以在世界市场中竞争。假设侵权成本占GDP的比例保持在1.8%，2011—2017年的侵权成本将为[①]：

年份	美国侵权成本（十亿美元）
2011	277
2012	288
2013	297
2014	310
2015	324
2016	332
2017	345

有几个因素有助于解释侵权成本的大幅上升。[②] 这些因素包括：

- 社会上的通货膨胀导致陪审团和法官对损害赔偿发生时的美元价值不敏感；
- 原告律师为了实现赔偿额最大化采取了积极且富有创新的诉讼策略；
- 日益上升的医疗成本提升了个人伤害索赔的成本；
- 滥用集体诉讼和"集体"的定义；
- 州和法庭采取了打击州侵权改革立法的行为；
- 由于公司欺诈、贪污、非法操控收入以及财务和会计丑闻，股东起诉公司董事会成员和管理者案件的数量和规模都在增加；
- "深钱袋"现象不断出现，一些原告的律师总是寻找能够支付大额赔偿的被告；
- 媒体倾向于对案件进行日益高调的宣传。

图表19-2 侵权成本与GDP的相对关系

年份	美国侵权成本（十亿美元）	美国GDP（十亿美元）	侵权成本占GDP的比例（%）
1950	1.8	294	0.62
1960	5.4	526	1.03
1970	13.9	1 039	1.34
1980	42.7	2 790	1.53
1990	130.2	5 803	2.24
2000	179.1	9 817	1.82
2001	205.4	10 128	2.03
2002	232.9	10 470	2.22
2003	245.7	11 142	2.21
2004	260.3	11 853	2.20
2005	261.4	12 623	2.07
2006	246.9	13 377	1.85
2007	252.0	14 029	1.80
2008	254.9	14 292	1.78
2009	251.8	13 939	1.81
2010	264.6	14 527	1.82

资料来源：Towers Watson, *2011 Update on U.S. Tort Cost Trends* (2011), Table 2. Reprinted by permission of Towers Watson.

---

① 表格中的数据是通过将1.8%的值应用于2011—2017年的实际GDP数据得出的估计值。

② David Dial, et al., Tort Excess 2005: The Necessity for Reform from a Policy, Legal and Risk Management Perspective, Insurance Information Institute, 2005.

对受害人赔偿的效率低下　批评者认为，现有体制在赔偿受害人方面效率低下。集体诉讼的数量随着时间的推移而不断上升。然而，批评者指出，原告通常只得到相对较少的赔偿金，而律师则抽取了赔偿额中的很大一部分。

此外，批评者认为现有体制是低效的，还因为受害者领取的赔偿不到每一笔支付侵权赔偿的一半。通能（Tillinghast）早前的一项研究发现，责任索赔的每 1 美元花费中，受害人仅得到实际经济损失中的 22 美分（例如医疗费用和收入损失），以及其他 24 美分的对非经济损失的赔偿（例如所蒙受的痛苦）。剩余的 54 美分被用于支付原告的律师费用、辩护费用以及管理费用。[1] Hersch 和 Viscusi 利用得克萨斯州保险部门的商业责任保险结案索赔数据库进行的一项研究也得出了类似的结论。[2] 在责任索赔案上每花 1 美元，受害人在所有赔偿金中可以分得 25 美分，在聘请律师并提起诉讼的索赔中则只可分得 17 美分。梅耶布朗（Mayer Brown）律师事务所最近的一项研究考察了集体诉讼带给集体成员的利益。在抽样调查中，35％的索赔案件被原告驳回，31％被法院驳回，14％四年后仍未得到解决。[3] 在已结案的索赔中，尽管受害人的律师可以从中获益，但对受害人来说，却通常没有什么经济利益。

法律结果的不确定性　批评者认为，由于法律原则不断变化，在审判结果的预期方面存在很大不确定性。其结果是，对于原告、律师、保险公司、雇主、风险管理师、政府官员和纳税人而言，审判结果都非常不确定。

例如，过去受伤的人要获得赔偿就要证明其他当事人犯错，现在强调的则是，为受伤的人提供某种形式的法律援助，而不论过错在谁。因此，批评者认为，是否具有赔偿能力比确定谁犯了错误更重要，向受伤人士支付赔偿的责任重重地压在了保险公司、富人、工商企业和其他"深钱袋"（有能力支付赔偿）的人的身上。

由于法律结果的不确定性，财产和责任保险公司常常必须支付侵权责任索赔，而这些是它们在售出保单时没有预料到的。

较高的赔偿金　批评者还认为某些类型案件的赔偿金不断增加。这些案件包括机动车责任、物业责任、过失死亡、医疗事故和产品责任。图表 19-3 显示了 2006—2015 年赔偿金中位数和平均值的增长情况。2015 年的平均赔偿金为 114.459 9 万美元，而 2006 年的平均赔偿金为 97.9 万美元。较高的赔偿金以及庭外和解导致需要购买更高限额的责任保险，这增加了企业的经营成本。而成本的上升反过来通过提高商品和服务的价格被转嫁给消费者。除医疗责任外，图表 19-3 中所示的每一类人身伤害索赔案件，平均赔偿金额均有所增加。物业责任和机动车责任的平均赔偿金增幅较大。2015 年平均赔偿金额最高的是产品责任类案件，为 487 万美元。

---

[1] Insurance Information Institute, "Liability System," *Issues Update*, September 2014.

[2] 参见 Joni Hersch and W. Kip Viscusi, "Tort Liability Costs and Commercial Claims," *American Law and Economics Review*, Vol. 9, No. 2 (2007), pp. 330-369.

[3] 梅耶布朗律师事务所的名为《集体诉讼是否有利于集体成员？》的研究调查了 2009 年提交或转移至联邦法院的消费者和雇员集体诉讼案件。截止日期为 2013 年 9 月 2 日。

各州责任赔偿体系的公平性和质量存在差异。① 美国商会通过调查企业在其所在州的商业经营情况来考察各州的"诉讼氛围"。评级因素包括侵权与合同诉讼的总体处理、主审法官的能力、陪审团的公正性、损害赔偿的合理性、审判员的公正性等。最终发现，排名前五位的"最公平合理"的州分别是南达科他州、佛蒙特州、爱达荷州、明尼苏达州和新罕布什尔州。排名最低（最差）的五个州是佛罗里达州、加利福尼亚州、伊利诺伊州、密苏里州和路易斯安那州。

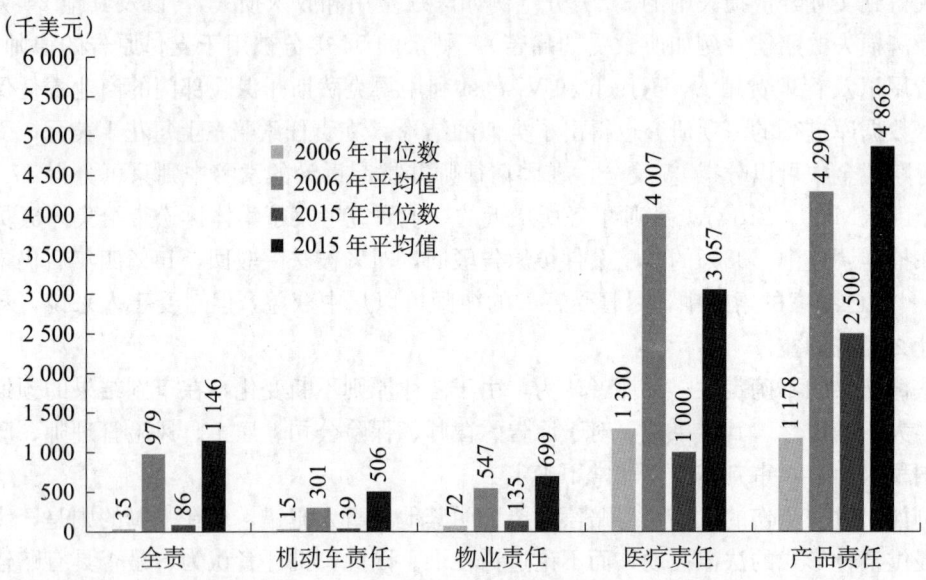

图表 19-3　2006—2015 年赔偿金的中位数和平均值

注：中位数代表了赔偿金的中间点。有一半高于该值，另一半低于该值。

资料来源：Insurance Information Institute，*2018 Insurance Fact Book*，and data printed in previous editions of the *Fact Book*. Reprinted with permission from *Current Award Trends in Personal Injury*，56th edition.

最后，巨灾赔偿的可能性因地区的不同而有很大差异。一些州被认为公平公正地对待被告，另外一些州则被认为对待被告不公平。根据美国侵权改革协会（American Tort Reform Association，ATRA）的观点，有些州和郡县对被告如此不公，以致被贴上了"公正的地狱"的标签。美国侵权改革协会认为，有些地方在运用法律和法律程序进行判决时存在体制性的不公平（通常是针对民事诉讼中的被告）。美国侵权改革协会发布了一份年度报告，指出了被认为是公正的地狱的几个地区（见专栏 19.1）。

2017—2018 年公正的地狱

2017—2018 年《公正的地狱报告》（Judicial Hellholes Report，简称《报告》）聚焦于

---

① 参见 "The 2017 Lawsuit Climate Survey：Ranking the States，" U. S. Chamber of Commerce，September 23，2017.

八个享有"公正的地狱"称号的地区和司法机构。其中一些地区和司法机构以"欢迎到此诉讼一游"或以被视为"石棉诉讼"的温床而闻名。在这些地方,太多的法官似乎更热衷于扩大民事责任,而不是尊重先例和正当选举产生的立法者的决策权威。

公正的地狱

- **佛罗里达州**。佛罗里达州最高法院的责任扩大决定,以及对立法者和州长的立法权力的近乎赤裸裸的蔑视,已多次导致其被纳入《报告》。尽管今年高等法院偏袒原告的多数派席位从5—2减少到4—3,但最近,两位多数派法官之间的小声讨论被公放麦克风录了下来。这表明,在三位志同道合的法官将于2019年初面临强制退休之际,这两位多数派法官的党派倾向一如既往,并厚颜无耻地决定影响司法选择过程。

  与此同时,在南佛罗里达和其他地方,咄咄逼人的人身伤害律师事务所的欺诈和虐待行为也玷污了该州的声誉。令人鼓舞的是,至少有一些越界的原告律师正在被追究责任,要么受到严厉的法庭制裁,要么受到刑事起诉。但在一些立法者的帮助下,太多的人仍然逍遥法外,在《报告》发布的16年历史中,这个阳光之州第一次"乌云密布",被列为美国最糟糕的公正的地狱。

- **加利福尼亚州**。如果说,萨克拉门托的大多数立法者和通过开竞选支票的方式留在加州的慷慨的原告律师可以被比作20世纪70年代伯克利激进派的共生解放军的话,那么大多数加州选民可以被比作患有斯德哥尔摩综合征的赫斯特家族继承人帕蒂·赫斯特(Patty Hearst),尽管每年都有成百上千的新法律被颁布,其中许多法律都是专门为扩大企业和财产所有者的民事责任而制定的,但加州人民还是爱上了"绑架"他们的人。

  关于加州民事责任的无情扩张,每年都可写出一本长篇巨著。但是,鉴于往年《报告》给出的批评建议似乎在萨克拉门托和加州许多法院都是对牛弹琴,因此《报告》今年对西海岸常年存在的公正的地狱的审视,将务实地把焦点放在导致该州大量民事不公案件的因素上,包括蔑视先例的州最高法院判决、《私人检察长法》、第65号提案、食品和饮料诉讼、创新者责任、加州环境质量法案对保障性住房的影响、法院对公共妨害法的扩展、自然灾害导致人身伤害类案件律师等等。

- **密苏里州的圣路易斯**。正如彭博社所报道的那样,圣路易斯民事法院以"快速审判、有利裁决和巨额赔偿"而闻名。但随着该州州长领导层的更迭、州立法者在亟待改革的法律议程上的良好开端以及美国最高法院在2017年做出的限制竞择法院的强有力决定,圣路易斯市巡回法院已不能再像一年前那样被列为美国最糟糕的公正的地狱。但要进一步改善圣路易斯和其他"来者不拒州"的民事司法环境,还有很多的工作要做。

- **纽约市**。自2013年以来,《报告》忠实但令人泪丧地详细报道了纽约市石棉诉讼法庭(NYCAL)持续腐败和肆无忌惮地偏向原告的方式。但与其提供另一份历史性的全面分析,指出那些长期以来玷污了石棉诉讼法庭名誉的不体面的自我交易,并为石棉案件原告及其律师带来与全国其他地区相比没那么糟糕的结果,今年的《报告》主要聚焦于一项备受期待但最终令人失望的新案件管理令(CMO),该法令将被用来规制今后案件的处理,直到上诉。

- **费城**。宾夕法尼亚州费城普通诉讼法院长期以来以产品责任诉讼中心而闻名全国。法院的复杂诉讼案件中心(CLC)主持了一个大规模侵权项目,吸引了全国各地的药品、医疗器械和石棉案件。近年来复杂诉讼案件中心进行了改革,似乎变得不那么欢迎州外原告了。但是,新的诉讼案件的激增和一系列案值达数百万美元的案件的判决,让"无差别对待侵权之城"悲哀地回到了公正的地狱的行列。

- 新泽西州。2016 年，新泽西州最高法院法官巴里·T. 阿尔宾（Barry T. Albin）在一宗完全基于垃圾科学的上诉案件的口头辩论中向辩护律师解释道，州外原告"喜欢我们的证据规则，他们喜欢我们的专家证人规则"，这话说得轻描淡写。原告和他们的律师也喜欢花园之州对仲裁协议的持续敌意（这实际上忽略了美国最高法院的明确指导）。来自全国各地的原告也很喜欢州高级法院愿意将新泽西州较长时间的诉讼时效适用于产品责任诉讼。但是今年，对于荒谬的消费者集体诉讼，该州的大法官们确实踩下了刹车，他们很快就会有机会重新审视（并加强）新泽西州在承认专家证词方面的宽松标准。

- 伊利诺伊州的麦迪逊和库克。麦迪逊和库克常年作为公正的地狱，以诉讼数量过多和判决金额过大而闻名。偏袒原告的法官主导着这两个地区。在这两个地区，被告从一开始就面临艰难的斗争。由于与案件走向最密切相关的地方和州政客与强大的原告律师团合谋，因此，即使这些地区的过度诉讼行为不利于经济增长和创造就业机会，并使政府和企业更难找到负担得起的保险，积极改革的前景也仍然渺茫。

- 路易斯安那州。几十年来，鹅鹕之州的法律环境一直受到强大的辩护律师和他们控制的政客的影响。对原告有利的法庭、陪审团的过度裁决、有问题的审判地法律、普遍存在的司法不当行为、缺乏透明度的石棉诉讼和信托索赔、针对小企业的残疾准入诉讼、被广泛滥用的消费者保护法、全美最高的陪审团审判门槛都是导致该州长期以来被视为全美最不适合起诉的地方之一的问题。

资料来源：Adapted from "Executive Summary," *Judicial Hellholes 2017-2018*, American Tort Reform Association (2018).

诉讼案件审理的拖延 侵权处理体制还因为延期处理诉讼案件而遭到破坏。这些案件要花费数月甚至数年的时间才能解决。1950 年，在联邦法院系统中只有 20 个案件被拖延超过 20 天。到 1981 年，拖延时间比较长的案件的数量增长了 9 倍。美国全国州立法院中心（National Center for Stoote Courts）发现，1989 年 25 个地方法庭所有侵权案件审理时间的中位数是 441 天。根据对陪审团判决研究的结论，在 1997—2003 年间，从交通事故发生时算起，平均需要 38 个月的时间进行处理，医疗事故案件处理的平均时间是 52 个月。① 联邦法院积压民事案件问题日益严重。截至 2014 年 10 月，33 万多个民事案件在联邦法院等待审理，相较于 2004 年上涨了近 20%。② 案件积压归咎于联邦法官的数量没有与增长的人口数量相匹配，犯人提出了更多的诉讼，以及国会没有采取行动填补司法空缺。在特朗普政府时期，诉讼案件审理的拖延情况进一步恶化，毒品和移民案件的增加使本已不堪重负的司法系统变得雪上加霜。③

---

① Insurance Information Institute, "Liability System," *Hot Topics and Issues Update*, November 2005.
② 参见 Joe Pazzolo, "In Federal Courts, the Civil Cases Pile Up," *Wall Street Journal*, April 6, 2015; and Martha Neil, "U.S. Courts: Federal Litigants Face Record Civil-Case Backlog Due to Shortage of Judges," http://www.abajournal.com, April 6, 2015.
③ 参见 Mica Rosenberg and Dan Levine, "Concerns over U.S. Court Backlog Grow with Rising Border Prosecutions," http://www.reuters.com, May 9, 2018; and Julia Preston, "Deluged Immigration Courts, Where Cases Stall for Years, Begin to Buckle," http://www.nytimes.com, December 1, 2016.

审判前的取证工作耗费了大量时间，比如访谈、宣誓、作证以及记录。在诉讼调查阶段，重复记录是相当费时的，且成本很高。不仅如此，律师在调查阶段经常利用拖延时间的策略作为对付对手的经济武器。总的结果就是时间的延误和成本的大幅增加。

民事侵权改革 大多数州已经启动或者考虑推进侵权改革，以应对前面所讨论的问题。一些重要的州侵权改革包括下面几个[①]：

- 对非经济损害设置补偿限额，例如痛苦。许多州已经立法对非经济损害设置了最高补偿限额，例如对痛苦的补偿。改革领域包括所有民事侵权案件或特定案件，例如医疗事故。

- 恢复技术水平辩护。该建议与产品责任诉讼有关。如果某产品在制造时采用的是主流技术，或者符合行业和政府当时的标准，那么今天也不认为它是有缺陷的产品。

- 限制惩罚性损害赔偿。惩罚性损害最初是为了惩罚制造了粗劣产品的被告，并威慑其他人使其不做出同样的行为。但是在很多案件中，惩罚性损害的赔偿如此之高，以至与法庭判决的补偿性损害赔偿金相差甚远。超过一半的州已经通过了限制实施惩罚性损害赔偿的法律。其他州也在考虑立法，以限制惩罚性损害赔偿的最高数额或限制将惩罚性损害赔偿应用于某些类型的案件。

- 修改间接来源原则。在**间接来源原则**（collateral source rule）下，被告不能使用能够说明受害者从其他间接来源获得补偿的证据。例如，在追尾事故中受伤的运输司机可能从过失司机那里获得医疗费用，但是州政府的工人补偿法中的工伤医疗费用保障可能也将其包括在内。因此，受伤的司机可能获得"双重赔付"，收到的总额超过医疗费用。间接来源原则应当修改，从而在确定损害数额的时候考虑其他来源的补偿。大约三分之一的州通过了法律来修改这条原则。其影响是，将降低损害赔偿的数额。

- 修改连带责任原则。在**连带责任原则**（joint and several liability rule）下，若干人员都对伤害负有责任，但是一个只负有轻微责任的被告可能被要求支付全部损害赔偿。在一个被告拥有大量金融资产（"深钱袋"）而其他被告几乎没有金融资产时会发生这种情况。在民事侵权体系改革中，连带责任原则将会被修改。例如，许多州现在禁止将连带责任原则应用于非经济损害，例如痛苦。

- 替代性纠纷解决（ADR）方式。另一个建议是运用**替代性纠纷解决方式**〔alter native dispute resolution（ADR）techniques〕解决法律纠纷。替代性纠纷解决方式是不需要法律诉讼就解决法律纠纷的一种方式。例如，各方当事人可以利用**仲裁**（arbitration）方式，即通过独立第三方的判断就纠纷达成一致。**调停**（mediation）是指，中立第三方不诉诸法律而解决纠纷。为了减少保险公司和客户之间针对索赔的诉讼案件数量，许多州现在采用约束仲裁或正规调停来解决纠纷。

州民事侵权改革建议的有效性 民事侵权改革立法的有效性如何？国会预算办公室对侵权改革立法的有效性进行了初探。[②] 它参考了9份关于民事侵权改革的经验研究成果，

[①] 这部分基于几个来源。美国侵权改革协会（ATRA）在其网站提供的侵权改革记录中，逐州跟踪其侵权改革措施（http：//www.atra.org）。另一来源为 "Liability System," *Issues Update*, from the Insurance Information Institute, 2014. 另见 David Dial, et al., *Tort Excess 2005：The Necessity for Tort Reform from a Policy, Legal and Risk Management Perspective*, Insurance Information Institute, 2005.

[②] Congress of the United States, Congressional Budget Office, "The Effects of Tort Reform：Evidence from the States," June 2004.

分析了几种侵权改革措施的效果，包括赔偿金的限额、连带责任原则的修订和间接来源原则的变化。研究发现，对赔偿金的限制降低了申请诉讼的数量、赔偿金的价值和保险成本。而关于连带责任原则和间接来源原则改革的影响，则有好有坏。

但是，国会预算办公室在说明上述结论的时候非常谨慎。首先，数据有限，结论与最初的判断并不完全一致，因此还不能盖棺定论。其次，一些研究存在局限性，因为仅分析了特定类型的民事侵权，例如交通事故中的身体伤害，而这些结论很难推而广之。最后，可能会组合使用不同的民事侵权改革方法，因此很难将结果根据不同的民事侵权改革类型进行区分。

得克萨斯州和密西西比州分别在2003年和2004年颁布了全面的侵权改革措施。在通过侵权改革立法措施之前，这两个州均出现在美国侵权改革协会的"公正的地狱"名单上；最新的列表中已将此二州剔除。美国传统基金会的一份报告[1]将得克萨斯州的经济成功和医疗保健的普及与2003年众议院第4号法案的颁布联系起来。该法案的一些条款包括：陪审团听取更多证据证明哪一方确有过失；对赔偿金设置上限；在医疗事故案件中采用外部医生的建议来规定所需的医疗标准；对医疗事故案件中的非经济损害赔偿设定上限；开展程序性改革，比如限制在更具同情心的司法机构所在地提起诉讼（竞择法院）。在得克萨斯州实施这些改革的十年后，申请侵权诉讼的数量下降了，更多的医生开始执业，人们更容易获得医疗保健服务，医疗事故保险成本也下降了。[2]

密西西比州立法机构于2004年颁布了《侵权法改革法案》。具体条款包括：限制非经济损害赔偿金；取消连带责任原则；制定更严格地提起诉讼地点的规定；以及在产品责任案件中保护"无辜销售者"。自该法案通过以来，医疗诉讼的申请数量和医生的保险费用大幅降低。2002年密西西比州提起的侵权索赔案件超过10 600起，但在2012年约为3 500起。[3]

尽管得克萨斯州和密西西比州的调查结果显示，侵权改革对各方（医生、保险公司、雇主和企业）均带来了有利影响，但侵权改革依然存在批评者。例如，美国律师基金会（American Bar Foundation）的研究教授认为，侵权法的改革限制了因过失行为而受到损害的部分个人获得赔偿金的机会。[4] 许多律师都是在向客户收取应急费用的基础上受理案件的。如果对非经济损失赔偿金设置限制，而经济损失又与收入损失有关，那么律师受理受害人缺乏收入类案件的积极性将降低。例如儿童、家庭主妇（夫）、老年人。此外，可以说，侵权改革限制了受害人就所受伤害寻求损害赔偿的权利。按照这种观点，侵权改革将损害赔偿金的控制权从司法机关转移到立法机构，并转移到那些支持民选代表的人身上。

---

[1] Joe Nixon, "Ten Years of Tort Return in Texas: A Review," *The Heritage Foundation*, *Backgrounder*, No. 2839, July 26, 2013.

[2] 美国传统基金会的报告没有研究医疗事故侵权改革对医疗保险赔付的净影响。伯恩（Born）等人发现，改革对商业医疗保险公司的损失几乎没有影响。参见Patricia Born, J. Bradley Carl, and W. Kip Viscusi, "The Net Effects of Medical Malpractice Tort Reform on Health Insurance Losses: The Texas Experience," *Health Economics Review*, 2017.

[3] Geoff Pender, "Mississippi Tort Reform at 10 Years," *The Clarion-Ledger*, May 5, 2014.

[4] "The Hidden Victims of Tort Reform," American Bar Foundation Press Release, June 2, 2015.

医疗责任索赔

尽管最近几年医疗责任成本已经有所下降，但医疗责任仍然是重要的责任问题。当医生或其他医疗专业人员的疏忽行为或不作为导致患者受伤或受到损害时，就会发生**医疗事故**（medical malpractice）。一项研究审查了1994—2013年期间医疗责任索赔和赔偿金给付的案件数量。① 研究发现，医疗责任索赔和赔偿金给付的案件数量大幅减少，特别是在过去7~10年。这一趋势一直在持续，这反映了各州在侵权改革方面做出的努力。如本章前面所述，医疗责任索赔案件的平均赔偿金从2006年的400多万美元下降至2015年的300多万美元。② 但该类案件的平均赔偿金仍然排名第二高，仅次于产品责任类案件。此外，医疗事故案件的辩护费用最高。当然，高风险职业（例如神经外科）比低风险职业（例如家庭保健）的理赔发生率更高。③

治疗结果不佳本身并不一定说明医生存在过失。为了确定责任，病人必须证明医生在特定案例中偏离了通常可接受的标准。此外，如果没有遵守医疗标准，病人必须证明该行为导致了伤害。医生的过失必须导致病人受伤或受到损害。即使医生做出了错误的诊断，无法正确治疗疾病，或者开错药，除非过失实际造成了病人的伤害或情况恶化，否则不认为存在过失。

医疗责任侵权成本 韬睿惠悦咨询公司对侵权成本的研究显示，2004年以来经过通货膨胀调整的医疗责任侵权成本有所下降。④ 部分州的侵权改革对此有所贡献。不过，医疗责任侵权成本仍然是侵权总成本的重要组成部分。2010年医疗责任侵权总成本为298亿美元，为当年侵权总成本的11%。⑤ 这一数字表明，美国人仍然越来越愿意因为告知不到位或实际医疗事故起诉医生和其他医疗保健供应商。

医疗事故和误诊成本 许多医疗事故诉讼都是由医疗保健供应商发生了诊疗错误引起的，如误诊或用药错误。此类错误可能导致病人死亡或受到严重损伤。医疗事故的发生有多重原因，包括医生经验不足、复杂的新技术、给病人看病时的新的治疗和手术流程、医疗保健供应商之间缺乏沟通、实习生睡眠不足、药物名称相似、错误的记录和非法撰写、护士/患者比例不够，以及大量其他原因。这些错误包括给错误的病人进行了手术、采取了错误程序、对错误的区域（错误的位置/错误的方向）进行了手术。这些意外事故比我们所预期的要多。

尽管大多数医疗事故是可以预防的，但它们确实发生了，而且给社会带来了巨大的成本。2014年，医疗安全专家在参议院初级卫生与老龄化小组委员会作证：可预防的医疗事故每年夺走40多万个美国人的生命，每年给国家造成1万亿美元以上的损失。⑥ 约翰·霍普金斯大学研究人员最近的一项研究发现，医疗事故是美国人每年的第三大死因，造成

---

① Mello, Michelle, David Studdert, and Allen Kackalia, "The Medical Liability Climate and Prospects for Reform," *Journal of the American Medical Association* (*JAMA*), Vol. 312, No. 20 (November 2014), pp. 2146-2155.

② *2018 Insurance Fact Book*, Insurance Information Institute.

③ 参见 "Malpractice Risk According to Specialty," Anupam Jena, Seth Seabury, Darius Lakdawalla, and Amitabh Chandra, *New England Journal of Medicine*, August 2011 and "Top 10 Specialties Sued: 2013 Malpractice Report," *Physicians' Weekly*, July 20, 2013.

④⑤ Towers Watson, "U.S. Tort Cost Trends, 2011 Update."

⑥ 参见报道 "Death by Medical Mistakes Hit Record," *Health IT News*, July 18, 2014. 约翰·詹姆斯估计每年有40多万美国人死于可预防的医疗事故。

25万人死亡。①

病人为什么起诉医生？ 除了医疗事故之外，其他一些原因可以帮助解释，为什么病人经常起诉医生和其他医疗保健供应商。这些原因概括如下：
- 过去存在的良好的医患关系已经消失。
- 人们比过去更愿意通过诉讼解决问题。
- 医生和其他医疗专家现在越来越愿意在医疗责任案件中指证其他医生。
- 媒体使更多的人意识到医生在面对医疗责任诉讼时的弱点。
- 由于潜在的高昂费用，律师越来越倾向于提起医疗责任诉讼。
- 人们对大型营利性医疗企业和管理式医疗计划的怨言越来越多。

不管原因如何，如果案件被提交给陪审团，大部分医疗责任诉讼案原告都会败诉。在前面引用的对医疗责任索赔和赔偿金给付的案件数量的研究调查中，78%的诉讼案件没有得到赔偿。②

降低的医疗事故成本 医疗保健供应商现在使用了一些新方法来降低医疗事故成本。这些方法包括：
- 对于"不该发生的错误"不收费。许多医院现在采取的政策是，对于医疗事故（被称为"不该发生的错误"）的治疗不收取费用。其结果是，病人的安全得以改善，医疗事故索赔减少了。"不该发生的错误"是指可以明确确认的、可以预防的且不应该发生的医疗事故。据估计，这类错误是"医疗保健领域的一个重大问题，每年在美国造成超过20万人死亡，24亿额外住院天数，以及2 900万美元至170亿美元的住院费用超支。"③ 例子包括对错误的人或错误的肢体部分做了手术、手术后在患者体内留下异物、输了不匹配的血液、重大的医药错误、医院要求的严重的"压力溃疡"，以及可以预防的术后死亡。此外，美国医疗保险最近声明，它将不再为八种严重的医疗事故付款，包括对错误的人或错误的位置做手术。
- 允许医生道歉的法律。超过一半的州通过了法律，允许医生为他们的医疗事故道歉，而不将他们诉诸法庭。这些法律也被称为"对不起法律"。研究已经显示，医生就医疗事故的坦率的道歉可以缓解患者的愤怒和情绪波动，可能会更快地解决问题，而不是进行耗时且成本高昂的诉讼。④
- 推动医疗事故的披露。推动医疗事故的披露和医患之间的坦诚沟通会减少诉讼案件、更快速地解决问题，并降低诉讼成本。许多州现在已经设立了法律，强制报告发生的医疗事故。

---

① Makary, Martin A. and Michel Daniel, "Medical Error—The Third Leading Cause of Death in the U. S.," *British Medical Journal*, May 3, 2016.

② Anumpam, Jena, Seth Seabury, Darius Lakdawalla, and Amitabh Chandra, "Malpractice Risk According to Specialty," *New England Journal of Medicine*, August 2011.

③ Matthew Austin and Peter Pronovost, "Reducing 'Never Events' and Preventable Harm in Health Care," Joint *Commission Journal on Quality and Patient Safety*, June 2015. Also see Megan Knowles, "13 Statistics on Never Events," http://www.beckerhospitalreview.com, July 3, 2018.

④ Cohen, Elizabeth, and John Bonifield, "When a Doctor Should Say 'I'm Sorry,'" *Journal of Medicine*, April 11, 2016. Also see Cayce Myers, "Knowing When It's Legally Safe to Say 'I'm Sorry': The Legal Effects of Mortification Strategy," Institute for Public Relations (http://www.instituteforpr.org), March 20, 2015.

- 问题医生。要对一小部分总是被起诉的医生采取措施，例如，扣押执照。问题医生会被要求接受培训，以降低医疗事故。
- 强调风险管理原则。例如，麻醉师早期开发了一些从业标准以降低医疗事故索赔。大多数索赔的原因已经明确，操作标准也进行了改进，以规避这些情况，医疗事故索赔也因此而下降。其他风险管理建议包括将研究医疗事故预防措施作为发放执照的标准之一，使用新技术来降低医疗事故（如用电子设备开处方），强制报告医疗事故。

集体诉讼

集体诉讼数量的大幅增加也是一个令人担忧的问题。在**集体诉讼（class action lawsuit）**中，原告代表一群同样受到伤害的个人（集体）向一名或一群被告寻求损害赔偿。这类诉讼可以由主要原告在州或联邦法院提起。法官必须做出该诉讼是否适用集体诉讼的决定（根据集体的规模和集体内成员受到类似伤害的程度）。如果集体诉讼被确认，则案件可以由集体代表成员进行诉讼。

提起集体诉讼的往往是律师事务所，而不是受害的消费者。在诉讼理由被公开之后，一些律师事务所会征集原告加入诉讼。近年来，已提起的著名的集体诉讼指控包括：关节置换（膝盖和臀部）手术事故造成的伤害，数据泄露暴露个人隐私信息，外科网片产品缺陷，接触致癌物质，处方药副作用，公司财务报表不实或造假，以及因企业管理者做出的决策（比如并购）造成的损害。

集体诉讼有赞成和反对之分，律师通常站在"赞成"一方，而商业利益相关者通常站在"反对"一方。集体诉讼的支持者指出，代表众多受害人提起单一法律诉讼的效率要高于提起许多单独法律诉讼。他们相信集体诉讼解决方案促进了公平，因为该集体的所有成员都受到平等对待。集体诉讼有助于追究不法之徒，使其对个别受害人造成的难以追究但总体上数额巨大的损害承担责任。输掉集体诉讼，或害怕输掉集体诉讼，可能会促使企业不生产劣质产品或不采取损害公司所有者最大利益的行为。

反对集体诉讼的人质疑集体诉讼是否真的有利于该集体的成员，因为成员们可能从诉讼中获得很少利益或没有获得任何利益。① 他们认为，在集体诉讼中，真正的"赢家"是律师，这一群体收取集体成员所获赔偿金的大部分费用。② 反对者还认为，集体诉讼对不正当行为的威慑作用很弱。由于此类诉讼已变得普遍，诉讼的潜在成本已被分摊到产品或服务定价中。这些额外的成本又通过更高的价格被转嫁给消费者。③

集体诉讼案件明显增多的一个行业是证券业。基石研究（Cornerstone Research），一个经济和金融咨询公司，追踪了证券行业的集体诉讼文件。2017年，联邦法院共审理412起集体诉讼，是2016年的两倍多，是1997—2016年间平均每年提起的与证券相关的集体

---

① 例如，2015年针对可口可乐（Coca-Cola）的集体诉讼要求该公司对其"维他命水"（Vitaminwater）产品的描述进行赔偿。该和解协议只要求可口可乐修改其产品描述。原告一无所获。

② 2014年，杜拉塞尔（Duracell）同意就一起集体诉讼案（其被指控做误导性广告）达成和解。集体成员申请了价值384 000美元的新电池优惠券。该案律师获得了560万美元的律师费。在上一注释中提到的可口可乐案中，律师获得了120万美元的费用。

③ 这些反对集体诉讼的论点参见"Unstable Foundation—Our Broken Class Action System and How to Fix It," U.S. Chamber of Commerce, Institute for Legal Reform, October 2017.

诉讼的两倍多。① 2017年提起的集体诉讼中，约有一半与并购有关。另一半案件涉及一系列对股东有害行为的指控，包括财务报表造假、过于乐观的"前瞻性"报表、对此前已披露的财务信息的重述、内幕交易和内部运营缺陷。

美国国会于2017年采取行动，试图解决集体诉讼体系存在的问题。众议院通过了《集体诉讼公平法案》（Fairness in Class Action Litigation Act，FICALA），投票基本上遵循党派路线。该法案要求在认证集体诉讼之前进行更严格的审查，根据实际分配给集体成员的赔偿金收取司法费用，反对提出不合理的索赔，打击由律师提起的诉讼，要求律师在确定集体成员身份和与之沟通方面承担更大的行政责任，并实施额外的改革措施。参议院最终没有通过该法案。②

其他当前和发展中值得关注的领域

当前和发展中还有一些其他的责任问题领域值得关注，包括网络责任、公共部门责任，以及与自动驾驶汽车和无人机等技术革新相关的责任。

• **网络责任** 网络责任是目前许多企业面临的最成问题的风险之一。黑客可以侵入公司的计算机网络并获取数据。这些数据包括员工信息、医疗记录、银行和经纪账户等财务记录以及信用卡信息。如果这些数据没有得到企业的妥善保护，非法侵入的一方即可获取这些信息。黑客还可能试图窃取企业的知识产权，或在公司的网络上植入恶意软件。了解网络责任风险并提供适当的保护以应对风险，对企业来说非常重要。③

• **公共部门责任** 另一个存在问题的领域是公共部门责任。公共部门包括市、县、学区、大学、警局、交通运输部门、法院和水/污水处理厂。最近的一份报告显示，在公共部门责任案件中，约有30%的案件赔偿金额超过100万美元，而且这类案件的数量还在增加。④ 公共部门可能遭到起诉有几个原因⑤，包括冤假错案、侵犯公民权利、机动车事故（例如公交事故）、公共部门雇员的性虐待和警察枪击案。

• **技术革新** 技术进步在带来便利的同时，往往也会带来诸多后果。"无人驾驶飞机系统"（drone aircraft systems，简称无人机）和自动驾驶汽车（autonomous vehicles，又称无人驾驶汽车）是两个不断变化的责任领域。无人机的开发和使用一度仅限于军事领域。如今，越来越多的私人和公共组织正在广泛使用无人机。例如，铁路可以使用无人机来检查铁轨和桥梁。在线零售商和快递服务公司可能会使用无人机将货物运送到消费者家中。电视网络使用无人机为观众提供更好的视角（例如，体育赛事的俯视画面）。2017年，全球售出了300万架无人机，其中在美国联邦航空管理局注册的无人机超过100万架。⑥ 当无人机坠毁时，可能会造成人身伤害和财产损失。无人机所有者/操作者以及制造

---

① 参见"Securities Class Action Filings—2017 Year in Review," Cornerstone Research。
② Kaufman, Bruce, "Business-Friendly Litigation Over-haul Stalls in the Senate," Bloomberg Law, http://www.bna.com, July 27, 2017.
③ 参见"Cyber Liability Risks," Insurance Information Institute, October 25, 2017。也可参见 Rachel Anne Carter, "The Enigma of Cyber Insurance," *Insights*, The Institutes CPCU Society, Spring 2018。
④ Jury Verdict Research, Current Award Trends in Personal Injury, 54th Edition, 2015.
⑤ 有关此主题的精彩讨论，请参见"Risk Trends: A Look Inside Public Entities," Liberty Mutual, 2017。
⑥ 联邦航空管理局的数据参见"The Drone Age," *Time Magazine*, June 11, 2018。

商都可能面临诉讼。另一个担忧是无人机的不当使用侵犯了个人的隐私权。①

许多机构都在投资开发自动驾驶汽车。这些车辆不需要驾驶员即可行驶。虽然这排除了因驾驶员操作失误造成交通事故的可能,但排除一个能够纠正不断变化的事件和系统错误的驾驶员,这件事本身就是有问题的。尽管自动驾驶汽车可能会造成事故,但如果车主没有驾驶汽车,他是否需要对事故负责?如果发生事故,汽车制造商是否需要为生产有缺陷的产品负责?政府公共部门是否需要为未提供更安全的道路负责?随着越来越多的自动驾驶汽车上路,这些和其他围绕自动驾驶汽车产生的问题将可能出现。②

案例应用

迈克尔和内特一起去打鹿。在看到矮树丛晃动之后,迈克尔迅速扣动扳机,射向他认为的鹿。但是,实际上矮树丛后晃动的是内特,他因此严重受伤。内特很幸运地活了下来,后来他起诉了迈克尔,因为"迈克尔的过失是导致其受伤的直接原因"。

a. 根据上述事实,迈克尔的行为构成过失吗?你的答案必须包括过失的定义和过失的要素。

b. 迈克尔的律师认为,如果共同过失成立,那么将对案件的审理结果产生很大影响。你是否同意迈克尔的律师的观点?你的答案必须包括对共同过失的定义。

c. 如果迈克尔构成了内特受伤的比较过失,案件审理结果会有变化吗?解释你的答案。

d. 假设迈克尔和内特在农场打猎,但没有获得农场主的同意。如果迈克尔跌入杂草掩盖住的沼泽池并伤到了脖子,那么农场主要为此负责吗?对你的答案做出解释。

本章小结

- 民事侵权是一种按照法律规定应当以货币形式赔偿损失的法律过失行为。有三种类型的民事侵权:故意侵权、严格责任(绝对责任)、过失。
- 过失被定义为由于没有达到法律要求的谨慎标准而致使他人受到不合理伤害的风险。有四个基本的过失要素:
  ➢ 存在法律责任。
  ➢ 没有履行该法律责任。
  ➢ 对原告造成损害或伤害。
  ➢ 过失行为与造成伤害之间存在直接因果关系。
- 共同过失是指,如果受伤人员的行为低于提供保障要求的谨慎标准,且这种行为造成了该种伤害,那么受伤人员就不得领取赔偿金。根据比较过失原则,受伤的人可以领取赔偿,但是损失赔偿是降低后的。最后机会原则是指,如果被告本来在最后有明显的机

---

① 有关责任问题和保险范围的讨论,参见 "Drones and Insurance," Insurance Information Institute, February 23, 2018.

② 参见 "Background on: Self-Driving Cars and Insurance," Insurance Information Institute, July 30, 2018.

会避免事故发生，但却没有这样做，那么由于自己的过失而受到伤害的原告仍然可以从被告那里获得赔偿。在风险自担原则下，已了解并意识到某一特定活动中所固有风险的人受到伤害时不能获得赔偿。

- 在特定条件下，一个人的过失可以归咎于另一个人。过失归咎可能产生于雇主-员工关系、替代责任原则、家庭用途原则、合伙商业投资和酒吧原则。
- 在事实自证（"让事实说话"）原则下，损害发生这一事实就说明了被告存在过失的假设成立。
- 过失原则因情况的变化而有所不同。过失原则的几个特殊应用情形包括财产所有人、诱致性伤害、车主和驾驶者、政府、慈善机构、雇主和员工、父母和子女、动物的主人。
- 民事侵权改革的拥护者认为，美国现有的民事侵权制度存在下列问题：
  ➢ 日渐提高的侵权成本。
  ➢ 对受害人赔偿的效率低下。
  ➢ 法律结果的不确定性。
  ➢ 较高的赔偿金。
  ➢ 诉讼案件审理的拖延。
- 州民事侵权改革的一些建议包括下面几项：
  ➢ 对非经济损害设置补偿限额，例如痛苦。
  ➢ 恢复技术水平辩护。
  ➢ 限制惩罚性损害赔偿。
  ➢ 修改间接来源原则。
  ➢ 修改连带责任原则。
  ➢ 替代性纠纷解决方式。
- 医疗责任仍然是重要的责任问题。尽管医疗事故责任索赔案件的数量有所下降，平均赔偿金额也有所下降，但与其他责任赔偿类案件相比，医疗责任赔偿金额仍然很高。许多医疗事故诉讼指控医疗保健供应商误诊或用药错误。
- 病人起诉医生的原因有很多，包括医疗保健供应商的诊疗错误，如误诊或用药错误；病人起诉医生的意愿增加；媒体让更多人意识到医生容易受到医疗事故索赔案件和赔偿金额的影响；过去存在的良好的医患关系已经消失；医生和其他医疗专家越来越愿意指证其他医生；由于潜在的高昂费用，律师越来越倾向于提起医疗责任诉讼；以及人们对营利性医疗机构和管理式医疗计划的怨言越来越多。
- 在集体诉讼中，原告代表一群同样受到伤害的个人（集体）向一名或一群被告寻求损害赔偿。集体诉讼的支持者认为：代表众多受害人提起单一法律诉讼的效率要高于提起许多单独法律诉讼、集体诉讼公平对待受害人以及集体诉讼具有威慑作用。反对集体诉讼的人则认为：集体诉讼对集体成员有很少或几乎没有利益、集体诉讼中代表集体的律师收取的费用高昂以及集体诉讼的威慑效果有限。
- 其他当前和发展中值得关注的责任领域包括：网络责任、公共部门责任，以及与自动驾驶汽车和无人机等技术革新相关的责任。

重要概念和术语

替代性纠纷解决方式	仲裁	风险自担原则
诱致性伤害	集体诉讼	间接来源原则
比较过失原则	补偿性赔偿金	共同过失原则
酒吧原则	过失要素	家庭用途原则
一般赔偿金	政府职能	过失归咎
被邀请人	连带责任原则	最后机会原则
法律过失	被许可者	调停
医疗事故	过失	原告
专有职能	直接原因	惩罚性赔偿金
事实自证	雇主责任	君主免责
特殊赔偿金	严格责任（绝对责任）	侵权
侵权者	非法侵入者	替代责任原则

复习题

1. a. 什么是过失？
   b. 解释四个基本的过失要素。
2. 解释绝对责任的含义。
3. 解释下列类型的赔偿金：
   a. 补偿性赔偿金（特殊赔偿金和一般赔偿金）。
   b. 惩罚性赔偿金。
4. 阐述被认为犯有过失的被告可以使用的法律抗辩手段：
   a. 共同过失原则。
   b. 比较过失原则。
   c. 最后机会原则。
   d. 风险自担原则。
5. 解释过失归咎的含义。
6. 解释事实自证的含义。
7. 简要阐述保障其他人免受下列责任情况损害的谨慎标准：
   a. 财产所有人。
   b. 诱致性伤害。
   c. 车主和驾驶者。
   d. 政府和慈善机构。
   e. 雇主和员工。
   f. 父母和子女。
   g. 动物的主人。
8. a. 解释美国民事侵权责任体系的不足。
   b. 提供对美国民事侵权改革的建议。
9. a. 解释美国医疗责任问题的原因。
   b. 指出降低医疗事故成本的几种方法。
10. a. 什么是集体诉讼？
    b. 集体诉讼的利弊是什么？

应用题

1. 史密斯建筑公司正在为雷蒙德公司建造一个仓库。这个建筑公司在夜晚和周末直接把一些建筑设备放在建筑工地上。一天夜里，10岁的小男孩弗雷德在史密斯建筑公司的建筑设备上玩耍。他意外地松开了拖拉机的刹车,拖拉机从小斜坡上滑下,撞上了正在建造的房屋。弗雷德在事故中遭受重伤。弗雷德的父母起诉了史密斯建筑公司和雷蒙德公司。

a. 根据过失要素,指出史密斯建筑公司为过失负责必须满足的条件。

b. 指出法律规定的进入他人财产的人的不同类型。弗雷德属于哪一类?

c. 根据弗雷德的年龄,这一案例还适用什么法律原则?解释你的答案。

2. a. 帕克威批发公司是一个批发企业,雇用了一些外部销售人员。艾米莉是帕克威批发公司聘请的一位销售人员。在她开自己的车出去正常销售的时候遇到了交通事故,与另一辆车相撞,艾米莉和那个驾驶员在事故中都受了伤。受伤的驾驶员起诉艾米莉和帕克威批发公司的过失导致其受伤。

(1) 指出受伤的驾驶员起诉艾米莉犯有过失的条件。

(2) 根据什么法律,帕克威批发公司要为驾驶员的受伤负责?对你的答案做出解释。

b. 汤姆让他的女朋友梅根去超市买一些牛肉作晚餐。当梅根开着汤姆的车去超市的时候越过警戒标志撞伤了一位路人。汤姆要为此负责吗?解释你的答案。

3. 旋风割草机公司制造并销售强力割草机,并通过自己的经销商运送货品。安德鲁在看到授权经销商推荐"这种割草机是最好的"之后,购买了一台强力割草机。安德鲁在除草的时候,割草机叶片飞出,严重割伤了他的腿。

a. 安德鲁认为该公司生产割草机时存在过失,并起诉了旋风割草机公司。旋风割草机公司是否存在过失?请解释你的答案。

b. 事实自证原则通常可以适用于这种类型的案件。请说明这一原则怎样适用于这一案件。答案中必须包括对事实自证原则的定义。

c. 如果旋风割草机公司被认为存在过失,请指出安德鲁可能获得的不同类型的赔偿金。

4. 马修卷入了一场交通事故。在事故中,他被判承担40%的责任,另一方当事人承担60%的责任。马修的实际损失是50 000美元。在纯粹比较过失原则下,马修可以获得多少赔偿?

5. 琼斯是一名骨科医生。一个病人要求对其软组织受损的右膝做关节镜手术。当病人从手术中醒来后,他很惊奇地看到两个膝盖都用纱布绑着。他被告知,琼斯医生一开始时切错了膝盖,在意识到所犯的错误之后,琼斯继续在右膝上为病人做了手术。在这一案例中,琼斯医生犯了哪一个法律原则中的过失?

6. 萨拉是一名大学生,由于上课要迟到了,她便横穿马路,而不是去走有红绿灯的十字路口,一辆汽车撞了她。尽管萨拉令自己处于危险之中,但是如果她能够证明汽车驾驶员有机会避免撞她,但没有这样做,那么她就可以获得赔偿。指出可以适用于萨拉案例的原则。

7. 伊丽莎白遭遇了一次与工作相关的汽车事故。她起诉了造成其受伤的司机,这一案件被送交到了法庭。在询问伊丽莎白的时候,被告律师问她,她的受伤是否受到公司团体健康保险的保障,伊丽莎白的律师立刻提出抗议。法官认为,这一问题不恰当,要求陪审团忽略该问题。根据法官对该问题的反应,指出审判进行时使用的法律原则。

8. 丹尼尔认为,化学用品公司应为属于它所有的土地受到的污染负责。他起诉了该化学用品公司。该公司没有求助于法庭,其律师建议通过仲裁来解决这一法律纠纷。解释仲裁在该案件中如何发挥作用。

数字资源

网络资源

参考文献

第20章
汽车保险

> 谨慎的驾驶员过红灯的时候会按喇叭。
>
> ——亨利·摩根（Henry Morgan）

 学习目标

学习完本章，你应当能够：

- 概述个人汽车保险（PAP），包括属于个人汽车保险保障范围的汽车及个人汽车保险保单的主要组成部分。
- 阐述个人汽车保险中的责任保障范围。
- 解释个人汽车保险中的医疗赔付保障范围。
- 阐述个人汽车保险中的未投保机动车驾驶员保障。
- 解释个人汽车保险中对你的汽车遭受的损坏提供的保障。
- 解释事故和损失发生后被保险人承担的责任。
- 讨论个人汽车保险的一般条款，包括保险期间和适用地域条款、终止条款。
- 解释如何通过个人汽车保险为摩托车和其他车辆投保。

布伦特·米切尔向女儿承诺，自己将参加她今年最后一场高中足球赛。但这一天，布伦特却因工作耽搁了。他将需要审查的合同扔进公文包，冲向停车场。当他开车穿过街区去足球场时，他想到了足球比赛……以及赛后他需要审查的合同。布伦特突然意识到，匆忙之中，他可能把公文包忘在办公室了。他试图回头往后座看，以确认公文包是否在车上。最终，布伦特因一时走神，闯过停车标志，撞上了另一辆车。

布伦特在车祸中被撞昏了，之后在医院里恢复了知觉。一名护士向他说明：车祸造成他脑震荡、手臂骨折。护士还说，被布伦特撞到的车上的驾驶员正在做手术，估计还活着。布伦特在开车时的瞬间失误差点导致另一个人死亡，也差点让自己丧命。他撞到的那辆车全损，自己的车也严重损坏。

幸运的是，布伦特的汽车保险使其免受过失行为导致的经济后果。他的保险公司为他造成的人身伤害和财产损失承担责任。保险公司还赔偿了他的部分医疗费用及修车费用。

汽车保险为数百万名机动车驾驶员提供类似的保障。它是个人风险管理计划中最重要的保障内容之一。汽车事故造成的法律责任可能达到灾难性的程度；医疗费用和一辆价值

不菲的汽车的修理费用可能十分高昂；而且还会产生非经济成本，如痛苦和折磨。

本章将讨论由保险服务处制定的个人汽车保险的主要条款。个人汽车保险在美国的使用非常广泛。一些保险公司，例如州立农业保险公司（State Farm）和好事达保险公司（Allstate），分别制定了与个人汽车保险不同的汽车保单。

个人汽车保险概述

在这一部分我们将讨论保险服务处（ISO）制定的 2018 年版个人汽车保险（Personal Auto Policy，PAP）的主要条款。① 2018 年版个人汽车保险取代了 2005 年的版本。新保单的主要变化体现在针对共享汽车和网约车平台的除外责任上②，如 Uber 和 Lyft。此前，这些风险主要是通过为个人汽车保险附加批单的形式来解决的。新版本的保险保单从 2018 年底开始在大多数州实施。

汽车保险是个人风险管理计划的重要组成部分。2015 年，美国消费者在汽车保险上的平均花费约为 889 美元，从保费最高的新泽西州的 1 266 美元到最低的佛蒙特州的 680 美元不等。③ 尽管许多消费者认为他们为汽车保险支付的费用过高，但个人汽车保险仍然给保险公司带来了问题（见专栏 20.1）。

专栏20.1

对于许多保险公司来说，个人汽车保险仍然赚不到钱

虽然保险公司会关注其所销售的所有保险产品的总体业绩，但它们也会关注每项保险业务的具体盈利情况。近年来，没有一项个人保险业务比个人汽车保险存在的问题更大。

综合比率是常见的保险盈利能力衡量指标（在第 7 章中曾详细讨论）。主要是将承保保费与支付的索赔和费用成本进行比较。如果一家保险公司承保了 1 亿美元的保费，产生了 1.02 亿美元的赔付和费用，那么其综合比率将为 1.02（=1.02 亿美元÷1 亿美元）。该结果表明，保险公司支付了收取保费的 102%，因此其在承保方面存在亏损。综合比率低于 100% 表明承保盈利，因为保险公司支付的索赔和费用少于承保的保费。

以截至 2016 年的 10 年期个人汽车保险承保业绩为例。汽车责任保险和物理损失保险（碰撞和非碰撞）的综合比率汇总如下：

---

① 本章材料基于 *Fire, Casualty & Surety Bulletins*，Personal Lines volume，Personal Auto section（Erlanger, KY: National Underwriter Company）; the 2017 edition of the Personal Auto Policy prepared by the Insurance Services Office, commentary by the Insurance and Risk Management Institute（IRMI），and various trade press articles on the "new" version of the Personal Auto Policy (PAP)。

② 2017 年个人汽车保险定义部分增加了一个新术语——"网约车平台"。网约车平台通过在线应用程序或数字网络连接驾驶员和乘客，提供预先安排的运送服务，并收取费用。在汽车保单推行的后期，涉及此类服务的投保车辆损失不包括在保险责任范围内，例如被保险人作为 Uber 或 Lyft 驾驶员使用车辆的情况。

③ 参见 Insurance Information Institute's *2018 Insurance Fact Book*。

年份	2007	2008	2009	2010	2011	2012	2013	2014	2015	2016
责任保险（%）	101.8	103.5	106.2	105.9	103.8	103.2	103.6	103.8	107.9	109.4
碰撞和非碰撞保险（%）	93.4	95.8	93.0	93.4	99.6	100.2	98.7	100.2	99.4	101.5

十年间，保险公司每年在承保责任保险上持续亏损。虽然其中三年碰撞和非碰撞损失保险的综合比率大于100，但其他七年的综合比率均高于90%。汽车责任保费约占普通消费者保费的61%，而汽车物理损失保费约占39%。

近年来个人汽车保险承保业绩不佳有几个原因，包括保险公司之间的价格竞争、经济改善和汽油价格下降导致的驾驶增加、道路更加拥挤、部分道路质量差、车辆维修成本增加、责任赔偿增加、过失驾驶索赔增加以及医疗费用增加。

资料来源：事实和统计数据见：Auto Insurance, Insurance Information Institute. 原始数据来自 NAIC。

适用汽车

只有特定类型的汽车适用于个人汽车保险的保障范围。适用汽车是归被保险人所有或者被保险人租用至少连续 6 个月的四轮机动车辆。因此，私人客车、旅行车，或者被保险人所有的多功能运动车都在保障范围内。此外，后面会解释，如果满足某些条件，个人汽车保险会为厢式货车或卡车提供保障。

投保机动车

投保机动车（covered auto）是个人汽车保险保单中的一个极为重要的条款。有四种类型的汽车在承保范围内：

- 保单声明条款中提到的任何汽车。
- 新获得的汽车。
- 记名被保险人所有的拖车。
- 临时替代车辆。

保单声明条款中提到的任何汽车　声明页中出现的任何汽车都属于保障范围。承保汽车包括私人客车、旅行车、多功能运动车，以及记名被保险人所有的厢式货车和卡车。声明条款中列出的被保险人租赁至少连续 6 个月的机动车辆，也在保障范围内。

新获得的汽车　新获得的私人客车、厢式货车或卡车如果是记名被保险人在保险期间内获得的，那么就在承保范围内。

- 对于责任保障、医疗赔付保障和未投保机动车驾驶员保障，在被保险人成为所有人那一刻起自动生效。如果对于所有列明汽车的保障不完全相同，被保险人将得到声明条款中各种汽车的最为宽泛的保障。为使上述保障持续生效，被保险人必须在成为所有人后的 14 天内通知保险公司。①

---

① 根据 2005 年版个人汽车保险，新获得的汽车如"替换"声明条款中所列的车辆，将自动获得声明条款中各种汽车的最为宽泛的保障，但"D 部分：汽车损失保障"除外。在更换汽车时，无须通知保险公司。然而，如果新获得的汽车是声明条款中所列汽车之外的"新增汽车"，则被保险人必须通知保险公司。根据 2018 年版个人汽车保险，如果被保险人更换了声明条款中所列的汽车，或在声明条款中所列的汽车之外新添车辆，则需要通知保险公司。

- 然而，一系列不同的规则适用于对汽车造成的损坏保障。个人汽车保险包含通知条款。该条款分别适用于碰撞保障和非碰撞保障。如果声明页指出，碰撞保障适用于至少一辆车，则新获得的汽车在获得所有权当天自动获得保障，但是你必须在成为所有者之后的 14 天内通知保险公司，从而让碰撞保障能够持续。声明中出现的汽车的最低免赔额适用于新获得的汽车。类似的通知条款独立适用于非碰撞保障。

- 如果声明页中所列汽车没有碰撞保障，那么通知保险公司的时间要求就会减少。如果声明页没有提到对至少一辆车提供保障，那么新获得汽车自动获得 4 天的碰撞保障。你必须在成为所有人后的 4 天内通知保险公司，从而使碰撞保障能够继续。如果损失发生在通知保险公司之前，则必须满足 500 美元的碰撞免赔额。类似的通知条款独立适用于非碰撞保障。

如果新获得的汽车的通知（保险公司）期限已过，那么保障将在新获得的汽车申请保险的当天开始生效。

记名被保险人所有的拖车　记名被保险人所有的拖车也属于承保汽车。拖车是设计用于由私人客车、厢式货车或卡车牵引的车辆，还包括由此类车辆牵引的农用车辆或农具。例如，你可能在驾驶船用拖车的时候翻车并伤害另一个驾驶员。个人汽车保险中的责任保险将为这一损失承保。

临时替代车辆　临时替代车辆也属于承保汽车。**临时替代车辆**（temporary substitute vehicle）是指由于承保车辆的机械故障、维修、保养、丢失或毁坏而临时使用的非自有汽车或拖车。例如，当被保险人的汽车在车库中修理的时候，其驾驶的借来的汽车也受个人汽车保险的保障。

个人汽车保险保单概要

个人汽车保险保单包括声明页、定义页，以及如下六个部分：
- A 部分：责任保障。
- B 部分：医疗赔付保障。
- C 部分：未投保机动车驾驶员保障。
- D 部分：汽车损失保障。
- E 部分：事故或损失后责任。
- F 部分：一般条款。

A 部分：责任保障

A 部分：**责任保障**（liability coverage）是个人汽车保险最重要的部分，特别是当过失使用汽车的法律责任非常大的时候。责任保障使被保险人免于由汽车所有权或驾驶所引起的诉讼和索赔。

保险协议

在保险协议中，保险公司同意为被保险人在汽车事故中负有法律责任的身体伤害或财产损失提供赔偿。个人汽车保险一般采用分离限额的方式。**分离限额**（split limits）是指，分别规定身体伤害和财产损失的赔偿限额。例如，100 000美元/300 000美元/50 000美元的分离限额是指，每个人的身体伤害责任保障为100 000美元，每起事故身体伤害责任保障最高为300 000美元。被保险人还可以获得50 000美元的财产损毁保障。（保险行业从业者有时也把该限额表示为100/300/50。）

责任保障也可以采用单一限额的方式，但是要在保单上附加适当的批单。**单一限额 (single limit)** 适用于人身伤害和财产损失：不规定每人的赔偿限额，而是为整个事故规定一个赔偿限额。例如，25万美元的单一限额将同时适用于身体伤害和财产损毁责任。

由于损毁支付的数额包括被保险人要支付的判决前利息，许多州允许原告（受伤的人）获得从案件被受理到判决宣布这段时间的判决前利息。判决前利息被认为是损失赔偿的一部分，受保单责任限额的限制。

保险公司可以为被保险人辩护并负责所有的费用。辩护费用在保单限额之外单独支付。但是，当判决或理赔的赔偿金额超过赔偿限额时，保险人为被保险人辩护的责任终止。这一条款是指，保险人不能按照保单限额将钱存入第三方保管账户，从而逃避为被保险人辩护的责任。如果理赔金额低于保单限额，辩护责任也将终止。

此外，保险人没有责任为保单保障范围之外的事件承担辩护义务。例如，如果你因为故意造成身体伤害或财产损失而被起诉，保险公司没有义务为你辩护，因为故意行为属于特别除外责任。

被保险人

下面四类人属于个人汽车保险责任保障部分的被保险人：
- 记名被保险人及其共同居住的家庭成员。
- 合理确信得到被保险人关于驾驶投保机动车的许可，使用记名被保险人投保汽车的任何人。
- 当被保险人代表某个人或组织的利益使用投保汽车的时候，这个人或组织对被保险人的行为承担法律责任。
- 个人或组织对记名被保险人或家庭成员使用汽车或拖车（不是这个人或组织投保或拥有的汽车）承担法律责任。

第一，记名被保险人及其共同居住的家庭成员获得责任保障。如果记名被保险人配偶为共同居住的家庭成员，保险也适用于她或他。家庭成员是与记名被保险人共同居住的有血缘关系、婚姻关系或者领养关系的人。领养是指受监护或领养的孩子。因此，丈夫、妻子以及孩子在使用任何自有或非自有的汽车时将获得保障。如果孩子们临时离开家去上大学，他们仍然在父母保单的保障范围内。

第二，任何使用记名被保险人车辆的其他人也是被保险人，前提是该人有合理的理由确信得到被保险人关于驾驶投保机动车的许可。例如，胡安可能允许他的女朋友玛丽塞拉在过去的6个月里多次驾驶他的汽车。如果玛丽塞拉没有获得胡安的明示许可而驾驶汽车，那么只要她有充分的理由证明胡安肯定会允许她用车，她就可以获得胡安的汽车保险的保障。

第三，当被保险人代表某个人或某个组织使用投保车辆而发生法律责任时，这个人或组织是被保险人。例如，假设卢克驾驶自己的车为雇主工作并撞伤了另一个驾驶员，如果该受伤的驾驶员起诉卢克的雇主，雇主就可以获得卢克的汽车保险保障。

第四，对记名被保险人或其家庭成员使用车辆或拖车（不是这个人或组织投保或所有的车辆）负有法律责任的个人或组织也是被保险人。例如，假设苏珊用自己的车为雇主送邮包。如果苏珊在驾车的时候伤到了其他人，受伤的人起诉了苏珊的雇主，雇主就可以获得苏珊的汽车保险保障。但是，当记名被保险人使用雇主所有的车辆发生事故时，该雇主不是记名被保险人个人汽车保险责任保障中的被保险人。即苏珊开公司的车去邮局，雇主不在苏珊的个人汽车保险保障范围内。

补充赔付

除了保单限额和法庭辩护之外，还可能支付某些**补充赔付**（supplementary payments）。补充赔付是除判决、和解和法律辩护费用之外支付的金额。它们包括：

- 最高 250 美元的保释金。
- 上诉担保和解除扣压担保产生的费用。
- 判决执行后的应计利息。
- 每天最高 250 美元的收入损失。
- 其他合理费用。

可以支付的由于造成财产损失或身体伤害的汽车事故而产生的保释金最高为 250 美元。例如，假设莉拉驾驶疏忽并在交通事故中撞伤了另一个驾驶员。如果她被拘捕，保释金为 2 500 美元，保险公司支付的保释金最高为 250 美元。

任何由保险公司辩护的案件中上诉担保的费用和为解除扣压担保而产生的费用也会作为补充赔付支付给被保险人。如果判决后产生了应计利息，这些利息作为补充赔付也将进行支付。不过，判决前利息是责任限额的一部分。

保险公司还要支付每天不超过 250 美元的由于应其要求出席听证会或审判所造成的工资损失（不包括其他收入）。

最后，保险公司还要支付由于保险公司所提要求产生的合理费用。例如，被保险人可能在一次审判中作为被告出庭作证，所发生的餐费或交通费用将作为补充赔付。

除外责任

保险公司在个人汽车保险中列出了一长串责任保障的除外责任。概述如下：

（1）故意伤害或损坏。故意伤害或损坏属于特别除外责任。例如，驾驶员在没有给出信号的情况下突然变道，插到马可的车前。马可非常生气，故意撞了一下这辆车。对其他车辆故意造成的财产损坏不在马可个人汽车保险的保障范围内。不幸的是，"公路野蛮行为"在美国广泛存在，而且导致了大量交通死亡事故。

（2）拥有或运输的财产。保险公司不向个人提供其拥有或运输财产损坏的责任保障。例如，当你和你的朋友一起度假的时候，你朋友的行李箱和照相机在汽车事故中损坏。你的个人汽车保险不为这些损坏提供保障。

（3）被保险人租借、使用或看管的财产。被保险人租借、使用或看管的财产发生的损坏不在保障范围内。例如，如果你租借的滑雪用具在汽车事故中损坏，这一财产损失不在保障之内。但是这些除外责任不适用于出租住宅或私人车库中的财产损坏。例如，如果你租了一栋房子，倒车时不小心让车撞到了没有完全打开的车库门上，对车库门造成的财产损坏在保障范围内。

（4）员工的身体伤害。在雇佣期间，被保险人雇工的身体伤害也属除外责任。其目的是将员工所受身体伤害纳入工人补偿保险。但是，如果不需要或不提供工人补偿保险，那么家庭聘请的员工在雇佣期间遭受的身体伤害将获得保障。

（5）公共运输或出租的运输工具。另一个除外责任是车辆在作为公共运输或出租的运输工具时，由车辆的所有权或运营产生的责任。修订后的个人汽车保险保单扩大了这一除外责任，当投保汽车参与"网约车平台"时，不在保障范围内。**网约车平台（transportation network platform）** 利用在线或数字网络，连接乘客和驾驶员，预先安排运送，并收取费用。该除外责任不适用于分摊费用的共享汽车或以慈善为目的的车辆（例如，作为教会团体一部分的餐车）。

（6）汽车业务使用的车辆。如果一个人受雇或参与汽车业务，那么在汽车业务中由驾驶车辆引发的责任不在保障范围内。汽车业务是指销售、维修、保养、存放和停车（主要在公路上使用）等，上路检验和运送汽车也属于除外责任。例如，假设被保险人把车送到车库维修。如果技工在上路测试车辆的时候发生意外，伤到了其他人，那么被保险人的个人汽车保险责任保障不为技工提供保障。（但是，如果被保险人由于是汽车的所有者而被起诉，那么在保障范围内。）这一除外责任的目的是排除应该属于汽车修理店的责任保障。请注意，这一除外责任不适用于记名被保险人及其共同居住的家庭成员、记名被保险人的合伙人和代理人或记名被保险人及其家庭成员的雇员所有或使用的投保车辆。例如，如果一个汽车技工在开自己的车去取维修工具的时候发生事故，那么技工的个人汽车保险将为这一损失提供保障。

（7）其他商用车辆。责任保障不适用于其他行业使用或维修的车辆（农牧业车辆除外）。该项除外责任类似于前面的汽车业务除外责任，除了一些特殊情况之外，适用于其他所有业务。该项条款的目的是将商用车辆和卡车排除在外。例如，如果被保险人驾驶城市大巴或者大型水泥运输车，其个人汽车保险不提供责任保障。该项除外责任不适用于自有或非自有的私人客车、厢式货车或卡车。因此，如果被保险人开自己的车处理公司的业务，则在保险范围之内。

（8）没有合理的理由确信经过允许驾驶车辆。如果一个人没有合理的理由确信其得到许可驾驶车辆，那么记名被保险人的个人汽车保险不提供责任保障。该项除外责任不适用于使用记名被保险人投保车辆的家庭成员。

（9）核能除外责任。购买了特别核能保险的被保险人的保障责任也被排除在外。

（10）根据书面协议参与个人汽车共享计划时，投保汽车由被保险人及其家庭成员以外的任何人保管、维护或使用。

（11）四轮以下的车辆。少于四轮的机动车辆以及主要为在非公共道路上行驶而设计的车辆不在保险范围之内。这样，摩托车、机动脚踏两用车、小型摩托车、小型自行车和越野自行车都属于除外责任。但是，紧急救护使用的车辆或非个人所有的高尔夫球车不属于除外责任。例如，如果你租了一辆高尔夫球车，伤到了其他人，则属于责任保障范围。

（12）提供给记名被保险人日常使用的车辆。除了投保车辆外，记名被保险人日常使用的，由于别人提供使用而拥有的投保汽车都不在保障范围内。被保险人可以偶尔驾驶他人的汽车，并仍然处于其保险的保障范围内。但是，如果被保险人将非自有车辆作日常使用，则其个人汽车保险不承担赔偿责任。例如，如果被保险人的雇主为其提供一辆汽车，或者被保险人在公司里将与别人合用的车用于日常用途，则该车辆不在被保险人的个人汽车保险保障范围之内。关键不在于被保险人使用别人的车有多频繁，而在于是否被提供给被保险人作为日常使用。如果保费增加，可以为个人汽车保险附加**扩展非自有保障批单**（extended nonowned coverage endorsement），从而为被保险人提供日常使用非自有汽车的保险。

(13) 任何由家庭成员所有或被提供给家庭成员日常使用的车辆。这一条款类似于前面的除外责任。但是，该条款不适用于记名被保险人及其家庭成员。例如，如果莫莉借用和她住在一起的儿子拥有并投保的汽车，莫莉的个人汽车保险会在她驾驶儿子的汽车的时候为其提供责任保障。

(14) 赛车。当投保汽车或非自有汽车停放在比赛场地用于比赛、练习或者为预先安排好的比赛作准备时，其损失不在保险责任范围内。

责任限额

前面曾经提到，个人汽车保险采用分离限额承保的方式。也就是，分别列出身体伤害责任和财产损失责任的赔偿限额。对每个人的身体伤害的最高赔付额是声明中的金额。除了列明每个人的赔付限额之外，由一次汽车事故导致的对所有人的身体伤害赔偿的最高额度也在声明中列明。声明中还列出了由任何一次汽车事故导致的财产损失的最高赔付额。

州外保险

如果事故不是发生在投保汽车主要停放的州，就要用到这一重要条款。如果意外事故发生的州的经济责任法要求的责任限额高于保单声明中的责任限额，那么个人汽车保险自动调整为更高的限额。

类似地，如果该州制定了强制保险或类似法律，要求非本州居民在该州使用车辆时购买保险，那么个人汽车保险提供要求购买的最低数额和保障类型。

其他保险

在一些情况下，一项损失会由多个保险合同提供保障。如果还有其他责任保险适用于自有车辆，保险公司仅按照自己承担的损失比例赔付。保险公司分摊的比例为其责任限额占所有适用保险责任限额总额的比例。但是，如果投保的是非自有车辆，则该保险公司提供的保险是其他保险的超额保险（见图表 20-1）。

图表 20-1 主险和超额保险

菲利普是一位记名被保险人，经妮可允许借用了她的汽车。菲利普有一份 50 000 美元的责任保险，妮可有一份责任限额是 100 000 美元的保险。两份保单都为所有损失提供保障。菲利普无意撞伤了另一个驾驶员，必须支付 125 000 美元的损失。法规规定借用车辆的保险是主险，其他保险为超额保险。

每一个公司支付的数额如下：

妮可的保险公司（主险）	100 000 美元
菲利普的保险公司（超额保险）	25 000 美元
总额	125 000 美元

B 部分：医疗赔付保障

医疗赔付保障（medical payments coverage）常常包含在个人汽车保险之内。无论被保险人有无过失，都可以得到保障。

保险协议

在该条款中，公司同意支付从事故发生日起 3 年内被保险人发生的所有合理医药和丧葬费用。支付的费用包括医疗费、手术费、X 光费用、牙科医疗费和丧葬费用。每个人的赔偿限额一般在 1 000 美元和 10 000 美元之间，适用于每个在事故中受伤的被保险人。

医疗赔付保障不以过失为基础。因此，如果被保险人在汽车事故中受伤并存在过失，医疗赔付保障仍然可以向被保险人及车内受伤的其他乘客提供医疗赔付。

被保险人

医疗赔付保障适用于两类人：
- 记名被保险人及其家庭成员。
- 乘坐投保汽车的其他人。

记名被保险人及其家庭成员如果在乘坐任何机动车的时候受伤，或者作为行人被主要用于公共道路的机动车辆撞伤，他们都可以获得保障。例如，如果父母和孩子在旅行的时候在一起交通事故中受伤，他们的医疗费用将在保险限额以内获得保障。如果记名被保险人及其家庭成员在走路的时候被机动车或拖车撞伤，其医疗费用将获得赔偿。但是，如果被农用车辆、雪地汽车或推土机撞伤，则不在保障范围内，因为这些车辆并不是被设计用于公共道路上行驶的。

乘坐投保汽车的其他人的医疗费用也在保障范围内。例如，如果你拥有自己的汽车，而且是记名被保险人，那么车内的所有乘客发生的医疗费用都在你的保险的保障范围内。但是，如果你驾驶的是非自有车辆，车内的其他乘客（除了家庭成员）的医疗费用不在你的保险保障范围内。其目的是让其他非自有车辆内的乘客通过自己购买的保险，或者适用于非自有车辆的医疗费用保险，获得保障。

除外责任

医疗赔付保障有很多除外责任，它们可以概括如下：

（1）四轮以下的机动车辆。在乘坐少于四个轮子的机动车辆时受到的身体伤害属于除外责任。保单中对乘坐的定义为"坐在里面、上车、坐在上面、下车等"。

（2）公共运输或出租的运输工具。当投保汽车作为公共运输或出租的运输工具使用的时候，不在医疗赔付保障范围内。这一除外责任范围被扩大，包括当被保险人以驾驶员身份登录网约车平台（见前面的定义）使用投保汽车时发生的伤害（无论车上是否有乘客）。这一除外责任不适用于分摊费用的共享汽车或用于志愿或慈善目的的投保汽车。

(3) 将车辆作为居所。当车辆被用于居住时发生的身体伤害不在保障范围内。例如，如果被保险人拥有一辆野营拖车，在度假时该车被作为居所，那么如果被保险人在拖车内做饭时被炉子烧伤，则其医疗费用得不到赔偿。

(4) 在雇佣期间的身体伤害。如果在雇佣期间发生身体伤害，且可以获得工人补偿，那么不在医疗赔付保障范围内。

(5) 被提供给记名被保险人日常使用的车辆。乘坐记名被保险人拥有的或日常使用的非自有车辆（不包括投保车辆）时受到伤害或者被该类车辆撞伤属于医疗赔付保障的除外责任。该除外责任的目的是避免为那些保单中没有包括的、自有的或日常使用的汽车提供"免费"的医疗赔付。

(6) 被提供给家庭成员日常使用的车辆。类似的除外责任适用于任何由被保险人家庭成员所有或被提供给被保险人的家庭成员日常使用的车辆（不包括投保汽车）。但是，该项除外责任不适用于记名被保险人及其配偶。例如，如果儿子住在家里并拥有一辆没有投保医疗赔付保险的汽车，且父母在使用儿子汽车的时候受伤，那么父母的医疗费用则在其保险保障范围内。

(7) 没有合理的理由确信经过允许驾驶车辆。如果没有令人确信的理由证明其获得许可使用车辆，由此产生的身体伤害不在保障范围内。该除外责任不适用于使用记名被保险人拥有的投保车辆的家庭成员。

(8) 被保险人的商用车辆。当被保险人把车辆用于商业用途时，乘坐该车辆受到的伤害不在保障范围内。其目的是避免为被保险人经商中使用的非自有卡车和商用汽车提供医疗赔付保障。这种除外责任不适用于私人客车、厢式货车或卡车以及和上述车辆一起使用的拖车。

(9) 核武器、核辐射或战争。由核武器、核辐射或战争造成的身体伤害不在保险责任范围内。

(10) 受控或不受控的核反应、辐射或放射性污染。由核反应和辐射造成的身体伤害，无论出于何种原因，都不在保险责任范围内。

(11) 赛车。医疗赔付保障不适用于使用或乘坐停放在比赛场地内用于比赛、练习或为预先安排好的比赛作准备的汽车时受到的身体伤害。

(12) 根据书面协议参与汽车共享计划、车辆由记名被保险人及其家庭成员以外的任何人用于与此类计划相关的情况时，使用投保车辆或被投保车辆撞击造成的人身伤害。

(13) 用于飞行的车辆。保险责任范围不适用于乘坐或被设计用于飞行的任何车辆撞击时造成的人身伤害。

其他保险

如果其他汽车医疗赔付保险适用于自有汽车，保险公司根据其限额占适用总限额的比例分摊损失。

但是，医疗赔付保障对于非自有车辆而言是超额保险。例如，假设吉姆开车去接帕蒂吃饭。吉姆的车突然失去控制，撞上了路边的树，致使帕蒂受伤。帕蒂花费的医疗费用是6 000美元。吉姆的医疗赔付保险额度为5 000美元，帕蒂的是10 000美元。吉姆的保险公司作为主险的提供方支付了5 000美元，帕蒂的保险公司作为超额保险的提供方支付了1 000美元。

C部分：未投保机动车驾驶员保障

一些驾驶员不负责任，没有购买责任保险就开车上路。在美国，如果有人在汽车事故中受伤，肇事驾驶员有八分之一的概率为未投保人。根据美国保险研究委员会（Insurance Research Council，IRC）的数据，2009年全美未投保机动车驾驶员的人数达到了2 990万人的峰值，这反映了经济的衰退。2015年，投保机动车驾驶员的比例为13.0%，高于2010年的12.3%（见专栏20.2）。各州未投保机动车驾驶员的百分比存在很大差异。美国保险研究委员会的研究显示，未投保机动车驾驶员的比例从佛罗里达州的约26.7%到缅因州的约4.5%不等（见图表20-2）。

未投保机动车驾驶员保障（uninsured motorists coverage）赔付由未投保机动车驾驶员、肇事逃逸驾驶员，或者其保险公司破产的过失驾驶员造成的身体伤害（在一些州还包括财产损失）。

专栏20.2

**五个州未投保机动车驾驶员比例在20%或以上；
全国平均未投保机动车驾驶员数量在增长**

根据美国保险研究委员会的一项研究，全美平均每8个驾驶员中就有1个驾驶员没有投保汽车保险。据估计，2015年美国未投保机动车驾驶员所占比例为13.0%，高于2010年的12.3%。美国未投保机动车驾驶员所占比例在2003年达到最高的14.9%后，至2010年，已连续7年下降。

由汉诺威保险集团（Hanover Insurance Group）共同发起的2017年版本的《未投保机动车驾驶员》（Uninsured Motorists）的研究中估计了美国全国和各州未投保机动车驾驶员的比例。美国保险研究委员会估算未投保机动车驾驶员数量采用的是保险理赔比率方法，即被未投保机动车驾驶员撞伤的人提出理赔的数量和被投保机动车驾驶员撞伤的人提出理赔的数量的比率。该研究中还包括分州统计的未投保机动车驾驶员索赔频率、人身伤害责任理赔频率，以及未投保机动车驾驶员比率与人身伤害理赔频率等指标的最新统计数据。

各州之间的未投保机动车驾驶员问题的严重程度差异比较大。如图表20-2所示，2015年，未投保机动车驾驶员数量最高的五个州分别是佛罗里达州（26.7%）、密西西比州（23.7%）、新墨西哥州（20.8%）、密歇根州（20.3%）和田纳西州（20.0%）。未投保机动车驾驶员比例最低的五个州是缅因州（4.5%）、纽约州（6.1%）、马萨诸塞州（6.2%）、北卡罗来纳州（6.5%）和佛蒙特州（6.8%）。

一些州的研究结果显示出了显著下降。例如，俄克拉何马州的未投保机动车驾驶员比例从2012年到2015年下降了15.4%。然而，在2010—2015年间，未投保机动车驾驶员比例上升的州是比例下降的州的两倍。美国保险研究委员会副总裁伊丽莎白·斯普林克尔指出:"虽然一些州的未投保机动车驾驶员比例大幅下降,但总体而言,全国的未投保机动车驾驶员数量在上升,这对所有驾驶员来说都意味着存在额外的风险。"

资料来源:Results of the IRC study quoted in "In 5 States, 20% or More of Drivers Have No Insurance; Countrywide Average Increases," *Insurance Journal*, March 15, 2018.

图表20-2 2015年美国未投保机动车驾驶员所占百分比情况(%)

州	未投保比例	州	未投保比例	州	未投保比例
亚拉巴马州	18.4	肯塔基州	11.5	北达科他州	6.8
阿拉斯加州	15.4	路易斯安那州	13.0	俄亥俄州	12.4
亚利桑那州	12.0	缅因州	4.5	俄克拉何马州	10.5
阿肯色州	16.6	马里兰	12.4	俄勒冈州	12.7
加利福尼亚州	15.2	马萨诸塞州	6.2	宾夕法尼亚州	7.6
科罗拉多州	13.3	密歇根州	20.3	罗得岛州	15.2
康涅狄格州	9.4	明尼苏达州	11.5	南卡罗来纳州	9.4
特拉华州	11.4	密西西比州	23.7	南达科他州	7.7
哥伦比亚特区	15.6	密苏里州	14.0	田纳西州	20.0
佛罗里达州	26.7	蒙大拿州	9.9	得克萨斯州	14.1
佐治亚州	12.0	内布拉斯加州	6.8	犹他州	8.2
夏威夷州	10.6	内华达州	10.6	佛蒙特州	6.8
爱达荷州	8.2	新罕布什尔州	9.9	弗吉尼亚州	9.9
伊利诺伊州	13.7	新泽西州	14.9	华盛顿州	17.4
印第安纳州	16.7	新墨西哥州	20.8	西弗吉尼亚州	10.1
艾奥瓦州	8.7	纽约州	6.1	威斯康星州	14.3
堪萨斯州	7.2	北卡罗来纳州	6.5	怀俄明州	7.8

资料来源:Insurance Research Council, as reported in Insurance Information Institute's *2018 Insurance Fact Book*. Reprinted with permission.

保险协议

保险公司承诺支付被保险人因为在事故中遭受身体伤害而依法能从未投保汽车的所有人或驾驶员处索取的损失赔偿金。这些损失包括医疗费用、工资损失、事故造成的永久性毁容赔偿金以及其他损害赔偿。就这种保障,有几个重要的方面需要强调。

(1) 保险只适用于未投保机动车驾驶员承担法律责任的情况。如果未投保机动车驾驶员没有责任,保险公司不对身体伤害提供赔偿。

(2) 声明中列出了保险公司对每次事故的最大责任限额。被保险人不能就同一损失得到双重赔偿,包括未投保机动车驾驶员保障和保单的A部分(责任保障)或B部分(医疗赔付保障),或者保单提供的保障不充分的驾驶员保障。被保险人也不能就对事故负有责任的人或组织赔付过的损失要求保险公司赔偿。最后,如果被保险人在工人补偿或残疾给付下能得到赔偿,则保险公司不再就已赔付的损失进行赔偿。

(3) 如果被保险人和保险人未能就损失数额或被保险人是否有权获得损失赔偿达成共识,争议将通过仲裁解决,但是被保险人和保险人必须同意进行仲裁。根据该条款,每方当事人选择一个第三方仲裁员,两个仲裁员再选出第三个仲裁员。三个仲裁员中的两个做出的决定适用于各方当事人。但是，这一决定只在损失额不超过州财务责任法规定的最低限额的条件下才有效。

（4）一些州的未投保机动车驾驶员法对未投保机动车驾驶员造成的财产损失也提供保障。在这些州，如果未投保机动车驾驶员闯红灯并撞上被保险人的汽车，由此对汽车造成的财产损失将获得未投保机动车驾驶员保障的赔偿，不过要扣除适用的免赔额。

各州的未投保机动车驾驶员法在将财产损失保险纳入保障方面存在很大差异。在一些州，财产损失保险是一种选择性保险，在常规的未投保机动车驾驶员保障之外单独购买。在其他州，身体伤害和财产损失都被包括在未投保机动车驾驶员保障中，但是，被保险人如果不愿意，可以选择放弃这种保障。最后，财产损失有免赔额。

被保险人

未投保机动车驾驶员保障的被保险人包括三类：
- 记名被保险人及其家庭成员。
- 使用或乘坐投保汽车的其他人。
- 任何在法律上因前述人员所受的人身伤害或死亡有权获得赔偿的人。

首先，记名被保险人及其家庭成员如果被未投保机动车驾驶员撞伤，那么在保障范围内。其次，乘坐投保汽车的其他人如果受伤也在保障范围内，该保障只在个人乘坐投保汽车时适用。最后，任何在法律上因前述人员所受的人身伤害或死亡有权获得赔偿的人都是被保险人。一个人可能并没有卷入事故，但有权从对被保险人造成身体伤害的个人或组织处获得赔偿。例如，如果记名被保险人被未投保机动车驾驶员撞死，幸存的配偶可以从未投保机动车驾驶员保障中获得赔偿。

未投保机动车

这一条款极为重要，它对未投保机动车进行了定义。有四类汽车被认为是未投保机动车：

（1）事故发生时，没有任何身体伤害责任保险或担保可以使用的机动车辆或拖车都是未投保机动车。

（2）车辆可能有身体伤害责任保险或担保，但是该车辆的保险数额少于记名被保险人投保汽车经常停放的州的财务责任法要求的限额，则这辆车也被认为是未投保机动车。

（3）肇事逃逸车辆也被认为是未投保机动车。因此，如果记名被保险人或其家庭成员在乘坐投保汽车、非自有汽车或者正在走路的时候被肇事逃逸驾驶员撞倒，那么未投保机动车驾驶员保障将为这些伤害提供赔付。

（4）还有一种未投保机动车是在事故发生时适用身体伤害责任保障，但是保险人或担保公司拒绝提供保障或者已经破产。例如，假设你被卷入一场汽车事故，且应由另一方承担责任。如果肇事驾驶员的保险公司拒绝提供保障，你可以向你的保险公司提交未投保机动车驾驶员保障理赔申请。类似地，如果被保险人对疏忽大意的驾驶员提出了有效索赔，但是其保险公司在赔付前破产，那么你的未投保机动车驾驶员保障将会支付赔偿金。

除外责任

未投保机动车驾驶员保障有几种一般除外责任，现概括如下：

(1) 车辆没有投保未投保机动车驾驶员保障。当被保险人使用或乘坐自有汽车发生事故或被自有汽车撞伤时，如果这辆车没有投保"未投保机动车驾驶员保障"，则保险公司不对其损失进行赔偿。

(2) 另一保单下的主险。当被保险人的家庭成员乘坐记名被保险人所有的汽车时，如果该车得到另一保单的保障，则保险公司不对发生的事故承担责任。这一除外责任的目的是让这些家庭成员通过其乘坐的车辆的保险获得保障。

(3) 没有得到保险人的同意就进行理赔。如果被保险人或法定代表人在没有获得保险人同意的情况下解决身体伤害理赔问题，而且解决方式侵犯了保险人恢复损失赔偿的权利，则未投保机动车驾驶员保障无效。该项除外责任的目的是保护保险公司的代位求偿权。

(4) 用于公共运输或出租的运输工具。当投保汽车由被保险人登录网约车平台使用时，除外责任也适用。此条款不适用于分摊费用的共享汽车或用于志愿或慈善目的的投保汽车。

(5) 没有合理的理由确信获得使用车辆的许可。如果被保险人没有合理的理由证明其被授权使用车辆，那么无法获得保障。这一除外责任不适用于家庭成员使用记名被保险人拥有的投保机动车的情形。

(6) 工人补偿保险的被保险人不能额外获利。未投保机动车驾驶员保障不能使工人补偿保险的保险人或自保保险的保险人获得直接或间接的利益。工人补偿保险的保险人对伤害员工的第三方有求偿权。如果未投保机动车驾驶员撞伤了获得工人补偿保险的员工，工人补偿保险的保险人可以起诉未投保机动车驾驶员，或者尝试在被保险人的未投保机动车驾驶员保障下请求获得赔偿。该项除外责任可以防止工人补偿保险的保险人在未投保机动车驾驶员保障中额外获益。

(7) 处罚性损失赔偿不在保险范围内。个人汽车保险排除了在未投保机动车驾驶员保障中的惩罚性或惩戒性赔偿。

其他保险

个人汽车保险中包括了一些复杂的条款，这些条款用于解决多个未投保机动车驾驶员保障遭受该损失的情况。这些条款概括如下：

- 赔付的最高数额限制为提供未投保机动车驾驶员保障的任何保单的最高限额。
- 如果保险公司对非记名被保险人所有的车辆提供未投保机动车驾驶员保障，所提供的保险是可获得的主险之外的超额保险。例如，汤姆的未投保机动车驾驶员保障的限额为 25 000 美元，埃斯里的未投保机动车驾驶员保障限额为 50 000 美元。如果汤姆在乘坐埃斯里的汽车时被未投保的机动车驾驶员撞伤，造成的身体伤害为 60 000 美元，则由于埃斯里的保险是主险，因此要支付 50 000 美元。汤姆的保险公司支付剩余的超额保险 10 000 美元。
- 当记名被保险人的保险和其他保险在主险的基础上提供未投保机动车驾驶员保障时，每一份保单按照损失份额的比例赔付，每一个保险人承担的份额根据其提供的主险的责任限额占所有适用责任限额总和的比例确定。
- 当记名被保险人的保险和其他保险在超额保险的基础上提供未投保机动车驾驶员

保障时，每一份保单按照损失份额的比例赔付，每一个保险人承担的份额根据其提供的超额保险的责任限额占所有适用责任限额总和的比例确定。

未足额投保机动车驾驶员保障

未足额投保机动车驾驶员保障（underinsured motorists coverage）可以被附加到个人汽车保险保单上以提供更充分的保障。未足额投保机动车驾驶员保障在过失第三方当事人驾驶员购买了责任保险但是其保险限额低于被保险人造成身体伤害的实际损失的时候提供保障。

未足额投保机动车被定义为，在事故发生时，有责任保险或担保的车辆，但是其责任限额低于被保险人未足额投保机动车驾驶员保障提供的限额。各州关于该保障对身体伤害赔付的最高限额有所不同。一般来说，赔付的最高限额是，未足额投保机动车驾驶员保障中的限额扣除过失驾驶员保险人赔付的数额。例如，假设克里斯汀为其保险附加了 100 000 美元的未足额投保机动车驾驶员保障。她被一个责任限额为 25 000 美元/50 000 美元的过失驾驶员撞伤。这一事故满足该州身体伤害限额的最低要求。她遭受的身体伤害是 100 000 美元，但却只能从过失驾驶员的保险人那里得到 25 000 美元的赔偿，因为这一数额是过失驾驶员的责任限额。但是，她可以根据未足额投保机动车驾驶员保障从自己的保险人那里获得额外 75 000 美元的赔偿。

但是，假设克里斯汀的身体伤害是 125 000 美元，她根据未足额投保机动车驾驶员保障获得的最高赔偿仍然为 75 000 美元。这一数额是其未足额投保机动车驾驶员保障的 100 000 美元限额与从过失驾驶员的保险人那里获得的 25 000 美元赔偿的差额（参考前面的原则）。如果要获得所受伤害的全额赔偿，克里斯汀的保险限额至少应为 125 000 美元。

未足额投保机动车驾驶员保障批单在各州之间并不统一。在有些州，未足额投保机动车驾驶员保障可以作为批单被附加到个人汽车保险中，从而使未投保机动车驾驶员保障更充分。在其他州，一份批单同时提供未投保和未足额投保的保障，以替代作为标准个人汽车保险一部分的未投保机动车驾驶员保障。此外，有些州强制执行未足额投保机动车驾驶员保障，而其他州则是可选的。最后，各州的未足额投保机动车驾驶员保障可获得的或规定的限额也不尽相同。

D 部分：汽车损失保障

D 部分，**汽车损失保障**（coverage for damage to your auto），提供汽车损坏或失窃保障。

保险协议

保险公司同意赔付保险协议中定义的投保机动车或非自有汽车的所有直接和意外损失（包括其设备），但要扣除免赔额。如果在相同的保单中的两辆汽车在同一起事故中受损，那么只需要满足一个免赔额。如果免赔额不同，则采用较高的免赔额。有两种供选择的保障：（1）碰撞保险和（2）非碰撞保险（或称综合险）。只有在保单声明页中指明为该汽车提供碰撞保险，碰撞损失才能够获得赔偿。类似地，只有在保单声明页中指明为该汽车提供非碰撞保险，非碰撞损失才能获得赔偿。

碰撞损失 碰撞损失（collision loss）是指，由被保险人的投保机动车或非自有汽车翻倒或与其他车辆或物体发生碰撞引起的损失。下面是几个碰撞损失的例子：

- 汽车在结冰的道路上失去控制而翻倒。
- 被保险人的汽车撞上另一辆汽车、电线杆、树木或建筑物。
- 被保险人的汽车停放在停车场，当其返回后发现挡泥板有凹痕。
- 在停车位打开车门时碰上旁边的汽车，导致车门被损坏。

碰撞损失赔付不考虑过失问题。如果被保险人导致了事故的发生，其保险人在扣除免赔额之后赔付汽车的损失。如果其他驾驶员损坏了被保险人的汽车，被保险人可以从过失驾驶员（或其保险人）那里获得赔偿，也可以要求自己的保险人赔偿。如果从自己的保险人那里获得赔偿，被保险人必须将代位求偿权转让给自己的保险人，后者将从导致事故的过失方获得赔偿。如果损失总额被全部追回，保险人可以退还免赔额。

非碰撞损失 个人汽车保险可以承保**非碰撞损失**（other-than-collision loss）。非碰撞损失是指除碰撞损失和其他可明确排除的损失外，被保险人的汽车失窃和物理损坏损失。个人汽车保险对碰撞损失和非碰撞损失进行区分。这一区分非常重要，因为有些汽车的所有人不愿意为其汽车购买碰撞保险。而且，两种标准的免赔额也不同。非碰撞损失的免赔额通常较低。

下面的风险事故所导致的损失都被认为是非碰撞损失：

- 导弹或坠落物体。
- 火灾。
- 失窃。
- 爆炸或地震。
- 暴风。
- 冰雹、水灾或洪水。
- 恶意破坏。
- 暴动或民众骚乱。
- 与鸟或其他动物的碰撞。
- 玻璃破碎。

这些风险事故都是不言自明的，但是也需要做一些解释。车辆的失窃属于保障范围，包括设备的失窃，例如轮轴帽、轮胎或音响。此外，当汽车停放在道路上的时候，气囊被盗也在保障之列。

与鸟或其他动物碰撞不是碰撞损失。因此，如果你的车撞到一只鸟或一只鹿，由此导致的物理损坏属于非碰撞损失。

最后，如果碰撞导致玻璃破碎，被保险人可以选择将其作为碰撞损失。这种区别很重要，因为两种保障（碰撞损失和非碰撞损失）都有免赔额。如果被保险人没有这种资质，那么如果汽车在同一场事故中既造成身体伤害，玻璃又破碎，那么就要满足两个免赔额。如果将玻璃破碎仅作为碰撞损失的一部分，那么只需要满足碰撞损失免赔额。

非自有汽车 D部分保障还适用于非自有汽车。正如D部分所给出的定义，**非自有汽**

车（nonowned auto）可以是私人客车、厢式货车、卡车或者拖车，这些车不归记名被保险人及其家庭成员所有，不被提供给记名被保险人及其家庭成员作日常使用，而是在其需要时对车辆进行暂时保管和操作。例如，如果艾伦借了麦克的汽车，则艾伦的碰撞保险和非碰撞保险也适用于借用的汽车。但是，艾伦的保险对于借用的汽车而言，是任何物理损失的额外保险。

D部分保障仅适用于未被提供给记名被保险人及其家庭成员日常使用的非自有车辆。法院通常裁定，如果记名被保险人及其家庭成员每次使用车辆时都必须征得车主许可，则该车辆未被提供给记名被保险人及其家庭成员作日常使用。因此，被保险人可以偶尔驾驶借来的汽车，其物理损失保险将为借来的汽车提供保障。但是，如果该车是被借来作日常使用或被提供给被保险人日常使用，那么就不适用D部分保障。这里的关键，不是被保险人驾驶非自有汽车的频率，而是是否被提供给被保险人作日常使用。

D部分保障还适用于临时性替代汽车。这种汽车在D部分保障中也被认为是非自有汽车。临时性替代汽车是非自有汽车或拖车，由于投保机动车因抛锚、修理、保养、丢失或损毁而无法正常使用，驾驶员才临时使用该车。因此，投保机动车的D部分保障也适用于该汽车的临时性替代车辆。例如，如果被保险人的汽车在店里维修，被保险人借了一辆车，则其物理损失保险也适用于借来的汽车。

如果被保险人在驾驶非自有汽车的时候遇到一起车祸，个人汽车保险将提供声明条款中的所有承保汽车的最为宽泛的物理损失保障。例如，假设被保险人拥有两辆汽车。一辆汽车同时投保了碰撞损失和非碰撞损失，另一辆车只投保了非碰撞损失。如果被保险人驾驶非自有车辆，借来的汽车同时获得碰撞损失保障和非碰撞损失保障。

租赁汽车碰撞损失免除条款 如果不简要讨论一下租赁汽车碰撞损失免除条款（collision damage waiver，CDW），则我们对非自有汽车碰撞保险的讨论就不完整。这种保障有时候被称为损失免除（loss damage waiver，LDW）。当你租赁一辆汽车的时候，记得看一下碰撞损失免除条款。根据该条款，如果租赁的车辆被损坏或被盗，你可以免除经济责任。但是，租赁协议中包含了很多限制条件。如果由于超速、醉酒驾车或者在不平整的路面上驾车而导致损失，碰撞损失免除条款是无效的。碰撞损失免除条款价格很高，很容易让每天的租赁价格增加15～20美元，甚至更多。

如果你租车，那么是否应该购买碰撞损失免除条款呢？许多保险消费专家认为，在下述两个条件下，碰撞损失免除条款并不需要：（1）当你为自己的车购买了碰撞和综合保险的时候，这些保障也适用于租赁车辆；（2）有些信用卡额外提供租赁车辆的物理损失或失窃保障，就可使用这类信用卡租车。

关于前面的观点，即碰撞损失免除条款可能是不必要的，并非所有理财师都达成一致意见。实际上，美国独立保险代理人和经纪人协会（Independent Insurance Agents & Brokers of America）认为，消费者一般应当购买碰撞损失免除条款，至少对于短期租赁应该如此。由于租赁协议中存在大量约束性条款，个人汽车保险提供的保障不充分，信用卡的使用存在局限性，故消费者应当购买碰撞损失免除条款，即使它很贵。[①] 碰撞损失免

---

① "Top 10 Reasons to Purchase the Rental Car Damage Waiver," Virtual University, Independent Insurance Agents and Brokers of America, 2009.

除条款是在租车时可购买的保险产品之一，专栏20.3讨论了租车时的碰撞损失免除条款和其他常见保险产品。

免赔额 碰撞保险的免赔额一般为250美元、500美元甚至更高的数额。非碰撞保险一般也有免赔额。设置免赔额的目的是减少小额索赔、控制保费，以及鼓励被保险人小心照管汽车，使其免于损坏或失窃。

专栏20.3

四种类型的租赁汽车保险解析

租车柜台是这样写的：你要租辆车就得签这份合同。当你的笔悬停在纸上时，销售人员正在极力说服你购买租车保险。碰撞损失免除？人身意外保险？你需要这些东西吗？这些是什么意思？

先不要勾选任何选项！不管销售人员说什么，这些险种都是可选的。如果你全部投保，每天的租金加起来是30美元。[a]你想要得到保障，但为你已经拥有的保险支付额外费用毫无意义。下面我们将为你解析不同类型的租车保险，并告诉你真正需要的是什么。

什么是碰撞损失免除？

汽车租赁公司提供的碰撞损失免除和损失赔偿免除并不是真正的保险。[b]更确切地说，这意味着你不用为租车损坏或盗窃支付费用。

你需要碰撞损失免除吗？

这是一种明智的租车保险。虽然你的常规汽车保险保单可能包括租赁汽车的碰撞保险，但它可能不会支付租赁汽车公司的全部费用，如使用损失（公司在汽车存放期间损失的费用）。[c]你的信用卡可能包括免费的碰撞保险，但信用卡租车保险通常是二级保险，这意味着任何理赔将首先找到你的汽车保险公司。

确保在发生碰撞或盗窃时得到充分保障的最划算的方法是购买第三方租车保险。安联全球援助公司的汽车损坏租赁保险提供高达4万美元的碰撞损失/损害保险，每天只需9美元。

什么是补充责任保险？

责任保险通常包括对他人财产（例如他们的汽车）的损害赔偿，以及需要由你负责的伤害的医疗费用。[d]每个州都要求在汽车保单上投保最低金额的责任保险，因此如果你已经投保了汽车保险，那么你就可以得到保障。

你需要补充责任保险吗？

试图卖给你汽车租赁保险的人可能会说你的责任保险额度太低，并强迫你购买补充保险。如果你担心责任保障不充足，你可以有更好的办法来保护自己。美国保险协会建议购买伞式责任保险，这是一种低成本的保险，可以被附加到你的汽车和屋主（或租户）责任保险中，在开车或租车时为你提供额外的保障。[e]

什么是人身意外保险？

责任保险涵盖事故中他人的财产损失和人身伤害赔付，而人身意外保险则包括为你

（租车驾驶员）和你的乘客提供的医疗费用、救护车费用和死亡抚恤金。

你需要人身意外保险吗？

可能不需要。根据消费者事务部（Consumer Affairs）的说法，人身意外保险提供的保障已经包含在你的健康、人寿或汽车保单中，或者已包括在汽车租赁公司依法要求提供的保险范围内。

什么是个人财产保险？

个人财产保险保障个人财物在租来的车中失窃的损失，但有一定的金额限制。

你需要个人财产保险吗？

如果你已购买屋主或租户保险，那么你很可能已经投保了在车里失窃个人物品的损失险。[f]如果你通常带着昂贵的珠宝、电子产品、乐器或运动器材旅行，保险信息协会建议，在你的屋主或租户保单中，用附加保险来为这些物品提供保障。[g]

想知道你需要什么样的租车保险的最简单方法是什么？在你站在租车柜台之前先做好调查。确认你的汽车保险和信用卡保险的保障范围。提前购买低成本的碰撞保险。如果你冲动地在租车公司提供的所有保险选项上都选择了"是"，不要让懊悔毁了你的假期（和预算）。如果你第二天返回租车公司的办公室，公司可能会让你取消保险。[h]

a. consumerafairs. com.
b. iii. org.
c. latimes. com.
d. allstate. com.
e. iii. org.
f. geico. com.
g. iii. org.
h. consumerist. com.

资料来源：allianztravelinsurance.com/travel/rental-cars/rental-car-insurance-explained.htm.

运输费用

D部分还支付临时运输费用。在不采用免赔额规定的情况下，保险公司支付投保机动车受损而发生的临时交通费用，每天不超过30美元，总额不超过900美元，这些钱通常被用来租车。这些费用包括火车、公共汽车、出租车、租借来的汽车以及其他交通工具的费用。如果汽车获得碰撞保险的保障，那么由于碰撞损失发生的运输费用在保障范围内。类似地，如果汽车获得非碰撞保险的保障，那么因为非碰撞损失造成的运输费用在保障范围内。该保障还支付由于非自有汽车发生的损坏而使被保险人有法律义务支付的任何费用，例如租赁汽车的日租金费用。

最后，如果损失是由投保机动车或非自有汽车失窃造成的，在盗窃发生后的48小时内发生的费用不在保险范围内。如果损失是由失窃之外的其他风险事故造成的，汽车停用后的24小时内发生的费用不在保险范围之内。

拖车费用和劳务费用保险可以以批单的形式被附加到个人汽车保险上。这种保险在投保机动车或非自有汽车发生故障且在故障发生地发生了劳务服务时，为拖车费用和发生的劳务费用提供赔付。故障的发生可能出于多种原因，支付的最高数额在批单中列明。例如，如果被保险人由于汽车无法启动而呼叫了维修车辆，劳务费用和拖车费用将在保单限额下予以支付。但是，只有发生在故障现场的劳务费用才会得到赔付，故障地点提供的汽油或电池费用不在保障范围内，发生在服务站或车库的维修费用也不在保险范围内。

除外责任

D部分中有很多除外责任，概括如下：

（1）用于公共运输或出租的汽车。如果受损的投保机动车或非自有汽车被用于公共运输或出租，那么就不在保障范围内。当被保险人使用汽车登录网约车平台时，此除外条款也适用（无论车上是否有乘客）。这一除外责任不适用于分摊费用的共享汽车或用于志愿或慈善目的的汽车。

（2）由于轮胎磨损、冰冻、机械（电子）设备故障或道路对轮胎的伤害导致的损坏。由于轮胎磨损、冰冻、机械（电子）设备故障或道路对轮胎的伤害导致的损坏都不在保障范围内。该项条款的目的是将驾车的正常维持成本排除在外。但是，该除外责任不适用于投保机动车和非自有汽车的完全被盗。例如，如果失窃汽车被找回，但是车上的电子系统被盗贼盗窃时故意损坏了，由此造成的损失在保障范围内。

（3）放射性污染或战争。放射性污染或战争造成的损坏被排除在外。

（4）电子设备。个人汽车保险增加了某些电子设备的保障范围。新汽车一般都安装了电子设备，例如导航系统、视频娱乐系统和互联网接入系统。由于电子设备固定安装在车辆上，被保险人希望个人汽车保险能够为其提供保障。

对电子设备的承保有些复杂。个人汽车保险第一次将那些复制、接收或传输声音、图像或数字信号的电子设备作为除外责任。保单中列出了除外设备的例子，包括但不限于：

- 收音机和立体声音响。
- 盒式录放机。
- 压缩光盘播放机。
- 导航系统。
- 互联网接入系统。
- 个人计算机。
- 视频娱乐系统。
- 电话。
- 电视。
- 对讲机。
- 扫描仪。
- 民用波段收音机。

但是，上面这些除外责任不适用于固定安装在投保机动车或非自有汽车中的电子设备。因此，如果这些设备固定安装在车辆内，就对其提供保障。固定安装在车辆上的车载电话在承保范围内，但在开车时使用的移动电话将无法获得保障。

（5）磁带、唱片和光盘。前面提到电子设备中使用的磁带、唱片和光盘或其他媒质的损坏也属于除外责任。可以通过为个人汽车保险附加批单承保这些磁带、唱片和光盘。

（6）政府造成的损失或没收充公。个人汽车保险排除了由政府或权力机构造成的损失和充公导致的被保险汽车或非自有汽车的全损。例如，如果联邦药品管理局没收了一名毒贩的车，该损失不受保障。

（7）拖车、露营车或房车。个人汽车保险排除了对声明中没有提到的拖车、露营车或房车的保障。这种除外责任也适用于其他装置和设备，例如厨具、餐具、管道、冷藏设备、遮阳篷以及凉棚。例如，火炉或冰箱的损失是除外责任。

此项除外责任不适用于非自有拖车。类似地，只要在保单期限内，被保险人在获得拖车或露营车的14天内告知保险公司，则该除外责任就不适用于新获得的拖车和露营车。

（8）没有合理的理由使人确信获得了使用车辆的许可，由此造成的非自有车辆的损失。记名被保险人或其家庭成员无法合理确信有权驾驶非自有汽车时，该车造成的损失属于除外责任。

（9）雷达探测设备。雷达或激光探测、定位设备属于除外责任。这种除外责任之所以是合理的，是由于这种雷达探测设备是为了规避州和联邦政府的限速法。

（10）定制的装饰品或设备。投保汽车内外安装的装饰品或设备的损失不在保障范围内。① 这种装饰品或设备包括特制地毯、家具和吧台、升高的车顶、定制的壁饰和画作等。此除外责任不适用于对1 500美元内的符合定制装饰品条件的物品。

（11）汽车行业中使用的非自有汽车。由从事销售、维修、保养、存放或停泊车辆业务（这些车辆用于在公路上行驶）的人保留或使用的非自有汽车的损失。例如，如果一名技工在路检时损坏了顾客的汽车，该损失不在技工的个人汽车保险保障范围内。相反，该损失应由商业车库保险保障。

（12）赛车。当投保机动车或非自有汽车停放在比赛场地上，用于比赛、练习或为预先安排好的比赛作准备时，发生的损失不在保险责任范围内。

（13）租赁的汽车。如果租赁公司依据租赁协议或适用的州法律不能就损失对记名被保险人或其家庭成员索赔，在记名被保险人或其家庭成员租用车辆时发生的损失或使用损失不在承保范围内。

（14）根据书面协议参与汽车共享计划时，被保险人投保汽车的损失。该除外条款适用于除记名被保险人及其家庭成员以外的任何人使用车辆的情况。

（15）在拼车或汽车共享计划中使用非自有汽车的损失。被保险人或其家庭成员在乘坐或使用参与汽车共享计划的非自有汽车时造成的损失不在保险责任范围内。

（16）用于飞行的车辆。保险责任范围不适用于被设计用于飞行或可用于飞行的任何车辆的损失。

责任限额

对投保机动车发生的物理损失赔偿的数额是下面两个中较低的一个：(1) 损坏或失窃财产的实际现金价值；(2) 用另一种质量类似的财产替代该财产所支付的数额。如果修理成本超过车辆的实际现金价值，那么车辆就被宣布为全损，支付的数额为实际现金价值减去免赔额。在实际操作中，如果修理成本加抢救出的剩余价值之和超过汽车的实际现金价

---

① 在前一版本汽车保险保单中，定制的装饰品或设备除外条款适用于厢式货车或卡车。2017年版的个人汽车保险保单将这一除外责任扩大至所有投保车辆。

值,保险公司宣布车辆为全损。

对于发生局部损失(例如挡泥板撞坏)的车辆,保险公司只支付必要的修理费用,以及用质量类似的财产替代损坏的财产。可以用原件制造商(OEM)或者普通汽车配件(也称市场配件)修理汽车。有些投保人认为,普通汽车配件不如原件制造商提供的配件质量好,从而导致很多对汽车保险人的诉讼。但是,在 2005 年,伊利诺伊州最高法院判定,保险人有权使用普通汽车配件来修理被损坏的汽车和卡车,这常常比原件制造商的配件便宜。

大多数州现在要求保险人在使用普通汽车配件修理车辆的时候通知投保人。在这方面,保险公司在实际操作中有所不同。在有些情况下,投保人可以支付原件制造商配件和普通配件之间的差额,用原件制造商的配件修理车辆。有些汽车保险商通过批单让投保人选择用哪种配件。有些保险公司经常使用原件制造商的配件,而其他保险公司则仅使用原件制造商的配件修理新的或最新型汽车。你可以打电话给你的代理人,就理赔向你的保险公司提出要求,从而知道在车辆被损坏的时候,可能用什么配件进行修理。

个人汽车保险还对某些损失的赔付限额进行了限制。非自有拖车发生的损失限额为 1 500 美元。安装在汽车制造商不适于装音响的地方,由此导致的车载音响设备损失的赔付限额为 1 000 美元。

改良　如果维修完成后,车辆的价值提高(例如只有挡泥板和车门受到损坏时,却为整个车体喷上新漆),保险人不为这些**改良**(betterment)和价值的增加支付费用。

价值下降　在汽车事故中被损坏的汽车的市场价值或者转售价值可能已经降低。近年来,许多被保险人要求按照市场价值赔偿损失。保险服务处为那些保险人准备了可以附加在保单上的声明批单。该批单声明,投保机动车发生的直接和意外的物理损坏所导致的市场价值或转售价值的损失,也称**价值下降**(diminution in value),不在保障范围内。

最后,很多消费者通过银行贷款或租约购买新车。新车的价值在第一年由于折旧而大幅贬值。如果一辆新车在被购买后即发生事故,保险人赔付的金额远低于贷款或租约偿付的数额。被保险人可能因此欠银行或其他金融机构数百甚至数千美元的债务。这一风险可以通过**缺口保险**(gap insurance)予以解决,该保险支付被保险人的保险公司为全损汽车支付的数额与租约或贷款偿还额之间的差额。

当人们租车的时候,一般不会购买缺口保险。租赁商通常会从保险公司那里购买一份主险,并把成本分摊到月租赁费中。所以在租车之前,你应该与租车商核实这些情况。

保险服务处有一种可以被附加到个人汽车保险上的批单,从而弥补 D 部分支付的保费和欠出租方或贷方的金额之间的差额。

损失赔付

保险人可以选择以货币(包括所有销售税)支付物理损失、维修、重置受损或被盗的财产。如果汽车或其设备被盗,并在以后被追回,保险人除需支付归还记名被保险人的被盗汽车费用外,还要支付盗窃造成的损失。保险人也有权以协议或公估的价值保留所有或部分被追回的财产。

此外,保险公司可以通过回收汽车部分弥补它们的赔偿损失。当汽车被认为发生了推定全损时,仍然可以进行修理,但是这样做在成本方面可能并不划算。在这种情况下,保险公司会把车销售给回收站。利用这种方式可以部分弥补保险公司的损失。

其他补偿来源

如果一项物理损失有其他保险，保险公司只按照比例赔付损失。各保险公司以其责任限额占所有适用责任限额总额的比例分摊损失。

对于非自有汽车（包括临时替代车辆），D 部分的保险是其他补偿来源的超额保险。这样，租用汽车的所有人的物理损坏保险为主险，被保险人的物理损坏保险为超额保险。如果被保险人借了一辆车并造成损坏，首先适用的是汽车所有人的物理损坏保险（如果有的话），然后才适用被保险人的碰撞保险（扣除免赔额）。例如，假设被保险人借了朋友的车并在事故中造成损坏。汽车所有人的碰撞保险免赔额为 500 美元，被保险人的碰撞保险免赔额为 250 美元。如果修理所借汽车的维修费为 2 000 美元，汽车所有人的个人汽车保险支付 1 500 美元（=2 000 美元－500 美元），被保险人的个人汽车保险支付 250 美元（=500 美元－250 美元）。剩下的 250 美元损失或者由汽车所有人支付，或者由被保险人支付。简单地说，如果汽车所有人的碰撞责任免赔额大于被保险人的免赔额，被保险人的保险公司将支付两个免赔额之间的差额。

估价条款

个人汽车保险包含**估价条款**（appraisal provision），用以解决在确定物理损坏损失金额时存在的争议。该条款对行驶里程较短的汽车或保养较好的汽车尤为重要。被保险人可能要求赔偿的汽车价值高于汽车交易商使用的报价。① 为了解决这一争议，任何一方都可以要求对损失进行估价。每一方选择一位能够胜任的公正的评估师，两位评估师再选择一位仲裁员。每一位评估师独立说出汽车的实际现金价值和损失的数额。如果评估师达不成一致意见，他们就将各自的估价交给仲裁员。任何两方达成的一致意见均适用于所有各方。每一位当事人支付自己评估师的费用，仲裁员的费用等额均摊。最后，尽管达成估价协议，但保险人并没有放弃任何保单权利。

E 部分：事故或损失后责任

发生事故或损失后，被保险人应该知道要做什么。一些应履行义务属于一般常识，而其他义务则是法律或个人汽车保险条款规定的。被保险人首先要确定是否有人受伤。如果有人受伤，就要立刻呼叫救护车。如果造成人身伤害，或者财产损失超过一定数额（例如 200 美元），根据大多数州的规定，被保险人必须立刻通知警察。被保险人要把自己的姓名、住址、代理人以及保险人的名称告诉对方驾驶员，并要求对方提供同样的信息。被保险人还要记下所有证人的姓名和地址。

---

① Kelly Blue Book 是相当受欢迎的汽车价值估算网站。通过在该网站输入汽车的生产年份、制造商（例如，本田）、型号（雅阁）以及其他信息（例如，发动机尺寸、两门或四门、车辆状况等），可以得到汽车的估算价值。网址为 http://www.kbb.com。

被保险人不应当承认自己有过失。谁是事故的责任人应由相关的保险人或法庭判定。

在事故发生后，被保险人要履行一些义务。个人汽车保险特别声明，如果被保险人没有履行列出的一些义务，保险人没有义务提供保障。但是，保险人只有在被保险人没有履行义务对其构成了危害时，才能拒绝提供保障。大多数法庭认为，被保险人没有履行每一项义务可能不会损害保险人的利益。个人汽车保险确认了这一原则，并指出，只有在被保险人没有履行列出的义务对保险人构成危害时，保险人才可以不提供保障。

被保险人在事故发生后要迅速通知保险公司或保险代理人。如果没有迅速通知保险公司，那么在之后受到对方驾驶员的起诉时，被保险人的保险公司可以取消保障。此外，被保险人必须在调查和取证过程中配合保险公司。被保险人必须为保险公司提供与事故有关的所有法律文件或收到的通知的副本。如果被保险人根据未投保机动车驾驶员保障、未足额投保机动车驾驶员保障或医疗赔付保障索取赔偿，那么保险公司可能会出钱让被保险人接受身体检查。被保险人还必须授权保险公司查看治疗报告和其他相关记录。最后，被保险人必须按照保险公司的要求提供损失证明。

如果在未投保机动车驾驶员保障中，被保险人要求赔偿，那么就要承担更多的义务。如果存在肇事逃逸的情况，就必须通知警察。而且，如果被保险人对未投保机动车驾驶员提起上诉，必须向保险公司提供相关的法律文件。

如果被保险人的汽车被毁，被保险人要求获得 D 部分保险项下的赔偿金，那么被保险人还要承担其他义务。被保险人必须采取合理的措施，保护汽车不受进一步的损坏，由此产生的费用由保险公司支付。被保险人还必须允许保险人在修车之前检查和估值。如果被保险人的汽车被盗，被保险人必须立即通知保险公司。

F 部分：一般条款

该部分包括一些一般性条款。这里只讨论其中的两条。

保险期间和适用地域

个人汽车保险仅在美国及其领土、波多黎各和加拿大适用，也适用于在美国、波多黎各和加拿大的港口之间运输的投保机动车。例如，如果被保险人在英国、德国或墨西哥度假，其间租借的车辆不在保障范围内。要获得在外国驾车的保障就要购买附加汽车保险。如果被保险人想在墨西哥开车，就要首先从墨西哥的保险公司处购买保险。没有从墨西哥的保险公司那里购买保险的美国驾驶员在事故发生后可能被拘留，其汽车可能被扣压，并可能受到其他处罚。

终　止

终止条款是被保险人或保险人终止保险时适用的重要条款。该条款包括四个部分：
- 撤销。
- 停止续保。
- 自动终止。

- 其他终止条款。

各州都对保险公司撤销或不续保汽车保险的权利进行了限制。但是,许多州的法律与个人汽车保险中的终止条款存在差异。在这种情况下,需要为个人汽车保险附加批单,从而让汽车保单符合州法律。

撤销 记名被保险人可以通过将保单退还给保险公司或者提前书面通知保险公司撤销的日期的方式随时将保单**撤销**(cancellation)。

保险公司也有撤销的权利。如果保单生效不足 60 天,保险公司可以书面通知被保险人撤销保单。在未支付保费的情况下撤销保单要提前 10 天通知被保险人,其他情况要提前 20 天。这样,保险公司有 60 天的时间来调查新的被保险人,确定是否为其承保。

保单生效 60 天后,或者保单是续保保单,则保险人只能因为下述三种情况撤销保单:(1)记名被保险人没有缴纳保费;(2)驾驶员的驾驶执照在保险期间被吊销或撤回;(3)保单由于重大的错误陈述才被签发。

停止续保 当保单到期时,保险公司也可以选择不续保。如果保险公司决定不续保,要在保险到期之前至少 20 天向记名被保险人提供书面通知。

自动终止 如果保险公司决定续保保单,自动终止条款就会生效。这意味着,如果记名被保险人不接受保险公司提供的续保,保单在当期保险期间结束的时候将自动终止。因此,如果保险公司为另一保险期间向记名被保险人开出账单,被保险人必须支付保费,否则保单在到期日自动终止。但是,一些保险公司对续保保费的缴纳设置了一定的宽限期。

最后,如果投保机动车还有其他保险,那么个人汽车保险在其他保险生效日自动终止。

其他终止条款 许多州对保险公司撤销或终止续保附加了额外的限制。保险公司需交付终止续保通知,而不是采用发邮件的形式。邮寄终止续保通知的单据是构成保单终止的必要文件。如果保单被撤销,记名被保险人有权要求退还保费,但是允诺或提供保费退还不能作为撤销保险的条件。最后,撤销通知中的撤销生效日为保险期间的终止日。

摩托车和其他车辆保险

个人汽车保险排除了对摩托车、机动脚踏两用车以及类似车辆的保险。但是,可以通过向个人汽车保险附加**多类型车辆批单**(miscellaneous-type vehicle endorsement)来为摩托车、机动脚踏两用车、小型摩托车、高尔夫球车、房车、沙滩车及类似车辆投保,但雪地车除外(需要购买独立的批单,并附加到个人汽车保险上)。多类型车辆批单可以提供个人汽车保险中的所有保险。

如果保单中附加了多类型车辆批单,被保险人应该注意以下几点:

首先,责任保障不适用于非自有车辆。其他人在获得被保险人的许可后驾驶其摩托车,这在该保险的保障范围内,但是如果被保险人驾驶非自有摩托车(不包括临时替代车辆),则责任保障不适用。

其次,保单提供选择性的乘客风险除外责任,它排除了摩托车乘客的身体伤害责任。选择了该除外条款后,被保险人可以缴纳较少的保费。例如,如果被保险人摩托车上的乘客被摔到地上，并且因此受伤，该摩托车的责任保障不适用。

最后，对摩托车的物理损失的赔付额为以下几项中的最低者：(1) 批单上载明的数额；(2) 实际现金价值；(3) 修复或重置损失财产所必需的数额（扣除免赔额）。

 案例应用

坦娅今年21岁，是一名大学生。她最近从一个出现经济问题的朋友那里购买了她的第一辆汽车。这辆车是2006年的丰田卡罗拉，行驶里程已经很高，其当前市场价值为3 000美元。假设你是一位理财师，坦娅正在就个人汽车保险的不同保障内容征求你的意见。

a. 简要阐述个人汽车保险提供的主要保障。

b. 坦娅应当购买a中列出的哪些保障？请说明其合理性。

c. 坦娅不应当购买a中列出的哪些保障？请说明其合理性。

d. 假设坦娅购买了你推荐的个人汽车保险。坦娅的保险将在多大程度上为下述情况提供保障？

(1) 坦娅的舍友丹尼尔经坦娅的允许借走了她的车并撞到了另一个驾驶员。丹尼尔是责任方。

(2) 坦娅酒后驾车，并造成了一起事故，导致了另一个驾驶员严重受伤。

(3) 在足球赛季期间，坦娅通过把球迷从当地的酒吧运送到足球场赚取收入。坦娅因为没有给出信号而突然变道，撞上了另一辆车，并导致几名乘客受伤。

(4) 坦娅和往常一样开了男朋友的车。这次在开车的时候她卷入了一起交通事故，并撞伤了另一个驾驶员。坦娅是责任方。

(5) 坦娅在英国参加暑期留学项目的时候租了一辆汽车。该汽车在宿舍的停车场上被盗。

e. 坦娅还有一辆摩托车。坦娅的个人汽车保险能在多大程度上为摩托车提供保障？

本章小结

- 个人汽车保险由声明页、定义页和下面六个主要部分构成：
  - ➢ A部分：责任保障。
  - ➢ B部分：医疗赔付保障。
  - ➢ C部分：未投保机动车驾驶员保障。
  - ➢ D部分：汽车损失保障。
  - ➢ E部分：事故或损失后责任。
  - ➢ F部分：一般条款。
- 责任保障为被保险人提供由大意驾驶汽车或拖车导致的身体伤害和财产损坏责任的保障。
- 投保机动车包括声明中提到的所有车辆，新获得的车辆，被保险人拥有的拖车，

以及临时替代车辆。

- 被保险人包括记名被保险人及其配偶，住在一起的家庭成员，其他有合理理由确信经允许驾驶投保机动车的人，以及所有对获保个人负有法律责任的个人或组织。
- 医疗赔付保障支付所有合理的治疗、牙科和丧葬费用。这些费用是自事故发生之日起3年内，提供给被保险人服务所产生的费用。
- 未投保机动车驾驶员保障对由未投保机动车驾驶员、肇事逃逸驾驶员或者保险公司破产的过失驾驶员导致的被保险人身体伤害进行赔付。
- 未足额投保机动车驾驶员保障可以作为批单被附加到个人汽车保险上。当过失驾驶员有责任保险，但责任限额低于未足额投保机动车驾驶员保障提供的限额时，适用该保障。
- 为被保险人汽车的损坏提供保障，赔付投保汽车或非自有汽车的直接物理损失扣除免赔额之后的余额。只有声明页中指定对碰撞损失或非碰撞损失提供保障时，这种损失才在保障范围内。
- 事故发生后，被保险人要履行一些义务。要获得保障，人们必须配合保险人的调查和理赔工作，并为保险人提供与事故有关的法律文件以及收到的通知的副本。
- 在保单生效60天之后，或者是一份续保或连续性保单时，保险公司只有在被保险人未缴纳保费、被保险人的驾照在保险期间内被吊销或撤销，或者通过不实陈述获得保单时，才能够撤销保单。保险公司还可以通过不提供续保而终止保障。如果保险公司在要续保的时候决定不为该保单续保，那么必须提前20天通知记名被保险人。续保和撤销条款可能要进行修改以符合州法律。
- 摩托车和机动脚踏两用车可以通过为个人汽车保险附加多类型车辆批单投保。

重要概念和术语

估价条款	改良	撤销	碰撞损失
汽车损失保障	投保汽车	价值下降	扩展非自有保障批单
缺口保险	责任保障	医疗赔付保障	多类型车辆批单
非自有汽车	非碰撞损失	单一限额	分离限额
补充赔付	临时替代车辆	网约车平台	未投保机动车驾驶员保障

复习题

1. 个人汽车保险包括多种保障内容。这些保障满足了一般被保险人的保险需求。对于下面的每一种保障，简要描述提供的保障类型，并就承保的损失举出一个例子。

　　a. A部分：责任保障。

　　b. B部分：医疗赔付保障。

　　c. C部分：未投保机动车驾驶员保障。

　　d. D部分：汽车损失保障。

2. 个人汽车保险为被保险人的投保机动车提供保障。指出被认为是投保机动车的四种类型的车辆。

3. 个人汽车保险为四个群体提供责任

保障。指出这四个群体。

4. 除了保单限额和法律辩护之外，个人汽车保险提供补充赔付。简要阐述个人汽车保险责任部分支付的补充赔付。

5. a. 列出个人汽车保险中责任保障（A 部分）的主要除外责任。

b. 列出个人汽车保险中医疗赔付保障（B 部分）的主要除外责任。

6. 阐述个人汽车保险中未投保机动车驾驶员保障（C 部分）的主要特色。

7. 个人汽车保险中的汽车损失保障（D 部分）提供两种可选保障：(1) 碰撞保险和 (2) 非碰撞保险。

a. 什么是碰撞损失？解释你的答案。

b. 什么是非碰撞损失？解释你的答案。

c. 列出汽车损失保障（D 部分）中的主要除外责任。

8. 个人汽车保险中的汽车损失保障（D 部分）还为被保险人驾驶非自有汽车时提供保障。

a. 对非自有汽车进行定义。

b. 如果被保险人在一般情况下驾驶非自有汽车，被保险人的个人汽车保险是否提供保障？对你的答案做出解释。

9. 解释事故或损失发生后，被保险人应承担的义务。

10. 如果被保险人在国外驾驶车辆，个人汽车保险是否提供保障？对你的答案做出解释。

应用题

1. 艾伦有一份个人汽车保险，该保险包括如下项目：

责任保障：100 000 美元/300 000 美元/50 000 美元；

医疗赔付保障：每人 5 000 美元；

未投保机动车驾驶员保障：每人 25 000 美元；

碰撞损失：500 美元免赔额；

非碰撞损失：500 美元免赔额。

针对下面的每一种情况，指出该损失是否获得保障，以及（如果有的话）保单赔偿的数额。假设每一种情况是独立的事件。

a. 艾伦 16 岁的儿子开着家里的车闯了红灯，撞死了一个行人。死者的家属提起诉讼，要求赔偿的损失数额为 500 000 美元。

b. 艾伦借朋友的车去超市。在闯红灯后不小心撞上了另一辆车。另一辆车价值 15 000 美元，在车祸中被完全损坏。此外，朋友的车的修理费用是 5 000 美元。

c. 艾伦的女儿希瑟在另一个州读大学并开着家里的车。希瑟让男朋友驾驶这辆车，结果他不小心撞伤了另一个驾驶员。男朋友被起诉赔偿 50 000 美元。

d. 艾伦的妻子在一场暴雪中驾驶着家里的汽车。她在结冰的路面上失去了控制，撞上了一栋房子。对房子的损坏为 30 000 美元。对家庭车辆的损坏是 8 000 美元。艾伦妻子的治疗费用为 5 000 美元。

e. 艾伦过街的时候被一辆没停住的汽车撞伤。他受到的身体伤害为 15 000 美元。

f. 艾伦的车因刹车失灵正在修理。在路测的时候，技工撞到了另一个驾驶员，被起诉赔偿 50 000 美元。

g. 艾伦的汽车撞了一头横穿高速公路的奶牛。修车的费用是 2 500 美元。

h. 小偷打碎汽车玻璃，偷走了锁在车里的照相机和高尔夫球杆。修复受损的车窗要花400美元。失窃的财产价值为500美元。

　　i. 艾伦的妻子在超市里购物。当她回来的时候发现，汽车左面的挡泥板被一个没有留下姓名的驾驶员撞坏。修复的费用要2 000美元。

　　j. 艾伦在一个建筑公司工作。在驾驶一辆大型水泥车的时候，他不小心伤到了另一个驾驶员。受伤的驾驶员起诉艾伦，要求赔偿25 000美元。

　　k. 艾伦的儿子有一天开家里的车出去。他喝醉后，女朋友开车送他回家。他的女朋友不小心撞伤了另一个驾驶员，驾驶员所受身体伤害要花费200 000美元。

　　l. 在驾驶租借来的高尔夫球车的时候，艾伦不小心撞到了另一个打高尔夫球的人。

　　2. 凯伦是个人汽车保险的记名被保险人，该保险提供身体伤害、财产损失责任、医疗赔付和未投保机动车驾驶员保障。在下面的每一种情况下，简要解释凯伦的个人汽车保险是否为其提供保障。

　　a. 凯伦开车撞上电线杆，并被要求为詹森支付治疗费用。詹森在事故发生时坐在车上。

　　b. 凯伦同意斯科特驾驶她的汽车。在开凯伦的汽车的时候，斯科特不小心撞坏了格雷的汽车。结果格雷因为汽车受损起诉了凯伦。

　　c. 凯伦的丈夫开朋友的车撞了一辆自行车。自行车的主人要求凯伦的丈夫赔偿损失。

　　d. 在多次要求邻居把停在凯伦车道上的儿童车挪走未果之后，凯伦气愤地撞倒了这辆儿童车。孩子的父母要求赔偿。

　　e. 凯伦通过网约车平台接单后，在运送一名乘客时发生意外。乘客的医疗费用是3 000美元。

　　3. 珍妮特的个人汽车保险包括下述保障：

　　责任保障：100 000美元/300 000美元/50 000美元；

　　医疗赔付：每人5 000美元；

　　未投保机动车驾驶员保障：每人25 000美元；

　　碰撞损失：500美元免赔额；

　　非碰撞损失：500美元免赔额；

　　拖车费用和劳务费用：每起75美元。

　　如果有的话，下面每种损失在多大程度上获得珍妮特个人汽车保险的保障？分别就每一种情况做出解答。

　　a. 珍妮特度假的时候租了一辆车。由于没有进入正确的道路，她撞上了另一个驾驶员。受伤的驾驶员被判获得100 000美元的赔偿。租车代理人对出租的车辆仅承担30 000美元的责任限额。租车代理人没有购买碰撞保险，因此珍妮特要支付15 000美元的修车费用。

　　b. 珍妮特经许可借了朋友的车。她不小心撞了另一辆车，给朋友修车的费用为5 000美元。朋友汽车保险的碰撞损失免赔额是500美元，非碰撞损失的免赔额是250美元。

　　c. 珍妮特从事销售员的工作，并配备了一辆公司的汽车。她在工作时间驾驶公司汽车的时候撞上了另一辆车。受伤的驾驶员认为珍妮特存在过失，起诉她并要求她赔付100 000美元。公司车辆的损失是5 000美元。

　　d. 由于电池有问题，珍妮特的车无法点火，救助人员把车拖到服务站换了电池。拖车费用为100美元，换电池的费用是120美元。

　　4. 乔驾驶邻居的敞篷卡车拉柴火。一个小孩突然从路边两辆停着的汽车中间窜出来，跑到卡车行驶的路上。为了避免撞到孩子，乔没能控制住车子，撞到了电线杆上。孩子受了重伤，卡车被严重损毁，电线杆也被撞倒在地。乔的个人汽车保险提供责任保障和碰撞保险，邻居也为敞篷卡车购买了包括责任保障和碰撞保险的个人汽车保险。

a. 如果乔存在过失，谁的保险公司首先支付孩子的身体伤害和电线杆的财产损坏赔偿？请解释你的答案。

b. 哪一个保险公司赔付邻居的敞篷卡车的物理损失？解释你的答案。

5. 内森用他2008年的福特汽车换购了一辆新福特车。一个星期后，他在上班的路上轧上路中间的油污，滑到了一辆停着的汽车上。2008年的福特车获得个人汽车保险的全额保障，包括500美元的碰撞损失免赔额。在事故发生时，内森没有就该保险通知保险公司。停着的汽车的物理损失是8 000美元。内森的汽车遭受的损失是5 000美元。内森的个人汽车保险是为其中一种损失提供保障，还是为这两种损失都提供保障？解释你的答案。

6. 詹姆斯今年18岁，住在家里，偶尔开朋友玛丽的汽车。玛丽为汽车购买了包括300 000美元责任保险的个人汽车保险。詹姆斯也是他母亲的个人汽车保险的被保险人，该保险提供500 000美元的责任保障。假设詹姆斯开玛丽的车的时候遇上一起交通事故，并负有法律责任，要赔偿400 000美元。每一份保单支付多少？解释你的答案。

7. 凯尔的个人汽车保险的责任限额是50 000美元/100 000美元/25 000美元。凯尔闯红灯后撞上了一辆有篷货车。该货车损坏的价值为15 000美元。货车中的3名乘客受伤，所受身体伤害分别是：

乘客A，15 000美元；

乘客B，60 000美元；

乘客C，10 000美元。

凯尔也受了伤，治疗费用为10 000美元。他的汽车遭受的损失是10 000美元。由于受伤，凯尔无法工作，工资损失为5 000美元。根据其个人汽车保险的责任保障（A部分），凯尔的保险公司要赔付多少？解释你的答案。

数字资源

网络资源

参考文献

第21章
汽车保险（续）

> 现有的汽车事故伤害赔付体系面临两个基本问题：一是保费过高，二是遭受重伤的受害者极少能够得到足额赔偿。
>
> ——联合经济委员会，第105次会议

 学习目标

学习完本章，你应当能够：

- 说明为车祸受害人提供赔付的下列方法：
  - ➢ 财务责任法。
  - ➢ 强制保险法。
  - ➢ 未满足补偿基金。
  - ➢ 未投保机动车驾驶员保障。
  - ➢ 低成本汽车保险。
  - ➢ 付费参与原则。
  - ➢ 无过失汽车保险。
- 对为高风险驾驶员提供汽车保险的下述方法进行描述：
  - ➢ 汽车保险计划。
  - ➢ 联合保险人协会（JUA）。
  - ➢ 再保险便捷计划。
  - ➢ 专业保险公司。
- 指出决定消费者汽车保险成本的主要因素。
- 解释消费者在选购汽车保险时应听取的建议。
- 指出对汽车保险有影响的重要新兴问题。

"你没有太多的选择，"独立保险代理人本·沃森（Ben Watson）说。"我代表十个不同的汽车保险公司，但以你的驾驶记录来看，你只符合其中一个的核保标准。而且，它们只会以高昂的价格卖给你州规定的最低责任保险限额保单。"

"这不公平，"凯尔·特纳回答说。"州政府强制我投保汽车保险，但却没有保险公司愿意以合理的价格卖给我。"

"坦白来讲，"沃森反驳道，"这是你自己的错。州政府希望保护无辜的驾驶员免受高风险驾驶员的伤害。根据你的两次酒后驾驶被捕和三张超速罚单记录，我会卖给你最低责任限额的汽车保险。但你要明白，如果你因为自己的疏忽而致人死亡或受伤，这一限额就

太低了。"

在美国，每年有超过100万的驾驶员在交通事故中受伤或死亡。那么社会就会面临对因为那些过失驾驶员给这些受害人造成的人身伤害和财产损失进行补偿的问题。社会必须承担向不负责任的驾驶员提供汽车保险的负担，包括酒后驾车驾驶员、高风险驾驶员以及习惯性违反交通规则的驾驶员。社会还要处理那些被未投保机动车驾驶员伤害的无辜受害者的补偿问题。

本章将深入讨论前述问题。这里有四个领域要强调：(1) 补偿汽车事故受害人的不同方法；(2) 作为对民事侵权法的替代的无过失汽车保险；(3) 为高风险驾驶员提供汽车保险的方法；(4) 对购买汽车保险的建议。

补偿车祸受害人的方法

在许多情况下，在汽车事故中受伤的无辜受害人无法从伤害他们的驾驶员那里获得经济赔偿。尽管车祸的受害人可能遭受身体伤害或者财产受损，但是他们可能不会得到赔偿，或者得不到全额赔偿。为了解决这一问题，各州都使用了一些方法来为那些被不负责任的驾驶员伤害的受害人提供保障。这些方法包括[①]：

- 财务责任法。
- 强制保险法。
- 未满足补偿基金。
- 未投保机动车驾驶员保障。
- 低成本汽车保险。
- 付费参与原则。
- 无过失汽车保险。

财务责任法

各州都实施了某种类型的财务责任法或强制保险法，规定驾驶员必须具有不低于一定最低限额的财务清偿能力。当驾驶员首次发生事故时，或者在驾驶员出现酒后驾车等违法行为后，**财务责任法**（financial responsibility law）就会要求其出示财务清偿能力证明。在下面几种情况下，一般要提供财务清偿能力证明：

- 涉及人身伤害或财产损失超过一定数额的车祸。
- 肇事驾驶员无法支付汽车事故最终判决中的赔款。
- 发生某些违法行为后，例如酒后驾车或鲁莽驾驶。

在这些情况下，如果驾驶员无法证明其达到了州财务责任法的条件，那么该州就可以

---

① 有关这些方法的完整讨论参见 Fire, Casualty & Surety Bulletins, Personal Lines, Auto section (Erlanger, KY: National Underwriter Company), the Insurance Information Institute's, "Background on: Compulsory Auto/Uninsured Motorists," April 16, 2018, and in the Insurance Information Institute's "Background on: No-Fault Auto Insurance," September 20, 2017.

撤回或吊销其驾驶执照。

财务清偿能力可以通过购买不低于一定限额的保险获得证明，例如购买 25 000 美元/50 000 美元/10 000 美元的保险。① 可以提供财务清偿能力证明的其他方法还有提供保证金、按法律的要求提存一定数额的证券或现金，或者证明自己能够进行自保。图表 21-1 列出了各州的最低财务责任限额。头两个数字是人身伤害责任限额，第三个数字是财产损失责任限额。例如，25/50/10 是指每个人的人身伤害保障是 25 000 美元，每起事故的人身伤害保障是 50 000 美元，财产损失责任保障为 10 000 美元。

图表 21-1　各州汽车财务责任限额

下面的图表显示了对机动车驾驶员人身伤害（BI）责任、财产损失（PD）责任、无过失个人伤害保护（PIP）和未投保（UM）、投保不足（UIM）保障的强制要求。它还显示了哪个州仅仅要求负有财务责任（FR）。

各州要求的汽车财务责任限额

州	保险要求	最低责任限额[a]
亚拉巴马州	BI & PD Liab	25/50/25
阿拉斯加州	BI & PD Liab	50/100/25
亚利桑那州	BI & PD Liab	15/30/10
阿肯色州	BI & PD Liab, PIP	25/50/25
加利福尼亚州	BI & PD Liab	15/30/5[b]
科罗拉多州	BI & PD Liab	25/50/15
康涅狄格州	BI & PD Liab, UM, UIM	25/50/20
特拉华州	BI & PD Liab, PIP	25/50/10
哥伦比亚特区	BI & PD Liab, UM	25/50/10
佛罗里达州	PD Liab, PIP	10/20/10[c]
佐治亚州	BI & PD Liab	25/50/25
夏威夷州	BI & PD Liab, PIP	20/40/10
爱达荷州	BI & PD Liab	25/50/15
伊利诺伊州	BI & PD Liab, UM, UIM	25/50/20
印第安纳州	BI & PD Liab	25/50/25
艾奥瓦州	BI & PD Liab	20/40/15
堪萨斯州	BI & PD Liab, PIP,	25/50/25
肯塔基州	BI & PD Liab, PIP, UM, UIM	25/50/10[c]
路易斯安那州	BI & PD Liab	15/30/25
缅因州	BI & PD Liab, UM, UIM, Med-pay	50/100/25[d]
马里兰州	BI & PD Liab, PIP, UM, UIM	30/60/15
马萨诸塞州	BI & PD Liab, PIP,	20/40/5
密歇根州	BI & PD Liab, PIP	20/40/10
明尼苏达州	BI & PD Liab, PIP, UM, UIM	30/60/10
密西西比州	BI & PD Liab	25/50/25

---

① 前两个数字是指人身伤害责任限额，第三个数字是指财产损失责任限额。责任限额适用于每一起事故。当引用限额时，通常省略后三位。所以该限额可写作 25/50/10。

续表

州	保险要求	最低责任限额[a]
密苏里州	BI & PD Liab, UM	25/50/10
蒙大拿州	BI & PD Liab	25/50/20
内布拉斯加州	BI & PD Liab, UM, UIM	25/50/25
内华达州	BI & PD Liab	25/50/20
新罕布什尔州	FR only,	25/50/25
新泽西州	BI & PD Liab, PIP, UM, UIM	15/30/5[e]
新墨西哥州	BI & PD Liab	25/50/10
纽约州	BI & PD Liab, PIP, UM, UIM	25/50/10[f]
北卡罗来纳州	BI & PD Liab, UIM	30/60/25
北达科他州	BI & PD Liab, PIP, UM, UIM	25/50/25
俄亥俄州	BI & PD Liab	25/50/25
俄克拉何马州	BI & PD Liab	25/50/25
俄勒冈州	BI & PD Liab, PIP, UM, UIM[g]	25/50/20
宾夕法尼亚州	BI & PD Liab, PIP	15/30/5
罗得岛州	BI & PD Liab	25/50/25
南卡罗来纳州	BI & PD Liab, UM, UIM	25/50/25
南达科他州	BI & PD Liab, UM, UIM	25/50/25
田纳西州	BI & PD Liab	25/50/15[c]
得克萨斯州	BI & PD Liab	30/60/25
犹他州	BI & PD Liab, PIP	25/65/15[c]
佛蒙特州	BI & PD Liab, UM, UIM	25/50/10
弗吉尼亚州	BI & PD Liab[h], UM, UIM	25/50/20
华盛顿州	BI & PD Liab	25/50/10
西弗吉尼亚州	BI & PD Liab, UM	25/50/25
威斯康星州	BI & PD Liab, UM, Med-pay	25/50/10
怀俄明州	BI & PD Liab	25/50/20

a. 头两个数字是指人身伤害责任限额,第三个数字是指财产损失责任限额。例如,20/40/10意味着事故中所有受伤的人的最高保障为40 000美元,一个人的人身伤害责任限额是20 000美元,财产损失责任限额是10 000美元。

b. 加利福尼亚汽车风险计划为低收入驾驶员设置的低成本保单限额是10/20/3。

c. 除了保单限额,保单持有人还可以满足综合个体保单限额。各州数额不同。

d. 此外,保单持有人还必须支付医疗费用。各州数额不同。

e. 基本保单(可选)限额是10/10/5。未投保和投保不足的机动车驾驶员的保障无法通过基本保单获得,但标准保单要求包含未投保机动车驾驶员保障。对某些驾驶员有特殊的汽车保单,包括紧急治疗和1万美元的死亡抚恤金。

f. 此外,保单持有人对于过失死亡的保障为50/100。

g. 当未投保责任限额超过需要的财务责任时进行强制执行。各州数额不同。

h. 强制购买保险或者向州机动车管理部门支付未投保机动车驾驶员(UMV)费用。

注:数据来自美国财产保险公司联合会和州保险局。

资料来源:*The Insurance Fact Book 2018*, New York: Insurance Information Institute, pp. 92-93.

尽管财务责任法为一些不负责任的驾驶员提供了保证,但存在两个主要缺陷:

• 不能保证所有事故受害人都能够得到赔偿。财务责任必须在事故发生后进行说明。如果被未投保机动车驾驶员、肇事逃逸驾驶员或失窃车辆撞伤,事故受害人可能得不到赔偿。不负责任的驾驶员往往无证驾驶，所以这些法律就不能确保不负责任的驾驶员不上路。

- 事故受害人可能无法获得足额赔偿。大多数财务责任法仅要求支付最低责任保险限额，而这一限额通常比较低。如果身体伤害超过最低限额，事故的受害人可能无法得到全额赔偿。

强制保险法

在大多数州和哥伦比亚特区，责任保险都是强制性的。**强制保险法（compulsory insurance law）**要求驾驶员在领取驾驶执照或登记车辆之前购买一定最低限额的责任保险。

一些人认为，强制保险法对未投保机动车驾驶员提供了比财务责任法所要求的更多的保障，因为机动车驾驶员在事故发生前必须提供具有财务清偿能力的证明。但是，最近一些机构的研究得出结论，强制保险法通常不足以降低未投保机动车驾驶员的比例。强制保险法的批评者指出了以下缺陷：

- 一般来说，强制保险法和高速公路上的未投保机动车数量之间没有联系。仍然有一部分人选择不购买汽车保险，其比例无法准确掌握，而且各州均不相同。这批人或者存在侥幸心理，或者提供虚假的守法记录。①
- 美国消费者协会调查了收入和未投保汽车保险之间的关系。尽管低收入驾驶员支持责任保险的规定，但许多人却根本负担不起保险。美国消费者协会建议实施相关改革，使责任保险更平价，特别是对那些有良好驾驶记录的低收入驾驶员。②
- 有些州采用计算机数据库来跟踪未投保机动车驾驶员。有证据表明，该报告系统并没有有效实现它们确认和追踪未投保机动车驾驶员的目的。而这种程序成本高昂，难以实施，且难以维护。③

最后，被保险人可能卷入其他驾驶员存在过失的车祸中，但是却要遵守该州财务责任法或强制保险法。被保险人可以就人身伤害或汽车的物理损失向过失驾驶员或其保险人索赔，这些索赔被称为"第三方"索赔。对另一方驾驶员的保险公司进行第三方索赔构成了向州保险部门投诉的主体。专栏21.1由犹他州保险局提供，讨论了有关第三方索赔的一些常见问题以及答案。尽管有些答案仅适用于犹他州的法律，但是其他州的情况也与此很相似。

专栏 21.1

向其他当事方的保险公司提起汽车保险理赔

在汽车事故发生后，你要做的第一件事情是为发生的损失进行理赔。当事故发生的时

---

① 保险研究协会最近的一项研究估计，不考虑强制保险，2015年有13%的驾驶员未投保。未投保驾驶员所占比例从缅因州的4.5%到佛罗里达州的26.7%不等。参见 Insurance Information Institute's *2018 Insurance Fact Book*。

② "Uninsured Drivers: A Societal Dilemma in Need of a Solution," Consumer Federation of America, March 2013.

③ 参见 "Background on: Compulsory Auto/Uninsured Motorists," The Insurance Information Institute, April 16, 2018. 汽车保险较短的持续期，一般来说6个月，进一步使问题复杂化。

候，如果你购买了适用的保障（"第一方"理赔），你可以选择向自己投保的保险公司进行理赔，也可以向其他驾驶员的保险公司提出理赔（"第三方"理赔）。

保险法律关于第一方理赔和第三方理赔的规定有所不同，因此清楚掌握在两种情况下自己的权利和义务就很重要。在第一方理赔中，你和保险公司直接签署合同，要求保险公司满足保单中的所有条件。在第三方理赔中，你不需要与保险公司直接签署合同，它们的主要义务是针对自己的保单持有人。下面所讨论的是，当你向另一个驾驶员的保险公司提起第三方理赔时，你在犹他州所拥有的权利和义务。

其他驾驶员应该有多少保险？

犹他州要求机动车驾驶员购买人身伤害保险和财产责任保险，使其能够支付自己负主责的交通事故中发生的损失。驾驶员要求购买的最低保险数额为：人身伤害责任限额为每人 25 000 美元，两人及以上人身伤害责任限额为 65 000 美元；财产损失责任限额为 15 000 美元。通常这在你的保单中显示为 25/65/15。

提出理赔要求后会发生什么？

犹他州的法律要求，所有坐在车里并遭遇人身伤害的乘客均应首先向车主的保险公司提出理赔要求。对于每一名受伤的乘客，医疗费用中的头 3 000 美元将由车主的个人人身伤害保险提供保障，之后车主可以向责任方保险公司提起索赔。

在车主向其他保险公司提起索赔之后，保险公司将会进行勘察，如果它们确定它们的被保险人对你的人身伤害或损失负有法律责任，就会进行理赔。在大多数情况下，保险公司不会对人身伤害责任进行理赔，直到你完成了自己的所有治疗措施。这意味着，在理赔完成之前，已经过去了一段时间，这些人身伤害需要额外的医疗护理。在你准备完成人身伤害理赔的时候，保险公司将会要求你签署赔偿结清协议。这意味着你同意保险公司所提供的数额为你从其他驾驶员及其保险公司所获得的唯一赔偿。因为在你接受现金赔偿或签署赔偿结清协议时，你准备接受最终赔偿金额。

对于所受人身伤害之外的对你的汽车造成的财产损失，你和保险公司要就损失数额达成一致，但是你可能还没有完成人身伤害索赔，因为仍然在产生医疗费用。保险公司也可能因为人身伤害理赔还没结束而拒绝财产损失索赔。

谁来决定过失方，以及他们应赔偿多少钱？

犹他州设置了比较过失规则，这意味着超过一个人在事故中承担责任。在这一规则下，只有你在该事故中承担的责任低于50%时才能够获得赔偿。最终的数额会根据你承担责任的多少有所不同。

举一个例子，如果其他驾驶员承担80%的责任，你承担20%的责任，由于你的责任低于50%，所以你可以获得赔偿。但是，另一个驾驶员的保险公司可能仅赔偿你所蒙受损失的80%。

保险公司什么时候会联系我？

犹他州保险规则（R590-190，191 或 192）要求保险公司在索赔要求提出后的 15 日内做出回应。该规则进一步明确，保险公司有 30 天的时间来接受或拒绝索赔要求。不过，如果勘察在该时段内未能完成，保险公司可以有额外的时间来完成勘察。

哪些类型的信息是必须提供的？

并没有法律规定你必须提供哪些信息。不过保险公司将会需要确定：

- 它们的被保险人是否对事故负有法律责任，以及在多大的程度上负有责任；
- 你的损失或人身伤害的数额；
- 你的损失或人身伤害是否与事故直接相关。

因此，你最好尽可能多地在索赔过程中提供信息。此外，如果你没有积极配合，保险公司会拒绝你的所有索赔要求。

我必须提出多少维修费用？

其他保险公司可能会要求提高一些费用的估计值。各州都没有规定你必须提交多高的数额，或者限制保险公司要求的数额。

我可以选择自己的维修点吗？

是的。不会要求你必须使用保险公司建议的维修点。不过，如果你所选择的维修点的收费超过保险公司建议的维修点，你就要支付差额。

保险公司能够因为"改进"扣减赔偿额度吗？

是的。如果你的汽车在维修时使用了新的零部件，保险公司可能不会为这些"改进"付费。没有法律或者合同约定，要求"重置保障"使用新部件。不过，对于"改进"所做出的任何扣减都必须针对维修内容进行书面说明。

"改进"的一个例子是替换汽车上损坏的使用了5年的消音器。保险公司可以用另一个使用了5年的消音器来替换，从而达到维修的目的。如果找不到使用了5年的消音器，维修商店会用新的来代替，但是你需要支付差额。

保险公司可以扣减未修理的损坏或者锈蚀的部件吗？

是的。如果你的汽车很陈旧，而且有未修理的碰撞损失，保险公司可以从中扣除合理的数额。公司会列明此类扣减的数额。

关于重置撞坏的部件，我有什么权利吗？

保险公司并不是必须使用原厂生产的替换部件，例如通用汽车或福特。不过，犹他州的法律明确规定，保险公司使用的任何非原厂部件或售后市场部件，均必须在评估报告中向消费者说明并指出每一个更换的非原厂部件。

我可以租车吗？

犹他州保险监管部门要求，在损坏车辆修理期间，过失驾驶员的保险公司支付"发生的合理交通成本"，或者"发生的合理的租用替代交通工具的成本"。保险公司只有在承认责任的情况下，才有义务支付使用损失。如果你的汽车全损，将从事故当天起开始支付，但是要及时报告，直到保险公司给出了合理的解决方案为止。

大多数公司支付固定费用，例如每天20美元。保险合同和保险法律都不会明确你所租用车辆的类型。不过，在某些特殊情况下会要求租用车辆与你的损坏的车辆大致相当，并让保险公司知道是否能够覆盖成本。

在汽车里属于我的个人财产受损怎么办？

其他驾驶员的财产损害责任保险将在很大程度上为你车上的个人财产提供保障。

我是否必须支付免赔额？

当你向另一个驾驶员的保险公司提起索赔时，你不需要支付免赔额。

如果保险公司拒绝我的索赔要求，或者我不满意它们的解决方案怎么办？

如果其他驾驶员的保险公司拒绝了拟定索赔或者你不满意它们提供的处理方案，没有另外的评估要求。你唯一可以依赖的是：
- 如果你购买了保险，可以通过自己的保险进行索赔。
- 如果你的损失符合小额索赔诉讼的条件，在 10 000 美元以内，可以向小额索赔诉讼法庭提起诉讼。
- 寻求其他适当的法律援助。

只有法官或陪审团可以最终决定谁是事故责任方，或者其他人在你的损失中应承担多少责任。

我必须在一定的时间范围内结束索赔吗？

是的。你必须在适用法律要求的期限内，或者接受最终理赔结果，或者提起诉讼：
- 对于人身伤害索赔——自事故发生日起的四年内。
- 对于财产损失索赔——自事故发生日起的三年内。
- 对于一起由政府机构造成的事故引发的人身伤害或财产损失——为特定政府机构设置的法律限制的期限内。

如果你没有就最终理赔结果在法定时间限制之前提起诉讼，你可能会完全丧失接受理赔的权利。

资料来源：犹他州保险局。

未满足补偿基金

有几个州[①]已经为补偿无辜的车祸受害者建立了未满足补偿基金。**未满足补偿基金（unsatisfied judgment fund）** 是一项被用于补偿无法从其他途径获得赔偿的汽车事故受害者的政府基金。这些基金具有一些共同的特点[②]：
- 车祸受害人必须获得法院对过失驾驶员的判决，而且必须证明判决的赔偿金无法获取。
- 基金支付的最大限额一般不超过州强制保险法规定的限额。赔付的数额可能会因为其他补偿来源而降低，例如工人补偿保险金。
- 在该基金对车祸的受害者进行赔偿之后，过失驾驶员并没有豁免法律责任。过失驾驶员必须赔偿基金，或者失去驾照，直到他们把钱还给基金。

融资的方法各州不尽相同，例如可以通过向每一个驾驶员收费，可以根据各州汽车责任保险数额在各保险公司之间分摊，可以由州内未投保机动车驾驶员分摊，或者向违规驾驶车辆追加罚款。

未投保机动车驾驶员保障

未投保机动车驾驶员保障（uninsured motorists coverage） 是补偿车祸受害人的另一种

[①] 密歇根州、纽约州和北达科他州设有未满足补偿基金。马里兰州的汽车保险基金取代了 1973 年的马里兰州汽车保险计划与未满足理赔和补偿基金。参见 http://www.mymarylandauto.com/site/about/。

[②] Eric A. Wiening, et al., *Personal Insurance* (Malvern, PA: American Institute for Chartered Property Casualty Underwriters/Insurance Institute of America, 2002) pp. 2.8–2.10。

方法。受伤者的保险公司同意为由未投保机动车驾驶员、肇事逃逸驾驶员或者其保险公司破产的过失驾驶员造成的身体伤害（在某些州，财产损失也被包括在内）赔偿事故受害人。未投保机动车驾驶员保障在第 20 章进行了更详细的讨论。

未投保机动车驾驶员保障具有下述优点：

- 机动车驾驶员可以得到未投保机动车驾驶员造成损失的赔偿。许多州规定，在本州内销售的所有汽车保单必须强制包含未投保机动车驾驶员保障。在其他州，除非被保险人通过签署书面弃权证明自愿放弃该保障，否则这一保障自动生效。
- 赔付比民事侵权诉讼更迅速和有效。尽管事故受害人必须证明未投保机动车驾驶员的过失造成了对自己的损害，但不需要起诉过失机动车驾驶员就可以胜诉。

但是，未投保机动车驾驶员保障对于补偿受伤的车祸受害人而言有一些技术上的不足。它们包括：

- 除非投保人购买的保险有较高的限额，否则保险公司只赔付州财务责任法或强制保险法规定的数额。最低保险限额相对较低。因此，车祸受害人可能无法获得其损失的全部赔偿。
- 受害人必须证明，未投保机动车驾驶员对事故负有法律责任。这一要求在某些情况下很难完成，如果聘请律师则又很昂贵。
- 有些州不提供财产损失保障。除非你购买了碰撞保险，否则你所遭受的由未投保机动车驾驶员造成的财产损失可能得不到任何赔偿。

低成本汽车保险

正如前面所提到的，强制保险法在减少未投保机动车驾驶员的数量方面没有效果，一些州已经制定了新的法律来解决这些问题。许多驾驶员由于汽车保险成本过高而没有投保。**低成本汽车保险（low-cost auto insurance）** 以较低的费率为那些无法购买正常保险或需要提供保障的资产有限的机动车驾驶员提供最低数额的责任保险。例如，在新泽西州，有标准的汽车保险和基本的低成本汽车保险。标准保单与其他州的汽车保险保单相似。基本保单是为那些"没有什么家庭责任和需要保护的资产"的人提供的选择。① 在基本保险中，每起事故所有人的人身伤害责任保险可高达 10 000 美元（可选），每起事故的财产损失责任保险为 5 000 美元。每人每起事故可获得 15 000 美元的基本个人伤害保护保障。该保险不提供未投保机动车驾驶员保障。

加利福尼亚州的低成本保险仅向大于 19 岁的驾驶记录良好的低收入机动车驾驶员提供。费率按照全国水平厘定，机动车驾驶员可以购买每人 10 000 美元、每起事故 20 000 美元的责任保障。还有未投保或投保不足的机动车驾驶员保障，保费可以通过分期付款的方式支付。该计划于 1999 年推行，到 2016 年底，全州约有 14 000 份保单。②

付费参与原则

另一种方法是执行**付费参与原则（"no pay，no play" laws）**，禁止未投保的驾驶员因

---

① "New Jersey Auto Insurance Buyer's Guide," State of New Jersey Department of Banking and Insurance. The Buyer's Guide is available at http://www.state.nj.us/dobi.

② "Background on：Compulsory Auto/Uninsured Motorists," Insurance Information Institute，April 16，2018.

为非经济损失起诉过失驾驶员，例如对身体和精神痛苦的赔偿。一些州正在考虑将其作为减少未投保驾驶员数量的一个办法。① 11 个州已经执行了该法案。例如，在密歇根州，超过 50% 的过失未投保驾驶员在事故发生后无法获得车祸造成的非经济损失赔偿。在北达科他州，如果驾驶员在事故发生时没有投保，并且其此前曾因未投保驾驶而被传唤，则该未投保驾驶员将无法获得非经济损失（如身体和精神痛苦）赔偿。新泽西州禁止未投保驾驶员、醉酒驾驶员，以及为了获得经济和非经济损失赔偿而故意做出某些行为的驾驶员获得赔偿。

无过失汽车保险

无过失汽车保险是补偿受伤的车祸受害人的又一方法。由于传统的民事侵权责任体系存在缺陷和不足，目前，有 22 个州、哥伦比亚特区以及波多黎各实行了无过失法。②

无过失汽车保险的定义　无过失汽车保险（no-fault auto insurance）是指，在造成身体伤害的汽车事故发生后，每一方当事人都可以从自己的保险人那里获得赔偿，而无论过失在哪一方，并不一定要在赔付之前确定谁存在过失并提供证明。无论谁造成了这起事故，当事人均从各自的保险人那里获得赔偿。

此外，无过失法也对向造成事故的过失驾驶员的索赔权利做出了一定限制。如果身体伤害索赔低于某一**金钱门槛（monetary threshold）**，例如 5 000 美元，受伤的驾驶员不能提起诉讼，相反，只能向自己的保险人索赔。但是，如果身体伤害索赔超过金钱门槛，受害人有权就损失起诉过失驾驶员。如果过失驾驶员是被保险人，过失驾驶员的保险公司通常为该损失提供保障。

在某些州，使用的是言辞门槛而非金钱门槛。**言辞门槛（verbal threshold）**是指，只有损失惨重的事故才允许提起赔偿诉讼，如死亡、致残、毁容，或者身体器官或功能永久丧失等。所以，如果受害人受伤的严重程度达不到那些列出的伤害程度，受害人无法提起诉讼，而只能从自己的保险人那里获得赔偿。

无过失计划的基本特点　无过失计划因为每个州的法律类型、提供的赔付以及对诉讼权利的限制方面存在的差异而不同。③

（1）无过失计划的类型。有多种类型的无过失计划和建议，包括：

- 纯粹无过失计划。
- 修正无过失计划。
- 保留起诉权无过失计划。
- 无过失选择计划。

在**纯粹无过失计划（pure no-fault plan）**中，事故受害人根本不能起诉，无论索赔额

---

① "Background on: Compulsory Auto/Uninsured Motorists," Insurance Information Institute, April 16, 2018. See also: "No Pay, No Play States," Penny Gusner, http://www.carinsurance.com, April 5, 2016.

② "Background on: Compulsory Auto/Uninsured Motorists," The Insurance Information Institute, April 16, 2018. Also see "State Auto Insurance Laws Governing Liability Coverage," Insurance Information Institute's *2018 Insurance Fact Book*, p. 95.

③ 这部分基于 "No-Fault Automobile Insurance," in the *Fire, Casualty & Surety Bulletins*, Personal Auto section (Erlanger, KY: National Underwriter Company) and "Background on: No-Fault Auto Insurance," Insurance Information Institute, September 20, 2017。

是多少，受害人承受的身体伤害和精神上的痛苦都无法从过失驾驶员处获得赔偿。实际上，在纯粹无过失计划下，民事侵权责任体系完全无效，因为事故受害人不能就遭受的损失提起诉讼。相反，受害人可以从自己的保险人那里获得无限制的医疗赔付和工资损失赔偿。现在已经没有哪个州提供纯粹无过失计划了。

在**修正无过失计划（modified no-fault plan）** 中，只有在受害人所受身体伤害的索赔额超过金钱门槛或言辞门槛的时候，才有权起诉过失驾驶员。否则，事故的受害人就要从自己的保险人那里获得赔偿。因此，修正无过失计划仅部分限制了起诉的权利。

保留起诉权无过失计划（add-on plan） 向事故受害人支付赔偿金，而不考虑过失，受害人仍然有权起诉导致事故的过失驾驶员。这种保险还包括就身体痛苦和精神损害提起诉讼的权利。由于受害人保留了起诉权，所以保留起诉权无过失计划并非真正的无过失法。

有3个州（肯塔基州、新泽西州和宾夕法尼亚州）提供**无过失选择计划（choice no-fault plan）**。在该保险中，驾驶员可以选择支付较低的保费，获得州无过失法的保障，或者他们可以支付较高的保费，在民事侵权责任体系中保留起诉权。

12个实施无过失法的州采用的是对起诉权进行一定限制的修正无过失计划。10个州和哥伦比亚特区采用保留起诉权无过失计划。如前所述，没有州实行纯粹无过失计划，有3个州采用了无过失选择计划。

（2）无过失赔偿。无过失赔偿通过为汽车保险保单附加批单实现。这种批单一般被称为"基本个人伤害保护保险"。这一名称表明了无过失保险金的内容。赔偿的范围限制于受害人的经济损失，例如医疗费用、一定比例的工资损失，以及其他一些费用。受害人只有在超过金钱门槛或言辞门槛的时候，才能够就非经济损失（例如痛苦、精神折磨以及造成的不便）提起诉讼。

无过失保险金通常提供下述费用：
- 医疗费用。
- 收入损失。
- 必要服务费用。
- 丧葬费用。
- 遗属损失保险金。

医疗费用的支付通常设有上限。密歇根州对医疗费用没有规定上限。受伤的事故受害人还可以得到康复费用的赔偿。

收入损失可以得到赔偿。无过失保险金一般限制为丧失劳动能力的人的周薪或月薪的一定百分比，在金额和持续时间上也设置了最高限额。

受害人日常的**必要服务费用（essential services expenses）** 也能得到赔偿，比如为家务、做饭、修剪草坪和修理房屋等支付的费用。

丧葬费用的赔偿有金额限制。在一些州，丧葬费用作为医疗费的一部分，而其他州则独立赔偿。

遗属损失保险金（survivors' loss benefits） 被支付给符合条件的遗属，例如配偶和受抚养的子女。通常，遗属或者定期领取赔偿金，或者一次性得到全额赔偿。

有些州除了提供上述最低保障外，还要求提供**选择性无过失保险金（optional no-fault**

benefits)。类似地,许多州要求保险人提供**选择性免赔额**(optional deductibles)来限制或消除某些无过失保险。

(3) 诉讼权利。在那些提供保留起诉权无过失计划的州,对诉讼权利没有限制。事故的受害人可以从自己的保险人处获得第一方无过失赔偿金,而仍然起诉造成损失的过失驾驶员。

所有州都允许对造成严重伤害的事故提起诉讼。严重伤害意味着造成了死亡、残疾、毁容、骨折、身体机能或组织的永久丧失,或者永久性丧失劳动能力。在这些情况下,受害人可以就损失提起诉讼,包括对所受痛苦和精神上的折磨索赔。

在那些提供修正无过失计划的州,起诉的权利受到限制。通常,只有在达到金钱门槛或言辞门槛之后,事故受害人才可以就损失对过失驾驶员提起诉讼,包括对所受痛苦和精神上的折磨索赔。

最后,提供无过失选择计划的3个州允许驾驶员在以下两种保险中进行选择:一是较低的保费以及对诉讼的限制;二是较高的保费以及在侵权责任系统中保留起诉权。

(4) 财产损失赔偿的除外责任。除了密歇根州之外,无过失法只包括身体伤害,而不包括财产损失。因此,如果过失驾驶员撞上了你的车,你仍然可以就自己车辆遭受的财产损失提起诉讼。有人认为,对财产损失的诉讼并不会拖延太久,不会导致很高的法律费用,也不会产生类似于身体伤害诉讼中现有的一些不足。而且,财产损失索赔与身体伤害理赔相比数额很小。

支持无过失法的观点 支持无过失法的观点认为,由于现有的侵权责任体系存在的不足,需要提供一套替代的体系。这些不足包括:

- 过失的确定困难。批评者认为,汽车事故的发生突然而无法预期,确定过失通常很难。在无过失法中,不需要确定过失人。如果身体伤害索赔额低于某一金钱门槛或者无法达到言辞门槛的要求,那么每一方当事人都从自己的保险人那里领取赔偿金。
- 赔偿支付不公平。在现有制度框架内,小额索赔经常能够获得超额赔付,而大额索赔则无法获得全额赔偿。由此,受重伤的车祸受害人通常无法得到其经济损失的全额赔偿。
- 高额的交易成本和律师费用。批评者还认为,现有民事侵权体系造成了高昂的交易成本和律师费用。通过传统民事侵权体系产生的侵权赔款中超过一半没有给到受害人手中。如第19章所述,律师费用、法律抗辩费用以及行政费用占赔付金额的比例超过一半。因此,现有体系的缺陷在于较高的交易成本和律师费用。
- 欺诈和超额索赔。欺诈和超额索赔是现有体系的主要诟病。常见的问题有两个:一是明显的欺诈,包括制造虚假汽车事故,虚假索赔,与医生、律师和脊椎按摩师等的串通;二是现有体系鼓励受害人超过其实际损失进行夸大索赔,从而增加他们的损失赔偿。由于对非经济损失(痛苦和精神伤害)的赔偿很难计算,一个经验性法则是将这些损失按照原告经济损失(医疗费用和工资损失)的2~3倍计算。当痛苦和精神伤害赔偿根据医疗费用和工资损失的倍数计算时,原告有很强的激励来夸大索赔。
- 延期赔付。在现有体系下,由于调查、协商和等待开庭占用了很多时间,许多索赔无法迅速做出。而且聘请律师并不一定会加快赔付。保险研究委员会对车祸受害人的研究显示，没有聘请律师的原告比聘请律师的原告能够更快得到赔偿。[①] 此外，聘请律师的原告收到的赔付净额（赔付总额减去法律费用和其他费用）低于没有聘请律师的原告。

反对无过失法的观点　支持现有体系的人认为，无过失法也有缺陷。反对无过失法的主要观点包括：

- 过失制度的缺陷被夸大。大部分致命的碰撞和严重的事故都是因为酗酒，在这种情况下，并不难确定责任方。而且，大多数索赔在庭外解决这一事实表明，现有体系运作良好。
- 索赔效率和节省保费被夸大。无过失法会带来更高的效率和节省更多的费用，这一点被夸大，并且不可靠。在许多设有无过失法的州，保费的增加速度比采用民事侵权责任体系的州更快。
- 延迟审判不是普遍现象。只有在某些大城市，延迟审判才构成问题，通过增加法庭的数量以及对程序进行完善可以减少延迟的时间。由于离婚、吸毒以及其他犯罪案件和其他类型的民事案件的不断增多，法庭的负担日益沉重。
- 安全驾驶的驾驶员可能被判罚。无过失计划可能惩罚安全驾驶的驾驶员，而使肇事驾驶员获益。这种费率体系可能不公正地让无辜的驾驶员分摊事故成本，从而增加他们的保费。
- 痛苦和精神伤害不能得到赔付。原告的律师认为，车祸受害人的实际成本不能仅通过医疗费用和工资损失来衡量，痛苦和精神伤害也应该在确定经济损失的时候被考虑进来。
- 民事侵权责任体系只需要进行一些改革。这种改革可以通过增加法官人数和法庭数量、限制律师的费用或者运用仲裁而非法庭解决小额纠纷来达成。

对无过失法的评价　一些州已经废除了无过失法，因为金钱门槛过低增加了诉讼案件的数量。随着时间的推移，其他州也在逐渐对该法律做出调整。兰德民事司法研究所（RAND's Institute for Civil Justice）对无过失计划的研究，提供了有关无过失计划受欢迎程度下降的有价值的信息。[②] 该研究报告得出了两个主要发现：

- 无过失计划最初在解决索赔问题中发挥了减少诉讼的作用，但是随着时间的推移，这种优势在减少。今天，侵权和各种形式的无过失计划这两套体系在事故受害方寻求法律援助和非经济损失补偿方面在很大程度上是相似的。
- 汽车责任保险保费在实施无过失法的州要比在实施侵权法的州高很多。有三个州在调研期间废除了自己的无过失法，责任保险保费下降了10%～30%。关于为什么无过失保险的成本高于传统侵权体系下的保障成本有两种解释：一是在本部分开始的地方提到过，无过失体系所提供的保障范围要比采用侵权体系各州所提供的传统医疗赔付保障范围更为广泛；二是汽车保险公司对于相同的医疗服务，在采用无过失体系的各州比在采用侵权体系的各州支付得更多。研究报告的作者为第二种现象提供了几种可能的

[①] Insurance Research Council, *Study Finds More Auto Injury Claimants Are Hiring Attorneys*, news release, July 8, 2014.

[②] James M. Anderson, Paul Heaton, and Stephen H. Carroll, *The U.S. Experience with No-Fault Automobile Insurance: A Retrospective* (Santa Monica, CA: RAND, Institute for Civil Justice, 2010).

解释。① 第一，在采用无过失体系的州，汽车保险公司在无过失个人人身伤害保险保障中成为主要医疗保险公司。传统的健康保险公司实际上比汽车保险公司更加专业。第二，传统的健康保险公司更擅长设计医疗保险合同，以帮助控制成本。第三，汽车保险公司对虚假索赔行为的担忧会影响它们调查保单持有人医疗保险索赔的积极性。

高风险驾驶员的汽车保险

一些驾驶员通过正常市场渠道购买汽车保险存在困难。这些人包括年轻驾驶员（这些人所造成的车祸所占比例非常高），驾驶记录不好的驾驶员，以及受到1次以上酒后驾车起诉的驾驶员。这些驾驶员可以在**分享市场（shared market）**［也称**剩余市场（residual market）**］上购买汽车保险。分享市场是指汽车保险公司参与的保险，为那些无法在标准市场上购买保险的驾驶员提供保险。

高风险驾驶员尽管很难在标准市场上购买汽车保险，但是可以通过很多其他渠道购买保险。这些渠道包括：

- 汽车保险计划。
- 承保人联合会。
- 再保险便捷计划。
- 马里兰汽车保险。
- 专业保险公司。

汽车保险计划

大多数州都有**汽车保险计划（automobile insurance plan）**，也称**分派风险计划（assigned risk plan）**。该计划为无法在自由交易市场上购买保险的驾驶员提供汽车保险。在这种计划中，州内的所有汽车保险人根据自己占本州承保的汽车保险的市场比例来分配高风险驾驶员的保险份额。例如，如果保险人A占州内汽车保险保费的8%，那么保险人A必须接受8%的无法在自由市场上购买保险的高风险驾驶人的申请（见图表21-2），但是收取的保费明显高于自由市场上收取的保费。高风险驾驶员支付标准保费的2~3倍很正常。

汽车保险计划的主要优点是，高风险驾驶员至少能够有一个渠道来购买责任保险。因此，保护无辜受害人的目标至少能够部分实现。然而，这些计划也有几个不足，包括：

- 虽然高风险驾驶员支付了更高的保费，但是汽车保险计划仍然导致了大量承保损失。这样，自由市场上的低风险驾驶员实际上在补贴高风险驾驶员。
- 高昂的保费可能导致许多高风险驾驶员不投保。这种效应恰恰与制订该计划的目的相反。
- 很多没有违规记录的"无风险"驾驶员被强行纳入该计划。当监管官员因对区域内的损失经验不足或保险费率提升不足而导致汽车保险公司减少在该地区或州商业保险市

---

① James M. Anderson, Paul Heaton, and Stephen H. Carroll, *The U. S. Experience with No-Fault Automobile Insurance: A Retrospective* (Santa Monica, CA: RAND, Institute for Civil Justice, 2010), pp. 131-132. 解释由对股东的调查提供。

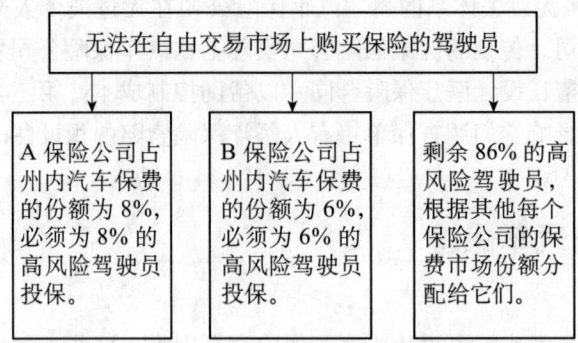

图表 21-2 汽车保险计划案例（概括性）

资料来源：Adapted from Karen L. Hamilton and Cheryl L. Ferguson, *Personal Risk Management and Property-Liability Insurance* (Malvern, PA: American Institute for Chartered Property Casualty Underwriters/Insurance Institute of America, 2002), Exhibit 9-5, p.9.37.

场上的汽车保险供给时，这种情况就会发生。

承保人联合会

有些州已经建立了承保人联合会来为高风险驾驶员提供保险。**承保人联合会（Joint Underwriting Association, JUA）**是在州内经营的汽车保险公司组织，通过该组织，高风险业务被分散，每一个保险公司都只承担其相应部分的损失和费用。承保人联合会影响高风险汽车保单的设计，确定收取的费率。所有承保损失根据保险公司在州内的保费收入份额按比例分摊。

一定数量的保险公司被指定开展高风险的承保人联合会的业务。每个为保单持有人提供理赔服务和其他服务的保险公司都被分配给一个代理人或经纪人。尽管只有少数大型保险公司被指定提供高风险汽车保险，但是如前所述，所有的保险公司都要分摊承保损失。

再保险便捷计划

一些州制订了解决高风险驾驶员保障问题的**再保险便捷计划（团体）[reinsurance facility (pool)]**。根据该协议，保险公司必须接受所有保险申请人，无论其风险高低。如果申请人被认为是高风险驾驶员，保险人可以选择将其置于再保险便捷计划中。尽管高风险驾驶员处于再保险便捷计划中，原保险人仍然为其该保单提供服务。再保险便捷计划的承保损失由州内的所有汽车保险公司分摊。

马里兰汽车保险

马里兰汽车保险（Maryland Automobile Insurance）是一个州立实体，为那些无法在自由市场上购买保险的马里兰州驾驶员提供汽车保险。[①] 该实体原名为马里兰汽车保险基

[①] 2015 年，马里兰汽车保险基金（Maryland Auto Insurance Fund）将其名称中的"基金"一词去掉。未来该计划将被称为"马里兰汽车保险"或"马里兰汽车"。做出这一更名是为了消除有关"马里兰计划"由州税收资助的传言。参见 "Maryland Automobile Insurance Fund Launches Rebranding Campaign," *Insurance Journal*, July 20, 2015。另见：http://www.mymarylandauto.com/site/about。

金,该基金于 1972 年设立,其产生的原因是商业保险公司收取的费率过高,被置于分派风险计划的驾驶员过多,高风险驾驶员难以买到保险。该基金只为从商业保险公司那里买不到汽车保险的驾驶员提供保险。

专业保险公司

专业保险公司(specialty insurer)是专门为那些驾车记录不佳的驾驶员提供保险的保险公司。这些保险公司为那些被撤销或被拒绝承保的驾驶员、十几岁的驾驶员和因醉酒被罚的驾驶员提供保险,其收取的保费远高于标准市场上的最低保费。实际支付的保费根据个人在过去 3 年中的驾驶记录确定。记录上其承担责任的事故或交通违章次数越多,需要交纳的保费越高。专业保险公司提供的责任保险限额至少与州财务责任法的要求相等,许多公司也提供可选择的更高限额的保险。此外,由于驾驶员发生车祸的概率较大,所以医疗费用赔偿限额相对较低,而且碰撞保险的免赔额较高。

汽车保险的成本

汽车保险很贵。由于医疗成本的日益上升、机动车辆修理成本的提高、机动车辆责任案件中审理费用的飙升,以及保险滥用和保险欺诈的增加,汽车保险公司的费率已经大幅提升。被保险人必须了解决定汽车保险保费的因素,以及哪些因素能够降低保费。

决定私人载客汽车保险保费的主要因素包括:
- 地理区域。
- 年龄、性别和婚姻状况。
- 汽车的用途。
- 驾驶员培训。
- 好学生折扣。
- 汽车数量和类型。
- 个人驾驶记录。
- 保险分值。

地理区域

责任保险首先确定基准费率,它主要由汽车经常使用和存放的地理区域决定。每个州都被分成多个适用不同费率的地理区域,例如大城市、城市的某一部分、郊区或者农村地区。对每个地区的索赔数据进行整理之后,据此确定该地理区域的基准费率。所以,城市里的驾驶员支付的费率一般会高于乡村的驾驶员,因为在易于发生交通阻塞的城市中,车祸的数量也会更高。通常,由于交通流量密集增加了失窃和野蛮驾驶的概率,还增加了欺诈的频率,所以某些大城市的保费非常高。图表 21-3 显示了 2015 年平均汽车保险保费最高和最低的 10 个州的情况。

年龄、性别和婚姻状况

年龄、性别和婚姻状况在确定总保费的时候非常重要。大多数州允许将其作为保费的决定因素。

图表 21-3　2015 年汽车保险保费最高和最低的 10 个州　　　单位：美元

排名	最高的州	平均汽车保费	排名	最低的州	平均汽车保费
1	新泽西州	1 266	1	爱达荷州	574
2	纽约州	1 235	2	艾奥瓦州	599
3	路易斯安那州	1 235	3	南达科他州	616
4	密歇根州	1 231	4	缅因州	618
5	华盛顿州	1 190	5	北达科他州	638
6	佛罗里达州	1 185	6	北卡罗来纳州	655
7	罗得岛州	1 167	7	怀俄明州	657
8	特拉华州	1 156	8	威斯康星州	665
9	马萨诸塞州	1 059	9	印第安纳州	666
10	康涅狄格州	1 049	10	佛蒙特州	680

资料来源：摘自 Insurance Information Institute，*2018 Insurance Fact Book*。数据来自 National Association of Insurance Commissioners（NAIC）。

年龄是确定费率的一个极为重要的因素，因为年轻驾驶员在车祸中占比非常高。2015 年，20 岁以下驾驶员在所有获得驾照的驾驶员中占 5.4%。然而，在 2015 年因事故死亡的驾驶员中，这一群体占 9%，在卷入事故的驾驶员中占 12%（见图表 21-4）。

图表 21-4　各年龄段驾驶员造成的事故（2015 年）

年龄	持照驾驶员数量（人）	占总人数百分比（%）	因事故死亡的人数（人）	占总人数比例[a]（人）	卷入事故的驾驶员数量（人）	占总人数比例[a]（人）
16~20 岁	11 814 959	5.4	4 214	35.86	1 381 000	11 755
21~24 岁	14 406 138	6.6	4 942	34.30	1 261 000	8 751
25~34 岁	38 385 563	17.6	9 860	25.69	2 435 000	6 343
35~44 岁	36 194 823	16.6	7 675	21.20	1 897 000	5 240
45~54 岁	39 475 801	18.1	7 852	19.89	1 694 000	4 291
55~64 岁	37 715 222	17.3	6 453	17.11	1 366 000	3 622
65~74 岁	25 020 638	11.5	3 767	15.06	705 000	2 818
超过 74 岁	15 071 321	6.9	2 723	18.07	378 000	2 505
总计	218 084 465	100	48 613[b]	22.29	11 251 000[b]	5 159

a. 每 100 000 名持照驾驶员。
b. 包括低于 16 岁且年龄未知的驾驶员。

注：数据来自 U.S. Department of Transportation，National Highway Traffic Safety Administration；Federal Highway Administration。

资料来源："Facts + Statistics：Teen Drivers," Insurance Information Institute，October 31，2017.

性别在确定总保费时也很重要。男性驾驶员卷入所有交通事故和致死交通事故的比例高于女性驾驶员。[①] 由于较高的事故比例，男性支付的保费通常高于女性。

---

① "Facts + Statistics：Highway Safety," The Insurance Information Institute. 数据来自 U.S. Department of Transportation，National Highway Traffic Safety Administration。

婚姻状况对于某些年龄段也很重要，因为对于处于相同年龄段的年轻人而言，已婚男性驾驶员发生车祸的数量低于未婚男性驾驶员。

由于年龄因素，保险公司可能被允许进行一些分值和费率折扣。如果年轻驾驶员驾驶家庭自有车辆到100公里外的学校或者大学读书，而且在学校没有车，那么他的保费分值可能会提高。此外，年龄在30~64岁间的女驾驶员如果是家里唯一的驾驶员，那么可以享受一定的费率折扣。高龄驾驶员也可以从许多保险公司那里得到费率折扣。

当十几岁的年轻人加入父母的保单时，汽车保险保费会大幅提高。在这种情况下，折扣就尤其重要，特别是对参加安全驾驶课程的人和好学生的折扣。专栏21.2提供了一些为十几岁的驾驶员投保的小贴士。

专栏21.2

保护你自己：为家里十几岁的驾驶员投保

为十几岁的驾驶员投保对许多家长来说都是额外的成本。许多公司认为25岁以下的驾驶员具有更高的风险，并因此而收取较高的保费。这里有一些来自美国保险监督官协会的提示，可以帮助你实现你的汽车保险的最大价值。

1. 青少年驾驶员的实际情况

根据美国儿科学会（American Academy of Pediatrics）的数据，年龄在16岁和20岁之间的死亡人口中有三分之一死于汽车事故，也就是每年死亡5 000多名十几岁的青少年。面对这一数据，重要的是将青少年驾车视为一种特权，而不是一种权利。

2. 设定底线规则

为十几岁的青少年驾驶员投保会给你带来额外的成本，无论你选择购买哪一种保险。不过，你的孩子在多大程度上享有驾车的特权是你可以控制的因素。在你的孩子坐进驾驶位之前，可以设定一些安全驾驶的底线规则。设定的驾驶规则包括：

- 青少年可以和不可以驾驶的时间长度；
- 允许车里一次坐的朋友的数量；
- 青少年每天或每个星期允许驾驶的里程数。

你也许可以考虑跟孩子签订一份驾驶合同。在合同中应该清晰地列明孩子在开车和照看汽车时应承担的责任和义务，并且需要你和孩子双方都签署。

3. 购买一辆汽车还是增加一个驾驶员？

你可能不会专门为你的孩子购买一辆汽车，但是为你的保单增加一名被保险人可能也很贵。例如，如果你开的是一辆新的、昂贵的跑车，在保单上添加一个十几岁的青少年就会大幅增加你的保费。不过，具有责任保险的价格不那么高的经济型轿车可能更适合你的孩子。一定要与你的保险代理人讨论这一问题。

4. 提供完整的、准确的信息

当你询价或者提交申请时，要提供完整的正确的信息，例如孩子要驾驶的汽车的制造年份、品牌和型号。由于你的保费报价将会基于这一信息，因此提供的信息要尽可能准确和完整。

5. 多方询价

在购买保险之前，四处询价是值得的。不同的保险公司的保费可能差异很大。例如，如果你的孩子是一名很优秀的学生，通过了驾校学习课程或者有一份工作，一些公司可能会收取比较低的折扣保费。这些折扣包括：

- 一份保单上有两辆以上的车；
- 参加驾驶员教育课程；
- 年龄低于25岁的好学生驾驶员；
- 有安全气囊或者其他安全设施；
- 有防盗装置；
- 在同一份保单上或者在同一个保险公司中购买汽车和家庭保险。

6. 考虑修改保障范围和免赔额

你可以通过提高物理损毁保障（碰撞和综合保障）免赔额来降低汽车保险成本。要认真评估你当前的免赔额，看看在发生事故的情况下，你能否消化所发生的大部分损失。而且，要考虑降低或者取消对老爷车的物理损毁保障，除非担保利益权利人要求，例如银行。

7. 定期评估你的保单并相应进行升级

定期评估你的保单，确认你的保费基础尽可能地准确。有一些事情可能会影响你的保费：

- 向你的保单添加一辆汽车或者移除一辆汽车；
- 从高中毕业或者年满18岁的青少年。

8. 获取更多的信息

要得到更多的信息，就要联系所在州的保险局。你可以通过登录 http://www.naic.org 网站，点击"州保险网站"，然后点击你所在的州进行查看。

资料来源：美国保险监督官协会，《消费者警示》(Consumer Alert)。经允许转载。

汽车的用途

汽车用途是费率厘定中的又一重要因素。保险公司根据汽车驾驶的情况对汽车进行分类。汽车驾驶情况可以分为：

- 娱乐用途——不用于商业用途，也不经常开车上下班，除非上下班单程不超过3英里；
- 用于上班——不用于商业用途，但是每天行程在3~15英里内；
- 用于上班——不用于商业用途，每天单程等于或超过15英里；
- 商业用途——通常用于商务或专业活动；
- 农业用途——主要停放于农场或牧场，不用于任何其他商业用途，也不用于上下班或上下学。

用于农业用途的汽车费率最低，紧随其后的是娱乐用途的汽车。用于上班或者商业用途的汽车费率较高。

有些保险公司使用技术而不是通常的分类方法，更好地跟踪汽车的使用情况。加利福尼亚州允许保险公司将实际里程数作为定价因素，并使用OnStar或类似的服务程序监控里程数。有些保险公司试验采用**数据记录仪**（data recorder）来更准确地记录汽车使用情况。数据记录仪是一种电子设备，它可以被安装在汽车上跟踪驾驶员的驾驶行为。例如，保险公司可能希望知道汽车加速有多快，刹车有多猛，驾驶距离有多远，以及在夜间驾车还是在白天驾车。数据记录仪的使用涉及隐私问题，以及关于谁拥有数据以及如何使用数据的问题。

驾驶员培训

如果年轻驾驶员成功完成驾驶员培训课程，就可以得到驾驶员培训得分，例如10个或15个百分点。驾驶员费率分值的计算前提是，年轻驾驶员参加的驾驶员教育培训课程可以减少事故数量。

好学生折扣

好学生折扣（good student discount）也可以降低保费。成本的降低基于以下假设：好学生也是好驾驶员；好学生的心理素质和智力也有助于汽车的安全运行。优秀的学生通常都是谨慎的和懂得规避风险的人。这种避险心理也可能反映在他们的驾驶习惯上，使其成为更好的驾驶员。要获得该折扣，申请人必须是高中或大学的全日制学生，年龄至少满16岁，并满足下述条件之一：

- 在班级里名列前20%。
- 平均成绩为B，或等同的分数。
- 平均绩点至少为3.0。
- 在优等生名单或荣誉榜上。

学校的管理者也必须开出证明来证明学生满足上述条件之一。

汽车数量和类型

如果被保险人拥有两辆及以上的汽车，那么他就可以获得**多车辆折扣**（multicar discount）。该折扣的假设是，一个人拥有两辆及以上的汽车，那么驾驶车的情况肯定比只有一辆车多，但肯定不会多出两倍。

车龄、品牌和车型也会影响汽车物理损失保险的成本。随着汽车的老化，物理损失保险的保费就会下降。

此外，维修成本也是物理损失保险费率的重要决定因素。新汽车都是以易损坏的程度和维修的成本来确定保费的。不易被损坏和相对容易维修的汽车，其费率一般较低。

个人驾驶记录

许多保险公司都有**安全驾驶员计划**（safe driver plan），该计划主要根据被保险人和与其同住的车辆驾驶员的个人驾驶记录来确定保费。驾驶记录良好的被保险人支付的保费比记录差的人少。良好的驾驶记录意味着，在过去的3年中，驾驶员没有发生任何由其承担责任的汽车事故，也无严重的交通违章事故。

保险公司根据事故和交通违章情况来评分，根据不同的分数相应增加额外费用。酒后驾车、未刹住车引起事故、开车撞人、已经吊销执照或无有效驾照驾车等违章行为都会提高其分值。实际的保费支付基于积累的总分数。

大多数保险公司对赔偿额超过给定金额（例如500美元）的事故加收额外费用。额外费用一般连续加收3～6年。比如，第一次发生事故时在基础保费的基础上加收10%，第二次发生事故时加收25%。

保险分值

另一个重要的费率厘定因素是，根据申请人的信用记录确定保险分值。**保险分值（insurance score）** 是一种基于信用的评分，支持者声称利用它可以高度预测未来的理赔成本。他们认为，在信用卡使用上谨慎的个人也会在其他方面谨慎，例如驾驶行为。保险分值是对个人信用记录的统计分析，保险公司认为，这有助于预测驾驶员在未来一定时期内提出索赔的可能性。保险分值根据的是个人的信用记录，然后为了核保和确定费率而纳入其他费率确定因素。保险公司声称，保险分值和车祸发生可能性之间存在很高的负相关性。作为一个群体，信用记录不好的驾驶员提出的索赔比信用记录良好的驾驶员要多，相反，信用记录良好的驾驶员填报的索赔相对较少。精算学研究通常支持该结论。

信用机构，例如FICO公司和ChoicePoint公司，根据申请人的信用状况，为汽车保险公司计算保险分值。该计算公式对不同的信用要素赋予了不同的权重，然后得出保留3位小数的分值。用于计算保险分值的公式是一项专利，一般包括延期支付、未偿债务、过期账目、公共记录、支付类型以及类似的信用要素。

选购汽车保险

作为一名谨慎的保险消费者，你在购买汽车保险的时候应当牢记几条建议（见图表21-5）。

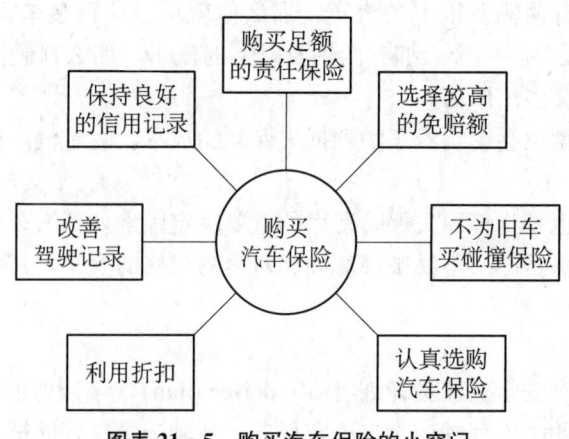

图表21-5 购买汽车保险的小窍门

购买足额的责任保险

购买汽车保险最重要的一个原则是购买足额的责任保险。如果你购买的保险只满足州财务责任法或强制保险法的最低限额要求,例如 25 000 美元/50 000 美元/25 000 美元,那么你投保严重不足。即使你购买的限额为较高的 100 000 美元/300 000 美元/50 000 美元,如果在重大车祸中你是过失方,那么仍然存在投保不足的问题。未足额投保的过失驾驶员可能会因为赔偿金不足而受到法院的判处,那么该驾驶员当前及未来的收入和资产就可能会按照判决被扣压。若要避免这一问题,就要购买足额的责任保险。

你还要考虑购买个人伞式保险保单,因为该保单将会在超过承保保险限额之后,为你的汽车另外提供 100 万~1 000 万美元的责任保险。个人伞式保险将在第 24 章讨论。

选择较高的免赔额

另一个重要建议就是为碰撞保险和非碰撞保险(也称综合险)购买更高额度的免赔额。许多被保险人的免赔额是 250 美元,但是将 250 美元的免赔额提高到 500 美元或 1 000 美元将会使你的碰撞保险和综合险保费降低 15%~30%。

不为旧车买碰撞保险

如果你的车属于老款,市场价值较低,那么你应当考虑不为其购买碰撞保险。事故发生后的修理成本往往会超过老汽车的价值,但保险公司的赔偿将不超过该车的市场价值(扣除免赔额后)。一个粗略的原则是,若普通汽车(例如雪佛兰、福特、道奇)使用超过 6 年,就不需要为其购买物理损坏保险了。

认真选购汽车保险

另一个重要建议就是要认真选购汽车保险。保险公司之间存在激烈的价格竞争,保费可能存在显著差异。[①] 多联系几个保险公司,并比较它们的报价。许多州保险局出版保险选购指南,帮助保险消费者更好地做决策。州保险局还开设了网站,提供州内不同城市汽车保险的费率信息。例如,内布拉斯加州的保险部门定期发布报告,显示不同汽车保险公司按年龄、性别、地理区域和其他变量收取的保费。[②] 对同一保障,保险公司之间的费率有很大差异。尽管通过选购和比较费率节省下来保费很重要,但是保费并不是需要考虑的唯一因素。其他一些重要的考虑因素包括理赔的难易程度、保险公司的财务实力和保险条款。

利用折扣

在购买汽车保险的时候,你应当了解自己是否具有享受折扣的资格。各保险公司提供的折扣都不一样,有些折扣并非在所有州都能够得到。比较常见的折扣包括:
- 多车辆折扣——10%~15%。
- 3 年内无事故——5%~10%。

[①] 美国消费者协会(CFA)最近考察了 15 个城市的费率,比较了不同保险公司对同一风险的报价。在一个城市中,女性汽车保险的保费报价在 762 美元和 3 390 美元之间。参见 "Rates for Good Drivers in Cities Too High, Too Variable, Says Consumer Group," *Insurance Journal*, June 19, 2012。

[②] 参见 *Auto Insurance: A Rate Comparison Guide*, Nebraska Department of Insurance。该报告定期更新且可从内布拉斯加保险局的网站获取:http://www.doi.nebraska.gov。

- 驾驶员年龄超过 50 岁——5%~15%。
- 保护性驾驶课程——5%~10%。
- 安装防盗装置——综合险（非碰撞保险）为 5%~50%。
- 防抱死刹车系统——5%~10%。
- 好学生折扣——5%~25%。
- 在同一个保险公司购买汽车保险和屋主保险——5%~15%。
- 离家读书且没有汽车的大学生——10%~40%。

改善驾驶记录

如果被保险人是一个需要支付极高保费的高风险驾驶员，那么改善其驾驶记录将会大幅降低保费。显然，驾驶记录的改善不可能一蹴而就，因为驾驶记录反映了一个时期的驾驶经历。与此同时，被保险人应该考虑其他选择。尽管新车或新型汽车的物理损失保险很容易使高风险驾驶员支付的保费翻番，但是驾驶旧汽车却可以不购买碰撞保险。被保险人还可以考虑驾驶摩托车、骑自行车或者使用公共交通工具。但是，没有什么可以取代优良的驾驶记录。

为了获得并保持良好的驾驶记录，被保险人在喝酒之后不应当驾驶汽车。很大一部分导致严重身体伤害或死亡的事故是由酒后驾车引起的。酒后驾车记录对被保险人的费率有很大影响，被保险人有酒后驾车记录后，其保费很可能增加 1~2 倍。

保持良好的信用记录

另外一个重要的建议是保持良好的信用记录。正如前文所述，许多汽车保险公司将申请人的信用记录作为核保或厘定费率的重要参考。信用记录好的申请人购买汽车保险的费率低于信用记录不好的人。良好的信用记录还可以使其信用卡利率、抵押贷款利率得以降低，信贷限额得以提高。如果被保险人的信用历史不好，且希望支付较低的保费，那么就要将这些不良记录清理掉。

汽车保险新兴问题

如果不简要讨论一些正在影响汽车保险或将要影响汽车保险业的新兴问题，我们对汽车保险的介绍就将是不完整的。有三个重要的问题值得注意，包括：

- 分心驾驶。
- 自动驾驶。
- 吸毒驾驶。

分心驾驶

由分心驾驶引发的索赔越来越多。当驾驶员的注意力因电子设备、饮食、交谈或其他原因而被转移时，就会产生分心驾驶。考虑到车辆的速度和重量，仅仅几秒钟的分心就会造成灾难性的后果。开车发短信和看手机是主要的问题。专栏 21.3 提供了美国国家公路交通安全管理局（NHTSA）关于分心驾驶的一些信息。

专栏 21.3

分心驾驶

什么是分心驾驶？

分心驾驶是指任何转移驾驶注意力的活动，包括打电话或发短信、吃东西和喝东西、与车上的人交谈、摆弄娱乐或导航系统——任何使你的注意力偏离安全驾驶任务的活动。

发短信是最令人担忧的分心方式。发送或阅读一条短信会让你的眼睛有 5 秒钟离开路面。当你以每小时 55 英里的速度行驶时，这就像是闭着眼睛疾驰过整个足球场。

除非你全神贯注于驾驶任务，否则你不可能做到安全驾驶。你从事的任何非驾驶活动都有可能分散注意力，增加撞车的风险。

问题及后果

仅在 2016 年，就有 3 450 人因分心驾驶而丧生。2015 年，39.1 万人在涉及分心驾驶人的机动车事故中受伤。

在白天，大约有 481 000 个驾驶员在开车时使用手机。这对美国道路构成了巨大的伤亡隐患。据报道，在发生车祸伤亡时，青少年是分心驾驶人数最多的年龄段。

有关分心驾驶和其他危险驾驶行为的更多统计数据，详见美国国家公路交通安全管理局的网站。

美国国家公路交通安全管理局在行动

美国国家公路交通安全管理局（NHTSA）致力于消除美国道路上的危险驾驶行为。

NHTSA 通过教育美国人分心驾驶的危险性，并与各州当地警方合作，执行禁止分心驾驶的法律，在美国全国范围内领导打击分心驾驶，以确保美国民众的安全。

NHTSA 的宣传活动和公共服务公告向美国人表明，安全驾驶意味着不分心驾驶。你可能已经看到或听到了 NHTSA 的公共服务公告，该机构也在 Facebook 和 Twitter 上分享帮助拯救生命的故事和驾驶要点。

NHTSA 努力消除分心驾驶和其他危险驾驶行为的基础是通过与各州当地警方合作。各州制定了影响分心驾驶的法律，但 NHTSA 为该法律在各州推进的过程中，各州面临的具体需要提供了联邦资金支持。二者关系的一个闪光点出现在 4 月的分心驾驶意识月期间，该月将全国性的分心驾驶广告宣传活动与名为 U-Drive 的执法打击活动结合起来。如果你开车发短信，那么你就要交罚金。

参与其中：为阻止分心驾驶贡献一份力

我们都可以通过阻止分心驾驶来拯救生命。

青少年

青少年可以成为同龄人的最好的信息传播者。因此，我们要鼓励他们在看到朋友分心驾驶时大声指出；让朋友签署永不分心驾驶的承诺书；参与当地学生反对分心驾驶的活动；在社交媒体上分享动态，提醒他们的朋友、家人和邻居，选择分心驾驶将危及生命。

父母

父母首先必须以身作则,不要分心驾驶,也要和家里的青少年驾驶人讲明什么是分心驾驶以及由此将引发的责任问题。父母应让每个家庭成员都签署永不分心驾驶的承诺书,并且要提醒家里的青少年驾驶人,在有分级驾照(GDL)的州,违反分心驾驶法可能意味着驾照被延期或吊销。

教育工作者和雇主

教育工作者和雇主也可以发挥作用。在学校或工作场所宣传分心驾驶的危险性。要求学生承诺不分心驾驶,或者在公司制定关于分心驾驶的政策。

让更多人听到你的声音

如果你强烈反对分心驾驶,那么你可以通过支持当地法律,在社区会议上发言,并在社交媒体和当地报纸评论版中强调分心驾驶的危险性,让社区中的更多人听到你的声音。

资料来源:National Highway Traffic Safety Administration,https://www.nhtsa.gov/risky-driving/distracted-driving。

自动驾驶

汽车业正在经历技术革命。一些相对较新的技术涉及盲点监控、碰撞警告、自动泊车和偏离车道警告。一些企业正在开发完全自主的自动驾驶汽车。据公路安全保险协会(Insurance Institute for Highway Safety)估计,到 2015 年*,美国公路上将有 350 万辆自动驾驶汽车,到 2030 年将有 450 万辆。① 兰德公司为国家安全委员会所做的一项前瞻性研究预计②,随着新技术不断被应用于车辆、利益相关者之间为道路交通安全做出共同努力,公路死亡人数将大幅减少。消费者对自动驾驶汽车的接受程度、各州关于自动驾驶汽车的法律以及与自动驾驶汽车相关的保险问题都亟须解决。

吸毒驾驶

酒后驾驶问题的严重性已得到普遍重视。各州已采取措施来减少这一问题的发生,包括更严格的执法、交通拦截,以及对酒后驾驶更严厉的处罚。吸毒驾驶问题的严重性日益加重。美国国家公路交通安全管理局(NHTSA)在 2013—2014 年进行了一项关于酒精和毒品使用的路边调查。③ 调查发现,与 2007 年之前的调查相比,毒品测试呈阳性的驾驶员人数有所增加。在 2013—2014 年的研究中,大约四分之一的驾驶员体内检测出可能损害驾驶技能的药物。州长公路安全协会(Governors Highway Safety Association)发现,44%死于交通事故并接受检测的驾驶员体内含有毒品,而 2006 年这一比例为 28%。④

---

* 原文疑有误,网络查询似应为 2025 年。——译者注

① "Background on:Self-Driving Cars and Insurance," Insurance Information Institute,July 1,2016.

② "The Road to Zero:A Vision for Achieving Zero Roadway Deaths by 2050," a report prepared by The RAND Company for the National Safety Council,2018.

③ "Drug-Impaired Driving," https://www.nhtsa.gov/risky-driving/drug-impaired-driving。

④ Beals,Rachel Koning,"More Drivers Killed in Car Crashes Show Traces of Opioids in Their Systems," http://www.marketwatch.com,May 31,2018.

虽然阿片类药物危机受到了国家重视，但对于那些将大麻用于医疗和娱乐用途合法化的州，毒驾带来的影响却很少受到关注。除酒精外，大麻是最常在非正常驾驶员体内发现的物质。NHTSA 最近的"车祸风险研究"发现，吸食大麻的人更容易发生交通事故，尤其是年轻男性驾驶员。华盛顿州在 2012 年投票通过了大麻娱乐用途合法化。该州一项关于车祸死亡的研究，调查了那些死于车祸的驾驶员体内是否含有大麻中的活性化学物质四氢大麻酚（THC）。结果显示：2013 年，在华盛顿州发生的 436 起车祸死亡中，40 个驾驶员（约 9%）体内 THC 检测呈阳性。2014 年，462 起车祸死亡事故中，85 个驾驶员（超过 18%）体内 THC 检测呈阳性。[1] 随着越来越多的州将大麻用于娱乐用途合法化，毒驾导致的死亡人数可能会增加。

 案例应用

佩奇今年 26 岁，购买了一辆新的福特轿车。她的驾驶记录很好。她居住在中西部的一座小城市中。在那里购买的汽车碰撞保险每 6 个月支付大约 650 美元，免赔额是 250 美元；如果支付 480 美元，则免赔额是 500 美元；如果支付 360 美元，则免赔额是 1 000 美元。该州的强制保险法要求最低责任限额为 25 000 美元/50 000 美元/25 000 美元。佩奇希望购买一份免赔额为 250 美元的碰撞保险，因为如果她作为过失方被卷入事故，其汽车发生的自付修理费用相对较小。她还希望仅购买最低责任限额，因为她没有什么金融资产需要提供保障。佩奇还担心，她可能被没有购买保险的驾驶员严重撞伤。

假设佩奇向你请教购买汽车保险的事宜。根据上述情况，回答下述问题：

a. 佩奇希望了解为什么汽车保险这么贵。向她解释汽车保险费率的决定因素。

b. 你建议她购买免赔额为 250 美元的碰撞保险吗？解释你的答案。

c. 你同意佩奇由于几乎没有金融资产需要提供保障，所以只购买最低的责任限额吗？解释你的答案。

d. 假设佩奇为其保单附加了未投保机动车驾驶员保障。她是否能够完全规避未投保机动车驾驶员对其造成的身体伤害所带来的经济后果？解释你的答案。

e. 由于每个月为汽车保险支付的费用太高，佩奇想降低其汽车保险保费。向她介绍降低或控制汽车保险保费的不同方法。

本章小结

- 当事故中发生的人身伤害或者财产损失超过一定数额、驾驶员违反交通规则或者无法支付车祸判决的赔偿金额时，财务责任法就会要求驾驶员提供财务清偿能力的证明。大多数驾驶员通过购买一定金额的汽车责任保险来满足财务责任法的要求。

---

[1] Noble, Andrea, "Marijuana-related Fatal Car Accidents Surge in Washington after State Legalization," *Washington Times*, May 10, 2016.

- 强制保险法要求车辆领取执照或注册之前驾驶员至少购买一定最低金额的汽车责任保险。
- 有几个州为补偿事故受害人设立了未满足补偿基金，因为他们已经用完了从其他渠道获得的补偿。受害人必须在法院对肇事的过失驾驶员做出判罚，并证明自己无法得到判决的赔偿金之后，才能得到未满足补偿基金。
- 未投保机动车驾驶员保障是补偿车祸受害人的另一种方法。未投保机动车驾驶员保障补偿那些遭受人身伤害的车祸受害人。这些人身伤害可能由未投保的驾驶员造成，也可能由肇事逃逸驾驶员造成，还可能由其保险公司破产的过失驾驶员造成。
- 无过失汽车保险意味着，在造成人身伤害的车祸发生后，每一方当事人都从自己的保险公司那里获得赔偿，而不论过失方是谁。有几种类型的无过失计划：纯粹无过失计划，修正无过失计划，保留起诉权无过失计划，无过失选择计划。
- 支持无过失法的观点概括如下：
  - 过失的确定困难。
  - 赔偿支付不公平。
  - 高额的交易成本和律师费用。
  - 欺诈和超额索赔。
  - 延期赔付。
- 反对无过失法的观点概括如下：
  - 过失制度的缺陷被夸大。
  - 索赔效率和节省保费被夸大。
  - 延迟审判不是普遍现象。
  - 安全驾驶的驾驶员可能被判罚。
  - 痛苦和精神伤害不能得到赔付。
  - 民事侵权责任体系只需要进行一些改革。
- 在向高风险驾驶员提供汽车保险时使用的几种方法如下：
  - 汽车保险计划。
  - 承保人联合会。
  - 再保险便捷计划。
  - 马里兰汽车保险。
  - 专业保险公司。
- 汽车保险保费是多种变量的函数，这些变量包括：
  - 地理区域。
  - 年龄、性别和婚姻状况。
  - 汽车的用途。
  - 驾驶员培训。
  - 好学生折扣。
  - 汽车数量和类型。

- ➢ 个人驾驶记录。
- ➢ 保险分值。
- 保险消费专家建议在购买汽车保险时遵循如下几个原则：
  - ➢ 购买足额的责任保险。
  - ➢ 选择较高的免赔额。
  - ➢ 不为旧车买碰撞保险。
  - ➢ 认真选购汽车保险。
  - ➢ 利用折扣。
  - ➢ 改善驾驶记录。
  - ➢ 保持良好的信用记录。
- 分心驾驶、自动驾驶和吸毒驾驶是未来重要的汽车保险问题。

重要概念和术语

保留起诉权无过失计划	汽车保险计划（分派风险计划）	无过失选择计划
强制保险法	数据记录仪	必要服务费用
财务责任法	好学生折扣	保险分值
承保人联合会	低成本汽车保险	马里兰汽车保险
修正无过失计划	金钱门槛	多车辆折扣
无过失汽车保险	付费参与原则	选择性免赔额
选择性无过失保险金	纯粹无过失计划	再保险便捷计划（或团体）
安全驾驶员计划	分享市场（剩余市场）	专业保险公司
遗属损失保险金	未投保机动车驾驶员保障	未满足补偿基金
言辞门槛		

复习题

1. a. 什么是财务责任法？
   b. 什么是强制保险法？
2. a. 说明未满足补偿基金的主要特点。
   b. 未满足补偿基金怎样融资？
3. a. 指出低成本汽车保险的特点。
   b. 什么是付费参与原则？
4. a. 什么是无过失汽车保险？
   b. 金钱门槛和言辞门槛之间的差异是什么？
   c. 指出无过失法的主要类型。
   d. 列出支持和反对无过失法的主要观点。
5. 指出汽车保险计划的特点。
6. 什么是承保人联合会？
7. 指出再保险便捷计划的特点。
8. 指出专业保险公司的特点。
9. a. 指出决定汽车保险保费的因素。
   b. 解释申请人的信用分值在汽车保险核保和费率厘定中的重要性。
10. 解释消费者购买汽车保险时应遵循的几个建议。

应用题

1. 各州都有财务责任法或强制保险法，要求驾驶员至少购买最低数额的汽车责任保险。

   a. 财务责任法或者强制保险法能否保证交通事故受害人为他们所受伤害得到足够的补偿？解释你的答案。

   b. 强制保险法在减少未投保机动车驾驶员面临的问题方面有多大效果？

2. 未投保机动车驾驶员保障是解决未投保机动车驾驶员问题的一种方法。

   a. 解释未投保机动车驾驶员保障在解决未投保机动车驾驶员问题方面的优点。

   b. 指出未投保机动车驾驶员保障作为补偿受到未投保机动车驾驶员伤害的受害人的一种方法所存在的不足。

3. 有些州已经通过了某些种类的无过失汽车保险法，为车祸的受害人提供补偿。

   a. 阐述有无过失法的州通常支付无过失保险金的方法。

   b. 为什么无过失汽车保险法被当作法律执行？

   c. 解释反对无过失法的观点。

   d. 无过失法执行得怎么样？解释你的答案。

4. 如何补偿高风险驾驶员中的无辜受害者构成了一个社会问题。汽车保险计划（分摊风险计划）是为高风险驾驶员提供保险的一种方法。

   a. 什么是汽车保险计划？

   b. 指出从汽车保险计划获得保障的资格条件。

   c. 解释将高风险驾驶员的风险分摊到每个保险公司的过程。

   d. 解释汽车保险计划存在的不足。

数字资源

网络资源

参考文献

第22章

屋主保险：第Ⅰ部分

当其他地方都对你关上门时，家是最温暖的地方。

——英国谚语

学习目标

学习完本章，你应当能够：

- 指出具有投保屋主保险资格的标的，并区分屋主保单、共同屋主保单及租户保单。
- 解释HO-3保单的被保险人。
- 阐述HO-3保单第Ⅰ部分的保险责任，包括四种基本保险责任（房屋、其他建筑物、个人财产、使用损失）和附加保险责任。
- 指出HO-3保单第Ⅰ部分的承保风险事故。
- 指出HO-3保单第Ⅰ部分的重要除外责任。
- 指出适用于HO-3保单第Ⅰ部分的条件，包括如何根据保单协议赔付财产损失。
- 指出适用于HO-3保单第Ⅰ部分和第Ⅱ部分的共同条款。

卡罗尔决定炸一个汉堡当晚餐。当汉堡快要做好的时候，她的门铃响了，是卡罗尔许久未见的邻居。卡罗尔请邻居进屋坐。几分钟后，邻居问卡罗尔是否闻到了烟味。卡罗尔想起了炉子上的汉堡包，赶紧回到了厨房。此时，炉子和炉子上方的柜子已全被油火包围。卡罗尔给消防队打了电话，消防员扑灭了大火。但她家的厨房、客厅和餐厅都受到大火的严重破坏。

令卡罗尔感到欣慰的是，她购买了屋主保险，这为她的房屋和个人财产受到的损害提供了保障。作为屋主保险保障范围内的风险事故——火灾，使卡罗尔的家无法居住，因此她在当地汽车旅馆的住宿费也被包含在保险赔付内。

房子是大多数家庭拥有的最有价值的实体财产。上面的例子清楚表明了屋主保单如何保障人们的经济安全。在本章我们将讨论现今主要的屋主保单，它们为房屋、公寓和个人财产提供了保障。此外，我们还将讨论屋主保单和租户保单中出现的不同限制和除外责任。

每份屋主保单都可以分为两部分。第Ⅰ部分是被保险人可保财产的类型，包括家庭或共有房屋、其他建筑以及个人财产。第Ⅱ部分是个人责任保险，包括为其他人支付的医疗费用提供保障。本章仅讨论屋主保单第Ⅰ部分的条款，第Ⅱ部分将在第23章中讨论。

屋主保险

屋主保险合同最早出现在20世纪50年代，此后又进行了多次修改。本章我们所讨论的屋主保险蓝本是由保险服务处（ISO）起草的。2010年，保险服务处发布了新版的屋主保单，并于2011年开始使用。新版的ISO屋主保单3表格将在本章进行详细讨论。①

保险服务处蓝本在美国得到广泛应用。但是也有一些保险公司使用美国保险服务协会（一个类似于保险服务处的咨询组织）的蓝本。其他保险公司使用自己的蓝本，这些蓝本与保险服务处的蓝本略有不同。

具有投保资格的标的

私人住宅的屋主保险为用于私人居住的单人、两人、三人或四人家庭住宅房屋的产权所有人提供保障（尽管也允许存在某些商业用途，例如家庭日间护理和作为商业或专业办公室使用）。单人家庭住宅不能有超过一人的其他家庭成员，或者超过两人的房客或寄宿者。租住者或共同屋主使用另外的保单。

屋主保险概述

目前使用的保险服务处屋主保险包括：

- 屋主保险2（HO-2）（扩展险）［homeowners 2（HO-2, broad form）］。
- 屋主保险3（HO-3）（特殊险）［homeowners 3（HO-3, special form）］。
- 屋主保险4（HO-4）（承租险）［homeowners 4（HO-4, contents broad form）］。
- 屋主保险5（HO-5）（综合险）［homeowners 5（HO-5, comprehensive form）］。
- 屋主保险6（HO-6）（业主险）［homeowners 6（HO-6, unit-owners form）］。
- 屋主保险8（HO-8）（改进险）［homeowners 8（HO-8, modified coverage form）］。

屋主保险2（HO-2）（扩展险） HO-2是一种对投保的房屋、其他建筑物（例如独立车库或工具棚）和个人财产遭受列明风险事故而蒙受的损失进行赔偿的一种保险。列明风险事故包括火灾、雷电、暴风、冰雹、爆炸和其他风险。完整的风险事故列表见图表

---

① 本章对屋主保险的讨论参考了 Fire, Casualty & Surety Bulletins, Personal Lines section (Erlanger, KY: National Underwriter Company); Personal Lines Pilot, International Risk Management Institute (IRMI); Diane Richardson, Homeowners Coverage Guide, 5th ed., Erlanger, KY, 2014 and the copyrighted homeowners forms drafted by the Insurance Services Office (ISO).

22-1。HO-2还对由保障范围内的损失造成的房屋无法居住所带来的额外生活费用或公平租赁价值提供保障。

屋主保险3（HO-3）（特殊险） HO-3为房屋及其他建筑物遭受的直接物理损失敞口提供保障。这意味着，房屋及其他建筑物所受到的所有直接物理损失均属于保障范围，除了那些被排除在外的责任。房屋和其他建筑物受到的损失在一定条件下（后面进行讨论）要按照重置成本全额支付，而不得因为折旧而扣减。个人财产也获得针对HO-2列明风险事故的保障。

屋主保险4（HO-4）（承租险） HO-4是专为公寓、住房的租房者设计的。它对租户的个人财产损失或损坏提供保障，而且提供个人责任保险。个人财产还享受与HO-2列明风险事故相同的保障。此外，个人财产保险的10%可以为被保险人房屋的附属设施的修建或更换提供保障。

尽管大多数租户需要屋主保单，但是很多人仍然没有购买保险。不过屋主保险4在发生全额损失时就非常有价值，特别是在因为火灾所有物品都被彻底损毁的情况下。重新置办家具、衣服、书籍、笔记本和其他电子设备、电视机、化妆品、食品和其他个人财产的费用很容易就超过15 000美元。如果承保风险包括租用的公寓或房屋，也会支付相应的生活成本。屋主保险4还提供最低100 000美元的个人责任保险，为大多数个人行为承保，每年的保费通常低于300美元。专栏22.1讨论了屋主保单对于在公寓内发生重大损失的租户的价值。

屋主保险5（HO-5）（综合险） HO-5为房屋、其他建筑物及个人财产遭受的直接物理损失敞口提供保障。这一条款意味着，所有直接物理损失都将获得保障，除了那些被排除在外的责任。与其他仅为列明风险事故提供保障的屋主保险不同，HO-5为个人财产遭受的所有直接物理损失提供保障，除了那些被排除在外的责任。

屋主保险6（HO-6）（业主险） HO-6是为共同所有的房屋或共同居住的公寓专门设计的险种。它为不同单位共同拥有的建筑物及其他财产提供保险。HO-6对所有者的个人财产提供与HO-2中列明风险事故相同的风险事故保障。此外，这个险种对共有财产（例如内部设施、地毯、壁橱和壁纸等）提供的最低保险金额为5 000美元。

屋主保险8（HO-8）（改进险） HO-8是一种以房屋及其他建筑的损害的修复成本为偿付基准的调整型保险。修复成本是指用一般的建筑材料和方法来修复或替换受损财产所需的成本。该险种的偿付不以重置成本为基准。在一些州，以实际现金价值来决定赔付的数额。

HO-8保单是为那些重置成本远超其市场价值的老房子设计的。例如，一个重置成本为300 000美元的老房子的市场价值可能仅为200 000美元。保险公司在房屋重置成本远低于其市场价值的时候仅为重置成本承保。因此，为了使老房子也能够获得保障并降低道德风险，HO-8保单产生了。

HO-8保单仅为失窃个人财产提供有限的保障。失窃保障的最高限额为每一起1 000美元，而且仅适用于发生在居住地的损失。

图表22-1对不同屋主保险的基本保障范围和承保风险事故进行了比较。

图表 22-1 ISO 屋主保险保障比较

保障	HO-2（扩展险）	HO-3（特殊险）	HO-4（承租险）	HO-5（综合险）	HO-6（业主险）	HO-8（改进险）
			第Ⅰ部分保障			
A. 房屋	各保险公司不同	各保险公司不同	没有	各保险公司不同	最低 5 000 美元	各保险公司不同
B. 其他建筑物	A 的 10%	A 的 10%	没有	A 的 10%	包括在 A 的保障中	A 的 10%
C. 个人财产	A 的 50%	A 的 50%	最低数额不同	A 的 50%	最低数额不同	A 的 50%
D. 使用损失	A 的 30%	A 的 30%	C 的 30%	A 的 30%	C 的 50%	A 的 10%
保障风险	火灾或雷电 暴风或冰雹 爆炸 骚乱或暴动 飞行器 车辆 烟雾 故意破坏或恶意损害 盗窃 坠落物 冰、雪及雨夹雪的重量 水蒸气或水的意外溢出 蒸汽、热水器、空调房自动喷酒系统或烧水的电器意外破裂、断开、灼烧或膨胀 水暖、供热系统、空调、自动喷酒系统或家用电器的冻结 由电路、电源人为故障造成的突发或意外损失 火山喷发	房屋及其他建筑物所受到的直接物理损失风险，除特别除外的直接物理损害。 除特别除外责任外，均享有针对 HO-2 中包括的相同风险的保障。	与 HO-2 中对个人财产造成的风险相同。	房屋及其他建筑物所受到的直接物理损失风险，除特别除外的直接物理损失风险。 个人财产获得对物理损失风险的保障，除特别除外责任外，均属于承保范围。	与 HO-2 中对个人财产造成的风险相同。	火灾或雷电 暴风或冰雹 爆炸 骚乱或暴动 飞行器 车辆 烟雾 故意破坏或恶意损害 盗窃（仅适用于居住地上的失窃，最高限额为 1 000 美元） 火山喷发
			第Ⅱ部分保障*			
E. 个人责任	100 000 美元	100 000 美元	100 000 美元	100 000 美元	100 000 美元	100 000 美元
F. 对第三方的医疗费用给付	每人 1 000 美元	每人 1 000 美元	每人 1 000 美元	每人 1 000 美元	每人 1 000 美元	每人 1 000 美元

* 最低数额在增加。

你的租户保险指南：当购买租户保险时要注意的问题

如果你租了间房子或公寓，遭遇了火灾或其他灾难，你的房东的屋主保险只会支付房屋的修缮费用。为了在经济上保护自己，你需要购买承租或租户保险。

租户保险保护

和屋主保险一样，租户保险也包含三种主要的经济保障：
- 个人财产保险。
- 个人责任保险。
- 额外生活费用（ALE）保险。

与屋主保险不同的是，租户保险不为房屋及其他建筑物遭受的直接物理损失敞口提供保障，这是房东的屋主保险的保障责任。

下面讨论的问题将帮助你选择正确的租户保险，无论是在你四处询价时，还是在与专业保险人士交涉时。

A. 个人财产保险

个人财产保险是租户保险的重要组成部分，可以保护你免受盗窃、火灾和其他不幸事故的影响。

1. 应该购买多少保险？在发生盗窃、火灾或其他承保的灾难时，确保你有足够的保险赔付来重置你的全部个人财产。确定你所有个人财产价值的最简单方法是制作一份家庭物品目录——一份你所有个人财产及其估价的详细清单。

2. 应该选择重置成本保单还是实际现金价值保单？实际现金价值保单包括折旧扣除（也就是说，物品会随着时间的推移而逐渐贬值）。重置成本保单价格较高，但如果你的物品被损坏或毁坏，那么支付多点保费还是值得的（想想看你用过的二手电视机值多少钱，而购买一台新电视机要花多少钱）。

3. 哪些风险事故是保障范围内的，哪些不是？租户保险保障火灾、烟雾、闪电、蓄意破坏、盗窃、爆炸、风暴和某些类型的水损害（例如水管爆裂或楼上租户浴缸里的水渗到你的公寓）造成的损失。

与标准的屋主保险一样，大多数租户保险不保障洪水或地震造成的损失。洪水保险可以从国家洪水保险计划和一些商业保险公司处获得。根据你所居住的区域的不同，你可以单独投保地震保险，或将其作为批单附加在你的租户保险中。

4. 免赔额是多少，如何计算？免赔额是指在保险赔付前你需要自行支付的金额。例如，你的保险有500美元的免赔额，而一场火灾烧毁了价值5 000美元的家具，那么全部损失中的前500美元需要你自行支付，你的保险公司支付剩余的4 500美元。

租户保险免赔额通常以美元为单位，关于免赔额的信息可以在保单的声明页中找到。一般来说，免赔额越大，保费就越低。

5. 什么是附加保险？是否需要附加保险？附加保单是一种单独的保单，如果贵重物品丢失或被盗，附加保险可为其提供额外的保障。如果你有昂贵的珠宝、皮草、收藏品、运动器材或乐器，可以考虑在你的租户保单中增加附加保险，以防止这些物品受到损失。

B. 个人责任保险

1. 什么是个人责任保险？租户保险提供个人责任保障，使你免受因你或你的家人甚至你的宠物对他人造成的人身伤害或财产损失的诉讼。该保险支付最高不超过你的保单限额的法庭辩护费用。

作为个人责任保障的一部分，租户保单还应包括无过失医疗保险。医疗支付保险允许那些在你租住的房子内受伤的人直接向你的保险公司提交医疗账单，这样账单就可以在不诉诸法律的情况下获得支付。

2. 是否有足够的责任保险？确保保单提供的责任保险金额足以在发生诉讼时保护你的个人财产和其他实体资产。

3. 是否需要伞式责任保险？如果你需要更多的责任保障，可以考虑购买个人伞式责任保险。当你达到租户保单或汽车保单提供的基本责任保险限额时，伞式保单生效。该保险还涵盖涉及中伤和诽谤的责任保障。

C. 额外生活费用保险

如果你的房子被承保的风险事故摧毁，你需要住在其他地方一段时间，则额外生活费用（ALE）保险将为你提供保障。

1. 额外生活费用包括什么？你的租户保单中的额外生活费用被用于支付酒店账单、临时租金、餐厅用餐费用以及你在租赁房屋维修或重建期间发生的其他费用。从本质上说，它涵盖了如果你的房子没有出现事故，你就不必承担的费用。

2. 额外生活费用是多少？大多数租户保险会全额补偿你的额外生活费用和正常生活费用之间的差额；然而，保险公司通常会对支付的总金额有限制，或者对你有资格获得赔偿的时间有限制。确保你的租户保单中的额外生活费用限制是合理的。

D. 多重保单和其他折扣

租户保险有哪些折扣？如果你投保了其他保险，比如汽车保险或商业保险，保险公司通常会给租户提供折扣。

如果你租住的房子有安保系统，安装了烟雾探测器、门锁，你有良好的信用，在同一个保险公司投保，或你超过55岁，也可以得到租户保险折扣。

折扣可能因保险公司和州而异，所以请审慎做出选择。和往常一样，同样的经验法则也适用：货比三家，择优选择。

资料来源：经保险信息协会许可转载。

HO-3（特殊险）的被保险人

屋主保险3（HO-3）是应用最广泛的ISO屋主保单，在本章后面的部分，我们将着重讨论HO-3（特殊险）第Ⅰ部分的主要条款。第Ⅱ部分将在第23章中讨论。

保单对一些词汇或术语进行了定义，其中最为重要的是"被保险人"的含义。在保单中，下面这些人被认为是被保险人：

- 记名被保险人及住在房间里的亲属。记名被保险人是在保单声明页中列出的一个或多个人。保单的记名被保险人也指"你"或"你们"。如果记名被保险人的配偶是同一间房屋的居住者，那么其作为家庭成员也在保障范围内。孩子和住在记名被保险人房子里的其他亲属也在保障范围内。
- 其他21岁以下的人。处于记名被保险人监护下的21岁以下其他人员或家庭成员也被认为是保单的被保险人，例如收养子女、被监护人或外国交换学生。
- 离家在外的全日制学生。对被保险人的定义包括离家在外的全日制学生，该学生要满足以下条件，即在搬出去上学之前住在记名被保险人屋子里，小于24岁并是记名被保险人的亲戚，或者处于记名被保险人或是常住在家里的亲戚监护之下的小于21岁的人。

除了上面几类人之外，被保险人的定义还包括第Ⅱ部分保障范围内的几类人：

- 对投保的动物及船只负法律责任的人。例如，你将狗交给邻居照顾，如果狗咬伤人，由此造成的邻居的损失也在保障范围内。但是，这些保障不适用于商业目的的个人或组织托管的动物或船只，如狗场管理员或码头管理员。
- 对于投保的机动车辆来讲，为被保险人工作的、由记名被保险人或上面定义的被保险人雇用的雇员也属于被保险人。例如，当雇员在操作被保险人的除草机为其工作时不小心伤到了别人，雇员所承担的损失也在雇主的保单的赔偿范围内。

第Ⅰ部分的保险责任

HO-3保单第Ⅰ部分中有四种基本保险责任和几个附加保险责任：
- 保障A：房屋。
- 保障B：其他建筑物。
- 保障C：个人财产。
- 保障D：使用损失。
- 附加保障。

保障A：房屋

保障A为居住地的房屋以及房屋的附属建筑物提供保障。因此，房屋和附属的车库或车棚在这一部分中都属于承保范围。用于建造或修葺房屋或附属建筑物的物品也在保障范围内。

保障A将土地作为除外责任。因此，如果建筑房屋的土地即使因为承保风险事故（例如飞机坠毁）被损毁也不在保障范围内。

保障B：其他建筑物

保障B为居住地上的与房屋明显分离的其他建筑物提供保障。该保障包括与房屋分离的车库、工具棚以及马圈等。只是通过篱笆、围墙或其他类似物品与房屋相连的设施也属于"其他建筑物"。

保障B中的保障数额根据房屋的保险数额（保障A）确定。在HO-3中，房屋保险金额的10%可作为其他建筑物的附加保险金额。例如，如果房屋的承保额为300 000美元，其他建筑物的承保额为30 000美元。

保障B有几个重要的除外责任。土地损毁属于除外责任。而且，如果将私人车库之外的其他建筑租给并非租住自己房屋的人，那么这些建筑就不在承保范围内。例如，假设安妮塔拥有一栋房屋，在该土地上还有一个马厩。如果安妮塔把马厩租给了另外一个人，而且马厩在火灾中烧毁，那个人就无法获得保障。

此外，用于商业用途的其他建筑物也不在承保范围内。因此，如果查理在与房屋分离的车库中从事汽车修理业务，而且车库在龙卷风中被损毁，那么车库也不受保障。

最后，用来存放用于商业用途的财产的其他建筑物也不在承保范围内。但是，现行的保单对存放其中的属于被保险人或房屋租住者的用于商业用途的物品还是予以承保的，不过这些物品不包括气态或液态燃料，只是停放在这些建筑物中的油罐车里存放的汽油除外。例如，一个专职粉刷匠在其居住地搭起的棚子里存放梯子，只要这个棚子里没有保存液态或其他燃料（不包括油罐车里的燃料），那么这个棚子也在承保范围内。

保障C：个人财产

被保险人拥有或使用的放在任何地方的个人财产都在承保范围内。该条款包括借来的财产。此外，在损失发生后，或者在记名被保险人提出要求的时候，保险保障范围可以被扩展至被保险人居住地内的客人或居住者雇员的个人财产。例如，如果你邀请一位客人到家里吃晚饭，而客人的外套被火烧毁，这些损失也在你的保单赔偿范围内。

个人财产的保险额等于房屋保险的50%，如果有需要，这一数额可以增大。这一针对个人财产的保险无论你在不在家里都提供保障。例如，20岁的克莱尔是一名大学生，在学年内暂时离开父母的家。如果小偷闯入她的房间，偷走了一台笔记本电脑，那么这一损失在其父母保单的保障范围内。

有一个适用于家庭外的个人财产的重要限制是，如果财产通常位于另一居所，就会受到限制，例如在度假屋的个人财产。在这种情形下，离家保障限制在保障C的10%，或者1 000美元，二者取其高者。

例如，假设埃里克为个人财产投保150 000美元。他可以在去欧洲旅行的时候将财产带过去，由于离开了居住地，保障的最高额度仍然是150 000美元。相反，假设埃里克在一条河边有一间小木屋或度假的房子，他的家具和渔具整年都放在那里。在这种情况下，这些个人财产的最高保险额度就只有15 000（＝10%×150 000）美元。

10%的限额不适用于居住地修葺或改造时，由于不适合存放而从房屋里搬出的个人财产。例如，当住所正在修葺或改造，已经不适合生活，被保险人暂时将个人财产存放在临时搭建的设施内时，这些财产不受10%的限制。

该限制同样不适用于存放在新购买的住所内的个人财产，时间限定为从将财产搬至该住所起的30天内。按照保障C的规定，这类财产在30天的限期内应全额承保。但是，之后若要获得对个人财产的全额承保，被保险人必须在30天内通知保险公司。

新保单专门包括了在自由储存设施里的个人财产。此类财产的保障限制在保障C的10%，或1 000美元，二者取其高者。在以下情况中，这些限额不适用于房子储藏设施里的财产，即当住所房屋被维修或重建，或者由于房屋不再适合存放或储存财产时。如果财产通常被保存在被保险人的住宅而不是住宅楼宇中,也不适用。

保险责任的特殊限额 由于道德风险和损失调整的问题,以及保险公司减少其责任的愿望,对某些财产损失赔付额度设置了最高限额(见图表22-2)。

图表22-2 保险责任的特殊限额

财产类型	限额(美元)
1. 现金、钞票、金条、黄金、白银、铂金、硬币、奖章、储值卡和智能卡	200
2. 证券、有价票据、手稿、个人档案、护照、票证和邮票	1 500
3. 各类船只	1 500
4. 不用于船只的拖车	1 500
5. 珠宝、手表、皮草,以及不太珍贵的宝石等的失窃	1 500
6. 枪支和相关设备的失窃	2 500
7. 银器、金器、铂金制品以及石蜡制品的失窃	2 500
8. 居住地内用于商业用途的财物	2 500
9. 主要用于商业用途的居住地外的财产(除下面第10项和第11项描述的电子设备外)	1 500
10. 以下种类的便携式电子设备:(1)用于产生、接收或者传输音频、视频或数据信号;(2)设计由一个以上电源供给能量,且其中之一为机动车辆的电子系统;(3)安装在机动车辆内外	1 500
11. 需要与电子设备一同使用的天线、磁带、电线、唱片、光盘和其他媒介,这些电子设备被用于重新制作、接收或者传输音频、视频或数据信号,并且被安装在机动车辆内外	250

对包括硬币收藏品在内的货币的最高赔偿限额为200美元。如果你拥有颇具价值的硬币收藏品,你就要在保单明细表中列明,并投保特定数额的保险。**明细表(schedule)** 列出了特定保险额度的投保财产。一枚有价值的邮票藏品也要单独投保,因为邮票的限额为1 500美元。

对各种船只的保障限额是1 500美元,包括运载船、装饰、设备和舷外马达。价值超过限额的船只需要独立投保。

珠宝和皮草失窃的赔偿限额也是1 500美元。昂贵的珠宝和裘皮应当列明并专门投保。此外,对枪支失窃的投保限额是2 500美元,银器、金器、铂金制品和石蜡制品失窃的投保限额是2 500美元。因此,价值较高的银器收藏品应当根据收藏品的当前价值专门投保。注意,珠宝和皮草、枪支、银器和金器的限额仅适用于失窃风险,其他承保风险事故导致的损失将获得全额赔偿。

住所内主要用于商业用途的财产的保险限额为2 500美元。当以商业目的使用的财产不在居所内的时候,就要受到1 500美元的限额限制。这个限额不适用于需要与电子设备一同使用的天线、磁带、电线、唱片、光盘和其他媒介。这些电子设备被用于重新制作、接收或者传输音频、视频或数据信号,并且被安装在机动车辆内外。

屋主保险为便携式电子设备提供1 500美元的保障。这些电子设备被用于重新制作、接收或者传输音频、视频或数据信号,并且根据设计有多个动力来源提供能量,其中有一个是机动车电子系统。该限额适用于机动车辆内外用于个人或商务用途的电子设备。

最后，屋主保险对需要与电子设备一同使用的天线、磁带、电线、唱片、光盘和其他媒介设置了250美元的限额。这些电子设备被用于重新制作、接收或者传输音频、视频或数据信号，并且被安装在机动车辆内外。

不保财产 保障C对某些财产不提供保障。下面这些就属于不提供保障的财产：

(1) 独立列出并专门投保的财产。无论是在屋主保险保单还是其他保单中，保障C对独立列出或专门投保的财产均不提供保障。因此，如果珠宝或皮草被专门投保，屋主保险保单的保障C不赔偿损失。

(2) 动物、鸟和鱼。对宠物不提供保障，因为它们的价值很难估计。专门投保可以用于为价值高昂的动物提供保障，例如纯种马和血统纯正的狗。

(3) 机动车辆。机动车辆及其附属物和附属设备都属于不保财产。因此，汽车、摩托车和机动滑行车都是该保险的不保财产。类似地，汽车的车载电池或轮胎失窃也不在承保范围内。

除外责任不适用于便携电子设备。这些电子设备被用于重新制作、接收或者传输音频、视频或数据信号，需要设计一个动力来源来运作，而不是依赖机动车的电力系统。

最后，如果机动车辆并不需要在公路上行驶，而只是在被保险人的住所内使用或只是用来为残疾的家庭成员服务，就属于可保财产。因此，在自己花园内使用的拖拉机、割草机或电动轮椅一般都在可保范围内。

(4) 飞机及其零部件。飞机及其零部件是专门列为除外责任的。但是，不用于载人或载物的飞机模型或飞机玩具却在承保范围内。

(5) 气垫船及其零部件。气垫船及其零部件也属于除外责任。气垫船是利用气垫上的自动力推进的设备。

(6) 房客、寄宿者和其他租户的财产。房客和寄宿者等与被保险人没有亲属关系的人的财产属于除外责任。因此，如果被保险人租给学生一间房屋，学生的财产不受被保险人的屋主保单的保障。但是，与被保险人有亲属关系的房客、寄宿者和租户在保障范围内。

(7) 处于专门用于出租的公寓内的财产。被保险人通常用于出租或待租的房屋中的财产特别排除在外。但是后面将讨论，对于在被保险人的住所内的某些专门用于出租或待租的家具，屋主保单提供保障。

(8) 不在被保险人居所内的用于出租或待租的财产。居所外的出租给其他人的财产特别排除在外。例如，如果珍妮弗专门经营自行车租赁业务，那么她的这些自行车将不受其屋主保单的保障。

(9) 商业记录。屋主保险不承保在账簿、图表或其他纸质记录品，以及计算机和相关设备中的商业数据记录。这种除外责任的总体效应是把恢复这些商业数据记录的成本排除在外。

(10) 信用卡、电子转账卡以及其他存取工具。对个人财产的保障范围不包括信用卡、电子转账卡或其他存取工具。在附加条款中可能会承保这类卡片的未授权的用途（后面进行讨论）。

(11) 水或蒸汽。屋主保险不将水或蒸汽作为个人财产。因此，通过公共管道传输或来自被保险人自有的井里的水或蒸汽现在仍然属于除外责任。而且，对游泳池里的水也不承保。

保障 D：使用损失

保障 D 在居住地由于承保损失而不能使用时提供保障。该保险承保的额外保险数额为房屋保险额的 30%（保障 A）。这里提供三种收益：额外生活费用、公平租赁价值以及禁止使用。

额外生活费用 如果承保损失导致居住地不再适合居住，公司将支付由此带给被保险人的额外生活费用。额外生活费用（additional living expense）是指，被保险人为了保持家庭的正常生活标准而实际产生的生活费用的增加。例如，假设希瑟的房屋被火灾烧毁。如果她以每月 1 200 美元的价格租住一套带家具的公寓三个月，那么额外的 3 600 美元的生活成本将获得保障。

公平租赁价值 在居住地的一部分被租给其他人的时候支付公平租赁价值。公平租赁价值（fair rental value）是指，租给他人或准备租给他人的居住地的一部分的出租价值减去由于居住地不再适合居住期间停止支付的费用。例如，希瑟以每月 250 美元的价格将一间屋子租给一名学生。如果在火灾发生后，屋子不再适合居住，需要花 3 个月的时间重建，那么希瑟将损失 750 美元的租金收入（减去一些不继续支出的费用）。这一笔赔偿要加到刚刚提到的额外生活费用中去。

禁止使用 使用损失保障还包括禁止使用损失。即使承保房屋没有被损毁，民政当局也会禁止被保险人使用该房屋，因为被保险人的风险可能对邻居的居所造成直接损害。额外生活费用和公平租赁价值最多偿付 2 个星期。例如，由于邻居房屋发生爆炸后还不稳定，消防部门要求希瑟一家搬出自己的居所。她的额外生活费用和公平租赁价值损失要由保险公司承担最多 2 个星期。

附加保障

除了基本的保障 A、保障 B、保障 C 和保障 D 之外，HO-3 还提供几种附加保障。

残骸清理 屋主保险对清理由承保风险造成的保险财产损坏的残骸碎片的合理费用提供保障。残骸清理还支付火山喷发产生的灰尘的清理费用，因为火山喷发导致了房屋或屋内财产的直接损失。

残骸清理的成本被包括在保单限额内。但是，如果实际损失加清理成本超过了保单的限额，保险公司会对残骸清理费用另外提供相当于保险金额 5% 的赔付。例如，假设与房屋分离的车库的承保额是 30 000 美元，火灾把车库完全烧毁。如果需要 30 000 美元来重建车库，那么保险公司还要额外赔偿被保险人最多 1 500 美元作为残骸清理费用。

此外，屋主保险还增加了对记名被保险人拥有的树的清理费用，这些树因为暴风或冰雹，或者因为冰、雪或冰雹的重压而倒下。移走因为保障 C 中的风险事故而倒下的邻居家的树也在保障范围内。如果这棵树（1）损坏了承保范围内的建筑，或（2）挡住了汽车进出的道路，使汽车不能在公路上正常行驶，或（3）阻挡了专为残疾人设计的方便进出的斜坡或其他通道，那么也在承保范围内。无论倒下的树有几棵，支付的最高限额均为 1 000 美元。移走任何一棵树的费用不得超过 500 美元。该保障为附加保障。

合理的修复费用 如果承保风险事故发生后，被保险人采取了必要的修复工作，从而防止财产被进一步损坏，那么该保险就要支付由此产生的合理成本。例如，暴风雨损坏的落地窗必须马上用一些东西暂时挡起来以免个人财产遭到更多的损失。该保障不会增加适用于承保财产的保险限额。

树木、灌木及其他植物 如果居住地的树木、灌木、其他植物或草坪遭到特定风险事故的损坏，那么屋主保险将为其提供保障。保障范围只包括火灾、雷电、爆炸、骚乱、城市暴乱、飞行器、非家庭成员拥有或驾驶的机动车辆和飞机、故意破坏、恶意损害以及盗窃。注意，暴风雨不在保障范围内。如果一棵珍贵的树木受暴风雨的袭击而倒下，保险公司不赔偿其重置成本。

该保险的最高损失限额是房屋承保额的 5%。但是，对于单棵树木、灌木、其他植物等，赔偿的最高限额是 500 美元。该保障为附加保险。

消防费用 按照合同的规定，记名被保险人在承保风险事故发生时为避免财产的进一步损失而支付的合理的消防费用应由保险公司负责赔偿，但最高赔偿额度是 500 美元。该保障为附加保险。对于该项损失不设置免赔额。

财产搬运费 如果由于面临承保风险事故的威胁，将财产从居住地移走，那么在财产转移的最多 30 天内所发生的任何原因的直接损失都将获得保障。因此，由于发生火灾而将家具等存放到公共仓库里，30 天内任何原因造成的损失都应由保险公司负责偿付。例如，遭受火灾后，被保险人将个人财产搬到一个仓库里，那么在 30 天内由其他原因（除地震外）造成的家具等物品的损失也应由保险公司偿付。该保障不会增加适用于承保财产的保险限额。

信用卡、电子转账卡或其他存储工具以及假钞 如果信用卡失窃或丢失并被冒用，被保险人发生的任何损失都将在 500 美元限额内获得赔偿。类似地，被保险人电子转账卡的失窃或冒用也在承保损失内。如果伪造的或修改的支票导致了被保险人的损失，那么也在保障范围内。如果被保险人在不知情的情况下收到了假钞，那么也将获得保障。这种保障属于附加保险。该保障不设置免赔额。

损失评估 对于由于公司或协会的所有成员集体拥有的财产受到的直接损失，作为财产所有人的公司或协会对记名被保险人进行的任何损失评估，保险公司支付最高 1 000 美元的费用。例如，一个小区的业主同属于一个屋主协会，他们共同拥有一个俱乐部会所、游泳池、网球馆、围栏及小区入口处的标识。假设暴风雨彻底冲毁了俱乐部会所。如果屋主协会保险没有承保所有损失，则每一个业主都要评估其损失。HO-3 将支付最高 1 000 美元的评估费用，否则该费用就要由业主自行支付。这种保障属于附加保险。

倒塌 房屋的倒塌在附加保险保障范围内。该保险将倒塌定义为"房屋或房屋的某一部分突然倒塌，造成房屋或房屋的某一部分不能被用于原来的用途的事件"。①

由以下原因引起的房屋（或房屋的某一部分）的倒塌在承保范围内：

- 保障 C 中承保的风险事故。
- 被保险人在倒塌前并不知情的隐蔽性腐烂。
- 被保险人在倒塌前不知情的昆虫或害虫造成的隐蔽性损害。
- 房屋内物品、设备、动物或人的重量造成的倒塌。

---

① HO-3 保单明确地指出"直接物理损毁"必须源自突然倒塌。之前版本中的用语有些模糊，例如没有明确被损毁但没有倒塌的建筑物，或者在较长时间内倒塌的房屋是否在保障范围内。该版本明确地指出损毁必须发生，而且倒塌必须是"突然的"。

- 房顶积水的重压。
- 在房屋建造、修复或改建过程中使用劣质材料或不当的方法。

玻璃或安全玻璃材料 该保险对投保房屋、外门以及护窗的玻璃或安全玻璃的损坏承保。由这些受损玻璃造成的财产损失也在承保范围内。例如，玻璃在暴风雨中因不明原因破碎在承保范围内。如果破碎的玻璃导致窗户附近的灯具被损坏，那么被损坏的灯具也受保障。该保障不会增加适用于承保财产的保险限额。

房东的家具 屋主保险对记名被保险人专门用于出租或待租的每间房间内的电器、地毯和其他家具的最高保险金额是2 500美元。除了盗窃之外，承保风险事故（保障C中的风险事故）造成的所有损失都属于保障范围。例如，罗莎将二楼配备有家具的房屋租给学生，该房间内的电器、地毯和家具的保险金额最高为2 500美元。该保障不会增加适用于罗莎承保财产的保险限额。

条例或法律 许多社区都对建筑提出了要求，这增加了修复或重建损毁房屋的成本。例如，在损失发生后需要更换水管，新的条例要求使用铜管，而不能使用镀锌管或塑料管。

记名被保险人可以获得由这些条例或法律引起的修复或重建费用增加的赔付（以保障A的保险金额的10%为限）。如果需要更高的保险额度，那么就要专门在保单上予以列明。这属于附加的保险责任。

墓碑 由保障C的承保风险事故导致的墓碑（包括陵墓）损失，将获得最高5 000美元的保障。该保障不会增加适用于承保财产的保险限额。

第Ⅰ部分的承保风险事故

在这一部分，我们将讨论承保财产面临的不同风险事故（或损失的原因）。在阅读完本部分后，希望你能够很好地了解屋主保单承保损失发生的原因。

房屋和其他建筑物（保障A和保障B）

房屋和其他建筑物受到保障以应对"对财产的直接物理损失敞口"。这意味着所有直接物理损失，除了那些被排除在外的责任，都将获得保障。如果房屋和其他建筑物遭到的损失不是除外责任，这些损失就获得该保险的保障。

除外责任 房屋和其他建筑物面临的某些类型的损失特别除外。它们包括：

（1）倒塌。除了前面讨论的那些"附加保障"提供保障的倒塌损失，倒塌损失被特别除外。

（2）冻损。除非记名被保险人使用合理措施保持屋内的温度，或供水被中断或枯竭，否则，冻坏的管道、暖气、空调、防火自动喷洒系统以及其他家用电器都属于除外责任。但是，如果房屋有自动喷洒系统且被保险人采取了合理的措施来保持持续供水和保持屋内的温度，在这种情况下则属于保险保障范围。

（3）篱笆、人行道、天井或类似设施。如果损坏由冰冻、融化、水或冰的重压造成，那么篱笆、人行道、天井、游泳池、地基和类似设施不在保障范围内。

(4) 在建房屋。在建房屋的失窃，或其中使用的物品或材料失窃，不受保障。

(5) 故意破坏和恶意伤害。如果房屋在损失发生前连续空置超过 60 天，由故意破坏或恶意伤害造成的损失，以及玻璃及安全玻璃材料的破损不在承保范围内。

(6) 霉菌、真菌以及干腐菌。由霉菌、真菌以及干腐菌造成的房屋和其他建筑物的损失被排除在外。但是，如果霉菌、真菌或干腐菌等造成的墙壁、天花板或房屋地板损坏，是由于水管、暖气、空调、家用电器或防火自动喷洒系统意外渗水或蒸汽而导致的，则保险公司仍然应该负责赔偿。另外，由住所外的排水沟、水管、下水道管道内的水或蒸汽外溢造成的损失也应获得保障。

(7) 其他除外责任。由下列原因造成的损失也属于除外责任：

- 磨损、毁损、退化。
- 机械故障、潜在故障、固有缺陷（性能分解趋势）。
- 烟雾、生锈或其他腐蚀，或干腐。
- 农业污染或工业污染产生的烟雾。
- 污染物的流出、渗出、释放或外溢是由保障 C 中列明的风险事故造成的。
- 人行道、天井、地基、墙壁、地板、房顶和天花板的下沉、破裂、收缩、膨胀或扩张。
- 鸟、啮齿动物或昆虫。①
- 筑巢或群袭、动物排泄或释放废物或分泌物。

个人财产

保障 C 以列明风险事故的方式承保个人财产的损失。该保险为下文讨论的风险事故对个人财产造成的直接损失提供保障。

火灾或雷电 屋主保险为火灾或雷电造成的直接物理损失提供保障。直接物理损失意味着，火灾或闪电是损失发生的直接原因。**直接原因（proximate cause）**是指，在承保风险事故和损毁财产之间存在直接的必然联系。例如，假设火灾发生在你家二楼的卧室里，消防队员为了防止火势扩大而向其他房间洒水，而这会对你的藏书、家具和织物造成严重损害，那么包括喷水造成的损失在内的所有损失都在赔偿范围内，因为火灾是造成损失的直接原因。

什么是火灾？屋主保险没有对火灾进行定义，不过不同的法庭判决已经明确了它的含义。通常有两个条件必须满足：第一，必须有火苗或至少有火花产生的燃烧或剧烈的氧化活动。因此，没有火苗或火花产生的烧焦、加热、烤焦等造成的损失就不在保障范围内。例如，衣服被熨斗烫坏的情况就不属于承保范围，因为没有火苗或火花。第二，火灾必须是敌意的或不友好的。有敌意的火灾超出了一般的定义。友善之火是为了使用而故意点燃的且合乎预期。法庭通常判定，如果财产保险基于指定险因素签订，友善之火带来的损毁就不在保障范围内。不过，如果保单基于"一切险"（开放式风险因素）签订，友善之火

---

① "害虫"之前列在这一除外条款中，但在最新修订版本中被删除了。接下来的一条（筑巢或群袭、动物排泄或释放废物或分泌物）在修订后的保单中是新增的。

造成的损毁也在保障范围内，因为这种损毁不属于除外责任。[1]

暴风或冰雹 暴风或冰雹造成的损失也获得保障。但是，如果墙或屋顶并没有因暴风或冰雹的损坏而使暴风或冰雹等进入屋内，那么由雨、雪、风沙、尘土等造成的房屋内部设施的损坏不在保障范围内。例如，如果一扇窗户打开着，被雨淋坏的沙发就不受HO-3的保障。不过，如果风或冰雹冲开了窗户，让雨通过打开的窗户进来，损毁了屋内的个人财产，那么就将获得保障。

关于船只有一个重要的除外责任。只有在完全封闭设施内存放的船只和相关设备才受到保障。例如，如果一只船停放在家里的私人车道上并被风暴损坏，这一损失将无法获得保障。

爆炸 由爆炸导致的损害的承保范围很宽泛。各种形式的爆炸损失都属于保障范围，例如火炉爆炸导致的个人财产损毁。

骚乱或城市暴乱 骚乱或城市暴乱引起的个人财产的损失在承保范围内。每个州都对骚乱进行了定义。一般将其定义为，3个人及3个人以上的群体采取暴力或激进的合法或不合法的行为，导致其他人的害怕或恐慌。城市暴乱是指包括公民的起义在内的大规模的持续骚乱。

飞行器 包括自动力的导弹、太空船在内的飞行器造成的损失都属于承保范围。例如，如果商业飞机撞到了你的房子，由此对你的个人财产导致的损坏将获得保障。类似地，如果附近的军事基地的自动力导弹偏离轨道，由此造成你的个人财产的损失也会获得保障。

车辆 车辆造成的损失由保险公司负责赔偿。例如，如果你的行李箱、衣服和照相机在交通事故中被损坏，这些损失将获得赔偿。同样，如果你在倒车出库时不小心轧坏了自行车，这些损失也应由保险公司赔偿。

烟雾 烟雾导致的突发意外损毁获得保障，包括火炉或相关装置外溢的烟雾。例如，如果火炉出了问题，烟雾涌入房间，由此引起的家具、地毯或织物的损失获得保障。但是，由农业或工业操作引起的烟雾所造成的损失是特别除外的。

故意破坏或恶意损害 如果有人故意损害你的个人财产，由此造成的损失由保险公司负责赔偿。

盗窃 盗窃损失（包括尝试盗窃）以及由此造成的个人财产损失属于保障范围。

尽管盗窃这一项目的承保范围宽泛，但仍然有几项除外责任，包括：

（1）被保险人的盗窃行为属除外责任。例如，如果丹尼尔今年16岁，在离家出走之前，偷走了他妈妈钱包里的100美元，那么这个损失不在保障范围内。

（2）正在建造的房屋的盗窃，以及用于建设的材料设施的丢失也不属于保障范围，除非房屋已经建成并开始居住。

（3）在出租的房间内丢失的被保险人的物品不属于承保范围。例如，如果被保险人将房屋租给学生，被保险人在该房间内的一台失窃的收音机不在承保范围内。

如果盗窃发生在居所外，则由盗窃造成的如下损失属于除外责任：

（1）临时住所。如果财产被放置在其他人所有的住所里，或被放置在被保险人租用、

---

[1] International Risk Management Institute, *Personal Lines Pilot #53*, December 14, 2007.

借住的房屋里，则该财产失窃的损失就不在保障范围内，除非被保险人临时住在里面。例如，克里斯托弗拥有河边的一间木屋。木屋里的失窃财产不获得保障，除非克里斯托弗临时居住在里面。他并不需要在损失发生时实际住在里面，但是他必须临时生活或居住在那里。例如，如果发生盗窃时，他正在木屋旁边的河里钓鱼，那么这种损失可获得保障。

此外，如果被保险人是学生，他的个人财产在家庭之外的地方被盗，那么只要在盗窃发生前的90天内，他在该地出现过，其损失均将获得保障。例如，假设你上大学的时候临时住在家外的其他地方。如果你的电视机从大学宿舍失窃，在损失发生前的90天内，你曾经住在学校，那么发生的损失包括在你的父母的HO-3保单保障范围内。

(2) 船只。在住所外放置的船只、装备、设备和外置马达不在保障范围内。

(3) 拖车、半拖车和野营车。在住所外发生的拖车、半拖车和野营车的失窃不在保障范围内。它们可以通过个人汽车保险获得保障。这一险种已在第20章讨论。

坠落物　因坠落物造成的个人财产损失在保障范围内。但是，除非屋顶或外墙先被坠落物破坏，否则保险公司对房屋内的财产损失不提供保障。例如，如果房屋内架子上的镜子掉下来摔碎了，那么该损失不在保障范围内。但是如果镜子掉下来是由房屋外面的树倒下来把房子砸坏了造成的，那么这个损失就要由保险公司负责赔偿。

冰、雪或冰雹的重压　由冰、雪或冰雹的重压造成的屋内个人财产的损失就在保障范围内。例如，如果雪的压力造成屋顶的下陷，由此造成屋内个人财产的损失将获得赔偿。

水和蒸汽的意外外溢或外泄　由水管、暖气、空调、防火自动喷洒系统或家用电器等的水和蒸汽的意外外溢或外泄造成的财产损失应由保险公司负责赔偿。例如，自动洗碗机出现故障使厨房进水，进而使地毯等物品受损，那么将获得赔偿。但是，水或蒸汽被清除后，修复设备的成本不在赔偿范围内。

蒸汽、热水、空调、防火自动喷洒系统或烧水的电器等发生意外破裂、断开、灼烧或膨胀造成的损失　上述任何风险事故造成的损失都在承保范围内。例如，热水器的突然破裂造成的个人财产损失由保险公司赔偿。

管道、暖气、空调、防火自动喷洒系统或家用电器的管道的冻损　除非被保险人合理地保持室内的温度、切断水路和排干系统内的水，否则冻损不在赔偿范围内。但是，如果屋内有自动喷洒系统，被保险人必须保证系统内有水供应并保持合适的温度，保险公司才予以赔偿。

人为产生的电流故障造成的突然或意外损失　例如，电源短路引起的电动甩干机失火的损失将获得保障。但是，作为电器、计算机和家庭娱乐设施一部分的电子管、晶体管以及其他电子元件的损坏是除外责任。因此，烧坏的计算机电路板不在保障范围内。

火山喷发　由火山喷发造成的财产损失在赔偿范围内，但是由地震、地壳运动造成的损失属于除外责任。

第Ⅰ部分的除外责任

除了前面提到的特别除外责任之外，还有几个通用的除外责任。

并发原因损失

屋主保单包括一个条款，将**并发原因损失**（concurrent causation loss）排除在外。这种除外意味着，如果一个损失是由两个以上的风险因素引致的，且这两个因素同时发生或者有因果关系，若其中一个风险因素在保障范围内（例如台风），则另一个风险因素就被排除在外（例如洪水），其引发的所有损失都属于除外责任。并发原因损失除外责任在2005年的卡特里娜飓风发生时曾经引发严重的损失调整问题。成千上万的房屋被台风和洪水摧毁。许多保险公司将其视为并发原因损失而不提供保障。其他保险公司为台风造成的损失提供了支付，但是将洪水造成的损失排除在外。在许多情况下，保单持有人认为对于台风造成的任何损失，这些支付都是不够的。集体诉讼随之而来，法庭通常认为并发原因损失除外责任是有效的。

条例或法律

除了前面附加条款中提到的条例或法律中的内容以及法律规定的玻璃的更换之外，其他由条例或法律引起的损失均不属于承保责任。但是，正如前文所述，如果在附加条款中提供的保险不能满足要求，可以通过对条款的修改和调整来满足投保人的要求。

地壳运动

由地壳运动产生的财产损失属于除外责任。这包括地震、火山喷发产生的冲击波、山体滑坡、泥石流、地陷或灰岩坑，或地表下沉及移动。但是，由火灾、爆炸或盗窃引起的财产损失在承保范围内。关于地震的批单也可以被附加到承保范围内。

水损失

一些由水引起的财产损失不在承保范围内。它包括以下几种：
- 洪水、地表水、浪（包括潮汐和海啸）、潮水，以及水体的外溢或喷洒（无论是否由风引起），包括风暴潮。
- 通过下水道或排水管回流的水，或从污水泵溢出的水。
- 地表下的水和水生物质对房屋、人行道、车道、地基、游泳池以及其他一些设施的积压或渗漏。
- 通过上面的任何一种方式移动的水上物体。

保单注明，这些水损失属于除外责任，无论它们是否来自自然或其他因素。保单接着指出，水损失除外责任适用于但不局限于水从堤坝、水库、海堤或任何其他防护设施中泄漏、满溢或流出。

停 电

由停电或住所以外的其他设施的故障造成的财产损失，保险公司不负责赔偿。例如，如果由于15公里以外的电厂故障，冰箱里的食物解冻并腐烂变质，那么保险公司不对此进行赔偿。但是，如果停电是由住所内发生的承保风险事故造成的，那么就要由保险公司负责赔偿。也就是说，如果住所遭到雷击而造成电力中断，那么由此造成的冰箱里食物等的损坏就应当由保险公司赔偿。

疏　忽

如果由于被保险人的疏忽，在风险发生时或发生后没有采取合理的措施来避免或挽回财产的损失，那么这些损失就要由被保险人自己承担。例如，暴风过后，被保险人应当用东西挡住损坏的落地窗，以免室内的财产遭到损失。

战　争

战争导致的财产损失特别除外。几乎所有财产保险都将战争作为除外责任。

核风险

核风险损失属于除外责任，包括核反应、核辐射以及核放射污染。例如，如果核电站出现泄漏从而损坏了你的财产，这种损失属于除外责任。

故意损失

故意损失属于除外责任。故意损失是由被保险人或被保险人与别人合谋采取的故意行为所造成的损失。例如，如果被保险人预谋烧毁自己的住所来获取保费，那么这个损失不在保险公司的赔偿之列。

政府行为

由政府行为导致的损失也属于除外责任。政府行为是指政府或有关当局破坏、没收或查封财产的行为。例如，毒贩的房屋、非法毒品被缉毒组没收，那么保险公司对此不负责赔偿。但是，政府或有关当局所下的关于防止火势蔓延的命令却不在此列。

天气状况

这种除外责任仅适用于由天气状况造成的损失，其他则不被包含在内。例如，由暴雨和大风造成的滑坡损失不在赔偿之列。同样地，由雨水过多或大风引起的地壳运动所造成的损失，在这种条款下属于除外责任。但是仅由暴风或冰雹等原因造成的损失属于保障范围。

行为或决定

这种除外责任适用于由个人、团体、组织或政府机构未能做出某项行为导致的损失。例如，如果政府部门没有制定措施来控制洪水损失，那么由于没有相应的措施而遭受的洪水造成的财产损失，保险公司不负责赔偿。

错误或有缺陷的计划或决议

由错误的或有缺陷的计划、规划、设计、工艺、原材料以及危害造成的损失，保险公司不负责赔偿。例如，一栋已经竣工的房屋由于设计错误或施工不善而偏离地基，这种情况就属于除外责任。

第Ⅰ部分的条件

屋主保险第Ⅰ部分包括很多条件。下面讨论最重要的一些条件。

可保利益和赔偿限额

如果多个人对某一财产具有可保利益,那么保险公司将在损失发生时,按照不超过最高保险金额的标准,向享有可保利益的人以可保利益为限支付赔偿。

免赔额

声明中所显示的免赔额信息适用于每一个承保风险。[①] 免赔额增大,保费就会降低。例如,如果被保险人将250美元的免赔额提高到500美元,就可以将保费降低12%,将免赔额提高到1 000美元,就可以将保费降低25%。免赔额不适用于火灾保险公司服务收费或者信用卡、ATM卡、假币等造成的损失。

在那些容易遭受巨灾的州,保险公司可以使用百分比免赔额而不是绝对值免赔额来限制它们面对的来自自然界灾害的巨灾损失。19个州和哥伦比亚特区都设置了龙卷风免赔额。[②] 根据州和保险公司的不同,对于风暴和冰雹损失的百分比免赔额在某些海岸区域可能是强制性的。这些免赔额为保险对房屋设置的限额的1%~10%,具体不等。例如,如果一个房子投保了200 000美元,暴风免赔额是5%,损失的最初10 000美元由保单持有人支付。根据各州的情况,保单持有人可以获得一个"回购选择",要求为了获得传统的绝对值免赔额付出更高的保费。在将地震保障以批单的方式添加时,会经常使用百分比免赔额。

损失发生后被保险人的义务

在损失发生后,被保险人必须履行一定的义务。如果被保险人不履行其义务,并且这一行为对保险公司不利,保险公司有权拒绝赔付损失。这些义务包括:

- 及时通知。损失发生后,被保险人必须及时通知保险公司或者保险公司的代理人。在发生盗窃案件的时候,也必须及时通知警方。如果信用卡或ATM卡失窃或发生损失,要及时通知发卡公司或银行。
- 保护财产。被保险人必须保护财产以免受到更多的损失,采取合理的必要的修复措施来保护财产,并对修复费用保持准确的记录。
- 列出受损财产清单。受损财产清单必须详细列明损失的数量、形态、实际现金价值和金额。对于被保险人而言,在损失发生前就详细列出自己的财产清单非常明智(见专

[①] 在保险服务处HO-3的前一版保单中,免赔额部分紧随定义之后,并在关于第Ⅰ部分保障的讨论之前。在修订后的保单中,免赔额部分被移到第Ⅰ部分的条件部分,用于说明免赔额适用于财产保障,而不是第Ⅱ部分的索赔。

[②] 参见"Background on: Hurricane and Windstorm Deductibles," Insurance Information Institute, October 23, 2017。

栏22.2）。

- 列举受损财产。保险人会在合理的次数范围内要求被保险人向其列举受损财产，被保险人还可能被要求在没有其他被保险人在场的情况下如实回答提出的问题，并在保证书上签字。
- 被保险人必须在保险人提出要求后的60天内提供损失证明。损失证明必须包括损失发生的时间和原因，被保险人和其他所有人在受损财产中享有的利益，所有损失财产的担保，承保该损失的其他保险以及其他相关信息。

专栏22.2

怎样制作家庭物品目录？

一份家庭物品目录会让你的屋主保险理赔更容易

如果发生火灾或其他灾难，你还能记得自己家里都有哪些东西吗？制作一份更新到最新的家庭物品目录能够使你的保险理赔更加迅速、有助于核实你的所得税报表中的损失，并且帮助你购买适当数额的保险。下面将介绍如何制作家庭物品目录。

开始制作你的家庭物品目录

如果你刚刚有自己的家，那么制作家庭物品目录是相对简单的。然而，如果你已经在同一间房子里住了很多年，那么创建家庭物品目录的任务对你来说可能相当艰巨——但其实不然。你可以从以下地方着手：

- 选择一个容易清点的地方——封闭的区域。比如小厨房电器柜、运动器材柜或手提包架，都是不错的选择。
- 列出最近购买的物品。另一种方法是从最近购买的物品开始，养成清点物品的习惯，然后回头去清点你的旧物。
- 列出你的物品的明细，详细描绘每一件物品，并注明购买地点、品牌和型号、支付的费用以及在你需要保险理赔时可能有帮助的任何其他细节信息。
- 按类别清点服装，例如，"5条牛仔裤，3双运动鞋"，记下那些价值特别高的物品。
- 对于重要设备和电子设备，记录下它们的产品编号（可以在背部或底部找到）。这是十分有用的物品信息。
- 检查贵重物品的保险。你的珠宝、艺术品和收藏品可能已经增值，需要购买区别于你的标准屋主保险的特殊保险。当制作你的家庭物品目录时，要和你的保险代理人核实一下，确保在损失发生前为这些贵重物品购买了足够的保险。
- 不要忘记那些没有放在家里的物品。你存放在自助仓库内的物品也在你的屋主保险保障范围内。确保将它们加入你的家庭物品目录中。
- 将家庭物品目录与商店销售发票、购买合同和你持有的估值报告放在一起。
- 不要轻易言败——一旦开始清点，即使无法立即完成，也要坚持下去。做一个不完备的目录也比什么都不做好。

科技使制作家庭物品目录更容易

尽管制作家庭物品目录只需一支铅笔和一张纸就足够了，但科技可以使你的家庭物品目录制作起来更容易。

- 拍照片。创建家庭物品的照片目录。拍下重要的个人物品以及整个房间、壁橱或抽屉。在照片上贴上标签，注明照片内容、购买地点、品牌或型号，以及对替换或重置物品可能重要的任何信息。使用智能手机或数码相机，这些产品可以让你在保存照片时输入对物品的描述。

- 录像。将房子或公寓内的物品以录像的形式记录下来。例如，你可以这样描述橱柜里的物品：Lenox 牌带有蓝色花朵图案的餐具，可供 12 人使用，包括餐盘、沙拉盘、碗、杯和碟子。2015 年购买。

- 使用应用程序。有很多移动应用程序可供选择，它们能帮助你分别创建和存储每一房间的物品记录。

持续更新你的家庭物品目录并安全存储

你的家庭物品目录只有在它是准确的情况下才有用。如果发生火灾、盗窃或其他破坏性灾难，你可以使用它向你的保险公司提供信息。无论你使用何种媒介来创建你的家庭物品目录，都请将其备份并存放在安全的地方。

- 在你的目录上添加重要的新近购买物品——养成习惯，在你还记得物品细节的时候，把物品信息和发票添加到你的已有目录中。

- 将纸质目录的备份存放在家以外的地方。连同对应的发票和估值报告——放在保险箱里或朋友、亲戚家里。制作至少一份已有目录的备份，并单独存储。为纸质目录做电子备份的简单方法是用你的智能手机给它拍照。

- 备份电子目录。在外置驱动器或在线存储账户中备份。

- 了解你使用的应用程序。确保你输入的信息由应用程序开发人员备份，并且你知道如何在需要时对其进行访问。

资料来源：改编自 "Spotlight on: Dog Bite Liability," Insurance Information Institute, April 4, 2018。使用经保险信息协会许可。

理 赔

我们在这一部分将要介绍保险公司如何对屋主保险保障下的损失进行赔偿。读者可以通过本节了解保险公司如何对屋主保险保障下的损失进行赔偿。

个人财产 个人财产的承保损失根据损失发生时的实际现金价值，以不高于修复或重置财产的必要费用为限额。地毯、屋内的电器、遮阳棚、室外的天线以及室外的其他设施都以损失发生时的实际现金价值为基础进行赔付。此外，除房屋外的其他建筑物以及墓碑也按照实际现金价值进行赔偿。

通过在屋主保险保单上附加重置成本批单，个人财产也可以按照重置成本承保。在批单中，决定对个人财产损失进行赔偿时，就不再考虑折旧。被保险人应当考虑按照重置成本对财产进行投保，否则，一旦损失发生，你就要自付相当高的费用（见专栏 22.3）。

专栏 22.3

重置成本和实际现金价值之间巨大的差额将掏空你的腰包

如果你拥有个人财产,你就要考虑重置成本和实际现金价值之间的巨大差额。如果损失的支付基于实际现金价值,那么你将因为折旧而自付大量费用。下面的表格是基于一个大型财产和责任保险公司的折旧表制作的,它表明,根据重置成本计算,被保险人将获得 7 790 美元的赔偿(扣除折旧),而根据实际现金价值计算则只能获得 3 967 美元的赔偿。实际现金价值是重置成本扣除折旧。

项目	使用时间	重置成本(美元)	折旧(美元)	实际现金价值(美元)
电视机	5 年	900	450	450
沙发	4 年	1 500	600	900
布料	2 年	2 000	400	1 600
5 件女式服装	4 年	500	400	100
3 双男鞋	2 年	200	133	67
3 张茶几	15 年	1 200	900	300
电冰箱	10 年	800	560	240
小地毯	新	200	0	200
化妆品	6 个月	200	180	20
厨房碗碟	4 年	250	200	50
30 罐食品	新	40	0	40
合计		7 790	3 823	3 967

注:前面的假设损失基于使用时间和财产的状况显示了折旧的影响,使用时间越长,折旧数额越高。

房屋和其他建筑物 对房屋和其他建筑物的承保损失按照没有折旧的重置成本进行赔付。房屋的重置成本保险是屋主保险中最有价值的内容之一。如果保险金额等于损失发生时财产的重置成本的 80% 及以上,那么保险公司在赔偿时就不考虑折旧抵扣因素,而是按照重置成本进行赔付,但要以保单的保险金额为限。**重置成本(replacement cost)**是指用与原来相同质量、种类的材料维修或重建房屋,按照现在的价格衡量的必须支付的成本。例如,假设一栋房屋的当前重置价值是 250 000 美元,而其保险金额是 200 000 美元。如果房屋被龙卷风摧毁,修复成本为 50 000 美元,那么 50 000 美元将全额支付而无须考虑折旧。如果房屋被完全损毁,那么保险公司赔付的金额就是保单的保险金额,在这个例子中就是 200 000 美元。

如果保险金额不足损失发生时财产的重置成本的 80%,那么就适用另外一套原则。简单来说,如果保险金额不足损失发生时财产的重置成本的 80%,被保险人可以得到下面两个金额中较高的一个:(1)房屋受损部分的实际现金价值,或者(2)$\dfrac{保险金额}{80\% \times 重置成本} \times$ 损失。

例如，假设房屋的重置成本是 250 000 美元，但是保险金额只有 150 000 美元。房屋的屋顶已经用了 10 年，但是其使用年限是 20 年，所以它的折旧就是 50%。如果屋顶被龙卷风严重损毁，新屋顶的重置成本是 20 000 美元。不考虑免赔额，被保险人可以得到下面两个金额中较高的一个：

实际现金价值＝20 000－10 000＝10 000（美元）

或者

$$\frac{150\ 000}{80\% \times 250\ 000} \times 20\ 000 = 15\ 000（美元）$$

那么被保险人就可以获得 15 000 美元的赔付。如果被保险人购买了至少 200 000 美元的保险，那么就将获得所有损失的赔偿。

但是，除了少于保险金额 5% 和低于 2 500 美元的赔付，被保险人必须在真正修复或真正重新购置受损财产后才能获得全额的重置成本。否则，保险公司将按照实际现金价值进行赔付。不过，被保险人可以先按照实际现金价值来要求赔付，在修复或重置以后再获得另外的那部分赔付。但是被保险人一定要在损失发生后的 180 天内对按实际价值赔付后剩下的这一部分金额进行索赔。

扩展和担保重置成本 在龙卷风、台风等大灾难发生的时候，住所可能因为严重受损而不能修复。同时，这些灾难发生后也许会引起木材等建筑材料的短缺，从而导致建材价格的上升，使得重建成本增加。这样，按照重置成本的 80% 投保可能就不能弥补所有损失。于是，一些保险公司就推出了一种**扩展重置成本**（extended replacement cost）批单，就是按照比最高保险金额多 20% 或更高的比例赔付，这个比例因保险公司不同而不同。只要被保险人同意为房屋的全额重置成本投保，如果因为改造房屋而使房屋价值升高，那么就必须通知保险公司。

一些保险公司提供**担保重置成本**（guaranteed replacement cost）保单。被保险人同意按照房屋估值的 100% 投保，而不是 80%。如果发生全损，保险公司保证按照恢复房屋原貌的完全重置成本进行赔付，即使重置成本高于保单中的保险金额。例如，如果房屋的保险金额是 400 000 美元，而恢复房屋原貌的费用是 500 000 美元，那么保险公司仍将支付 500 000 美元。但是由于保险代理人对房屋的估价偏低、建筑原料的短缺、通货膨胀和欺诈等原因，保险公司的赔付额大幅增加，担保重置成本保单由于无利可图而正在迅速消失。

成对或成套物品的损失

当发生**成对或成套物品的损失**（loss to a pair or set）时，保险公司可以（1）按照对受损的成对或成套物品的修复或重置成本，或者（2）按照损失前后物品的实际现金价值的差额进行赔偿。例如，假设凯西家起居室的墙上挂着 3 件套的装饰品，其中一件在火灾中被严重损毁。保险公司可以选择或者重置或者修复这件装饰品，或者支付损失发生前后实际现金价值的差额。

评估条款

在被保险人和保险公司对承保损失达成一致，但损失金额仍存争议的情况下使用**评估**

条款（appraisal clause）。每一方当事人各自选择一个称职的公正的评估人，这些评估人会选择一个仲裁方案。如果他们在15天后仍然无法按照仲裁达成共识，那么只能靠法官判定损失的数额。如果三方中的任何两方达成共识，那么这个结果就是最终的仲裁结果，各方都必须遵守。每一方当事人都要支付自己所聘请的评估人的费用，而仲裁费则由双方等额分摊。

其他保险和服务协议

如果其他保险包括第Ⅰ部分的损失，那么承保的保险公司只以其对财产的承保金额为限对其应该承担的损失按比例进行赔偿。本书第10章对比例责任条款进行过解释。

比例责任条款不适用于被其他公司分别承保的个人财产。在此类情况下，正如保障C（未保障财产）所声明的，分别专门承保的个人财产不获得屋主保险的保障。

最后，许多屋主购买了房屋担保合同或设备服务协议，在满足特定条件的情况下，保证修复或重置有问题的部分。屋主保单的金额超过了房屋担保或服务协议的支付金额。

对保险公司的起诉

除非保单规定的提起诉讼所需条件都已经满足，否则被保险人不能起诉保险公司，并且法律诉讼要在损失发生的两年内提起。

保险公司的选择

在向被保险人发出书面通知后，保险公司有权选择修复或是用类似财产替换受损财产。例如，假设电视机失窃。通过书面通知，保险公司可以用类似的东西替换失窃的电视机，而不是支付现金。保险公司通常会用从批发商那里以较低价格购买的电视机、立体声音响和其他财产作为替代，而若被保险人在零售市场上购买则支付的钱会更多。通过这种重置选择，保险公司既可以履行其对承保损失的合同义务，也可以减少理赔成本。

损失的赔偿

保险公司要向记名被保险人直接赔偿损失，除非还有其他财产的记名所有人，或者还有其他人具有要求损失赔偿的法定权利。许多屋主合同都将受押人（贷款人）列入其中，这样就能够保证受押人能在它的可保利益范围内获得对损失的赔偿。被保险人的法定代表也有权获得损失赔偿。例如，如果安吉拉在接受承保损失赔偿之前去世，损失赔偿就要交给其财产的执行人。

财产的放弃

保险公司并不一定要接受由于承保损失而造成损失的被保险人放弃的财产。保险公司可以选择全额赔偿受损的财产然后获得该财产，也可以选择修复受损财产。但是是否执行这些选择取决于保险公司。例如，假设你的个人财产投保了50 000美元。火灾发生后，损失后的财产价值为10 000美元。保险公司可以支付40 000美元，或者拿走受损财产，并向被保险人支付50 000美元。但是，你不能主动放弃财产，并要求保险公司支付50 000美元。

抵押条款

抵押条款（mortgage clause）的设计初衷是为了确保受押人的可保利益。受押人一般是储蓄和贷款协会、商业银行或者其他贷款机构，这些机构向借款人（房屋购买人）以抵押贷款的方式提供贷款，供借款人用于购买财产，这些财产作为抵押贷款的抵押品。如果财产被毁，也就是贷款的抵押品被毁，那么就不需要再还贷款。

财产受押人的可保利益可以通过屋主保险中的抵押条款获得保障。根据该条款，如果保单中注明了受押人，那么受押人就有权在自己的可保利益范围内获得保险公司的损失赔偿，而不论被保险人是否违反了保单上的要求。例如，如果特洛伊故意纵火烧毁了自己的房子，那么保险公司不对这次火灾损失提供保障，因为损失是故意造成的。但是，受押人对财产的可保利益仍然获得保障。赔偿的损失根据受押人包含在其中的利益进行支付。如果保险公司决定取消承保协议，那么要在 10 天内通知受押人。

保险公司承担对抵押担保品的赔付，那么按照保单抵押条款，受押人也要承担相应的义务。这些义务主要包括：
- 通知保险公司财产所有权的变更、占有情况以及受押人所了解的重大的风险变化情况。
- 缴纳被保险人忘记缴纳的保费。
- 在被保险人没有提供损失证明的情况下，负责提供损失证明。
- 当保险公司不负责向被保险人赔付损失而需向受押人赔付的时候，将代位求偿权转移给保险公司。

保险期间

保险期间以保单上注明日期的上午 12:01 作为起始时间和终止时间。保险公司只赔偿在保险期间内发生的损失。

隐瞒或欺诈

如果被保险人故意隐瞒重大事件或欺诈、采取诈骗行为，或者做出关于保险的虚假陈述，那么保单将不做任何赔偿。该条款在损失发生前后都适用。

第 I 部分和第 II 部分的共同条款

屋主保险的第 I 部分和第 II 部分有一些共同适用的条款。① 现总结如下：
- 自动生效条款。如果保险公司在没有增加保费的情况下扩大了承保范围，那么在保单生效前的 60 天内或保险期间内，这些扩大的承保范围都适用于当前的保单。但是当保单承保范围发生变化时，比如包括扩大或缩小保障范围的通用程序修订内容，那么自动生效条款对这些新变化不适用。

---

① 对于这两个部分有三组条件。第一组条件适用于第 I 部分和第 II 部分。第二组条件仅适用于第 I 部分。这两组在本章进行了讨论。仅适用于第 II 部分的第三组条件将在后面一章进行讨论。

- 保单条款的放弃或修改。保单条款的放弃或修改必须经保险公司签字同意后才生效。
- 退保。被保险人可以在任何时候通过将保单退还保险公司或书面通知保险公司的方式来取消、终止保单。

在下述情况下，保险公司也可以取消保单。

（1）未支付保费。但是，保险公司必须向被保险人书面提供至少10天的限期缴费通知。

（2）如果新保单不是可以续保的保单，那么生效的60天以内可以取消。同样，如果保单被取消，必须提前至少10天通知被保险人。

（3）如果保单已生效60天或更久，或者是一份可续保保单，那么在存在可能影响保险公司决定是否销售保单的重大误导的情况下，或者在保单售出后风险大幅提高，那么保险公司有权取消该保单。被保险人必须在取消之前至少提前30天得到通知。

（4）如果保单售出超过1年，那么在每周年的保单起始日，保险公司可以因为任何原因撤销保单，但必须提前30天通知被保险人。

州保险法律可以取消或不续保。无论何时保单条款与州法律发生冲突，州法律都优先于保单条款，可以通过保单的修正附加条款使保单符合州法律。

- 不可续保保单。保险公司有权在保单到期后不续保。如果不续保，保险公司必须提前30天通知被保险人。
- 保单的转让。屋主保单不可以没有保险公司的书面同意就被转让给另一方当事人。因此，如果保罗把房子卖给梅雷迪斯，除非保险公司同意，否则保罗不可以直接把屋主保单转让给梅雷迪斯。在实际操作中，新的所有人通常会购买自己的屋主保险。屋主保险是被保险人和保险公司之间的个人合同。转让条款允许保险公司选择被保险人，并在防范道德风险和逆向选择的情况下提供保障。但是，在损失发生后，损失的赔偿可以自由转让给另一当事人，不需要获得保险公司的同意。接受赔偿的当事人不会成为一个新的被保险人，保险公司面临的风险也没有增加。
- 代位求偿。一个通用的原则是，被保险人不能单方面取消保险公司对造成保单承保损失的第三方的代位求偿权。但是，屋主保单包含一个针对这个通用原则的重要的除外责任。代位求偿条款允许被保险人在损失发生之前，以书面形式取消任何人获得赔偿的所有权利。例如，假设杰罗姆住在两居室套房的其中一间，并租出去另外一间。杰罗姆作为房东，可以在保单中通过书面形式取消保险公司对承租人因为过失行为造成损失（如火灾）的代位求偿权。如果承租人导致了损失，这样做就使其不必承担对保险公司的赔偿责任。不过，被保险人必须在损失发生前在保单中以书面形式通知保险公司。

如果代位求偿权没有被取消，保险公司可能就会要求造成损失的第三方承担所有的赔偿责任（以损失额为限）。该条款允许保险公司向造成过失损失的第三方执行代位求偿权。

- 记名被保险人或配偶死亡。如果记名被保险人或居住在一起的配偶死亡，那么保险范围就被扩大到死亡人的法定代表，但仅限于死者的居所以及个人财产。在记名被保险人或配偶死亡时，保单对其中承保的一起居住的亲戚的保障仍然有效。

案例应用

杰克和简已经结婚,共同拥有一套房屋,该房屋投保了一份150 000美元的没有附加条款的HO-3保单。房屋的重置成本是250 000美元,个人财产保额为75 000美元。简的珠宝的价值是10 000美元。杰克收藏的硬币的价值是15 000美元,摩托艇的价值是20 000美元。

a. 假设你是一名理财师,要为这对夫妇评估其HO-3保单的价值。根据上述事实,你认为他们购买的保险是否充足?如果不充足,请就如何增加保障提供几条建议。

b. 一次火灾烧毁了一间卧室,造成损失的实际现金价值是10 000美元,修复成本是16 000美元。保险公司将为这些损失赔偿多少?

c. 一个小偷潜入房屋,偷走了一台新电视机、珠宝和一些画。失窃财产的实际价值是4 000美元。财产的重置成本是9 000美元。此外,硬币收藏品也被偷走。请指出其没有附加条款的HO-3保单能够在多大程度上赔偿前述损失。

d. 假设杰克和简就上述损失与保险公司的意见不一致。那么根据HO-3保单,如何解决上述纠纷?

e. 假设简在家里从事会计业务。她在家里的办公室中放了一台做业务的计算机、一些办公设备、文件柜和其他商用个人财产。请问,她的HO-3保单为其家庭商用个人财产提供保障吗?

本章小结

• 屋主保险可以为住房、其他建筑物、个人财产、额外生活费用、个人责任索赔和向他人支付的医药费用提供保障。

• 第Ⅰ部分为房屋、其他建筑物、个人财产、使用损失和附加保障范围提供保障。第Ⅱ部分为被保险人提供个人责任保险,还为其他在被保险人居所或因为被保险人的行为或被保险人饲养的动物受到伤害的人支付医疗费用提供保障。

• 屋主保险2(HO-2)(扩展险)是对投保的房屋、其他建筑物和个人财产遭受列明风险事故而蒙受的损失进行赔偿的一种保险。

• 屋主保险3(HO-3)(特殊险)为房屋及其他建筑物遭受的直接物理损失提供保障。房屋及其他建筑物所受到的所有直接物理损失均属于保障范围,除了那些被排除在外的责任。个人财产获得针对列明风险事故的保障。

• 屋主保险4(HO-4)(承租险)专为租户设计。HO-4为租户的个人财产提供列明风险事故的保障,还提供个人责任保险。

• 屋主保险5(HO-5)(综合险)为房屋、其他建筑物及个人财产遭受的直接物理损失提供保障。除了那些被排除在外的责任,所有直接物理损失都将获得保障。

• 屋主保险6(HO-6)(业主)为共同屋主提供保障。HO-6为被保险人的个人财产提供针对列明风险事故的保障。这个险种对共有财产(例如内部设施、地毯、壁橱和壁纸等)提供的最低保险金额为5 000美元。

- 屋主保险8（HO-8）（改进险）专为老房子设计。对房屋及其他建筑物的损失赔偿根据修复成本确定。修复成本是指用一般的建筑材料和方法来修复或替换受损财产所需的成本。该险种的偿付不以重置成本为基准。
- 条件部分在投保财产发生损失后，为被保险人设定了一些义务。被保险人必须及时告知损失；财产必须获得保障以免受到更多的损坏；被保险人必须准备受损财产的清单，因为可能被要求在合理的次数内向保险公司列出受损的个人财产；在保险公司提出要求的60天内填报损失证明。
- 重置成本条款是屋主保险最有价值的特色之一。房屋及其他建筑物的损失在重置成本的基础上获得赔偿，但条件是：损失发生时，被保险人购买的保险至少是重置成本的80%。个人财产的损失在实际现金价值的基础上进行赔付。但是，可以通过附加批单根据重置成本为个人财产提供保障。
- 免赔额适用于大部分第Ⅰ部分损失。绝对值免赔额比较常见，也有使用百分比免赔额的情况。
- 抵押条款为受押人提供保障。受押人有权从保险公司那里获得损失赔偿，而不论被保险人是否违反了保单上的要求。

重要概念和术语

额外生活费用
并发原因损失
公平租赁价值
屋主保险2（HO-2）（扩展险）
屋主保险4（HO-4）（承租险）
屋主保险6（HO-6）（业主）
成对或成套物品的损失
直接原因
明细表

评估条款
扩展重置成本
担保重置成本
屋主保险3（HO-3）（特殊险）
屋主保险5（HO-5）（综合险）
屋主保险8（HO-8）（改进险）
抵押条款
重置成本

复习题

1. 列出现在使用的屋主保单的基本类型。

2. 指出哪些人是屋主保单的被保险人。

3. 第Ⅰ部分财产保障为被保险人提供不同类型的保障。对于下面每一种保障，简要阐述提供保障的类型，并就承保损失举出一个例子。

a. 保障A——房屋。
b. 保障B——其他建筑物。
c. 保障C——个人财产。
d. 保障D——使用损失。
e. 附加保障。

4. a. 简要阐述对应用于某些类型个人财产的责任的特殊限制。

b. 为什么使用这些特殊限制？

5. a. 屋主保险 3 保单中的保障 A 和保障 B 为房屋和其他建筑物提供关于"直接物理损失敞口"的保障。解释这句话的意思。

b. 屋主保险 3 保单中的保障 C 为个人财产提供包括列明风险事故的保障。列出获得保障的不同风险事故。

6. 列出屋主保险 3 保单第 Ⅰ 部分中的主要除外责任。

7. 简要说明财产损失发生后,在屋主保险中被保险人承担的义务。

8. 屋主保险 3 保单第 Ⅰ 部分条件部分处理关于被保险人损失赔付的问题。

a. 如何确定赔偿个人财产承保损失的数额?

b. 如何确定赔偿房屋和其他设施承保损失的数额?

9. a. 请说明可以被附加到屋主保险 3 保单上的扩展重置成本批单。

b. 什么是担保重置成本保单?

10. 一个房屋的购买人可能用抵押贷款购买房屋。简要解释抵押条款如何保护贷款机构(受押人)的可保利益。

应用题

1. 卡罗琳拥有一套重置成本为 400 000 美元的房屋,购买的屋主保险 3 保单的保额是 280 000 美元。在一次暴风中,屋顶被严重损毁,修复要支付 20 000 美元,损失的实际现金价值是 10 000 美元。不考虑免赔额,卡罗琳能从保险公司处获得多少赔偿?

2. 迈克尔购买了一份屋主保险 3 保单来为其房屋和个人财产投保,该保单没有专门的附加批单。后来发生的火灾烧坏了一台宽屏电视机。迈克尔为购买新电视机支付了 4 000 美元,在火灾发生的时候已经折旧了 25%。类似的电视机的重置成本为 3 800 美元。不考虑折旧,迈克尔可以获得多少赔偿?

3. 马丁·琼斯和卡丽·琼斯为他们的房子和个人财产投保了没有附加条款的屋主保险 3 保单。这栋房子的当前重置成本是 300 000 美元。保单存在如下限额:

保障 A:240 000 美元;

保障 B:24 000 美元;

保障 C:120 000 美元;

保障 D:72 000 美元。

这栋房子在火灾中被严重烧毁,在重建的时候,琼斯一家人不得不在旅馆里住了 60 天。在重建期间,没有被烧毁的个人财产被存放在租住的房子里。对于下面这些情况,他们的屋主保险 3 保单要支付多少美元(不考虑折旧)?

a. 三个卧室在火灾中被完全烧毁,重建这些卧室的费用是 80 000 美元,损失的实际现金价值是 50 000 美元。

b. 房屋抵押贷款每个月要还 1 500 美元。

c. 旅馆每住一天支付 100 美元,要住 60 天。

d. 在旅馆吃 60 天饭的日均费用是 60 美元(家里的食物日均成本是 20 美元)。

e. 在房屋重建期间,储存没有被烧毁的家具的租金为每月 200 美元。

4. 梅根为房子和个人财产投保了没有附加条款的屋主保险 3 保单。指出是否下面这些损失的每一个都将获得保障。如果有损失不在保障范围内,请解释为什么不能获得保障。

a. 在粉刷卧室的时候,梅根不小心把

一罐颜料洒在了地上。卧室中的大地毯被严重损坏，必须更换。

b. 下水道堵塞后，污水涌出，淹了地下室，损坏了装在盒子里的一些书。

c. 梅根的房子在一次龙卷风中被完全损毁。她的价值不菲的杜宾犬也在龙卷风中丧生。

d. 在霜冻警报期间，附近树林中的一个火罐释放出的浓烟弄脏了梅根新粉刷的房子。

e. 在梅根度假的时候，一个盗贼闯进了她的家，偷走了一个装有珠宝、钱、衣服和一张机票的箱子。

f. 梅根的儿子在院子里玩棒球的时候打坏了房子的窗户。

g. 一辆垃圾车意外撞坏了车库的门。

h. 破损的电线酿成了阁楼的火灾，火灾对房子的损坏非常严重。在房子重建期间，梅根被迫搬进了储物间，并且住了3个月。

i. 梅根的儿子今年20岁，正在上大学，但是现在正在家里过圣诞节。在他离开宿舍的这段时间，他的一台录音机被盗。

j. 在冬季，一场大雪压坏了一部分门前的草坪，草皮必须更换。

k. 一场暴风使梅根院子里的一棵榆树被吹倒，必须将它清理走。

l. 在地震中，房子严重受损。由于地震，房前的草坪出现了一道3英尺大的裂缝，现在已经不平整了。

m. 冰箱里的制冷机损坏后，水流到地板上，对房子造成了严重损害。

5. 托德为他的房子和个人财产购买了屋主保险3保单。房屋投保额是120 000美元，房子的重置成本是200 000美元。指出下面哪些损失属于托德屋主保险3保单的承保范围。（不考虑免赔额。）

a. 雷电击中了屋顶，并造成了严重损坏。受损屋顶的实际现金价值是10 000美元，需要花16 000美元更换受损的部分。

b. 一扇起居室的窗户被冰雹打坏，窗帘被雨水浸泡而不得不更换。这个窗帘的实际现金价值是400美元，更换的成本是600美元。

c. 热水器爆炸后损坏了屋里的一些财产。损坏的财产的实际现金价值是2 000美元，财产的重置成本是3 200美元。

6. 苏珊有一枚已经传了好几代人的钻戒。评估师告诉她，这枚钻戒的当前市场价值是50 000美元。她觉得购买的屋主保险3保单已经提供了足够的保障。苏珊是否应该改变她的想法？如果不用改变，你应该如何建议她妥善保护钻戒？

7. 欧文为他的房子和里面的东西购买了屋主保险3保单。房子的保额是160 000美元，其重置成本是200 000美元。解释下面每一种承保损失的保障范围（不考虑折旧）。如果欧文的保单不为这些损失提供保障或者保障不充分，那么请告诉他怎样获得完全保障。

a. 欧文的邮票藏品价值5 000美元，在家里被盗。

b. 十几岁的少年闯进了欧文的家，损坏了一幅市场价值为1 000美元的画。

c. 停泊在欧文房子车道上的一艘摩托艇被一场冰雹砸坏。损坏的部分实际现金价值为8 000美元，重置成本是20 000美元。

8. 克雷格拥有一套重置成本是200 000美元的房子，并从第一联邦银行申请了100 000美元抵押贷款。克雷格为房子购买了160 000美元的HO-3保单，第一联邦银行在担保条款中被记为受押人。假设房子的承保火灾损失是50 000美元。损失赔偿应该支付给谁？对你的答案做出解释。

数字资源

网络资源

参考文献

第23章

屋主保险：第Ⅱ部分

> 如何胜诉：如果法律对你有利，那么依靠法律；如果事实对你有利，那么强调事实；如果两者都对你不利，那就强词夺理。
>
> ——佚名

学习目标

学习完本章，你应当能够：

- 解释屋主保险第Ⅱ部分的个人责任保险及对第三方的医疗赔付保险。
- 指出屋主保险第Ⅱ部分的主要除外责任。
- 指出屋主保险第Ⅱ部分的附加保障。
- 讨论适用于屋主保险第Ⅱ部分保障的重要条件。
- 解释可以附加到屋主保险保单中的主要批单。
- 指出决定屋主保险成本的主要因素。
- 解释消费者在购买屋主保险时应该遵循的建议。

布兰登在后院给他的狗修建了一个带栅栏的犬舍。一天，在布兰登上班的时候，他的狗从栅栏的铁丝网下面钻了出去。这只狗跑到了布兰登家附近的公园。当时一位母亲带着她的小孩也在公园里。布兰登的狗咬伤了这个小孩。孩子被带到一家诊所，需要接受缝针。

动物控制中心的工作人员来到现场，抓住了这只狗。狗项圈上的标签显示布兰登是狗的主人。动物控制中心将布兰登的狗留观，以便对其进行狂犬病评估。由于自己的孩子被狗咬伤，孩子的母亲威胁要起诉布兰登。

幸运的是，布兰登投保了保险服务处 HO-3 保险。在第22章中，我们学习了保单第Ⅰ部分对发生的损失提供保障，包括房屋、其他建筑物、个人财产和使用损失等。在本章中，我们将讨论保单的第Ⅱ部分。这部分保单提供个人责任保险和对第三方的医疗赔付保险。为拓展保障范围，我们还将讨论一些可以被附加到屋主保险上的重要批单，以及在购买屋主保险时应遵循的几个简单建议。

个人责任保险及对第三方的医疗赔付保险

个人责任保险为记名被保险人及其家庭成员的个人行为导致的法律行为提供保障。保险公司为被保险人提供法律保障并在责任限额以内代为赔付其在法律上造成的损失。[①] 除了由大意驾车、商业及专业责任等过失行为造成的法律责任外,大多数个人行为均属于个人责任保险的可保范围。

保险服务处(ISO)设计的各种屋主保险表格的第Ⅱ部分的保障范围是相同的。下面的内容将讨论第Ⅱ部分的主要条款。

屋主保险的第Ⅱ部分责任范围提供如下两种保障:
- 保障 E:个人责任,每起案件的责任限额是 100 000 美元;
- 保障 F:对第三方的医疗赔付,限额为每人 1 000 美元。

增加少量的保费可以获得更高的限额。

保障 E:个人责任

个人责任保险(personal liability insurance) 在被保险人由于疏忽导致他人遭受人身伤害或财产损失而被起诉或要求赔偿时提供保障。如果你对造成的损坏负责,那么保险公司将在保单限额以下支付你需要赔偿的所有损失。这些损毁还包括审判期间发生的利息。

每一起案件的责任保险最低额度是 100 000 美元。该保额限制适用于按每次索赔事件原则应承担责任的人身伤害和财产损失。**事故(occurrence)** 是指意外发生的事故,包括连续地或重复地暴露在大体相同的、一般的、有害的环境中,在保单有效期内导致身体伤害或财产损失。一个事故可能是一次突发的意外事件或者是长期内渐次发生的一系列意外事件。

即使诉讼是无根据的、错误的甚至是欺诈的,保险公司同样要提供法律保障。保险公司有权调查并通过上庭为被保险人辩护或以庭外解决的方式处理对被保险人的诉讼或其赔偿责任。现实中,很多个人责任诉讼是在庭外解决的。保险公司必须为被保险人辩护,而不能通过提供或降低保单的限额免去自己的辩护责任。除非赔偿的金额较低,否则辩护保障将一直持续到判定赔偿或最终赔付等于保单限额。

个人责任保障范围很广。下面这些例子说明了一些承保损失的类型:
- 你的狗咬了一个小孩子,由此造成的损失占所有屋主责任索赔的很大比例[②](见专栏 23.1)。
- 当你在院子里烧树叶的时候,意外烧着了邻居的房子。
- 一个客人在你家被一张破了的地毯绊倒,并以人身伤害罪起诉了你。

[①] 本章对屋主保险的第Ⅱ部分的讨论在很大程度上是基于 *Fire, Casualty & Surety Bulletins*, Personal Lines—Dwelling section (Erlanger, KY: National Underwriter Company); National Underwriter Company, *Homeowners Coverage Guide*, 5th ed, Personal Lines Pilot newsletters from the International Risk Management Institute (IRMI); and the HO-3 policy drafted by the Insurance Services Office (ISO)。

[②] ISO 屋主保单 2011 年修订版本提供的批单将犬科动物排除在外。

- 你在买东西的时候不小心打碎了一个昂贵的花瓶。

个人责任保险的依据是法律责任。在保险公司赔偿损失时，你必须承担法律责任。相反，对第三方的医疗赔付（后面进行讨论）并不依据过失或法律责任。

专栏 23.1

狗会咬人，诉讼也会伤人

概述

根据美国宠物产品协会（American Pet Products Association）在 2017—2018 年的一项调查，美国有近 9 000 万只宠物狗。

根据美国疾病控制与预防中心（Centers for Disease Control and Prevention）的数据，每年约有 450 万人被狗咬伤。在儿童中，5～9 岁的儿童被狗咬伤的比例最高。超过一半狗咬伤人事件发生在熟人家里。

屋主和租户保险通常都为狗咬人事件提供保障。大多数保单提供 100 000 美元到 300 000 美元的责任保障。如果索赔超过限额，狗的主人将为超过该额度的所有损失负责，包括法律费用。

狗咬人的责任和屋主保险

一些保险公司不会为养某些被归类为危险品种的狗（如斗牛犬）的主人投保。另一些保险公司则是根据狗的具体情况来决定（是否凶残），不论其品种是什么。一些保险公司在为养狗的人投保或续保时，不询问其所养的狗的品种，也不询问在狗咬伤人事件中涉及的狗的品种。然而，一旦狗咬过人，就会增加风险。在这种情况下，保险公司可能会收取更高的保费，不为屋主的保险续保，或者将狗排除在保障范围之外。

许多保险公司正在采取措施限制此类损失。有些公司要求养狗的人为狗咬人事件签署责任免除合同，而其他保险公司则要求投保人为会咬人的宠物（例如比特犬、罗威纳犬）交纳更多保费，其他一些则根本不给养狗的人提供保险。如果狗的主人把狗送去训练以改变其行为，或者用口套、绳子或笼子限制狗的行动，那么有些保险公司愿意为其宠物投保。

屋主保险责任索赔

- 根据保险信息协会和州农业互助汽车保险公司的数据，2017 年，屋主保险公司支付了超过 6.86 亿美元的与狗咬伤和其他与狗有关的伤害相关的责任索赔。
- 保险信息协会对屋主保险数据的分析发现，2017 年全美国狗咬人索赔数量增加到 18 522 起，而 2016 年为 18 123 起——增长了 2.2%。
- 一年间，索赔的平均费用增加了 11.5%。2017 年，全美国狗咬人索赔的平均费用为 37 051 美元，而 2016 年为 33 230 美元。从 2003 年到 2017 年，由于医疗费用的增加以及向原告提供的和解、判决和陪审团裁决的金额呈上升趋势，全美国范围内索赔的平均成本上升了 90% 以上。
- 加州依旧是美国狗咬人索赔数量最多的州，2017 年为 2 228 起，比 2016 年的 1 934 起有所增加。狗咬人索赔数量第二高的州是佛罗里达州，为 1 345 起。佛罗里达州的平均索赔费用最高,为 44 700 美元。

索赔的平均成本上升不仅源于狗咬伤人事件,还可归因于狗撞倒儿童、骑自行车的人、老人等,这些事件影响了导致损失的潜在严重性的伤害赔偿。

州和地方立法

如果狗的主人知道狗有咬人的倾向,狗的主人就要对其宠物造成的伤害负责。在一些州,法律规定,无论狗的主人是否知道他们的狗会咬人,都要承担责任。在另一些州,狗的主人只对他们知道或应当知道他们的狗会咬人的情况负责。

一些州和市政府制定了"特定品种"法规,将斗牛犬等品种认定为危险品种;在其他州,个别犬种被认定为凶残级别。至少在两个州——宾夕法尼亚州和密歇根州,法律禁止保险公司撤销或拒绝为特定犬种的主人提供保险。例如,在俄亥俄州,被归类为凶残级别的狗的主人需要购买至少 10 万美元的责任保险。

美国养犬俱乐部(American Kennel Club)报告称,虽然许多市政当局已经颁布了针对特定品种的禁令,但有一些州的法律禁止市政当局和县政府针对个别品种设限。

- 狗的主人的责任:有三种法律把责任强加给狗的主人:

(1) 狗咬人规则:在没有激怒狗的情况下,狗如果造成人身伤害或财产损失,狗的主人自动为此负责。

(2) 一次咬人规则:如果狗的主人知道狗会造成某种类型的伤害,狗的主人就要为狗所造成的伤害负责。在这种情况下,受害人必须证明狗的主人知道狗是危险的。

(3) 过失规则:如果狗的主人因为看管狗的时候出现了不可原谅的疏忽,从而导致了伤害的发生,那么狗的主人要为此负责。

- 刑事处罚:2001 年 1 月 26 日,加利福尼亚州旧金山,黛安·惠普尔的公寓门口,两只加纳利犬袭击了惠普尔并将其咬死。这两只狗的主人马乔里·诺勒(Marjorie Knoller)因饲养凶恶致人死亡的狗而被判过失致人死亡罪。诺勒被判处 4 年监禁,并被要求支付 6 800 美元的赔偿金。她的丈夫罗伯特·诺埃尔(Robert Noel)虽然被控罪名较轻,但也被判处 4 年监禁。诺勒成为加州第一个因狗的行为而被判杀人罪的人。这是美国第三次维持这一判决,第一次是 1997 年在堪萨斯州。

资料来源:改编自"Spotlight on: Dog Bite Liability," Insurance Information Institute, April 4, 2018。经保险信息协会许可使用。

保障 F:对第三方的医疗赔付

这种保障是作为屋主保险保单一部分的一种小型意外事故的保障。对第三方的医疗赔付并非基于法律责任,被保险人不必为此承担法律责任。相反,前面讨论的个人责任保障要求被保险人为适用的保障承担法律责任。

对第三方的医疗赔付(medical payments to others)是指,在被保险人属地上,由于被保险人、家庭雇员或被保险人拥有或豢养的动物的行为意外伤害了第三方,因此支付给第三方合理的医疗费用。这种保障可以通过以下例子说明:

- 一位客人在你家滑倒并摔断了一只胳膊,那么就要在保单限额下支付合理的医疗费用。
- 邻居的孩子从你家院子里的秋千上摔下来后受伤。孩子的医疗费用将在保单限额以下获得保障。
- 你在打高尔夫球的时候意外伤到了另一位高尔夫球手。
- 你的狗咬了邻居。邻居的医疗费用就要在你的保单限额以下得到赔偿。

保险公司会在事故发生日起的 3 年内给付所有相关的经医学鉴定的必要的医疗费用。医疗费用保障范围包括合理的治疗和手术费用、X 射线、牙科护理、救护车、住院、专业护理、辅助治疗设备和丧葬服务等。

医疗费用保障并不针对被保险人及其家庭成员（家庭雇员除外）。例如，后院的秋千坠落，你的女儿和邻居的孩子都受了伤，只有邻居孩子的医疗费用可以获得保障。一种特例是在家里受伤的家庭雇员。例如，一个婴儿保姆在为孩子做饭的时候把手烫伤。她的医疗费用将获得保障，除非州工人补偿法适用于其损失。

关于第三方的医疗费用，保单列出了适用保障的情况。对第三方的医疗赔付仅适用于以下人员和情况：
- 经被保险人允许，待在其属地上的人（后面进行讨论）。
- 第三方当事人虽然不在被保险人属地上，但满足下列条件的身体伤害。
  - 由被保险人属地上的状况或与之毗邻的道路上的情况造成的伤害。
  - 由于被保险人的行为造成的伤害。
  - 被保险人家庭雇员在受雇佣工作期间造成的伤害。
- 被保险人拥有或照看的动物导致的伤害。

对第三方的医疗赔付包括得到被保险人允许而处于其属地上的意外受伤的个人的医疗费用支出。被保险人的属地包括下面几处：
- 声明中列出的居所。
- 在保险期间获得的其他住宅，如避暑别墅等。
- 租赁的车库或仓库。
- 暂住的不享有所有权的地方，如汽车旅馆的房间。
- 被保险人拥有的除农田外的空地。
- 被保险人拥有或租赁的，正在为被保险人建造住宅的土地。
- 墓地或丧葬地。
- 偶尔租给被保险人的用于非商业目的的地皮，例如婚礼期间租用的大厅等。

对第三方的医疗赔付还包括被保险人属地上发生的人身伤害，如果这些伤害是由被保险人属地的状况或与之毗邻的道路上的情况造成，或者由被保险人的行为造成，在家庭雇员为被保险人服务期间造成，或者由被保险人拥有或照看的动物导致的。例如，在毗邻住所的人行道或街道上，由于路面结冰而导致路人摔倒，这在保障范围内。如果被保险人在打篮球的时候意外伤害了另一名球员，那么也在保障范围内。类似地，如果婴儿保姆在公园照看孩子的时候意外伤害了另一个小孩子，那么也在承保范围内。

第 II 部分的除外责任

第 II 部分的保障范围包括很多除外责任。一些除外责任同时适用于个人责任（保障

E)和对第三方的医疗赔付（保障F）。其他除外责任则分别适用于保障E和保障F。

同时适用于保障E和保障F的除外责任

下面讨论的是同时适用于保障E和保障F的除外责任。

机动车辆责任 机动车辆造成的法律责任在下列情况下将不获得保障，即肇事机动车辆：

- 注册用于在公共道路或财产上使用；
- 未注册用于在公共道路或财产上使用，但是法律和政府法规要求注册；
- 在有组织的赛车或速度比赛中使用；
- 租借给其他人；
- 收费载人或载货；
- 除了在高尔夫球场用于装载高尔夫设备之外的其他商业用途。

因此，由小型汽车、卡车、摩托车、电动车和电动自行车造成的责任不属于保障范围。此外，由拖船、马车或者租借的拖车等造成的责任也不属于承保范围。对这类机动车辆的保障可以通过购买汽车保险获得。

不属于前述除外责任的机动车辆在保障范围内。前面关于机动车辆的除外责任不包括下面几项：

- 在被保险人属地上长期存放的车辆。例如，在被保险人车库里存放的没有获得牌照的汽车。如果汽车没有登记，长期存放的汽车造成的责任则在保障范围内。
- 仅用于为居所服务的车辆。① 例如，割草机只在被保险人居所的草坪上使用，如果被保险人使用割草机的时候伤害了其他人，那么这种情况在保障范围内。
- 用于帮助残疾人的车辆。例如，如果残疾人在驾驶轮椅的时候伤害了其他人，那么这将获得保障。
- 在公路以外用于娱乐且不属于被保险人所有的车辆；或属于被保险人所有，且事故发生在其属地上的车辆；或被保险人拥有的车辆，事故发生在保障范围之外的地方；车辆被设计用来给7岁以下儿童作为玩具使用，电池驱动，或者设计时速为平地低于每小时5英里。例如，被保险人驾驶租借的全地形汽车（ATV）造成的财产损失在保障范围内，自有的全地形汽车在受保障的地域内使用造成的财产损失也在保障范围内。被保险人所有的玩具汽车在公园行驶造成的责任也在保障范围内。②
- 属于被保险人所有的高尔夫球车的使用责任也在保障范围内。高尔夫球车的设计承载量不得超过4个人，最高时速不得超过25英里。如果球车在高尔夫球场上用于打高尔夫或允许使用的其他用途，则在保障范围内。如果球车被从其停放或存放的地方驶向其他地方，或者在指定地点穿过公共道路到达目的地，这些用途属于保障范围。最后，私人居住社区也在保障范围内（包括高尔夫球车能够合法行驶的道路），该社区受屋主协会管辖，并且包括被保险人的居所。因此，如果被保险人的住所位于一个有高尔夫球场的社

---

① 保险服务处前一个版本的表格中指明为"被保险人的居所"。新版本仅简单地说"居所"，所以保障仍然适用于比如修剪邻居的草坪时。

② 儿童可以在里面或上面驾驶的玩具车的保障被添加进屋主保单的最新版本中。

区，而他在驾驶专用车取球具时伤害到了他人，这种情况也在承保范围内。

船只责任 屋主保险第Ⅱ部分条款排除了船只责任，如果船只被用于有组织的比赛或速度竞赛（帆船和巡游船除外）、租给其他人，被用作收费的载人或载货的船只，或者被用于其他商业用途。

有一些船只属于前述除外责任的特例，因此也属于承保范围。

飞行器责任 屋主保险的第Ⅱ部分保障排除了飞行器责任。飞行器是指任何被设计用于载人或载物飞行的设备，例如飞机、直升机、滑翔机或热气球。但是，除外责任不适用于模型或业余爱好者制造的飞行器，这些飞行器并非被用于或被设计用于载人或载物。

气垫船责任 屋主保险排除了对气垫船责任的保障。气垫船可以被定义为依靠地面反作用力自推动的交通工具，包括水上飞机和气垫机动车辆。

预期伤害或故意伤害 第Ⅱ部分的保障范围不包括被保险人预期或故意造成的身体伤害和财产损失。例如，假设垒球运动员故意用球棍击打裁判，很显然他是故意伤害裁判，那么所有理赔或诉讼都不在保障范围内。

除外责任不适用于被保险人为了保护别人或财产而使用合理暴力造成的身体伤害。因此，如果马克袭击了准备抢劫他的强盗，任何由此产生的损害赔偿诉讼都将在保障范围内。

商业行为 商业行为产生的责任被排除在外。商业被定义为被保险人全职、兼职或偶然从事的贸易、专业或职业，还包括为了获得金钱或其他报酬而从事的其他活动。例如，如果你在家里开了一个美容院，不小心用吹风机烧了顾客的头发，顾客提起的诉讼不在承保范围内。

但是，有一些行为不属于商业除外责任[①]：
- 在保险生效之前的12个月中，使被保险人得到的总收入不超过2 000美元的任何行为。
- 没有收入只有支出的志愿行为。
- 提供无偿的家庭日托服务，除了相互交换提供此类服务的情况之外。
- 为亲戚提供家庭日托服务。

例如，非营利性的旧物销售、当地教堂的志愿者工作以及祖母临时照看孙辈等工作均属于承保范围。

此外，出租自己居所内任何部分的行为引起的法律责任均属于除外责任。出租的除外责任中有几个例外情况。首先，如果房屋主要被用于居住，而偶然被用于出租，则在房屋内发生的责任事故属于承保范围。例如，如果一位教授在定期休假期间把房子租出去，则保障仍然适用。

如果被保险人的居所只是被部分出租给他人，保单也同样有效。例如，你居住在一栋复式公寓中，并把其中一层租给另一家庭，只要该家庭带进不超过两个住宿者或寄宿者，那么保单就有效。

如果被保险人居所的一部分被用作办公室、学校、工作室或私人车库，那么也在承保

---

① 这些行为没有被列在保单的第Ⅱ部分。在定义部分，对"商业"的概念进行了定义，而且这些行为被列为定义的例外情况。

范围内。例如，如果把车库上面的房子租给一个画家，画家把房子作为画室，被保险人仍然获得由于租借而产生的责任的保障。

最后，如果被保险人不满 21 岁，且只是兼职或偶尔从事不雇用他人的自营商业行为，保障仍然有效。例如，对于十几岁的青少年骑自行车送报纸、洗车或照看孩子等行为，该保单提供保障。

专业服务　专业服务引起的法律责任属于除外责任。内科医生和牙医因误诊造成的索赔不在屋主保险保障范围内。而且，律师、会计师、护士、建筑师、工程师和其他专业人士因失职而造成的法律责任也不属于承保范围。专业行为面临的损失敞口与那些普通的屋主面对的风险有很大差异。由于这个原因，职业责任保险在为专业行为提供保障方面是必要的。我们将在第 26 章对职业责任保险进行更为详细的讨论。

非被保险人属地　不属于"被保险人属地"范围内的自有或租赁土地上发生的责任也不属于承保范围。"被保险人属地"的含义已经解释过。非被保险人属地的例子包括被保险人拥有或租借的农田、被保险人（记名被保险人及其配偶除外）的第一及第二住宅，以及被保险人所有的正在建筑的 12 单元的公寓。

战争　第 II 部分的保障将战争、未宣而战、国内战争、起义、叛乱以及其他敌对的军事行动排除在外。屋主保险还将意外情况下释放的核武器引起的责任排除在外。

传染病　无论个人责任保险还是对第三方的医疗赔付保险均不承保由被保险人自身传染病的传播引起的责任。除外责任范围并不只针对性传染病，而是针对所有传染病。

性骚扰、身体摧残及精神或身体虐待　由于性骚扰、身体摧残及精神或身体虐待产生的身体伤害或财产损毁责任属于保险的除外责任。

违禁物品　由于使用、销售、制造、投递、转移或拥有违禁物品而引起的责任显然不属于承保范围。违禁物品包括甲基苯丙胺、可卡因、迷幻药、大麻和所有麻醉药物。遵守持证医疗保健专家嘱托的个人合法使用处方药不属于除外责任。①

仅适用于保障 E 的除外责任

有几个除外责任仅适用于保障 E（个人责任）。

合同责任　合同责任（contractual liability）是指被保险人在书面或口头合同中同意对另一方承担的法律责任。保单不承担下列合同责任风险：

- 作为任何协会、公司、财产所有者团体成员的记名被保险人面临的任何损失评估费用责任。不过，在一定条件下，追加保障（后面进行讨论）保单对损失评估提供 1 000 美元的保障。
- 任何合同或协议中规定的责任均属于除外责任。但是，除外责任不适用于下列书面合同：（1）直接关系到所有权、生活维持、利用被保险人属地的责任；（2）被保险人在事故发生之前已在保单中列明的对他人承担的责任。因此，书面租赁合同中列明的责任、用于维修房屋的设备使用的合同和被保险人在事故发生前已经列明的其他书面合同中的非商业法律责任是可保的。

被保险人所拥有的财产　被保险人财产遭受损失也属于除外责任。因此，如果十几岁

---

① 之前的保单版本中说"执业医生"。在这一版本中，保障范围扩展至"持证医疗保健专家"。

的儿子不小心弄坏了家具，由此造成的损失不属于父母保险的承保范围。

被保险人照管的财产 由被保险人租用、占用、使用或照管的财产的损失责任属于除外责任。例如，如果你损坏了租借的公寓，房东提起诉讼要求你对损毁进行赔偿，这将不在保障范围内。

除外责任不包括火灾、烟熏或爆炸造成的财产损失。例如，如果你租了一间公寓并不小心引起了火灾，那么你要为由此造成的损失负责。在这种情况下，屋主保险将在保单责任限额以下为财产损毁提供保障。

工人补偿 在工人补偿、非职业伤残或者职业病保险中，受到身体伤害的具有领取记名被保险人提供的补偿的人不在保障范围内。如果工人补偿保险金是强制性的或自愿的，那么就应当如此。在一些州，本地的工人必须从雇主的工人补偿保险中获得保障。在其他州，是否提供保障是自愿的。

核能 屋主保单将与核能相关的事故作为除外责任。如果被保险人被卷入核事故，由此导致的任何责任均不在屋主保单保障范围内。

被保险人的身体伤害 记名被保险人或保单中列明的任何被保险人所遭受的人身伤害均不在保障范围内。例如，如果配偶一方的意外摔倒伤害了另一方，受伤的配偶不能获得赔偿金。

仅适用于保障F的除外责任

最后一类除外责任仅适用于保障F（对第三方的医疗赔付）。

雇工在被保险人属地之外受到的伤害 如果在被保险人属地之外的地方雇工受到伤害，且这一伤害并非由被保险人的雇佣引起或在被保险人的雇佣过程中引起的，医疗赔付保障不适用。例如，如果被保险人聘请塔尼娅作厨师，塔尼娅在回家的路上摔倒了且背部受伤，那么她的医疗费用不在保障范围内。

工人补偿 这种除外责任类似于个人责任保险中的工人补偿除外责任。医疗赔付保障不适用于那些有资格领取指定被保险人根据工人补偿、非职业伤残或职业病法规提供的保险金的人。受伤的雇工的医疗费用由工人补偿保险提供。如果法律要求投保工人补偿保险，医疗赔付除外责任就适用。

核能 由核反应、核辐射或者放射性污染物造成的对任何个人的身体伤害均不属于医疗赔付保险的保障范围。

在被保险人属地上定居的人 医疗赔付保险不为那些定居在被保险人属地上任何位置的任何人（被保险人的家庭雇员除外）的身体伤害提供保障。因此，房屋事故中受伤的租户不能获得医疗费用赔付。这项规定是为了最大限度地减少居住成员的合伙欺骗行为。

第Ⅱ部分的附加保障

一份屋主保险自动包括几个附加保障，包括对抗辩费用、急救费用、对他人财产损害以及损失评估费用的赔付。

抗辩费用

抗辩费用（claim expense）作为附加保障项目提供赔付。保险公司支付法庭审判费用、律师费用和法律抗辩过程中发生的其他法律费用。抗辩费用在保单的责任损失赔偿限额之外提供赔付。

保险公司还要赔付在其辩护的诉讼中需要提供保证的额外费用。例如，一个案件可能需要上诉，如果需要上诉保证金，保险公司要支付这笔费用。

如果保险公司要求被保险人在调查和抗辩过程中提供协助，那么就要支付由此引起的被保险人的合理费用。这项义务包括支付每天最高 250 美元的实际收入损失。最后，在诉讼案件判决之后，保险公司要清偿之前累积的利息。

急救费用

按照保单的规定，保险公司要支付被保险人因身体伤害而产生的**急救费用**（first-aid expense）。例如，客人可能在你家里滑倒并摔断一条腿。如果你叫了一辆救护车把伤员送到医院，后来要支付给救护车公司 600 美元的费用，这笔费用作为急救费用将由保险公司支付。

对他人财产损害

保险公司为由被保险人引起的**对他人财产损害**（damage to property of others）的每次事故给予不超过 1 000 美元的赔付。财产损失的价值按照重置成本计算。这种保障可以用下面的例子进行说明：

- 你 10 岁的儿子在玩垒球的时候不小心打坏了邻居的窗户。
- 在朋友家里参加聚会的时候，你不小心损坏了一个贵重的花瓶。
- 你借了邻居的割草机，但是使用时不小心撞上了石头，把刀片意外损坏。

被保险人不必为此承担法律责任。即使没有偿付损失的法律责任，保险公司也仍然会偿付这些损失。

该保障的目的是保护人与人之间的友谊和邻里和睦。而且，在很多州，父母要为子女造成的财产损坏负责。如果没有包括在保障范围内，财产受损的人不得不向造成损失的被保险人提出损失追偿。

这项保障的最大保险金额是 1 000 美元。对于超过限额的部分，保险公司只有在证实造成损失的被保险人存在过失和法律责任时才予以赔偿。

对他人财产损害的赔偿也存在一些除外责任。主要包括以下几种：

- 第 I 部分条款中包括的财产。任何属于屋主保险保单第 I 部分承保范围的财产损失在这里都属于除外责任。
- 由年龄不低于 13 岁的被保险人故意造成的财产损失。如果财产损失由 13 岁或更大些的被保险人故意造成，那么这一损失不属于保障范围。这种除外规定是完全针对十几岁的青少年的故意破坏行为设计的，而这正是一个严重的社会问题。因此，如果十几岁的青少年用弹弓打碎了平板玻璃窗、故意撞坏邮箱、恶意损害树木，父母的保单不对这些行为承保。

- 被保险人的自有财产。被保险人自有财产的损坏不在保障范围内。例如，如果一个男孩损坏了父母的电器，保险公司不予赔偿。但是，如果这些电器是租借来的，那么该损失就在承保范围内。所以，如果你租了一台便携式电视机，结果意外摔坏，那么保险公司将会给予你损失赔偿。
- 租户自有或租用的财产。被保险人的租户或记名被保险人家庭成员自有或租用的财产不属于承保范围。
- 商业责任。被保险人从事商业活动时遭遇的财产损失属于除外责任。因此，如果你开了一个草坪维护公司，在为顾客除草的时候不小心割掉了一棵灌木，保险人对该损失不负责任。
- 与房产有关的行为或疏忽。与被保险人拥有、租借或控制的房产（被保险人属地除外）有关的行为或疏忽造成的财产损失属于除外责任。例如，在没有附加批单的时候，被保险人自有的农田不属于屋主保险的承保范围。因此，如果被保险人不小心损坏了正在耕地的租户的拖拉机，他将得不到损失赔偿给付。
- 与机动车辆、飞行器、船只或气垫船有关的损失。由于拥有、维护或使用机动车辆、飞行器、船只或气垫船所造成的财产损失均属于除外责任。例如，如果你开车轧坏了邻居的十速自行车，该损失不在承保范围内。

损失评估费用

屋主保单为损失评估提供 1 000 美元的保障，还可以通过附加批单提高限额。例如，假设你参加了屋主协会，一个小孩在屋主协会所有的游泳池中溺水，法庭判决赔偿 1 100 000 美元。如果该协会的责任保险限额为 1 000 000 美元，剩余 100 000 美元的差额将在协会成员之间分摊，每名成员将承担 100 000 美元的一部分。屋主保险支付的损失评估费用最高限额为 1 000 美元，这一数额可以通过附加批单提高。

第Ⅱ部分的条件

在前一章中，我们讨论了一些适用于第Ⅰ部分和同时适用于第Ⅰ部分、第Ⅱ部分的重要条件。一些仅适用于第Ⅱ部分的重要条件将在这里进行讨论。

对责任的限制

保障 E 中保险公司对于因为一次偶然事件所造成的所有损毁所承担的完全责任不会比声明中所列出的限制更多。无论被保险人、索赔人或者受伤的人的数量有多少，责任限制都是相同的。在保障 F 中，保险公司对一个人的身体伤害发生的医疗费用所承担的完全责任也不会超过声明中的限制。

"事件发生"之后的义务

关于事件的记录必须被提供给保险公司，包括时间、地点、环境以及索赔人和证人的姓名。被保险人在保险公司调查和处理索赔期间必须提供配合，向保险公司提交与事故有关的任何通知、传票或者其他文本文件。

保障 F 中人身受到伤害的人应承担的义务

受到伤害的人（或者其代表人）必须提供索赔的书面证明，并授权保险公司获取医疗记录的副本。受到伤害的人也必须接受保险公司选择的医生所进行的身体检查。

不能起诉保险公司

被保险人不得起诉保险公司，除非被保险人遵守了第Ⅱ部分所列的那些条件。在被保险人的义务由最终裁决判定，或保险公司签署协议进行认定之前，不得就保障 E 向保险公司提起诉讼。

其他保险

这种保险的保障范围比其他有效的、有针对性的保险更为宽泛，除非其他保险专门为超出这种保单适用范围的内容提供保障。

隐瞒和欺诈

如果被保险人在损失发生前后隐瞒或提供关于环境或重大事实的虚假陈述，从事了欺诈行为，或者做了关于保险的错误声明，那么保险公司就不再为其提供保障。

屋主保险的批单

某些财产所有人会有特殊需要或希望得到比标准屋主保险更大范围的保障。附加于屋主保险保单上的各种批单能够满足这种需要，它们包括：
- 通货膨胀保护批单。
- 地震批单。
- 个人财产损失重置成本批单。
- 预定个人财产批单（对损失议定价值达成一致）。
- 人身伤害批单。
- 船只批单。
- 家庭商务保险保障批单。
- 身份失窃批单。

通货膨胀保护批单

由于通货膨胀提高了房屋的重置成本，许多屋主没有获得充分的保障。如果发生损失，而你的保险金额没有达到住宅重置成本的 80%，那么在损失发生的时候，你将遭受重置成本得不到全额赔偿的厄运。遗憾的是，有些屋主直到损失已经发生了都没有意识到他们的保障不足。

在你的保险人不提供相关保障的时候，为了应对通货膨胀，你就需要附加**通货膨胀保**

护批单（inflation guard endorsement）。通货膨胀保护批单是为保险服务处的屋主保单设计的，并在保障 A、B、C、D 的保险限额上每年提高一定比例。提高的百分比由保险公司确定，例如 3% 或 5%。例如，如果保单持有人选择 3% 的通货膨胀保护批单，则保单中的各项限额也按 3% 的比例增长。这个特定的年增长率将在整个保单年度内分配。因此，如果一间房屋的原始保额为 300 000 美元，则 6 个月之后将变为 304 500 美元。

地震批单

地震批单（earthquake endorsement）保障第 I 部分所列财产由地震造成的直接物理损失。包括对与火山喷发相关的冲击波和地壳移动的保障。单纯的地震被定义为 72 小时内发生的所有地震冲击。地震批单必须满足一定的免赔额。基本免赔额是应用于房屋（保障 A）或个人财产（保障 C）（二者取较高者）的限额的百分比。最低免赔额是 500 美元。如果降低保费，免赔额可以增加。没有其他免赔额适用于地震损失。免赔额不适用于保障 D（使用损失）和附加保障。在一些地震频发的州或者地震风险较高的州，免赔额一般会高达 10~20 个百分点。

尽管地震会导致巨灾损失，大多数地震区域内的财产所有者并没有购买地震保险。加利福尼亚州的保险公司销售的屋主保险必须在新保单上提供地震保险，但是大部分屋主保险不含地震保险。人们不愿意购买地震保险的主要原因是成本高，免赔额高，错误地认为地震不会发生，以及相信即使发生地震联邦政府也会提供援助。

在加利福尼亚州，人们可以通过加利福尼亚州地震局（California Earthquake Authority，CEA）获得地震保障。加利福尼亚州地震局是私人发起的公共管理机构，为加利福尼亚州的屋主、租户、共同所有人和移动房屋所有人提供住宅地震保险。大约 75% 的加利福尼亚州居民保险公司和州公平需求保险计划（为高风险地区的业主提供保险）加入了该机构。在住宅地震保险保单中，各种免赔额从 5% 到 25% 不等。加利福尼亚州地震局也提供个人财产保险和额外生活费用（使用损失）保险。① 根据保险信息协会的统计，加利福尼亚州只有 11% 的屋主购买了地震保险。②

个人财产损失重置成本批单

没有批单的保单按照实际现金价值对个人财产的损失提供保障。但是，可以为保单附加**个人财产损失重置成本批单**（personal property replacement cost loss settlement endorsement）。在这一批单中，保险公司根据重置成本进行理赔，而不扣除折旧。该批单适用于个人财产、雨棚、地毯、家用电器和室外设备。

个人财产损失重置成本批单有一些重要的限制。支付的数额为下面数额中最小的一个：

- 损失发生时的重置成本。

---

① 有关加利福尼亚州地震局的信息可从以下渠道获得：一是该机构的网站 http://www.earthquakeauthority.com；二是加利福尼亚州保险部门的网络指南"地震保险"（February 2017）。

② 来自加利福尼亚州保险部门的统计数据详见"Background on: Earthquake Insurance and Risk," Insurance Information Institute，June 1，2017。

- 全额维修成本。
- 保障 C 的限额（如果适用保障 C）。
- 保单的任何特定承保限额（例如对珠宝、皮草和银器失窃的限额）。
- 对于任何损失项目，适用于该项目的责任限额。

如果修复或重置成本超过 500 美元，被保险人必须对该财产进行实际的重置或修复，否则，保险公司只赔偿实际现金价值。

重置成本批单排除了某些类型的财产，例如古董、艺术品以及类似的财产，收藏者的藏品和纪念品，处于不良或异常工作状态的财产以及储存不用的老旧财产。

作为一般规则，你应当考虑为你的屋主保单附加个人财产损失重置成本批单。你一般很难找到可以完全代替损失财产的旧财产。而且，由于考虑到折旧，按实际现金价值给付的赔偿金额实际上远小于按重置成本给付的金额。大多数被保险人都没有意识到实际现金价值和重置成本之间巨大的差距。

预定个人财产批单（对损失议定价值达成一致）

屋主保险对某一个人财产损失的赔偿设定了限额，例如珠宝和枪支失窃。而且，被保险人可能希望获得比屋主保单提供的保障范围更多的保障。如果你有一些价值很高的珠宝、皮草、银器、照相机、音响、艺术品、古董、邮票或硬币藏品，你可以对其列出清单，并以协议价格向保险公司投保。

预定个人财产批单（对损失议定价值达成一致）[scheduled personal property endorsement (with agreed value loss settlement)] 为 9 类产品提供附加保障。根据被保险人的需要的不同，个人物品被列出并且投保特定的数额。这些种类包括：

(1) 珠宝。
(2) 皮草。
(3) 照相机。
(4) 音响。
(5) 银器。
(6) 高尔夫装备。
(7) 精美的艺术品。
(8) 邮票收藏品。
(9) 稀有的硬币。

批单为财产提供针对直接物理损失的保障，这意味着该财产获得了"所有风险"或"开放式风险事故"的保障。除了特别除外责任以外，列明财产的所有直接物理损失都将获得保障。例如，如果承保金额为 25 000 美元的钻石戒指被盗，赔偿的数额就是 25 000 美元。

人身伤害批单

屋主保险仅提供对他人造成的身体伤害或财产损失产生的法律责任的保障。人身伤害保障（区别于身体伤害保障）可作为批单附加于屋主保险保单上。

人身伤害（personal injury）是指由于下列事件引发的法律责任：
- 非法逮捕、拘留或关押。

- 恶意起诉。
- 不正当地进出或侵犯别人的房屋、住所或居所隐私权。
- 利用任何方式的口头或书面的公告材料诽谤个人或组织或其产品及服务。①
- 利用口头或书面公告材料侵犯个人隐私。

例如，如果你使一个后来被证明清白的人遭到了逮捕，或者发表了错误的声明从而损害了别人的荣誉，那么你可能要承担损害赔偿责任。这些损失不属于屋主保险的承保范围，但是可以通过人身伤害批单得到保障。

船只批单

船只批单（watercraft endorsement）为被屋主保险列为除外责任的船只提供保障。该批单为下述责任提供保障：内置或外置动力船只、长度超过 26 英尺的帆船、由一个以上马达驱动的总动力超过 25 马力的船只产生的责任和医疗赔付。

家庭商务保险保障批单

越来越多的屋主在外经商。标准屋主保险只为商用财产提供有限的保障，商业经营产生的法律责任常常属于除外责任。**家庭商务保险保障批单**（home business insurance coverage endorsement）可以被附加到保单上，为家庭商务产生的商用财产和法律责任提供保障。这种类型的批单为居所的商用财产提供了从 2 500 美元到个人财产保障 C 的限额之间的保障。对居所外的商用财产的保障从 1 500 美元提高到更高的数额。该批单还对由承保损失导致的商务延迟（支付）行为所造成的应收款、有价证券、签单、商业收入和额外支出提供保障。

家庭商务保险保障批单为企业的商务一揽子保单中通常包含的商务责任损失敞口提供保障。提供保障的责任保障范围包括：(1) 身体伤害和财产损失责任，(2) 人身和广告伤害，(3) 与家庭企业有关的产品及完工责任风险。这些保障范围将在第 26 章进行讨论。

身份失窃批单

在美国，身份失窃是一个严重的问题。当有人使用你的名字、驾照、ATM 账户、信用卡号或其他身份进行诈骗时，就发生了身份失窃。司法统计局的报告显示，2014 年美国有 1 760 万人（占美国 16 岁及以上居民总数的 7%）遭遇身份失窃。据估计，2014 年身份失窃造成的直接和间接损失总计 154 亿美元。对于 86% 的身份失窃受害者来说，新近损失的发生涉及盗窃者违法使用受害者已有账户。② 即非法使用盗窃到的信用卡和 ATM 卡以及以欺诈为目的使用别人的个人信息获得新的信用卡或者开立其他类型的账户（例如水电网气账户）。

身份失窃的受害者要花费时间和精力来纠正或重建他们的信用记录。除了直接成本、

---

① "任何方式"这个词被加入人身伤害批单中，以将保障范围拓展至与互联网相关的损失敞口。此外，还可提供有人身伤害损失累计限额的批单。

② 这些统计数据来自 "Victims of Identity Theft, 2014," a report prepared by Erika Harrell, Bureau of Justice Statistics, U. S. Department of Justice. 修订版报告的发布日期是 2017 年 11 月 13 日。

自付费用、解决信贷问题耗费的时间,很大一部分受害者还遇到了更为严重的问题。例如,许多受害者受到催账人的威胁、被拒绝开办新的信用卡、无法使用已有的信用卡、无法获得贷款、被捕、被终止公共服务、遭到犯罪调查和民事诉讼,以及难以获取银行账户。

身份失窃批单(identity theft endorsement)可以被附加到屋主保单上。批单为身份失窃受害者恢复其身份、洗清其信用报告的成本提供补偿。举例来说,假设一个保险公司为恢复身份失窃受害者的信用记录提供的费用补偿限额为每个人 500 美元到 25 000 美元。下面这些费用属于保障范围:

- 由于处理身份失窃耗费的时间导致的一定限额以下的工资损失。
- 由于身份失窃产生了错误的信用信息,由此导致申请贷款失败,并因此重新申请贷款所产生的费用。
- 为了讨论身份失窃问题,向金融机构、商业企业和执法机构打电话产生的费用。
- 完成并递送欺诈宣誓书产生的确认函和公证费用。
- 由于企业和收账公司不适当地提起诉讼产生的抗辩成本,撤销针对被保险人的错误的刑事和民事判决的成本,以及信用报告信息的更改成本等,这些成本体现为在保险公司预先同意下产生的律师费用。

最后,需要注意的是,身份失窃批单只为发生的费用承保,而不为失窃的金钱提供保障。

屋主保险的成本

作为知情的消费者,你应该了解屋主保险的成本如何确定。而且,若想成为一名更明智的保险消费者,你应该了解一些承保的重要因素。主要的费率厘定和承保要素包括下面几种:

- 建筑结构。
- 位置。
- 防火等级。
- 建筑成本。
- 房屋使用年限。
- 保单类型。
- 免赔额。
- 保险分值。
- 损失历史报告。

建筑结构

房屋的建筑结构是极为重要的费率厘定因素。房屋的防火性能越好则费率越低。因此,木质房屋的投保费用高于砖瓦结构的房屋。但是,木质房屋的地震保险费用则会低些。

位 置

房屋的位置是费率厘定的另一个重要因素。为了厘定费率，需要确定每个费率区域损失的历史情况。居住在火灾、暴风雨、自然灾害或犯罪等情况导致损失比较高的区域中的被保险人必须支付比居住在损失比较低的区域中的被保险人更高的保费。

防火等级

防火等级也会影响保险公司收取的费率。保险服务处将公共防火部门按质量分为1~10个等级。数字越小，费率越低。房屋与消防队、供水设施（例如消防栓）的接近程度也很重要。乡下的房子比大城市中的房子的等级高。

建筑成本

建筑成本对费率有很大影响。美国各地的劳动力和物资成本有很大差别。修复或重建房屋的成本越高，要缴纳的保费就越高。

房屋使用年限

房屋使用年限也会影响保险公司收取的费率。保险公司为新房子收取的保费低于老房子。老房子更有可能因为火灾和暴风而被损毁，线路老化，而且在修建的时候建筑规定还不具有刚性。

保单类型

保单的类型在确定总保费的时候极为重要。屋主保险3（特殊险）比屋主保险2（扩展险）的价格更高，因为保障范围更广。屋主保险5（综合险）是最昂贵的保险，因为它为房屋、其他建筑物和个人财产面临的"所有风险"或"开放式风险事故"承保。除了那些被排除在外的责任，所有直接物理损失都在承保范围内。

免赔额

免赔额对成本有很重要的影响。免赔额越高，保费越低。免赔额可以因为保费的降低而提高。免赔额不适用于消防部门的服务费、对信用卡和ATM卡的承保、专门投保的预定财产，以及屋主保险第Ⅱ部分中的个人责任保障。

保险分值

许多保险公司将申请人的信用记录用于核保和确定费率。申请人的信用记录被用于计算保险分值。**保险分值**（insurance score）是一种以信用为基础的对未来理赔成本进行预测的评分方法。保险分值可以用于对具有相同信用记录的一群被保险人的平均索赔行为进行预测。信用较差、分值较低的被保险人群体通常会比那些信用较好、分值较高的被保险人群体更多地申请屋主保险索赔。

一些信用组织帮助保险公司计算保险分值。一个最重要的组织是费尔艾萨克公司（Fair Isaac Corporation，FICO），它帮助保险公司计算保险分值。大多数消费者的信用记录较好。

在保险公司理赔中，保险分值和核保历史之间存在很强的统计相关性。保险分值越低的被保险人越容易提出屋主保险索赔。精算研究通常都支持这一结论。

损失历史报告

出于承保和费率厘定的目的，保险公司还会使用描述房屋之前索赔历史的**损失历史报告**（loss history report）。使用最广泛的损失历史报告是综合损失承保交换报告（CLUE reports），该报告可以从 LexisNexis 获得。① 综合损失承保交换报告提供关于财产的长达5年的信息，包括损失发生时间、损失的类型和赔付的数额。大多数保险公司在销售屋主保险保单时从综合损失承保交换报告数据库获取索赔数据。保险服务处也有一个损失历史数据库。保险服务处的 A-PLUS（汽车-财产损失承保服务）汇总和包含了可以使用的来自各保险公司的理赔数据。

综合损失承保交换报告的使用存在争议。批评者认为，保险公司害怕霉菌诉讼赔偿和水灾损毁，不希望为遭受过这种损失的房屋承保。而且，一些房屋的购买者会发现，由于综合损失承保交换报告显示他们想购买的房屋之前存在索赔，他们很难获得屋主保险。类似地，如果房屋之前的保险索赔遭到几个保险公司的拒绝，那么销售房屋的屋主可能发现房屋很难卖出一个好价格。

但是，作为反驳，保险公司认为，它们可以通过在核保过程中使用综合损失承保交换报告的索赔历史进行更准确的费率厘定。此外，保险公司可以更容易发现保险欺诈。

购买屋主保险的建议

作为一个明智的保险消费者，你应当在购买屋主保险的时候牢记以下几个建议（见图表23-1）。

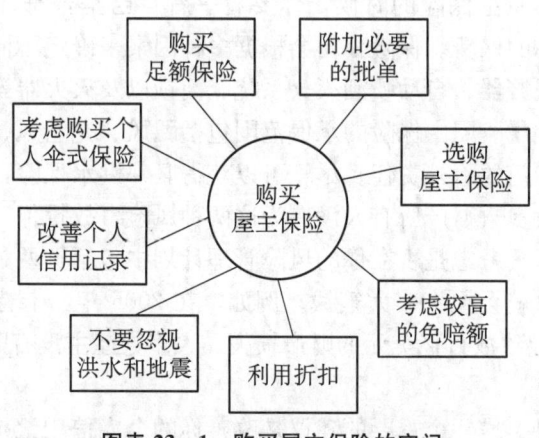

图表 23-1　购买屋主保险的窍门

购买足额保险　第一个建议是为你的房屋和个人财产购买足够的财产保险。在房屋增

---

①　综合损失承保交换报告最初由 ChoicePoint 公司起草。ChoicePoint 公司在 2008 年被 LexisNexis 的母公司 Reed Elsevier 公司收购。

盖和改进之后，房屋价值显著提升，那么这样做就非常重要。房屋必须至少投保其重置成本的80%，以避免在房屋发生部分损毁时遭受经济损失。但是，你要认真考虑是否为房屋投保100%的重置成本。当发生全损的时候，很少的屋主能够负担得起相当于重置成本20%的额外自付费用。

附加必要的批单　根据你的需要、当地的财产状况以及某些价值较高的个人财产，购买某些批单是必要的。为了应对通货膨胀，你应当在保险公司没有提供此类保障的时候购买通货膨胀保护批单。如果你住在地震活跃的地区，那么最好购买地震批单。如果你希望在没有折旧抵扣的重置成本基础上获得赔偿，那么就要购买个人财产重置成本批单。此外，如果你拥有价值较高的财产（例如珠宝、皮草、艺术品，或者价值很高的硬币和邮票藏品），那么要为你的保单购买预定个人财产批单。每一项列明的内容都要专门投保一定的数额。

选购屋主保险　由于保险公司对保险产品的定价存在很大差异，你可以通过比较降低屋主保险的保费。因此，在购买屋主保险之前，要先从保险公司那里获得保费报价。有一些网站提供保费的报价（见网络资源）。一些州（如得克萨斯州、加利福尼亚州和亚拉巴马州）的保险部门提供在线保费信息查询，以帮助消费者购买屋主保单。不同保险公司收取的保费差别很大。例如，亚拉巴马州保险部门官网提供州内不同城市屋主保险公司销售的屋主保险保费查询。在蒙哥马利，一套价值15万美元的砖房，保费从564美元到1 999美元不等。在塔斯卡卢萨，类似住宅的保费区间在582美元和1 846美元之间；在奥本，为486美元和2 401美元之间。① 很明显，货比三家是值得的。

考虑较高的免赔额　另一个建议是购买免赔额较高的保险，以降低保费。屋主保险的标准免赔额是500美元。较高的免赔额可以大幅降低你的保费。你一般可以通过1 000美元的免赔额获得20%～30%的折扣。例如，伊桑的屋主保险的免赔额是1 000美元，而不是标准的500美元。多出的免赔额每年为其节省120美元。换句话说，伊桑每年节省120美元，但仅损失500美元的保障。这额外的500美元保障非常昂贵。

利用折扣　在购买屋主保险的时候，你要看一看自己是否符合任何折扣和积分的条件，这可能大幅降低你的保费。保险公司会根据多种因素来确定不同的折扣额度，包括房屋的使用年限、烟火报警器、自动喷洒灭火系统、门锁以及灭火器等多种因素。

不要忽视洪水和地震　屋主保险的承保范围包括飓风、龙卷风、暴风和火灾损失。但是，洪水和地震属于专门的除外责任。尽管可以获得联邦洪水保险，而且可以为屋主保险附加地震批单，但是大多数财产所有人没有为这两种风险事故投保。如果你居住在洪水或地震多发地带，你要认真考虑是否在你的风险管理计划中包括这两种风险事故。否则，如果洪水或地震发生，你就会损失一大笔钱。例如，在2005年，卡特里娜飓风造成了新奥尔良市80%的毁损，导致数百亿美元的财产损失。大多数屋主没有购买洪水保险，并因此面临严重的经济损失。

改善个人信用记录　另一个重要的建议是改善你的个人信用记录。前面曾经提到，许多保险公司出于核保和厘定费率的目的使用申请人的信用记录和保险分值。信用记录好的

---

① 此处提及的保费对比针对的是一套已有10年历史、价值15万美元的砖房；购买者40岁，信用评分为710分；投保HO-3保单，免赔额为500美元。访问亚拉巴马州保险部门官网 http://www.aldoi.gov。关于屋主保险保费的对比见 http://www.aldoi.gov/ComparePremiums/HomeRates.aspx。

申请人可以比那些信用记录不那么好的申请人用更便宜的价格购买屋主保险。好的信用记录还会降低抵押贷款、汽车贷款和信用卡的利率。而不良的信用记录要很长时间才能改善。

考虑购买个人伞式保险 个人伞式保险（personal umbrella policy）在责任保险的保障耗尽之后，提供额外100万~1 000万美元的个人责任保险保障。它还为人身伤害产生的责任提供保障，包括诽谤、侮蔑和人格损害等。没有批单的屋主保险不为人身伤害提供保障。此外，除了对你的房屋和个人行为的保障之外，个人伞式保险还为你的汽车、船只和娱乐车辆等提供额外责任保险。个人伞式保险将在第24章更详细地介绍。

虽然在购买屋主保险和汽车保险时，有若干建议可以帮助消费者节省保费，但就消费者来说，必须谨慎选择保险范围和保险条款。保险信息协会警告，试图在购买保险时省钱可能会使消费者犯错误。专栏23.2指出了消费者在选购屋主保险时应避免的五个错误。

专栏 23.2

想要省钱吗？请避免五个保险错误！

以下是人们在汽车、屋主、洪水和租户保险上最常犯的五个错误，以及在省钱的同时避免这些陷阱的建议（我们称之为"更好的省钱方法"）。

1. 以不动产价值而不是重建成本为房屋投保

当房地产价格下降的时候，一些屋主可能认为他们可以降低房屋保险的数额。但是，保险的设计是保障重建成本，而不是房屋销售价格。你应该确认，你有足够的保障可以完全重建你的房子和重置你的财物，无论房地产价格高低。

更好一点的方法是，提高你的免赔额。把免赔额从500美元提高到1 000美元将会节省25%的保费。

2. 仅仅按照价格选择保险公司

以有竞争力的价格选择保险公司很重要，但是还要考虑其财务情况，以及能否提供很好的消费者服务。

更好一点的方法是：通过独立的评级机构（著名的评级机构：贝氏和穆迪）查看保险公司的财务状况，听取朋友和家庭成员的建议。你应该选择一个能够公平有效地处理你的需要和理赔要求的保险公司。

3. 放弃洪水保险

在屋主保险和租户保险保单中不包括洪水造成的损毁。保障可以通过美国国家洪水保险计划（NFIP）以及一些商业保险公司获得。许多屋主不知道他们面临着洪水的风险，但是实际上，25%的洪水损失发生在低风险地区。此外，每年的天气变化——例如，春季冰雪融化产生的径流——可能导致洪水。

更好一点的方法是：在购买房子之前，到美国国家洪水保险计划那里查一查房产是否位于洪水多发地区，如果是的话，考虑一个低风险的地区。如果你已经居住在洪水多发地区，看看能不能搬走以降低洪灾的损失，或者考虑购买洪水保险。有关洪水保险的更多信息，详见www.FloodSmart.gov。

4. 仅为自己的车购买法定额度的责任保险

最低额度只是法律规定的最低限度。因此，仅仅购买最低额度的责任保险意味着你可能会自行支付更多的钱。如果你被起诉，这些费用会危及你的财务状况。

更好一点的方法是：考虑放弃价值低于1 000美元的老汽车的碰撞保险或综合险。保险行业和消费者团体通常建议购买每人最低100 000美元的身体伤害保险和每起事故300 000美元的人身保障。

5. 忽视租户保险

如果你因为承保风险事故（如火灾或飓风）而不得不搬家，一份租户保险保单将为你的所有物及额外的生活费用提供保障。同样重要的是，它还为在你房间里受伤并准备起诉你的人提供责任保障。

更好一点的方法是：查看多保单折扣。在一个保险公司购买多份保险，例如租户、汽车和人寿保险。这样通常会节省更多的钱。

资料来源：Insurance Information Institute, January 31, 2018. 经允许转载。

 案例应用

詹姆斯·韦伯和梅根·韦伯最近为房屋购买了一份300 000美元的保险。该房屋受到一份250 000美元的没有附加批单的HO-3保险的保障。梅根爱好收藏古董。詹姆斯收藏的邮票中有一些罕见的邮票。这对夫妇还有一艘在周末使用的30英尺长的帆船。

a. 假设你是一个风险管理咨询师，被要求为这对夫妇的HO-3保险估值。指出詹姆斯和梅根为了改善其HO-3保险要购买的三个批单。

b. 解释你为a提供的答案中的每一个批单在哪些方面对HO-3保险进行了修改。

c. 对于下面的每一种损失，指出屋主保险第Ⅱ部分是否为损失提供全额保障。如果无法提供全额保障，解释为什么。

（1）梅根在家里招待当地公园俱乐部的成员，并为客人们提供午餐。两位客人得了重病，并起诉了梅根，控告她提供了变质的食品。法庭要求梅根为每一位客人提供60 000美元的赔偿。

（2）詹姆斯是一位建筑师。他的客户房子的新屋顶倒塌了。客户认为，正是詹姆斯的设计不合理导致了屋顶的倒塌。房屋重建需要40 000美元。该客户要求詹姆斯支付这笔费用。

（3）在一次拜访朋友家的时候，梅根不小心打碎了一个她拿起来欣赏的小雕像，这个雕像的价值是475美元。朋友要求梅根做出赔偿。

本章小结

- 屋主保险第Ⅱ部分为记名被保险人、住在家里的亲戚和其他人的个人行为导致的法律责任提供保障。

- 被保险人属地包括：声明中列出的居所，在保险期间内获得的其他住宅，被保险人暂时居住的地方，被保险人拥有的除农田外的空地、墓地或丧葬地，修建房屋的土地，偶尔租给被保险人的用于非商业目的的地皮。
- 个人责任保险（保障 E）在被保险人由于疏忽导致他人遭受人身伤害或财产损失而被起诉或要求赔偿时提供保障。如果你为造成的损坏负责，那么保险公司将在保单限额以下支付你需要赔偿的所有损失。
- 对第三方的医疗赔付（保障 F）是指，在被保险人属地上，由于被保险人、家庭雇员或被保险人拥有或豢养的动物的行为意外伤害了第三方，因此支付给第三方合理的医疗费用。在支付医疗费用之前，不必证明存在过失或者确认法律责任。该保障不适用于记名被保险人和家庭一般成员所受的伤害，除了家庭雇员外。
- 屋主保险第Ⅱ部分提供四种附加保障：(1) 抗辩费用，(2) 急救费用，(3) 对他人财产损害，以及 (4) 损失评估费用。
- 有很多批单可以被附加到屋主保险保单上以满足个人的需求，包括下面几种：
  - 通货膨胀保护批单。
  - 地震批单。
  - 个人财产损失重置成本批单。
  - 预定个人财产批单（对损失议定价值达成一致）。
  - 人身伤害批单。
  - 船只批单。
  - 家庭商务保险保障批单。
  - 身份失窃保险。
- 屋主保险的成本取决于多种因素。这些因素包括建筑结构、位置、防火等级、建筑成本、房屋使用年限、保单类型、免赔额、保险分值、损失历史报告。
- 在选购屋主保险的时候可以遵循的一些建议如下：
  - 购买足额保险。
  - 附加必要的批单。
  - 选购屋主保险。
  - 考虑较高的免赔额。
  - 利用折扣。
  - 不要忽视洪水和地震。
  - 改善个人信用记录。
  - 考虑购买个人伞式保险。

重要概念和术语

抗辩费用	合同责任	对他人财产损害
地震批单	急救费用	家庭商务保险保障批单
身份失窃批单	通货膨胀保护批单	保险分值

损失历史报告　　对第三方的医疗赔付　　　　　　　事故
人身伤害　　　　个人责任保险　　　　　　　　　　个人财产损失重置成本批单
个人伞式保险　　预定个人财产批单（对损失议定价值达成一致）　船只批单

复习题

1. 屋主保险第Ⅱ部分事故的含义是什么？

2. 简要解释屋主保险第Ⅱ部分的个人责任保障（保障E）。

3. a. 简要解释屋主保险第Ⅱ部分对第三方的医疗赔付保障（保障F）。

b. 指出哪些人可以获得屋主保险第Ⅱ部分对第三方的医疗赔付保障（保障F）。

4. 个人责任（保障E）和对第三方的医疗赔付保障（保障F）为不同被保险人属地的被保险人提供保障。指出屋主保险第Ⅱ部分中的被保险人属地。

5. 指出屋主保险中适用于个人责任保障（保障E）和对第三方的医疗赔付保障（保障F）的主要除外责任。

6. 屋主保险第Ⅱ部分提供几种附加保障。一个附加保障被称为对他人财产损害。简要对这一保障进行说明。

7. 简要说明下述可以被附加到屋主保险上的批单：

a. 地震批单。

b. 通货膨胀保护批单。

c. 个人财产损失重置成本批单。

d. 预定个人财产批单（对损失议定价值达成一致）。

e. 身份失窃批单。

8. 屋主保险保费基于几种要素。指出决定屋主保险成本的要素。

9. 现在有许多保险公司使用保险分值为屋主保险核保和厘定费率。

a. 保险分值是什么？

b. 为什么保险公司在核保和厘定费率的过程中使用保险分值？

10. 简要说明购买屋主保险时应遵循的建议。

应用题

1. 指出下面的几种损失是否在屋主保险第Ⅱ部分的保障范围内。假设没有专门的批单。给出你的理由。

a. 被保险人的狗咬伤了邻居的小孩，还咬坏了邻居的大衣。

b. 被保险人的儿子在打垒球的时候意外伤到了另一个人。

c. 客人在打蜡的厨房地板上滑倒，摔断了胳膊。

d. 邻居的孩子从被保险人院子里的秋千上掉下来，摔断了胳膊。

e. 记名被保险人意外摔倒在结冰的路面上，并把腿摔断了。

f. 在开车去超市的路上，被保险人的车撞伤了另一个驾驶人。

g. 被保险人应法庭要求监护的10岁的孩子故意打坏了邻居的窗户。

h. 被保险人以粉刷房子为生。一罐油漆意外倒在了客人的屋顶上，把屋顶弄脏了。

i. 被保险人在旅馆里吸烟的时候睡着了，烟头引起的火灾烧毁了那间屋子。

j. 被保险人借了一台照相机，当他在度假时，照相机在汽车旅馆里被盗。

2. 约瑟夫是一份屋主保险3（特殊险）的记名被保险人，每一起事故的责任限额是100 000美元，对第三方的医疗赔付限额是1 000美元。对于下面的每一种情况，请解释是否属于约瑟夫屋主保险第Ⅱ部分的保障范围。

a. 约瑟夫是一名自由职业者，他在家里从事会计工作。约瑟夫的一位顾客因为他做纳税申报单所出的错误而起诉了他，要求获得3 000美元的赔偿。

b. 约瑟夫25岁的儿子最近结婚了，现在住在他自己的公寓里。他的儿子在打猎的时候过失杀死了另一名猎人，被起诉过失致人死亡罪，要支付100万美元的赔偿。

3. 玛撒租了一间公寓，是一份屋主保险4（承租险）的记名被保险人。在该保险中，每一起事故的责任限额是100 000美元，医疗赔付限额是1 000美元。在下面的每一种情况中，指出这些损失在多大程度上受到玛撒的屋主保险第Ⅱ部分的保障。假设没有专门的批单，每一种情况都是独立的。

a. 玛撒在朋友的家里参加派对，不小心用香烟在沙发上烧了一个洞，而修好沙发需要花费500美元。

b. 玛撒在滑雪场租了一台摩托雪橇，在滑雪的时候不小心撞到了另一名滑雪者。那名滑雪者起诉玛撒，要求得到200 000美元的赔偿。

4. 判断下面的每一种损失是否获得屋主保险第Ⅱ部分的保障。如果该风险不在保障范围内，解释如何获得保障。

a. 被保险人在一个大城市里拥有一家餐馆。一些客人起诉被保险人，因其餐馆提供变质的香蕉奶油派导致他们得了重病。

b. 在驾驶一艘30英尺长的帆船的时候，被保险人伤到了一名游泳者。

c. 记名被保险人被前妻起诉，因其假称前妻与另一名男士有染，从而损害了前妻的名誉。

5. 杰里·高尔和洛伊斯·高尔共同拥有并经营着高尔装修公司。这对夫妇购买了没有专门批单的屋主保险3。这种保险的每一起个人责任限额为100 000美元，对第三方的医疗赔付的限额是1 000美元。对于下面的每一种情况，指出其损失在多大程度上获得屋主保险第Ⅱ部分的保障。

a. 杰里在粉刷房子的时候，把梯子靠在房子上。在杰里吃午饭的时候，一个7岁的小孩子爬到梯子上，梯子倒塌时小孩受了重伤。小孩的父母起诉杰里，要求获得200 000美元的赔偿。

b. 洛伊斯不小心从她正在粉刷的房子的屋顶上摔下来，伤到了腿，其支付的医疗费用为3 000美元。

c. 这对夫妇的女儿珍妮弗今年22岁，在中西部一所大学读书。在打垒球的时候，詹尼弗快速滑到二垒，并意外伤到了对方的球员。受伤的球员起诉詹尼弗故意伤害，要求詹尼弗赔偿50 000美元。

d. 洛伊斯养了一只巴斯特猎犬作宠物，起名叫休伊。休伊是一只温顺的狗，很亲近人。一天早上，洛伊斯忘记锁上后院的门，休伊跑了出去。邻居想抓住休伊，但却被它咬到了手和腿，邻居为此花了800美元的医疗费用。后来，由于狗咬的地方感染并且没有痊愈，邻居起诉洛伊斯，要求赔偿50 000美元。

e. 杰里与一个朋友打高尔夫球，朋友坐在他开的高尔夫球车里。杰里不小心把车开到球道外，并撞到了一棵树，车翻了。杰里的朋友受了重伤并起诉杰里要求获得150 000美元的赔偿。

数字资源

网络资源

参考文献

第24章
其他财产和责任保险

> 变化正是生活的乐趣所在。
>
> ——威廉·柯珀（William Cowper）
> 《奥尔尼圣诗集》（*Olney Hymns*，1779）

学习目标

学习完本章，你应当能够：

- 描述保险服务处住宅计划的主要险种：
  - 住宅财产保险1（基本险）。
  - 住宅财产保险2（扩展险）。
  - 住宅财产保险3（特别险）。
- 解释如何为移动房屋投保。
- 指出内陆运输保险提供保障的财产类型。
- 指出如何为船只投保。
- 解释两种政府财产保险计划的基本条款。
  - 国家洪水保险计划。
  - 公平保险需求计划。
- 指出产权保险的基本特点。
- 解释个人伞式保险的主要特点。

在托马斯·约翰逊和林恩·约翰逊夫妇所在的社区发生入室盗窃后，他们和自己的保险代理人约定会面。约翰逊夫妇想知道，根据其屋主保单，他们的个人财产是否有足够的保障。托马斯爱收藏硬币和枪支。林恩拥有一些纯银餐具，并且去年她还继承了一些艺术品。

保险代理人向约翰逊夫妇介绍了屋主保单对硬币收藏、枪支收藏、银器和艺术品的保险保障限制。该代理人还指出，约翰逊夫妇没有承保巨额责任索赔的保险。只需350美元，他们就可以通过个人伞式保单额外购买200万美元的责任保险。该保单的赔偿金额超过他们的屋主保险和汽车保险责任限额，并包含两份保单都未涵盖的一些索赔。

托马斯和林恩有一些特殊的财产保险需求。他们还希望为巨额责任索赔投保。幸运的是，有些保险确实可以满足这些需求。

在本章中，我们将讨论几种被用于满足特殊需求的财产和责任保险。讨论的主题包括保险服务处的住宅计划、移动房屋保险、内陆运输保险、船只保险、产权保险和政府财产保险计划（包括国家洪水保险计划和公平保险需求计划）。本章最后还对个人伞式保险进行了讨论。

保险服务处的住宅计划

尽管大多数屋主购买的是屋主保险，但是有些住宅却不符合屋主保险的条件。例如，如果房屋不是由屋主居住，而是租给了别人，那么财产所有人就不具有屋主保险的资格。此外，也有一些财产所有人不需要屋主保险，或者不想花那么多钱购买保险。这些房屋中的大多数可以通过保险服务处的住宅保单获得保障。

保险服务处的住宅计划的保障范围比现有的屋主保险窄。它们的一个主要差异是，住宅计划在没有批单的情况下，不为失窃或个人责任提供保障。相反，屋主保险自动将失窃保险和个人责任保险作为标准保单的一部分。

现有的保险服务处的住宅计划包括下面几种[①]：
- 住宅财产保险1（基本险）。
- 住宅财产保险2（扩展险）。
- 住宅财产保险3（特别险）。

住宅财产保险1（基本险）

住宅财产保险1（基本险）［Dwelling Property I (basic form)］提供的保障内容与第22章讨论的屋主保险类似。

- 保障A为声明中提到的住宅提供保障；为位于该地点或其附近放置的被用于建筑或维修住宅的材料和用品提供保障；为被用于给该地点服务的建筑设备和屋外设备提供保障（如果保单中未特别除外）。
- 保障B为与住宅分离的其他建筑物承保，例如独立的车库或仓库。
- 保障C承保记名被保险人及其一起居住的家庭成员拥有的位于指定位置上的个人财产。保障C最高10%的限额可以为世界其他任何地方的个人财产提供保障。
- 如果租给他人居住的住宅的一部分遭受损失后无法正常使用，那么保障D为其提供公平租赁价值保障。可以为租赁损失提供最高20%的保障，不过要在最高月度限额以下，即该数额的十二分之一。
- 最后，保障E可以作为批单被附加到基本险上，为额外生活费用提供保障。

基本险只能为少数风险事故提供保障。这些保障既适用于住宅，也适用于个人财产。对火灾、雷电和内部爆炸等风险事故的保障要单独购买。内部爆炸是指发生在住宅或其他保障建筑物内的爆炸。投保人可以通过增加保费的形式，将扩展风险事故保障范围及故意

---

① 保险服务处的住宅计划详见 *Fire, Casualty & Surety Bulletins*, Personal Lines section。另见 http://www.IRMI.com/online, the International Risk Management Institute's online library。本章编写参考保险服务处住宅计划相关保单。

破坏和蓄意损坏等风险事故保障附加到保单上。① 基本险可以为下述风险事故提供保障：
- 火灾或雷电。
- 风暴或冰雹。
- 爆炸。
- 暴动或民众骚乱。
- 飞行器。
- 车辆。
- 烟雾。
- 火山爆发。
- 故意破坏或蓄意损坏。

所有承保财产损失按照实际现金价值予以赔偿。但是，对于住宅或其他建筑物的损失，有些州要求保单中包括修正损失理赔批单。根据该批单，如果同一位置上的房子在损失发生180天内进行了修理或重建，保险公司要支付下面两个数额中较低的一个：(1) 责任限额，(2) 使用普通建筑材料和方法修理或重建房屋实际支付的数额。如果被保险人不修理或重建房屋，保险公司将支付责任限额、市场价值，或者修理或重建所需成本之中最低的一个数额。

住宅财产保险2（扩展险）

住宅财产保险2（扩展险）［Dwelling Property 2（broad form）］提供的保障范围大于基本险。住宅和其他建筑物的承保损失根据重置成本而非实际现金价值予以赔偿。重置成本条款类似于屋主保险中的条款。扩展险还包括对额外生活费用（保障E）的保障。如果承保损失导致财产无法正常使用，那么就会赔偿由此导致的额外增加的生活费用。

扩展险包括基本险列出的所有风险事故（火灾、雷电和内部爆炸）、扩展风险事故（风暴、冰雹、烟雾等）以及下面几种附加风险事故：
- 盗窃造成的损坏。
- 坠落物体。
- 冰、雪或冰雹的重压。
- 水或蒸汽的意外泄漏或溢出。
- 蒸汽或热水加热系统、空调、防火自动喷洒系统或水暖设备等的爆炸。
- 管道、供暖、空调或自动防火喷洒系统或者家用电器等的冰冻。
- 蒸汽或热水加热系统、空调或喷洒系统，或者使用热水的设备等突然发生的意外撕裂、撞击、燃烧或蒸汽膨胀。
- 人工电流造成的突发性意外损坏。
- 火山爆发。

---

① 这些险种被称为"扩展风险事故"，它们是被包含在标准火灾保单中的受欢迎的批单。标准火灾保单只保障火灾、雷电和相关风险的消除。在该保单中，通常会附加扩展风险事故的批单，以提供对风暴、冰雹、爆炸、暴动、民众骚乱、飞行器、车辆和烟雾的保障。扩展风险事故下的爆炸险别取代了基本险中的"内部爆炸"险别。

住宅财产保险 3（特别险）

保险服务处的住宅财产保险 3（特别险）[**Dwelling Property 3 (special form)**] 提供的保障范围最宽泛。住宅和其他建筑所遭受的直接财产损失敞口将获得保障。这意味着在开放式风险事故的基础上提供保障。住宅和其他建筑的所有直接物理损失都将获得保障，除了特别除外的损失外。但是，因前面提及的扩展险中列明风险事故蒙受损失的个人财产都将获得保障。

住宅计划的批单

有很多批单可以被附加到住宅计划上，这取决于财产所有人的需要和主观愿望。两个最常见的附加保障是失窃和个人责任。失窃保险可以以批单的形式提供有限制或扩展的保障。通过附加个人责任补充条款也可以实现购买个人责任保险的目的，该补充条款提供的个人责任保险类似于屋主保险的责任保险。

移动房屋保险

移动房屋的成本一般都低于传统房屋。由于成本的原因，一些家庭购买移动房屋作为传统房屋的替代品，还可以购买移动房屋作度假用或第二居所。

根据保险服务处计划，**移动房屋保险（mobile home insurance）**可以通过为屋主保险 2 或屋主保险 3 增加一份批单来实现，该批单使屋主保险能够满足移动房屋的特别需要。一些专业保险公司针对移动房屋的风险自行设计险种来为移动房屋承保。下面对移动房屋保险的讨论基于保险服务处计划。[①]

投保条件

符合条件的移动房屋至少为 10 英尺宽、40 英尺长，必须具有便携性，必须可以被放置于底架上被拖行，其设计必须适于常年居住。这些条件将由汽车保险承保的、用汽车牵引的野营拖车排除在保障范围之外。

移动房屋保障

对移动房屋的保障类似于屋主保险的保障。主要的保障内容概括如下：

- 住宅。保障 A 基于重置成本为移动房屋的直接物理损失承保。保障 A 还保障地板的覆盖物、家用设备、碗柜、壁橱和安装的其他室内家具。有些移动房屋已经贬值，其重置成本已经很低。在这种情况下，可以为保单附加可选的实际现金价值批单。
- 其他建筑物。保障 B 为其他建筑物承保，保额为保障 A 的 10%，最低限额为 2 000 美元。例如，在暴风雨中被损坏的棚子在保障范围内。

---

① 有关移动房屋保险的详细讨论参见 "Mobilehome Insurance," *Fire, Casualty & Surety Bulletins*, Personal Lines. 本部分关于移动房屋的内容参考了如下网址：http://www.IRMI.com/online。

- 未列入的个人财产。保障 C 为没有纳入计划的个人财产提供保障，保额是保障 A 限额的 40%。由于有些家具是在房间内建造的，是移动房屋的一部分，故保障 C 的限额仅仅为保障 A 的 40%，而不是一般屋主保单的 50% 以上。
- 使用损失。保障 D 提供使用损失保障，限额为保障 A 的 20%。例如，如果移动房屋发生了保障范围内的损失，被保险人临时租用带家具的公寓所产生的额外生活成本在保障范围内。
- 额外的保障。当移动房屋受到可保风险（例如森林大火或者龙卷风）威胁的时候，需要运输到安全的地方以避免发生损失。该条款为在此过程中发生的成本提供最高 500 美元的保障。该限额可以通过批单和不设置免赔额而得到提高。
- 个人责任保险。保障 E 和保障 F 提供综合个人责任保险和对第三方的医疗赔付保险。该保障类似于屋主保险合同提供的保障。

内陆运输保险

许多人都拥有一些价值很高的个人财产（例如珠宝、皮草和照相机），这些财产经常要从一个地方移动到另一个地方。这些财产可以通过购买合适的内陆运输保险提供保障。**内陆运输保险**（inland marine floater）为那些经常从一个地方运到另一个地方的财产以及运输过程中使用的财产提供宽泛的、综合的保障。

内陆运输保险的基本特点

尽管内陆运输保险并不统一，但它们仍然有一些共同的特点[1]：
- 保障内容可以根据所要保障的个人财产类型进行调整。例如，在个人流动财产保险中，有多种类型的财产可以投保，例如珠宝、硬币或邮票。投保人可以选择需要的、适宜的保障范围。
- 可以根据需要选择保险金额。屋主保险对个人财产设置了一些限额。例如，货币和硬币的限额是 200 美元，邮票收藏品的限额为 1 500 美元，金银制品失窃的限额为 2 500 美元，珠宝失窃的限额为 1 500 美元。通过运输保险可以提高限额。
- 可以获得更广泛、更全面的保障。例如，个人流动财产保险对所承保的财产的直接物理损失提供赔偿。事实上，除了那些特别除外的损失，所有直接物理损失都在保障范围内。
- 大多数运输保险为处于任何地点的投保财产提供保障。该保障对于环球旅行者尤其有价值。
- 内陆运输保险通常没有免赔额。

个人流动财产保险

个人流动财产保险（personal articles floater，PAF）是一种对价值高的个人财产提供

---

[1] Eric A. Wiening, George E. Rejda, Constance M. Luthardt, and Cheryl L. Ferguson, *Personal Insurance*, (Malvern, PA.: American Institute for Chartered Property Casualty Underwriters/Insurance Institute of America, 2002), p. 9.4；本节关于内陆运输保险的内容参考了如下网址：http://www.IRMI.com。

综合保障的内陆运输保险。① 该保险可以作为批单被附加到屋主保险上，或者作为一份标准合同单独签订。当作为独立合同时，个人流动财产保险基于一切险或开放式风险事故为某些种类的个人财产提供保障。所有直接物理损失都将获得保障，除了一些特别除外的损失。

获得保障的个人财产包括以下几类：

- 珠宝。由于道德风险的存在，对珠宝的核保要非常谨慎。每一件分别列明确切的保险额。
- 皮草。每一件独立列出，分别确定保险额。
- 照相机。大部分照相设备可以投保个人流动财产保险。每一件都必须单独记录和估价。
- 乐器。乐器、音箱、扩音器和类似设备都可以投保。商业演出用的乐器必须购买更高的保费才能获得保障。
- 金银器。个人流动财产保险也为银器和金器承保。
- 高尔夫球具。高尔夫球杆和用具在任何地方都可以投保。在高尔夫球员打球的时候，锁在柜子里的高尔夫球手的衣服也在保障范围内。
- 艺术品。艺术品包括绘画、蚀刻画、石版画、古董家具、珍本书、稀有玻璃制品、小古玩和珍贵手稿。
- 收藏的邮票和硬币。收藏的邮票或硬币以"一揽子方式"承保。邮票或硬币不需要分别说明，保险对所有藏品提供保障。赔付的数额是损失发生时邮票和硬币的市场价值，其中未列出明细给付表的硬币藏品的最高限额为 1 000 美元，单张邮票或单枚硬币的最高限额是 250 美元。但是，如果邮票或硬币价值很高，可以单独列出明细表。保单持有人和保险公司可以就列明的硬币和邮票的价值达成一致。如果发生损失，那么就赔付协议价值。

预定个人财产批单

个人流动财产保险提供的保障可以通过使用**预定个人财产批单**（scheduled personal property endorsement）添加到屋主保险中。该批单提供的保障与独立的个人流动财产保险相同。

船只保险

数百万美国人拥有或驾驶船只进行消遣娱乐，但是屋主保险只为船只提供有限的保障。对船只、附属设备以及拖船的保障限额是 1 500 美元。暴风或冰雹造成的直接损失只有在其停在完全封闭的建筑物中时才能获得赔偿，不在建筑物中的船只及其设备的失窃不在保障范围内。而且，船只保险仅限于为少数列明的风险事故（扩展险）承保，而人们往往需要更全面的保障。最后，因驾驶或拥有大型船只而引起的法律责任不受屋主保险的保障。由于这些原因，船只的所有人常常购买独立的保险合同，以提供更多的保障。②

对娱乐用船只的保险一般可以分为两类：

---

① 有关个人流动财产保险的讨论参见 *Fire, Casualty & Surety Bulletins*，具体产品线及材料参见 http://www.IRMI.com。

② 有关船只保险的讨论基于 *Fire, Casualty & Surety Bulletins*，关于该保险也可参见 http://www.IRMI.com。

- 船主一揽子保单。
- 游艇保险。

船主一揽子保单

许多保险公司设计了**船主一揽子保单**（boatowners package policy），该保单将船只物理损失保险、医疗费用保险、责任保险和其他保险纳入一份保单。尽管一揽子保单的形式并不统一，但是它们有以下共同的特点：

物理损失保险 船主保险在一切险或开放式风险事故的基础上为船只提供物理损失保险。直接物理损失都在保障范围内，除了那些特别除外的保障责任。因此，如果船只与其他船只碰撞，搁浅于暗礁处，或者被大风吹坏，损失将得到赔偿。以下情况属于除外责任，包括磨损、自然老化、机械故障、商用船只，以及在任何竞赛或速度比赛中使用的船只（某些保单中承保的帆船除外）。

责任保险 拥有或驾驶船只的被保险人因疏忽给他人造成的财产损失或身体伤害在保障范围内。例如，如果驾驶员不小心撞坏了另一条船、使另一条船沉没，或者使游泳的人意外受伤，这些事故造成的损失都在保障范围内。除外责任包括故意伤害，将船只用于商业用途，以及将船只（有时候帆船除外）用于任何竞赛或速度比赛。

医疗费用保险 该保险类似于汽车保险合同。这种保险为在船上或者上下船过程中受伤的被保险人支付合理必要的医疗费用。大多数保单附加 1~3 年的时间限制，在此期间发生的医疗费用才能得到赔偿。此外，许多保险还为在被船只拖行时受伤的滑水者提供医疗费用保险。如果没有提供保障，可以通过附加批单来增加该项保险内容。

未投保船主保险 一些船主保险对由未投保船主造成的身体伤害提供了可供选择的未投保船主保险，这与汽车保险中的未投保机动车驾驶员保障类似。

游艇保险

游艇保险（yacht insurance）是为大型船只和价值很高的船只设计的险种，例如可住宿的游艇、内置引擎的摩托艇以及长度超过 26 英尺的帆船等。游艇保险不是标准保单，但是也包括了一些常见的保险项目。下面对一个保险公司的游艇保险保单的主要条款进行了概括。

财产损失 该保险（经常被称作船壳保障）基于一切险和开放式风险事故，为游艇及其设备的财产损失提供保障。该保险为游艇遭受的直接物理损失或损坏提供保障，除了特别除外的责任。因此，如果游艇由于大浪、强风或者其他船只的碰撞而受损或沉没，这些损失在保障范围内。除外责任包括：磨损；自然老化；昆虫、发霉、动物及海洋生物造成的损坏；污损、划伤、凹痕以及表面起泡；结冰或者温度异常；等等。财产损失赔偿设有免赔额。

责任保险 责任保险承保被保险人因拥有、驾驶或者维修游艇而产生的法律责任。例如，与其他船只相撞、撞坏码头或船坞造成的损失都在保障范围内。保障范围还包括打捞、移动或者销毁沉没或失事游艇的费用。

医疗费用保险 该保险为在船上因意外而身体受伤的被保险人支付必要合理的医疗费用。承保的费用包括治疗费用、住院费用、救护车费用、专业护理费用和丧葬费用。

未投保船主保险 该保险在保单限额以下支付身体伤害损失。被保险人享有从另一艘游艇的未投保所有人或驾驶员那里获得恢复赔偿的法定权利。

其他保险 这种保险也包括附加保险。这些保险包括：被保险人对因雇佣而受伤的海事工人承担的法律责任的保险，前提是这些工人受《美国码头装卸工和港口工人补偿条例》（U. S. Longshoremen's and Harbor Workers' Compensation Act）保障；对声明中列出的拖船的物理损失保险；游艇上的个人财产保险。这些保险包括衣服、个人用品、渔具以及运动器械，但不包括钱、珠宝、旅行支票或其他贵重物品。

政府财产保险计划

政府财产保险计划常常很有必要，这是因为有些风险事故很难通过商业途径承保，且商业保险公司提供的保险价格可能使人无法负担。这里有两种政府保险计划值得进行讨论：

- 国家洪水保险计划。
- 公平保险需求计划。

国家洪水保险计划

处于洪水多发地区的建筑很难通过商业途径投保，因为难以达到第 2 章中讨论的可保风险的必要条件。洪水多发地区的风险单位彼此之间不具有独立性，巨灾损失可能发生。此外，由于只有洪水多发地区的财产所有者才愿意购买保险，所以就形成了逆向选择的问题。

由于洪水损失日益增加，纳税人灾难救济成本逐渐提高，美国国会 1968 年制定了**国家洪水保险计划（National Flood Insurance Program，NFIP）**。[①] 该措施的目的是通过洪水多发地区管理法令来减少社区的洪涝损失，并为财产所有者提供洪水保险。联邦应急管理局（Federal Emergency Management Agency，FEMA）负责管理国家洪水保险计划。

投保人可以通过代表商业保险公司的代理人或经纪人购买洪水保险，也可以通过并非隶属于商业保险公司的代理人和经纪人，直接通过国家洪水保险计划购买保险。约 95％的国家洪水保险计划生效保单保障住宅风险损失，其余 5％保障非住宅（商业）风险损失。[②]

大多数洪水保险都是通过商业保险公司购买。在 1983 年颁布的自主承保计划（write-your-own program）中，商业保险公司可以以自己的名义销售联邦洪水保险，收取保费，并获得承保和理赔的费用补贴。联邦政府承担所有承保损失。美国国家洪水保险计划在损失一般的年份中都能够实现自给自足，这意味着，除非发生大规模的灾难，否则索赔和经

---

① 关于国家洪水保险计划的详细讨论参见 Fire, Casualty & Surety Bulletins。也可参见 Federal Emergency Management Agency, Flood Insurance at http://www.fema.gov/national-flood-insurance-program, "Facts about Flood Insurance," Insurance Information Institute, February 21, 2018, April 2015, "Spotlight on: Flood Insurance," Insurance Information Institute, March 23, 2018, and "Facts Statistics: Flood Insurance," Insurance Information Institute, May 16, 2018。

② "Facts + Statistics: Flood Insurance," Insurance Information Institute, May 16, 2018. 数据来源于 FEMA。

营费用都是从洪水保险保费中支付，而不是由纳税人支付。2005年发生的卡特里娜飓风和其他飓风以及伴随而至的洪水，导致了数百亿美元的损失赔付。

该计划存在的问题和巨额赤字导致了短时间的延期赔付。国会在2012年启动了对该计划的改革，并将计划延长了5年。2014年，国会再次对该计划进行了修改。2017年末，飓风哈维、厄玛和玛丽的索赔导致截至2018年5月，国家洪水保险计划支出超过80亿美元。[①] 该计划产生的巨额赤字导致国会推迟延长该计划。截至2018年底，国会尚未对推进计划的改革或更新采取任何行动。[②]

如果人们用联邦担保的资金建造、购买、再融资或维修位于参与计划的洪水多发地区的社区内建筑物，那么联邦法律会要求人们购买洪水保险。这种资金包括联邦住房管理局（FHA）和退伍军人管理局（VA）贷款以及大部分常规抵押贷款。

投保资格　　如果社区同意采用并执行完善的洪水控制及土地使用措施，则社区内的大多数建筑及其内部设施都能够得到洪水保险的保障。

达到资格条件的社区一开始就可以接受紧急计划的保障。社区在加入该计划后，就会得到一幅标明了易遭受洪涝灾害损失地区的地图，同时，该社区的居民也可以以优惠价格购买有限金额的保险。

之后绘制的洪水保险等级地图将该社区划分为特定的几个区域，并计算了每个区域发生洪涝的概率。在地图绘制好，同时社区同意采纳更严格的洪水控制和土地使用措施后，该社区就成为该计划的正式成员，可以购买更高金额的洪水保险。

洪水的定义　　在标准洪水保险保单中，洪水（flood）被定义为：

> 两英亩或两英亩以上的通常是陆地的区域，或者两件及以上的财产（其中至少有一件是被保险人的财产）部分或全部被内陆水或潮水、异常的和快速的积水，或者来自任何水源的地表水或者泥石流淹没的一种普遍的和暂时的情况。

例如，江河、溪流或者其他水流泛滥，异常的巨浪或者严重暴风雨造成的洪涝灾害都在洪水保险的保障范围内。值得注意的是，地表水流的集聚可以来自任何水源，如融化的雪、冰或者暴雨。由洪水引起的泥石流造成的损失也在保险责任范围内。

保险金额　　在紧急状态计划下，对单户和二至四户家庭住宅的最高保险限额为35 000美元，对屋内设施的最高保险限额为10 000美元。对其他住宅和非住宅建筑的建筑物本身的最高保险限额为100 000美元，对内部设施的最高保险限额为100 000美元（见图表24-1）。

图表24-1　紧急状态计划和常规计划下的联邦洪水保险金额　　　　单位：美元

	紧急状态计划	常规计划
建筑物保障		
单户家庭住宅	35 000[a]	250 000
二至四户家庭住宅	35 000[a]	250 000
其他住宅	100 000[a]	250 000

---

① "Facts + Statistics：Flood Insurance," *Insurance Information Institute*, May 16, 2018. 数据来源于FEMA。

② 参见 "Spotlight on：Flood Insurance," *Insurance Information Institute*, March 23, 2018。也可参见 "Senate Agrees with House to Renew Flood Insurance Program for 4 Months," *Insurance Journal*, July 31, 2018.

续表

	紧急状态计划	常规计划
非住宅	100 000[a]	500 000
内部设施保障		
住宅	10 000	100 000
非住宅（包括小企业）	100 000	500 000

a. 在紧急状态计划下，阿拉斯加、夏威夷、美属维尔京群岛和关岛的建筑物保障限额较高。

资料来源：National Flood Insurance Program，Flood Insurance Manual，Federal Emergency Management Agency (FEMA)，Revised，April 2018.

在常规计划下，对单户和二至四户家庭住宅的最高保险限额为 250 000 美元，对内部设施的最高保险限额为 100 000 美元。对商业建筑的建筑物本身的保险限额可以达到 500 000 美元，对内部设施的最高保险限额为 500 000 美元。

在满足一定条件的情况下，单户家庭住宅和多户共有住宅的损失可以在重置成本的基础上获得补偿。被保险人购买的保险必须等于损失发生时住宅重置成本的 80%，或者等于保单生效时可获得保险的最高数额，二者之中取较小者。如果购买保险的数额低于损失发生时完全重置成本的 80%，赔付的数额就要缴纳共保罚金。除非该财产投保了最高保险金额，在这种情况下，不必缴纳共保罚金。内部设施的损失通常以实际现金价值（重置成本减去折旧）为理赔基础。

保单格式　有三种标准保单格式为保单持有人提供列明的保障：

- 住宅保单被用于为居住有一到四个家庭的住宅和共有住宅中的单户家庭住宅提供保障。因此，房屋所有人可以用这种保单为他们的住宅和/或未列明的个人财产投保；租户也可以用这种保单为他们未列明的个人财产投保。
- 一般财产保险保单被用于为有 5 个以上家庭成员的住宅和非住宅建筑提供保障。例如：酒店或小旅馆，公寓，商店、饭店和其他商用建筑，学校，工厂，教堂，以及非居住性质的共有建筑。
- 住宅性质的共管建筑物协会保单被签发给代表协会和单元房屋所有者利益的住宅性质的共管建筑物协会。

对每种保单保障范围的详细讨论超出了本书的范围。不过，图表 24-2 提供了这三类保单的财产保障范围和未提供保障的范围。

图表 24-2　国家洪水保险计划的财产保障概要

洪水保险保障范围

通常洪水对建筑物或个人财产造成的直接物理损毁会受到洪水保险保单的保障。例如，如果下水道回水是洪水的直接后果，那么回水造成的损失在保障范围内。不过，如果回水是由其他问题引起的，损失就不在保障范围内。

下面我们列出了洪水保险保障的内容和不提供保障的项目。

洪水保险保障范围通用指南

建筑物财产保险保障范围

- 被保险建筑及其地基。
- 电线管道系统。

续表

- 中央空调设备、炉子和热水器。
- 冰箱、炉灶和内部设施,例如洗碗机。
- 水泥地面上铺的地毯。
- 永久安装地板、壁板、书橱和壁橱。
- 窗棂。
- 独立车库(最高10%的建筑物财产保障)。位于车库之外的独立建筑物需要购买单独的建筑物财产保单。
- 废墟清理。

个人财产保险保障范围
- 个人物品,例如衣服、家具和电子设备。
- 窗帘。
- 可移动空调和窗式空调。
- 可移动微波炉和洗碗机。
- 不在建筑物保险保障范围内的地毯。
- 洗衣机和烘干机。
- 食品冷冻箱及其中的食品。
- 某些高价值物品,例如原创艺术品和皮草(最高2 500美元)。

既非建筑物财产保险保障范围又非个人财产保险保障范围的项目
- 财产所有者可以避免的潮湿、发霉带来的损失。
- 现金、贵金属和有价值的纸品(例如股票证券)。
- 建筑物之外的财物,例如树木、植物、井、净化系统、小路、小桥、露台、篱笆、海堤、浴缸和泳池。
- 生活费用,例如临时住房租金。
- 经营中断或者保障范围内的财产无法使用等带来的财务损失。
- 大部分机动车,例如小轿车,包括其部件。

资料来源:Federal Emergency Management Agency(FEMA). *National Flood Insurance Program*, *Summary of Coverage*, available at floodsmart.gov.

等候期 除了一些特例外,新投保保单以及增加现有保单保险金额的批单都有30天的等候期。如果没有等候期,洪水多发地区的财产所有者就会拖延到洪水已经威胁到其财产时才购买保险。

免赔额 建筑物及内部物品的免赔额分别确定。例如,购买者可能选择的建筑物的免赔额为2 000美元,内部物品的免赔额为1 000美元;或者建筑物的免赔额为1 000美元,内部物品的免赔额为1 000美元。如要节省保费,可以选择较高的免赔额。

保费 国家洪水保险计划的保费取决于房屋居住类型(单户、二至四户、非住宅等)、建筑类型(无地下室、有地下室、有活动空间的高架等)、内部设施位置(地下室及以上、地面以上等)以及住宅位置。每100美元保险的年费率见《洪水保险手册》,也可登录联邦应急管理局官网在线查询。2018年国家洪水保险计划的平均保费为935.11美元。[①]

---

① Simpson, Andrew G., "FEMA to Issue First Catastrophe Bond for Flood Insurance Program," *Insurance Journal*, April 5, 2018.

2012年的《比格特-沃特斯洪水保险改革与现代化法案》（Biggert-Waters Flood Insurance Reform and Modernization Act of 2012）寻求逐步取消洪水保险费率补贴，并允许最高20%的保费增长。2014年3月，国会撤销了《比格特-沃特斯洪水保险改革与现代化法案》中一些与保费相关的条款，以通过《房主洪水保险平价法案》（Homeowner Flood Insurance Affordability Act）。该法案规定洪水保险保费涨幅上限为18%，并要求联邦应急管理局将保费限制在保险价值的1%以内（例如，一处价值7.5万美元的住宅需支付的保费为750美元）。

关于国家洪水保险计划有很多误解和传言。专栏24.1讨论了对这一计划的一些常见的误解。

破除关于洪水保险的误解

购买洪水保险可以提供保障和心理上的平静。洪水在美国是最常见的一种自然灾害。下面是关于洪水保险的一些常见的误解以及事实情况。

- **误解**：只有房屋所有人可以购买洪水保险。

  事实：参与国家洪水保险计划社区的大多数房屋所有人、公寓单元所有人、租户和商户都可以购买洪水保险。要查看你是否属于社区保险参与者，可以登录网站 http://www.floodsmart.gov 或者联系社区负责人或保险代理人。最高保障数额是：

  ➢ 公寓单元所有人：建筑物最高 250 000 美元，内部物品最高 100 000 美元。

  ➢ 租户：内部物品最高 100 000 美元。

  ➢ 商户：商业建筑物最高 500 000 美元，内部物品最高 500 000 美元。

- **误解**：如果你住在洪水风险比较高的地区，就无法购买洪水保险。

  事实：无论住在哪里，只要你所在社区参加了国家洪水保险计划，你就可以购买国家洪水保险。该计划于1968年建立，为参加计划的社区的财产所有人、租户和商户提供联邦支持的洪水保险。

- **误解**：如果生活在未被列入洪水多发区的地方，你就不需要洪水保险。

  事实：即使未被列入洪水多发区也是有可能发生洪水的，只是程度不同而已。如果你生活在洪水多发地区，建议你购买洪水保险。但是，国家洪水保险计划中20%~25%的索赔来自洪水多发地区之外的地方。居住在非洪水多发地区的居民和商业财产所有人应该询问其保险代理人，看看他们是否有资格购买优先风险保单。优先风险保单将为他们提供非常便宜的洪水保险。

- **误解**：如果你的财产遭遇过洪水，就无法再购买洪水保险。

  事实：如果你所在社区参与了国家洪水保险计划，即使你的房屋、公寓或企业遭遇过洪水，你也仍然具有购买洪水保险的资格。

- **误解**：来自联邦政府的救灾行动将支付洪水损失。

  事实：在社区成为救灾援助对象之前，必须公布联邦政府进行救助的区域。联邦政府开展救灾行动的次数不超过洪灾事件总量的50%。而且，如果你未投保，并且在洪水退去后接受了联邦政府的救灾援助,你就必须购买洪水保险,从而让自己获得未来符合救助要求的资格。救灾援助并不意味着获得与洪水保险一样多的保障,洪水保险理赔在灾害发生后会快速得到处理。

- **误解**:国家洪水保险计划不为地下室提供保障。

    事实:洪水保险不为地下室的改善措施提供保障,例如精装的墙壁、地板或屋顶,或者地下室中的个人财产。下面这些项目在建筑物保障范围内,只要它们与电源有关,并且被安装在它们发挥作用的地点:
    - ➤ 井底抽水泵。
    - ➤ 热水罐和水泵、蓄水池和这些装置中的水。
    - ➤ 油罐及内装的汽油,天然气罐及其中的气体。
    - ➤ 与太阳能相关的泵和/或存储设备。
    - ➤ 炉子、热水器、空调和蒸汽泵。
    - ➤ 电气接线盒、断路开关盒以及必要的连接设备。
    - ➤ 元器件。
    - ➤ 楼梯、电梯和小升降梯。
    - ➤ 未刷油漆的墙和屋顶,包括玻璃纤维绝缘线。
    - ➤ 清洁器。

资料来源:Adapted from FEMA B-690,Catalog No. 08094-3,*Myths and Facts About the National Flood Insurance Program*,October 2014.

现状和问题 如前所述,美国国会多次推迟延长国家洪水保险计划。在支付由 2017 年哈维、厄玛和玛丽飓风造成的洪水索赔 80 多亿美元之前,该计划已经面临巨额赤字。2018 年末,美国国会数次推迟了改革或延长该计划的行动。

商业保险公司通过购买再保险来应对巨额索赔的风险。2016 年,国家洪水保险计划启动了再保险计划。2017 年,再保险计划扩大。联邦应急管理局将大约 10 亿美元的风险转移给了再保险公司,能够在巨额索赔发生时收回这一数额。2018 年,约 15 亿美元的风险被转移给再保险公司,成本为 2.35 亿美元。[①] 此外,联邦应急管理局还计划在 2018 年首次发行巨灾债券,将部分风险转移到资本市场上。[②]

尽管国家洪水保险计划目前在洪水保险市场上占主导地位,但它也面临着来自商业保险公司日益激烈的竞争。通过计算机建模,一些商业保险公司逐渐更放心地承保洪水保险。保险服务处(ISO)将协助更多商业保险公司进入洪水保险市场。[③] 2017 年,ISO 发布了商业洪水保险保单和个人洪水保险保单。目前,FM 全球公司(FM Global)是商业洪水保险市场的领导者。

[①] "Spotlight on:Flood Insurance," Insurance Information Institute,March 23,2018.

[②] Simpson,Andrew G.,"FEMA to Issue First Catastrophe Bond for Flood Insurance Program," *Insurance Journal*,April 5,2018.

[③] "Verisk's ISO Personal Lines Program Targets $40 Billion Private Flood Insurance Market," *Insurance Journal*,January 11,2018.

公平保险需求计划

在20世纪60年代，美国的很多城市都发生了大规模骚乱，导致上千万美元的财产损失。后来，骚乱多发地区的许多财产所有人无法以可承受的保费购买财产保险。这一问题导致了**公平保险需求计划（FAIR plans）**的产生，《1968年城市财产和再保险法案》（Urban Property and Reinsurance Act of 1968）针对该计划颁布立法。公平保险需求计划的基本目的是为那些在标准市场上无法获得保障的城市财产所有人提供财产保险。公平保险需求计划通常为火灾和扩展风险事故、蓄意破坏和恶意损害等提供保障。公平保险需求计划已经在32个州和哥伦比亚特区实施。①

每个有公平保险需求计划的州都有一个团体为那些无法在标准市场上获得保险的人提供基本财产保险。该团体由商业公司运作。团体内的每个保险公司均根据其销售的财产保险保费在州内的份额确定应承担的损失份额和费用。

公平保险需求计划的保费高于标准市场的保费，但是却可以提供其无法提供的保障。所有公平保险需求计划为火灾、蓄意破坏、暴动、民众骚乱和风暴等风险事故提供保障。近一半的州提供某些类型的屋主保险，包括个人责任保障。

在房屋投保公平保险需求计划之前，必须满足一些核保标准。如果达到这些标准，就可以投保。如果房屋无法达到该标准，财产所有人必须进行一定的改善，以降低火灾风险、失窃风险或水灾损失，这些措施包括更换电线、加热系统或管道系统，修缮屋顶或提高安全性。如果财产所有人无法纠正使房屋容易遭受损失的条件，则公平保险需求计划管理人将拒绝提供保障。

大西洋和墨西哥湾沿岸的几个州提供剩余财产保险计划。这些州为易于受到暴风和飓风袭击而损失的财产提供海滩计划（Beach Plans）和风暴计划。有两个州立保险公司为此提供保障：佛罗里达州市民财产保险公司和路易斯安那州市民财产保险公司。截至2016年底，佛罗里达州市民财产保险公司承保了520 394份生效保单（居民和商业保单），分别来自公平保险需求计划及海滩计划。保险价值为1 240亿美元。② 截至2016年底，路易斯安那州市民财产保险公司承保了81 007份生效保单，保险价值为103亿美元。③ 这些涉及公平保险需求计划及海滩计划的保单中，绝大多数提供对住宅的保障。

产权保险

我们对财产保险保障的讨论如果不简要涉及产权保险，就会显得不那么完整。**产权保**

---

①②③ 公平保险需求计划（FAIR）存在于阿肯色州（农村）、加利福尼亚州、康涅狄格州、特拉华州、哥伦比亚特区、佛罗里达州（国民财产保险公司）、佐治亚州、夏威夷州、伊利诺伊州、印第安纳州、艾奥瓦州、堪萨斯州、肯塔基州、路易斯安那州（市民财产保险公司）、马里兰州、马萨诸塞州、密歇根州、明尼苏达州、密西西比州、密苏里州、新泽西州、新墨西哥州、纽约州、北卡罗来纳州、俄亥俄州、俄勒冈州、宾夕法尼亚州、罗得岛州、弗吉尼亚州、华盛顿州、西弗吉尼亚州和威斯康星州。海滩计划及风暴计划主要在亚拉巴马州、密西西比州、北卡罗来纳州、南卡罗来纳州和得克萨斯州实行。佛罗里达州和路易斯安那州用海滩计划合并了它们的公平保险需求计划。以上信息来自保险信息协会的 *2018 Insurance Fact Book*。

险（title insurance）为财产所有人或为购买财产而借出货币的人提供保障，以应对财产产权可能面临的任何未知缺陷。引起产权不清晰的原因包括无效遗嘱、对财产的不准确描述、遗嘱有缺陷、未公开的留置权、地役权和许多过去发生的法律缺陷。没有清晰的产权，所有人可能就会因为别人有优先求偿权而失去财产，也可能由于未知留置权、产权无法进行市场交易以及律师费用等原因而蒙受其他损失。产权保险旨在避免此类损失。

不动产的留置权、抵押权或者使用权通常都在不动产所在地的法院有记录。这些信息都被记录在被称为产权证明摘要的法律档案中，成为所有权和产权的历史记录。当购买不动产的时候，购买方聘请律师查看摘要，以确定财产的产权有无缺陷。但是，购买方不能依靠这种方式获得完全的保护，因为可能存在未公开的留置权、抵押权或者其他未记录在产权证明摘要中的产权缺陷。尽管已经认真细致地进行了产权调查，所有者仍然有可能蒙受损失。因此，所有人需要更为可靠的保障，保证在损失发生时可以得到赔偿。产权保险能够提供这种保障。

产权保险有几个特点，使其得以区别于其他保险：
- 保单保护被保险人免受由在保单生效之前发生的产权缺陷引起的损失。
- 在销售保单时，保险公司假设不会发生损失。任何已知的产权证明的缺陷或者会影响产权的事实都在保单中列出，并被排除在保障范围之外。
- 保费只在销售保单时支付一次，不需要追加保费。
- 保单期限无限延长。只要产权缺陷发生在保单售出日之前，无论什么时候发现的保障范围内的损失，都能够得到赔偿。
- 如果损失发生，被保险人得到的赔偿以保单的限额为限。保单不保证由所有人持有，不保证消除产权的缺陷，也无法保证对已知缺陷提供法定修复。

保单限额一般是财产的购买价格。如果多年之后，财产的价值增加，那么发生损失时屋主就无法得到完全的赔偿。在房屋价格发生上涨的地方，考虑到这一点非常重要。当你购买一套房屋的时候，产权保险的成本通常被包括在所有成本中。

尽管产权保险通常被认为是必需的，但是消费者对这种保险了解很少。产权保险市场是高度集中化的，消费者保护团体认为，这一市场存在以下几个主要缺点[①]：
- 房屋所有人不会对产权保险货比三家，经常由房地产代理人或出租机构选择，并包括在最终成本中。
- 房屋购买人为产权保险付费过高。几份研究报告宣称，消费者为保障所支付的保费比损失率对应的价格要高，而后者是个公平的价格。
- 产权保险市场具有反市场的缺点。产权保险公司花钱引入房地产代理人、抵押贷款贷款人和经纪商、建筑商，推动房屋购买人寻找产权代理人和公司，推动成本的上升。
- 尽管非法，但是房地产中介、贷款人和建筑商收取回扣的现象广泛存在。

考虑到消费者缺少关于产权保险的知识，不了解产权保险市场的一些问题，美国保险监督官协会（NAIC）发布了关于产权保险的"消费者警示"（见专栏 24.2）。

---

① 这些缺点可参见 J. Robert Hunter, Director of Insurance, Consumer Federation of America. *Title Insurance Cost and Competition*, testimony before the House Committee on Financial Services Subcommittee on Housing and Community Opportunity, April 26, 2006。

专栏 24.2

产权保险的重要性

消费者须知

购置房产可能是你将要做的最大的投资之一,也是一个可能影响你未来几年财务状况的决定。了解如何保护你的投资免受潜在产权缺陷或留置权的影响是很重要的。美国保险监督官协会(NAIC)发布了关于产权保险的"消费者警示"。

什么是产权保险?

产权保险为房屋购买者和抵押贷款人提供必要的保障,以抵御财产产权问题带来的损失。可能的产权问题包括合同丢失、伪造或错漏、产权准入问题和不动产留置权。

例如,如果你刚购置的房产有未偿还的抵押贷款,你可能会被追究责任。如果没有产权保险,你可能需要自行支付法律费用来解决纠纷。如果你在纠纷中败诉,你可能会因此损失金钱、房产净值,甚至是所有权。产权保险旨在支付解决争议和问题的相关法律费用。

如果消费者贷款购置房产,贷款人可能会要求其购买产权保险。产权保险允许贷款人将抵押出售给其投资者,并为其他贷款保留更多资金。

产权保险在哪里购买?

消费者可以直接从产权保险公司或为保险公司销售产权保险的产权代理人那里购买产权保险。有执照的产权保险公司、代理机构和代理人可以销售产权保险。在一些州,律师也被允许销售产权保险,律师的意见可以代替产权保险。

消费者购买产权保险时拥有什么权利?

消费者无须使用建议的产权保险公司或结算代理人。其有权购买和选择产权保险以及结算服务方。消费者需要知道购买保险的价格,以便对产权保险进行价格比较;然而,消费者仍然可以自行寻找有执照的产权保险公司,并列出在签订合同前向产权保险公司询问的问题。切记一定要问清楚保费包括哪些服务和费用、任何单独收取的费用明细以及你是否有资格获得相关折扣。

一些产权保险公司可能隶属于贷款机构、房地产公司、开发商或房屋建筑商。询问中间人其公司是否隶属于推荐的产权保险公司。联邦法律规定隶属关系应以书面形式披露。

保单类型

有两种类型的产权保险保单:所有人保单和贷款人保单。

如果消费者在购置房产后出现产权或所有权问题,所有人保单将提供包含法律费用的全额赔付。此类保单是针对消费者支付的购房款而签发的,只要其对承保财产享有或保有利益,所有人保单就继续有效。消费者无须购买屋主保单。

某些消费者所在地区也可能提供比标准所有人保单更高级别的增强型所有人保单。增强型所有人保单的成本比标准所有人保单的成本高约20%,因为其涵盖了额外的风险,包括房产转让后的保障范围。

若所有人保单或增强型所有人保单未保障某些特定风险,则通常可以通过为保单附加批单的形式对特定风险提供保障。例如，如果你正在购买一套新房，而所有人保单不保障承包商提出的索赔（通常被称为施工留置权），你可以为保单附加批单，以确保在上一位房产所有人未能向承包商做出全额赔偿的情况下，你也可以得到保险。一些批单是免费的，而另一些则需要支付额外的费用。

如果消费者贷款购置房产，贷款人会要求其购买产权保险。贷款人保单只在房产购买后出现所有权问题时保护抵押贷款人。贷款人保单是针对抵押贷款的金额而签发的，其保障范围随着贷款偿还而减少。与所有人保单不同，贷款人保单在消费者还清抵押贷款时终止。此类保险可能需要支付保费。

由于贷款人保单只保障抵押贷款人免受所有权问题的影响，故消费者可能需要购买所有人保单来保护其利益。

更多信息

关于消费者所在州产权保险的更多信息，或消费者遭受了不公平待遇，均可与其所在州保险部门取得联系。

资料来源：美国保险监督官协会。经允许转载。

个人伞式保险

个人责任索赔有时候会达到极高的水平，超过屋主或汽车保险保单中的责任限额。例如，巨额损失可能来自如下来源：结冰的高速公路会引发连锁事故，导致多车相撞，很多人受伤或死亡，由此导致极高的损失；一艘船与另一艘船相撞所造成的沉船事故导致多人受伤或被淹死；或者某人提出的声称其名誉受到损害的诽谤诉讼。

个人伞式保险（personal umbrella policy）提供使被保险人免受巨额赔偿金诉讼或判决的损失。大多数保险公司提供的个人伞式保险的保险金额为100万~1 000万美元。这种保险的保障范围很广，对由房屋、汽车、船只、娱乐车辆、体育运动和群体个人行为引起的巨额责任损失提供保障。

基本特征

尽管各保险公司之间的个人伞式保险有差异，但也有几个共同特征，包括[①]：
- 超额责任保险。
- 宽泛的保障范围。
- 自保额或免赔额。
- 合理的成本。

超额责任保险 个人伞式保险为先顺位保险提供超额责任保险。伞式保险只有在先顺

---

① "Personal Umbrella Liability Insurance," in *Fire, Casualty, & Surety Bulletins* (Erlanger, KY: National Underwriter Company), ISO's 2014 Personal Umbrella Policy, and discussion on the International Risk Management Institute website (http://www.IRMI.com).

位保险限额用尽的时候才予以赔付。被保险人必须在先顺位保险中购买某一最低数额的责任保险,各保险公司对最低数额的要求不同。图表24-3介绍了通常使用的数额。如果先顺位保险的保额没有满足,那么伞式保险的保险公司只赔付先顺位保险中要求的数额。

图表 24-3　个人伞式保险要求的普通先顺位保险的保障数额

汽车责任保险	250 000 美元/500 000 美元/50 000 美元或单一限额 500 000 美元
个人责任保险(分离合同或屋主保险)	100 000 美元或 300 000 美元
大型船只	500 000 美元

宽泛的保障范围　伞式保险为多种个人责任损失敞口提供保障。保险既对身体伤害及财产损失责任提供保障,也对人身伤害提供保障。**人身伤害(personal injury)** 一般包括:非法拘捕、监禁或者关押;恶意起诉;不正当驱逐或者非法侵入;侮蔑、诽谤或者人格中伤;口头或书面公开他人资料侵犯个人隐私权;等等。

个人伞式保险在自保额或免赔额条款满足之后,为先顺位保险不提供保障的损失予以保障。除了保险限额外,大多数伞式保险还要支付法律抗辩费用。

自保额或免赔额　伞式保险通常包含自保额或免赔额。**自保额(self-insured retention)** 或者免赔额只适用于伞式保险保障,而不适用于其他先顺位保险保障的损失。自保额一般为 250 美元,但是也可以更高。关于受到伞式保险保障而不受先顺位保险保障的索赔情况包括侮辱、诽谤、人格中伤以及其他各种索赔。

为了对此进行说明,我们假设安德里亚有 100 万美元的个人伞式保险和一份汽车保险,汽车保险每人的限额是 250 000 美元,每起事故造成的身体伤害责任限额是 500 000 美元。如果她不小心撞伤另一名司机,必须赔偿 650 000 美元损失,汽车保险将支付前 250 000 美元,伞式保险将支付剩下的 400 000 美元。因为在作为先顺位保险的汽车保险中,每人 250 000 美元的限额已经用完。当伞式保险提供超额保障时,自保额在这里不适用。

现在假设安德里亚被其邻居起诉人格侮蔑,并必须支付 50 000 美元的损失。如果没有先顺位保险,自保额为 250 美元,她的伞式保险就要支付 49 750 美元。该案件中自保额必须由安德里亚自己支付。

合理的成本　如果考虑较高的限额,保单成本低于你的想象。不过,要记得,大多数保险由原始保单提供保障。其实际成本取决于几个因素,包括投保汽车、船只和摩托车的数量。对于大多数家庭来说,100 万美元伞式保险的年保费低于 350 美元。专栏 24.3 提供了一些生活中的真实索赔案例,这些案例揭示了个人伞式保险如何保护被保险人。

专栏 24.3

十个个人伞式保险的真实索赔案例

案例1: 被保险人的儿子在结冰的道路上滑过十字路口,撞到了一位正在过马路的老妇人。该老妇人因全身多处受伤而住院治疗。被保险人的个人伞式保单限额已被全额支付。

案例2：被保险人允许她的几个孩子和他们的朋友在她家的大后院玩彩弹游戏。孩子们已被告知需要采取的所有安全措施，包括始终保护面部和颈部。一个孩子在离开场地时摘掉了帽子，被彩弹击中了眼睛。最终索赔以47.5万美元的金额得到解决。

案例3：一位保姆在暑假期间照看两个小孩。屋主家的后院建了一个浅水池。保姆在确保两个孩子都不在浅水池附近的前提下进入房子接电话。当她从房子出来的时候，其中一个孩子已被淹死在浅水池里了。法院判给孩子的父母约1100万美元。

案例4：被保险人的儿子邀请了一个朋友来家里玩。孩子们在和家里的狗玩耍时，狗咬了儿子朋友的脸，导致其接受了多次整形手术。受伤孩子的父母最终得到了大约1000万美元的赔偿。

案例5：一对夫妇为他们十几岁的孩子举办了一个生日派对。聚会本身没有提供任何酒精，但孩子的朋友们带了一些酒来庆祝。在聚会结束后，一位客人在车祸中受了重伤。事故的起因是他在被保险人家里喝了酒。幸运的是，最终被保险人的个人伞式保险支付了全部赔偿。

案例6：被保险人的租户声称，在被保险人的公寓里发现的黑葡萄穗霉致使其生病、失去了部分肺活力，并最终导致该租户失去了大学四年的田径运动奖学金，租户表示自己遭受了永久性肺损伤，并要求被保险人赔偿75万美元。

案例7：被保险人在高速公路上行驶时，不小心偏离中心线撞上了迎面驶来的汽车。被保险人为过失方，她的汽车保险责任限额不足以支付全部索赔金额。由于被保险人没有住房或其他资产，她未来10年的工资被扣减以支付索赔。

案例8：被保险人去参加毕业舞会。为了拍一张集体大合照，被保险人让所有人都站在阳台上。就在拍照结束时，阳台坍塌，多个参加舞会的人从10英尺高的地方坠落并受伤。每个受伤学生要求被保险人赔偿其伞式保险的责任限额。

案例9：被保险人的女儿有一个体育教练。女儿不喜欢这位教练，在网上对这位体育教练进行了数次言语攻击和诽谤评论。这位教练以人身伤害为由起诉了被保险人，获得了超过75万美元的赔偿。

案例10：被保险人18岁的儿子在湖上驾驶家里的船。由于没有看到水里的游泳者，因此将其撞致重伤，受伤者最终得到了近100万美元的赔偿。

上述案例都是在生活中真实发生的，即使是最谨慎的人也无可避免。如你所见，责任限额用尽的速度超乎你的想象。

保险服务处的个人伞式保险

1998年，保险服务处引入了标准个人伞式保险。该保险已经历了若干次修订，最近的一次是在2014年。有些保险公司使用保险服务处的保险保单，而其他保险公司自行开发伞式保险保单。不过，它们的基本特点是类似的。

下面的内容将对保险服务处保险保单的基本特点进行概括。

被保险人 保险服务处的伞式保险为下面几种人提供保障：
- 记名被保险人及其共同居住的配偶。
- 常住的亲属，包括受监护人或者收养的小孩。
- 记名被保险人照看的共同居住的年龄小于 21 岁的人或者年龄不小于 21 岁的被保险人。
- 任何使用记名被保险人所有且投保了伞式保险的汽车、娱乐用车辆或船只的人。
- 当记名被保险人或其家庭成员使用受保单保障的汽车或娱乐用车辆时，对他们负有法律责任的其他任何个人或组织。例如，如果詹姆斯为教堂做义工，当他为教堂运送食物的时候不小心撞伤了另一个人，则教堂也属于保障范围。
- 对记名被保险人或其家庭成员拥有的动物负有法律责任的任何其他个人或组织。但是，在经营过程中保管被保险人动物的个人或组织不在保障范围内。

保障范围 伞式保险为超过自留限额的身体伤害、财产损失或人身伤害（被保险人为这些承保损失负有法律责任）造成的损失提供赔偿。**自留限额（retained limit）** 是（1）被保险人可以达到的先顺位保险或其他保险的总限额，或者（2）如果损失获得伞式保险的保障，但是未获得先顺位保险或其他保险的保障，则自留限额指声明条款中的免赔额。

除了责任限额之外，该保险还支付法律辩护费用，保险人应诉所发生的费用，要求提供担保发生的保费，被保险人应保险人的要求支出的合理费用，包括每天最高 250 美元的收入损失，未支付判决的利息。

除外责任 保险服务处的保单有很多除外责任。主要的除外责任包括：
- 可以预期或故意造成的伤害。可以预期或故意造成的伤害属于除外责任。但是，除外责任不适用于为保护人身或财产而合理使用暴力造成的故意身体伤害，例如针对闯入住宅的入侵者进行的自卫。
- 一些特定的人身伤害损失。该保险将某些人身伤害损失排除在外，例如在保单生效之前就已发布的材料，被保险人口头或书面散播的明知是虚假的材料，以及由被保险人实施或在其指导下实施的犯罪行为所造成的损失。
- 房产出租。除一些特例外，保险服务处的保单不承保由于将房屋出租给他人而产生的责任。这一除外责任不适用于偶然出租的房屋，例如外出休假的教授将其房屋出租 6 个月。如果房屋的一部分被出租作为办公室、学校、工作室或者私人车库，该除外责任同样不适用。
- 商业责任。保单将被保险人的商业行为责任排除在外。这种除外责任不适用于那些除了费用补偿外，无偿地参与市民或者公众活动的被保险人。同样，它也不适用于年龄低于 18 周岁的未成年自谋职业者（如果是全日制学生则为 21 周岁），例如送报、割草、照看孩子或者扫雪。
- 专业服务。保单不为因提供或未提供专业服务而产生的责任承保。
- 飞机、船只及娱乐用车辆。由于拥有或使用飞机（除了模型或作为业余爱好的飞机）而产生的责任属于保单除外责任。同样属于除外责任的还包括船只或娱乐用车辆，除非由先顺位保险提供保障。
- 无可信的理由。如果没有可信的理由说明其获得使用汽车、娱乐用车辆或船只的许可，那么保险服务处的个人伞式保险不为其提供保障。该除外责任不适用于家庭成员使用记名被保险人所有的车辆,例如没有事先获得允许而驾驶自家汽车的十几岁的青少年。

- 比赛用车辆。保单拒绝为参加预先安排好的比赛或速度测试而使用的汽车、娱乐用车辆或船只提供保险。该除外责任不适用于帆船或用于测速航行的船只。
- 传染病、性骚扰或使用、制造、交易或拥有违禁药品。该保单将由于传播传染病,性骚扰,肉体惩罚,身体或精神虐待,或使用或销售如甲基苯丙胺、可卡因和麻醉药品(处方药除外)等违禁药品所引起的责任排除在外。
- 董事或官员。保险服务处的保单将官员或董事会成员等被保险人的行为或失职作为除外责任。这一除外责任不适用于被保险人除了报销开支外不接受任何报酬的非营利组织。
- 照看、保管及控制。保单拒绝为出租给被保险人、由被保险人使用或者由被保险人照看、保管及控制的财产的损失提供保障,所以被保险人通常会被合同要求为这些财产购买保险。该除外条款不适用于火灾、烟雾或者爆炸所引起的财产损坏。

此外,保险服务处的个人伞式保险的除外责任还包括:记名被保险人及其家庭成员的身体伤害,被保险人所有的财产遭受的损失,任何有资格领取工人补偿金的人遭受的身体伤害,以及由燃料从燃油系统中泄漏、铅挥发、铅吸入或铅污染所引起的责任。

 案例应用

弗雷德购买了河边的一栋老房子。尽管这栋房子需要大规模装修,但是仍然会是他主要的居所。河水定期上涨,并对该区域内的房子造成严重破坏。弗雷德独自居住,但是养了两条牧羊犬作为看门狗。他还有一条15马力的船用于钓鱼。

一位保险代理人通知弗雷德,因为房子没有达到承保要求,所以不能投保屋主保险3(HO-3)。这位代理人说,他会试着让核保人同意投保住宅财产保险3(DP-3)或者住宅财产保险1(DP-1)。最后,代理人说,弗雷德可以通过州公平保险需求计划获得保障。

a. 假设你是一位风险管理咨询师,指出弗雷德面临的主要损失敞口。
b. 解释代理人提到的HO-3、DP-3和DP-1保单之间的主要差异。
c. 代理人提到的每一种保障方法在多大程度上为a中的损失敞口提供保障?
d. 假设弗雷德有一份DP-3保单。你建议他再购买一份个人责任补充保险吗?请解释你的答案。
e. 假设弗雷德有一份DP-1保单。你建议他通过国家洪水保险计划再购买一份洪水保险吗?

本章小结

- 保险服务处的住宅计划是为不具有屋主保险投保条件的住宅以及不想或不需要屋主保险的人设计的。
- 住宅财产保险1是一种基本险,为有限数量的记名被保险人提供保障。住宅财产

保险2是一种扩展险，为基本险保障的所有风险事故以及一些额外风险事故提供保障。住宅财产保险3是特别险，为住宅和其他建筑物遭受的财产直接损失提供保障。所有直接物理损失都在保障范围内，除了那些专门除外的责任，个人财产在列明风险事故的基础上获得保障。

- 移动房屋可以通过为屋主保险2或屋主保险3增加一份批单来获得保障。因此，移动房屋保险对移动房屋的保障类似于屋主保险。
- 内陆运输保险对那些经常从一个地方运到另一个地方的财产提供宽泛的综合保障。尽管内陆运输保险并不统一，但它们仍然有一些共同的特点。保障内容可以根据所要保障的个人财产类型进行调整；可以根据需要选择保险金额；可以获得更广泛、更全面的保障；大多数运输保险为处于任何地点的投保财产提供保障；内陆运输保险通常没有免赔额。
- 个人流动财产保险（PAF）基于一切险或开放式风险事故为某些种类的个人财产提供保障。所有直接物理损失都将获得保障，除了一些特别除外的损失。这些种类的财产包括珠宝、皮草、照相机、乐器、银器、高尔夫球具、艺术品和收藏的邮票和硬币。单个项目分别列出，并投保特定数额。
- 预定个人财产批单是一种可以被附加到屋主保险上的批单，提供的保障与独立的个人流动财产保险相同。
- 娱乐用船只的保险可以分为两类。船主一揽子保单将船只物理损失保险、医疗费用保险、责任保险和其他保险纳入一份保单。游艇保险是为大型船只设计的险种，例如可住宿的游艇、内置引擎的摩托艇。游艇保险提供船只和设备的物理损失保险、责任保险、医疗赔付保险以及其他保险。
- 洪水风险事故很难通过商业途径投保，因为存在损失巨大、保费非常高以及逆向选择等问题。国家洪水保险计划可以被用于为洪水多发地区的建筑物和个人财产提供保障。
- 在自主承保计划中，商业保险公司承保洪水保险，收取保费，并赔偿损失。它们接受联邦政府对其损失的补偿。
- 公平保险需求计划为无法从常规市场上获得保障的个人提供基本财产保障。如果财产达到一定的核保标准，就可以按照标准或额外费率投保。在某些情况下，所有人可能要在保单签发之前对财产进行一定的改善。
- 产权保险为财产所有人或贷款借出方提供保障，以应对财产所有权中存在的任何缺陷。
- 个人伞式保险被设计用于为巨灾诉讼或审理提供保障。个人伞式保险的主要特点是：

(1) 该保险在基本先顺位保险合同之外提供超额责任保险。
(2) 保障范围广，包括对某些先顺位保险不提供保障的损失的保障。
(3) 对于某些伞式保险提供保障，而先顺位保险不提供保障的损失，必须满足自保额或免赔额要求。
(4) 伞式保险在成本方面也很合理。

重要概念和术语

- 船主一揽子保单
- 住宅财产保险3（特别险）
- 内陆运输保险
- 个人流动财产保险（PAF）
- 自留限额
- 产权保险
- 住宅财产保险1（基本险）
- 公平保险需求计划
- 移动房屋保险
- 人身伤害
- 预定个人财产批单
- 游艇保险
- 住宅财产保险2（扩展险）
- 洪水
- 国家洪水保险计划（NFIP）
- 个人伞式保险
- 自保额

复习题

1. 保险服务处的住宅计划有多种形式。说明下面几种保险的基本特点：
   a. 住宅财产保险1（基本险）。
   b. 住宅财产保险2（扩展险）。
   c. 住宅财产保险3（特别险）。
2. 解释个人责任保险如何被附加到住宅保险上。
3. 指出内陆运输保险的基本特点。
4. 个人流动财产保险为价值高的个人财产提供综合保障。列举需要获得个人流动财产保险而不是标准屋主保险的财产的3个例子。
5. 指出普通的船主一揽子保单提供的保障。
6. 为什么商业保险公司很难为洪水多发地区的建筑物提供保障？
7. 国家洪水保险计划有很多条款。简要说明下面几个条款：
   a. 自主承保计划。
   b. 洪水的含义。
   c. 等候期。
8. 公平需求保险计划的目的是什么？
9. 说明产权保险的基本特点。
10. 简要解释个人伞式保险的基本特点。

应用题

1. 佩德罗拥有一栋六单元公寓楼，并自住了其中一单元。该房屋购买了320 000美元的住宅财产保险1（基本险）。房屋的重置成本是400 000美元。解释如果发生下列损失，佩德罗能在多大程度上获得补偿：
   a. 由于线路问题，其中一单元公寓发生火灾。损失的实际现金价值是20 000美元，重置成本是24 000美元。
   b. 由于公寓不适合正常居住，租户搬走了。要花3个月的时间将公寓恢复到之前的状态。公寓的正常租金为一单元每月900美元。
   c. 租户的个人财产在火灾中被烧毁。损失财产的实际现金价值是5 000美元，重置成本是7 000美元。
2. 梅利莎有一栋移动房屋，通过屋主保险3的一个批单获得保障。请解释在发生下列损失的情况下，保险将在多大程度上予以赔偿：
   a. 一场严重的风暴吹坏了移动房屋的屋顶。
   b. 屋内的炉灶和烤箱也被风暴损坏。
   c. 窗式空调在风暴中严重受损。

d. 在修理移动房屋的时候,梅利莎必须搬到一个精装修的公寓里住3个月。

3. 摩根为室外摩托艇投保了船主一揽子保单。指出下列每一种损失是否都在摩根购买的保单保障范围内。如果这些损失没有获得保障,或者没有获得全额保障,请解释原因。

a. 摩根的船撞到水里漂浮的木桩后严重受损。

b. 当船撞上水泥桥墩的时候,乘坐摩根的船的一个人受伤,并产生了医疗费用。

c. 船停在码头的时候,马达被盗。

d. 一个小孩坐在摩根的船里,没有穿救生服,小孩掉到甲板外被淹死了。小孩的父母起诉了摩根。

4. 丹购买了一份限额为100万美元的伞式保险,自留额为250美元。丹购买了一份没有任何特别批单的屋主保险和一份汽车保险。这些保险的责任限额分别为:

屋主保险:300 000美元;

个人汽车保险:250 000美元/500 000美元/50 000美元。

这些责任限额满足伞式保险的保险公司对先顺位保险最低责任保险额的要求。指出是否下面的每一种损失都将获得丹的个人伞式保险的保障。如果损失不在保障范围内,或没有获得完全的保障,解释原因。

a. 丹是一个儿童棒球队的教练。一个队员坐在三垒后面,被一记直线击球击中面部,导致一只眼失明。丹被孩子的父母起诉,被指责指导和监管不力。受伤队员的损失赔偿为100万美元。

b. 丹是本地非营利组织A的董事会成员。丹被该组织的一个成员起诉,该成员在蹦床倒塌的时候遭受重伤。受伤的成员要求的赔偿为500 000美元。

c. 丹起诉了一个14岁的男孩,起诉理由是男孩偷了他价值2 000美元的自行车。警察逮捕了该年轻人,并起诉了他。警察后来抓住了真正的小偷,并找到了自行车。小孩父母因为错误的逮捕起诉了丹。男孩获得了100 000美元的赔偿。

d. 丹开车去看他儿子的足球赛。在闯红灯后,他的汽车撞上了另一名司机。受伤的司机的损失为200 000美元。

5. 劳拉有一份100万美元的个人伞式保险,自留额为250美元。劳拉还有一份没有特别批单的屋主保险和一份汽车保险。保险的责任限额为:

屋主保险:300 000美元;

个人汽车保险:250 000美元/500 000美元/50 000美元。

这些责任限额满足伞式保险的保险公司对先顺位保险最低责任保险额的要求。指出劳拉的伞式保险为下述损失赔付的额度。

a. 劳拉的狗咬了一个小孩。他的父母起诉了劳拉,并获得25 000美元的损失赔偿。

b. 劳拉闯了红灯,她的车撞上了一辆校车。两个孩子严重受伤。法庭要求她为每个孩子赔偿350 000美元。

c. 劳拉是本地非营利慈善机构的志愿者。在和其他客人接受电视节目采访的时候,劳拉称其中一位客人是"流浪女"。这位客人因为劳拉诽谤其人格而起诉了她,要求赔偿损失25 000美元。

d. 劳拉是当地银行董事会的成员,每年她作为董事会成员的报酬为50 000美元。此外,她还是董事会审计委员会的成员。股东由于劳拉和其他董事会成员没有发现严重的财务欺诈交易,从而致使股东损失上千万美元而起诉他们。法庭要求他们赔偿股东500万美元的损失。

数字资源

网络资源

参考文献

第25章 企业财产保险

> 风险管理师的主要职责是保护公司的资产免受损失。企业财产保险是应对资产损失敞口的主要方法。
>
> ——丽贝卡·A. 麦奎德（Rebecca A. McQuade）
> 风险管理官，帕卡公司（PACCAR，Inc.）

 学习目标

学习完本章，你应当能够：

- 指出企业一揽子保险的组成部分，包括通用声明、通用条件，以及可能包含的保障内容。
- 解释建筑物和个人财产保险的基本条款，包括：
    - 保险标的；
    - 保障条款；
    - 扩展保障；
    - 保险责任；
    - 批单。
- 阐述价值报告条款并解释使用该条款的原因。
- 解释业务收入和额外费用保险的特点。
- 描述专业化企业财产保险提供的保障类型，包括：
    - 建筑商风险保险；
    - 共管协会保险；
    - 设备损坏保险；
    - 补足保险；
    - 网络财产保险；
    - 恐怖主义保险。
- 指出海洋运输保险和内陆运输保险的主要条款。
- 说明企业主保单（BOP）提供的财产保险的主要条款。

一场迅速蔓延的火灾摧毁了多元化学制品公司的主要生产设施。火势蔓延得相当快，公司的另外两栋建筑也被烧毁。其中一栋受损的建筑里存放着数桶准备装运的化学品。一些成品和两台叉车被毁。幸运的是，没有员工死亡，只有两人受伤。

幸亏多元化学制品公司此前已购买了若干份财产保险。建筑物及企业财产的损坏和成品的损失都在保险保障范围内。除此之外，还包括对生产设施因火灾而关闭期间的利润损失及持续产生的费用的赔偿。

在本章中，我们将讨论企业财产保险，着重介绍保险服务处制订的企业财产保险计划。包括：企业一揽子保险、建筑物和个人财产保险、业务收入保险和其他企业财产保险。此外，我们还将讨论海洋运输保险和内陆运输保险，包括货物运输和其他商业风险。在结尾部分我们将分析保险服务处的企业主保单，该保单专为中小规模企业设计。[①] 第 26 章将讨论企业责任保险。

企业一揽子保险

保险服务处为满足商业企业的特殊需求而提供**一揽子保险**（package policy）计划。**企业一揽子保险**（commercial package policy，CPP）将两种或两种以上的保障融入一份保单。如果财产保险保障和责任保险保障被融入一份保单，就被称为**复合保障保单**（multiple-line policy）。相反，一份保单只提供一种类型的保障，就被称为**单一保障保单**（monoline policy）。

与个人保险相比，一揽子保险有下述几个优点：保障缺口小；被保险人支付的保费相对较少，因为不需要分别购买保单；保险人节省的费用可以被转移给投保人；被保险人可以享受单一保单的便捷。

这一部分讨论企业广泛使用的企业一揽子保险。企业一揽子保险可以被用于为汽车旅馆、旅馆、公寓、办公楼、零售商店、教堂和学校、加工企业（例如干洗店）、制造企业和其他各种商业企业承保。企业一揽子保险可以专门被用于通过一份保单承保大部分财产和责任损失敞口，但是将职业责任、工人补偿和担保证券作为主要除外责任。

根据保险服务处计划，每一份企业一揽子保险保单包括（1）通用声明页，（2）通用条件页，（3）一项以上的保障内容。[②] 图表 25-1 非常详细地列出了企业一揽子保险的不同部分内容。

通用声明

每一份企业一揽子保险保单都包括通用声明页，显示被保险人的姓名和住址、保险期间、对被保险人财产的描述、适用保障范围清单以及保费数额。

通用条件

每一份企业一揽子保险保单都包括通用条件页。通用条件页列出了适用于所有企业保险产品的条件，常见的条件包括：

[①] 在编写本章时，作者参考了众多资料，回顾了保险服务处的各种企业财产和责任保险保单。参考了网上的 *The Fire, Casualty, Surety* (FC& S) *Bulletins* 关于企业保险的部分，并利用了国际风险管理协会的网络图书馆。此前的版本参考了如下文献：Arthur L. Flitner and Jerome Trupin, *Commercial Insurance*, 2nd edition, American Institute for CPCU/Insurance Institute of America (2008); Jerome Trupin and Arthur L. Flitner, *Risk Management and Insurance*, 8th edition, American Institute for CPCU/Insurance Institute of America (2008), and Mary Ann Cook, *Commercial Property Risk Management and Insurance*, American Institute for CPCU (2010)。

[②] 最新版本的保险服务处保单格式发布于 2012 年或 2013 年。相关保单格式的修订版可能在本书出版后发布。

> 企业一揽子保险保单包括以下部分:
> - 通用声明
> - 通用条件
>
> 包括以下保障内容:
> - 企业财产保障
>   - 建筑物和个人财产保障
>   - 业务收入(和额外费用)保障
> - 内陆运输保障
> - 商业一般责任保障
> - 商业汽车保障
> - 设备损坏保障
> - 商业犯罪保障
> - 其他保障
>
> 每一种保障都有其自身的声明、条件、批单以及保险责任类型。

图表 25-1　保险服务处的企业一揽子保险保单的组成部分（不包括批单）

- 解约。任何一方当事人在预先通知另一方当事人的情况下都可以解除保单。保险人可以因为被保险人不支付保费而解除保险合同，但要提前至少 10 天通知被保险人，其他原因则需要提前 30 天。如果保险人要解除合同，要按照一定的比例退还保费。如果被保险人要解除合同，那么退还的保费可能少于按比例退还的保费。
- 变更。只有通过保险人签发批单才能对保单进行变更。
- 账簿和记录检查。保险人在保险期间以及保险期间结束后的 3 年中，有权查阅被保险人的账簿和记录。
- 审查和调查。保险人有权对财产的可保性和收取的保费进行审查和调查。
- 保费。声明页中可以列出不止一位被保险人。声明页中的第一位记名被保险人负责支付保费。
- 权利和责任转移。如果没有保险公司的书面同意，不得转移保单规定的被保险人的权利和责任。一个例外是，如果单个记名被保险人身故，其权利和责任可以被转移给他的法定代表人。

保障内容

每一份企业一揽子保险保单的保障内容都包括一项以上的保障内容。根据需求的不同，商业企业可以从几种保障中进行选择。保障内容包括：

- 建筑物和个人财产保障。
- 业务收入（和额外费用）保障。
- 商业犯罪保障。
- 内陆运输保障。
- 设备损坏保障。
- 商业一般责任保障。
- 商业汽车保障。

每一种保障依次包括（1）适用于该保险项目的声明页，（2）适用于该保险项目的具体条件，（3）提供的保障类型，（4）用于描述保障范围内的不同风险事故的保险责任类型。

建筑物和个人财产保险

建筑物和个人财产保险（building and personal property coverage form）是一种广泛使用的企业财产保险，为企业的建筑物和个人商业财产的直接物理损失提供保障。

保险标的

被保险人可以选择保险标的。保险标的可以包括：
- 建筑物。
- 记名被保险人的个人商业财产。
- 记名被保险人照看、保管和控制的他人个人财产。

对于适用的保障范围，声明页必须明确该种保险的限额。根据其需要，企业可以选择一种或所有三种保障。

建筑物 保单为声明页中描述的建筑物提供保障，包括所有已经完工的扩建部分和固定附着物，以及永久安装的机器设备。一些室外固定附着物也在保障范围内，例如电线杆、旗杆和邮箱。最后，用于维护和保养建筑物的设备（例如灭火器、厨具、洗碗机和真空吸尘器）也都在保障范围内。

最后，如果不属于其他保险保障范围，保单还为建筑物的附属物、发生的变化和进行的维修提供保障，包括100英尺以内高度的建筑物的建筑材料和附属物。

个人商业财产 建筑物内部及安装在建筑物上，或者建筑物周围100英尺以内的记名被保险人的个人商业财产也在保障范围内。① 它包括家具和固定附着物、计算机系统、机器设备、存货②，被保险人拥有以及被保险人业务使用的所有其他个人财产。

此外，被保险人对他人的个人财产具有的劳务、原料和其他收费方面的利益也在保障范围内。例如，一家维修店修理一台客户拥有的机器。假设零部件和劳务费用是1 000美元，如果该机器在被送还客户之前因为承保风险事故而被损坏，那么被保险人有1 000美元的利益会获得保障。

被保险人作为承租人对房屋进行修缮后的使用权也作为个人商业财产获得保障。改良和修缮包括固定设施、改造、安装或者由被保险人出资建造的建筑物的扩建部分。例如，被保险人在租来用于开新酒吧和餐馆的建筑物中安装的新空调。

改进成果由房东享有，而且如果没有房东的同意，不得违法移动。不过，租户在租用期间对这些改进措施拥有使用收益。

---

① 在此前版本的保单中，该财产必须在距离建筑物100英尺以内才能获得保障。修订后的保单规定，该财产必须在距离声明中的房屋或建筑物100英尺范围内（以较大者为准）。扩大了这一定义的保障范围。

② 存货在保单中的定义为原材料、半成品、成品、储存或用于销售的商品，以及打包/运输供应品。

最后，个人商业财产还包括被保险人租赁的个人财产。根据合同规定，这种财产应由租赁者投保。例如，被保险人必须为其租来的计算机投保。

他人个人财产 由记名被保险人照看、保管或控制的他人个人财产。例如，如果龙卷风摧毁了维修店，客人的设备也被摧毁，那么这些损失在保障范围内。

附加保障 该保险还提供以下几种附加保障：

- 清理费用。清理费用可以在保单载明的限额内得到赔偿。这一保障不适用于清除陆地或水中的污染物。
- 财产保存。如果将财产转移到其他地方是为了保护其免受承保损失，那么运输过程中以及存放在另一个地方的过程中发生的任何直接物理损失或损毁都将获得保障。该保障仅适用于损失或损坏发生在财产第一次被移动后的30天内。
- 消防部门服务收费。消防部门服务收费的最高支付额度为1 000美元。这种保障没有免赔额。
- 污染物的清除。如果污染由保险范围内的风险事故引起，保险人也会为从被保险人的建筑物周围的水中或陆地上清除污染物支付费用。每12个月保险期间内的最高赔偿金额为10 000美元。
- 建筑成本的增加。另一项附加的保障内容是由于法律或法令规定而增加的建筑成本。附加的保障内容仅适用于以重置成本为基础投保的建筑物。在该保险中，适用于每一投保建筑物的最高限额为10 000美元或者该建筑物的保险金额的5%，二者取其较低者。
- 电子数据。当电子数据因承保范围内的风险事故损坏或者完全丧失的时候，该保单支付重置或恢复数据的成本。在承保范围内的保险责任类型包括由计算机病毒导致的数据损失，但员工或租赁员工造成的数据损失则属于除外责任。无论发生的次数是多少，在每个保单年度内的最高赔付额度为2 500美元。

扩展保障 如果声明中规定的共同保险比例为80%或80%以上，或者声明页中包括了能够显示标的价值变动的内容，那么保险范围就可以被扩展到其他财产。扩展保障概括如下：

- 新获得或新造的财产。对建筑物的保险可以被扩展到建造在指定地点上的新建房屋，或者其他位置的新获得的房屋。保险期限最长为30天，每一栋建筑的最高保额为250 000美元。此外，个人商业财产保险（最高保额为100 000美元）可以被应用于新获得地点的个人商业财产。这种保险的保险期限最长也是30天。
- 个人流动财产和他人财产。个人商业财产保险可以被扩展至记名被保险人、高级管理人员、合伙人或员工的个人流动财产。但是，这种扩展不适用于财产盗窃。该扩展还适用于记名被保险人照看、保管或控制的他人个人财产。最高赔偿限额是2 500美元。
- 有价值的文件和档案（非电子数据）。个人商业财产保险还可以被扩展到支付替代、复原被损坏的有价值的文件和档案中的信息的费用。每个地点的最高赔偿限额是2 500美元。
- 经营场所外的财产。暂时位于非被保险人所有、租借或经营的场所的投保财产的最高保额为10 000美元。扩展后的保障范围不适用于被放置在车辆中或车辆上的财产，或是由销售人员照看、保管或控制的财产。但是，对于在交易会或展览会中，由销售人员照看、保管或控制的财产，该扩展保障范围仍然适用。

- 户外财产。户外的篱笆、收音机和电视接收天线（包括卫星天线）以及树木、植物和灌木等的最高赔偿限额是1 000美元，但每一棵树、每一丛灌木或植物的最高赔偿限额不超过250美元。该保险只适用于火灾、雷电、暴风、车辆、爆炸、暴动、民众骚乱或者飞行器造成的损失。
- 非自有独立拖车。该扩展保障范围在某些情况下还适用于非自有独立拖车。该拖车必须用于商业用途，或者由被保险人照看、保管和控制；被保险人还必须负有赔付拖车损失的契约义务。但是，如果拖车挂在其他机动车辆上，则无论是否移动，该保障都将终止。例如，一个建筑公司可能租借一辆拖车作为临时仓库，该保障只有在该拖车不挂在任何移动车辆上的时候才生效。该扩展项目下的最高赔偿限额是5 000美元。
- 被暂时存放于可移动存储空间内的个人商业财产。被暂时存放在可移动存储空间（包括拖车）内的个人商业财产在保障范围内。该保障适用于存储空间位于房屋或建筑物100英尺范围内（以较大者为准）的情况。保险期限最长为90天。赔偿损失的最高限额为10 000美元。这一限额是个人商业财产限额的一部分，不包含其他额外的保障。

其他条款

在建筑物和个人财产保险的保单里包括了很多额外的保险条款，详细讨论每一个条款超出了本书的范围，但是在这里我们对几个条款进行概述。

免赔额 免赔额通常会在声明页中列明。保单中使用的标准免赔额是250美元，但在实际应用中，免赔额会更高。如果在同一事故中，多栋建筑或者多种类型的个人商业财产同时受损，那么只需要满足一项免赔额。

共同保险 如果在声明页中指出了共同保险的比例，那么为了避免共同保险惩罚，就必须满足共同保险的要求。为了减少误解和混淆，该保单列出了几个非常好的例子来说明共同保险如何运作。

可选保障 保单中列出了几种可选保障内容，从而不再需要独立批单。如果这些可选保障被选择，就会在声明页中注明。

- 协议价值。在执行这一选择权的时候，协议价值条款将会暂停共保条款。对于全额赔付的损失，保险承保额必须等于协议价值。例如，如果协议价值是100 000美元，那么保险限额就是100 000美元，所有承保损失都要在这一限额下全额赔付（扣除免赔额）。但是，如果保险额为75 000美元，那么就将只赔付四分之三的承保损失。该选择权的目的是在不满足共保条件的时候避免被惩罚。
- 通货膨胀保障。这种可选保障按照声明中的年度百分比自动提高保险额。全年的百分比增长以日为基础计算。
- 重置成本。在重置成本保障中，如果发生损失，折旧就没有免赔额。但是，这种选择不适用于他人的财产、居所的内部设施、艺术品、古董及类似的财产、股票（除非声明中事先说明）。重置成本保障通常在建筑物及其内部设施已投保的情况下使用。如果没有选择这一选择权，发生的损失将在实际现金价值的基础上赔付。
- 重置成本扩展。另一种可选保障是，将重置成本保障扩展到记名被保险人照看、保管或控制的他人个人财产。

保险责任类型

保险责任类型必须附加在保单上面,才能构成一份完整的合同。被保险人可以选择下面的保险责任类型:
- 基本保险责任。
- 扩展保险责任。
- 特殊保险责任。

这些保单直接的差异主要是保障风险的差异。基本保险和扩展保险提供指定风险保障。特殊保险提供开放式风险保障,并承保保障范围内的财产发生的直接物理损失。①

基本保险责任

基本保险责任(causes-of-loss basic form) 为投保财产面临的 11 种基本损失原因提供保障:
- 火灾。
- 雷电。
- 爆炸。
- 风暴或冰雹。
- 烟雾。
- 飞行器或机动车辆。
- 暴动或民众骚乱。
- 故意破坏。
- 喷洒装置泄漏。
- 污水池倒塌。
- 火山运动。

扩展保险责任

扩展保险责任(causes-of-loss broad form) 包括基本保险责任的所有损失原因以及另外几种保险责任:
- 坠落物。
- 雪、冰或冰雹的重压。
- 水灾。

扩展保险责任还将建筑物的倒塌作为附加保障纳入承保范围。这种倒塌必须由如下原因导致:
- 存在特定的损失原因(类似于广义的风险事故,但单独定义)。

---

① 在修订后的保单中,特殊保险删除了"……的风险"的字样,代之以"直接物理损失(除非损失被除外或受到限制)"。

- 隐蔽的腐烂。
- 隐蔽的昆虫或动物损坏。
- 人或个人财产的重压。
- 屋顶积雨的重压。
- 倒塌发生在建造、改造、翻新期间，且建造、改造、翻新过程中使用了有缺陷的材料或方法。

特殊保险责任

特殊保险责任（causes-of-loss special form）承保开放式风险保障，并为保障范围内的财产直接物理损失提供保障。也就是，承保财产的直接物理损失敞口处于保障范围内，除非保单本身特别明确除外或者进行限制。主要的除外责任包括由于法令或法律的执行而造成的损失，以及洪水、地壳移动和霉菌造成的损失。举证的责任由保险人承担，他们需要证明，由于损失属于除外责任或者受到限制而不需要提供保障。此外，倒塌作为附加保障也包括在内。

特殊保险提供三种额外扩展：

第一，当运输中的个人财产置于由保险人所有、租赁或驾驶的机动车辆上时，由几种特定损失原因引起的损失可以得到赔偿。最高赔偿额度是5 000美元。

第二，如果损失由保障范围内的水灾或其他液体、粉末或熔融物引起，那么保险人将支付拆除并替换局部建筑物的成本，以修复承保范围内的漏水系统或设备。

第三，特殊保险责任将玻璃损坏作为附加的扩展保障内容。如果破碎的玻璃没有得到及时的修理或重置，那么保险人将会支付遮挡门窗的费用。保险人还支付为了重装玻璃而清除或更换障碍物的费用，但是移动或重装橱窗陈列品的费用不在保障范围内。

由于具有各种优点，大多数风险管理师倾向于使用特殊保险责任。

批　单

有多种批单可被用于修改基本财产保障范围。商业财产保险专家推荐的三种批单包括[①]：

(1) 附加财产批单。
(2) 附加建筑财产批单。
(3) 共同或争议损失协议批单。

某些财产不在企业一揽子保险保障范围内，例如排水沟和烟囱、栅栏、地下管道和建筑地基等。为企业一揽子保险**附加财产批单**（additional covered property endorsement）可将保险的保障范围扩大至某些未提供保障的财产。批单中可以列出被保险人希望投保的、企业一揽子保险未保障的财产，或者被保险人也可在保单的空白表格中明确列出其希望获

---

① Christopher J. Boggs, "Three Commercial Property Insurance Endorsements Every Client Should Have," *Insurance Journal*, August 13, 2009.

得保障的附加财产。

目前尚不清楚某些财产是否为"永久安装的机械和设备",因此在企业一揽子保险中,这些设备是否被视为"建筑物"存在歧义,例如用螺栓固定在生产设施地板上的机器。无论这些财产是"建筑物"还是个人商业财产,都可能影响企业一揽子保险的保障赔付。**附加建筑财产批单(additional building property endorsement)** 规定,可被视为建筑物或个人动产的财产是建筑物的一部分,从而避免在发生损失时产生歧义。有了这一批单,该财产就可以在企业一揽子保险中获得保障,并且建筑物的保障范围可能比个人商业财产的保障范围更广。

可能出现歧义的另一个领域是,企业一揽子保险和设备损坏保险的保障范围可能重复(本章稍后进行讨论)。如果企业一揽子保险和设备损坏保险是从不同的保险公司购买的,则保险公司和被保险人之间可能会发生索赔纠纷,被保险人的损失将被延迟处理。**共同或争议损失协议批单(joint or disputed loss agreement endorsement)** 要求企业一揽子保险公司和设备损坏保险公司在满足保单条件后各自支付一半的损失。保单条件可能包括报损、提交损失证明、与保险公司合作等。批单规定,被保险人得到赔偿后,保险人可以协商或者提起赔偿责任诉讼。

购买商业保险的人往往比购买个人保险的人知识更渊博。定期审查你的商业财产保单,以确保在发生损失时,你可以获得相应的保障,这是很重要的。

价值报告条款

企业的个人商业财产价值在保险期间会发生很大波动,特别是待售存货的价值。**价值报告条款(reporting form)** 要求被保险人定期报告个人商业财产的价值。[①] 其主要优点是,如果被保险人能够准确、及时报告投保财产的价值,保费就可以根据投保财产的实际现金价值确定,而不是根据保险限额确定,而后者可能远高于投保财产的价值。不过,即使价值超过报告的那些限额,保障额度也要符合保单的限额要求。

根据保险服务处的企业财产保险计划,价值报告条款被用于为个人商业财产的价值波动风险提供保障。提前预付的保费根据保险限额确定。最终的保费在保险期间末根据报告的价值确定。被保险人可以选择按天、周、月、季度,或者在保单年度末报告。只要被保险人及时报告的价值准确,损失就可以在符合保单限额和免赔额要求的情况下得到全额赔偿,即使在编的财产价值超过最后报告日的价值。例如,假设被保险人在最后一个报告日报告的个人商业财产价值是 100 万美元,在下一个报告日之前,投保财产的价值增加到 500 万美元。如果发生全损,保单限额(扣除免赔额)以下的损失将得到全额赔偿。

如果被保险人不诚实或者很粗心,低报了价值,那么损失发生的时候,被保险人就要受到惩罚。如果被保险人低报该地财产的价值,接着该地发生损失,赔付将仅限于最后报告价值与应报告实际价值的比例。例如,如果在编的个人商业财产的实际现金价值(包括

[①] 其他类型的保险产品也要满足价值报告条款的要求。例如,雇主可能需要定期报告工资单或参加工伤补偿保险的雇员人数。

存货）是 50 万美元，而被保险人仅报告了 40 万美元，发生的任何损失都只能在扣除免赔额之后获得五分之四的赔偿。

有些企业的经营具有季节性。例如，冬装制造公司或雪铲制造商在秋季就会有大量的库存。如果以平均库存为这类业务购买保险，那么在库存较高的月份这些库存就会处于保障不足的状态。相反，如果是基于季节性库存较高的时期购买保险，那么在大多数月份就会处于过度投保状态。解决这一问题的一个方法是购买**旺季批单**（peak season endorsement）。旺季批单会增加特定时期的保障数额，以反映较高的库存价值。

业务收入保险

企业经常会因为投保财产遭受的直接物理损失而受到间接损失，例如恢复期间的利润、租金或额外费用。**业务收入保险**（business income insurance），之前被称为经营中断保险（business interruption insurance），被用于为业务收入损失、停业期间发生的费用和投保损失引致的额外费用承保。

保险服务处有两种被用于为业务收入损失承保的基本险种[①]：
- 业务收入（和额外费用）保险。
- 额外费用保险。

业务收入（和额外费用）保险

业务收入（和额外费用）保险［business income（and extra expense）coverage form］为业务收入损失提供保障，无论收入来自零售还是服务、制造或租金。当企业蒙受业务收入损失的时候，利润也会减少，而一些费用还需继续支付，例如租金、利息、保费和工资。该保单为投保财产受到的物理损失导致的业务收入损失和额外费用提供保障。

也存在**业务收入（无额外费用）保单**［business income（without extra expense）coverage form］。这种保单为业务收入和后续费用提供保障。只有当额外费用被用于减少损失时才会被纳入保障范围。

业务收入损失 业务收入（和额外费用）保险为恢复营业期间停业导致的业务收入损失提供保障。停业必须是由保单指定地点的承保风险事故导致财产的直接物理损失或损毁造成的，承保风险事故列在保单上面的保险责任中。业务收入被定义为本应获得的税前净利润或损失加上持续正常经营的成本，包括应付工资总额。业务收入损失是损失未发生情况下的预期净收入与损失发生后的实际净收入的差额。例如，假设零售鞋店着火，导致其失去重建 3 个月期间的净收入的损失。根据过去的收入情况对未来进行预测，如果损失不发生，企业预期将在 3 个月里获得 75 000 美元的净收入。但是，由于损失发生后经营受损，

[①] 这部分基于 *Fire, Casualty, Surety (FC&S) Bulletins*, commercial insurance section，以及国际风险管理协会的网络图书馆中的资料。此前的版本参考了以下文献：Flitner and Trupin, *Commercial Insurance*, 2nd edition, American Institute for CPCU/Insurance Institute of America（2008）；and Cook, *Commercial Property Risk Management and Insurance*, American Institute for CPCU（2010）。

实际净收入只有 25 000 美元。业务收入损失就是 50 000（＝75 000－25 000）美元。

现在讨论第二个例子。在这个例子中，企业在停业期间没有收入，但是却有连续支出的费用。假设萨尔的比萨店在一次龙卷风中被完全损坏，需要花 6 个月的时间重建。根据过去的收入情况对未来进行预测，如果没有发生损失，萨尔在 6 个月中可以得到 100 000 美元的净收入。在停业期间，尽管没有收入，但还需要继续支付 10 000 美元的费用。因此，比萨店的净损失是 10 000 美元。在前面的例子中，企业收入损失等于预计净收入减去实际净收入。在这个例子中，企业收入损失是 110 000［100 000－（－10 000）］美元。赔付的损失包括损失不发生情况下获得的净收入加上停业期间继续支付的费用。

额外费用保障　业务收入（和额外费用）保险还为额外费用提供保障。**额外费用（extra expenses）**是企业在恢复运营期间必然发生的费用，如果没有发生损失，这些费用也不会产生。这种费用的例子是被临时转移到其他地点重新部署发生的成本，在另一个地点增加的租金，以及租借替代设备的费用。

附加保障　业务收入保险还提供几种附加保障，包括：

- 市政府的行为。如果由于保险范围内的损失原因对被保险房屋以外的财产造成损害，并且市政府禁止人们进入被保险房屋，那么由此导致的业务收入（和额外费用）损失也将获得赔偿。在保障生效后，自市政府采取措施后的 72 个小时起，最多连续 4 个星期的业务收入获得保障。
- 改造和新建建筑。由于经营地点的新建筑（无论完工还是在建）遭受直接物理损坏而造成的业务收入损失将获得保障。由于改造或者修建现有建筑而产生的业务收入损失也在保障范围内。
- 扩展业务收入。企业在修复完成并重新开业后，收入会有所减少，需要一定时间来重新赢得顾客。例如，一家餐馆在火灾之后重新开业，需要一定时间来吸引老顾客。扩展业务收入条款为企业重新开张后的有限时间内的收入减少提供保障。扩展期从财产修理完毕并恢复营业之日起，并在接下来连续 60 天或者业务收入恢复正常之日结束，无论哪种情况先出现，扩展期都结束。[1]
- 计算机故障。承保保险责任导致的计算机故障造成营业中断的情况在保障范围内。例如，由于"黑客"闯入公司计算机系统并造成系统瘫痪，经营临时终止。在一个保单年度内最高赔偿限额是 2 500 美元。

共同保险　业务收入保险合同中可以规定 50％、60％、70％、80％、90％、100％或者 125％的共同保险比例。计算共同保险的基础是可能获得的净收入的总和加上持续的正常经营费用，包括保单生效或上一保单周年日后的 12 个月内（以较晚发生的为准）应付工资的工资总额。然后再把这一数额乘以共同保险比例，从而可以得到所要的保险金额。例如，假设净收入和当前保单期限的 12 个月内的营业费用之和是 400 000 美元，共同保险比例是 50％，那么所需的保险金额为 200 000 美元。

实际选择的共同保险比例取决于重新开业所需的时间和相同期间内大多数企业的业务经营情况。如果企业停业超过 1 年，那么就会选择 125％的比例。如果企业停业时间不超

---

[1] Flitner and Trupin, *Commercial Insurance*, Chapter 4; and Cook, *Commercial Property Risk Management and Insurance*, Chapter 7.

过 6 个月，且业务在当年的分布情况并不均衡，就可以选择 50% 的共同保险比例。但是当考虑到周期性高峰期的时候，建议设定的共同保险比例超过 50%，从而在延长停业期（持续整个高峰期）的时候能够获得更高的保障。

可选保险项目 业务收入保险保单中也包括了在声明页上增加适当的条目来使其生效的保险项目。可选项目包括：

- 最长补偿期限。这一可选项目免去了共同保险条款，对业务收入损失提供最长 120 天的保障。赔偿的数额不能超过保单限额。这一可选项目适用于那些预期损失发生后，停业期不会超过 120 天的小企业。
- 每月补偿限额。这一可选项目免去了共同保险条款，并规定每连续 30 天支付的月最高赔偿限额不超过保险金额的一定比例。该比例可以是三分之一、四分之一、六分之一。例如，如果选择的比例是三分之一，保险限额是 120 000 美元，每连续 30 天的最高赔偿限额是 40 000 美元。
- 业务收入协议价值。这一可选项目替代了共同保险条款，并且只要购买了协议的保险金额，每月赔偿的数额就没有限制。协议数额等于共同保险比例（50% 或更高）乘以 12 个月保单期限内的估计的净收入和经营费用。
- 补偿期延长。这一可选项目延长了修复结束后的恢复期，从 60 天延长到声明页中规定的更长的期限。这一可选项目对于那些需要较长的恢复期才能重新开始老业务或恢复正常营业的企业非常有好处。

额外费用保险

某些企业，例如银行、报社和奶制品厂，在损失发生后必须继续经营，否则客户可能会被竞争对手抢走。**额外费用保险**（extra expense coverage form）是一种独立的保单，可以被用来为公司在恢复期间的继续经营引发的额外费用提供保障。经营中断发生的业务收入损失不在额外费用保险的保障范围内，但是继续营业所引发的额外费用在保障范围内，且仅限于声明中规定的适用保险金额。通常的限额为 40%、80%、100%。当恢复期不长于 30 天的时候，最高赔偿比例为 40%；当恢复期长于 30 天但不超过 60 天的时候，最高赔偿比例为 80%；当恢复期超过 60 天的时候，最高赔偿比例为 100%。

关联财产的业务收入

在某些情况下，其他人的财产损失会导致被保险人的收入损失。例如，一些企业只依靠一家供货商提供原材料，或者依靠一个客户购买大多数或全部产品。因此，一旦这一唯一的供货商或者客户遭受了财产损失，就可能会引起被保险人的收入损失。通过在业务收入保险后附加适宜的批单，就可以为其他场所的财产遭受直接损失所导致的被保险人的收入损失提供保障。

可能需要这种关联财产保障的情况有四种：

- 上游企业。上游企业是指为被保险人提供原材料或服务的企业。例如，被保险人可能仅依靠一家供货商提供原料。如果供货商的工厂遭受了损失，被保险人可能被迫停业。
- 下游企业。下游企业是指购买被保险人产品或服务的企业。例如，一家专业乳酪厂可能将其大部分乳酪产品销售给一家假日酒店。如果该酒店因为火灾而关闭，那么乳酪厂有可能因此而倒闭。

- 生产企业。生产企业是指生产供应给被保险人客户的产品的企业。如果生产企业的工厂被毁，无法供应产品，那么被保险人就将蒙受损失。
- 引导企业。引导企业是指吸引顾客到被保险人的生意场所的企业。例如，购物中心的一家大型百货商店失火，结果购物中心的其他小商店的销售额也因此减少，因为它们依赖于购物中心吸引客户。

其他企业财产保险

前面讨论的建筑物和个人财产保险是为了满足大多数企业商业财产保险的需要。但是，许多企业的某些需求需要使用专门的保险，包括：
- 建筑商风险保险。
- 共管协会保险。
- 共管企业主保险。
- 设备损坏保险。
- 补足保险。
- 网络财产保险。
- 恐怖主义保险。

建筑商风险保险

在建的建筑物面临很多风险，特别是与天气有关的风险和火灾风险。在建建筑的价值随着建筑施工的进展而在不断变化。在保险服务处的单一企业财产保险计划中，**建筑商风险保险**（builders risk coverage form）可以被用于为在建建筑提供保险。这种保险可以为总承包商、分包商或建筑物所有者的可保利益承保。

在建筑商风险保险中，购买的保险等于完工建筑物的总价值。由于在施工初期，建筑物是超额投保的，所以保险公司会调整收取的保费以反映平均风险价值。

如果有必要，建筑商风险报告条款可以作为批单被附加到保险中，报告条款要求建筑商每月报告在建建筑物的价值。初始保费反映了保单生效时建筑物的价值，而不是建筑完工时的价值。随着工程的进展，保险金额也会随着报告的价值而不断增加。保费在保险期间根据建筑商报告的实际价值进行调整。

共管协会保险

共有住宅既可以是商用的，也可以是住宅。共有住宅的所有人对建筑物具有共同利益，包括外墙、屋顶、供水、供热和空调系统。但是，这类建筑物和其他共管财产的财产保险是以共管所有人协会的名义购买的，共管所有人就是记名被保险人。

共管协会保险（condominium association coverage form）为商业和住宅性质的共有住宅提供保障。该保险为下面几种财产提供保障：

- 建筑物。
- 记名被保险人的个人商业财产。
- 他人个人财产。

该保险保障共管建筑物和被用于维护建筑物的设备，例如灭火器和户外装置。如果共管协会协议提出要求，保险还为固定附着物、建筑物的扩建或改建部分，以及每个单个建筑中的设备（例如洗碗机或炉子）提供保障。

保险还为记名被保险人的个人商业财产提供保障。记名被保险人属于共管所有人协会。个人商业财产的一个例子是共管健身俱乐部中的器材，例如跑步机、哑铃、动感单车以及类似的器材。另外一个例子是俱乐部会所或社区游泳池周边的家具。

最后，共管协会保险为记名被保险人照看、保管或控制的他人个人财产提供保障。

共管企业主保险

商业或专业公司可能会在共管区域中拥有独立的办公场所。例如，医生、牙医或商业公司可能在商用写字楼里有各自的办公空间，而写字楼从法律上来说是共管区域。

共管企业主保险（condominium commercial unit-owners coverage form）仅为企业共管场所的所有人提供保障。居住性共管住房的所有人一般为其个人财产投保屋主保险 6（业主保险）。

共管企业主保险为下面几种财产承保：
- 企业主的个人商业财产。
- 记名被保险人照看、保管或控制的他人个人财产。

个人商业财产包括：
- 家具。
- 建筑物的一部分或者企业主拥有的固定附着物和改良设施。
- 机器设备。
- 库存（待售商品）。
- 企业主拥有的并在经营中使用的所有其他个人财产。
- 企业主为他人个人财产提供的劳动力、原材料或服务。
- 企业主负有合同义务为其投保的租借个人财产。

共管保单还为单位所有人照看、保管或控制的他人个人财产提供保障。个人财产必须位于声明中描述的建筑物上或内部，或者如果在空地或车辆内，则要在提及地点的 100 英尺以内。

设备损坏保险

设备损坏保险（equipment breakdown insurance），之前被称为锅炉和机器保险，为设备出现意外故障造成的损失提供保障。这些设备包括蒸汽锅炉，空调和冰箱，发电设备，泵、压缩机、涡轮和引擎，制造中使用的机器，以及计算机设备。

前面讨论的保险责任条款将蒸汽锅炉爆炸、电路故障和机器故障作为除外责任。**设备故障保护保险**（equipment breakdown protection coverage form）可以被用于提供此类保障。这些保障可以作为单一保障保单独立投保，或者作为企业一揽子保险的一部分。

可保的损失原因 可保的损失原因是投保设备发生故障。故障是指导致投保财产损坏的直接物理损失。投保设备是指保单承保的锅炉、机器或电子机械设备，包括通信设备和计算机设备。投保设备还包括公共或私人公共事业机构所有的，仅用于为某地区提供公共服务的设备。专栏25.1列出了几个设备损坏理赔的例子。①

专栏 25.1

设备损坏理赔的最新给付案例

医院的空调系统损坏

一家医院的暖通空调的电子控制装置发生了电气损坏，直到其中一台压缩机坏了才被发现。损坏的控制装置导致空调制冷机持续运行直至管道冻结和破裂，最终空调系统压缩机、管道和其他部件被严重损坏。

赔付总额为 54 118 美元。

医疗设备制造商感染勒索软件病毒

一种勒索软件病毒，通过医疗设备制造商的系统传播，感染了计算机和服务器。HSB的网络财产保险为恢复加密数据和替换被损坏的专有软件支付了费用。

赔付总额为 33 599 美元。

公寓楼锅炉故障

一栋公寓楼的锅炉因过热而发生故障，九个中有七个破裂。修理费中包括了承包商付给工人的加班费，以便为租户恢复供暖。

赔付总额为 35 230 美元。

医院诊断设备损坏

当医院技术人员在电力中断后启动设备时，发现透视机和 CAT 扫描机出现了损坏。这些机器在维修过程中停用了三天，迫使医院中断了对病人的诊断测试。

维修成本为 38 864 美元；

经营中断损失为 4 225 美元；

总损失为 43 089 美元。

光学设备短路

一家小商场里的眼镜店更换了一台眼镜制造机器，原因是电涌损坏了机器的电子元件。

赔付总额为 11 400 美元。

---

① 专栏中的理赔案例来自哈特福德蒸汽锅炉检验和保险公司（Hartford Steam Boiler Inspection and Insurance Company，HSB)，该公司为数据损失、数据泄露和身份失窃提供保障。

洗车电子设备

电涌损坏了加油站商店和洗车房的电子和电气设备，包括油泵读卡器、安全摄像头、空气压缩机电机、自动门和各种洗涤设备。洗车店因此停业了六个星期。

维修成本为 46 460 美元；

经营中断收入损失为 8 415 美元；

总损失为 54 875 美元。

资料来源："Recent Paid Claims," Whistle Stop, © The Hartford Steam Boiler Inspection and Insurance Co. (accessed on hsbwhistlestop.com). Reprinted by permission of the Hartford Steam Boiler Inspection and Insurance Company.

提供的保障　保险服务处的现行保单包括多种保障。这些保障可以根据企业的需要进行取舍。如果声明页上注明了保险金额或者某项保障被标明了"包括"，该保障范围便生效。如果两者都没有，该利益就无法得到保障。

- 财产损坏。位于声明页中规定地点的被保险财产遭受直接物理损失或损坏后，可以得到赔偿。投保财产是被保险人拥有的或被保险人照看、保管或控制的其负有法律义务的财产。

- 权益费用。权益费用是指为了暂时修理或者为了加快受损财产的永久性修理或替换，被保险人必须支付的合理的额外成本。例如，为了加快替换部件的运输所发生的超额运输费用可获得保障。

- 业务收入和额外费用或仅限于额外费用。这种保障为业务收入和额外费用损失提供赔付。业务收入是指在恢复营业期间发生的业务收入和额外费用损失。但是，如果在声明页中做了明确，则只有额外费用可以获得保障。例如，企业可能拥有自己的发电机，并有紧急事件备用接线与外部的公用事业公司联系，以防由于保险责任范围内的损失造成电力突然中断。使用外部电力资源的额外成本可以得到补偿。

- 变质损失。这一保障为原材料、生产中的或已完工的产品遭受的变质损失承保。例如，肉类加工厂的冷藏设备发生故障导致肉类变质。这一损失将获得赔偿。

- 公用事业服务中断。该保障扩展了业务收入（和额外费用）保单的保障范围。例如，如果本地公用事业公司的发电机出现了机器故障，被保险人的企业因为断电不得不停业，那么由此造成的业务收入损失会得到赔偿。但是被保险人在保单生效前必须选择等候期——例如 12 个小时。

- 新获得的住宅。保障自动覆盖租借或购买的新获得住宅。被保险人新获得住宅后，要在尽可能早的时间内通知保险人。

- 条例或法律保障。该保障为由于条例或法律规定爆破、建筑、修理或使用建筑物而导致的损失或损坏提供保障。保单详细描述了根据一些条例或法律规定，哪些损失可以得到补偿，哪些不能。

- 过错或疏忽。如果被保险人在对投保财产或住宅进行说明的时候无意犯了过错或者疏忽，损失或损坏仍然会得到赔偿。

- 商标和标签。如果投保财产发生损失，保险人可以以协议价格或评估价格取得财产的任何部分。这种保障允许被保险人在商品上贴上有"被抢救财产"字样的标签，或者把商标或标签从受损的商品上撤下，造成的费用损失由保险人承担。只要这些行为的全部费用和受损财产的价值之和没有超过该保险的保障金额,保险人就会支付合理的费用。

- 或有业务收入和额外费用或仅限于额外费用。这种保障扩展了企业业务收入保险的保障范围,为在非自有的经营场所发生的、对企业经营起关键作用的故障所引起的收入损失提供保障。例如,假设被保险人在一家大型购物中心营业,整个购物中心因为另一家商店的发电机的短路而全部停电。被保险人也必须停业,其收入损失可以得到赔偿。

销售设备损坏保险的保险公司经常为它们的被保险人提供损失控制服务。承保设备(热水器、制冷机等)可能会由保险公司的损失控制工程师定期检测。这一类保险产品的特点是费用高,且每一美元保费的损失较低。

补足保险

补足保险〔difference in conditions (DIC) insurance〕承保基本财产保险合同中不承保风险事故的直接物理损失。不同于其他开放式风险保单,补足保险不包括通常由标准商业财产保单承保的风险。补足保险可以作为单独签订的合同为主险提供补充保障,因此它排除了主险保障的风险事故(例如火灾、爆炸和暴风)。尽管附加风险在保障范围内,但这种保险经常用于为那些被排除在其他财险保单保障范围之外的风险提供保障,特别是洪水和地震。对于那些不在主险保障范围内的损失,免赔额较高。

补足保险有两个主要优点:

第一,可以用于填补保障缺口。许多大型跨国公司使用补足保险来为它们的海外资产投保。美国之外的许多国家需要在当地购买财产保险,如果当地的保障不充分,可以利用补足保险来弥补这一缺口。

第二,补足保险可以用于为主险通常不承保的非正常或灾难性风险事故承保。一些得到赔付的非正常损失包括:

- 一次事故导致沙砾被撒进一台机器里。清理机器的成本是 38 000 美元。
- 屋顶上的尘土凝结成块,这一重量压塌了屋顶。
- 城市的主要供水管道破裂,一家工厂的地下室被淹,导致了数十万美元的损失。

网络财产保险

虽然一旦企业和客户的机密数据被黑客获取,许多企业就将面临重大的责任风险,但这背后将造成的网络财产风险却往往被企业所忽视。黑客可以入侵企业的计算机网络。这可能导致系统崩溃或公司硬件被损坏。勒索软件攻击,即必须支付赎金以重新获取计算机系统或网络的控制权,也可能造成企业业务运营中断。由于大多数财产保险和间接损失的承保范围仅限于对财产的直接物理损失的赔付,因此企业可能存在保障缺口。

网络财产保险(cyber property insurance)包括对财产和计算机网络造成的损失的赔付。网络财产保险市场正在不断发展,有多种保险方案可供选择。[①] 网络财产保险可通过

---

① Duncan Ellis, "Property Risks From Cyber-Attacks: Are You Covered?," Marsh.com, May 10, 2016; Gary Marchitello, "Protecting Cyber Property—with Property Insurance," http://www. willistomwerswatson.com, August 23, 2017; and Judy Greenwald, "Insurers Reluctant to Cover Cyber Property Exposures," http://www. businessinsurance.com, June 5, 2017.

批单被附加到已购买的财产保险中。一些保险公司正在提供单独的网络财产保险产品。最后，还有一些保险公司将网络财产保险和网络责任保险合并在一份保单中。关于网络责任保险将在第 26 章中讨论。

恐怖主义保险

为了应对日后类似 2001 年 9 月 11 日的恐怖袭击事件的发生，许多保险公司在其商业财产保单中增加了恐怖主义除外条款。作为回应，美国国会通过了 2002 年《恐怖主义风险保险法》（TRIA），为提供恐怖主义保险的保险公司提供联邦保障，并推行恐怖主义保险。该法案已多次更新和修订，最近一次是 2015 年的《恐怖主义风险保险计划再授权法案》（TRIPRA）。

一些企业，如大都市写字楼和私人场所（例如，体育场馆、竞技场和购物中心）的所有者可能会担心其财产成为恐怖分子的袭击目标。这些财产所有人可以通过恐怖主义保险获得财产损失保障。**恐怖主义保险（terrorism insurance）** 提供由恐怖主义行为对被保险人财产造成的直接物理损害赔偿。该保险保障可通过为商业财产保单附加批单或投保单独的独立保单获得。根据最近的一项研究，2017 年有 62% 的美国公司购买了恐怖主义保险作为财产保险的一部分[1]，规模较大的公司和美国东北部的公司更倾向于购买这一保险。

运输保险

一些企业每年都要运输数十亿美元的货物。这些货物在运输过程中面临大量的损失和损坏的风险。不过，它们可以获得海洋运输保险和内陆运输保险的保障。**海洋运输保险（ocean marine insurance）** 为在海上运输的货物提供保障。各种类型的远洋运输船只和它们运载的货物都可以得到海洋运输保险的保障。船主和货主的法律责任都可以得到保障。

内陆运输保险（inland marine insurance） 可以为内陆运输的货物提供保障，包括进出口货物保险、国内运输保险以及交通设施（例如桥梁和隧道）保险。此外，内陆运输保险可以被用来为艺术品、珠宝、皮草以及其他财产提供保障。[2]

海洋运输保险

海洋运输保险是最古老的运输保险之一。海洋运输保险非常复杂，反映了基本海洋法、贸易习惯以及法庭对不同保单条款的解释。海洋运输保险有多种类型，其提供的一些基本保障包括：

- **船体保险（hull insurance）** 为船只本身遭受的物理损失提供保障。它类似于为汽车提供的、承保因碰撞引起的物理损失敞口的碰撞保险。船体保险常常包含免赔额。此外，

---

[1] 参见 "2018 Terrorism Risk Insurance Report," Marsh, April 2018。

[2] 关于运输保险的详细内容参见 *Fire, Casualty, Surety (FC&S) Bulletins*, commercial insurance section，也可参见国际风险管理协会的网络图书馆（http://www.IRMI.com）中的资料。本部分内容参考了如下文献：Trupin and Flitner, *Commercial Property Risk Management and Insurance*, Chapter 10; Phillip Gordis, *Property and Casualty Insurance*, 33rd Edition; and Cook, *Commercial Property Risk Management and Insurance*, Chapter 8.

还包括**碰撞责任条款**（collision liability clause），也称**撞倒条款**（running down clause）。该条款在船只与另一船只相撞或对货物造成了损失时，为所有者的法律责任提供保障。但是撞倒条款不为由造成他人伤亡、造成码头和船坞损坏以及造成船员伤亡所引起的法律责任提供保障。

- **货物保险**（cargo insurance）为运输的货物损坏或丢失给货主造成的损失提供保障。保单可以仅为一次运输承保。如果进行定期装运，可以使用开放式货物保单为每次装运的货物自动提供保险。船主需要定期报告装运情况。开放式货物保单没有到期日，在被取消之前一直有效。

- **保赔保险**［protection and indemnity（P&I）insurance］通常以独立合同形式为对第三方造成的财产损失和身体伤害提供综合责任保险保障。保赔保险使船主免受由船只撞上码头、船坞和港口设施导致的损坏、货物损坏、船上乘客或船员生病或受伤，以及被罚款造成的损失。

- **运费保险**（freight insurance）赔偿船主在货物被损坏或失踪或没有送达情况下所面临的运费损失。

海洋运输保险的基本概念

海洋运输保险以几个基本概念为基础。下面的部分将讨论这些概念以及相关的合同条款。

默认保证　海洋运输保险合同包括三项**默认保证**（implied warranty）：

- 船只适合海上航行。
- 不偏离航线。
- 目的合法。

船主默认保证船只适合海上航行。这意味着船只的建造、保养和为航行所做的准备是适宜的。

不偏离航线意味着船只不能偏离其既定航线。但是，在存在不可抗力的情况下，为了避开恶劣的天气、拯救船上人员的生命或救助其他船上的人员，有意偏离航线是被允许的。

目的合法保证意味着航行不应出于某些非法的目的，例如走私毒品入境。

上述默认保证要满足很多除外责任和条件。但是，对除外责任的讨论超过了本书的范围。

承保风险事故　海洋运输保险为一些特别的风险事故提供广泛的保障，包括**海上风险事故**（perils of the sea），例如恶劣天气、疾风大浪、碰撞、沉没和搁浅。其他承保风险事故包括火灾、敌对行动、海盗、盗窃、抛弃货物（抛弃货物以确保船只安全）、欺诈行为（雇主或船员牺牲船主或货主利益的欺诈行为）以及类似的风险事故。

海洋运输保险还可以按照开放式风险（一切险）投保。除了专门除外的那些损失之外，所有非预期的偶然损失都在保障范围内。通常的除外责任是那些由延迟、战争、内在缺陷（特定类型财产易于腐烂的倾向）、罢工、暴动或民众骚乱造成的损失。

单独海损　在海洋运输保险中，海损是指部分损失。**单独海损**（particular average）是指完全由单一利益方承担的损失，与之相对的是共同海损。共同海损是指由参与航行的各方共同承担的损失。根据平安险条款［free-of-particular-average（FPA）clause］的规定，除非损失是由特定风险事故，例如搁浅、沉没、失火或者船只碰撞引起的，否则对单独海损不提供保障。

可以按照一定比例确定平安险条款，例如 3%。如果损失超过声明中的百分比，总损失将会得到赔付。例如，如果货物投保 100 000 美元，3 000 美元以下的损失完全由被保险人承担。如果损失超过 3 000 美元，保险人全额支付损失。

共同海损 共同海损（general average）是指为了保护航行中各方的共同利益而引起的，由各方共同承担的损失。例如，假设船只被巨浪袭击，面临沉没的危险，必须抛弃部分货物以拯救船只。由此发生的损失由参与航行的人共同承担，包括船主、货主、运费利益方。在这种情况下，运费是指货船获得的收益。各方必须根据其在此次航行中占总价值的收益比例承担损失。例如，假设船长必须扔掉 100 万美元的钢材以拯救船只，并假设各方的利益如下：

钢材的价值	200 万美元
其他货物的价值	+300 万美元
船只的价值和运费	+1 500 万美元
总额	2 000 万美元

钢材的所有者要承担 100 万美元的 2/20 损失，即 100 000 美元。其他货物的所有者支付 3/20 的损失，即 150 000 美元。最后，船只和运费利益方承担 15/20，即 750 000 美元。

共同海损必须满足几个条件[①]：

- 紧急风险事故。航行中必须存在对所有利益（船只、货物和运费）产生影响的紧急风险事故。
- 自愿。牺牲必须是自愿的，发生的特定费用必须是合理的。
- 至少保存了部分价值。努力必须是成功的，必须至少挽回了部分价值。
- 无过失。威胁航行的风险事故不是由参与共同海损分摊的利益方的过失造成的。

内陆运输保险

内陆运输保险来源于海洋运输保险。海洋运输保险最初提供的是，从财产装载点到上岸的这段航程的保险。随着商品贸易的发展，货物开始需要在内陆运输。内陆运输保险起源自 20 世纪 20 年代，为在内陆上运输的货物、交通设施（如桥梁和隧道）以及可以移动的财产提供保障。

国内运输的定义

随着内陆运输保险的发展，火灾保险公司和海洋运输保险公司之间产生了冲突。为了解决混淆和冲突问题，这些公司在 1933 年制定了一个**国内运输定义**（nationwide marine definition），为海洋运输保险公司可以承保的财产进行了定义。该定义得到了美国保险监督官协会的同意，并在 1953 年进行了修订和扩展。1976 年，美国保险监督官协会对运输保险制定了新的定义，并为大多数州所采用。现在，下列类型的财产可以投保运输保险：

- 进口货物。

[①] Gordis, *Property and Casualty Insurance*, pp. 336–337.

- 出口货物。
- 国内运输货物。
- 交通和通信设施。
- 个人流动财产。
- 企业流动财产。

内陆运输保险的主要类型

适合投保内陆运输保险的企业财产可以分为以下几类：
- 运输中的国内货物。
- 受托人照看的财产。
- 移动设备和财产。
- 某些经销商的财产。
- 交通和通信设施。

运输中的国内货物　国内货物可以通过普通运输方式完成，例如通过卡车、铁路或飞机运输，或者用公司自己的卡车运输。这些货物可能因为火灾、雷电、洪水、地震或其他风险事故而被损毁，也可能因为碰撞、脱轨或翻车等情况而遭受损失。这些损失可以通过内陆运输保险获得保障。

尽管负责普通运输的公司对于安全送达货物负有法律责任，但是它却并不对所有损失都负责。例如，一个负责普通运输的公司对不可抗力（例如龙卷风）、政府行为、公众敌人的行为（战争）、包装不当以及内在的缺陷等情况造成的损失不负责任。

此外，如果货主同意限制承运人的责任，使其承担的责任少于货物总价值，那么可以减少装运费用，又称放行提单（released bill of lading）。因此，货主可以通过同意放行提单节省费用，并用这笔钱购买货物运输保险。

受托人照看的财产　内陆运输保险可以被用于为受托人照看的财产提供保障。**受托人**（bailee）是指临时拥有他人财产的人。受托人的例子包括干洗店、洗衣店和电脑维修店。在普通法中，除非由于受托人或其雇员的疏忽，否则受托人对其顾客的财产损失不负法律责任。但是，为了维护自身声誉，许多受托人购买了受托人客户保险，为其暂时照看的客户的财产所遭受的某些列明风险事故造成的损失提供保障，不管法律责任在谁。

移动设备和财产　流动财产内陆运输保险可以被用于为经常从一处移至另一处的流动财产，例如拖拉机、起重机或推土机，提供保险。同样，运往施工地或正在安装中的供水、供热或空调设备也可以获得保障。

此外，流动财产内陆运输保险可以被用于为某些其他类型的财产提供保障，例如艺术品、家畜、戏院的道具、计算机和标牌。

某些经销商的财产　内陆运输保险也被用于为某些经销商的财产提供保险。一些专用内陆运输保单或内陆运输定额预付保险可以被用于为珠宝商、皮货商和钻石、艺术品、照相机、音像设备以及其他产品的经销商提供保障。大多数此类保险在一切险的基础上提供保障。

交通和通信设施　交通和通信设施（instrumentalities of transportation and communication）是指被用于运输的某个固定地点的财产。内陆运输保险可以被用于为桥梁、隧道、码头、船坞、锭盘、管道、电力输送线路、广播和电视塔、室外起重机以及被用于装卸和运输的类似设备提供保障。例如，桥梁可能会因洪水、冰塞或船只碰撞而遭到损坏；电视台或电线可能被风暴吹倒；油车倾覆爆炸可能会引起隧道火灾。这些损失可以通过内陆运输保险获得保障。

保险服务处内陆运输保险

有多种保险服务处保单可以被用于为企业内陆运输损失敞口提供保障。主要的保单类型包括：

- **应收账款保险**（accounts receivable coverage form） 在企业因为凭证被损毁而无法收回客户所欠余额时为企业提供补偿。如果因为火灾、失窃或其他风险事故失去应收账款凭证而无法收回客户欠款，企业可能会蒙受巨额损失。

- **照相机和音响设备经销商保险**（camera and musical instrument dealers coverage form） 被用于为由照相机或音响设备以及相关设备和附属设备组成的贸易存货提供保障。由被保险人照看、保管或控制的其他财产也在保障范围内。

- **商用设备保险**（commercial articles coverage form） 为摄影师、职业音乐家、电影出品人、演出公司和其他企业用于商业用途的摄影和音响设备提供保障。

- **设备经销商保险**（equipment dealers form） 为经销商用于交易的农机设备和建筑设备存货提供保障。这种保险还可以被扩展至为商业用途的设备、固定附着物、办公设备和器械提供保障。

- **胶片保险**（film coverage form） 为电影胶片、磁带和录像带面临的风险提供保障。

- **抵押物保险**（floor plan coverage form） 是指一种融资计划，经销商借钱购买被用于展出或销售的商品，但是所有权由贷款机构或制造商所有。该保险可以被用于保障经销商、放贷机构或二者的利益。投保财产是融资购买的商品。

- **珠宝保险**（jewelers block coverage form） 为珠宝、手表、珍贵玉石及珠宝零售商及批发商、珠宝制造商和钻石批发商提供保险。

- **邮政保险**（mail coverage form） 为通过一级邮件、挂号信、保证邮件和快递邮件运输的证券提供保障，专门为股票经纪公司、银行和通过邮递传递有价证券的其他金融机构设计。

- **医疗设备保险**（physicians and surgeons equipment coverage form） 为医生和牙医使用的医疗、手术或牙科设备提供保障，包括可移动设备、固定设备和改进设备。

- **标识保险**（signs coverage form） 为霓虹灯、机械和电子标识提供保障。每一种承保标识都必须列出。

- **演出道具保险**（theatrical property coverage form） 为戏剧演出中使用的服装、布景和类似财产提供保障。例如，百老汇（Broadway）演出可能到另一个城市进行，需要把演出服装和布景运输到该城市。演出道具财产可以由这种保险提供保障。

- **贵重文本记录保险**（valuable papers and records coverage form） 为有价值的文本记录提供保障，例如大学的学生成绩表、建筑公司的计划和蓝图、药店的处方记录。这种保险为重建损毁记录的费用提供保障，也可以被用于为不可复制的记录的损失提供保障，例如稀有的手抄本。

其他内陆运输保险

其他内陆运输保险旨在满足企业特殊的或唯一的需求。这里只讨论少数几种。

商品运输保险 前面提到，内陆运输保险可以被用于为国内的商品运输提供保险。**全年运输保险（annual transit policy）**可以由制造商、批发商和零售商用于为由公共卡车、铁路和港口船只运输的商品提供保障。运出和运入的商品都可以获得保障。尽管这些保险不是标准保单，但它们具有相似的特点。它们可以在一切险的基础上投保，也可以在列明风险事故的基础上投保。

尽管运输保险提供宽泛的保障，但也有一些除外责任。这种保险可以被用于为所有装载货物的失窃提供保障，但是商品的失窃一般不在保障范围内。其他除外责任包括罢工、暴动和民众骚动、泄漏和破损（除非由承保风险事故引起）、损坏、刮擦、受潮、发霉和腐烂等。

单次运输保险（trip transit policy）是企业和个人运输一次使用的保险。例如，一个价值数万美元的电力转换设备被从东部的工厂运送到西海岸或使用者家里。运输的对象可以投保多种单次运输保险。

受托人保险 正如前面所提到的，受托人是临时拥有属于他人的财产的人。受托人责任保险（bailees liability policy）可以被用于为企业对客户财产负有的责任提供保障，例如洗衣店里的衣服。但是，受托人责任保险只在企业对损失负有法律责任的时候才提供保障。相反，**受托人客户保险（bailees customers policy）**可以被用于为他人财产的损失提供保障，而不管法律责任在谁。受托人客户保险一般为那些掌握他人高价值财产的企业设计，例如裘皮大衣。无论谁负有法律责任，承保损失都可以获得赔偿，在客户中的声誉也可以得以保留。

企业流动财产保险 **企业流动财产保险（business floaters）**是一种为那些经常从一个地方转移到另一个地方的财产（流动财产）提供保障的内陆运输保险。有很多企业流动财产保险可以使用。例如，签约人设备保险（contractors equipment floater）可以为签约人的财产提供保障，例如推土机、拖拉机、起重机、重型推土机和脚手架等。成衣加工业者加工品保险（garment contractors floater）为成衣或成衣制造商送到其他企业，例如打纽扣孔企业、打褶企业或刺绣企业的未完成的衣服提供保障。

交通和通信设施保险 内陆运输保险可以被用于为桥梁、隧道、广播塔、管道、电线和类似财产提供保障。例如，收费桥梁因为船只撞上桥墩而被迫关闭，由此将导致收入损失。业务收入保险可以为这种损失提供保障。

这种类型的财产可以基于开放式风险（一切险）或者基于列明风险事故投保，具体将取决于被保险人的需要。

企业主保险

企业主保险（businessowners policy，BOP）是一种专门为中小型零售商店、写字楼、公寓楼和类似企业设计的一揽子保险。今天，在市场上有很多种不同的企业主保险。在这一部分我们将讨论保险服务处设计的企业主保险。① 保险服务处设计的保险在一份保单中为财产和责任保险提供保障。下面的部分仅讨论财产保险保障范围，责任保险保障范围将在下一章讨论。②

企业投保资格

企业主保险可以由公寓的所有者或共有住宅协会，写字楼的所有者和写字楼共有协会，零售商店，以及生产具有投保资格的商品或服务的企业（例如制造设备企业、美容院和复印室等）为建筑物和个人商业财产投保。一些签约人、"限制烹饪"餐馆和便利店可以投保企业主保险。③

有些企业不具有投保企业主保险的资格，因为损失敞口超出了普通中小企业预期的范围。它们包括汽车维修和服务站、汽车经销商、摩托车或移动房屋经销商、停车场、酒吧、娱乐场所（例如保龄球场）、银行和金融机构。

企业主保险保障范围

保险服务处现有的企业主保险是特殊险，基于开放式风险事故为财产承保。该保单为承保范围内的财产发生的直接物理损失或损毁提供保障，为除了特别除外的损失之外的所有损失提供保障。但是，如果有必要，通过附加批单也可以为某些列明的风险事故提供保障，只有那些在保单中列明的风险事故属于保障范围。

现有的企业主保险属于独立保险（self-contained policy），将财产保障、责任保障和保单规定的保障包含在一份保单中。下面的讨论概括了保险服务处财产保险保障的基本特点。

（1）建筑物。企业主保险为在声明中列明的建筑提供保障，包括所有附属建筑、建筑内外的固定附着物，以及永久安装的机器和设备。建筑物保险还为记名被保险人作为所有人在公寓或房屋内配备的个人财产，以及记名被保险人所有的用于维护或服务住宅的个人财产（例如灭火设备、电冰箱和洗碗机）提供保障。对建筑物的保险限额每年伴随通货膨胀按照声明中列明的百分比自动增加。

（2）个人商业财产。个人商业财产也在保障范围内，包括记名被保险人所有的在经营中使用的财产，被保险人照看、保管和控制的他人财产，租赁人的改良和改进，以及记名被保险人具有投保的契约责任的租用个人财产。此外，保障范围还被扩大到位于房屋或建筑物 100 英尺范围内（以较大者为准）的个人财产。如果记名被保险人是租借人，而且声

---

① 2012 年，保险服务处发布了企业主保单的最新版本。该保单格式于 2013 年开始在大多数州使用。

② 本节内容参考了保险服务处的最新版本的保单。企业主保险的更多讨论参见 *Fire, Casualty, Surety* (FC&S) *Bulletins*, commercial insurance section; Flitner and Trupin, *Commercial Insurance*, Chapter 11; Cook, *Commercial Property Risk Management and Insurance*, Chapter 11, 也可参见国际风险管理协会的网络图书馆（http://www.irmi.com）中的资料。IRMI 的 "Summary of the Major Changes—2013 ISO BOP" 也很有参考价值。

③ 企业主保险在 2010 年发生的变化是，在满足特定条件的情况下，赋予休闲和高档餐厅、便利商店、可销售汽油的超市相应资格。面积和年销售额的限制分别增加到 35 000 平方英尺和 600 万美元。

明中没有对保险进行限制，个人商业财产也包括建筑外部的玻璃。玻璃必须由记名被保险人所有或者由记名被保险人照看、保管和控制。旺季条款在存货价值达到高点的时候会临时将保额提高25%。

此外，在新获得保险的地点的个人商业财产，每一个地点30天的最高保障为100 000美元。该条款自动提供保障，直到企业主保险通过批单将新地点纳入保障范围为止。运输中的个人商业财产或者临时运离可保地点的个人商业财产的最高保额为10 000美元。

(3) 承保损失责任。最新版本的企业主保险对遭受直接物理损失敞口的财产提供保障。这意味着所有直接物理损失都将获得保障，除非它们为专门除外的责任或者保险公司对保单进行了限制。

企业主保险也可以通过批单为列明风险事故提供保障。承保损失责任包括火灾、雷电、爆炸、风暴或冰雹、烟雾、飞机或车辆、暴动或民众骚乱、故意破坏、喷洒设备泄漏、污水池损坏、火山运动以及某些运输风险事故。列明风险事故批单也为被抢劫提供可选保障。

(4) 附加保障。企业主保险还包括一些一般企业主可能需要的附加保障：

- 碎片清理（最高25 000美元）。
- 损失发生后投保财产的保存。
- 消防机构服务收费（最高2 500美元）。
- 倒塌。
- 水损，其他液体、粉尘或熔融物损毁。
- 业务收入、扩展业务收入和额外损失。
- 污染物清除和移走（最高10 000美元）。
- 由政府机构行为导致的业务收入损失和额外费用。
- 汇票和赝钞（最高1 000美元）。
- 赝品和改造损失（最高2 500美元）。
- 由于法律或法令而提高的建筑物成本（每一栋投保建筑物在重置成本基础上的最高保额为10 000美元）。
- 独立财产的业务收入（最高5 000美元）。
- 在维修或更换损坏玻璃被延迟的情况下，发生的临时安装防护板或隔断物的费用。
- 重新安装灭火系统的费用（每次最高5 000美元）。
- 更换或恢复承保损失责任损坏的电子数据的费用（最高10 000美元）。
- 计算机运行中断（最高10 000美元）。
- 对"真菌"、潮湿或干燥腐蚀以及细菌的限制保障（最高15 000美元）。

(5) 可选保障。企业主保险为了满足企业主的特定需要，通过收取额外保费提供多种可选保障：

- 户外标识。
- 货币和证券。
- 员工不诚实。
- 机器故障。

(6) 免赔额。所有财产保障的每起理赔案的标准免赔额为500美元。有三种免赔额可供选择，即 250 美元、1 000 美元和 2 500 美元。但是，免赔额条款不适用于消防机构服务收费、业务收入损失、额外费用、政府行为以及灭火系统的再收费。

（7）企业责任保险。企业主保险还提供类似于企业一般责任保险（commercial general liability policy，CGL）的企业责任保险。企业主可以获得身体伤害保险和财产损失责任保险，以及人身和广告伤害责任保险。该保险还提供医疗费用保险。企业一般责任保险将在第 26 章讨论。

案例应用

金伯莉在度假区内拥有并经营一家网球商店。这项业务具有季节性，每年收入中的大部分来自 6 月、7 月和 8 月。金伯莉在其余几个月里也经营，但是这几个月里的存货比较少。在夏天，手头的存货就会大量增加。金伯莉为其业务购买了企业主保险特殊险，但是没有购买专门的附加批单。

a. 假设你是一位风险管理顾问。指出金伯莉面临的主要风险。

b. 假设 7 月发生了一起承保损失，部分存货被毁。企业主保险为夏季月份增加的存货提供保障吗？请解释你的答案。

c. 金伯莉准备在销售额上升的几个月里多聘请几名员工。她担心员工可能会偷盗以及不诚实。向金伯莉解释企业主保险如何对这些损失提供保障。

d. 大火烧毁了房屋，金伯莉因停止营业 3 个月而损失了业务收入。企业主保险对这些损失提供保障吗？请解释你的答案。

e. 有人打破了外面的玻璃窗，导致建筑物严重受损。企业主保险对这些损失提供保障吗？请解释你的答案。

本章小结

- 企业一揽子保险保单（CPP）包括通用声明页、通用条件页、一项以上的保障内容。

- 与个人保单相比，一揽子保险的保障缺口小；被保险人支付的保费相对较少，因为不需要分别购买保单；保险人节省的费用可以被转移给投保人；被保险人可以享受单一保单的便捷。

- 每一份企业一揽子保险保单的保障内容都包括一项以上的保障内容。保障内容包括：

  ➢ 建筑物和个人财产保障。
  ➢ 业务收入（和额外费用）保障。
  ➢ 商业犯罪保障。
  ➢ 内陆运输保障。
  ➢ 设备损坏保障。
  ➢ 商业一般责任保障。

- ➢ 商业汽车保障。
- 建筑物和个人财产保险可以被应用于企业的建筑物、个人商业财产以及被保险人照看、保管或控制的他人个人财产。
- 在保险服务处的企业财产保险计划中，必须为企业保险附加保险责任类型，从而形成一份完整的合同。有三种保险责任：
  - ➢ 基本保险责任。
  - ➢ 扩展保险责任。
  - ➢ 特殊保险责任。
- 业务收入（和额外费用）保险为由承保损失造成的业务经营中止所导致的业务收入损失提供保障。业务收入是在损失没有发生的情况下，企业本应赚取的税前净利润或损失加上持续正常经营的成本，包括应付工资总额。由损失造成的额外费用也在保障范围内。
- 额外费用保险只为恢复期间持续经营产生的额外费用提供保障。利润损失不在保障范围内。
- 对于某些有独特的或专业化需求的企业，其他企业财产保险很重要，包括建筑商风险保险、共管协会保险、共管企业主保险、设备损坏保险、补足保险、网络财产保险和恐怖主义保险。
- 海洋运输保险可以根据反映的可保利益类型分为四类：
  - ➢ 船体保险。
  - ➢ 货物保险。
  - ➢ 保赔保险（P&I）。
  - ➢ 运费保险。
- 海洋运输保险中的单独海损是指完全由单一利益方承担的损失。与之相对的是共同海损，共同海损是指由参与航行的各方共同承担的损失。
- 内陆运输保险可以为下面几种企业财产提供保障：
  - ➢ 运输中的国内货物。
  - ➢ 受托人照看的财产。
  - ➢ 移动设备和财产。
  - ➢ 某些经销商的财产。
  - ➢ 交通和通信设施。
- 内陆运输保险的主要类型包括：
  - ➢ 应收账款保险。
  - ➢ 照相机和音响设备经销商保险。
  - ➢ 商用设备保险。
  - ➢ 设备经销商保险。
  - ➢ 胶片保险。
  - ➢ 抵押物保险。
  - ➢ 珠宝保险。
  - ➢ 邮政保险。
  - ➢ 医疗设备保险。

- ➢ 标识保险。
- ➢ 演出道具保险。
- ➢ 贵重文本记录保险。
- 其他内陆运输保险包括：
  - ➢ 全年运输保险。
  - ➢ 单次运输保险。
  - ➢ 受托人保险。
  - ➢ 企业流动财产保险。
  - ➢ 交通和通信设施保险。
- 企业主保险是中小企业使用的一揽子保险。这种保险为建筑物、个人商业财产、业务收入损失、额外费用和企业责任风险提供保障。户外标识、货币和证券、员工不诚实以及机器故障都在可选保障范围内。

重要概念和术语

应收账款保险　　　　　　　　　附加建筑财产批单
附加财产批单　　　　　　　　　全年运输保险
受托人　　　　　　　　　　　　受托人客户保险
建筑商风险保险　　　　　　　　建筑物和个人财产保险
企业流动财产保险　　　　　　　业务收入（和额外费用）保险
业务收入（无额外费用）保险　　业务收入保险
企业主保险（BOP）　　　　　　照相机和音响设备经销商保险
货物保险　　　　　　　　　　　保险责任类型（基本、扩展、特殊）
碰撞责任条款（撞倒条款）　　　商用设备保险
企业一揽子保险（CPP）　　　　共管协会保险
共管企业主保险　　　　　　　　网络财产保险
补足保险（DIC）　　　　　　　设备损坏保险
设备保障保护保险　　　　　　　设备经销商保险
额外费用保险　　　　　　　　　额外费用
胶片保险　　　　　　　　　　　抵押物保险
运费保险　　　　　　　　　　　共同海损
船体保险　　　　　　　　　　　默认保证
内陆运输保险　　　　　　　　　交通和通信设施
珠宝保险　　　　　　　　　　　共同或争议损失协议批单
邮政保险　　　　　　　　　　　国内运输定义
海洋运输保险　　　　　　　　　一揽子保险
单独海损　　　　　　　　　　　旺季批单
海上风险事故　　　　　　　　　医疗设备保险

保赔保险（P&I）
标识保险
演出道具保险
贵重文本记录保险

价值报告条款
恐怖主义保险
单次运输保险

复习题

1. a. 什么是一揽子保险？

b. 解释相对于购买独立保单而言，企业一揽子保险保单对于企业的好处。

2. 指出下列几种保险责任类型提供保障的损失原因：

a. 基本保险责任。

b. 扩展保险责任。

c. 特殊保险责任。

3. 解释建筑物和个人财产保险的下述条款：

a. 保险标的。

b. 附加保障。

c. 可选保障。

4. 业务收入（和额外费用）保险包括一些保险条件。请对下列条款做出解释：

a. 业务收入损失。

b. 额外费用。

5. 简要描述下述企业财产保险保障类型：

a. 建筑商风险保险。

b. 共管协会保险。

c. 设备损坏保险。

d. 补足保险。

e. 网络财产保险。

6. 解释下面几种海洋运输保险类型：

a. 船体保险。

b. 货物保险。

c. 保赔保险。

d. 运费保险。

7. a. 海洋运输保险中的单独海损和共同海损的区别有哪些？

b. 共同海损损失必须满足哪些条件？

8. 指出可以获得内陆运输保险保障的主要的企业财产类型。

9. 简要描述下列内陆运输保险保障类型：

a. 应收账款保险。

b. 贵重文本记录保险。

c. 受托人客户保险。

10. 企业主保单（BOP）包括多个保障类型。解释下列几种：

a. 建筑物保障。

b. 个人商业财产保障。

c. 承保损失责任。

d. BOP提供的附加保障。

应用题

1. 文斯开了一家电视维修店，店面投保了企业一揽子保险。保险保障范围包括建筑物和个人财产保险以及扩展保险。声明页指出，保障范围同时适用于建筑物和记名被保险人的企业财产。解释下面这些损失是否在该保险的保障范围内。

a. 该地点发生火灾，建筑物被严重烧毁。

b. 抢劫犯从没有上锁的保险箱里偷走了一些钱和证券。

c. 一个在营业时间过后闯进店里的人砸坏了店里的计算机。

d. 龙卷风袭击了店面及附近地区。店里维修的客户的几台电视机被风暴吹坏。

2. 永续电池公司为工业和消费用途制造电池。该公司购买了企业一揽子保险，为财产风险提供保障。除了共同保险条件和声明之外，保单还包括建筑物和个人财产保险以及设备损坏保险。该保单还包括扩展保险责任。请结合下列每种损失，指出该损失是否可获得保障。

a. 储存制作完成的电池的建筑物在一起爆炸事故中被毁。

b. 由于爆炸，公司不得不专门运输制造电池需要的机器零件，由此产生了一笔费用。

c. 这次爆炸导致几名员工受伤，并在当地的医院接受治疗。

d. 存放已经完工商品的建筑中的自动喷洒系统意外喷水。一些最近制造完成的电池由于水的侵蚀被损毁了。

3. 阿什利有一家鞋店，投保了120 000美元的业务收入（和额外费用）保险。由于一场火灾，阿什利不得不关闭鞋店3个月。根据过去的收入情况推断，阿什利在3个月的停业期间，如果没有发生损失，会有30 000美元的净收入。在停业期间没有收入，阿什利还要继续支付10 000美元的费用。阿什利要得到补偿的业务收入损失是多少？解释你的答案。

4. a. 珍妮特是《新闻日报》（*Daily News*）的风险管理师。每日出版物是一个高度竞争的市场。她需要确定，如果公司的印刷设备因为承保范围内的原因被毁，该报纸是否能够继续出版。珍妮特应该购买哪种保险来为物理损毁损失发生后继续印刷报纸的附加成本提供保障？

b. 米歇尔在一家商场里开了一家书店。他的书店坐落于电影院和百货公司之间。米歇尔靠着电影院和百货公司来往的客人盈利。米歇尔知道，这两家单位中的任何一家关闭都会导致书店蒙受巨大的经济损失。米歇尔要购买什么类型的保险才能够为这种风险提供保障？

5. 玛丽女王是一艘远洋油轮，不慎撞上了一艘大型货轮。玛丽女王号轮船购买了一份包括撞倒条款的海洋运输船体保险。对于下面的每种损失，请解释海洋运输保险是否适用。

a. 对玛丽女王造成的损坏。

b. 对货轮造成的损坏。

c. 货轮上的船员发生的伤亡。

6. 一艘海运货轮在一场巨大的海洋风暴中被迫抛弃一些货物。货物被抛弃时，航行期间的利益结构如下：

船只的价值	400万美元
铁矿石的价值	200万美元
木材和木屑的价值	200万美元

假设船长必须抛弃价值800 000美元的铁矿石。根据共同海损原则，海运货轮必须支付的数额是多少？对你的答案做出解释。

7. 露丝公司的个人商业财产价值定期波动，这种波动在很大程度上取决于手头存货价值的波动。露丝的财产保险保单要求定期对个人商业财产的价值进行报告。保险的限额是500 000美元。露丝认为，她可以通过低报存货价值省钱。在上一期，实际价值为400 000美元，但她只报告了200 000美元。就在她最后一次报告后不久，存货的价值上涨到500 000美元。不过，发生的一起火灾把存货全部烧毁了。不考虑免赔额，露丝的保险人要赔偿多少钱？对你的答案做出解释。

8. 道格拉斯拥有并经营一家小型家具店。除了道格拉斯，店里还雇用了两个销售人员。道格拉斯的保险代理人劝他购买一份企业主保险（BOP）。指出企业主保险可以为道格拉斯的家具店提供对哪些损失敞口的保障。

数字资源

网络资源

参考文献

第26章
企业责任保险

> 美国社会爱打官司的特点对于公司而言可能是一种致命的风险。责任保险是应对这种风险的一个重要工具。
>
> ——威廉·B. 赫德里克（William B. Hedrick）
> 美国马狮公司（Marsh USA，Inc.）总经理

学习目标

学习完本章，你应当能够：

- 指出企业面临的主要责任损失敞口。
- 描述企业一般责任保险（CGL）提供的基本保障。
- 描述雇佣行为责任保险。
- 解释工人补偿和雇主责任保险提供的保障。
- 描述企业伞式保险的重要条款。
- 阐述网络责任保险的目标及其提供的保障。
- 指出企业主保险（BOP）提供的责任保障。
- 描述医生的职业责任保险的基本特点。
- 解释董事和管理人员责任保险（D&O）提供的保障。

哈里斯建材商店是一个区域性建筑器材连锁店。商店的顾客包括建筑承包商、木匠和自行维修的屋主。这些商店相对较小，库存都高高地堆放在商店过道两侧的货架上。由于家里有些东西需要维修，杰夫·威廉姆斯来到哈里斯建材商店准备买一把新电锯。他想要的那把电锯不在商店货架上。一位售货员协助他，发现电锯被放在过道上方的箱子里。售货员找了一个梯子来够那个箱子。当售货员移动装有电锯的箱子时，过道上方另外三个箱子掉了下来。其中两个箱子把杰夫击倒在地，使其被诊断为脑震荡和失忆。第三个箱子撞上了梯子。售货员在失去平衡摔倒后腿部骨折、下背部扭伤。

由于这起事故，哈里斯建材商店可能会因杰夫受伤而面临诉讼。与其他雇主一样，哈里斯建材商店也有义务为其雇员遭受的工伤支付费用。

企业可能面临由多种原因引起的责任索赔。包括产品缺陷、客户伤亡、对他人财产造成损失、环境污染、对员工的歧视、投资者的经济损失等。涉及的索赔范围从小额索赔到数百万美元的诉讼不等。企业责任保险可以为企业提供应对这些风险的保障。

本章重点介绍企业面临的主要责任损失敞口和为这些风险提供保障的商业保险。涉及的内容包括企业一般责任保险（CGL）、雇佣行为责任保险、工人补偿和雇主责任保险、网络责任保险、职业责任保险和其他企业责任保险。

一般责任损失敞口

一般责任是指由于经营产生的法律责任，但不包括由于汽车或航空事故以及员工身体伤害产生的法律责任。企业通常会购买企业一般责任保险（CGL）或企业主保险（BOP），为一般责任损失敞口提供保障。正如第 25 章所提到的，一般责任保险通常是作为企业一揽子保险的一部分提供的。重要的一般责任损失敞口包括：

- 营业场所和经营责任。
- 产品责任。
- 完工操作责任。
- 合同责任。
- 或有责任。

营业场所和经营责任

法律责任可能因为企业拥有或维护企业经营的营业场所而产生。企业对于维持营业场所的安全条件负有法律责任，并对其员工行为负责。商店里的客户属于被邀请人，他们应当得到最周到的照顾。对于经营场所中可能存在的任何风险，企业都必须对其进行警告并提供保护。例如，如果客户在湿滑的地板上滑倒并摔断腿，企业就要承担责任。

法律责任也可能会因为企业的经营活动而产生，无论是否在经营场所内。例如，林场中的员工从车上卸下木材时，可能会因为不小心而损坏顾客的卡车，或者窗户清洗工人在高层建筑上工作时，可能会因为失手使工具掉落而砸伤行人。

产品责任

产品责任（products liability）是指制造商、批发商和零售商对由于使用有缺陷的产品而遭受身体伤害或财产损失的人负有的法律责任。企业由于疏忽、违反保证和严格责任等原因被起诉时，通常会败诉。这些问题在前面的章节已经进行了讨论，这里不再赘述。

完工操作责任

完工操作责任（completed operations liability）是指在工作和操作完成后，发生在营业场所之外的由于工作问题引起的责任。承包商、水管工、电工、维修店和类似企业对其工作完成后产生的身体伤害和财产损失负有责任。当工作正在进行时，这属于操作风险的一部分。但是，当工作完成后，这就是完工操作风险。例如，热水锅炉可能会由于不正确的安装而发生爆炸，或者超市的管道系统可能会由于不正确的安装而倒塌，并造成顾客受伤。

一般责任保险为产品责任和完工操作责任提供保障。现在产品责任和完工操作责任损失敞口都被包括在**产品完工操作风险**（products-completed operations hazard）的定义中。保险承保的责任损失包括发生在经营场所之外的、在被保险人已经放弃产品的所有权或操作已经完成后，由该产品或操作而导致的责任损失。例如，假设一个煤气炉安装出现错误，一个月之后发生了爆炸。安装者的责任能够得到产品完工操作保险的保障。

合同责任

合同责任（contractual liability）意味着企业以书面或口头合同的形式同意承担对第三方的法律责任。例如，一个制造企业租用了一栋建筑，租约明确规定，建筑物的所有者与任何起因于使用该建筑的责任无关。因此，通过书面租约，制造企业承担了一些潜在的法律责任，这些责任通常由建筑的所有者承担。

或有责任

或有责任（contingent liability）是指由独立承包商承担的工作所产生的责任。作为一般性规则，企业对独立承包商的工作不承担法律责任。但是如果满足下述条件，企业就要负责：（1）行为非法；（2）工作的情况或种类不允许授权；（3）独立承包商从事的工作具有固有的危险性。[①] 例如，总承包商会雇用二级承包商进行爆破作业。如果有人因为爆破受伤，即使二级承包商承担主要责任，总承包商也仍然要承担责任。

其他责任损失敞口

由于存在不同的除外责任，企业一般责任保险无法为企业的所有责任损失敞口提供保障。其他重要的损失敞口包括：（1）汽车、飞机和船只的所有权和使用产生的责任；（2）员工的职业伤害和职业病；（3）员工因为性骚扰、性别歧视、没有被雇用和升职、不当解雇以及其他与雇佣相关的事件而提起的诉讼；（4）网络责任；（5）职业责任；（6）董事和管理人员责任。有一些保险专门为这些风险提供保障。我们将在本章后面部分对这些保障展开讨论。

企业一般责任保险

企业经常使用**企业一般责任保险**（commercial general liability policy）来为它们的一般责任损失敞口提供保障。企业一般责任保险有两种类型：事故发生型保单和索赔发生型保单。下面部分讨论保险服务处设计的这两种类型的企业一般责任保险。[②] 保险服务处于

[①] Emmett J. Vaughan and Therese M. Vaughan, *Fundamentals of Risk and Insurance*, 10th ed. （New York: Wiley, 2008），p. 610.

[②] 这一部分基于：*Fire, Casualty & Surety Bulletins*, Erlanger, KY: National Underwriter Company, Commercial Lines Section; Donald S. Malecki, et al., *Commercial Liability Risk Management and Insurance*, 7th ed. （Malvern PA: American Institute for Chartered Property and Casualty Underwriters/Insurance Institute of America, 2008）; Mary Ann Cook （Ed.），*Commercial Liability Risk Management and Insurance*, American Institute for Chartered Property and Casualty Underwriters （2011）; and the International Risk Management Institute's website, http://www.IRMI.com。作者还采用了保险服务处制定的多种企业责任保险表格。作者在准备本章内容的时候，大量参考了这些资料。

2013年发布了该保单格式的修订版，本章编写时参考了该保单。专栏26.1介绍了有关一般责任诉讼的案例。

专栏 26.1

一般责任诉讼案例

了解一般责任保险如何为小企业提供保障的最简单方法是直接从诉讼案例入手。在这之前，让我们先回顾一下一般责任保险提供的保障：

- 当被保险人遭受第三方（非公司雇员的法律术语）起诉时，支付诉讼费用。
- 支付律师费、法律费用和对原告的损害赔偿。
- 诉讼包括有关财产损失、人身和广告伤害、名誉损害、版权侵权、滑倒事故等其他常见诉讼索赔。
- 员工伤害不在企业一般责任保险承保范围内，但在工人补偿保险保障范围内。
- 一些保单还为在被保险人财产内受伤的人支付直接医疗费用（救护车费用、急诊室费用等）。

一般责任保险保障小企业案例

在已经掌握了一般责任保险的基本保障范围后，让我们来看一些一般责任保险的实际案例，从这些案例中你会发现，一般责任保险可以为被保险人节省很多钱。

- 财产损失诉讼。承包商在为屋主的新厨房施工时，一名工人因忘记关闭水龙头而导致厨房进水。水渗入已完工地下室的地板和墙壁。屋主起诉了他们，要求他们赔偿房屋损失20万美元。
- 滑倒事故。一名个体农产品送货员在一家餐馆内刚擦干净的厨房的湿地板上滑倒，导致该送货员的胫骨在撞到桌子后破裂。他起诉餐馆，要求餐馆赔偿其10万美元的医疗费用、工资损失和其他费用。
- 客户伤害诉讼。当摄影师正在为客户拍摄写真照片时，一家人走进摄影棚，一位母亲被闪光灯的线绊倒在地，摔断了锁骨。这家人起诉这位摄影师，要求其支付75 000美元的医疗赔偿。
- 产品责任诉讼。一家体育用品经销商被起诉，被要求赔偿50万美元，原因是其出售的攀爬架导致一名顾客的孩子受伤。

在上述每一个例子中，保险公司都会承担诉讼费用，聘请律师代表公司，并承担案件的最终判决或达成和解。所谓判决是指法官或陪审团对被保险人在诉讼中应付原告的金额做出裁决。

然而，有些案件在判决前就已结案。当双方自愿在庭外就一些损害赔偿达成一致意见时，即为和解。

拥有保险的好处之一是保险公司经常帮助小企业解决诉讼问题。保险公司可以支付和解金，这将帮助被保险人避免在法庭上浪费时间（和更多的钱），使其生意重回正轨。

资料来源：Excerpted from "General Liability Lawsuit Examples," Insureon.com, accessed June 22, 2018.

事故发生型保单概述

企业一般责任保险既可以作为独立合同,也可以作为前面章节讨论过的企业一揽子保险保单的一部分购买。事故发生型保单包括五个主要部分:
- 第Ⅰ部分——保险责任:
  - 责任A:身体伤害和财产损失责任;
  - 责任B:人身和广告伤害责任;
  - 责任C:医疗赔付;
  - 补充赔付:责任A和责任B。
- 第Ⅱ部分——被保险人的定义。
- 第Ⅲ部分——保险限额。
- 第Ⅳ部分——企业一般责任条件。
- 第Ⅴ部分——释义。

第Ⅰ部分——保险责任

第Ⅰ部分列出了对身体伤害和财产损失责任、人身和广告伤害责任、医疗费用赔付以及一些补充赔付等内容的保障范围。

责任A:身体伤害和财产损失责任 保险人替被保险人履行其依法承担的且符合保单规定的**身体伤害和财产损失**(bodily injury or property damage)责任,但以不超过保额为限。身体伤害和财产损失必须由一次事故引起。**一次事故**(occurrence)被定义为一次意外,包括连续和重复地暴露于本质上相同的危险情况中。例如,商店发生了一起爆炸,几名顾客受伤,或者一家制造工厂排放的烟雾损坏了工厂附近的房屋壁板。这些情况都可以被认定为一次事故,并得到企业一般责任保险的保障。

此外,现有的企业一般责任保险保单增加了关于已知损失的新条款。根据这一条款,在保单生效前,损失已知或者很明显,则保险责任不成立,例如正在发生损失。身体伤害和财产损失责任只在以下两种情况下受到保障:(1)由保单有效期内发生的一次性事故引起;(2)被保险人或其员工在保单生效前没有收到关于身体伤害和财产损失已经全部或部分发生的事故或索赔通知。如果被保险人在保险期间开始前就知道企业的行为已经造成身体伤害和财产损失,那么任何关于已知事故的索赔都不会得到赔偿。

辩护费用 保险人还要支付法律辩护费用。保险人有权调查索赔或起诉,并根据自己的判断解决问题。若适用保险的限额在审判或结案时已经全部支付,那么保险人的辩护义务也随之结束。法律辩护成本一般在保单限额之外另行支付。保险人在确认诉讼被正确抗辩方面具有既得利益,因为一旦被保险人被判负有法律责任,它就要赔偿损失。

除外责任 身体伤害和财产损失责任保险的除外责任有很多,主要的除外责任包括:
- 预期到的或故意造成的伤害。被保险人能够预期到的或故意造成的身体伤害或财产损失不在保障范围内。例如,公司垒球队的职员用一根垒球棒袭击裁判引发的诉讼就不在保障范围内,因为伤害裁判存在主观故意因素。但是,该除外责任不适用于合理使用武力来保护人身或财产而造成的身体伤害。
- 合同责任。保单不为合同或协议规定的责任提供保障。但是,该除外责任不适用于即使没有合同或协议,被保险人也要承担的责任,也不适用于被保险人合同规定的责任。被保险人合同是指，经营场所的租约、附属协议、地役权或许可协议、赔偿市政府的责任、电梯维护协议，或者用于身体伤害和财产损失的侵权责任假定（法律规定的，即使没有签订任何合同或协议也要承担的责任）。

- 酒类责任。该除外责任只适用于生产、配送、销售或提供酒水的企业。例如，如果酒吧的男招待为醉酒的顾客不断提供酒水，该顾客对他人造成身体伤害，酒吧的所有者所遭受的索赔和起诉不在保障范围内。但是，酒类除外责任不适用于非酒类企业。例如，在企业赞助商聚会上提供酒的被保险人在保单的保障范围内。在保单附加酒类责任保险或者购买独立保单后，可以将生产或配送酒类的企业纳入保障范围。①

- 工人补偿。任何工人补偿法或类似法律规定的被保险人的法定赔偿责任都属于除外责任。

- 雇主责任。该保单排除了雇佣期间雇员受到的身体伤害，还排除了被保险人的雇员发生工伤后，其配偶或亲属提出伤害索赔的要求。例如，由受工伤的雇员的配偶提出的配偶权利损失（陪伴、感情和安慰的损失）。

- 污染。化工企业、制造企业和其他企业可能会因为排放烟雾、浓烟、酸性物质、有毒化学物质、废弃物和其他污染物而导致环境污染。地下存储设备的泄漏也会污染环境。企业一般责任保单将由于污染物的排放或渗出造成的身体伤害或财产损失作为除外责任。除外责任也适用于由于政府规定而发生的清理成本。还有一些关于污染的除外责任，但是对它们的讨论超出了本书的范围。可以通过污染保险批单或者附加独立的污染责任保险保单对污染问题提供保障。

- 飞机、汽车和船只。由拥有或使用飞机、汽车和船只引起的责任被专门排除在外。这一规定的目的是排除已受其他保单保障的责任。该除外责任不适用于停泊在被保险人拥有或租赁的场地内的船只，以及不超过 26 英尺的、非营运性质的非自有船只。此外，该除外责任不适用于在营业场所或营业场所附近泊车而给顾客造成的身体伤害。对于那些代客泊车的公司来说，这一点很重要。但是，根据照看、保管和控制除外责任（将会在后文讨论），停车时发生的汽车物理损失不在保障范围内。

- 移动设备。当移动设备（a）用被保险人的汽车运输，（b）用于或准备参加赛车、速度竞赛或者爆破测试时，不能获得保障。例如，放在拖车上运往施工地点的推土机不在保障范围内。

- 战争。由战争引起的身体伤害和财产损失属于除外责任。战争包括内战、起义叛乱或革命。

- 财产损失。企业一般责任保险将被保险人拥有、租赁或占有的财产，被保险人出售或放弃的建筑物，借给记名被保险人的财产，以及被保险人照看、保管和控制的他人财产排除在保障范围之外。其他除外责任损失包括被保险人、承包商和分包商正在进行工作的那部分财产，以及因为被保险人的工作失误而必须恢复、修理或替代的那部分不动产。

---

① 对于允许顾客将自己的酒带入经营场所的企业来说，存在一定"灰色地带"。例如，有些餐馆允许顾客随身携带一瓶葡萄酒与晚餐一起享用。修订后的企业一般责任保险规定，这类企业为非酒类企业。有关此变更和企业一般责任保险的其他修订的讨论，请参见 "ISO's Commercial General Liability Coverage Form Changes," *Claims Journal* (March 27, 2013).

- 被保险人产品的损失。保单将由产品缺陷造成的**被保险人产品的损失**（damage to the insured's product）作为除外责任。例如，有缺陷的热水器可能爆炸，热水器的水箱自身的损失不会得到赔偿。但是，由爆炸引起的其他财产损失将会得到制造商责任保险的赔偿。

- 被保险人工作的损失。由于**被保险人工作的损失**（damage to the insured's work）已经由产品完工操作保险提供了保障，因此该保单将其作为除外责任。被保险人的工作是指被保险人的工作或操作，以及工作中使用的原料、部件和设备。例如，一个供暖商的员工在安装煤气炉的时候采用的方法不对，后来煤气炉发生爆炸。尽管顾客的建筑物遭受的财产损失可以得到保障，但员工工作的价值被专门排除在保障范围之外。如果由二级承包商代表被保险人施工，则该除外责任不适用。

- 已损坏财产的损失。该保单还将**已损坏财产的损失**（damage to impaired property）作为除外责任。如果财产是因为被保险人的产品或工作有缺陷或被保险人的不作为而遭受了损失，那么该损失得不到赔偿。已损坏财产是指由于下面几个原因而无法使用或用途减少的财产：(1) 该财产中包括被保险人的产品或工作；(2) 被保险人无法履行合同或协议条款；(3) 通过修正被保险人的产品或工作中的缺陷或履行合同，财产可以恢复使用。例如，假设被保险人制造飞机零部件，一个有问题的零件可能会造成几架飞机无法使用。这些飞机被认为是已损坏财产。因这些飞机无法使用而造成的损失无法获得被保险人的一般企业责任保险的保障。

- 产品召回。因召回有缺陷的产品而发生的费用通常属于除外责任。最近几年，企业因为召回有缺陷的产品而产生了大量费用，例如汽车行业、制药行业和食品行业。一般企业责任保险将这些损失作为除外责任。通过添加批单，产品召回费用可以获得保障。

- 人身和广告伤害。责任 A 不适用于人身和广告伤害造成的身体伤害。例如，顾客被误认为盗窃而被抓，后来他/她就在该事故中同时遭到的身体伤害提出了索赔，责任 A 不适用于这种情况。（但是，在责任 B——人身和广告伤害责任中，该事故在保障范围内。）

- 电子数据。电子数据的损失、使用损失、损坏、崩溃、无法读取以及无法操作等均属于企业一般责任保险的除外责任。企业一般责任保险将电子数据的责任作为除外责任，因为电子数据不能被当作有形财产作为财产损失责任保险的标的。由于大量数据泄露事故的发生，以及对一般企业责任保险是否保障该损失的混淆，保险服务处发布了一项补充除外责任条款，该条款于 2014 年生效，排除了对访问、披露机密或个人信息的保障。网络责任保险的保障范围将在本章后面讨论。

- 违法传播材料。联邦和州政府的法律已经要求减少违背接收人意愿的电话和电子邮件。这些因为违背《电话消费者保护法》（Telephone Consumer Protection Act）、《反垃圾邮件法 (2003)》（CAN-SPAM Act of 2003）以及其他禁止或限制发送、传输、交流或发布材料和信息的法律所引起的人身伤害或财产损失诉讼被排除在外。例如，一个公司打电话给处于不得打电话名单的消费者，而违背了联邦法律，那么该公司由此类电话引起的诉讼案件不在其一般责任保险保单保障范围内。

火灾法定责任保险 责任 A 中的最后一个条款列出了前面所提到的一些除外责任，该条款不适用于被出租给记名被保险人的营业场所或者记名被保险人经所有者许可临时占用的营业场所所遭受的火灾损失。这种针对某些除外责任的例外情况的保险也被称为**火灾法定责任保险**（fire legal liability coverage）。这种保险有一个独立的保险限额。例如，假设记名被保险人租了一栋建筑物，一名员工不小心引起了火灾。我们之前注意到，被出租给记名被保险人或者由记名被保险人占用的财产所产生的法律责任将无法得到保障。但是，该除外责任不适用于火灾损失保险。因此，如果建筑物所有人因为火灾损失起诉记名被保险人，那么他或她就在企业一般责任保险的保障范围内。

责任 B：人身和广告伤害责任 在这一责任下，保险人同意支付被保险人由于造成**人身和广告伤害**（personal and advertising injury）而依法应赔偿的金额。保单对该术语进行了定义，包括下面几项：

- 错误的拘留、扣押或监禁。
- 诽谤。
- 错误的驱逐或进入。
- 公开的口头或书面诽谤。
- 公开的口头或书面侵犯他人隐私。
- 在自己的广告中使用他人的广告创意。
- 侵犯他人的版权、广告语或商品包装（产品的全部形象和外表，包括图形、尺寸和形状）。

例如，如果一位顾客因错误地被认为盗窃而被捕，企业一旦因此遭到起诉，该保障就发挥作用。类似地，如果营销经理使用了外部广告代理的创意，一旦企业遭到起诉，该保障也适用。

责任 C：医疗赔付 **医疗赔付**（medical payments）是指为那些在被保险人营业场所内，或在接近营业场所的路上发生事故而受伤的人，或由于被保险人的行为受到伤害的人支付医疗费用。医疗费用必须在事故发生后一年内产生，且支付时不考虑法律责任。例如，如果顾客在超市的地板上滑倒，那么保单限额内的医疗费用都将得到赔偿。

被保险人不一定对适用的医疗赔付负有法律责任。这种保障的保险限额与责任 A 和责任 B 相比，相对较低。

补充赔付：责任 A 和责任 B 责任 A 和责任 B 中包括了某些补充赔付，以作为保单限额的补充：

- 由保险人引起的所有费用（如聘请外部法律顾问）。
- 由于使用被保险的车辆导致事故或违反交通规则时，保释保证书费用最高为 250 美元。
- 解除扣押的保证费用。
- 由停止工作造成的实际收入损失，以及其他因协助保险公司而发生的合理费用，最高每天 250 美元。
- 诉讼中向被保险人收取的所有费用，例如开庭费用。
- 判决前的利息。
- 开始审判后累积的利息。

第Ⅱ部分——被保险人的定义

企业一般责任保险保单可以适用于不同类型的人和机构。在保单列明的情况下，下列人员均可作为被保险人：
- 独资企业的所有人和配偶。
- 合伙或合资企业的合伙人、成员和他们的配偶。
- 有限责任公司的成员和经理。
- 公司的高级主管、董事和股东。
- 信托受托人，但是仅限于他们具有作为受托人的责任。

下列人员也可以作为被保险人：
- 在规定范围内工作的员工。
- 志愿工作者，但是仅当其从事与记名被保险人有关的行为时。
- 作为房地产管理人的任何个人或组织。
- 记名被保险人死亡后的法定代表。
- 合伙、联营或有限责任公司之外的新收购或新成立的组织。

第Ⅲ部分——保险限额

保险限额规定了保险人支付的最大数额，而不管被保险人的人数，索赔和诉讼的数量，提出索赔或诉讼的个人或组织的数量。有多种保险限额（见图表26-1）。

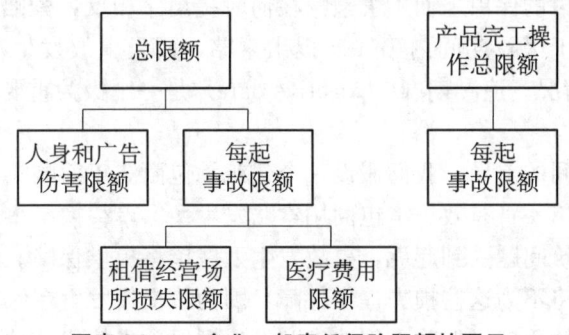

图表 26-1　企业一般责任保险限额的图示

资料来源：Adapted with permission from International Risk Management Institute, Inc. *Commercial Liability Insurance*, vol. 1, p. Ⅳ.E 14. Copyright 1994.

（1）总限额。**总限额（general aggregate limit）**是保险人为以下损失支付的最大数额：责任 A 中规定的损失（除了包括在产品完工操作风险中的身体伤害和财产损失）；责任 B 中规定的损失；责任 C 中的医疗费用。

（2）产品完工操作总限额。**产品完工操作总限额（product-completed operations aggregate limit）**是指，在保险期限内，保险人在责任 A 中，由于产品完工操作风险导致的身体伤害和财产损失所支付的最高数额。没有产品完工操作的独立承保协议。这些索赔受到保障是因为它们没有作为除外责任。对于产品完工操作索赔都设置了独立的保险限额。

（3）人身和广告伤害限额。这种限额是保险人在责任 B 中为人身和广告伤害赔偿的最高数额。

（4）每起事故限额。这种限额是指保险人赔偿的每次事故发生引起的责任 A 中的所有损失以及责任 C 中的医疗费用的最高数额。

（5）租借经营场所损失限额。这种限额是指由责任 A 中承保的单起火灾引起的租借经营场所财产损失，保险人赔偿的最高数额。

(6) 医疗费用限额。这种限额是保险人要赔偿的，由于任何人所遭受的身体伤害而发生的医疗费用的最高数额。

第Ⅳ部分——企业一般责任条件

这一部分规定了适用于一般责任保险的各种条件。这些条件包括关于破产、事故、索赔或诉讼发生时的责任，针对保险人的法律行为、其他保险、保费审计，以及其他多种附加条款。但是受篇幅所限，在此不对这些条件进行讨论。

第Ⅴ部分——释义

企业一般责任保险保单的这一部分更准确地对保单中使用的术语进行了定义。许多定义都阐述得非常详细。但是受篇幅所限，此处不对这些定义进行讨论。

索赔发生型保单概述

保险服务处还提供索赔发生型企业一般责任保单。这种保单类似于事故发生型保单，主要的区别是，前者的赔付基于索赔的发生，包括了延长报告期部分（第Ⅴ部分），并将释义移至第Ⅵ部分。

"索赔发生"的含义　事故发生型保单（occurrence policy）是为保单期间内发生的事故引起的索赔提供赔付的保单，而不管索赔在何时提出。相反，**索赔发生型保单（claims-made policy）**仅适用于保险期间内第一次提出索赔，而且事故发生在保单规定的追溯期（如果有的话）内的情况。追溯期（retroactive date）是一个极为重要的概念，将在后面进行讨论。

为了说明二者之间的差异，我们假设一个建筑承包商3年前购买了一份事故发生型保单，到目前为止该保单一直有效。承包商用索赔发生型保单替换了事故发生型保单。如果承包商3年前因为建筑问题受到起诉，事故发生型保单将提供保障。但是，如果没有追溯期，索赔发生型保单将不为这些损失提供保障，因为该损失发生在保单生效期之前。

索赔发生型保单的原理　保险人创造索赔发生型保单来替代事故发生型保单是由于存在**长尾索赔（long-tail claims）**。长尾是指有少量保单在签发很多年后才提出索赔。在事故发生型保单中，事故发生时提供保障的保险人负责理赔。结果保险人必须为很多年前过期的保单支付赔偿。这种情况使得精算师们很难准确计算应收取的保费和应当为已发生未报告（IBNR）的索赔而建立的损失准备金。在索赔发生型保单中，保费、损失和损失准备金都能够更为准确地估算。

追溯期　索赔发生型保单可以为在保单生效日之前发生的损失提供保障。保障的根据是保单中载明的追溯期（如果有的话）。只有事故发生在追溯期之内，并且索赔发生在当前的保险期限内，损失才能得到赔偿。如果事故发生在追溯期之前，索赔发生型保单就不提供保障。

例如，假设追溯期从原有索赔发生型保单的生效日开始，原有索赔发生型保单的签发时间是2016年1月1日。最近的索赔发生型保单的签发时间是2019年1月1日。被保险人获得的保障将包括2016年1月1日后发生的在当前保险期间内提出索赔的所有事故。

延长报告期　索赔发生型保单还包括一些延长报告期的条款，目的是用已经过期的索赔发生型保单，给第一次提出索赔时保单已经过期的被保险人提供保障。延长报告期并没有延长保障期。要获得保障，伤害必须发生在追溯期之后、保险期间结束之前。发生在追溯期之前或保单满期之后的伤害都不在保障范围内。

无论何时，只要满足下列情况之一，被保险人就会自动获得**基本延长报告期（basic extended reporting period）**，而不需要额外收取费用：

- 保单被取消或者没有续保。
- 保险人用追溯期晚于原保单追溯期的保单进行续保或替换。
- 用事故发生型保单替换索赔发生型保单。

基本延长报告期规定了两种单独的报告期，或称之为"尾期"。第一种尾期是保单到期后的 5 年，第二种尾期是保单到期后的 60 天。

5 年尾期适用于保险期间内或者保险期间结束后的 60 天内，向公司报告提出索赔的情况。（但是，该事故必须发生在保险期间内或者追溯期之后。）例如，假设顾客在保险期间内，在超市购物时滑倒并摔倒在湿滑的地面上。被保险人迅速向保险公司报告发生的事故，但是在保险期间内没有针对被保险人的实质性索赔。如果索赔在保单过期后 5 年内提出，该事故产生的索赔将由过期的保单提供保障。

60 天尾期适用于其他所有索赔。这些索赔是对于发生在保险期间内（或发生在追溯期之后），但是在保险期间内没有向保险人报告的事故提出的。如果被保险人在保单到期后 60 天内向保险人报告事故，这一尾期就适用。例如，继续使用前面的例子，被保险人可能不知道顾客摔倒，所以没有向保险公司进行报告。但是，如果在保单到期后，顾客向被保险人提出索赔，只要被保险人在 60 天内向保险人报告，被保险人仍然可以得到保障。

如果被保险人想在保单到期后有一个更长的报告期，可以通过附加批单并支付额外的保费来获得。被保险人必须在保单到期后的 60 天内书面申请附加批单。

雇佣相关行为责任保险

雇主经常因为不当解雇、歧视员工、性骚扰、不予雇佣和升职或其他一些与雇佣有关的问题遭到员工、前员工、求职者的起诉。[①] 一项针对中小企业雇主的结案索赔的研究发现，只有大约四分之一的索赔最终得到了解决。[②] 一般责任保险通常将因为企业雇佣关系而产生的责任作为除外条款，或者提供有限制的保障。该研究中提到的索赔给付的平均费用为 16 万美元，包括法律辩护与和解费用。研究还发现，对于保险保障的雇佣相关行为责任索赔，企业的平均自保额约为 5 万美元。许多保险公司如今为了应对这些风险提供独立的保单，或者特定的批单。

保险服务处提供了一种**雇佣相关行为责任保险（employment-related practices liability coverage form）**，来应对雇佣行为损失敞口。下面的讨论就基于保险服务处的保单。[③]

[①] 起诉人数不断增加的原因之一是声称基于怀孕的歧视。参见 "Pregnancy Discrimination is Rampant inside America's Biggest Companies," Natalie Kitroeff and Jessica Silver-Greenberg, http://www.nytimes.com, June 15, 2018.

[②] 本段的统计数据摘自 *2017 Hiscox Guide to Employee Lawsuits*。Hiscox 报告的数据来自平等就业机会委员会。

[③] 有关更多讨论，请参见 "Employment Practices Liability," the Insurance Information Institute, Jan. 19, 2018.

保险协议

在保险服务处设计的保单中，保险人同意赔付由保险保障范围内的伤害造成的损失。保单对伤害的定义是下面的一种或多种情况造成的员工伤害：
- 错误的降职或无法晋升，负面评价，员工的调任或纪律处分，不当拒绝雇佣。
- 不当解除雇佣关系，错误拒绝培训或剥夺职业发展机会，违背雇佣合同。
- 雇佣或监督中存在疏忽。
- 针对员工的报复行为。
- 强迫员工做出非法的行为或执行非法的任务。
- 与工作相关的性骚扰。
- 与雇佣相关的中伤、诽谤、侵犯隐私、侮蔑或羞辱。
- 其他与工作相关的口头上的、身体上的、精神上的或情感上的虐待，例如基于种族、年龄、性别或性取向的歧视。

法律辩护

保险服务处保单还提供法律辩护，但是法律辩护成本作为保单限额的一部分被包含在内。法律辩护成本的赔付降低了可以用于赔偿损失的保险数额。

注意，如果没有被保险人的同意，索赔不能结案。该条款是为了保护雇主的形象和声誉。但是如果保险人努力与索赔提出人达成协议，而被保险人不同意，那么最终任何超出的费用支出都将由被保险人即雇主负责。

除外责任

保险服务处的保单还包括几项除外责任，包括：
- 违法的、欺诈性的或恶意的行为。
- 合同责任。
- 工人补偿和类似的法律规定。
- 违反适用于雇主的法规，例如《雇佣法》（Employment Act）中的年龄歧视条款和《1993年家庭与医疗假期法案》（Family and Medical Leave Act of 1993）。
- 员工的罢工和停工。
- 现有诉讼或未决诉讼。
- 另行通知。

近年来，由于性骚扰诉讼的不断增多，人们对雇佣相关行为责任保险的关注逐渐增加。大多数保险人在为这类保险承保之前，都要非常认真地检查雇主关于性骚扰的保险计划。

工人补偿和雇主责任保险

每年因为与工作相关的事故和疾病都会导致数以千万计的工人受伤和患病。所有州都制定了补偿法律，为那些遭受与工作相关的身体伤害和患有职业病的工人提供福利。雇主可以通过购买工人补偿保险、自保或者购买竞争性和垄断性州立基金来履行他们对受伤工人承担的法律义务。

第18章曾经提到，工人补偿保险为那些因为与工作相关事故和疾病而受伤或死亡的工人提供医疗赔付、现金保险金、遗属保险金和康复服务。保险金的赔付基于**无过失责任**（liability without fault）原则。无论是否存在过失，雇主都要为工作相关事故和疾病承担绝对责任。工人根据州法律规定领取保险金，而不需要起诉其雇主以获得保险金。保险金对于那些因为与工作相关的事故或疾病而受伤或死亡的工人极为重要。专栏26.2概述了工人补偿保险的保障及未保障范围。

专栏26.2

工人补偿保险的保障及未保障范围

为了帮助员工和企业应对工伤诉讼，企业需要购买工人补偿保险。各州对雇主提供的工人补偿保险要求各不相同，了解所在州的规定对保护企业来说至关重要。

工人补偿保险保障范围

若员工在工作场所内或其他地方工作时受伤，则其可以申请工人补偿保险赔偿。若工人在出差期间发生交通事故受伤，也可以提出索赔。员工患职业病的费用也在保障范围内。工人补偿保险包括：

- 保险金收入——当员工不工作时，用于替代一部分工资。
- 医疗和康复费用——支付治疗工伤或疾病的必要医疗费用。
- 在工人死亡情况下支付的丧葬费用，包括葬礼和相关费用，如埋葬或火葬费用。
- 死亡抚恤金——支付给未亡配偶和受扶养人。

各州有不同的法律来规定收入损失保险金的给付金额和期限，工人医疗和康复服务的提供，以及工人补偿保险的管理。例如，在大多数州都有相关规定：涉及工人或雇主是否可以选择治疗工伤的医生，以及如何解决有关保险金的纠纷；等等。

工人补偿保险未保障范围

尽管工人补偿保险保障与受伤雇员相关的直接成本损失，但它不保障与雇员受伤相关的间接成本损失，包括：

- 经营中断收入损失。
- 雇佣和培训员工费用。
- 加班费用。

工人补偿保险必须作为一项独立的保单购买，并经被保险人开展业务的所在州批准。这类保险不包括在企业一揽子保险（CPP）或企业主保险（BOP）中。

资料来源：Excerpted from "Steps to Reduce Workplace Injuries," Insurance Information Institute，May 18，2018.

这一部分讨论美国补偿保险委员会制定的现行的**工人补偿和雇主责任保险**（workers

compensation and employers liability insurance）保单。[①] 工人补偿保险作为社会保险的一种历史进步的体现，在第 18 章已经讨论过。

工人补偿和雇主责任保险保单提供下面几种保障：
- 第一部分：工人补偿保险。
- 第二部分：雇主责任保险。
- 第三部分：其他州的保险。

保单的其他三个部分是：伤害发生后的义务、保费和条件。完整保单即由"信息页"（声明页）和任意批单与上述部分整合构成。前三部分详细介绍了该保险的保障范围。

第一部分：工人补偿保险

第一部分是**工人补偿保险（workers compensation insurance）**。在这一部分中，保险人同意支付所有工人补偿保险金以及雇主根据法律必须用于为受工伤或患职业病的工人提供的其他保险金。对于第一部分没有设置保险限额。保险人支付各州工人补偿法律要求的、声明中列出的所有保险金。

在某些情况下，雇主负责支付超出保险人正常补偿保险金的部分。这些情况包括雇主处置行为不当引起的罚金等。由于下列原因，雇主必须补偿保险人超过正常的工人补偿保险金的部分：
- 雇主处置行为极为不当。
- 雇用的工人故意违法。
- 没有遵守健康安全监督规定。
- 违背工人补偿法律解雇、强迫或歧视员工。

第二部分：雇主责任保险

第二部分是**雇主责任保险（employers liability insurance）**。如果员工在受雇期间受伤，而其所受伤害（或疾病）又不符合州工人补偿法律的规定，雇主责任保险为雇主面临的、被该员工起诉的风险提供保障。这一部分类似于其他责任保险保单。在该保单中，保险人在履行赔偿的法律义务之前，必须存在过失。

由于如下几个方面的原因需要购买雇主责任保险：

第一，有些州对于那些雇用员工少于某一数量（例如 3 个或更少）的小企业主，不要求他们购买工人补偿保险。在这种情况下，如果雇主被那些受到与工作相关的伤害或患有与工作有关疾病的员工的起诉时，雇主可以获得雇主责任保险部分的保障。

第二，在岗位上或工作地点发生的身体伤害或患病可能不被认为与工作相关，因此不能在州工人补偿法律的规定中获得保障。但是，受伤的员工可能仍然认为雇主应负责任，如果雇主受到起诉就可以获得保障。

[①] 美国补偿保险控股有限公司（NCCI）2014 年发布了该保单的修订版和修订批单，生效日期为 2015 年 1 月 1 日。有关工人补偿保险和雇主责任保险的讨论参见 Commercial Insurance section of the *Fire, Casualty, and Surety (FC&S) Bulletins*. 有关工人补偿保险的讨论还可参见国际风险管理协会的网站 http://www.IRMI.com 和 IRMI 的 *Practical Risk Management*（Topic G-3）。本部分内容的撰写也参考了以上相关来源。

第三，有些州的工人补偿法允许员工的配偶和抚养对象就配偶权利损失（loss of consortium）提起诉讼。在这种情况下，雇主也能够得到第二部分的保障。

第四，一些雇主由于第三方被其雇员起诉而面临诉讼。受伤的员工可能起诉存在过失的第三方，而第三方反过来会起诉雇主也存在过失。这种诉讼将获得第二部分的保障（除非雇主愿意承担第三方的责任，在这种情况下，雇主购买的企业一般责任保险提供保障）。例如，假设一台机器有问题，操作人员因此受伤。除了支付工人补偿保险金之外，该州可能允许受伤的员工起诉存在过失的第三方。如果受伤的员工起诉了机器的制造商，制造商反过来也可以起诉雇主，认为雇主没有提供正确操作的指导或者没有采取安全措施。在这些情况下，雇主可以获得保障。

保险服务处保单的雇主责任部分还包括一些除外责任。主要的除外责任包括：
- 合同规定的除外责任。
- 由于非法雇用的员工遭受的身体伤害而遭到惩罚的损失。
- 在被保险人或被保险人高级管理人员知情的情况下，非法雇用的员工遭受的身体伤害。
- 雇主由于工人补偿、职业病、失业补偿或残疾保险金法而承担的责任。
- 雇主造成的故意身体伤害。
- 在美国或加拿大之外的地方受到的身体伤害。
- 由强迫、降职、评价、调任、骚扰、歧视或解雇对员工造成的损失。
- 对受《码头、港口工人补偿法案》（Longshore and Harbor Workers Compensation Act）或类似法案保护的工人造成的身体伤害。
- 对受《联邦雇主责任法》（Federal Employers Liability Act）保护的人造成的身体伤害。
- 对任何船只的船主或船员造成的身体伤害。
- 由于违反联邦或州法律而产生的罚金。
- 依据《移民和季节性农工保障法案》（Migrant and Seasonal Agricultural Worker Protection Act）应赔偿的损失。

第三部分：其他州的保险

工人补偿和雇主责任保险保单的第三部分提供**其他州的保险**（other-states insurance）。工人补偿保险（第一部分）仅适用于那些在信息页（声明页）第 3A 项下列明的州。在第 3A 项下，雇主需列出其目前开展业务的州。当购买保险或续保时，雇主可能考虑将来在其他州开展业务。信息页的第 3C 项要求雇主提供未来可能开展业务的州的名单。如果雇主在保单有效期内确实开始在第 3C 项下列出的一个或多个州开展业务，则该保单在这些州自动生效。如果雇主将在其他未列明的州开展业务，则必须及时通知保险公司。

商用汽车保险

对于许多公司而言，由于拥有和使用汽车、卡车和拖车而产生的法律责任是另一种重要的损失敞口。这一部分将讨论几个用于应对此类风险的商用汽车保险。①

企业汽车保险

保险服务处的**企业汽车保险**（business auto coverage form）受到了企业的广泛欢迎，为它们的商用汽车面临的风险提供保障。企业汽车保单包括保险保障、声明和条件。本节将讨论的是企业汽车保险责任保障和物理损失保障。

保险标的是企业汽车保险的重要考虑因素。企业汽车保单为任何投保汽车的所有者、经车主许可使用该车的任何人以及使用投保汽车所有者的雇员提供保险。企业在可以投保的汽车方面有很大的灵活性。企业汽车保险保单中包含10种汽车，每一种都由一个数字符号代表：

1. 任何汽车。
2. 仅为被保险人所有的汽车。
3. 仅为被保险人所有的私人载客汽车。
4. 仅由被保险人所有的私人载客汽车以外的汽车。
5. 被保险人拥有的参加无过失保险计划的汽车。
6. 被保险人拥有的、受到强制性未投保机动车驾驶员法律约束的汽车。
7. 特别列出的汽车。
8. 租赁的汽车。
9. 非被保险人拥有的汽车。
10. （第10种分类是指"19号"。）符合强制或经济责任或其他移动车辆保险法律的移动设备。

承保汽车以及适用于承保汽车的承保范围由声明页中的一览表确定。声明中的第二项是保障范围清单；例如，赔偿责任、医疗费用和物理损失保险。空格部分用以填写该保障范围适用于哪些汽车。此外，声明页还列出了每种保险的限额。声明的第三项是个别承保汽车的清单。被保险人可从承保名称列表中选择所需的保障自行分类，并在申报页面上的保障范围旁输入数字符号。因此，自有私人载货汽车可以有一系列保障范围，而私人载货汽车以外的自有汽车可以有一系列不同的保障范围。

如果1~6号中有一个或一个以上被选中，或者19号被选中，那么保险期间内记名被保险人新获得的任何汽车都被自动纳入保险范围。如果使用了7号，新获得的汽车在同时满足下面两个条件的时候可以获得保障：(1) 保险人必须已经为被保险人拥有的所有汽车提供了保障，或者新车必须是被保险人原来所有的在保险保障之内的某一辆车的替代品；(2) 记名被保险人在获得新车后的30天内将为汽车投保的意向通知保险人。

责任保险保障范围 如果因拥有、保养或使用投保汽车而引起事故造成身体伤害或财产损失，那么被保险人可以得到保险适用的这些损失的保障。例如，如果员工在上班的时候驾驶公司汽车撞伤了另一个驾驶员，对于由此引起的诉讼，雇主可以获得保障，员工也在保障范围内。

---

① 这部分参考了保险服务处的企业汽车保险和汽车经销商保险。商用汽车保险的讨论参见 Commercial Insurance section of the *Fire, Casualty, and Surety* (*FC&S*) *Bulletins*. 也可参见国际风险管理协会的网站 http://www.irmi.com，以及 *Practical Risk Management*，Topic G-8。

承保协议还为污染损失提供有限的保障。企业汽车保险有很多污染除外责任，将几乎所有污染损失排除在责任保障范围之外。但是，也有一些例外。保险人将赔偿所有承保范围内的污染的成本或费用。要获得保障，污染的成本或者费用必须由投保汽车的所有权、保养或使用产生的事故引起。但是，污染的成本和费用只有在发生保险适用的身体伤害或财产损失，且二者由同一起事故引起时，才在保障范围内。例如，公司员工驾驶公司汽车在拥堵的高速公路上撞上了一辆油车，导致油车翻倒，污染了周边环境。被保险人支付的清理成本在保障范围内。承保范围内的污染承保或费用被计入责任限额。

最后，保险人同意为被保险人辩护并支付所有辩护费用。辩护费用在保单限额以外。在支付审判或结案费用超过了保险限额的时候，保险人不再承担辩护或处理案件的义务。

物理损失保障范围 针对汽车物理损失或损坏的保险有三种，包括：

- 综合保险。除与其他物体相撞或翻车外，保险人会赔偿由任何原因导致的被保险汽车或其设备发生的损失。该保险相当于个人汽车保单中的非碰撞损失保险。
- 特定保险责任保险。作为综合保险的替代险种，只为某些特定风险事故提供保障：火灾、雷电或爆炸，盗窃，风暴，冰雹，地震，洪水，恶意破坏或故意损坏，以及在运输投保汽车过程中发生的任何沉没、燃烧、碰撞或脱轨事故。
- 碰撞保险。承保汽车与其他物体碰撞或者翻车所引起的损失会得到赔偿。

如果有必要，拖车费用和劳动力成本也可以被附加到保障范围内。保险人支付每次私人载客汽车发生故障而引起的拖车费用和人工费用，额度不超过声明页中规定的限额。但是，人工费用必须发生在故障发生地。

此外，如果损坏的汽车购买了综合保险，该保险适用于玻璃破碎、撞上鸟或其他动物产生的损失，以及坠落物体或导弹造成的损失。如果玻璃破碎是因为碰撞，被保险人可以选择将其作为碰撞损失投保。在没有这一选择的情况下，如果一起碰撞事故同时引起玻璃破碎和身体伤害，那么就要满足两个免赔额。如果玻璃破碎是碰撞损失的一部分，那么只需要满足碰撞免赔额。

由于所投保的私人载客汽车的失窃，保险人还要从失窃发生48小时后起，支付被保险人发生的最高每天20美元、总额最高600美元的交通费用。该保障仅适用于投保了综合保险和特定保险责任保险的汽车。

汽车经销商保险

汽车经销商保险（auto dealers coverage form）是一种为汽车经销商专门设计的保险。[①]汽车经销商包括汽车经销代理商（例如新车经销商）以及非代理经销商（例如二手车经销商）。汽车经销商保单分为五个部分：投保汽车保障范围；一般责任保险；行为、错误或疏忽责任保险；条件；定义。在此将讨论该保单的前三个部分。

投保汽车保障范围 主要包括责任保险、物理损失保险、投保汽车的车库管理人保险。保单中提供了投保汽车的列表和相应的数字符号，类似于投保企业汽车保险的方法。被保险人从列表中选择所需的保障自行分类，并在保单声明页的保障范围旁输入数字符号。保单中的一些"保障汽车"选项包括被保险人所有的私人载客汽车，被保险人租赁、

---

① 保险服务处在2013年发布了汽车经销商保险。该保险取代了此前用于保障汽车经销商经营风险的车库保险。

租用、出租或借用的汽车，被保险人非自有租赁、租用、出租或借用的与其汽车经销商有关的汽车，以及供被保险人使用、维修、储存或保管的机动车辆、拖车和半拖车。

在"投保汽车"的责任范围内，保险人同意就因拥有、维修或使用投保汽车而造成的事故，支付不超过声明中所示责任限额的损失赔偿。保险人还同意承担被保险人在帮助保险人进行索赔辩护时发生的法律辩护费用和合理费用。对于物理损失保险，被保险人可以选择综合保险、特定保险责任保险或碰撞保险。这些保障范围类似于企业汽车保单下的保障范围。汽车保险也包括车库管理人保险。**车库管理人保险**（garage-Keepers coverage）旨在支付被保险人在作为汽车经销商经营中，对客户汽车进行维护、修理、停放或储存时，有法律义务对其看管的客户汽车或客户汽车设备的损坏进行的赔偿。被保险人可以选择综合保险、特定保险责任保险或碰撞保险。这些保障范围与企业汽车保险提供的保障范围相似，但规定的保障范围较窄。①

一般责任保险 汽车经销商需要类似于企业一般责任保险的责任保险。这一部分的汽车经销商保单提供身体伤害和财产损失责任，身体和广告伤害责任，以及营业场所和经营医疗费用赔付。这些保险术语与企业一般责任保险中使用的类似。

行为、错误或疏忽责任保险 该保险旨在保护汽车经销商免受因被保险人的汽车经销商业务而产生的任何行为、错误或疏忽的索赔。此类索赔包括：不遵守有关使用信贷和租赁协议的法律；不遵守里程表（里程）披露法；被保险人作为持执照的保险代理人或经纪人，出售与车辆销售或租赁有关的保险，以及由于出售或租赁车辆的所有权存在缺陷而造成的错误或疏忽。②

航空保险

大多数商业航空公司都拥有昂贵的机队，面临的责任风险非常高。有时，商业客机可能因为机械或人为故障而意外坠毁，导致数百名乘客的死亡，并导致地面建筑的严重损毁。由满载客机的坠落所造成的损失通常是灾难性的。此外，很多企业自己拥有商业用途的飞机。有时，企业飞机的坠落不仅造成乘客的死亡和受伤，还会导致地面上的人员死亡或受伤，并且会对坠落地点的建筑造成巨大的财产损失。最后，大量美国人拥有或驾驶的小飞机可能因为机械问题、恶劣的天气条件、飞行员失误或缺乏经验而坠毁。

在大部分州，航空事故适用习惯法中的过失原则。但是，有些州制定了绝对责任法或严格责任法，要求飞机的所有者或操作人员承担航空事故的绝对责任。各国之间签订了一系列国际协议。协议规定，商业航空公司对国际航班发生的事故负有绝对责任。

航空保险公司

航空保险（aircraft insurance）是一种一揽子保险。它可以提供财产、责任和医疗赔

---

① 车库管理人保险的保障范围内的特定风险事故为：火灾、雷电或爆炸、盗窃、恶意破坏或故意损坏。被保险人的投保汽车的保障包括：车库管理人造成的损失及风暴、冰雹或地震；洪水；在运输投保汽车过程中发生的任何沉没、燃烧、碰撞或脱轨事故。

② "The ISO Auto Dealers Policy," International Risk Management Institute's website, http://www.irmi.com.

付保障。这是一种高度专业化的保险，只有相对较少的保险公司承保。① 美国国内商业飞机、飞行器制造商和国内大型机场的大部分航空保险由两个保险公司的联营组织承保：美国飞机保险集团（United States Aircraft Insurance Group，USAIG）和全球航空公司（Global Aerospace，之前的联合航空保险公司）。在这个市场中，还有 AIG、XL、安联和C. V. Starr 等公司也提供承保服务。在美国之外的地方，还有其他保险联营机构为其成员提供航空保险，如设在巴黎的 La Reunion Aerienne。日本也有国内市场联营机构，基本作为再保险机构为其成员承保。它们代表属于联营机构的成员保险公司的利益，为它们提供承保和管理航空保险损失敞口。不过，一些大型保险公司或集体有足够的能力和承保经验来单独承保航空保险，而不是采用联营的形式。

商业飞机的责任保险金数额巨大。运营宽体式飞机（如波音 747 或 A380）的大型航空公司通常为它们的飞机购买最低 22.5 亿美元的责任保险。窄体飞机（例如，"低成本"飞机）公司通常为它们的飞机购买 7.5 亿美元到 10 亿美元的责任保险。②

大型航空公司还为它们的飞机购买了大量数额的船体保险。**船体保险（hull insurance）**类似于汽车碰撞保险；该保险为投保飞行器的物理损失承保。船体保险的数额因飞机的类型和使用年限而不同，但是现在商业飞机的最高保额通常在 3 亿美元和 3.25 亿美元之间。窄体飞机运营公司为其飞机提供的最高保额为 7 500 万美元。③

私人商用和娱乐用飞机航空保险

航空保险公司为私人商用和娱乐用飞机的所有人和驾驶员提供特别设计的保单。这些保单为飞机的物理损失和被保险人因拥有或使用投保飞机而造成的财产损失和身体伤害责任、医疗费用赔付提供保障。④

物理损失保险 地面上的飞机可能因暴风、火灾、坍塌、盗窃、故意破坏和其他风险事故而遭到损坏。飞机在地面滑行的时候可能与车辆、建筑物和其他飞机相撞。最大的风险事故是在飞行中遇到的。飞机可能撞上另外一架飞机，可能被雷电或者暴风摧毁，也可能因为火灾或爆炸而出现机械故障。飞机还可能因恐怖主义行为而被损坏或损毁。

物理损失保险为飞机遭受的直接损失提供保障。被保险人可以选择物理损失保险的类型，飞机物理损失保险有三种类型：

- 一切险。除了除外损失之外，飞机发生的一切物理损失，包括失踪，都得到保障。
- 一切险（非飞行状态）。只有飞机在地面上而不在飞行中时，才能得到保障。坠毁后发生的火灾和爆炸不在保障范围内。

---

① 与航空保险有关的讨论参见 *Fire，Casualty & Surety（FC&S）Bulletins*，Companies & Coverages volume，Aircraft-Marine section（Erlanger，KY：National Underwriter），还可参见 Alexander T. Wells and Bruce D. Chadbourne，*Introduction to Aviation Insurance and Risk Management*，2nd ed.（Malabar，FL：Krieger Publishing Company，2 000），*Commercial Liability Risk Management and Insurance*，edited by Mary Ann Cook（2011），and the International Risk Management Institute's Web site，IRMI.com。

②③ 相关信息参见 Nick Brown，Group Chief Executive，Global Aerospace Underwriters Ltd.，United Kingdom，in June 2018。

④ 这部分基于 Cook（Ed.），"Marine and Aviation Loss Exposures and Insurance，" in *Commercial Liability Risk Management and Insurance*（2011）；以及 "Aircraft，" Liability Risks and Insurance，Topic G-11，*Practical Risk Management*，IRMI。

- 一切险（非移动状态）。飞机只有在完全静止的状态下发生的损失才能得到保障。坠毁后的火灾和爆炸不在保障范围内。

尽管飞机在一切险的基础上获得保障，但仍然有一些除外情况。除外损失包括轮胎损坏（除非由火灾、盗窃或故意破坏引起），磨损和老化，自然老化，机械或电子故障，安装设备失灵。但是，如果这一物理损失与保单承保的其他损失一样，产生于相同的原因，那么这些除外责任就不适用。

责任保险 该保险提供几种责任保险：（1）人身伤害责任（乘客除外）；（2）乘客人身伤害责任；（3）财产损失责任。每一种保险都有独立的限额，但是如果有必要，三种保险的责任保额可以按照单一限额承保。

责任保险包括几种重要的除外情况。保单不适用于人身伤害或者下面事项引起的财产损失：

- 合同中假设的责任。
- 工人补偿、失业补偿、残疾保险金或类似规定。
- 员工所受人身伤害是由于或者源自被保险人的雇佣。
- 被保险人看护、保管和控制的财产所发生的损失（除非乘客个人的影响达到了某一明示的限额）。
- 战争、劫机和其他风险。
- 噪声，例如飞机及其部件所造成的音爆或干扰财产在安静环境下的使用。
- 污染物的泄漏、外溢等，但由碰撞、火灾或飞行中发生紧急事故所引发的则属于例外。
- 故意伤害，阻止劫机和其他干扰飞机飞行的行为属于例外。

医疗费用保障 经记名被保险人允许使用的飞机，乘坐该飞机的每一名乘客自伤害发生日起的一年内所发生的所有合理医疗费用均在保障范围内。机组人员除非被列在声明页中，否则将不受保障。除外责任也适用于工人补偿和类似规定的索赔。

企业伞式保险

由于企业经常会遇到索赔金额较高的起诉，它们不得不寻找那些为一般的责任保险无法充分保障的灾难性损失提供保障的保险。**企业伞式保险**（commercial umbrella policy）可以针对那些巨额责任损失提供保障，如果不对这些损失提供保障，就会导致企业的破产。

大多数保险公司都自己提供企业伞式保险。但是，保险服务处为企业提供了标准伞式保险。下面的讨论概括了保险服务处的**企业责任伞式保险**（commercial liability umbrella coverage form）的主要条款。[1]

---

[1] 对企业伞式保险的详细讨论可以参见如下文献：*Fire, Casualty, and Surety (FC&S) Bulletins*；Flitner and Trupin, *Commercial Insurance*, pp. 13.3 – 13.11；Cook, *Commercial Liability Risk Management and Insurance*, pp. 3.17 and 11.6, and IRMI's *Practical Risk Management*, Topic G-2, "Umbrella/Excess Liability"。

保障范围

保险服务处的企业伞式保险为被保险人支付超过自留限额的、其负有法定赔偿责任的身体伤害、财产损失、保险适用的人身和广告伤害损失的最终净损失。**最终净损失**（ultimate net loss）是被保险人负有法律义务的赔偿的总额。**自留限额**（retained limit）是指（1）声明中列出的先顺位保险可获得的限额，或者（2）自保额，哪个适用用哪个。

如果发生的损失同时受到先顺位保险和伞式保险的保障，伞式保险只有在先顺位保险限额用完的时候才发挥作用。例如，假设伞式保险的限额为 500 万美元。再假设企业一般责任保险对每起事故的限额是 100 万美元，但是对被保险人的判决数额为 300 万美元。先顺位保险将支付 100 万美元，伞式保险支付剩余的 200 万美元。

如果先顺位保险不为该损失提供保障，但是伞式保险提供，被保险人必须满足**自保额**（self-insured retention，SIR）的要求。自保额的范围区间为小型企业的 500 美元至大型企业的 100 万美元甚至更高。例如，假设一个企业的自保额是 25 000 美元。如果对保险公司做出 100 000 美元的赔偿判决，且该损失在企业伞式保险的承保范围内，但没有由先顺位保险提供保障，则被保险人需支付 25 000 美元。伞式保险将赔偿剩下的 75 000 美元。

当先顺位保险不提供保障或者限额用完时，由伞式保险支付法律辩护费用。

先顺位保障要求

在伞式保险人支付索赔之前，被保险人必须购买最低限额的责任保险。下面是典型的先顺位保障和限额要求。

企业一般责任保险：
1 000 000 美元（每起事故）；
2 000 000 美元（总额）；
2 000 000 美元（产品完工操作风险总额）。

企业汽车责任保险：
1 000 000 美元（单个限额总计）。

雇主责任保险：
500 000 美元（每起事故的身体伤害）；
500 000 美元（每名员工的疾病所造成的身体伤害）；
500 000 美元（疾病保障总额度）。

除外责任

保险服务处的企业伞式保险包括很多除外责任。在身体伤害和财产损失责任中，下列原因产生的损失属于除外责任：
- 预期到的或故意造成的身体伤害。
- 合同责任（存在某些除外情况）。
- 酗酒责任。

- 在工人补偿或类似法律中规定的被保险人的各种义务。
- 《1974年员工退休收入保障法案》（ERISA）规定的被保险人的各种义务。
- 非投保的汽车。
- 在雇佣期间员工受到的身体伤害。
- 雇佣相关行为产生的责任。
- 污染。
- 飞机或船只产生的责任，除非这些责任获得先顺位保险的保障。
- 竞赛行为。
- 战争。
- 被保险人照看、保管或控制的财产。
- 被保险人产品或工作的损坏或损失。
- 已损坏财产或无法实现物理修复的财产的损坏。
- 对产品、工作或已损坏财产的召回。
- 由人身和广告伤害造成的身体伤害。
- 由专业服务产生的责任。
- 电子数据。
- 违背法律散播资料。

大量除外责任也适用于人身和广告伤害责任。在人身和广告伤害保险中，下面这些情况发生的索赔不在保障范围内：

- 知道该行为会侵犯他人权利。
- 被保险人知道口头或书面散播的材料是虚假的。
- 在保险生效前散播的口头或书面材料。
- 被保险人的犯罪行为。
- 合同责任。
- 违背合同，除非存在一份允许在你的广告中使用他人创意的默许合同。
- 产品不具有广告中声称的功能。
- 价格或产品的错误描述。
- 侵犯版权或知识产权。
- 业务领域是广告、广播、出版或电视广播，网站设计，互联网搜索，内容或供应商服务的被保险人。
- 电子聊天室或公告板。
- 未经授权使用他人的名字或产品。
- 污染。
- 雇佣相关行为，例如不予雇用、骚扰和羞辱。
- 专业服务。
- 战争。
- 违背法律散播资料。

如本章前面讨论的企业一般责任保险保单所述，保险服务处发布了对企业一般责任保险的批单,将网络责任(例如,数据泄露)列为除外条款。[1] 该除外条款也适用于保险服务处的企业一揽子保险和企业主保险。下面将讨论网络责任保险。

网络责任保险

尽管网络责任保险并不是一种新兴保险(从2000年左右开始即已存在),但一些广为人知的数据泄露事故[例如,塔吉特、家得宝、艾可菲(Equifax)和Facebook]引发的责任,再加上保险服务处在责任保险保单中列明的除外责任条款,推动了网络责任保险市场的发展。[2] **网络责任保险(cyber liability insurance)** 保障因数据持有人未能保护用户个人信息不被未经授权的一方获取而引发的损害赔偿。投保网络责任保险的方式有如下几种:一些保险公司提供独立的网络责任保险保单;购买网络责任批单,该批单可被附加在企业主保险(BOP)、一般责任保险或管理责任一揽子保单中(例如,D&O、信托责任、雇佣行为责任和其他保险);另一种选择是在单一保险中购买网络财产和责任保险。

有许多网络责任保险协议可供选择,保障由数据泄露引发的责任、应对泄露的成本以及因泄露而产生的罚金。保险范围通常不限于黑客造成的损失。智能手机和平板电脑中可能包含有价值的商业信息。如果这样的设备丢失或被盗,存储在该设备上的数据可能会被访问,从而引发损失。网络责任保险也可以被用来保障由电脑遭受恶意入侵造成的财产损失。例如,黑客可能在计算机系统中植入恶意软件,使系统失效。在系统被恢复前,不断上升的恢复成本和经营收入损失将得到赔付。

企业主保险

小企业面临着大量的财产和责任损失敞口。一个全国保险公司在5年的时间里跟踪调查了10项最常见和最昂贵的小企业索赔。相关研究总结见专栏26.3。幸运的是,**企业主保险(businessowners policy,BOP)** 旨在为小企业提供财产和责任保险。保险服务处的企业主保险所提供的保障范围已在第3章中进行了讨论。该保险在事故发生型保险的基础上提供责任保障,除了某些除外情况。它类似于前面讨论的企业一般责任保险。[3] 下面的讨论均围绕保险服务处2013年发布的企业主保险展开。

---

[1] 有关此除外条款的讨论,参见 Matt Dunning, "Insurers Prepare for Implementation of New Cyber Liability Exclusions," *Business Insurance* (January 19, 2014)。

[2] IRMI的风险管理实践中有几个部分(主题G33-G35)专门讨论网络责任。另见 Richard S. Betterley and Sandy Hauserman, "Cyber Endorsements for Traditional Insurance Policies," *The Risk Report* (May 2013), http://www.irmi.com; Andrew Moss and Jeanne Deni, "A User's Guide to Data Breach Insurance Coverage," *Risk Management* (April 2018); Rachel Anne Carter, "The Enigma of Cyber Insurance," *Insights*, a Professional Journal by the Institute's CPCU Society (Spring 2018); Sarah Brown, "Ten Things You Need to Know about Cybersecurity Insurance," http://www.datacenterjournal.com, June 15, 2016; and Mark Hollmer, "AIG Unleashes New Primary Cyber Policy for Property/ Liability Exposures," http://www.insurancejournal.com, July 20, 2016。

[3] 关于企业主保险的详细讨论可以参考 *Fire, Casualty, and Surety (FC&S) Bulletins* in the Commercial Insurance section。关于企业主保险的责任范围的讨论参见 Mary Ann Cook (Ed.), *Commercial Liability Risk Management and Insurance*. Malvern, PA: The Institutes, 2015。也可参见国际风险管理协会的网站 http://www.irmi.com。本部分内容的撰写借鉴了以上来源及保险服务处的保单。

 **专栏 26.3**

最常见和最昂贵的小企业索赔

根据哈特福德保险公司对小企业索赔的研究分析,未来10年,10个小型企业中有4个可能遭遇财产或一般责任索赔。对小企业来说,最常见的索赔是入室盗窃,最昂贵的索赔是名誉损害,包括诽谤、侮辱和侵犯隐私。

哈特福德小企业保险部的高级副总裁斯蒂芬妮·布什(Stephanie Bush)说:"意外事件发生的频率比许多小企业主以为的要高。"该公司在五年间分析了超过100万份财产和责任保单,得出了最常见以及平均成本最高的小企业索赔。

在过去的5年中,20%的小企业主受到入室盗窃的影响。然而,入室盗窃在十大最昂贵的索赔中排名最低,平均索赔为8 000美元,相比之下,名誉损害索赔平均高达5万美元。

哈特福德表示,如果涉及诉讼,通过一般责任保险保单承保的名誉损害索赔的赔偿金额可能会高得多——每个案件的辩护与和解费用平均超过7.5万美元。根据哈特福德的过往经验,35%的一般责任索赔都以诉讼告终。

火灾索赔在最常见和最昂贵的索赔中均排名前五。火灾索赔的平均费用为35 000美元,在过去的5年里影响了10%的小企业主。小企业面临的最昂贵的前10项索赔分别是:名誉损害(50 000美元);交通事故(45 000美元);火灾(35 000美元);产品缺陷(35 000美元);顾客身体伤害(30 000美元);风雹灾害(26 000美元);顾客滑倒(20 000美元);水和冰冻(17 000美元);物品击打(10 000美元);入室盗窃(8 000美元)。

十大财产和责任索赔

最常见	最昂贵
入室盗窃(20%)	名誉损害(50 000美元)
水和冰冻(15%)	交通事故(45 000美元)
风雹灾害(15%)	火灾(35 000美元)
火灾(10%)	产品缺陷(35 000美元)
顾客滑倒(10%)	顾客身体伤害(30 000美元)
顾客身体伤害(低于5%)	风雹灾害(26 000美元)
产品缺陷(低于5%)	顾客滑倒(20 000美元)
物品击打(低于5%)	水和冰冻(17 000美元)
名誉损害(低于5%)	物品击打(10 000美元)
交通事故(低于5%)	入室盗窃(8 000美元)

资料来源:"10 Most Common and Costliest Small Business Claims," http://www.insurancejournal.com,April 9, 2015.

企业责任

企业责任保险赔付被保险人负有赔付法律义务的，由于身体伤害、财产损失（包括租赁经营场所的火损），或者人身和广告伤害造成的损失的总和。例如，如果服装店里的电梯出现问题，顾客因此受伤，由此产生的损失获得保障。类似地，如果服装店里的顾客因被误认为盗窃而被捕，任何类似的误捕引起的诉讼都在保障范围内。

医疗费用

该保险还提供医疗费用保险。被保险人不需要负法律责任，无论过失在谁，都在保单限额以内支付医疗费用。产生医疗费用的身体伤害必须是由在记名被保险人所有或使用的经营场所或去经营场所的路上发生的事故引起的，或者由企业经营引起的。医疗费用索赔必须在事故发生之日起一年内提起并向保险人报告。例如，如果顾客在超市湿滑的地面上滑倒受伤，医疗费用将不考虑法律责任，支付限额以下的索赔。

辩护费用

保险人支付被保险人因辩护产生的法律成本。保险公司负有为被保险人支付损失的法律义务，而法律成本是在这一数额之外支付的费用。辩护的义务仅适用于保单保障范围内的索赔，当适用的保险限额作为审判、结案或医疗费用完全支付后，该义务终止。

被保险人的定义中还包括按照雇佣范围要求开展工作的员工。员工的名字可能和雇主一起出现在被告名单中，这种保单为这些员工提供保障。

除外责任

一般来说，企业主保险的除外责任类似于企业一般责任保险中的责任保障范围。网络责任除外批单可适用于企业主保险。企业主保险的除外责任与企业一般责任保险的一个重要的区别在于职业责任。尽管企业主保险排除了职业责任，但是药店和药剂师仍然可以购买药剂师职业责任保险批单。此外，理发师、美容师、丧葬承办人、视听辅助设备公司、印刷厂和兽医也能够购买职业责任批单。

职业责任保险

对医生、律师、工程师和其他职业的诉讼非常常见。这一部分简要讨论为失职诉讼或包括重大过错或疏忽的诉讼案提供保障的职业责任保险。

医生职业责任保险

职业责任保险的保单没有统一格式，保险公司一般都使用自己的保单。该保险在索赔发生的基础上签发。医生的职业责任保险一般被称为**内科医生、外科医生和牙科医生职业责任保险**（physicians, surgeons, and dentists professional liability insurance）。下面我们将讨论该保险的某些典型条款。①

- 有两份保险合同。第一份保险合同为声明页上作为被保险人的每一位记名被保险人的个人责任承保。保险公司同意支付所有保障范围内的、被保险人负有赔偿责任的伤害损失。这种伤害必须由医疗事故引起。医疗事故（medical incident）是指被保险人、被保险人的雇员或任何在被保险人指导之下的人，在提供医疗或牙科服务时造成了事故或存在疏忽。例如，如果史密斯医生为一名病人做手术，手术后病人瘫痪了，那么由此产生的失职诉讼案在保障范围内。与此类似，如果护士给病人打错针，导致病人遭受伤害，史密斯医生对这起事故也负有责任。但是，护士通常不是医生保单的被保险人，而必须投保自己的职业责任保险。因此，涉及护士的这起医疗事故不在史密斯医生保单保障范围内，除非为保单附加批单。

  第二份保险合同适用于团体责任，是指由于合伙企业、有限责任公司、协会或者专业公司而发生的责任。例如，如果投保第一份合同的医生是一个医疗团体的合伙人，其他合伙人的失职行为不在第一份合同的保障范围内。第二份合同为这种风险提供保障。

- 责任不局限于内科医生或外科医生的意外行为。在很多情况下，内科医生或外科医生可能故意采取某种行为，但是诊断和治疗行为可能是错误的，病人可能因此受到伤害。例如，史密斯医生可能采用某种手术方案对患者做手术。如果患者在手术过程中受伤，史密斯医生以某种方式做手术的主观故意行为在保障之列。

- 每起医疗事故有最高限额，每种保障都有总限额。例如，病人和病人的家庭可能就同一起医疗事故向医生独立提出索赔要求。在现有的保单中，每起医疗事故限额就是两起索赔要支付的最高限额。总限额是在任何保单年度内可以支付的最高数额。

- 现在的保单允许保险公司不经内科医生或外科医生同意就解决赔偿问题。支付赔偿金可以被认为承认存在过失。原有的保单要求保险公司在解决索赔前取得医生的同意。但是，现在的保单允许保险公司不经医生同意就进行索赔，因为偶然发生的、在某些高风险领域内的针对医生的索赔不大可能被视为是由于医生的品德或能力有问题而造成的。

- 可以附加延长报告期批单。受索赔发生型保单保障的医生可能会退休、变更保险人或取消失职责任保险。为了保护医生的利益，可以为保单附加延长报告期批单，该批单为在索赔发生型保单有效期内发生的事故引起的未来的索赔提供保障。

- 职业责任保险并非其他必要的责任保险的替代品。还需要用一般责任保险为那些经营场所存在的危险情况或被保险人的本质上非职业的行为提供保障。例如，病人可能在医生办公室的地毯上被绊倒并摔断胳膊，职业责任保险不为这种事故提供保障。

总的来说，内科医生和外科医生的职业责任保险提供很多保障，但是这种保险的价格很高。为某些高风险的职业提供保障的失职保险，在国内的某些地方每年的投入可能为100 000美元或更高。医生会采取保守的治疗方法，放弃高风险职业（例如产科和神经外科），以及推动限制失职赔偿金额立法来应对这一问题。但是，从实际来看，占很高比例的医疗失职索赔是毫无理由的。不过，保险公司仍然必须应付这些索赔，这不仅成本高昂，而且增加了失职保险的成本。

---

① 对医生的职业责任保险的讨论可以参考 *Fire, Casualty & Surety Bulletins*, Erlanger, KY: National Underwriter Company。对这一主题的讨论也可参见国际风险管理协会的网站。

错误与疏忽保险

有些类型的职业责任保险是指错误与疏忽保险。**错误与疏忽保险（errors and omissions insurance）** 为由于被保险人的过失行为、错误或疏忽而给客户造成损失的风险提供保障。需要错误与疏忽保险的专业人员包括保险代理人和经纪人、会计师、旅行社代理、房地产代理、股票经纪人、律师、顾问、工程师、建筑师和其他为客户提建议的客户顾问。错误与疏忽保险就是为了满足从事这些职业的人员（包括越来越多的自由职业者）的需求而设计的。

例如，在一份保险代理人的保单中，保险公司同意赔偿由于被保险人（或者其他需要由被保险人对其行为承担法律责任的任何人）作为总代理人、保险代理人或者保险经纪人，在开展业务过程中的过失行为、错误和疏忽导致的损失。例如，假设马克是一位独立代理人，没有为顾客的财产保险保单续保。如果保单失效，接下来的损失将无法获得保障。如果客人因为这些损失提起诉讼，马克的这次疏忽可以获得保障。这份保单通常具有很高的免赔额，从而鼓励代理人最大限度地减少失误和失误的动机。

错误与疏忽保险一般建立在索赔发生型基础上，针对仅因为保险期间内（以及追溯期以后）发生的错误向代理人和经纪人提出的索赔要求提供保障。

最后，保单包括很少的除外责任。但是，由于被保险人的不诚实、欺诈、犯罪和恶意行为、侮辱和诽谤、身体伤害以及有形财产的损失而发生的索赔不在保障范围内。

董事和管理人员责任保险

公司的管理人员和董事会成员由于管理不善越来越多地受到来自股东、员工、退休人员、竞争企业、政府和其他当事人的起诉。**董事和管理人员责任保险［directors and officers（D&O）liability insurance］** 在董事和管理人员因为对公司事务处理不当而受到起诉时，为董事、管理人员和公司提供经济保障。大多数公司都通过规章要求公司承担董事和管理人员因管理不善遭到诉讼的经济补偿责任。除了承保直接针对公司董事和管理人员的诉讼之外，董事和管理人员责任保险还要补偿公司在这种诉讼案中支付给董事和管理人员的成本。

根据风险和保险管理协会（RIMS）的调查结果，2016年，最有可能购买董事和管理人员责任保险的企业是电信公司和专业服务公司。① 另一项调查发现，对于在过去5年（2011—2014年）涉及D&O索赔的受访企业，大部分索赔来自公司股东，其次是雇佣相关索赔，然后是信托索赔，最后是监管相关索赔。②

董事和管理人员保单没有统一格式，但是却有一些共同特点。下面的讨论概括了董事和管理人员责任保险的主要特点。

---

① 该调查结果来自 *2017 RIMS Benchmark Survey*。
② D&O索赔类型的数据来自 2015 Directors and Officers Liability Survey by JLT Park，Ltd。相关结果参见保险信息协会的 *2018 Insurance Fact Book*，p. 213。

保险协议 大多数保单中都包含下列保险协议：

- 董事和管理人员的个人责任。第一种协议为董事和管理人员的个人责任提供保障。该保单同意为被保险人的错误行为造成的损失做出赔偿。被保险人包括董事和管理人员以及员工。

各保险公司对错误行为的定义不尽相同。一份保单可以将错误行为宽泛地定义为任何错误的雇佣行为，董事或管理人员的错误和疏忽，发生的任何针对被保险人的事件（事件的发生仅仅因为其是董事或管理人员），被保险人作为公司外部的董事或管理人员而犯的错误和疏忽，以及公司的其他错误和疏忽。

- 公司补偿保障。第二种协议关注的是公司的利益。这种保险补偿公司的损失，这些损失来源于法律要求和允许的、公司对这些董事和管理人员的错误行为负有补偿义务的损失。

- 公司保障。一些董事和管理人员保险还提供第三种保险协议，为由董事和管理人员的错误行为产生的、公司应承担的法律责任提供保障。公司保障（entity coverage）在公司作为被告卷入由董事和管理人员的错误行为引起的诉讼案的时候，为公司提供保障。保险公司为该公司进行辩护，并处理直接针对该公司的索赔案件。

通常，董事和管理人员责任保险在索赔发生型基础上签发。该类保险通常在保险公司取消保单和拒绝续保的时候有恢复和延长报告期。各保险公司的报告期不完全相同（范围从90天到12个月不等），仅适用于发生在保单有效期结束之前但是在报告期报告的错误行为产生的索赔。

除外责任 董事和管理人员责任保险有很多除外责任。常见的几种除外责任包括：

- 身体伤害和财产损失（在企业一般责任保险保障范围内）。
- 侮辱和诽谤（在企业一般责任保险保障范围内）。
- 个人利润，例如内部交易产生的利润。
- 某些违背《1934年证券交易法》（Securities Exchange Act of 1934）和州法规的类似条款的行为。
- 在没有获得股东同意的情况下，非法获得的薪酬和奖金收入。
- 被保险人蓄意撒谎。
- 无法取得或保留保险。
- 违背《1974年员工退休收入保障法案》（ERISA）。
- 非法歧视行为。
- 被保险人对被保险人的索赔（例如，一位高管对另一位高管的起诉）。

案例应用

1. 拉斯特奥维卡建筑公司投保了企业一般责任保险（CGL）。该公司同意为琼斯公司建造新厂房。拉斯特奥维卡建筑公司的一台重型设备意外从部分完成的厂房上跌落。拉斯特奥维卡建筑公司的工人布莱恩被坠落的机器砸了脚，因此而受重伤。希瑟是一名路人，在走过建筑前的人行道时也被坠落的机器砸伤。

a. 希瑟因为其受伤，同时起诉了拉斯特奥维卡建筑公司和琼斯公司。如果有的话，请指出企业一般责任保险人为拉斯特奥维卡建筑公司进行法律辩护的责任范围。

b. 在应对希瑟的索赔时，基于与拉斯特奥维卡建筑公司关系的性质，琼斯公司可以采用什么样的法律辩护手段？对你的答案做出解释。

c. 拉斯特奥维卡建筑公司对布莱恩的医疗费用和损失的工资负有责任吗？请解释。

2. 海伦是一个制药公司的研究主管。该公司最近引入了一种缓解关节炎症状的新药。该公司投保了一份索赔发生型企业一般责任保单。该保单的有效期为2017年1月1日到2017年12月31日。2017年12月15日，一位医生的病人使用了所开剂量的药物之后，病情变得严重了。2018年11月12日，病人因为病情向该公司提起索赔。海伦之前不知道病人生病。请解释该公司的索赔发生型保单是否为这一损失承保。

本章小结

- 一般责任是指由于经营产生的法律责任，除了汽车或航空事故以及员工身体伤害。重要的一般责任损失敞口包括：
  - 营业场所和经营责任。
  - 产品责任。
  - 完工操作责任。
  - 合同责任。
  - 或有责任。

- 法律责任可能因为企业拥有或维护企业经营的营业场所而产生。产品责任是指企业对由于使用有缺陷的产品而受身体伤害或财产损失的人负有的法律责任。完工操作责任是指在工作和操作完成后，发生在营业场所之外的由工作问题引起的责任。合同责任意味着企业以书面或口头合同的形式同意承担的对第三方的法律责任。或有责任是指由独立承包商承担的工作所产生的责任。

- 其他重要的一般责任损失敞口包括环境污染，被保险人照看、保管和控制的财产，火灾法律责任，销售或提供酒水饮料服务产生的责任，人身和广告伤害责任。

- 企业一般责任（CGL）保险可以被用于为商业企业面临的大多数一般责任损失敞口提供保障。企业一般责任保险提供下列保障：
  - 身体伤害和财产损失责任。
  - 人身和广告伤害责任。
  - 医疗费用赔付。
  - 补充赔付。

- 事故发生型保单是为保单期间内发生的事故引起的索赔提供赔付的保单，而不管索赔何时提出。

- 索赔发生型保单仅适用于保险期间内第一次提出索赔，而事故发生在保单规定的追溯期（如果有的话）内的情况。

- 保险公司因为存在长尾索赔而使用索赔发生型保单。长尾是指相对较少数量的在保单签发很多年后才提出的索赔。由于这些索赔，保费、损失和损失准备金很难被准确地估算出来。索赔发生型保单帮助保险公司更为准确地计算保费和损失。

- 雇佣相关行为责任保险对因为不当解雇、歧视员工、性骚扰和其他一些与雇佣有关的行为而遭到起诉的雇主提供保障。
- 所有州的工人补偿法都要求投保的雇主为那些由于工伤或职业病而丧失劳动能力的员工提供工人补偿保险金。工人补偿保险公司将支付雇主必须依法赔偿给因工丧失劳动能力的员工的所有保险金。雇主责任保险保障雇主因雇员在工作中受伤且工人补偿保险不予赔偿的诉讼损失。
- 商业企业可以使用企业汽车保险来为汽车面临的责任风险投保。雇主可以选择为哪些汽车投保该保险。
- 汽车经销商保险是一种为汽车经销商专门设计的保险。主要保障范围包括汽车物理损失保险、责任保险、一般责任保险和车库管理人保险。车库管理人保险为被保险人在作为汽车经销商经营中，对客户汽车进行维护、修理、停放或储存时，有法律义务为其看管的客户汽车或客户汽车设备的损坏进行赔偿提供保障。
- 航空保险也为私人商用和娱乐用飞机遭受的物理损失提供保障，并对飞机给乘客和地面人员造成的伤害提供责任保障。
- 企业伞式保险可以针对那些巨额责任损失提供保障。伞式保险在先顺位保险之外提供额外保险。如果先顺位保险不为该损失提供保障，但是伞式保险提供，被保险人必须满足自保额的要求。
- 网络责任保险保障因数据持有人未能保护用户个人信息不被未经授权的一方获取而引起的损害赔偿。
- 企业主保险（BOP）是一种一揽子保险，为中小企业提供财产保障、企业责任保障和医疗费用保障。被保险人的员工在雇佣范围内作为时，其疏忽行为造成的损失也在保障范围内。
- 内科医生、外科医生和牙科医生职业责任保险为内科医生、外科医生和牙科医生的失职行为提供保障。
- 错误与疏忽保险为被保险人的过失行为、错误或疏忽导致顾客发生的损失提供保障。
- 董事和管理人员责任保险在董事和管理人员因为对公司事务处理不当而受到起诉时，为董事、管理人员和公司提供经济保障。

重要概念和术语

航空保险	汽车经销商保险
基本延长报告期	身体伤害和财产损失
企业汽车保险	企业主保险
索赔发生型保单	企业一般责任保险
企业责任伞式保险	企业伞式保险

完工操作责任
合同责任
已损坏财产的损失
被保险人工作的损失
雇主责任保险
错误与疏忽保险
车库管理人保险
船体保险
长尾索赔
事故
其他州的保险
内科医生、外科医生和牙科医生职业责任保险
产品完工操作风险
自留限额
最终净损失
工人补偿保险

或有责任
网络责任保险
被保险人产品的损失
董事和管理人员责任保险
雇佣相关行为责任保险
火灾法定责任保险
总限额
无过失责任
医疗赔付
事故发生型保单
人身和广告伤害
产品完工操作总限额
产品责任
自保额（SIR）
工人补偿和雇主责任保险

复习题

1. 指出企业面临的主要的一般责任损失敞口。

2. 对下列概念进行定义：
a. 产品责任。
b. 完工操作责任。

3. 简要说明合同责任和或有责任的含义。

4. 企业一般责任保险包括几项保障内容？简要解释下面所列的每种保障：
a. 身体伤害和财产损失责任。
b. 人身和广告伤害责任。
c. 医疗赔付。

5. 解释事故发生型保单和索赔发生型保单之间的区别。

6. 工人补偿和雇主责任保险包括多项保障内容。简要解释下列保障内容：
a. 第一部分：工人补偿保险。
b. 第二部分：雇主责任保险。
c. 第三部分：其他州的保险。

7. a. 指出企业汽车保险的主要保障内容。
b. 指出汽车经销商保险的主要特点。

8. 简要说明航空保险中出现的下列保障：
a. 物理损失保障。
b. 责任保障。

9. 解释企业伞式保险的下述特点：
a. 保障范围。
b. 先顺位保障要求。
c. 自保额。

10. 简要描述内科医生、外科医生和牙科医生职业责任保险的主要特点。

11. 解释董事和管理人员责任保险中出现的保险协议。

应用题

1. 本开了一家家具设备商店,并投保了事故发生型企业一般责任保险。请解释本的企业一般责任保险是否适用于下面每种情况:

   a. 本强行拘禁了一位他认为偷了东西的顾客。一个月以后,他的保单到期了,而顾客因为人格侮辱起诉了本。

   b. 一个广告公司起诉了本,因为本在没有获得其同意的情况下使用了第一次出现在特殊的假日广告上的资料。本认为,该广告资料是原创的,属于他本人。

   c. 本不知道一台自动洗碗机安装了一个有问题的零部件。在洗碗机被安装到顾客家里一个星期后,出现了故障,造成对厨房地毯的重大水损。屋主认为本要为这些损失负责。

   d. 一名员工意外将一盏很重的灯打翻并伤到了顾客的脚。顾客后来向本提供了一份医疗费用账单,要求赔偿。

2. 吉利安在一个购物中心租用一个地点开了一家运动品商店。她投保的企业一般责任保险包括下述限额:

   总限额 1 000 000 美元;
   产品完工操作总限额 1 000 000 美元;
   人身和广告伤害限额 250 000 美元;
   每起事故限额 300 000 美元;
   租赁经营场所的损坏 100 000 美元;
   医疗费用限额(任何一个人) 5 000 美元。

   请指出吉利安的保险公司要为下述每项损失支付多少赔偿金(如有),每一事故独立发生:

   a. 商店的展品倒塌并砸在三名顾客身上,三名顾客受伤。医疗费用分别为 6 000 美元、7 500 美元和 5 000 美元

   b. 一名员工把烟头扔进了废纸篓。被丢弃的烟头引起了火灾,火灾对租赁房屋造成的损失为 50 000 美元。

   c. 吉利安以为有顾客在偷东西。她不知道这名顾客正在为其在本周早些时候购买的商品办理退换货。当顾客离开商店时,吉利安以偷窃罪拘捕了他。这名顾客正在起诉吉利安,要求吉利安支付 25 000 美元的非法拘捕赔偿。

3. 帕梅拉在郊区的购物中心开了一家小型食品零售商店。这个商店投保了企业主保险的责任保险。解释下列情况是否在帕梅拉的企业主保险的保障范围内。针对下列每种情况分别解释。

   a. 一名店员推购物车的时候意外撞伤了一名顾客,帕梅拉和店员遭到起诉。

   b. 顾客在湿滑的地板上摔断了一条腿。

   c. 帕梅拉拘禁了一个在店里偷东西的人。但这个消费者是无辜的,他因此起诉了帕梅拉。

   d. 一位女士要退掉一个包装被损坏的干酪,并要求退款。

4. 一位外科医生投保了内科医生、外科医生和牙科医生职业责任保险。请解释下列情况是否在职业责任保险保障范围内。分别分析每种情况。

   a. 一名护士给病人送错了药,医生和护士都被起诉。

   b. 医生为断了胳膊的病人把胳膊固定住,病人因为胳膊变形弯曲而起诉了医生。

   c. 病人等待看病的时候受伤,当时病人坐的椅子腿突然断了。

5. 快递服务公司购买了一份企业伞式保险,保单的责任限额是 1 000 万美元,自保额是 10 万美元。伞式保险的保险人要求快递服务公司的一般责任保险的每起事

故限额为100万美元，企业汽车保险的每起事故限额为100万美元。快递服务公司的一个驾驶员喝醉后驾驶公司的货车撞死了另一个驾驶员，法庭要求快递服务公司必须赔偿500万美元的损失。那么，如果需要赔偿，伞式保险的保险人要支付多少？对你的答案做出解释。

6. 电力服务公司是一家电力工程承包商，雇用了10位电气技师。电力服务公司面临很多损失敞口，其中一个一般责任损失敞口来自电气技师在顾客家里的不当操作，可能导致屋内财产的损失。指出这一案例中的一般责任损失敞口。

7. 法斯特比萨店雇了好几名大学生，这些大学生开自己的车为顾客送比萨。法斯特比萨店担心公司要为公司员工在送比萨的时候造成的损失承担责任。指出法斯特比萨店应为这种风险购买的责任保险类型。

数字资源

网络资源

参考文献

第27章
犯罪保险和履约保证

> 小偷们很尊重财产。他们仅仅是希望这些财产能够成为他们的财产,以便能够更好地尊重它。
>
> ——切斯特顿(G. K. Chesterton)

 学习目标

学习完本章,你应当能够:
- 概述保险服务处的商业犯罪保险计划的条款形式和保单。
- 描述商业犯罪保险条款(期内索赔制),包括基本定义、保险协议、承保条件和除外责任。
- 指出商业银行的金融机构保证保险中的基本保障条款。
- 指出履约保证的当事人、普通保险与履约保证的区别,以及履约保证保险的主要类型。

米奇·威尔逊和肖娜·威尔逊夫妇在美罗城开了两家24小时便利店。由于人手不够,米奇或肖娜有时会在员工请假时替他们轮班。上周六,其中一家商店的夜班工人打电话请了病假。米奇和肖娜决定一起代班。凌晨2点刚过,两个戴着滑雪面具的男人走进商店。其中一人朝米奇挥舞枪支,示意他把现金从收银机里取出放进袋子里。米奇遵从了劫匪的命令。另一个蒙面男子从货架上抢了两瓶酒,然后打翻了柜台,打碎了其他几瓶酒。

劫匪从商店逃跑时打碎了其中一扇店门的玻璃。肖娜报了警,警察迅速出动。由于劫匪都戴着面具,威尔逊夫妇无法详细描述他们的模样。此外,由于劫匪是步行离开犯罪现场的,因此也没有可以追踪的车辆。米奇确认劫匪带走了475美元现金和酒,对其造成了超过1 200美元的财产损失。

米奇打算在当天早上晚些时候联系他们的保险代理人。威尔逊夫妇的商店投保了犯罪保险,而且这已经不是他们的商店第一次被抢了。然而,这是米奇和肖娜第一次经历案发现场。

大多数公司需要针对犯罪损失敞口的保障。企业每年因为抢劫、入室盗窃、偷盗和员工盗窃蒙受数十亿美元损失。其他犯罪也广泛存在,包括欺诈、盗用公款和其他违法行为。计算机犯罪也在增加。

在本章中，我们将讨论保险服务处（ISO）的商业犯罪保险计划，这一计划为企业遭受的抢劫、入室盗窃、员工偷窃和其他犯罪损失提供保障。本章还将讨论金融机构保证保险，这种保险为商业银行和其他金融机构面临的犯罪风险提供保障。本章最后讨论履约保证。该保险在担保方（如建筑公司）无法执行协议行动（如在指定日期前完工）的时候为受害方提供补偿。

保险服务处的商业犯罪保险计划

保险服务处的商业犯罪保险计划有 7 种基本的犯罪保险条款形式和保单[①]：（1）商业犯罪保险条款，（2）商业犯罪保单，（3）政府犯罪保险条款，（4）政府犯罪保单，（5）员工盗窃和伪造保单，（6）政府雇员盗窃和伪造保单，以及（7）绑架/勒索和敲诈保单。[②] 每种保险条款或保单都规定了两种处理方式——期内发现制和期内索赔制。**期内发现制（discovery version）**是指即使该损失发生在保单生效日之前，在保险期间内被发现或者在保单满期后 60 天内被发现的损失也将获得保障。如果该损失在保险期间内或者在保单到期后一年内被发现，**期内索赔制（loss-sustained version）**为在保险期间内发生的损失提供保障。如果该保险依然有效，期内索赔制还为受到前一份保单保障的损失提供保障。关于绑架/勒索和敲诈保险，既可以在一揽子保单中投保和使用，也可以在独立保单中投保。上述犯罪保险条款形式和保单汇总见图表 27-1。

商业犯罪保险条款和商业犯罪保单是为除金融机构（例如银行和储贷机构）之外的大多数私人企业和非营利组织设计的。

政府犯罪保险条款和政府犯罪保单是为政府机构设计的，例如州、市、郡、州立大学和公共事业机构。

员工盗窃和伪造保单是为那些只需要保障内部盗窃和伪造损失的企业设计的。政府雇员盗窃和伪造保险与之类似，但提供的保障范围更有限。

绑架/勒索和敲诈保险（Kidnap/ransom and extortion coverage）保障作为赎金而交出的金钱、证券和其他财产的损失。与绑架有关的一些间接费用也包括在内，包括雇用谈判人员的费用以及为确保人质获释而向安保公司支付的费用。由于勒索威胁而交出的金钱或财产的损失也包括在内。

[①] 保险服务处的商业犯罪保险计划保单于 2013 年修订，并于 2015 年更新。

[②] 本章关于商业犯罪保险条款的讨论参考了 Arthur A. Flitner and Jerome Trupin, *Commercial Insurance*, 2nd ed. (Malvern, PA: American Institute for Chartered Property Casualty Underwriters/Insurance Institute of America, November 2008), ch. 5; Jerome Trupin and Arthur L. Flitner, *Commercial Property Risk Management and Insurance*, 8th ed. (Malvern, PA: American Institute for Chartered Property Casualty Underwriters/Insurance Institute of America, 2008); Mary Ann Cook (Ed.), *Commercial Property Risk Management and Insurance* (Malvern, PA: American Institute for Chartered Property and Casualty Underwriters, 2010), ch. 9; the International Risk Management Institute's website http://www.IRMI.com; *Fire, Casualty & Surety Bulletins* (Erlanger, KY: National Underwriter Company). 作者借鉴了保险服务处的商业犯罪保险的条款形式和保单。本书的讨论反映了保险服务处于 2013 年和 2015 年对商业犯罪保险计划做出的变化。

除了某些例外情况外，犯罪保险条款和保单在保险责任、除外责任和保单条件等方面都遵循类似的格式。详细讨论每一种保障条款和保单超出了本书的范围。不过，关于商业犯罪保险的基本原理，可以通过讨论保险服务处商业犯罪保险条款（期内索赔制）来进行说明。

图表 27-1 保险服务处的商业犯罪保险条款和保单

- 商业犯罪保险条款（期内发现制和期内索赔制）
- 商业犯罪保单（期内发现制和期内索赔制）
- 政府犯罪保险条款（期内发现制和期内索赔制）
- 政府犯罪保单（期内发现制和期内索赔制）
- 员工盗窃和伪造保单（期内发现制和期内索赔制）
- 政府雇员盗窃和伪造保单（期内发现制和期内索赔制）
- 绑架/勒索和敲诈保单（一揽子保单）
- 绑架/勒索和敲诈保单（独立保单）

商业犯罪保险条款（期内索赔制）

商业犯罪保险条款（期内索赔制）［commercial crime coverage form (loss-sustained form)］由保险服务处制定，可以被附加到一揽子保单上，为企业面临的犯罪风险提供保障，也可以作为独立保单购买。

基本定义

大多数针对企业的财产犯罪都与抢劫、入室盗窃和盗窃有关。商业犯罪保险条款有一张定义页，对重要的术语进行了定义。**抢劫（robbery）** 是指某些人非法夺取别人照看和保管的财产，这些人（1）给别人造成了身体伤害或者威胁给别人造成身体伤害，或者（2）实施了被别人看到的明显非法的行为。

入室盗窃在保险服务处的商业犯罪保单（期内索赔制）中没有进行定义。但是 **入室盗窃（burglary）** 一般可以被定义为一个人非法进入或离开某一场所，存在强行进入或离开的证据，并非法带走了场所内的财产。

保险箱盗窃（safe burglary） 是指一个人非法取走锁着的保险箱或储藏柜中的财产，这个人非法进入保险箱或储藏柜，并且在外部留下了强行进入的痕迹。保障要生效，必须在保险箱外部有强行进入的痕迹。对保险箱盗窃的定义还包括非法从房屋内带走保险箱或储藏柜。有些贼可能会把保险箱从屋子里整个拿走，此时保障同样适用。

盗窃（theft） 是一个内涵宽泛的概念，被定义为非法获得被保险人的财产，包括抢劫、入室盗窃以及入店行窃、员工盗窃和伪造盗窃。

保险协议

商业犯罪保险中包括多种保险协议。企业可以从下列保障中选择一种或多种：

- 员工盗窃。
- 伪造或涂改。
- 室内盗窃——金钱和证券的盗窃。
- 室内盗窃——其他财产的抢劫或保险箱盗窃。
- 室外犯罪。
- 计算机和资金转账诈骗。
- 虚假票据或假币。

员工盗窃 这一条款赔偿员工直接实施的盗窃所造成的金钱、证券和其他财产损失。即使员工无法被确认，或者员工独自或协同他人共同犯罪，失窃也在保障范围内。例如，如果一名员工从收银机内偷走了现金，这一损失在保障范围内。其他类型的员工盗窃也很常见。

保障范围内的员工盗窃还包括其他财产的盗窃。**其他财产（other property）**是除了金钱和证券外的其他具有内在价值的所有有形财产。但是，其他财产不包括计算机程序、电子数据或保单除外的财产。例如，如果商店员工偷走了一台电视机，这一损失在保障范围内。

该保险协议是一种一揽子协议，适用于所有满足员工定义的人。也就是说，保障范围内的员工不必专门在保单中列明。如果有必要，雇主可以使用表列方法，通过在保单中记录姓名或工作地点来确定参保员工。大多数雇主偏向于以一揽子协议投保。

伪造或涂改 该条款对伪造或涂改支票、汇票、期票或被保险人或其代理人签发的类似单据所造成的直接损失提供赔偿。例如，如果小偷偷走了公司的支票，并伪造了被保险人的签名，由此造成的损失在该条款的保障范围内。类似地，如果被保险人签字的支票被从 100 美元修改为 1 000 美元，这种损失也在保障范围内。注意，这种保险仅承保对被保险人的支票或单据的伪造或涂改，而并不承保因接受他人的伪造支票或单据而造成的损失。①

室内盗窃——金钱和证券的盗窃 室内盗窃——金钱和证券的盗窃（inside the premises—theft of money and securities）承保在房屋内部或银行内部由于待在屋内的人实施的盗窃、失踪或者毁坏金钱或证券而造成的损失。该保险适用于（1）由企图或实际发生的盗窃金钱或证券的行为造成的房屋或其外部的损坏（如果被保险人是屋主或对房屋损失负有责任），以及（2）由企图或实际发生的盗窃或者非法打开上锁的保险箱、金库、收银机、现金箱或现金抽屉而对这些存储设备造成的损坏。

由于"盗窃、失踪或毁坏"等字眼的存在，该保险的保障范围显得很宽泛。例如，承保损失包括酒类商店收银员被扣留时发生的损失；现金在火灾或龙卷风中被毁；或者收银机或保险箱在抢劫中被毁。此外，如果被保险人拥有房屋或者对其遭受的损失负责，那么对房屋或其外部造成的损坏也在保障范围内。

室内盗窃——其他财产的抢劫或保险箱盗窃 该条款补充了前面对金钱和证券的保险责任。这一条款对企图或实际发生的，对管理人员的抢劫或保险箱盗窃所造成的其他财产

---

① Flitner and Trupin, *Commercial Insurance*, p. 5.10, and Cook, *Property Risk Management and Insurance*, p. 9.11.

损失提供赔偿。"管理人员"这一术语在保单中进行了定义，包括记名被保险人、合伙人以及除看门人或看守人之外的员工。例如，如果当铺的所有人被抢了几支枪，那么这一损失在保障范围内。类似地，如果酒类商店收银员看到顾客拿着一瓶酒跑了而没有付钱，该损失也在保障范围内。

入室盗窃保险箱中的其他财产造成的损失也在保障范围内。正如前文所述，保险箱盗窃是，(1) 有明显迹象表明有人从房屋外部强行进入屋内，并非法取得上锁的保险箱或储藏室内的财产，或者 (2) 非法取得屋子里的保险箱或储藏柜。例如，如果盗窃犯撬开锁着的保险柜，偷走了被保险人拥有的手表和戒指，那么这些损失在保障范围内。

注意，这一保险协议中的入室盗窃条款仅适用于房屋内其他财产的保险箱盗窃。只有那些锁在保险箱或储藏室里的、被列为其他财产的财产才适用。因此，如果盗窃犯闯进服装店，偷走了挂在架子上的几套西装和衣服，这些损失不在保障范围内。

如果需要更广泛的盗窃损失保险，可以在保单上附加一个可选的保险条款来为这类损失提供保障。一个选择是**室内盗窃——其他财产的抢劫或盗窃**（inside the premises—robbery or burglary of other property）。该协议包括了实际或存在企图的入室盗窃以及对看守人的抢劫。

室外犯罪 **室外犯罪**（outside the premises）保险承保在运送人或安保车辆公司看管下的，在室外盗窃、失踪或毁坏的金钱和证券。"运送人"（messenger）是指那些在室外照看财产的人。例如，如果一名员工去银行存储当天收到的现金时被抢，该损失就在承保范围内。同样，在安保车辆公司保管下的金钱或证券被盗造成的损失也在承保范围内。

此外，企图或实际发生的，抢劫在运送人或安保车辆公司保管下的室外的其他财产造成的损失也在保障范围内。例如，若一名员工在把被保险人的电脑带到修理店修理途中被抢劫，这些损失就在承保范围内。一定要记得，并不是只有大企业才会遭受失窃或被抢劫。专栏 27.1 讨论了小企业应该采取什么措施来预防犯罪。

专栏 27.1

小企业预防犯罪指南

犯罪问题是小企业关注的一个重要问题。偷窃、入室盗窃、抢劫和故意破坏之类的犯罪行为通常会对小企业的资金、客人和员工的安全造成巨大影响。一些组织为小企业提供在线预防犯罪指南和小贴士。保护这些企业、客户和员工的预防犯罪措施如下：

预防盗窃

- 防止入店行窃，将高价值物品锁好；安装反光镜和摄像头；在贵重物品上贴上磁性标签。
- 培训员工，使其知道扒手在商店内是如何行窃的——有些人背着大包或穿宽大的衣服来隐藏盗窃商品；有些人团伙作案，一人分散他人注意力，其他人在员工分心时偷窃。
- 告知行窃者将被起诉。
- 不要在出口附近放置贵重物品。
- 限制可以带入试衣间的物品数量。

- 严格执行招聘程序，包括对求职者进行背景调查和信用调查。
- 在贵重设备上标记识别号码，以便在被盗时帮助追回。
- 设计路线，让顾客离开时必须经过保安或员工。
- 任何现金支出都需要得到两名员工的批准。
- 跟踪发放给员工的钥匙，必要时换锁。
- 保持供应和库存的准确记录，并调查任何短缺。
- 监控现金流并调查任何损失。

预防入室盗窃

- 确保门、窗、天窗、进料台、防火梯和其他入口安全。
- 所有外门都要使用门闩锁。
- 在关门前检查浴室、储物区和其他潜在的藏身处，确保店里没有人。
- 使用室内照明，并将收银机放置在从外部可见的区域。
- 确保场所内的任何保险箱牢固固定。
- 当商店打烊时，将贵重物品从橱窗中移除。
- 如果建筑物的侧面和/或后方有窗户，在窗户上安装栅栏。
- 定期更换保险箱密码。
- 在室外灯光和电源上安装防护罩。
- 在建筑物的侧面和后面安装运动感应灯。
- 不要将设备/工具/梯子放在室外过夜。

预防抢劫

- 限制手头的现金，并为此发出通知。
- 使用带有防跌落功能的保险箱，最大限度地减少收银机中的现金。
- 安装无声警报器和安全摄像头。
- 制定防范抢劫的规程，确保员工知悉如何处理。
- 在营业时间进行银行存款，并改变将资金存入银行的时间和路线。
- 向警方报告可疑人员（例如，在营业或关门时间在店铺外徘徊的人）。
- 向员工或其他人披露安全系统信息时要小心。
- 在商店入口附近设置收银台，以方便从商店外部看到。

预防故意破坏

- 确保停车场和公司外部周围的区域光线充足。
- 尽快清理破坏公物的涂鸦。
- 使用景观美化（如多刺的灌木丛和树篱）来阻止破坏行为。
- 开始/加入社区监督计划，向警方报告破坏公物的行为。

资料来源：Adapted from information provided by the Denver Police Department (http://www.Denvergov.org); The Small Business Administration's Crime Prevention Guide for Small Businesses; the New York State Police (http://www.troopers.ny.gov); the Los Angeles Police Department (http://www.lapdonline.org); ADT Security (http://www.adt.com); the Texas Department of Insurance's Small Business Crime Prevention Guide; the Elk Grove, California, Police Department (http://www.elkgrovepd.org); and other sources.

计算机和资金转账诈骗　该条款承保资金、证券或其他财产被人运用计算机手段欺诈性地从企业内部或银行内部转移给外部的某人或某地而给被保险人造成的损失。例如，如果电脑黑客闯入企业的计算机，把一张支票签发给一个虚拟的客户，并将其兑换成现金，这种损失就在保障范围内。该保单还保障由于一条欺诈性指令要求金融机构从被保险人账户转移或支付资金或从账户交付资金或证券所造成的直接资金损失。例如，假设银行从被保险人的账户中把钱转到瑞士的一家银行。如果转账的指令是欺诈性的，没有得到被保险人的认可和同意，由此造成的资金或证券的损失在保障范围内。

虚假票据或假币　该条款承保在交易过程中因善意地收到不能使用的汇票或收到假币而直接造成的损失。例如，如果一个销售人员在卖出商品的时候收到一张 50 美元的假钞，由此造成的损失在承保范围内。

除外责任

商业犯罪保险条款包括很多除外责任，这里我们不详细讨论每一项除外责任。但是，有一些除外责任还是需要进行简要的讨论。

- 记名被保险人、合伙人或成员的不诚实行为或盗窃。被保险人、被保险人的合伙人或成员做出的不诚实行为或盗窃属于除外责任。
- 保险生效前就知道员工存在不诚实行为。如果在保险生效前员工进行了盗窃或实施了其他不诚实行为，并且记名被保险人或合伙人、经理、管理人员、董事或委托人于保险生效前就知道会发生盗窃或与不诚实行为的员工相勾结，由此造成的损失不在保障范围内。
- 员工、经理、董事、委托人或代理人的不诚实行为或盗窃。根据员工盗窃保险协议中的除外条款，员工、经理、董事、委托人或代理人的不诚实行为或盗窃属于除外责任。
- 保密信息。未经授权公布保密信息造成的损失属于除外责任。保密信息包括专利、商业秘密、加工方法和客户名单。该除外责任还适用于未经授权公布的他人或其他当事方的信息，包括财务信息、个人信息和信用卡信息。
- 数据安全损失。[①] 与访问或披露他人或组织的保密或个人信息有关的任何费用、成本、罚款或处罚均不包括在内。该除外责任适用于专利、商业秘密、客户名单、财务数据、信用卡信息和健康信息。
- 间接损失。承保损失造成的间接损失属除外责任。例如，如果企业因突发事件而临时关闭，这种情况造成的经营收入损失不在保障范围内。
- 存货短缺。该除外责任仅适用于员工盗窃保险协议。如果有证据表明损失取决于存货的计算方法或者损益的计算方法，对这些损失将不提供保障。这样做的目的是排除由存货盘点中的失误而非员工的不诚实行为造成的损失。
- 交易损失。该项免责只针对员工盗窃保险条款。无论是在记名被保险人名下还是虚拟账户下的交易损失都属于除外责任。因此，未经授权的股票、债券、期货和衍生品的交易都属于除外责任。但是，未经授权的交易损失可能数额非常大。可以通过附加批单对满足员工盗窃标准的交易损失投保。

---

① 2013 年修订版保单中增加了数据安全损失除外条款，这表明了存在计算机黑客的风险。

为了适应不断发展的技术和风险，2015 年修订的商业犯罪保险计划还增加了虚拟货币除外责任，并提供了欺诈冒充批单。见专栏 27.2。

专栏 27.2

保险服务处商业犯罪保险的变化：与我们的数字世界同步

（作者：Catherine L. Trischan，CIC，CRM，CPCU，ARM，AU，AAI，CRIS，MLIS）

让我们回顾一下过去。

谁能想到有一天，货币是由比特和字节组成的，不可触摸、不受政府的监管？这一天真的到来了。谁能想到，由窃贼假扮其他人诱骗员工将公司的钱或财产转出会这样轻而易举？现代通信手段和技术使之如此！

这些正是保险服务处 2015 年期望通过修订其商业犯罪保险计划解决的保障风险。在该修订版本中，保险服务处修改了若干犯罪保单和保险格式，并增加了三项新的批单。新保单格式于 2015 年 11 月生效，如今可在许多州使用。与任何保单格式变更一样，与你的保险公司核实以确定是否以及何时在其使用的保单中实施任何修改是非常重要的。

虚拟货币除外责任和批单

在过去，无论货币的形式是牛、硬币还是纸币，都是有形的。如今，货币已经数字化。保险服务处对此做出了回应。越来越多的企业接受以虚拟货币（有时也被称为数字货币或加密货币）作为支付形式。像比特币这样的虚拟货币只在网络上流通。这种类型的货币可以通过电子方式转移、存储或交易。它可以被用来从接受虚拟货币作为支付形式的商家处购买商品和服务。

2015 年修订版为所有保单和保险格式都添加了虚拟货币除外条款。显然，在未添加批单的保单中，涉及虚拟货币的损失不在保险保障范围内。

虚拟货币除外责任

保单不保障：

包括但不限于数字货币、加密货币或任何其他类型的电子货币在内的任何类型的虚拟货币造成的损失，无论其名称如何。

对于使用虚拟货币的被保险人，可以通过为保单附加批单的形式，为包括使用虚拟货币作为货币造成的损失提供保障。可以附加的批单有两种形式；具体使用哪一种取决于其所投保的犯罪保险保单的类型。

- 批单 CR 25 45 11 15 用于商业或政府犯罪保险保单。该批单可为员工盗窃虚拟货币或计算机和资金转账诈骗提供保障。
- 批单 CR 25 46 11 15 用于员工盗窃和伪造保险保单以及政府雇员盗窃和伪造保险保单。在此批单中，保险范围仅适用于员工盗窃保障条款。

这两种批单都对虚拟货币除外条款做出了修改，使保单承保范围适用于批单中规定的虚拟货币。批单中还包括虚拟货币的限额，值得注意的是，该限额是雇员盗窃或计算机和资金转账诈骗限额的一部分，而不是额外的保险金额。任何损失的现金价值均是根据批单中显示的交易所公布的汇率，在发现损失之日该货币的实时价值。

欺诈冒充批单（CR 04 17 11 15） 保险服务处也意识到，企业比以往任何时候都更容易遭受冒名顶替者的欺诈。当一名员工收到其老板的邮件，告诉他把资金或财产转移到某个地方时，他怎么判断邮件是否真的是老板发来的？在这个时代，互联网使人们可以轻易获取关于个人的大量信息，冒充另一个人变得越来越容易。计算机和电子通信技术的普及使诈骗者很容易隐藏在他所冒充的个人背后，欺骗毫无戒心的被保险人。

因此，2015 年版本保单的第二个重大变化是引入欺诈冒充批单，以保障员工因被冒名顶替者欺骗而转移资金、证券或其他财产所造成的损失。新的欺诈冒充批单可被附加在商业或政府犯罪保险保单中以增加一至两个承保范围。

欺诈冒充雇员

该保险适用于雇员根据由据称是被保险人、其合伙人、成员、经理、管理人员、董事、受托人或雇员发出的转账指令行事的情况。如果将该承保范围附加到政府保单中，则该指令由据称雇员或被保险人的任何官员发出。

欺诈冒充客户和供应商

该保险适用于雇员根据与被保险人签订了书面合同的客户或供应商发出的转账指令行事的情况。指令必须是在客户或供应商不知情或不同意的情况下欺骗性地发出的。

在这两种情况中，批单中都必须包含验证转账指令的选项。可要求对所有转账指令进行验证，或仅对超过附表所示金额的转账指令进行验证。也可以选择不需要验证指令。

商业财产保单不保障在未经许可的情况下自愿分割和转让财产的损失。犯罪保险保单将自愿分割和欺诈指令列为除外责任。基于这些原因，该批单是提供迫切需要的保障的有价值的工具。

保险服务处 2015 年对商业犯罪保险计划的修订反映了商业形式的变化。通过解决并处理现存的虚拟货币和新兴盗窃风险，保险服务处保持了保险范围的及时更新，以满足当今企业和政府机构的需要。

承保条件

商业犯罪保险条款中的条件部分包括多个条件。这里讨论几个重要的承保条件。

期内发现制 如前所述，犯罪保险条款和保单都有两种规则——期内发现制和期内索赔制。

期内发现制（discovery form）是指，即使该损失发生在保单生效日之前，但若在保险期间内被发现，或者在保单期满后 60 天内被发现，损失也将获得保障。因此，如果损失在保险生效日之前发生，在保单有效期内或保单到期或撤销之后的 60 天内被发现，那么将获得保障。在员工福利计划中，发现期可以延长到保单到期日之后的一年。

员工盗窃有可能很多年都发现不了。期内发现制对于那些已经经营了很多年，但是没有为员工盗窃损失投保的企业非常有价值。如果新购买的保险基于期内发现制，那么对于在很多年前已经发生的，但是却在现行保单有效期间或保单到期后的 60 天内才被发现的一切损失，保险公司都提供保障。

但是，核保人可能认为，在保单生效之前已经存在一些没有被发现的巨额损失。为了避免逆向选择，可以为保单附加**追溯期批单**（retroactive date endorsement）。这种批单只为发生在追溯期之后，在现行保险有效期间才被发现的损失承保。如果追溯期与保单生效日一致，那么保单生效日之前发生的损失就不在保障范围内。①

期内索赔制　期内索赔制（loss-sustained form）承保保险期内发生的，在保险期间或保单到期后一年内发现的损失。例如，如果员工在保险期内盗窃 25 000 美元现金，在当前保险期间或者保单到期后一年内被发现，那么这一损失在保障范围内。

非本公司及其分支机构销售的前保单的延续损失赔偿　根据非本公司及其分支机构销售的前保单的延续损失赔偿（loss sustained during prior insurance not issued by us or any affiliate）条款，现在的保单为发生在前保单的保险期内，但是在前保单到期后才被发现的损失提供保障。这一条款让被保险人能够不用缴纳罚金而更换保险人。只有在两份保单的连续性没有被中断的时候，该条款才能发挥作用，也就是说，现行保单在前保单被撤销之时生效。另外一个条件是，如果该保单在损失发生时生效，损失本应当受到现行保单的保障。

赔付的最高数额是前保单的赔偿限额，或者现行保单的限额，二者取其较低者。例如，假设前保单的限额是 10 000 美元，现行保单的限额是 50 000 美元。现行保单仅对前保单生效期间发生的承保损失提供最高限额为 10 000 美元的赔偿。

取消员工的保障资格　取消员工的保障资格（termination as to any employee）条款规定，只要发现任何员工有盗窃或者不诚实行为，保单就立刻取消其接受保障的资格。一旦被保险人在员工被雇用之前或之后知道该名员工存在盗窃或不诚实行为，对该员工的员工盗窃保障就终止。

金融机构保证保险

商业银行、储蓄和贷款机构、信用社、证券经纪公司和其他金融机构都面临着造成巨大经济损失的犯罪损失敞口。这些风险包括抢劫银行、员工不诚实、伪造或涂改票据、接受伪钞、盗窃证券、运钞车辆风险和大量其他犯罪风险。由于犯罪风险的规模和复杂程度各有不同，金融机构使用了一些种类的金融机构保证保险来应对这些风险。在将其运用于金融机构的时候，"保证保险"（bond）是"保单"（insurance policy）的同义词，不应与后文提到的**履约保证（surety bond）**相混淆。

美国保证和忠诚保证协会（Surety & Fidelity Association of America）向银行和其他金融机构推出了一系列金融机构保证保险。一个广泛使用的条款是**金融机构保证保险第 24 号标准保单**（Financial Institution Bond, Standard Form No. 24）。它是为商业银行、储蓄银行以及储蓄和贷款机构专门设计的。下面的讨论将围绕该保单展开。

金融机构保证保险包括多个保险条款。条款 A、B、C 和 F 是基本保障条款的一部分。条款 D、E 和 G 是可选条款。②

- 条款 A——忠诚。

---

① Trupin and Flitner, *Commercial Property Risk Management and Insurance*, pp. 11.31, 11.32.
② 这部分关于金融机构保证保险的讨论基于 *Fire, Casualty & Surety Bulletins*, Casualty and Surety volume, Financial Institutions section（Erlanger, KY：National Underwriter Company）and the International Risk Management Institute's website, http://www.IRMI.com。在讨论相关合同条款时，作者也借鉴了美国保证和忠诚保证协会的金融机构保证保险第 24 号标准保单。

- 条款 B——室内。
- 条款 C——运输途中。
- 条款 D——伪造或涂改。
- 条款 E——证券。
- 条款 F——假钞。
- 条款 G——欺诈性抵押贷款。

忠诚保证条款

金融机构经常面临由员工不诚实造成的损失。**忠诚保证条款**（fidelity coverage）对由员工个人或伙同他人的不忠诚和诈骗行为造成的直接损失提供赔偿，其目的是让被保险人承担这一损失。例如，如果一名银行出纳从收银机或金库里偷走现金，其损失在保障范围内。

室内保证条款

这一条款对由抢劫、入室盗窃、遗忘、原因不明的丢失、盗窃和其他很多风险造成的财产损失提供保障。例如，如果一名银行抢劫犯威胁说要伤害银行出纳，并带着 2.5 万美元逃跑，这种损失在保障范围内。

运输途中保证条款

该条款为运输途中发生的损失提供保障，包括了由于抢劫、偷盗、遗忘、不明原因丢失和其他原因造成的特定的风险事故。财产必须处于运送人或者运输公司的看管之下。例如，如果银行在一起运钞车辆抢劫中损失一笔钱，那么这一损失在保障范围内。

伪造或涂改保证条款

该可选条款对由于伪造或涂改可兑换工具和保证条款中规定的某些金融工具而造成的损失提供保障。例如，如果银行官员的名字被冒签在一张支票上，导致资金被支付给一个不存在的人，这笔损失在保障范围内。

证券保证条款

这一可选条款为由于善意接受某些证券而对被保险人造成的损失提供保障。这些证券被伪造、涂改、丢失或盗窃过。例如，如果一家信誉良好的银行接受了偷来的股票凭证作为担保的抵押品，当借款人违约时，银行要卖出这些证券，由此导致的银行损失在保障范围内。

假钞保证条款

该条款是基本保障条款的一部分，为被保险人由于假钞遭受的损失提供保障。例如，如果银行出纳收到 100 美元的假钞，由此对银行造成的损失在保障范围内。

欺诈性抵押贷款保证条款

这一可选条款为由接受不动产抵押贷款（后者由于假签名而存在问题）导致的直接损失提供保障。例如，如果银行接受了将房屋作为抵押贷款的质押物，但是抵押贷款存在问题，因为受押人在文件上的签名是伪造的，由此造成的损失在保障范围内。

履约保证

履约保证（surety bond）是一种合同，担保人向第二方当事人（权利人）保证，第三方当事人（义务人）将会忠实履行其对债权人应履行的义务。例如，合同的一方可能由于财务超支而不能完成一项建筑工程。政府官员可能会挪用公款，或者遗产执行人可能会非法将部分遗产占为己有。履约保证可用于处理上述损失敞口。

履约保证的当事人

在履约保证中通常有三类当事人：
- 义务人。
- 权利人。
- 保证人（担保人）。

义务人（principal）是同意做出某种行为或履行某种义务的当事人。例如，一个建筑公司可能同意为一家商业银行建造一栋写字楼。建筑公司可能被要求在签订合同之前获得履约保证，建筑公司就是义务人。

权利人（obligee）是在义务人无法履行义务时从履约保证合同中获利的一方。在前面的例子中，在建筑公司无法按时完成建筑或违背合同的具体要求，而给银行造成损失的时候，银行就可以得到赔偿。

履约保证合同的最后一方是保证人。**保证人（或担保人）（surety or obligor）**是同意为另一方的债务、未尽责任或义务负责的当事人。例如，建筑公司可能从商业保险公司处购买履约保证。如果建筑公司（义务人）没有履约，银行（权利人）就会要求商业保险公司（保证人）赔偿其所有损失。

履约保证和普通保险的比较

履约保证和普通保险类似，都提供针对某些特定风险的保障。但是，二者之间也有一些重要区别，图表 27-2 列出了这些区别。①

图表 27-2　普通保险和履约保证的比较

普通保险	履约保证
1. 保险合同中有两方当事人。	1. 履约保证中有三方当事人。
2. 保险人赔偿损失。支付的保费反映了预期损失成本。	2. 理论上，权利人不希望发生损失。保费被视为服务费用，通过履约保证合同，保证人的信用代替了义务人的信用。
3. 保险人通常无权向被保险人追偿损失。	3. 保证人有法定权利从未能履约的义务人那里获得赔偿。
4. 保险主要用于为在被保险人控制之外的非故意导致的损失提供赔偿。	4. 保证人为义务人的人格、诚实、正直和履行合同的能力提供担保。这些特质在义务人的控制之内。

---

① 有关普通保险和履约保证的比较，参见 "Construction Insurance vs Surety Bond：What's the Difference?" http://www.construction.insureon.com，April 20，2017。

履约保证的类型

不同类型的履约保证可以用于满足特定需要和特定情况。尽管履约保证不统一且各有特点，但是它们一般可以分为以下几类[①]：

- 合同履约保证：
  - 投标履约保证；
  - 成效履约保证；
  - 支付履约保证；
  - 维护履约保证；
  - 完工履约保证。
- 执照和许可履约保证。
- 公务员履约保证。
- 司法履约保证：
  - 受托履约保证；
  - 诉讼履约保证。
- 其他履约保证。

合同履约保证　合同履约保证的使用与建筑合同有关。**合同履约保证**（contract bond）担保义务人将履行所有合同义务。有几种类型的合同履约保证。在投标履约保证中，所有人（权利人）将得到保证，投标人中标后会签约并且购买一份成效履约保证。

在**成效履约保证（performance bond）**中，所有人将得到保证，工作将根据合同的具体要求完工。例如，如果建筑没有完工，保证人负责完成该项目并承担雇用其他承包人的额外费用。成效履约保证在建筑行业中非常重要，因为每年都有大量建筑企业无法按要求完工。

支付履约保证，保障会按时支付工程建造所使用的人工和材料费用账单。

维护履约保证，保障义务人工作中的不足将被纠正，或者有问题的材料将得到更换。这种维护担保经常被附加在履约保证上，其有效期为一年。

完工履约保证处理的是包括了项目融资设计的合同。完工履约保证担保完成一栋建筑或项目。该保证被设计用于保护放贷机构和财产的出租方。

图表27-3对不同类型的合同履约保证进行了比较。

图表27-3　五种合同履约保证的比较

保证的类型	权利人	义务人	担保内容
1. 投标履约保证	财产所有人或要求招标的当事人	投标的企业或当事人	投标成功的当事方将签订合同并提供履约保证
2. 成效履约保证	财产所有人或者需要让他人完成工作的一方	承包方	根据合同的具体要求完成工作

[①] 关于履约保证的讨论参考 *Fire, Casualty & Surety Bulletins*, and *FC&S Online* (Erlanger, KY: National Underwriter Company). 履约保证的内容在标题 "Commercial Lines" 之下。

续表

保证的类型	权利人	义务人	担保内容
3. 支付履约保证	财产所有人或者需要让他人完成工作的一方	承包方	支付人工和材料费用账单
4. 维护履约保证	需要让他人完成工作的一方	承包方	义务人工作中的不足将被纠正，或者有问题的材料将得到更换
5. 完工履约保证	放贷机构或出租方	承包方	保证建筑或改良工作完成

执照和许可履约保证 在进行某项特定活动前必须获得政府的执照或许可的人通常都要提供这种保证。**执照和许可履约保证**（license and permit bond）担保持照人将遵守所有约束其行为的法律和监管规定。例如，酒类商店所有人可能要提供其会按照法律规定销售酒类的保证。管道工或电工可能要保证其工作遵循地方建筑法令。

公务员履约保证 法律会要求被选举或任命到政府机构工作的公务员提供这种保证。**公务员履约保证**（public official bond）担保公务员将忠诚履行其职责，保护公众利益。例如，州政府财务主管对公共基金存款进行管理必须遵守州法律的规定。

司法履约保证 **司法履约保证**（judicial bond）担保被保证人将会履行法律规定的义务。有多种司法履约保证。**受托履约保证**（fiduciary bond）担保对他人财产负有责任的人将忠实履行所有必要的责任，对所有财产进行清点，修复法院认为受托人应承担责任的任何不足。例如，遗产管理人、接收人或清算人，或者未成年子女的监护人都需要一份保证其履行责任的保证。

如果不能证明被保证人有合法资格要求权利人赔偿损失，**诉讼履约保证**（court bond）保护权利人免遭损失。例如，**扣押履约保证**（attachment bond）担保，在扣压了被告财产的原告败诉后，将会归还被告的财产，并赔偿被告因财产被扣压所蒙受的损失。

最后，**保释履约保证**（bail bond）是另一种诉讼履约保证。如果被保证人没有在规定时间出现在法庭上，所有保证金将被没收。

其他履约保证 这类履约保证不能被归为上述类别的任何保证。例如，拍卖人履约保证（auctioneer's bond）担保了拍卖人对销售收入的核算；遗失凭证履约保证（lost-instrument bond）担保了权利人在原始凭证（如丢失的股票证明）被他人占有或使用时免受损失；保险代理人履约保证（insurance agent bond）可就代理人的非法行为所引致的任何处罚，向代理人所代表的保险人做出赔偿。

案例应用

保险服务处的商业犯罪保险可以被用于应对大多数企业面临的犯罪风险。假设你是一位风险管理咨询师。对于下面的每一种损失，请指出能够承保其损失的适宜的保险协议。

a. 珍妮弗有一家餐馆，她每天都把现金收入存入银行。在走向汽车的时候，她碰上了一个持枪抢劫的人，这个人让她交出所有的现金。出于对性命的担忧，她交出了现金。

b. 特拉维斯开了一家大型超市。在超市关门后，一名盗窃犯打开了锁着的保险柜，偷走了数千美元现金。

c. 瑞贝卡是一家 24 小时便利店的收银员。一天早晨,一名吸毒者持刀威胁她,声称如果她不把抽屉里的所有钱给他,他就会伤害她。

d. 凯文是一家销售灯具及照明配件的零售商店的经理。公司审计报告显示,一名长期从事会计工作的会计贪污了数千美元。

e. 乔希在互联网上卖东西。一名窃贼入侵了他的商务电脑,把乔希的资金转给了另一方。

本章小结

- 盗窃是从被保险人处非法取走金钱、证券或其他财产。抢劫和入室盗窃是盗窃的两种表现形式。
- 抢劫是指某些人非法夺取别人照看和保管的财产,这些人(1)给别人造成了身体伤害或者威胁给别人造成身体伤害,或者(2)实施了被别人看到的明显非法的行为。
- 入室盗窃一般可以被定义为一个人非法进入或离开某一场所,存在强行进入或离开的证据,并非法带走场所内的财产。
- 保险箱盗窃是指一个人非法取走锁着的保险箱或储藏柜中的财产,这个人非法进入保险箱或储藏柜,并且在外部留下了强行进入的痕迹。对保险箱盗窃的定义还包括非法从房屋内带走保险箱或储藏柜。
- 商业犯罪保险计划基本的犯罪保险条款形式和保单包括:
  - 商业犯罪保险条款(期内发现制和期内索赔制)。
  - 商业犯罪保单(期内发现制和期内索赔制)。
  - 政府犯罪保险条款(期内发现制和期内索赔制)。
  - 政府犯罪保单(期内发现制和期内索赔制)。
  - 员工盗窃和伪造保单(期内发现制和期内索赔制)。
  - 政府雇员盗窃和伪造保单(期内发现制和期内索赔制)。
  - 绑架/勒索和敲诈保单(一揽子保单)。
  - 绑架/勒索和敲诈保单(独立保单)。
- 期内发现制是指无论损失何时发生,只要在保险期内或者在保单满期后 60 天内被发现的损失都将获得保障。
- 期内索赔制为发生在保险期内并在保险期内或者保单满期的一年内被发现的损失提供保障。
- 商业犯罪保险条款(期内索赔制)包括多种保险协议。企业可以选择下列保障中的一种或多种:
  - 员工盗窃。
  - 伪造或涂改。
  - 室内盗窃——金钱和证券的盗窃。
  - 室内盗窃——其他财产的抢劫或保险箱盗窃。
  - 室外犯罪。

- ➤ 计算机和资金转账诈骗。
- ➤ 虚假票据或假币。

• 根据非本公司及其分支机构销售的前保单的延续损失赔偿条款，现在的保单为发生在前保单的保险期内，但是在前保单到期后才被发现的损失提供保障。这一条款让被保险人能够不用缴纳罚金而更换保险人。只有在两份保单的连续性没有被中断的时候，该条款才能发挥作用，也就是说，现行保险在前保单被撤销之时生效。如果该保单在损失发生时生效，损失本应当受到现行保单的保障。

• 金融机构保证保险专为银行和类似机构设计，可以获得下述保障：
- ➤ 条款A——忠诚。
- ➤ 条款B——室内。
- ➤ 条款C——运输途中。
- ➤ 条款D——伪造或涂改。
- ➤ 条款E——证券。
- ➤ 条款F——假钞。
- ➤ 条款G——欺诈性抵押贷款。

• 在履约保证中通常有三类当事人。义务人是同意做出某种行为或履行某种义务的当事人。权利人是当义务人未履约时有权从履约保证合同中获利的一方。保证人是同意为另一方的债务、未尽责任或义务负责的当事人。

• 履约保证与普通保险合同的相似之处是损失如果发生就会得到补偿。但是，二者之间还有一些重要差别。

保险合同中有两方当事人；履约保证中有三方当事人。

保险人赔偿损失；理论上，保证人不希望发生损失。

保险人通常无权向被保险人追偿损失；保证人有法定权利从未能履约的义务人那里获得赔偿。

保险主要用于为在被保险人控制之外的非故意导致的损失提供赔偿；保证人为义务人的人格、诚实、正直和履行合同的能力提供担保，这些特质在义务人的控制之内。

• 履约保证担保义务人履约。履约保证包括合同履约保证、执照和许可履约保证、公务员履约保证、司法履约保证和其他履约保证。

重要概念和术语

扣押履约保证　　　　　　　　　　　保释履约保证
入室盗窃　　　　　　　　　　　　　商业犯罪保险条款（期内索赔制）
合同履约保证　　　　　　　　　　　诉讼履约保证
期内发现制　　　　　　　　　　　　忠诚保证条款
受托保证条款　　　　　　　　　　　金融机构保证保险第24号标准保单
室内盗窃——其他财产的抢劫盗窃　　室内盗窃——金钱和证券的盗窃
司法履约保证　　　　　　　　　　　绑架/勒索和敲诈保险

执照和许可履约保证
权利人
室外犯罪
义务人
追溯期批单
保险箱盗窃
保证人（担保人）
盗窃

期内索赔制
其他财产
完工履约保证
公务员履约保证
抢劫
履约保证
取消员工的保障资格
非本公司及其分支机构销售的前保单的延续损失赔偿

复习题

1. 对抢劫、入室盗窃、保险箱盗窃和盗窃进行定义。

2. 简要描述商业犯罪保险条款（期内索赔制）中的下列保险条款：

    a. 员工盗窃。

    b. 伪造或涂改。

    c. 室内盗窃——金钱和证券的盗窃。

    d. 室内盗窃——其他财产的抢劫或保险箱盗窃。

    e. 室外犯罪。

3. a. 解释期内发现制和期内索赔制之间的区别。

    b. 在期内发现制基础上，将追溯期批单附加到保单上的目的是什么？

4. 指出商业犯罪保险条款（期内索赔制）的主要除外责任。

5. 一个重要的保险条款被称为取消员工的保障资格。解释该条款的含义。

6. 当商业犯罪保险在期内索赔制的基础上销售的时候，保单包括了一个前保单的延续损失赔偿条款。解释这一条款的意思。

7. 简要说明金融机构保证保险中出现的下列保险条款：

    a. 忠诚。

    b. 室内。

    c. 运输途中。

    d. 伪造或涂改。

8. 指出履约保证的三类当事人。

9. 怎样区分履约保证和普通保险？

10. 指出履约保证的三个主要类型，并给出应用实例。

应用题

1. 帕特里克是一家酒类商店的所有人，投保了一份包括下述条款的保险服务处制定的商业犯罪保险（期内索赔制）：

- 员工盗窃。
- 室内盗窃——金钱和证券的盗窃。
- 室内盗窃——其他财产的抢劫或保险箱盗窃。
- 室外犯罪。

对于下列每种损失，指出上面的保险条款是否为该损失提供保障。解释你的答案。

    a. 帕特里克周五下午从银行取钱，以便在周末的时候用现金给顾客找零。在开车回商店的时候，他把车停在了商店的停车场。当他走向商店的时候，被人持枪抢走了现金。

b. 一份电视监控录像带显示新雇用的员工从收银机里偷走了钱。

c. 帕特里克怀疑员工从库存里取酒而没有付钱。存货目录中显示少了5箱加拿大威士忌。

d. 一个窃贼强行打开上锁的保险箱并偷走了里面的现金。而且，商店内部也在盗窃过程中被严重损坏。

e. 由于入室盗窃，商店停业两天。帕特里克当周的销售额大幅下降。

f. 一个抢劫犯用刀子威胁收银员，要他交出所有现金。收银员拒绝给他，被捅了一刀。抢劫犯带着一大笔现金逃离了商店。

g. 一名顾客用一家银行的50美元现金支票购买商品。当支票被交给银行兑换的时候，银行因为该支票是失窃的支票而拒绝支付。

2. 凯西拥有一家大型零售电子用品商店，销售灯具、灯和电子设备。该商店没有投保员工盗窃保险。风险管理咨询师建议为商店的一揽子保单附加一个保险服务处的商业犯罪保险条款，使其能够为员工盗窃提供保障。该犯罪条款采用的是期内发现制，在2017年7月1日签发，没有追溯期批单。员工盗窃保险额是25 000美元。一个会计公司在2018年12月对商店进行了一次常规审计，发现一名簿记员在2016年3个月的时间内挪用了20 000美元。

a. 如果需要，保险公司要为损失赔偿多少钱？

b. 如果犯罪保险在期内索赔制基础上投保，那么你对a的答案是否会改变？解释你的答案。

3. 塞缪尔开了几家零售商店。他为员工投保了商业犯罪保险条款（期内索赔制）中的员工盗窃保险，保险限额是10 000美元。塞缪尔发现，长期从事会计工作的维拉在现行保险期间内挪用了5 000美元，用于偿还她儿子的赌债，她的儿子曾经遭受到身体伤害威胁。如果有的话，保险公司对上述损失负有什么责任？解释你的答案。

4. 瓦斯克斯建筑公司获得了当地学校董事会的合同，修建一所新的公立学校，并且必须提供履约保证。

a. 指出履约保证的义务人、保证人和权利人。

b. 如果瓦斯克斯建筑公司没有根据合同条款完成建筑，保证人将负有什么责任？

c. 保证人有对瓦斯克斯建筑公司的追索权吗？解释你的答案。

数字资源

网络资源

参考文献

术语表

A

Absolute liability（绝对责任） 见"严格责任"(Strict liability)。

Accident（意外事故） 导致发生损失的事件是突然的、无法预期的，并且是非故意的。参见"事故"(Occurrence)。

Accidental bodily injury（意外身体伤害） 意外或结果无法预期的行为所导致的身体伤害。

Accidental death and dismemberment benefits（意外死亡和肢残保险金，AD&D） 被保险人在事故中死亡或者出现某些类型的身体损伤将会支付额外的保险金。

Accelerated death benefits（提前给付死亡保险金） 允许患有绝症或重大疾病的被保险人在死亡之前获得部分或全部人寿保险金。这项附加险主要被用于满足其支付医疗费用的需要。

Accumulation unit（累积单位） 退休前，变额年金保费用于购买累积单位，每一个累积单位的价值会随着普通股的价格发生变化。

Activities of daily living（日常生活活动） 确定被保险人是否有资格获得长期护理保险金的条件，日常生活活动包括吃饭、洗浴、穿衣、从床上起来坐到椅子上、如厕等。

Actual cash value（实际现金价值） 在损毁或发生损失时，财产的价值等于重置成本减去折旧。

Additional building property endorsement（附加建筑财产批单） 附加建筑财产批单规定，可被视为建筑物或个人动产的财产是建筑物的一部分，从而避免在发生损失时产生歧义。

Additional covered property endorsement（附加财产批单） 附加财产批单可将保险的保障范围扩大至某些企业一揽子保险未提供保障的财产。

Additional insured（附加被保险人） 通过附加条款附加到指定被保险人保单上的个人或当事方。

Additional living expense（额外生活费用） 屋主保单中的一项规定，如果发生承保损失，被保险人为了保持家庭的正常生活标准而实际产生的生活费用的增加。

Add-on plan（保留起诉权无过失计划） 无论是谁的过失，事故受害人都可以获得赔付，但是受害人仍然有权起诉导致事故的司机。

Adjustment bureau（仲裁机构） 对保险索赔进行仲裁的组织，由利用其服务的保险公司提供支持。

Admitted asset（法定资产） 指出现在保险公司法定资产负债表中的决定其财务状况的资产。

Advance funding（预拨资金） 雇主在员工退休之前，系统地定期拨出资金为其养老金缴费的方式。

Advance premium mutual（预付保费相互保险公司） 保单持有人所有的相互保险公司，此类公司不销售补缴保费保单，但是要收取预期足以支付所有赔款和费用的保费。

Adverse selection（逆向选择） 损失概率高于平均水平的投保人倾向于以标准（平均）费率购买保险。如果保险公司不能控制此类情况的发生，则将导致高于预期损失水平和无利可图的业务。

Affordable Care Act（《平价医疗法案》） 2010年开始实施的法案，将医疗保障范围扩展到成百上千万未投保美国人，为未投保的个人和小企业提供了大量补贴用以购买健康保险，其中包含降低医疗成本、禁止保险公司滥用其中某些内容的调控。该法案于2014年1月完全生效。

Agency agreement（代理协议） 保险代理人和保险公司之间签订的，用以界定双方权利和义务的契约。

Agent（代理人） 在法律上代表保险人，有权代表保险人开展业务，并能够以明示的、默许的和显而易见的权利约束义务人。

Aggregate deductible（总免赔额） 在某些财产和健康保险合同中，一年中所有损失的免赔额之和为总免赔额。只有当赔付额超过总免赔额时，保险人才进行赔偿。

Aleatory contract（射幸合同） 因不确定性事件而可能使交换价值不相等的合同。

Alien insurer（外国保险公司） 在国外登记成立，符合一定颁发营业执照条件的保险公司。

All-risks policy（一切险保单） 承诺保障除特定损失以外的一切损失的保险合同。也被称为"开放式风险保单"和"特殊保障保单"。

Alternative dispute resolution（ADR）techniques（替代性纠纷解决方式） 不需要经过法律程序解决法律纠纷的方法。

Annual out-of-pocket limit（stop-loss limit）（年度自付限额，也被称为**止损限额）**，健康保险市场保单包含年度自付限额，在被保险人支付了一定年度自付费用后，超过免赔额的医疗费用全部处于保障范围内。

Annuitant（年金受领人） 定期获得年金支付的人。

Annuitize（年金化） 年金的现金价值是作为终身收入或一定数量的保证金额支付的。

Annuity（年金） 在确定的时期内或者特定个人或群体生命延续期内定期向个人支付的收入。

Annuity payout options（年金给付方式） 从年金中提取现金价值的各种方法，可以一次性或分期收回所有现金，或者分期提款，将其作为终身收入。

Annuity unit（年金单位） 退休时将累积单位转换为年金单位，年金单位的数量在给付期间保持不变，但是每一单位的价值会根据普通股价格水平每个月或每年发生变化。

Appraisal clause（评估条款） 当被保险人和保险人在损失范围方面达成一致，但损失数额存在争议时适用。

Assessment mutual（可评估相互保险公司） 有权对保单持有人的损失和费用做出评估的相互保险公司。

Assigned risk plan（分派风险计划） 见"汽车保险计划"（Automobile insurance plan）。

Association or group captive（协会或团体专业自保公司） 由几个母公司共同所有的保险公司。例如属于一个商业协会的几个公司可能拥有一个专业自保公司。

Assumption-of-risk doctrine（风险自担原则） 如果工人预先知道特定职业中存在的风险却仍然选择该职业，那么受伤后无法获得赔偿。

Attitudinal hazard（态度风险因素） 由于粗心或对损失的冷漠态度，造成了损失发生的概率或严重程度的增加，也被称为"心理风险因素"（morale hazard）。

Attractive nuisance（诱致性伤害） 会吸引并伤害儿童的情况。产生这种情况的土地所有者对儿童所受伤害负责。

Automatic premium loan provision（保费自动垫付条款） 保费缴纳宽限期到期时，保险公司会从人寿保险保单的现金价值中提取现金，用于缴纳保单持有人所欠保费。

Automobile insurance plan（汽车保险计划） 也被称为"分派风险计划"。当被认为风险较高的司机无法在商业保险市场上获得保障的时候，为其提供汽车保险的方法。州内的所有汽车保险公司基于其在本州承保汽车保险的业务规模分派此类保险的份额。

Average indexed monthly earnings（AIME）（平均指数化月收入） 在老年、遗属和残疾保险（OASDI）计划下，个人的实际收入被指数化用于确定其基本保额（PIA）。

Avoidance（规避） 一种风险控制技术，从不为特定损失承保，或者拒绝为某种存在的损失敞口承保。

B

Bailee（受托人） 指临时拥有他人财产的人。受托人的例子包括干洗店、洗衣店。

Bailee's customer policy（受托人客户保险） 这种保险为客户财产的损失或损毁承保，无论受托人是否承担法律责任。

Basic form（基本险） 见"住宅财产保险1"（Dwelling Property 1）。

Benefit period（给付期） 在一段时间内，通常为1~3年，在达到免赔额之后，支付重大疾病医疗保险金。给付期结束后，被保险人如果要申请新的给付期，则要满足新的免赔额。

Benefit triggers（保险金给付条件） 长期护理保险中使被保险人有资格获得保险金的条款，如不能进行一定数量的日常生活活动，或被保险人有严重的认知障碍。

Betterment（改良） 在汽车碰撞保险的索赔中，如果维修完成后，车辆的价值提高（例如只有挡泥板和车门受到损坏时，却为整个车体喷上新漆），保险人不为这些改良和价值的增加支付费用。

Binder（暂保单） 在保险公司正式承保之前，由代理人出具的保险凭证。这份凭证提供了保险生效的证明。

Blackout period（无给付期） 从被保险人最小的孩子满16岁起，到被保险人的生存配偶满60岁止，社会保障对未亡配偶不支付保险金。这段时间被称为无给付期。

Blended policies（混合保单） 结合定期保险和现金价值保险的人寿保单。

Blue Cross and Blue Shield plans（蓝十字和蓝盾计划） 在过去，蓝十字计划是非营利性的社区预付计划。用于支付医院的服务费用。蓝盾计划是非营利性的预付计划，用于支付医生的服务费用。在今天的大多数州，蓝十字和蓝盾计划是非营利性质的，享受特殊税收待遇，并受到特别立法监管。为了筹集资金和提高竞争力，许多蓝十字和蓝盾计划已转为营利性质。如今，大多数蓝十字计划都已与蓝盾计划整合，成为单一计划。

Boatowners package policy（船主一揽子保单） 专为船主提供的一揽子保单。该保单在一份合同中包括了物理损失保险、医疗费用保险、责任保险以及其他保险。

Boiler and machinery insurance（锅炉和机器保险） 一种商业保险，为锅炉或其他设备（包括空调、采暖设备、电器、电话和计算机系统）出现故障或损坏而造成的损失提供保障。现通常被称为设备损坏保险。

Broad evidence rule（广泛证据原则） 在财产保单中确定财产实际现金价值时，应该将专家用于确定财产价值的一切相关因素考虑进去。这些相关因素包括重置成本减去折旧、公平市场价值、财产预期收入的现值、类似财产的销售、评估师的意见以及许多其他因素。

Broad form（扩展险） 见"住宅财产保险2"（Dwelling Property 2）和"屋主保险2"（Homeowners 2）。

Broker（经纪人） 在法律上代表被保险人，招徕或接受投保申请，但直到保险公司接受时，该申请才能生效。

Burglary（入室盗窃） 非法进入房屋或其他建筑物，非法取走屋内的财物，并留下强行进出痕迹的行为。

Business income（and extra expense）coverage form［业务收入（和额外费用）保单］ 可以被附加到企业一揽子保单中，在已投保财产被损坏后，为因财产损坏而造成的企业业务收入的持续损失以及由此发生的额外费用提供保障。

Business income（without extra expense）coverage form［业务收入（无额外费用）保险］ 为承保损失导致的业务收入损失提供保障。属于保障范围内的额外费用仅限于被用于降低损失的费用，其保额也被限制为损失降低的额度。

Businessowners policy（企业主保险） 是专门为中小企业设计的一揽子保险。在一份保险合同中，满足其基本财产和责任保险的需求。

C

Cafeteria plan（自助计划） 员工福利计划的基本条款。允许员工在一系列人寿保险、医疗费用保险、残疾保险、牙科保险和其他保险计划中选择最适合其个性化需要的计划。

Calendar-year deductible（自然年度免赔额） 在一个自然年度内，团体或个人保险开始为被保险人支付医疗费用之前，被保险人应支付的数额。

Capacity（承保能力） 在财产险行业中使用的术语，它是指盈余的相对水平。行业的盈余水平越高，就有越多的承保人愿意开展新业务或降低保费。

Capital budgeting（资本预算） 公司基于货币的时间价值确定应当采取何种资本投资项目的方法。

Capitation fee（均摊费用） 保健计划中的一种支付方法。在该方法中，医生或者医院每年向每一位计划参与者收取固定费用，而不管提供服务的次数和类型。

Captive agent（专属代理人） 这一术语用于指代仅作为一个保险公司的代理人，或者是作为有财务关系或所有权统一的保险公司集团的代理人。

Captive insurer（专业自保公司） 由母公司建立并拥有的保险公司，在为企业的损失提供保障的同时，能够降低保费，提供更方便的再保险服务并减轻税负。

Career-average earnings（职业平均收入） 在给付确定计划中，养老金的数额基于工人就业期间平均收入确定。即参与该计划的工人收入的平均值。

Cargo insurance（货物保险） 海洋运输保险的一种。在货物被损毁或丢失时，保护托运人规避由此带来的经济损失敞口。

Cash-balance plan（现金结存计划） 是一种养老金给付确定计划，其中，养老金根据假设的账户余额确定，实际的养老金取决于参保员工退休时的现金价值。

Cash refund option（本金现金偿付方式） 年金受益人死亡后，如果所缴纳的年金费用总额与年金购买价格不等，则将差额一次性支付给受益人的年金。

Cash surrender value（退保现金价值） 当人寿保险保单持有人决定解约时，向其支付的现金价值。与法定准备金分开计算。

Cash-value life insurance（现金价值人寿保险） 一种人寿保单，其现金价值可借出或在保单被终止时取出。

Casualty insurance（意外保险） 火灾保险、海上保险和人寿保险没有包括的其他保险的总称，包括汽车保险、责任保险、盗窃保险、工人补偿保险、玻璃保险和健康保险。

Catastrophe bond（巨灾债券） 一种公司债券。当巨灾发生时，允许债券发行人不支付或延期支付预定的本金或利息的偿付计划。

Causes-of-loss forms（保险责任类型） 被附加于商业财产保险保单之上，用以说明承保损失发生的原因。有三种保险责任类型：基本型、扩展型和特殊型。

Ceding company（分保公司） 先签发保单，然后将部分或全部业务转给再保险人的保险公司。

Certified Financial Planner（CFP）（注册财务规划师） 在财务规划方面有很高的专业水平，且通过了一系列职业资格考试的专业人员。

Certified Insurance Counselor（CIC）（注册保险顾问） 通过一系列由国家保险教育研究联合会主办的职业资格考试的财产和意外保险领域的专业人员。

Cession（分保额） 原保险公司向再保险公司分出的保险数额。

Chance of loss（损失机会） 事故发生的概率。

Change-of-plan provision（变更保险计划条款） 允许人寿保险保单持有人将其现有保单改变为其他形式的保单，从而提供了灵活性。

Chartered Financial Consultant（ChFC）（注册财务顾问） 在财务规划、投资和人寿健康保险领域达到较高技术水平，并通过美国金融服务学院主办的职业资格考试的专业人员。

Chartered Life Underwriter（CLU）（特许寿险核保人） 在人寿和健康保险领域达到较高技术水平，并通过美国金融服务学院的职业资格考试的专业人员。

Chartered Property Casualty Underwriter（CPCU）（特许财险与意外险核保人） 在财险和意外险领域达到较高技术水平，并通过美国特许财险与意外险核保人协会的职业资格考试的专业人员。

Chief risk officer（CRO）（首席风险官） 负责处理企业遇到的纯粹风险和投机风险的人。

Choice no-fault plan（无过失选择计划） 汽车驾驶员既可以根据各州的无过失法选择以较低的保费获得保障，也可以按照民事侵权法以较高的保费保留起诉权。

Claims adjustor（理赔员） 处理索赔的人，包括保险代理人、公司理赔员、独立理赔员或公估人。

Claims-made policy（索赔发生型保单） 一种责任保险保单，只负责赔偿保单有效期内的首次索赔行为，且事故发生在保单注明的追溯期（如果有的话）内。

Clash loss（巨灾损失） 几种导致大额损失

的保险事件同时发生。

Class action lawsuit（集体诉讼） 一种法律诉讼，原告代表一组同样受到伤害的个人（集体）向一组被告或集体寻求损害赔偿。

Class beneficiary（团体受益人） 团体受益人不是确定的某一个人，而是一个受益人群体，例如"被保险人的孩子们"。

Class rating（分类费率法） 一种计算费率的方法。这种方法将相似的被保险人归入相同的类别，并对每一类被保险人执行相同的费率，也被称为"手册费率法"。

CLU（特许寿险核保人） 见"特许寿险核保人"（Chartered Life Underwriter）。

Coinsurance clause（共同保险条款） 商业财产保险合同中的基本条款。它要求被保险人按照规定的百分比为财产的实际现金价值或重置成本投保。赔偿的损失等于损失数额乘以由必需保险额确定的份额。如果在损失发生时没有满足共同保险的条件，被保险人将受到处罚。共同保险在健康保险中是指按比例参与条款。

COBRA law（《1985年加强综合保障协调法案》） 如果在某些符合条件的事件发生之后，导致保障受到损失，根据《1985年加强综合保障协调法案》，员工和接受保障的家属可以选择在有限的时间内留在雇主的健康保险计划中。

Collateral source rule（间接来源原则） 按照这一规则，被告不能引用任何显示受害方已从间接来源处获得补偿的证据。

Collision loss（碰撞损失） 由汽车翻倒或与其他车辆或物体碰撞引起的损失。无论是谁的过失，保险公司都对碰撞损失负有赔偿责任。

Combined ratio（综合比率） 在财产和责任保险中，指损失赔偿和损失评估费用加上承保费用之和与保费的比率。如果综合比率超过1（或100%），表示存在承保损失。如果综合比率小于1（或100%），表示存在承保利润。

Commercial crime coverage form（loss-sustained form）[商业犯罪保险条款（期内索赔制）] 由保险服务处制定，可被附加到一揽子保单上，为企业面临的犯罪风险提供保障。

Commercial general liability（CGL）policy（企业一般责任保险） 保险服务处制定的商业责任保单，包括两种承保方式：事故发生型和索赔发生型。

Commercial liability umbrella coverage form（企业责任伞式保险） 保险服务处制定的，针对那些巨额责任损失提供保障的保险，如果不对这些损失提供保障就会导致企业破产。

Commercial lines（商业保险） 为企业、非营利组织和政府机构提供保障的财产保险。

Commercial package policy（CPP）（企业一揽子保险） 一种为满足企业个性化保险需求而设计的商业保单。在一份保单中包括了财产保险保障和责任保险保障。

Commutative contract（等价交易合同） 当事人双方交换的价值在理论上相等的合同。

Comparative negligence law（比较过失原则） 很多地区使用的法律，允许受害人在可能对事故的发生负有一定责任的情况下仍获得损失赔偿。当事人双方根据各自的过失情况分担经济损失。

Compensatory damages（补偿性赔偿金） 用于补偿受害人实际损失的赔偿金。补偿性赔偿金包括特殊赔偿金和一般赔偿金。

Completed operations liability（完工操作责任） 在远离经营场所的地方开展的工作或操作完成后，由于其中存在的问题而引起的责任。适用于承包商、水管工、电工、维修店和类似的企业。

Compulsory insurance law（强制保险法） 保护事故受害人免受不负责任的司机伤害的法律，要求汽车所有人和驾驶员承担一定责任的保险，这样他们才能在本州取得汽车牌照并在州内合法驾车。

Concealment（隐瞒） 投保人故意不向保险公司说明重大事实。

Conditional contract（条件合同） 条件是指保单中对保险人履行承诺所规定的或施加的限制性条款。保险人是否承担支付赔偿金的责任取决于被保险人或受益人是否已经遵守所有的保单条件。

Conditional premium receipt（附条件保费收据） 人寿保险投保人收到的收据，根据保险人的正常核保标准，如果投保人被证明具有可保性，则此人寿保险在投保当天即产生效力。部分可保性收据指定人寿保险生效的日期为申请日或体检日中较晚的一天。

**Conditionally renewable policy（有条件续保保

单） 保单持有人可以在达到特定年龄时续保个人医疗费用保险，但是根据修订后的《平价医疗法案》，保险公司有权根据保单列明的条款降低续保合同的数量。

Conditions（条件条款） 保险合同中的条款，用以对保险公司的履约承诺施加限制或者使之生效。

Consequential loss（继起性损失） 其他损失导致的财物损失，通常被称为间接损失。

Consumer-directed health plan（CDHP）（消费者自助健康计划） 这是一个专业术语，是指那些将高免赔额与健康储蓄账户（HSA）或健康费用偿付协议（HRA）相结合的保险计划。这些计划的目的是让员工对卫生保健成本更加敏感。该协议为减少不必要的治疗和寻找低成本的供应商提供了经济激励。

Contingent beneficiary（次顺位受益人） 是人寿保险保单的受益人。在第一顺位受益人先于被保险人死亡的条件下，次顺位受益人有权获得保险金；或者当第一顺位受益人在得到全部保险金前死亡，次顺位受益人可以获得剩余的赔付。

Contingent liability（或有责任） 由公司的独立承包商已完成的工作引起的责任。当独立承包商的行为是非法的，或者没有得到权威部门授权，或者工作存在危险时，公司需要对其所做的工作承担责任。

Contract of adhesion（格式合同） 被保险人必须接受合同的全部内容，包括所有条款和条件。

Contract bond（合同履约保证） 一种担保协议，保证当事人履行所有的合同义务。

Contractual liability（合同责任） 另一方当事人承担的法律责任，即商业企业通过书面或口头协议同意承担的法律责任。

Contribution by equal shares（等额分担） 通常存在于责任保险合同中的一种保险条款，要求所有公司承担相等的损失额度，直到每一个保险公司的份额等于保单规定的最低责任额或者损失被全额清偿。

Contributory negligence law（共同过失原则） 受伤的工人如果在任何方面对其所受伤害负有责任就无法获得赔偿。

Contributory plan（参与供款计划） 雇员支付部分保费的团体人寿保险、健康保险或退休金计划。

Convertible（可转换的） 定期保险可以不需要提供可保性证明就转化为现金价值保单。

Coordination-of-benefits provision（给付协调条款） 团体医疗费用保险的一项条款，用于防止一个人参加两个或两个以上团体保险计划时获得超额赔偿或重复给付。

Copayment（共同支付） 被保险人必须为某些保障内容支付固定额度，例如去诊所看病或开药。不要与共同保险相混淆。

Cost-of-living rider（生活消费指数批单） 可被附加于人寿保险保单上的批单。根据该批单，保单持有人可以购买与消费价格指数累积变动百分比相等的一年期保险，而不必提供可保性证明。

Cost of risk（风险成本） 与处理组织的损失敞口有关的全部成本，包括保费、自留损失、损失控制费用、外部风险管理服务费、经济担保金、内部行政管理成本、税费和其他费用。

Coverage for damage to your auto（汽车损失保障） 个人汽车保险中赔偿投保汽车因损毁或被盗造成的损失的部分。这一可选保障适用于碰撞损失和非碰撞损失。

CPCU（特许财险与意外险核保人） 见"特许财险与意外险核保人"（Chartered Property Casualty Underwriter）。

Credit（积分） 在社会保障计划中，1个积分也被称为四分之一保障。2015年，工人每获得1 220美元的被保障收入就可获得1个积分，每年最多可取得4个积分。

Credit-based insurance score（保险信用评分） 根据投保人在保单承保中的信用记录得出的分数。在汽车和屋主保险中，信用记录良好的申请人可以支付较低的保费。

Currency exchange rate risk（汇率风险） 不同国家之间货币兑换比率的改变所引起的价值损失敞口。

Current assumption whole life insurance（当期假设终身人寿保险） 一种非分红型终身人寿保险，根据保险公司当期的死亡率、投资和费用情况确定保单的现金价值。随时间变化的当期利率贷记入一个累计账户，又被称为利率敏感型终身人寿保险。

Currently insured（普通被保险人） 在老年、

遗属和残疾保险（OASDI）计划中，参与者只要在死亡、残疾或有权领取退休金的这一季度之前的 13 个季度中至少获得了 6 个积分，就可以获得该计划的保障。

Cyber liability insurance（网络责任保险） 一种企业责任保险，针对数据持有者（如零售公司）未能保护用户个人信息不被未授权方（如计算机黑客）访问而产生的责任提供保障。

Cyber property insurance（网络财产保险） 网络财产保险的保障范围包括黑客对计算机网络造成的损害以及此类攻击造成的间接损失。

D

Damage to property of others（对他人财产损害的赔偿） 为损害他人财产的被保险人造成的每起事故提供不高于 1 000 美元的赔偿。即使被保险人不承担法律责任，保险公司也需要进行赔付。屋主保险的第Ⅱ部分包括这种保障。

Declarations（声明） 保险合同中的陈述事项，提供关于投保财产的信息，用于核保、厘定费率和鉴定保险财产。

Deductible（免赔额） 从总损失赔付中扣除本应赔付的特定金额。

Deferred annuity（递延年金） 在未来的某个日期开始支付收入的年金。

Deferred retirement age（延期退休年龄） 指超过正常退休年龄的任何年龄。超过正常退休年龄仍然在工作的员工继续按照计划积累养老金。但是根据现行法律，除了一些特殊规定之外，工人可以延期退休，只要他们能够工作，对最高年龄没有限制。

Defined-benefit plan（给付确定计划） 一种养老金计划，在该计划中，退休金的数额已经提前知道，但是缴费额会随着获得期望的保险金必需的资金量的变化而变化。

Defined-contribution plan（定额缴费计划） 缴费率固定但退休金给付金额可变的退休金计划。

Delayed retirement credit（延期退休积分） 在社会保障计划中，如果被保险人在满足正常退休年龄之后延期领取退休金，那么就可以获得延期退休积分。原保险数额在正常退休年龄的基础上提高一定百分比，直到其开始领取保险金，或者年满 70 岁。

Demutualization（非互助化） 用于描述互助保险公司转变为股份制保险公司的术语。

Dependency period（抚养期） 在再调整期之后的一个时期，直到最小的孩子长到 18 岁。在该时期中家庭应当获得收入，使得生存配偶能够在必要时留在家中照顾孩子。

Diagnosis-related groups（DRGs）（诊断分类团体） 美国医疗保险计划中到付费医院就诊时采用的方法。在这一体系下，对提供同类医疗保健或诊疗服务的每一家医院支付固定的、统一的数额。

Difference in conditions（DIC）insurance（补足保险） 承保基本财产保险合同中不承保风险事故的一切险保单，它补充了承保风险事故的范围，并排除了基本保险合同中已经承保的风险事故。

Direct loss（直接损失） 由承保风险事故直接引起的经济损失。

Directors and officers liability（D&O）insurance（董事和管理人员责任保险） 一种企业责任保险，如果董事和管理人员因为企业事务管理中的失误而被起诉，则为董事、管理人员和企业提供经济保障。

Direct response system（直销体系） 一种不需要通过代理人服务来销售保险的市场营销方法。这种方法通过电邮、报纸、杂志、电视、广播和其他媒介发布公告来吸引潜在客户。

Direct writer（直接承保人） 在该类保险公司中，销售人员是保险公司的员工，而不是独立中介，公司向其支付所有销售费用，包括工资。

Disability-insured（残疾被保险人） 在老年、遗属和残疾保险（OASDI）计划中得到残疾保险保障的个人。

Diversifiable risk（可分散风险） 仅影响个体或小群体的分散而不会影响总体经济状况的风险。这种风险可以通过分散的方式降低或消除。

Diversification（分散化） 一种风险控制技术，通过将损失敞口分散到不同的当事人、证券或交易中来降低损失的可能性。

Dividend accumulations option（红利累积选择权） 分红人寿保险保单中的一种利息处理方式，保险公司保留利息并按照一定利率累积起来。

Domestic insurer[国内（州内）保险公司] 在其开展业务的国内（州内）有经营场所并获得营业执照的保险公司。

Dodd-Frank Wall Street Reform and Consumer Protection Act（《多德-弗兰克华尔街改革与消费者保护法案》） 2010年，美国国会颁布《多德-弗兰克华尔街改革与消费者保护法案》以纠正金融服务业存在的问题。该法案包含了许多条款，包括改革金融服务业；处理商业银行、投资公司、抵押贷款公司和信用评级机构的破坏行业稳定的行为；以及为消费者提供保护。该法案还设立了金融稳定监管局。金融稳定监管局负责处理系统性风险，并确定可能增加经济系统性风险的非银行金融机构和保险公司。

Double indemnity rider（双倍赔偿特约条款） 可以附加于人寿保险保单上的特约条款。根据该特约条款的规定，在意外伤害造成被保险人死亡时，保险金可以增加到原保额的两倍。

Dram shop law（酒吧原则） 根据该原则，如果酒吧老板继续向一位醉酒的客人提供服务，若醉酒者后来造成第三方的身体伤害或财产损失，则酒吧老板需要为此承担责任。一般责任保险保单不为此承保。

Driver education credit（驾驶员培训折扣） 年轻驾驶员接受司机培训课程合格后，可以享受的保费学生折扣额或减免额。

Duplication（复制） 一种风险控制技术，指在发生损失时提供重要文件或财产的备份或副本。

Dwelling Property 1（basic form）[住宅财产保险1（基本险）] 承保住宅、建筑物、个人财产、公平租赁价值和其他风险的财产保险保单。保障的风险事故有限。

Dwelling Property 2（broad form）[住宅财产保险2（扩展险）] 以重置成本承保住宅和其他建筑物的财产保险保单。与住宅财产保险1相比，扩大了承保范围，承保风险事故种类更多。

Dwelling Property 3（special form）[住宅财产保险3（特别险）] 承保由非除外风险事故引起的住宅和其他建筑物的直接物理损失，但是也承保由列明风险事故引起的个人财产损失。

E

Early retirement age（提前退休年龄） 指工人可以退休，并领取养老金的最小年龄。

Earned premium（已赚保费） 在会计期间内实际赚取的保费，与保费收入相对。已赚保费是承保保费的一部分，这部分保费可以被视为到期保单带来的收入。

Earning test（retirement test）[收入测试（退休测试）] 老年、遗属和残疾保险（OASDI）计划中设定的测试，通过该测试可以减少对年收入超过最高限额的被保险人的给付。

Elements of negligence（过失要素） 为了得到赔偿，受伤的人必须证明侵权者存在过失行为。

Eligibility period（合格期） 员工可以参加团体保险，而不需要提供可保性证明的短暂期间。

Elimination（waiting）period[等候期（等待期）] 在健康保险等候期中不支付保险赔偿金。也指实际支付残疾保险赔偿金之前的一段时间。

Employee Retirement Income Security Act of 1974（ERISA）（《1974年员工退休收入保障法案》） 1974年立法通过，适用于大部分商业保险和福利计划，要求退休金达到一定标准来保护参加计划的雇员。

Employers liability insurance（雇主责任保险） 雇员在受雇期间受到伤害，但其所受的伤害在国家（州）工人补偿法律下不负责赔偿。这种保险在雇主受到雇员起诉时，为雇主提供保障。

Endorsement（批单） 补充、删除或修改原合同条款的书面条款。参见"附加条款"（Rider）。

Endowment insurance（两全保险） 一种人寿保险，如果被保险人在特定期间内死亡，向受益人支付保险金；如果被保险人存活到期满，向保单持有人支付保险金。

Enterprise risk（企业风险） 用于描述企业面临的所有主要风险的术语，这些风险包括纯粹风险、投机风险、战略风险、经营风险和财务风险。

Enterprise risk management（企业风险管理） 综合风险管理计划，考虑了企业和组织的纯粹风险、投机风险、战略风险和经营风险。

Entire-contract clause（完全合同条款） 人寿保险保单中的条款，规定人寿保险保单和附加条款共同构成当事人双方的完全合同。

Equipment breakdown insurance（设备损坏保险） 承保由于设备意外损毁产生的损失，以前被称为"锅炉和机器保险"（boiler and machinery insurance）。

Equity indexed annuity（股票指数年金） 一种固定的递延年金，允许有限制地投资股票市场，但合同到期后，必须保证本金不会发生损失。

Equity in the unearned premium reserve（未到期保费准备金） 高估的未到期保费准备金，因为未到期保费准备金建立在毛保费而不是纯保费的基础上。

ERISA（《1974 年员工退休收入保障法案》） 见《1974 年员工退休收入保障法案》（Employee Retirement Income Security Act of 1974）。

Errors and omissions（E&O）insurance（错误与疏忽保险） 一种责任保险，承保因被保险人的错误和疏忽给客户造成损失的风险。

Essential health benefits（基本健康保险金） 根据《平价医疗法案》，保险公司在保险市场上销售的医疗费用保单必须提供至少 10 项条款或医疗服务的保障。

Essential services expenses（必要服务费用） 汽车保险中的一种无过失保险金，赔偿受害人日常的必要服务费用，比如家务、做饭、修剪草坪和修理房屋等支付的费用。

Estate planning（遗产计划） 在财产所有者生前或死后为保存财产而设计的程序，包括遵循个人意愿分配财产；最大限度地减少要缴纳的联邦财产税和州遗产税；为弥补财产处理成本提供流动性；满足家庭的经济需要。

Estoppel（禁止反言） 一个法律原则，禁止否认先前陈述的事实，特别是当另一方当事人已经依据该陈述做出某种行为的时候。

Excess insurance（超额保险） 在超额保险计划中，保险公司并不分担损失，除非实际损失超过了一定数额。

Excess-of-loss reinsurance（超额损失再保险） 如果损失额超过分出保险公司的自留限额，那么由再保险公司支付部分或全部损失。

Exclusion ratio（宽减率） 在年金合同中，用投资额除以预期收益所得的比率，该比率被用于确定年金支付中的应税及免税部分。

Exclusions（除外责任） 保险合同中列明的不予保障的风险事故、损失和财产的条款。

Exclusive agency system（专属代理人制度） 保险市场营销的一种类型。代理人只能代理一个公司或者具有相同所有者的多个保险公司。

Exclusive provider organization（EPO）（专项服务提供者组织） 一项保险计划，不承保从服务供应商网络以外的供应商处接受的医疗保健服务。

Exclusive remedy doctrine（专属补偿原则） 工人补偿保险中适用的一项原则，规定员工在工作中发生意外或患职业病时，工人补偿保险应当是补偿其损失的唯一来源。但法律判决已经逐渐改变了这一原则。

Expense loading（附加保费） 见"附加保费"（Loading）。

Expense ratio（费用率） 总保费中用于支付费用和提取利润的部分，即承保的费用率。

Experience rating（经验费率法） （1）为团体人寿保险和健康保险计划厘定费率的方法，根据一个团体以往的损失情况确定其应收保费金额。（2）当被用于财产保险和意外保险时，根据以往的损失情况对其所属类别或手册费率进行上下调整。（3）当被用于国家（州）失业保险计划时，拥有良好雇佣记录的企业可以享受较低税率。

Exposure unit（风险单位） 保险定价中运用的测度单位。

Extended benefits（EB）program（延期保险金计划） 州失业补偿计划向失业率高的州中正常州保险金已耗尽的州的工人额外支付数周的保险金。大多数州都会支付长达 26 周的保险金。基本延期保险金（EB）计划为已用完正常州保险金的工人提供最多 13 周的额外保险金。一些失业率高的州甚至延长了保险金给付期。

Extended nonowned coverage endorsement（扩展非自有保障批单） 可以通过在汽车责任保单上添加批单，承保被保险人合理驾驶非自有汽车时的风险。

Extra expense coverage form（额外费用保险） 一项独立的保险，用于承保恢复期间企业继续运营所发生的额外费用。

F

Factory mutual（工厂相互保险公司） 只向达到较高核保标准的财产提供保险服务的相互保险公司。这种公司强调对损失的预防。

Facultative reinsurance（临时再保险） 有选择地逐笔进行再保险的一种方法，适用于分保公司接到的保险申请超过其自留限额的情况。

Fair Access to Insurance Requirements（FAIR plan）（公平保险需求计划） 向无法从正常市场上获得保险的财产所有人提供基本财产保险的财

产保险计划。每一个制订这种计划的州都有一套核心措施。

Fair rental value（公平租赁价值） 房产因被损毁而不适于居住时，向被保险屋主赔偿的租金收入损失。

Family purpose doctrine（家庭用途原则） 将直系亲属驾驶家用汽车时所犯过失归咎于车主的原则。

Fee-for-service plans（付费服务计划） 在一定的最高限额之下，医生每次提供保障范围内的服务时都依据惯例进行合理收费。

Fellow-servant doctrine（同伴原则） 在受伤工人提起的诉讼中，雇主用来抗诉其存在过失的原则之一。如果由于同伴的过失而受伤，则受伤工人无法获得赔偿。

File-and-use law（报备使用法） 一项监管保险费率的法规，根据该法规，保险公司在运用该保险费率之前，需要在州保险服务局备案。

Final average pay（最终平均支付） 根据员工在退休之前三年到五年的收入的平均值确定养老金给付数额的方法。

Financial Institution Bond, Standard Form No. 24（金融机构保证保险第 24 号标准保单） 为商业银行、储蓄和贷款机构以及其他金融机构面临的犯罪损失敞口提供保障的保证保险。通常为抢劫银行、员工不诚实、伪造及涂改票据、运钞车辆风险或金融机构面临的其他犯罪风险提供保障。

Financial Modernization Act of 1999（《1999 年金融服务现代化法案》，又称《格拉姆-利奇-布利利法案》） 联邦政府制定的法案，允许银行、保险公司、投资公司和其他金融机构进入其他金融市场并参与竞争。

Financial responsibility law（财务责任法） 该法规要求机动车辆事故当事人必须提供能够承担最低限度财务责任的证明，否则将面临被吊销驾驶执照或暂时不能驾车的处罚。

Financial risk（财务风险） 企业因为商品价格、利率、外币汇率和本币价值的不利变化而面临的风险。

Financial risk management（财务风险管理） 指对投机性财务风险的识别、分析和应对。包括商品价格风险、利率风险和货币汇率风险。

Fire legal liability coverage（火灾法定责任保险） 企业或个人因为疏忽引起火灾，并对他人财产造成损害而需要承担的责任。

First named insured（第一被保险人） 在保单声明页中，作为被保险人出现的第一个名字。他享有某些额外的权利并承担更多的义务，而这些是其他被保险人所没有的。

Fixed-amount（income for elected amount）option [固定金额（特定金额）选择权] 人寿保险保险金按照固定金额给付的理赔方式。

Fixed annuity（固定年金） 每期保证支付固定金额的年金。

Fixed immediate annuity（定额即付年金） 在购买日之后的一个支付期间结束时即开始支付的固定数额的收入。如果收入按月支付，第一笔支付在购买一个月之后开始第一次支付；如果收入按季支付，就在一个季度后开始支付。

Fixed-period（income for elected period）option [固定时期限（特定时期收入）选择权] 在固定时期内支付保险金的人寿保险理赔方式。

Flexible-premium annuity（弹性缴费年金） 允许保单持有人调整保费缴纳数量和额度的年金合同。退休收入金额取决于退休时累积的年金总额。

Flexible-spending account（弹性支出账户） 一种雇员同意减薪的协议。减少的这部分薪酬用于支付计划保险金、未偿付医疗和牙科医疗费用，以及《国内税收法》允许的其他费用。

Flex-rating law（弹性费率法） 该法律规定，只有在费率超过或低于预先报备费率的幅度超过一定百分比时，才需要进行预先核准。

Foreign insurer（州外保险公司） 在一个州注册，但是在另一个州营业的保险公司。

Fortuitous loss（偶然损失） 偶然事件引起的无法预见或不可预期的损失。

Fraternal insurer（互助保险公司） 为一个社会组织中的成员提供人寿和健康保险的相互保险公司。

Freight insurance（运费保险） 在海洋运输保险中，赔偿船主在货物被损坏或失踪或没有送达情况下所面临的运费损失。

Full retirement age（完全退休年龄） 在社会保障计划中，受益人达到这一年龄后就可以领取没有任何减少的退休金。

Fully funded program(足额集资计划) 在足额集资计划中，累积的老年、遗属和残疾保险（OASDI）信托基金资产加未来缴费的现值足以清偿估值期间的所有负债。

Fully insured（完全被保险人） 在老年、遗属和残疾保险计划中对被保险人的承保状态。如果要获得全部退休保险金，就需要先得到 40 个积分。

Funding agency（基金代理机构） 负责积累或管理用于支付养老金所缴纳的费用的金融机构。

Funding instrument（基金累积合同） 一种保险合同或者信托协议，根据其中的规定，基金代理机构累积、管理并支付养老金。

G

Gap insurance（缺口保险） 当被保险人通过银行贷款或租约购买一辆新车时，该保险支付被保险人的保险人为全损汽车支付的数额与租约或贷款偿还额之间的差额。

General aggregate limit（总限额） 企业一般责任保险中，保险公司需要赔付下面几项损失加总所得的最高额度：保单 A、保单 B 中规定的损失和保单 C 中的医疗费用。

General average（共同海损） 是指为了保护航行中各方的共同利益而引起的，由各方共同承担的损失。

General damages（一般赔偿金） 对无法进行专业测度或详细说明的损害给予的赔偿，例如对痛苦、毁容或者丧偶造成的感情伤害的补偿。

Good student discount（好学生折扣） 16 岁以上成绩排在全班前 20% 并具有 B 或 3.0 以上的成绩，或得到校长特别奖的学生可以在汽车保费中得到的优惠。这个折扣建立在"好学生是好驾驶员"的假设之上。

Grace period（宽限期） 在一段时间内，保单持有人可以延期缴纳人寿保险保费，而不会导致保单失效。

Gross estate（总遗产） 人死亡时所拥有的财产的总价值，也包括共同拥有的财产、人寿保险、死亡赔付和其他财产。

Gross premium（毛保费） 被保险人支付的保费，等于毛费率乘以风险单位的数量。

Gross rate（毛费率） 纯保费加上其他附加保费。

Group life insurance（团体人寿保险） 以一张主合同为很多人提供人寿保险。签订该保单时，不需要进行身体检查，每个人都可以获得证明其已参加该保险的证明。

Group term life insurance（团体定期人寿保险） 团体人寿保险中最常采用的形式。在雇员工作期间，每年都要进行续保。

Guaranteed investment contract（GIC）（担保投资合同） 商业养老金计划中的协议。根据该协议，保险公司承诺一次付清养老金存款的利息，并承诺不会损失本金。

Guaranteed issue（保证签发） 一个描述申请健康保险的术语，保证为医疗费用保险提供保障，而无论申请人的医疗条件如何，保险公司都不能拒绝。

Guaranteed purchase option（保证增保选择权） 可以被附加到人寿保险保单中的保费，允许被保险人在未来的特定时点另外购买一定数额的人寿保险，而不需要提供可保性证明。

Guaranteed renewable policy（保证续保保单） 健康保险保单中保险公司保证续保至一定年龄的条款，是否续保由被保险人决定，但是被保险人所处的特定承保类别的保费可能会增加。

Guaranteed replacement cost（保证重置成本） 当发生全损时，保险人承诺将住宅恢复至损失发生前的状态，而不管重置成本是否超过保单中注明的数额。

H

Hard insurance market（严峻的保险市场） 核保周期内的一个时期，在该时期中，核保标准严格，保费较高。参见"宽松的保险市场"（Soft insurance market）和"核保周期"（Underwriting cycle）。

Hazard（风险因素） 产生或增加损失发生概率的情况。

Hazard risk（纯粹风险） 与企业的财产、责任和人员损失相关的风险。

Health Insurance Marketplace（健康保险市场） 《平价医疗法案》中的一项规定，要求在每个州建立透明度高和有竞争力的保险市场，个人和小企业可以在其中购买负担得起的和合格的医疗保险计划。

Health Insurance Portability and Accountability Act（HIPAA）《医疗电子交换法案》（HIPAA） 在

《平价医疗法案》颁布之前,《医疗电子交换法案》对保险公司和雇主拒绝或限制投保已存在疾病的权利进行了限制。根据 HIPAA,雇主发起的团体健康保险计划不能排除或限制先前存在的健康状况超过 12 个月(迟缴的参保者为 18 个月)。HIPAA 在《平价医疗法案》中被大幅修改。

Health maintenance organization(HMO)(保健组织) 收取固定预付费用并向其会员提供综合健康服务的医疗卫生组织。

Health reimbursement arrangement(HRA)(健康费用偿付协议) 由企业融资的保险计划,具有一定的税收优势,可以为员工支付企业标准保险计划无法提供保障的医疗费用。健康费用偿付协议 100% 由企业提供资金并控制。企业明确自付费用属于保障范围。

Health savings account(HSA)(健康储蓄账户) 一个免税的受监护的账户。特别设立该账户的目的是,支付账户受益人符合条件的医疗费用。这些账户受益人参加的健康保险计划的免赔额较高。

Hedging(对冲) 通过在组织化的交易所内买卖期权、期货,把不利的价格波动风险转移给投机者的风险转移方式。

High-deductible health plan with savings options(HDHPSO)(有储蓄选择权的高免赔额健康计划) 以消费者为导向的健康计划,由免赔额较高的主医疗健康保险和健康储蓄账户(HSA)组成。

HMO(保健组织) 见"保健组织"(Health maintenance organization)。

Hold-harmless clause(免责条款) 写入保险合同,一方当事人同意免除另一方的法律责任的条款,例如如果产品对他人造成伤害,零售商同意免除制造商的法律责任。

Home service life insurance(上门服务人寿保险) 由那些之前到投保人家里收取保费的代理人提供服务的简易人寿保险和每月收取保费的普通人寿保险演变而来的保险。

Homeowners 2(broad form)[屋主保险 2(扩展险)] 在列明风险事故的基础上,为房屋、其他建筑物和个人财产承保的屋主保险保单,也提供个人责任保险。

Homeowners 3(special form)[屋主保险 3(特殊险)] 在列明风险事故的基础上,为面临直接损失敞口的房屋和其他建筑物以及个人财产承保的屋主保险保单,也提供个人责任保险。

Homeowners 4(contents broad form)[屋主保险 4(承租险)] 适用于住宅或公寓的承租人的屋主保险保单。为承租人的个人财产承保,并提供个人责任保险。

Homeowners 5(comprehensive form)[屋主保险 5(综合险)] 为建筑物和个人财产提供"开放式风险事故"保障("一切险"保障)。承保房屋、其他建筑物和个人财产所面临的直接物理损失,除了除外责任之外的所有损失原因都在保障范围内。

Homeowners 6(unit-owners form)[屋主保险 6(业主险)] 在列明风险事故的基础上,以扩展险的形式,为作为被保险人个人财产的共有房屋和公寓承保的屋主保险保单,也提供个人责任保险。

Homeowners 8(modified coverage form)[屋主保险 8(改进险)] 为老房屋设计的屋主保单。按照使用相同的建筑材料和方法对房屋和其他建筑物进行修缮的成本予以赔偿,也包括个人责任保险。

Hospital insurance(Part A)[住院保险(联邦医疗保险 A 部分)] 联邦医疗保险中的 A 部分,为联邦医疗保险的受益人承担住院病人护理、专业护士护理、上门护理和专业疗养院护理。

Hull insurance(船体保险) (1)海洋运输保险中的一种,为投保船只所受物理损失承保。一般在"一切险"的基础上承保;(2)对飞机的物理损失保险,类似于汽车保单中的碰撞保险。

Human life value(生命价值) 出于人寿保险的需要,把死者对家庭的贡献即未来收入的现值作为死者的生命价值。

I

Identity theft endorsement(身份失窃批单) 被附加于屋主保险保单上的批单,用以补偿犯罪受害人找回身份和恢复信用记录产生的成本。

Immediate annuity(即付年金) 一种年金。在购买日之后的第一个支付期结束时即开始支付。

Imputed negligence(过失归咎) 是指在特定条件下,某人的过失可以归因于另一个人。我们可以用几个例子来说明这个原则。比如员工的过失行为可以归咎于雇主。

Incontestable clause（不可抗辩条款） 人寿保险保单中的合同条款，规定保险公司在保单生效两年后、被保险人存活的情况下，不能对保单提出异议。

Indemnification（赔偿） 以偿付、修理或重置等方式全部或部分地对发生的损失进行补偿。

Indemnity plans（补偿计划） 过去的团体医疗费用计划通常是补偿计划，如今已基本消失。根据补偿计划，在一定的最高限额之下，医生每次提供保障范围内的服务时都依据惯例进行合理收费。申请人在选择自己的医生和其他医疗保健供应商时都享有非常大的自由；这些计划为保障范围内的服务在一定最高限额以下支付现金补偿保险金；并不十分强调成本控制。如今，绝大多数受保员工都在管理式医疗计划中。

Independent adjuster（独立理赔员） 向保险公司提供服务的理赔员，并接受其支付的费用。

Independent agency system（独立代理人制度） 财产和意外保险市场营销方式，有时被称为美国代理人制度。在该体系下，代理人是独立的生意人，可以代表多个保险公司。代理人拥有保单终止和续约的权利，并根据不同的保险产品收取不同的佣金。

Indexed universal life insurance（指数化万能人寿保险） 对万能寿险产品的一项重要特征进行了调整，具有最低利率保障，投资于特定股票市场指数所产生的额外收益将被计入保单收益，有专门的公式可被用于计算计入保单的增加的额外收益。

Indirect loss（间接损失） 见"继起性损失"（Consequential loss）。

Individual 401（k）retirement plan［个人401（k）养老金计划］ 这种合格养老金计划将为自由职业者和除了配偶外没有其他员工的企业主节约大量税收。该计划将利润分享计划与401（k）计划结合了起来。

Individual equity（个人公平） 商业保险遵循的费率制定原则，缴费者获得的保险金与其缴费直接相关，保险金的精算价值接近缴费的精算价值。

Individual practice association（IPA）plan（个体执业医生协会计划） 个体执业医生协会计划是一个开放式的医生组织，医生在自己的诊所外根据为病人提供的服务收取费用。但是，每个医生同意以较低的费用为保健组织成员提供服务。

Individual retirement account（IRA）（个人退休账户） 有收入者都可以建立个人退休计划，该账户可以享受所得税优惠政策。

Industrial life insurance（简易人寿保险） 人寿保险的一种。销售的保单额度较小，保费每周或每月由代理人上门收取。参见"上门服务人寿保险"（Home service life insurance）。

Inflation-indexed annuity option（通货膨胀指数年金给付方式） 一种年金给付方式，根据消费者物价指数的特定增长来增加收益，以适应通货膨胀。

Inflation-guard endorsement（通货膨胀保护批单） 按照被保险人的要求定期增加屋主保单面额的批单，要求按照特定的百分比增加对房屋和其他保单的保障。

Information system（信息系统） 在处理和存储信息过程中使用的计算机技术。该技术可以减少很多例行任务。

Initial reserve（期初准备金） 在人寿保险中保单年度开始时提取的准备金。

Inland marine floater（内陆运输保险） 该保险为那些经常从一个地方运到另一个地方的财产以及运输过程中使用的财产提供宽泛的、综合的保障。

Inland marine insurance（内陆运输保险） 为内陆运输货物提供保障的运输保险，包括进口货物、出口货物、国内装船、运输方式、个人财产移动风险和企业财产移动保险。

Installment refund option（分期偿还本金方式） 为被保险人终身支付年金，但是如果被保险人死亡前领取的金额与购买年金的价格不等，则继续向其受益人支付年金。

Instrumentalities of transportation and communication（交通和通信设施） 指被用于运输的某个固定地点的财产。内陆运输保险可以被用于为桥梁、隧道、码头、船坞、锭盘、管道、电力输送线路、广播和电视塔等提供保障。

Insurance（保险） 通过把风险转移给保险人的方式汇聚偶然发生的损失，保险人同意为这些损失提供赔偿、在损失发生时支付金钱或者提供与风险相关的服务。

Insurance brokers（保险经纪公司） 代表保险购买者利益的中间人。保险经纪公司为它们的客户提供一系列服务，包括向客户推荐保险公司。

Insurance guaranty funds（保险保证基金） 为无偿付能力的保险公司支付未支付索赔的国家（州）基金。

Insurance score（保险分值） 建立在个人信用记录和其他能够精确预测未来索赔成本基础之上的，以信用为基础的分值。保险分值较低的被保险人通常比信用好、保险评级更高的人在购买屋主和汽车保险时支付更高的费用。

Insurance Services Office（ISO）（保险服务处） 财产保险和意外保险领域的主要费率厘定组织。该组织制定个人和企业保险产品的保单，并提供关于财产保险和意外保险产品的损失成本的数据。

Insuring agreement（承保协议） 保险条款中明确保险人承诺的部分。

Interest-adjusted cost method（利息调整成本法） 确定人寿保险保单保险成本的一种方法，该方法对成本的每个构成部分都分析利息因素的影响，从而考虑货币的时间成本。也可参考"净支付成本指数"（Net payment cost index）和"退保成本指数"（Surrender cost index）。

Interest option（利息选择权） 人寿保险的一种给付方式。在这种方式下，保险公司保留本金，并定期支付利息。

Intranet（内联网） 为受限的内部用户设计的具有搜索功能的专用网站。

Investment income ratio（投资收益率） 净投资收益与已赚保费之比。

Invitee（被邀请人） 为了占有者的利益被邀请到某个场所的人。

IRA（个人退休账户） 见"个人退休账户"（Individual retirement account）。

Irrevocable beneficiary（不可撤销受益人） 未得到受益人的同意就不得变更保单受益人的受益人指定方式。

J

Joint life annuity（联合生存年金） 在联合生存年金中，年金收入一直支付到最后一个年金受益人死亡。

Joint life insurance（联合人寿保险） 是一种以两人或两人以上的生命为保险标的，在先去世的人死亡时支付的人寿保险。这项保险可用于确保夫妻双方都是另一方的受益人。

Joint and several liability rule（连带责任原则） 根据该原则，几个人可能对某一伤害负责，但是只负有少量责任的被告有可能被要求赔偿全部损失。

Joint-and-survivor annuity（联合生存年金） 基于两个或两个以上年金受益人寿命的年金。年金收入（无论第一个年金受益人死亡时领取到初始年金收入的全额、三分之二还是一半）一直支付到最后一个年金受益人死亡。

Joint Underwriting Association（JUA）（承保人联合会） 在州内经营的汽车保险人组织，为高风险的驾驶员提供汽车保险。所有承保损失在全州保费收入的基础上按比例分摊给各保险人。

Judgment rating（判断费率法） 制定费率的方法。单独评估每个风险，费率主要由承保人的判断来决定。

Judicial bond（司法履约保证） 适用于法庭诉讼程序的履约保证，保证被保险人履行法律规定的特定义务，例如受托人责任。

Juvenile insurance（青少年保险） 父母为其特定年龄以下的子女购买的人寿保险。

L

Lapsed policy（失效保单） 由于没有缴纳保费而失效的保单。

Large-loss principle（大额损失原则） 规定保费应用于支付可能使个人陷入财务困境的重大损失，并通过可从个人收入中弥补的免赔额排除小额损失的原则。

Last clear chance rule（最后机会原则） 对共同过失原则的法定修正。原告由于自己的疏忽使自己处于危险中，但是如果被告有可能避免事故发生却没有做到，原告可以从被告得到损失赔偿。

Law of large numbers（大数定律） 风险单位数量越多，实际结果越接近当数量趋近于无穷时的概率结果。

Legal hazard（法律风险因素） 增加损失发生的概率或严重程度的法律体系或监管环境的特点。

Legal purpose（目的合法） 保险合同必须是合法的，鼓励或促进不合法或不道德的保险合同是违背公共利益并且不能被执行的。

Legal reserve（法定准备金） 人寿保险公司资产负债表中负债方的项目，代表了之前年份中在平准保费方法下多余的或超额的保费。必须积累资产来抵消法定准备金责任。法定准备金的目的是提供终身保护。

Legally competent（法定行为能力） 有效保险合同双方必须有法定的签订约束性合同的能力。大多数成年人都具有签订保险合同的法定行为能力，但也有一些例外，精神病患者、醉酒者以及越权行事的法人都不能签订有效的保险合同。

Liability coverage（责任保障） 个人汽车保险保单中的这一部分，为被保险人提供保障，帮助其应对由汽车的所有者的疏忽或者粗心驾驶造成的身体伤害或财产损失所导致的诉讼或者索赔。

Liability without fault（无过失责任原则） 工人补偿的基本原则。无论工伤或职业病由谁的过失造成，雇主对工人的工伤或职业病均负绝对责任。

License and permit bond（执照和许可履约保证） 担保的一种方式，保证被担保人遵守所有约束其行为的法律法规。

Licensee（被许可者） 建筑物所有者明示或暗示允许其进入或留在建筑物内的人。

Life annuity（no refund）终身年金（不偿付本金） 在年金受领人生存期间，为年金受领人提供终身收入。在年金受领人死亡之后，就不再予以支付。

Life annuity with guaranteed payments（保证支付的终身年金） 向年金受益人支付终其一生的年金，且这种支付是有一定保证的。

Life income option（终身收入选择权） 人寿保险给付选择权，在受益人生存期间向其支付保单收益，也可能进行特定数额的支付。

Life insurance planning（人寿保险规划） 确定被保险人财务目标的系统方法，这些目标被转化为特定的人寿保险，然后定期检查以适应变化的需要。

Life settlement（寿险贴现） 以高于退保现金价值（如有）但低于保险面值的价格向第三方出售人寿保单。

Limited-payment life insurance（限期缴费人寿保险） 终身人寿保险的一种类型，在有限的期限内收取相对较高的保费，为保险人提供终身保障。

Liquor liability law（酒类责任法） 见"酒吧原则"（Dram shop law）。

Lloyd's of London（伦敦劳合社） 一种英国保险市场，其会员属于为不同商业公司、组织和个人风险提供保险服务的辛迪加组织。辛迪加组织高度专业化，从事专业领域包括海洋、航空、巨灾、职业补偿和汽车保险保障服务。劳合社还是再保险市场的主要参与者。

Loading（附加保费） 由于费用、利润和应对意外事件所需支出而附加于纯保费之上的额外费用。

Longevity annuity（长寿年金） 递延年金的一种，只有在被保险人达到一个较高的年龄时，如85岁，才开始支付。

Long-term-care insurance（长期护理保险） 健康保险的一种，每天支付在疗养机构或者医院接受医疗或护理所产生的费用。

Loss control（损失控制） 见"风险控制"（Risk control）。

Loss exposure（损失敞口） 可能发生损失的任何环境或情况，而不论损失是否实际发生。

Loss frequency（损失频率） 在特定时期内损失可能发生的次数。

Loss prevention（损失预防） 一种风险控制技术，旨在降低损失发生的可能性，从而减少损失的频率。

Loss ratio（损失率） 已发生损失和损失调整费用与已赚保费的比例。

Loss ratio method（of rating）[损失率方法（费率厘定）] 财产和意外保险中的费率厘定方法。通过该方法对实际损失率和预期损失率进行对比，并对费率做出相应的调整。

Loss reduction（损失减少） 一种风险管理技术，指在损失发生后有助于降低损失严重程度的方法。另见"风险控制"（Risk control）。

Loss reserve（损失准备金） 财产和意外保险公司为以下几种索赔状态提取的一定数额的资金，包括已提出索赔并经过调整但尚未赔付的索赔、已提出索赔并报备但尚未调整的索赔和已发生索赔但没有向保险公司报告的索赔。

Loss severity（损失严重程度） 可能发生的

损失的大小。

M

McCarran-Ferguson Act（《麦卡伦-福古森法案》） 1945年通过的联邦法案，规定各州对保险公司的持续监管要符合公众利益；只有当州法律没有特殊规定时，联邦反垄断法才适用于保险业。

Major medical insurance（重大疾病医疗保险） 为重大疾病或严重伤残支付大部分医疗费用的健康保险。

Malpractice liability insurance（医生失职责任保险） 为医生失职对病人造成的伤害承保的责任保险。

Managed care（管理式医疗） 一种医疗支付计划的一般性称谓，以有效率的成本支出为成员提供承保服务。

Manual rating（手册费率法） 见"分类费率法"（Class rating）。

Manuscript policy（手稿保单） 为满足公司的特定需要和要求设计的保单。

Mass merchandising（大额销售） 以较低保费的单一保险计划为团体中的个人（例如企业的雇员或工会的成员）提供保险。财产和意外保险以团体保险销售的方式出售给单个成员。

Master contract（主合同） 保险公司和团体保险投保人之间签订的合同，为所有个人雇员承保。

Maximum possible loss（最大可能损失） 公司存续期间可能发生的最严重损失。

Medical expense insurance（医疗费用保险） 支付保障范围内的因疾病或受伤而产生的治疗费用的个人或团体保险计划。这些费用包括诊疗和手术费用，住院费用，开药、门诊检查和其他很多种类的附加费用。

Medical Information Bureau（MIB）（医疗信息局） 一个人寿保险行业协会，向保险公司提供关于投保人健康缺陷的资料，但是该机构并未披露提交公司的承保决定。

Medical payments coverage（医疗赔付保障） 个人汽车保险的一部分。自事故发生之日起3年内，被保险人可以获得所有合理的医疗或丧葬费用。

Medical payments to others（对第三方的医疗赔付） 屋主保险保单中对第三方医疗费用的支付。在事故中，第三方（非被保险人）在建筑物内遭受到意外伤害，或者由被保险人、居住该处的雇员、被保险人所有或照料的动物导致的伤害。

Medicare（联邦医疗保险） 社会保障计划的一部分，为大部分65岁或65岁以上人士以及65岁以下残疾人士提供医疗费用保障。

Medicare Advantage Plans（Part C）[联邦医疗保险优势计划（C部分）] 是联邦医疗保险的一部分，允许受益人选择可替代原有联邦医疗保险计划的一种私人医疗保险计划，例如保健组织计划（HMO）、优先提供者组织计划（PPO）、特别需要计划、商业收费服务计划和医疗储蓄账户。

Medicare Part A（also called Hospital Insurance）（联邦医疗保险A部分，也称住院保险） 为病人接受住院治疗、专业护理机构服务、家庭卫生保健、临终关怀、输血提供保障。

Medicare Part B（联邦医疗保险B部分） 联邦医疗保险B部分为医生收费和其他医疗服务费用承保。大多数符合资格要求的联邦医疗保险的参与者被自动纳入该计划，除非他们自愿放弃这一权利。

Medicare Prescription Drug Coverage（Part D）[联邦医疗保险处方药计划（D部分）] 为联邦医疗保险内的处方药提供保障的保险计划，受益人具有保险计划的选择权。

Merit rating（增减费率法） 费率厘定方法，按照该方法，分类费率在个人损失记录的基础上向上或向下调整。

MIB Group, Inc.（Medical Information Bureau）（医疗信息局集团） 该机构主要向其会员公司提供人寿保险核保信息，该机构可以向保险公司提供关于投保人健康缺陷的资料。

Minimum coverage requirement（最低参保要求） 阻止雇主建立仅仅覆盖高收入雇员的合格退休金计划的测试标准。参见"比率百分比测试"（Ratio percentage test）。

Minimum distribution requirements（最低领取条件） 这是所得税条例中的一个条款，要求合格的退休计划开始支付的日期不得晚于人们达到70.5岁的下一个自然年度的4月1日。

Minimum vesting standards（最低既得收益权标准） 合格的给付确定计划必须满足最低既得收益权标准。既得收益权是指员工在退休之前终止工作的情况下，对雇主缴费或用于缴费的保险金所拥有的权利。

Misstatement of age or sex clause（年龄或性别误告条款） 如果被保险人的年龄或性别发生误告，那么将按照实际所缴保费占按正确的年龄和性别应付保费的比例支付保险金。

Mobile home insurance（移动房屋保险） 移动房屋的保障类似于屋主保险的保障。为移动房屋所有者提供财产保险和个人责任保险的一揽子保单。

Modified life insurance（修正式人寿保险） 最初3~5年保费下降，之后上升的终身人寿保险。

Modified no-fault plan（修正无过失计划） 只有身体伤害索赔超过最初的约定数额，受害人才有权起诉有过失的司机。

Modified prior-approval law（修订的预先核准法） 费率厘定规则。根据该法，费率的变化仅仅基于过往的损失情况。费率必须向保险管理机构备案，才能够使用。不过，如果费率变化基于费率的分类或支出关系，就必须预先通过该费率厘定规则。

Monetary threshold（金钱门槛） 受伤的驾驶员不能提起诉讼，只能从自己的保险公司处获得赔偿，除非索赔额超过了规定的金额。

Moral hazard（道德风险因素） 个人不诚实或品质修养上的缺陷导致损失增加。

Morale hazard（心理风险因素） 由于保险的存在而对发生的损失不重视或漠不关心。

Multicar discount（多车辆折扣） 拥有两辆及以上汽车的被保险人在汽车保费方面享受的折扣。该折扣基于如下假设：拥有两辆及以上汽车的人不会像仅有一辆汽车的人那样频繁地驾驶一辆车。

Multiple distribution system（多渠道分销体系） 一个保险公司使用多种销售渠道的保险市场营销方法。例如，一个财产和意外保险公司可能使用独立代理人和直销渠道销售保险。

Multiple line exclusive agency system（复合产品排他性代理人体制） 在这种营销体制下，主要销售财产保险的代理人也可以销售个人人寿和健康保险产品。代理人只能代表一个保险公司或者一个在财务上有关联或存在统一所有权的保险公司集团。这种代理人也被称作专属代理人。

Multiple-line insurance（复合保险） 将多种保险产品纳入同一份合同的保险，例如财产保险和意外保险。

Mutual insurer（相互保险公司） 保单持有人所有的保险公司，他们有权选举董事会成员。董事会任命行政管理人员，公司给被保险人派发红利或预先减少费率。

N

NAIC（美国保险监督官协会） 见"美国保险监督官协会"（National Association of Insurance Commissioners）。

NALP（净年平准保费） 见"净年平准保费"（Net annual level premium）。

Named insured（指定被保险人） 在保单声明部分注明的人，或可能从该保单中受益但却没有作为被保险人提及的个人。

Named-perils policy（列明风险事故保单） 保险合同承保的，承诺只为保单中列明的特定风险事故导致的损失承保的保险合同。

National Association of Insurance Commissioners（NAIC）（美国保险监督官协会） 1871年成立的团体，定期举行会议讨论保险业内的问题，起草一系列法律规范并提请国家立法机构通过。

National Flood Insurance Program（NFIP）（国家洪水保险计划） 1968年立法的一项联邦计划，通过洪水多发地区管理法令来减少社区的洪涝损失，并为财产所有者提供洪水保险。

Nationwide marine definition（国内运输定义） 国内运输定义对海洋运输保险公司可以承保的财产做出了界定。包括：进口货物、出口货物、国内运输货物、交通和通信设施、个人流动财产、企业流动财产。

Needs approach（需求法） 通过分析一旦家庭主要成员死亡后必须满足的家庭需求，计算家庭人寿保险应投保数额的方法，从而能够把这些损失转化为一定数额的人寿保险。金融资产的数量在决定需要的人寿保险的数量时也是重要的参考因素。

Negligence（过失） 由于没有达到法律要求的谨慎标准而致使他人受到伤害的风险。

Net amount at risk（风险净额） 与平准保费人寿保险保单相关的概念，是保单面额与其法定准备金的差额。

Net annual level premium（NALP）（净年平准保费） 没有附加保费的人寿保险保单的年平准保费，在数学计算上等于趸缴纯保费。

Net payment cost index（净支付成本指数） 一种衡量被保险人在特定时期末死亡时的保险成本的方法。货币的时间价值被考虑进来。

Net present value（净现值） 资本预算中使用的概念，等于未来现金流之和减项目成本。正净现值表明公司价值增加。

Net retention（净自留额） 见"自留限额"（Retention limit）。

Net single premium（NSP）（趸缴纯保费） 在人寿保险保单中，未来死亡赔付的现值。

No-fault auto insurance（无过失汽车保险） 在造成身体伤害的汽车事故发生后，每一方当事人都可以从自己的保险人那里获得赔偿，而无论过失在哪一方，并不一定要在赔付之前确定谁存在过失并提供证明。

No-filing required（非报备法） 费率厘定规则，保险公司不必按照州保险服务局的规定报备费率，但是需要向州保险官员提供费率表和支持数据，也被称为"非报备规则"。

Nonadmitted insurer（未经许可保险公司） 没有获得所在州营业执照的保险公司。

Noncancelable policy（不可撤销保单） 健康保险保单中提供延续性的条款，规定保单不能被撤销，在一定阶段保证续保，保险费率不得增加。

Noncontributory plan（无须摊付计划） 雇主支付团体保险或私人退休金计划的全部成本。所有具有资格的雇员都将被包括在内。

Nondiversifiable risk（不可分散风险） 是指影响整个经济体或经济体内大量人或团体的风险。这种风险无法通过分散而降低或消除，也被称为系统性风险或基础风险。

Nonforfeiture law（不丧失价值法） 要求保险公司向放弃其人寿保险保单现金价值的保单持有人提供最低赔付的州法律。

Nonforfeiture options（不丧失价值选择权） 当保单持有人选择放弃保单时，其有三种不丧失价值选择权或退费现金价值选择权：现金价值、减额缴清保险、展期定期保险。

Noninsurance transfer（非保险转移） 除了保险以外的其他向第三方转移纯粹风险及其可能的财务影响的不同方法，例如，合同、租赁和免责协议。

Nonoccupational disability（非职业性残疾） 工作之外发生的事故或疾病。

Nonparticipating policy（非分红型保单） 用于描述不支付红利的保险保单的术语。

Normal retirement age（正常退休年龄） 指工人可以退休并获得额度养老金的年龄。在大多数计划中，65岁是正常退休年龄。

O

Objective risk（客观风险） 实际损失与预期损失的相对变化，它与观察到的案例数量的平方根反向变化。

Obligee（权利人） 履约保证的一方，如果担保当事人的不作为造成了损害，权利人可以得到损害赔偿。

Occurrence（事故） 意外发生的事件，包括连续地或重复地暴露在非常类似的有害环境中，在保单有效期内导致身体伤害或财产损失。参见"意外事故"（Accident）。

Occurrence policy（事故发生型保单） 为保单有效期内发生的事故承保的责任保险保单，而不论何时进行索赔。参见"索赔发生型保单"（Claims-made policy）。

Ocean marine insurance（海洋运输保险） 为各种类型从事海洋运输的船只及货物提供保障，同时为船主和船员的法律责任承保的保险。

Open-competition law（公开竞争法） 对保险费率进行管制的规则，保险公司根本不需要在州保险部门报备费率，但是可能需要向州管理机构提供费率计划和支持数据。

Open-perils policy（开放式风险保单） 一种承诺为除保单内特别注明属于除外责任之外的其他所有损失提供保障的保险合同。也可参见一切险保单（All-risks policy）。

Ordinary life insurance（普通人寿保险） 为被保险人整个生存期间提供保障的终身人寿保险，保费在被保险人的整个生存期间支付。

Original Medicare Plan（原有联邦医疗保险） 联邦政府为受益人提供的传统保险计划。该计划提供住院保险（联邦医疗保险A部分）保费和医疗保险（联邦医疗保险B部分）保费。

Other-insurance provisions（其他保险条款）

以防止从保险中获利和违反损失赔偿原则为目的的条款。

Other insureds（其他被保险人） 属于指定被保险人保单保障范围内的其他人或当事方，即使这些人没有在保单中特别指明。

Other-than-collision loss（非碰撞损失） 在D部分可以得到的保障，在个人汽车保险中，为私人汽车承保，包括投保汽车所遭受的除了碰撞损失和除外损失以外的物理损失。

Out-of-pocket maximum limit（自付最高限额） 医疗费用保单中的条款。根据该条款，被保险人产生的医疗费用达到了保户自付费用额度之后，超过免赔额部分的保障范围内的医疗费用应得到100%的赔付。

Ownership clause（所有权条款） 人寿保险保单中的条款。在该条款中，只要被保险人活着，保单持有人就拥有保单中所有的合同权利。在行使这些权利时，一般不需要征得受益人的同意。

P

P&I Insurance（保赔保险） 见"保赔保险"（Protection and indemnity insurance）。

Package policy（一揽子保险） 在一份保单中包括了两个或两个以上独立的保险合同，例如屋主保险。

Paid-up additions option（增额缴清保险） 人寿保险保单的一种红利选择权，在增额缴清保险中，红利被用于购买小额缴清终身人寿保险。

Partial disability（部分残疾） 被保险人没有能力履行其工作中的一项或多项重要职责。

Participating policy（分红型保单） 向保单持有人支付红利的人寿保险保单。

Particular average（单独海损） 只对特定利益体造成损害的海损，与对航行中各方利益体都造成损失的共同海损相对。

Past-service credit（过往服务年资） 基于退休计划开始前雇员为雇主提供的服务的退休金给付。

Paul v. Virginia（保罗诉弗吉尼亚案） 1869年对该案的判决具有里程碑意义，它确认了美国各州政府而不是联邦政府对保险的监管权。保险不是跨州的商业活动。

Peak season endorsement（旺季批单） 在企业业务收入保单中的批单。那些存货量具有季节波动特征的商业企业，通过批单，可以在特定时期内有效调整保额，以反映较高的存货价值。

Pension accrual benefit（退休金增长支付） 投入残疾雇员退休金计划的残疾收入给付，使残疾雇员的退休金数额不会减少。

Pension Benefit Guaranty Corporation（PBGC）（养老金支付保证公司） 一个联邦公司。它保证在商业养老金计划终止时，将按照某一限额支付既定或最低偿付保费。

Peril（风险事故） 损失的原因或来源。

Personal injury（人身伤害） 产生法律责任的伤害（例如非法逮捕、拘留或关押、恶意起诉、侮辱、诽谤、诬蔑人格、侵犯私人权利、非法进入或驱逐），并可能通过在屋主保单上附加批单而得以承保。

Personal liability insurance（个人责任保险） 在保单限额以下，对被保险人由于其疏忽导致的身体伤害或财产损失而受到的索赔或起诉给予保障的责任保险。这些保障由屋主保险的第Ⅱ部分提供。

Personal lines（个人保险） 为住房或个人和家庭的私人财产承保的财产和责任保险，也为承担的法律责任提供保障。

Personal-producing general agent（个人业务总代理） 用于专指业绩非常突出的优秀销售人员，这些人主要被雇用来销售人寿保险。他们签订的合同中提出了直接的、最重要的任务。

Personal selling system（个人销售体系） 委托代理人在该体系下寻找并向潜在被保险人销售寿险产品。

Personal umbrella policy（个人伞式保险） 为重大诉讼案件或裁决提供保障的保单，承保范围通常覆盖从100万美元到1 000万美元的案件以及涉及整个家庭的案件。该保单对超过基本保险范围的责任提供保障。

Physical hazard（物质风险因素） 增加损失发生概率的物理条件。

PIA（基本保额） 见"基本保额"（Primary insurance amount）。

Point-of-service plan（POS）（服务点计划） 建立优先提供者网络的保险计划。如果病人到优先提供者（医院）处就诊，只需支付很少的费用或不需要支付费用。外部供应商（医院）的诊疗服务也包括在内，但是免赔额和共同保险费率较高。

Policy loan provision（保单贷款条款） 保单持有人可以按照人寿保险保单的现金价值借款，而不必解除保单。

Policyholder's surplus（保单持有人盈余） 保险公司资产和负债之间的差额。

Pooling（分摊） 把少数人的损失在整个团体中进行分摊。在这一过程中，平均损失取代了实际损失。

Predictive analytics（预测分析） 对数据进行分析，以生成有助于风险管理师做出更明智决策的信息。

Preexisting condition（既存状况） 先于保单存在的被保险人的身体或精神状况。

Preexisting-conditions clause（既存状况条款） 健康保险保单中的合同条款，规定不承保既存状况或仅承保特定时点以后开始生效的保单。自2014年1月1日起，《平价医疗法案》禁止个人和团体医疗费用保单适用该条款。

Preferred provider organization（PPO）（优先提供者组织） 一种管理式医疗健康计划，通过与医疗健康服务供应商签订合同，以折扣价格向计划参与者提供某些诊疗服务。

Preferred risk（优良标准体） 预期死亡率低于平均水平的个体。

Premature death（过早死亡，早逝） 指尚未完成经济责任的家庭主要成员的死亡。这些义务包括抚养子女、支付子女教育费用、偿还贷款。

Primary beneficiary（第一顺位受益人） 在人寿保险保单中，当被保险人死亡时，首先有权获取保险金的受益人。

Primary and excess insurance（第一和超额保险） 其他保险条款的一种类型，要求第一保险人在损失发生时首先赔付。当赔付超过保单限额时，超额保险人进行赔付。

Primary insurance amount（PIA）（基本保额） 在老年、遗属和残疾保险计划中，每月支付给达到退休年龄的退休员工或者符合支付条件的残疾员工的现金数额。

Principal（义务人） 在履约保证中，同意做出某种行为或履行某些义务的当事人。

Principle of indemnity（损失赔偿原则） 规定保险人赔偿不超过实际损失额。被保险人不应从承保损失中盈利，但是应当恢复被保险人损失发生之前的财务状况。

Principle of insurable interest（可保利益原则） 指如果一项责任范围内的损失发生，被保险人必须是经济利益受损的一方。所有的保险合同若要具有法律效力，就必须要有可保利益的支持。

Principle of reasonable expectations（合理预期原则） 被保险人有权根据他或她合理预期的保单获得保险，而不论保单条款如何。保险人不得在保单中实施与被保险人的合理预期不一致的除外责任和限制。

Principle of utmost good faith（最大诚信原则） 保险合同的双方比其他合同的双方需要更高程度的诚信。

Prior-approval law（预先核准法） 监管保险费率的法规，规定保险费率的使用必须首先向州保险部门申报，并得到其批准。

Pro rata liability（比例责任） 财产保险保单中的条款。按照每个保险公司承保的保险占财产保险总额的比例，对同一财产的同一权利承保。

Probable maximum loss（最大预期损失） 在企业存续期间可能发生的最大损失。

Probationary period（试用期） 雇员被允许参加团体险计划之前的1~6个月的等待期。

Products-completed operations hazard（产品完工操作风险） 在被保险人已经放弃对产品的所有权后或在工作完成以后由该产品或工作引起的责任损失敞口。

Products liability（产品责任） 制造商、批发商和零售商对受到身体伤害或因其劣质产品遭受财产损失所应承担的法律责任。

Prospective reserve（预期准备金） 在人寿保险中，未来保险金现值和未来净保费现值的差额。

Protection and indemnity insurance（P&I）（保赔保险） 可被附加于海洋运输保险保单上的保险，为财产损失和对第三方造成的身体伤害提供保障。

Proximate cause（直接原因） 导致财产发生损失的原因，该损失是由被保险人面临的危险和损失或财产的损毁等一连串事故引发的。

Public adjuster（公估人） 代表被保险人而不是保险公司的理赔员，根据索赔金额收取费用。当被保险人和保险人就一项索赔存在争议时，或者当被保险人在一个复杂的损失案件中需要技术支持时，可能雇用公估人。

Public official bond（公务员履约保证） 履约保证的一种，保证公务员诚实地履行其职责并保护公众利益。

Punitive damages（惩罚性赔偿金） 用于惩罚个人和组织，从而使其他人和组织避免犯同样的错误。惩罚性赔偿金通常是补偿性赔偿金的数倍。

Pure no-fault plan（纯粹无过失保险） 受害人根本无法提起诉讼，不管索赔额是多少，受害人承受的身体伤害和精神上的痛苦都无法从过失驾驶员处获得补偿。

Pure premium（纯保费） 保费中需要支付损失和损失调整费用的一部分。

Pure premium method (of rating)［纯保费（费率厘定）方法］ 财产和意外保险的一种费率厘定方法。纯粹保费等于发生的损失和损失调整费用除以风险单位的数量。

Pure risk（纯粹风险） 仅存在发生损失或没有损失两种可能性的情况。

Q

Qualified retirement plan（合格养老金计划） 满足美国国内收入署条件的商业养老金计划被称为合格养老金计划并享受所得税优惠。

Quota-share treaty（成数分保合约） 分保公司和再保险公司同意根据一定的比例分享保费和损失。分保公司的自留限额以百分比而不是以美元数额的形式表示。

R

Rate（费率） 单位保险的价格。

Rate making（费率厘定） 保险公司确定保险定价或保费费率的过程。

Ratio percentage test（比率百分比测试） 合格养老金计划必须通过该测试才能享受税收优惠。养老金计划必须使一定百分比的雇员受益，非高收入雇员的比例必须至少是高收入雇员的70%。

Readjustment period（再调整期） 为家庭提供经济来源的人死亡之后的1~2年时间。在该期间，家庭的收入大致等于其死亡前的收入。

Rebating（折扣） 基本上在各州都不合法的行为，指为个人减少保费或提供经济上的其他好处来诱使其购买保单。

Reciprocal exchange（交换保险公司） 未组建公司的相互保险组织，由委任代理人管理，组织成员之间进行交换，相互提供保险。

Reduced paid-up insurance（减额缴清保险） 退保现金价值可作为趸缴净保费被用于购买减额缴清保险。

Regression analysis（回归分析） 研究两个或多个变量之间关系的方法，然后将其中发现的特点用于指标预测。

Reinstatement clause（复效条款） 人寿保险保单中的合同条款，允许持有人在满足一定条件的情况下在3~5年内恢复失效保单，例如，提供可保性证明和缴纳被拖欠的保费。

Reinstatement provision（复效条款） 健康保险保单中的条款，允许被保险人在提交或没有申请的情况下只要支付保费就可以恢复失效保单。

Reinsurance（再保险） 通过该协议，最初签订合同的原保险公司向另一保险公司（被称为再保险公司）转移部分或全部与该保险相关的潜在损失。

Reinsurance facility (pool)［再保险便捷计划（团体）］ 将高风险司机汇聚起来，然后安排保险人接受所有投保人，承保的损失由州内所有汽车保险公司分担。

Reinsurer（再保险公司） 在再保险协议中，分保公司（原保险公司）将与保险有关的部分或全部潜在损失转移给另一个保险公司，后者被称为再保险公司。

Renewable（可续保的） 定期保险保单的一种条款，被保险人不需要证明其可保性就可以获得新一期的保障。保费根据被保险人续保时的年龄有所提高。

Replacement cost insurance（重置成本保险） 该种财产保险对被保险人的财产损坏和损毁按不扣除折旧的重置成本进行赔偿。

Reporting form（价值报告条款） 要求被保险人每月或每季度报告其投保存货的价值，按照报告的准确的存货数量自动调整保险额度，并为其承保的商业财产提供保障。

Representations（告知） 投保人所做的声明。例如，在人寿保险中对投保人的职业、健康状况和家族病史的说明。

Res ipsa loquitur（事实自证） 字面上的意

思是，事实自己说话。在这一原则下，事故发生这一事实就证明了被告存在过失的假设是成立的。

Residual disability（遗留残疾） 是指一个人在被雇用的时候并没有完全残疾，但是因为疾病或伤害，损失的收入在总体收入的15%以上。

Residual market（剩余市场） 剩余市场计划是指，汽车保险人参加的、为在一般市场上买不到保险的高风险汽车驾驶人提供保险的计划。剩余市场计划的例子有汽车保险计划、联合承保人协会和再保险便捷计划，又称"分享市场"。

Respondeat superior（雇主责任） 一种法律原则，雇主对员工在为雇主工作中所犯的过失负责。

Retained limit（自留限额） 伞式保单中的术语，是指（1）被保险人可以投保的先顺位保险或其他任何保险的总额限制，或者（2）如果伞式保单承保其损失，但是任何先顺位保险或其他保险（无论申请了哪一个）并没有承保，则为该保单声明中规定的减免额。

Retention（风险自留） 一种风险管理技术，公司保留部分或全部由于特定风险而产生的损失。当没有其他可使用的方法，可能发生的最严重的损失也并不严重，损失是可以明确预期的时才采用这种方法。

Retention level（风险自留水平） 一种风险管理技术，公司将要保留的损失的数额。

Retention limit（自留限额） 分保公司在再保险业务中为自己的账户所保留的保险额度。

Retirement test（退休测试） 见"收入测试"（Earnings test）。

Retrocession（转保再保险） 再保险公司从另一个保险公司获取再保险业务的过程。

Retrospective rating（追溯费率法） 实绩费率法的一种类型，被保险人在当前保单期限内的损失情况决定了该时期支付的实际保费。

Retrospective reserve（追溯准备金） 在人寿保险中，保险公司为某一批保单收取的净保费，加上按假定利率计算的利息收入，减去死亡给付得出。

Revocable beneficiary（可撤销受益人） 保单持有人指定的受益人，并有权改变受益人，而不需要取得受益人同意。

Rider（附加条款） 保险合同中用于描述修改或改变初始保单的术语。参见"批单"（Endorsement）。

Risk（风险） 与损失发生有关的不确定性。

Risk-based capital（RBC）（风险资本） 根据美国保险监督官协会（NAIC）制定的标准，保险公司需要持有一定数量的资本，资本数额取决于它们的投资和业务的风险情况。

Risk control（风险控制） 降低损失发生的频率和严重程度的风险管理技术，例如风险规避、损失预防和损失减少。

Risk financing（风险融资） 一种风险管理技术，为应对发生的损失进行融资，例如风险自留、非保险转移、商业保险。

Risk management（风险管理） 识别和评估组织和个人面临的风险并选择和运用适当的技术应对这些风险的系统过程。

Risk management information system（RMIS）（风险管理信息系统） 允许风险管理师储存和分析风险管理数据，并运用这些数据预测未来损失水平的计算机数据库。

Risk map（风险图） 风险管理中使用的图表，以图表的形式详细描述组织面临的潜在风险的频率和严重程度。

Risk register（风险登记簿） 列出企业运营面临的风险。

Risk retention group（风险自留团体） 一种团体专业自保公司，可以承保除了雇主责任、工人补偿和个人保险产品之外的任何形式的责任保险。

Risk transfer（风险转移） 保险的基本要素；纯粹风险从被保险人处转移到保险人身上，因保险人的经济能力通常比被保险人更能应对损失。

Robbery（抢劫） 从别人那里取得财产的人，他们（1）给别人造成了身体伤害或者威胁给别人造成身体伤害，或者（2）实施了被别人看到的明显违法的行为。

Roth IRA（罗斯个人退休账户） 一种个人退休账户。投入该账户的退休金不能享受个人所得税减免，但是当条件符合时，获得的赔偿免税。

Roth 401（k）plan［罗斯401（k）计划］ 一种合格养老金计划。在计划中，以税后收入缴纳费用，退休时有资格参与分配的人所获得的收入免征个人所得税，投资收益的累积也是免税的。

Roth 403（b）plan［罗斯 403（b）计划］ 403（b）计划是为公共教育系统和免税组织的员工设计的养老金计划。罗斯 403（b）计划的缴费是税后金额；累积的投资收益免缴所得税；在退休的时候发生的符合条件的支取行为免缴所得税。

S

Safe driver plan（安全驾驶员计划） 基于被保险人的驾驶记录和与被保险人共同生活的人的记录支付汽车保费的计划。

Savings bank life insurance（SBLI）（储蓄银行人寿保险） 最初由马萨诸塞州、纽约州和康涅狄格州互助储蓄银行销售的人寿保险。现在在其他各州也有销售。

Schedule rating（表定费率法） 增减费率法的一种类型。该方法单独评估每个风险单位，在给定的费率基础上根据标的的优良或不良的物理特性调整费率。

Scheduled personal property endorsement（with agreed value loss settlement）［预定个人财产批单（对损失议定价值达成一致）］ 根据被保险人的要求特别附加到屋主保单上为特别指定的财产投保。被用来为有价值的财产，如珠宝、皮草和名画投保。

Section 401（k）plan［401（k）计划］ 有条件的利益共享或节俭计划，计划参与者可以选择把钱投入计划或者取回现金。雇员可以自由选择其每年薪水减少的最大限额，把减少的数额投入 401（k）计划。

Section 403（B）plan［403（B）计划］ 为公共教育系统和免税组织（例如医院、非营利组织和教堂）的员工设计的退休保险计划，也被称为"税收减免年金"（tax-sheltered annuities）。

Securitization of risk（风险证券化） 用于描述通过创造金融工具，例如巨灾债券、期货合约、期权合约以及其他金融工具，将投保风险转移到资本市场上的术语。

Self-insurance（self-funding）（自保） 雇主自己筹资或者支付部分或全部损失的自留计划。

Self-insured retention（SIR）（自保额） 见"自留限额"（Retained limit）。

SEP（简易员工退休金计划） 见"简易员工退休金计划"（Simplified Employee Pension）。

Separate investment account（分离投资账户） 在团体养老金计划中使用，计划管理者可以选择投资于保险人提供的独立账户，例如股票基金、债券基金和类似的投资。这些资产与保险人的一般投资账户相分离，不需要服从保险公司债权人的要求。

Separation（隔离） 一种风险控制技术，将面临损失的资产分开，以尽量减少单一事件造成的伤害或损失。

Settlement options（给付方式选择权） 除了一次性给付之外的其他人寿保险保单收益给付方式，包括利息、定期、定额和终身收入的选择。

SEUA case（东南保险承保人协会案） 见"东南保险承保人协会案"［South-Eastern Underwriters Association（SEUA）case］。

Simplified Employee Pension（SEP）（简易员工退休金计划） 达到一定要求的，由雇主设立的个人退休金账户。为那些希望在一份退休金计划中包括所有雇员的雇主减少文书工作。

Single limit（单一限额） 适用于整个事故，而不区分每个人的限额的责任保险总额。保险总额适用于身体伤害责任和财产损毁责任。

Single-parent captive（pure captive）（单一母公司专业自保公司，又称纯粹自保公司） 是仅由一个母公司（例如一个公司）所有的保险公司。

Single-premium deferred annuity（趸缴保费递延年金） 以趸缴保费购买的退休年金，其支付从未来的某一天开始。

Single-premium immediate annuity（趸缴保费即付年金） 一次缴清保费的退休年金，保险金在购买日之后的一个支付期间结束时即开始支付。

Single-premium whole life insurance（趸缴保费终身人寿保险） 指一次缴清保费、本应提供终身保障的终身人寿保险保单。

Social adequacy（社会公平） 社会保障计划遵循的原则，指保险金应当向所有缴费人员提供某种水平的生活。如低收入人群、大家族。这些群体收到的保险金的精算价值大于其缴费的精算价值。

Social insurance program（社会保险计划） 具有某些特点的政府保险计划，这些特点将其与其他政府保险计划区分开来。该计划通常是强制性的；以专用的税款建立基金；支付主要有利于低收入群体；为了实现某些社会目标而设计。

Social Security（社会保障） 老年、遗属和残疾保险（OASDI）计划就是我们通常所说的社会保障，是美国最重要的社会保险计划。《1935年社会保障法案》的通过标志着社会保障法制化。老年、遗属和残疾保险为美国绝大多数工人提供养老金、遗属抚恤金和残疾保险金。

Soft insurance market（宽松的保险市场） 处于核保标准宽松、保费相对较低时期的保险市场。参见"严峻的保险市场"（Hard insurance market）和"核保周期"（Underwriting cycle）。

South-Eastern Underwriters Association（SEUA）case（东南保险承保人协会案） 发生于1944年，是美国法律史上的里程碑式事件。它否决了保罗诉弗吉尼亚案的判决，认定当保险行为跨州开展时，保险是州际商业活动，因此要受到联邦监管。

Special coverage policy（特别保单） 见"开放式风险保单"（Open perils policy）。

Special damages（特殊赔偿金） 对可以确认并进行登记的损毁的赔偿，例如医疗费用、收入损失或财产损毁。

Speculative risk（投机风险） 获益和受损都明显可能存在的情况。

Split limits（分离限额） 对身体伤害和财产损失的赔偿限额分别做出规定。

Staff Claims Representative（公司理赔员） 只代表一个公司或公司集团的理赔员。

Stock insurer（股份保险公司） 销售保险并由股东所有的公司。

Straight deductible（绝对免赔额） 保险合同中的免赔额。被保险人在保险公司需要进行偿付之前必须自付一定的损失金额。

Strategic risk（战略风险） 公司外部的风险。

Strict liability（严格责任） 即使无法证明存在过失或疏忽，也必须对损毁承担责任，例如，在工人补偿法案下雇员遭受职业伤害的情况。也被称为"绝对责任"（Absolute liability）。

Subjective risk（主观风险） 基于个人精神状态和思想状态的不确定性。

Subrogation（代位求偿） 保险公司取代被保险人就保险责任范围内的损失向疏忽的第三方追偿。

Suicide clause（自杀条款） 人寿保险保单中的合同条款，规定如果被保险人在保单签订后的两年内自杀，保险人不支付保险金额，仅退还保费。

Surety bond（履约保证） 如果被保证的一方没有做出某种行为，该保险提供货币补偿。

Surety（obligor）（保证人或担保人） 在购买债券时，同意承担别人的债务、违约责任或义务的一方。

Surplus lines broker（非常规产品经纪人） 被批准与未被认可的保险人（在该州没有获得许可营业资格的保险公司）进行业务往来的专业保险经纪人。

Surplus-share treaty（溢额再保险合约） 再保险公司同意承接超过分保公司自留限额并在一定最高限额之下的保险。自留限额是指用美元金额表示的限额。原保险公司和再保险公司根据各方承担的占全部保险额度的份额分配保费和损失。再保险公司向原保险公司支付分保佣金，弥补其获取费用。

Surrender-cost index（退保成本指数） 该方法被用于衡量被保险人在某段时间后退保的成本。这种方法考虑了货币的时间价值。

Systemic risk（系统性风险） 指整个金融体系或金融市场发生崩溃的风险，即其中一个企业或企业集团的破产导致的整个金融体系的崩溃。

T

Tax-sheltered annuities（TSAs）（税收减免年金） 见"403（b）计划"。

Term insurance（定期保险） 在特定的几年中提供临时保障的人寿保险，通常可以续保和进行保单转换。

Terminal reserve（期末准备金） 人寿保险中任何保单年度结束时的准备金。

Terrorism insurance（恐怖主义保险） 提供因恐怖行为对被保险人财产造成直接物理损失的保险。

Theft（盗窃） 通过非法手段获取，而导致被保险人金钱、证券或其他财产的损失，包括入室盗窃、抢劫。参见"入室盗窃"（Burglary）和"抢劫"（Robbery）。

Time limit on certain defenses（特定保护时间限制） 个人健康保险保单中的条款。阻止公司在保单生效2~3年后以既存状况或误告为借口解除合同或者拒绝赔付，除非误告是欺诈性的。

Total disability（完全残疾） 各保险公司和不同类型保单对它的定义都有所不同。在个人残疾收入保单中，完全残疾被定义为：（1）没有能力履行被保险人正常职业领域中的实质性的和重要的职责；或者（2）没有能力履行根据被保险人的教育背景、接受的培训和经历应当能够履行的任何职业的职责；或者（3）无法履行任何可以带来收益的职业中所应履行的职责；或者（4）满足某种收入损失标准。在很多人寿保险的免缴保费条款中，完全残疾意味着，由于疾病或身体伤害，被保险人无法承担其工作中的任何重要职责或者根据接受教育、培训或经历适合从事的工作。

Traditional IRA（传统个人退休账户） 如果应税数额在某一数额以下，该个人退休账户允许减少部分或全部应缴费用。从该账户得到的支付按照一般收入纳税。

Traditional net cost method（传统净成本法） 确定人寿保险保单中被保险人成本的传统方法，等于某时期支付的总保费扣除该期期末收到的红利和现金价值。

Transportation network platform（网约车平台） 一种在线或数字网络，将乘客和司机连接起来，进行预先安排的运送，并收取费用。

Treaty reinsurance（合约再保险） 再保险的一种，原保险公司必须放弃保险并交给再保险公司，而再保险公司必须接受。根据再保险合同的条款，分出公司自动获得再保险。

Trespasser（非法侵入者） 未经所有人的同意，进入或停留在其房产中的人。

Trust-fund plan（信托基金计划） 养老金计划的一种。在该计划中，所有退休金缴费均被交给信托人，而后者根据雇主和信托人之间的协议对这些资金进行投资。所有的给付都从信托基金中直接支付。

Twisting（诱导转保） 通过误导或不完全信息，引诱保单持有人放弃一个公司的现有保单而选择另一个公司的保单的非法行为。

U

Ultimate net loss（最终净损失） 在伞式商业保险保单中保险人依法承担的赔付总额。

Underinsured motorists coverage（未足额投保机动车驾驶员保障） 可被附加于个人汽车保险保单上的承保内容。对被保险人的身体伤害赔付的保障，这种伤害是由另一个驾驶员所有或驾驶的投保不充分的机动车辆造成的。疏忽的驾驶员可能拥有符合州财务责任法或强制保险法要求的保险，但是保险金额不足以弥补被保险人承受的损失。

Underwriting（核保） 按照与公司目标一致的、明确规定的公司政策对投保人进行挑选和分类。

Underwriting cycle（核保周期） 一个用以描述核保标准、保费水平和盈利能力的循环模式的术语。参见"严峻的保险市场"（Hard insurance market）和"宽松的保险市场"（Soft insurance market）。

Unearned premium reserve（未到期保费准备金） 在进行价值评估时，保险公司所有签出保单总保费中未到期保单的责任准备金。

Unilateral contract（单务合同） 只有一方当事人承诺履行合法义务的合同。

Uninsured motorists coverage（未投保机动车驾驶员保障） 个人汽车保险中的一部分，被设计用来承保由未投保机动车驾驶员、肇事逃逸驾驶员或公司破产的驾驶员所造成的身体伤害。

Unit-owners form（业主险） 见"屋主保险6"（Homeowners 6 policy）。

Universal life insurance（万能人寿保险） 在一份分离了保障和储蓄功能的合同中提供终身保障的弹性缴费终身保单。这种合同是利率敏感型产品，分离了保障、储蓄和费用等要素。

Unsatisfied judgment fund（未满足补偿基金） 部分州建立的基金，当事故受害人倾其所有都无法提供足够补偿时，该基金提供补偿。

Use-and-file law（使用报备法） 一种费率厘定规则，是报备使用法的变形。保险公司可以在费率发生变化时立刻应用，但是所用费率必须在第一次使用的特定时期内向监管当局报备。

V

Value at risk（VAR）（风险价值） 在处于某个置信区间的有序市场中，特定时期可能发生的最大损失的价值。

Valued policy（定值保单） 如果发生全损，无论实际现金价值如何，保险公司都依据保单面额全数赔付。

Valued policy law（定值保单法） 如果由法律中列明的风险事故导致实际财产发生全损，则要求对被保险人按照保单面额赔付，即使保单规定仅偿付实际现金价值。

Variable annuity（变额年金） 长期来看，生活成本和普通股价格正相关。基于该假设，根据普通股价格（或其他投资）水平改变定期支付的年金。其目的是防御通货膨胀。

Variable life insurance（变额人寿保险） 一种人寿保险保单。该保单的死亡收益和解约现金价值根据保险人持有的独立账户的投资情况变化。

Variable universal life insurance（变额万能人寿保险） 除了某些例外之外，与万能寿险类似。其现金价值可以投资于很宽泛的投资领域；没有最低利率保障；保单持有人承担所有投资风险。

Verbal threshold（言辞门槛） 只有损失惨重的事故才允许提起赔偿诉讼，如死亡、致残、毁容，或者身体器官或功能永久丧失等。

Vesting（既得收益权） 如果雇佣关系在退休之前结束，保证雇员对雇主缴纳的部分或全部退休金享有权利。

Viatical settlement（临终结算） 指处于疾病末期的被保险人将人寿保险保单销售给另一方（一般销售给期望通过被保险人的提前死亡获取利润的投资者或投资者团体）。

Vicarious liability law（替代责任原则） 该原则允许将汽车驾驶员的过失归咎于机动车辆所有人。

W

Waiver（弃权） 自愿放弃已知的法律权利。

Waiver-of-premium provision（免缴保费条款） 可以被附加于人寿保险保单上的支付，规定被保险人在全残的时期内可以免缴未缴纳的保费。

War clause（战争条款） 人寿保险保单中的限制条款。当被保险人死亡是战争的直接结果时，则保险公司免于赔偿。

Warranty（保证） 被保险人对情况的真实性做出的声明或承诺，是保险合同的一部分。要想使保险公司按该合同规定承担赔偿责任，则其内容必须真实。

Weather option（天气期权） 如果某种气候状况偶然出现（例如，气温高于或低于正常水平），则提供偿付。

Whole life insurance（终身人寿保险） 具有现金价值，提供终身保障的保单。

Workers' compensation insurance（工人补偿保险） 覆盖了所有工人补偿和其他支付的保险，雇主必须根据法律的规定为因工致残的雇员提供这一保险。

Authorized translation from the English language edition, entitled Principles of Risk Management and Insurance, 14e, 9780135180860 by George E. Rejda, Michael J. McNamara, William H. Rabel, published by Pearson Education, Inc., Copyright © 2020, 2017, 2014 by Pearson Education, Inc.

All Rights Reserved. No part of this book may be reproduced or transmitted in any form or by any means, electronic or mechanical, including photocopying, recording or by any information storage retrieval system, without permission from Pearson Education, Inc.

CHINESE SIMPLIFIED language edition published by CHINA RENMIN UNIVERSITY PRESS CO., LTD., Copyright © 2023.

本书中文简体字版由培生教育出版公司授权中国人民大学出版社在中华人民共和国境内（不包括中国香港、澳门特别行政区和中国台湾地区）独家出版发行。未经出版者书面许可，不得以任何形式复制或抄袭本书的任何部分。

本书封面贴有 Pearson Education（培生教育出版集团）激光防伪标签。无标签者不得销售。

图书在版编目（CIP）数据

风险管理与保险原理：第十四版／（美）乔治·E. 瑞达（George E. Rejda），（美）迈克尔·J. 麦克纳马拉（Michael J. McNamara），（美）威廉·H. 拉伯尔（William H. Rabel）著；刘春江，张百彤译．－－北京：中国人民大学出版社，2023.2
（金融学译丛）
书名原文：Principles of Risk Management and Insurance（14th edition）
ISBN 978-7-300-30097-9

Ⅰ.①风… Ⅱ.①乔… ②迈… ③威… ④刘… ⑤张… Ⅲ.①保险—风险管理 Ⅳ.①F840.32

中国版本图书馆 CIP 数据核字（2021）第 276194 号

金融学译丛
风险管理与保险原理（第十四版）
乔治·E. 瑞达
迈克尔·J. 麦克纳马拉　　著
威廉·H. 拉伯尔
刘春江　张百彤　译
Fengxian Guanli yu Baoxian Yuanli

出版发行	中国人民大学出版社			
社　　址	北京中关村大街 31 号		邮政编码	100080
电　　话	010 - 62511242（总编室）		010 - 62511770（质管部）	
	010 - 82501766（邮购部）		010 - 62514148（门市部）	
	010 - 62515195（发行公司）		010 - 62515275（盗版举报）	
网　　址	http://www.crup.com.cn			
经　　销	新华书店			
印　　刷	涿州市星河印刷有限公司			
规　　格	185 mm×260 mm　16 开本		版　次	2023 年 2 月第 1 版
印　　张	46.5 插页 1		印　次	2023 年 2 月第 1 次印刷
字　　数	1 207 000		定　价	128.00 元

版权所有　　侵权必究　　印装差错　　负责调换

尊敬的老师：

您好！

为了确保您及时有效地申请培生整体教学资源，请您务必完整填写如下表格，加盖学院的公章后传真给我们，我们将会在 2～3 个工作日内为您处理。

请填写所需教辅的开课信息：

采用教材					□中文版 □英文版 □双语版	
作　者				出版社		
版　次				ISBN		
课程时间	始于	年　月　日		学生人数		
	止于	年　月　日		学生年级	□专科 □研究生	□本科 1/2 年级 □本科 3/4 年级

请填写您的个人信息：

学　校			
院系/专业			
姓　名		职　称	□助教 □讲师 □副教授 □教授
通信地址/邮编			
手　机		电　话	
传　真			
official email（必填） (eg: XXX@ruc.edu.cn)		email (eg: XXX@163.com)	
是否愿意接受我们定期的新书讯息通知：	□是　□否		

系/院主任：_____（签字）

（系/院办公室章）

___年___月___日

资源介绍：

——教材、常规教辅（PPT、教师手册、题库等）资源：请访问 www.pearsonhighered.com/educator；（免费）

——MyLabs/Mastering 系列在线平台：适合老师和学生共同使用；访问需要 Access Code。（付费）

地址：北京市东城区北三环东路 36 号环球贸易中心 D 座 1208 室 100013

Please send this form to：copub.hed@pearson.com

Website：www.pearson.com

中国人民大学出版社经济类引进版教材推荐

经济科学译丛

20世纪90年代中期,中国人民大学出版社推出了"经济科学译丛"系列丛书,引领了国内经济学汉译名著的第二次浪潮。"经济科学译丛"出版了上百种经济学教材,克鲁格曼《国际经济学》、曼昆《宏观经济学》、平狄克《微观经济学》、博迪《金融学》、米什金《货币金融学》等顶尖经济学教材的出版深受国内经济学专家和读者好评,已经成为中国经济学专业学生的必读教材。想要了解更多图书信息,可扫描下方二维码。

经济科学译丛书目

金融学译丛

21世纪初,中国人民大学出版社推出了"金融学译丛"系列丛书,引进金融体系相对完善的国家最权威、最具代表性的金融学著作,将实践证明最有效的金融理论和实用操作方法介绍给中国的广大读者,帮助中国金融界相关人士更好、更快地了解西方金融学的最新动态,寻求建立并完善中国金融体系的新思路,促进具有中国特色的现代金融体系的建立和完善。想要了解更多图书信息,可扫描下方二维码。

金融学译丛书目

双语教学用书

为适应培养国际化复合型人才的需求,中国人民大学出版社联合众多国际知名出版公司,打造了"高等学校经济类双语教学用书"系列丛书,该系列丛书聘请国内著名经济学家、学者及一线授课教师进行审核,努力做到把国外真正高水平的适合国内实际教学需求的优秀原版图书引进来,供国内读者参考、研究和学习。想要了解更多图书信息,可扫描下方二维码。

高等学校经济类双语教学用书书目